스펄전 설교전집 17

소선지서 Ⅰ

독자 여러분들께 알립니다!

'CH북스'는 기존 **'크리스천다이제스트'**의 영문명 앞 2글자와
도서를 의미하는 **'북스'**를 결합한 출판사의 새로운 이름입니다.

스펄전 설교전집 17

소선지서 Ⅰ

1판 1쇄 발행 2024년 8월 7일

지은이 찰스 스펄전
옮긴이 김원주
발행인 박명곤 **CEO** 박지성 **CFO** 김영은
기획편집1팀 채대광, 김준원, 이승미, 이상지
기획편집2팀 박일귀, 이은빈, 강민형, 이지은, 박고은
디자인팀 구경표, 임지선
마케팅팀 임우열, 김은지, 전상미, 이호, 최고은

펴낸곳 CH북스
출판등록 제406-1999-000038호
전화 070-4917-2074 **팩스** 0303-3444-2136
주소 서울시 강서구 마곡중앙6로 40, 장흥빌딩 10층
홈페이지 www.hdjisung.com **이메일** support@hdjisung.com
제작처 영신사

스펄전 설교전집 17

The Treasury of the Bible

스펄전 설교전집
소선지서 I

김원주 옮김

CH북스
크리스천 다이제스트

차례

■ 호 세 아

■ 요 엘

■ 아 모 스

■ 오 바 댜

■ 요 나

호세아

제
1
장
—

여호와의 구원

—

"그러나 내가 유다 족속을 긍휼히 여겨 그들의 하나님 여호와로 구원하겠고 활과 칼이나 전쟁이나 말과 마병으로 구원하지 아니하리라 하시니라." - 호 1:7

하나님은 자신의 말을 전하도록 사람들에게 보내시는 사자(使者)들을 매우 사려 깊게 대하십니다. 하나님의 사자들은 전하는 소식이 무엇이든지 간에 받은 말씀을 충실하게 전해야 합니다. 때로 여호와께서 부과하시는 짐은 매우 무겁습니다. 선지자들은 고통이 잇따라 올 것을 경고하면서 아주 지루할 정도로 계속해서 으르는 말을 해야 합니다. 그리고 그때 하나님은 서둘러 선지자들에게 은혜로운 말씀을 주셔서 마음의 짐을 덜어주시고, 그렇게 해서 그들이 다시 기운을 차리고 무거운 짐에 아주 깔려 뭉개지지 않게 해주십니다. 여기서 우리는 하나님께서 자기 종들을 돌보시는 한 가지 예를 봅니다. 호세아는 여호와의 이름으로 이렇게 말해야 했습니다. "내가 다시는 이스라엘 족속을 긍휼히 여겨서 용서하지 않을 것임이니라"(호 1:6). 눈물을 머금고 무거운 마음으로 그렇게 말했을 때, 호세아는 다행히도 이 말을 덧붙일 수 있었습니다. "그러나 내가 유다 족속을 긍휼히 여길 것임이니라"(1:7). 하나님께서는 우리가 고통스럽기 짝이 없는 짐에 눌려 낙심하지 않게 하실 것입니다. 우리에게 심판을 공포할 뿐 아니라 은혜를 선언하는 귀한 특전도 허락하실 것입니다.

그리스도 안의 형제 여러분, 여러분이 하나님의 말씀을 전해야 한다면 충실히 전하고, 하나님 말씀의 엄격한 경고들을 한 마디도 빼먹지 마십시오. 하나님의 두려운 사실들을 전하기 무서워하는 사람에게는 화가 있을 것입니다! 쓰디쓴 상자에 손을 집어넣어 사람들의 영혼에 그처럼 유익한 약이 되는 쓴 쑥과 쓸개즙을 꺼내려고 하지 않는 사람에게 화가 있을 것입니다! 우리는 때로 번갯불처럼 번쩍이는 말을 해야 하고, 자신이 우레의 아들임을 입증해 보여야 합니다. 여름철의 아름다운 설교를 듣고도 마음이 움직이지 않는다면, 우리는 사람의 마음에 폭풍우와 사나운 비바람이 치게 해야 합니다. 대부분의 사람들이 울음의 십자가를 지지 않고서는 천국에 갈 길이 없습니다. 우리는 큰 소리로 심판을 경고하는 하나님의 말씀을 써서 사람들을 천국으로 몰아가야 합니다. 사람들을 경건한 슬픔에 이르게 하는 것이 참으로 어려운 일인 것을 알고서, 우리는 사람들을 이끌고 슬픔의 길을 지나 그 슬픔의 사람이신 예수께 가도록 합시다. 잠잠히 있으라는 사람들의 훈계를 용인한다면, 우리는 위험한 상태에 있는 것입니다. "네가 그 악인에게 말로 경고하여 그의 길에서 떠나게 하지 아니하면 그 악인은 자기 죄악으로 말미암아 죽으려니와 내가 그의 피를 네 손에서 찾으리라"(겔 33:8). 이 점을 생각하고 주님의 일에 전념합시다. 그 일이 지극히 무거운 짐일 때에도 우리가 지극히 영광스러운 진리, 지극히 귀한 약속, 값없는 구원, 죄인 가운데 괴수를 위한 완전한 사죄를 전해야 한다는 사실에, 그리고 힘이 없는 자들에게 아주 충분한 도움을, 길을 잃은 자들에게 자애로운 동정을 말해야 한다는 사실에 기운을 차리고서 주님의 일에 전념합시다. 우리의 기쁨의 주제들은 슬픔의 주제들보다 무게가 훨씬 더 나갑니다. 그래서 우리는 주님에 대한 봉사가 행복한 일임을 발견합니다.

본문의 전후관계를 보면 하나님의 인내에는 한계가 있다는 생각이 나타납니다. 하나님은 호세아에게 이같이 말하라고 명령하셨습니다. "내가 다시는 이스라엘 족속을 긍휼히 여기지 않을 것임이니라." 하나님은 범죄하는 백성들에 대해 아주 오래 참고 그들의 대담한 죄들을 눈감아주셨습니다. 그러나 이제는 더 이상 그렇게 하려고 하시지 않았습니다. 하나님께서는 그들을 적에게 넘겨주려고 하셨습니다. 적이 그들을 끌고 갈 것이고, 그래서 독특한 군주국가로서 이스라엘은 더 이상 존속하지 않을 것이었습니다. 여러분, 하나님은 지극히 은혜로우신 분이십니다. 그러나 하나님의 영께서 언제까지나 여러분과 싸우시지 않을 것입니다. 조금만 더 죄를 짓는다면, 여러분은 경계선을 넘어가게 되고, 그러면 하나님께서 여러분을 버리실 수 있습니다. 제발, 멈추십시오. 더 이상 하나님을 노여우시게 하지 마십시오. 회개하고, 굳게 결심하고 하나님께로 돌이키십시오.

이 점을 살펴보았으니, 이제는 또 다른 점, 곧 하나님께서 자신의 주권적인 은혜를 따라 죄인들 가운데서 구별하시는 일을 한다는 사실을 살펴보겠습니다. "내가 다시는 이스라엘 족속을 긍휼히 여기지 않을 것이나 내가 유다 족속은 긍휼히 여길 것임이니라." 유다도 죄를 짓지 않았습니까? 하나님께서 유다도 버리실 수 있지 않았습니까? 정말로 하나님께서 그렇게 하셨어도 정당한 일이지만 하나님은 자비를 베풀기를 기뻐하셨습니다. 많은 사람들이 죄를 범하고, 그래서 응당 죄에 따르는 형벌을 받는 것은 당연한 일입니다. 그들은 그리스도를 믿지 않고 그래서 죄 가운데 죽습니다. 그러나 하나님께서는 마음이 넓으시므로 과분한 자비로 말미암지 않고서는 달리 구원받을 길이 없는 무수한 사람들에게 자비를 베푸십니다. 하나님은 자신에게 왕의 권세가 있음을 나타내시며 이렇게 말씀하십니다. "나는 긍휼히 여길 자에게 긍휼을 베푸느니라"(출 33:19). 이 자비의 특전은 하나님의 주권에 속한 것입니다. 하나님은 왕으로서 대권을 행사하십니다. 하나님은 자기가 기뻐하시는 곳에 주시는데, 그렇게 하실 권한이 있습니다. 이는 아무도 하나님께 무엇을 요구할 권리가 없기 때문입니다. 우리는 모두 하나님의 통치를 받고 있습니다. 하나님의 법에 의해 우리는 유죄 판결을 받은 상태에 있습니다. 하나님께서 우리를 그 상태대로 내버려두실지라도 그것은 온전히 정당한 일일 것입니다. 그런데 누가 구원을 받는다면, 그것은 순전히 과분한 은혜의 행위입니다. 이 일에 대하여 하나님은 모든 찬송을 받으셔야 마땅합니다.

지극히 어두운 시기에, 곧 모든 민족들이 하나님을 떠나 타락할 때에도 하나님은 여전히 자기를 위해 한 백성을 마련해 두신다는 점을 또한 살펴봅시다. "내가 다시는 이스라엘 족속을 긍휼히 여기지 않을 것임이니라 그러나 내가 유다 족속을 긍휼히 여겨 구원하리라." 하나님께서는 그의 백성으로 부름 받은 사람들이 그 이름에 합당치 않다는 것이 드러나는 때에도 한 백성을 보존하실 것입니다. 하나님께서 어둠을 뚫고 빛을 비추는 별을 하나 두시지 않았다면 온 천지는 빛 하나 없는 깜깜한 어둠이었을 것입니다. 하나님께서 한 백성을 이끌고 지나가시며 광야를 기쁘게 하실 수 없었다면 온 세상은 이루 말할 수 없이 황량한 광야였습니다. 그러나 그리스도께서 은혜로 택하신 남은 자들, 곧 그리스도의 진리를 주장하고 그리스도의 이름의 명예를 높일 자들이 없는 시대는 없을 것입니니다. 그러므로 이 시대가 아무리 어두울지라도 이 사실에서 위로를 받고 더 밝고, 더 나은 시대를 기대합시다. 하나님께서 자기 백성을 구원하실 것이고, 그들로 말미암아 사람들 가운데서 그의 영광이 찬란히 빛나게 하실 것입니다.

이제 본문을 보면 하나님께서 자기 백성을 자기 방식으로 구원하시리라는 것을 생각하게 됩니다. 하나님은 유다 집을 구원하는 방식을 확실하게 말씀하시고, 그들을 구원하는데 쓰시지 않는 방식에 대해서도 말씀하십니다. "내가 유다 족속을 긍휼히 여겨 그들의 하나님 여호와로 구원하겠고 활과 칼이나 전쟁이나 말과 마병으로 구원하지 아니하리라." 하나님은 자신의 주권을 나타내시는데, 구원받은 사람들에게서 뿐만 아니라 구원을 이루시는 방식에서도 나타내십니다.

우리가 생각할 점은, 본문에서 예를 들어 설명되었듯이 자기 백성을 구원하시는 하나님의 방식입니다. 첫째로, 많은 경우에 하나님은 자기 백성을 다루실 때 보이는 수단들을 치워버리신다는 점을 살펴봅시다. "활과 칼이나 전쟁이나 말과 마병으로 구원하지 아니하리라." 둘째로 살펴볼 점은 이것입니다. 하나님은 이렇게 하실 만한 충분한 이유가 있다는 것입니다. 무한한 지혜를 가지고 일하시기 때문입니다. 셋째로 볼 점은 이것입니다. 여기에 복음이 있고, 이 복음은 우리와 특별한 관계가 있다는 것입니다. 성령께서 복을 주시기 바랍니다!

1. 첫째로, 하나님은 구원의 일을 하실 때 아주 많은 경우에 수단들을 치워버리기를 기뻐하십니다.

하나님은 이스라엘에 대해 "내가 이스르엘 골짜기에서 이스라엘의 활을 꺾으리라"(호 1:5)고 말씀하셨습니다. 이렇게 하나님은 자기 백성들의 손에서 그들의 유일한 방어 수단을 치워버리셨습니다. 그들이 자기 활을 믿었는데 하나님께서 그것을 꺾어버리신 것입니다.

첫째로, 하나님은 구원을 이루실 때 은혜로 이렇게 행하십니다. 구원은 오직 하나님께만 속한 것입니다. 구원은 사람의 공로에서 나오지 않습니다. 사람의 공로라는 것은 없습니다. 사람의 과실은 도처에서 어디에서나 허다히 찾을 수 있지만 사람의 공로는 아무것도 없습니다. "명령 받은 것을 다 행한 후에 이르기를 우리는 무익한 종이라 우리가 하여야 할 일을 한 것뿐이라 할지니라"(눅 17:10). 그러나 사실 우리는 모든 일을 다 행하지 않았습니다. 오히려 반대로, 우리는 하지 않았어야 할 일들을 행하였고, 해야 하는 일들은 하지 않은 채 두었습니다.

우리에게는 칭찬할 만한 것이 없습니다. 구원 얻는데 도움 될 만한 것이 없고 소망도 없습니다. 우리는 자신의 행실로 구원받지 못하고, 받을 수도 없습니다. 우리 각 사람은 그 점을 생각할 때 자신에 대해서 화를 내며 그 생각을 멀리합니다. 우리는 우리 속에 잠들어 있는 어떤 선한 경향들 때문에 구원받지 못합니다. 선한 경향이라는 것은 없습니다. 선한 것은 없습니다. 단 한 가지도 없습니다. 마음은 모든 경우에 거짓되고 지독하게 악합니다. 더러운 데서 깨끗한 것을 가져올 수 있는 사람이 누가 있겠습니까? 아무도 없습니다. 만일 구원이 우리가 스스로 하나님을 추구하는 것에 달려 있고, 우리 본성이 스스로 지존하신 하나님을 향하여 올라가는 것에 달려 있다면, 절망적인 일일 것입니다. 그러나 하나님의 은혜는 사람을 위해서 기다리지 않고, 사람 때문에 지체하지도 않습니다. 우리가 아직 연약하였을 때, 때가 되자 그리스도께서 경건치 않은 자들을 위하여 죽으셨습니다. "그는 허물과 죄로 죽었던 너희를 살리셨도다"(엡 2:1). 최초의 움직임은 하나님에게서 나와 우리에게로 향한 것이지, 우리에게서 나와 하나님께로 간 것이 아닙니다. 죄인이 스스로 마음을 돌이켜 하나님께로 향하기를 기대하기보다는 차라리 어둠이 낮을 만들어 내기를 기대하는 것이 낫습니다. 우리는 하나님의 은혜로 구원받습니다. 우리의 행실로 구원받는 것이 아니며 우리의 감정으로도, 우리의 바람으로도, 심지어 구원이 필요하다는 의식으로도 구원받는 것이 아닙니다. 각 사람이 이 교리를 분명하게 이해하고 깨닫게 하는 것이 하나님께서 무한한 지혜로 정하신 한 가지 목적이라고 믿습니다. 그것이 충실한 모든 설교가 지향하는 한 가지 목적임이 분명합니다. 우리는 설교에서 피조물을 깎아내리고 구주를 높입니다. 그런데 우리가 그렇게 설교할지라도 자기 의(義)가 사람에게는 너무나 자연스럽고, 자기 신뢰가 사람의 오만하고 어리석은 본성에는 너무나 잘 맞는 것이어서 성령이 오시기 전에는 그 생각을 사람에게서 제거할 수가 없습니다. 사람들이 좋아하는 구세주는 인기 있는 교훈 같은 것입니다. 그래서 사람의 행위를 제쳐놓는 것이 많은 사람들에게는 불쾌한 일입니다. 나는 지금 이사야가 한때 보았던 그림이 눈앞에 나타나는 것 같습니다. 우리 인간의 본성은 초여름에 무지개 색깔로 빛나는 풀밭처럼 보입니다. 금빛 미나리아재비가 온갖 색깔의 꽃들과 어우러져 있습니다. 참으로 화려하기 그지없는 꽃밭입니다! 그러나 잠깐만 기다려 보십시오! 바람이 옵니다. 뜨거운 열풍이 지나가며 초목들을 시들게 합니다. "풀은 마르고 꽃이 시듦은 여호와의 기운이 그 위에 붊이라 이 백성은 실로 풀이로다"(사 40:7). 그동안 우리는 자기 의에 빛나고, 도덕적 순결을 자랑하는 사람들을 보아왔습니다. 그래서 우리도 이 모든 것에 확실히 무엇인가 있다고 어느 정도 생각했습니다! 거기에 성령의 시들게 하는 바람이 불었고, 그래서 사람들이 죄를 깨달은 후에 우리가 그 들판을 다시 가봅니다. 거기에서 우리는 실망거리밖에 보지 못하고, 실패를 털어놓는 고백밖에 듣지 못합니다. 꽃은 하나도 없고 말라 죽은 풀밖에 보이지 않습니다. 그 영광이 얼마나 순식간에 사라졌는지 모릅니다! 들판의 아름다움이 눈 깜짝할 사이에 사라져버렸습니다!

여러분 가운데는 이렇게 자아를 말려버리는 끔찍한 일을 당했을 때를 결코 잊을 수 없는 분들이 있을 것입니다. 하나님께서 여러분을 책망하여 꾸짖으셨을 때 여러분의 아름다움은 옷이 좀 먹듯이 사라져버렸습니다. 자신에 대해서 생각할 때, 하나님께 배우기 전에는 내가 인근 이백 리(里) 안에 있는 어떤 이웃에 못지않게 좋은 사람이라고 여겼습니다. 하지만 하나님께서 본 모습을 보게 하셨을 때는 내가 이천 리 안에 있는 사람들 가운데 가장 비열한 존재라고 생각했습니다. 아니, 지옥의 안팎에서 가장 비열한 자라고 생각했습니다. 아마도 여러분은 솜씨 좋은 화가가 그린 그림을 본 적이 있을 것입니다. 그 그림은 매우 아름다워 보이는 여성을 보여줍니다. 그러나 그 그림은 아주 의도적으로 그 여성 뒤에 죽음의 형체가 보이도록 그려졌습니다. 겉으로 아주 아름답게 보였지만 그것은 해골을 베일로 감춘 것에 지나지 않습니다. 바로 그것이 성령께서 오셔서 우리의 도덕적인 아름다움에 일으키는 변화입니다. 성령께서는 우리에게 본 모습을 보게 함으로써 우리의 도덕적 아름다움을 타락한 것으로 변화시키십니다. 타락한 본성의 해골 뼈들이 스스로 의롭다고 자랑하는 우리의 교만한 육신을 뚫고서 나타납니다. 이때 우리는 하나님께 자비를 베풀어주시라고 부르짖습니다. 스스로를 구원할 생각을 일절 버리게 됩니다. 활과 칼이나 전쟁이나 말과 마병, 그 어느 것도 우리는 더 이상 신뢰하지 못합니다. 스스로 구원하는데 사용하는 수단들을 반역의 무기로 보게 되는데, 실제로 그렇습니다. 우리는 그런 수단들을 던져버리고 더 이상 상대하지 않을 것입니다. 사람이 위조 화폐를 가지고 있는 것이 발견되면 아주 펄쩍 뛰며 그 돈은 자기 것이 아니고, 틀림없이 누군가가 몰래 자기 주머니에 넣었을 것이라고 극구 변명할 것입니다. 조금 전까지만 해도 그는 속으로 "정말 기가 막히게 똑같군! 여왕 폐하라도 감쪽같이 속겠는걸!" 하고 말했습니다. 자기 의는 위조화폐에 불과합니다. 우리는 모든 것이 잘 돌아갈 때는 이렇게 말합니다. "모든 일을 잘했어! 내 의가 얼마나 멋진가 봐!" 그러나 성령께서 우리를 체포하시면, 우리는 자랑하던 것을 어떻게 해서든지 버리려고 애씁니다. 의로 여겼던 것을 더러운 누더기로 간주하고, 진리를 따라 판단합니다. 이렇게 하나님은 우리를 활과 칼이나 전쟁이나 말과 마병으로 구원하시지 않고, 오직 예수께서 하나님으로부터 나와서 우리에게 지혜와 의로움과 거룩함과 구원함(고전 1:30)이 되셨을 때 우리에게 값없이 오는 하나님의 은혜로 구원하십니다.

이것이 사람들을 실제로 구원하는 데서 일어나는 일이고, 또 사람들을 불러 구원에 이르게 하시는 데서 종종 일어나는 일입니다. 어떤 사람이 자기가 기대한 방식으로 회심한 일이 있었습니까? 거의 없었을 것으로 생각합니다. 나는 여러분이 어떤 일이 일어날 것으로 생각했는지 압니다. 적어도 많은 사람들이 어떤 것을 기대하는지 압니다. 사람들은 흥미로운 사건을 기대합니다. 어쩌면 사람들은 자신이 아주 기이한 꿈을 꿀 것이라고 생각하고, 혹은 가서 목사의 말을 들으면서 설교에 그들을 깜짝 놀라게 하거나 우울하게 만들어서 그들이 자살을 하거나 아주 터무니없는 어떤 행동을 저지르고 싶게 만들 것이라고 생각할지 모릅니다. 또 한편으로 어쩌면 가족 중에 누군가 갑작스럽게 죽거나 많은 사람이 병에 걸리는 일이 발생하여 마음에 충격을 받는 일이 일어날 것으로 생각할 수도 있습니다. 혹은 마르틴 루터가 친구 알렉시스(Alexis)와 함께 천둥 번개가 치는 폭풍우 속을 가다가 알렉시스가 죽는 것을 본 것처럼, 자신들이 그런 식으로 정신을 차리게 될 것이라고 생각할 수도 있습니다. 내 자신도 언제나 아주 놀랄 만한 일이 일어날 것을 기대하였지만 그런 일은 일어나지 않았습니다. 그렇지만 지극히 놀랄 만한 일보다 더 놀라운 일이 일어났습니다. 나는 "나를 보고 구원을 받으라"(사 45:22, 개역개정은 "땅의 모든 끝이여 내게로 돌이켜 구원을 받으라")는 복음의 명령을 들었을 뿐인데, 나는 보고 살았습니다. 내가 여러분에게 말씀드릴 이야기는 그것뿐입니다. 그리고 아마도 이것이 여러분이 이야기할 전부일 것입니다. 여러분이 오늘 밤 이 자리에 왔고, 어쩌면 아주 놀라운 어떤 일이 일어나기를 바랐을지도 모릅니다. 그런 일은 전혀 일어나지 않을 수 있지만, 하나님의 무한한 자비가 여러분의 마음을 찾아가 기분 좋게 녹일 수 있습니다. 혹은 여러분이 속으로 이렇게 말할 수도 있습니다.

"나는 정말로 믿고 있고, 앞으로도 믿을 것이다,
예수께서 나를 위해 죽으셨다는 사실을."

그런데 갑자기 여러분이 그동안 귀가 닳도록 들어왔던 변화가 여러분에게 임할 것입니다. 그것은 여러분이 기대하였던 물질적인 변화가 아니고, 슬픔과 기쁨이 뒤섞인 황홀경과 같은 변화입니다. 여러분은 그냥 그리스도의 품에 뛰어들어 그의 큰 희생을 믿고 평안을 얻을 것입니다. 여러분이 할 일은 그것뿐입니다. 여러분은 활과 칼이나 전쟁이나 말과 마병으로 구원 얻지 못하고 순전히 하나님만을 신뢰함으로 구원 얻을 것입니다. 이 외에 여러분에게 필요한 것이 무엇이겠습니까? 여러분이 무엇을 얻기를 더 바랄 수 있겠습니까?

나는 사람들이 내 덕분에 회심하였다고 말할 때마다 하나님께 말할 수 없이 감사드립니다. 그리고 뿌듯함과 황송함을 동시에 느낍니다. 여러분이 주 예수께 올 때 내 말은 한 마디도 사용되지 않고 오직 엄숙한 침묵 가운데 여러분 마음에 이야기하는 작고 조용한 음성만 사용된다고 할지라도, 여러분이 구원을 받는 한에서 나는 마찬가지로 기뻐할 것입니다. 굶주린 영혼들이 하늘의 떡을 받는다면, 나는 그들이 내가 아닌 다른 사람의 손에서 떡을 받았다고 해서 괴로워하지 않을 것입니다. 지금도 하나님께서 특별한 방식으로 내리는 이슬처럼 친히 오셔서 여러분의 마음을 새롭게 하여 영생에 이르도록 하시고 이 약속을 성취해주시면 좋겠습니다. "내가 유다 족속을 그들의 하나님 여호와로 구원하겠고 활과 칼이나 전쟁이나 말과 마병으로 구원하지 아니하리라."

다음으로, 이 사실은 신앙의 진보와 신앙부흥운동에도 적용됩니다. 사람은 누구나 주님의 원칙을 따른다고 한다면, 마치 부름을 받아 하는 것처럼 일해야 합니다. 그동안 우리는 처음에 사람들이 "우리가 부흥운동을 일으키자" 하고 말하며 시작되었던 부흥운동들을 보아왔습니다. 그렇게 해서 부흥운동들이 일어날 수 있지만, 그 운동들이 수고할 만한 가치가 있는 것들입니까? 그 모든 신앙부흥운동의 결과가 무엇이었습니까? 몇 년 후에, 그 결과는 어떻습니까? 나는 "그 일이 어떻게 되었지?" 하는 메아리만 되돌아오는 것을 듣습니다. 그 일이 어떻게 되었는지 알 수 없습니다. 나는 많은 경우에 실망한 교회가 이전보다 분발하기가 더 힘들어진 것이 아닌가 걱정입니다. 형제 여러분, 나는 깊고 광범위하며 지속적인 신앙부흥운동이 곧 일어날 것이라고 희망을 갖고 있습니다. 그리고 그

운동은 일찍이 사도 시대와 같은 방식으로 올 수도 있다고 봅니다. 그때 사도들이 예루살렘에서 어떻게 행하였습니까? 소아시아 전역에서 어떤 일을 하였습니까? 사도들의 계획은 무엇이었습니까? 아무리 해도 나는 그들이 복음을 전하고 동시에 집집이 다니며 기도 모임을 가졌고, 이렇게 해서 그리스도의 나라가 왔다고밖에 말할 수 없습니다. 사도들이 부흥운동을 일으키지 않았습니다. 부흥운동을 내려주시기를 기도했습니다. 그들은 그저 기도하고 예배드리면서 주님을 기다렸을 뿐입니다. 사도들이 지혜롭지 못하게 생각했다면 아마도 다른 계획들을 실행하였을 것입니다. 사도들이 요즘 시대의 꾀들, 즉 세속적인 강연과 오락 등을 통해서 복음을 변질시키고, 타락시키는 것을 들었다면 그런 것들을 결코 용인하지 않았을 것입니다. 그들은 자유로운 철학적 교훈들을 가르쳐서 시대에 뒤지지 않고 따라가려는 생각을 꿈에도 하지 않았습니다. 나는 바울 사도가 "내가 너희 중에서 예수 그리스도와 그가 십자가에 못 박히신 것 외에는 아무 것도 알지 아니하기로 작정하였음이라"(고전 2:2)고 말할 만큼 그런 것에는 무지하기로 아주 굳게 결심하였다는 것이 생각납니다. 기독교 역사 초기에 하나님께서 택하신 설교자들은 모두 함께 서서 "우리는 십자가에 못 박힌 그리스도를 전한다"(고전 1:23)고 단언할 수 있었습니다. 그들은 모두 그렇게 말할 수 있었고, 또 힘주어서 말할 수 있었습니다. 사도들을 따르던 모든 사람들은 그 주장을 충실히 지켰습니다. 그 결과를 보십시오!

"민족들, 곧 배운 자들이나 무식한 자들이나 모두
이 하늘의 손에 맞아 진압되었고
사탄은 자신의 손실을 보고 길길이 날뛰며
십자가의 교리를 끔찍이 싫어하였네."

나는 모든 교회들이 이 옛날 방법을 다시 한번 사용하면 좋겠습니다. 내가 볼 때, 세상은 이성이라는 목검에 맞아서는 그리스도께 가지 않고, 오직 하늘로부터 계시된 복음이라는 참된 예루살렘 검에 맞을 때만 가게 될 것입니다. 우리가 하나님께서 정해주신 방법들을 사용하고, "활과 칼이나 전쟁이나 말과 마병으로 구원하지 않으시는" 하나님만을 신뢰하기 전에는 큰 결과들을 결코 보지 못할 것입니다. 멋진 설교, 세련된 설교, 유창한 설교! 다 좋습니다. 그러나 바울 사도는 자신의 설교를 듣고 회심한 사람들의 믿음이 사람의 지혜에 서 있을까봐 그런 설교를 두려워하였습니다. 웅변가처럼 말할 수 있었지만, 그리스도의 십자가가 아무 효과가 없지 않도록 하기 위해 말의 지혜를 사용하지 않았습니다.

어떤 사람은 소리칩니다. "하지만 확실히 우리는 신학에서 다소 진보를 이룬 것이 틀림없습니다. 우리 선조들보다 더 많은 것을 알고 있음에 틀림없습니다." 나는 이 점을 자랑스럽게 생각합니다. 여러분은 사도들을 넘어서 나아가고 싶습니까? 그렇다면 여러분이 오류의 도랑으로 들어가는 것 말고 어디로 갈 수 있겠습니까? 사람들이 사도 시대에는 진보를 갈망하지 않았습니다. 그들은 "이 생명의 말씀"(행 5:20)을 거듭 말하는 것으로 만족하였습니다. 그들은 "성도에게 단번에 주신 믿음"(유 1:3)을 여전히 고수하였고, 이 원시 계시에서 구원을 찾았습니다. 우리가 구원을 찾아 여기 말고 다른 어디로 돌아다녀야 하겠습니까? 분명코 하나님은 진보된 사상이나 유창한 강연 혹은 문학적으로 아름다운 것들로 사람들을 구원하시지 않을 것입니다. 하나님은 "그들의 하나님 여호와로 구원하겠고 활과 칼이나 전쟁이나 말과 마병으로 구원하지 아니하실" 것입니다.

나는 이 땅에 하나님의 진리를 확고히 세우는 일에서도 바로 이 위대한 진리가 분명하게 나타날 것이라고 믿습니다. 내 영혼은, 많은 사람들이 곁길로 가버렸고 이스라엘의 언약의 하나님께 충성하는 사람이 참으로 부족하다는 사실이 정말로 괴로웠습니다! 어떤 사람들이 생각하듯이 하나님께 충성하는 사람이 거의 없는 것은 아니지만 그 수는 참으로 적습니다. 하나님은 바알에게 무릎을 꿇지 않은 사람 칠천을 자기를 위하여 남겨두셨습니다. 그 수가 천 배나 많으면 좋겠습니다! 우리는 이 오래된 신앙을 거리낌 없이 증언하기 위해 힘을 다해 싸워왔습니다. 그리고 많은 사람들이 모여서 그같이 함께 외칠 것이라고 희망적으로 생각하였습니다. 그러나 그렇지 않았습니다. 혹시는 그렇게 되는 것이 하나님의 뜻이 아니었는지 모릅니다. 뛰어난 사람들은 말을 삼갔고, 한때 복음을 위하는 열정에 불탔던 형제들은 사실상 적에게로 넘어가버렸습니다. 나는 하나님께서 우리의 적들을 좌절시키고 자신의 진리를 정오의 빛처럼 밝히실 것이라고 확신합니다. 하지만 내가 말하는 것처럼 되지 않을 수도 있습니다. 하나님은 하나님의 방식이 있습니다. 우리는 하나님께서 팔을 뻗으시는 것을 지켜봅시다. 어쩌면 충실한 신자들은 홀로 서야 하고, 외딴 곳에서 복음을 증거해야 하며, 많은 사람들에게 조롱을 받아야 할 수도 있습니다. 어쩌면 오랜 세월 동안 하늘의 불이 재 가운데서 연기만 피울지 모릅니다. 그래도 괜찮습니다. 그럴지라도 진리가 승리를 얻을 것이고, 그리스도께서 친히 하신 말씀은 덮치는 파도 위로 머리를 들고, 파도가 씻겨나간 후에는 더욱 아름답게 나타날 것입니다. 진리는 하나님의 능력이 있어서 반드시 이기기 때문입니다. 하나님은 "그들의 하나님 여호와로 구원하겠고 활과 칼이나 전쟁이나 말과 마병으로 구원하지 아니하실" 것입니다. 우리는 기꺼이 잠잠하고 아무것도 아닌 것이 되며 무명으로 지내고 죽어야 합니다. 이렇게 해서 진리를 살릴 것이라면 그렇게 해야 합니다. 우리가 많은 집단을 이루고 다수가 되어 모든 것을 차지하며 유력한 정당을 만들어 이기는 것보다 이것이 더 나을 것입니다. 왜냐하면 그때는 사람이 위대해지고 하나님은 잊혀질 것이지만, 지금은 하나님께서 모든 것의 모든 것이 되실 것이기 때문입니다. 여러분은 내가 얼마나 쇠약해지는지 보았고, 계획과 노력이 얼마나 쓸모없는지 보았으니, 하나님께서 어떤 일을 하실 수 있는지를 그만큼 더 분명하게 알 것입니다.

친구 여러분, 나는 이 말씀을 또 한 군데 적용해 보고 싶습니다. 이 점이 여러분에게 유익할 수 있으리라고 생각합니다. 본문은 고난의 날에 하나님의 백성에게 전하는 말씀이 있습니다. 지금 이 설교를 듣는 분들 가운데는 극심한 곤경에 처해 있는 신자들이 있을 수 있습니다. 여러분은 하나님께서 곤경에서 여러분을 건져주실 것이라는 하나님께 대한 믿음이 있습니다. 그 믿음을 계속 견지하십시오. 오랫동안 구원이 오지 않을지라도 여전히 그 믿음을 간직하십시오. 어쩌면 여러분이 어떤 점들에 대해 희망을 가질지 모릅니다. 그 희망이 수포로 돌아갈 수 있습니다. 즉, 그 물탱크는 물이 샐 것입니다. 여러분이 물어볼 수 있는 친구가 있습니다. 좋습니다. 여러분은 물어볼 수 있습니다. 하지만 그것이 전부일 것입니다. 그 물탱크도 물이 없기 때문입니다. 여러분은 물탱크를 모두 조사하고 난 다음에는 샘을 생각해낼 만큼 똑똑해지기 바랍니다. 문이라는 문은 모조리 굳게 닫히고 벗어날 길은 전혀 보이지 않는 날이 올 수 있습니다. 그러나 그때에도 여러분이 처음부터 따랐으면 좋았을 한 가지 길은 여전히 있을 것이라는 점을 생각하십시오. 그런 시간에 본문의 말씀에 귀를 기울이십시오. "그들의 하나님 여호와로 구원하겠고 활과 칼이나 전쟁이나 말과 마병으로 구원하지 아니하리라." 여호와께서 순전히 자기 오른손으로 승리를 거두실 것을 말하는 참으로 영광스러운 시각입니다! 이스라엘이 애굽에서 나올 때 어떤 군대가 바로를 이겼습니까? 이스라엘 백성을 애굽에서 데려나오기 위해 누가 이스라엘 편에서 싸웠습니까? 아무도 없었습니다. 그때 그 일에 칭찬을 들을 인간 승리자가 없었고 칭송을 들을 인간 용사도 없었습니다. 이 찬송이 아주 분명하게 울려 퍼졌습니다. "너희는 여호와를 찬송하라 그는 높고 영화로우심이요"(출 15:21). 그 일에 하나님을 도운 동맹자가 있었다면 영광이 나뉘었을지 모릅니다. 그러나 여호와께서 그 날에 홀로 높임을 받으셨습니다. 이스라엘이 아말렉과 싸웠을 때, 다음의 사실을 보면 그 전쟁이 이스라엘의 싸움에 달리지 않았다는 것이 분명합니다.

> "모세가 서서 팔을 활짝 펴고 있는 동안에는
> 이스라엘 편에서 승리하였지만
> 피곤해서 팔을 내리면
> 그 순간 아말렉이 이겼도다."

그래서 실제로는 모세의 높이 든 팔이 싸운 것입니다. 그 팔이 하나님의 승리를 가져오고 여호수아를 싸움에 능하게 만든 것입니다. 이스라엘이 요단강을 건너 약속의 땅에 들어가 가나안 민족들과 싸웠을 때, 그들이 첫 번째로 정복한 것은 여리고 성이었습니다. 그러면 그들이 공성 망치로 성벽을 부셨습니까? 도끼와 곡괭이로 차츰 성을 무너뜨렸습니까? 그렇지 않습니다! 그들은 여리고 성을 칠 일 동안 돌았고, 백성들이 큰 소리를 외칠 때 하나님께서 성벽이 무너지게 하셨습니다. 놀라운 방식으로 하나님의 백성을 구원하실 때, 하나님은 제2 원인인 사람에게 말씀하셨습니다. "뒤로 물러나고, 내 영광이 나타나게 하라." 활과 칼, 전쟁, 말, 마병, 이 모든 것을 하나님은 다 보내버리시고, 자신이 친히 선두에 서셨습니다. 그러자 하나님의 적들이 타작마당의 티끌처럼 뿔뿔이 흩어졌습니다. 하나님은 자신의 언약을 위해 싸우실 때는 싸움을 신속히 끝내십니다. 이는 "여호와는 용사시니 여호와는 그의 이름이시기"(15:3) 때문입니다. 그리고 자기 백성을 보호하기 위해 팔을 뻗으실 때 하나님은 도울 사람이 전혀 필요 없으십니다. 이제 여러분은 하나님을 의지할 수 있습니까? 보이지 아니하는 하나님을 붙잡을 수 있습니까? 하나님만을 의지하고 돕는 사람 하나 없이 갈 수 있습니까? 여러분은 하나님의 뻗으신 팔을 붙들고, 다른 모든 것은 그냥 버려 둘 수 있습니까? 하나님의 사람이여, 여러분이 그렇게 할 수 있다면, 하나님을 영화롭게 할 수 있고, 반드시 구원받을 것입니다. 여러분이 활과 칼이 있어야 하고 그렇지 않으면 희망을 포기한다면, 그 싸움은 여러분에게 달려 있습니다. 여러분이 어떻게 해야 하나님의 약속에 호소할 수 있습니까? 활을 치우고 칼을 벽에 걸어둘 때 활과 칼보다 나으신 분에게 가서 그를 의지할 수 있습니다. 그러면 하나님께서 영광스럽게 일하셔서 하나님의 이름이 높임을 받고 여러분은 복을 받을 것입니다. 성령께서 이 자리에 계신 분들 가운데 심한 싸움 때문에 마음이 무거운 분에게 이 진리를 가르쳐 주시기를 바랍니다. 여호와를 신뢰하고 잠잠히 기다리는 은혜를 주시면 좋겠습니다. 하나님께서 자신의 때와 방식으로 일하시고, 그러면 아무도 그를 막지 못할 것이기 때문입니다.

많은 경우에 하나님은 자기 백성을 다루실 때 수단을 치우신다는 이 첫 번째 요점은 이만큼 생각하도록 하겠습니다.

2. 둘째로, 하나님은 이렇게 하실 만한 충분한 이유가 있습니다.

나는 이 주제를 아주 간단히 다루겠습니다. 하나님은 지혜가 충만하십니다. 그러므로 그의 행사는 언제나 신중합니다. 하나님은 언제나 모든 일에 대해 충분한 이유가 있으십니다. 그러나 우리가 해서는 안 되는 일은 하나님께 이유를 여쭙는 것입니다. 하나님께 하시는 일에 대해 이유를 묻는 것은 분별없는 짓입니다. 오만하게 이유를 묻는 자들에 대한 하나님의 답변은 "내가 내 뜻대로 할 수 없겠느냐?"는 것입니다. 하나님께서 잠잠히 계시는 곳에서는 입을 다무는 은혜를 내려주시기 바랍니다! 그는 하나님이시고 우리는 먼지 구덩이의 벌레가 아닙니까? 누가 하나님께 주제넘게 무얼 하시느냐 혹은 왜 그러시느냐고 물을 수 있겠습니까? "이는 여호와이시니 선하신 대로 하실 것이니라"(삼상 3:18)라고 말하는 것이 훨씬 낫습니다. 하나님께서 자신이 하는 일에 대해 이유를 밝히시지 않으면 우리는 하나님께서 틀림없이 가장 좋고 가장 지혜로운 일을 하신다는 것을 알고 모든 것을 기꺼이 하나님께 맡겨야 합니다.

우리가 조심스럽게 볼 수 있고, 또 그동안 살펴보았을 때, 하나님께서 이렇게 행하시는 방식은 첫째로, 모든 자랑을 막기 위한 것이라고 생각합니다. 우리는 자만에 빠지기가 얼마나 쉬운지 모릅니다! 우리가 얼마나 악하게 하나님의 것을 빼앗아 자신에게 영광을 돌리는지 모릅니다! 하나님께서 우리를 사용하실지라도, 어떤 수단이든지 사용하실지라도, 하나님께서 사용하시는 수단에 돌아갈 영예는 없습니다. 영예는 오직 하나님께만 돌아갑니다. 나는 일전에 "400페이지에 달하는 이 책을 펜 하나로 썼다"고 말하는 어떤 작가에 대한 글을 읽었습니다. 이제 그 펜은 어디에 있습니까? 이 펜을 원하는 사람이 있습니까? 만약 그 펜을 전시물로 광고할지라도 나는 그 펜을 보러 가지 않을 것입니다. 나는 글 쓰는데 사용했던 펜보다는 글을 쓴 그 손과 쓴 내용에 훨씬 더 관심이 있습니다. 지금 말한 경우에 그 펜은 흔한 거위 깃펜입니다. 별것이 아닙니다. 우리는 그 깃펜이 어디에서 왔는지 아주 분명히 알 수 있습니다. 우리가 망치나 톱, 송곳을 사용하듯이 하나님은 어떤 목적을 위해 사람들을 사용하십니다. 우리가 그런 연장들을 쓰고 나서 다시 공구함에 넣었을 때, 연장들이 모두 이렇게 말하기 시작했다고 한번 생각해 보십시오. "우리가 한 일을 봐라! 내가 얼마나 잘 드는 톱이었는지 몰라! 나는 아주 대단한 망치였다고! 내가 그 꼭대기에 못을 때려 박지 않았어?" 이런 자랑들을 한다면 어리석기 짝이 없는 일일 것입니다. 도끼가 자기를 들어 나무를 벤 사람에게 맞서서 자랑할 수 있겠습니까? 우리는 도구가 자신에게 공로를 돌려야 한다고 생각하지 않습니다. 그런데 우리는 기회가 있을 때마다 언제나 그렇게 합니다. 그리고 이것은 우리에게 큰 해가 됩니다. 우리 중에는 이미 받은 복으로 마음이 높아지지만 않았다면 훨씬 더 큰 복을 누렸을 수 있는 사람들이 있습니다.

친구 여러분, 하나님은 여러분을 통해서 영혼을 한두 명 구원하셨습니다. 그러자 여러분은 두 손을 비비면서 자신이 천사보다 나은 대단한 존재라고 생각하기 시작하였습니다. 많은 경우에 이렇게 우쭐하는 생각이 장차 유용하게 쓰일 수 있는 기회를 사라지게 만드는 원인이 됩니다. 도구가 의기양양해 하기 시작한 것입니다. 그래서 하나님께서 활과 칼과 말과 마병을 치워버리셨습니다. 그때 사람들은 이런 것들이 얼마나 무력한지 다 보았습니다. 하나님께서 여러분과 나를 그냥 버려둘 수밖에 없는 일이 결코 발생하지 않기를 바랍니다! 하나님께서 우리를 자신의 영광을 위하여 사용하심으로 우리를 명예롭게 하여 주시기 바랍니다. 나는 하나님의 포도원에 시든 나무로 있기보다는 차라리 죽는 게 낫습니다. 하나님께서 내게서 은총의 이슬을 거두신다면 내가 이 땅에 존재해서 더 나을 일이 무엇이겠습니까?

그 다음에, 하나님께서 이렇게 하시는 것은 우리가 제2 원인들과 외적인 수단들을 일절 의지하게 못하게 하시기 위함입니다. 하나님의 백성들 여러분, 젖을 떼는 과정이 여러분에게는 많은 경우에 길고 지루한 시기입니다. 그러나 일단 젖을 떼게 되면 아브라함이 이삭이 젖 떼는 날에 큰 잔치를 열었듯이 여러분의 믿음이 기뻐할 것입니다.

청중 여러분, 여러분 가운데는 아직 구원받지 못한 분들이 있습니다. 여러분 가운데 많은 사람들에게 일어나는 일을 말씀드리겠습니다. 여러분들은 안식일이면 여기에 오고 월요일 기도회와 목요일 집회에도 옵니다. 나는 여러분을 보게 되어 기쁩니다. 여러분은 성경도 읽습니다. 그 점을 기쁘게 생각합니다. 또 여러분은 기도라고 부르는 것을 말합니다. 그 점을 기쁘게 생각해야 좋을지 모르겠습니다. 이제 여러분이 무슨 일을 하고 있는지 말씀드리겠습니다. 여러분은 마치 어떤 이상한 과정을 통해서 그리고 훌륭한 집단 가운데서 지내고 하나님의 말씀을 듣는 등등의 일을 함으로써 자신도 모르는 사이에 구원이 여러분 속에 들어오는 것처럼 스스로를 아주 안심시키고 있는 것입니다. 이런 일들은 구원의 방법으로 규정되지 않았다는 점을 말씀드립니다. 나는 여러분에게 하나님의 말씀을 듣지 말라고 하거나 수단들을 사용하지 말라고 하는 것이 아닙니다. 여러분이 이런 수단들을 신뢰하면 그 결과에 실망하게 된다는 것을 확실히 알려주고 싶은 것입니다. 이런 것들은 물주전자에 불과합니다. 그 안에 물이 없다면 그런 것은 여러분의 갈증을 풀어주지 못할 것입니다. 여러분의 목사를 보지 말고 하나님을 보십시오. 이 신성한 책으로 가기보다는 바로 예수님에게로 가십시오. 우리 구주님께서 이 사실을 어떻게 말씀하시는지 기억하시기 바랍니다. "너희가 성경에서 영생을 얻는 줄 생각하고 성경을 연구하거니와 이 성경이 곧 내게 대하여 증언하는 것이니라"(요 5:39). 이것은 너무도 분명한 말씀입니다. 성경을 넘어서 성경이 계시하는 바로 그 그리스도에게로 가십시오. 하나님 말씀의 입구에서 멈추지 말고, 진리의 전(殿)이신 그리스도 예수께 들어가십시오. 그리스도께 가는 것은 찬송을 부르고 기도를 드리는 것이 아닙니다. 찬송을 부르며 주님께 가는 것이고 기도 가운데 실제로 그리스도께 가는 것입니다. 나는 여러분이 어떤 예배에도 빠지지 않기를 바랍니다. 수단들이 여러분에게 복이 될 수 있는 곳에 여러분이 있기를 바랍니다. 그러나 수단들 자체가 여러분을 구원하지 못합니다. 설교에는 자동적으로 여러분에게 구원을 가져다줄 수 있는 것이 전혀 없습니다. 공적 예배에도 그런 것은 없습니다. 그런 것을 기대해서는 안 됩니다.

"여러분은 거듭나야 합니다!"(3:7). 여러분 스스로 분명하게 그리스도께 가야 합니다. 하나님은 주 예수 그리스도로 말미암아 사람들을 구원하시기 때문입니다. 하나님은 유다를 활과 칼과 전쟁과 말과 마병으로 구원하려고 하시지 않았듯이 사람들을 책과 기도회와 설교로 구원하시지 않을 것입니다. 하나님은 사람들을 자기에게로 데려오기 위해 말과 마병을 치워버리십니다. 종종 하나님은 사람들을 몸져눕게 만드시므로 그들이 나와서 목사의 설교를 들을 수가 없습니다. 혹은 그들을 전혀 설교를 들을 수 없는 곳으로 보내시므로, 그때는 그들이 모든 참된 설교의 하나님께로 가고 바로 예수 그리스도 안에서 구원을 얻을 수 있게 하십니다.

그 다음에, 사랑하는 여러분, 하나님은 자기 백성에게 복을 베푸셔서 자신이 백성들에게 사랑을 받을 수 있게 하십니다. 하나님께서는 다른 무엇보다 그들에게 자신을 계시하셔서 그들이 하나님을 보고, 하나님이 무슨 일을 하실 수 있는지 알게 하십니다. 여러분은 하나님께서 일반적인 수단들의 테두리 안에 계속 계시는 한 하나님께서 어떤 일을 하실 수 있는지 철저히 알지 못합니다. 혹은 여러분이 일반적인 방법들을 통해서 잘 공급받는다는 것을 충분히 알지 못합니다. 여러분은 철마다 필요한 것을 아주 일정하게 받기 때문에 하나님께서 여러분에게 필요한 것들을 공급하신다는 사실을 잊기가 쉽습니다. 자, 여러분의 사업이 실패한다고 생각해 봅시다. 아, 그때는 하나님께서 틀림없이 여러분을 부양하실 것입니다. 그러면 여러분은 하나님께서 무슨 일을 하고 계시는지 알 것입니다. 여러분이 한 곳에 있지 못하고 해고당하게 되는데, 그럼에도 하나님께서 여러분에게 주님 안에서 안식을 누리게 하신다고 생각해 봅시다. 그때 여러분은 주님께서 어떤 일을 하실 수 있는지 알게 될 것입니다. 우리가 원기왕성하고 사람마다 모두 우리에게 친절할 때는 하나님의 인자를 거의 알지 못합니다. 하나님의 인자가 부차적인 수단들 때문에 완전히 가려지는 것입니다. 그런데 우리가 완전히 외톨이가 되고 아무도 우리에게 다정하게 대하지 않으며 그래서 하나님만을 의지하고 그에게 가까이 가서 우리를 위로하는 하나님의 능력을 경험할 때, 하나님께서 그의 백성들에게 어떤 분이신지를 더욱 알게 됩니다. 밤은 별들을 드러내고 슬픔과 외로움은 주님의 임재를 느낄 수 있게 해줍니다. 사랑하는 여러분, 하나님께서 이렇게 하시는 것은 자신이 그의 백성들에게 사랑받기 위해서입니다. 다시 말해, 하나님을 더 알수록 우리가 하나님을 더욱 사랑하고, 스스로 이렇게 말할 수 있도록 하기 위해서입니다. "하나님은 지극히 은혜로우셔서 나를 후대하시고 나를 위해 개입하시며, 오셔서 일반적인 방법과 수단들로는 할 수 없는 일을 그의 전능하신 능력으로 나를 위해 행하신다!" 주님은 종종 이런 방식으로 복을 이중으로 주시는데, 선물을 주시는 복뿐 아니라 선물을 주는 방식에서도 복을 주십니다.

히스기야의 경우를 살펴봅시다. 히스기야가 나가서 산헤립과 싸워 그를 물리쳤다고 생각해봅시다. 그러면 예루살렘 거민들의 상당수가 전쟁 중에 죽었을 것입니다. 그러나 하나님께서 전쟁 없이 히스기야를 구원하셨을 때, 예루살렘에 장례식이 한 건도 없었습니다. 부상당한 사람이 아무도 없었습니다. 아무도 죽임당하지 않았습니다. 이렇게 많은 경우에 하나님은 은혜를 베푸심으로써 우리에게 복을 주실 뿐만 아니라 또한 은혜를 보내시는 방식에 의해서도 복을 주십니다. 하나님은 다른 어떤 방법이 사용되었다면 초래하였을 고통에서 우리를 구원하십니다. 하나님은 우리를 보호해 준다는 것이 오히려 우리에게 고통스러운 경험이 되게 하였을 사람에게 좌지우지 되는 굴욕에서 우리를 구원하여 주시는 일이 종종 있습니다. 우리가 어떤 유력한 사람을 통해서 복을 받았다면 그는 남은 일생 동안 우리에게 의기양양해 하였을 것입니다.

나는 아브라함의 생애에서 소돔 왕이 아브라함에게 자기가 얻은 노획물을 제공하였을 때 아브라함이 보인 태도가 마음에 듭니다. 아브라함은 그 노획물을 가질 권리가 있었습니다. 그가 전쟁 중에 그것을 얻었기 때문입니다. 하지만 이렇게 말했습니다. "네 말이 내가 아브람으로 치부하게 하였다 할까 하여 네게 속한 것은 실 한 오라기나 들메끈 한 가닥도 내가 가지지 아니하리라"(창 14:23). 그렇습니다. 그렇게 해서는 안 됩니다. 이 하나님의 종은 일개 왕이 마치 자기가 하나님의 종을 지어내기라도 한 것처럼 말하게 두려고 하지 않았습니다. 하나님께서 친히 여러분을 돕고 여러분에게 복을 주시며 여러분이 난관을 극복하도록 하셔서 여러분이 소돔 왕 같은 어떤 인물에게도 경의를 표할 필요가 없게 하실 것입니다. 그런 인물이 일어나 성읍을 내려다보며 "내가 아브라함으로 치부하게 하였다"고 말할 수 있게 하시지 않을 것입니다. 하나님은 소돔 왕을 말과 마병과 함께 치워버리고, 친히 자기 손으로 그리고 자기 방식을 따라서 자비를 이중으로 여러분에게 베푸실 것입니다.

나는 하나님께서 미래의 모든 곤경에서 여러분을 격려하기 위해서도 이렇게 하신다고 생각합니다. 하나님은 수단을 초월해서, 수단 없이, 심지어 수단에 역행되는 방식으로 여러분을 구원하셨습니다. 여러분이 지금보다 더 친구가 없어지고 더 약해진다면, 그때는 어떻게 하겠습니까? 여러분은 믿을 만한 자원이 스스로에게 있든지 아니면 친구에게 있습니까? 만일 그렇다면 여러분은 나쁜 처지에 있는 것입니다. 그러나 여러분의 모든 공급품이 하나님께 있다면, 여러분이 한때 있었던 처지보다 나쁘지는 않을 것입니다. 하나님께서 여러분에게서 옷을 벗겨버리시면 그때서야 여러분은 하나님의 옷장에 가서 하나님이 준비하신 옷을 입을 수 있습니다. 여러분이 옷을 입고 있다고 자랑하는 동안에는 하나님의 옷을 입을 수 없습니다. 가난이 식탁을 깨끗이 쓸어버렸을 때, 식탁에 오르는 빵은 모두 하나님에게서 올 것입니다. 하나님께서 여러분을 맨 밑바닥에 내려놓으셨을 때, 여러분은 더 이상 밑으로 내려갈 수 없고, 그때 홍수와 바람에 견딜 집을 세울 기회가 옵니다. 수단을 써서 일하실 수 있지만, 하나님 보시기에 선하다고 판단될 때는 언제든지 수단 없이도 일을 잘하실 수 있는 하나님을 의지하십시오! 그런 신뢰가 있으면 여러분은 모든 악천후에도 안심할 수 있을 것입니다. 하나님은 변치 않으십니다. 그러므로 여러분에게 공급품이 떨어지지 않을 것입니다.

3. 셋째로, 본문에는 이 자리에 계신 분들을 위한 복음이 있습니다.

시간이 다 되어서, 나는 이 점에 대해서 한두 마디만 이야기할 수 있을 뿐입니다. 첫 번째 복음은, 모든 경우에 구원이 가능하다는 것입니다. "내가 구원하리라"는 말씀에 주의하십시오. "내가 하리라"는 하나님의 뜻에 대항할 수 있는 것이 있습니까? 하나님께는 불가능한 것이 없습니다. 하나님을 돕는 것이 아무것도 없을지라도, 그것이 무슨 문제입니까? 하나님은 도움이 필요치 않으십니다. 하나님께서 "내가 활과 칼이나 전쟁이나 말과 마병으로 구원하지 아니하리라"고 말씀하실 때, 피조물의 도움을 명백히 거부하시는 것입니다. 청중 여러분, 여러분이 어떤 사람이든지 간에 여러분의 경우에는 희망이 있습니다. 하나님께서 구원하신다면 여러분은 구원받을 수 있습니다. 여러분이 하나님께서 오른손으로 구원을 일으키시는 것만을 바랄 때, 여러분의 처지는 희망적입니다. 이것은 참으로 분명한 사실입니다! 그리고 더할 수 없이 밝은 위로를 주는 사실입니다!

다음으로, 구원은 오직 하나님께만 구해야 합니다. 제2 원인을 찾아 어슬렁거리며 돌아다니지 마십시오. 곧바로 하나님께 가십시오. 즉시 가십시오. 곧바로 앞으로 가는 것이 세상에서 가장 잘 달리는 방법입니다. 여러분의 구주 하나님께로 곧바로 가십시오. 눈물, 느낌, 회개, 성화 혹은 다른 어떤 것을 얻기 위해 기다리지 마십시오. 즉시 일어나서 하나님께로 가십시오. 그리스도를 인하여 지금 이 순간 여러분에게 자비를 베풀어주시라고 하나님께 간구하십시오. 구원이 반드시 외적인 수단을 통해서 오는 것이 아니므로, 지금 이 설교를 듣는 분 가운데 그동안 외적인 수단들을 무시한 분들이 있다면, 비록 하나님의 뜰을 소홀히 하였고 하나님의 날을 모독하였으며 하나님의 종들을 멸시하였을지라도 즉시 하나님께로 오십시오. 여러분은 하나님을 예배할 생각이 전혀 없이 여기 들어왔습니다. 그저 이곳을 구경하고 도대체 설교자가 어떤 사람인지 보고 싶어서 왔습니다. 괜찮습니다! 지금 즉시 주 예수 그리스도를 보십시오! 전혀 앞을 보지 못하는 깜깜한 눈을 가지고 보십시오!

여러분이 볼 수 없을지라도 순종하는 마음으로 보려고 하면, 하나님께서 여러분에게 시력을 주실 것입니다. 하나님은 여러분에게 알라고 명령하시지 않습니다. 자기를 <u>보고</u> 구원을 받으라고 명령하십니다. 그래서 여러분이 눈을 들어 예수님을 바라본다면 비록 여러분의 눈이 시력이 없을지라도 볼 수 있게 만들어 주실 것입니다. 여러분이 그리스도를 믿는다면 죄 범한 여러분의 영혼을 이 순간 그리스도께 맡길 수 있습니다. 그렇게 하지 못할 이유가 있습니까? 맡기는 순간 여러분에게 비가 사라지고, 구름 속에서 찬란한 빛을 볼 것입니다. 의심이라는 어둡고 우울한 겨울이 사라지고 희망과 위로의 여름철을 맞을 것입니다. 오랫동안 지속된 차가운 절망의 시간이 물러가고 이루 말할 수 없는 기쁨 가운데 온 세상을 새롭게 경험하는 때가 찾아올 것입니다. 주님께서 우리에게 그 시간을 허락하여 주시기를 바랍니다! 아멘.

제
2
장

배교자의 길을 막음

"그들의 어머니는 음행하였고 그들을 임신했던 자는 부끄러운 일을 행하였나니 이는 그가 이르기를 나는 나를 사랑하는 자들을 따르리니 그들이 내 떡과 내 물과 내 양털과 내 삼과 내 기름과 내 술들을 내게 준다 하였음이라 그러므로 내가 가시로 그 길을 막으며 담을 쌓아 그로 그 길을 찾지 못하게 하리니 그가 그 사랑하는 자를 따라갈지라도 미치지 못하며 그들을 찾을지라도 만나지 못할 것이라 그제야 그가 이르기를 내가 본 남편에게로 돌아가리니 그 때의 내 형편이 지금보다 나았음이라 하리라." - 호 2:5-7

아브라함의 후손이 자기들의 하나님 여호와를 떠난 배교는 심각하고 통탄할 만한 것이었습니다. 그들은 만민 중에서 특별한 은혜로 택함을 받고 하나님의 계시를 받는 고귀한 명예를 얻었습니다. 그럼에도 불구하고 그들은 하나님을 떠나 범죄하는 일에 열심이었고 지존하신 하나님께 불성실하였습니다. 주변 이방 민족의 신들이 그들에게는 끊임없는 올무거리였습니다. 그들은 살아계시고 유일하신 참 하나님을 버리고 나뭇조각과 돌덩이 앞에 엎드렸습니다. 수없이 징계를 받았지만 징계를 통해서 아무것도 배우지 못했습니다. 자주 용서를 받고 긍휼을 받았지만 그들은 감사한 마음으로 자기 하나님께 굳게 붙어 있지 못하였습니다. 타락한 여인이 악하기 짝이 없는 자의 천한 사랑을 찾아 다정하고 애정 깊은 남편을 떠나듯이 이스라엘과 유다가 자기를 무한한 사랑으로 아내로 삼은 여호와께 창기처럼 굴었습니다. 그럼에도 불구하고 하나님께서는 지금까지도 이혼 증서를 쓰시지 않았고 미리 아신 자기 백성을 버리지 않으셨습니다. 1800년 동안 이스라엘 자손이 정처 없이 이리저리 떠돌아다녀야 했지만 그럼에도 하나님은 그들을 아주 버리거나 그들과 맺은 언약을 깨트리시지 않았습니다. 이는 이스라엘이 하나님께 돌이킬 날이 오고, 이스라엘이 다시 헵시바라 일컬음을 받고 그의 땅은 쁄라라 일컬음을 받을 날이 올 것이기 때문입니다. 고대하는 날이여, 오라! 유대인의 영광스러운 왕이시여, 나타나소서! 유다여, 너의 포로 된 데서 돌아오고 먼지를 떨어버리며 아름다운 옷을 입고 여호와, 곧 네 남편, 너의 사랑하는 다정한 남편에게 문안하라.

사랑하는 형제자매 여러분, 이스라엘 자손의 배교는 우리를 가르치기 위해 기록되었습니다. 이는 그들이 걸핏하면 옆길로 빗나갔듯이 우리도 빗나가기 쉽기 때문입니다. 하나님께서 옛적에 이스라엘 자손을 돌이키는데 사용하신 방법들은 오늘날 죄 범하는 그의 자녀들에게 사용하시는 것과 아주 똑같습니다. 이스라엘이 어떻게 그렇게 악할 수 있었는지 이상하게 여기기보다는 우리 자신을 돌아보고 죄를 회개하도록 합시다. 이스라엘 자손을 다루시는 하나님의 손을 보면서 우리는 하나님께서 구속받은 자들을 지옥에 내려가지 않도록 사랑으로 보존하는데 사용하시는 틀림없는 지혜의 방법들에 감탄하도록 합시다.

본문을 살펴보면서 내가 바라는 목적은, 다시 타락한 사람들을 일깨우고 가르쳐서 돌이키도록 하는 일에 성령님의 수단으로 사용되는 것입니다. 그렇게 길을 잃고 방황하는 사람들이 지금 이 자리에 있을 수 있습니다. 그들은 첫 사랑을 잃어버렸고 열심이 사라졌습니다. 그런가 하면 어쩌면 거기에서 훨씬 더 나아가 하나님의 교회를 아예 떠났고 신앙 고백과 하나님께 대한 예배를 완전히 포기해 버린 분들이 이 자리에 있을 수 있습니다.

오늘 아침 그분들의 마음속에 이렇게 외치시는 이스라엘의 하나님의 목소리가 들릴 수 있으면 좋겠습니다. "가령 사람이 그의 아내를 버리므로 그가 그에게서 떠나 타인의 아내가 된다 하자 남편이 그를 다시 받겠느냐 그리하면 그 땅이 크게 더러워지지 아니하겠느냐 하느니라 네가 많은 무리와 행음하고서도 내게로 돌아오려느냐 여호와의 말씀이니라"(렘 3:1).

본문을 생각하기 시작하면서 먼저 이 말씀을 드리도록 하겠습니다.

1. 죄인들은 유복한 상태에 있을 때 하나님의 자비들을 자기에게 해가 되도록 악용합니다.

하나님의 자비들을 죄의 수단으로 삼고 하나님과 싸우는 무기들로 삼음으로써 그렇게 합니다. 이스라엘 자손들은 세상적인 위안거리들을 풍부히 누렸을 때 이 모든 복을 자기들이 섬기는 거짓 신들의 덕택으로 돌렸습니다. 이 악하고 불충한 말을 들어보십시오! "나는 나를 사랑하는 자들을 따르리니 그들이 내 떡과 내 물과 내 양털과 내 삼과 내 기름과 내 술들을 내게 준다"(호 2:5). 후히 베푸시는 자기 하나님께 이 얼마나 천하고 배은망덕한 일입니까! 하나님의 영광을 새긴 우상들에게 돌리는 부끄럽기 짝이 없는 짓입니다! 부유한 죄인들은 크게 세 가지 잘못을 저지릅니다.

첫째로, 그들은 세상적인 행운을 가장 중요시여깁니다. 사업이 잘되고 있기 때문에 그들은 자신의 영혼이 망하고 있는 것을 생각하지 않습니다. 자신과 자녀들을 위한 식탁이 풍성하기 때문에 자신의 영혼이 하늘의 떡이 부족해서 굶주리고 있다는 것을 잊어버립니다. 그들은 영원의 사실들 앞에 현세의 그림자를 드리웁니다. 그들은 "우리는 살아야 해" 하고 말합니다. 그러나 자신이 반드시 죽는다는 사실은 잊어버립니다. 조류가 조용히 흐르고 기쁨의 강물이 막히는데 없이 잔잔하게 흐르는 한, 그들은 위험한 물살에 빠르게 쓸려가 무시무시한 절벽 아래로 떨어지는 영혼들의 피로 붉게 물든 폭포를 생각하지 못합니다. 보잘것없는 이 진흙 몸을 그처럼 중요하게 여기고 불멸의 영혼이라는 지극히 귀한 보석을 잊어버리는 것이 큰 잘못이 아닙니까? 우리가 잠시 동안만 힘들게 지낼 뿐인 이 세상을 그처럼 중요하게 생각하고, 영원히 거해야 하는 세상은 소홀히 여기는 이유는 무엇입니까? 그처럼 어리석은 행동은 한때 스스로 그리스도인이라고 공언하였던 사람에게는 부끄럽기 짝이 없는 일입니다. 그가 영원한 것이 일시적인 것보다 뛰어난 것을 알았고, 또 세상적인 것들의 헛됨과 천상적인 것들의 영광을 알았거나 안다고 공언하였기 때문입니다. 그렇지만 그에게 일이 잘 풀리고 있기 때문에, 다시 말해 아내는 건강하고 자녀들은 한창 때를 보내고 있으며 집은 온갖 가구가 비치되어 있고, 재산은 늘고 있기 때문에 사나운 비바람이 몰려오느라 하늘이 어둡고 하나님의 얼굴빛이 그에게서 가려졌음에도 불구하고 그는 "영혼아 평안히 쉬어라"(눅 12:19) 하고 말하며 걱정하지 않습니다. 사람은 세상에서 성공하고 있기 때문에 하나님의 임재를 잃는 것을 하찮은 일로 생각합니다. 그것은 마치 사람이 땅에 묻을 옷을 고스란히 보존할 수만 있다면 목숨을 잃는 것은 아무 일도 아닌 것처럼 생각하는 것과 같습니다. 어리석은 사람들이여, 여러분은 이같이 가장 하찮은 것을 가장 중요하게 여기고 가장 중요한 것을 가장 하찮게 여기고 있습니다.

한 가지 잘못은 또 다른 잘못으로 이어지기 마련입니다. 둘째로, 그러므로 그런 사람들은 일시적인 것들을 영원히 보유할 수 있는 것처럼 잘못 붙들고 있습니다. 본문에서 "나의"라는 단어가 얼마나 많이 나오는지 보십시오. "내 떡과 내 물과 내 양털과 내 삼과 내 기름과 내 술들을 내게 준다." 이런 것들은 이스라엘 자손의 것이 아니라 하나님의 것이었습니다. 하나님이 9절에서 그 모든 것이 당신의 것임을 분명히 말씀하시고 그 모든 것을 빼앗겠다고 위협하시는 것을 보면, 그것을 알 수 있습니다. 하나님을 떠난 자여, 그대가 스스로 하나님의 청지기라고 고백하던 때가 있었습니다. 그때는 여러분이 "나는 나의 것이 아니라 값으로 산 것이 되었다"(고전 6:20)고 말했습니다. 그런데 이제는 마음이 세상적인 것들에 팔려서 매사를 이런 식으로 말합니다. 내 말, 내 집, 내 땅, 내 수익, 내 자녀라고 합니다. 여러분이 순전히 자신의 것이라고 생각하는 것들의 목록을 말하자면 끝이 없습니다. 자, 여러분, 그런 것들은 여러분의 것이 아닙니다. 잠시 여러분에게 빌려주신 것일 뿐입니다. 여러분은 하나님의 토지 관리인에 지나지 않습니다. 소유물이 무엇이든지 간에 여러분은 임대인이 예고 없이 언제나 내보낼 수 있는 임차인으로서 혹은 돈을 빌린 차용인으로서 그것을 소유하고 있는 것일 뿐입니다. 하나님께서는 지금도 여러분의 모든 것에 대해서 그것이 여러분의 것이기 이전에 하나님 자신의 것이라고 주장하십니다. 그리고 하나님께서 그 사실을 여러분에게 밝히실 날이 올 것입니다. 나는 하나님께서 여러분에게 자비를 베푸시기를 바라는데, 정말로 자비를 베푸신다면 하나님께서 여러분에게서 이런 것들을 하나씩 거두어 가셔서 여러분이 아주 비참한 가운데 이렇게 외칠 수 있기를 바랍니다. "하나님이여, 저를 용서하여 주소서. 제가 이런 것들을 신으로 삼았고, 제 것이라 주장하였습니다."

셋째로, 믿음을 저버린 사람들은 자신의 번영과 행운이 죄악적인 행위들에서 왔다고 말하기가 쉽습니다. 나는 어떤 사람이 "신앙 고백을 포기하고 나서 전보다 사업이 더 잘 되었다"고까지 말하는 것을 들었습니다. 어떤 배교자들은 이렇게 자랑하였습니다. "나는 청교도적인 속박을 끊어버리고 나서 어느 때보다도 기분이 좋고 돈도 더 잘 벌었다." 이렇게 그들은 행운들이 자기의 죄에서 비롯된 것이라고 생각하고, 이스라엘 백성이 금송아지 앞에서 절하며 "이스라엘아 이는 너희를 애굽 땅에서 인도하여 낸 너희의 신이로다!"(출 32:4) 하고 소리쳤듯이, 자신의 정욕 앞에 절하는 악을 행하였습니다. 죄인이여, 여러분이 하나님께서 여러분에게 이런 것들을 잠자코 주신 그 인내를 알기만 하면 좋겠습니다. 하나님은 여러분에게 내세의 유업이 없는 것을 아시고 장차 망할 여러분에게도 이 세상에서 많은 행운을 여러분의 몫으로 주신 것입니다. 여러분이 도살하기 위한 짐승처럼 그런 것을 먹고 살찌는 일이 없도록 주의하십시오. 하나님을 떠난 여러분, 하나님께서 여러분에게 이런 것들을 주심은 여러분을 시험하시기 위함입니다. 즉, 여러분이 얼마나 멀리까지 타락의 길을 가는지, 여러분이 얼마나 터무니없는 배은망덕의 자리까지 내려가는지, 하나님의 애정 어린 수단들을 얼마나 멸시하는지 보시기 위함입니다. 믿음을 저버린 여러분, 자신이 그리스도의 이름에 이루 말할 수 없는 불명예를 끼쳤고, 하나님의 백성들을 몹시 괴롭혔으며 악인들로 하여금 공공연히 하나님을 대적하는 말을 하게 만든 것을 생각하면, 하나님께서 오래전부터 여러분을 병상에 눕게 하시지 않은 것이 기이하지 않습니까? 여러분이 처음에 하나님을 버렸을 때 하나님께서 여러분을 뇌졸중으로 거꾸러뜨리시지 않은 것이 기이한 일이 아닙니까? 그런데 하나님은 그렇게 하시기보다는 오히려 여러분에게 감사할 일들을 더 많이 베풀어주시는 것을 보십시오. 하나님은 이렇게 말씀하실 만큼 선하신 분이 아닙니까? "내가 너를 지금까지 후대하였으니, 안심하라. 내가 너와 결혼하였으니 남편이 아내를 대하듯이 너를 대하마. 내가 너에게 얼마든지 이혼을 선언할 수도 있지만, 영원히 너와 약혼하였으므로 네가 죄 가운데 있을 때에라도 나의 선함과 자비가 너를 떠나지 않을 것이다."

배교한 사람이 현재 누리는 행복과 위로를 하나님의 오래 참으심 덕분으로 생각하기보다 오히려 자신의 죄에서 비롯된 것으로 보는 이 점에 큰 잘못이 있습니다. 여기에 세 가지 크게 잘못된 생각이 있습니다. 나는 그 생각들이 아주 치명적이어서, 하나님께서 은혜와 섭리로 개입하시지 않는다면 압살롬이 에브라임 수풀에서 자랑으로 여기던 머리카락 때문에 나무에 매달려 있을 때 요압이 그의 심장에 박아 넣은 세 단창처럼 파멸적인 것이 될까 염려스럽습니다. 바벨론의 고급 옷과 은전들, 그리고 금덩어리가 옛적에 아간을 파멸시켰듯이 여러분도 멸망하게 할까봐 걱정입니다. 말거머리의 세 딸들처럼 이 세 가지 거짓된 것들은 여러분의 영혼을 완전히 파괴할 때까지 결코 만족하지 않을 것입니다. 여러분이 고급 옷을 걸치고 호화로운 음식을 먹을 것입니다. 그러나 이 모든 것은 여러분에게 올가미를 씌워 저주 받은 자의 고통에 이르게 할 뿐입니다. 자, 여러분에게 임할 비참한 일들을 인해 울며 소리지르십시오. 여러분의 재물은 썩었고 여러분의 의복은 좀먹었습니다. 여러분의 금과 은은 녹이 슬고, 그 녹이 여러분을 비난하는 증언을 하고, 불처럼 여러분의 살을 태워버릴 것입니다. 여러분은 의의 길을 버리고 불의의 삯을 사랑한 발람의 길을 따라 곁길로 갔습니다. 하나님의 종 베드로의 입을 통하여 말씀하신 주님의 말씀을 듣고 떨며 두려워하십시오. "만일 그들이 우리 주 되신 구주 예수 그리스도를 앎으로 세상의 더러움을 피한 후에 다시 그 중에 얽매이고 지면 그 나중 형편이 처음보다 더 심하리니 의의 도를 안 후에 받은 거룩한 명령을 저버리는 것보다 알지 못하는 것이 도리어 그들에게 나으니라 참된 속담에 이르기를 개가 그 토하였던 것에 돌아가고 돼지가 씻었다가 더러운 구덩이에 도로 누웠다 하는 말이 그들에게 응하였도다"(벧후 2:20).

이제 이 주제의 우울한 면을 떠나서 감사한 마음으로 다음의 사실을 살펴봅시다.

2. 주님께서는 방황하는 자기 자녀들을 데려오시기 위해 역경을 끌어들이십니다.

하나님의 택하신 자들이 하나님을 떠나서 범죄할 때 종종 하나님이 사랑으로 그들의 길에 두시는 장애물들을 잠시 생각해 봅시다. 여기에 우리의 주의를 끄는 문제가 있습니다. "그러므로 내가 가시로 그 길을 막으며 담을 쌓아 그로 그 길을 찾지 못하게 하리라"(호 2:6). 여기서 여러분은 그것이 생각지 못한 장애물이라는 것을 압니다. 그것이 바로 하나님의 택하신 자의 길에 놓여 있기 때문입니다. "내가 그 길을 막으며." 그것은 그의 길, 곧 그의 습관이었습니다. 그는 그 길에 빠지게 되었고 계속해서 그 길로 가려고 하였습니다. 그런데 갑자기 예상치 못한 방해물을 만났습니다. 그것은 마치 공공 도로가 밭 한가운데로 나 있어서 사람들이 길을 못 찾아 헤매다가 풀밭이나 곡식밭으로 들어가기 시작하자 농부가 작은 나무들을 심어 사람들이 길로만 다니도록 하는 것과 같습니다. 혹은 농부가 들판에 가축을 기르면서 들짐승들이 뚫고 들어오지 못하도록 빽빽한 가시 울타리를 치는 것과 같습니다. 그와 같이 하나님은 택하신 백성들이 죄에 빠지는 것을 막기 위해 그들의 길에 고난이라는 가시 울타리를 치십니다. 이 울타리가 여러 가지 다른 형태로 여러분의 길에 쳐질 수가 있습니다. 어쩌면 여러분이 오늘 그 울타리를 만날지도 모릅니다. 나는 하나님께서 택하신 자에게 손을 대시는 것을 봅니다. 갑자기 그의 사업이 어려워집니다. 고객들이 한 사람씩 떨어져나갑니다. 돈을 떼이는 일들이 많아지고, 머지않아 파산할 것이 눈에 뻔히 보입니다. 그동안은 유흥에 돈을 물 쓰듯이 썼는데 이제는 궁핍을 채울 길이 없습니다. 죄의 땅에 심각한 기근이 발생하였고, 비로소 가난을 겪기 시작합니다. 그는 이 점을 거의 예상하지 못했습니다. 그가 말을 타고 빠른 걸음으로 거리를 의기양양하게 지나가고 있을 때 누군가가 그에게 힘든 일을 만날 것이라고 말했다면, 그는 그 사람을 비웃고 조롱했을 것입니다. 자신은 틀림없이 백만장자로 살 것이라고 생각했습니다. 그런데 지금 극빈자로 죽을 것이 거의 틀림없어 보입니다.

그렇지 않으면, 한때 튼튼하고 건강하였던 사람에게 갑작스럽게 병이 생겼을 수 있습니다. 그는 술고래들과 어울려 술을 마시며 한밤중에 술에 취해서 동네가 떠나가라 하고 크게 소리를 질러댈 수 있었습니다. 그러나 이제는 몸이 마비되어 사지의 절반은 쓸 수가 없습니다. 혹은 어쩌면 그가 속병으로 몸이 약해져서 언제든지 갑작스럽게 죽을 수 있는 위험한 상태에서 비틀거리며 길을 걷게 되었을지도 모릅니다. 이제 평탄한 길도 걷기가 힘들고, 세상은 그에게 매력을 많이 상실하였습니다. 죄인이여, 이제 그대에게는 음악 소리가 그치고, 술의 즐거움도 더 이상 없습니다. 여러분이 즐기던 거품이 넘치는 술잔, 그리고 방탕과 방종이 다 사라져버렸습니다. 자비가 여러분의 영혼을 사랑하여 여러분을 그런 것들에서 떼어놓은 것입니다. 어쩌면 또 다른 가시로 만든 울타리가 있을 수 있습니다. 어쩌면 그 사람의 자녀가 병에 걸렸을 수도 있습니다. 집에서 짧은 시간 안에 장례를 여러 차례 연달아 치를 수도 있습니다. 상속자로 아버지의 기쁨인 맏아들이 시든 꽃처럼 떨어집니다. 아내가 마치 백합이 줄기로부터 뚝 하고 부러지듯이 끊어집니다. 그는 자식도 없는 홀아비가 되어 웁니다. 하나님께서 복을 주려고 하시는 사람들의 길을 막고 담을 세우시는 데는 이런 방식들 가운데 어느 하나든지, 혹은 여기서 자세히 이야기할 필요가 없는 그 밖의 수천 가지 방법들을 사용하십니다. 사람이 울타리를 부수면 하나님께서 자비로 또 다른 울타리를 세우실 것이고, 힘센 수소도 무너트릴 수 없을 만큼 튼튼하게 울타리를 세우실 것입니다. 믿음을 저버린 자여, 하나님의 손가락이 여러분의 지극히 예민한 부분을 건드릴 수 있습니다. 여러분이 지금까지는 "아무도 나를 비참하게 만들 수 없어. 나를 괴롭힐 것은 아무것도 없어" 하고 자랑하였지만, 하나님께서는 아무도 그 무거운 빚장을 벗길 수 없는 철저한 절망 가운데 여러분을 가두실 수 있습니다. 여러분의 뇌에 어떤 일이 일어날 수 있는지 한번 생각해 보십시오. 지금은 여러분의 뇌가 침착하고 계산이 빨리 돌아갑니다. 그래서 경쟁에서 다른 사람들을 따돌릴 수 있는 것이 분명합니다. 하지만 아주 금방이라도 보이지 않는 원인에 의해 뇌가 멍청해지거나 정신이상의 초기 증세를 나타낼 수도 있다는 사실을 잊지 마십시오! 그처럼 자랑하던 뇌가 얼마나 순식간에 불길이 일렁이는 불바다처럼 되어버렸는지 모릅니다! 이런 고난이 영원한 진노의 전주곡이 되지 않도록 조심하십시오. 내가 여러분을 위하여 드리는 기도는 여러분이 좀 더 온건한 방법들을 만났을 때 회개할 수 있기를 바라는 것입니다. 그러나 주님께서 여러분의 길을 가시 울타리로 막지 않는 한 여러분은 결코 회개하는 데로 나오지 않을 것입니다.

그 가시 울타리가 사람을 몹시 실망시키는 장애물이었다는 점을 살펴봅시다. 번창하는 죄인이 안심하고 자기 길을 달려가고 있을 때, 갑자기 길이 막혔습니다. "그 일만 없었다면 내가 부자가 되었을 텐데" 하고 그는 말합니다. "어째서 아름다운 내 딸이 이제 막 여성으로 꽃피며 사랑스럽기 그지없던 바로 그때 죽게 되었는지? 어째서 사랑하는 아들이 아주 매력적으로 자라서 아들과 함께 다니는 것만으로도 내게 기쁨이었던 바로 그때 죽게 되었는지? 아, 이것은 정말로 고난이구나. 내가 이제 새 집을 지었고 그래서 한껏 으스대며 딸들이 부러워할 만한 결혼을 할 것으로 기대하던 때에 불행을 만나다니, 이것은 정말로 사람을 낙담시키는구나" 하고 그 사람은 강하게 항의합니다. 비록 그가 한때는 하나님의 자녀라고 공언하였지만, 이제는 금방이라도 하나님을 욕하고 죽을 것만 같습니다. 그러나 그가 만일 이 사실을 안다면, 그렇게 하시는 하나님의 동기를 안다면 자기가 당하는 고난들에 대해 무릎을 꿇고 하나님께 감사드릴 것입니다. 여러분은 사도 바울을 그린 화가에 대한 이야기를 기억할 것입니다. 그가 높은 곳에 올라가서 천장에 그림을 그리고 있을 때, 그림을 보기 위해 설치대에서 뒤로 물러났습니다. 그는 작업에 아주 몰두해 있었고 설치대 맨 끝에 서 있어서 아찔한 높이에서 떨어지면 몸이 박살날 지극히 위험한 상황에 처해 있었습니다. 한 친구가 그를 보았고, 만일 그에게 큰 소리를 지른다면 그가 깜짝 놀라서 더 빨리 떨어지게 될 수 있었습니다. 그래서 친구는 붓에 페인트를 듬뿍 묻혀서 그림에다 던졌습니다. 바라던 결과가 나타났습니다. 화가가 몹시 분이 나서 달려와 친구에게 마구 욕을 퍼부었기 때문입니다. 이렇게 해서 그의 목숨을 살린 것입니다. 하나님은 여러분이 인생의 아름다운 장면을 그리고, 땅에다 행복을 그리는 모습을 보고 계시다가 갑자기 그 모든 것을 망쳐버리십니다. 그러면 여러분은 달려 나와 하나님께 소리쳐 항의합니다. 그러나 여러분은 그 실망에 대해 하나님께 감사해야 할 이유가 얼마나 큰지 모릅니다! 그 일로 인해 여러분을 먹어치우려던 사탄의 계획이 좌절되었고 그렇게 해서 여러분의 영혼이 구원을 받았기 때문입니다.

그 다음에, 우리의 하늘 아버지께서는 종종 참으로 고통스러운 장애물들을 사용하십니다. 하나님은 죄인의 길에 철쭉과 진달래로 울타리를 치지 않고, 장미와 월계수로 치지도 않으며, 가시로 울타리를 치십니다. 영혼을 괴롭히고 육신을 잡아 찢는 바늘투성이의 가시나무는 하나님의 억제 수단입니다. 가시 울타리가 아니고서는 어떤 것도 그 사람을 막지 못했을 것입니다. 그는 현재 자기의 길에 완전히 마음이 팔려서 그 외의 어떤 것도 뚫고 나가려 했습니다. 영원한 자비로 그 사람을 특별한 사랑의 대상으로 구별하신 하나님께서 매우 효과적인 구제책을 사용하여 가시 울타리를 치십니다. 오늘 아침 여러분은 상심해 있습니까? 너무도 상심이 되어서 차라리 태어나지 않았다면 좋았을 것이라는 생각이 듭니까? 불운(不運)의 상처와 채찍질이 너무 고통스러워서 더 이상 목숨을 연명하느니 차라리 생을 마감하고 싶다는 생각이 들지 않습니까? 만일 여러분이 하나님의 자녀라면 나는 이 점을 인해서 하나님께 감사드립니다. 여러분이 가는 길을 바꾸려면 이렇게, 오직 이렇게 할 수밖에 없기 때문입니다.

그 다음에, 가시 울타리가 충분하지 않을지라도 담은 효과적입니다. "내가 담을 쌓으리라"고 기록되어 있습니다. 죄를 짓는 일에 아주 필사적이어서 일반적인 제재는 뿌리치고 나갈 사람들이 있습니다. 그때는 뚫고 나갈 수 없고 넘어갈 수도 없는 담이 세워질 것입니다. 배교자여! 하나님을 떠난 자여! 어쩌면 여러분은 이미 가시 울타리를 뚫고 나갔는지 모릅니다. 그동안 겪은 고난들이 아무 쓸모 없었는지 모릅니다. 나는 시련을 충분히 겪은 사람들을 보아왔습니다. 사람들은 그 정도 시련을 겪었으면 철석같이 단단한 그들의 마음이 녹았을 것이라고 생각하겠지만, 그들은 안색 하나 변하지 않고 여전히 하나님께 대항하였고, 이전보다 더 상태가 심각해졌습니다. 바로가 "여호와가 누구이기에 내가 그의 목소리를 듣겠느냐"(출 5:2) 하고 말했습니다. 그러고 나서 그는 많은 재앙으로 괴로움을 겪었습니다. 그런데 여러분이 그렇게 말한 것입니다. 나는 하나님께서 바로를 멸하셨듯이 여러분을 멸하시지는 않을 것이라고 믿습니다. 그러나 여러분의 오만한 목의 단단한 힘줄을 이런저런 방식으로 끊으실 것입니다. 하나님과 여러분 사이에 씨름이 벌어지면 여러분이 넘어질 것이 확실하기 때문입니다. 하나님은 아무리 완강한 적에게도 패하신 적이 없습니다. 그래서 여러분의 경우에도 하나님의 계획이 실패하지 않을 것입니다. 여러분이 정말로 하나님의 택하신 자라면 지금까지 듣지 못한 다른 어떤 형태의 고난을 만날 것입니다. 이것이 여러분을 막지 못한다면 하나님은 새로운 질병을 고안해내고, 여러분의 영혼을 얻기 위해 새로운 고통의 방법을 궁리해내실 것입니다. 여러분을 부드러운 바람으로 구원할 수 없다면 폭풍우를 보내실 것입니다. 이 폭풍우가 충분치 않으면 태풍을 보내실 것이고, 그래도 여러분이 항구로 달려 들어가려고 하지 않는다면, 여러분이 난파선처럼 산산이 부서져서 구원을 받기 위해 만세 반석으로 헤엄쳐 갈 때까지 회오리바람을 잇달아 보내실 것입니다. 이런 것들은 하나님의 방법들의 일부일 뿐입니다. 그리고 하나님께서 보내시는 견디기 힘든 일들도 자비로 가득 찬 것들입니다. 악인들이 베푸는 친절한 자비들이 실상은 잔인한 것이고, 하나님이 보내시는 무자비한 일들은 사실상 애정 어린 자비로 가득 차 있습니다. 다른 것들은 모두 쓸모가 없기 때문에 하나님께서 이 방법들을 쓰시는 것뿐입니다. 하나님은 여러분이 능력을 마음껏 발휘하면서 지옥에 내려가게 하기보다는 뼈를 모조리 부러트려서라도 여러분을 천국에 들어가게 하려고 하십니다.

3. 셋째로, 하나님께서 죄의 길에 담을 쌓을지라도 죄인들은 죄를 따르려고 하지만, 택하신 자들은 그 뜻을 이루지 못할 것입니다.

"그가 그 사랑하는 자를 따라갈지라도 미치지 못하며 그들을 찾을지라도 만나지 못할 것이라." 여러분은 그 사람이 보입니까? 그는 너무 큰 손실을 겪었기 때문에 이제는 전처럼 죄를 지을 수단을 사용할 수가 없습니다. 전에는 쾌락에 탐닉하는데 쓸 돈이 있었지만 이제는 빈털터리입니다. 그럼에도 최악의 일을 시도해봅니다. 그는 어딘가에 구멍이 있는가 보려고 담을 위아래로 훑어봅니다. 돌이 비죽 튀어나온 곳까지 담을 기어 올라가려고 애씁니다. 절반쯤 올라가다 떨어져서 팔을 다치지만 거듭거듭 올라가보려고 시도합니다. 그는 가시 울타리를 따라 돌아다니면서 갈라진 틈이 있나 보고 또 봅니다. 아, 그가 갈라진 틈을 한 군데라도 찾을 수 있다면, 하나님의 울타리에서 벗어날 수만 있다면, 다시 한번 난봉을 피울 수 있는 돈을 긁어모을 수만 있다면, 다시 한번 신사 행세를 할 수 있을 만큼의 돈만 얻을 수 있다면 좋을 것입니다. 그러나 그는 그렇게 할 수 없습니다. 그의 죄를 만족시킬 수단이 일절 없습니다. 어쩌면 상황이 또 다른 방향으로 흘러갈 수도 있습니다. 즉, 하나님께서는 그에게서 죄의 쾌락을 모두 앗아 가버리신 것입니다. 그가 한때는 돈으로 만족하였는데, 이제는 만족할 수가 없습니다. 돈궤에 돈을 넣으면서도 즐겁지가 않습니다. 돈이 은행에 쌓이는 것을 보아도, 돈이 그에게 근심만 가져다줄 뿐, 예전과 다르게 아무런 만족을 주지 못합니다. 자녀들은 하나씩 하나씩 그에게 재앙거리인 것이 나타납니다. 사업에서는 모든 것이 그를 괴롭히기로 작심한 것처럼 상황이 돌아갑니다. 전에는 연극을 넋 나간 듯이 쳐다보았는데 이제는 모든 일이 지루하고 따분합니다. 풍미가 가득한 포도주도 이제는 물려서 예전의 매력이 사라졌습니다. 그에게 하고 싶은 것을 해보라고 해도, 이제 그에게는 세상이 무미건조하고 비참할 뿐입니다. 그는 티베리우스(로마제국 2대 황제)처럼 자기에게 새로운 즐거움을 가져다주든지 아니면 옛적의 활력을 되찾게 해주는 사람에게는 막대한 금을 주고 싶어 할 것입니다. 하지만 가시 울타리는 너무도 잘 만들어졌습니다. 위대하신 농부께서 울타리를 아주 잘 세우셨습니다. 그 죄인은 영적인 자살을 감행하고 싶어 합니다. 그러나 하고 싶어도 할 수가 없습니다. 그는 마치 망하기를 원하기라도 하는 것처럼 필사적으로 파멸로 달려가려고 합니다. 죄인이여, 어떻게 이럴 수가 있습니까? 타락이 우리를 얼마나 망쳤기에 우리가 자신의 파멸을 그토록 간절히 바라는 것입니까? 하나님이여, 인간이란 도대체 어떤 존재입니까! 인간은 죄가 자신을 파멸시킬 것을 알면서도 마치 죄가 자신에게 큰 행운인 것처럼 껴안고, 마치 파멸이 금이라도 되는 양 파멸을 쌓아올리며, 마치 숨은 보물이라도 파듯이 멸망을 캐내려고 합니다. 악인들이 열심히 죄를 찾아 헤매듯이 의인들이 선을 추구하는데 그 반만큼만 열심을 낸다면 얼마나 적극적인 사람들이 될지 모르겠습니다! 죄인들이 자신의 방식과 쾌락을 추구하는데 보이는 굳은 결심의 반만이라도 우리가 하나님의 일들에 행하는데 결심을 보인다면, 우리 가운데 흔들리는 사람들이 하나 없고, 소심하고 비겁한 사람들도 하나 없을 것입니다. 이처럼 죄를 사랑하는 것은 정말로 이상하기 그지없습니다. 그래서 우리 자신이 그것을 알지 않는다면 과연 그럴까 하고 의심할 것입니다.

그러나 그리스도인 여러분, 이것은 최악의 사람들에게서와 똑같이 여러분에게도 해당되는 사실입니다. 하나님의 자비가 없었더라면 우리도 갈수록 더 악화되는 길에 뛰어들었을 것입니다. 전능하신 하나님이 고삐를 붙잡고 우리를 진리의 길로 들어가게 하시지 않았다면 우리는 이 시간 죄의 길에서 달려가고 있었을 것입니다. 전능하신 하나님이 개입하시지 않았다면 틀림없이 그렇게 되었을 것입니다. 여러분을 죄의 길에서 돌이키게 한 것은 목사가 아니었습니다. 양심이 아니었습니다. 단순한 섭리가 아니라 그 이상의 일이었습니다. 여호와께서 다메섹에서 사울에게 하셨듯이 친히 오른팔로 달리는 말의 엉덩이를 쳐서 말 탄 사람을 땅바닥에 내팽개치신 것입니다. 그렇게 하지 않았다면 우리는 틀림없이 서둘러 파멸로 달려가고 마음의 완고함으로 인해 망하고 말았을 것입니다. 큰 자비로 우리를 구원하신 하나님을 찬송합시다. 섭리의 끈으로 묶어둘 수 없는 사람들, 곧 제멋대로 죄를 지을 수만 있다면 돌담이라도 뛰어넘으려고 할 사람들을 불쌍히 여깁시다.

친구 여러분, 이렇게 해서 나는 죄인이 죄를 사랑하는 일에 취하고 얼이 빠져서 하나님을 미워하고 자비를 적대시하지만, 우리가 지금까지 본 대로 죄에 탐닉하려는 뜻을 이루지 못해 안달하는 통탄스러운 모습을 여러분에게 보여주었습니다. 가시 울타리는 충분하지 못하고 돌담도 충분하지 못할 것입니다. 그러면 이제는 어떻게 될 것입니까?

4. 이제 우리는 믿음을 저버린 자의 좌절 뒤에 따라오는 복된 결과를 살펴봅시다.

죄를 따르는 그 추구는 참으로 끈질겼습니다. 그러나 탐욕스러운 사냥꾼이 먹이를 놓쳤습니다. 그는 추적하는 일에 지쳐서 부끄러워하며 앉아 있습니다. 그 일이 어떻게 됩니까? 그 점을 유의해서 보십시오. 그 결과는 여러분과 내가 이미 알고 있는 것입니다. "그제야 그가 이르기를 내가 본 남편에게로 돌아가리니 그 때의 내 형편이 지금보다 나았음이라 하리라." 주님, 오늘 아침 이 자리에 있는 몇몇 분들에게 이렇게 기도할 수 있도록 가르쳐 주시옵소서.

여기에 슬픔이 수반되는 회개가 나오는 것을 보십시오. 이 경우에 이 불쌍한 사람은 자신의 비참한 상태를 깊이 느끼되, 아주 뼛속까지 깊이 느낍니다. 이 여자는 얼마나 비참한 처지에 있는지 자신의 전 상태를 끔찍이 싫어했음에도 불구하고 그때가 차라리 지금보다 낫다고 털어놓습니다.

이것이 적극적인 회개라는 사실에 유의하십시오. 이것은 그냥 "돌이키겠다"고만 말하는 것이 아니라 "돌아가겠다"고 하는 것입니다. 하나님의 은혜가 배교자로 하여금 돌아가게 만들 때는 그가 마음을 다 바쳐 하나님을 찾을 것입니다. 그는 이렇게 소리칩니다. "파수꾼이 아침을 기다림보다 내 영혼이 주를 더 기다리나니 참으로 파수꾼이 아침을 기다림보다 더하도다"(시 130:6). 죄인이 그리스도를 찾을 때 간절히 찾습니다. 그러나 믿음을 저버렸던 사람이 그릇된 길에서 돌이킬 경우에는 훨씬 더 간절히 그리스도를 찾게 됩니다. 이는 그가 슬퍼해야 할 죄책이 있을 뿐만 아니라 또한 구주님을 멸시하였고 의의 길을 알았으면서도 그 길에서 떠난 이중의 죄가 있기 때문입니다. 여기에 그가 돌이키는 일에 더욱 속도를 내게 하는 두 가지 박차가 있습니다.

친구 여러분, 이 불쌍한 영혼이 자신이 저지른 어리석은 일에 대해 털어놓는 고백은 충분한 이유가 있는 고백이라는 사실에 유의할 필요가 있습니다. 그는 이렇게 말합니다. "그 때의 내 형편이 지금보다 나았음이라 하리라." 이 말이 여러분에게는 해당되지 않는지 한번 봅시다. 배교자여, 여러분은 믿음을 저버려서 결국 무엇을 얻었습니까? 여러분의 아버지 하나님의 얼굴빛보다 더 편안한 무엇을 얻었습니까? 여러분은 한때 "아바 아버지!"라고 말할 수 있었고, 하나님과 여러분 사이가 좋다는 것을 알고 기뻐했습니다. 여러분은 하나님의 아들의 죽으심으로 말미암아 하나님과 화목하였습니다. 그런데 지금은 하나님께서 여러분을 노여워하시고, 그래서 여러분은 두려워하며 하나님께서 은혜 베풀기를 잊으셨다고 말합니다. 무엇으로 이 손실을 벌충할 수 있습니까? 하나님께서 초에 불을 밝히실 때 방안이 얼마나 밝습니까! 그러나 하나님의 촛불이 꺼지면 해가 무슨 소용이 있고 달이 무슨 소용이 있습니까? 해와 달이 여러분에게 아무 빛을 주지 못합니다. 전에 여러분이 바른 생각을 지녔을 때는 은혜의 보좌에 나아갈 특권이 있었습니다. 여러분은 하나님 앞에 자신의 부족을 말씀드리고 슬픔을 털어놓을 수 있었습니다. 그러나 지금은 여러분이 찾아갈 은혜의 보좌가 없습니다. 여러분은 감히 기도할 생각을 하지 못합니다. 친구들에게는 자신의 근심거리를 말하고 싶어 하지 않습니다. 불쌍한 탕자여, 여러분이 부유할 때 여러분을 떠받들었던 친구들은 얼마나 시시한 사람들입니까! 그들은 여러분에게 조금이라도 무엇이 있는 동안에는 마호가니 식탁에 앉아 여러분의 포도주를 마셨습니다. 그러나 여러분은 도움이 필요한 지금 그들에게 조금이라도 무슨 도움을 기대하는 것이 어리석은 일이라는 것을 압니다. 여러분이 사랑하던 사람들은 여러분을 버렸습니다. 한때 그렇게 다정했던 사람들인데, 이제 그들의 사랑이 어디에 있습니까? 나는 여러분 가운데 친구에게 버림을 받고 죄와 부끄러움 가운데 지내는 한 여성을 압니다. 아, 가엾은 여성이여! 그대는 그대와 같은 죄를 짓는 사람들, 곧 처음에 아름다운 사랑의 약속으로 유혹한 사람에 의해 환락가에 내팽개쳐진 사람들이 흔히 겪는 고통을 느끼게 되었습니까? 여러분의 경우는 많은 사람들이 겪는 일일 뿐입니다. 세상에서는 신실함을 찾아볼 수 없다는 사실을 뒤늦게 깨닫는 사람들이 허다히 많습니다. 처음에 죄는 사람을 미혹하고 속이며 사랑인 체 가장합니다. 그러고 나서는 그 희생자를 내팽개칩니다.

아, 여러분은 찾아갈 아버지 하나님의 집이 있었고, 호소할 아버지의 자비가 있었습니다. 그러나 이제는 없습니다. 그때의 여러분의 형편이 지금보다 나았습니다. 그때는 여러분에게 의지할 하나님의 약속이 있었습니다. 무슨 근심거리가 있으면 성경을 펼쳤고, 거기에는 여러분을 격려하는 구절이 있었습니다. 실패를 겪었을 때는 여러분의 경우에 딱 맞는 위로의 말씀이 있었습니다. 그러나 이제 이 성경책은 불이 가득하고, 성경책을 읽을 때는 여러분에게 번개가 번쩍입니다. 여러분에게 미소를 짓는 약속은 보이지 않습니다. 하나님의 보고가 여러분에게는 닫혔다고 두려움이 여러분에게 속삭입니다. 한때 여러분은 그리스도 예수와 교제를 나누었습니다. 나는 지금 부드러운 면을 언급하고 있는 것입니다. 여러분은 그리스도의 잔치 식탁에 앉았었습니다. 여러분이 완전히 속았거나 대단한 위선자가 아닌 한, 여러분은 "그가 내게 입맞추었다"(아 1:2 참조)고 말할 수 있었습니다. 이렇게 말하고 나서 어떻게 여러분이 저 사기꾼인 바람둥이 마님(Madame Wanton)의 집에 갈 수 있습니까! 어떻게 이런 일이 있을 수 있습니까? 여러분, 여러분이 일찍이 그리스도의 사랑을 알았다면 틀림없이 이렇게 말할 것입니다. "그 때의 내 형편이 지금보다 나았음이라." 세상이 여러분에게 예수님의 교제에 필적하는 무엇을 줄 수 있습니까? 예수님의 품에서 지낸 한 시간이 세상의 부와 권력의 궁전에서 천년을 지내는 것만큼 가치가 있습니다. 여러분도 그것을 압니다. 잠시 동안이라도 거기에 필적할 만한 것은 생각할 수가 없습니다.

> "여러분은 한때 지극히 평안한 시간을 보냈습니다.
> 그 시간은 지금 생각해도 달콤하기 그지없습니다.
> 그러나 이제 그 시간은 사라졌고
> 세상이 메울 수 없는 고통스런 공허만 남았습니다."

여러분이 이런 점들을 생각하고 깊이 회개하면 좋겠습니다! 자신이 말할 수 없이 어리석었음을 고백하고 하나님 앞에 엎드려 자비를 구하면 좋겠습니다!

끝으로 이 점을 마무리 짓자면, 이 회개는 받으실 만한 것이었습니다. 여기 나오는 은유가 암시하듯이 아내가 그처럼 큰 죄를 지었을 때 남편이 기꺼이 아내를 다시 데려오려고 하는 일은 흔치 않습니다. 그런데도 하나님은 죄인의 죄가 그보다 훨씬 더 심한 데도 불구하고 기꺼이 죄인을 받아들이려 하신다는 점에 주의해야 합니다. 하나님은 예레미야의 입을 통해서 이렇게 말씀하십니다. "배역한 자식들아 돌아오라 나는 너희 남편임이라"(렘 3:14). 나는 자기 백성에 대한 하나님의 변함없는 사랑만큼 하나님을 떠난 자의 마음을 녹일 수 있는 것이 있는지 모르겠습니다. 우리가 "하나님은 한번 사랑하시는 자들을 결코 떠나지 않고 끝까지 사랑하신다"고 하면, 그 말이 사람들로 죄를 짓게 만들 것이라고 하는 사람들이 있습니다. 나는 사람이 지극히 악하고, 사랑조차도 죄짓는 이유로 삼을 수 있다는 것을 잘 압니다. 그러나 은혜의 불꽃이 한번이라도 튀긴 적이 있는 곳에서는 사람이 그렇게 할 수 없습니다. 어린 아이는 이렇게 말하지 않습니다. "나는 아버지가 나를 사랑하기 때문에 아버지의 말을 듣지 않을 거야." 마귀의 부추김을 받아 하나님의 사랑을 받는 가운데서도 죄 지을 동기를 찾아내지 않는 한, 그것은 대체로 타락한 인간 본성으로도 하지 않는 일입니다. 비록 타락했지만 하나님의 자녀인 사람은 아무도 "은혜를 더하게 하려고 죄에 거하겠다"(롬 6:1)고 말하지 않을 것입니다. 그렇게 하는 사람들은 자신이 버림받은 자임을 나타내는 것이고, 그들이 정죄 받는 것은 마땅한 일입니다. 타락했지만 근본적으로 하나님의 자녀인 사람은 이 사실만큼 자신을 죄짓지 못하도록 강력하게 묶는 끈은 없다고 생각할 것입니다. 타락한 자여, 그것이 또한 여러분을 그리스도께로 끌어당기는 황금 줄이 되기를 바랍니다. 예수께서 여러분을 만나십니다. 오늘 아침 여러분을 만나십니다. 여러분은 출교당했습니다. 하나님의 백성들 가운데 부끄럽게 쫓겨났습니다. 그러나 예수께서 여러분을 만나서, 친구 집에서 여러분에게 당하신 상처를 보여주시면서 그럼에도 불구하고 "돌아오라 나는 너희 남편임이라"고 말씀하십니다. 여러분이 깨트린 것은 관계입니다. 따라서 주님께서 그렇게 할 뜻이 있으시다면, 그 관계는 법적으로 영원히 끊어질 수 있습니다. 그러나 주님은 그렇게 하실 뜻이 없습니다. 포기하는 것을 싫어하시기 때문입니다. 여러분은 예수님과 결혼한 사람입니다. 여러분의 원래 남편에게로 돌아오십시오. 주님은 지금도 여러분의 남편이시기 때문입니다! 한때 여러분을 씻었던 샘은 다시 여러분을 씻을 수 있습니다. "너희의 죄가 주홍 같을지라도 눈과 같이 희어질 것이요 진홍 같이 붉을지라도 양털 같이 희게 되리라"(사 1:18). 여러분을 한때 가렸던 의의 옷이 다시금 여러분을 가릴 수 있습니다. 비록 여러분이 그 옷을 비웃으며 내팽개쳤을지라도 그 옷은 아직도 여러분의 것입니다. 하나님 아버지께서 자기 종들에게 가장 좋은 옷을 가져와 여러분에게 입히라고 명령하십니다. 주께서 말씀하십니다. 내게로 오라! 여러분은 주님을 잊어버렸지만 주님은 여러분을 잊지 않으셨습니다. 여러분은 죄를 사랑하지만 주님은 여러분의 뜻을 바꾸고 여러분의 마음이 자기에게로 향하게 하려 하십니다. 이는 주님께서 여러분을 영원히 자기 것으로 삼으려고 마음먹으셨기 때문입니다. 이것이 마음을 녹이는 교훈이 아닙니까? 여러분 속에 영적인 생명의 불꽃이 하나라도 있다면 여러분은 이렇게 말할 것입니다. "내가 이런 사랑을 어기고 죄를 지을 수 없어. 이처럼 애정 어린 자비를 거역할 수 없어. 내 본래 남편에게 돌아갈 거야. 그 때의 내 형편이 지금보다 나았어."

잘 모르겠지만, 이 자리에 계신 어떤 분들에게는 내 말이 아주 예리하게 직접적으로 와 닿을 수 있습니다. 그러기를 바랍니다. 여러분 가운데 대부분이 이 상태에 있지 않다는 것을 압니다. 그 점을 인해서 하나님께 감사드립니다. 그러나 나는 여러분에게 이 상태에 있는 사람들을 생각하고, 우리는 그 사람이 누구인지 정확히 알 수 없으므로 주님께서 말씀이 그 사람을 겨냥할 수 있게 해달라고 기도하시기 바랍니다. 이 자리에 그 상태에 있는 사람들이 있습니다. 그런 분들이 있다는 것을 나는 압니다. 이 자리에는 오늘 아침 하나님께서 자신을 만나실 것이라고 전혀 생각하지 않고 온 분들이 있습니다. 여러분은 이미 목에 고삐를 걸었고 하나님께 항복하였습니다. 도덕의 속박은 여러분을 거의 묶어둘 수 없습니다. 그렇지만 여러분은 일찍이 기도회에 참석하여 기도하였고 성찬상에 앉았으며 세례 받을 때 신앙 고백으로 주 예수 그리스도를 옷 입었습니다. 아, 그런데 현재 여러분의 상태는 어떻습니까? 여러분의 생활은 입에 올릴 만하지 못하고 여러분의 행동은 아주 천하고 악해졌습니다. 여러분은 오늘 아침 희망을 완전히 포기하게 만들었을 말을 들을 것이라고 생각했을 수 있고, 그것은 당연한 일입니다. 그런데 오늘 은 나팔이 사랑과 긍휼의 선율을 노래합니다. 돌아오라! 돌아오라! 여러분의 남편이 다시금 여러분에게 돌아오라고 부탁합니다. 왜냐하면 그 때의 여러분의 형편이 지금보다 나았기 때문입니다.

이제 이 점은 이 만큼 생각하고 다음으로 넘어가겠습니다.

5. 다섯째로, 이 모든 사실과 극명하게 대비되는 점이 있음을 살펴봅시다.

이 세상에서 번창하다가 마침내 가지를 넓게 뻗은 나무처럼 찍혀 불에 던져지는 사람들이 있습니다. 그런가 하면 믿음을 저버렸지만, 완전히 죄에 팔리지는 않았기에 다시 자신의 본래 행실로 돌아가고 자기가 나왔던 나라로 가서 거기에서 영원히 거하는 배교자들이 있습니다. 제발 부탁하건대, 여러분은 믿음을 배반하는 일을 절대로 가볍게 여기지 마십시오. 나는 하나님의 값없는 은혜를 아주 대담하게 제시하였습니다. 그러나 이 값없는 은혜를 왜곡하여 죄짓는 구실로 삼으려고 하는 사람이 있다면 그 사람에게 경고하겠습니다. 믿음을 저버리는 일을 절대로 가볍게 여기지 말라고 경고합니다. 사람이 절벽에서 굴렀는데도 거의 안 다칠 수가 있습니다. 그렇다고 해서 나는 그렇게 해볼 생각이 없습니다. 목이 부러질 수가 있기 때문입니다. 어떤 사람이 독약을 마셨는데 급히 병원으로 옮겨져서 적절한 해독제가 투여되어 목숨을 건졌습니다. 그렇다고 해서 나는 여러분에게 한번 그렇게 해보라고 권하지는 않을 것입니다. 아니, 여러분에게 제발 독약 같은 것은 치워버리라고 간청할 것입니다. 택하심을 받은 자비의 그릇들은 그들의 타락에도 불구하고 다시 돌아옵니다. 그런데 다시 타락한 사람들 가운데 십중팔구는 하나님의 백성이 아니었다는 사실을 기억하시기 바랍니다. 그들이 우리에게서 나가는 것은 우리에게 속하지 않았기 때문입니다(요일 2:19 참조). 이것이 그들의 인생에 대한 보고이고 여러분의 인생에 대한 보고가 될 수 있습니다. 아, 내 인생에 대한 보고가 될 수도 있습니다. 그들은 교회에 가입한 사람들입니다. 설교를 듣고 깊은 인상을 받았습니다. 그들은 젊었고 인생의 시련들에 대해서는 아직까지 별로 알지 못하였습니다. 교회 안에 있으면서 수년 동안 언행이 일치하게 행동하였습니다. 그들은 믿음을 지켰습니다. 그러나 교회가 냉랭하였고, 그래서 그들도 냉랭해졌습니다. 그들은 주중 집회를 소홀히 하였고, 골방에 들어가서 기도하는 일을 그만두었습니다. 가정예배에 거의 참석하지 않았습니다. 그 다음에는 교회에 나가는 것을 아예 그만두었습니다. 그렇지만 그들은 여전히 도덕적이고 정직합니다. 곧이어 그들은 한때 피하였던 사람들과 어울리기 시작하였습니다. 그들의 사업은 계속해서 잘되었습니다. 사회의 가장 밑바닥에서 시작하여 중간층까지 올라갔습니다. 그들은 계속해서 성공하였고, 돈이 쌓였습니다. 그들은 성공한 사람이었습니다. 이 모든 것의 뿌리에는 그것을 갉아먹는 벌레가 있었습니다. 그것은 사실입니다. 그럼에도 불구하고 상황이 아주 순조롭게 보였고 일이 아주 잘 돌아가는 것으로 보였습니다. 그 사람은 자기가 일찍이 작은 교회당에 나갔었다는 사실을 기억하고 싶어 하지 않았습니다. 자신이 이전에 하나님의 백성으로 알았던 사람들과 어울려 지냈다는 것을 부끄럽게 생각하였습니다. 그는 계속해서 부를 쌓아나가고 있었습니다. 그런데 어느 날 보니 그가 죽었습니다!

그의 인생 역사를 계속 이야기할까요? 지옥에서 그는 영원한 고통 가운데 눈을 들어 봅니다. 결코 죽지 않는 특별한 벌레와 같은 이 생각, 곧 자신이 의의 길을 머리로 분명히 알았는데 마음으로는 떠났다는 생각이 양심을 갉아먹는 고통을 당하면서 말입니다. 그는 불타는 하늘에 불이 붙은 글씨로 이렇게 쓰여 있는 것을 봅니다. "너는 네 본분을 알았으나 행하지 않았다. 하나님의 잔을 버리고 마귀의 잔을 마셨다. 하나님의 자녀들에게서 빗나가 사탄의 자녀들에게로 갔다. 너는 일부러 악을 택하고 선을 버렸다. 네가 망한 것은 무지한 자들이 망하는 것과 같지 않고, 천성적으로 부주의한 자들이 망하는 것과도 같지 않다. 양심의 고통을 겪어보지 못한 사람들이나 하나님의 말씀을 알지 못한 자들이 망하는 것과 같지 않다. 너는 복음의 빛을 받고 있는 가운데서, 다시 말해 자비의 햇빛이 네 눈에 쪼이고 있는 가운데서 망한 것이다. 너는 말하자면 천국의 현관 계단에 서 있었으면서 망한 것이다. 자비의 물결에도 불구하고 뒤로 떠내려가 지옥에 이른 것이다."

우리가 정말로 그리스도 안에 뿌리를 박고 터를 두고 있지 않다면 이것이 여러분과 나의 경우가 될 수 있습니다. 우리는 조금씩조금씩 타락할 수 있습니다. 죽을 때까지 계속해서 교인으로 있으면서도 마음으로 서서히 타락하여서 마침내는 철저히 부패해서 하나님께서 우리를 거름더미에 던지게 될 수가 있습니다. 나는 하나님의 특별한 기적적인 자비로 하나님의 택하신 자들이 거두어들여질 것이라고 분명히 말씀드립니다. 그러나 여러분, 자신의 신앙 고백을 의지하지 않도록 조심하십시오. 신앙 고백이 택하심을 받은 증거가 아니기 때문입니다. 여러분은 거듭나야 합니다. 그리고 끝까지 믿음을 지키는 자만이 구원받을 것입니다. 우리가 하나님의 이름을 위하여 궁극적 견인을 받기를 바랍니다.

6. 끝으로, 이 주제가 하나님의 백성들에 대한 아주 엄숙한 경고가 아닙니까?

어떤 사람이 하는 것은 다른 사람들도 할 수 있습니다. 한 사람이 넘어지면 다른 사람도 넘어질 수 있습니다. 신자라고 하던 어떤 사람이 위선자라는 것이 밝혀지면 또 다른 사람도 그렇게 될 수가 있습니다. 어떤 목사가 영광의 정점에서 비틀거리다가 아래 있는 바위로 떨어져 박살이 났다면 또 다른 목사도 그렇게 될 수가 있습니다. 나는 이 사실을 내 자신에게 개인적으로 적용해 보고 싶습니다. 내 뒤에 오는 훌륭한 동료 형제 여러분, 그분들 가운데는 나이 든 분들도 있지만, 이것이 여러분의 경우가 될 수도 있다는 것을 기억하시기 바랍니다. 친구 동료 여러분, 여러분 가운데 많은 분들은 내가 태어나기도 전에 교인이 되었지만, 나이와 습관이 배교를 막아주는 안전장치가 아니라는 사실을 기억하시기 바랍니다. 성령님의 끊임없는 보호와 기름부음이 있어야 합니다. 제발 여러분에게 부탁하고, 내 자신에게도 부탁하는 바인데, 우리는 타락의 시초에 주의합시다. 작은 죄들을 조심합시다. 마음이 약간이라도 식어질 때 주의합시다.

형제 여러분, 아무도 한번에 타락하는 사람은 없습니다. 스스로 성도라고 주장하던 사람이 갑자기 한번에 큰 죄인이 되는 경우는 거의 없습니다. 보통 타락은 조금씩조금씩 이루어집니다. 여러분은 함께 모이는 일을 그만두지 않도록 하십시오. 개인적인 기도 생활이 냉랭해졌다면 그 사실을 알고 정신 차리십시오. 그리스도에 대한 사랑이 식어졌다면, 위험한 상태에 머물러 있지 말고, 마음에 다시 불을 붙여달라고 주님께 기도하십시오. 여러분 가운데 누구든지 어느 면에서 보더라도 처음 사랑에서 떨어졌다면, 여러분 가운데 누구에게서든지 교회로서 우리 안에 있었던 옛날 열정이 사라졌다면, 하나님께 그 열정을 돌려주시라고 기도하십시오. 여러분 가운데 누구든지 전과 다르게 하나님께 열매를 맺어드리지 못하고 있다면, 자신의 상태를 의심해 보십시오. 육신의 안전이 어리석은 자들에게는 천국이 될 수 있지만 신자들에게는 해악이 됩니다.

"조심하십시오. 방심하지 마십시오.
모든 것이 지극히 안전하게 보이는 순간에도 위험이 있을 수 있으니."

특별히 세상의 이목이 교회인 여러분에게 그리고 하나님의 증인인 내게 쏠려 있는 이때에 우리는 조심해서 행동합시다. 내가 여러분에게 기도를 부탁할 수 있다면, 아니, 사실 여러분에게 기도를 부탁하는 것은 내 권리라고 주장할 수 있습니다. 하나님을 사랑하는 여러분에게 나를 위해 하나님의 붙드시는 은혜를 구하여서 하나님의 종이 전쟁의 날에 겁을 내거나 돌아서는 일이 없게 해 주시기를 간절히 부탁합니다. 여러분 자신을 위해서도 동일한 하나님의 은혜를 구하여, 싸움이 점점 더 진정되고 조용히 생각할 수 있는 시간이 올 때, 여러분의 목사인 나와 그리스도 안의 전우들인 여러분이 군대를 바라보며 이렇게 말할 수 있게 해 주시기를 부탁합니다. "전우 가운데 한 명도 쓰러지지 않았다. 화살이 빽빽이 날아갔지만 전우들의 갑옷은 완벽했어. 적이 사납게 날뛰었지만 주님께서 그들에게 감당할 힘을 주셨어. 주님은 우리에게 주신 자들을 지키시고 그 가운데 하나도 잃지 않으셨다." 여러분과 내가 별이 총총한 천국의 언덕에서 우리를 마지막까지 지켜주었고 더 이상 죄가 없는 나라까지 데려온 더할 수 없이 영광스러운 그 은혜를 회고할 수 있기를 바랍니다. 우리 구주님을 믿읍시다. 죄인의 희망인 구주가 계십니다. 성도의 힘이신 주님이 계십니다. 우리는 다시 한번 십자가를 굳게 붙듭시다. 전능하신 하나님의 은혜가 우리를 거기에서 지키시고 영원히 십자가를 영화롭게 하시기를 바랍니다. 아멘.

제
3
장
—

비단으로 만든 족쇄

—

"여호와를 경외하므로 여호와와 그의 은총으로 나아가리라." - 호 3:5

이 구절 전체는 이렇습니다. "그 후에 이스라엘 자손이 돌아와서 그들의 하나님 여호와와 그들의 왕 다윗을 찾고 마지막 날에는 여호와를 경외하므로 여호와와 그의 은총으로 나아가리라." 이 예언에 대해서는 간단히 한 마디만 말하면 충분할 것입니다. 성경을 읽는 사람이라면 아무도 이 점을 의심할 수 없을 것이라고 생각합니다. 즉, 아브라함의 후손이 아무리 오랫동안 눈먼 상태로 지낼지라도 마지막에는 메시야, 곧 다윗의 아들 예수께 복종하고, 그날에는 그들에 대한 하나님의 선하심이 참으로 특별해서 그들이 두려워하며 그 점을 기이하게 생각하고, 감사한 마음에 지극히 열심 있는 하나님의 종들이 되리라는 것입니다. 하나님께서 때가 되어 그 예언을 서둘러 성취하시면 좋겠습니다. 이스라엘 자손들이 나사렛 예수께서 유대인들의 왕, 곧 옛적에 약속되었던 그 메시야이신 것을 인정하는 행복한 날이 시작되면 좋겠습니다! "여호와를 경외하고 또 그의 선하심을 경외하리라"(개역개정은 "여호와를 경외하므로 여호와와 그의 은총으로 나아가리라")는 표현이 내게는 상당히 인상적이었습니다. 그래서 이 표현을 깊이 생각해 보기 위해 전후관계와 별도로 살펴보도록 하겠습니다.

이 말씀은 하나님을 경외할 뿐만 아니라 또한 하나님의 선하심도 경외할 강력한 동기와 적극적인 이유들이 있다는 것인데, 그렇습니까? 친구 여러분, 슬프게도 하나님의 사람의 복을 누리는 사람들 가운데 하나님을 경외하는데서 한참 멀리 있는 사람들이 너무도 많습니다. 하나님의 선하심이 아주 일상적으로 그리고 지속적으로 베풀어지기 때문에 사람들이 하나님의 선하심을 누리는 가운데 자기만족에 잠들어서 자기들이 영원히 계속해서 번영할 것으로 꿈꿉니다. 그러면서도 모든 선하심의 원천이신 하나님에 대해서는 단 한순간도 생각하지 않습니다. 그런가 하면 슬프게도, 또 다른 계층의 사람들은 하나님의 선하심을 맛보고 흥분해서 한껏 교만해지기까지 합니다. 바로가 강력한 권좌를 굳건히 하게 된다면, 그의 통치가 태평성대를 누린다면, 나일강으로 인해 애굽이 수확으로 살지게 된다면, 이 교만한 군주는 무례하게 말합니다. "여호와가 누구이기에 내가 그의 목소리를 듣겠느냐?"(출 5:2). 산헤립의 군대가 전쟁에서 승리한다면, 하나님께서 그의 왕국에 번영을 주신다면, 산헤립이 이스라엘의 하나님 여호와께 대해 한껏 교만하게 굴고 그의 백성을 멸시하는 것밖에 무엇을 하겠습니까! 많은 사람이 재물을 신뢰하고 지존하신 하나님께 주제넘게 굴었습니다. 그는 오랫동안 성공을 누렸기 때문에 자기에게 어떤 불행이 임할 수 있으리라고 생각하지 않습니다. 그의 교만은 하늘에 닿을 정도까지 높아집니다.

마음이 바른 사람들에게서도, 은혜를 많이 받은 사람들에게서도 하나님의 선하심이 그에 상응하는 은혜로운 결과를 일으키지 못한 경우가 참으로 많았습니다. 히스기야는 부를 얻고서 과시하려는 마음으로 부를 자랑합니다. 멀리서 온 대사들 앞에서 하나님께 영예를 돌리지 않고 자신을 높이려고만 하였습니다. 그래서 이런 교만한 마음 때문에 그는 하나님께 엄한 책망을 받았습니다. 아사는 번영하였습니다. 그가 외적인 환경에서 높이 되자 마음도 함께 높아지며 지존하신 하나님을 떠났습니다. 훌륭한 사람들도 언제나 가득 찬 잔을 들고 다닐 때 조금은 흘리지 않을 수 없습니다. 마음이 올곧은 사람들도 성공과 명예의 정점에서 흔들리지 않을 만큼 항상 머리를 똑바로 들고 있지는 못했습니다.

그러나 형제 여러분, 우리 마음이 악하기 때문에 하나님의 선하심의 결과로 이런 일들이 일어나긴 하지만, 우리에게 베푸신 선하심의 진실하고 올바른 결과는 하나님을 경외하는 것이 되어야 마땅합니다. 마음을 높이지 않고 항상 낮추며, 주제 넘는 생각을 하지 않고 마음이 감사함으로 차분해지며 과도하게 들떠서 몹시 무례하게 되어 하나님께 불경을 범하는데 이르지 않고 오히려 책임감을 깊이 느끼며 우리가 누리는 좋은 것들의 원천이신 분의 발 앞에 감사함으로 겸손히 앉게 하는 것이 되어야 마땅합니다.

나는 먼저 하나님의 백성들에게 말씀을 드리고, 두 번째로 아직 하나님과 화목하지 않은 분들에게 말씀드리겠습니다.

1. 첫째로, 하나님의 백성들에게 말씀드립니다.

사랑하는 여러분, 여러분이 할 일은 여호와를 경외하고 또 그의 선하심을 경외하는 것입니다. 여러분은 하나님의 선하심을 두 가지 방식으로 받았습니다. 첫 번째이자 더 고귀한 것은 여러분의 불멸의 본성과 영원한 일에 관해 베푸신 영적인 선하심입니다. 하나님께서 이 자리에 참석하신 어떤 분들에게 참으로 아낌없이 베푸신 두 번째 선하심은 이 현세에서 순례자로 살아가는 여러분에게 하나님께서 섭리로 베푸시는 은혜입니다.

먼저 첫 번째, 선하심에 대해서 생각해 보고, 하나님의 백성인 여러분에게 베푸신 하나님의 영적인 선하심을 잠시 살펴보겠습니다. 처음에, 곧 하나님께서 자신의 목적이라는 안경을 쓰고 보실 때 여러분이 다른 사람들보다 나은 것이 하나도 없었을 때, 여러분을 택하신 것은 작은 선하심이 아니었습니다. 하나님께서 다른 수많은 사람들을 보지 않고 지나치셨듯이 여러분도 지나치셨을 수 있었습니다. 그러나 하나님은 긍휼히 여길 자를 긍휼히 여기시기 때문에 여러분을 택하신 것입니다. 그래서 여러분을 은혜로 채울 자비의 그릇으로 삼기로 마음먹으신 것입니다. 여러분을 위하여서 그리스도 예수와 언약을 맺으신 것은 작은 선하심이 아니었습니다. 이 언약은 만사에 구비하고 견고하게 하신 언약으로(삼하 23:5), 여러분의 집이 하나님 앞에 그런 것을 바랄 수 있을 만큼 되지 않을지라도 여러분과 맺으신 것입니다. 나는 이 언약이 오늘 여러분에게 모든 구원과 바라는 바가 될 것이라고 생각합니다. 하나님의 독생자를 선물로 주심으로써 이 언약을 성취하신 것은 작은 선하심이 아니었습니다. 이와 같은 주제를 다룰 때 내 말은 하찮고 보잘것없어 보입니다. 사람들 가운데 거하신 성육신하신 우리 하나님, 곧 완전한 의를 이루신 우리의 거룩한 주님, 무엇보다 자신을 죽음에 내어줌으로써 헤아릴 수 없이 많은 죄를 속하신, 피 흘리신 우리 구속자에게서 나타난 인자를 설명하기에는 내 말이 너무나 빈약합니다. 여기에는 상상력이라는 암사슴의 발로도 뛰어 올라갈 수 없는 선하심의 산들이 있습니다. 지극히 깊은 추론이라는 다림줄로도 깊이를 잴 수 없는 자비의 심연들이 있습니다. 여러분을 사랑하여 자기 피로 여러분을 구속하여 하나님께 바친 이분에게 여러분이 빚지지 않은 것이 무엇이 있습니까?

여러분이 아직까지 회심하지 않고 있다면 여러분에게 베푸신 하나님의 선하심을 다시 한번 생각해 보십시오. 하나님의 인내는 말할 수 없이 큽니다! 하나님의 다정하심은 지극히 큽니다! 여러분이 망하기로 결심했을 때 하나님은 여러분을 구원하기로 마음먹으셨습니다. 여러분은 하나님의 자비로운 제안을 거절하였지만 하나님은 여러분을 물리치지 않으셨습니다. 하나님은 여러분의 거절에 응수하려고 하시지 않았습니다. 오히려 참고 계속해서 여러분에게 복음의 달콤한 권유와 성령님의 말없는 영향력을 보내셨습니다. 그래서 마침내 주께서 능력을 베푸시는 날에 여러분에게 자원하는 심령을 갖게 하시고 십자가에 이르게 하여 거기에 소망이 있는 것을 알게 하시고, 여러분이 예수님을 바라보고 믿었을 때 마음에 기쁨과 평안이 충만해지는 것을 경험하게 하셨습니다. 그 이후로 적지 않은 시간이 흘렀습니다. 하나님의 선하심이 인생의 온갖 굴곡을 따라 끊임없이 여러분을 따라다녔습니다.

사랑하는 형제자매 여러분, 여러분이 일기장을 하나씩 넘기며 하나님께서 여러분을 자기 발 앞에 데려오고 하나님의 자녀들 가운데 두신 그 귀한 시간 이후로 여러분을 위하여 행하신 일을 생각해 본다면, 내가 여러분에게 감사하는 마음을 일으키기 위해 말하는 것에 그렇게 조심할 필요가 없을 것입니다. 여러분은 지금까지 영적인 떡을 받아왔고 영적인 물 또한 확실히 공급받았습니다. 여러분은 시험당하지 않도록 보호를 받았고, 시험당할 때도 보호를 받으며 시험에서 벗어나곤 하였습니다. 처음에 어떤 진리를 알도록 인도를 받았고, 그 다음에는 또 다른 진리를 알도록 인도를 받았습니다. 경험의 길을 가면서 한 걸음 한 걸음 인도를 받았습니다. 여러분이 하나님의 계시를 받을 수 있게 됨에 따라 하나님께서 조금씩조금씩 자신을 여러분에게 계시하셨습니다. 여러분은 오늘까지 하나님의 능력으로 보호하심을 받았습니다. 오늘까지 하나님의 임재로 말미암아 위로를 받으며 살았습니다. 또 매일 성령님의 가르침을 받고 있습니다. 그래서 빛 가운데서 성도들의 기업을 받기에 합당하게 변해가고 있습니다. 여러분에게 베푸신 하나님의 선하심이 얼마나 큰지 모릅니다! 여러분은 하나님의 이 선하심을 느끼지 못할지라도 나는 감사함에 압도되어서 속으로 이렇게 말하지 않을 수 없습니다. '아, 영적인 문제들에서 볼 수 있는 하나님의 선하심이여, 지금도 여전히 가치가 없는 자에게 베푸시는 선하심이 있고, 열매를 거의 맺지 못하는 나무에게 여전히 물을 공급하시는 선하심이 있으며, 결핏하면 어리석은 두려움 때문에 괴로워하기 잘하는 자에게 위로를 제공하시는 선하심도, 아주 잊기 잘하고 깨닫는 것도 그처럼 더딘 자에게 참고 가르치시는 선하심도 있도다. 하나님의 선하심은 헤아릴 수 없이 많구나.' 형제 여러분, 우리 크신 아버지 하나님의 자비들은 아무리 헤아려도 눈곱만큼도 말할 수가 없습니다. 하나님은 우리가 구하거나 생각한 것에 넘치도록 많은 것을 우리에게 계시하셨습니다. 하나님의 종들을 그의 말씀을 따라 선대하셨습니다.

여러분에게 생각나도록 하고 싶은 이 모든 선하심을 들으면 여러분은 여호와를 경외하지 않을 수 없을 것입니다. 여호와와 그의 선하심을 경외하는 것, 이 일을 어떻게 해야 합니까? 첫째로, 다음의 사실들을 생각하고서 마음으로 감탄하며 경외해야 합니다. 즉, 무한하신 하나님께서 항상 여러분을 은혜롭게 대하신다는 것, 천지를 지으신 하나님께서 지극히 높은 곳에서 몸을 낮추어 여러분을 만나신다는 것, 여러분이 죄를 지었고 그래서 하나님을 노여우시게 하고 그의 정결한 의식을 거슬러 화나게 하였다는 것, 하나님께서 여러분이 더럽고 혐오스러운 데도 여러분에게로 몸을 굽히시고 여러분 속에 그의 아들을 계시하신다는 것을 생각하고서 감탄하며 여호와와 그의 선하심을 경외해야 합니다. 하나님께서 그냥 자비를 베푸시는 것이 아니라 그처럼 큰 자비를 베푸시고, 그냥 은혜를 베푸시는 것이 아니라 그처럼 무한한 은혜를 베푸시며 또한 헤아릴 수 없는 선하심과 인자를 베푸시는 것을 생각할 때 우리의 놀라움은 더욱 커집니다. 정말로 빛을 받은 사람은 하나님의 헤아릴 수 없는 은혜들을 인하여 어리둥절하고, 거룩한 경외심으로 엎드리게 됩니다. 하나님에 대한 사랑이 있으면 고통스러운 두려움은 사라집니다. 영혼이 무한자 앞에 서서 무한자를 응시할 때 언제나 영혼을 채울 수밖에 없는 두려움은 우리가 하나님의 영원한 사랑을 볼 때 느끼는 경건하고 기이한 두려움과는 다른 것입니다.

어느 날 사람들에게 이끌려 베네치아에 있는 화려한 궁전을 본 일이 생각납니다. 궁전에는 하나하나가 지극히 값비싼 재료들로 더할 수 없이 세련되게 제작된 가구들이 있었고, 엄청난 가격의 조상(彫像)들과 그림들이 사방에 가득하였으며, 방마다 바닥이 지극히 값비싼 탁월한 예술품으로 모자이크 처리되어 있었습니다. 방마다 구경을 하고 친절한 집 주인의 허락으로 보물들을 둘러보게 되었을 때 나는 아주 소심해져서 아무데에도 앉기가 무서웠고 감히 발을 내디딜 수도 없었으며 어디에 손을 짚을 수도 없었습니다. 모든 것이 너무 훌륭해서 나 같이 하찮은 인간에게는 감당할 수 없는 것처럼 보였습니다. 그러나 사람이 하나님의 무한한 선하심이라는 훨씬 더 값비싸고 훨씬 더 아름다운 궁전을 소개받아 바라볼 때는 비길 데 없는 그 광경을 놀라서 바라보며 경건한 두려움에 사로잡히게 됩니다. "하나님이여 주의 인자하심이 어찌 그리 보배로우신지요!"(시 36:7). 나는 주님의 은혜를 받을 만한 가치가 전혀 없습니다. 하나님의 사랑과 선하심이 얼마나 깊은지 모릅니다!

하나님께서 은혜로우시다는 것을 맛보아 안 성도들은 하나님의 선하심을 인하여 하나님을 경외해야 하는데, 예배하는 심정의 경건한 두려움으로 경외해야 합니다. 하나님의 사랑으로 오는 것을 받을 때마다 우리는 엎드려 경배해야 마땅합니다. 하나님의 자비들은 우리가 하나님께 바치는 제단을 쌓는데 사용할 다듬지 않은 돌임에 틀림없습니다. 마음이 옳은 사람들은 하나님의 엄격한 속성들을 대할 때에도 부드러운 영광을 보는 것보다 훨씬 더 경건한 심정으로 하나님을 생각합니다. 밤하늘을 살펴보고, "믿음이 없는 천문학자는 미친 사람이다"는 말이 얼마나 맞는 얘기인지 생각해 보십시오.

의사인 갈레노스(Galenus Claudius. 2세기 그리스의 의사)는 인체의 기이한 구조를 연구하면서, 여기에서 하나님의 솜씨를 보지 못하는 사람은 이성이 없는 것이 틀림없다고 단언하였습니다. 그런데 사람이 하나님의 선하심을 살펴볼 때도 그 같은 심정이 일어나지만, 이때의 심정은 더 감동적이고 직접적이며 예민하고 실제적입니다. 창조의 사역에서 우리는 장엄함과 선하심을 봅니다. 그러나 사람에게 구주님을 주신 은혜에서 여러분은 하나님의 모든 속성들이 순하고 부드럽게 빛나므로 영혼이 자연만으로는 일으킬 수 없는 애정 어린 예배를 드리게 만드는 것을 봅니다. 자연에서 시작하여 자연의 하나님께로 올라가는 것은 잘하는 일입니다. 그러나 은혜에서 시작하여 은혜의 하나님께 이르는 것은 더욱 확실하고 편한 길입니다. 나는 몽블랑 앞에 섰을 때나 우르르 하는 천둥소리를 들을 때에도 십자가 밑에 있을 때와 같이 예배드리지는 않았습니다. 선하심을 아는 것이 장엄함을 느끼는 것보다 사람으로 하여금 더 나은 예배를 드리게 만듭니다. 우리의 마음이 영적으로 고조되었을 때는 자연의 지극히 장엄한 것들도 우리에게는 아주 하찮은 것이 됩니다. 장엄한 광경들이 하나님에 대한 우리의 생각들을 크게 만들기보다는 왜소하게 만듭니다. 나는 창조계의 지극히 웅대한 것을 본 날 벵거른 알프스(the Wengern Alp: 벵엔 알프스와 클라이네 샤이덱 사이의 해발 1874m에 있는 고산 목초지)에서 하루를 보냈습니다. 내 마음은 하나님 가까이에 있었고, 사방이 장엄한 광경으로 둘러싸여 있었습니다. 얼음 피라미드 같은 높은 산들, 양털 같은 구름이 보였습니다. 눈사태를 보았고, 눈사태가 일어나면서 나는 우레 같은 소리를 들었습니다. 우리 발밑에서 라우터브룬넨 골짜기(the Vale of Lauterbrunnen)로 무섭게 떨어지는 폭포를 보았습니다. 하지만 나는 이 창조계가 자기를 지으신 하나님을 온전히 보여주기에는 너무도 부족한 거울이라는 것을 느꼈습니다. 하나님의 얼굴은 폭풍우보다 두려웠고, 하나님의 옷은 처녀 설(雪)보다 깨끗하였으며 하나님의 목소리는 천둥소리보다 크고 하나님의 사랑은 영원한 산들보다 훨씬 높았습니다. 나는 수첩을 꺼내어 이 시를 적었습니다.

"저기 알프스 산들이 구름 위로 머리를 들고
별들과 친숙한 대화를 나누지만
하나님의 광대하심에 비하면
저울에 달 것도 없는 먼지에 지나지 않는다.
눈으로 관을 쓴 산꼭대기들도
영원 가운데 거하시며
홀로 지극히 높으신 이를 나타내지 못한다.
깊이를 헤아릴 수 없는 심연도
하나님의 지혜와 지식을 표현하기에는 너무 얕고,
피조물이라는 거울은 너무 작아서
무한하신 하나님의 형상을 보여주지 못한다.
하나님께서 창조계의 이마에 자기 이름을 아름답게 쓰고
도장을 찍으신 것이 사실이지만
솜씨 좋은 토기장이가
물레 위에서 빚는 그릇보다 훨씬 뛰어나듯이
아니 그보다 훨씬 더
여호와는 그의 고귀한 창조물보다 뛰어나시다.

하나님이 올라타시면
땅의 육중한 바퀴가 부서지고 그 축이 딱 하고 부러질 것이다.
우주는 영원하신 하나님이 쉬기에 너무나 비좁고
시간은 하나님의 보좌의 발판이 되기에도 너무 짧다.
눈사태도 천둥소리도
하나님을 온전히 찬송하기에는 소리가 너무 작다.
그러니 내가 어떻게 하나님을 선포할 수 있을까?
불타오르는 이 혀로 하나님의 이름을 선포할 수 있는 말이 없으니,
말없이 엎드려 겸손히 경배한다."

그러나 예수 그리스도라는 분과 구원의 계획을 묵상할 때는 전혀 다른 결과를 경험하였습니다. 나는 계시된 신성의 무게로 인해 기진맥진하였고, 지극히 기쁜 교제 가운데 은혜로 내게 보여주신 찬란한 광채로 인해 곧 죽을 것 같았습니다. 속박에서 나오는 두려움이 아니고, 감사와 지극한 기쁨에서 나오는 두려움에 나는 하나님의 선하심을 보고 경외하는 심정으로 자비의 보좌 앞에 엎드렸습니다.

그 다음에, 우리에게 베푸신 하나님의 선하심을 생각할 때 우리는 경배할 뿐 아니라 갈망하게도 됩니다. 하나님께서 다른 어떤 사람과 다르게 우리를 대하셨고, 상상 이상으로 우리를 친절하게 대하셨다면, 하나님께서 송구스럽지만 보잘것없는 우리의 봉사라도 받으려고 하신다면 우리는 하나님을 섬길 것입니다. 하나님과 같으신 분은 없었습니다. 하나님의 종이 된다는 것이 얼마나 큰 영예인지 모릅니다! 우리는 기쁨의 눈물을 흘리며 이렇게 묻습니다. "내 하나님이여, 내가 주님을 섬길 수 있게 해주시겠습니까? 황송하게도 주님께서 나와 같은 자에게 허락하실 수 있는 봉사나 고난이 있습니까? 하나님의 선하심을 생각하면 경외심을 갖지 않을 수 없고, 그 선하심 때문에 영원히 하나님의 것이 되지 않을 수 없습니다." 형제 여러분, 하나님의 선하심이 큰 것을 생각할 때 우리는 당연히 하나님을 크게 섬길 마음이 들어야 합니다. 하나님의 선하심이 계속되는 것을 생각할 때 하나님을 끝까지 명예롭게 할 마음을 가져야 합니다. 하나님의 사랑이 사심 없음을 알 때 우리는 마땅히 자기를 부인하는 태도를 지녀야 합니다. 그리고 자기의 택하신 자들에 대한 하나님의 선하심이 특별함을 생각할 때

마땅히 하나님의 대의를 위해 특별히 더 헌신해야 하겠다고 결심해야 합니다. 신자는 누구나 다 주님께 말할 수 없이 크게 빚진 자입니다. 그러므로 신자는 그저 일반적인 봉사를 하는 것으로 만족해서는 안 되고, 하나님께 왕성하게 거룩한 노동을 바치기를 갈망해야 합니다. 신자는 다른 사람들보다 더 빚을 많이 지고 있으므로 더 값진 것으로 보답해야 합니다. 오늘 이 자리에 있는 단 한 사람이라도 하나님의 선하심을 알고 자신의 전 생애를 예수님의 사랑을 위해 바친다면, 이것이 하나님의 교회에 지극히 큰 이익이 될 것입니다! 하나님께 특별한 자비를 받은 어떤 젊은이가 이렇게 말한다고 생각해 봅시다. "자, 나는 그동안 하나님의 선하심을 받아왔으니 자기희생에서 누구보다 앞장서겠어. 내 자신, 곧 내 혼과 영과 몸을 외국에서 주님을 섬기는데 바치겠어." 이런 그가 이루지 못할 일이 무엇이 있겠습니까! 자, 마음이 씩씩한 여러분, 심령이 넉넉한 여러분, 여러분은 하나님께 무한한 빚을 지고 있습니다. 하나님께 여러분의 모든 것을 드리는 것만이 합당한 예배입니다. 자, 하나님의 제단 뿔을 붙잡고 오늘 여러분 자신을 온전한 번제로 그리스도께 바치십시오. 이것이 모든 성도가 간절히 바라야 할 여호와와 그의 선하심을 경외하는 것입니다.

우리는 또한 애정의 의미로, 다시 말해 거룩한 질투심에 있기 마련인 두려움이 섞인 애정의 의미로 여호와와 그의 선하심을 경외해야 합니다. 하나님께서 우리를 위해 그토록 많은 일을 행하셨습니다! 그렇다면 우리가 그토록 다정하신 하나님을 슬프시게 하지 않기 위해서는 참으로 많이 떨어야 마땅합니다. 여러분에게 주인이 있는데 그가 인색하거나 포악한 사람이라면 여러분은 의무감이 들지 않는 한 주인을 별로 기쁘게 하려고 하지 않을 것입니다. 그러나 여러분이 다정하고 넉넉한 사람을 섬기고 있다면, 그리고 그 사람이 여러분의 어린 시절부터 지금까지 여러분에게 은혜를 베풀어온 사람이라면 여러분은 태만이든 과실이든 간에 무슨 일이 있어도 그를 화나게 하려고 하지 않을 것입니다. 자녀에 대한 애정을 의심할 수 없이 아주 분명하게 보인 부모만큼 자녀에게 순종을 요구할 수 있는 사람은 없습니다. 자녀를 노엽게 한 아버지들은 자녀들이 자신을 존경하지 않는 것을 볼지라도 이상하게 여겨서는 안 됩니다. 은혜로우신 우리 하나님은 자기 백성들에게 지극한 애정을 받으십니다. 하나님의 백성들은 자기가 무슨 일을 해서든지 혹은 하지 않아서든지 간에 성령님을 슬프시게 할까봐 조바심을 냅니다. 그것은 복되고 거룩한 두려움이고, 죄에 대한 신성한 경계심입니다! 나는 우리 모두가 이 애정을 더욱 많이 지녔으면 좋겠습니다. 나는 우리가 처음 회심할 때는 이 애정을 많이 품고 있었는데, 슬프게도 신자라고 하는 많은 사람들이 지금은 이 애정을 거의 품고 있지 않는 것이 아닌가 하는 걱정이 듭니다. 이들은 세상과 너무 친숙해 있고, 죄를 민감하게 느끼는 의식이 사라졌습니다. 죄에 대해서 더 이상 눈동자처럼 민감하게 반응하지 않습니다. 그들은 한때 무서워 떨었던 죄들을 허용합니다. 하나님께서 우리를 양심에 서서히 얇은 막이 끼는 데서 구원하여 주시기를 바랍니다. 하나님을 섬기는 사람은 질투심이 매우 강한 분을 섬기는 것입니다. 사랑하는 여러분, 이 자리에는 그리스도와의 교제를 아주 남다르게 누리도록 허락받은 분들이 있다는 것을 기억하시기 바랍니다. 그런 여러분은 그리스도의 품에 머리를 기댔던 요한처럼 하나님의 애정의 가장 깊숙한 방까지 이끌려 들어간 것입니다. 그런 여러분이 하나님을 슬프시게 하는 것만큼 그렇게 빨리 하나님을 슬프시게 할 수 있는 사람은 없습니다. 여러분만큼 발 디딜 데를 조심스럽게 찾아 나가야 할 사람은 없습니다. 일반 신하는 왕의 묵인 하에 행할 많은 일들을 왕의 총애하는 신하는 전혀 행하지 않을 것입니다. 여러분은 그리스도의 총애하는 신하입니까? 하늘의 총애를 받는 것은 두려운 일입니다. 그것은 영광스러운 만큼이나 두려운 일입니다. 그 일은 큰 관심과 깊은 근심을 요구합니다. 하나님의 선하심에 대한 경외심이 있으면 여러분은 한순간이라도 여러분의 기질이나 생각, 말이나 행동으로 하나님을 노여우시게 할까봐 염려할 것입니다. 여러분이 그런 경외심으로 하나님 앞에서 겸손히 행하게 해 주시기를 바랍니다.

또 우리는 하나님을 겸손한 마음으로 경외해야 합니다. 설명할 두려움이 일곱 가지나 되므로, 하나하나를 간단히 다루지 않으면 안 됩니다. 우리가 건강한 상태에 있다면, 우리에 대한 하나님의 선하심을 알 때 우리는 자신에 대해 덜 생각하게 될 것입니다. 우리는 비어 있으면 높이 뜨고, 가득 차면 가라앉기 시작하는 베드로의 배와 같이 될 것입니다. 자신에게 베푸신 하나님의 큰 자비를 생각하면 우리는 다윗처럼 어안이 벙벙한 채로 앉아서 이렇게 말할 것입니다. "이 어찌 된 일인가? 나는 누구이오며 내 아버지의 집은 무엇이나이까?(눅 1:43; 삼하 7:18)." 하나님의 자비를 알고서 여러분이 겸손하게 된다면 하나님과 바른 관계에 있는 것이고, 하나님의 자비를 받고서 우쭐하게 된다면 여러분 마음속에 깨끗이 없애버려야 할 천한 것이 있다고 생각하시기 바랍니다.

그 다음에, 하나님의 선하심을 알 때 우리는 마땅히 신성한 근심, 곧 두 가지 성격의 근심으로 하나님을 경외해야 합니다. 나는 정말로 하나님의 자녀입니까? 내가 받았다고 생각하는 이 큰 구원을 정말로 받은 것입니까? 아니면 내 경험은 순전히 상상에 불과한 것입니까? 내 앞에 광대한 토지가 보이는데, 이 땅이 내 것입니까? 아니면 내가 권리 증서를 잘못 읽은 것입니까? 이 땅은 다른 누구의 것입니까? 아니면 정말로 내 것입니까? 여러분이 복음 안에 나타난 하나님의 은혜를 고귀하게 생각하면 할수록 그만큼 더 조심스럽게 자신이 믿음 안에 있는지 조사할 것이며, 그만큼 더 염려하여 매일 십자가로 가서 다시금 주님의 상처들을 보고 핏방울들을 헤아리며 거룩한 믿음으로 "이렇게 해서 내 죄가 깨끗이 씻겨졌다" 하고 외침으로써 자신이 확실히 부름을 받고 선택 받은 것을 알려고 할 것입니다. 여러분의 하늘이 작고 여러분의 하나님이 별로 자비를 베풀지 않는 하나님이라면, 그런 점을 믿을 수 없을 것입니다. 그러나 여러분이 하나님은 자비를 넘치게 베푸시는 분으로 알고, 하늘은 영광으로 가득 차 있다고 생각한다면, 여러분이 그리스도의 것인지 아닌지에 대한 논쟁에 의심이 있을 수 없다는 것을 확실히 알기 바랍니다. 우리의 두 번째 근심은 언제나 이것일 것입니다. "내가 정말로 주님의 것이고 내가 그처럼 놀라운 선하심을 받았다면 나는 주님께 주님이 바라시는 것을 드리고 있는가?" 사랑하는 여러분, 여러분은 하나님의 포도원입니다. 하나님은 여러분을 울타리로 둘렀고, 물을 대셨으며, 여러분의 심령에 참된 영적 생명이라는 극상품 포도나무를 심으셨습니다. 그러나 여러분이 어떻게 하나님께 열매를 거의 내놓지 않았는지 보십시오! 하나님은 포도송이를 찾으시는데 포도 이삭밖에 보이지 않습니다. 여러분은 숲의 멧돼지에게는 은신처를 제공하면서 포도원의 주님께 내드릴 공간은 거의 없습니다. 하나님께서 여러분의 가지를 보시는데, 가지는 부주의함이라는 이끼로 덮여 있고, 뿌리 쪽의 땅은 교만과 이기주의라는 악한 잡초들로 우거져 있습니다. 하나님께서 지금까지 여러분에게 해주신 것에 무엇을 더 할 수 있습니까? 하나님께서는 여러분에게 그토록 많은 것을 주셨는데, 여러분은 하나님께 드리는 것이 아무것도 없지 않도록, 다시 말해 여러분이 달란트를 받았으면서 이자를 전혀 드리지 않고 하나님의 자비를 받고도 아무 보답도 하지 않는 일이 없도록 두려워하고 떠십시오.

그 다음에, 또 다른 경외함이 있습니다. 우리는 인종(忍從)의 두려움으로 여호와와 그의 선하심을 경외해야 합니다. 여러분은 욥을, 고귀한 욥을 기억합니다. 욥은 한때 지극히 부유하고 재물이 많았습니다. 하나님께서 오랫동안 영적인 일에서나 세상적인 일에서나 모두 그를 매우 선대하셨습니다. 욥은 하나님의 선하심 때문에 하나님을 사랑하였습니다. 욥은 이 사랑이 진심에서 우러나온 것임을 입증해 보였습니다. 가축과 약대를 잃고, 설상가상으로 자녀와 건강을 모두 잃었을 때 그가 이렇게 말했기 때문입니다. "우리가 하나님께 복을 받았은즉 화도 받지 아니하겠느냐?"(욥 2:10). "주신 이도 여호와시요 거두신 이도 여호와시오니 여호와의 이름이 찬송을 받으실지니이다"(1:21). 심령이 기쁠 때, 여러분은 속으로 이렇게 말해야 마땅합니다. '아, 하나님께서 나를 용서하시고 당신의 자녀로 삼으셨으며 천국에서 영원히 나와 함께 하시겠다고 약속하셨으니, 주께서 기뻐하시는 대로 내게 행하소서. 주님, 제가 여기 있나이다. 주께서 선히 여기시는 대로 행하소서. 주께서 나를 지옥에서 구원하셨으니, 비록 내가 오랜 시간 동안 병상에서 뒤척이느라 뼈밖에 남지 않게 될지라도 성령님의 도우심을 받으면 내가 불평하지 않겠습니다. 병이 무엇이라고, 내가 그것을 불평하겠습니까? 누더기 같은 옷에 바람이 스며들고 식탁에 차린 것이 없으며 집에 가구가 없을지라도, 내가 땅에서 그리스도를 모시고 있고 하늘에서 그리스도가 내 기업이 되신다면 나는 불평하지 않을 것입니다.' 자, 이것이 하나님을 참으로 경외하는 것이며, 우리가 언제나 이 경외심 가운데 있을 수 있다면 참으로 행복할 것입니다! 우리가 하나님께서 선하시다는 사실에 만족하고 그래서 하나님이 우리를 매정하게 대하시지 않을 것이라고 믿으며, 하나님의 영적인 선하심이 지극히 기뻐서 다른 모든 것은 그저 티끌과 찌꺼기로 보인다면, 우리 주님께 더욱 영광을 돌릴 것이고 훨씬 더 감사할 것입니다.

이렇게 해서 나는 여호와와 그의 선하심을 경외하는 것에 대해 길게 이야기했습니다. 여기서 여호와의 선하심은 영적인 선을 말합니다. 잠시 나는 그리스도 안에 있는 신자들 가운데 섭리의 일들에서 하나님의 선하심을 많이 맛본 사람들에게 이야기하고 싶습니다. 성도들이 모두 가난한 것은 아닙니다. 나사로는 누추하게 산 하나님의 자녀이지만 아리마대 요셉은 상당한 재산이 있었음에도 그에 못지않은 사랑을 받았습니다. 사도 시대에 지극히 가난한 계층에서 많은 사람들이 하나님께로 돌아왔지만, 큰 재산을 소유한 에티오피아 내시도 진실한 제자였습니다. 여러분 가운데는 하나님께서 언제나 사업이 번창하게 하시고,

주위에 가족들이 건강하게 자라는 분들이 있습니다. 그런 여러분 자신도 건강이 아주 좋습니다. 정말로 여러분은 이생의 위안거리들을 풍성하게 누립니다. 나는 여러분이 이 모든 선하심을 인하여서 다른 누구보다 하나님을 경외하기를 바랍니다. 성공이 해가 되는 경우가 참으로 많습니다. 성공은 역경보다 견디기가 훨씬 더 어렵습니다. 정련하는 도가니가 은을 제련하듯이, 용광로가 금을 정련하듯이 성공이 그리스도인을 시험합니다. 고난을 이겨내고, 고난 가운데 있을 때는 하나님을 찬양할 사람이 아무 근심을 겪지 않으면 자기 하나님을 잊고 은혜에서 쇠퇴하며 거의 세상 사람이 되다시피 하는 경우가 많습니다. 정말이지, 예전에 나이 든 한 목사가 어려운 문제가 전혀 없는 것만큼 어려운 일은 없다고 말한 것과 같이 아무 시련이 없는 것만큼 큰 시련은 없습니다. 사람이 아무 위험을 보지 못할 때만큼 큰 위험에 처해 있는 상태는 없습니다.

> "나는 머리 위에서 울부짖는 폭풍우보다
> 믿을 수 없는 평온함이 더 무섭습니다."

세상적인 선함을 복으로 받은 여러분에게 다음의 몇 가지 생각을 말씀드리겠습니다. 여러분은 이 세상의 것들이 여러분의 하나님이 되지 않도록 전보다 훨씬 더 하나님을 경외하십시오. 돈은 들러붙는 그 성질 때문에 성경에서 찐득찐득한 찰흙에 비유됩니다. 그뿐 아니라 돈은 사람을 빨아들이는 경향이 있습니다. 많은 사람이 말이 늪지에 빠지듯이 재물에 빠집니다. 재물이 사람을 아래로 끌어당기는 것입니다. 재물이 여러분의 발밑에 있는 동안은 재물이 여러분을 해치지 못할 것입니다. 그러나 재물이 여러분의 심장만큼 높이 올라와 있으면 재물이 여러분을 산 채로 매장하기 시작한 것입니다. 사람이 지갑에 돈을 넣고 다니는 동안 좋습니다. 특별히 살이 너무 쪄서 반지가 꽉 끼지 않는 한에는 괜찮습니다. 그러나 사람이 돈을 마음에 품고 다니면 그것은 나쁩니다. 그의 돈이 마치 궤양처럼 그를 먹어들어가며 그에게 말할 수 없는 해악을 끼칠 것입니다. 하나님의 자녀 여러분, 내가 여러분에게 이 말을 할 필요가 있습니까? 여러분은 믿을 수 없는 재물을 의지하는 것보다 더 나은 것을 압니다. 그런데 여러분이 금송아지를 예배한다면, 그것은 정말로 죄짓는 일이 될 것입니다. 하나님을 경외하고 우상숭배자가 되지 않기를 간절히 바라십시오. 과거 어느 때보다도 하나님을 경외하고, 성공에 비례하여 여러분의 경건도 그만큼 더 깊어지도록 하십시오.

둘째로, 여러분이 자신의 책임을 가볍게 생각하지 않도록 하나님과 그의 선하심을 경외하십시오. 여러분에게 있는 것은 하나도 여러분의 것이 아닙니다. 다른 사람들에 대해서는 여러분의 재물이 여러분의 것입니다. 그러나 하나님께 대해서는 여러분의 것은 아무것도 없습니다. 여러분은 청지기일 뿐입니다. 끊임없이 자신을 위해 재물을 모으고서 주인에게 마땅히 돌려드려야 할 것을 드리려고 하지 않는 것이 정직한 청지기가 할 일입니까? 만일 청지기가 주인에게 수입의 일부를 내놓으면서 "나는 손이 커서 주인에게 아주 많이 드렸어"라고 말한다면, 그렇게 말하는 청지기는 불량배이지 않겠습니까? 그는 청지기에 지나지 않으므로 한 해 동안 벌어들이는 모든 것은 주인의 것입니다. 따라서 그것을 주인에게 드리는 것은 그가 마음이 넉넉해서 하는 행동이 아닌 것입니다. 신자 여러분, 여러분에게 있는 것은 모두가 여러분을 피로 값 주고 사신 그리스도의 것입니다. 나는 여러분이 재물이 늘어감에 따라 죄를 쌓지 않도록 은혜를 구하시기 바랍니다. 교회의 어딘가에 숨어 있는 무서운 죄가 있습니다. 나는 하나님의 대의를 위해 재물을 아낌없이 바치고, 그만큼 다른 것도 온전히 바치는 그리스도인들이 있는 것을 압니다. 그럼에도 불구하고 복음이 없기 때문에 수만 명씩 죽어가는 영혼들이 있습니다. 죽어가는 사람들에게 복음을 전할 수 있는 금전적인 수단이 있다면 그들이 한 주일 안에 복음을 들을 수도 있습니다. 기다리고 있는 사람들이 있는데, 우리는 그들을 지지할 수단이 없습니다. 현재는 어둠 가운데 있지만 당장이라도 복음을 받아들일 준비가 되어 있는 이방 민족들이 있습니다. 섭리에 의해서 문이 열렸지만 그 문을 열고 들어가기 위한 자금이 부족합니다. 돈이 신자인 체하는 비천한 위선자들의 손에 들어가 있지 않는 한, 신자들 전체로 보아서는 자금이 부족하지 않다고 나는 생각합니다. 신자들은 자신이 전적으로 그리스도의 것이라고 고백하기 때문입니다. 그들이 언행이 일치하지 않게 행하지 않는 한, 다른 사람들과 마찬가지로 전적으로 하나님의 영광을 바라기보다는 기부자 명단에 이름을 올리고 다른 사람들에게 인색한 사람으로 간주되지 않기 위해서 기부하는 것이 아닌 한에는, 자금이 부족하지 않다고 생각합니다. 그런데 일이 그렇게 된다는 것은 슬픈 일입니다. 우리는 사람에게 명예를 얻기 위해서가 아니라 오직 하나님을 사랑해서 기부해야 합니다. 여러분이 많은 것을 얻으면 얻을수록 그만큼 더 여러분에게 책임이 있는 것입니다. 그러므로 여러분의 책임을 알고 느낄 수 있게 해달라고 은혜를 구하시고, 여러분이 받는 달란트가 늘어남에 따라 하나님께 정직할 수 있도록 더 많은 은혜를 구하도록 하십시오.

셋째로, 하나님께서 손을 뒤집어 여러분을 가난하게 만드시지 않도록 하나님과 그의 선하심을 경외하십시오. 하나님은 여러분의 샘을 아주 금방이라도 말려버릴 수 있고, 지금 당장 여러분에게 가뭄을 보내실 수 있습니다! 하나님은 7년 동안 기근을 보내어 여러 해 풍년에 거둔 모든 것을 다 먹어 없애버리게 만드실 수 있습니다. 하나님을 아주 마지못해 섬기는 여러분에게 하나님께서 그렇게 행하신다면 여러분은 기회가 있었을 때 하나님을 섬겼더라면 좋았을 것을 하고 후회할 것입니다. 하나님께서 자기 백성을 떠나시지는 않지만 많은 경우에 그 백성들을 징계하십니다. 많은 사람이 세상에서 넘어졌는데, 이는 하나님께서 그에게 시련을 겪게 하셨을 때 그가 신실하지 못하였기 때문이라고 나는 믿습니다. 주님께서는 "아, 그는 선한 청지기가 아니다. 더 이상 그를 믿지 않겠다"고 말씀하십니다. 나는 여러분 가운데 성공하였을 때 거기에 해당하는 만큼 내지 않아서 주님이 "내가 그처럼 악한 종에게는 달란트를 맡기지 않겠다"고 말씀하는 일만 없었다면 부자가 되었을 사람이 많을 것이라고 생각합니다. 그리스도인들이 재물을 삽으로 가득 퍼서 나누었을 때 하나님은 재물을 마차에 가득 실어 돌려주신 일이 아주 많지 않습니까? 존 번연은 이렇게 말했습니다. "사람들이 미쳤다고 생각한 사람이 있었는데, 그는 많이 나누어주면 줄수록 그만큼 더 많은 것을 얻었다." 부유한 그리스도인들은 모두 오늘 자기에게 번영을 주시는 하나님께서 내일은 역경을 주실 수 있다는 것을 기억하고, 그러므로 하나님을 섬길 수 있는 기회가 있는 동안에 거룩한 경외심으로 하나님을 경배하기를 바랍니다.

여러분은 지금, 특별히 여러분 주위에 자녀들이 있고 여러분이 건강한 동안에 하나님을 경외해야 합니다. 여러분이 이제 곧 이 모든 것을 놓고 떠나야 할 것이기 때문입니다. 이 모든 것이 여러분을 떠날 수 있고, 그렇지 않으면 여러분이 이 모든 것을 떠나야 할 것이 확실합니다. 세상의 위안거리들을 놓으십시오! 그런 것들이 있더라도 없는 것처럼 여기시기 바랍니다. 세상의 위안거리들을 받을 때는 그것을 보고서 "이런 것은 지나가는 덧없는 것일 뿐이다" 하고 말하십시오. 믿지 못할 구름을 여러분의 안식처인 것처럼 환영하지 말고, 영원한 본향으로 가는 길에 잠깐 원기를 북돋우는 것에 지나지 않는 것으로 여기시기 바랍니다.

사랑하는 여러분, 하나님과 그의 선하심을 경외하십시오. 하나님은 섭리 가운데 여러분에게 주시는 모든 선물보다 나으신 분이기 때문입니다. 하나님께서 여러분에게 아름다운 집과 꽤 넓은 땅을 주실 수 있습니다. 하나님께서 여러분을 부자들과 귀족들 가운데 두실 수 있습니다. 여러분에게 건강과 유쾌한 마음을 주실 수 있습니다. 여러분에게 다복한 가정을 주실 수 있습니다. 하나님의 촛불이 여러분에게 비취게 할 수 있습니다. 그럴지라도 하나님은 이 모든 것보다 나으신 분입니다. 이 모든 것을 다 합쳐도 굶주린 영혼을 만족시킬 수 없을 것입니다. 오직 하나님만이 마음을 진정으로 만족시키실 수 있습니다. 여러분은 하나님을 모시고 있습니다. 여러분은 하나님을 모시고 있기 때문에 다른 모든 것이 줄 수 있는 것보다 더 많은 것을 가지고 있는 것입니다. 그러므로 하나님을 경외하고, 또 그의 선하심을 경외하십시오. 이것이 하나님께서 번창하게 해 주시는 사람들이 배워야 할 교훈입니다.

2. 하나님의 백성이 아닌 사람들에게 엄숙한 말씀을 한두 마디 할 수 있게 성령께서 도와주시기 바랍니다.

나는 지금 여전히 하나님의 원수로 지내면서도 태평하게 사는 부유한 사람들을 말하는 것입니다. 하나님은 지금까지 여러분을 아주 크게 선대하셨습니다. 여러분의 목숨을 살려주셨습니다. 그것은 큰 일입니다. 여러분은 이미 지옥에 갔을 수도 있습니다. 거기 가 있어야 마땅합니다. 하나님의 공의가 마땅히 받아야 할 것을 받았다면 여러분은 지옥에 가 있었을 것입니다. 여러분은 그동안 끊임없이 하나님을 노여우시게 하였습니다. 여러분은 놀림을 받으면 십 분도 참지 못할 것입니다. 그런데 여러분은 지난 40년 동안 여러분의 죄로, 태만으로, 하나님의 안식일과 그의 말씀과 그의 그리스도를 멸시함으로 하나님을 화나시게 하였습니다. 여러분은 말하자면 하나님의 복음을 나쁘게 말함으로, 혹시는 하나님의 명예가 깊이 관련되어 있는 진리들을 멸시함으로 하나님의 눈을 찌른 것입니다. 그런데도 여러분은 목숨을 잃지 않았습니다! 목숨을 잃지 않았을 뿐만 아니라 또한 이 세상의 위안거리들을 풍성히 받았습니다. 이 자리에는 가난하고 궁핍한 처지에 있지 않은 분들이 많은데, 그분들에게 말씀드립니다. 여러분은 많은 위안거리들을 받았습니다. 사실, 여러분은 꼭 필요한 것 한 가지를 제외하고 마음으로 바랄 수 있는 것들을 모두 받았습니다. 하나님께서 정말로 여러분을 아주 은혜롭게 대하셨습니다. 자, 하나님께서 여러분에게 전하시는 메시지를 들어보십시오. 여러분은 하나님을 경외하고 감사한 마음으로 그를 섬기지 않을 것입니까? 그처럼 많은 것을 받으면서도 보답으로 아무것도 드리지 않는다면, 즉 사랑도, 감사도, 봉사도 전혀 드리지 않는다면, 부당한 일이 아닙니까? 여러분에게 무슨 도구가 있다면 여러분은 그것을 여러분의 용도에 맞게 사용해서 거기에서 유익을 얻기를 바랍니다. 하나님은 자신의 영광을 위해 여러분을 지으셨는데, 여러분에게서 아무 영광도 얻지 못하십니다. 여러분이 농장에 짐승을 키운다면, 짐승에게서 도움을 얻기를 바랍니다. 그런데 하나님께서 지금까지 여러분을 키우셨는데 그 보답으로 아무것도 받지 못하셨습니다. 그처럼 선하신 하나님을 그처럼 부당하게 대하는 것이 부끄럽게 생각되지 않습니까? 나는 여러분이 남자다운 면모가 매우 강하기 때문에 만일 그동안 여러분을 매우 다정하게 대했던 친구가 여러분에게 은혜를 모르는 사람이라고 비난하면 마음에 크게 상처를 입으리라는 것을 압니다.

여러분은 지금까지 살면서 배은망덕은 악 중의 악이며, 짐승도 자기에게 친절히 대하는 사람들에게 온순하기 때문에 사람을 짐승보다 못하게 만드는 짓이라고 언제나 생각하였습니다. 여러분이 개를 귀여워하면 개도 여러분을 좋아하여 꼬리칩니다. 소는 제 주인을 알고 "나귀는 그 주인의 구유"(사 1:3)를 압니다. 여러분이 이 짐승들보다 못하면 자신을 멸시할 것입니다. 그런데 여러분이 그처럼 여러분을 선대하신 하나님을 경외하지 않는다면 짐승들보다 못한 것입니다. 그런데 무엇 때문에 여러분은 하나님을 섬기려고 하지 않는 것입니까? 여러분에게 베푸신 하나님의 인자를 상쇄할 수 있을 만한 것이 있습니까? 여러분은 하나님께 악한 무슨 동기가 있지 않나 의심합니까? 만일 그런 동기가 있다면 여러분은 감사한 마음을 갖지 않을 수가 있습니다. 여러분은 하나님의 선하심이 여러분에게 아무런 의무도 지우지 않는다고 생각합니까? 그렇게 생각한다면 여러분은 정말로 어리석기 짝이 없는 사람일 것입니다. 하나님께서 오랫동안 놀랄 만큼 많은 선하심을 보이셨는데 여러분에게서 아무런 보답도 받지 않고 무시당하시기만 하였다면, 언제까지나 그렇게 되어야 하겠습니까? 다정함에는 이길 수 없는 힘이 있지 않습니까? 옛날 우화에서 우리는 누가 먼저 나그네의 옷을 벗길 수 있는지 내기를 한 해와 바람의 이야기를 들어서 알고 있습니다. 바람이 거세게 몰아쳤지만 여행자는 옷을 더욱 단단히 여몄을 뿐입니다. 그러나 해가 여행자의 이마에 빛을 따뜻하고 부드럽게 비추자 여행자가 금방 옷을 벗어던졌습니다. 하나님께서 여러분을 마구 대하셨다면 여러분이 "하나님을 섬기지 않겠어" 하고 말할지라도 이상하게 여기지 않았을 것입니다. 그러나 하나님께서 여러분에게 그처럼 친절하게 대하셨으니, 무관심의 옷을 벗어던지고 그의 종이 되도록 하십시오. 하나님의 사랑의 온기가 여러분의 영혼을 녹이지 않습니까? 차가운 서리 같은 위협하는 말씀을 들었다면 여러분의 마음이 얼음덩어리처럼 단단해졌을 수 있을 것입니다. 그러나 하나님께서 지금까지 여러분에게 비추신 번영의 햇빛이 여러분을 녹이고 예수께로 데려오지 않습니까? 하나님께서 이 일이 지금과 영원히 이 집에 있는 많은 사람들에게 일어나게 해 주시기를 바랍니다.

형제 여러분, 여러분은 희망을 가지고 하나님을 경외해야 하지 않겠습니까? 여러분이 하나님을 경외하지 않았음에도 하나님께서 세상적인 일들에 여러분을 그처럼 후대하셨다면, 영적인 일들에서도 그만큼 후대하실 것이라고 기대할 이유가 충분하지 않습니까? 여러분이 친구의 집을 방문하는데, 말을 타고 갑니다. 친구가 여러분의 말을 마구간으로 들이고 말에 대해 아주 세심하게 신경을 써 줍니다. 비바람에 맞지 않게 해주고 잘 먹이고 잘 돌보아 줍니다. 여러분은 친구가 자신을 내쫓을 것이라는 걱정을 전혀 하지 않습니다. 말이 마구간에서 아주 세심하게 돌봄을 받았다면, 방문한 친구를 위해서는 따뜻한 곳이 준비되어 있을 것이 틀림없습니다. 말에다 비유할 수 있는 여러분의 몸이 세상적인 번영을 충분히 누렸다면 여러분이 하나님의 얼굴을 구한다면 하나님께서 틀림없이 여러분의 영혼을 돌보실 것입니다! 여러분은 이렇게 기도하십시오. "나의 하나님, 내 아버지시여, 나를 인도하여 주소서. 아버지께서 이 외적인 일들에서 내게 그토록 잘 해주셨으니 내 마음에 은혜를 베풀어 주소서. 나에게 참된 부를 주시고, 당신의 아들을 사랑하고 그를 믿으므로 이제부터 당신의 자녀가 되게 하여 주소서. 주께서 내게 아래 샘을 주셨으니, 이제는 내가 위샘에서 마시게 하여 주소서. 내게는 주께서 믿지 않는 자들에게 주시는 복이 있으니, 이제는 믿는 자들에게 주시는 복, 곧 주의 성도들의 특별한 기업을 내게 주소서!" 성령님이시여, 많은 사람들을 강권하여 이렇게 소망을 품고 기도하게 하여 주소서.

그 다음에, 여러분이 크게 감탄하는 마음에서 여호와와 그의 선하심을 경외해야 마땅하지 않습니까? 하나님께서 그동안 참으로 여러분을 잘 대해 주시고 선대하시며 기이할 정도로 후대하셨기 때문입니다. 누구든지 여러분을 그토록 오랜 시간 동안 괴롭힌 사람이 있었다면 여러분은 그를 도무지 참지 못했을 것입니다. 그런데 하나님은 여러분을 그토록 오랫동안 참으셨습니다. 나는 죄인을 위하여 죽으신 구주님의 이야기를 읽으면서 때때로 이런 생각을 하였습니다. 예수 그리스도께서 나를 위해 살고 죽지 않으셨다고 하더라도, 내가 주님의 보혈에 전혀 참여하지 못하였을지라도 다른 사람들에 대한 주님의 사랑 때문에 여전히 주님을 사랑하지 않을 수 없다는 생각을 했습니다. 주님은 지극히 선하고 지극히 다정하셔서 내가 망한다고 할지라도 사랑하는 구주님에 대해 감탄하지 않을 수 없습니다. 여러분은 하나님께서 여러분에게 그동안 어떤 친절함을 베푸셨는지를 알 때 감탄하지 않습니까? 그런 하나님, 그런 그리스도를 여러분의 마음에 모셔야 한다고 느끼지 않습니까?

마지막으로, 여러분이 하나님의 선하심을 알면 하나님을 경외하는 것이 당연한 일이라고 말씀드립니다. 하나님께서 지금 여러분에게 베푸시는 선하심은 머지않아 사라질 것이기 때문입니다. 하나님께서 베푸시는 세상적인 모든 자비는 땅에 흐르는 물, 곧 표층수(表層水)에 지나지 않습니다. 여러분은 결코 마르지 않는 큰 샘을 아직까지 만나지 못했습니다. 이 큰 대양은 오직 신자들만의 것입니다. 결코 마르지 않는 야곱의 샘은 신자들의 것입니다. 여러분의 위안거리들은 표층수에 지나지 않고, 곧 사라질 것입니다. 여러분이 하나님의 선하심을 누릴 때 그 선하심을 인해서 하나님을 사랑하지 않았기 때문에 이제 하나님의 선하심을 생각하면 씁쓸한 기억밖에 남지 않을 때는 어떻게 하시겠습니까? 여러분이 하나님의 선하심을 누리고도 회개에 이르지 않는다면 하나님께서 다른 방식으로 여러분을 대하신다는 것을 기억하시기 바랍니다.

로마의 릭토르(lictor: 파스케스[fasces: 도끼가 끼워져 있는 막대기 다발]를 가지고 집정관 등을 따라다니며 죄인을 잡던 관리)가 가지고 다닌 도끼는 막대기 다발로 묶여져 있었습니다. 그 다발은 매듭이 있는 끈으로 묶여 있었는데, 그 이유는 이러하였습니다. 재판관이 죄수를 심리할 때 릭토르들이 끈에 묶인 매듭을 하나하나 풀기 시작하였는데, 이는 그 죄수가 죽음을 면할 수 있는 가능성이 있는지, 형벌을 시행하지 않게 할 수 있도록 뉘우치는 일이 있는지 보고, 그렇게 할 기회를 주기 위해 기다리는 것이었습니다. 죽음을 면할 수 있는 가능성이 없고 뉘우치는 일도 없다면, 끈을 다 풀었을 때 묶여 있던 막대기를 사용하였습니다. 그리고 그 죄인이 큰 범죄자인 것이 판명이 나면 그때 도끼가 사용되었는데, 도끼는 마지막 수단으로서만 사용되었습니다.

이렇게 하나님은 지금까지 여러분을 큰 자비로 대하셨습니다. 아직까지 매듭을 풀지 않으셨습니다. 그러나 공의의 천사가 매듭을 풀기 시작할 것입니다. 여러분이 돌이켜 회개하지 않는 한, 여러분에게는 고난이 준비되어 있습니다. 먼저 막대기가 하나 올 것입니다. 자녀가 병에 들 수가 있습니다. 그 다음에 또 막대기가 올 것입니다. 사업이 실패하고, 여러분 자신이 병에 걸리며 아내가 죽을 수가 있습니다. 이렇게 많은 막대기가 올 것입니다. 나는 많은 사람에게서 이렇게 그들을 치시는 하나님의 손을 보았습니다. 이 모든 매를 맞고도 여러분이 회개하지 않는다면, 마지막으로 사용될 도끼가 아직 있습니다. 하나님의 선하심을 맛보고도, 하나님이 보내시는 고통을 맛보고도 마음이 움직이지 않는 사람은 화가 있습니다. 하나님의 인자로도 이끌 수 없고 하나님의 공의로도 몰고 갈 수 없는 사람은 화가 있습니다. 그런 사람에게는 그가 사랑하려고 하지 않은 하나님으로부터, 그가 영접하려고 하지 않은 그리스도로부터, 그가 멸시한 자비로부터, 그가 거절한 사랑으로부터 영원히 버림을 받는 일밖에는 아무것도 남아 있지 않습니다.

여러분은 그렇게 되지 않도록 하십시오! 오늘 아침 나는 마치 혀가 묶인 것 같은 생각이 듭니다. 그래서 현재 아주 유쾌하고 즐겁게 살고 있는 여러분 젊은 이들에게 말하고 싶은 대로 제대로 말하지 못한 것 같습니다. 여러분이 한창 즐겁게 지낼 때 하나님의 자비가 여러분을 이끌기 때문에 예수께 오려고 한다면, 그것은 참으로 고귀한 일이고, 정당한 일이며 또한 합당한 일일 것입니다. 그럴 때 여러분은 이렇게 말씀하십시오. "나의 하나님, 주님께서 지금껏 내게 빛을 비추셨으니 내가 꽃처럼 주님을 향해 활짝 피고, 달콤한 향기처럼 내 마음의 사랑을 주께 쏟겠습니다. 주님께서 지금까지 나를 가난과 질병에서 지키셨고, 인생의 많은 악에서 보호하셨습니다. 주님께서 강한 바람도 누그러뜨려 보호하신 주의 어린 양이 주님께 가며 말씀드립니다. '선한 목자시여, 나를 주님의 품에 안으시고 주님의 보혈로 내게 붉은 표시를 하시어 주의 양 무리 가운데 두소서.

내가 주의 선하심에 마음이 녹아 땅에 엎드리고
그동안 내게 베푸신 자비를 인하여 울며 찬송 드리나이다.'"

제
4
장

버려두라

"에브라임이 우상과 연합하였으니 버려 두라." - 호 4:17

이 거대한 집회가 무슨 목적으로 안식일마다 모이는 것입니까? 왜 여러분은 이 통로와 복도에 밀려들어서 좌석마다 다 채우고, 발 디딜 틈도 없이 빽빽이 서 있는 것입니까? 여러분이 모두 예배하려는 열심이 있는 것입니까? 모두 하나님의 말씀을 듣는데 목말라 있습니까? 아, 나는 두려움과 불안에 사로잡혀 있습니다. 여러분이 너무나 많아서 걱정입니다. 많은 사람들이 설교하고, 설교 듣는 것을 가벼운 문제로 생각합니다. 설교가 마치고 예배가 끝나며 회중이 해산하고 주일이 지나가면, 사람들은 할 일을 다했고 모든 것이 마쳐졌다고 생각합니다. 문을 닫은 것입니다. 이제까지 들은 것을 더 이상 마음에 두지 않습니다. 그래서 마치 극장에 있었던 것과 다름없이 돼버립니다. 커튼이 내려졌고 조명이 꺼진 것입니다. 이들에게 안식일은 또 다른 하루에 지나지 않고, 설교자는 그들을 한 시간 즐겁게 보내도록 돕는 연설자에 불과합니다. 그러나 그렇지 않습니다. 우리는 하나님 말씀의 선포에서 어떤 결과를 기대하든지 않든지 간에, 하나님께서는 결과를 찾으신다는 것을 확실히 아시기 바랍니다. 정신이 있는 사람이라면 추수할 것을 기대하지 않으면서 밭에 씨를 뿌리지 않습니다. 이윤을 남길 것을 생각하지 않으면서 장사하는 사람은 없습니다.

여러분, 하나님은 조롱받으시는 분이 아닙니다. 하나님은 자기 말이 헛되이 되돌아올 것을 바라면서 말씀을 보내시지 않습니다. 하나님께서는 자기 종들이 즐거운 음악을 연주하거나 달콤한 노래를 부르기만 하면 그것으로 되었고, 그래서 청중이 마치 극장에 갈 때 이윤에는 관심이 없고 즐겁기만 하면 만족하듯이 예배당에 와도 상관없다고 생각하시지 않습니다. 자, 여러분, 그렇게 생각한다면 이 엄숙한 교훈에 귀를 기울이십시오. 이 강단에 서는 안식일마다 나는 하나님 앞에 보고를 드려야 하기 때문입니다. 이 회중에 대한 나의 책임은 지극히 엄숙하고 중요한 것이어서, 만일 그리스도 예수 안에서 하나님의 무한한 자비가 없다면 나는 하나님 앞에 그런 보고를 드리기보다는 차라리 태어나지 않은 것이 더 나았을 것이라고 생각합니다. 아, 내 자신이 개인적으로 알고 있는 과실들을 생각하면 정신이 아찔합니다! 그 과실들이 내 봉사에서 하나님의 눈에 나타나는 잘못들에 비하면 거의 없는 것이나 다름없을지라도 나로서는 부끄럽기 짝이 없습니다. 그러나 여러분도 지금까지 들었거나 앞으로 들을 수 있는 모든 설교에 대해 답변을 해야 할 것입니다.

여러분 가운데 복음을 들을 기회를 받았지만 그것을 짓밟아 버릴 수 있다고 생각할 사람이 있습니까? 죽어가는 사람들이 다시 복음을 들을 수만 있다면 무엇이든지 내놓으려고 할 것입니다! 지옥에 떨어진 영혼들이 다시 은혜를 받는 기회들을 붙잡을 수만 있다면 무엇이든지 내놓으려고 할 것입니다! 복음을 들을 수 있는 기회는 말할 수 없이 귀중합니다. 그 기회들은 참으로 귀중하기 때문에 깊이 고려해야 합니다. 설교를 듣고 예배당을 나가면서 "설교를 들었는데, 이 설교자의 스타일이 어떤지 알겠다"고 하면서 경박하게 이것저것을 들먹이는 사람은, 나중에 전능하신 하나님께서는 그 설교를 다르게 보셨고 하나님의 심판대 앞에서 또 다른 평가가 내려지는 것을 볼 것입니다. 여러분은 복음 설교가 연극 공연과 다름없다고 생각하십니까? 혹은 사람들이 설교자가 예수님 안에 있는 진리를 아주 열심히 전할 때 마치 의회에서 어떤 연사의 말을 듣는 정도로만 생각해야 하겠습니까? 죽음과 심판, 천국과 지옥을 잠시 관심을 보였다가 잊어버릴 일반적인 주제들로 간주해야 하겠습니까? 여러분이 원한다면 그렇게 생각할 수도 있습니다. 그러나 하나님의 종들은 그렇게 생각할 마음이 도무지 없고 하나님께서도 그렇게 생각하시지 않습니다. 본문을 보면 이런 조사가 이루어지는 것을 알 수 있습니다.

에브라임 사람들 혹은 이스라엘 전 백성, 곧 열 지파가 거듭거듭 경고를 받았는데, 그들이 경고에도 돌이키지 않고 하나님의 메시지를 거부하고 계속해서 죄를 범하였기 때문에 마침내 하나님께서 그들에게 화를 발하시며 자기 종들에게 이렇게 말씀하셨던 것 같습니다. "에브라임이 우상과 연합하였으니 버려두라. 즉, 이 무관심한 사람들에게 더 이상 네 정력을 낭비하지 말라. 그렇게 바위처럼 단단한 땅은 쟁기질하는 것이 소용이 없다. 이것은 아주 절망적인 경우이니, 수고를 그쳐라. 이제 다른 곳으로 가라. 네 신성한 활동이 더 효과를 내고, 사람들의 마음이 움직이고 하나님 말씀에 귀를 기울일 곳으로 가라. 에브라임이 우상과 연합하였으니 버려 두라."

이 회중 가운데 그런 사람이 있을까 염려가 되어서, 아니 사실은 곧 그런 지경에 떨어질 사람들이 있는 것을 분명히 알기에 이런 말씀을 드리려고 하는 것입니다. 첫째, 이런 형벌을 일으킨 죄에 대해서, 둘째로, 기이한 형벌 자체에 대해서, 셋째로, 이 전체 주제로부터 이끌어낼 수 있는 실제적인 교훈에 대해서 말씀드리도록 하겠습니다.

1. 그러면 "그를 버려두라"는 말씀을 할 수밖에 없게 만드는 죄는 무엇입니까?

그 죄가 에브라임의 경우에는 계속해서 우상 숭배를 한 일이었던 것으로 보입니다. 이스라엘 백성들이 여러 우상을 세웠습니다. 그들은 여호와를 알았습니다. 그러나 그들이 유다 지파와 갈라졌을 때 여로보암은 백성들이 예루살렘으로 가는 것을 막기 위해 금송아지 우상을 세웠습니다. 그들이 다른 신들을 예배하려는 의도는 아니었습니다. 그들이 주장하는 이론은 자기들이 하나님, 참되신 하나님을 예배하되 힘을 나타내는 소의 형상을 통해서 예배하려고 하였다는 것입니다. 그들로서는 그 형상이 적절하고 도움이 된다고 생각하였습니다. 그것은 마치 사람들이 오늘날 이렇게 말하는 것과 꼭 같습니다. "우리는 사람들이 우상을 예배하기를 원하지 않는다. 하지만 사람들이 십자가의 형상, 곧 십자가에 달린 사람의 형상을 통해서 예배할 수는 있다. 이 형상이 사람들을 가르치고 그들의 신앙을 북돋우는데 도움이 될 것이다. 그들은 형상 자체를 예배하는 것이 아니라 이 형상을 통해서 하나님을 예배하는 것이다."

하지만 이러한 예배 방법은 율법에서 분명히 금지되었고 십계명에 어긋난다는 점을 잊어서는 안 됩니다. "너를 위하여 새긴 우상을 만들지 말고 또 위로 하늘에 있는 것이나 아래로 땅에 있는 것이나 땅 아래 물 속에 있는 것의 어떤 형상도 만들지 말며 그것들에게 절하지 말라"(출 20:4,5). 이 명령을 무시하였고, 그래서 이스라엘 열 지파는 사실상 오늘날의 로마 가톨릭교도와 의식주의자들의 대표자가 되었습니다. 이스라엘 백성들은 형상들을 통해 하나님을 예배하였고, 얼마 후에는 거기에서 한 걸음 더 나아가(이러한 미신적인 행위는 언제나 더 앞으로 나아가게 되어 있듯이) 거짓 신들, 곧 바알과 아스다롯 등과 같은 신들을 세우기 시작하였습니다. 이렇게 해서 결국 그들은 지존하신 하나님에게서 완전히 빗나갔습니다. 선지자가 잇따라 와서 말했습니다. "너희가 이렇게 하면 그 일로 심판을 받을 것이다. 여호와 우리 하나님은 질투하시는 하나님이시다. 하나님은 하나님께서 친히 정하신 방법으로만 예배드려야 한다. 이런 최신식 방법으로, 곧 너희 자신이 고안해낸 미신적인 의식(儀式)들로써 하나님을 예배하려고 한다면 하나님께서 격노하시고 너희를 치실 것이다." 그러나 그들은 이 선지자들의 말을 듣지 않았습니다. 하나님의 사자(使者)들 가운데 가장 위대한 선지자인 엘리야조차도 백성들의 관심을 그다지 많이 받지 못했습니다. 그의 후임자인 엘리사도 무시를 당하였습니다. 하나님의 집의 종들이 잇따라 와서 여호와의 이름으로 그들을 훈계하였습니다. 그 모든 것이 아무 소용이 없었습니다. 그들은 하나님의 종들의 메시지를 무시하였고 메시지를 전하는 자들을 박해하였으며 결국에는 그들 가운데 많은 사람을 악하게 죽였습니다.

그래서 마침내 하나님께서 말씀하셨습니다. "그들은 자기 우상들에게 묶여 있고, 거기에 아주 병적으로 몰두하여 단단히 들러붙어 있다. 그들의 마음은 무감각하고 그들의 뜻은 아주 완강해서 결코 우상들을 버리지 않을 것이다. 그러니 내 종들아 돌아서고 그만두며 더 이상 그들에게 가지 마라. 에브라임이 우상과 연합하였으니 버려 두라." 나는 이와 같은 심판이 우리 시대의 의식주의자들에게 임할까봐 두렵습니다. 그들이 염려가 되긴 하지만, 나는 그들보다 오늘 내 설교를 듣는 여러분을 상대하도록 하겠습니다. 또 여러분에게 이 괴로운 예언을 말씀드립니다. 그렇지 않으면 여러분은 귀가 먹어서 조언을 듣지 못하고 양심은 마비되어서 책망을 듣지 못합니다. 의도적으로 마음에 품은 어떤 악, 고집스럽게 행하는 어떤 죄가 두려운 이 결과를 가져올 수 있습니다. 그러면 하나님께서 여러분에게 말씀하실 것인데, 잘못을 범했지만 교정이 가능한 피조물로 보시는 것이 아니라 버려야 할 비참한 쓰레기로 여기고 말씀하실 것입니다.

사람이 어떤 한 가지 잘못에 빠져 있을 수 있습니다. 사람이 술에 취해서 살아왔다면 양심이 그를 책망합니다. 그 죄에 한두 번 빠졌을 때는 자신이 그 죄 때문에 부끄럽게 되었다고 느꼈습니다(그렇게 느끼는 것은 당연한 일입니다). 그런데 그 사람이 계속 그 잘못을 범하도록 내버려두어 보십시오. 나는 특별히 "그 여성이 계속해서 그 잘못을 범하도록 내버려두어 보라"고 말할 수도 있습니다(술을 일상적으로 마시거나 끊임없이 과도하게 마시는 것은 남녀 모두에게 치명적인 해악을 일으키기 때문입니다). 누구든지 절제의 법을 계속해서 어기게 되면, 오래지 않아 그 죄는 뿌리 깊은 습관이 될 것입니다. 그 다음에는 양심이 더 이상 고발하지 않을 것입니다. 그리고 하나님께서는 사실상 이런 식으로 말씀하시게 될 것입니다. "에브라임이 술에 빠졌으니 버려두라!" 혹은 사람이 사업에서 습관적으로 속이기 시작하도록 두어 보십시오. 처음에는 사람을 속이면 마음이 괴로울 것입니다. 그러나 얼마 있지 않으면 조직적인 사기 행각도 그에게 아무런 양심의 가책을 일으키지 않을 것입니다. 그는 악에 아주 익숙해져서 죄를 관례라고 부를 것이고, 자신이 전에 얼마나 소심했으면 도대체 그런 일로 괴로워하였을까 하고 의아하게 생각할 것입니다. 하나님은 그를 버려두시고, 자기 행위의 열매를 먹도록 내버려두실 것입니다. 그가 죄에 몰두하면, 죄가 그를 철끈으로 묶어 포로로 끌고 갈 것입니다.

물론 나는 이 자리에 계신 분들이 어떤 특별한 죄를 범하고 있는지 집어낼 수 없습니다. 그러나 여러분의 죄가 무엇이든지 간에 그 죄를 조심하라고 경고합니다. 여러분의 양심이 여러분에게 그것은 잘못이라고 말합니다. 그런데도 계속해서 그 죄를 범한다면, 그 죄가 여러분에게 영원한 파멸을 가져올 것입니다. 하나님께서 "그가 우상과 연합하였으니 버려두라!"고 말씀하실 것입니다. 계속해서 죄를 범하면 그 판결을 듣게 됩니다. 훈계를 많이 듣고서도 그처럼 죄를 계속 범한다면, 더더욱 그런 판결을 받게 될 것입니다. 계속해서 죄를 범하면서도 경고를 듣지 않는 사람이, 자주 책망을 받고 잘 받아들이는 사람보다 그 잘못이 상대적으로 아주 작을 수 있습니다. 어렸을 때 잘못을 저지른 아이는 뜨거운 눈물을 흘리는 자애로운 어머니의 훈계를 애정 어린 마음으로 받았습니다. 자신의 잘못이 어머니의 마음을 아프게 하였기 때문입니다. 그가 나이가 좀 더 들어서 믿음 있는 아버지에게 거듭거듭 훈계를 받았지만 아버지의 가르침을 비웃고 점점 어그러진 길로 갔습니다. 그런 사람이 범하는 죄는 어렸을 때부터 나쁜 모범에 물든 거리의 부랑자들의 죄처럼 아주 가벼운 것이 아닙니다. 여러분 가운데 어떤 분들은 하나님의 말씀이 열렬하게 전파되는 곳에서 복음을 들어왔습니다. 그런 여러분이 하나님의 훈계를 멸시한다면, 그것은 마음을 움직이지 못하고 양심을 어르고 개인적인 취향에나 영합하려는 설교를 들으며 안식일을 보낸 사람들보다 열 배나 더 통탄스러운 죄를 짓는 것이 될 것입니다. 젊은이 여러분, 여러분은 최근에 친한 친구에게 경고의 말을 들었지만 받아들이지 않았고, 최근에 깊은 인상을 남긴 책을 읽었지만 거기에서 훈계를 받지 못하였으며, 최근에 어떤 예를 보고, 특별히 고인이 된 자매가 임종 시에 한 말을 들었어도 감명을 받지 못하고, 전에 하던 것처럼 계속해서 죄를 지으며 큰 죄책감도 느끼지 못합니다. 훈계를 듣고서도 계속해서 죄를 지으면 하나님께서 "그가 우상과 연합하였으니 버려두라"고 말씀하시게 됩니다.

사람이 하나님의 징계를 멸시하고, 그로 인해 고통을 받고서도 여전히 악을 행하는 죄를 범하게 되면 그 죄책이 두 배가 된다는 점을 또한 기억하시기 바랍니다. 예를 들면, 뱃사람이라면 으레 하듯이 하나님의 이름을 들어 욕하는 사람이 있었습니다. 그는 들어가는 항구마다 방탕한 생활을 하며 시간을 보냈습니다. 그런데 얼마 전에 바다에서 무시무시한 폭풍우를 만났고, 그때 하나님께 부르짖었습니다. 그는 말하자면 간신히 죽음을 면했습니다. 임박한 죽음에서 겨우 벗어나고 있는 동안에는 자신의 죄 때문에 속으로 떨었습니다. 자, 그 사람이 난파되는 데서 구원을 받은 후에 다시 옛날처럼 불경스러운 말을 하고 방탕한 생활을 한다면, 그에게 준열한 심판이 있을 것입니다. 자신의 어리석은 행동으로 자초한 병 때문에 버려져 있다가 병원에 입원하였으며 목숨을 구조할 가망이 전혀 없었는데 간신히 건강을 회복한 군인이 개처럼 자기가 토한 것을 다시 먹게 되면, 그는 범하는 죄마다 그런 경고를 받기 전에 범했던 죄들보다 열 배나 더 크게 셈을 치르게 될 것입니다. 정조를 지키도록 교육을 받은 젊은이가 시골의 아버지 집을 떠나 런던으로 와서 악의 소용돌이에 뛰어들었으나 하나님의 무한한 자비로 잠시 동안 불타던 데에서 타다 남은 나무동강처럼 끄집어내져서 다시 하나님의 백성들과 함께 예배드릴 수 있게 되었습니다. 몸을 씻은 돼지가 다시 진흙 구덩이에 뒹구는 것처럼 그가 다시 그 생활로 돌아간다면 그에게 화가 있을 것입니다! 그는 다시 하나님의 매를 맞아도 아픈 줄 모르게 될 수가 있습니다.

막대기를 치우고, 머지않아 공의의 도끼가 사용될 것입니다. 여러분은 로마의 릭토르(lictor)들이 집정관과 함께 거리를 지나갈 때 막대기 다발을 들고 다녔고, 죄인이 집정관 앞에 불려오면 때때로 릭토르가 "그를 막대기로 때리겠습니다" 하고 말하고 막대기 다발을 풀기 시작했다는 것을 압니다. "파스케스"(fasces)라고 불린 이 막대기 다발은 아주 단단히 묶어서 푸는데 시간이 오래 걸리도록 하는 것이 규칙이었습니다. 이것은 범인에게 죄를 털어놓거나 형벌을 경감시킬 어떤 것을 호소할 시간을 주기 위해서였습니다. 때로는 그것이 반역죄의 경우이지만 범인이 죄를 털어놓고 뉘우칠 때는 용서받았을 것입니다. 릭토르가 잠시 매듭을 풀고 있는 동안 집정관은 범인을 똑바로 쳐다보며 그에게 뉘우치는 빛이 있는지 혹은 아주 완고한 태도를 보이고 있는지 주시했을 것입니다. 그리고 막대기를 묶은 끈의 매듭이 다 풀렸을 때 릭토르가 막대기로 그를 때리기 시작했다면 그것은 범인에게 좋은 일이었습니다. 막대기로 때린다는 것은 그를 죽이려고 하지 않는다는 표시였기 때문입니다. 그러나 막대기를 내려놓고 도끼를 든다면, 그가 반드시 죽어야 한다는 것을 의미하였습니다.

이렇게 하나님은 여러분을 자비로 때리셨습니다. 열병과 그 밖의 질병이 하나님께서 여러분에게 매로 사용하신 하나님의 릭토르들이었습니다. 머지않아 하나님께서 "그를 버려두라"고 말씀하실 것입니다. 하나님께서 여러분에게 미래의 도끼, 곧 피할 수 없는 파멸을 준비하고 계시기 때문입니다. 여러분, 하나님은 여러분의 마음을 모두 아십니다. 여러분은 지금 어디에 있습니까? 지금 내 말을 듣고 있는 여러분 가운데는 이런 분들이 있을 수 있습니다. 그동안 많은 고통을 겪었으며 가난과 궁핍으로 불쌍한 처지에 떨어졌거나 혹은 여러 가지 질병에 시달려 죽음의 문턱에 와 있는 분들이 있을 수 있습니다. 이 모든 것이 그분들에게는 하나님의 순한 징계였고, 이 징계를 통해서 하나님은 여러분에게 "얘야, 스스로 목숨을 끊지 말라!"고 말씀해 오신 것이었을 수 있습니다. 그것은 여러분 속에 있는 야생마의 고삐를 붙잡고 뒤로 물러나게 하여 그 야생마가 여러분을 태우고 절벽 아래로 뛰어내리지 못하게 하는 자비의 손이었습니다. 그러나 만일 여러분이 자비의 손을 무시하고 야생마를 몰아댄다면, 파멸로 뛰어들게 될 것입니다. 하나님께서 "그가 우상과 연합하였으니 버려두라"고 말씀하실 수 있기 때문입니다.

그 다음에, 사람들이 양심을 현저히 해치는 일을 하였을 때, 이 형벌이 임할 수 있고, 또 대체로 임합니다. 죄가 최악의 상태에 이르기 전에 사람들은 속으로 아주 많은 갈등을 일으킵니다. 양심이 잠잠히 있지 않을 것입니다. 양심이 불경건한 생활로부터 겪는 학대에 대해 소리 높여 항의합니다. 많은 젊은이가, 특별히 양육을 잘 받은 사람이라면, 그리고 또 많은 젊은 여성이, 그도 역시 올바르게 교육을 받은 사람이라면, 갑자기 생각을 고쳐먹고 이렇게 말할 때가 있을 것입니다. "내가 그동안 잘못했어. 만일 이 잘못에서 한 걸음 더 나아간다면 그 때문에 고통을 받을 거야. 은혜의 길이 있어. 자비의 문이 내게 열려 있는 것이 보여." 그들은 마치 누군가 자기 어깨에 손을 얹은 것처럼 멈춰 섰고, 자기가 잘못된 데서 돌이켜 옳은 길로 이끌리는 것처럼 느꼈습니다. 그런데 그들은 자비와 맞서 싸웠고, 악한 영은 그들 앞에 육신의 정욕과 세상적인 쾌락의 모든 광채를 펼쳐 보여주었습니다. 그러자 마침내 그들은 필사적인 노력으로 자기를 끌고 다시 죄에게로 갔습니다. 자, 다음번에 그렇게 할 때는 양심의 가책을 절반도 느끼지 않을 것입니다. 그 다음에는 훨씬 더 느끼지 않을 것입니다. 이는 양심을 어길 때마다 양심이 그만큼 더 힘을 잃고 또 좀 더 쉽게 잠잠해지기 때문입니다.

열심 있는 한 그리스도인이 한 말이 생각나는데, 그는 회심 전에 아주 훌륭한 분의 자제였음에도 불구하고 밤에 부끄러운 생활을 하였고 절반은 취한 상태로 길거리에서 지낸 일이 많았다고 하였습니다. 어느 날 밤에 그는 정신이 몽롱하고 마음도 혼란스러운 가운데 가로등불 아래 서서 주머니에 손을 넣어 편지 한 장을 꺼냈습니다. 이상한 충동에 사로잡혀 그는 편지를 읽기 시작하였습니다. 그것은 신자인 사랑하는 누이가 부드러운 말로 호소하는 편지였습니다. 뜻하지 않은 생각들이 마음을 스치고 지나갔습니다. 스스로 깊이 생각하며 "어떻게 해야 하지?" 하고 자문하였습니다. 그는 자신이 아주 중요한 순간에 이르렀다는 것을 느낄 수 있을 만큼 정신이 아주 말짱해졌습니다. 그 문제를 마음속에 굴리며 깊이 생각하는 가운데, 하나님께서 그가 편지를 다시 주머니에 넣고 이렇게 말하도록 인도하셨습니다. "집에 가야겠어. 가서 내 누이의 하나님을 찾겠어." 그 결심이 회심의 첫 단계였던 것입니다.

"그는 지겨운 죄의 길을 떠나
돌이켜 양 우리 안으로 들어갔습니다."

이후로 그는 이때를 인생의 고비로 여기게 되었습니다. 그는 내게 말하였습니다. "그 날 밤에 내가 다른 어떤 곳으로 갔고, 성령께서 은혜로 나를 인도하여 결심 같은 것을 하게 하시지 않았다면, 그때가 양심이 나를 마지막으로 괴롭히는 순간이었고, 그 이후로 나는 파멸로 곤두박질쳤을 것입니다." 지금 이 설교를 듣는 분들 가운데 그런 시간을 경험한 분들이 있는지 모르겠습니다! 그렇다면 영원하신 성령이시여, 당신의 전능하신 영향력을 주입하시어 사람의 의지가 선하고 좋은 것을 택하도록 결심하게 하여 주옵소서. 그래서 악이 그 날에 승리하지 못하게 하여 주옵소서. 여러분은 내가 그린 이 그림과 설명한 이 묘사에서 책임이 더욱 가중된 죄의 모습을 대략 보지 않습니까? 그 죄는 향기로운 자비를 진노로 바꾸는 바싹 마른 돌풍을 일으키고 "에브라임이 우상과 연합하였으니 버려두라"는 본문의 비애를 불러일으키는 것입니다.

2. 나는 여러분이 "버려두라"는 이 기이한 형벌에 주의를 기울이기를 간절히 바랍니다.

이 형벌에 우리를 놀라게 만드는 것이 있습니까? 이 불행은 참으로 무서워서 우리가 그것을 생각할 때 두려워 떠는 것이 당연한 일입니다. 그러나 그 판결은 매우 정당하고, 그 발표는 매우 합리적인 것입니다. 그래서 우리는 그 판결이 당연히 기대할 수 있는 그런 것이라고 인정할 수밖에 없습니다. 이보다 더 자연스러울 수 있는 것이 무엇이겠습니까? 땅 한 뙈기가 있습니다. 작년에 그 땅을 갈고 좋은 씨를 뿌렸는데, 아무것도 나오지 않았습니다. 재작년에도 그와 비슷한 수고를 들였습니다. 그 땅에 도랑을 팠고, 배수가 완벽하게 이루어졌습니다. 그 어느 때보다 좋은 씨를 뿌렸습니다. 그런데도 작년에 아무것도 자라지 않았습니다. 수고하여 일한 대가로 아무것도 받지 못했습니다. 해마다 열매가 전혀 나오지 않자 농부가 화가 났습니다. 농부여, 금년에는 어떻게 할 것입니까? 그러자 농부가 말합니다. "아무것도 안 할 것이다. 그 땅을 어떻게 할 수 있겠는가? 버려두라." 그의 판단이 옳지 않습니까?

몹시 아픈 사람이 있습니다. 의사가 그를 방문합니다. 사람들이 그의 면전에서 문을 닫습니다. 의사가 다음에 다시 와서 환자에게 이르렀습니다. 그런데 환자가 그에게 욕설을 퍼부었습니다. 의사가 그 다음에 또 와서 그에게 처방전을 주었습니다. 그런데 환자가 처방전을 들더니 갈기갈기 찢어 던져버렸습니다. 의사 양반, 어떻게 할 생각입니까? 그러면 의사는 이렇게 말할 것입니다. "내가 무슨 일을 할 수 있겠는가? 그를 내버려 둘 수밖에 없다! 무엇을 할 수 있겠는가? 내 봉사를 거절하고 무례한 짓을 하였다! 그러니 더 이상 무슨 일을 할 수 있겠는가?”

망할 위험에 처해 있는 죄인 한 사람이 여기 있습니다. 하나님께서 그에게 말씀하십니다. “내 아들을 보라! 내가 그에게 기름을 부어 구주로 세웠다. 네가 그를 믿으면 그가 너를 구원할 것이다.” 그런데 이 권고를 멸시하고, 아무것도 아닌 것으로 생각하며 잊어버리고 소홀히 대하며, 권고를 따르지 않고 뒤로 미룹니다. 어떤 경우들에는 이 권고를 비웃고 조롱하며 미워하고, 어쩌면 이 메시지를 전하는 사람을 박해하기도 할 것입니다. 하나님께서 무엇이라고 말씀하시겠습니까? “바로 이것이 그를 버려둘 경우이다! 그가 어렸을 때 내가 그에게 엄마를 보냈다. 주일학교 선생님을 보냈고, 경건한 친구를 보냈다. 예로부터 내 종인 목사를 보냈다. 그의 길에 좋은 책들을 놓아둔 적도 수십 번이다. 그 모든 것이 소용이 없다!”

형제 여러분, 이런 경우에 하나님 편에서 “그를 버려두라”고 말씀하시는 것만큼 이치에 맞고 정당한 일이 있을 수 있겠습니까? 나무가 열매를 전혀 내놓지 않았습니다! 이런 나무에 더 이상 시간을 낭비할 필요가 있습니까? 하나님께서 “그를 버려두라”고 말씀하시는 것이 합당해 보입니다. 그렇지 않은지 여러분이 판단해 보십시오!

자, 사람이 이렇게 하나님께 버림을 당하면 어떤 일이 일어납니까? 그는 아주 많은 사람들이 되는 것처럼 됩니다. 그에게 자유가 주어집니다. 아니, 말을 정정해야 하겠습니다. 그는 자기 방식대로 살 자유를 얻는 것입니다. 그는 더 이상 “종교 때문에 괴롭힘을 받거나 시달리지” 않습니다. 의무와 책임 때문에 양심적으로 근심하고 조바심 내는 일은 더 이상 없습니다. 하나님의 백성들은 그를 버려두기 시작합니다. 이는 그들이 그에게 말을 할지라도 그가 으르렁대며, 마음을 슬프게 하는 답만 자기들에게 돌아오기 때문입니다. 그래서 하나님의 백성들은 그를 피합니다. 혹은 그에게 말을 할지라도, 아무리 열심히 말해도 그의 말을 농담으로 여깁니다. 석판이나 대리석에 부은 물처럼 경고가 표면을 뚫고 들어가지 못하고 마음에 영향을 끼치지도 못합니다. 그가 감명을 받을 수 있는 자리를 피하여버린 것입니다.

이제 그는 자기를 난처하게 만들 어머니도 안 계십니다. 그의 어머니는 오래전에 무덤에 잠들어 계십니다. 그의 죄에 대해 이야기해 줄 늙고 불쌍한 아버지도 안 계십니다. 아버지는 오래전에 천국으로 가버리셨습니다. 이제 그의 마음을 휘저어놓을 목사도 없습니다. 그가 하나님의 종을 피하고 가까이 하지 않기 때문입니다. 그의 길을 가로막고서 그에게 경보를 울릴 수 있는 책들도 없습니다. 책들이 그의 앞에 있을지라도 책을 펴려고 하지 않을 것입니다. 그에게는 일요 신문이나 주십시오. 그것이면 충분합니다. 그에게는 과학책이나 이 시대 상태와 관계가 있는 것을 주십시오. 그는 불신앙을 신뢰하고서, 마음을 단단히 하여 두려움에 맞섭니다. 종교 때문에 골치를 썩이지 않으려고 조심합니다. 양심의 가책이나 질문, 의심 혹은 논쟁, 그 어떤 것도 그의 마음을 어지럽게 하지 못합니다. 맹렬한 시험이나 불 같은 시련도 그의 평안을 깨트리지 못합니다. 그에게는 모든 것이 즐겁고 순조롭게 보입니다. 그는 부자가 될 사람입니다. 죄를 짓고도 처벌을 받지 않으며 다른 사람은 심하게 화상을 입을 불속에 손을 넣었다 빼도 전혀 해를 입지 않는 대단한 사람입니다. 그는 매력적인 생활을 하는 것처럼 보입니다.

하나님께서 "그를 버려두라!"고 말씀하셨습니다. 주변에 있는 사람들은 그를 부러워합니다. 그러나 그들이 이 사실을 안다면! 이 사실을 안다면! 이 사실을 알기만 한다면! 하나님께서 "그를 미끄러운 곳에 두셨고"(시 73:18) 그래서 "때가 되면 그가 실족할"(신 32:35, 개역개정은 "그들이 실족할 그 때에") 것을 안다면, 사람들은 크리스마스 쇼를 위해 살찌우고 있는 수소나 도살장으로 몰고 갈 잔뜩 살찐 양을 부러워하지 않듯이, 더 이상 그의 성공과 평안을 부러워하지 않을 것입니다. 그의 끝은 파멸입니다. 어쩌면 지금 이 설교를 듣고 있는 분들 가운데는 자신이 안전한 곳에 있고, 행운이 자기에게 미소를 지으며 명성이 올라가고 있다는 생각으로 아주 안심하고 있는 분들이 있을 것입니다. 그들은 길을 바꿀 마음이 없을 것입니다. 그러나 그들에게는 이미 두려운 판결이 내려졌습니다. "에브라임이 우상과 연합하였으니 버려두라." 여러분, 나는 진심으로 여러분을 동정합니다. 하지만 여러분이 내 동정을 비웃을까 걱정입니다. 슬프게도, 슬프게도 나는 여러분의 날이 오고 있는 것이 보이니, 속으로 슬퍼할 수밖에 없습니다.

지금까지 나는 하나님께서 버려두시는 것이 무엇인지를 설명하였습니다. 이제 여러분은 하나님이 버려두시면 일반적으로 어떤 결과가 오는지 알고 싶습니까? 말씀드리겠습니다. 그렇게 되면 사람은 지금까지 지었던 것보다 더 큰 죄를 짓는 데로 나갑니다. 그는 이전보다 더 무례해지고 더 허풍을 떨게 됩니다. 남의 신앙을 비웃는 사람이 되고 무신론자가 되는 경우가 아주 흔합니다. 그런 사람이 가난한 자들에 대해 아량 없이 대하고, 하나님을 경외하며 하나님의 법을 지키는 자들을 박해하게 되는 경우가 드물지 않습니다. 그에게서 속박이 제거되었습니다. 그는 자기를 구속(拘束)하였던 도덕적 의무들과 조금이라도 체면을 차리게 만드는 여론에 대한 존중심을 버렸습니다. 헛된 자부심으로 효력 있는 조언을 물리칩니다. 그는 자기를 책망하는 사람을 넌더리나게 만들었습니다. 그래서 사람들이 더 이상 그를 책망하지 않았습니다. 설사 책망할지라도 그는 그들의 권고에 귀를 막고 듣지 않습니다. 가장 지혜롭게 뱀을 부리는 사람의 말을 들을 수 없고 들으려고 하지도 않으며 듣지 못하는 귀머거리 독사가 되어버린 것입니다. 이렇게 사람은 갈수록 악화되면서도 여전히 자기는 죽을 인생들 가운데서 가장 행복하고 가장 혜택을 많이 받은 사람에 속한다는 자부심에 가득 차 있습니다.

그러나 그 일의 악이 여기 있습니다. 그 무서운 소리가 내 귀에 들립니다. 하나님께서는 그런 사람에게 도움을 줄 수 있는 모든 행위자들에게 "그를 버려두라!"고 말씀하셨습니다. 잠시만 기다려 보십시오. 그에게 해를 끼칠 수 있는 행위자들에게는 그런 말을 하시지 않을 것입니다. 하나님께서 마귀에게는 "그를 버려두라!"고 말씀하시지 않았습니다. 공의에게는 "그를 버려두라!"고 말씀하시지 않고, 지옥의 불길에도 "그를 버려두라!"고 하시지 않을 것입니다. 무한한 비참함에게는 "그를 버려두라!"고 말씀하시지 않을 것입니다. 반대로 하나님께서 멸망시키는 모든 천사들을 그에게 풀어놓으실 것입니다. 죄 가운데 버려진 사람이 형벌 받는 일에는 그냥 내버려 두어지지 않을 것입니다. 이 문제는 내가 하고 싶은 대로 다 말할 수가 없습니다. 이런 것은 마음으로 생각하고 판단할 일들입니다. 나는 여러분이 이 문제들을 아주 깊이 생각해서, 만일 여러분이 무관심한 상태에 떨어졌다면 거기에서 깨어나고 더 이상 그런 상태에 있지 않겠다고 결심하게 되기를 바랍니다. 여러분이 두려워서 이렇게 소리치면 좋겠습니다. "하나님이여 나를 도와주소서. 그러면 내가 하나님께서 '그를 버려두라!'고 말씀하실 사람들 가운데 하나가 되지 않을 것입니다."

3. 매우 슬픈 이 주제로부터 이끌어낼 수 있는 실제적인 교훈들이 있습니다.

여러분은 여기에 주의를 기울여야 합니다. 설교자는 하나님께서 "그를 버려두라!"고 말씀하신 개인을 모르는 한—그리고 사실 이것은 알 수 없는 일입니다—어떻든 설교자는 자기가 접할 수 있는 범위 내에서 조심성 없고 무관심한 모든 사람을 일깨우기 위해 최대한 노력하는 것이 합당한 일입니다. 내가 그 일을 하는 동안에 성령께서 도와주시기를 기도합니다. 여러분 가운데는 이 세상에서 순전히 자신의 쾌락이나 이익만을 위해서 살고 있는 분들이 있습니다. 나는 여러분이 이익을 추구하는 것이 정당한 일이라는 것을 부인하지 않고, 쾌락을 바라는 것이 자연스러운 일이라는 것도 부인하지 않습니다. 하나님의 일들에 주의를 기울이면 여러분이 얻을 만한 이익을 빼앗기거나 바람직한 즐거움을 잃을 것이라고 나는 생각하지 않습니다. 그런데 슬픈 일은 여러분 가운데 많은 사람들이 마치 내세가 없는 것처럼 살고 있다는 것입니다. 여러분은 정말로 여러분을 위해 준비된 미래가 없다고 믿습니까? 만일 여러분이 자신이 개나 매한가지라고 확신한다면, 자신이 동물에 지나지 않는다고 확신하고, 그래서 때가 되어 자신이 죽으면 벌레가 자신을 먹는다고 믿는다면, 그때 여러분의 존재가 끝이 날 것입니다.

여러분, 내가 그와 똑같은 생각을 갖고 있다면 나는 여러분에게 할 말이 거의 없습니다. 나는 여러분이 이생에서 할 수 있는 대로 덕행이 있기를 바랍니다. 그것이 여러분 자신이 행복하고 사회를 이롭게 하는 가장 좋은 방법이기 때문입니다. 하지만 나는 이것이 특별히 내가 해야 할 일이라고 생각하지 않습니다. 나는 그 문제는 경찰과 치안 판사에게 맡길 것입니다. 그런데 정말로 여러분은 자신이 육신보다 더 고귀한 곳으로부터 나오지 않았다고, 여러분의 티끌이 땅의 흙과 뒤섞이는 것 이상의 운명이 없다고 생각합니까? 여러분은 내가 개에게 말하듯이 여러분에게 말하기를 바라십니까? 누구든지 여러분을 개 다루듯이 여러분을 대하기를 바라십니까? 여러분이 말하듯이 자신이 개나 매한가지라면 왜 개처럼 대접받아서는 안 됩니까? 여러분은 공동묘지와 수의(壽衣), 교회 관리인의 삽이 정말로 여러분의 마지막이 될 것이라고 믿을 수 있습니까? 여러분은 그렇게 믿지 않습니다. 믿을 수가 없습니다. 여러분은 장차 올 심판의 공포는 그저 상상력의 산물일 뿐이라고 스스로를 설득하려고 할 수 있습니다. 그러나 여러분 속에 어떤 것이 있습니다. 즉, 여러분이 죽음 뒤에도 살 것이라고 말하는, 억누를 수 없는 불멸에 대한 의식이 있습니다. 하나님께서는 사람들 속에 미래 상태에 대한 확신을 본능처럼 심어놓으셨습니다. 그래서 복음이 이르지 않은 곳에서는 사람들이 분명하게 기대하였다기보다는 대부분이 희미하게 추론한 것에 지나지 않지만, 어떻든 미래 상태를 추측하였습니다. 이교도들이라고 할지라도 죽음 뒤에 또 다른 상태가 있다는 사실을 희미하게라도 생각하지 않는 부족들은 거의 없었습니다.

사랑하는 여러분, 나는 여러분이 자신을 짐승이라고 생각할 만큼 완전히 타락했다고 볼 수 없습니다. 어쨌든 내 자신은 여러분을 짐승이라고 생각할 마음이 없습니다. 여러분은 이생의 경력을 마친 뒤에는 어딘가에서 살 것입니다. 여러분이 지금까지 순전히 자신을 위해서 살아왔다면 반드시 여러분에게 셈하는 일이 있어야 한다고 추론할 수 있지 않습니까? 누군가가 여러분을 만들었습니다! 바로 하나님이 여러분을 만드셨습니다! 여러분이 말이나 소를 키운다면 여러분은 그 가축에게서 어떤 도움을 기대합니다. 하나님께서 여러분을 지으셨다면 여러분이 자기에게 어떤 봉사를 바치기를 기대하시는 것은 당연한 일입니다. 그러나 여러분은 하나님께 아무것도 드리지 않았습니다.

비록 하나님께서 이생에서는 여러분의 불순종을 눈감아주셨지만, 언제까지나 눈감아주실 것이라고 생각합니까? 만약 그렇게 생각한다면 여러분은 아주 크게 잘못하고 있는 것입니다. 왜냐하면 하나님께서 살아계시므로 심판의 날이 임할 것이기 때문입니다. 그때는 주 예수 그리스도께서 큰 소리와 함께 하늘로부터 내려오시고 죽은 자들이 모두 무덤에서 일어나며, 살아 있는 자들도 모두 주님의 크고 흰 보좌 앞에 출두할 것이기 때문입니다. 여러분이 현재 여기에 있는 것만큼 확실히 그때 그 자리에 있을 것입니다. 그리고 그 자리에 있을 때 여러분은 자신의 은밀한 모든 생각이 기록되어 여러분에게 불리한 증언을 하고, 인류 앞에 공개적으로 낭독되는 것을 볼 것입니다. 그리고 그때 그 자리에서 여러분은 그동안 말했던 무익한 모든 말도 가져와서 심판을 받을 것입니다. 여러분은 그 일이 확실하다고 인정할 수는 없을지라도 가능하다고 생각할 수는 있습니까? 그렇다면, 그래도 여전히 여러분이 무감각하고 냉담하며 태평하게 지낼 수 있습니까? 여러분이 속으로는 다소 이렇게 말하게 되지 않습니까? '이것이 사실이라면 두려운 일이다. 내게는 끔찍한 일이다! 어떻게 해야 구원을 받을 수 있는가?' 나는 여러분에게 이렇게 답변하지 않을 수 없습니다(그리고 아주 기쁘게 답변합니다). "주 예수 그리스도를 믿으라 그리하면 네가 구원을 받으리라"(행 16:31).

여러분이 어떤 사람이든지 간에, 여러분이 타락해서 얼마나 멀리 갔든지 간에, 죄인들을 위하여 피 흘리고 죽으셨으며 이제 지극히 높은 하늘에 들어가 무한하신 하나님의 우편에서 기도하시는 예수님을 믿으십시오. 예수님을 믿으십시오. 그러면 여러분이 살 것입니다. 그런데 여러분이 그리스도께서 여러분의 죄를 없애고 여러분의 편을 드시며 그 마지막 큰 날에 여러분을 위하여 간구하시도록 하지 않는다면, 여러분이 이 사실을 믿든 믿지 않든 간에, 여러분이 사는 것만큼 확실히, 재판장께서 "저주를 받은 자들아 나를 떠나 마귀와 그 사자들을 위하여 예비된 영원한 불에 들어가라"(마 25:41)고 말씀하시리라는 이것은 사실입니다. 그리고 그 일은 여러분이 생각하는 것보다 짧은 시간 안에 여러분에게 일어날 수 있습니다.

그리 오래되지 않은 어느 월요일 밤에 사랑하는 그리스도인 자매가 여기에 와서 우리와 함께 기도하였습니다. 그 자매는 병에 걸려 있었는데, 이곳을 떠날 때 의식이 없었고, 집으로 옮길 때는 거의 죽어 있다시피 하였습니다. 그녀의 병은 사람의 도움을 받을 수 있는 단계를 지나간 상태였습니다. 그래서 그녀는 한두 시간 만에 죽었습니다. 나는 이 태버너클 예배당에서 또 사람이 죽는 일이 없기를 바랍니다. 그러나 한번 이상 사람들이 이렇게 우리 가운데 있다가 부름을 받아 갔습니다. 이 회중이 해산하기 전에 여러분 가운데 영들의 세계로 가버린 사람들이 있을 수 있습니다. 필시 이번 주 안에 여러분 가운데 어떤 분은 재판장 앞으로 소환될 것입니다.

신사 여러분, 그것이 바로 여러분이라면, 숙녀 여러분, 그것이 바로 여러분이라면, 여러분은 재판장 앞에 설 준비가 되어 있습니까? 여러분은 준비되어 있습니까? 여러분은 이 질문에 대해 아무 근심이 없습니까? 그렇다면 여러분은 하나님께서 버려두신 사람들 가운데 있는지도 모릅니다. 그러나 이 질문이 마치 조종처럼 여러분 영혼에 울리고 예리한 칼처럼 여러분을 벤다면, 하나님께서 여러분을 버리셨다고 생각하지 않기 바랍니다. 포기하지 말고 예수님께로 달려가십시오. 예, 여러분이 베개에 머리를 누이고 잠들기 전에 살아계신 하나님께 구원해 달라고 간절히 부르짖으십시오. 그래서 하늘과 땅이 불타오르고 믿지 않는 자들이 지옥에 떨어지는 그 날에 여러분이 하나님의 것이 될 수 있게 하십시오.

이것이 여기서 추론할 수 있는 첫 번째 실제적인 교훈입니다. 즉, 계속해서 사람들에게 경고하는 것이 설교자의 의무라는 것입니다.

또 한 가지 실제적인 생각은, 여러분 가운데 누구든지 정신을 차리는 사람이 있다면 양심의 목소리와 성령의 부르심에 순종해야 한다는 것입니다. 여러분에게 생명이 있다면 그 목소리를 질식시키려고 하지 마십시오! 오히려 거기에 부채질을 하여 불길이 일어나도록 하십시오! 만일 여러분이 후회의 고통을 조금이라도 느낀다면 하나님께 그 고통이 더 깊어져 진정한 통회와 회개가 될 수 있게 해 주시기를 기도하십시오. 여러분이 무엇인가 느끼는 것이 있다면, 그것이 영적인 것이라면, 제발 그 느낌을 억누르지 마십시오. 나는 하나님을 찾고 있을 때 그런 것을 느낀다는 것이 무엇인지 알았습니다. 그때 나는 회개할 수만 있다면 내게 있는 모든 것을 바치려고 하였습니다. 무릎을 꿇고서 죄 때문에 눈물을 흘릴 수만 있다면 나는 기꺼이 평생 눈 먼 맹인으로 가난하게 살 수 있겠다고 느꼈습니다. 완고한 마음을 갖는다는 것은 두려운 일입니다! 그러나 완고한 마음이 누그러져서 사람이 눈물을 흘리며 가슴을 치고 흐느끼며 신음하면서 “하나님이여 불쌍히 여기소서 나는 죄인이로소이다!”(눅 18:13) 하고 소리칠 수 있다면, 그것은 잘하는 일입니다. 만일 여러분 속에 부드러운 마음이 조금이라도 있다면 그것을 밟아 뭉개지 마십시오! 멸시하지 마십시오! 그것을 주의하여서 잘 보고, 무엇보다 즉시 그리스도께로 달려가십시오.

많은 사람의 경우에, 그리스도께 가는 것은 “지금 아니면 영원히” 할 수 없는 일입니다. 시계가 똑딱똑딱하고 가는 소리가 들릴 때마다 그 소리는 여러분에게 “지금 아니면 영원히” “지금 아니면 영원히” “지금 아니면 영원히” “지금 아니면 영원히” 갈 수 없다고 말하는 것입니다. 그 소리를 들으려고 하는 사람들이 있다면, 그 소리는 그들을 즉시 그리스도의 십자가로, 영생을 찾을 수 있는 곳으로 몰아가는 수단이 될 수도 있습니다. 특별히 젊은이 여러분, 여러분이 젊고 감수성이 예민한 동안에 영원한 일들에 대해 생각하기를 미루지 마십시오. “좀 더 편한 때가 되면 주님을 찾으러 사람을 보내겠다”고 말하지 마십시오.

“일찍 주님을 섬기기 시작하면
그만큼 일이 수월합니다.”

마음이 아직 어리고 부드러운 동안에 은혜가 마음에 들어오면, 대부분의 경우에 은혜와 싸우는 갈등이 그만큼 적고, 영혼이 그리스도의 능력에 복종하는 것이 그만큼 더 즐거운 일이 됩니다. 하나님께서 그 생각이 여러분에게 복이 되게 하고, 여러분의 영혼을 돌이키게 하는 능력이 되게 해 주시기를 바랍니다.

끝으로, 이 자리에 "하나님께서 나를 포기하셨다고 믿는다"고 말하는 불행한 분이 있다면, 친구여, 나는 그대에게 한 가지 질문을 하겠습니다. 그런 사실을 생각할 때 마음이 아주 슬퍼집니까? 슬프다면, 하나님께서 여러분을 버리시지 않았습니다. "내가 버려진 것이 아닐까 걱정이 된다" 하고 말합니까? 그렇다면 여러분은 버려진 것이 아닙니다. 이렇게 말하는 사람이 하나님께 버림받았을 가능성이 더 높습니다. "내가 버려졌든지 않든지 간에 나는 별로 신경 쓰지 않는다! 내게 유쾌한 친구들을 주십시오. 오락거리를 주고, 충분히 쓸 돈과 즐길 수 있는 건강과 힘을 주십시오. 여러분은 원하면 천국을 얻을 수 있습니다. 나는 미래의 모험을 해보겠습니다."

여러분, 비록 여러분이 허풍을 떨지만 나는 여러분의 허세를 믿지 않습니다. 큰소리치는 많은 죄인들이 실제로는 겁쟁이라는 것을 알기 때문입니다. 나는 여러분이 무슨 말을 할지라도 마음속에는 내가 그동안 간청한 말에 수긍하는 것이 있다고 믿습니다. 그러나 마음 깊은 곳에서 정말로 책망에 대해서 아주 마음을 단단하게 먹고 어떤 결과도 감수하겠다고 생각하는 사람들이 있을 수 있습니다. 번개에 맞아 나무 꼭대기부터 밑둥치까지 완전히 깨어져서 다시는 싹을 내지 못하는 상수리나무들을 본 적이 있는데, 그들은 그 나무들처럼 서 있습니다. 그 나무들은 마치 뿔을 지닌 거대한 수사슴처럼 숲속에서 송장처럼 무섭게 머리를 들고 서서 자신의 황량한 모습을 자랑하고 있습니다. 무섭도록 필사적으로 반항하는, 시든 영혼들이 있습니다. 이 자리에 그런 사람들이 있다면, 그들이 내 친구라면 이렇게 말하겠습니다.

"여러분, 지옥에 떨어지기보다는 차라리 아이를 낳는 여인처럼 고통과 산고를 겪으십시오! 여러분이 이 순간부터 고통과 고뇌의 삶을 시작하고, 다시는 하나님의 해를 쳐다보지 못하고 즐겁게 들판을 바라보지도 못하고 새들의 노랫소리도 듣지 못하며, 이 세상에서 희망적인 것을 다시는 생각하지 못하게 되더라도, 그래도 이것이 여러분에게 낫습니다. 여러분이 구원받을 수만 있다면, 여러분이 계속해서 유쾌하고 즐겁게 살다가 장차 올 내세에서, 곧 여러분이 영원히,

영원히, 영원히 망한 곳에서 눈을 드는 것보다 차라리 그것이 낫습니다."

여러분 영혼의 원수들은 자기 말하고 싶은 대로 말하도록 내버려두십시오. 그러나 나는 하나님 앞에서 진리를 말합니다. 지금 여러분이 버려진 사람이라면 영원히 버려질 것입니다. 하나님께서 일단 "저주를 받은 자들아 나를 떠나라!"는 말을 선언하신다면, 여러분은 다시는 하나님께로 돌아갈 수 없습니다. 떠나고, 떠나고, 떠나서 더 어두운 밤으로 들어가고 더 빽빽한 어둠 가운데로 계속해서 영원히 들어가지 않을 수 없습니다. 지옥의 문 위에 새겨진 두려운 비문은 이것입니다.

"여기 들어오는 너희는 모든 희망을 버려라!"

이 글씨가 지옥에 들어오는 자들의 쇠사슬에 찍혀 있고, 그들의 차꼬에도 적혀 있습니다. 이것이야말로 죽지 않는 벌레이고, 꺼지지 않은 불입니다. 영원한 절망의 지하 감옥 위에 타오르는 불 글씨는 이 단어를 한 자 한 자 명확하게 씁니다. "영원히! 영원히! 영원히!" 여러분, 장차 심판대에서 여러분을 만날 것이므로 지금 나는 여러분에게 영원히 멸망하지 않도록 예수님께 달려가라고 간절히 권합니다. 다음 세상에서 여러분과 나의 눈이 마주칠 때, 우리가 무덤을 지나 부활하였을 때, 내가 여러분에게 죄에 대해서, 형벌에 대해서, 구주님에 대해서 말하지 않았다는 말을 하지 마십시오! 여러분은 감히 그 말을 하지 못할 것입니다.

나도 보잘것없는 죄인이기 때문에 그 자리에 서겠지만, 내가 여러분에게 성실하지 않았다거나 내가 진리로 아는 모든 것을 여러분에게 말하지 않았다는 것이 책임져야 할 죄가 되지는 않을 것입니다. 나는 내 자신을 위해 예수 그리스도께 달려갑니다. 내가 그의 피로 씻음을 받지 않는다면, 죽을 인생들 가운데 가장 불행한 사람이 될 것이 확실하기 때문입니다. 내가 아마도 현재 살아 있는 다른 어떤 사람들보다 아주 오랜 세월 동안 더 많은 사람들에게 설교를 해왔는데, 만일 내가 영혼들을 가지고 장난을 쳤다면 내가 그들의 핏값을 담당하여 사람들 가운데 가장 저주받은 자가 되기 때문입니다. 나는 내 구주님의 구속의 보혈이라는 핏빛 덮개 아래로 숨습니다.

여러분, 여러분 모두 이 피난처 아래로 오십시오. 여러분을 위한 자리가 충분히 있습니다. 거룩한 핏빛 덮개가 우리와 하나님 사이에 드리워질 것입니다. 우리의 수가 수백만 명일지라도 그 덮개가 우리 모두를 가릴 것입니다. 우리 가운데 핏빛 붉은 속죄 아래로 들어와 웅크리려고 하는 사람은 누구든지 하나님의 보복의 창에 맞을 것이라는 두려움이 없을 것입니다. 여러분, 이 자리에 처음 오신 여러분을 하나님께서 구원하시기 바랍니다! 친구 여러분, 이 자리에 자주 오신 여러분을 하나님께서 구원하시기 바랍니다! 하나님께서 여러분 모두를 구원하시기 바랍니다! 아멘.

제
5
장

죄에 병든 영혼들에 대한 경고

"에브라임이 자기의 병을 깨달으며 유다가 자기의 상처를 깨달았고 에브라임은 앗수르로 가서 야렙 왕에게 사람을 보내었으나 그가 능히 너희를 고치지 못하겠고 너희 상처를 낫게 하지 못하리라." – 호 5:13

사람은 의지할 수 있는 것보다 볼 수 있는 것을 바라는 경향이 있습니다. 이스라엘 자녀들은 하나님을 왕으로 모시고 있었습니다. 하나님은 영광스러운 왕이셨습니다. 이 하나님에게서 말고 다른 어디에서 그처럼 공평한 정의와 가난한 자들에 대한 애정 깊은 동정을 볼 수 있고, 모든 법규의 제정과 모든 판결의 시행에서 그처럼 완전한 의를 찾아볼 수 있었습니까? 그런데도 이스라엘 자녀들은 말했습니다. "아닙니다. 우리에게 볼 수 있는 왕을 주십시오. 화려한 행렬과 장엄한 모습으로 우리를 눈부시게 만들 왕을 주십시오. 비록 그가 우리 아들들을 데려다가 노예로 삼고, 우리 딸들을 데려다가 옷 만드는 자로 삼을지라도 그렇게 해 주십시오. 우리에게 왕을 주셔서 번쩍번쩍 빛나는 그의 왕관을 볼 수 있고, 보좌에서 명령을 내리는 왕의 소리를 들을 수 있게 하여 주십시오." 하나님께서 그들의 요청을 들어주셨습니다.

그들은 다른 어떤 존재에게도 허락되지 않은 무비(無比)의 영광을 지니신 전능하신 이 왕에게만 충성을 바쳐야 했습니다. 주 여호와는 이스라엘의 하나님이셨습니다. 언제든지 그들의 죄를 용서하실 준비가 되어 있고 그들의 기도를 들으시며 그들의 복지를 추구하시는 하나님이었습니다. 그러나 이스라엘 자녀들은 이렇게 말했습니다. "그렇지 않습니다. 우리에게도 다른 나라들처럼 우리를 재판할 왕을 세워 주옵소서. 이방인들처럼 우리 손으로 조작할 수 있고 눈으로 볼 수 있는 신들을 세우게 하여 주옵소서. 우리에게 나무와 돌덩이를 주시고, 이교도들처럼 새긴 우상을 만들게 하여 주옵소서." 그들은 높은 곳마다 자기를 위하여 신이 아닌 것들을 신으로 세울 때까지 멈추려고 하지 않았습니다. 이를 인해 하나님께서 그들을 징계하셨습니다. 하나님께서 그들의 땅에 기근을 보내셨고 그 거민들을 약탈자의 손에 넘기셨습니다. 하나님께서 먼 나라들로부터 적들을 데려와 그 땅을 황폐하게 하였으며, 그래서 나라가 병들고 온 민족이 곤궁하게 되었습니다. 그때 에브라임 사람들이 눈을 뜨고 자신들의 상태를 보았습니다.

그런데 유다는 자신이 부상당한 것을 알았을 때 어떤 길을 추구했습니까? 유다가 다시 하나님께 충성을 바쳤을 때 하나님은 그들을 돕기 위해 기다리고 계셨습니다. 언제든지 그의 모든 고통을 치유하고, 황폐하게 된 모든 것을 원상으로 돌리며, 약탈자가 빼앗아간 모든 것을 그에게 돌려주실 수 있는 여호와가 계셨습니다. 그러나 아닙니다! 여호와의 팔이 유다에게는 충분하지 않았습니다. 유다는 당당한 모습을 보일 수 있는 군대를 의지하기를 원했습니다. 백성들은 말했습니다. "아, 아시리아 왕에게 사람을 보내어 그가 우리에게 수많은 군사들을 지원하고 용사들을 보내어 우리를 돕게 하자. 그러면 안전할 것이다. 이렇게 하면 우리나라가 빼앗긴 것을 되찾을 것이다." 그러나 형제 여러분, 그들이 하나님을 신뢰하였다면 참으로 안전했을 것입니다! 하나님께서 히스기야 시대에 그들을 위해 무슨 일을 하셨는지 생각해 보십시오. 적들이 엄청난 수로 그들에게 왔습니다. 히스기야가 여호와 앞에서 기도하였습니다. 그러자 그날 밤에 하나님께서 콧바람을 보내어 적들이 완전히 멸절시키는 일이 일어났습니다. 유다 사람들이 아침 일찍 일어났을 때, "보니 적들이 다 송장이 되어 있었습니다"(왕하 19:35). 그들은 여러 차례 하나님을 신뢰할 때마다 즉각적인 구원을 받았고, 그들의 적은 당혹스러워하였습니다.

그러나 그들의 마음은 계속해서 하나님을 신뢰하지 못하였습니다. 아니, 그들은 보이지 않는 팔을 의지할 수 없습니다. 사람들이 있어야 하고, 사람들의 방책이 있어야 한다고 생각했습니다. 그들에게는 눈으로 볼 수 있는 어떤 것이 있어야 했습니다. 아시리아의 창과 칼과 방패가 있지 않는 한, 그들은 전혀 안전을 느낄 수 없습니다. 그들은 아시리아 왕에게 갔고, 야렙 왕에게 사람을 보내었으나 "그가 능히 그들을 고치지 못하겠고 그들의 상처를 낫게 하지 못하였습니다." 아시리아 왕이 자기들을 고치고 상처를 낫게 할 것이라고 기대한 것은 참으로 어리석은 일이었습니다. 그들이 사절들을 아시리아 왕에게 보내자마자 그는 우쭐해하면서 이렇게 말했습니다. "아, 당신들은 도움이 필요하지? 내가 당신들을 도울 군사들을 보내겠소." 유다가 그들의 집에 있는 금과 은을 다 거두어 아시리아 왕에게 선물로 보냈다는 사실을 기억하시기 바랍니다. 그가 유다 사절들에게 말했습니다. "내가 당신들을 도울 내 군사들을 보내겠소." 그러고 나서 속으로 이렇게 말했습니다. '내 군사들이 너희를 도운 후에는, 그들이 스스로 알아서 할 일을 할 것이다.' 그리고 그의 말대로 하였습니다. 아시리아의 군사들이 와서 잠시 동안 이스라엘 백성을 위하여 싸워 그들을 해방시켰고, 그 다음에는 배반하여 이스라엘 백성들을 치고 포로로 사로잡았으며 모든 것을 약탈하였습니다. 이것이 사람을 의지하는 데서 나오는 일입니다. "무릇 사람을 믿으며 육신으로 그의 힘을 삼는 그 사람은 저주를 받을 것이라. 그러나 무릇 여호와를 의지하며 여호와를 의뢰하는 그 사람은 복을 받을 것이라"(렘 17:5,7).

나는 한 민족의 잘못된 이 생각을 인류의 공통적인 경향을 설명해 주는 예로 보고, 본문을 마음의 근심이라는 특별한 상태에 빠진 죄인의 모습을 보여주는 그림으로 사용하여 다음 몇 가지를 살펴보겠습니다. 첫째로, 자신의 타락한 상태에 대한 죄인의 부분적인 이해를 살펴보고, 둘째로는, 죄인이 자신의 악을 치료하는데 사용하는 그릇된 수단을 살펴보겠습니다. 그 다음에는, 하나님께서 힘주시는 대로 여러분에게 우리 주 예수 그리스도의 속죄와 순종을 통한 치료와 구원을 얻게 하는 바른 수단을 설명하도록 노력하겠습니다.

1. 본문에는 죄인이 자신의 타락한 상태를 부분적으로 이해했을 때의 모습이 다소 그려져 있습니다.

그것이 부분적인 이해에 지나지 않는다는 사실에 주의하시기 바랍니다. 에브라임이 자신에게 병이 있는 것을 알았지만, 속에 치명적인 병이 숨어 있는 것은 몰랐습니다. 그가 국부적인 질병은 보았지만 자신의 중추 기관에 장애가 있는 것은 몰랐습니다. 징후를 인지했을 뿐입니다. 그는 몸이 불편하고 고통을 느꼈습니다. 그러나 그 발견이 그에게 자신이 사실상 허물과 죄로 죽었다는 것을 보여줄 만큼 깊은 데까지 이르지는 못했습니다. "에브라임이 자기의 병을 깨달으며 유다가 자기의 상처를 깨달았습니다." 그렇습니다. 유다가 자기 상처를 보았습니다. 상처가 쓰렸고, 그러므로 그의 눈은 자연히 상처 부위로 쏠렸습니다. 그러나 그는 그 상처가 얼마나 깊은지 몰랐습니다. 상처가 심장까지 뚫렸다는 것을 알지 못했습니다. 사실 그것은 치명적인 부상이었습니다. 온 머리는 병들었고, 심장은 약하였습니다. 머리 꼭대기부터 발끝까지 온통 상처와 멍투성이이고, 곪고 썩고 헐었습니다. 그러나 그것은 자신의 타락한 상태를 부분적으로밖에 알지 못한 것이었습니다.

자신에게 어떤 문제가 있다는 것을 아는 것만으로 아주 만족해하는 사람들이 참으로 많습니다! 그들은 모든 것이 자기에게 정상적이지 않다는 것을 분명히 알면서도 자신이 완전히 망했다는 것에 별로 개의치 않습니다. 그들은 자신이 완전하지 않다는 것을 압니다. 올바름에 대한 자신의 낮은 표준에 비추어 보아도 완전치 않다는 것을 압니다. 그러므로 그들은 비록 자신이 더 나아질 수 있다고 생각하고, 또 개선 활동과 매일의 기도에 의해 점차 지금보다 더 뛰어나게 될 것이라고 여전히 생각하면서도 불편해하기 시작합니다. 그들은 아직 타락의 교리, 곧 인류의 깊은 타락과 인간 마음의 전적인 부패를 배우지 못했습니다. 그들은 몇몇 현대의 목사들이 이야기하는 것만큼밖에 배우지 않은 것입니다. 그 목사들은 사람이 완전히 망가진 것이 아니라 조금 손상된 것이고, 타락해서 다소 손상을 입었고 외적인 아름다움이 망쳐지긴 했지만 완전히 파괴되었거나 스스로 일어설 수 없고 힘을 회복할 수 없게 된 것은 아니라고 말합니다. 사실, 최근에 만들어진 유행하는 표현은 "권리를 잃은(lapsed) 인간의 상태"라는 말입니다. 사람들이 라틴어로 번역된 단어들을 사용하여 단어의 의미를 나타내고자 하지만 그 단어들이 많은 뜻을 나타내지는 못합니다. 인간의 타락은 전체적이고 철저합니다. 사람들이 솔직한 영어로 말하기보다는 다소 불확실한 의미를 지닌 어떤 표현들을 고안해낼 때, 그 표현들이 있는 그대로의 사실들을 빼먹는 경향이 있는 것을 알 수 있습니다. 자신이 망했다는 것을 알고, 어떤 변화가 일어나지 않는 한 자신이 천국에 들어갈 수 없다는 것까지는 확실히 아는 죄인들이 있다는 것을 압니다. 그러나 그들은 타락의 지극히 깊은 샘들이 터진 것을 아직까지 보지 못했습니다. 아직까지 심상(心象)의 방에 들어가 자기 마음의 혐오스러운 것들을 보지 못한 것입니다. 그들은 자신의 방책에 대한 희망을 여전히 붙들고 있습니다.

그러나 나는 그것이 본성적인 자기 상태를 부분적으로밖에 알지 못한 것이긴 하지만 그래도 좋은 효과가 없는 것은 아니라는 사실에 주목하고 싶습니다. 사람이 이만큼이라도 알게 되면, 그에게서 나타나는 첫 번째 좋은 표시는 그가 신앙을 반대하는 말을 하지 않는다는 것입니다. 사람이 스스로를 좋게 생각할 때는 신앙인들을 위선자라고 부릅니다. 하나님의 일들을 욕하고 멸시하며 발로 짓밟을 수 있습니다. 그러나 본문에 나오는 에브라임 같은 사람은 다른 사람들을 흠잡는데 아주 열심을 내지 않을 것입니다. 그에게서 철학자연하는 태도가 사라졌고, 자기에게 어떤 신앙적인 점이 있기를 갈망하기 때문에, 말투도 이제는 좀 더 부드럽습니다. 그는 말합니다. "아, 이제 나는 항상 기도하고 찬송하는 선한 사람에 대해서는 흠을 잡지 않아. 나도 그 사람들처럼 될 수 있으면 좋겠어! 나도 그들처럼 그리스도의 피와 관계가 있으면 좋겠다!" 여기까지는 아주 좋습니다.

다시 말하지만, 그런 사람들은 대체로 생각이 깊습니다. 나는 이 상태에 이르기 전에는 무모하기 짝이 없고 자신의 영혼과 영원에 관해서는 아무 생각이 없다가 자신의 병과 상처를 알고 나서는 생각이 깊어졌을 뿐만 아니라 진지해진 사람을 많이 보았습니다. 그래서 이전의 몇몇 친구들은 그 점을 이야기하며 그를 "근엄한 늙은이" 혹은 그와 비슷한 별명으로 부르고, 당혹스러워하는 웃음을 터트리기까지 하였습니다. 친구들은 그를 성자라고 부릅니다. 그러면 그 사람은 말합니다. "나도 너희가 말하는 것이 사실이면 좋겠어." 친구들이 말합니다. "금방 신자가 될 것 같은데." 그가 대답합니다. "그래, 나도 정말 그렇게 되면 좋겠어." 언젠가 내가 길을 걸어가고 있을 때 어떤 사람이 나를 성자라고 이야기했습니다. 그래서 나는 돌아서서 그의 말이 사실일 수 있으면 좋겠다고 말했습니다. 나는 정말로 성자가 되고 싶습니다. 이런 것이 사람이 비록 부분적으로 아는 것이긴 하지만 자신의 타락한 상태를 깨닫기 시작할 때의 상태입니다. 그는 생각이 깊어집니다. 전처럼 웃을 수가 없습니다. 그는 눈을 감지 않고 자신의 정욕을 제어하려고 합니다. 정욕이 미친 듯이 지옥으로 달려갈 때 정욕을 억제하려고 하고 재갈과 굴레로 붙들어 두려고 합니다. 이는 그가 자기 속에 있는 모든 것이 정상적이지 않다는 것을 알기 때문입니다.

이런 사람에게는 좋은 특징이 또 한 가지 있습니다. 그의 경우에 이것은 또 한 가지 희망적인 특징입니다. 그것은 그가 영혼의 평안에 관한 일들에 주의를 기울이기 시작한다는 점입니다. 여러분은 이제 그가 하나님의 말씀이 전해지는 것을 듣기 위해 하나님의 집에 오는 것을 봅니다. 전에는 그런 일에 전혀 관심이 없었습니다. 일주일 내내 아주 힘들게 일하였기 때문에 주일에 외출할 힘이 없었던 것입니다. 그런데 이제는 예배당에 가지 않으면 안 되겠다고 생각합니다. 그는 베데스다 못가에 있어야 합니다. 비록 천사가 물을 동하게 하지 않을지라도 치료하는 못가에 누워 있는 동안에는 안심하게 됩니다. 그는 구원받기를 갈망합니다. 그래서 하나님께서 만나주시기를 기대하면서 그 길에 있는 것입니다.

또한 그가 이제는 죄를 좋아하지 않는 것을 보게 될 것입니다. 만일 세상 친구들이 한때 그가 다녔던 악의 소굴에 가자고 권하면, 가지 않을 것이지만 갈지라도 나오면서는 이렇게 말합니다. "너무도 지루한 밤이었어. 이제는 이런 것이 하나도 즐겁지 않아. 하나님께서 달콤한 와인 같던 기억을 쓰디쓴 쓸개즙으로 바꾸어버리셨어. '헛되고 헛되며 헛되고 헛되니 모든 것이 헛돼.' 감각적인 쾌락에서는 아무 위로를 찾을 수가 없어."

내가 지금까지 묘사한 사람의 상태가 이 자리에 계신 어떤 분에게 해당됩니까? 그런 분이 있기를 바랍니다. 그리고 하나님께서 성령님의 영향력으로 말미암아 내가 하는 말을 그런 분이 자기 영혼의 병에 대한 참된 치료책을 찾을 수 있게 하는 수단으로 써주시기를 구합니다.

그런데 사람이 이렇게 자신의 타락한 상태를 부분적으로라도 깨닫게 되었을 때 저지르는 잘못이 있습니다.

2. 그는 보통 잘못된 수단을 의지하여 구원받으려고 합니다.

"에브라임은 앗수르로 가서 야렙 왕에게 사람을 보내었으나." 자신이 타락하였다는 것을 알면 죄인은 보통 처음에 이렇게 생각합니다. '내 스스로 개선하겠어. 신앙생활을 열심히 하겠어. 교회의 모든 의식에 다 참석하고, 악한 말을 하지 않고 속이는 말도 하지 않겠어. 악한 곳에 일절 발을 끊고 악한 일에도 손을 대지 않겠어.' 그렇게 하면 죄를 모두 용서받을 것이고, 조금이라도 평안을 얻을 것이라고 그는 속으로 생각합니다. 그러나 이 모든 것이 사람의 영혼을 근본적으로 치료하는데 아무 쓸모없고 무익한 노력이라는 것을 확실히 알아야 합니다. 예수 그리스도의 피와 의를 믿는 믿음을 떠나서는 사람이 행할 수 있는 모든 것이 전적으로 무익합니다. 그에게 최선을 다하고 있는 힘을 다해 노력해보라고 하십시오. 그렇게 할지라도 그는 천국에 이르는 길에서 1센티도 앞으로 나가지 못했습니다. 칭찬 받을 만한 일을 한 것이 아니라 해를 끼치는 일을 하였고, 세운 것이 아니라 허무는 일을 한 것입니다.

자신의 행위로써 구원을 얻을 것이라고 생각하기 때문에 지금 희망을 갖고 있는 여러분, 여러분은 지금 여러분의 인내력을 지치게 할 오래 걸리는 작업을 하고 있다고 말씀드립니다. 본문에 언급된 사람들은 아시리아 왕을 만나러 아주 먼 길을 갔습니다. 그들은 가까이 계시는 하나님은 잊어버린 채 멀고 지루한 여행을 하였습니다. 여러분은 자신의 선한 행실로써 구원을 이루려면 시간이 얼마나 오래 걸릴 것이라고 생각합니까? 친구 여러분, 여러분은 관절이 뻣뻣해질 때까지 무릎을 꿇을 수 있고, 뼈에 살이 하나도 남지 않을 때까지 일할 수 있으며, 몸에 눈물을 짜낼 수분이 하나도 없을 때까지 울 수 있고, 계속해서 자세를 바꾸고 새롭게 당하는 문제들은 가볍게 여기면서 끊임없이 계속해서 몸과 마음을 사용할 수 있습니다. 그러나 여러분은 자신이 한때 좋아했던 죄의 생활을 그만두었던 때보다 1km도 영생에 가까이 가지 못한 것을 발견할 것입니다.

"내 손의 수고가
율법의 요구를 충족시킬 수 없고
내 열심이 한순간도 쉬지 않고
내 눈물이 영원히 흐를지라도
죄를 속할 수가 없으니
주님이, 오직 주님만이 구원하셔야 하겠습니다."

범인이 쳇바퀴에 올라가 달리면서 별이 있는 데까지 올라갈 수 있다는 생각을 한다면, 그것은 불쌍한 죄인이 선한 행위로 천국에 이를 수 있다고 생각하는 것과 같을 것입니다. 쳇바퀴를 밟고, 밟고, 밟으며, 위로, 위로, 위로 올라가도록 애써보십시오. 하지만 1센티도 올라가지 못합니다! 그것은 나이 든 매튜 윌크스(Matthew Wilks)가 종종 말하곤 하였던 것과 같습니다. "여러분은 자기 행위로 천국에 갈 것을 기대하기보다는 마른 잎을 타고 미국으로 갈 수 있기를 바라는 것이 낫습니다." 여러분, 이것은 바른 길이 아닙니다. 여러분이 바른 길에 서 있지 않다면, 그 길에서 그렇게 빨리 달리지 마십시오. 아무리 빨리 달려도 그 길은 여러분을 바른 목적지에 데려다 주지 않을 것입니다. 사람이 왼쪽으로 가고 싶어 하면서 오른쪽 길을 택해서 경주 말처럼 빨리 달릴 수가 있습니다. 하지만 그는 헛되이 수고할 뿐이고, 애쓴 보람도 없이 어리석은 일을 했다는 것을 알게 될 것입니다.

이런 일은 아주 오래 걸리는 작업일 뿐만 아니라 매우 값비싼 작업이기도 합니다. 여러분이 율법의 행위로 구원 얻기 바란다면 몸과 영혼을 포기해야 하고, 희망과 기쁨과 위로를 포함하여 여러분에게 있는 모든 것을 포기해야 합니다. 나는 전에 매일 아침 미사에 꼬박꼬박 참석하는 사람들 가까이에 산 적이 있었습니다. 나는 그들이 늘 고개를 숙이고 다니는 모습을 보았습니다. 그들이 자신의 의로 천국에 이르려고 하면 그렇게 우울해할 수밖에 없겠다고 생각했습니다. 누구든지 하나님 앞에 서서 자기의 행위를 변명해야 한다면, 당황할 수밖에 없을 것입니다. 우리가 자신의 공로밖에는 희망이 없다면 절망 가운데 허리를 부여잡고 먼지 속에서 뒹굴지 모릅니다. 불모의 사막에서 시원한 물을 찾아보고, 바다 한가운데서 민물을 찾으며, 태풍이 맹렬하게 지나가는 산꼭대기에서 피난처를 찾고, 율법에서 위로를 찾아보십시오. 자신의 행위로 구원받기를 바라는 여러분, 시내산에 가 보십시오. 시내산을 보고 움츠리며 떨고 절망하십시오. 자, 시내산은 하나님께서 거룩한 율법을 선포하시는 동안 연기가 자욱했습니다! 옛적에 시내산이 밀랍처럼 녹았다면, 여러분이 계명들을 어겨서 형벌을 초래한 지금, 하나님께서 율법을 선포하기 위해 오시는 것이 아니라 범죄자들에게 맹렬한 진노를 쏟으시기 위해 오시는 지금은 그 두려움이 얼마나 더하겠습니까!

어떤 사람은 말합니다. "우리가 최선을 다해도 불충분하겠습니까?" 친구 여러분, 사람이 자기 행위로 구원을 얻고자 한다면 하나님은 그에게서 완전한 순종을 요구하십니다. 완전한 것이 아니면 어떤 것도 완전한 하나님께 받아들여질 수 없습니다. 사람이 자기 행위로 구원을 받으려고 하면, 한 가지 그릇된 생각, 즉 한 가지 그릇된 행동을 말하는 것이 아니라 한 가지 그릇된 바람만 품어도 천국에 들어가는 문은 확실히 닫힐 것입니다. 죄가 단 하나라도 있으면, "율법"의 행위로 천국에 이르는 길에 결코 뚫고 갈 수 없는 장벽이 세워지는 것입니다. 여러분이 어려서부터 계명들을 완전하게 지킬 수 있고 죽는 날까지 그렇게 완전하게 지킨다면 행위로 말미암은 구원이 있을 수 있습니다. 그러나 결함이 단 한 가지라도 있으면, 천국에 이르는 길은 철저히 막혀서 아무도 그 안에 발을 들여놓을 수 없습니다.

자기 행위로 구원을 얻으려고 하는 여러분, 여러분에게 또 이 한 가지 점을 말씀드립니다. 여러분의 원수가 친구가 되리라는 것을 생각해야 합니다. 이 말을 듣고 여러분은 말합니다. "누가 나의 원수인가?" 여러분의 원수는 모세입니다. 율법은 여러분에 대해 엄숙히 반대하는 선언을 합니다. 율법이 여러분의 원수가 되었으니, 여러분이 이 원수에게 가서 도움을 구할 수 있겠습니까? 불쌍한 죄인들을 믿음의 길에서 끌어내어 율법의 길로 들어가게 하는 것이 사탄의 계략입니다. 존 번연이 「천로역정」에서 그 점을 아주 생생하게 묘사하고 있다는 점을 기억하시기 바랍니다. 등에 짐을 진 불쌍한 크리스천이 불이 켜져 있는 위쪽으로 가려고 하고 있습니다. 그때 갑자기 아주 훌륭하게 보이는 신사 한 사람이 그를 만나 이렇게 말합니다. "당신은 지금 위험한 여행을 하고 있소. 길을 바꾸어 오른쪽으로 가는 것이 낫소. 거기에는 합법의 마을이라는 곳이 있소. 당신의 짐을 금방 벗겨줄 아주 솜씨 좋은 의사가 살고 있소. 집에 의사가 없더라도 의사 선생은 자기만큼이나 솜씨가 좋은 아주 훌륭한 청년을 데리고 있소. 그리로 가시오. 당신은 금방 나을 것이오." 그 말을 듣고 불쌍한 크리스천이 길을 떠났습니다. 그리 멀리 가지 않아 그는 시내산 기슭에 이르렀고, 산이 길을 막고 있어서 걸음을 멈추었습니다. 그가 산을 쳐다보고 있는데, 금방 산이 흔들리며 천둥이 치고 번개가 번쩍이기 시작하였습니다. 그는 땅에 엎드리고 말했습니다. "망했다. 나는 망했어." 그때 복음전도자가 와서 그에게 다시 한번 바른 길을 보여주었습니다.

죄인이여, 바로 그와 같이 만일 여러분이 율법의 행위를 의지한다면 "망했다. 나는 망했어" 하고 외치지 않을 수 없을 것입니다. 도덕 씨(Mr. Morality)는 여러분을 고칠 수 없습니다. 그는 여러분에게 보잘것없는 인간의 회반죽을 발라줌으로 상처를 더 악화시킬 수 있습니다. 상처를 붕대로 조금 묶을 수는 있으나 고통을 덜어줄 수 없고 상처를 고쳐줄 수도 없습니다. 그가 온갖 연고를 바를지라도 상처에서는 계속해서 피가 날 것입니다. 죄에 병든 영혼은, 영혼에 상처를 낸 바로 그 손, 곧 하나님의 손이 주 예수 그리스도로 말미암아 고치지 않고서는 아무도 고칠 수가 없습니다.

영국에 전해지는 그 모든 복음 설교에도 불구하고 치료를 받기 위해 야렙 왕에게 가려고 하는, 변치 않는 이 잘못된 생각이 참으로 뿌리 깊게 박혀 있다는 것은 놀라운 일입니다. 어떤 항구 도시에서 설교하기로 약속이 되어 있어서 나는 밤이 되기 몇 시간 전에 그곳에 도착했습니다. 강가에 서 있다가 배를 타고 강을 내려가 보고 싶은 생각이 들었습니다. 그래서 뱃사공을 불렀고, 그와 동행하였습니다. 배에 앉아 있는 동안에 그와 종교 문제를 이야기하고 싶은 마음이 들었습니다. 그에게 가족 얘기를 해 달라고 부탁하였습니다. 그는 말하기를, 콜레라가 그 지역에 돌아서 열세 명이나 되는 친척을 잇달아 죽음으로 잃었다고 하였습니다. 그래서 내가 말했습니다. "그런데, 당신은 본인이 죽으면 천국에 갈 것이라는 좋은 소망이 있습니까?" "글쎄요, 선생님. 갖고 있다고 생각합니다" 하고 그가 대답하였습니다. 그래서 내가 말했습니다. "당신의 소망이 무엇인지 말해주세요. 좋은 소망을 갖고 있다면 아무에게도 부끄러워할 필요가 없으니까요." "글쎄요. 나는 이 강에서 산 지가 이십오 년 혹은 삼십 년은 된 것 같은데, 그동안에 내가 술 취한 것을 본 사람은 아무도 없을 겁니다." "아니, 고작 그것이 당신이 믿는 것이란 말입니까?" "예, 선생님, 콜레라가 돌아서 불쌍한 이웃들이 병들었을 때, 내가 의사를 부르러 갔고, 아주 많은 날 밤을 뜬눈으로 샜습니다. 나만큼 훌륭한 이웃도 없다고 생각합니다." 당연히 나는 그에게, 그가 고통 받는 사람들을 동정하였다는 말을 듣게 되어 기쁘고, 또 무뚝뚝한 것보다 자비를 베푸는 것이 훨씬 좋은 일로 생각하지만, 이런 선한 행위가 그를 천국에 데려다줄 수 있다고 생각하지 않는다고 말해주었습니다. 그러자 그가 말했습니다. "예, 선생님, 어쩌면 그럴지 모르겠습니다. 종종 교회 갈 수 없는 때가 있거든요. 하지만 나이가 좀 더 들면 이 배를 처분하고 교회에 다닐 겁니다. 그러면 잘 되겠지요. 그렇지 않습니까, 선생님?" 내가 말했습니다. "그렇지 않아요. 당신이 그런 결심을 한다고 해서 마음이 절대로 새로워지지는 않을 것입니다. 당신이 결코 완전해지지 않을 것이고, 당신의 영혼에서 죄가 깨끗이 씻겨지지 않을 것입니다. 가급적 빨리 교회에 다니기 시작하십시오. 그러나 당신이 교회에 다닌다고 해서 구원받을 것이라고 생각한다면, 조금도 나아지지 않을 것입니다." 내가 그의 희망들을 하나하나 때려 부수고 있자 그가 몹시 놀라는 것처럼 보였습니다. 그러고 나서 이 질문을 던졌습니다. "당신은 살면서 죄를 범할 때가 있지요?" 그가 대답하였습니다. "예, 있지요." "그러면 어떤 근거에서 당신의 죄가 용서받을 것이라고 생각합니까?" 그가 말했습니다. "글쎄요, 선생님. 나는 죄 지은 것을 유감스럽게 생각했고, 그 죄들이 다 사라졌다고 생각합니다. 그래서 지금은 그 죄 때문에 괴로워하지 않습니다." 나는 그의 양심을 일깨우려고 이렇게 말했습니다. "당신이 거래하는 식품점에 빚을 지게 되었는데, 당신이 가서 여주인에게 이렇게 말한다고 생각해 보세요. '주인 아주머니, 아주머니는 나보다 부자이니까 이 물건 값을 치르지 않겠어요. 미안한 말씀이지만 그렇게 말씀드리겠습니다. 하지만 앞으로 다시는 아주머니한테 빚지지 않을 게요.' 그러면 그 아주머니는 자기는 그런 식으로 장사하지 않는다고 말할 것입니다. 당신은 그것이 하나님이 일하시는 방식이라고 생각합니까? 혹은 당신이 더 이상 빚지지 않을 것이라고 말하면 하나님께서 당신의 빚을 다 없애주실 것이라고 생각합니까?" 그러자 그가 말했습니다. "선생님, 내 죄를 용서받는 법을 알고 싶습니다. 선생님은 교구 목사님이세요?" 내가 대답했습니다. "나는 복음을 전하는 사람입니다. 하지만 사람들이 나를 교구 목사라고 부르지는 않습니다. 나는 그냥 비국교도 목사입니다." 나는 그에게 주 예수 그리스도께서 죄인들의 빚을 갚아주셨다는 것과, 주님을 믿고 주의 보혈과 의를 의지하는 사람들이 어떻게 평안과 자비를 얻는지를 말하였습니다. 그는 기뻐하였고, 몇 년 전에 그 말을 들었더라면 좋았겠다고 말했습니다. 그리고는 이 말을 덧붙였습니다. "하지만 목사님, 사실 전부터 나는 불쌍한 사람들이 무덤으로 가는 것을 보았을 때 마음이 영 편치 않았어요. 내게 필요한 무언가가 있다고 생각했지만 그것이 무엇인지 몰랐습니다."

내가 개인적으로 겪은 이 작은 일을 여러분에게 말씀드리는 것은 이 자리에 노동하시는 분들이 아주 많이 보이는데, 그분들이 좀 소박한 대화를 좋아하는 것으로 알고 있기 때문입니다. 우리를 빛의 나라로 인도할 수 있는 것은 우리의 행위나 꾀가 아니고, 우리가 지키는 종교 의식도 아닙니다. 또한 우리가 도달하기를 갈망하는 영웅적인 목표도 아니고, 사람들에게 권하는 자기만족도 아니며, 우리가 견디는 고통도 아닙니다. 여러분의 성실이 아무리 그럴듯해 보이고 여러분의 정직이 아무리 올곧을지라도 그런 것이 여러분을 천국으로 데려다 주지 못할 것입니다. 여러분의 선한 행실은 그 자체로 아주 좋습니다. 여러분 세대에서는 아주 훌륭합니다. 그러나 그런 것은 의지할 만한 토대가 되지 못할 것입니다. 한 어리석은 사람이 집을 짓고 있는 곳에 가서 굴뚝을 보더니 기초를 만든답시고 그것을 가져다가 구덩이에 놓았습니다. 일꾼 중의 한 사람이 말했습니다. "당신 뭐하는 거요?" "기초를 놓고 있는데요." "뭐라고, 굴뚝으로?" "이게 잘못이라고 생각하지 않았는데" 하고 어리석은 사람이 말했습니다. "저것 치워버려요. 저것은 기초로 쓸 수 없어요." 그러자 어리석은 사람이 말했습니다. "당신은 지금 괜히 굴뚝을 트집잡고 있어요." "아니요. 나는 지금 굴뚝을 트집잡는 것이 아니라 당신이 굴뚝을 놓는 자리에 대해서 문제를 삼고 있는 거에요. 굴뚝이 집 꼭대기에는 잘 맞지만 밑바닥에는 맞지 않아요."

선한 행실도 그와 같습니다. 선한 행실은 꼭대기에 두는 것은 좋겠지만 밑바닥에 놓는 것은 도움이 되지 않습니다. 영혼이 의지해야 할 기초는 그리스도의 의와 그의 완성하신 사역 외에 아무것도 없습니다. 이것이 우리 구원의 희망입니다. 우리의 선한 행실은 그 후에, 곧 성령 하나님께서 은혜로 우리 안에 믿음과 사랑과 그 밖의 선한 것들을 일으키시고 난 다음에 좋은 것입니다.

3. 그렇다면 구원의 길은 무엇입니까?

구원을 받으려고 하는 사람은 누구든지 무엇보다 먼저 하나님의 아들 예수 그리스도를 알아야 합니다. 그분은 하늘로부터 내려오시되 우리 죄를 위하여 사람의 몸을 입고 동정녀 마리아에게서 태어나셨으며, 고난 받는 거룩한 생활을 하셨고 마침내 이 영광의 아드님, 곧 슬픔에 젖은 이 인자는 죽기까지 복종하셨습니다. 겟세마네 동산에서 예수님은 씨름하셨고, 다가오는 사투(死鬪)의 공포를 내다보면서 피 같은 땀방울을 뚝뚝 흘리셨습니다. 그분은 십자가에 못 박혔고 수치와 불명예와 조롱을 당하셨습니다. 십자가에서 말할 수 없는 고통, 곧 몸의 고통과 영혼의 고뇌를 겪으셨습니다. 그분은 짙은 어둠 가운데서 세 시간 동안 십자가에 달려 있었고, 그리고 마침내 정한 시간이 이르렀을 때, 곧 주께서 모든 고난을 다 받으셨을 때, 우리 죄에 대한 징계가 모두 그에게 지워지고 우리의 모든 죄악에 대한 두려운 보응이 그에게서 이루어졌을 때, 그분은 "다 이루었다!"(요 19:30) 하고 외치셨습니다. 이렇게 해서 영혼이 떠나고 그가 무덤에 묻히셨으며, 제삼일에 죽은 자들 가운데서 일어나 하늘로 올라가셨습니다.

자, 친구 여러분, 여러분이 구원받고자 한다면 하나님의 아들이시며 또한 사람이신 그분을 믿어야 하고, 그분에 대한 다음의 사실들을 마음으로 믿는 일이 필요합니다. 첫째로, 예수 그리스도는 하나님이 세우신 구주님으로서, 그를 의지하여 하나님께 오는 모든 사람들을 구원하실 수 있는 분이라는 것입니다. 또한 여러분은 그리스도는 사람들을 구원하시려 하고, 또 구원 얻기를 바라며 그리스도의 능력을 믿고 의지하는 사람들을 구원하시리라는 것을 믿어야 합니다. 여러분이 이 점을 믿었다면, 구원 얻는 믿음에 이르는 길로 잘 간 것입니다. 그 길이 여러분을 은혜의 상태로 데려갈 것입니다. 이 믿음을 따라 행할 때, 그리스도의 피와 그의 완전한 의의 공로를 하나님께서 받으실 수 있는 근거로 의지할 때 여러분은 평안을 얻을 것입니다. 사람이 그리스도의 손에 영혼을 맡기지 않고서는 구원받을 수 있는 사람은 아무도 없습니다. 우리는 스스로 자신을 지키는 것을 포기하고 자신을 그리스도의 보호에 맡기며 이렇게 말해야 합니다. "주여, 나를 받으시고 구원하여 주소서. 나를 주께서 원하시는 사람으로 만들어 주소서. 그리고 주의 아버지 하나님께서 마지막 날에 내 영혼을 요구하실 때 주께서 나의 보증으로 서시고 나를 흠 없이 온전하게 하나님 앞으로 인도하여 주소서."

여기서 한 가지 말씀을 덧붙이지 않을 수 없습니다. 즉, 나이 많은 목사들이 기댐이라고 부르는 것, 곧 주님에게 기대는 것, 주님을 의지하는 것이 있어야 합니다. 그런데 여기서 나는 자기들이 그리스도를 믿는 믿음이 있으면 어떻게 살든 혹은 어떤 사람이든 중요하지 않다고 생각하는 사람들이 있다는 사실에 주의하라고 말씀드립니다. 자, 그 점을 이해한다고 하더라도, 우리는 믿음으로 구원받는 것이지 행위로 구원받는 것이 아닙니다. 그러나 우리가 정말로 구원받았다면 선한 행실이 있어야 합니다. 믿음은 단지 그리스도를 의지하는 것만이 아니라 또한 그리스도께 순종하는 것임을 여러분은 압니다. 한 가지 경우를 생각해 봅시다. 내게 이렇게 말하는 사람이 있습니다. "당신은 이러이러한 법을 위반했다. 또 당신은 이러이러한 곤경에 처해 있다. 하지만 당신이 절대적으로 나를 믿고 그 문제를 내 손에 전적으로 맡긴다면 당신이 이 모든 것을 다 헤쳐 나가게 해 주겠다." 그런데 내가 그의 말을 듣고 머뭇거리면 내가 그를 신뢰하지 않는다는 증거일 것입니다. 그러나 그가 내게 와서 "친구여, 나를 전적으로 믿을 것인가?" 하고 말합니다. 그러면 나는 말합니다. "예, 나는 당신을 전적으로 믿고 있습니다." 이 말을 듣고 그가 이렇게 말한다고 생각해 봅시다. "이 서류를 대충 훑어보세요. 그 서류에 당신은 반드시 서명해야 해요. 그리고 어느 날 아침 이러이러한 곳으로 오면 좋겠어요." 내가 이렇게 대답한다면 어떻게 하겠습니까? "그런 일을 하지 않겠어요. 그 증서에 서명하지 않겠고, 그곳으로 가서 당신을 만나지 않겠어요." 그러면 그가 말합니다. "글쎄, 당신이 내가 말하는 대로 하지 않는다면, 당신의 믿음은 진심에서 우러나온 것이 아니고 나를 전혀 신뢰하고 있지 않다는 것이에요."

자, 만일 여러분이 그리스도를 온전히 신뢰하고 있다면 그 다음에 물어야 할 질문은 이것입니다. "주님, 저는 주님으로 말미암아 구원받는다고 믿고 있습니다. 그런데 주님은 어떻게 해서 나로 구원받게 하실 것입니까?" 그리스도께서 말씀하십니다. "아, 내가 너를 구원할 것이다. 하지만 너는 옛 습관들을 끊어야 한다." 그러면 여러분은 말합니다. "아, 주님, 은혜로 저를 도와주옵소서. 그러면 내가 그 모든 습관들을 끊겠습니다." 그리스도께서 말씀하십니다. "네가 구원받고자 하면, 다음으로 네가 내 규례들에 주의하라. 앞으로 나와서 신앙을 고백하고, 세례를 받고 보이는 교회에 가입하며, 주의 만찬을 받도록 해라." 그러면 여러분은 말합니다. "아닙니다, 주님! 저는 그런 일은 하지 않겠습니다." 그리스도께서 말씀하십니다. "그렇다면 너는 나를 믿고 있는 것이 아니다. 네가 나를 믿는다면 네게 무엇을 하라고 말하든지 너는 그 일을 해야 마땅하기 때문이다."

여러분은 세실 목사가 믿음을 설명하는 좋은 예화를 들었는지 모르겠습니다. 그의 어린 자녀가 어느 날 어두운 지하실 계단 꼭대기에 서 있었습니다. 어린 딸은 빛이 비치는데 있었고 세실 씨는 지하실 아래에 있었습니다. 그가 "얘야, 뛰어내려. 아빠가 받아줄게"라고 말하자 아이는 한순간도 머뭇거리지 않고 아버지 품으로 뛰어내렸습니다. 바로 그것이 일종의 믿음입니다. 즉, 우리가 그렇게 그리스도를 신뢰할 수 있을 때, 우리는 모든 위험을 무릅쓰고 영혼을 주님께 맡깁니다. 그러나 그것이 성도들의 믿음을 온전하게 설명하는 예가 아니라는 점에 주의하시기 바랍니다. 어떤 사람들이 이런 믿음이 있다고 고백하지만, 그들의 생활은 그 고백과 아무 관계가 없습니다. 그러므로 믿음을 분명히 보여주기 위해서는 다른 어떤 것이 있어야 합니다. 세실 목사는 어린 딸의 경우를 들어 또 다른 예를 말합니다. "어느 날 우리 딸이 구슬 목걸이를 하고 있는 것을 보고 딸에게 말했습니다. '얘야, 아빠가 너를 사랑하는 것을 알지. 그러니까 너는 아빠가 너에게 시키는 것은 뭐든지 할 거야. 그 구슬 목걸이를 벗어서 저 불에다 던져.' 그러자 딸이 즉시 그렇게 했습니다." 자, 첫 번째 신앙은 위험을 무릅쓰는 대담한 신앙이었습니다. 그러나 딸이 그런 희생을 치르더라도 순종할 수 있었을 때, 두 번째 신앙이 참되고 진심에서 우러나온 신앙이었음을 보여주었습니다. 대부분, 믿음과 순종은 사실상 하나입니다. 여러분이 그리스도를 여러분의 주님으로 알고 순종하지 않는다면 그리스도를 믿는다고 말하는 것은 헛된 일입니다.

그렇게 하려는 사람들이 있지만 그들의 믿음은 가치 없는 것입니다. 확고한 믿음과 절대적인 순종을 연합시킬 수 있을 때 우리가 정말로 그리스도를 믿고 있음을 보여주는 것이고, 그때서야 우리는 안전한 것입니다.

청중 여러분, 내가 진리를 분명하게 설명하기보다는 오히려 여러분을 골치 아프게 만들었다면 그렇게 할 의도가 없었다고 말씀드립니다. 여러분이 죄 때문에 괴로워한다면, 하나님께서는 여러분에게 주시는 것 외에 어떤 것도 요구하시지 않는다는 것을 알게 해드리고 싶습니다. 하나님은 여러분이 그리스도를 의지하는 것 외에 아무것도 요구하시지 않습니다. 하나님이 요구하시는 것은 그것이 전부입니다. 그러니 그렇게 하십시오. 성령께서 여러분이 바로 그렇게 그리스도를 의지할 수 있게 해 주시기를 바랍니다! 믿음을 잘 설명해줄 우화를 하나 말씀드리겠습니다. 이 우화에 따르면, 아버지를 따라 좁은 산마루를 걸어가는 두 자녀가 있었습니다. 한쪽에는 어둡고 깊은 절벽이 있었습니다. 사랑스러운 두 자녀 가운데 하나는 아버지 손 안에 자기 손을 넣었고, 아버지가 그 손을 꼭 잡았습니다. 다른 자녀는 작은 손가락으로 아버지 손을 붙잡았습니다. 짙은 어둠 가운데 얼마 가지 않아 아이들이 지쳤습니다. 아버지 손을 붙들었던 아이는 죽고 말았습니다. 그러나 아버지 손 안에 자기 손을 넣어서 아버지가 그 손을 꼭 붙들었던 아이는 끝까지 안전하게 갔습니다.

자, 그와 같이 여러분의 손을 그리스도의 손 안에 넣으십시오. 그리스도께서 여러분에게 순종하라고 명령하실 때, 그 말씀을 뿌리치지 마십시오. 자신을 전적으로 주님께 드려 주님의 것이 되게 하십시오. 생명이 오든지 사망이 오든지, 어떤 운명이 오든지 간에 이 시간부터 영원히 주님을 신뢰하고 주님께 순종하는 주님의 것이 되도록 하십시오. 성령 하나님께서 우리가 그렇게 되도록 인도하여 주시기를 바랍니다! 성령께서 우리가 그렇게 할 수 있도록 힘을 주실 때 그것은 아주 쉬운 일입니다. 그러나 우리 인간의 본성이 성령의 도우심에 반대하면 그것은 참으로 어려운 일입니다. 하나님께서 주권적인 은혜로 우리의 마음을 정복하시고 우리에게 그리스도를 의지하는 법을 가르쳐 주셔서 더 이상 불가능한 수단으로 구원을 이루려고 하는 어리석은 시도를 하지 않게 해 주시기를 바랍니다! 하나님께서 간단하게 서둘러 전한 이 설교에 복을 베풀어 주시고, 그리스도 예수로 말미암아 하나님의 이름에 영광이 돌아가게 해 주시기를 기도할 뿐입니다. 아멘.

제 6 장

여호와께로 돌아갈 이유들

"오라 우리가 여호와께로 돌아가자 여호와께서 우리를 찢으셨으나 도로 낫게 하실 것이요 우리를 치셨으나 싸매어 주실 것임이라 여호와께서 이틀 후에 우리를 살리시며 셋째 날에 우리를 일으키시리니 우리가 그의 앞에서 살리라." - 호 6:1,2

사람이 범죄하지 않았다면 하나님과 사람 사이에 말할 수 없이 즐거운 교제가 있었을 것입니다! 그 교제를 생각하면 애정 어린 순종과 하나님과의 황송스러운 교제, 거룩한 기쁨, 무한한 은총, 겸손한 예배, 하나님의 자애로운 미소, 완전한 복과 무한히 만족스러운 아름다운 광경이 우리 앞에 펼쳐집니다. 하지만 슬프게도, 참으로 슬프게도 그것은 환상에 불과합니다! 사람이 범죄하지 않았다면 하나님께서 사람을 친밀하고 너그럽게 대하시고 그에게 아낌없이 은총과 명예를 베푸셨을 것입니다. 만일 사람이 계속해서 하나님께 충성하였더라면, 오솔길이 아름답고 꽃들이 사랑스러운 에덴 동산조차도 본래 사람을 위해 준비된 것의 희미한 형상에 불과하였습니다. 뱀의 꼬리가 우리 본성을 지나가며 끈적끈적한 진액을 온통 덧칠하지 않았다면 지상에서 매일의 생활은 상상할 수 없는 기쁨으로 가득 찼을 것입니다. 사람이 하나님과 함께 거하고 하나님께서 사람에게 새로운 형태로 자신을 계시하시는 일에 대해서, 그리고 사람의 지식이 증가함에 따라 그만큼 사람의 지극한 복도 넘치게 되는 일에 대해서는 이야기하지 않겠습니다. 슬프게도 그 꿈은 실현되지 않았습니다. 사람이 선악을 알게 하는 나무의 위험한 열매를 따먹고 만 것입니다. 그로 인해 사람이 자기 하나님에게서 끊어지고 그에 따라 인류에게 엄습한 더러운 죄와 무수한 악의 슬픈 역사를 여기서 자세히 이야기하지는 않겠습니다.

인간의 타락과 부패 때문에 이제 공의가 막대기와 칼을 가지고 와서 우리 삶의 양상을 변화시킵니다. 하나님께서 사람을 매우 은혜롭게 대하시지만, 사람이 범죄하지 않았다면 대하였을 그런 방식으로는 결코 대하시지 않습니다. 하나님은 이제 언제까지나 미소를 지을 수 없고, 그의 거룩하심 때문에 진노하는 얼굴로 사람을 보시게 되었습니다. 사랑에 의해 움직이실 수밖에 없으신 애정 깊은 하나님이시지만 죄에 대해서는 눈살을 찌푸리십니다. 하나님은 위협하고 고발하십니다. 그의 공의와 거룩하심 때문에 범죄하는 피조물들에게 엄하게 말씀하십니다. 아니, 그렇게만 하시는 것이 아닙니다. 하나님은 무한한 사랑으로 책망할 뿐 아니라 징계하시기도 합니다. 크신 주님은 자애로운 애무 대신에 지혜롭게 매를 들어 진실로 지극히 사랑하는 자들의 등을 때리십니다. "그가 받아들이시는 아들마다 채찍질하심이라"(히 12:6).

아담의 후손들 가운데 하나님의 심장에 아주 가까이 있고 하나님께서 마음으로 기뻐하시는 자들도 "우리 하나님은 소멸하는 불이심이라"(12:29)는 사실을 알지 않으면 안 됩니다. 그들은 도가니 속에 들어가고 용광로의 하얀 불길 속에 던져집니다. 찌끼를 제거하기 위해 고난을 받아야 합니다. 이렇게 하나님이 자기 백성들에게도 엄하시다면 불경건한 자들에 대해서는 어떠하시겠습니까? "매일 분노하시는 하나님이시로다"(시 7:11).

현대 사상을 부르짖는 지혜로운 사람들이 최근에 새로운 신을 하나 만들었습니다. 우리 조상들이 알지 못하였고, 성경에서 전혀 가르치지 않는, 아폴로나 바알처럼 거짓된 신들 가운데 하나가 새롭게 등장하였습니다. 이 깊은 사상을 지닌 사람들은 아브라함과 이삭과 야곱의 하나님을 견딜 수가 없습니다. 만일 여러분이 하나님은 매일 분노하시는 하나님이라고 말한다면, 이 현대의 신 창조자들은 하나님은 너무도 사랑이 많아서 그렇게 하지 않는다고 말합니다. 하나님은 아마도 화를 낼 수 없을 것이고, 모든 사람을 사랑하며 모든 사람을 구속하고, 결국에는 사탄 자신을 포함하여 모든 사람을 구원할 것이라고 말합니다. 그들은 접착제나 밀랍으로 만든 신을 숭배합니다. 그 신은 연체동물처럼 온순하고 나약하며 남성적인 기능이 전혀 없고, 의롭고 정직한 사람들의 존경을 받을 만한 특성이 전혀 없습니다. 악행에 대해 화를 낼 수 없는 존재는 반드시 필요한 덕이 없는 것이고, 악인들에 대해서 화를 내지 않고 범죄를 처벌하지 않는 도덕적 통치자는 신적인 존재가 아닌 것입니다.

우리는 성경에서 이렇게 물렁한 현대의 우상과 같은 신을 찾지 못합니다. 참되신 하나님은 이렇게 말씀하시기 때문입니다. "너희가 나를 거슬러 행하면 나도 너희를 거슬러 행하리라"(레 26:21 참조). "사악한 자에게는 주의 거스르심을 보이시리라"(시 18:26). "누구든지 율법 책에 기록된 대로 모든 일을 항상 행하지 아니하는 자는 저주 아래에 있는 자라"(갈 3:10). 하나님은 "벌 받을 자를 결코 내버려두지 아니하시고"(나 1:3) 모든 허물과 죄악은 정당한 형벌을 보응으로 받게 할 것이라고 선언하시는 분으로 계시됩니다.

악이 인류에 대해 지배력을 획득한 이후로, 하나님께서 여전히 사람을 대하시지만 사람이 타락하지 않았다면 하였을 것처럼 대하시지는 않습니다. 하나님께서는 재판장의 엄한 어조로 사람들에게 말씀하시고, 징계할 필요를 느끼는 분으로서 사람들을 다루십니다. 그러나 사람들이 마땅히 받아야 하는 대로 엄하게 다루시지는 않습니다. 하나님은 무한히 인자하시고 온유하시기 때문입니다. 그럼에도 불구하고 하나님께서 죄에 대해서 미소를 지을 수 없다는 것을 보여주기에 필요한 만큼 엄하게 대하십니다. 사람에 대한 하나님의 행동은 천사들을 대하시는 것과 같지 않습니다. 그룹들과 스랍들에 대한 태도와 같지 않으십니다. 본문을 보면 하나님께서 사람들에 대해서 눈물을 흘리고, 그들을 치고, 죽이십니다. 내가 오늘 밤 말씀드리려고 하는 분이 바로 이러한 하나님이시고, 여러분에게 이야기하려는 것이 바로 이러한 행동들입니다. 내 계획은 아무도 하나님을 피하지 않고, 내 말의 결과로 많은 사람들이 자기를 치셨으나 고치고, 죽이셨으나 다시 살리실 하나님께로 돌이키도록 하는 것입니다.

본문에는 내 눈에 아주 분명하게 보이는 세 가지 사실이 있습니다. 첫째는 치시는 하나님이 보입니다. 둘째는 믿는 마음이 보입니다. 본문과 같은 말을 하는 사람은 결코 불신자가 아니기 때문입니다. 셋째는 설득력 있는 목소리가 보입니다. 그것은 "오라 우리가 여호와께로 돌아가자"(호 6:1)고 간절하게 외치는 목소리입니다. 성령 하나님께서 내게 여호와의 이름을 선포하는 법을 가르쳐 주시고, 피로 값 주고 사신 자들의 구원을 위하여 신속하고 강력한 말씀을 전하는 법을 가르쳐 주시기를 바랍니다. 나는 지극히 약하오니 하나님의 능력이 참으로 필요합니다! 하나님의 성도들 여러분, 내가 하나님의 대사의 한 사람으로서 다시 한번 충실하고 효과적으로 의무를 행할 수 있도록 기도해 주시기를 바랍니다.

1. 그러면 첫째로, 나는 본문에서 치시는 하나님을 아주 분명하게 봅니다.

"여호와께서 우리를 찢으셨으나 도로 낫게 하실 것이요 우리를 치셨으나 싸매어 주실 것임이라." 첫째로, 이 말을 쓴 사람은 하나님의 존재를 의식하고 있다는 점에 주의해야 합니다. 왜냐하면 자신의 시련이 하나님께로부터 온다고 확신하고 있기 때문입니다. 믿음이 없는 사람들은 자신의 고난을 우연한 일로 여깁니다. 그리고 때로는 자기들의 아비 마귀가 그 문제를 처리해 주기를 기대하는 것처럼 고난이 마귀에게서 나온 것으로 생각하기까지 합니다. 흔히 사람들은 자신의 불행을 남의 탓으로 돌리고, 그래서 걸핏하면 싸우고 심술궂으며 앙심을 품게 됩니다. 사람이 막대기를 손에 든 분을 알고 자신의 고난이 하나님에게서 온다는 것을 배우는 날은 그에게 복된 날입니다. 슬프게도, 하나님의 자녀들 가운데도 고난을 겪을 때 이 문제에 대해 크게 잘못 생각하는 사람들이 있습니다. 그들은 제1 원인은 보지 않고 제2 원인들에 대해 몹시 슬퍼하며 시간을 보냅니다. 이것은 아주 짐승 같은 일입니다. 만일 여러분이 막대기로 개를 때리면 개는 막대기를 물 것입니다. 개가 조금이라도 지능이 있다면 여러분을 물 것입니다. 자기를 때리는 일이 막대기나 돌에서 나오지 않고 이 도구들을 사용하는 손에서 왔다는 것을 알면, 여러분을 물 것입니다. 보통 고생하는 불신자들이 그와 같이 합니다. 즉, 그들은 부차적인 원인을 보고 거기에 대해 화를 내거나 그것에 대해서만 생각합니다.

역경의 날에 그들이 깊이 생각한다면, 고난이 땅에서 솟아나는 것이 아니고 불행이 우연히 오는 것도 아님을 알 것입니다. "여호와의 행하심이 없는데 재앙이 어찌 성읍에 임하겠느냐?"(암 3:6). 시련이 어느 길로 오든지 간에 그것은 하나님에게서 나온 것입니다. 고난이 승리한 적이나 속이는 친구로 말미암아 발생하였을지라도, 고난이 사업상의 손실이나 질병의 형태로 왔을지라도, 혹은 사랑하는 사람의 심장을 꿰뚫은 사망의 화살로 우리에게 상처를 입힌 고난이라 할지라도, 어느 경우이든 간에 고난은 하나님에게서 온 것입니다. 여러분은 이 교훈을 배워야 합니다. 하나님께서 여러분을 치셨습니다. 하나님께서 여러분을 찢으셨습니다. 하나님께서 이 모든 일을 행하신 것입니다. 하나님은 심판을 위해 우리에게 시련을 보내시고 징계를 위해 고난을 일으키셨습니다. 그러므로 우리는 시련에서 하나님의 손을 보지 않으려고 하거나 화를 내며 하나님께 반항함으로써 고난을 멸시하는 일을 하지 맙시다.

우리는 아론의 두 아들들이 불에 타 죽었을 때 "아론이 잠잠하였다"(레 10:3)는 기록을 봅니다. 자기 아들들을 친 것이 하나님의 불이었기 때문에 아론이 무슨 말을 할 수 있었겠습니까? 그리스도인들조차 종종 하나님의 손을 잊는다면, 불신자들이 그렇게 하는 것을 볼 때 전혀 놀랄 필요가 없습니다. 어쩌면 지금 이 설교를 듣는 분들 가운데는 재난을 잇달아 당하여 마치 고난의 바다 속에 들어앉아 있는 것처럼 느끼는 분이 있을지 모릅니다. 여러분은 한 가지 근심거리를 피하기도 전에 또 다른 근심거리에 빠졌습니다. 여러분에게는 여러분이 말하는 대로 마치 "불운"이 그림자처럼 항시 여러분을 따라다니는 것처럼 보입니다. 여러분은 아무것에도 성공할 수가 없습니다. 여러분이 손을 대는 것마다 시들어버립니다. 지금까지 거듭거듭 불운했습니다. 가장 친한 친구를 가장 절실할 때 잃었습니다. 여러분은 일자리를 잃었고, 구직 신청을 하는 곳마다 호의적인 답변을 듣지 못했습니다. 그런데 여러분은 이런 불운들 가운데 어떤 것은 자신의 악한 습관, 곧 게으름이나 술 취함 때문에 일어난 것이라고 생각할 만큼 지혜롭지 않습니다. 나는 여러분이 그만큼이라도 지혜롭기를 바랍니다. 그러면 여러분이 악한 습관을 고칠 수도 있기 때문입니다. 그러나 여러분이 그보다 더 지혜롭다면 이렇게 말할 것입니다. "내가 타격에 타격을 거듭 받고 손실에 손실을 거듭 당하는 데는 그만한 이유가 없을 수 없다. 하나님은 일부러 자녀들을 괴롭히거나 슬프게 하시지 않기 때문이다."

친구 여러분, 나는 여러분이 그렇게 심하게 매를 맞은 것은 하나님께서 여러분 영혼에 대해 사랑의 큰 계획이 있기 때문이라는 것을 의심하지 않습니다. 먼 나라로 떠난 방탕한 아들을 보십시오. 그는 돈이 많았는데, 돈을 방탕한 생활에 썼습니다. 건강도 아주 좋았는데 방탕한 생활을 하였습니다. 술과 여자가 이내 그의 돈을 없애버렸습니다. 그런데 그는 자기에게 불운이 임했다고 했습니다. 그에게 불운이 임한 것은 당연한 일이었습니다. 이 젊은 시골 신사는 체면과 자존심을 버리고 일자리를 찾지 않을 수 없었습니다. 그는 일간 신문을 보고, 한때 오래된 귀한 포도주를 같이 흥청망청 마셨던 친구들을 일일이 찾아다녔습니다. 하지만 그들은 그를 아는 체하지 않고 냉담하게 대했습니다. 그에게 돈을 빌려주려고 하는 대부업자가 한 사람도 없었고, 아무도 그에게 무엇을 주지 않았습니다. 그는 신발이 닳아질 정도로 돌아다녔지만 할 일을 찾지 못했습니다. 누더기를 걸쳤고 배를 곯았습니다. 그는 직업이 없고 땅을 파거나 쟁기질 할 힘도 없는, 쓸모없게 된 신사였습니다. 그가 무슨 일을 할 수 있겠습니까? 그는 그런 사람들이 입버릇처럼 말하듯이 "운이 기울었고" 그래서 아무도 그와 사귀려고 하지 않았습니다. 불쌍하고 비참한 이 사람을 딱하게 여긴 한 사람이 그에게 일자리를 마련해 주었습니다. 돼지 치는 사람의 생활을 시작하였습니다. "가서 그 나라 백성 중 한 사람에게 붙여 사니 그가 그를 들로 보내어 돼지를 치게 하였는데." 이제 그는 가장 밑바닥 신세가 되었습니다. 그의 직업은 더럽고 자존심 상하는 일이었습니다. 그 삯은 몸을 보존하기에도 부족하였습니다. 그래서 쥐엄 열매를 언제나 마음껏 먹을 수 있는 돼지를 종종 부러워하였습니다. 그렇지만 이 깊은 불행 가운데서도 감사한 일이 있었고, 희망이 있었습니다. 집으로 가는 길이 돼지 여물통을 돌아서 나 있었던 것입니다. 그가 먼저 이 돼지들과 쥐엄 열매에 이르지 않았다면 자기 아버지께로 가지 못하였을 것입니다.

고난을 겪고 있는 죄인이여, 어쩌면 하나님께 이르는 길이 여러분에게는 고난을 통과하여 가도록 되어 있는지 모릅니다. 하나님께서, 예를 들면 경마 같은 데서 여러분이 성공하도록 하셨다면, 혹은 여러분이 손대서는 안 되는 수치스런 사업에서 성공하였다면, 아마도 여러분은 부자가 되어 망했을지 모릅니다. 그러나 여러분은 부자가 되지 않을 것입니다. 하나님은 여러분을 부자가 되게 하실 뜻이 없습니다. 하나님은 치고 또 치시며 찢고 또 찢어서 마침내 여러분이 하나님께서 "내게로 돌아오라. 그렇게 하기 전에는 네가 결코 쉬지 못할 것이다"고 말씀하고 계시는 것을 깨닫게 하려고 하십니다. 여러분이 모든 것을 깨끗이 털어놓고 하나님과 화목하기 전에는 결코 성공을 거두지 못할 것입니다. 그렇게 자기 죄를 고백하고 하나님과 화목하게 되면 여러분의 평안이 강물 같고, 여러분의 의가 바다의 파도 같을 것입니다.

나는 오늘 밤 이 예배당에 있는 어떤 분들에게는 마치 선지자인 것처럼 말씀드린다고 생각합니다. 나는 그분들이 지금까지 겪은 일련의 시련들을 그들에게 보내어진 것으로, 즉 우연히 혹은 천체들의 합(合)에 의해, 무신론자들이 꾸며내기 좋아하는 어떤 것에 의해서 그들에게 보내어진 것이 아니라 자애로운 의도를 지닌 하나님이 친히 보내신 것으로 볼 수 있기를 바랍니다. 하나님은 치고 찢고 죽이시지만, 이것은 모두 사랑의 수술입니다. 본문의 말을 한 사람은 자신이 겪는 고난들을 하나님에게서 온 것으로 보는 법을 배웠습니다.

하나님께서 친히 "무릇 내가 사랑하는 자를 책망하여 징계하노라"(계 3:19)고 말씀하신 것을 생각할 때, 자기 백성을 치시는 것이 하나님께는 통상적인 일이라는 사실에 주의할 필요가 있습니다. 나는 다음의 통속적인 은유를 사용했다가 꽤 까다로운 비평가에게 그 이유를 설명해 보라고 호되게 요구당했던 적이 있습니다. 그 통속적인 은유를 다시 한번 사용해 보겠습니다. 이렇게 하면 지나치게 세밀한 또 다른 평론가에게 다시 한번 그 이유를 추궁당할지 모르겠습니다. 아무튼 그때 나는 이렇게 말했던 것 같습니다. 여러분이 집으로 가는 길에 동네에서 많은 남자 애들이 유리창을 깨트리는 장난을 치는 것을 볼지라도 십중팔구 여러분은 남자 애들의 하는 일에 별로 신경 쓰지 않을 것입니다. 그러나 만일 여러분이 자신의 자녀가 그렇게 하고 있는 것을 본다면 그 자녀는 틀림없이 여러분에게 호되게 맞을 것이라고 생각할 것입니다. 그러면 그것이 여러분이 다른 애들보다 자녀를 덜 사랑하기 때문이겠습니까? 그렇지 않습니다. 오히려 여러분이 그를 더 많이 사랑하였기 때문에 그렇게 하는 것입니다. 여러분이 그와는 어떤 관계가 있었지만 다른 아이들과는 아무 관계가 없었던 것입니다. 그러므로 여러분의 자녀는 다른 아이들은 받지 못한 징계의 은혜를 얻은 것입니다. 흔히 곤란한 일에 빠지는 죄인이나 견디기 어려운 시련을 겪는 그리스도인이 그처럼 혹독하게 다루어지는 것은 하나님께서 그를 죽이시려고 하기 때문이 아니라 그의 영혼에 대한 남모르는 사랑이 있기 때문입니다. 하나님께서 이렇게 말씀하셨습니다. "내가 땅의 모든 족속 가운데 너희만을 알았나니 그러므로 내가 너희 모든 죄악을 너희에게 보응하리라"(암 3:2). 이러한 징계와 심한 타격이 본문에서는 찢고 치는 것에 비유되는데, 아무튼 그런 징계와 타격이 종종 하나님의 사랑하시는 자들에게 임하는 것은, 그들이 하나님의 사랑하시는 백성들이기 때문이고, 하나님께서는 그들에 대한 사랑을 이렇게 하는 것보다 더 낫게 보일 수 있는 방법이 없기 때문입니다.

"내가 악인의 큰 세력을 본즉 그 본래의 땅에 서 있는 나무 잎이 무성함과 같았다"(시 37:35). 지금까지 도끼가 그의 뿌리에 닿지 않았고, 마름병이 그의 잎사귀에 이르지 않았습니다. 하나님께서는 그가 땅에서 가지를 무성하게 뻗도록 내버려두셨습니다. 왜 그렇게 하십니까? 벌목꾼의 도끼가 그를 찍어 쓰러트리려고 할 때는 그가 불에 던져지기에 적합하게 되었기 때문이 아니겠습니까? 그러나 열매 맺는 포도나무를 보십시오. 여러분은 해마다 적절한 때가 되면 가지를 치는 일꾼의 무자비한 가위가 아주 싱싱해 보이는 싹을 잘라버리고, 잘 자랄 것 같은 가지들을 제거하며, 볼품없는 포도나무에 진액이 흐르도록 내버려두거나 그냥 마른 가지가 되도록 버려두는 것을 볼 것입니다. 그렇습니다. 열매를 맺는 포도나무는 가지를 쳐 줄 가치가 있습니다. 그 나무는 농부가 매우 아끼는 것입니다. 농부는 그 나무가 열매를 아주 많이 맺게 하려고 주의합니다. 푸른 월계수에 대해서 생각해 봅시다. 그 나무의 가지를 쳐 주는 일에 관심을 보인 사람이 있습니까? 열매를 맺지 못하는 나무에 전지 작업을 해봐야 무슨 유익이 있겠습니까?

자, 재물이 늘어가고 있는 여러분, 아무 고통이나 괴로움이 없고, 죄에 대한 생각으로 우울해할 일이 없으며, 마음껏 먹고 마셔도 병들거나 유감스러운 일이 없는 여러분! 자, 여러분은 도살하기 위한 소처럼 살찌우고 있는 것입니다. 죽음의 도끼가 여러분을 쳐서 거꾸러트릴 때까지 아무 일도 일어나지 않을 것입니다. 여러분은 죄 가운데 행복하게 지내는 것을 여러분에게 일어날 수 있는 가장 두려운 벌 가운데 하나라고 생각하십시오. "모압은 젊은 시절부터 평안하고 포로도 되지 아니하였으므로 마치 술이 그 찌끼 위에 있고 이 그릇에서 저 그릇으로 옮기지 않음 같아서 그 맛이 남아 있고 냄새가 변하지 아니하였도다 그러므로 여호와께서 말씀하시니라 날이 이르리니 내가 술을 옮겨 담는 사람을 보낼 것이라 그들이 기울여서 그 그릇을 비게 하고 그 병들을 부수리라"(렘 48:11,12). 이러저리 내동댕이쳐지고 슬픔으로 상심해 있는 여러분, 여러분이 고난을 당하게 되어 있다고 해서 두려워하지 마십시오. 하나님께서 자기 친 백성에게는 무겁게 손을 대시지만 불경건한 자들은 하나님의 진노를 당하도록 내버려두시기 때문입니다.

하나님께서 사람들을 대하시는 처사가 매우 가혹하게 보이는 때가 종종 있을 것입니다. 5:14을 찬찬히 읽어보십시오. "내가 에브라임에게는 사자 같고 유다 족속에게는 젊은 사자 같으니 바로 내가 움켜갈지라." 이 말씀을 볼 때, 본문에서 "여호와께서 찢으셨다"고 할 때 그것이 사자가 먹이를 찢는 것을 암시한다는 것을 분명히 알 수 있습니다. 때로 하나님은 사람에게 달려들어 갑자기 그를 넘어뜨리시는 것처럼 보입니다. 그리고 두려운 시련을 통해서 그 사람을 머리부터 발끝까지 잡아 찢습니다. 두려움, 신체의 고통, 마음속의 무시무시한 생각, 사업상의 잇따른 손실, 연이은 불행, 망가진 가정, 상심(傷心), 절망. 하나님께서 사람들에게 이런 일들을 내리십니다. 하나님께서 그의 선지자를 통하여 "내가 그들에게 사자 같고 길 가에서 기다리는 표범 같으니라"고 말씀하셨을 때 의미하는 바를 사람들이 알 때까지 그렇게 하십니다. 하나님께서 사람들에게 이런 일을 행하실지라도 그들에게 해악을 끼치시려는 의도는 전혀 없습니다. 히스기야의 경우가 그 모든 점을 설명해 줍니다. 히스기야가 비통한 심정으로 부르짖는 것을 들어보십시오. "내가 아침까지 견디었사오나 주께서 사자 같이 나의 모든 뼈를 꺾으시오니 조석 간에 나를 끝내시리라 나는 제비 같이, 학 같이 지저귀며 비둘기 같이 슬피 울며 내 눈이 쇠하도록 앙망하나이다 여호와여 내가 압제를 받사오니 나의 중보가 되옵소서 내가 무슨 말씀을 하오리이까"(사 38:13-15). 히스기야가 이 질문에 대해 스스로 답변한 말은 이것입니다. "주여 사람이 사는 것이 이에 있고 내 심령의 생명도 온전히 거기에 있사오니 원하건대 나를 치료하시며 나를 살려 주옵소서"(38:16).

본문은 또 여호와께서 치신다고 말합니다. 하나님은 폭력을 사용하셔서 타박상과 채찍 자국을 남기십니다. 이는 "상하게 때리는 것이 악을 없이하기"(잠 20:30) 때문입니다. 하나님은 때리시는데, 어떻게 때려야 할지 아십니다. 그는 지혜롭게 사람을 바로잡는 분이십니다. "뭇 백성을 징벌하시는 이가 징벌하지 아니하시랴"(시 94:10). 하나님은 사람의 가장 예민한 부분을 건드리실 수 있고, 지극히 완강한 마음을 기죽게 만드실 수 있습니다. 하나님은 우리의 체질을 아십니다. 그래서 우리를 진노로 대하실 때 비록 그 이면에는 사랑이 있을지라도 아주 혹독하게 우리를 치십니다. 다윗은 "나는 종일 재난을 당하며 아침마다 징벌을 받았도다"(73:14)고 말합니다. 그리고 또 다른 곳에서는 이 징계가 어린아이 장난이 아니라는 것을 보여줍니다. 이는 그가 "주께서 죄악을 책망하사 사람을 징계하실 때에 그 영화를 좀먹음 같이 소멸하게 하시니이다"(39:11)고 말하는 것을 보면 알 수 있습니다.

그렇습니다. 본문에 따르면, 하나님께서는 사람의 영혼을 아주 납작하게 꺾어서 스스로 죽은 것처럼 여기도록 만드실 수 있습니다. 그러면 그는 이틀 동안 계속해서 무덤에 있는 자처럼 지낼 것이지만, 제삼일에는 하나님께서 그를 일으키실 것입니다. 물론 이것을 문자적으로 이해해서는 안 됩니다. 여기서 이틀은 상당한 기간, 곧 비록 끝이 있지만 몸과 마음이 완전히 쇠약해지는 어떤 기간을 표시합니다. 하나님은 얼마 동안 사람을 사형 선고 아래 있게 해야 할지 아십니다. 그러나 그 날이 4일 동안 지속되지는 않을 것입니다. 그것은 너무 긴 기간이 될 것입니다. 옛적에 어떤 사람이 이같이 한 말을 보면 알 수 있습니다. "죽은 지가 나흘이 되었으매 벌써 냄새가 나나이다"(요 11:39). 그 기간은 치명적인 절망이 지배하지만 완전한 파멸은 실제로 일어나지 않을 삼일이 될 것입니다. 예수께서 제삼일에 땅에서 나오셨듯이 스스로 사망 선고를 받았던 자들이 나와서 부활의 생명의 기쁨에 들어가 하나님의 이름에 감사하고 찬송할 것입니다.

내가 여러분에게 하나님께서 사람들에게 행하시는 일을 보여주면 여러분은 거의 깜짝 놀랄 것입니다. 그런데 여기서 한 가지 덧붙이지 않을 수 없는 것이 있습니다. "우리의 죄를 따라 우리를 처벌하지는 아니하시며 우리의 죄악을 따라 우리에게 그대로 갚지는 아니하셨느니라"(시 103:10). 평생의 절반을 병원에 누워 있는 사람이라도 자신이 요구할 수 있었을 것보다 훨씬 더 많은 자비를 누리고 있는 것입니다. 이 겨울의 추위 속에서 떨고 심한 가난 가운데 지내는 사람도 그가 마땅히 받을 만한 것보다 많은 자비를 받고 있는 것입니다. 우리 가운데서 지극히 깊은 슬픔을 겪고 있는 사람, 하나님의 모든 파도와 큰 놀이 덮치기까지 두려운 심연으로 내려가는 것처럼 보이는 사람, 그런 사람도 자신이 지옥의 고통 가운데 있지 않는 것을 인하여 하나님께 감사드릴 수 있습니다. 심한 고난을 받는 사람도 공의가 아직 다림추와 측량줄로 재어 의로운 분노를 쏟지 않은 것에 감사할 수 있습니다. 아무리 나쁜 경우라도 우리는 자신의 허물로 인하여 마땅히 받아야 하는 것에 비하면 충만한 자비를 누리고 있는 것입니다.

이 모든 것에는 사랑이 들어 있다는 사실을 말씀드리고 싶습니다. 나는 어린 아들이 나쁜 습관을 들이는 것을 보고도 징계하지 않는 사람을 애정이 깊은 아버지라고 부르지 않습니다. 엄마가 어린 딸이 걸핏하면 짜증을 부리고 제멋대로 하는 태도를 보고도 징계하지 않았다면 나는 그 사람을 애정이 깊은 엄마라고 하지 않습니다. 부모들이 자녀를 제멋대로 하도록 내버려두기 때문에 자녀에게 마땅히 해야 할 일을 가르치지 못하고 그래서 자녀에게서 악한 마음을 쫓아내고 고귀한 생활을 하도록 훈련하지 못하는 경우가 많습니다. 아버지가 눈물을 글썽이며 어린 아들을 따로 불러다가 이렇게 말했다고 생각해 봅시다. "나는 아들들이 악한 일을 하여도 제지하지 않아서 집안에 벌을 받은 엘리처럼 될 수 없다. 네가 이렇게 내 명령을 어기고 하나님을 슬프시게 하며 우리 가정의 명예를 더럽힌다면 너를 때릴 때마다 고통스럽겠지만 그 일로 너를 벌하지 않을 수 없다." 아버지가 이런 식으로 행동한다면 그는 지혜롭고 또한 자애로운 아버지라고 말씀드립니다. 아버지들이 자기 할 일을 하였다면, 지금 런던 거리에 돌아다니는 많은 젊은 깡패들이 도덕적인 젊은이가 되었을 수 있습니다. 하나님께서는 자기 가정 안에서 죄를 묵인하고 자기의 택하신 백성을 징계하지 않은 채 버려두는 일을 결코 기뻐하시지 않는다는 점에 주의하시기 바랍니다. 하나님의 친자녀들은 징계를 받지 않을 수 없고, 언약의 끈에 묶이지 않을 수 없습니다. "주께서 그 사랑하시는 자를 징계하시고 그가 받아들이시는 아들마다 채찍질하심이라"(히 12:6).

여기서 나는 잠시 멈추어 목소리를 가다듬고 힘을 다시 조금 모아야 하겠습니다. 지금 힘이 너무 없어서 그렇습니다. 우리 찬송가에서 605장 찬송을 한두 절 부르시는 동안 내가 잠시 쉴 수 있도록 해 주시겠습니까?

"주 우리 하나님께로 가세.
통회하는 마음으로 돌아가세.
우리 하나님은 은혜로우시니
외로운 자가 슬퍼하게 두시지 않을 것이네.

주님의 목소리가 사나운 비바람에게 나가라 명하시고
또 폭풍우 치는 파도를 잔잔케 하시네.
주의 팔은 치기에 강하시고
또한 구원하기에도 능하시네.

슬픔의 밤이 오래 지속되었으니
새벽이 우리에게 빛을 가져다줄 것이네.
하나님이 나타나시리니, 우리가
그의 앞에서 기쁨으로 일어설 것이네."

몸이 떨리지만 이제 이어서 두 번째 요점을 말씀드리도록 힘써보겠습니다. 성령께서 내 머리와 마음과 혀를 인도하여 주시기 바랍니다.

2. 둘째로, 나는 본문에서 믿는 마음을 봅니다.

사람이 상심하고 고통을 겪고 있으면서도 하나님의 선하심을 믿는다는 점에서 믿는 마음은 놀라운 것이라고 생각합니다. 이 점에 주의하시기 바랍니다. 하나님은 "오라 우리가 여호와께로 돌아가자 여호와께서 우리를 찢으셨으나 도로 낫게 하실 것이요 우리를 치셨으나 싸매어 주실 것임이라"고 말씀하십니다.

여러분이 필요한 것이 다 있고 고난을 겪지 않을 때는 하나님을 믿는 것이 참으로 쉽습니다. 그러나 그처럼 순조로운 때만의 믿음은 가짜에 지나지 않는 경우가 아주 흔합니다. 참된 믿음은 하나님께서 진노하실 때에도 하나님을 믿고, 하나님께서 징계의 막대기를 들고 계실 때에도 하나님을 신뢰합니다. 앞에서 말하였듯이, 본문에는 참된 믿음을 보여주는 지극히 아름다운 예가 나온다고 생각합니다. 그 사람은 찢겼습니다. 그렇습니다. 사자가 먹이를 찢듯이 찢겼습니다. 피가 흐르고 상처가 욱신거립니다. 그렇지만 그는 이렇게 외칩니다. "오라 우리가 여호와께로 돌아가자." 뭐라고요? 우리를 찢으신 하나님께로 돌아가자고요? 그렇습니다. 맞습니다. 하나님께로 갑시다. 하나님께서 우리를 받으시고 내쫓지 않으실 것입니다. 오히려 그가 내신 상처를 치료하여 주실 것입니다. 여러분은 하나님에 대해서 아무리 좋게 생각해도 부족하고, 하나님에게 아무리 많은 자비를 기대할지라도 부족할 것입니다.

사랑하는 여러분, 하나님께서 여러분의 죄가 아무리 클지라도 예수님을 인하여 용서하실 것을 믿는다면, 오늘 밤 하나님께서 그의 사랑하시는 아들 때문에 여러분을 기꺼이 가슴에 품으실 것을 믿는다면, 하나님께서 그리스도를 믿는 믿음을 인하여 여러분을 천국의 상속자로 만드실 수 있다는 것을 믿는다면, 여러분은 하나님을 너무 좋게 믿는 것이 아니라 바르게 믿는 것입니다. 나는 여러분에게 지나치다고 여길 정도로 하나님을 고귀하고 영광스러운 분이라고 생각해 보라고 말씀드리겠습니다. 여러분이 아무리 그렇게 생각할지라도, 하나님을 지나치게 고귀하고 영광스럽게 생각하는 일은 결코 없을 것입니다.

본문에서 이 믿는 마음은 우리가 하나님을 신뢰해야 할 근거를 사실상 하나님의 치시는 일에서 찾습니다. 그 마음이 "여호와께서 우리를 찢으셨으나 도로 낫게 하실 것이요 우리를 치셨으나 싸매어 주실 것임이라"고 말하고 있지 않습니까? 그렇습니다. 여기에 요지가 있습니다. 의사가 어떤 사람의 뼈가 어긋난 것을 보고 뼈를 다시 맞출 때, 그가 무슨 일을 하려고 하는지 내가 확실히 알 수 있습니까? 그것은 뼈를 맞추기 위해, 뼈를 올바로 맞추기 위해서 그렇게 하는 것입니다. 나는 의사가 아주 어려운 경우, 이를테면 불에 데어 물집 잡힌 것이나 새로운 형태의 출혈 혹은 그와 같은 병의 경우에 매우 독한 약을 쓰는 것을 볼 때, 나는 의사가 환자를 피 흘려 죽게 하려는 것이 아니고, 까닭 없이 상처를 내려는 것이 아님을 확실히 압니다. 새살이 차오를 때까지 상처에 거즈를 집어넣는다면 나는 의사가 몰인정하기 때문에 그렇게 하는 것이 아니라 환자의 유익을 위해서 그렇게 한다는 것을 압니다. 의사가 어떤 일을 하려고 할 때, 당분간 환자는 그 처리가 좋은 것인지 알 수 없지만 좋은 일이라고 믿어야 합니다. 나는 어느 때든지 수술을 받을 경우 의사가 나에게 상처를 낼 때는 수술해서 조사해 보고 최선을 다해 건강을 회복시키려는 것이라고 주저없이 믿을 것입니다. 자, 하나님은 사람들의 영혼을 치료하는 위대한 의사이십니다. 그래서 때로 하나님은 사람을 수술대 위에 놓고 뼈가 드러날 때까지 베고 또 베십니다. 그러나 하나님은 그 사람을 죽이실 의도가 전혀 없습니다. 하나님은 자기가 내는 상처마다 싸매시고, 사람으로 하여금 주님 안에서 영원한 구원을 받아 자기 발로 다시 서게 하려는 의도가 없이 징계의 수술 칼을 드시는 법이 없습니다. "그가 비록 근심하게 하시나 그의 풍부한 인자하심에 따라 긍휼히 여기실 것임이라"(애 3:32).

이렇게 본문을 쓴 이 사람은 하나님께서 고통당하는 영혼에게 좋은 의도를 지니신 것이 틀림없다는 사실을 찢고 치는 일을 들어 잘 설명하였습니다.

이것이 본문에서 말하는 신앙이고, 비록 저자 자신이 죽은 자들 가운데 내려가긴 할지라도 다시 살아날 것이라고 믿는 신앙입니다. 그는 "여호와께서 이틀 후에 우리를 살리시리라"(호 6:2)고 말합니다. 영적인 모든 능력에 대해서, 일반적인 모든 희망에 대해서, 자비를 요구할 수 있는 모든 권리에 대해서, 심지어 구원의 모든 가능성에 대해서 완전히 죽은 것처럼 느끼는 것이 무엇인지 나는 압니다. 여러분도 그것을 아는지 모르겠습니다.

오늘 밤 이 설교를 듣는 분 가운데는 마치 자신의 사형집행 영장에 서명이 끝나고 집행하는 일만 남은 것처럼 느끼는 분이 있을 수 있습니다. 그는 마음속에 사형 선고를 받은 것입니다. 그러나 형제 여러분, 그럴지라도 믿음을 가지십시오. 본문이 "우리가 그의 앞에서 살리라"고 말하고 있기 때문입니다. 여러분은 욥이 한 말을 압니다. 내 생각에는 욥의 그 말이야말로 이제까지 인간이 한 말 가운데 가장 위대한 말이라고 봅니다. 그때 욥은 보좌에서 다스리고 있지 않았고, 오히려 온몸에 부스러기가 난 채 쓰레기더미에 앉아 질그릇 조각으로 몸을 긁고 있었지만, 왕보다도 당당하였습니다. 나이 많고 훌륭한 욥은 용감하게 말했습니다. "그가 나를 죽이실지라도 나는 그를 의뢰하리라"(욥 13:15 난외주). 이것은 위대한 말이었습니다!

여러분은 그같이 말할 수 있습니까? 여러분이 죽임을 당한 것처럼 느낄지라도, 여러분이 오늘 밤 회중석에 앉아서 "글쎄, 아무 소용이 없어. 나는 망했어"라고 말할지라도, 나는 여러분에게 만사를 제쳐놓고 여러분의 구속자이신 주님을 믿으라고 말씀드립니다. 무슨 일이 있을지라도 하나님의 언약을 믿으십시오. 하나님은 진실하시다고 믿고, 모든 사실과 환경, 생각, 느낌은 거짓말쟁이라고 아십시오. 예수 그리스도로 말미암아 자기에게 오는 자는 아무도 내쫓지 않으시는 하나님의 영원한 자비를 여전히 굳게 붙잡으십시오. 자신이 텅 빈 것을 알고 하나님께서 여러분을 채우실 수 있다고 믿는 것은 복된 일입니다. 자신이 아무것도 아니라는 것을 알고, 하나님께서 여러분을 하나님의 자녀로 만드실 수 있다고 믿는 것은 복된 일입니다. 자신이 망했다는 것을 알고 주님께서 여러분을 구원하실 수 있다는 것을 믿는 것은 복된 일입니다. 자신이 정죄 받았다는 것을 알고 그리스도께서 여러분을 의롭다 하실 수 있다고 믿는 것은 복된 일입니다. 여러분이 가라앉고, 가라앉고, 또 가라앉아 일반적인 희망이 다 사라진 데까지 가라앉을지라도, 제삼일이 오면 여러분이 다시 일어날 것이라고 믿는 것! 이것이 하나님의 택하신 자들의 믿음입니다.

본문에서 말하는 믿음은 더 밝은 사실들을 기대한다는 점에 유의할 필요가 있습니다. "셋째 날에 우리를 일으키시리니 우리가 그의 앞에서 살리라." 여러분이 지금은 하나님을 두려워합니다. 그러나 하나님께서 오셔서 여러분을 영적인 사망의 그늘 상태에서 일으키실 때, 여러분은 하나님을 보며 즐거워하고, 하나님이 가까이 계심을 느끼며 하나님께서 여러분을 살리셨다는 것을 알고, 하나님과의 기쁜 교제 가운데 새로운 생활을 보내는 것을 즐거워할 것입니다. 여러분은 하나님의 앞에서 살 것입니다. 그것은 틀림없이 지극히 놀라운 천상의 생활일 것입니다! 하나님의 앞에서 사는 생활입니다! 하나님께서 생명이라고 부르시는 생활입니다! 하나님께서 즐거이 바라보실 수 있는 생활입니다! 하나님 앞에는 기쁨이 충만합니다. 하나님께서 상하게 하신 자들이 하나님으로부터 치료를 받을 때 이 사실을 알게 될 것입니다.

내가 하고 싶은 말을 다 할 수 있으면 좋겠는데, 힘이 너무 없어서 말하는 것이 편치 않습니다. 그렇지만 나는 더듬거리며 한 말이 결국에는 최상의 말이 될 것이라고 생각합니다. 마음먹은 대로 목소리가 나오지 않아서 설교를 조금씩밖에 전하지 않을 수 없을 때, 그 한 입의 음식이 고통 받은 사람들에게는 한결 더 달콤하게 될 것입니다. 내가 하고 싶은 말은 이것입니다. 제발 부탁하건대, 여러분은 이렇게 외치고 싶게 만드는 마귀의 시험에 절대로 넘어가지 마시라는 것입니다. "하나님께서 나를 혹독하게 다루고 계셔. 하나님은 나를 구원하시지 않을 거야." 그렇지 않습니다. 오히려 그 반대의 사실을 기대하십시오. 이러한 타격과 불행 때문에, 마음의 비참함 때문에, 괴로운 양심 때문에, 내적인 고통 때문에, 여러분은 한결 더 희망을 가질 수 있습니다. 감각이 없는 것만큼 두려운 것은 없습니다. 그것은 죽음의 표시입니다.

그러나 산산이 부서져 흩어지는 것, 여러분의 생각이 마음의 깊은 데까지 찌르는 칼처럼 느끼는 것, 적어도 이것은 여러분 속에 아직도 생명이 있음을 보여줍니다. 이 외에도 기쁨에 이르는 길은 슬픔이고, 생명에 이르는 문은 죽음을 지나가게 되어 있으며, 구원에 이르는 길은 양심의 정죄를 통해서 가게 되어 있다는 점을 기억하시기 바랍니다. 하나님의 사랑을 즐기는 길은 무엇보다도 하나님의 진노 아래에서 괴로워하는 것입니다.

이제 세 번째 요점을 다루게 되었는데, 간단하게 전할 수밖에 없지만 열심히 말씀드리도록 하겠습니다. 성령께서 내게 힘주시기를 바랍니다.

3. 본문에는 설득력 있는 목소리가 있습니다.

내가 사랑을 호소하는 어조로 말씀드릴 수 있으면 좋겠습니다. 비록 내 마음속에는 사랑의 음악이 있을지라도 목소리는 거칠게 납니다. 쉰 목소리를 참아주시기 바랍니다. 쉰 목소리라도 외치겠습니다. "오라! 오라! 오라! 우리가 여호와께로 돌아가자."

이 설득력 있는 목소리를 주의 깊게 보아야 하는데, 첫째는, 이 목소리가 옳은 것을 간구하기 때문입니다. 친구 여러분, 우리가 그동안 하나님을 떠나서 방황하였다면, 그래서 하나님께서 우리에게 노여워하신다면 우리는 첫째로 어떻게 해야 하겠습니까? 하나님께로 돌아가야 합니다. 내가 누군가의 기분을 상하게 하였거나 그에게 부당한 일을 행하였다고 느낀다면, 나는 당연히 그에게 가서 잘못을 사실대로 말하고 용서를 구할 것이라고 생각합니다. 이 점은 여러분에게도 해당된다고 믿습니다. 자, 여러분이 그동안 주님을 슬프시게 하였으므로 여러분은 무엇보다 먼저 화해하기를 구해야 합니다. 그런데 그러기보다는 주님이 먼저 오셔서 여러분에게 평화의 제안을 하신다면 여러분은 특별히 누구의 설득이 없이도 주님과의 싸움을 끝낼 것이 확실합니다. 자, 잘못을 범한 여러분, 여러분은 사실 자애로운 아버지 하나님께 벌 받을 일을 행한 것입니다. 여러분은 마음속에 "내가 일어나 아버지께 가리라"(눅 15:18)는 결심이 일어나지 않습니까? 여러분은 하나님을 슬프시게 하였습니다. 여러분이 하나님을 슬프시게 하였기 때문에 하나님께서 여러분을 치셨는데, 그것은 여러분이 자신의 행동이 악한 것을 스스로 알도록 하기 위함입니다. 우리는 하나님께서 처음에 한번 치셨을 때, 즉시 하나님의 책망에 복종합시다. "오라 우리가 여호와께로 돌아가자."

본문의 말씀이 크게 설득력을 지니는 것은 단지 그 말이 옳기 때문만이 아니라, 돌아오라고 말하는 사람이 자신이 권하는 사람들과 행동을 같이하기 때문이기도 합니다. 그는 "오라 우리가 여호와께로 돌아가자"고 말합니다. 청중 여러분, 나는 아주 기꺼이 그리고 겸손한 척하려는 마음이 전혀 없이 진심으로 여러분과 함께 있어야 한다고 느낍니다. 여러분이 아직까지 하나님께로 돌아가지 않았다면, 함께 갑시다. 내가 그 길을 알고 있고, 또 그 길을 다시 걸을 만한 이유가 충분히 있습니다. 나는 하나님께로 갔습니다. 그때가 얼마나 오래전의 일인지 지금은 거의 잊어버렸습니다. 나는 그때 열다섯 살의 풋내기에 불과했습니다. 죄의식을 깊이 느끼면서 몹시 상심한 가운데 내 조상들의 하나님 여호와를 찾았습니다. 하나님은 나를 치고 찢으셨으며 그 입의 법으로 죽이셨습니다. 내가 어디로 갈 수 있었겠습니까? 나는 사방에서 돕는 자를 구하였지만 세상적인 희망들은 나를 조롱할 뿐이라는 것을 알았습니다. 나는 떨면서 나의 하나님께로 가서 예수님의 보혈에 호소하였습니다. 그랬더니 하나님께서 나를 치료하시고 싸매며 그의 앞에서 살도록 하셨습니다. 나는 지금 이 사실을 엄숙하고 확실하게 증언합니다. 그런데 오래전에 그렇게 하나님께 갔지만, 그 이후로도 여러 차례 하나님께 갔습니다. 나는 양심에서 죄를 느꼈습니다. 슬퍼해야 할 타락이 내 속에 있었습니다. 내 자신이 정말로 아무것도 아니고, 아니, 아무것도 아닌 것보다도 못하다고 느꼈습니다. 참으로 마음이 무거웠습니다. 그러므로 고통 때문에 어쩔 수 없이 하나님께로 갔습니다. 그렇습니다. 나는 지금까지 천 번도 더 하나님께 갔습니다. 그래서 내가 그 길을 안다고 말씀드릴 때 자랑하듯이 말하지 못했습니다.

스스로 어떻게도 할 수 없는 불쌍한 여러분, 나는 여러분의 심란하고 우울한 마음을 압니다. 내 자신이 우리 어머니의 자녀들과 다르고, 하나님의 가족의 한 사람으로 여김을 받기에 무가치하다는 것을 느낀 적이 있었기 때문에 외부자의 마음이 어떤 것인지 압니다. 그동안 나는 하나님의 백성들을 위로해왔습니다. 그러나 때로는 내 자신을 위로할 수 없었습니다. 다른 사람들의 마음을 채워주려고 애쓰면서도 정작 내 자신은 공허함을 느끼고 슬퍼하였습니다. 그러나 내가 하나님께 갔을 때 헛수고인 적은 한 번도 없었다는 것을 증언합니다. 자, 이쪽에 있는 분, 그리고 저쪽에 있는 분, 내 손을 잡으세요. 함께 주님께로 돌아갑시다. 그 길을 모르는 여러분은, 우리가 어떻게 돌아가기로 결심하였는지를 이야기하면 거기에 형제로서 공감하고 도움을 받을 수 있을 것입니다. 자신이 누구보다도 악하고 큰 죄인이라고 생각하는 여러분, 여러분은 종종 내가 내 스스로에 대해 생각하는 만큼 여러분 자신을 그렇게 악하다고 생각하지는 않습니다. 사실은 그렇게 자신을 악하게 생각하는 것이 옳은 일입니다. 그런데 비록 내가 죄인들 가운데 괴수이고 성도들 가운데 지극히 작은 자이지만 "내가 믿는 자를 나는 알고 또한 내가 의탁한 것을 그 날까지 그가 능히 지키실 줄을 확신합니다"(딤후 1:12). 친구 여러분, 지금까지 여러분이 예수님을 찾지 않았을지라도 이제라도 예수님을 찾고 그를 붙잡으면 풍성한 만족을 얻을 것입니다.

이 권유가 현재 시제로 제시된다는 점에 유의하시기 바랍니다. "오라 우리가 여호와께로 돌아가자." 내일 혹은 내년에 돌아가자는 것이 아닙니다. 기록된 대로 "지금 우리가 여호와께로 돌아가자"는 것입니다. 기왕 돌아가더라도 왜 당장 돌아가야 합니까? 좋은 일은 빨리 하면 할수록 그만큼 더 낫습니다. 나로서는 이 자리에 있는 회심하지 않은 분에게 지금 하나님께로 돌아가라고 강권할 이유가 충분히 있습니다. 이 자리에 서서 여러분에게 하나님께 가라고 말할 수 있는 것을 큰 특권으로 생각합니다. 물론 그동안 그 특권을 사용하느라 내가 지치고, 머리가 잘 돌아가지 않고 온 몸이 아픈 것은 사실입니다. 나는 이 특권을 앞으로 한동안 누리지 못할 것입니다. 내가 지금 여러분을 하나님께 가도록 설득할 수 있다면 그 특권에 크게 감사할 것입니다. 주님께서 잠시 동안 마지막이 될, 어쩌면 영원히 마지막이 될 나의 이 설교가 머뭇거리는 사람으로 하여금 확실히 그리스도께 가도록 결심하게 만들어 주시면 좋겠습니다. 내 눈에 저울이 보입니다. 저울이 아주 평평하게 균형을 이루고 있습니다! 저울이 흔들리는 것이 보입니다. 결심이 이쪽 방향이나 저쪽 방향으로 이루어질 것입니다. 하나님을 위하는 이 저울이 내려가겠습니까? 저울에 추가 충분합니까? 사탄이 그 나쁜 쪽의 저울에 매달려서 저울을 끌어내리려고 합니다. 새로운 시험거리들을 가져다 올려놓습니다. 어느 쪽이 이기겠습니까? 나는 구원이 승리하도록 올바른 쪽의 저울에 마음을 다해 간구를 올려놓겠습니다. 저울이 어떻게 되겠습니까? 어느 쪽이 이기겠습니까? 아마도 오늘 밤의 이 결정이 영원한 결정이 될 것입니다. 하나님께서 사람들이 하나님을 위하고, 진리를 위하며, 그리스도를 위하고, 천국을 위하는 결정을 내리도록 해 주시기를 바랍니다. 세상을 위하고, 죄를 위하며, 자신을 위하고, 영원한 파멸을 위하는 결정을 내리지 않게 하여 주시기를 바랍니다. 성령님이시여, 사람들이 바른 결정을 내리도록 힘 있게 역사하여 주소서.

끝으로, 본문의 간구를 다루고 마칠 것인데, 본문의 간구는 즐거운 기대로 가득 차 있기 때문에 한결 더 힘 있게 제시됩니다. 여러분이 화해하려고 하는데, 여러분을 불쾌하게 만든 사람이 여러분에게 "나는 이 다툼을 끝내고 싶은데 당신은 그렇게 해도 만족하겠소?" 하고 묻는다고 생각해 봅시다. 다툼을 끝낼 수 있는가 하는 것은 그 물음에 대한 답변에 크게 좌우될 것입니다. 나는 때때로 그렇게 내가 먼저 화해를 제시하지 않으면 안 되었고, 그렇게 하지 않으면 다툼을 끝낼 수 있을 것이라고 도무지 확신할 수 없었습니다. 어떤 사람이 감정이 상해서 몹시 화가 나 있었습니다. 그가 치욕스러운 대우를 받았기 때문에 화를 내는 것은 당연한 일이었습니다.

나는 그의 마음을 상하게 한 사람에게 말하였습니다. "자, 나는 최선을 다하겠습니다. 나는 당신이 잘못하였다는 것을 뼈저리게 느끼고 충분히 사과하고 싶어 한다고 말할 수 있다면 문제를 쉽게 풀 수 있을 것입니다." 이 말을 듣고 그가 말하였습니다. "나는 사과하는 일이 효과가 있을 것이라고 생각하지 않고, 상대가 나를 너그럽게 대할 때에만 화해가 이루어질 수 있을 것입니다. 내가 퇴짜를 맞는다면, 어쩔 수 없지요. 상대방의 성격과 기분에 대해서 조금이라도 알기 전에는 아무 얘기도 하지 않겠습니다."

나는 이렇게 말했습니다. "당신 때문에 화가 난 사람은 당신만큼 화가 났습니다. 그런데 그는 언제든지 당신을 받아들이고 얼마든지 용서할 마음이 있습니다. 여러분에게 어떤 고백도 거의 바라지 않고 언제든지 용서할 준비가 되어 있습니다. 그에게는 여러분과 교제하는 것만큼 큰 즐거움이 없을 것입니다." 이 말을 듣고 상대가 말했습니다. "뭐라고, 그 사람이 그렇게 말합니까? 내가 한 일에도 불구하고 나에 대해서 그렇게 친절하게 말한다고요? 정말로 그 사람이 자기 집에서 나를 보면 기쁘겠다고 말했습니까? 나를 여전히 자기 친구라고 말했습니까? 그렇다면 내가 그 사람에게 미안하다고 말하는 것이 좋겠군요. 내가 직접 가서 솔직하게 그렇게 얘기해야겠습니다."

하나님, 귀하신 나의 하나님, 제가 하나님은 용서하기를 즐겨하시는 하나님이라고 말하게 하여 주옵소서. 여러분은 하나님의 마음이 녹을 때까지 하나님의 비위를 맞추고 간구할 필요가 없습니다. 그렇게 할 필요가 없습니다. 하나님은 여러분에게 은혜를 베풀기 위해 기다리고 계십니다. 하나님은 오늘 밤 힘없고 보잘것없는 자기 종을 통해 오셔서 여러분에게 하나님의 사랑과 은혜를 받으라고 지금까지 권하셨습니다. 더듬거리는 내 말을 마음으로 들으시기 바랍니다. 죄를 회개하고 예수 그리스도를 믿으며, 하나님께 자비를 구하십시오. 하나님께서 여러분이 그렇게 하도록, 지금 그렇게 하도록 도와주시기를 바랍니다. 하나님께로 돌아가는 문제를 예배당을 나갈 때 이야기하겠다고 미루지 마십시오. 자리에서 일어나기 전에 하나님께 돌아가십시오. 문 앞에서 무익한 친구가 여러분을 기다리고 있을까봐 걱정입니다. 집으로 가는 길에 쓸데없는 잡담이나 하지 않을까 걱정입니다. 본문의 권고에 대해서 생각하는 일을 집에 갈 때까지 미루지 마십시오. 집에 도착할 때쯤에는 그 권고를 잊어버릴 수 있기 때문입니다. 그렇게 하지 말고 하나님께서 여러분이 지금, 앉은 자리에서 혹은 서 있는 그 자리에서 은혜로운 이 초청에 응답하시기를 바랍니다. "오라 우리가 여호와께로 돌아가자 여호와께서 우리를 찢으셨으나 도로 낫게 하실 것이요 셋째 날에 우리를 일으키시리니 우리가 그의 앞에서 살리라."

친구 여러분, 하나님께서 여러분에게 복 주시기 바랍니다. 하나님의 지극히 풍성한 복이 여러분 한 사람 한 사람에게 임하기를 바랍니다. 앞으로 몇 주 동안은 이 자리에서 다른 목소리가 들릴 것입니다. 그러나 비록 내 목소리가 깨어지고 갈라지며 거칠고 귀에 거슬리는 소리를 내었지만 다른 어떤 목소리보다도 깊은 애정이 있을 것입니다. 여러분에게 말씀을 전할 형제들이 나보다 더 힘이 있고, 은혜가 더 많기를 바랍니다. 나는 그분들이 내가 이제까지 예수께로 인도하지 못한 사람들을 주님께로 데려오게 된다면 정말 기뻐할 것입니다. 나는 우리 교인들이 모두 2월의 집회들이 순조롭게 진행되도록 아주 열심을 내어 봉사와 기도로 도와주시기를 바랍니다.

클라크(Clarke) 형제와 스미스(Smith) 형제가 맡은 일을 아주 잘할 것입니다. 여러분은 이 태버너클 예배당이 한 주간 동안 매일 밤 사람들이 꽉꽉 차게 해야 합니다. 바로 그것이 내가 듣고 싶은 얘기입니다. 여러분 각 사람이 밖에 있는 사람들을 이 예배당으로 불러들여 그들이 하나님의 말씀을 듣고 살아나도록 하는 일을 시작해야 합니다. 이 달에는 복음전도자들이 이곳에 있을 것입니다. 그 두 형제가 말씀을 전하고 찬송을 부를 때 여러분 모두가 힘써 부지런히 일하여 많은 사람들을 모으면, 몇 년 전 우리 형제 무디와 생키에게 임했던 것과 같은 복이 사람들에게 내릴 것이라고 확신합니다. 나를 위해 기도해 주시기를 부탁드립니다. 여러분이 그동안 나를 위해 기도해오셨는데, 여러분의 기도가 진실하였기에 내가 주님의 일을 진척시키는데 많은 도움을 받았습니다. 여러분의 기도가 병든 여러분 목사의 영혼과 몸에 치료약이 될 것입니다. 성령님께서 도우시면 여러분 각 사람이 자신의 봉사가 열매를 맺는 것을 보게 될 것이라고 믿습니다.

제
7
장

무자비하게 치시는 이

"에브라임아 내가 네게 어떻게 하랴 유다야 내가 네게 어떻게 하랴 너희의 인애가 아침 구름이나 쉬 없어지는 이슬 같도다 그러므로 내가 선지자들로 그들을 치고 내 입의 말로 그들을 죽였노니 내 심판은 빛처럼 나오느니라." - 호 6:4,5

구원의 길은 매우 단순합니다. 집으로 가는 길은 아주 쉽습니다. 이 장은 이 말과 함께 시작합니다. "오라 우리가 여호와께로 돌아가자." 하나님을 떠남으로써 우리는 특권을 잃었고 상처를 입었으며 망했습니다. 이 모든 것을 다시 찾기 위해서는 여호와께로 돌아가야 합니다. 우리는 지금까지 여호와를 떠나 방황하였습니다. 그러니 이제 회개하는 방탕한 아들처럼 이렇게 소리쳐야 합니다. "내가 일어나 아버지께 가리라"(눅 15:18). 우리가 지금 당장 그 결심을 실행하기 시작하면 집으로 가는 길은 그리 멀리 있지 않아 쉽게 찾을 수 있습니다. 구원에 관해서 설명하는 것은 설교 한 번만으로도 족할 것입니다. 그러나 사람들에게 구원을 권하기 위해서는 열 번도 넘게 설교할 필요가 있을 것입니다. 교차로에 이르면 오른쪽으로 꺾어서 곧장 앞으로 가십시오. 그러면 여러분이 지금까지 바른 길을 떠나서 아무리 많이 방황하였을지라도 집에 도착할 것입니다.

그런데 슬프게도 이 설교를 듣는 분들 가운데 이 즐거운 단순한 길을 복잡하게 만드는 분들이 너무도 많습니다. 그들은 단순한 길을 택하기를 좋아하지 않습니다. 꼬불꼬불한 길을 더 좋아합니다. 그들은 흐르는 시원한 물을 마시려고 하지 않습니다. 자기들이 여러 가지를 섞어 채운 잔을 찾습니다. 그들은 기다리고 있습니다. 그런데 무엇을 기다리고 있는 것입니까? 그들은 둘러보고 있습니다. 무엇을 찾으려고 둘러보는 것입니까? 그들은 똑바로 뻗은 길보다는 가시가 많은 미로(迷路)를 택합니다. 구원하기로 마음먹으신 여호와 하나님께서는 어린 아이들처럼 하나님 나라를 받아들이려고 하지 않는 이런 사람들에게는 특별한 방법을 사용할 필요가 있음을 아십니다. 그들이 돌아오라고 명령을 받아도 오려고 하지 않기 때문에 하나님께서는 말씀을 하실 뿐 아니라 또한 치기도 합니다. 그들을 부드럽게 끌어당겨도 오려고 하지 않기 때문에 거칠게 몰아대십니다. 사랑의 끈과 사람의 줄로 그들을 데려올 수 없기 때문에 그들에게 소를 모는 막대기와, 노새의 굴레와 재갈이 사용될 것입니다. 부드러운 바람에는 배가 움직이려고 하지 않기 때문에 사나운 유라굴로가 배를 항구로 몰아갈 것입니다. 하나님께서 구원하기로 결심하셨기 때문에 머리가 온통 병들고 마음이 완전히 쇠약해질 때까지 자기 백성을 치실 것입니다. 하나님은 발바닥에서 머리까지 몸이 성한 곳이 없이 온통 상한 것과 터진 것과 곪은 것 투성이가 될 때까지 치실 것입니다. 강력한 수단과 기이한 방법들을 써서 길 잃은 양들을 데려오실 것입니다. "하나님은 방책을 베푸사 내쫓긴 자가 하나님께 버린 자가 되지 아니하게 하시나이다"(삼하 14:14).

이렇게 비상한 수단들을 사용하지 않으면 안 되는 것은 참으로 애석한 일입니다. 구원의 길은 단순합니다. 그래서 우리가 기꺼이 순종한다면 구원의 길이 즐겁다는 것을 발견할 것입니다. "주 예수 그리스도를 믿으라 그리하면 네가 구원을 받으리라"(행 16:31)는 말씀은 지극히 분명한 명령입니다. 복음의 교훈은 어린 아이라도 이해할 수 있을 만하고, 그 명령은 무겁지 않습니다. 그런데 슬프게도 사람들은 평안한 이 길을 따르려고 하지 않습니다. 심지어 하나님께서 영원히 구원하기로 정하신 사람들조차 오랜 세월 동안 하나님의 쉬운 이 계획에 한사코 반대합니다. 그래서 하나님이 달려들어 사람들에게 온갖 지혜로운 방법들을 쓰십니다. 그렇게 해서 사람들의 교만을 덮고, 그들이 오직 은혜로 예수 그리스도로 말미암는 구원의 간단한 조건을 기꺼이 받아들이게 하려고 하십니다.

본문의 경우에, 사랑이 궁지에 처한 것처럼 보입니다. 무한한 사랑과 끝없는 지혜가 이 경우에는 완전히 멈춘 것처럼 보입니다. 하나님은 유다와 에브라임을 완전히 상반된 방식들로 대하셨습니다. 하나님은 소리 없이 옷을 먹어 들어가는 좀과 같이 그들을 대하셨고, 이렇게 해서 그들에게 조용하고 은밀한 방식으로 근심스러운 불안을 일으켰습니다. 그러나 이것으로 충분하지 않자 하나님께서 그들에게 사자를 보내셨습니다. 그들이 예리한 고통과 두려운 재해로 찢기고 상했는데, 마치 야수가 먹이를 갈가리 찢듯이 찢김을 당했습니다. 그러나 부드러운 방법도 두려운 방법도 쓸모가 없었습니다. 그들의 마음은 여전히 완고하였습니다. 이제 어떤 방법을 시험해 볼 수 있겠습니까? 그래서 하나님께서 본문의 질문을 물으시는 것입니다. 복을 주려고 하는 이들에게 질문을 던지십니다. 여기서 무한한 지혜가 마치 당혹스러워하며 소리치는 것처럼 묘사됩니다. "에브라임아 내가 네게 어떻게 하랴?" 그 다음에 할 일이 무엇이냐는 것입니다. "유다야 내가 네게 어떻게 하랴?" 그렇게 많이 실패했는데, 성공하리라는 희망을 가지고 할 수 있는 다른 어떤 일이 있겠느냐는 것입니다. 이제 내가 어떤 조건을 네게 제시해야 하겠느냐는 것입니다. 이제 내가 너를 얻기 위해 무슨 방법을 시도해야 하겠느냐는 것입니다. 상황이 이런 양상을 띠는 것은 참으로 애석한 일입니다. 사랑의 줄이 왜 그렇게 뒤죽박죽으로 엉켜야 할 이유가 있습니까? 어쨌든 오늘 이 순간에 지극히 난처한 상황 가운데 있는 사람들에게 제시되는 구원의 길은 쉽고 공개적이며 단순하기 때문입니다. 다른 모든 것은 복잡하지만 이것은 단순합니다. "주 예수 그리스도를 믿으라 그리하면 네가 구원을 받으리라." "땅의 모든 끝이여 내게로 돌이켜 구원을 받으라"(사 45:22).

사람들이 구원의 길을 복잡하게 만들려고 하기 때문에 하나님께서 그들의 꾸불꾸불한 길과 이중적인 태도, 변덕, 거짓에도 불구하고 무한한 동정으로 그들의 뒤를 따르십니다. 본문은 첫째, 우리에게 사랑을 실망시키는 것들에 대해서 말합니다. "내가 네게 어떻게 하랴 너희의 인애가 아침 구름이나 쉬 없어지는 이슬 같도다." 둘째로, 본문은 자비의 방책들을 언급합니다. "그러므로 내가 선지자들로 그들을 치고 내 입의 말로 그들을 죽였노라." 이 두 가지 사실을 생각하고 나서 우리는 공의의 선언을 아주 간단히 살펴보게 될 것입니다. 이 모든 인내의 방법들이 멸시받는다면 하나님의 공의가 시행되는 것이 정당함이 충분하게 변호될 것입니다. "내 심판은 빛처럼 나오느니라." 하나님의 사랑을 실망시키고 지혜를 무시하는 자들은 정죄를 받아 마땅할 것입니다. 끝으로, 나는 시작했던 곳으로 돌아가서 1절에 나오는 "오라 우리가 여호와께로 돌아가자"는 지혜의 권고에 대해 말씀드릴 것입니다.

1. 그러면 첫째로, 사랑을 실망시키는 것들에 대해서 살펴봅시다.

성령께서 이 점을 묵상하는 일에 우리를 도와주시기 바랍니다! 우리 주위에는 틀림없이 회심할 것이라고 기대되는 사람들이 많습니다. 마음속에서 일어나고 있는 은혜로운 사역의 고무적인 표시들을 오랫동안 보이면서도 지금까지 우리에게 깊은 실망을 안겨준 사람들이 있는 것을 압니다. 그들은 봉오리를 피우지만 열매는 결코 맺지 않습니다. 그들이 오랫동안 우리를 실망시켰기 때문에 마지막까지도 우리를 실망시킬까봐 걱정입니다.

이들은 매우 신속히 믿게 되리라는 기대감을 줍니다. 우리가 처음부터 그들을 지켜보지는 않았지만 그들이 믿게 되리라고 낙관적으로 봅니다. 그런데 그들의 신앙은 성급하지만 결코 성공하지 못합니다. 그들은 마치 아침 구름과 같습니다. 우리는 저녁까지 기다릴 필요가 없습니다. 그들은 산 위의 안개처럼 날이 밝기 전에는 보입니다. 그런데 일찍 일어나지만 아무것도 하지 않는 사람들이 있습니다. 이 사람들이 바로 그런 부류입니다. 우리는 즉시 그들을 성도의 수에 집어넣지만 잘못 계산하는 것입니다. 오래 설교하지 않았는데 그들의 눈에 눈물이 고입니다. 설교한지 얼마 안 되어 그들의 감정이 움직이는 것을 알 수 있습니다. 우리는 하나님의 말씀이 그들에게 갔다가 헛되이 돌아오지 않을 것이라고 확신합니다. 이는 그들이 주의하여 듣고, 숲의 나뭇가지들이 바람에 흔들리듯이 하나님 말씀에 감동을 받기 때문입니다. 하지만 이 모든 것에도 불구하고 아무런 결과가 나오지 않습니다. 처음에는 살구나무 가지처럼 기대감이 신속히 부풀었습니다. 이들은 돌밭 같은 청중입니다. 밑에 단단한 바위가 있는 빈약한 그 땅은 흙이 깊지 않아서 씨를 받자마자 씨가 싹트기 시작하였습니다. 그들이 그처럼 쉽게 올 수 있었던 바로 그 원인 때문에 또한 그처럼 쉽게 가게 되었습니다. 뿌리와 흙이 없었기 때문에 신속하게 말라버렸던 것입니다. 돌밭 같은 이 청중은 가짜입니다! 이들은 많이 몰려 와서 회개하는 흉내를 냅니다. 그런데 그 후에 이들이 어디로 갔습니까? 상담실에 몰려들지만 교회에 가입하지는 않습니다. 이들이 감정적인 표현은 많이 보여주지만 그것은 냄비가 잠깐 끓는 것에 불과합니다. 그들은 감수성이 매우 예민합니다. 그러나 감수성이 예민한 만큼 또한 충동적입니다. 그들은 멈춰서 생각하는 법이 없고 어떤 문제에 맹목적으로 달려듭니다. 그들은 껑충 뛰기 전에 보지 않고 뛴 다음에 보고, 그래서 결국은 다시 뒤로 물러납니다. 그들은 약속을 쉽게 하고 이행은 더디게 하는 사람들입니다. 이렇게 그들은 하나님께 불충한 행동을 합니다.

이들은 인상적인 약속들을 제시합니다. 아침 구름은 틀림없이 비가 올 것을 보여주는 약속이었기 때문입니다. 동양의 농부는 아침에 창밖을 보고서 들판에 짙은 안개가 펴져 있으면 이렇게 말했습니다. "비가 오겠구나. 하나님이 그의 누각에서부터 산에 물을 부어 주시니(시 104:13) 하나님을 찬송하자." 그러나 얼마 되지 않아 비올 징후가 이루어지지 않는 것을 알았습니다. 이슬과 구름이 올 때만큼이나 빨리 사라져버렸기 때문입니다. 그러나 그때 당시에 그 징후들은 매우 인상적이었고 매우 희망적이었습니다. 청중 여러분, 여러분 가운데 어떤 분들은 틀림없이 회심할 것이라는 전망을 보여줌으로 우리를 매우 기쁘게 하였습니다. 여러분이 설교를 듣고 정신없이 우는 것을 보고 우리는 여러분이 곧 참된 회개를 보일 것이라고 기대하였습니다. 여러분이 하나님의 말씀을 아주 기쁘게 들었기 때문에 정말로 그리스도를 마음에 받아들였다고 생각했습니다. 여러분은 아주 분명하고 명확하게 말하였습니다. 한동안 여러분의 생활이 행복하게 변한 것처럼 보였습니다. 그래서 우리와 다른 사람들은 "이것은 틀림없이 은혜의 역사야"라고 말했습니다. 하지만 여러분은 우리를 속였습니다. 아니 그 이상입니다. 이 문제에서 여러분은 하나님께 불충(不忠)하게 행동하였습니다. 자신의 옛날 생활이 악하다는 것을 알면서도 그 생활로 돌아갔기 때문입니다. 여러분도 자신이 회심하였다고 생각하였고, 또 그 점을 공개적으로 인정하였습니다. 여러분은 이렇게 되고, 저렇게 되며, 또 어떻게 되겠다고 결심하였지만, 그 가운데 어느 것도 이루어지지 않았습니다. 나는 여러분이 약속한 일들을 자세히 언급하지 않겠습니다. 다만 이런 것들은 여러분이 지급하지 못한 차용 증서와 약속 어음들이라는 점을 기억하라고 말씀드리고 싶습니다. 이 차용 증서와 약속 어음들이 마지막 날에 나타나 여러분을 고소할 것입니다. 그때는 우리가 어떻게 해야 할지 모르기 때문에 여러분에 대해 슬퍼할 것입니다. 하나님께서도 친히 여러분에게 이렇게 물으시는 것처럼 보입니다. "내가 너를 위해 무엇을 할까? 너를 위해 무엇을 할까? 너희의 인애는 아침 구름이나 쉬 없어지는 이슬 같도다."

이 사람들은 약속을 되풀이합니다. 이들은 한번 실패하였지만 전혀 개의치 않고 다시 약속합니다. 이들은 스무 번이나 실패했지만 자신만만하게 다시 결심합니다. 그들은 언제나 새로 시작할 뿐이고 앞으로 나아가지 못합니다. 이런 사람들에 대한 목사의 수고는 끝이 없습니다. 돌을 깎는 석수는 매우 힘든 일을 합니다. 돌가루가 얼굴에 날아들고, 밤에 일을 그만둘 때는 연장이 무디어져 있는 경우가 흔합니다. 그러나 아침이 되면 일을 그쳤던 곳에서 계속 일을 합니다. 그런데 그가 낮에 깎아낸 것이 밤에 다시 자란다면 그의 수고가 어떻게 되겠습니까? 나무가 너무 빨리 자라서 벌목꾼이 도끼로 찍어낸 자리가 금방 자란다면 그 나무를 어떻게 할 수 있겠습니까? 힘들게 하는 노동이 헛수고가 될 것입니다. 여러분, 여러분 가운데 많은 분들에 대한 내 사역이 그와 같습니다. 정말로 여러분이 더 나빠지지 않았다고 하더라도, 사실상 나는 30년 전에 시작하였을 때와 같이 지금도 여러분을 대하지 않으면 안 됩니다. 내가 나무 자르는 사람이라면, 나무꾼의 기술을 즐거워할 것입니다. 그러나 내가 나무를 베어 넘어트릴 때마다 나무의 베어진 자리가 다시 아문다면, 나는 절망하고 일을 포기할 것입니다. 그런데 이것이 여러분 가운데 어떤 분들의 경우와 같지 않습니까?

청중 여러분, 여러분이 구원을 받도록 하는 것은 지루하고 힘든 일입니다. 우리가 열심을 내면 낼수록 그만큼 더 여러분이 우리의 애정 어린 근심에 대한 보답으로 갚는 실망이 쓰기 때문입니다. 나는 "틀림없이 그 나무는 곧 넘어질 거야" 하고 말했습니다. 그런데, 보십시오. 도끼 자국이 모두 지워지고, 나무가 마치 나무꾼에게 한번도 베어진 적이 없는 것처럼 보입니다. 나는 여러분이 여러분의 영원한 복지를 바라는 목사와 교사들을 조금이라도 생각해 주기를 바랍니다. 여러분은 우리를 "그들의 인애가 아침 구름이나 쉬 없어지는 이슬 같도다" 하고 슬퍼하면서 집으로 돌아가게 만듭니다.

결국 이 사람들은 우리에게 헛된 약속들을 말할 뿐입니다. 그들의 서약은 구름이나 이슬과 마찬가지로 그 안에 실질이 없습니다. 어떻게 그들이 그처럼 빨리 약속하고 또 그처럼 쉽게 우리의 설득을 받아들였으면서도 기대와는 다르게 결심을 이행하지 않는지에 대해서 설명해드릴까요? 어떤 경우들에 그들은 감수성이 매우 예민합니다. 딱딱하고 쓸모없는 금속처럼 보이는 사람들이 많이 있습니다. 나는 이런 사람들을 별로 좋아하지 않습니다. 그런가 하면 아주 부드러운 금속과 같은 사람들이 있습니다. 그렇다고 이런 사람들을 더 좋아하는 것도 아닙니다. 이들은 버드나무와 같습니다. 쉽게 구부러집니다. 이들은 아직 굽지 않아 말랑말랑한 찰흙 덩어리와 같습니다. 여러분이 원하면 엄지손가락이나 다른 작은 손가락으로 이 덩어리에 표시를 낼 수 있습니다. 그들은 환경에 쉽게 영향을 받습니다. 이런 이들이 많이 와서 사람들에게 기대감을 부풀게 하다가 결국은 실망시키고 맙니다.

그런가 하면 천성적으로 양심이 예민한 사람들이 많이 있습니다. 지금 이 자리에도 그런 사람이 있습니다. 여러분은 어렸을 때 잘못을 저지르면 그 때문에 괴로워하지 않을 수 없었습니다. 아버지나 어머니를 슬프게 하였다고 느낄 때는 울다가 잠이 들었습니다. 예민한 양심이 있다는 것은 참으로 감사한 일입니다! 그러나 천성적으로 예민할 뿐이고 하나님의 성령으로 새롭게 되지 않은 양심은 사람을 철저히 속일 수가 있습니다. 왜냐하면 천성적으로 양심이 예민한 사람은 영적으로 전혀 회개하지 않았으면서도 회개한 것으로 생각할 수가 있기 때문입니다. 이들은 죄에 대해 슬퍼하면서도 계속해서 죄를 짓습니다. 그들은 믿기를 바라지만 여전히 불신자로 지냅니다. 금방 느끼지만 또한 금방 그 느낌을 잊어버립니다. 그들은 피상적이고, 그러므로 진실하지 않습니다.

많은 사람들이 주변 사람들을 본받으려는 경향이 강합니다. 우리 모두는 다소 간에 서로를 본받습니다. 그러나 태생적으로 모범을 보이기보다는 모범을 따르는 경향이 강한 사람들이 많습니다. 이런 사람들은 쉽게 약속하지만 그만큼 또한 쉽게 잊어버립니다. 누군가를 찬동하고 따르는 일이 많은 사람들에게 큰 영향을 미칩니다. 특별히 젊은이들은 서로를 본받으려고 합니다. 그리고 지도자들을 따르는 일에 칭찬을 받는다면 그들을 따르려고 합니다. 서로를 부추기다 보면 쉽게 회심자가 될 수가 있습니다. 종교적인 시대가 오고 회심을 고백하는 것이 유행이 되면, 어느 시대를 막론하고 많은 사람들이 한꺼번에 몰려들지만, 그들은 진정으로 하나님의 나라에 들어온 것이 아닙니다. 친구 때문에 유지되는 신앙은 친구가 바뀌면 사라지기 쉽습니다. 무리에 휩쓸려서 열광하는 신앙은 주의해야 합니다. 참된 신앙은 자기 발로 서서 회개하고 믿은 사람의 개인적인 확신입니다. 외부의 영향에 쓸려서 천국에 이를 수 있는 사람은 아무도 없습니다. 내부에서 발생하는 작용이 있어야 합니다. "네가 거듭나야 하겠다"(요 3:7). 우리의 기대를 저버리는 사람들이 많은 것이 사실입니다. 이는 그들이 바른 길로 가고 있기는 하지만 속에 있는 힘에 의해서 가는 것이 아니라 밖에 있는 어떤 영향에 의해 어쩔 수 없이 가고 있기 때문입니다. 대단한 지성의 힘을 가진 한 사람이 다른 사람들에게 광범위한 영향을 끼칠 수가 있습니다. 그러나 아무리 좋은 영향이라고 하더라도 어떤 영향에 복종하는 것이 개인적인 회심을 대신할 수는 없습니다. 우리는 하나님의 말씀에서 자기의 보호자 노릇을 하였던 훌륭한 대제사장의 생전에 하나님 앞에서 옳은 일을 행했던 젊은 왕에 대한 이야기를 읽습니다. 그러나 그 자애로운 노인이 죽고 나자 왕은 자기 길을 갔는데, 악한 길이었습니다. 경건한 친척과 친구들에게 거룩한 영향을 받고 있는 사람들이 많습니다. 그러나 그들 자신은 믿음이 없습니다. 그들을 가리고 있는 경건한 사람 때문에 그들의 본 모습이 감추어집니다. 겉으로는 바른 길을 가고 있지만 마음으로는 내리막길을 걷고 있는 것은 참으로 슬픈 일입니다! 하나님 앞에서 우리의 본 모습은 외적인 환경들 때문에 어쩔 수 없이 취하고 있는 모습이 아니라 마음속에 있는 모습입니다.

우리에게 조속한 시일 내에 더 나은 것들을 보여줄 것으로 기대하게 만드는 사람들이 있습니다. 그들은 일시적으로 흥분한 상태에서 자기도 잘 모르는 말을 합니다. 혹은 그들은 창궐하는 병 때문에 혹은 죽음과 심판의 두려움 때문에 두려워합니다. 죄의식은 전혀 없지만 지옥에 대한 두려움을 느낍니다. 죄 짓는 것을 피할 마음이 전혀 없지만 죄에 따르는 형벌에서 목숨은 건지고자 합니다. 그들은 병이 들면 의사를 부르러 사람을 보낼 뿐만 아니라 또한 와서 자기들을 위해 기도해주도록 그리스도인도 부르러 보냅니다. 그들이 의사를 부르러 사람을 보내는 것은 고통에서 자유로워지고 싶기 때문이고, 그리스도인을 부르는 것은 지옥에서 벗어나고 싶기 때문입니다. 살인자는 누구나 할 수 있다면 당연히 교수대를 피하고 싶어 할 것입니다. 그러나 이런 바람은 전혀 회개의 증거가 아니고, 개심의 증거도 아닙니다. 그런 경우에 그들의 선함은 아침 구름이나 혹은 쉬 없어지는 이슬과 같은 것입니다.

이 사람들은 약속을 어김으로써 더 큰 죄를 짓게 됩니다. 왜냐하면 7절에 따르면, 이 계약을 위반하는 것은 하나님께 대한 반역이기 때문입니다. "그들은 거기에서 나를 반역하였느니라." 사람이 해마다 이 세상에 살면서 맹세하고 약속하며 제안하고 연기했다면 그 과정에서 마음이 완고해지지 않을 수 없었을 것입니다. 믿겠다고 약속해놓고 계속해서 불신앙의 상태 가운데 있는 것은 위험한 일입니다. 사람이 헛된 약속과 공허한 결심을 남발하며 살았다면 거짓말의 붉은 색깔이 영혼의 가장 깊숙한 데까지 물들이지 않을 수 없었을 것입니다. 그의 마음과 생각 자체가 실제로 불성실함과 천박함에 물들었을 것입니다. 양심을 어기지 않도록 조심하십시오. 한 번이라도 양심의 가책을 무마하는 것은 한 번 나병에 걸리는 것과 같습니다. 양심의 가책을 억누르는 것은 영혼을 질식시키는 것과 같습니다. 거룩한 생각을 내쫓고 올바른 욕구를 짓밟는 것은 영적인 자살행위입니다. 여러분이 자신의 영혼을 실제로 죽이는 마지막 단계까지 이르지는 않았다고 할지라도, 영혼에게 하는 거짓말 하나하나가 사실상 펄펄 뛰는 영혼의 심장에 박는 단도와 같은 것입니다. 하나님의 영을 받지 않는 것은 치명적인 죄이고, 성령을 소멸하는 것은 큰 죄입니다. 나는 우리의 기대를 저버린 사람을 볼 때, 비록 그의 미래를 생각하지 않는다고 할지라도, 그런 사람은 누구든지 전능하신 하나님, 곧 자기를 그토록 오래 참으신 무한한 인내의 하나님께 이런 식으로 대항한 것이 틀림없다는 두려움을 갖지 않을 수 없습니다.

2. 둘째로, 나는 이 자리에 있는 몇몇 분들의 위로를 위해 자비의 방책들을 서둘러 살펴보겠습니다.

본문 말씀은 "그러므로"라고 말합니다. 뭐라고요? 그러므로 내가 그들을 포기하였다는 것입니까? 그러므로 내가 그들을 내버려두었다는 것입니까? 아니요, 아직은 아닙니다. 그보다는 "그러므로 내가 선지자들로 그들을 치고 내 입의 말로 그들을 죽였노라"고 말합니다. 하나님께서 영생에 이르도록 예정하신 많은 사람들에게 이런 일이 일어났습니다. 즉, 그들이 오랫동안 하나님의 은혜의 끌림을 거부하였을 때, 하나님께서 목적과 계획은 같지만 방식은 전혀 다르게 그들을 대하셨습니다.

본문에 따를 때 이 경우에 하나님은 선지자들을 통해 그들을 치셨습니다. 나는 하나님께서 사람들을 고통스러운 섭리를 통해 치시는 것을 보았습니다. 사람은 하나님께서 자신을 병상에 눕히시기 전까지는 생각하려고 하지 않았습니다. 심지어 병상에서도 그는 태연하게 지내려고 애썼습니다. 그러나 병이 더욱 악화되고, 그 병에 이어 더욱 고통스러운 질병이 따라왔습니다. 그가 고통 때문에 마음이 흔들리기 시작하였습니다. 특별히 며칠 밤을 뜬 눈으로 지새우지 않을 수 없을 때 더욱 그러하였습니다. 몸이 쇠약해진 것에 이어 마음까지 우울해졌습니다. 갑자기 커튼이 걷어 올라간 것 같았습니다. 자연히 그는 깜깜하고 무서운 영원한 미래를 들여다보지 않을 수 없었습니다. 그는 이때까지 언제나 그 광경을 보기를 피해왔습니다. 그러나 이제는 그 광경이 그의 뇌리를 떠나지 않았습니다. 영원한 사실들에 대해서 생각하지 않고 신경도 쓰려고 하지 않았던 사람이 그런 문제들에 대해 지나칠 정도로 깊이 생각하고 신경 쓰기 시작하였습니다. 주님께서는 이때 그를 질병으로 치고 계셨던 것입니다. 따라서 그가 하나님께 대해 끝까지 저항하려고 하는 것은 아무 소용이 없는 일이었습니다. 혹은 하나님의 치시는 일이 사랑하는 사람들의 죽음을 통해서 왔습니다. 바라만 보아도 즐거운 아내가 갑작스럽게 병이 들어 죽었습니다. 이어서 어린 자녀가 세상을 떠났습니다. 사랑하는 자녀가 엄마에 뒤이어 관 속에 누웠습니다. 두 번째 타격이 왔을 때, 그가 부르짖었습니다. "하나님이여, 내가 견디지 못하겠습니다! 어떻게 해야 하겠습니까?" 그러면서도 그는 계속 고집을 피우며 회개하지 않았습니다. 그에게는 한 사람이 남아 있었습니다. 그의 인생에 하나뿐인 별과 같은 딸이 있었습니다. 그런데 갑자기 딸이 그에게서 떠나고 말았습니다. 그때 그는 비통하게 울었습니다. 비탄에 잠겼습니다. 경험에 의하면, 나는 자신의 가장 사랑하는 사람들의 죽음을 통해서 생명을 얻은 사람들을 종종 만났습니다. 사랑하는 사람의 무덤이 하나님께서 그들의 마음에 들어가는 출입구가 되었습니다. 하나님의 화살이 잇따라 사랑하는 사람들을 쳤습니다. 이 땅에서 사랑하는 사람들을 잃었을 때, 그들은 하늘의 친구에게로 돌이켰습니다. 그들은 슬픈 사별의 날, 즉 전지하는 칼이 그들에게서 세상적인 태도와 부주의함이라는 거친 가지를 쳐 낸 날을 인해서 하나님께 영원히 감사할 것입니다. "고난당하기 전에는 내가 그릇 행하였더니 이제는 주의 말씀을 지키나이다"(시 119:67)라고 말할 수 있는 사람이 얼마나 많은지 모릅니다!

심하게 치는 일이 이와는 다른 형태로, 곧 실패와 가난의 형태로 오는 경우가 종종 있었습니다. 그 사람은 사업에서 대단한 성공을 거두고 있었습니다. 그에게는 모든 일이 잘 풀렸고, 재산이 늘어나자 마음이 높아졌습니다. 하나님의 날에 놀러 갔고, 하나님의 말씀을 농담으로 여기며 하나님의 집을 멸시하고 하나님의 백성들을 나쁘게 말하였습니다. 그러다가 갑자기 조수의 방향이 바뀌었습니다. 그는 그 흐름을 따라 떠내려갔습니다. 조류를 거슬러 올라가려고 발버둥쳤습니다. 그러나 자신이 부채라는 강의 하류로 신속히 떠내려가고 있으며 곧 파산의 바다에 가까이 이르고 있는 것을 발견하였습니다. 그는 하나님의 손이 자기를 치셨다는 것을 알지 못하였습니다. 자신의 불운을 욕하며 거기에 대해 끝까지 싸우겠다고 마음먹었습니다. 그는 안락한 집을 떠나서 아주 곤궁하게 살지 않으면 안 되었고, 그 점을 뼈아프게 생각하였습니다. 그러나 굴복하지 않았습니다. 일자리를 찾으려고 하였고, 좀 더 열심히 일해서 생계를 꾸려가려고 하였습니다. 그러나 일자리를 찾을 수 없었습니다. 신발이 다 닳아 맨발이 거리 바닥에 닿고 옷은 누더기가 되기까지 런던 거리를 누볐지만 헛수고였습니다. 이제는 정말로 앞날의 전망이 두려웠습니다. 먼 지방 사람들이 그를 들로 보내어 돼지 치는 일도 맡기려고 하지 않았기 때문입니다. 그때서야 비로소 그가 말했습니다. “내가 일어나 아버지께 가리라.” 이루 말할 수 없는 그의 궁핍은 성령님의 기회였습니다. 여러분이 좋은 옷을 걸치고 있는 동안에 하나님께 오려고 하지 않는다면 나는 차라리 여러분이 누더기를 걸치게 되기를 바라는 심정이 생깁니다. 다른 어떤 것에도 여러분이 오려고 하지 않는다면 굶주린 배가 여러분을 하나님께 데려오기를 바랍니다! 나는 여러분이 세상에서 성공하는 것을 보게 되어 기쁩니다. 그러나 여러분의 영혼이 망하고 있다면 슬픈 처지에 있는 것입니다. 여러분이 그리스도에게서 끊어지고 마음에 아무 은혜가 없는 것보다는 양 떼가 양 우리에서 떠나고 외양간에 가축이 없는 것이 훨씬 더 낫습니다. 여러분 가운데 지금 막 하나님의 섭리에서 오는 괴로운 불행들을 겪고 있는 분들이 있다면 나는 그 불행들이 여러분을 믿음으로 이끌기를 간절히 기도하겠습니다. 폭풍우 때문에 여러분이 만세 반석 위로 올라간다면 그 폭풍우는 여러분을 파멸시키는 불운이 아닐 것입니다. 하나님께서 지금 여러분을 때려눕히고 계시는 것은 여러분을 견고한 기초 위에 세우시기 위함이라고 믿습니다.

그런가 하면 어떤 사람들에 대해서는 주께서 고통스러운 불행을 통해서 다루시기보다는 예리하고 설득력 있는 설교를 통해서 다루십니다. 여러분 가운데 어떤 분들은 주님을 만나기 전에 목사의 설교를 조용히 듣고 편안하게 졸았던 것이 생각나지 않습니까? 그런데 주님께서 여러분을 비난하는 설교를 통해서 오셨고, 여러분은 그 설교로 심한 상처를 입었습니다. 여러분은 자신의 잘못을 고치고 생활을 바로잡았습니다. 그러자 훨씬 편안해진 것을 느꼈습니다. 악한 영이 나갔고, 집이 말끔히 청소되고 아름답게 장식된 채 비어 있었습니다. 여러분은 매우 희망차고 행복한 상태에 있었습니다. 여러분은 마치 폭탄처럼 여러분 집의 지붕을 날려버리고 집에 온통 불을 붙인 그 두려운 설교를 기억하십니까? 여러분은 몹시 화가 났지만 상황은 끝이 났습니다. 자기를 의롭다고 여기는 사람들의 아름다운 장신구들을 산산조각 내는 것이 때때로 내가 마음먹고 하나님의 이름으로 행하는 일이었습니다. 이것이 그들에게는 잔인하게 느껴졌습니다. 그들이 특별히 기뻐하였던 것들이 그들이 보는 앞에서 파괴되었던 것입니다. 설교가 그들의 우상을 산산이 부수는 망치 노릇을 하였습니다. 여러분은 하나님의 영께서 파괴하시는 분이라는 것을 알지 않습니까? "풀은 마르고 꽃이 시듦은 여호와의 기운이 그 위에 붊이라 이 백성은 실로 풀이로다"(사 40:7)라고 기록되어 있지 않습니까? 인간 본성에서 나오는 것은 무엇이든지 그 위에 하나님의 영이 불면 말라버리고, 그래서 불완전하다는 것이 드러납니다. 자기 과신에게는 성령님이 심판의 영이고 불사르는 영이십니다. 많은 사람들에게 하나님의 종은 무자비하게 치는 사람이 될 필요가 있습니다. 그 다음에 신실한 설교자는 굵은 나무를 도끼로 베는 것으로 유명합니다. 그런 설교자는 멋지게 보이는 가지들을 많이 베어버립니다. 그래서 사람이 자신의 본성적인 상태가 그대로 드러나면 이렇게 소리칩니다. "대체 이 모든 것은 뭐지? 이 예리한 설교는 뭐지?"

나는 청중들이 큰 소리로 이렇게 말하는 것을 보았습니다. "저 사람 설교는 두 번 다시 듣지 않겠어. 저 사람은 나를 비참하게 만들어." 왜 그의 설교를 두 번 다시 듣지 않는 것입니까? 여러분은 설교자가 여러분의 비위를 맞추기를 바라십니까? 나는 그런 임무를 받지 않았습니다. 여러분, 여러분은 내가 안식일에 어떻게든지 여러분을 만족시키기를 바라면서 이 자리에 선다고 생각합니까? 여러분은 내가 여러분을 음악에 맞춰 춤을 추게 하려고 바이올린을 연주한다고 생각합니까? 내가 그렇게 해서 여러분과 내 자신을 망하게 할 일은 절대로 없을 것입니다! 목사가 자기 회중을 기쁘게 하려는데 에너지를 쏟는다면 그는 자기 영혼을 내팽개치는 것입니다. 여러분 가운데 만족하지 않는 분들이 있다는 것은 좋은 일은 아닐 것입니다. 그러나 때로 사람이 설교를 듣고 몹시 화가 날 때, 사실은 그가 "참 감동적인 설교였어!" 하고 말하면서 예배당을 떠나는 것보다 많은 유익을 얻고 있는 것입니다. 나는 자기 아가리를 단단히 꿰뚫은 낚싯바늘을 좋아하는 연어가 있다는 말을 들어보지 못했고, 자기 영혼에 예리하게 침투하는 설교를 칭찬하는 사람이 있다는 것도 듣지 못했습니다. 하나님의 말씀이 사람의 심장에 박히는 화살이 될 때, 사람은 몸부림치며 괴로워합니다. 사람은 그 화살을 어떻게 해서든지 뽑아버리고 싶지만, 그것은 가시가 달린 화살이어서 잘 뽑히지 않습니다. 그는 이를 갈며 분노합니다. 그는 상처를 입었고 하나님 말씀의 화살이 끊임없이 마음을 괴롭힙니다. 우리를 기쁘게 하는 설교는 진리가 아닐 수 있습니다. 우리의 마음을 슬프게 하고 양심을 괴롭히는 교리는 십중팔구 진리입니다. 어쨌든 사람들을 즐겁게 하는 설교는 과연 그것이 진리인가 의심해

볼 만한 이유가 충분히 있습니다. 죄인들에게 아첨하는 것은 진리의 방식이 아닙니다. 주님은 죄 가운데 있는 것을 불편하게 만들고 평안을 찾아 그리스도께로 도망하도록 만들기 위해 사람의 마음을 괴롭히는 통렬한 설교를 사용하십니다.

설교자가 사람들에게 그들이 본성적으로 타락하였으며 그들의 육신에는 선한 것이 하나도 없다는 것을 상기시키는 것은 잘하는 일입니다. 죄가 죄로 보이게 하고 자기 의(義)가 더러운 누더기처럼 보이게 하는 것은 좋은 일입니다. 인간의 무능력과 성령의 필요를 분명하게 진술해야 하고, 하나님의 주권을 엄숙하게 선포해야 합니다. 하나님은 원하시는 자들을 너그럽게 봐주실 권한이 있습니다. 그러나 자비가 누구에게 이르든지 그것은 하나님의 주권적인 행위로 말미암는 것입니다. 하나님께서 그렇게 하기를 기뻐하시기 때문이지 누가 하나님의 자비를 받을 만한 자격이 있기 때문이 아닙니다. 우리는 보혈로 깨끗이 씻음을 받을 필요가 있고 위로부터 거듭날 필요가 있음을 설교해야 합니다. 설교자가 죄로 인한 죽음과 그리스도 안의 생명에 대한 교리를 큰 소리로 말하는 동안, 하나님께서 선지자들을 통해서 사람들을 치시는 것이고, 그러면 사람들이 그 입의 말씀에 의해 죽어 넘어집니다. 어떤 사람은 말합니다. "나는 두 번 다시 희망을 갖지 못하겠어. 저 설교가 나를 절망으로 몰아넣었어." 자신에 대한 절망이 그리스도 안에 있는 참된 희망의 시작입니다. 가서 그 사람의 얘기를 다시 한번 들어보십시오. "아, 하지만 그는 십자가에 달렸어요. 교수대에 매달린 그토록 많은 범죄자들처럼 내 모든 희망도 매달렸어요." 가서 다시 한번 그의 말을 들어보십시오. 여러분의 마지막 남은 육신적인 희망까지 처형하려면 좀 더 많이 매달 필요가 있습니다. "하지만 그는 너무 무섭게 때려요." 그가 때리는 것은 감사한 일입니다. 돌로 치는데 심각한 타격을 받지 않는 일이란 없습니다. 복음에 의해 벌집이 될 만큼 총알 세례를 받는 것은 좋은 일입니다. 하나님은 때리지 않은 자들을 고치지 않고, 상처가 없는 자들을 싸매지 않으시기 때문입니다. 의사가 아프지 않은 사람들을 찾아갈 이유가 있습니까? 자비가 아주 신속히 날아가는 것은 바로 피를 흘려 죽게 된 여러분에게로 가는 것입니다. 여러분이 영적으로 곧 죽게 되어 있을 때는 조금도 지체하지 않을 것입니다. 하나님을 보고 사십시오. 하나님은 자기가 낸 상처를 치료하기를 기다리십니다.

이 외에도 하나님은 많은 사람들에게 그들 마음속에서 매우 예리한 수술들을 시행하십니다. 사람들이 하나님께서 영적으로 치는 것을 속으로 느낄 때, 그 고통은 아주 끔찍합니다. 죄의 자각이라는 무거운 손에 눌리고 있는 사람들을 주중에 거의 매일 만나는 것이 내 생활입니다. 하나님의 치시는 일을 오래 경험한 터라 나는 도끼가 큰 상처들을 냈고 찍힌 나뭇조각들이 주위에 많이 쌓이는 경우를 보는 것에 익숙합니다. 그러나 이것이 어떤 경우들에는 두려운 일입니다. 나무가 거의 뿌리까지 베어진 것으로 보이기 때문입니다. 성령님은 어떤 사람들에게 오셔서 그들의 과거 생활이 어떠했는가를 깨닫게 만드십니다. 아, 자신의 과거 생활을 아는 공포란 말로 다할 수 없이 큽니다! 그들은 스스로를 생각할 때 매우 훌륭한 사람들이었습니다. 그리스도인은 아니지만 대부분의 그리스도인들만큼이나 아주 선량하고, 어떤 그리스도인들보다는 훨씬 더 훌륭합니다.

하지만 이 생각이 아주 순식간에 바뀌었습니다! 하나님께서 덧문을 열어서 빛이 영혼의 어두운 방에 조금만 들어가게 하시면, 모든 것이 깨끗하게 보였던 곳에 눈뜨고 볼 수 없는 오물과 역겨운 것들이 나타납니다! 하나님은 그렇게만 하시는 것이 아닙니다. 하나님은 지하실 뚜껑을 젖히고 사람에게 표피 아래 있는 자기 마음의 어두운 지하를 자세히 보게 하십니다. 사람의 마음이 얼마나 지독한 타락의 시궁창인지 모릅니다! 얼마나 끝없이 깊은 속임의 구덩이인지 모릅니다! 맨 정신으로 자신의 내면을 온전히 보고도 살아남을 사람은 아무도 없을 것입니다. 더러운 새들이 들어 있는 새장은 거기에 비하면 아무것도 아닙니다. 육욕, 더러운 상상, 교만, 분노, 속임, 천한 본성, 누가 이런 것들을 알 수 있겠습니까? 이런 숨은 악들이 성경에 의해 드러날 때, 우리는 정말로 하나님의 입의 말씀으로 죽임을 당합니다. 나는 사람들이 죄의 공포에 사로잡혀 기도하려고 하지만 기도가 목구멍까지만 올라오고 입 밖으로 나오지 못하는 것을 보아왔습니다. 그들이 성경을 읽으면, 읽는 장마다 그들에게 호통을 쳤습니다. 하나님의 말씀이 마치 불타는 대못들이 가득한 빨갛게 달구어진 써레처럼 보였습니다. 그 써레가 예민한 그들의 마음 밭을 위아래로 갈아엎었습니다. 심지어 복음도 그들의 귀에는 달콤하게 들리지 않았습니다. 평화의 사자가 그들에게 친절한 말을 한 마디도 하지 않았습니다.

나는 그리스도를 믿으려고 해본 사람들을 만났습니다. 그러나 그들은 두려움에 너무 눌려서 하나님의 자비를 기대하지 못하였습니다. 일전에 나는 "목사님, 저는 영적으로 죽었습니다"라고 말하는 사람에게 이렇게 답변하였습니다.

"예수께서 '나를 믿는 자는 죽어도 살리라'(요 11:25)고 말씀하십니다." 그 사람이 자기는 소망이 없다고 말하였습니다. 그래서 그에게 한때는 우리도 그리스도 밖에 있었고 소망이 없었지만 이제는 그리스도 가까이 오게 되었다는 점을 알려주었습니다. 그가 말했습니다. "슬프게도, 저는 아무것도 할 힘이 없습니다." 내가 그에게 "우리가 아직 연약할 때에 기약대로 그리스도께서 경건하지 않은 자를 위하여 죽으셨도다"(롬 5:6)라고 기록된 말씀을 생각해 보라고 하였습니다. 그가 말하였습니다. "아, 목사님은 국면을 전환시키는 솜씨가 아주 뛰어나시군요. 하지만 저는 길을 잃었습니다." 내가 대답했습니다. "맞습니다. 그런데 '인자가 온 것은 잃어버린 자를 찾아 구원하려 함입니다'(눅 19:10). 만일 당신이 자신을 훌륭한 신사로 묘사하려고 한다면 나는 성경에서 당신을 위로할 말씀을 아무것도 찾지 못할 것입니다. 하지만 당신이 어둡고 정죄하는 말만을 들어 자신을 묘사한다면 나는 당신이 그리스도인이라고 생각합니다. 왜냐하면 여러분이 자신을 묘사할 때 바로 성경이 예수께서 오셔서 구원하시려고 하는 자들을 묘사하는 대로 하기 때문입니다."

하나님의 타격이 고통스럽지만 나는 하나님의 도끼가 휘둘러지는 소리를 듣는 것이 기쁩니다. 하나님께서 오늘 도끼로 치는 자들을 내일에는 도우실 것이기 때문입니다. 하나님께서 사람을 치시고, 사람으로 하여금 자기가 아무것도 아니고 하찮은 사람이며, 아니 오히려 그보다 못한 사람이라는 것을 느끼게 하실 때, 자신이 깊이를 헤아릴 수 없는 구덩이에나 던져져야 마땅한 죄와 비참함 덩어리에 지나지 않는다는 것을 알게 하실 때, 그때서야 구원이 그에게 가까이 이르렀다는 것을 압니다. 하나님께서 사람을 끌어내리시면 머지않아 그를 들어 올리실 때가 있을 것입니다. 밤이 칠흑같이 어두우면 새벽이 아주 가까이 온 것입니다. 육신적인 희망이 죽으면, 영적인 희망이 살기 시작하는 것입니다.

이렇게 해서 우리는 지금까지 다정한 사랑의 혹독한 방법들을 보았고, 효과적인 은혜의 방책들을 살펴보았습니다.

3. 이제 이 자비를 계시하는 가운데 나오는 공의의 선포를 잠깐 동안 엄숙한 마음으로 살펴보겠습니다.

하나님의 말씀이 무엇이라고 말합니까? "내 심판은 빛처럼 나오느니라." 어쩌면 오늘 아침 이 설교를 듣는 분들 가운데는 천국에 갈 것이 유망하게 보였지만 결국에는 모든 사람을 속였고, 그래서 이제 하나님이 그를 다른 방식으로 대하여 고통의 도끼를 느끼게 만드신 사람이 있을 수 있습니다. 만일 어쨌든 그 사람이 여전히 완고해서 하나님의 사랑에 굴복하려고 하지 않는다면 하나님의 정죄를 받는 것은 정당한 일일 것입니다. 이 모든 것에도 불구하고 그가 망하기로 결심한다면, 아침빛처럼 혹은 폭풍우 속의 번갯불처럼 하나님의 심판을 받으리라는 것은 분명한 일일 것입니다. 여러분이 이 모든 일을 겪은 것은 그럴 만하였기 때문입니다. 여러분이 지금까지 아주 영락하였는데, 그래도 다 태워져 없어지지 않은 것은 하나님의 자비 때문입니다. 하나님께서 여러분을 무자비하게 치신 것처럼 보이는 것은 사실입니다. 그러나 하나님이 여러분을 죄에 따라 처치하고 죄악에 따라 보응하셨다면 여러분은 반드시 소망이 없는 곳에 처하여졌을 것입니다. 하나님께서 오래 참지 않으셨다면 오래전에 여러분은 불구덩이 속에서 괴로워하며 혀를 식혀줄 물 한 방울 구하지 못하는 곳에 들어갔을 것입니다. 그러므로 여러분의 세상적인 상태를 그처럼 무자비하게 다룬 것은 큰 자비입니다. 여러분이 사랑하는 사람들을 데려가신 것은 큰 사랑입니다. 어쨌든 여러분이 그 모든 일을 겪은 것은 마땅히 받을 만한 일을 당한 것입니다. 여러분에 대한 하나님의 처사는 확실히 의롭습니다. 여러분은 하나님의 조처에 이의를 달 수 없습니다.

그런데 이 모든 일이 헛수고이고 여러분이 구원받지 못한 상태에 들어간다면, 여러분을 정죄하는 하나님의 영원한 심판이 "빛처럼 나타날 것입니다." 그러면 누가 여러분을 위해 간구하겠습니까? 나는 그 두려운 마지막 날에 여러분의 모습이 보이는 것 같습니다. 그렇습니다. 그 사람이 왔습니다! 이 사람은 그리스도와 그의 보혈에 관해서, 믿음으로 말미암는 은혜의 구원에 관해 모든 것을 안 사람입니다! 이 사람은 알았지만 안 대로 행동하지 않았습니다. 누가 나서서 그를 변호하겠습니까? 그 사람이 왔습니다. 일 년 52주일 동안 충실히 전해지는 복음을 들었지만 귀를 닫고 듣지 않았습니다. 그가 무슨 핑계를 대겠습니까? 그 사람이 왔습니다. 그리스도께 오라고 간청해도 오려고 하지 않았던 사람입니다. 누가 그를 위해서 슬퍼하겠습니까? 그가 왔습니다. 자기를 위하여 드리는 많은 기도를 들었고 뜨거운 간구를 들었던 사람입니다. 하나님 나라에 아주 가까이 있어서 거의 그리스도인이 될 뻔하였습니다! 그를 위해서 무슨 말을 할 수 있겠습니까? 이 사람을 위해서 아주 많은 일을 행하였기에 하나님이 이렇게 말씀하셨습니다. "내가 내 포도원을 위하여 행한 것 외에 무엇을 더할 것이 있으랴"(사 5:4). 이제 자비도 걸음을 멈추고서 이렇게 말하였습니다. "내가 네게 어떻게 하랴? 내가 네게 어떻게 하랴?" 확실히 이제는 공의가 똑같은 질문을 할 차례입니다. 그가 왔습니다. 그동안 복음이 힘을 다하여 호소하여 돌이키려 하였고 하나님의 사자들이 모든 주장을 펴서 설득하려고 하였던 사람이 왔습니다! 그가 왔습니다. 재판장이 그에게 자신을 변호하는 말을 하라고 할 때, 그가 무슨 답변을 할 수 있겠습니까? 그것이 이와 같은 경우가 되지 않겠습니까? "임금이 사환들에게 말하되 그 손발을 묶어 바깥 어두운 데에 내던지라 거기서 슬피 울며 이를 갈게 되리라 하니라"(마 22:13).

하나님! 지금 이 설교를 듣고 있는 분들 가운데 이 경우에 해당하는 사람이 있습니까? 주님의 자비에 의지하여 기도하니, 이런 일이 있지 않게 하여 주옵소서! 만일 내가 이 자리에 있는 한 사람이 망할 것을 아는 불행을 겪는다면, 내가 영원히 버림받을 사람을 지적해야 한다면, 내가 그 일을 어떻게 견딜 수 있겠습니까? 그럴 수는 없습니다. 주님, 이 사람들 가운데 한 사람이 멸망하느니 차라리 내 이름을 주의 생명책에서 지워주옵소서! 내가 주님 앞에 서 있으므로 떨립니다! 그런데 이 자리에는 자신들이 깔고 앉아 있는 방석처럼 전혀 영향을 받지 않는 사람들이 있습니다. 이런 사람들이 파멸로 내려갈 때, 누가 그들을 위해 변호하겠습니까? 그들을 위해 변호하려고 할지라도 그가 무슨 말을 하겠습니까?

"하늘의 기쁨을 무시하는 자들은
가장 깊은 지옥에 내려가도 마땅하도다!
그처럼 단단한 사랑의 끈을 끊는 자들은
참으로 무서운 보복의 사슬에 묶이지 않을 수 없도다!"

이제 본문에는 없지만 본문의 참된 취지인 네 번째 요점을 살펴보고 마치도록 하겠습니다.

4. 그러면 끝으로, 지혜의 길을 생각해 봅시다.

여러분이 원하신다면 내가 지금까지 말한 것은 모두 잊어버려도 좋습니다. 그러나 "오라 우리가 여호와께로 돌아가자!"라고 말하는 목소리에는 귀를 기울이시기 바랍니다. 왜 여러분은 더 맞으려고 하고 점점 더 반항하려고 합니까? 어째서 여러분은 지각이 없으므로 입에 재갈과 굴레를 물려야 하는 말이나 노새와 같이 되려고 합니까? 어째서 여러분이 "말 못하고 쫓기는 짐승"(롱펠로우의 시 '인생 찬가' 중에서)이 되어야 하겠습니까? 지혜의 목소리를 듣고 하나님의 아들의 죽음으로 말미암아 하나님과 화목하십시오. "오라 우리가 여호와께로 돌아가자."

이것은 매우 간단한 일입니다. 그만큼 여러분에게는 좋은 일입니다. 이 일을 생각하십시오. 아니, 이 일을 실천하십시오. 하나님께로 돌아가는 길은 어떤 것입니까? 주 예수께서 답변하십니다. "내가 곧 길이라"(요 14:6). 예수님을 여러분이 전에 등을 돌렸던 크신 하나님께로 가는 길로 알고 붙잡으십시오. 피가 뿌려진 속죄제사의 길을 따라 여호와 여러분의 하나님께로 돌아가십시오.

이 말씀은 단순할 뿐만 아니라 또한 고무적입니다. 이 말씀이 여기서는 여러분을 격려하는 방식으로 제시됩니다. 여러분이 혼자 가는 것을 두려워하지 않도록 다른 사람들이 여러분을 초대합니다. "오라 우리가 여호와께로 돌아가자!" 우리 함께 갑시다. 자, 내 손을 잡으십시오. 나도 죄인으로 예수님께 갈 것입니다. 전에 예수님께 갔던 우리 모두 다시 여러분과 함께 예수님께 가겠습니다. 갑시다! 여러분은 망설입니까? 자, 지금 즉시 갑시다. 함께 갑시다. 우리가 여러분과 함께 기도하고 여러분을 위해 기도하겠습니다. 우리가 그 길을 알고 있으므로 여러분에게 가르쳐 주겠습니다. 여러분은 오늘 아침 아내와 나란히 앉아 있습니다. 그런데 여러분 가운데 아무도 아직까지 구원을 받지 못하였습니다. 여러분 두 사람 모두 서로 손을 잡고 "가자 우리가 여호와께로 돌아가자!" 하고 말하십시오. 형제자매 여러분, 서로를 잘 아는 친구 여러분, 여러분이 이곳을 떠나기 전에 손에 손을 잡고 여호와께로 돌아간다면 기쁘지 않겠습니까? 가십시오! 가십시오! 가십시오! 돌아갑시다. 왜 여러분은 우물쭈물하며 망설입니까? 이 자리에 계신 분들 가운데 아직까지 예수 그리스도를 의지해서 하나님께로 돌아오지 않은 분들이 모두 함께 하나님께로 오면 좋겠습니다.

여러분이 하나님께 돌아가는 일이 너무 뻔뻔스러운 일처럼 보입니까? 낙심하지 마십시오. 약속의 말씀이 있으니 용기를 내십시오. 여러분은 "하나님께서 나를 찢고 치셨다" 하고 외칩니다. 그렇습니다. 그러나 그렇기 때문에 여러분이 하나님께 와야 합니다. "여호와께서 우리를 찢으셨으나 도로 낫게 하실 것이요 우리를 치셨으나 싸매어 주실 것임이라"고 기록되어 있기 때문입니다. 병든 사람이 소리칩니다. "자, 의사가 내게 얼마나 큰 상처를 내었는지 보이세요? 그렇게 해놓고 의사가 가버렸습니다. 당신은 의사가 다시 내게 올 것이라고 생각하세요?" 의사가 다시 오겠느냐고요? 당연히 그는 다시 올 것입니다. 그는 반드시 다시 옵니다. 그가 상처를 냈다면 거기에는 그만한 계획이 있었던 것입니다. 그래서 그는 계획을 끝까지 이룰 것입니다. 그가 상처를 벌여 놓은 것은 그렇게 할 필요가 있었기 때문입니다. 그는 그렇게 함으로써 고칠 때까지 여러분을 돌보기로 스스로 약속한 것입니다.

하나님의 정죄에는 위로의 약속이 있습니다. 사람에게 쓸데없는 고통을 일으키는 것은 선하신 하나님의 본성에 맞지 않는 일입니다. 여러분의 마음을 상하게 하신 하나님께서 그 마음을 싸매실 것입니다. 여러분으로 하여금 그 이름을 듣고 떨게 만드신 하나님께서 여러분이 머지않아 그의 구원을 기뻐하게 만드실 것입니다. 하나님께서 그렇게 말씀하셨습니다. "무릇 마음이 가난하고 심령에 통회하며 내 말을 듣고 떠는 자 그 사람은 내가 돌보리라"(사 66:2). 하나님께서 깊은 절망 가운데 있는 여러분에게 오셔서 살라고 명하실 것입니다. 하나님의 은혜로운 약속을 보고, 그 약속이 참되다고 믿으십시오. "여호와께서 이틀 후에 우리를 살리시며 셋째 날에 우리를 일으키시리니 우리가 그의 앞에서 살리라." 그리스도 예수를 믿음으로 말미암아 우리 모두가 하나님 앞에서 살고 영원히 하나님께 영광을 돌리기를 바랍니다. 아멘.

제 8 장

백발

"백발이 무성할지라도 알지 못하는도다." - 호 7:9

선지자는 여기서 이스라엘 나라가 주변에 있는 이방 나라들의 길을 배우고 그들의 악에 물들었으며, 따라서 나라의 힘이 쇠퇴하였다고 증언하였습니다. 자신은 이 쇠퇴의 표시들을 분명히 볼 수 있다고 밝힙니다. 그 표시는 생명의 쇠퇴를 보여주는 백발만큼이나 분명하고 확실하다고 합니다. 그런데도 이스라엘 거민들은 자신들의 쇠퇴를 알아차리지 못하였고 오히려 자기들에게서 힘이 떠나고 있는 동안에도 내내 힘을 자랑하였습니다. 우리는 잠시 후에 아시리아에게 깨끗이 멸망당한 이 조그만 왕국에 대해 세세히 다룰 필요는 없습니다. 그러나 이들에게 일어난 일이 다른 많은 민족에게도 일어난다는 것은 분명합니다. 그 일은 우리에게도 일어날 수 있습니다. 우리가 눈치 채기도 전에 하나님의 규가 이 대영제국을 떠날 수 있습니다. 상도덕의 전반적인 느슨함이 점차 우리 상업의 토대를 훼손할 수 있습니다. 그래서 우리가 모르는 사이에 산업이 힘을 잃고 거래가 위축되며 국가들 사이에서 우리의 위치가 하락할 수 있습니다. 그렇게 된다면 우리는 죄 때문에, 오직 죄 때문에 무너질 것입니다.

그동안 그런 일이 종종 교회들에 일어났던 것은 확실합니다. 특별히 그 일이 로마의 주교가 관장하는 교회에 일어났다는 것은 널리 알려진 사실입니다. 이 현대의 바벨론의 죄들은 한꺼번에 오지 않았고 조금씩 왔습니다. 첫째로, 로마 교회는 인간이 고안해 낸 헛된 교리에 굴복하였습니다. 그 다음에는 오만한 공의회의 미신적인 법령을 따랐고, 또 힘 있는 주교가 지어낸 이야기를 따랐습니다. 이렇게 해서 이 교회가 서서히 배교를 하였고 마침내는 더 이상 교회가 아니라 성도들을 박해하는 집단이 되었습니다. 조국에 있는 우리의 몇몇 교회들이 그들과 같이 되었습니다. 그들은 열심이 있고 적극적이며 기도를 많이 하고 마음이 하나로 모아졌기 때문에 하나님께서 심으신 백향목처럼 날마다 자랐습니다. 그래서 그들이 서 있는 지역에 복이 되었습니다. 그러나 그들 가운데 차츰 불화가 싹텄고 세상적인 태도나 교만이 생겼습니다. 그리고 얼마 있지 않아 성령이 떠나셨습니다. 설교가 메말랐고, 그래서 사람들이 목자를 쳐다보았지만 먹을 것을 얻지 못하였습니다. 이내 교회는 뿔뿔이 흩어졌고, 등불이 꺼졌으며 한때 교회로 말미암아 복을 받았던 곳이 더 이상 복을 누리지 못하였습니다. 우리 교회의 역사에는 이런 사실이 결코 기록되지 않기를 바랍니다! 우리 교회의 머리에는 결코 백발이 나지 않기를 바랍니다. 혹은 백발이 생긴다면 우리가 즉시 그것을 알아차리고 강하신 분에게 가서 힘을 얻음으로 침을 질질 흘리는 바보가 되거나 믿음을 버리고 죄를 짓는 일에서 구원 얻기를 바랍니다!

나는 오늘 아침 민족들에 대한 이야기는 접어두고 교회들에 대해서 설교할 것입니다. 그처럼 광대한 주제들을 다루는 것은 흥미를 일으킬 수는 있으나 교훈을 주지 못할 수가 있습니다. 그래서 나는 이제 개인들에 대해서 이야기하려고 합니다. 형제자매 여러분, 생각을 돌려서 우리 자신을 살펴봅시다. 그것이 본문을 대하는 훌륭한 원칙입니다. 왜냐하면 목사뿐 아니라 듣는 사람도 먼저 본문에 자신을 적용하고, 그러고 나서는 자신에게 본문을 적용해야 하기 때문입니다. 계속해서 본문을 따라 생각하십시오. 그리고 본문의 의미를 끌어내고 난 다음에는 본문이 말하는 것을 여러분 개인에게 하는 말로 생각하고 주의 깊게 들어보십시오. 나는 성령 하나님께서 우리가 자기반성을 하도록 만드시고, 잘 알지 못하는 어떤 죄나 악한 열정 때문에 힘을 빼앗길 수 있다면 하여튼 그것을 알고 즉시 그 반역자를 몰아낼 수 있게 하여 주시기를 바랍니다.

첫째로, 오늘 아침 나는 본문에서 "할지라도 알지 못하는도다"라고 언급된 무지의 이유를 설명하겠습니다. 둘째로, 나는 이 자리에 있는 모든 에브라임이 자신의 백발을 볼 수 있도록 거울을 들겠습니다. 그 다음에 셋째로, 점진적인 이 쇠퇴를 고칠 수 있는 치료책들을 추천하겠습니다.

1. 여기서 언급되는 무지를 설명하겠습니다.

혹은 어떻게 많은 사람이 다시 타락하고 은혜에서 쇠퇴하면서도 그것을 알지 못할 수가 있는지 설명하겠습니다. 나는 흔히 이런 일이 자기 영혼을 잘 알지 못하는 데서 생긴다고 봅니다. 런던에서는 사람들이 옆집 사람이 누군지 모른다는 말이 있습니다. 하지만 사람들이 자신을 모른다는 것은 그보다 더 이상한 일입니다. 영혼은 몸과 결혼하였다고 할 만큼 몸과 아주 긴밀하게 연결되어 있는데도 사람이 생각을 더 고귀하게 여기지 않고 마치 마소처럼 사는 것은 참으로 이상한 일입니다. 여러분이 자신의 영혼을 보지 못하였지만, 영혼이 바로 여러분 자신인 것입니다! 여러분, 여러분은 그렇게 오래도록 살면서 어떻게 자신의 불멸의 영에 대해서 깊이 생각해보지 않을 수가 있습니까? 그리스도인 여러분, 여러분은 스스로 고백하는 대로 무한한 값에 의해 구원을 받았고, 성령으로 말미암아 소성함을 받았으면서도 어떻게 영혼의 문제를 그처럼 소홀하게 생각할 수 있습니까? 우리는 아침에 눈을 떠서 밤에 감을 때까지 계속해서 외부적이고 몸에 속한 것밖에 거의 찾지 않습니다. 영적인 눈을 또한 떠서 자신을 지켜보고 영혼의 세계에서 지금 어떤 일이 진행되고 있고, 우리 마음속에서 어떤 악이 늘어나는지 혹은 어떤 덕이 쇠퇴하고 있는지 알 수 있다면 좋지 않겠습니까? 나는 사람들이 이 세상에 대해서 지나치게 많이 생각하므로 내세를 소홀히 하는 것이 아닌가 하고 걱정이 됩니다. 손에 생채기가 조금만 나도, 몸에 뾰루지가 생겨도 겁 많은 사람들은 의사를 부르러 사람을 보내야 합니다. 그러면서도 영혼은 상처를 받아도 내버려두고, 영혼에 치명적인 괴저(壞疽)가 생겨도 사랑이 많으신 의사에게 사람을 보내어 와서 자기 병을 치료해주시도록 하지 않습니다. 도처에서 우리는 사람들이 자신의 영혼을 전혀 알지 못하고, "인간이여, 네 자신을 알라"는 오래된 델포이의 신탁의 표어를 완전히 잊고 살고, 그 결과 사람들이 거의 영적인 죽음에 이르렀으면서도 알지 못하는 것을 봅니다.

그런가 하면 자신의 악한 점을 알고 싶어 하지 않는 사람들이 있습니다. 그들은 자신의 실제 상태를 정말로 알려고 하기보다는 스스로를 부자라고 생각하고 싶어 합니다. 그들은 이렇게 말합니다. "아니, 일기장을 가져오지 말고, 원장을 보여주지 마세요. 나는 지금 부자처럼 돈을 쓰고 있고, 넉넉하게 살고 있습니다. 내가 거의 파산 지경에 있다는 것을 알고 싶지 않아요. 그 점을 생각하고 싶지 않아요." 부상을 당한 이 사람들이 정직하게 처치받는 것을 두려워하고, 이렇게 소리치는 것을 들어보십시오. "의사 선생님, 상처를 얇은 막으로 덮어주세요. 그러면 충분할 것입니다. 나는 수술용 칼을 쓰는 것을 원치 않아요. 상처를 근본적으로 치료하는 것에는 관심이 없습니다." 이렇게 말하는 사람들은 바보입니다. 그런데 이런 바보들이 얼마나 많은지 모릅니다! 여러분, 여러분은 이런 부류에 속합니까? 여러분은 그저 허명만 가지고 사는 것으로 만족합니까? 실상은 헐벗고 가난하며 비참한 가운데 있으면서도 자신이 부자이고 재물이 늘어나며 부족한 것이 전혀 없다고 꿈꾸며 살겠습니까? 만일 그렇다면 하나님께서 여러분에게 자비를 베푸셔서 여러분으로 하여금 자기 상태의 진실을 알게 하여 주시기를 원합니다.

많은 사람들이 자신이 백발이라는 것을 알지 못하는 것은 자기 모습을 보기 위해 거울을 들여다보지 않기 때문입니다. 우리는 거울을 보지 않고서는 자신이 백발이라는 것을 제대로 알 수 없습니다. 또한 하나님의 말씀이라는 거울을 사용하지 않고서는 자신의 죄를 알 수 없습니다. 신자라고 하는 많은 사람들이 성경을 보지 않습니다. 그런 사람들은 시편 1편의 복을 얻지 못할 것입니다. 그들은 주야로 하나님의 말씀을 읽지 않기 때문입니다. 그들은 하나님께서 자기 백성들의 방에 걸어두시는 하나님의 거울인 이 성경책으로 와서 자신의 맨 얼굴을 보고 자신이 어떤 사람인지를 알려고 하지 않습니다. 아, 이들은 성경을 읽지 않습니다! 이들은 성경을 소홀히 합니다. 성경이 어떻게 큰 소리로 우리에게 항의하는지 모릅니다! 사람들의 마음을 살피는 마지막 날에 성경이 신자라고 하는 많은 사람들을 즉석에서 고발하는 증언을 할 것입니다! 하나님께서 우리에게 자신을 잴 수 있는 표준을 주시는데, 그 표준을 사용하지 않겠습니까? 우리에게 모든 것이 잘 되고 있는지 아닌지를 알 수 있게 하는 이런 증거와 표시들을 보여주시는데, 눈을 감고 보지 않으려고 합니까? 그렇다면 우리가 죽어서 완전히 멸망할 때, 그 피는 반드시 우리 자신에게로 돌아갈 것입니다. 구원받으려고 하지 않는 사람은 반드시 멸망받을 것입니다. 이 거울을 들여다보는 수고를 하려고 하지 않는 사람은, 발견되지 않은 악으로 인해 심각한 병과 돌이킬 수 없는 해악에 빠지게 될지라도 아무에게도 그 책임을 돌릴 수 없을 것입니다.

그 다음에, 백발이 생기고 있는지 알려고 거울을 들여다보는 사람들이 있습니다. 그런데 그들은 상을 제대로 보여주지 않는 가짜 거울을 사용합니다. 이 말은 사람이 마땅히 어떠해야 한다는 표준을 성경과 전혀 다르게 세우는 그리스도인들이 많다는 뜻입니다. 그들은 자기와 비슷비슷한 사람들과 자기를 비교합니다. 그것은 현명하지 못한 처사입니다. 그들은 말합니다. "나는 아무개만큼 거룩하고, 세상에 물들지 않았으며 양심적이고 기도도 많이 합니다." 어쩌면 그들은 심지어 자기가 그런 사람보다 마음에 영성이 더 있다고 자랑할 수 있습니다. 또 자신이 다른 사람들보다 낫다는 것에 만족하여 자신에게 백발이 있을 수 있다는 것을 생각하지 못합니다. 그래서 마음이 교만해지고, 자신이 마땅히 어떠해야 한다는 것에 대해 그릇되게 생각함으로 말미암아 영혼이 철저히 부패해집니다. 사랑하는 여러분, 우리가 목표를 높게 잡는 것은 잘하는 일입니다. 달을 겨냥해 쏘는 사람은 달을 맞히지 못할지라도 어쨌든 수풀을 겨냥한 사람보다 높게 쏜다는 말이 있습니다. 그와 같이 절대적인 완전을 목표로 삼는 사람은 비록 거기에 이르지 못할지라도 어쨌든 자기와 같이 불완전한 친구를 표준으로 삼는 사람보다는 더 낫게 됩니다. 가짜 거울을 깨트리십시오. 실제보다 좋게 보이는 거울은 던져버리고, 하나님의 말씀이라는 깨끗한 수정 거울을 드십시오. 거기에서 예수님이 어떤 분이셨는지 보고, 자신이 예수님과 얼마나 가까이 닮았는지 아니면 예수님의 모습에서 얼마나 멀리 있는지를 스스로에게 물어보십시오. 완전한 형상이신 하나님의 아들을 보고, 그가 하시는 말씀을 들어보십시오. "하늘에 계신 너희 아버지의 온전하심과 같이 너희도 온전하라"(마 5:48). 이 말씀을 듣고서 여러분의 결함과 죄, 백발을 보고 부끄러워하십시오. 그렇게 부끄러워하는 여러분에게 하나님께서 복을 내려주시기를 바랍니다!

유감스럽지만 여러분에게 말씀드려야 할 사실이 한 가지 더 있습니다. 즉, 힘이 점점 떨어지고 있는 사람들 가운데 어떤 이들은 철저히 염색을 하기 때문에 자신의 영적 백발을 보지 못한다는 것입니다. 내 말은 그들이 위선으로 자신을 꾸민다는 뜻입니다. 머리카락 하나하나가 다 잿빛이지만 자신의 판단이나 다른 사람들의 판단에 여전히 까만 머리털이 있는 것처럼 생각하는 사람들이 있습니다. 그들은 속이는데 대가들입니다. 개인 기도에 대해서 말하자면 다른 사람들처럼 정기적으로 골방에 들어가는 사람들이 있습니다. 그런데 그들은 한번도 영과 진리로 하나님께 가까이 가는 법이 없습니다. 종교의 외적 형식들에서는 마치 하나님의 자녀인 것처럼 경건하게 보이지만 그 속에 뿌리가 없는 형식주의자이고 바리새인인 사람들이 참으로 많습니다. 하늘의 화폐 주조소에서 발행되는 것을 위조하는 것만큼 세상에서 쉬운 일은 없습니다. 그렇습니다. 여러분이 다른 사람들 가운데서 위조 화폐를 사용하여서 다른 사람들로 하여금 여러분이 은혜로운 일들에서 그들보다 훨씬 더 부유하다고 생각하게 만드는 것은 아주 쉬운 일입니다. 하지만 실상 여러분의 덕은 가짜이고 여러분의 신앙 고백은 거짓말입니다. 여러분, 형식적인 기도, 거짓된 성결, 가짜 경건을 성령의 참된 열매로 착각하지 않도록 조심하십시오. 여러분은 단지 깨끗하게 씻음받기만 해서는 안 되고 "거듭나야" 합니다. 근본적인 변화를 겪어야 합니다. 여러분은 영원하신 성령의 능력으로 하나님을 섬겨야 합니다. 단지 말과 신앙 고백으로만 섬겨서는 안 되고 마음과 뜻과 힘을 다해 섬겨야 합니다. 그렇지 않으면 여러분의 신앙은 죽은 영혼을 덮고, 여러분을 지옥으로 옮겨갈 때 그 행렬의 화려함을 더해주는데 쓰이는 관 덮개에 지나지 않을 것입니다. 하나님께서 우리를 자신의 허물을 숨기는 데서 구원하여 주시기 바랍니다. 우리는 호된 설교자의 엄한 목소리를 기꺼이 듣도록 합시다! 우리를 가장 무섭게 시험하는 성경 구절들을 열심히 읽읍시다. 이렇게 기도합시다. "하나님이여 나를 살피사 내 마음을 아옵소서"(시 139:23). 매일 매시간 정련하는 불이 우리 영혼을 통과하는 것을 느끼기 원합시다. 주님, 손에 키를 들고 오셔서 나의 마당을 아주 깨끗하게 치워주소서. 내 속에서 겨를 날려 보내고 깨끗한 알곡만 남게 하소서!

이렇게 해서 나는 많은 사람이 영혼의 힘이 현저하게 쇠퇴하였음에도 불구하고 그것을 알지 못하는 이유에 대해서 할 수 있는 대로 간단히 설명하였습니다.

2. 둘째로, 나는 거울을 들어 올릴 것입니다.

형제 여러분, 은혜에 있어서 쇠퇴하는 것과 다시 타락하는 것은 보통 가을 잎이 떨어지는 것과 매우 흡사하다는 점을 기억하시기 바랍니다. 여러분이 나무를 잘 지켜보면, 가을이 다가오는 것을 보여주기 시작하고 있는 것을 알 것입니다. 이 나무들에서 푸릇푸릇한 옷들이 벗겨지고 있는 것이 분명히 보입니다. 나무들이 제일 먼저 헐거워진 옷들을 벗고 있기 때문입니다. 갈색 잎의 시간은 참으로 더디게 옵니다! 여러분은 여기저기에서 구릿빛 색깔을 봅니다. 머지않아 금빛 잎사귀가 나타날 것입니다. 여러분은 한 주 한 주 지나갈 때마다 전체적으로 잎이 떨어지는 시기가 점점 더 가까이 오고 있다는 것을 압니다. 하지만 그것은 천천히 이루어지는 일입니다. 다시 타락하는 자들에게도 일이 그렇게 이루어집니다. 그들이 보이는 교회에서 갑자기 쫓겨나는 것이 아닙니다. 갑자기 대놓고 죄를 짓는 사람들이 되는 것이 아닙니다. 마음이 서서히 살아계신 하나님에게서 벗어나는 것이고, 그 다음에는 마침내 외적인 죄와 외적인 수치가 오는 것입니다. 하나님께서 우리를 조금씩조금씩 타락하는 데서 구원하여 주시기를 바랍니다! 마귀의 작은 타격들이 거대한 상수리나무들을 많이 쓰러트렸습니다. 끊임없이 떨어지는 시험이 많은 돌들을 닳아 없어지게 하였습니다. 하나님께서 우리를 거기에서 구원해 주시기를 바랍니다. 급습에 무너진 성들이 있었습니다. 용감한 군사들이 공성(攻城) 사다리를 성벽에 걸치고 죽음을 무릅쓰고 떼 지어 올라가 불과 몇 시간 만에 성을 함락시켰습니다. 그렇지만 다른 많은 성들은 서서히 이루어지는 포위공격에 의해 함락되었습니다. 보급품들이 끊겼습니다. 군사들이 출격하였다가 죽어갔습니다. 참호들이 점점 더 성벽 가까이에서 신속하게 구축되었습니다. 성벽 밑으로 굴들이 파졌고, 요새가 약해졌으며 성문이 흔들렸고 마침내 성이 정복되었습니다. 사탄이 강력한 시험의 힘으로 한 사람을 사로잡지만 사람의 마음을 주장하는 원칙들을 서서히 해치고 훼손하는 점진적인 과정을 통해서는 열 명을 무너트립니다. 하나님께서 우리를 마귀의 이런 공격에서 보존하여 주시기를 구합니다! 이 간교한 사냥꾼은 우리 형편에 맞게 기술을 사용할 줄 압니다. 갑자기 놀라게만 해도 넘어질 수 있는 사람들이 있다면, 마귀는 활 쏘는 시늉만으로도 그들을 파멸시킬 것입니다. 하지만 어떤 사람들은 유혹에 점점 익숙해짐으로써 올가미에 걸려들게 된다면 마귀는 몇 주, 몇 달, 몇 년을 공들일 것입니다. 그는 하나님의 자녀를 망신당하게 만들고 예수님의 이름을 부끄럽게 만들기 위해서는 그렇게 기다리는 것을 시간 낭비라고 생각하지 않습니다. 그래서 나는 악이 서서히 침투하고 있는 사람들에게 자신의 마음을 볼 수 있도록 거울을 들겠습니다.

쇠퇴를 표시하는 백발 가운데 한 가지는 일상적인 죄에 대한 거룩한 슬픔이 부족하다는 점입니다. 여러분 가운데 이 사실이 가슴에 와 닿는 분들이 있지 않습니까? 어떤 사람은 말합니다. "회개라! 나는 회심할 때 회개했어요." 뭐라고요, 그러면 그때 이후로 회개하지 않았습니까? 회개와 믿음은 천국에 이를 때까지 손을 맞잡고 갑니다. 길보아 산은 이슬이 한 방울도 내리지 않았기 때문에 불모지였습니다. 회개의 이슬방울을 잃어버린 여러분에게 무슨 말을 할 수 있겠습니까? 여러분은 하나님을 슬프시게 하면서도 여러분 자신은 슬퍼하지 않을 수 있습니까? 여러분, 여러분은 일을 하면서 말이나 행동을 잘못하였다는 것을 알고서 밤에 집에 갔을 때 죄를 고백하고 슬퍼하는 일이 없습니까? 죄와 여러분이 지극히 친밀해져서 이 독사를 가슴에 품고 다닐 수 있을 정도가 되었습니까? 여러분의 하나님은 질투하시는 하나님입니다. 하나님께서 여러분이 죄를 아주 가볍게 여기는 것을 보신다면 틀림없이 머지않아 여러분을 욱신욱신 아프게 만들고 여러분에게서 성령님을 거두시고 여러분을 어둠 가운데서 더듬거리게 내버려두실 것입니다. 이것만큼 흔히 볼 수 있는 백발이 없지만, 그럼에도 불구하고 이것만큼 그리스도인의 성품이 은밀히 손상되고 있음을 확실히 보여주는 표시도 없습니다. 여러분이 거울에서 이 악을 본다면, 하나님께서 여러분에게 회개하지 않는 것에 대해서 회개하고 죄를 슬퍼하지 않는 것에 대해 슬퍼하는 은혜를 주시기 바랍니다.

두 번째 백발은 예수 그리스도께서 다른 사람들로 말미암아 굴욕을 당하실 때 마음에 애통하는 심정이 없는 것입니다. 우리 가운데 어떤 사람들은 다른 사람들의 죄를 보고 앉아서 하염없이 울었습니다. 수많은 사람들이 귀하신 예수 그리스도를 끊임없이 무시하면서 산다는 것을 생각하면 견딜 수가 없었습니다. 우리는 예수님이 사람들의 마음에서 보좌를 차지하시게 하고 누구나 달려가면서도 볼 수 있게 하늘에 주님의 이름을 쓸 수만 있다면 목숨을 내놓을 수 있겠다고, 목숨이 백 개가 있다면 백 번이라도 내놓을 수 있겠다고 생각하였습니다. 그러나 이제 우리는 죄가 있다는 말을 들어도 예전처럼 거룩한 두려움에 사로잡히지 않습니다. 여러분, 아마도 여러분은 예수님의 귀한 이름이 굴욕을 받는다는 말을 들어도 한때 그랬던 것처럼 마음이 창에 찔린 것처럼 아프지 않을 것입니다. 여러분이 주님을 사랑한다면 이처럼 악한 세상에 사는 일이 괴로울 것입니다! 다정한 주 예수님을 사랑한다면, 예수님의 아름다움을 알지 못하는 사람들에게, 곧 예수님을 "마른 땅에서 나온 뿌리 같이"(사 53:2) 보는 사람들에게 동정심이 일어날 것입니다. 우리는 부끄럽게 생각해야 합니다. 무엇보다 내 자신이 부끄럽게 생각해야 할 줄로 압니다. 자신이 이 런던 거리들을 눈물을 흘리지 않고 지나갈 수 있다는 것에 말입니다. 예수께서 예루살렘을 보고 우셨는데, 예루살렘이 대체 무엇이라고 우셨습니까? 런던에 비할 때 아주 작은 마을에 불과하였는데, 그런데도 예수께서는 예루살렘을 보고 우셨습니다! 그런데 우리는 예루살렘만큼이나 빛이 있고 죄도 있는, 그러나 인구는 그보다 말할 수 없이 더 많은 도시를 위해 전혀 눈물을 흘리지 않습니다.

"그리스도께서 죄인들을 위하여 우셨는데
우리의 뺨이 말라 있을 수 있습니까?"

그렇습니다. 우리의 뺨은 해마다 말라 있고, 우리는 죽어가는 불쌍한 영혼들을 위해 한숨을 쉬지도, 부르짖지도 않습니다. 친구들이 구원을 받고 우리 자녀들과 몇몇 이웃들이 구원받는 것으로 만족하고, 그 나머지에 대해서는 마치 그들이 하나님의 정하신 뜻에 의해 망하게 되어 있는 것처럼 말할 수가 있습니다. 그러면서 주권에 관해 쓸데없는 소리를 지껄이고 무익한 억측을 이야기하면서 지옥이 사람들로 채워지고 있고 그리스도의 이름이 모독을 받으며 하나님의 날이 무시당하는데도 슬퍼하거나 비통해하지 않습니다. 다른 사람들의 죄에 대해서 전혀 슬퍼하지 않을 때, 그것은 우리의 은혜가 최고조에 있는 것이 아니라 슬프게도 쇠퇴하고 있다는 확실한 표시입니다.

그리스도인에게서 세 번째 백발은 아주 분명한 것으로서 사소한 죄들에 빠지는 것입니다. 내가 그 죄들을 사소하다고 말하는 것은 순전히 사람들이 그렇게 생각하기 때문입니다. 도둑이 어떤 선량한 사람의 집에 문으로 들어갈 수 없고, 창문에는 철망이 씌워져 있어 들어갈 수 없는데 아이라면 기어 들어갈 수 있는 작은 창문을 발견하면, 남자 아이를 붙잡아다가 작은 창문으로 들어가게 한 다음에 자기에게 문을 열어주도록 해서 집을 털어갑니다. 바로 그와 같이 사탄은 신자를 육신의 큰 죄들로 무너트릴 수 없을 때는 방심하고 있는 곳을 통해서 들여보낼 수 있는 좀 더 작은 악을 틀림없이 찾아낼 것이고, 그 다음에는 그 악으로 다음의 죄를 지을 수 있는 문을 열게 할 것입니다. 여러분은 쐐기 박는 과정을 압니다. 쐐기의 뭉툭한 부분을 나무에 박아 넣으려고 해 보십시오. 그것은 정말로 쓸데없는 일입니다! 하지만 쐐기의 얇은 끝을 목재의 벌어진 틈에 대고 큰 망치로 한번 부드럽게 치고, 몇 번이고 쳐 보십시오. 그러면 목재가 갈라지며 조금씩조금씩 틈이 넓어지는 것을 보게 됩니다. 이와 같이 어떤 신자들이 처음에는 세상에 조금 순응하는 것으로 시작합니다. 그들은 말합니다. "나는 그것이 해로운 줄 모르겠어." 하지만 다른 그리스도인들은 그 일로 인해 슬퍼합니다. 그러고 나면 그들은 그 다음 것을 양보하고, 이어서 계속 그 다음 것을 양보합니다.

그래서 서서히 그들은 신앙 고백의 진실성을 사실상 다 포기하고 믿음이 깨어져서 표류하는 사람들이 됩니다. 이것은 하나님의 은혜가 그들 안에 진정으로 있지 않고 그들이 하나님의 은혜를 개념적으로만 알고 있기 때문입니다. 그런가 하면 배교에 이르는 길에서 멀리까지 가는 사람들이 하나님의 은혜로 돌이킬 수가 있습니다. 하지만 그러는 가운데서 뼈가 부러지는 일을 많이 겪고 그 후로 살면서 내내 큰 슬픔을 겪게 될 수가 있습니다.

탐욕, 이것을 죄라고 고백하는 사람들이 거의 없을 테지만, 그럼에도 불구하고 탐욕은 신자들의 머리에 아주 일반적으로 생기는 백발입니다. 탐욕이 자라지 않도록 조심하십시오. 탐욕은 모든 죄들 가운데 가장 방심할 수 없는 죄이기 때문입니다. 탐욕은 마치 강물의 침적 작용과 같습니다. 강물이 흘러내릴 때 모래와 흙을 쓸어와 강의 입구에 가라앉힙니다. 그래서 관리인들이 주의 깊게 지켜보지 않으면 서서히 강 입구가 막혀서 큰 짐을 실은 배들이 수로를 찾기 어려워집니다. 여러분은 언제 강 입구가 막히는지 알 수 없습니다. 하지만 매일 같이 퇴적물이 쌓여 강 입구에 모래톱이 생기면 배들이 항해하기 위험해집니다. 사람이 부를 쌓기 시작할 때 또한 자기 영혼도 파괴하기 시작하는 사람이 많습니다. 사람이 부를 쌓으면 쌓을수록 그만큼 더 자유로운 영혼, 즉 생명의 입인 영혼을 틀어막는 것입니다. 그래서 하나님을 위해 더 많은 것을 행하기보다는 더 적게 행하게 됩니다. 더 많이 모으면 모을수록 그만큼 더 부족한 것이 많아지고, 이 세상을 많이 원하면 원할수록 그만큼 더 장차 올 세상에 대해서는 덜 갈망하게 됩니다. 이 병은 몇 달 동안 피 속에 숨어 있다가 때를 만나면 나타나는 질환처럼 서서히 사람들에게 기어 들어옵니다. 여러분, 탐욕의 정신에 사로잡히지 않도록 조심하십시오. 여러분이 돈에 집착하고 있다면 자신이 무엇을 위해 살고 있는지 주의해야 합니다. 여러분이 얻을 수 있는 것은 모두 정당하게 얻어야 합니다. 마땅히 그렇게 해야 합니다. 또 그렇게 얻은 것을 정당하게 사용하려고 한다면 아주 잘하는 일입니다. 그러나 여러분이 돈에 집착하기 시작하면 돈이 좀먹듯이 여러분을 먹을 것이고, 하나님께서 막아주시지 않는 한 돈이 여러분을 파멸시킬 것입니다.

어떤 사람들에게는 이 병이 똑같은 죄일지라도 우리가 탐욕이라고 부르는 그런 것이라기보다는 오히려 세속적인 태도입니다. 자기에게 있는 많은 것에 마음을 빼앗기는 사람들이 있듯이 이들은 자기에게 있는 얼마 안 되는 하찮은 것에 마음을 빼앗깁니다. 이익 때문에 하나님에게서 멀어지는 사람들만큼 이들은 손실 때문에 하나님에게서 멀어집니다. 이들은 아침부터 밤까지 항상 세상 일로 근심하고 초조해합니다. 그들은 "아무 것도 염려하지 말라"(빌 4:6)는 위대한 하나님의 말씀을 도무지 알지 못합니다. 그들은 처음부터 마지막까지 "무엇을 먹을까 무엇을 마실까 입을까?"(마 6:25) 하는 것만 생각합니다. 아침 일찍 일어나고 늦게까지 깨어 있으며 수고의 떡을 먹지만 집을 세우실 수 있는 유일한 분이신 하나님을 잊고 삽니다. 여러분 가운데 어쩌다 보니 이렇게 초조해하는 길에 빠지게 되는 분들이 있지 않습니까? 그러지 않았던 때가 있었습니다. 그때는 여러분이 기도하는 시간을 참으로 즐거워하였습니다. 그러나 지금은 기도를 아주 짧게 끝냅니다! 여러분은 기도하는 시간을 낼 수 없다고 말합니다. 목요일 밤 집회와 월요일 기도회 시간이 한때는 참으로 즐거웠습니다! 사막과 같은 이 세상에 그런 샘이 있다는 것에 대해 하나님께 얼마나 감사하며 집으로 돌아갔습니까! 그러나 이제는 온갖 걱정거리에 시달리느라 이 샘들로 나올 수 없습니다. 심지어 안식일에도 사업에 대한 생각이 여러분 머릿속을 파고듭니다. 여러분은 오늘 아침 회중석에 앉아 있으면서 속으로는 계속해서 계산을 해보았을 것입니다. 이자와 할인, 융자와 수수료에 관해서 계속 고민하였을 것입니다. 증권 중개인의 떠드는 소리와 세금 징수원의 노크 소리가 여러분의 귀에 쟁쟁하게 울렸을 것입니다. 친구 여러분, 사실 여러분은 지금 점점 더 세속적이 되고 있는 것입니다. 여러분이 반짝반짝 빛나는 나이프를 식탁에서 가져다가 마당의 땅을 파고 그 속에 넣어둔 채 나이프가 어떻게 녹이 스는지 보십시오. 바로 이것이 여러분의 영혼에 일어날 일입니다. 땅을 파고 그 속에 묻어두어 보십시오. 그러면 그것은 반드시 녹이 슬 것입니다. 사람이 세상에서 가장 부유한 장사꾼처럼 많은 사업을 할 수 있지만, 만일 그가 하나님 가까이서 산다면 사업이 그를 해치지 않을 것입니다. 하지만 사람이 흔히 말하듯이 대단치 않은 작은 사업을 하면서도 거기에 마음을 다 빼앗기고 염려하고 근심하느라 살아계신 하나님을 떠나기 때문에 사업이 영혼의 은혜로움을 불태워버리고 그리스도인의 열심을 앗아가며 한때 하나님과 가졌던 거룩한 교제의 찬란함을 없애버릴 수가 있습니다. 그 백발을 조심하십시오. 사랑하는 형제 여러분, 내가 지금까지 거울을 들어 올렸습니다. 여러분이 그 악을 볼 수 있으니, 제발 여러분을 위하여 그 악을 피하십시오.

어떤 신자들에게서는 시기라는 백발이 아주 뚜렷이 보입니다. 그렇습니다.

지극히 훌륭하다고 하는 신자들 가운데서도 이 백발이 보입니다. 하나님의 종들 가운데는 자기 나름대로 하나님을 섬기는 것에 만족하지 못하는 사람들이 있습니다. 그들은 어떻게 해서든지 다른 형제보다 뛰어나는 것을 목표로 삼아야 합니다. 다른 형제가 자기보다 더 성공을 거두게 되거나 성공을 거두었다고 생각이 되면, 즉시 기분이 상하고 어떻게 해서든지 흠을 잡아서 그가 자기보다 빛나 보이지 않게 하려고 합니다. 바로 이것이 그리스도의 교회 안에서 가장 열심 있는 일꾼들 가운데 어떤 이들이 짓는 죄입니다. 나는 우리 모두가 청교도 설교자인 도드 목사(Mr. Dodd)의 정신을 본받았으면 좋겠습니다. "나는 잉글랜드 전역에서 가장 형편없는 설교자가 되면 좋겠습니다" 하고 그가 말했습니다. 사실 이 말은 "나는 잉글랜드의 모든 설교자들이 나보다 뛰어나면 좋겠습니다"라는 뜻이었습니다. 자신이 지금보다 더 나빠지기를 바란다는 뜻이 아니라 모든 형제들이 자신보다 낫기를 바란다는 의미로 말한 것이었습니다. 우리는 옛적의 저 로마의 그리스도인과 같이 되어야 합니다. 자기 대신에 다른 사람이 직무에 선출되었을 때, 그는 자기 나라가 자기보다 훌륭한 사람을 얻게 된 것에 대해 하나님께 감사하였습니다. 우리도 그와 같이 되어야 합니다. 그러나 루터 시대에 분명히 나타났던 정신이 오늘날 우리 교회들에서도 종종 보입니다. 많은 사람들이 루터가 뛰어난 개혁안들을 많이 제시하였지만, 그들의 말에 따르면 거지 같은 수도사가 제안하였기 때문에 그 안들을 용납할 수 없었다고 털어놓았습니다. 오늘날도 많은 사람들이 열심 있는 한 형제의 훌륭한 행위를 인정하지만, 그 다음에는 그가 너무 젊다는 이유로 어떻게 해서든지 그에게서 흠을 찾으며, "어떻게 그런 젊은 이가 덕망이 높은 조상들을 앞지르게 내버려둘 수 있겠는가?" 혹은 "그는 아주 형편없는 사람인데, 그런 그가 야단법석을 피우고 있단 말이냐?" 하고 말할 것입니다. 혹은 "그 사람은 전혀 교육을 받지 못했어. 그런데 어떻게 감히 유용한 사람인 체한단 말이냐?" 하고 말할 것입니다. 이것은 매우 천박하고 비열한 태도입니다. 그렇지만 슬프게도 우리 가운데서 아주 흔히 볼 수 있는 태도입니다. 우리는 시기라는 더러운 정신에 조금도 자비를 베풀지 맙시다. 시기는 심술궂은 여자처럼 많은 인생들에게 끔찍한 존재입니다. 여러분이 시기를 제거하려면 수도 없이 시기를 죽여야 할 것입니다. 하지만 시기는 반드시 죽여야 하는 것입니다. 시기는 지극히 유해한 백발입니다. 시기는 영혼이 하나님과 올바르게 동행하지 못하고 슬프게도 탈선하였음을 보여주는 표시입니다.

또 한 가지 백발은 교만입니다. 우리가 자신을 대단한 존재로 생각한다면, 사실은 하찮은 존재인 것입니다. 속으로 '나는 이런 백발이 하나도 없어' 하고 자랑한다면, 사실은 머리가 백발로 하얀 것입니다. 다른 사람들이 우리를 본받는 것은 당연하다고 생각한다면, 얼마 있지 않아 우리가 그들을 흉내 낼 수가 있습니다. 교만이라는 배가 가는 길에는 항상 암초가 있습니다. 우리가 자신에 대해서 좋게 말하면, 머지않아 자신에 대해 쓴 소리를 하게 될 것입니다. 신자가 스스로를 높이 평가할 때만큼 하나님께 낮게 평가받는 때는 없습니다.

기도를 게을리하는 것도 또 다른 백발입니다. 어떤 마을이 상업이 쇠퇴하기 시작할 때, 그 쇠퇴가 서서히 올 수 있습니다. 주의 깊게 보는 사람들은 그 쇠퇴를 알아차릴 수 있습니다. 항구에 들어오는 배가 점점 더 적어지는 것을 감지하기 때문입니다. 우리 영혼은 항구입니다. 기도는 우리가 영혼과 천국 사이에서 거래하는데 사용되는 배들입니다. 기도가 점점 더 적어지기 시작할 때, 혹은 기도의 용적 톤수가 더 가벼워질 때, 기도가 천상의 항구로 항해하는 일이 더 적어질 때, 우리 영혼의 영적 거래가 통탄할 정도로 쇠퇴하고 있는 것임을 확실히 알아야 합니다.

하나님의 말씀을 듣거나 읽을 때 전혀 기쁨이 없다면, 그것도 백발입니다. 여러분 가운데 어떤 분들은 앉을 곳이 전혀 없었지만 주님으로부터 선한 말씀을 들을 수만 있다면 많은 사람들과 함께 복도에 서서 즐거이 들으려고 했던 때가 있었습니다. 여러분이 편하게 앉으려고 하면 푹신한 방석이 있어야 합니다. 설교자가 여러분의 귀를 붙잡으려면 멋진 비유와 세련된 단어를 선택하는데 신경을 써야 합니다. 여러분은 기호가 까다로워졌습니다. 배가 고팠을 때는 복음이라는 고기가 어떻게 생겼든지 간에 고기를 벨 수 있었고 뼈를 발라내어 먹을 수 있었습니다. 그런데 이제는 복음이라는 고기를 먹기 좋게 썰어야 합니다. 그렇지 않으면 여러분의 위가 거부반응을 일으킵니다. 식욕이 떨어지면 사람의 건강이 나빠진 것입니다. 그는 강장제가 필요합니다. 아마도 위대한 의사이신 주님께서 머지않아 그에게 그를 건강하게 해줄 쓴 약을 한 모금 보내실 것입니다.

또 한 가지 백발은 하나님께 대한 사랑이 부족한 것입니다. 우리가 곤경 가운데 있다고 해서 하나님을 무정한 분이라고 생각한다면, 하나님의 명예를 추구하려고 하지 않는다면, 하나님의 이름이 모독을 받는 것을 들으면서도 두려움을 느끼지 않는다면, 어린 자녀가 부모를 사랑하듯이 하나님을 사랑하지 않는다면,

하나님께 대한 사랑이 부족한 것입니다. 사랑하는 여러분, 하나님을 사랑하는 것은 즐거운 일입니다. 하나님을 사랑하는 것이야말로 사람의 참된 생명이고, 마음속에 하나님의 사랑이 있다는 증거입니다. 이렇게 하나님을 사랑할 때 여러분이 하나님과 이야기할 수 있고, 하나님과 동행할 수 있으며, 하나님을 기뻐하고 하나님께 감사하며 하나님을 찬양할 수 있고, 하나님의 섭리로 인해 지극히 어두운 가운데 있으면서도 하나님을 선하신 분으로 믿을 수 있습니다. 그러나 우리는 마땅히 해야 하는 대로 하나님을 사랑하지 않습니다. 사랑하는 우리 하나님, 애정 어린 우리의 부모님이신 찬송 받으실 우리 아버지 하나님, 그분의 진실하심을 우리는 만 번도 더 경험하였고 그의 인자를 매일 헤아릴 수 없이 많이 맛봅니다. 그런데 우리는 이 하나님을 찬송하는 일이 얼마나 적고, 하나님께 불평하는 일은 얼마나 많습니까! 또 다른 사람들에게 하나님을 선하게 말을 하는 일이 얼마나 적습니까! 우리는 처음에 한번 하나님께 거절을 받으면, 받기가 무섭게 얼마나 빨리 하나님께 불평하기 시작합니까! 우리 마음이 하나님을 더 사랑하기를 바랍니다. 그러면 이것이 우리가 거룩하고 행복한 상태에 있음을 보여주는 표시가 될 것입니다.

신자에 대한 사랑이 부족한 것도 또 한 가지 백발입니다. 아버지 하나님을 사랑하지 않는 사람들이 그 자녀들을 사랑하는 일은 있을 수 없습니다. 신자라고 하는 사람들 가운데 순전히 자기에게만 열중하고 있는 것으로 보이는 사람들이 많습니다. 종교에 대해서 그들이 생각하는 것은 자신의 구원뿐이고, 열심에 대해서 그들이 생각하는 것은 순전히 자신의 성공에 대한 관심뿐입니다. 형제 여러분, 여러분은 서로 사랑하도록 하십시오. 사도 요한이 말했습니다. "자녀들아, 우리가 서로 사랑하자 사랑은 하나님께 속한 것이니"(요일 4:7). 따라서 만일 여러분이 그리스도의 교회의 가난하고 궁핍한 사람들, 연약한 사람들, 고통 받고 있는 사람들을 사랑하지 않는다면, 여러분의 마음이 예수 그리스도께서 조금이라도 그 안에 계시는 모든 사람을 향하여 나아가지 않는다면 여러분은 마땅히 해야 할 대로 하나님 아주 가까이 살고 있지 않는 것입니다.

그 다음에 멸망하는 죄인에 대한 사랑이 부족한 것이 교인들에게서 뿐 아니라 또한 우리 목사들에게서, 나에게서 보지 않을까 염려하는 슬픈 백발입니다. 그렇지 않기를 바랍니다! 우리가 멸망당할 사람들을 생각하면서도 그들에 대해 낙심하지 않고 태연하게 지낸다면, 그들에게 복음을 말하려고 하지 않고 경고

하지 않는다면, 그들을 위해 기도하지 않는다면, 우리가 골방에 들어가 곧 정죄 받고 모든 희망에서 버림을 받을 이 불쌍한 영혼들을 위해 한숨을 쉬고 부르짖는 일을 하지 않는다면, 우리가 이웃들, 자녀들, 친구들이 멸망하는 것을 생각하면서도 조금도 상심이 되지 않고 그들에 대해 탄식을 쏟아놓지 않을 수 있다면, 우리는 정말로 예수님과 우리 마음의 동정심을 잊어버린 것이고, 마음이 심하게 병이 든 것이 틀림없습니다. 백발을 보고 하나님께 백발이 표시하는 것에서 여러분을 구원하여 주시기를 구하십시오.

또 다른 백발은 하나님과의 교제를 중지하는 것입니다. 우리는 방금 전에 하나님과의 교제에 대해서 다음과 같이 찬송하였습니다.

"내가 처음 주님을 뵈었을 때
알았던 복은 지금은 어디에 있는가?
예수님과 그의 말씀을 보는 데서
누렸던 영혼을 소성케 하는 힘은 지금 어디에 있는가?"

예수님을 멀리서 따르며 "그가 나를 인도하여 잔칫집에 들어갔으니 그 사랑은 내 위에 깃발이로구나"(아 2:4)라고 말할 수 없는 것은 참으로 불쌍한 일입니다. 그러면 우리는 더 이상 예수님의 이름을 즐거워하는 사람들처럼 기뻐할 수 없고 주님의 발 앞에서 울 수도 없습니다. 그렇다면 우리는 길을 잘못 든 것입니다. 하나님께서 자비로 우리를 다시 되돌려 주시기를 바랍니다!

3. 세 번째 요점, 곧 치료책들을 추천하는 것에 대해서는 두세 마디만 말씀드리면 충분할 것입니다.

나는 이 자리에 계시는 신자들 가운데 내가 든 거울에서 자신의 백발을 본 모든 분에게 자신이 하나님의 자녀인지 조사해 보라고 단단히 이르고 싶습니다. 왜냐하면 이런 백발들이 우리가 과연 거듭났는지 의심해보도록 만들기 때문입니다. 이것이 의심스러운 문제라면 모든 것이 위태로운 상황에 있는 것입니다. 나는 여러분이 그 점을 조사해 보기를 바랍니다. 여러분이 세상적인 안전으로 눈을 가린 채 지옥에 가는 것보다 의심하고 두려워하는 것이 낫기 때문입니다. 젊은이 여러분, 여러분은 몇 년 전에 교회에 가입하였습니다. 그때 자신이 깊은 회개와 죄의 자각, 그리스도께 대한 참된 믿음을 경험했다고 생각했습니다. 여러분은 지난 2,3년 동안 자신을 시험하는 시간들을 보냈습니다. 그런데 지금은 어떻습니까? 이제는 세상이 점점 더 여러분을 지배하고 있지 않습니까? 여러분은 귀가 솔깃해지는 결혼에 대한 제안을 듣고 거의 마음이 넘어가서 믿지 않는 자와 멍에를 같이 하지 말라는 주님의 명령을 깨트리려고 하지 않습니까? 보잘것없는 악한 육신에게 아주 잘 맞는 세상의 쾌락들이 여러분의 마음을 끌기 시작하지 않습니까? 그렇다면 스스로에게 물어보십시오. "내가 반석 위에 서 있는가 아니면 모래 위에 서 있는가? 나는 진실로 하나님의 은혜를 받았는가? 혹은 잠시 내 양심을 누그러뜨리고 내 이성을 마비시키는 맹신적인 망상에 사로잡혀 있는 것인가?" 나는 찬송 받으실 하나님을 두고 맹세하건대 여러분에게 그 일을 확실히 하라고 간절히 권합니다. 여러분은 평안이라고 상상하는 헛것에게로 가지 말고 그리스도께 가도록 하십시오. 그저 흥분에 지나지 않은 확신을 갖지 말고 살아계신 구주님을 믿는 참되고 산 믿음을 갖도록 하십시오. 그 문제에 대한 답변이 여러분이 이 백발들을 없애는데 아주 큰 도움이 될 수 있다고 믿기 때문에 그렇게 권하는 것입니다.

그 다음으로, 나는 여러분 신자들에게 권합니다. 회심하였다고 정직하게 말할 수 있는 여러분이 은혜에서 쇠퇴하면 그 결과가 어떻게 될 것인지 생각해 보라고 말씀드립니다. 여러분이 그 쇠퇴를 언제까지나 속으로 감출 수 없습니다. 설사 감출 수 있다고 하더라도 그것은 해로운 일일 것입니다. 그러한 쇠퇴로 말미암아 여러분은 그리스도와의 교제를 잃을 것입니다. 주님의 기쁨을 잃을 것입니다. 기도 응답을 받는 일이 훼손될 것입니다. 외적인 생활에서 유용하게 활동할 수 있는 점들이 많이 망쳐질 것입니다. 은혜가 막지 않는 한 결국 그 일이 어떻게 될 것인지 압니까? 은혜에서 쇠퇴한 점들이 여러분의 행실과 대화에 나타나기 시작할 것입니다. "나는 대놓고 죄짓는 사람은 결코 되지 않을 거야"라고 말하지 마십시오. 여러분이 어떤 사람이 될지는 거의 알 수 없는 일입니다. 오늘 "나는 주님을 부인하지 않겠습니다"라고 맹세하는 입술이 그럼에도 불구하고 맹세와 저주로 그리스도를 부인할 수가 있습니다. 여러분이 누구기에 베드로보다 낫다고 장담할 수 있겠습니까? 여러분이 시작할 때 그 점을 생각하지 않겠습니까? 그렇다면 자신에게 이런 백발들이 있는 것을 알고서 시작하십시오. 제발 마음을 고치고 하나님께로 돌아가십시오. 자신이 이미 하나님에게서 아주 많이 떠난 것이 틀림없다고 생각하고 슬퍼하고 회개하며 돌아가십시오. 그렇지 않으면 여러분의 마지막은 처음보다 악해질 것입니다.

나는 이 자리에 계시는 모든 신자에게 매일 자신을 조사하라고 권합니다. 피타고라스는 제자들에게 매일 밤 잠자리에 들기 전에 그 날의 실수들을 세 번에 걸쳐 복습하라고 가르쳤습니다. 그렇게 해서 제자들이 실수들을 알고 앞으로는 그런 실수들을 피하게 하려고 하였던 것입니다. 회개는 복된 은혜입니다. 롤랜드 힐 목사(Mr. Rowland Hill)가 자기는 천국에 가서도 회개할 수 없는 것이 유감스럽게 생각하는 일들 가운데 하나라고 말하곤 하였습니다. 우리가 다음과 같은 찬송가 가사와 같이 죄의식 때문에 슬퍼하며 말하는 것은 지극히 복된 일입니다.

> "주여, 내가 오직 죄에 대해서만 울겠고
> 오직 주님을 따라서만 울겠습니다.
> 나는 항상 우는 사람이 되면 좋겠습니다."

하나님을 떠나는 죄가 큰 악임을 아십시오. 죄가 참으로 기괴하고 악한 것을 보고 죄에 대해 회개하십시오.

그 다음에 회개와 함께 기도를 많이 하십시오. 특별히 여러분 속에 성령의 능력을 부어주시기를 기도하십시오. 형제 여러분, 나는 우리 가운데 신앙의 능력을 정말로 경험한 사람이 거의 없지 않은가 하는 생각이 듭니다. 우리는 신앙이 약한 가운데 살고 있습니다. 신앙의 변두리에서 살고 있습니다. 뜨겁고 생기가 넘치는 경건이라는 중심 도시에는 들어가지 못한 것입니다. 우리는 아주 멀리 극지방에 사는 불쌍한 에스키모인들과 같습니다. 우리가 참된 경건이라는 열대 지방에 이를 수 있으면 좋겠습니다. 그곳에서는 하나님의 은혜의 해가 하루 종일 하늘 꼭대기에 떠 있고, 해의 신성한 열기가 새로워진 자연이 내놓을 수 있는 온갖 다양한 열대 과일들을 우리 마음에 일으킬 것입니다. 우리는 그리스도께 달콤한 열매들과 향기로운 꽃들을 내놓고, 인간의 본성이 복되신 성령님에 의해 거룩하여질 때 생산할 수 있는 모든 것을 내놓기 바랍니다. 여러분이 위로부터 오는 능력을 더욱 얻기 위해 간구하고, 그렇게 해서 이 백발들을 없애기를 바랍니다.

형제 여러분, 우리의 간구에 새로워진 믿음을 더합시다. 우리가 처음에 예수님께 갔던 것처럼 다시 예수님께 갑시다. 이 신성한 우물에서 생수를 퍼 올립시다. 지금도 우리의 심신을 상쾌하게 할 물을 퍼 올립시다. 우리가 그동안 방황한 것 때문에 가슴을 치고 소리쳐 회개하면서 가고, 우리를 회복시키시고 예수께서 채우신 샘물에서 우리를 다시금 깨끗이 씻어주시기를 구합시다. 예수께서는 우리의 간구를 들으시는데 더디지 않습니다. 깨어진 것을 싸매고 길 잃은 것을 원 장소로 돌리실 것입니다.

그 다음에 이 믿음의 기도에 매일의 조심스러운 행동을 더하도록 합시다. 쇠퇴라는 미끄러운 절벽에서 미끄러지지 않도록 조심합시다. 우리는 매사에 행동을 조심하고 위대한 파수꾼이신 주님께 큰 소리로 외칩시다. 이분만이 우리를 붙들고 안전하게 지키실 수 있습니다. 형제 여러분, 우리는 하나님에게서 멀리 떨어져 살면서도 천국에 갈 수 있다고, 구원받기만 하면 그것으로 족하다고 잘못 생각하지 않도록 합시다. 형제 여러분, 여러분에게 말씀드립니다. 일어나십시오! "좀 더 뛰어나게", 곧 한층 더 높이 오르기를 여러분의 표어로 삼으십시오! 하나님께서 해를 마주볼 수 있도록 기르신 독수리들처럼 오르십시오! 그 거처가 하늘에 있는 독수리처럼 오르십시오! 골짜기에 오래 머물러 있는 여러분, 일어나십시오. 일어나십시오. 좀 더 투명한 대기로 올라가고, 하나님께 더 나은 봉사를 드리십시오. 나는 주님을 섬기는데 필요한 은혜를 더 주시기를 간절히 바라고, 주님의 봉사에 더욱더 헌신할 수 있게 해 주시기를 간절히 바랍니다! 여러분도 모두 그와 같이 바라면 좋겠습니다. 우리 중 오늘날 가난에 찌든 보잘것없는 신앙의 늪지로 내려가 지내는 사람이 아무도 없기를 바랍니다. 우리는 하나님의 은혜의 해가 아주 찬란히 빛나고 있는 높은 산들에 올라가 세상은 저 아래 두고 하나님과 교제를 누리도록 합시다. 그러면 백발이 사라지고, 독수리처럼 젊음을 되찾을 것입니다.

사랑하는 여러분, 이 설교에는 신자뿐 아니라 불신자에게도 깊은 인상을 줄 수 있는 것이 많습니다. 하나님께서 이 설교가 양날 가진 검이 되어 신자와 불신자 모두에게 상처를 내고 또한 치유할 수 있게 해 주시기를 바랍니다. "주 예수 그리스도를 믿는 자마다 구원을 얻을 것입니다." 여기에 복음이 있습니다. 복음을 받아들이고 복음의 능력으로 사십시오! 아멘.

제 9 장

두 마음

"그들이 두 마음을 품었으니 이제 벌을 받을 것이라."
-호 10:2

이 구절은 한 민족으로서 이스라엘 백성을 가리키는 말씀으로 이해할 수 있습니다. 그리고 이것은 하나님의 교회에도 적용될 수 있는 말씀입니다. 오늘날 그리스도의 교회가 단지 교리에서 어느 정도 분열되어 있고 의식의 시행에서 조금 갈라져 있는 것만이 아니라 마음에서도 다소 나뉘어 있다는 것이 교회가 안고 있는 통탄스러운 중대한 허물입니다. 차이점들이 그리 크지 않아서 하나님의 백성으로서 우리가 여전히 서로 사랑할 수 있고, 악한 주장에 대해 여전히 공동의 전선을 구축하며 교회를 세운다는 공동의 목적을 위해 연합할 수 있다면, 그 허물은 그리 크지 않은 것입니다. 그러나 우리의 교리적 분열이 더 이상 협력할 수 없을 만큼 커지고, 단순한 의식들에 대한 견해가 서로 첨예하게 대립되어서 의견이 다른 교회들에게 더 이상 교제의 손을 내밀 수 없다면, 하나님의 교회에 허물이 있는 것이 분명합니다. "만일 집이 스스로 분쟁하면 그 집이 설 수 없느니라"(막 3:25). 아무리 술수가 능한 바알세불이라도 그의 군대가 일단 분열되면 설 수가 없습니다. 바알세불이 그의 군대에 내분이 있다면 반드시 무너질 것이고, 이 사실은 분열을 극복할 수 있는 재주가 없는 자들에게도 해당될 것이 틀림없습니다.

형제 여러분, 하나님 백성들의 마음에서 일어나는 분열만큼 교회를 높은 위치에서 곧바로 무너뜨리고 그 영광을 훼손하며 성공의 기회들을 감소시킬 수 있는 것은 없습니다. 우리가 성령님을 슬프시게 하고 우리를 떠나시게 만들며, 지존하신 하나님을 노여우시게 하여 교회들에 혹독한 불행을 초래하고자 한다면, 마음이 분열되기만 하면 됩니다. 그러면 그 모든 일이 이루어질 것입니다. 진노의 대접마다 거기에 담긴 악을 다 쏟아내게 하고 기름병마다 기름을 그치게 하고 싶다면 우리가 증오로 발전하기까지 말다툼하기를 좋아하기만 하면 됩니다. 증오가 되기까지 미움을 키우기만 하면 됩니다. 그러면 이 모든 일이 온전히 이루어질 것입니다. 이 일이 교회 안에서 대체로 일어나는 것일지라도, 그것은 오늘날 사도적이라고 불리는 교회들에 특별히 더 해당됩니다. 형제 여러분, 세상에서 아무리 작은 교회라도 마음과 뜻이 하나가 되기만 하면 선을 행할 힘이 있습니다. 목사와 장로, 집사, 교인들이 아무도 끊을 수 없는 세 겹줄로 함께 묶여 있기만 하면, 선을 행할 힘이 있는 것입니다. 그때는 그들이 어떤 공격에도 대항할 만큼 강합니다. 그러나 교인들의 수가 아무리 많고 그들의 부가 아무리 크며, 받은 은사가 아무리 찬란한 것일지라도 그들이 분열되는 순간 선을 행할 힘은 없는 것입니다. 일치단결이 힘입니다. 살아계신 하나님의 군대가 한 마음으로 전투에 나가고, 마치 한 사람이 걷듯이 질서정연하게 행진하여 공격에 맞서 나갈 때, 하나님의 군대는 복이 있습니다. 그러나 우왕좌왕하고, 스스로 분열하여서 적에 맞서 싸울 힘을 잃어버린 교회에는 불행이 기다리고 있습니다. 분열이 활시위를 끊고 창을 부러트리며 말들을 쫓아내며 우리의 전차를 불태워버립니다. 이 완전한 끈을 일단 두 동강내 보십시오. 그러면 우리는 엎어지고 힘은 사라집니다. 우리는 단결하면 살고, 흩어지면 망합니다.

하지만 나는 오늘 아침 본문을 특별히 우리 개인의 상태와 관련해서 살펴보려고 합니다. 나는 각 사람의 마음을 개별적으로 살펴보겠습니다. 만일 몸의 주요한 부분에서 일어나는 분열, 즉 몸의 각 부분들 사이의 분리가 여러 가지 재해를 가져온다면, 그보다 더 나은 왕국, 곧 사람의 마음에서 일어나는 분열은 그 재해가 참으로 심각할 것입니다. 인간 영혼이라는 성읍에 내분이 있다면 공격하는 적이 없을 때라도 그 성읍은 매우 위험한 상황에 처하게 될 것입니다. 인간이라는 작은 섬이 두 왕에 의해 다스려진다면 섬은 무질서해지고 이내 망하게 될 것입니다. 나는 오늘 아침 "그들이 두 마음을 품었으니 이제 벌을 받을 것이라"는 말이 해당될 수 있는 사람들에게 말씀드립니다. 그런 분들에게 말씀을 전하면서 무엇보다 먼저 무서운 병을 언급하고, 둘째로는 그 병의 통상적인 징후들을 이야기하고, 세 번째로 그 병의 슬픈 결과들에 대해서, 네 번째로는 그 병의 미래의 결과들에 대해서 지적할 것입니다.

1. 그러면 본문이 묘사하고 있는 무서운 병에 대해서 살펴봅시다.

사람들의 마음은 나뉘어 있습니다. 나는 이 상태를 무서운 병이라고 하였습니다. 여러분이 무엇보다 병의 위치를 눈여겨보면 이 사실을 금방 알 수 있을 것입니다. 아주 중요한 부분이 병에 걸린 것입니다. 그것은 그저 개선하기만 하면 고칠 수 있는 손에 발생한 병이 아닙니다. 그것은 때로 사용을 자제하면 병세가 완화될 수 있는 발에 생긴 병 정도가 아닙니다. 단지 백내장 수술을 해서 빛이 눈에 들어오게 하는 눈의 질병이 아닙니다. 그것은 치명적인 부위, 곧 마음에 생긴 병입니다. 몸 전체에 영향을 미칠 만큼 지극히 중요한 부분에 발생한 병입니다. 일단 마음에 병이 들면, 특별히 마음이 분열될 만큼 심한 병이 들면 온 몸이 고통스럽습니다. 일단 마음이 병들면 힘과 열정, 동기, 원칙 가운데 손상되지 않는 부분이 하나도 없습니다. 그래서 언제나 교활한 사탄은 어떻게 해서든지 마음을 치려고 합니다. 여러분이 손을 필요로 하면 사탄은 여러분에게 손을 줄 것입니다. 여러분은 정당한 수단으로 돈을 벌 수 있습니다. 여러분이 눈을 필요로 하면 사탄은 여러분에게 눈을 줄 것입니다. 여러분이 겉으로는 정숙할 것입니다. 여러분이 발을 원하면 여러분에게 발을 줄 것입니다. 여러분이 의의 길에서 달리는 것처럼 보일 것입니다. 사탄에게 마음 하나만 갖도록 해 보십시오. 사탄에게 그 요새만 다스리도록 해 보십시오. 그러면 그는 다른 모든 것을 기쁘게 포기할 것입니다. 존 번연은 이것을 옛 마귀가 전능하신 왕께 타협하자고 내걸었던 조건들 가운데 하나로 묘사합니다. 이때 마귀는 이렇게 말했습니다. "당신이 나에게 마음이라는 요새에 들어가 살도록 허락하기만 한다면 인간 영혼의 모든 성읍을 포기하겠소." 그가 내거는 조건과 조항은 확실히 작은 것이었습니다. 그렇습니다. 하지만 마귀여, 그대가 마음을 붙들기만 한다면 다른 모든 것은 포기한다고 했지만, 사실 마음을 손에 넣으면 모든 것을 쥐는 것이다! 마음에서 생명의 활동들이 나오기 때문이다.

따라서 본문에서 말하는 병은 지극히 중요한 부분, 곧 일단 병이 들면 온 몸을 손상시킬 수 있는 부분에 병이 나는 것입니다. 여러분은 여기서 병이 지극히 중요한 부분에 발생할 뿐만 아니라 또한 매우 심각하게 그 부분을 손상시킨다는 사실도 알아차릴 것입니다. 이것은 단지 마음이 두근거린다는 말이 아닙니다. 마음으로부터 나오는 생명의 물결이 더 얕아졌고 속도가 느려졌다고 말하는 것이 아닙니다. 이 모든 것보다 더 나쁜 어떤 일이 발생했다고, 즉 마음이 나뉘어서 완전히 둘이 되었다고 말하는 것입니다. 돌같이 딱딱한 마음은 살처럼 부드럽게 변할 수가 있습니다. 그러나 둘로 나뉜 마음을 여러분이 원하는 대로 다루어 보십시오. 마음이 둘로 갈라져 있는 한에는 모든 것이 병들게 됩니다. 하나의 기관이어야 하는 것이 둘이 되면 바르게 진행될 수 있는 것이 아무것도 없습니다. 하나의 동력이 생명의 물결을 각기 다른 두 수로를 통해서 보내면 내부적으로 갈등과 다툼이 일어나게 됩니다. 사람에게는 하나가 된 심장이 생명입니다. 그러나 지극히 고귀하고 깊은 영적 의미에서 심장이 둘로 갈라진다면 사람은 죽습니다. 그것은 지극히 중요한 부분에 영향을 끼칠 뿐만 아니라 아주 치명적인 방식으로 영향을 끼치는 병입니다.

그러나 또 여기서 우리가 둘로 나뉜 마음에 대해서 생각할 때 그것이 그 자체로 매우 역겨운 분열이라는 사실을 알아야 합니다. 이 병에 걸린 사람들은 자신이 불결하다고 생각하지 않습니다. 사실 그들은 자신의 그런 상태에도 불구하고 사회의 온갖 군데를 찾아다니려고 합니다. 감히 교회에 들어가려고 하고 교회의 성찬을 받고 교인으로 가입하려고도 합니다. 그러고 나서는 나가서 세상과 뒤섞이려고 합니다. 그들은 자신이 정직하지 못한 행동을 하였다고 생각하지 않습니다. 자기는 정직한 세상 사람들과 어울리고 또 진실한 그리스도인들과도 지낼 수 있다고 생각합니다. 사람이 얼굴에 반점이 있거나 다른 사람들의 눈에 뻔히 보이는 어떤 병이 있다면 틀림없이 그는 사회에서 물러나 혼자 있으려고 할 것입니다. 그런데 두 마음을 가진 사람은 그렇게 하지 않습니다. 그는 자신의 병이 지극히 역겨운 것임을 전혀 모른 채 어디든지 갑니다. 어떻게 그런 일이 있을 수 있는지 설명할까요? 거울을 들어 사람의 마음을 보십시오. 그러면 사탄과 죄가 거기에서 다스리고 있기 때문에 마음이 역겨운 것을 알게 될 것입니다. 그 사람은 돌아다니며 옳은 것과 그른 것을 충분히 알고, 죄짓는 것을 불편하게 생각하면서도 온갖 악을 아주 사랑하기 때문에 귀신들이 들어와서 자기 마음에 거하게 내버려둡니다. 그런데 그의 역겨움은 이보다 더 심각합니다. 그는 실제로 죄 가운데서 생활하고 있으면서도 스스로 하나님의 자녀인 체하는 역겨운 위선자이기 때문입니다. 세상에서 정직한 사람의 코에 고약한 냄새를 피우는 것들 가운데 가장 역겨운 것은 위선입니다. 여러분이 세상 사람이면, 세상 사람으로 지내십시오. 여러분이 사탄을 섬기는 사람이라면 사탄을 섬기십시오. 바알이 신이면 그를 섬기십시오. 다만 자신과 죄를 섬기는 것을 숨기고 마치 하나님을 섬기는 체하지 마십시오. 그 가면을 벗고, 여러분의 본 모습대로 사십시오. 교회는 가면무도회를 하기 위해 세워진 곳이 아닙니다. 자신의 본래 색깔을 분명하게 드러내십시오. 여러분이 사탄의 신전(神殿)을 좋아한다면 그렇다고 말해서 사람들도 그것을 알도록 하십시오.

그러나 여러분이 하나님을 섬기려고 한다면, 하나님을 섬기되 하나님께서 질투하시는 하나님이시고 마음을 살피며 사람들의 중심을 조사하는 하나님이시라는 것을 알고 진심으로 섬기십시오. 두 마음이라는 이 병은 역겹기 짝이 없는 병입니다. 그 사람을 알기만 한다면, 그의 병이 너무도 역겨워서 세상에서 지극히 악한 사람들도 그와 상종하려고 하지 않을 것입니다. 나는 그동안 이런 예들을 때때로 보아왔습니다. 신앙심이 깊고 꼬박꼬박 예배당에 출석하는 것처럼 보이는 사람이 어느 날 보니까 지극히 추잡한 댄스홀에 들어가는 것입니다. 그는 이내 방탕한 생활에 뛰어들어 아주 악하게 생활합니다. 머지않아 사람들의 눈에 띌 만큼 됩니다. 그러면 악한 사람들도 올바른 의식이 깨어납니다. "저 친구, 쫓아버려"라는 것이 그들의 일치된 평결입니다. 사람이 두 마음을 품을 때, 즉 사람이 옳은 일도 하고 그릇된 일도 하려고 할 때, 하나님도 섬기고 사탄도 섬기려고 할 때, 그의 병은 아주 역겹고 부패하기 그지없어서 이마에 나병이 퍼진 세상 사람들조차도 그를 멸시하고 미워하며 피합니다.

그 다음에 이 병은 역겹기만 한 것이 아닙니다. 나는 이것이 고질적이기 때문에 고치기 어려운 병이라는 사실에 주목하지 않을 수 없습니다. 이것은 강한 고통을 동반하는 급성병이 아니라 만성병입니다. 이 병은 인간 본성에까지 침투하였습니다. 여러분은 두 마음을 어떻게 다루겠습니까? 이것이 다른 부분에 발생한 병이라면 랜싯(lancet)으로 찾아낼 수 있고, 약으로 고칠 수도 있을 것입니다. 그러나 두 마음에 손을 댈 수 있는 의사가 있습니까? 아무리 솜씨 좋은 의사라도 하나님과 마귀 사이에서 분열된 영혼의 찢어진 신체들을 결합할 수 있겠습니까? 이것은 사람의 본성에 침투하고 핏속에 들어갈 병입니다. 그래서 아무리 강력한 약도 찾아내지 못합니다. 이것은 사실 전능한 은혜 외에는 아무것도 치료할 수 없는 병입니다. 그런데 마음이 하나님과 귀신 사이에서 나뉘어 있는 사람에게는 아무 은혜가 없습니다. 그는 하나님의 원수이고 교회를 해치는 자입니다. 그는 하나님의 말씀을 멸시하는 자이고 추수 때 영원한 불에 던져지기 위해 묶이는 곡식단과 같은 자입니다. 병이 그에게 뿌리 깊이 박혀 있어서 내버려두면 지극히 두려운 결말이 이를 것입니다. 그 병의 결국은 확실한 파멸입니다.

나는 한 가지 점만 더 살펴보고, 이 병에 대한 설명을 끝내겠습니다. 본문의 히브리어에 따르면 이 병은 치료하기가 매우 까다롭습니다. 그것이 사람을 우쭐하게 만드는 병이라는 사실을 생각할 때 그렇습니다. 본문은 이렇게 번역할 수도 있을 것입니다. "그들의 마음이 그들에게 아첨하니 이제 벌을 받을 것이라." 세상에는 교활하게 아첨하는 사람들이 많습니다. 그러나 가장 교활한 것은 사람의 마음입니다. 사람의 마음은 죄에 대해서조차 사람에게 아첨하는 말을 합니다. 어떤 사람이 욕심 많은 구두쇠입니다. 그런데 그의 마음은 그에게 적절한 사업적인 습성을 보이고 있는 것뿐이라고 발림말을 합니다. 그런가 하면 사치스럽고, 자신의 악한 열정을 만족시키는데 하나님의 선물들을 낭비하는 사람이 있습니다. 그런데도 그의 마음은 그가 자유로운 영혼이라고 말합니다. 사람의 마음은 "단 것을 쓰게 만들고 쓴 것은 달게" 만듭니다. 사람의 마음은 "만물보다 거짓되고 심히 부패해서"(렘 17:9) 뻔뻔스럽게도 "흑암으로 광명을 삼으며 광명으로 흑암을 삼습니다"(사 5:20). 사람이 두 마음을 품을 때는 일반적으로 우쭐해집니다. 그는 이렇게 말합니다. "내가 술을 너무 많이 마시는 것은 사실이지만, 구제금으로 몇 푼 내는 것을 한번도 거절한 적이 없어요." 그는 또 말합니다. "사실 내가 충분히 도덕적인 사람이 아닌 것은 분명합니다. 하지만 내가 얼마나 꼬박꼬박 예배당에 나가는지 보세요." "나는 장사하면서 때때로 속임수를 한두 번 사용하는 것에 개의치 않는 것은 사실입니다. 하지만 나는 언제든지 가난한 사람들을 도우려고 해요."

이렇게 그는 자기 성품의 악한 특성을 선한 특성으로 지운다고 생각하고, 그렇게 해서 마음이 우쭐해집니다. 그가 스스로 얼마나 만족해하는지 보십시오. 하나님의 가엾은 자녀는 아주 깊은 근심으로 자신의 마음을 힘들게 하고 있습니다. 그런데 이 사람은 그런 것을 전혀 알지 못합니다. 그는 자신이 옳다고 언제나 굳게 확신하고 있습니다. 참된 신자는 매일 앉아서 계산서를 넘기며 자신이 정말로 천국에 이르는 길에 서 있는지 아니면 자신의 증거를 잘못 읽고 속고 있는지 살펴봅니다. 그러나 이 사람은 자기만족에 빠진 채 붕대로 눈을 가리고서 유유히 노래를 부르며 곧장 자기 파멸을 향하여 갑니다. 나는 지금 그와 같은 사람들이 몇몇 있다는 것을 압니다. 성령께서 그들의 눈을 열어주시지 않는 한, 그저 내가 그들의 성품이 어떻다고 말하는 것으로는 충분하지 않을 것입니다. 그들은 내가 그들의 모습을 생생하게 묘사하고 세세하게 그릴지라도 자신의 모습을 알지 못하고, 틀림없이 이렇게 말할 것입니다. "아, 저 사람이 나를 두고 말할 리가 없을 거야. 나는 아주 선량하고 아주 경건하니까, 그가 한 말 가운데 나를 가리키는 말이 있을 리 없어."

여러분은 언제나 아주 심각해 보이며 엄청나게 우울한 얼굴을 하고서 듣기 좋은 콧소리로 영어를 말하며 기분 좋게 단어를 발음하는 부류의 사람들을 압니까? 그런 사람들을 조심하십시오. 얼굴에 잔뜩 경건한 표정을 짓고 다니는 사람은 대체로 마음에 든 것이 거의 없습니다. 창문에 물건을 잔뜩 전시해놓는 상인들이 창고에는 물건이 거의 없는 경우가 많습니다. 신자라고 하는 이 사람들도 그와 같습니다. 자신이 신앙인이라는 것을 알아보는 사람이 아무도 없었습니다. 그래서 그들은 사람들이 자기를 알아보지 못하는 일이 없도록 스스로에게 딱지를 붙인 것입니다. 신앙인인 체하는 그들의 모습이 없었다면 여러분은 그들을 세상 사람으로 알았을 것입니다. 그들은 자신이 그런 모습을 계속 갖추고 있으면 세상을 잘 통과할 수 있을 것이라고 생각합니다. 나는 그들이 하나님의 법정에서 자신이 받아들여질 것이고 전지하신 하나님을 속일 수 있을 것으로 생각하지 않기를 바랍니다. 그런 사람들이 있다면, 슬픈 일입니다! 그들의 마음은 나뉘어 있습니다. 이것이 역겹고 매우 치명적이긴 하지만 결코 희귀한 병이 아닙니다. 오늘날 이 병은 널리 유행하고 있습니다. 선량하고 훌륭한 사람으로 간주되는 영국인들 가운데 수많은 사람이 이 병에 걸려 있습니다. 그들의 머리는 온통 병들었고, 마음은 둘로 나뉘어 있기 때문에 힘이 없습니다. 그들은 용기가 부족해서 철저히 죄인이 되지 못하고, 또 진실성이 부족해서 참으로 경건한 하나님의 백성도 되지 못합니다.

2. 지금까지 이 병을 설명했으니, 이제는 이 병의 징후들을 살펴보겠습니다.

사람의 마음이 나뉘어 있을 때 가장 흔히 볼 수 있는 징후들 가운데 한 가지는 예배에서 나타나는 형식적인 태도입니다. 여러분은 신자들 가운데 교리를 아주 철저히 믿고 교회의 법규와 정치에 아주 감탄하는 사람들이 있는 것을 알 것입니다. 여러분은 그들이 자신의 견해와 다른 사람들을 모두 무시하고 싫어하며 혐오하는 것을 볼 것입니다. 그 차이점이 지극히 사소한 것임에도 불구하고 그들은 일어서서 규정 하나하나를 위해 싸우고 교회 문에 박혀 있는 오래된 녹슨 못 하나까지도 지키려 하며, 그들의 고유한 어떤 교리는 그 음절 하나까지도 모조리 이의 없이 받아들여야 한다고 생각합니다. "이것은 처음에 그러하였듯이 지금도 그러해야 하고 마지막까지 언제나 그러해야 한다"는 것이 그들의 주장입니다. 이 사람들이 대부분 형식을 아주 열렬하게 옹호하는데, 이는 그들이 능력은 없고 자랑할 것이 그것밖에 없기 때문이라는 것이 내가 경험을 통해서 아는 바이고, 여러분도 아마 경험을 통해서 확실히 아는 사실일 것입니다. 그들은 신조가 있지만 믿음은 없습니다. 그들 속에는 생명이 없고 그 자리를 외적인 의식으로 채웁니다. 그러므로 그들이 외적인 의식을 열렬히 변호하는 것이 어찌 이상한 일이겠습니까?

경건한 생활이 참으로 귀하다는 것을 아는 사람, 곧 경건한 생활의 활력을 아는 사람, 깊은 곳에 뿌리를 박고 있는 마음의 힘을 아는 사람은 형식도 사랑하지만 성령님을 사랑하는 만큼 사랑하지는 않습니다. 그는 문자를 인정하지만 요점과 본의를 더 좋아합니다. 그는 아마도 마땅히 생각해야 하는 만큼 형식을 생각하지 않는 경향이 있을지 모릅니다. 왜냐하면 그는 먼저 신실한 그리스도인의 한 집단에 가담하고 그 다음에는 또 다른 집단에 가담하며 이렇게 말할 것이기 때문입니다. "주님의 임재를 누릴 수 있다면 내가 어디에 있느냐 하는 것은 작은 문제에 지나지 않는다. 그리스도의 이름이 칭송받는 것을 보고 그의 단순한 복음이 전파되는 것을 볼 수만 있다면, 그것으로 족하다. 그것이 내가 바라는 전부이다." 마음이 나뉘어 있는 사람, 참된 경건이 없는 사람은 그렇지 않습니다. 그는 아주 편협한 사람입니다. 다시 한번 말하지만 그는 편협한 사람일 수 있습니다. 그에게 있는 모든 것은 빈껍데기입니다. 그러므로 그가 걸핏하면 그 빈껍데기를 위해서 싸우려고 한다는 것이 참으로 이상한 일이 아닙니까? 여러분은 많은 사람들이 우리의 단순한 예배 형식에 대해서조차 불편하게 생각하는 것을 볼 것입니다. 그들은 하나님의 집에서 단지 경건한 행위만 보여서는 안 되고 단순한 경배 이상의 어떤 것이 항상 지켜져야 한다고, 다시 말해 모여 있는 모든 사람의 마음에 노예근성의 비굴하고 폭군 같은 두려움이 있어야 한다고 주장하려고 합니다. 그들은 우리 예배의 작은 부분들 하나하나가 모두 언제나 전통적인 예법에 따라 시행되어야 한다고 합니다. 흔히 그렇듯이 이 사람들은 경건의 능력에 대해서는 아무것도 모르고, 알맹이가 없기 때문에 이 하찮은 껍질들을 얻으려고 다툴 뿐입니다. 그들은 "땅 아래에 저장한 물"(신 33:13)을 발견하지 못하였으면서도 표면을 차지하려고 싸웁니다. 그들은 복음이라는 풍부한 광산에 들어 있는 귀한 광석들을 알지 못합니다. 그래서 잡초와 엉겅퀴가 덮여 있을지라도 표면을 차지하는 것으로 아주 만족해합니다. 종교의 형식에 구애되는 것은 두 마음을 가진 사람의 성품에 아주 흔히 나타나는 특성입니다.

하지만 이것이 가장 두드러진 징후는 아닐 것입니다. 그런 사람의 성품에서 볼 수 있는 또 한 가지 표시는 모순된 행동입니다. 여러분이 그를 좋게 생각하고 싶다면 그를 항상 지켜보아서는 안 됩니다. 여러분은 그를 만나는 날들에 대해 조심해야 합니다. 주일에 그를 만나면, 그가 성인(聖人)처럼 보일 것입니다. 토요일 밤에는 그를 만나지 마십시오. 아마도 여러분은 그가 토요일에는 이루 말할 수 없이 악한 죄인들과 아주 흡사한 것을 발견할 것입니다. 나는 세상의 모든 사람들 가운데 이 사람들을 가장 두려워합니다. 그들의 처한 위치가 위험하고 거짓된 것임을 알기 때문입니다. 그런 여러분은 힘을 다해 교회를 따르면서 또한 세상을 따르는 사람들입니다. 여러분은 어느 날 저녁에는 시온의 거룩한 찬송을 부르고, 또 다른 시간에는 자주 드나드는 유흥가에 가서 불경스럽고 외설적인 노래를 부를 수 있습니다. 여러분은 먼저 하나님의 백성들과 함께 하나님을 섬기고, 그 후에는 다른 많은 세상 사람들과 함께 악을 행합니다. 형제 여러분, 이것은 정말이지 끔찍한 일입니다. 무서운 병이 들었음을 보여주는 끔찍한 표시입니다. 여러분이 일관성이 없는 생활을 한다면 두 마음을 품고 있는 것이 틀림없습니다. 목사가 자기 교회에 대해서 교인들 가운데 위선자가 한 사람도 없다고 말할 수 있다면, 그것은 복된 상황입니다. 그러나 내가 부름을 받아 목회하고 있는 교회처럼 큰 교회에 대해서는 그렇게 말할 수 없다고 솔직하게 말씀드립니다. 친구 여러분, 여러분 가운데는 목사가 보지 못하는 죄를 짓는 분들이 있을 수 있습니다. 장로도 집사도 아직까지 여러분을 발견하지 못하였습니다. 여러분은 그동안 꽤 바르게 악을 행해왔습니다. 어쩌면 여러분의 죄가 매우 교묘해서 전혀 교회의 징계를 받지 않을 수가 있을 것입니다. 하지만 여러분은 자신의 생활이 신앙 고백과 일치하지 않는다는 것을 알고, 여러분의 양심도 그 사실을 말합니다. 살아계신 하나님을 의지하여 여러분에게 엄명합니다. 여러분과 나는 마지막 큰 날에 하나님의 두려운 법정에서 얼굴을 마주 대하고 서야 하므로, 지금 신앙 고백을 버리든가 아니면 신앙 고백에 충실하십시오. 더 이상 그리스도인이라는 소리를 듣지 않든가 아니면 진실로 그리스도인답게 행하십시오. 여러분이 주님의 본을 따라 살 수 있도록 은혜를 더욱 구하십시오. 그렇지 않으면 제발 부탁하건대, 교인의 자격을 포기하고 더 이상 신앙이 있는 체하지 마십시오. 여러분이 내 말대로 하려고 한다면 정직하게 그 일을 하십시오. 여러분이 그렇게 했다는 말을 들으면 나는 기쁠 것입니다. 모순된 생활이야말로 두 마음을 보여주는 확실한 표시입니다.

그 다음에, 두 마음을 보여주는 또 한 가지의 표시를 보지 않을 수 없는데, 그것은 바로 목표의 변덕스러움입니다. 내가 지금 묘사할 사람은 여러분이 그동안 살면서 종종 만났던 사람일 수 있습니다. 종교적인 문제로 열린 공적 집회에 참석한 어떤 사람이 갑작스럽게 선을 행하고자 하는 열심에 사로잡힙니다. 그 자신이 이교도에게 가는 선교사가 되지는 않을지라도 그 일을 위하여 재산을 바치려고 합니다. 그 다음 한 주 동안에 그의 입에서는 선교 사업에 대한 이야기밖에 나오지 않습니다. 그리고 얼마 후에 그가 어떤 정치적 집회에 참석합니다. 이제 그의 앞에는 정치 개혁의 문제밖에 없습니다. 그 다음 주에는 공중 위생국의 회의에 참석하게 됩니다. 이제 그가 관심을 갖는 것은 적절한 배수 방법밖에 없습니다. 종교, 정치, 사회 경제가 각각 돌아가며 그의 관심을 끕니다. 그의 관심을 사로잡은 주제가 나타나면 다른 모든 것은 뒤로 밀려납니다. 이 사람은 처음에 한 방향으로 달렸다가, 그 다음에는 다른 방향으로 달립니다. 이들의 신앙은 매우 돌발적입니다. 이들은 마치 사람들이 학질에 걸리듯이 갑작스럽게 신앙에 빠집니다. 그들을 갑작스럽게 떨다가 조금 있으면 조용해집니다. 때로는 아주 열광적이 되었다가 조만간에 차갑고 냉랭해집니다. 그들은 신앙을 취했다가 다음에는 다시 내려놓습니다. 이 사실이 바로 그들이 두 마음을 가졌으며, 하나님 보시기에 병들었고, 하나님의 얼굴을 보지 못할 역겨운 사람들이라는 점을 입증합니다.

한 가지만 더 말씀드리고 징후들에 대한 언급을 끝내겠습니다. 신앙의 경박함이 많은 경우에 두 마음을 보여주는 표시입니다. 여기서 나는 내 나이 또래의 분들에게 좀 더 직접적으로 말씀드립니다. 신앙을 가볍고 하찮게 대하는 태도가 아마도 젊은이들이 아주 흔히 범하는 죄일 것입니다. 특별히 젊은 그리스도인들에게는 진지함이 필요합니다. 나이 든 사람들은 항상 마음을 밝게 하는 것을 목표로 삼아야 합니다. 나이 든 사람들은 생각이 슬퍼하는 데로 치우치는 경향이 있기 때문입니다. 의기소침하기보다는 경박하기가 쉬운 경향이 있는 젊은 신자는 진중한 마음가짐을 갖기를 바라야 할 것입니다. 형제 여러분, 우리가 신앙적인 일들을 경박하게 이야기한다면, 농담하기 위해 성경 본문을 인용한다면, 마치 일반 식사를 하는 것처럼 주의 성찬을 대한다면, 세례를 마치 일반적인 하나의 의식에 지나지 않는 것처럼 생각하여 전혀 엄숙한 태도를 보이지 않고 대한다면, 우리가 두 마음을 품고 있음을 보여주는 것이 아닌가 하는 염려가 듭니다. 자신의 죄를 깨달은 사람이 정말로 그리스도의 사랑을 알게 되면 신성한 사실들을 만날 때는 언제나 신성하게 대한다는 것을 압니다. 우리는 주의 성찬상에 나갈 때 경박한 마음으로 나가지 않습니다. 너무 엄숙하게 생각해서 우리가 아예 성찬상에 나가지 못하던 때가 있었습니다. 세례에 대해서 생각할 때 자기 마음을 살피지 않고, 자신의 동기를 잘 들여다보지 않고, 마음에 참된 신앙심이 없이 세례를 받으러 오는 사람은 완전히 헛된 일을 하는 것입니다. 자기를 살피지 않고 그릇되게 성찬을 먹고 마시는 사람이 자기 죄를 먹고 마시듯이 믿음이 없이 세례를 받는 사람은 복이 아니라 정죄를 받을 수가 있습니다. 마음의 경박함은 많은 경우에 두 마음을 품고 있음을 보여주는 표시입니다.

3. 이제 우리는 세 번째 요점, 곧 두 마음을 품은 슬픈 결과들을 살펴볼 때가 되었습니다.

사람의 마음이 둘로 나뉠 때, 그의 상태는 즉시 더할 수 없이 나빠집니다. 그 자신에 대해서 말하자면, 그는 불행한 사람입니다. 마음속에 경쟁하는 두 세력이 있는 동안에 행복할 수 있는 사람이 누가 있겠습니까? 영혼은 자신을 위한 보금자리를 찾아야 합니다. 그렇지 않으면 쉴 수가 없습니다. 두 나뭇가지 사이에서 쉬려고 하는 새는 결코 평안을 얻지 못할 것입니다. 마찬가지로 안식처를 두 군데서, 곧 처음에는 세상에서 그 다음에는 구주님에게서 안식처를 찾으려고 하는 영혼은 기쁨도 위로도 결코 얻지 못할 것입니다. 하나로 통일된 마음은 행복한 마음입니다. 그래서 다윗은 "일심으로 주의 이름을 경외하게 하소서"(시 86:1)라고 말합니다. 하나님께 자신을 전부 드리는 사람들은 복 있는 사람들입니다. 그들은 "그 길이 즐거운 길이요 그의 지름길은 다 평강이라"(잠 3:17)는 것을 발견하기 때문입니다. 이것도 아니고 저것도 아닌 사람들은 언제나 불안하고 비참합니다. 자신이 잘못되었다는 것을 깨닫고, 그 점을 의식하게 되면 마음이 심하게 흔들리고, 불안과 병과 두려움에 사로잡히게 됩니다. 그런 사람은 기본적으로 불행한 사람입니다.

그 다음에 그는 교회 안에서 쓸모가 없습니다. 그런 사람이 우리에게 무슨 유익을 줄 수 있겠습니까? 우리는 그런 사람을 강단에 세워서 자신이 실행하지도 못하는 복음을 전하게 할 수 없습니다. 우리는 그런 사람을 집사로 세워 교회에 봉사하게 할 수 없습니다. 오히려 그의 생활이 교회를 망칠 것입니다. 우리는 그를 장로로 세워서 교회의 영적인 일들을 맡길 수 없습니다. 그 자신이 영적인 사람이 되지 않고서는 그런 문제를 맡을 수 없기 때문입니다. 그는 모든 점에서 우리에게 유익을 주지 못합니다. "사람들이 그들을 내버린 은이라 부르게 될 것이라"(렘 6:30). 그의 이름이 교회 명부에는 있을 수 있지만, 차라리 그 명부에서 지워버리는 것이 낫습니다. 그가 우리 가운데 앉아 있으며 기부금을 낼 수 있지만, 비록 자신의 재능을 배로 발휘하고 기부금을 세 배로 늘린다고 할지라도 우리는 그의 기부금 없이 지내는 것이 나을 것입니다. 마음이 하나가 되어 온전히 그리스도께 바쳐지지 않은 사람은 아무도 하나님의 교회에서 지극히 작은 봉사도 드릴 수 없다는 것을 우리는 압니다.

그러나 이것만이 아닙니다. 그는 또한 세상에 위험한 사람입니다. 그런 사람은 건강한 사람들 가운데 두루 돌아다니는 나병환자와 같습니다. 술주정뱅이는 혼자 떨어져서 지내는 나병환자입니다. 그는 상대적으로 작은 해밖에 끼치지 않습니다. 왜냐하면 그가 술 취해 있을 때는 나병환자와 같아서 사회로부터 쫓겨나기 때문입니다. 그의 술 취한 모습 자체가 사람들에게 "부정하다, 부정하다, 부정하다!" 하고 소리칩니다. 그러나 이 사람은 신자입니다. 그래서 사람들이 묵인해 줍니다. 그는 자신이 그리스도인이라고 말하고, 그래서 어떤 사회든지 들어갈 수가 있습니다. 그렇지만 그의 속에는 온갖 썩은 것과 속이는 것 투성이입니다. 무덤처럼 겉에는 회반죽을 발랐을지라도 그는 지극히 악한 사람들보다 세상에 더 위험한 존재입니다. 그를 단단히 묶어두고 풀어주지 마십시오. 그에게 감옥을 지어주십시오. 그런데 이것은 소용 없는 일입니다. 위선자들을 집어넣기 위해 감옥을 지으려고 한다면, 런던 전체도 감옥을 지을 땅으로 충분하지 않을 것입니다. 형제 여러분, 그들을 묶어둘 수도 없지만, 아주 뜨거운 날씨에 미친 듯이 짖어대는 개도 두 마음을 품은 사람, 곧 입에 위선이라는 맹렬한 독을 머금고 돌아다니며 독에 의한 오염으로 사람들의 영혼을 죽이는 사람의 절반만큼도 사람들에게 위험하지 않습니다.

그는 스스로가 불행하고 교회에 쓸모없으며, 세상에는 위험할 뿐만 아니라 또한 모든 사람에게도 멸시를 받습니다. 그가 누구인지 알면 아무도 그를 받아들이지 않습니다. 세상이 거의 그를 인정하지 않을 것이고, 교회는 그에게 책망밖에 줄 것이 없을 것입니다. 그러나 무엇보다 진지하게 생각할 점은 이 사람이 하나님 보시기에 부도덕한 사람이라는 것입니다. 무한히 정결하신 분의 눈에 그는 지극히 불쾌하고 혐오스러운 존재입니다. 그의 마음은 둘로 나뉘어 있습니다. 정결하고 거룩하신 하나님은 먼저 그의 죄를 미워하시고, 둘째로 그가 감추려고 애쓰는 거짓말을 미워하십니다. 하나님께서 죄인들을 다른 어떤 곳에서보다 역겹게 느끼시는 곳이 있다면 그것은 바로 하나님의 교회입니다. 개가 개집에 있는 것은 아주 보기 좋습니다. 그러나 개가 왕의 알현실에 앉아 있는 것은 아주 부적절합니다. 죄인이 세상에 있는 것은 아주 나쁩니다. 그러나 교회 안에 있는 것은 가증한 일입니다. 보호 시설에 있는 미치광이는 동정을 받는 존재입니다. 그러나 자신이 미치지 않았다고 항의하며 해를 끼칠 수단을 얻기 위해 우리 가운데 밀고 들어오려고 하는 사람은 동정을 받지 못하는 것만이 아니라 기피대상으로 여기게 되고 구속해야 할 필요를 느끼게 만드는 존재입니다. 하나님은 죄가 어느 곳에 있든지 미워하십니다. 그러나 죄가 거룩한 제단에 손을 댄다면, 죄가 와서 제단에서 타오르고 있는 제물에 무례하게 손을 댄다면, 하나님은 몹시 싫어하며 손을 쳐서 치워버리실 것입니다. 사람들 가운데서 누구보다도 강력한 천둥번개를 맞고 벼락을 맞을 자리에 설 사람은 두 마음을 품고서 하나님을 섬긴다고 고백하며 마음으로는 죄를 섬기고 있는 사람들입니다. 조심하십시오. 죄인이여, 조심하십시오. 여러분이 계속해서 죄 가운데 달려가면 형벌을 만날 것입니다. 어쨌든, 위선자여, 여러분의 길을 조심하십시오. 여러분의 죄와 거짓말이 여러분의 머리에 치명적이고 신속한 파멸을 가져올 것이기 때문입니다.

4. 끝으로, 두 마음을 품은 사람이 크게 구원받지 않는 한 만날 장래의 형벌에 대해서 몇 마디 말씀드리겠습니다.

나는 오늘 아침 할 수 있는 대로 힘을 다해 충실하게 설교하려고 애썼습니다. 그러나 하나님의 자녀들 가운데 많은 사람들이 이런 설교에서 음식을 얻지 못하는 것 같습니다. 그것은 내가 의도하는 바가 아닙니다. 복음이라는 큰 그릇을 체질을 하는 조리와 뒤섞는 것은 올바른 일이 아닙니다. 나는 여러분에게 밀도 주고 체질을 하는 조리도 줄 수 없습니다. 나는 오늘 아침 목사로서 손에 키를 들고 마지막 날에 "정결케 하시는 분"으로 오실 하나님의 이름으로 이 타작마당을 아주 깨끗이 하려고 노력하였습니다. 그 사실을 알든지 모르든지 간에 우리 모두에게는 그 일이 필요합니다. 가장 훌륭한 그리스도인도 때때로 자신의 동기에 대해서 스스로를 조사해 볼 필요가 있습니다. 하나님의 자녀들이 먹지 못할 때는 그들에게 먹을 것을 주시겠다는 풍부한 약속대로 그냥 먹게 되는 것보다, 이런 기회에 자신을 조사해보는 것이 그들에게 더 유익한 경우가 종종 있습니다. 여러분, 오늘 아침 이처럼 많은 사람들 가운데서 두 마음을 품고 있는 사람이 하나도 없습니까? 이 모든 회중이 전부 정말로 빛을 받고 부름을 받으며 구원을 받은 진지한 그리스도인들뿐이라고 생각할 수 있겠습니까? 자신의 위치를 잘못 알고, 자신이 염소들 가운데 있어야 하는데 양들 가운데 있는 사람은 하나도 없습니까? 실제로는 바알을 예배하면서도 뻔뻔스럽게 하나님의 제사장들 가운데로 끼어든 사람이 이 자리에 한 명도 없습니까? 그 다음에, 마지막으로 하나님께서 세상을 심판하러 오실 때 위선자의 두려운 상태를 설명하도록 하겠습니다.

위선자는 뻔뻔스러운 얼굴로 의인들의 회중 가운데 들어옵니다. 보좌로부터 "가라지는 먼저 거두어라"(마 13:30)는 명령이 발하여졌습니다. 그는 이 명령을 듣고도 얼굴이 창백해지지 않습니다. 그의 뻔뻔함은 지금까지도 계속됩니다. 그는 여전히 문을 두드리며 "주여, 주여, 문을 열어주십시오" 하고 말합니다. 분리하는 천사가 날아옵니다. 왼쪽에서 가라지들을 불태우기 위해 묶을 때 악인들의 얼굴에 공포의 빛이 떠오릅니다. 그런데 목사들, 성도들, 사도들 가운데 서 있는 자들이 갑자기 그들 가운데서 불려나와 단으로 묶일 때 얼마나 놀라고 당황하게 될지 생각해 보십시오. 하늘 높은 데서 내려오는 독수리처럼 죽음의 천사가 무시무시하게 그를 덮쳐 낚아채어 데려갑니다. 검은 천사가 말합니다. "너는 가라지다. 네가 알곡 곁에 자랐지만 네 본성이 바뀌지 않았다. 알곡에 내리는 이슬이 네게도 내렸고, 알곡에 비추는 햇빛을 너도 누렸다. 그런데도 너는 여전히 가라지다. 그래서 네 운명도 그대로이다. 너는 다른 가라지들과 함께 묶여서 불에 태워질 것이다." 여러분, 천사가 강한 손으로 그를 뿌리째 뽑아 데려갈 때, 자신을 성도로 생각했던 그가 죄인들과 함께 묶여 파멸당하려고 할 때 그 놀라움이 얼마나 크겠습니까?

그가 어떤 환영을 받을지 생각해 보십시오. 그는 악인들 가운데로 들어갑니다. 이 악인들은 그가 한때 바리새인의 어조로 비난했던 자들입니다. 이제 그 악인들이 말합니다. "그가 왔다. 우리를 가르쳤던 그 사람이 왔어. 우리에게 더 낫게 행하라고 가르친 그 훌륭한 사람이 왔다. 제 스스로 이 자리에 와서 결국 자신이 멸시했던 자들보다 조금도 낫지 못하다는 것을 알았어." 그 다음에 여러분이 할 수 있다면, 내부의 지하 감옥, 따로 준비된 불타는 거처, 지극히 무거운 절망의 사슬을 생각해 보십시오. 할 수 있다면, 그 두려운 파멸을 생각해 보십시오. 이 세상에서 교회를 속이고 하나님의 이름을 더럽혔지만 이제는 정체가 탄로나 수치를 당하는 그 사람을 당황스럽게 만들, 그 어떤 것보다 큰 두려움을 생각해 보십시오. 일반 죄인들은 일반 감옥에 갇힙니다. 그러나 이 사람은 내부 감옥에 들어가고 절망의 차꼬에 단단히 묶일 것입니다.

신자라고 하는 여러분, 떠십시오. 절반만 신자인 여러분, 두려워 떠십시오. 하나님을 경외하는 체하지만 우상들도 섬기는 사마리아 사람 같은 여러분, 떠십시오. 여러분이 알지 못하는 날에, 하나님의 맹렬한 분노가 온 땅에 쏟아지는 날에 숨을 바위를 찾고 여러분을 가려줄 산을 찾지만 아무 피할 곳이 없을 그 날에 떨림이 여러분에게 임하지 않도록, 지금 두려워 떠십시오.

이제 여러분에게 잠시 복음을 전하지 않고서 그냥 여러분을 보낼 수는 없습니다. 아마도 이 자리에 이렇게 말할 분이 있을 것입니다. "목사님, 내 마음은 둘로 나뉘기만 한 것이 아니라 상하기도 했습니다." 둘로 나뉜 마음과 상한 마음 사이에는 아주 큰 차이가 있습니다. 두 마음은 둘로 갈라진 마음이고, 상한 마음은 산산이 깨져서 조각조각 났지만 둘로 나뉘지는 않은 마음입니다. 상한 마음은 어떤 의미에서 거만한 희망이 산산조각 난 것이고, 또 다른 의미에서 구원받기를 간절히 바라는 열망이 녹아버린 것입니다.

가엾은 상한 마음이여, 나는 그대를 책망한 것이 아닙니다. 그대는 오늘 아침 그대의 죄가 치워지기를 바랍니까? 그렇다면 그대는 상한 마음의 깊은 밑바닥으로부터 이렇게 외치십시오. "주님이여, 저를 위선으로부터 구원해 주소서.

만일 제가 주의 것이 아니라면 제가 현재 어떤 사람이든지 간에 스스로 주님의 것인 것처럼 생각하지 않게 하여 주소서." 하나님께 이렇게 기도하십시오. "주님, 저를 진실로 주님의 것으로 삼아주소서. 저를 주의 자녀들 가운데 들어가게 하여 주소서. 제가 주님을 '내 아버지'라고 부르고, 주님을 떠나지 않게 하여 주소서. 제게 새로운 마음과 정직한 영을 주소서. 나를 그리스도의 피로 씻어 깨끗하게 하여 주소서. 나를 주께서 원하시는 사람으로 만들어 주소서. 그리하면 내가 영원히 주님을 찬송하겠나이다."

청중 여러분, 이것이 여러분 마음의 소원이라면 오늘 여러분이 그리스도께서 여러분을 구원하실 수 있고 또 구원하실 뜻이 있으며 여러분에게 은혜 베푸시기를 기다리고 계시며, 언제든지 여러분이 받을 수 있는 것보다 더 많은 자비를 베푸시려고 함을 믿어야 한다는 것을 기억하시기 바랍니다. 그러므로 여러분에게 그리스도를 믿으라고 명령합니다. 이는 그리스도께서 여러분의 보증으로서 여러분의 모든 죄에 대한 벌을 다 받으셨고, 그리스도를 인해서 하나님께서 여러분을 기꺼이 받으시고 이제 여러분에게 복을 베푸시려고 하기 때문입니다. 오늘 아침 그리스도께 가까이 오십시오. 나무에 달려 죽으신 분을 바라보십시오. 내 구속자이시고 또한 여러분의 구속자이신 그리스도를 믿으십시오. 그의 옆구리에서 흐르는 피를 여러분 마음에 받아들이십시오. 여러분의 가엾은 상처를 보이며 말씀드리십시오.

"주님, 나를 위해 이 상처를 고쳐주옵소서. 예수님! 주님 밖에는 신뢰할 이가 없나이다. 주께서 나를 구원하시려고 한다면 주 외에는 아무도 사랑하지 않겠나이다. 내 마음이 일편단심으로 주님을 사랑하고 오직 주님만 봅니다. 내 마음이 전심으로 주님께 감사하겠나이다. 주님을, 오직 주님만을 찬양하겠나이다."

상한 심령으로 회개하는 불쌍한 이여, 내가 "당신의 마음이 상하기는 했지만 나뉘지는 않았다"고 모순된 말을 하는 것 같지만 틀린 말을 한 것이 아닙니다. 여러분의 마음을 있는 그대로 가져와서 이렇게 말하십시오. "주여, 그리스도의 피로 말미암아 저를 받아주소서. 나를 이제 주의 것으로 삼으시고, 예수님으로 말미암아 영원히 주의 것으로 삼아주소서." 아멘.

제
10
장

자기를 위하여 공의를 심으라

"너희가 자기를 위하여 공의를 심고 인애를 거두라."
– 호 10:12

농부들이 이제 땅에 씨 뿌리는 일에 주의를 기울입니다. 그들은 지금 씨를 뿌리지 않으면 장래에 추수를 거둘 수 없다는 것을 잘 알고 있습니다. 파종기가 주는 교훈은 많습니다. 오늘 아침 우리가 배울 교훈은 매우 직접적이고 실제적인 것입니다. 우리 마음은 밭과 같습니다. 그래서 마음을 내버려두면 우리는 영혼에 자연스럽게 자랄 잡초들과, 우리가 좋은 씨를 뿌리든지 않든지 간에 악한 영들이 와서 틀림없이 뿌릴 가라지들밖에 거둘 것이 없습니다. 우리는 씨를 뿌리고 물을 주어야 하지만 또한 우리 자신에게 씨 뿌리는 일을 소홀히 해서는 안 됩니다. 우리 밭에 좋은 씨를 뿌릴 필요가 있습니다. 그렇지 않으면 다른 곳에 씨를 뿌리고 물을 준 것이 우리에게는 아무 유익이 없을 것입니다. 내가 이제 말하려고 하는 것은 우리 논밭에, 우리 소유의 땅에 씨를 뿌리는 일에 관한 것입니다. 성령께서 이 말씀에 복 주시기를 바랍니다.

이 주제를 다루기 전에 이 주제가 마음이 새롭게 변화되지 않은 사람들에게는 적용되지 않는다는 점을 유의하는 것이 좋을 것입니다. 농부이신 우리 하나님 아버지께서 땅을 준비해 놓으시기 전에 여러분에게 씨를 뿌리는 것은 헛된 일입니다. 그리스도께서 친히 뿌리시는 그의 말씀조차도 준비되지 않은 마음에 떨어지면 아무 열매를 맺지 못합니다. 그리스도의 종들은 단단한 바위 위에,

큰길가에, 가시떨기 나무 가운데, 곧 어디든지 씨를 뿌려야 합니다. 그러나 흙이 갈아 젖혀지고 성령님에 의해 진리를 받아들일 수 있게 준비되지 않는 한, 아무 수확물이 나오지 않습니다. 많은 농업의 직유들 가운데서 본문의 말씀이 나옵니다. 본문 앞에는 밭을 가는 직유가 나옵니다. "내가 에브라임 위에 사람을 태우리니 유다가 밭을 갈고 야곱이 흙덩이를 깨뜨리리라." 유다가 밭을 갈고 야곱이 흙덩어리를 부서트릴 것입니다. 밭을 갈지 않으면 씨 뿌리는 것이 무슨 소용이 있습니까? 어떤 땅은 갈고 또 교차로 갈 필요가 있습니다. 어떤 땅은 본래부터 경작하기가 매우 어려워서, 그런 땅에서는 하나님의 나라가 진행되지 못합니다. 흙을 아주 강력하게 잘게 부술 때에야 비로소 그 땅은 구원을 받습니다.

여러분, 여러분은 마음이 상한 적이 있습니까? 성령께서 율법이라는 검은 말을 몰아 여러분의 마음을 가로질러 가며 예리한 정죄의 보습으로 마음을 갈고 여러분의 거짓된 희망을 죽이고 마음에 상처를 내며 은밀한 죄들을 드러내신 적이 있습니까? 만일 여러분이 이 점에 대해서 조금이라도 아는 것이 없다면 나는 여러분에게 의의 씨를 뿌리라고 말할 수 없습니다. 여러분은 그 단계를 위한 준비가 되어 있지 않습니다. 여러분은 먼저 갈아엎어져야 합니다. 나는 성령께서 여러분의 마음에 작용하여서 묵은 땅을 갈아 젖히심으로, 여러분이 가시떨기들 가운데 씨를 뿌리지 않게 하여 주시기를 바랍니다.

여러분이 잘못 이해하지 않도록 한 가지 말씀을 더 드리겠습니다. 하나님의 백성들에게 "너희가 너희 자신을 위하여 바르게 씨를 뿌리라"(개역개정은 "너희가 자기를 위하여 공의를 심으라")고 말할 때조차도 우리는 진정으로 마음을 갈아엎는 일은 성령님에게서 온다는 사실을 결코 잊지 않습니다. 성경이 가르치는 대로, 우리는 사람을 활동하는 지적인 존재로 알고 권합니다. 마치 성령님이 계시지 않은 것처럼 열심히 그들에게 권고합니다. 그러나 또한 우리는 성령님께 그의 종들인 우리의 권고와 노력이 의도한 목적에 맞게 효과를 발휘하게 해 주시기를 기도합니다. 성령님의 활동이 없다면 사람들이 본문의 교훈도 그 밖의 어떤 교훈에도 순종하지 않을 것입니다. 복음과 관련된 모든 문제에서와 같이 이 문제에서도 은혜가 지배합니다. 본문의 첫 번째 문장인 "너희가 너희 자신을 위하여 바르게 씨를 뿌리라"는 말씀을 적법한 의무를 표현하는 것으로 볼 수 있다면, 본문의 두 번째 구절인 "자비로 거두리라"(개역개정은 "인애를 거두라")는 말씀은 첫 번째 구절에 대해 복음적인 사실을 표현합니다. 우리가 영원한 진노를 거두지 않는다면, 틀림없이 자비로 거둘 것입니다. 우리가 행하는 것에서 무엇이 나온다면, 우리 마음의 상태에 대한 근심 어린 기도와 진지한 믿음이 실제로 거룩함을 일으킨다면, 그것은 무한한 자비의 결과이고 성령님의 활동의 결과일 것입니다. 하나님 앞에서 바르게 살고 싶어하는 소원이 성령의 활동으로 말미암아 일어나고, 우리 안에 나타나는 모든 의는 성령의 능력으로부터 오는 것입니다. 그것은 구원의 전 과정과 마찬가지로 우리 자신에게서 나오는 것이 아니라 하나님의 선물입니다. 그래서 나는 권하고 타이르며 설득하는 동안에도 거룩하신 하나님을 잊지 못합니다. 하나님의 은혜로운 활동이 없으면 나는 아무것도 할 수 없습니다.

이제 본문을 좀 더 면밀히 살펴봅시다. 형제 여러분, 첫째로, 우리는 파종기를 놓쳐서는 안 됩니다. 둘째로, 추수 때가 오면 수확을 게을리해서는 안 됩니다.

1. 우리는 파종기를 놓쳐서는 안 됩니다.

"땅이 있을 동안에는 심음과 거둠이 쉬지 아니하리라"(창 8:22). 파종기와 추수기가 모두 필요합니다. 그래서 하나님께서는 심는 때와 거두는 때를 사람들에게 주기로 정하셨습니다. 어떤 점에서 인생 전체가 씨를 심는 일입니다. 우리가 생각하고 말하고 행하는 모든 것 혹은 하지 않은 채로 남겨두는 모든 것이 마지막 큰 날의 추수를 위해 심는 것입니다. 그래서 우리가 육신을 위하여 심으면 언제나 육신에서 나오는 것, 곧 썩는 것을 육신으로부터 거둘 것입니다. 그러나 영을 위하여 심으면 우리는 성령으로부터 성령에 어울리는 것, 곧 영생을 거둘 것입니다. 사람은 심는 대로 거둘 것입니다. 그러나 내가 오늘 아침 여러분에게 말하려고 하는 것은 심고 거두는 형태에 대한 것이 아닙니다. 앞에서 이미 말했듯이 우리는 내적 생명을 다룰 것입니다. 전후 관계를 보면 바로 이것이 본문이 의도하는 바였다는 것을 알 수 있다고 생각합니다. 선지자는 지금 백성들과 하나님 앞에서 그들의 마음 상태를 다루고 있는 것이 분명하기 때문입니다. 세상이라는 밭에 남들이 볼 수 있게 의로운 행동이라는 씨를 뿌리는 것이 매우 중요하다는 것은 분명합니다. 그러나 울타리가 쳐진 마음이라는 마당에 은밀하게 씨를 뿌리는 것도 그에 못지않게 중요한 일입니다. 우리가 다룰 주제는 바로 이것입니다. 즉, 우리가 회심에 의해 마음 밭이 갈아 젖혀진 후에는 영적 경작이 시작되고 계속되도록 매우 주의할 필요가 있다는 것입니다. 은혜로 말미암아 세상의 넓은 광야로부터 울타리를 쳐서 막은 이 작은 땅에 이제 우리는 주의를 기울여야 하고 영적 경작에 필요한 거룩한 기술과 근면함을 발휘해야 합니다. 이 땅에 말씀이라는 좋은 씨, 곧 성경의 귀한 진리들을 뿌려야 합니다. 그래서 그 땅으로부터 풍성한 기쁨으로 거두고 하나님께 영광을 돌릴 수확물이 일어날 수 있게 해야 합니다. 그리스도께로 돌이킨 후에 첫 번째 할 일은 그리스도를 고백하는 것이고, 그 다음은 그리스도 안에서 교육하는 일입니다.

나는 회심하였다고 하는 사람들 가운데 이 울타리를 뛰어넘어서 즉시 선생이 되려고 하는 사람이 너무 많지 않은가 하는 생각이 듭니다. 그들은 그리스도의 교회에 가입하거나 그리스도의 학교에서 제자가 되지도 않고서 전면에 나타나려고 하고, 배우기도 전에 가르치려고 합니다. 그래서 그들은 조금만 제지를 받으면 그것을 간섭으로 여기고 분을 내며 자기에게 조언해 주는 사람들의 열심을 의심합니다. 그들은 스스로 제자라고 하며 모든 훈련을 거부합니다. 자기를 십자가의 군사라고 말하면서 줄을 지어 행군할 줄도 발걸음을 맞출지도 모르고, 명령에 복종하려고도 하지 않습니다. 그들은 태어나자마자 바로 아버지가 되고 군에 입대하자마자 바로 장교가 되는 것으로 생각하는 것 같습니다. 회심은 영적 생활의 시작이지 절정이 아닙니다. 회심은 사람을 제자로 만듭니다. 그리고 제자가 해야 할 중요한 일은 배우는 것입니다. 배운 후에는 다른 사람들을 가르칠 수도 있을 것입니다. 그러나 배우기 전까지는 남을 가르칠 수 없습니다.

여러분은 지금 아무것도 없기 때문에 여러분에게서 나올 수 있는 것이 아무것도 없다는 점을 나는 종종 말씀드렸습니다. 그러므로 먼저 여러분에게 무엇인가를 집어넣지 않는다면 여러분이 나가서 싸울 수는 있지만 탄환이 없고 총에 화약이 없으므로 적은 여러분의 용맹으로 인해 별로 상처를 입지 않을 것입니다. 우리가 흘러넘칠 수 있으려면 먼저 채워져야 합니다. 그리스도인은 거룩한 봉사를 위해 준비될 필요가 있습니다. 그래서 그리스도인이 하나님을 위해서 무엇인가 행하는 것이 있다면, 사실 그것은 그 이전에 귀한 씨앗을 많이 심은 파종기 때문에 그에게서 생겨나는 수확물인 것이 틀림없습니다.

우리는 씨 뿌리는 일에 주의하고, 먼저 무엇을 뿌릴 것인지 물어봅시다. 씨를 받을 준비가 되어 있는 경작된 밭인 우리 마음이 있습니다. 무엇을 심을 것입니까? 형제 여러분, 여러분 속에 주 예수 그리스도를 믿는 참된 믿음을 뿌리라고 말씀드립니다. 어린아이 같은 지극히 단순한 믿음을 뿌리십시오. 지식 없는 말로써 분별력을 흐리게 만드는 잡다한 설명들에 신경 쓰지 마십시오. 어린 아기가 팔로 엄마의 목을 끌어안듯이 그리스도를 굳게 붙드십시오. 그리스도를 믿고 의지하며 그를, 오직 그만을 신뢰하십시오. 여러분의 믿음은 실제로 예수님을 의지하는 것임을 명심하십시오. 내가 이렇게 말하는 것은, 믿음을 자신이 구원받았다고 믿는 것으로 생각하는 사람들이 있기 때문입니다. 그러나 여러분이 사실 구원받지 않았다면 그런 믿음은 거짓말이 될 것이고, 여러분은 거짓된 확신의 그물에 걸리게 될 것입니다. 그런가 하면 믿음을 그리스도께서 자기를 위하여 죽으셨다고 믿는 것이라고 생각하는 사람들이 있습니다. 그리스도께서 모든 사람을 위하여 죽으셨으니, 그렇다면 당연히 자기를 위해서도 죽으셨다고 생각하는 것입니다. 자명한 추론을 믿는 데는 특별한 미덕도 특별한 능력도 없는 것이 확실합니다. 많은 사람들이 그리스도께서 자기를 위하여 죽으셨다고 믿지만, 그럼에도 불구하고 그들은 구원을 받지 못합니다.

구원 얻는 믿음이란 그리스도를 신뢰하는 것입니다. 여러분 속에 이 신뢰가 심겨지도록 하십시오. 여러분은 왜 여러분이 그리스도를 신뢰하는지, 그리스도께서 여러분을 위하여 무슨 일을 하셨는지, 그리스도께서 여러분과 하나님에 대해 어떤 관계를 맺고 계시는지를 알아야 합니다. 단지 그리스도의 피에 대해서 노래하는 것만이 아니라 속죄의 교리를 알고 그리스도의 대속이라는 복된 사실을 파악하고 그로 말미암아 이루어진 화목을 알 수 있어야 합니다. 여러분이 믿는 분을 아는 것이 여러분 생애의 중요한 목적들 가운데 하나가 되어야 합니다. 나는 회심하였다고 하는 사람들 가운데 복음의 기초, 곧 하나님의 택하신 자들의 믿음이 무엇이고, 그 믿음이 근거하고 있는 것이 무엇인지조차도 모르는 사람들이 있지 않나 하는 생각이 듭니다. 여러분이 이 점에 무지하지 않도록 조심하십시오. 여러분의 마음에 우리를 사랑하고 우리에게 자신을 내어주신 하나님의 영원한 아들을 단순하게 의지하는 믿음을 뿌리십시오.

여러분 자신을 위하여 씨를 뿌리십시오. 여러분 마음속에 죄에 대한 회개가 있도록 하십시오. 이제는 더 이상 회개가 필요 없다고 생각하여 넘어지지 않도록 하십시오. 나는 사람들이 회개는 "마음의 변화에 지나지 않는다"고 말하는 것을 들었습니다. 그렇게 말하는 사람들이 그 변화를 겪었으면 좋겠습니다. 사람들이 그처럼 귀한 은혜를 경시한다는 것은 목사들이 설교를 잘못 전하였다는 슬픈 표시입니다. 여러분, 자기 죄를 회개하지 않은 죄인은 아무도 천국에 들어가지 못한다는 사실에 주의하시기 바랍니다. 이 영생의 거룩한 책에서 회개 없이 살다가 죽는 사람들에 대해서는 어떤 약속도 찾을 수 없습니다. 회개가 시대에 뒤진 덕이라는 것을 나는 압니다. 그러나 천사들에게는 인기 있는 덕입니다. 천사들은 회개하는 죄인들을 기뻐하기 때문입니다.

젊은이 여러분, 죄는 견디기 어려운 악입니다. 그래서 죄에 대해서는 다윗이 시편 51편에서 했던 그런 말을 사용하지 않을 수 없습니다. 하나님께 자신의 죄책을 깨닫게 해 주시기를 기도하고, 여러분이 거짓된 모든 길을 피할 수 있게 해 주시기를 구하십시오. 죄를 간파할 수 있는 은혜를 구하고, 여러분이 죄를 알아차리자마자 마치 독사를 피하듯이 죄를 피할 수 있는 은혜를 구하십시오. 여러분 속에서 죄를 혐오하는 마음이 일어나고, 죄를 범하려는 경향 때문에 자신을 싫어하는 심정이 생기기를 바랍니다. "여호와를 사랑하는 너희여 악을 미워하라"(시 97:10). "그 육체로 더럽힌 옷까지도 미워하라"(유 1:23). 여러분이 여러분 속에, 곧 여러분의 육체에 선한 것이 하나도 없다는 것을, 즉 복되신 성령께서 여러분을 품고 영원하신 하나님께서 여러분을 새롭게 창조하시지 않는 한, 여러분이 옛적의 혼돈처럼 아주 공허하고 쓸모없다는 것을 확실히 알기 바랍니다. 여러분은 자신의 파멸을 마음으로 깊이 인식해야 합니다. 그렇지 않으면 구속을 소중히 여기지 못하고 회개의 경건한 슬픔을 별로 중요하게 생각하지 않을 것입니다. 그리고 말로 다할 수 없는 사죄의 큰 기쁨도 알지 못할 것입니다. 우리가 기쁨으로 단을 거두기 위해서 눈물을 흘리며 씨앗을 많이 뿌릴 수 있으면 좋겠습니다.

그 다음에, 여러분 속에 복음의 분명한 지식을 뿌리도록 노력하십시오. 사람들이 걸어가는 나무처럼 보이는 것에 만족하지 마십시오. 눈에서 지극히 작은 알갱이까지도 깨끗이 씻어주시기를 구하십시오. 여러분에게 시력이 조금만 생겨도 감사하십시오. 그러나 감사한 마음으로 눈에서 모든 비늘을 벗겨주시기를 더욱더 기도하십시오. 여러분이 정말로 가라지가 없이 알곡만 거두기를 바란다면 알곡과 가라지를 분별해야 합니다. 사람의 믿음은 보통 생각하는 것보다 사람의 생활에 더 큰 영향을 끼칩니다. 여러분은 구속의 계획, 곧 하나님께서 구원을 베푸시는 방식을 알아야 합니다. 여러분이 두 언약을 이해하고, 행위 언약과 은혜 언약 사이의 차이점을 분명하게 아는 것이 매우 유익할 것입니다. 그 문제를 분명하게 아는 사람은 신학의 정수를 파악한 것이고 예수 그리스도의 귀한 복음을 이해하는 실마리를 쥐고 있는 것입니다. 나는 여러분이 은혜의 교리들을 잘 알고, 그 교리들이 공격을 받을 때마다 성경적인 근거들로 그 교리들을 변호할 수 있기를 바랍니다.

젊은이 여러분, 제발 배우려고 하십시오. 가르치기 전에 먼저 배우십시오. 여러분이 자비의 역사를 깊이 생각하고 그 요점들을 어느 정도 알기도 전에 섣부르게 자비를 이야기하지 마십시오. 나는 여러분의 열심을 꺾을 생각이 없습니다. 그보다는 열심에 약간의 지식을 겸비하라고 권합니다. 그렇지 않으면 아무리 좋은 일도 여러분의 손에 들어가면 망가질 것입니다. 먼저 배우는 일에 유능함으로써 가르치는 일에 유능해지도록 하십시오. 은혜에서 자라고, 여러분의 구주님을 아는 지식에서 자라십시오. 여러분의 바구니를 주님의 손에서 받은 떡으로 채우십시오. 그렇게 하지 않으면 많은 무리를 먹일 수 없을 것입니다. 나는 여러분이 믿음의 적들과 싸울 수 있도록 장비를 잘 갖추거나 어쨌든 여러분 속에 있는 소망에 대한 이유를 온유함과 두려움으로 말할 수 있기를 바랍니다.

그러나 분명히 알았다고 해서 그것으로 만족하지 않도록 하십시오. 이 지식으로부터 살아 있는 원칙들이 나오기를 구하십시오. 열정의 신앙은 취약합니다. 원칙의 신앙은 닳아 해어짐과 찢어짐을 견딜 것입니다. 열과 흥분은 쉽게 생겨나는 만큼 또한 쉽게 죽는 단명한 인생을 일으키는 경우가 아주 많습니다. 나는 여러분이 진리를 알되 그 능력을 느낄 만큼 철저히 알아서 진리가 여러분의 본성 전체를 지배하고 여러분의 마음을 주장하며 여러분 속에 거주하는 군주가 되기 바랍니다. 그렇게 되면 여러분은 홀로 설 수 있고, 제자리에 서기 위해 주위에 많은 사람들을 둘 필요가 없고 열렬한 웅변가도 필요가 없을 것입니다. 여러분은 자기가 믿은 분을 알게 될 것이고, 여러분이 그분에게 맡긴 것을 그분이 지키실 수 있다고 확신할 수 있을 것입니다.

우리의 젊은이들과 또한 우리의 오래된 친구들이 이런 식으로 씨를 잘 뿌려서 그들이 믿는다고 하는 진리가 그들 영혼 속에 생생하게 뿌리를 내리면 우리 교회들이 얼마나 놀랍게 변할지 알 수 없고, 교황과 믿음 없는 자들이 우리에게 끼칠 수 있는 해가 얼마나 하찮을 것인지 알 수 없습니다! 사람이 하나의 종교를 가질 수도 있고, 그런가 하면 종교를 50가지나 가지며 또 한 주가 바뀔 때마다 새로운 종교를 가질지라도 사람의 형편이 조금도 나아지지 않을 수 있습니다. 자기를 구원할 사람을 붙드는 것이 종교입니다. 종이에 인쇄된 성경책을 갖는 것은 복입니다. 그러나 성경을 마음에 쓰는 것이 훨씬 더 좋은 일입니다. 우리는 논증에 의해 뇌리에 새겨진 교리가 필요하다기보다는 경험에 의해 그리고 복되신 성령의 가르침으로 말미암아 영혼에 새겨지는 진리가 필요합니다. 이와 같이 살아 있는 원칙들이 모든 사람의 마음에 뿌려지면 좋겠습니다.

여기서 아주 중요한 점은, 우리 속에 뿌리는 것은 무엇이든지 바르게 뿌려야 한다는 것입니다. 말하자면 정말로 씨를 뿌리되, 정직한 씨를 마음에 뿌려야 한다는 것입니다. 여러분이 아무리 진실한 마음으로 뿌릴지라도 오류를 뿌린다면, 그 씨는 여러분의 지성에 나쁜 결과들을 일으킬 것입니다. "너희가 너희 자신에게 의로 뿌리고." 여러분은 순전히 할아버지가 바구니에 씨를 넣어두었다는 이유만으로 그 바구니에서 씨를 한 줌 꺼내지 마십시오. 그것이 하나님의 씨앗인지 확인하십시오. 여러분 교회의 신조나 규약에 있는 것이라고 해서 덥석 취하지 마십시오. 키질하여 까부른 성경의 곡물을 취하고, 그것을, 그것만을 뿌리십시오. 우리나 하늘로부터 온 천사라도 오류 없는 하나님의 말씀에 어긋나는 것을 가르친다면 그런 씨앗이 여러분 마음속에 자리를 잡지 못하도록 거부하십시오. 하나님께 설교자의 잘못을 용서해 주시기를 구할지언정, 그의 잘못을 따르지는 마십시오. "여러분이 여러분 자신을 위하여 바르게 씨를 뿌릴" 수 있게 해 주시기를 기도하십시오. 진리, 오직 진리만을 받아들이고, 하나님께 여러분이 그 진리를 정직한 마음으로 붙잡게 해 주시기를 간구하십시오. "불의로 진리를 막는"(롬 1:18) 일들이 있기 때문입니다.

사람들이 진리를 충실히 따르지 않기가 아주 쉽습니다. 악인이 진리를 쥐고 있는 것은 돼지 코에 걸린 금 고리와 같습니다. 진리라는 아름다운 백합은 깨끗한 손으로 들고 있어야 합니다. 이것이 전부가 아닙니다. 우리는 주님께 가식적인 믿음의 겉치레와 흉내를 제거해 주시기를 구합시다. 가짜 신앙은 영원히 버립시다. 꾸며낸 경험은 일절 이야기하지 맙시다. 이 사람에게서 조금, 저 사람에게서 조금 가져와 마치 그것이 자신의 것인 것처럼 말하지 맙시다. 이것은 부당한 일입니다. 신앙이 있는 체하는 것은 일종의 신성모독입니다. 우리 모든 사람의 신앙이 심판 날의 시험을 견딜 수 있는 것이 되기를 바랍니다. 여러분은 이 문제에서 일을 확실히 하십시오. 정말로 하나님께서 여러분의 마음을 쟁기질하셨다면 그 밭은 하나님의 것입니다. 그러므로 하나님의 말씀에 순종하고, 하나님께서 자기 백성들에게 씨를 섞어 뿌리지 말라고 엄히 명령하신다는 점을 기억하시기 바랍니다. 여러분 속에 뿌리는 씨는 모두 참되고 정직하며 은혜롭고 애정이 깃들어 있고 거룩하고 신성한 것이 되도록 하십시오. 그렇게 하면 추수기가 올 때 여러분의 수고가 헛되지 않을 것입니다. 하나님께서 여러분이 그렇게 씨를 뿌리도록 도와주시기를 바랍니다.

두 번째 질문은, 우리가 그 씨를 어떻게 뿌려야 하느냐는 것입니다. 그 대답은, 주께서 정하신 방법대로 뿌리라는 것입니다. 은혜의 수단들은 좋은 씨를 뿌리고 물을 주고 잡초를 제거하며 기르는 일에 우리를 돕기 위해 하나님께서 정하신 것입니다.

우리는 성령님을 의지하여 먼저 하나님의 말씀을 부지런히 연구함으로써 마음에 씨를 뿌립시다. 신자는 모두 그리스도의 대학의 학생이 되어야 합니다. 복음을 전하는 우리는 온 세상으로 가서 모든 족속으로 제자를 삼아야 합니다. 자, 제자는 배우는 사람입니다. 최근의 특별 집회 때 회심하였다고 말한 사람들이 모두 학습자가 되었습니까? 나는 어느 교회에 그런 학습자들이 있는지 알고 싶습니다. 나는 내 형제들, 곧 이웃 교회의 목사들 가운데 여러 사람에게 걱정스럽게 물어보았지만 그들은 알지 못합니다. 어느 교회들이 이런 새로운 회심자들을 받아들였는지 알고 싶습니다. 물어볼 때마다 그런 사람이 한두 명 있다는 말은 듣지만 그 이상 있다는 소리는 듣지 못합니다. 지금까지 열심히 물어보았지만 아주 실망스러운 얘기밖에 듣지 못했습니다. 이 많은 사람들이 제자가 되었다고 하면서 그들이 훈련을 받지 않고 있는 것은 어떻게 된 일입니까? 그들이 회심하였다고 말은 하면서도 교회에 가입하지 않은 것은 어떻게 된 일입니까? 그들은 배움이 필요 없거나 우리 가운데 그들을 가르칠 만한 사람이 아무도 없는 것입니까? 회심하였으면 제자로서 배우기 시작해야 합니다. 그런데 그렇게 배울 제자들이 어디에 있습니까? 벌써 몇 달이 지났는데, 나는 그들이 어느 교회에 가입해 있는지 아주 근심스럽게 묻지 않을 수 없습니다. 그들이 지금 어디에서 하나님의 도를 좀 더 온전히 배우고 있습니까? 그것을 알아야 기쁘겠습니다.

최근에 예수님께 온 젊은 형제 여러분, 여러분은 성경을 철저히 찾아보십시오. 단지 구원의 길을 아는 것으로 만족하지 말고, 하나님께서 계시하신 모든 것을 알게 해 주시기를 구하십시오. 이 성경에 필요 없는 것은 하나도 없기 때문입니다. 우리가 찢어서 불에 던지며 "이것은 없어도 돼" 하고 말할 수 있는 것은 이 성경책에 단 한 장도 없기 때문입니다. 성경은 하나도 버릴 것이 없이 모두가 연구할 만한 것입니다. 그래서 우리는 성경을 읽고 들으며, 성령의 영향력을 받아들이면서 성령께서 우리를 모든 진리 가운데로 인도하시도록 성경 연구에 전념해야 합니다.

우리는 어떻게 씨를 뿌릴 것입니까? 진리를 마음속에 받아들임으로써 뿌려야 합니다. 나는 나뭇가지가 어떻게 수액을 빨아들이는지 알지 못합니다. 그러나 나뭇가지가 수액을 빨아들인다는 사실은 압니다. 여러분은 살아 있는 수액을 영혼에 받아들이듯이 하나님의 진리를 마음에 받아들여야 합니다. 영원히 살아남는 것은 바로 살아 있고 썩지 않는 씨입니다. 나는 여러분이 진리를 이론으로 알 뿐만 아니라 또한 어린 아기가 젖을 먹고 그로 인해 자라듯이 진리를 그 능력과 함께 마음에 받아들이기를 바랍니다. 진리를 그렇게 먹을 때에만 여러분이 그리스도 예수 안에서 온전한 사람으로 자랄 수 있습니다.

여러분은 또한 많이 기도하고 많이 찬양하며 예수 그리스도와 온갖 형태의 교제를 많이 누림으로써 "여러분 자신을 위하여 바르게 씨를 뿌릴" 수 있습니다. 여러분, 여러분이 큰 일을 행하고자 한다면 강해야 합니다. 그런데 여러분이 주님 안에 있고 그의 능하신 힘을 얻지 않고서는 강해질 수 없습니다. 여러분이 거룩해지고자 한다면 거룩하신 분과 교제해야 하고, 여러분 얼굴에 주님의 얼굴에서 비치는 밝은 빛을 받아야 합니다. 여러분이 주님의 빛 안에 있어야만 세상에서 등불로 빛을 비출 수 있습니다. 여러분이 회심하였다고 말하는 것은 중요하지 않습니다. 우리는 여러분이 거룩해지기를 바라고, 여러분이 점점 더 주님을 닮기를 바랍니다.

나는 지금 내가 의미하는 바를 충분히 분명하게 전하고 있는지 모르겠습니다. 어쨌든 내 말뜻은 이것입니다. 즉, 하나님께서 우리가 쓸 수 있도록 주신 모든 수단을 사용해서 우리 마음이 하나님을 위한 온갖 귀한 열매들이 자라는 모판이 되도록 해야 한다는 것입니다. 그러면 우리는 후에 그 열매들을 거두어서 하나님의 영광을 위해 쓸 것입니다. 여러분은 지금 다른 사람들에게 씨를 뿌리려 하고 있습니다. 그런데 여러분 자신을 위해서 씨를 뿌렸습니까? 씨 뿌리는 자에게 씨를 주고 먹는 자에게는 빵을 주는 씨를 뿌렸느냐는 말입니다. 주의하십시오. 여러분이 가정을 경작하지 않고 버려둔다면 나중에 배우자와 함께 이렇게 불평하지 않을 수 없을 것입니다. "사람들이 나를 포도원지기로 삼았는데, 내 자신의 포도원은 지키지 못하였구나." 우리가 신앙을 퍼뜨리기 원한다면 이미 그리스도인이 된 사람들을 확실히 개선시키는 일부터 시작해야 한다고 생각합니다. 하나님의 군대가 더 강해지고 모든 사람이 거룩한 생활의 힘을 더욱 얻기 전에는 민족들이 하나님의 교회에 정복되는 것을 볼 수 없을 것입니다. 여러분은 이 문제에 주의하고, 하나님의 정하신 수단들을 사용하도록 하십시오. 다시 말해 성령의 능력으로 여러분 자신에게 씨를 뿌리도록 하십시오.

셋째로, 우리는 언제 자신에게 씨를 뿌릴 것입니까? 씨를 뿌릴 적절한 시기가 언제입니까? 그 시기는 특별히 회심의 때이고, 여러분이 새롭게 태어난 직후라고 말씀드립니다. 땅에 씨를 잘 뿌릴 수 있는 것은 주로 땅이 새롭게 갈아 젖혀지는 때에 달려 있습니다. 그때는 마음이 부드럽고 영혼이 모양을 잘 형성할 수 있는 단계에 있습니다. 그때는 토기장이의 물레 위에 있는 진흙처럼, 방금 녹인 밀랍처럼 영혼이 바른 형태와 인상을 받아들일 준비가 되어 있습니다. 바울은 회심하였을 때 아라비아로 들어가서 한동안 지냈습니다. 나는 이 기간이 바울에게 그 어느 때보다도 유익했을 것이라고 확신합니다. 왜냐하면 거기에서 그가 하나님과 교제를 나누었고 그의 마음이 진리로 채워졌기 때문입니다. 아라비아에 잠깐 동안 머문 일이 없었다면 아마도 바울이 그의 남은 생애 동안 그처럼 위대한 사도가 되지 못하였을 것입니다. 제자들은 우리 주님의 부활 후에 위로부터 능력을 받을 때까지 예루살렘에 머물러야 했습니다. 그리스도인 여러분, 여러분이 회심 후에는 지극히 거룩한 믿음으로 교육을 받고 세워지는 일을 할 것을 먼저 생각하십시오. 설익은 열매를 따기보다는 주님처럼 나사렛에서 조용히 명상하는 가운데 아버지의 일을 하는 시간을 갖는 것이 결국 다른 사람들에게도 실제로 큰 유익을 끼칠 것입니다.

그러나 형제 여러분, 모든 그리스도인이 자신을 위하여 씨 뿌리는 일을 회심 직후에만 해야 한다고 생각하지 않습니다. 우리는 언제나 씨를 뿌려야 합니다. 그렇게 하지 않는다면 언제나 추수를 거두지 못할 것입니다. 가장 교육을 잘 받은 그리스도인에게 물어보십시오. 그러면 그는 자기가 과거 어느 때보다 지금 자신의 어리석음을 더 잘 알고, 처음에 그리스도의 학교에 들어갔던 때보다 지금 더 기꺼이 배우기를 원한다고 말할 것입니다. 주여, 지금도 우리를 가르쳐 주소서. 매일 가르쳐 주소서. 늙기까지 우리를 가르쳐 주소서. 그래서 우리가 다른 사람들을 가르칠 능력을 얻게 하여 주소서.

내가 생각할 때, 우리가 특별한 추수를 거두기 바란다면 언제든지 특별히 씨를 뿌리는 일이 있어야 합니다. 우리의 찬송 받으실 주님을 보십시오. 주님께서는 열두 제자를 파송하는 일과 같이 특별한 어떤 행동을 하려고 하실 때마다 한적한 곳으로 물러나 기도하셨다는 기록을 언제나 봅니다. 기도는 주께서 늘상 하시는 일이었습니다. 그러나 주님이 자기에게서 더 많은 능력이 나가도록 하기 위해 기도를 평소보다 더 많이 해야 하는 특별한 때가 있었습니다. 여러분이 바라는 대로 많은 영혼을 구원하려고 할 때는 언제든지 그 일에 관해 더 충분히 주님을 찾아뵙도록 하십시오. 여러분이 이제 곧 극심한 시련을 겪으려고 하고 인내의 큰 추수를 거두기 위해서 큰 힘이 필요하다면, 하나님께 더 가까이 감으로써 더 많이 씨를 뿌리는 은혜를 얻도록 하십시오. 우리는 항상 은혜를 충만히 받고 있어야 합니다. 그런데 그런 때에도 어떤 밀물은 다른 때보다 더 높이 오릅니다. 그래서 우리는 특별한 은혜가 필요할 때 주님께 한사리의 밀물을 주시라고 기도할 수 있습니다. 다시 한번 말하지만, 여러분이 행한 것을 잃지 않도록 조심하기 바랍니다. 하나님의 백성을 위한 안식이 아직 남아 있으니 우리 가운데 아무도 그 안식에 미치지 못하는 일이 없도록 합시다. 여러분이 얻는 것들과 더불어 지식을 갖도록 하십시오. 여러분의 모든 행실과 더불어 여러분의 속사람을 소홀히 하지 않도록 하십시오. 즉, 여러분이 하나님 앞에서 은밀히 행하며 또한 마음으로 하나님과 교제하는 일을 소홀히 하지 마십시오. 신중하게 행하고 은혜와 주 예수 그리스도를 아는 지식에서 자라도록 하십시오. 우리는 항상 씨를 뿌려야 합니다. 그래야 우리가 실제로 거룩한 생활 가운데서 언제나 추수를 할 수 있습니다.

넷째로, 그런데 왜 그토록 많은 사람들이 씨 뿌리는 일을 빼먹는 것입니까? 먼저 그것은 사람들이 우쭐한 마음에 자기는 씨 뿌리는 일이 필요 없다고 생각하기 때문일 수 있습니다. 그들의 자부심은 참으로 헛되기 짝이 없습니다! 울타리를 쳐서 마귀의 공유지로부터 차단된 땅이 있습니다. 이 땅은 오랫동안 찔레와 가시덤불만 내었을 뿐입니다. 이 땅에는 씨를 뿌려야 합니다. 흙덩이 속에 본래부터 좋은 씨앗이 숨어 있습니까? 그런 일은 없습니다. 여러분은 그 땅이 갈아 젖혀졌기 때문에 그냥 내버려두면 저절로 수확물이 나올 것이라고 믿습니까? 여러분은 그렇지 않다는 것을 압니다. 초신자를 선생으로 세워서는 안 됩니다. 그는 학생으로 앉아 있어야 합니다. 그는 자기가 아는 것을 말할 수 있습니다. 이만큼은 그에게 씨가 뿌려진 것이고, 그만큼은 수확물을 내놓을 수 있습니다. 그러나 자기가 모르는 것을 어떻게 말할 수 있습니까? 전달받지 않은 것을 어떻게 다른 사람들에게 전할 수 있겠습니까? 우리는 종교적 지식과 성숙을 본능적으로 얻지 않습니다. 하나님 말씀의 의미를 찾아보아야 하고 성령의 비추심을 받아야 합니다. 우리는 어린 아이들처럼 가르침을 잘 받음으로써 우리의 회심이 진실된 것임을 입증해야 합니다. 우리는 맨손으로 싸우러 나가서는 안 됩니다 충분한 군장을 갖추도록 해야 하는데, 그 군장이 우리에게는 없습니다. 투구와 방패와 검은 하나님의 무기고에서 찾아야 합니다.

씨 뿌리는 것이 아주 조용한 일이기 때문에 그 일을 좋아하지 않는 사람들이 있습니다. 젊은이가 어떤 교리의 진리를 조사하는데 한 시간이 걸립니다. 그 사실은 신문에 실리지 않을 것이고 어떤 단체의 보고서에도 기록되지 않을 것입니다. 아무도 그 일로 젊은이를 칭찬하지 않을 것입니다. 그러므로 젊은이는 그런 일을 멸시하기 쉽습니다. 그는 시간마다 주 예수님께 가서 하나님의 깊은 것들을 가르쳐 주시라고 간구합니다. 그런 일을 떠벌릴 사람은 아무도 없을 것입니다. 없습니다. 사람들이 밭에 씨를 뿌릴 때도 떠벌리며 다니지 않습니다. 소리치는 일은 곡식 단을 가지고 올 때에나 하는 일입니다. 그러나 씨 뿌리는 일에 대해서 아무도 환호성을 지르지 않지만 그 일은 반드시 해야 합니다. 여러분은 하나님의 말씀을 조사해야 하고, 자기 영혼을 위하여 씨를 잘 뿌려야 합니다. 그렇게 한다고 해서 박수갈채를 받는 것은 아니지만, 그렇기 때문에 더욱더 그렇게 해야 합니다.

사람들이 조용히 연구함으로써 마음을 경작하는 것은 시간 낭비라고 때로 말하기도 합니다. 씨 뿌리는 사람은 씨를 뿌릴 때 즉각적인 결과를 보지 못합니다. 오히려 씨를 한 움큼씩 뿌릴 때 바구니가 비어가는 것을 봅니다. 그리고 곡물 창고에는 곡식이 더 적어집니다. 그가 밭고랑에서 피곤해지도록 수고하지 않고서는 아무 결과도 보지 못합니다. 하지만 그는 지혜로운 사람입니다. 그렇습니다. 여러분, 여러분은 너무 빨리 결과를 얻으려고 해서는 안 됩니다. 나는 여러분이 영혼을 얻으려고 기다리고 있는 것을 볼 때, 기쁩니다. 그 열정이 여러분 속에서 점점 더 커지기를 바랍니다. 그러나 여러분이 그 열정에 사려 깊은 생각을 더한다면, 곧 복되신 성령님께 여러분을 쓰시기에 합당한 그릇으로 만들어 주시기를 구해야 한다고 생각할 줄 안다면 더욱 기쁘겠습니다. 여러분이 지금까지 사전에 씨를 뿌리는 일이 없이 하나님을 위해 수확물을 내놓으려고 애썼다면, 여러분이 할 일은 상식의 조언을 받아들이고 자신의 잘못을 깨닫는 것뿐입니다. 어떤 점들에서 자신이 성공하지 못한다는 것을 알아야 합니다. 여러분은 믿음 없는 자들의 반론을 듣고 비틀거립니다. 조사하는 사람들과 이야기할 때는 그들이 여러분에게 던지는 질문에 어떻게 대답할 줄 몰라서 몹시 당황해하는 경우가 많습니다. 여러분은 선생으로 가기 전에 먼저 잠시 학교로 오십시오. 추수의 노래를 부를 생각을 하기 전에 먼저 와서 잠시 땅을 갈아엎고 씨를 뿌리도록 하십시오.

그 외에도, 씨 뿌리는 것은 많은 경우에 매우 슬픈 일입니다. 우리는 가라지를 뿌리는 사람들이 있다는 것을 압니다. 배우는 일은 그 때문에 굴욕과 피곤함과 수고와 우는 것을 비용으로 지불합니다. 나는 그동안 울면서 많은 진리를 배웠습니다. 하나님의 말씀에는 가난한 사람들이 미국에 가고 싶을 때 하듯이, 여러분이 뱃삯 대신에 승선해서 일하지 않으면 그 의미를 결코 깨닫지 못할 부분이 많다고 생각합니다. 여러분이 힘들게 생각하고 오랫동안 수고하며 많이 기도하고 선입견을 극복하며 성령님께 복종하지 않고서는 봉인된 이 보물 창고를 열 수 없습니다. 그러나 이것은 언제나 수지가 맞는 노동입니다. 이 노동이 끝나면, 여러분이 하나님을 위해 행하는 다른 일들에서 많은 빛을 얻을 것입니다. 씨 뿌리는 일이 끝나면 농부는 쉽니다. 씨가 밤낮으로 싹이 돋아나지만 그것이 어떻게 자라는지 알지 못합니다. 이렇게 진리를 연구하고 이해하여서 영혼에 뿌리는 일을 철저히 하면, 장차 곡물이 아주 쉽게 싹트고 자연스럽게 성장합니다. 일반적으로 게으른 사람들이 결국에는 가장 많은 수고를 합니다. 아예 처음부터 머리와 마음을 철저히 채우는 것이 시간과 노력을 절약하는 길입니다. 말에 편자를 박고 신중하게 마구를 채우는 일이 여행에서 시간을 아끼게 해줄 것입니다. 출항하기 전에 배에 식량을 싣는 것이 안전하고 신속한 항해를 확보하는 방법 중의 하나입니다. 지금 여러분의 관심과 노력이 훗날 오랫동안의 평안과 힘으로 충분한 보답을 받을 것입니다. 장차 여러분이 거둬들일 수 있도록 지금 씨를 뿌리십시오.

끝으로, 이 점에 대해서 생각해 봅시다. 왜 우리는 씨를 뿌려야 합니까? 우리는 자신을 위하여 씨를 뿌리고, 매우 신중하게 마음을 경작해야 합니다. 결국은 우리 인생의 결과가 바로 이 씨 뿌리기에 좌우될 수밖에 없기 때문입니다. 사람이 씨를 부족하게 뿌린다면, 사람이 별로 배우는 것이 없다면, 성령님을 마음에 별로 받아들이지 않는다면, 그의 인생은 힘이 없고 열매를 맺지 못할 수밖에 없습니다. 씨를 별로 뿌리지 않았는데 어떻게 거기에서 풍성한 수확이 나올 수 있겠습니까? 땅에 뿌린 것이 거의 없으면 결국 땅에서 나오는 것도 거의 없습니다. 어떤 사람들이 하듯이 선택된 두어 가지 진리와 은혜에만 주의를 기울이며 적절하지 못한 방식으로 씨를 뿌리면, 그 결과로 적절하지 못한 인물이 나올 것입니다. 어떤 형제들이 한 밭고랑에는 씨를 아주 잘 뿌렸습니다. 그 자리에서 일등급 작물이 나옵니다. 그러나 그들이 다른 밭고랑들은 소홀히 여깁니다. 그들은 하나님 앞에서 모든 은혜를 얻기 위해 혹은 모든 진리를 알기 위해 힘쓰지 않습니다. 그 결과로 그들의 생활은 많은 점에서 결함투성이입니다. 온전한 성품을 기르려면 온전한 경험과 모든 점에 신중한 태도가 필요합니다. 마음으로 절반만 순종하거나 지성이 절반만 빛을 받는 일이 없도록 조심하십시오. 이런 점들이 모순된 성품을 형성할 것입니다. 즉, 한쪽은 정원이고 다른 한쪽은 사막과 같은 사람을 만드는 것입니다.

씨를 섞어서 뿌리지 않도록 조심하십시오. 그것은 옛적부터 금하신 일이었습니다. 만일 씨를 섞어서 뿌린다면 한쪽에는 알곡이 조금 나고 다른 쪽에서는 가라지가 날 것입니다. 즉, 여러분이 하나님을 섬기고 맘몬도 섬기려고 할 것입니다. 신자들 가운데 알곡을 좋아하는 만큼 가라지도 좋아하고, 알곡과 가라지를 잘 구분하지 못하는 사람들이 너무도 많습니다. 가라지라고 불리는 이 동양의 식물이 알곡과 매우 비슷하듯이 가짜 덕들이 있고, 이 가짜 덕들이 많은 사람들을 속입니다. 우리가 진리라는 좋은 씨앗만을 뿌린다면 거룩하고 영향력 있는 훌륭한 성품을 갖게 될 것입니다. 그러나 씨를 섞어 뿌리면 변덕스럽고 앞뒤가 맞지 않으며 빈곤한 성품이 나오므로, 위대하신 농부께 아무 영광도 드리지 못할 것입니다. 나는 아주 열심히 하나님의 자녀들에게 이 점을 강조하는 것이 옳다고 확신합니다. 형제 여러분, 여러분은 사람들이 우리 개신교 신앙의 교리들을 충분히 배웠을지라도, 이제는 공공연히 의식들을 행하는 천주교회로 발전한 의식주의에 마음을 빼앗길 것이라고 생각합니까? 나는 사람들이 개신교 신앙의 교리들을 충분히 배웠다면 그런 일이 일어날 수 없었을 것이라고 생각합니다. 현재 이 순간 늑대들이 우리의 교회들에 뛰어 들어옵니다. 이 늑대들은 사람들이 복음을 제대로 배우지 못하고 따라서 제대로 서지 못한 곳에서 쉽게 먹이를 발견합니다. 자신에 대해서 아무것도 알지 못하고 진심으로 아는 것이 아무것도 없는 사람들은 속기 쉽습니다. 그러나 복음을 분명히 알고 복음에 대해 뜨거운 사랑이 있는 곳에서는, 지극히 중요한 내적 원리로부터 나오는 영적 성장과 하나님과의 풍성한 교제가 있는 곳에서는 사람들이 온갖 교리에 넘어가거나 사람의 능란한 솜씨와 교활함에 마음을 빼앗기지 않고, 그리스도 안에 뿌리를 박고 기초를 두고 있으므로 굳게 섭니다. 이 확고부동함이 내가 이제 결론으로 말하려고 하는 추수의 한 부분입니다.

2. 우리는 추수를 소홀히 해서는 안 됩니다.

만약에 사람이 항상 조심하는 태도와 거룩한 두려움, 경건한 기도, 예수님에 대한 단순한 믿음으로 마음을 경작하려고 한다면 그는 마음에서 자신을 위하고 또 하나님을 위하는 열매가 나올 것을 기대할 수 있습니다. 이미 앞에서 말했듯이 그 자신을 위한 열매는 안정성일 것입니다. 열매를 맺는 사람은 이렇게 말할 수 있을 것입니다. "하나님이여 내 마음이 확정되었사오니 내가 노래하고 내가 찬송하리이다"(시 57:7). 그는 새로운 진리를 찾았다고 하는 사람들의 자랑에 미혹되지 않고, 훌륭한 옛 방식을 조롱하는 현대 사상가들의 얕보는 듯한 비웃음에도, 진리는 없다는 것을 발견했다고 하는 대단한 사람들에게도 마음이 흔들리지 않습니다. 경험이 많은 신자들은 알고 확신하고 있으며, 견고한 정신적 지주들을 지니고 있습니다. 씨를 잘 뿌리십시오. 그러면 여러분이 안정될 것이고, 그 안정성에서 확실한 위로가 나올 것입니다. 그리스도인들이 안고 있는 두려움의 절반은 안개처럼 무지의 늪지에서 피어오르는 것입니다. 우리가 하나님의 약속들을 더 잘 안다면, 복음을 더 잘 안다면, 하나님을 더 잘 알고, 그리스도를 더 잘 안다면 그 많은 두려움을 십분의 일도 갖지 않을 것입니다. 마음에 복음의 영이 침투한다면 평안과 위로가 가득 하리라는 것을 기억하시기 바랍니다.

"살아 있는 동안 지극히 달콤한 기쁨을
줄 수 있는 것이 바로 신앙이고,
죽을 때에도 확실한 위로를
줄 수 있는 것도 바로 신앙입니다."

그 달콤한 기쁨과 확실한 위로는 자기 영혼을 위하여 씨를 잘 뿌리는 사람들이 거두는 수확물입니다. 은혜로 자신의 마음에 씨를 뿌리는 사람들은 다른 사람들이 전혀 알지 못하는 기쁨을 얻습니다. 하나님께 가까이 가서 영혼을 하나님으로 가득 채운 사람들은 종종 말할 수 없이 큰 기쁨과 희열을 얻습니다! "즐겁게 소리칠 줄 아는 백성은 복이 있나니 여호와여 그들이 주의 얼굴 빛 안에서 다니리로다"(89:15). 다른 사람들은 굶주릴 때 그들은 먹을 것이고, 다른 사람들은 기운을 잃을 때 그들은 새로운 힘을 얻을 것입니다. 이는 그들이 오직 하나님만을 의지하는 법을 배웠기 때문입니다.

이렇게 씨를 뿌리는 데서 얻는 한 가지 복된 결과는 주님을 섬기는 일에 담대해지는 것입니다. 자기 하나님을 아는 사람들은 강해져서 큰 일을 행할 것입니다. 하나님을 두려워하는 사람은 사람을 별로 두려워하지 않습니다. 그는 지금까지 하나님 가까이에서 살아왔고, 그래서 광야에서 부는 윙윙거리는 바람소리에 대해서 만큼이나 사람들의 견해에 대해서 별로 신경을 쓰지 않습니다. 이런 용기를 가지고 와서 고난을 견디십시오. 은혜로 충만한 사람은 하나님의 뜻이 어떠하든지 간에 그 뜻을 견딜 수 있습니다. 이것이 성령의 복된 열매입니다. 하나님의 뜻을 조용히 받아들이는 것을 가벼운 일로 생각하는 여러분은 살면서 머지않아 그것이 소중하다는 것을 알게 될 것입니다. 이런 것들이 하나님의 은혜로 씨를 잘 뿌린 영혼에서 자라는 열매들입니다.

우리가 자신에게 씨를 뿌릴지라도 자비로 거둘 수밖에 없다는 본문의 말씀에 유의하시기 바랍니다. 사랑하는 여러분, 여러분의 뜨거운 기도와 조심함에서 어떤 열매가 나온다고 하더라도, 여러분에게 열매를 주는 것은 하나님의 자비일 것입니다. 이는 여러분이 무엇을 하고자 하든지 간에, 신성하고 거룩한 것은 반드시 하나님의 능력에 의해서만 심을 수 있고 자양분을 주며 후원을 할 수 있기 때문입니다. 여러분이 거룩한 용기나 은혜로 말미암은 인내 혹은 신성한 안정성, 거룩한 경험, 영적인 기쁨 혹은 천상의 희열, 참된 거룩함을 조금이라도 거두었다면 그것은 자비입니다. 자비 때문에 여러분이 이 귀한 열매를 거둘 수 있었던 것입니다. 하나님께서 여러분에게 씨를 뿌리라고 명하십니다. 가서 씨를 뿌리고 자신의 영혼에 대해 마음을 쓰고 조심하는 것은 여러분의 의무입니다. 그러나 열매를 거두어 하나님께 영광을 돌리는 것은 처음부터 끝까지 전적으로 하나님의 은혜의 선물입니다. 우리는 그것이 사실임을 즐거이 인정하지 않을 수 없습니다.

본문은 아주 분명하게 우리에게 거두라고 명령합니다. “자비로 거두라”(개역개정은 “인애를 거두라”). 여러분이 성령의 능력으로 바르게 씨를 뿌렸다면 여러분에게 열매가 있습니다. 그러므로 열매를 거두십시오. 즉, 때가 오면, 여러분의 내적 은혜에서 나오는 외적 열매들을 거둘 준비를 하라는 것입니다. 역경의 때에 인내하고 수고의 날에 견디십시오. 여러분이 이와 같이 인내와 참을성을 보일 때, 그 일을 인해서 하나님께 감사하십시오. 그 일로 우쭐해하지 마십시오. 여러분이 자비로 거두기 때문입니다. 만일 여러분이 다른 어떤 방식으로 거둘 수 있다면, 우쭐해할 수도 있을 것입니다. 그러나 마음을 낮추십시오. 여러분에게 여러분 마음속에 미점들이 풍성하도록 만드시는 것은 바로 자비이기 때문입니다. 무엇이든지 좋고 온전한 선물을 받았으면 그것을 인해서 하나님께 감사하도록 주의하십시오. 여러분의 내적 생명에서 나오는 것은 무엇이든지 거두어 다른 사람들의 유익을 위해 내놓음으로 하나님께 영광이 돌아가도록 하십시오. 여러분에게 내적 경작의 결과로서 열심과 용기와 인내가 나온다면 그것을 구속자를 찬양하는데 쓰십시오. 여러분에게 있는 것 가운데 받지 않은 것이 아무것도 없으며, 모든 것을 받았으므로 여러분에게 주신 분을 위해 감사하는 마음으로 그것을 써야 합니다.

사랑하는 형제자매 여러분, 끝으로 우리는 하나님 앞에서 아주 부지런히 자신의 마음을 지키도록 합시다. 우리 마음을 지키는 것은 성령님의 일입니다. 우리는 지금까지 이 사실을 거듭거듭 인정하였습니다. 그러나 성령께서는 우리를 수동적인 상태에 있도록 하시는 것이 아니라 얼러서 행동하도록 일깨우십니다. 이는 성령께서 우리가 조심하여서 이런 일들이 우리 안에 풍성하게 있어서 열매를 맺지 못하거나 열매가 없지 않도록 하시기 때문입니다. 성령께서는 우리가 선한 일을 하기에 부족하지 않고 모든 지식과 사랑과 인내에 풍성하여 하나님께 영광을 돌리며, 이렇게 하여서 우리가 과연 우리 주 예수 그리스도께 양육 받았음을 생활을 통해서 나타낼 수 있도록 하시기 때문입니다. 나는 교회로서 우리가 한 단계 더 높은 곳에 올라섰으면 좋겠습니다. 성령님의 들어 올리심을 힘입어 우리 전체가 올라섰으면 좋겠습니다. 그래서 우리 가운데서 그리스도의 사역자들이 더 많이 나오고, 더 능력 있게 영혼을 구원하는 이들이 많이 나오며, 이교도들 가운데서 활동하는 선교사들이 더 많이 나오며, 모든 계층에서 그리스도를 위하는 군사들이 더 많이 나올 수 있으면 좋겠습니다. 우리 주님께서 일꾼들을 쓰실 때는 병자를 쓰시지 않습니다. 여러분이 철도를 건설해야 한다면 브롬턴 병원(Brompton Hospital)에 가서 폐병 환자들을 뽑아 그들에게 도끼나 삽을 주며 땅을 깎아 내거나 퍼 올리라고 시키지 않을 것입니다. 그렇게 하지 않습니다. 여러분은 튼튼한 사람들, 곧 근골(筋骨)이 늠름한 사람들, 삽과 지레를 다룰 줄 아는 힘깨나 쓰는 사람들을 고를 것입니다.

하나님께서도 그의 교회에서 그와 같이 하실 것입니다. 우리는 은혜에서 강건해져야 하고, 경건의 비밀에서, 개인 기도에서 강건해져야 하며, 하나님과의 교제에서, 우리 속에 있는 지극히 중요한 원칙들에서 강건해져야 합니다. 그 후에야 하나님께서 교회로서 우리를 앞에 있는 모든 것을 쓸어버리는 맹렬한 선풍(旋風) 같은 하나님의 적들에게 풀어놓으실 것입니다. 우리는 속에 없는 것을 자신에게서 끌어낼 수 없습니다. 우리는 채움을 받기 위해 하나님께 가야 합니다. 그렇지 않으면 넘쳐흐를 수 없습니다. 등불이 빛을 비출 수 있지만, 그렇게 하려면 기름으로 등불을 손질해야 합니다. 그렇지 않으면 좋지 않은 냄새가 나고 더 이상 빛을 비추지 못합니다. 우리는 음식을 먹어야 합니다. 그렇지 않으면 원기를 유지할 수 없습니다. 우리는 그리스도를 먹고 살아야 합니다. 그리스도의 심장의 피에서 영양분을 공급받아야 합니다. 그렇지 않으면 우리 속에 있는 생명은 승리와 실현의 생명이 아니라 고통과 갈망의 생명일 수밖에 없게 될 것입니다. 여러분이 이 점을 명심하여서 하나님께서 그 일에 여러분에게 복 주시기를 바랍니다.

아직 밭이 갈아지지 않은 분들에 대해서 이야기하자면, 여러분은 하나님께 아무 열매를 내놓을 수 없다는 점을 기억하십시오. 여러분은 열매를 맺지 못한다는 사실을 부끄럽게 생각하고, 하나님께서 여러분에게 자비를 베푸시고 여러분을 예수님께로 데려가주시기를 간절히 부르짖으십시오. 지금 여러분은 저주받는 일에 가까이 가고 있으며, 은혜가 막지 않는 한, 머지않아 결국 불에 던져질 것이기 때문입니다. 하나님께서 그리스도를 인해서 여러분을 구원하여 주시기를 바랍니다. 아멘.

제
11
장

현재의 의무

"너희 묵은 땅을 기경하라 지금이 곧 여호와를 찾을 때니 마침내 여호와께서 오사 공의를 비처럼 너희에게 내리시리라."
– 호 10:12

"너희 묵은 땅을 기경하라." 우리의 본성은 기껏 해봐야 작은 땅뙈기에 불과합니다. 그래서 우리는 그 땅 전체에서 추수를 거두어야 할 필요가 있습니다. 우리에게 필요한 것이 많기 때문입니다. 우리의 이 작은 땅 가운데 경작하지 않은 채 버려둔 곳이 있습니까? 그렇다면 지금은 이 문제를 조사하고, 이 비경제적인 상황을 개선할 수 있는지 알아보아야 할 시간입니다. 이 작은 땅에서 우리가 묵혀두고 있는 부분은 어디입니까? 우리는 자기 농지 가운데 가장 비옥하고 좋은 부분을 오랫동안 경작하지 않은 채 버려둔 농사꾼을 아주 우습게 생각할 것입니다. 이따금 땅을 놀리는 것은 자연의 세계에서 그 나름대로 유익이 있습니다. 그러나 주인이 열매를 잘 맺는 비옥한 땅을 계속해서 해마다 묵힌다면 우리는 그를 제정신이 아니라고 판단할 것입니다. 황폐해지고 있는 땅을 그에게서 빼앗아 비옥한 땅을 제대로 소중히 여기고 거기에서 수확을 내게 할 다른 농부에게 주는 것이 마땅합니다.

자기 농지를 경작하기를 소홀히 하는 사람은 나쁩니다. 그러면 자신을 계발하지 않는 게으름뱅이에 대해서는 뭐라고 말해야 하겠습니까? 토지의 한 부분을 경작하지 않은 채 버려두는 것이 잘못된 일이라면 자신의 한 부분을 경시하는 것은 얼마나 더 나쁜 일이겠습니까! 자, 우리 본성에는 많은 사람들이 묵혀 두고 있는 부분이 있습니다. 사람들이 외적 틀인 육체를 소홀히 하는 일은 많지 않습니다. 그들은 몸이라고 불리는 밭은 아주 신중하게 장식합니다. 정말로 나는 사람들이 몸에 무관심하기를 바라지 않습니다. 몸을 단장하고 세련되게 간수하는 것은 가치 있는 일이기 때문입니다. 몸이 우리 본성에서 아주 부차적인 부분이긴 하지만 더 고귀한 부분과 짜여 있으므로 몸을 소홀히 하지 않는 것은 매우 중요한 일입니다. 여러분은 이 밭에 주의하고, 절제와 청결함과 건강의 규칙들을 지킴으로써 몸을 정원처럼 잘 가꾸어야 합니다. 몸이 어쨌든 주변에서 흔히 볼 수 있는 땅에 가깝게 티끌과 재에 지나지 않을지라도 고귀한 것입니다. 그래서 은혜로 영혼이 거룩해졌을 때, 몸이 성령의 전이 됩니다. 몸에 주의를 기울이라는 권고가 필요한 사람은 거의 없습니다. "무엇을 먹을까 무엇을 마실까 무엇을 입을까?"(마 6:31)라는 것은 인류의 대다수가 일생을 들여 답을 하는 세 가지 질문입니다. 잘못은 사람들이 몸에 대해 염려하는 것이 아니라 몸에 대해 지나치게 많이 생각하고, 몸을 마땅히 주장할 수 있는 것보다 더 높은 위치에 올려놓는다는 것입니다.

사람이 자체적으로 소유하고 있는 농지에 두 번째 밭이 있는데, 이 밭을 지성, 곧 정신이라고 부릅니다. 그런데 이 밭을 소홀히 하는 사람들이 많습니다. 이 사람들은 스스로에게 악을 행하는 것입니다. "지식 없는 영혼은 선하지 못하느니라"(잠 19:2, 개역개정은 "지식 없는 소원은 선하지 못하느니라"). 지적 능력을 기르기 위해서는 교육과 훈련이 있어야 합니다. 우리는 알려고 노력하고 이해하는 법을 배우려고 애써야 합니다. 매일 먹는 것밖에 알지 못하는 멸망하는 짐승과 다르기 때문입니다. 우리는 생각과 판단력과 기억, 상상력이 있습니다. 이런 것들은 다 훈련되고 사용될 필요가 있습니다. 우리는 모든 수단을 동원해서 지성을 연마하도록 합시다. 하지만 나는 이 점에 대해서 많이 이야기할 생각이 없습니다. "교양"이라는 말이 어떤 신자들에게는 마치 슬로건처럼 되었고, 그들이 지식을 가지고 있다고 생각하면 마음이 높아지기 때문입니다. 사람들은 지성에 대해서 충분히 생각하고, 지성이 인간의 지식과 세상적인 학문에 대해서 내놓는 결과물들을 자랑합니다. 그런 경우들에 인간의 정신은 잘 경작되는 것 같습니다.

그러나 인간의 본성 가운데 가장 고귀한 부분이고, 우리가 하나님께 말씀드릴 때 사용하는 부분인 영은 완전히 묵혀 둔 채로 있습니다! 참된 신앙이 잘 자라야 할 밭고랑을 버려두어 미신이라는 잡초와 잘못된 생각이라는 독 당근 혹은 의심이라는 엉겅퀴가 나게 하는 사람들이 많습니다. 이 시간에 내 말을 듣고 있는 분들 가운데 이 말이 해당되는 분들이 있지 않습니까? 여러분은 자신의 가장 깊은 본성인 마음을 방치해왔습니다. 그래서 하나님은 여러분의 땅 가운데 가장 좋은 곳에서 소작료도 소득도 전혀 거두지 못하셨습니다. 여러분에게서 가장 좋은 땅이 묵은 채로 있습니다. 무슨 일이 있어도 그 땅의 곳곳을 경작해야 하는 때에 묵혀 두고 있는 것입니다.

여러분은 묵은 땅에 어떤 일이 일어나는지 아십니까? 어떻게 땅이 벽돌처럼 그렇게 단단해집니까? 잘 부스러지던 땅이 두껍게 굳어져서 깨지지 않을 것처럼 딱딱해집니다. 물론 내 말뜻은, 해가 바뀌어도 묵은 땅을 계속해서 손대지 않고 내버려두면 그렇게 된다는 것입니다. 그때는 잡초들이 무성할 것입니다! 사람이 밀을 뿌리지 않을지라도 어떤 작물을 거둘 것입니다. 이는 잡초들이 자라고 또 스스로 씨를 뿌려서, 때가 되면 기하급수적으로 번져서 엄청나게 자랄 것이기 때문입니다. 잡초의 씨들은 보통 악이 그렇듯이 늘어나고, 늘어나며, 또 늘어나고 백배로 늘어나서 마침내 묵은 밭이 가시와 찔레, 쐐기풀과 엉겅퀴 덤불이 무성한 황무지가 될 것입니다. 여러분이 자신의 마음을 경작하지 않으면 사탄이 대신해서 그 밭을 경작할 것입니다. 여러분이 하나님께 작물을 바치지 않는다면 틀림없이 마귀가 거기에서 추수를 거둘 것입니다.

나는 이 설교를 듣는 분들 가운데 이런 점에 대해서 한번도 생각해 보지 않은 분이 있을까 걱정입니다. 이들은 자신을 생각해 본 일도, 자신이 존재하는 이유에 대해서 생각해 본 일도 없습니다. 여러분에게 들려주고 싶은 말씀이 하나 있는데, 이 말씀이 여러분의 귀를 통해서 곧바로 마음에까지 들어가기를 바랍니다. "악인들이 스올로 돌아가리라"(시 9:17). 여러분은 말합니다. "아, 그것은 내 얘기가 아니에요." 그렇습니다. 나는 그것이 여러분에 대한 이야기라는 뜻으로 말한 것이 아닙니다. 나는 아직 그 구절을 다 말하지 않았습니다. 여러분에게 해당되는 것은 이 부분입니다. "하나님을 잊어버린 모든 이방 나라들이 그리하리로다." 그런 민족들이 있습니다. 부주의한 사람들이 그처럼 많습니다. 그들이 무슨 일을 하였습니까? 아무 일도 하지 않았습니다. 그저 태만이라는 작은 문제에 빠진 것뿐이었습니다. 그들은 어떤 것을 잊어버렸습니다. 하나님을 잊어버린 것입니다. 여러분에게 구원받는 법에 대해서 이야기를 해야 한다면 시간이 좀 걸릴 수 있습니다. 그러나 여러분이 나에게 망하는 법을 알려달라고 한다면 잠깐이면 해줄 수 있을 것입니다. "우리가 이같이 큰 구원을 등한히 여기면 어찌 그 보응을 피하리요?"(히 2:3). 태만이 사람들을 망하게 만듭니다. 그저 가만히 앉아서 문제가 흘러가는 대로 내버려두십시오. 그러면 여러분은 틀림없이 망하고 말 것입니다. 여러분이 영적 농사를 망치고 싶다면 가시나무 씨를 뿌릴 필요가 없습니다. 영혼을 그냥 묵혀두기만 하면 됩니다. 그러면 추수 때가 오면 여러분이 굶주리게 될 것입니다. 인간 본성에서 묵은 땅은 그 땅을 내버려두는 사람에게 모두 저절로 기근과 파탄을 가져다줄 것입니다. 그러므로 본문이 "너희 묵은 땅을 기경하라"는 말부터 시작하는 것은 정말로 잘하는 일입니다.

여러분이 그동안 소홀히 한 것이 무엇인지부터 알아보아야 합니다. 계속해서 소홀히 한 것으로부터 어떤 결과가 나올지 생각해 보십시오. 하나님의 도우심을 받아, 여러분이 무릎까지 잡초가 자란 밭에 들어가 둘러보고 이렇게 말하십시오. "이곳을 깨끗이 치워야 하겠어. 쟁기질을 할 수 있도록 준비해야 하겠어. 여기를 더 이상 방치할 수 없어. 전에 여기에 들어와 본 적이 없었어. 이 울타리 너머를 들여다본 적이 없었어. 그동안 이 밭을 완전히 내버려두었어. 내가 게을렀다는 표시들이 도처에 가득하구나. 이제, 이 땅에 들어가서 쓰레기들을 모두 깨끗이 치워버리고, 영원하신 하나님께 전능한 은혜의 쟁기를 가져와 땅을 바닥까지 갈아 젖혀서 씨 뿌리기에 적당하게 되고, 그래서 하나님께 찬양을 돌려드리는 추수를 거게 해 주시도록 기도해야겠어."

본문의 앞부분은 이만큼 다루고, 이제는 뒷부분을 생각해 보도록 하겠습니다. "지금이 곧 여호와를 찾을 때니 마침내 여호와께서 오사 공의를 비처럼 너희에게 내리시리라."

1. 첫째로, 여기서 시간이 언급됩니다.

여호와를 찾아야 하는 때는 언제입니까? 나는 좋은 것을 이야기하지 않고, 회심하지 않은 각 사람의 마음에 와 닿는 어떤 것을 말할 생각입니다. 하나님께서 이 일에 나를 도와주시고, 그것이 여러분에게 복이 되게 하여 주시기를 바랍니다. 여호와를 찾아야 하는 때는 언제입니까?

그것은 여러분이 옳은 것과 그른 것을 구분하게 되는 순간 바로 그때부터입니다.

어린 남녀 학생 여러분, 여러분이 지금 어디에 있든지 간에, 어린 시절에 하나님을 찾는다면 여러분에게 말로 다할 수 없이 큰 복이 될 것입니다. 여러분이 아직 어린 동안에 하나님의 자녀가 되길 바랍니다. 여러분이 공공연하게 죄를 짓는데 이르기 전에 마음을 열어 하나님의 은혜를 받기를 바랍니다. 우리 중에 어렸을 때 회심한 사람들은 영원히 하나님을 찬양해야 합니다. 그것은 단지 회심하였다는 것 때문이 아니라 어렸을 때 회심한 것을 인해서 그같이 찬양해야 마땅할 것입니다. 나는 종종 내 영혼을 위해 아주 기쁘게 다윗의 기도를 드리곤 했습니다. "하나님이여 나를 어려서부터 교훈하셨으므로 내가 지금까지 주의 기이한 일들을 전하였나이다"(시 71:17). 또 여기에 이 말을 덧붙일 때를 바라봅니다. "하나님이여 내가 늙어 백발이 될 때에도 나를 버리지 마소서"(71:18). 여러분에게 소년 시절부터 고용한 사람이 있다면 그가 늙었을 때 해고하고 싶지 않을 것입니다. 우리 하나님께서는 그의 종들을 결코 해고하시지 않습니다. "주 여호와여 주는 나의 소망이시요 내가 어릴 때부터 신뢰한 이시라"(71:5)는 말씀은 하나님께 매우 설득력 있는 호소입니다. 우리가 무엇이든지 구할 수 있는 바로 그때가 여호와를 찾아야 하는 시간입니다. 그와 같이 여호와를 구하는 자들에게는 "나를 어릴 때(개역개정은 "간절히") 찾는 자가 나를 만날 것이니라"(잠 8:17)는 특별한 약속이 있습니다. 나는 열다섯 살 때 주님을 만났고 주님의 교회에 가입하였습니다. 그리고 나는 오바댜처럼 "당신의 종은 어려서부터 여호와를 경외하는 자라"(왕상 18:12)고 말할 수 있다는 것이 적지 않은 기쁨이라는 것을 알았습니다. 어릴 때의 경건은 우리를 많은 죄와 슬픔에서 건져주고, 많은 경우에 복되고 유익한 생활이 이어지게 됩니다. 나는 그 자신이 "거룩한 아이 예수"이신 주님께서 어린 아이들이 자기에게 오는 것을 허락하시는 것이 기쁩니다. 그리스도께 오는 젊은이들을 인해서 하나님의 이름을 찬송합시다. 주님께서 이 시간 이 자리에 있는 젊은이들의 마음에 "지금이 곧 여호와를 찾을 때라"는 생각이 들게 해 주시기를 바랍니다. 자, 젊은 청년 남녀 여러분, 어린 학생 여러분, 여러분의 인생이 아직 이슬처럼 영롱한 동안에 예수님을 배우십시오.

하지만 인생의 날에 해가 저물고 영원한 밤의 땅거미가 모여들고 있는 때는 특별히 더 하나님을 찾아야 할 시간입니다. 아침이 막 동트기 시작할 때가 하나님을 찾아야 할 시간이라면, 그림자가 길어지는 때는 얼마나 더 진지하게 하나님을 찾아야 하는 시간이겠습니까! 친구 여러분, 여러분은 오래 살 수 없습니다. 나이가 들면서 한때 다부졌던 여러분의 몸이 약해지는 것이 보이기 때문입니다. 자연의 질서에 따를 때 여러분은 얼마 있지 않으면 사라질 수밖에 없습니다. 여러분은 자신이 이미 70년의 세월을, 혹시는 80년의 세월을 지나갔고, 지금은 하나님의 특별한 자비로 살고 있다는 것을 압니다. 여러분의 임대차 계약은 끝이 났고, 지금은 하루하루 세내어 살고 있습니다. 확실히 지금은 여러분이 여호와를 찾아야 할 때입니다. 여러분은 다음 안식일이 오기 전에 심판을 받고 파기할 수 없는 선고를 들을 수가 있습니다.

"그대에게나 나에게 내일 아침이
동트지 않을 수 있는데
어찌하여 그대는 영원히 망할
두려운 위험을 무릅쓰려고 하는가?"

여러분은 바야흐로 영원이 시작되려는 시점에 시간을 헛되이 보내지 않도록 조심하십시오. 여러분은 다 죽게 되어 있는 형편이니, 어서 만세 반석 위에 올라서도록 애쓰십시오! 그러면 여러분은 나이 많은 것과 노쇠에서 오는 여러 가지 병들이나 노년의 마지막 시간을 두려워할 필요가 없습니다. 예수께서 여러분을 격려하고 위로하실 것이며, 여러분의 저녁 무렵은 복된 아침, 곧 구름 한 점 없는 아침을 알리는 서곡에 불과할 것입니다. 친구 여러분, 이미 죽음이 여러분 가까이 왔고 병으로 허덕이고 있을 때야말로 하나님을 찾아야 하는 시간임에 틀림없습니다. 창밖을 내다보는 사람들이 날이 어두워지기 시작하는 것을 볼 때, 이제 하늘을 쳐다볼 시간이 된 것입니다. 집을 지키는 자들이 흔들릴 때, 예수님 안에서 집을 찾아야 할 시간인 것입니다. 무덤이 우리를 기다리고 있을 때 심판 받을 준비를 해야 하는 시간인 것입니다. 마지막이 다가오고 있음을 보여주는 분명한 표시들이 있을 때, 여러분이 어슬렁거리는 일을 끝내고 주님을 찾아야 하는 시간인 것입니다.

본문의 어투 자체가 우리에게 용기를 준다는 것이 참으로 감사한 일입니다! "지금이 곧 여호와를 찾을 때니." 그렇다면 하나님을 찾을 시간이 아직 있다는 말입니다. 내가 그동안 오래 지체하였음에도 불구하고 아직 나에게 시간이 끝난 것은 아닙니다. 나는 지금도 주님께 갈 수 있습니다. 그렇습니다. 여러분이 머리는 백발이 성성하고 몸은 해골처럼 바싹 말랐어도 그리스도께서 여러분을 받으실 것입니다. 지팡이를 짚고서야 겨우 비틀거리며 움직일 수 있을 때에도 예수님께 갈 수 있습니다. 너무 노쇠해져서 기억조차 가물가물하고 모든 감각은 사라진 것처럼 보일 때에도 주님은 여러분에게 어린 아이의 눈, 곧 믿음의 눈을 주실 수 있고, 어린 아이의 마음, 곧 사랑의 마음을 주시며, 여러분을 그리스도 예수 안에서 새 사람으로 만드실 수 있습니다. 이 자리에 계신 나이 많은 분들 가운데 훌륭한 분들이 많이 있습니다. 나는 그분들 가운데 많은 분들이 그리스도 안에서 내 아버지이신 것을 압니다. 나는 지금 그분들에게 말씀드리는 것이 아닙니다. 고령임에도 불구하고 아마도 여전히 "쓴 담즙이 가득하고 불의에 매인 바 되어"(행 8:23) 있을 분들에게 말씀드리는 것입니다. 나이 든 여러분, 지금이야말로 여러분이 하나님을 찾아야 하는 시간입니다. 여러분은 내 주장에 반론을 제기할 수 없습니다. 지금 당장 내 말을 들으시고, 흰 머리가 또 하나 땅에 떨어지기 전에 하나님을 찾으십시오.

하나님께서 사람들을 부르시는 특별한 때가 있습니다. 여러분은 방금 우리가 하나님께서 "내가 원하는 때에 그들을 징계하리라"고 말씀하시는 구절을 읽은 것을 기억하실 것입니다. 그런데 이 말씀은 "지금이 곧 여호와를 찾을 때라"는 본문 말씀과 관련해서 이야기하신 것입니다. 자, 여러분 가운데 최근에 하나님께 징계를 받으신 분이 있습니까? 아픈 적이 있습니까? 여러분은 한동안 앓고 나서 예배당에 나오셨습니까? 사실 괴로움을 겪는 것은 큰 자비입니다. 괴로움을 겪는 것을 하찮은 일로 생각하지 않도록 조심하십시오. 여러분이 고통을 겪는다면, 하나님께서 여러분을 포기하시지 않은 것으로 보입니다. 여러분에게 재갈과 굴레를 씌우는 것을 여전히 할 만한 일로 여기시기 때문입니다. 건강을 회복함으로 얻은 기회를 낭비하지 말고, 하나님의 부르심에 귀를 기울이십시오. 하나님께서 여러분을 치시는 것은 여러분이 하나님께로 달려가 상처를 싸매도록 하시기 위함입니다. 여러분, 혹은 여러분이 소중한 어떤 사람들을 최근에 잃은 적이 있습니까? 그들이 지금 하늘에 있습니까? 그런데 여러분 자신은 거기에 가지 않을 것입니까? 하나님은 여러분의 품에서 데려간 아기를 통해서 지금 여러분을 부르시고, 본향으로 간 경건한 어머니나 그리스도인 친구를 통해서 지금 여러분을 부르고 계시는 것입니다. 하나님은 여러분을 부르시고 "지금이 곧 여호와를 찾을 때라"고 말씀하십니다. 혹은 여러분이 재산을 잃었습니까? 장사가 아주 좋지 않습니까? 실직을 해서 가난해졌습니까? 여러분은 이런 채찍을 맞고서도 하나님을 찾으려고 하지 않습니까? 나는 신뢰할 다른 아무것이 없기 때문에 하나님을 신뢰할 이유가 충분하다고 생각합니다. 여러분도 틀림없이 같은 이유를 댈 수 있을 것입니다. 다른 모든 것이 여러분에게서 사라지고 있으니 하나님께 가십시오. 이제 곧 여러분에게는 아무것도 남지 않을 것입니다. 여러분, 하나님을 반드시 모시십시오! 그리스도인이 풍성할 때는 모든 것에서 하나님을 만나고, 가난할 때는 하나님에게서 모든 것을 얻습니다. 그러나 여러분은 그렇게 할 수 없습니다. 그렇게 하지 못합니다. 하나님이 여러분에게는 아무것도 아니기 때문입니다. 모든 것이 사라지고 여러분에게 하나님이 없을 때는 여러분은 어디로 갈 것입니까? "사람이 깬 후에는 꿈을 무시함 같이"(시 73:20) 모든 것이 여러분을 떠나고 깨어서 여러분이 "세상에서 소망이 없고 하나님도 없는 자"(엡 2:12)라는 것을 발견할 때 어디로 갈 것입니까? 제발 이 점을 생각하십시오. 이것을 하늘에서 여러분을 부르는 소리로 아십시오. "너희는 매가 예비되었나니 그것을 정하신 이가 누구인지 들을지니라"(미 6:9). 매를 맞고 고통스러워 할 때, 매 한 대 한 대가 여러분에게 "지금이 곧 여호와를 찾을 때라"고 말하는 것이라고 생각하십시오.

징계를 받기 전에 지금이 여호와를 찾을 때라는 것을 우리가 생각하고, 여러분도 그 점을 기억하는 것이 지혜로운 일일 것입니다. 할 수 있다면 이 징계를 피하는 것이 지혜로운 일이 아니겠습니까? 징계가 비록 친절한 의도에서 계획될지라도, 우리가 징계를 불필요한 일로 만든다면 그것이 더 나을 것입니다. 여러분, 여러분은 채찍을 맞고서 그리스도께 가고 싶습니까? 하나님께서 여러분을 구원하기로 작정하시면, 불을 지나고 물을 통과해서라도 여러분을 데려오실 것입니다. 그렇습니다. 여러분을 데려오는 과정에서 여러분의 뼈가 모두 부러질지라도 하나님은 여러분을 데려오실 것입니다. 하나님께서 이보다 더 험한 수단을 써야 할 필요가 있습니까? "너희는 무지한 말이나 노새 같이 되지 말지어다 그것들은 재갈과 굴레로 단속하지 아니하면 너희에게 가까이 가지 아니하리로다"(시 32:9). 어찌하여 소처럼 소 모는 막대기에 찔리거나 말 안 듣는 노새처럼 맞을 필요가 있겠습니까? 이런 것들에 즉각 복종하십시오! 이보다 부드러운 압박에 복종하십시오! 하나님의 사랑에 조용하고 즐겁게 굴복하고 하나님을 찾으며, 좀 더 부드러운 영향력 아래에서 여러분이 행해야 할 일을 시작하십시오.

여러분은 하나님께서 자기 백성에 대하여 "내가 사람의 줄 곧 사랑의 줄로 그들을 이끌었노라"(호 11:4)고 말씀하신다는 것을 모릅니까? 하나님은 그런 일을 손쉽게 하실 수 있습니다. 아직 여러분은 자녀를 잃지 않았고, 장사도 나쁘지 않으며, 건강도 괜찮고, 감사할 일이 주변에 지천으로 널려 있습니다. 그때 이 사랑의 끈을 따라 하나님께 가십시오. 하나님께서 자비로 손짓하시고, 자기가 좋아하는 대상에게 구애하는 연인으로서 말씀하실 때 그 부르심에 따르십시오. 유모가 사과를 내밀 때 혹은 엄마가 웃는 얼굴로 손을 뻗으며 "아가, 이리 온" 하고 말할 때 어린 아이가 달려가듯이 하나님께 가십시오. 여러분이 한창 성공을 거두고 가정적으로도 행복할 때 아주 세미한 음성이 여러분에게 지금이 하나님을 찾을 때라고 말하는 것을 들으시기 바랍니다. 여러분이 더없는 지상의 행복이라는 빛나는 복을 받고 그 위에 영원한 사랑이라는 찬란한 복을 받는다면 여러분은 말로 다할 수 없이 부유해질 것입니다! 이 시간까지 실로 여러분이 가졌다고 하는 모든 것은 0이라는 숫자를 여러 개 모아놓은 것에 비유할 수가 있습니다. 여러분은 어린 자녀가 그 모든 것을 무(無)로 만드는 것을 보았습니다. 그 모든 것이 수포로 돌아갑니다. 그런데 하나님께서 그 영(0)들 앞에 영광스러운 1이라는 숫자를 놓으시면 여러분은 얼마나 큰 부를 얻는지 모릅니다! 신성한 상수(常數)이신 하나님께서 여러분이 가진 모든 것에 진정한 값어치와 값을 더하시게 하기 바랍니다. 하나님께서 앞자리에 오시기 전에는 그것이 아무것도 아닙니다. "지금이 곧 여호와를 찾을 때라."

지금까지 죄짓는 생활을 해오면서도 아직까지 그리스도께 오지 않은 분에게 말씀드립니다. 여러분은 지금까지 죄짓는 생활을 충분히 하지 않았습니까? 지나간 시간으로 족하지 않습니까? 여러분은 어느 때가 되어야 고약한 냄새 나는 고기를 먹는 일에 물리겠습니까? 거기에서 무슨 유익을 얻습니까? 그 생활이 여러분에게 무슨 위로를 가져다주었습니까? 무슨 평안을 주었습니까? 여러분은 그 생활에서 얻는 이익으로 살아갈 수 있습니까? 죄를 짓다가 죽으면서 죄가 여러분에게 편안한 베개가 될 것이라고 기대할 수 있습니까? 여러분은 "죄의 삯은 사망"이라는(롬 6:23) 것을 압니다. 그런데 나로서는 죄의 활동이 죄의 삯이나 매한가지라고 생각합니다. 여러분은 그렇게 생각하지 않습니까? 여러분은 자신이 지금까지 아주 오랫동안 영혼을 잃을 위험을 무릅써 왔고, 영원과 천국과 지옥을 상대로 위험하기 짝이 없는 무서운 게임을 아주 충분히 해왔다고 생각하지 않습니까? 여러분, 아무 이익이 없는 어둠의 일을 지금까지 충분히 하지 않았습니까? 성령님을 충분히 오랫동안 슬프시게 하지 않았습니까? 그리스도의 마음을 충분히 오랫동안 애타게 하지 않았습니까? 그리스도께서는 지금까지 문을 두드리고, 두드리고, 두드리셨으며 그의 머리가 이슬에 젖고 밤의 이슬방울에 젖기까지 서서 기다리며 두드리셨습니다. 그리스도께서 아직도 더 기다리셔야 합니까? 주님께서 그의 영원하신 목적에 따라 여러분을 구원하기로 작정하시면 새벽까지 기다려서라도 여러분의 마음에 들어가실 것입니다. 그러나 제발 여러분을 사랑하여 온유한 마음으로 기다리시는 주님을 멸시하지 마십시오. 여러분은 주님을 더 기다리시게 하겠습니까? 주님의 오래 참으시는 사랑을 생각하면 지금이야말로 여러분이 주님의 얼굴을 찾아야 하는 때입니다. 여러분의 입에 넣어주고 싶은 아름다운 가사가 있습니다.

"주께서 부르셨으니 지체할 수 없겠네.
주님의 음성을 들었으니
이 지독한 잠을 떨쳐버리고
문을 활짝 열겠네.

주께서 북풍으로 나를 꾸짖으셨고
나는 그 전언을 잘 알아들었네.
이제 남풍으로 속삭이시니
더 이상 반역하지 않겠네.

이제 다시 주의 음성을 들으니
오소서, 주여, 들어오소서.
어찌 주의 문 두드리시는 소리를 거부할 수 있겠나이까?
오셔서 내 모든 죄를 덮어 주소서."

우리 인생에는 바로 지금이 행복한 때라는 것을 잘 알게 하는 특별한 표시, 곧 일종의 주의 표시가 그려지는 때들이 있습니다. 호기(好機)에 편승하는 일이 사람들의 인생에는 종종 일어납니다. 그런 기회들을 유리하게 이용한다면 잘하는 일입니다. 친구 여러분, 다른 사람들이 하나님을 찾아 만난 곳에 여러분이 있다면 이때야말로 아주 희망을 갖고서 하나님을 찾아야 할 때입니다. 여러분이 이 기도하는 집에 있다는 것 자체가 좋은 표시입니다. 나는 이 태버너클 예배당의 자리들 가운데 하나님을 찾는 죄인이 앉았다가 하나님을 만나지 못한 곳은 거의 한 자리도 없다고 증언할 수 있습니다. 영혼들이 구원받은 자리에 금별로 표시한다면 여러분은 은혜의 발자국들, 곧 천사들이 기쁘게 바라보는 거룩한 곳들이 여기에 많은 것을 볼 것입니다. 여러분은 지금 하나님께서 은혜의 일들을 늘상 행하시는 곳에 앉아 있는 것입니다. 여기는 그 이름이 "여호와삼마, 곧 여호와께서 거기에 계시다"(겔 48:35)라고 불릴 수 있는 곳입니다. 이곳에서 주님은 수많은 사람들을 예수님의 발 앞으로 데려오셨습니다. 그런데 왜 여러분은 오지 않습니까? 왜 오지 않는 것입니까? 같은 복음이 지금 여러분에게 전파되고 있습니다. 하나님께서 다른 사람들에게 효과가 있도록 하신 바로 그 목소리로, 그 복음이 여러분에게도 효과가 있기를 바라는 같은 소원으로 복음이 전해지고 있는 것입니다. 이 설교자는 속에서 점점 더 커지고 온 마음을 사로잡는 소원이 있다고 진심으로 말할 수 있습니다. 그 소원이란 바로 여러분이 구원받기를 바라는 것입니다. "아무쪼록 몇 사람이라도 구원하고자 함이라"(고전 9:22). 이곳은 희망이 있습니다. 이곳은 바로 베데스다, 곧 자비의 집이고 치유의 병원입니다. 그런데 왜 여러분은 지금 구주님을 찾아 만나려고 하지 않는 것입니까?

어쩌면 여러분은 이 순간에 생각이 깊어지는 것과 마음이 부드러워지는 것을 어느 정도 느끼고 있을지 모릅니다. 여러분의 마음에 어떤 끌림이 있을 것입니다. 이것이 바로 지금 여러분이 하나님을 찾아야 하는 때라는 것을 말해줍니다.

> "바로 이 시간에 하나님께서 여러분을 부르십니다!
> 아직 너무 늦지 않았습니다.
> 하나님께서 은혜의 날을 끝내시지 않았고
> 문을 닫지 않으셨습니다.
> 하나님이 여러분을 부르십니다! 쉿! 하나님이 여러분을 부르십니다!
> 하나님께서는 여러분이 하나님 없이
> 다른 곳으로 가게 하시지 않을 것입니다.
> 여러분을 지극히 사랑하시기 때문입니다."

마음이 열리기 시작할 때 그것을 소홀히 여기지 마십시오. 그동안 나는 이렇게 말하는 사람들을 보았습니다. "제가 전에는 마음이 부드럽고 희망에 차 있었는데, 지금은 마치 철장에 갇혀 있는 사람 같아요. 저는 느낄 수가 없습니다. 관심도 양심의 가책도 거의 다 사라진 것 같아요. 아무것에도 자극을 받지 않아요." 사랑하는 여러분, 이것이 여러분의 경우가 아니라면 감사해야 마땅합니다. 여러분은 자신의 마음이 부드럽다는 것에 안심하지 말고, 자신이 다른 사람들보다 조금이라도 낫다고 생각하지 마십시오. 다만 아직도 여러분을 기다리며 여러분에게 애원하는 자비가 있다는 것에 감사하십시오. 선원들은 출항할 때, 작은 바람이라도 놓치지 않고 다 이용합니다. 나는 선원들이 활기찬 무역풍이 불어 자기들이 매일매일 순항하게 되는 것을 좋아하는 줄 압니다. 그러나 그런 무역풍이 일어나지 않을지라도 조금이라도 순풍이 불면 기뻐합니다. 한번 휙 부는 바람만 있어도 그들은 그 바람을 붙잡으려 하고, 그 바람을 이용하기 위해 침로를 바꿉니다.

자, 이 순간에 여러분이 성령님의 은밀한 능력을 크게 느끼지 못할지라도 양심이 조금이라도 깨어난다면 그것이 다시 잠들도록 버려두지 마십시오. 의지가 조금이라도 흔들린다면 그 의지가 뻣뻣해지지 않도록 조심하십시오. 하나님을 찾고자 하는 소원이 조금이라도 일어난다면 그 소원을 잘 보살펴서 그것이 갈망이 되고 열망이 되게 하십시오. 여러분은 불이 거의 꺼지려고 하면 하인들이 어떻게 하는지 압니다. 어떻게 하인들이 무릎을 꿇고 숯에 바람을 불어대는지, 손을 모으고 살살 입김을 불어 죽어가는 불을 되살리는지 압니다. 여러분에게 불꽃이 있다면 하나님께서 여러분이 그 불꽃에 바람을 불어 살리도록 도와주시기 바랍니다. 그렇습니다. 하나님께서 친히 그의 생기를 그 작은 은혜에 불어서 그 은혜가 여러분의 본성을 지배하는 영향력이 되고, 사르는 불처럼 여러분의 영혼 속에서 타오르게 해 주시기를 바랍니다. 지금은 호기(好機)입니다. 사라지기 전에 사용해야 할 시간입니다. 은혜의 소낙비가 여러분에게 내리고 있고 땅이 부드러워져서 거룩한 씨를 받을 수 있게 준비된 때입니다. 여러분의 기회를 잘 사용하도록 주의하십시오. "지금이 곧 여호와를 찾을 때"이기 때문입니다.

진리가 개인적으로 여러분의 마음에 와 닿는 때, 곧 여러분이 이렇게 느끼기 시작하는 지금이 하나님을 찾을 때라고 생각합니다. "복음에는 나를 두고 하는 말이 있어. 하나님께서 나를 오늘 밤 이 태버너클 예배당으로 인도하셨고, 목사가 이 본문을 택하고, 내 양심에 와 닿는 말을 하도록 돕고 계시는 것 같아. 목사가 바로 지금 나를 보았어. 나를 두고 말하는 것이 틀림없어." 그렇습니다. 여러분의 생각이 맞습니다. 목사는 바로 여러분을 두고 말하고 있습니다. 하나님께서도 여러분을 두고 말씀하십니다. 이렇게 해서 친히 여러분을 부르고 계시는 것입니다. 일어나십시오, 하나님께서 여러분을 부르십니다! 여러분이 다리를 절고, 눈이 멀었으며, 죽었을지라도 하나님은 여러분을 부르십니다! 왕이신 하나님의 아들이 앉아 계시는 지극히 높은 위엄으로부터 나오는 이 신성한 호출에 복종하십시오. 하나님 아버지뿐 아니라 예수님께서도 여러분에게 말씀하십니다. 오십시오! 당장 오십시오! 우물쭈물하며 기운이 없는 여러분, 오십시오! 수고하고 무거운 짐 진 사람들은 모두 오십시오! 주님께서 여러분에게 안식을 주실 것입니다. "지금이 곧 여호와를 찾을 때라."

성령께서 내가 지금까지 말한 경고를 쓰시기만 한다면 나는 때에 관해서 충분히 이야기한 셈입니다.

이제는 우리가 이 시간에 해야 하는 특별한 일에 대해서 생각해 봅시다.

2. 둘째로, 우리에게 찾으라는 명령이 주어집니다.

"지금이 곧 여호와를 찾을 때라." "여호와를 찾으라고요?" 왜요? 하나님은 여기 계십니다! "여호와를 찾으라고요?" 하나님은 어디에나 계십니다! "여호와를 찾으라고요?" 하나님은 찾을 필요가 없습니다. 하나님 안에서 우리가 살며 활동하기 때문입니다. 그렇습니다. 하지만 여러분은 이 말이 하나님이 어디 계시는지를 묻는 것이 아니라 여러분이 지금 어디 있는지를 묻는 것임을 알지 않습니까? 여러분, 여러분은 하나님께 등을 돌렸습니다. 여러분이 내가 오늘 밤 염두에 두는 그런 사람이라면, 여러분은 지금까지 하나님을 잊고 살았습니다. 지금까지 하나님이 여러분의 생각에 없었기 때문에 여러분은 도덕적이고 영적인 의미에서 하나님을 잃어버렸습니다. 하나님은 여러분의 생각 속을 제외하고 어디에나 계십니다. 마치 하나님은 수색하거나 뛰어난 재주로 찾을 수 있는, 숨어 있는 어떤 존재처럼 찾아야 하는 것이 아닙니다. 여러분이 하나님을 알지 못할 만큼 완전히 잊고 살았기 때문에 하나님을 찾아야 하는 것입니다. "너희는 여호와를 찾으라"(사 55:6). 나는 열심 있는 구도자가 이렇게 말하는 것을 듣습니다. "그 말뜻은 틀림없이 내가 하나님이 계시다는 것을 깨닫도록 노력해야 한다는 말씀일 것입니다." "그리고 하나님께서 내게 매우 가까이 계시다는 뜻이기도 하고요." 그렇습니다. "또 내가 하나님께 말씀드리고 있다는 것이기도 하고요." 맞습니다. "그리고 하나님께서 내게 오셔서 '내게로 와서 나와 화해하자'고 말씀하시는 것이기도 하고요." 그렇습니다. 이렇게 하는 것이 하나님을 정말로 여러분에게 존재하는 분으로 알고 찾는 것입니다. 이제부터는 하나님이 없는 무신론자가 아니라 하나님을 곁에 모시고 있고 또 속에도 모시고 있는 그리스도인으로서 살기 시작하십시오. 그렇다면 "여호와를 찾으라"는 말씀의 의미는 생각과 사랑과 소원이 모두 하나님께로 향하고 하나님을 인식하며, 그렇게 해서 하나님을 추구하라는 것입니다.

어떤 사람은 이렇게 말합니다. "여호와를 찾으라고요? 나는 죄인입니다. 내가 하나님 앞에 간다면 하나님은 죄악을 지나칠 수 없기 때문에 나를 죽이실 것입니다." 그렇다면 여러분이 하나님께 가까이 갈 수 있는 방법으로, 즉 그의 사랑하시는 아들을 통해서 하나님을 찾아야 합니다. 죄인인 우리는 하나님께 갈 수 없고 하나님께서 우리에게 오실 수 없기 때문에 하나님은 그의 사랑하시는 아드님이 스스로 종의 형체를 취하고 죄 있는 육신의 모양을 입으시며 "친히 나무에 달려 그 몸으로 우리 죄를 담당하게"(벧전 2:24) 하기를 기뻐하셨습니다. 자, 여러분이 그리스도께 간다면, 하나님이 그리스도 안에 계시므로 하나님께 갈 수 있습니다. 우리가 준비 없이 하나님께 갈 수는 없습니다. 그러나 그리스도께는 아무 준비 없이도 갈 수 있습니다. 우리는 당장 지금 있는 모습 그대로 갈 수 있습니다. 즉, 평상복 차림으로, 아주 더러운 모습 그대로 갈 수 있습니다. 우리가 예수 그리스도라는 길을 통해서 찾기 전까지는 하나님을 만나지 못할 것입니다. 죄 범하고 있는 형제 여러분, 하나님께서 그리스도 안에 숨지 않고 그리스도 안에서 자신을 계시하셨으며, 여러분에게 그의 아들 안에서 자신을 보라고 명령하시므로, 제발 부탁하건대 "지금이 곧 여호와를 찾을 때라"는 본문의 말씀에 귀를 기울이십시오. 와서 하나님을 찾으십시오. 하나님을 찾되, 여러분이 하나님을 만날 수 있도록 하나님께 여러분의 죄를 씻어 주시기를 구하십시오. 여러분이 하나님을 만날 수 있도록 여러분의 본성 전체를 바꾸어 주시기를 구하십시오. 하나님과 함께 거할 수 있도록 하나님을 닮게 하여 주시기를 구하고, 여러분이 하나님의 얼굴 빛 가운데 살 수 있도록 하나님을 섬기도록 도와주시기를 구하십시오. 하나님의 의의 비가 여러분에게 내려 영혼에 스며들어서 다시는 여러분이 하나님의 임재를 잃지 않도록 거짓된 길을 모두 버리고 하나님의 은혜를 풍성히 받도록 해 주시기를 구하십시오. "지금이 곧 여호와를 찾을 때라."

친구 여러분, 여러분 가운데 복음을 듣는데 익숙하지 않고 다양한 형태의 자의적 숭배에 길들여진 분이 있다면, 나는 여러분이 사제를 찾아가거나 성례를 의지하는 일 혹은 하나님 외의 어떤 것을 추구하는 일이 조금이라도 쓸모 있을 것이라고 생각하지 않기를 바랍니다. 여러분이 직접 예수 그리스도 안에서 하나님께 와야 합니다. 본문은 "지금이 곧 견진 성사를 받을 때라"고 말하지 않고 "지금이 곧 세례를 받을 때라"고 말하지도 않으며, "지금이 곧 성체 성사를 받을 때라"고도 하지 않습니다. 그보다는 "지금이 곧 여호와를 찾을 때라"고 말합니다. 여러분에게 가장 필요한 일은 이것입니다. 여러분의 영혼이 하나님을 찾아야 한다는 것이고, 방탕한 아들이 아버지의 품에 안겼듯이 여러분의 마음이 하나님의 품에 안겨야 한다는 것입니다. 방탕한 아들이 "내가 일어나 가리라"고 말했는데, 사제에게 가겠다고 하였습니까? 아닙니다. 그가 비록 방탕하기는 했지만 그처럼 멍청한 얼간이는 아니었습니다. 그는 "내가 일어나 아버지께 가리라"고 하였습니다. 곧바로 본부로 가서, 권한이 있는 분에게 사죄를 구한 것은 지혜 있는 처사였습니다. 그 방탕한 아들이 돼지를 쳤지만, 그 자신이 돼지 가운데 하나가 되지는 않았습니다. 즉, 고해 신부나 사제에게 갈 수도 있었지만 가지 않았습니다. 그는 여전히 사람으로 있었으며 정신을 차리고 아버지에게 갔습니다.

여러분, 제발 부탁합니다. 목사를 찾지 말고, 무슨 외적인 형태나 의식을 찾지 마십시오. 오직 하나님께만 여러분의 구원이 있습니다. 어떤 구제책도 하나님의 도움이 없으면 여러분의 비참함을 결코 해결해주지 못할 것입니다. 여러분은 그동안 세상의 의사들을 찾아가는데 충분한 시간을 들였지만 조금도 나아진 것이 없습니다. 그러니 이제 여호와 라파, 곧 치료하시는 하나님께 가십시오. 하나님께서 여러분을 온전케 하실 것입니다.

여러분은 속병을 성례로 치유하지 못할 것입니다. 거룩한 떡을 산더미만큼 먹어치우고 신성한 포도주를 바다만큼 마실지라도 고칠 수 없습니다. 모든 성도들과 천사들이 와서 여러분을 구원하려고 할지라도 여러분이 하나님을 찾지 않는 한, 그리스도 예수 안에서 하나님을 찾지 않는 한, 여러분은 영원히 망하고 말 것입니다. "지금이 곧 여호와를 찾을 때라."

3. 이제, 정해진 기간이 있다는 세 번째 요점을 간단히 살펴보고 마치겠습니다.

"지금이 곧 여호와를 찾을 때니 마침내 여호와께서 오사 공의를 비처럼 너희에게 내리시리라." 나는 많은 사람들이 하나님을 찾을 때 무지한 상태에서 찾는다고 생각합니다. 내 말뜻은 하나님을 찾기 시작할 때 마치 하나님을 만날 수 없는 것처럼, 하나님이 멀리 계신 것처럼 찾는 사람들이 있다는 것입니다. 이런 생각을 사도 바울은 다음과 같이 잊기 어려운 말씀으로 바로잡습니다. "네 마음에 누가 하늘에 올라가겠느냐 혹은 누가 무저갱에 내려가겠느냐 하지 말라. 말씀이 네게 가까이 있도다"(롬 10:6-8). 말씀이 여러분에게 얼마나 가까이 있습니까? "네 입에 있도다." 사람이 자기 입에 있는 것을 먹지 못하게 만들 수 있는 것이 있습니까? 여러분, 삼키십시오. 삼키세요! 여러분이 할 일은 그것뿐입니다. 말씀이 여러분의 입에 있습니다. 여러분의 입 안에 있는 것만큼 확실하게 여러분 가까이 있을 수 있는 것은 없습니다.

내가 죽어가고 있고 내 입 속에 효과 좋은 알약이 있으며 그 약이 내 생명을 구원할 것을 안다면, 그 약을 삼키려 하지 않겠습니까? 그 알약을 삼키기 전까지 안심할 수 있겠습니까? 비평가가 옆에 서서 "당신은 그 약을 먹어서는 안 돼. 그 약을 먹을 만한 자격이 없어"라고 말할지라도 나는 그 말에 신경 쓰지 않을 것입니다. 약은 이미 내 입 안에 있으므로 여러분이 항의한다고 해도 때가 늦습니다. 그 약은 내 목구멍으로 내려가고 있습니다. "아, 하지만 약을 삼키지 마. 당신은 그 약을 먹을 사람이 못 돼." 나는 약을 삼켜버렸고, 그래서 약을 뺏어갈 테면 뺏어가 보라고 말합니다. 약이 목구멍으로 내려가고 있기 때문입니다. "하지만 약을 완전히 삼키지는 마. 그 약은 당신을 위한 것이 아닐 수도 있어. 어쩌면 당신은 은혜의 선택을 받지 않았을 수 있어." 여러분의 그런 추측은 쓸데없습니다. 나는 그 약을 이미 내 입 안에 가지고 있습니다.

가진 사람이 임자라는 속담이 있는데, 그 말이 복음에는 정말로 맞는 얘기입니다. 나는 약을 장기(臟器) 속에 집어넣고 내놓지 않을 것입니다. 바로 그것이 복음입니다. 그것을 아름답게 표현하자면 이런 말입니다. "말씀이 네게 가까워 네 입에 있으며 네 마음에 있다." "네가 만일 네 입으로 예수를 주로 시인하며 또 하나님께서 그를 죽은 자 가운데서 살리신 것을 네 마음에 믿으면 구원을 받으리라"(10:8,9). 여러분은 우리 주님께서 제자들에게 사명을 내리시는 말씀에서 그 점을 다시 봅니다. "믿고 세례를 받는 사람은 구원을 얻을 것이요 믿지 않는 사람은 정죄를 받으리라"(막 16:16)

하지만 이렇게 찾는 일에서, 여러분도 알다시피 말씀이 자기에게 아주 가까이 있다는 것을 잊어버리고, 나가서 찾는 사람들이 있습니다. 그러나 여러분, 여러분이 하나님을 찾는다면 비록 어리석게 찾는 점이 있을지라도 마침내 여호와께서 오셔서 공의를 비처럼 여러분에게 내리시기까지 하나님을 끈질기게 찾으라고 권합니다. 사랑하는 여러분, 하나님을 만날 때까지 찾으십시오. 수단을 손에 쥔 것에 만족하지 말고, 목적을 이룰 때까지 쉬지 마십시오. 하나님을 찾으십시오. 하나님을 만나지 못하면 계속해서 찾으십시오. 천국 문 앞에서 머물러 있지 마십시오. 천국에 완전히 들어가게 해 주시기를 구하십시오. 그냥 문을 두드리는 것으로 만족하지 말고, 문을 더 크게 두드리고 문이 열릴 때까지 더욱더 크게 두드리십시오. 하나님 나라에 가까이 있는 것은 잘하는 일입니다. 그러나 그렇게 가까이 있으면서 그 안에 들어가지 않는 것은 두려운 일입니다. 권유를 받고 그리스도인이 되려고 생각하는 것은 잘하는 일입니다. 그러나 그렇게 생각만 하고 마음을 결정하지 않은 채로 지내는 것은 두려운 일입니다.

여러분은 말합니다. "글쎄, 아마 나는 오래 기다릴 수 있을 거예요. 이미 오래 기다렸고, 사실 지쳤어요." 여러분의 상황이 그렇다면, 더 이상 기다릴 만한 가치가 없지 않겠습니까? 말씀드리지만, 당신이 그렇게 기다리는 것은 주로 당신 자신의 무지 때문입니다. 앞에서 말했듯이, 하나님의 말씀은 여러분 가까이 있습니다. 당신은 오늘 밤에 하나님의 말씀을 받을 수 있습니다. 지금이라도 받을 수 있습니다. 그 말씀이 당신의 입에 있기 때문입니다. 여러분의 시력을 잃은 불쌍한 눈에서 지금 이 순간에도 임재해 계시는 구주님을 보지 못하게 가리고 있는 비늘이 벗겨진다면 여러분은 우리가 노래하는 이 사실을 볼 수 있습니다.

> "십자가에 못 박히신 분을 보는 데 생명이 있네.
> 지금 이 순간 여러분을 위한 생명이 있네.
> 그러니 죄인이여, 보라. 나무에 못 박히신 분을
> 보고 구원을 얻으라."

비록 여러분이 이 말을 이해하지 못할지라도, 빛이 올 수 있도록 하나님 찾기를 그치지 마십시오. 하나님의 사유하심이 오면, 여러분의 수고를 충분히 보상해 줄 것입니다. 여러분은 또 이렇게 말합니다. "나는 벌써 몇 달 동안 간구했어요." 그렇다면, 제발 그동안 여러분이 해 온 일이 다 수포로 돌아가게 하지 마십시오. 와서 그리스도를 붙잡고 씨름하여 그 모든 기도에 대한 응답을 받으십시오. 콜럼버스를 생각해 보십시오. 그는 놀라운 땅, 아메리카에 3일 안에 도착할 수 있을 것이라고 믿었습니다. 그는 아메리카에 대한 한두 가지 표시, 곧 여기저기 떠다니는 해초들을 보았습니다. 그것은 앞에 땅이 있을 수 있다는 작은 표시들이었습니다. 선원들은 멀리 그 신비한 바다까지 항해할 수 없을 것이라고 단언했습니다. 3일이면 해안가에 도달할 수 있는 곳에서 콜럼버스가 돌아갔다고 생각해 보십시오. 그랬다면 그는 몇 시간을 더 견디는 인내심이 부족해서 그동안 들인 모든 수고를 허사로 만들었을 것입니다. 어쩌면 여러분이 오늘 밤 30분만 더 기다리면 말로 다할 수 없는 기쁨을 맛보고, 앞으로 10분만 더 인내하면 그리스도 안에서 기뻐하며 구원을 얻을 수 있을지 모르는데, 뒤로 물러서기 시작하겠습니까? 그래서는 안 될 것입니다. 영원하신 하나님께서 여러분을 계속해서 전진케 하여 주시기를 바랍니다! 살아계신 하나님의 영이시여, 이 죄인을 계속 밀고 나가 그가 이렇게 말하게 하여 주소서. "내가 망할지라도 자비를 간구하고, 예수 그리스도로 말미암은 은혜를 기대하면서 망하겠습니다." 하지만 여러분은 망할 수 없고, 망하지 않을 것입니다.

"지금이 곧 여호와를 찾을 때니 마침내 여호와께서 오사 공의를 비처럼 너희에게 내리시리라." 여러분이 하나님을 얼마나 오랫동안 찾아야 하는지를 말해주는 말씀입니다. 이 점을 설명하고서 설교를 끝내겠습니다. 여러분은 오랫동안 하늘이 귀를 닫았고 놋쇠 같은 하늘이 사람들의 바람을 비웃던 때의 엘리야에 대한 이야기를 압니다. 엘리야가 갈멜산 꼭대기에 올라가 기도하기 시작하였습니다. 그는 신음하며 부르짖고 눈물을 흘리며 머리를 두 무릎 사이에 넣고 하나님만 들으시는 언어를 사용하여 기도했습니다. 그러나 그것은 힘 있는 간구였습니다. 그러고 나서 엘리야는 자기 종에게 "올라가 바다 쪽을 바라보라"(왕상 18:43)고 하였습니다. 게하시가 올라가 바다 쪽을 바라보았습니다. 그는 수평선을 내려다보고 레바논 위쪽을 바라보았습니다. 무엇을 기다리는 듯한 표정으로 둘러보고 돌아와서 "아무것도 없나이다" 하고 말했습니다. 선지자는 자기 종이 보러 간 동안에 더욱 끈질기게 부르짖었습니다. 그는 하나님 앞에 온 마음을 쏟아 부으며 말했습니다. "주님께서 이 메마른 땅에 복을 주시지 않으면 가시게 하지 않겠습니다."

두 번째로 게하시에게 "다시 가라!"고 말하였습니다. 나는 게하시가 몇 번이고 다시 가서 먼 곳을 바라보는 모습이 눈에 보이는 것 같습니다. 선지자는 여전히 기도하고 나서 세 번째로 "가라!"고 하였습니다. 게하시는 바보 같은 심부름이라고 생각하며 갔습니다. 그는 가서 보고서 즉시 말했습니다. "아무것도 없나이다. 내가 아무것도 없다고 말했잖습니까?" 그러나 선지자는 종이 보러 간 사이에도 계속해서 기도하였고, 게하시에게 네 번째로 "다시 가라"고 하였습니다. 엘리야는 "하나님이 살아계시므로 반드시 내 기도를 들으실 것이라"고 생각하였고, 다시 온 힘을 기울여 하나님과 씨름하였습니다. 그는 살아계시는 하나님 앞에 무릎을 꿇었고, 약속과 언약이 이루어지기 전에는 일어설 수 없다고 생각했습니다. 게하시가 돌아옵니다. 그는 자기 일이 도무지 마음에 들지 않습니다. "주여, 다섯 번이나 갔지만 아무것도 없나이다. 그런데 저를 또 보내시겠습니까?" 하고 말합니다. 엘리야가 말했습니다. "게하시야, 다시 가라. 다시 가라." "다시 가라."

게하시가 여섯 번째 갑니다. 게하시가 속으로 말했습니다. '아, 전에는 한번도 이런 쓸데없는 심부름은 하지 않았는데.' 그는 지중해를 해안을 따라 보고, 또 보고, 다시 봅니다. 그리고 돌아와서 했던 얘기를 또 합니다. "아무것도 없나이다. 아무것도 없나이다. 아무것도 없나이다." 그런데 엘리야는 그에게 뭐라고 말합니까? "조금 전에 네가 간 동안에 기도의 응답을 받았다. 내가 드리는 청원이 이루어질 것이다. 그 청원을 허락받은 것을 안다. 게하시야, 가거라. 가서 보아라. 네게 일곱 번까지 가라고 말했으니, 이제 다시 가라." 지친 종은 서둘러 가지 않습니다. 그가 그 일을 지루하게 느끼면 느낄수록 그만큼 더 그 일이 대단한 것이 될 수 있을 것입니다.

그가 갈멜산 꼭대기에 올라가서 하늘을 보니 양털 같은 구름이 있습니다. 하지만 구름이 너무 작아서 크기가 사람의 손바닥 정도밖에 되지 않습니다. 그만한 구름이 하늘에 있어보았자 무슨 소용이 있겠습니까? 한 뼘밖에 안 되는 구름 조각에서 무슨 비가 내릴 수 있겠습니까? 게하시가 돌아와서 말합니다. "바다에서 사람의 손 만한 작은 구름이 일어나나이다." 그러자 선지자가 일어나서 외투를 걸칩니다. 비가 올 것입니다. 그는 게하시를 급히 아합에게 보내어 곧 큰

물이 닥칠 것이라고 알려주며 "비에 막히지 아니하도록 마차를 갖추고 내려가소서" 하라고 말합니다. 아무도 빗소리를 듣지 못했습니다. 그러나 엘리야는 하나님과 대화하는 놀라운 목소리를 가졌듯이 또한 놀라운 귀를 가졌습니다. 엘리야는 신성한 기쁨으로 마음이 들떠서 아합 앞에서 달립니다. 하늘은 벌써 검게 물들기 시작하고 큰 빗방울이 떨어지고 있습니다. 엘리야는 기도의 응답을 받았습니다.

아직까지 하나님을 만나지 못한 여러분, 오늘 밤 방에 들어가 기도하십시오. 하나님을 만나기 전에는 나오지 마십시오. 하나님은 이미 여러분에게 큰 소나기와 같은 은혜를 주셨습니다. 여명의 빛처럼 작은 희망밖에 없고, 여러분이 "하나님이여 불쌍히 여기소서 나는 죄인이로소이다"(눅 18:13)라고 밖에 말할 수 없을지라도, 잘 지켜보고 계속해서 기도하십시오. 여러분, 여러분이 "내가 믿나이다 나의 믿음 없는 것을 도와 주소서"(막 9:24)라고 밖에 말할 수 없을지라도, 계속해서 지켜보며 주님을 찾으십시오. 하나님께서 공의를 비처럼 여러분에게 내리실 것이기 때문입니다. 자비의 호우(豪雨)가 내릴 것이고, 여러분의 마음이 기쁠 것입니다. 하나님의 약속은 이것입니다. "가련하고 가난한 자가 물을 구하되 물이 없어서 갈증으로 그들의 혀가 마를 때에 나 여호와가 그들에게 응답하겠고 나 이스라엘의 하나님이 그들을 버리지 아니할 것이라"(사 41:17). 여러분에게 이 약속대로 이루어지기를 바랍니다. 아멘.

제
12
장

사랑의 줄

"내가 사람의 줄 곧 사랑의 줄로 그들을 이끌었고 그들에게 대하여 그 목에서 멍에를 벗기는 자 같이 되었으며 그들 앞에 먹을 것을 두었노라." - 호 11:4

하나님은 여기서 선지자의 입을 빌려 자기 백성들에게 하나님의 은혜를 모르고 반역한 일에 대해 훈계하고 계십니다. 하나님은 그들을 폭군처럼 견딜 수 없이 가혹하게 대하시지 않았습니다. 그랬다면 그들이 반역을 할 만한 핑곗거리가 있었을 것입니다. 하지만 하나님의 통치는 언제나 관대하고 애정 어리며 동정심이 가득하였습니다. 그러므로 그들이 하나님께 불순종하는 것은 정말로 터무니없는 악행이었습니다. 하나님은 바로가 했던 것처럼 그의 백성에게 벽돌을 만드는 혹독한 노역을 시키신 적이 한번도 없었습니다. 그들은 애굽의 그 폭군에게 반란을 일으키지 않았습니다. 그들은 기꺼이 짐을 지고 공사 감독의 채찍질을 견디며 자기들을 압제하는 손에 반격을 가하지 않았습니다. 그런데 하나님께서 은혜를 베풀어 그들을 속박의 집에서 구원하여 내셨을 때 그들은 광야에서 불평하였고 모세에게 "반역자"(민 17:10)라는 말을 들었는데, 모세가 제대로 말한 것입니다. 그들이 하나님의 통치 하에서는 열방이 왕들 밑에서 져야 하는 짐을 질 필요가 없었습니다. 그런데도 그들은 굳이 자기들을 위해 왕을 두어야 하겠다고 고집을 피웠습니다. 그들에게서 무리하게 세금을 거두는 일이 없었고, 그들에게 노역(奴役)을 요구하는 일도 없었으며 감사의 예물과 희생 제물을 힘겹게 바쳐야 하는 일도 없었습니다. 그들이 누리는 자유는 한이 없었습니다. 그들은 평안하고 행복하게 생활하였고, 사람마다 자기 포도나무와 무화과나무 아래에서 지냈으며, 그들을 두렵게 하는 것이 아무것도 없었습니다. 그런데 다른 민족들이 포악한 왕의 통치 아래 굴복한 것인데, 어리석은 이 백성들은 자신들의 형편에 만족하지 못하고 마침내 자신들과 하나님의 통치 사이에 한 치리자를 세웠습니다. 곧, 자기 딸들을 데려다가 부엌에서 떡 굽는 자로 만들고 자기 아들들을 데려다가 그의 궁전에서 종으로 삼을 치리자를 세웠습니다. 하나님은 그들의 악한 태도를 참고, 화를 내셨지만 그들에게 왕을 주셨습니다. 심지어 왕들의 통치하에서도 그들의 하나님 여호와께서는 그들을 얼마나 은혜롭게 대하셨는지 모릅니다! 그들을 형벌하기 위해 잠시 이방의 지배에 넘기는 일이 필요하였을지라도 그들이 하나님께 부르짖을 때는 얼마나 빨리 그들을 고통 가운데서 건져내셨는지 모릅니다! 그들이 징계를 받기는 하였을지라도

> "하나님의 치심은 그들의 악보다 적었고
> 그들의 죄보다 가벼웠습니다."

자기 백성 이스라엘에 대한 여호와의 모든 처사를 보면 말로 다할 수 없이 다정하였습니다. 어머니가 자녀를 돌보는 것처럼 하나님께서 자기 백성을 친절하게 대하셨습니다. 그럼에도 "하늘이여 들으라 땅이여 귀를 기울이라 여호와께서 말씀하시기를 내가 자식을 양육하였거늘 그들이 나를 거역하였도다"(사 1:2). 어느 민족이 자기 신들이 하나님이 아니었음에도 불구하고 그 신들을 버린 적이 있었습니까? 이교도들은 자기 우상들에게 성실하지 않았습니까? 그러나 이스라엘은 자기 하나님을 버리는 일에 열심이었습니다. 그들의 마음은 우상 숭배에 팔렸고, 조상들의 하나님을 무시하였습니다. 이스라엘은 여호와를 멸시하였고, 하나님의 유순한 통치와 지배를 파괴하는데 몰두하였습니다. 이것이 옛적부터 이스라엘에게 쏟아진 비난이었습니다.

물에 비치면 얼굴이 서로 같은 것 같이 사람의 마음도 서로 비칩니다(잠 29:17). 사람은 옛적이나 지금이나 똑같습니다. 하나님은 그의 백성인 우리를 비길 데 없는 인자와 애정 어린 자비로 대하셨습니다. 나는 우리가 하나님께 드린 보답이 하나님께서 옛적에 야곱의 자손으로부터 받으신 배은망덕한 보답과 아

주 비슷하지 않나 걱정입니다. 형제자매 여러분, 나는 오늘 아침 여러분에게 하나님의 애정 어린 처사를 생각하여 이스라엘처럼 되지 말고, 온전한 마음으로 하나님을 섬기며 하나님 앞에서 지극히 큰 은혜를 받은 자답게 행하라고 말씀드릴 것입니다.

우리가 생각할 첫 번째 사실은, 하나님께서 자기 백성에게 의무를 행하도록 인도하시는 방식입니다. "내가 사람의 줄 곧 사랑의 줄로 그들을 이끌었노라." 둘째는, 자기 백성에게 안식을 주시는 하나님의 은혜에 대해서 생각할 것입니다. "내가 그들에게 대하여 그 목에서 멍에를 벗기는 자 같이 되었노라." 셋째로, 하나님께서 자기의 택하신 자들에게 주시는 적합한 자양물을 생각할 것입니다. "내가 그들 앞에 먹을 것을 두었노라."

1. 그러면 첫째로, 하나님께서 자기 백성을 행동하도록 만드시는 방법에 대해서 생각해 봅시다.

예수 그리스도를 믿은 우리는 하나님과의 관계에서 새로운 상태에 들어간 것입니다. 우리는 한때 기껏해야 하나님의 신민에 지나지 않았습니다. 죄를 범하였기 때문에 사실상 신민이라고 불릴 수 없었고, 오히려 큰 반역을 저지른 반역자, 역적들이었습니다. 그러나 이제는 하나님의 은혜로 새롭게 되어 우리가 단지 하나님의 용서받은 신민에 불과한 것이 아닙니다. 그보다 비교할 수 없이 더 중요한 사실은, 놀라운 은혜로 우리가 하나님의 사랑하는 자녀가 되었다는 것입니다. 그래서 이제 우리는 하나님의 지배를 받는 신민이라기보다는 하나님의 사랑을 받는 자녀들인 것입니다. 은혜로 말미암아 우리는 타락한 본성의 관계와는 전혀 다른 관계에 들어오게 되었습니다. 회심하지 않은 사람들은 전혀 알지 못하는 동기와 규칙들에 의해 움직이고 지배를 받습니다.

내가 이제 여러분에게 생각해보라고 하는 것은 하나님께서 자기 백성들에게 자기를 섬기도록 만드시는 방법입니다. 그것은 비할 데 없이 친절하고 애정 어린 방법입니다. 비할 데 없는 최고의 줄은 사람의 줄이고, 최상의 끈은 사랑의 끈입니다. 크세르크세스가 군대를 이끌고 용감하게 그리스에 들어간 시기에, 페르시아 군인들과 그리스 군인들 사이에는 싸우도록 독려한 방식에 현저한 차이가 있었습니다. 마지못해 나서는 페르시아 군대는 장교들의 매질과 채찍질에 몰려서 전투에 임하였습니다. 그들은 돈을 목적으로 싸우는 용병들이었거나 아니면 겁쟁이들이었습니다. 그래서 적과 맞붙기를 두려워했습니다. 그들은 짐승들처럼 매나 가축 몰이용 막대기에 맞기 때문에 어쩔 수 없이 의무를 이행했습니다. 반면에 그리스 군대는 적었지만 각 사람이 애국자이고 영웅이었습니다. 그랬기 때문에 그들은 전투하기 위해 행진하였을 때 즐겁고 활기찬 걸음으로 군가를 부르면서 나갔습니다. 적들에게 가까이 갔을 때 아무것도 저지할 수 없는 열정과 맹렬한 기세로 페르시아 군대에게 돌진하였습니다. 무장한 스파르타 군인들에게는 채찍이 전혀 필요 없었습니다. 혈기왕성한 군마들처럼 이들은 채찍에 맞았더라면 오히려 골을 내었을 것입니다. 그들은 사람의 줄에 끌려서, 애국적인 사랑의 끈에 끌려서 전투에 임하였습니다. 그들은 만난을 무릅쓰고 자기 자리를 사수해야 했습니다.

스파르타 군대의 지도자들은 이렇게 말하곤 하였습니다. "스파르타인들이여, 그대의 선조들은 페르시아인을 양 떼를 모는 개들만큼도 가치가 없다고 생각했다. 그런데 그대들은 그들의 노예가 될 것인가? 노예로 사느니 차라리 자유인으로 죽는 것이 더 낫지 않은가? 그대의 적들이 많을지라도 그게 무슨 대수인가? 한 마리 사자는 수많은 양 떼를 갈기갈기 찢어버릴 수 있다. 오늘 그대의 무기들을 잘 사용하라! 살육당한 그대 아버지들의 원수를 갚으라. 수산 궁을 혼란과 통곡 소리로 가득 채우라!" 스파르타 사람들과 아테네 사람들을 싸우도록 이끈 주장의 주요 요지는 그런 것이었습니다. 짐승들에게 적합한 채찍이 아니고 가축들에게 사용되는 끈이 아니었습니다. 이 예가 노역(奴役)이라는 세상의 봉사와 사랑이라는 기독교 신앙 사이의 차이를 설명해줄 수 있습니다. 세상 사람은 채찍에 맞으며 두려움과 공포와 불안 가운데서 어쩔 수 없이 의무를 행합니다. 그러나 그리스도인은 그의 가장 고귀한 본성에 호소하는 동기에 마음이 움직입니다. 그리스도인은 하나님의 자녀에 어울릴 만한 고귀한 동기에 영향을 받습니다. 그리스도인은 짐승처럼 몰아서 행동하게 되지 않습니다. 그리스도인은 사람으로서 움직입니다. 이 점을 설명하겠습니다.

첫째로, 그리스도인은 영생을 얻기 위해 일하지 않습니다. 영생은 선물이라는 것을 알고, 선물로 받습니다. 회심하지 않은 사람은 자신이 해야 하는 어떤 일들이 있고 그 일을 행함으로써 자신이 구원받을 것이라고 생각합니다. 그래서 의식이 생기면 그는 죄 사함과 영혼의 구원을 얻을 희망으로 이 행동들을 다소 간에 끈기 있게 행하기 시작합니다. 그는 여종의 아들이므로 시내산으로 가는 길을 찾습니다. 그러나 그리스도인은 구원이 수고의 삯이 아니며, 생명은 하나님의 선물이고, 주권적인 은혜로 말미암아 우리에게 주어지는 지참금(dowry)이라는 것을 압니다. 그러므로 구원을 얻기 위해 율법을 바라보는 일을 하지 않습니다. 약속의 자녀인 그리스도인은 장자 상속권과 은혜 언약에 의해 새 예루살렘을 차지합니다. 교육받은 신자에게는 더 이상 법적인 동기가 영향을 미치지 못합니다. 그리스도 밖에 있을 동안에는 그가 무지하여 자신의 의를 이루기 위해 애썼지만, 이제 그리스도께 와서 영원한 의가 완성되고 제시된 것을 보았습니다. 그는 구원을 받았습니다. 그는 자신이 구원받은 것을 압니다. 또 자신이 다른 사람의 공로로 구원받았다는 것도 압니다. 구원받은 그는 이제 두렵고 떨림으로 자신의 구원을 이루려고 하는데, 이는 스스로를 구원하려는 것이 아닙니다. 그보다는 자신이 구원받았다는 것을 알기 때문이고, 하나님께서 친히 그의 안에서 자신의 기뻐하시는 뜻을 소원을 두고 행하게(빌 2:12,13) 하시기 때문입니다.

사람이 그리스도의 사역자로 고용될지라도 그는 마치 자신의 구원이 설교에 달려 있는 것처럼 설교하지 않을 것입니다. 그리스도인이 장사를 하거나 어떤 직업에 종사할 때, 정직하고 진실하며 양심적이고 신앙적으로 행동하는 것은 그렇게 해서 자신이 구원을 받을 것이라고 생각하기 때문이 아닙니다. 그렇지 않습니다. 그는 자신의 행위에 대하여 소망을 버리고 구속자이신 예수 그리스도의 행위를 의지합니다. 그러므로 공로에 의해 구원 받으려고 하는 동기가 그에게는 혐오스러운 일입니다. 그는 자기 공로의 능력을 전혀 받아들이지 않고, 그것을 철저히 싫어합니다. 그런 주장이 자신을 위해 사는 불신자에게는 영향을 끼칠 수 있지만 우리에게는 아무런 힘을 발휘하지 못합니다. 우리는 구원을 받았고, 또 지금 구원을 받고 있습니다. 그러므로 우리는 성부 하나님과 사랑하시는 아들에 대한 사랑에서 하나님께 봉사하지 않을 수 없는 것입니다.

그리스도인은 하나님을 섬기려고 힘쓰지만 자신이 그런 봉사에 의해 영적 생명을 유지할 수 있다고 생각하지 않습니다. 나는, 비록 우리가 현재 구원을 받았고 또 영생을 소유하고 있지만 그럼에도 모든 것이 우리의 성실함에 달려있으며, 따라서 우리가 마땅히 행해야 할 바를 하지 않는다면 영생은 사라지고 은혜가 거두어질 것이라고 사람들이 은근히 말하는 것을 들었습니다. 분명히 말씀드리건대, 나는 그런 생각을 이 성경책에서 전혀 찾아보지 못하고, 기도하고 성경을 읽고 예배에 참석할 때 내 영적 생명을 유지하기 위해서라는 생각은 털끝만큼도 하지 않습니다. 성령님께서 우리에게 주시는 영적 생명은 소멸될 수 없습니다. 영적 생명은 하나님의 생명이므로 영원합니다. 영원히 살아 있고 썩지 않는 씨입니다. 진정으로 그리스도를 믿는 참된 신자는 지극히 안전합니다. 그는 멸망할 수 없고 아무도 그를 그리스도의 손에서 빼앗을 수 없기 때문입니다. 하나님의 가족에서 쫓겨날지 모른다는 두려움은 천상의 본성을 자극할 수 있는 동기가 아닙니다. 그리스도인은 예수께서 사시기 때문에 자기도 살리라는 것을 압니다. 그는 하나님께 버림받을지 모른다는 두려움 때문에 어쩔 수 없이 거룩한 생활을 하는 사람이 아닙니다. 자신이 하나님께 버림받는 일이 일어날 수 있다고 믿지 않습니다. 그와 같이 노예근성의 동기는, 여종인 자기 어머니처럼 약속의 자녀와 함께 거할 수 없는 불쌍한 하갈의 아들들에게나 넘겨줍니다. 약속의 자녀는 그와는 다른, 더 고귀한 생각이 그를 지배합니다. 그는 사람의 줄에 이끌리고 사랑의 줄에 이끌립니다. 그 다음에, 여러분은 하나님께서 자기 백성들의 봉사가 그 자체로는 기쁘게 받으실 만한 것이 전혀 아니더라도 그 봉사를 즐거이 받으신다는 사실에서 하나님이 그들을 불러 의무를 행하게 하시는 방식이 친절하다는 점을 알 것입니다.

형제 여러분, 여러분과 내가 스스로를 구원해야 하거나 혹은 우리의 행위로써 영적 생명을 유지해야 한다면 우리는 완전한 봉사 외에는 어떤 것도 우리의 목적을 이루지 못할 것이고, 자신이 행한 것이 결점이 있고 불완전하다는 것을 알 때마다 절망에 사로잡힐 것입니다. 그러나 우리는 자신이 이미 구원을 받았고, 우리를 의롭다 하는 일에서 완성되지 않은 채 남아 있는 것이 하나도 없기 때문에 영원히 안전하다는 것을 압니다. 우리는 마음으로부터 드리는 애정 어린 예물을 주님께 가져갑니다. 우리의 드리는 예물들이 결점이 있으면 우리는 그 결점들에 눈물을 쏟습니다. 그러나 우리는 하나님께서 우리의 마음을 읽고 우리의 행위들을 받으시는 것을 아는데, 이는 그 행위들 자체를 보시는 것이 아니라 그리스도 안에서 그 행위들을 보시기 때문입니다. 하나님께서는 우리가 할 수만 있다면 어떻게 행동하려고 하였는지를 아십니다. 그래서 그 행위들을 마치 우리가 의도한 대로 행한 것처럼 받아들이십니다. 하나님은 종종 뜻을 보고 그 행위를 인정해 주시며, 절반의 행동을 보고 전체를 받아주십니다. 행위 자체는 매우 결함이 많기 때문에 공의는 그 행위를 죄 있다고 정죄하지만 우리 아버지 하나님의 자비는 그 행위를 사랑하시는 아들 안에서 받아들입니다. 이는 우리가 어떤 의도로 그 행위를 하였는지 아시기 때문입니다. 그래서 비록 우리의 잘못으로 행위가 손상되었지만 어떻게 우리가 그 행위로 하나님을 영화롭게 하려고 했는지 아시기 때문에 받아들이시는 것입니다. 율법은 완전한 것 외에는 아무것도 용납할 수 없지만 그럼에도 불구하고 하나님께서 복음 안에서 우리가 구원받은 영혼으로 하나님께 갈 때는 우리의 불완전한 것들을 받아주신다는 사실을 기억하는 것은 참으로 복된 일입니다. 우리의 사랑이라는 것이 참으로 차가울 때가 얼마나 많은지 모릅니다. 그런데도 예수께서는 우리의 사랑을 기뻐하십니다! 그 다음에, 우리의 믿음이 많은 경우에 너무나 약해서 나로서는 거의 불신앙이라고 부르지 않을 수 없는데, 비록 그것이 겨자 씨 한 알만한 믿음이라고 할지라도 예수께서는 그 믿음을 받으시고 그로 인해 큰 일들을 행하십니다. 중간에 생각이 다른 데로 흘러간 일이 많고 끈질김과 열심도 많이 부족한 보잘것없는 우리의 기도에 대해서 말하자면, 그럼에도 불구하고 우리의 사랑하는 주님께서는 그 기도를 받으시고 그의 피로 씻으시며 그의 공로를 덧입혀 주십니다. 그래서 우리의 기도가 지존하신 하나님 앞에 향기로운 냄새로 올라갑니다. 진실하지만 힘이 없는 우리 봉사에 대해서 "상한 갈대를 꺾지 아니하며 꺼져가는 등불을 끄지 아니하실 것이라"(사 42:3)는 성경 말씀이 성취된다는 것을 아는 것은 기쁘고 격려가 되는 일입니다. 우리는 설익은 이삭이라도 주의 제단에 드릴 수가 있습니다. 양을 가지고 올 수 없을지라도, 하나님은 우리가 드리는 산비둘기 한 쌍이나 어린 집비둘기 둘을 받으실 것입니다.

그 다음에, 은혜로우신 우리 주님께서는 거룩한 모든 일에 우리를 돕겠다는 약속을 주십니다. 율법 아래에서는 "벽돌을 만들라"는 명령은 있어도 지푸라기를 준다는 약속은 없습니다. 그러나 복음 아래에서 우리는 필요할 때마다 도움을 받습니다. 여러분은 "성령도 우리의 연약함을 도우시나니 우리는 마땅히 기도할 바를 알지 못하느니라"(롬 8:26)는 말씀이 기록되어 있음을 압니다. 우리의 행실들이 선한 것인 한, 그것은 우리의 행실이라기보다는 하나님의 행실들입니다. 하나님은 먼저 우리에게 선한 행실들을 주시고, 마치 그것이 우리 자신의 행실인 것처럼 거기에 대해 우리에게 보답하십니다. "주께서 우리의 모든 일도 우리 안에서 행하셨나이다"(사 26:12, 개역개정은 "주께서 우리의 모든 일도 우리를 위하여 이루심이니이다"). "나는 푸른 잣나무 같으니 네가 나로 말미암아 열매를 얻으리라"(호 14:8). 그렇습니다. 하나님께 감사합시다. 참된 은혜의 열매는 모두 하나님에게서 나옵니다. 이것이 봉사하도록 부추기는 즐겁고 강력한 동기가 아닙니까? 비록 이 동기가 세상 사람들이 제시하는 이유들과는 아주 다르지만, 이 동기가 매우 효과적이라고 느끼지 않습니까? 하나님께서 봉사하는 일에 우리를 도우실 것이고, 사람에게 그의 행위대로 갚아주실 것입니다. "두려워하지 말라 내가 너와 함께 함이라 놀라지 말라 나는 네 하나님이 됨이라 내가 너를 굳세게 하리라 참으로 너를 도와주리라 참으로 나의 의로운 오른손으로 너를 붙들리라"(사 41:10).

어떻게 우리가 사랑의 줄과 사람의 줄에 이끌리는지를 좀 더 충분히 설명하기 위해 말씀드립니다. 우리로 하나님을 섬기지 않을 수 없게 만드는데 사용되는 동기들은 모두 회심한 우리 신자들의 가장 훌륭한 것에 호소합니다. 우리는 은혜의 교리들을 반대하는 사람들에게서 종종 이런 반론을 들었습니다. "내가 당신들이 믿는 것처럼 진실한 신자들은 모두 구원을 받았고 결코 멸망하지 않을 것이라고 믿는다면, 나는 하고 싶은 대로 살 것이에요." 그에 대한 우리의 대답은 이것입니다. "당신이 회심하지 않은 사람이라면 그렇게 할 가능성이 아주 높습니다. 그러나 만일 당신이 새 본성을 받았고 취향이 모두 바뀌었다면, 문제는 달라질 것입니다."

참된 그리스도인에게는 자기가 하고 싶은 대로 사는 것이 지극히 정결하고 온전히 거룩한 생활을 하는 일일 것이기 때문입니다. 성령께서는 그리스도인들이 새로 태어날 때 그들 속에 전에는 전혀 알지 못하였던 존귀한 성품을 심어주십니다. 따라서 그들은 전에 하였던 것처럼 죄를 지으려고 하지 않고, 지을 수도 없을 것입니다. 그들은 하나님에게서 태어났기 때문에 이전처럼 죄를 지을 수 없습니다. 그들이 전에 좋아하였던 일들이 이제는 비천하게 보입니다. 그들은 더 높고 고상한 일들을 추구합니다. 나는 복음의 동기들을 모든 인류에게 무차별적으로 권할지라도 마치 우리가 시의 비유나 심오한 철학적 주장으로 모든 사람에게 열정을 불러일으키려고 할 때와 같이 실패할 것이라고 생각합니다. 그러나 하나님의 백성들에게 사용되는 복음의 동기들은 확실한 곳에 박힌 못과 같이 적합하고, 따라서 효과적입니다. 여러분은 자신이 아버지로서 가족을 다스릴 때 사용하는 규칙과 방법들로써 국가를 통치할 수 있다고 생각하지 않을 것입니다. 여러분의 가정에는 회초리가 하나도 없을 수 있습니다. 확실히 가정에는 경찰이 없고, 감옥도, 판사도, 추방하는 일도 없을 것입니다. 아버지는 자녀들을 판사와 왕들의 통치와는 본질적으로 다른 원칙에서 다스립니다. 입법부의 법규들 가운데는 사랑의 가정에서는 결코 용인되지 않을 것들이 있습니다. 하나님의 가정 안에서는 큰 임금이 반역하는 무리들을 다룰 때 반드시 집행하는 형사적인 처벌이 없고 위협하는 말도 없습니다.

여러분은 율법 아래 있지 않습니다. 그렇지 않으면 여러분에게 심판과 저주가 있는 것입니다. 그러나 여러분은 지금 은혜 아래 있습니다. 그래서 이제 여러분이 행동하게 되는 동기들이 다른 사람들에게는 아무런 영향을 미치지 않을 수도 있습니다. 하지만 여러분은 마음이 새로워졌기 때문에 그 동기들이 여러분에게는 틀림없이 강력한 영향을 끼치게 됩니다. 사람이 하나님께서 일반 사람에게 하듯이 자기에게 호소하시지 않고, 자기에게는 새로운 본성을 주셨기 때문에 좀 더 고귀한 토대 위에서 말씀하신다는 사실을 아는 것은 중요한 일입니다. "그러므로 형제들아 내가 하나님의 모든 자비하심으로 너희를 권하노니 너희 몸을 하나님이 기뻐하시는 거룩한 산 제물로 드리라 이는 너희가 드릴 영적 예배니라 너희는 이 세대를 본받지 말고 오직 마음을 새롭게 함으로 변화를 받아 하나님의 선하시고 기뻐하시고 온전하신 뜻이 무엇인지 분별하도록 하라"(롬 12:1,2).

나는 어떤 남자 아이가 학교에서 선생님이 아주 지혜 있게 아이의 좀 더 나은 자질들을 칭찬해줌으로써 행동이 크게 개선되었다는 이야기를 들은 적이 있습니다. 그 아이는 자신의 나이나 우월한 위치를 생각하고서 더 낫게 행동해야 한다는 것을 느꼈을 때, 그 동기를 받아들였습니다. 하나님은 그의 백성들을 대하실 때 그들의 더 고귀한 특성에 호소하십니다. 하나님은 아담에게 하였듯이 중생한 사람에게 "이것을 행하면 네가 살리라"고 말씀하시지 않습니다. 이렇게 말씀하십니다. "그리스도를 믿는 자는 결코 죽지 않을 것이다. 내가 너를 떠나지 않고 버리지 않을 것이다. 내가 너를 영원한 사랑으로 사랑하였다. 그러니 이 모든 사랑에 대해 너는 무엇으로 보답하겠느냐?" 진정으로 구원받은 사람은 감사한 마음이 넘쳐서 이렇게 소리칩니다. "나의 하나님, 나의 아버지시여, 내가 죄를 지을 수 없나이다. 나는 아버지께서 내게 원하시는 대로 살고 싶습니다. 주님을 섬기고 싶습니다. 이런 사랑이 내 마음을 움직입니다. 하나님께서 내 마음에 심어놓으신 고귀한 이 사랑이 모든 것을 움직입니다. 내게 주님의 뜻을 가르쳐 주옵소서. 주님의 뜻이 무엇이든 주께서 내게 충분한 은혜를 주신다면 즐거이 행하겠나이다." 그렇습니다. 하나님께서는 언제나 그리스도인의 성품 속에 있는 더 고귀한 점에 호소하십니다. 하나님은 이렇게 우리를 사람의 줄, 곧 사랑의 줄로 이끄십니다.

언제나 사랑은 그리스도인을 움직이는데 있어서 지배적인 큰 힘이라는 사실을 덧붙여 말씀드립니다. 공포가 사용되는 일은 거의 없습니다. 위협과 진노는 제쳐놓습니다. 복음은 이런 식으로 주장합니다. "그리스도의 사랑이 우리를 강권하시는도다 우리가 생각하건대 한 사람이 모든 사람을 대신하여 죽었은즉 모든 사람이 죽은 것이라 그가 모든 사람을 대신하여 죽으심은 살아 있는 자들로 하여금 다시는 그들 자신을 위하여 살지 않게 하려 함이라"(고전 5:14,15). 이 말씀을 보면, 예수님은 마치 이렇게 호소하시는 것 같습니다. "내가 너를, 더러워진 보잘것없는 너를 귀한 존재로 만들었다. 네가 나를 사랑하느냐? 네가 나를 사랑한다면 내 계명을 지키고 내 양을 먹이라. 내가 너를 샀다. 바로 내 심장의 피로써 너를 구속하여 사람들 가운데서 이끌어내었다. 내 사랑이 너를 강권하지 않느냐? 너는 전심으로 나를 섬기고 내 영광을 높이지 않겠느냐?"

모든 것을 정복하는 사랑이야말로 우리의 모든 힘을 지배하는 동력입니다. 사랑이신 주님이 우리의 모든 힘을 부리는 최고 사령관이십니다. 하나님의 사랑을 성령께서 우리 마음에 두루 뿌리시면, 의무가 우리에게 최고의 기쁨이 되고 하나님의 일은 더할 수 없이 고귀한 즐거움이 됩니다. 러더퍼드(Rutherford)는 자신이 하나님을 섬기는 동안 어떻게 하나님께서 달콤한 교제로 자기에게 용기를 북돋우셨는지를 말하면서 아주 재미있는 얘기를 합니다. "주님께서 심부름을 보내실 때는 종종 내게 장난감을 주십니다." 이 말뜻은 하나님께서 그에게 심부름을 보내실 때는 언제든지 마치 우리가 남자 아이들에게 심부름 값으로 동전 한 닢을 주는 것처럼 하셨다는 것입니다. 다른 사람들을 위해 드리는 기도에 대한 보답이 우리에게로 돌아오는 경우가 얼마나 많은지 모릅니다! 다른 사람들을 축복하는 것이 우리에게 복이 되는 경우를 얼마나 많이 보는지 모릅니다! 여러분은 그런 경험이 없습니까? 여러분은 그동안 하나님의 백성들을 위로하려고 애써왔고, 그러면서 여러분 자신이 위로를 받았습니다. 여러분이 다른 사람들에게 물을 공급하였고, 그렇게 하는 과정에서 여러분 자신이 물을 공급받았습니다. 여러분이 하나님을 찬양하려고 하는 동안에는 자신에 대해서 생각하지 않았습니다. 그러나 여러분이 찬양을 하였을 때, 마음이 더욱더 높은 곳으로 올라갔고, 그래서 전에 알지 못하던 고양된 기분으로 하나님께 감사드렸습니다. 마치 종달새가 노래하듯이 하나님 백성들의 찬양이 쏟아집니다. 그들이 노래하는 것은 찬양을 해야 하기 때문이 아니라 찬양하는 것이 즐겁기 때문입니다. 그들은 찬양하고 싶은 욕구를 충족시키고, 거기에서 행복을 느끼는 것입니다. 덕과 거룩함이 하나님의 백성들에게는 즐거워하는 기쁨입니다. 그들에게는 죄는 미운 것이지만 거룩함은 사랑스러운 것입니다. 온전해지는 것이 하나님 백성들에게 지극히 고귀한 행복이듯이 그들이 성령님으로 거룩해지고 그리스도께 가까이 갈 때 천국에 더할 수 없이 가까워지는 것입니다.

단지 단어들에 대해서 깊이 생각해 보지는 않았지만, 본문의 앞부분인 "내가 사람의 줄 곧 사랑의 줄로 그들을 이끌었노라"는 말씀의 의미에 대해서 이와 같이 설명하였습니다. 그리스도인들을 헌신하게 하고 거룩한 생활을 하도록 만드는 강력한 힘은 노예나 육신적인 마음에 적합하지 않고, 하나님의 자녀들의 기품에 어울리는 것입니다. 그 힘은 다정함과 친절과 사랑이 가득합니다. 하나님의 친절하심이 그의 백성들에게는 중요한 사실입니다.

2. 이제는 여러분에게 다음 문장에서 하나님이 어떻게 그의 백성들에게 안식을 주시는지 주의해서 보라고 말씀드립니다.

"그들에게 대하여 그 목에서 멍에를 벗기는 자 같이 되었으며 그들 앞에 먹을 것을 두었노라." 때로 일반적인 예화가 좀 더 세련된 비유보다 설득력이 있을 수 있습니다. 그래서 잠시 여러분에게 매우 소박한 예를 하나 말씀드리겠습니다. 본문의 이 구절은 하나님께서 마치 농부처럼 자기 백성을 대하셨음을 보여줍니다. 농부가 지금까지 쟁기질을 시켰던 소에게 인정을 베풀 때는 소에게서 멍에를 벗기고 재갈을 치우며 먹이를 줍니다. 이것은 우리가 좀 더 흔히 볼 수 있는 모습일 것입니다. 저쪽 거리에서 지금도 볼 수 있습니다. 저기 있는 여인숙은 보통 들어가기가 망설여지는 곳입니다. 잠시 그곳을 지켜봅시다.

짐을 무겁게 실은 큰 마차가 옵니다. 서너 마리 말이 김을 내뿜으며 헐떡이면서 산더미 같은 짐을 실은 마차를 힘들게 끌고 왔습니다. 말들은 쉬어야 할 필요가 있습니다. 쉬라는 명령이 내려집니다. 불쌍한 이 짐승들이 기쁘게 그 자리에 섭니다. 마부가 마부석에서 내립니다. 그는 고삐를 풀고 이 불쌍한 짐승들의 입에서 재갈을 치웁니다. 말들은 아주 오랫동안 입에 물려 있었던 재갈을 치우는 것을 정말 좋아하는 것처럼 보입니다. 말들에게 휴식만 주는 것이 아닙니다. 말들에게 물 한 모금을 주거나 꼴 자루를 목에 걸어줍니다. 그러면 말들이 쉬기도 하고 꼴을 먹기도 할 것입니다. 나는 일전에 그 광경을 보면서 이 본문이 생각났습니다. 이 광경이야말로 "그들에게 대하여 그 목에서 멍에를 벗기는 자 같이 되었으며 그들 앞에 먹을 것을 두었노라"는 말씀을 정확히 설명해주는 모습입니다. 지친 말들이 만족스러운 듯이 즐겁게 쉬며 꼴 먹는 것을 볼 때 이 선지자가 정확히 의미했던 바를 보는 것입니다. 하나님께서는 자기 종들의 입에서 재갈을 치우고 등에서 멍에를 벗겨내며 그들에게 음식을 주어 먹이고 편하게 쉬라고 하십니다.

그러면 이제 "그들에게 대하여 그 목에서 멍에를 벗기는 자 같이 되었다"는 첫 번째 요점에 대해서 생각해 봅시다. 하나님께서는 그의 백성들에게서 많은 멍에를 벗겨주셨거나 같은 멍에를 각기 다른 국면들에서 벗겨주셨습니다. 그들의 입에서 재갈을 많이 치워주셨습니다. 첫째로, 의식주의라는 오래된 멍에가 있었습니다. 의식주의는 율법 아래 있던 신자들이 질 수밖에 없었던 아주 무거운 짐이었습니다! 그들에게는 이것은 먹지 말아야 하고, 저것은 마시지 말아야 하며, 또 저것은 입지 말아야 할 것이 있었습니다. 그런가 하면 이 날에는 이것을 해야 하고, 저 날에는 저것을 해야 했습니다. 의식주의는 언제나 만지지 말라, 맛보지 말라, 손대지 말라, 등등의 얘기만 하였습니다. 그들은 온갖 종류의 율법에 둘러싸여 있었고, 그들의 집, 의복, 침대, 마시는 그릇에 관한 법들, 새와 짐승, 물고기에 관한 법률, 사실 모든 것에 관한 법들에 에워싸여 있었습니다. 그러나 이제는 그리스도께서 그 멍에를 거두셨습니다. 그래서 "만지지 말라, 맛보지 말라, 손대지 말라"는 것은 폐기된 율법입니다. 주님은 우리에게 자유, 곧 온갖 속박의 멍에로부터 자유를 주셨습니다. 거룩한 장소, 거룩한 날, 거룩한 물건, 사제, 전례(典禮), 의례들, 그 밖의 내가 모르는 것들과 더불어 새로운 의식을 끌어들이는 사람들이 있지만, 이들은 여종의 자녀들입니다. 나는 그들을 존중하지 않습니다. 그리스도께서 선포하신 자유의 법 아래에서 우리는 실로 자유롭습니다.

"우리는 어디에서든 주님을 만납니다.
모든 곳이 거룩한 땅이기 때문입니다."

하나님의 피조물은 모든 것이 선합니다. 그래서 버릴 것이 하나도 없습니다. 거룩하거나 부정한 것은 마음이지, 사물이 아닙니다. 주님께서 깨끗하게 한 것을 우리는 더 이상 속되거나 부정한 것으로 여기지 않습니다. 육체의 예법(히 9:10)에 해당하는 외적인 것들을 유치한 것으로 알고 치워버립니다. 우리는 성령 안에서 하나님을 예배하고 육체를 신뢰하지 않습니다. "그리스도께서 우리를 자유롭게 하려고 자유를 주셨으니 그러므로 굳건하게 서서 다시는 종의 멍에를 메지 말라"(갈 5:1).

그뿐 아니라 그리스도는 우리에게서 율법의 멍에를 치우셨습니다. 사랑하는 여러분, 여러분은 자신의 행위로 스스로를 구원하려고 애쓰느라 멍에를 메고 다니던 때가 기억나지 않습니까? 여러분은 이 죄를 버리고 저 덕을 쌓으면 결국에는 하나님께서 자신을 받아주실 것이라고 생각했습니다. 그러나 몇 달 혹은 몇 년을 애써보았지만, 자신이 이전과 마찬가지로 전혀 하나님의 용납하심을 받지 못했다는 것을 알았습니다. 그것은 여러분이 천 년을 산다고 할지라도 마찬가지였을 것입니다. 율법의 행위로는 의롭다 함을 받을 육체가 없기 때문입니다. 율법이 하는 일은 죄를 깨닫게 하는 것뿐이고, 하나님의 용납하심을 가져다주지는 못합니다. 그때는 하나님의 공의의 멍에가 여러분을 무겁게 누르고 있었습니다! 여러분은 자신이 범죄하였고 하나님께서는 반드시 죄를 처벌하신다고 느꼈습니다. 그러면서 하나님께서 구원하기에 능하신 분에게 구원을 맡기셨다는 것을 알지 못하였습니다. 이 멍에가 여러분을 심하게 문질러 상처를 내었습니다. 여러분은 주님께서 이 멍에를 여러분에게서 벗기고, 여러분의 입에서 이 재갈을 치우신 때를 기억하십니까?

나는 예수님께서 내 대신에 율법을 지시고, 그래서 내가 더 이상 율법 아래 있지 않을 수 있었던 때를 생생하게 기억합니다. 주님께서 율법을 성취하고 율법의 모든 요구들을 만족시키심으로 내가 사죄를 받을 수 있도록 하신 때가 생생하게 기억납니다. 율법이 더 이상 나를 지배하지 못하고, 내가 율법 아래 있지 않고 은혜 아래 있기 때문에 정죄 받지 않는다는 것을 아는 것이 얼마나 기쁜 일인지 모릅니다! 이 자리에 계신 분들 가운데 예수님을 믿고 있는 분은 모두 이와 같은 자유를 이미 받았습니다. 그래서 이제는 율법이 놀라게 하지 못하고, 지나간 죄가 여러분을 두려워 떨게 하지도 못합니다. 율법이 만족되었고, 여러분의 죄는 용서되었습니다. 하나님께서 여러분에게 이 복된 안식, 곧 이 조용한 휴식처를 주셨습니다.

이뿐 아니라 여러분은 또한 죄의 멍에에서도 구원을 받았습니다. 우리가 죄에서 벗어나려고 애쓰던 때가 있었습니다. 죄의 악한 성격을 알게 되었고, 아주 깜짝 놀랐고 깨어나서 죄에는 지옥이 따른다는 것을 알았습니다. 그러므로 우리는 악한 습관들에서 벗어나기를 바랐습니다. 그러나 슬프게도 우리는 자신이 악행을 그치는 것보다 에티오피아인이 피부색을 바꾸고 표범이 반점을 바꾸는 것이 더 쉽다는 것을 발견하였습니다. 선하게 행하려고 애썼지만 우리의 행실은 여전히 결점이 있었습니다. 오래된 나병이 모든 것을 오염시켰습니다. 죄가 철그물처럼 우리를 에워싸고 굳게 붙들었습니다. 또한 할 수 있는 대로 발버둥쳤지만 죄책을 없앤 못 박힌 손이 죄의 세력에서 우리를 풀어주기 전까지 우리는 자유로울 수 없었습니다. 도무지 어떻게 할 수 없을 것 같았던 습관들을 예수님의 도움으로 이내 극복하였습니다. 우리를 단단히 묶고 있던 습관들을 마치 삼손이 새 활줄들을 딱 하고 끊어버렸듯이 끊어버렸습니다. 우리는 성령의 능력으로 말미암아 사탄의 노역에서 벗어났고 그리스도의 깃발 아래 들어갔습니다. 이것이 얼마나 놀라운 자유인지 모릅니다! 주님께서는 죄의 끔찍한 사슬의 마지막 고리가 끊어지고 우리의 거룩한 자유가 이루어질 때까지 더욱더 우리에게 이 자유를 주실 것입니다.

형제자매 여러분, 나는 여러분 가운데 많은 분들에게 하나님께서 근심의 멍에로부터 벗어난 큰 안식을 주기를 또한 기뻐하셨을 것이라고 믿습니다. 우리는 근심의 짐을 지지 말아야 하는데, 그럼에도 불구하고 지고 있는 근심들이 있습니다. 우리 구주께서는 하늘의 새와 들의 백합화를 예로 들며 하나님께 근심을 맡기라고 명령하셨습니다. 그리스도의 종인 사도는 우리에게 "아무 것도 염려하지 말고 다만 모든 일에 기도와 간구로, 너희 구할 것을 감사함으로 하나님께 아뢰라"(빌 4:6)고 합니다. 한 목사가 어린 아이 대여섯 명이 즐겁게 떠들며 놀고 있는 집을 방문하였습니다. 아이들의 아버지가 목사에게 말했습니다. "목사님, 저 애들이 즐거워하는 것은 당연할 것입니다. 지금이 아이들의 전성기이지요. 저 애들에게는 돌봐줄 아버지가 있고, 스스로 근심할 필요가 하나도 없으니까요." 아이들의 아버지가 다음 안식일에 교회에 갔을 때 담임 목사가 자기 말을 인용하면서, 하나님의 자녀들에게는 지금이 좋은 시기인데, 그것은 그들을 돌보아주시는 아버지가 계시고 따라서 어린 아이들처럼 아무것도 근심할 필요가 없기 때문이라고 하는 말을 듣고서 아주 깜짝 놀랐습니다. 그렇습니다. 믿음으로 살 때 우리는 우리를 돌보시는 하나님께 모든 근심을 맡기기 때문에 들판에 있는 양들이나 숲속에 있는 새들처럼 자유롭습니다. 우리 평생의 죄짐을 지신 분께서 우리 매일의 근심의 짐을 지시는 것은 당연한 일입니다. 주님은 이 점에서 절박한 상황에서 우리의 멍에를 벗겨주시는 분입니다.

나는 또 주님께서 종종 우리를 두려움의 멍에에서 구원하여 주신다는 말씀을 덧붙이고 싶습니다. 너무도 많은 사람을 따라다니며 괴롭히는 죽음에 대한 두려움이 있습니다. 그런가 하면 다가오는 심판의 두려움에 놀라는 사람들이 있고, 내가 알지 못하는 두려움, 즉 뭐라고 딱히 말할 수 없는 두려움에 사로잡히는 사람들도 적지 않습니다. 그러나 우리가 하나님께로 달려갈 때는, 분명히 알 수 있는 것이든 인지하기 어려운 것이든 간에 모든 두려움은 마치 바람 앞의 안개처럼 흩어져버립니다. 우리가 당장 그리스도 안에서 하나님께 나와 "나의 하나님, 나의 아버지시여, 내가 온전히 주님을 신뢰하고 내 마음을 주께 맡기나이다" 하고 말할 수만 있다면 곧바로 이렇게 노래할 수 있습니다.

"세상이 나를 대적하고
지옥의 화살들이 내게 쏟아질지라도
이제 나는 사탄의 격노를 비웃고
얼굴을 찌푸린 세상을 마주할 수 있네."

신자 여러분, 하나님께 가까이 가십시오. 여러분의 마음이 평온해질 것입니다. 하나님의 평강은 모든 지각을 뛰어넘을 만큼 놀라운 것입니다. 예수께서는 바로 이 평강을 여러분에게 주려고 기다리십니다. 여러분이 무겁게 짐을 져야 할 이유가 없습니다. 여러분의 안식을 다시 찾으십시오. 하나님께서 여러분을 넉넉하게 대하셨기 때문입니다.

내 예화가 변변찮지만 여러분에게 그 예화를 다시 기억하고, 말들의 목에 걸어주는 꼴 자루를 생각해 보라고 말씀드립니다. 이는 그 예화가 본문이 의미하는 바를 우리에게 그대로 보여주기 때문입니다. 농부가 멍에를 치울 때는 소에게 꼴을 내주곤 하였습니다. 하나님께서 자기 백성에게 주시는 것이 무엇인지 보십시오. 첫째로, 그것은 음식물입니다. "내가 그들 앞에 먹을 것을 두었노라."

그리스도인 여러분, 여러분의 경험을 돌아보고서 하나님께서 여러분에게 어떤 음식을 주어 먹고 살게 하셨는지 생각해 보십시오. 대속이라는 이 음식물만큼 좋은 진미를 먹은 사람은 없습니다. 나는 예수 그리스도께서 의로운 분으로서 우리를 하나님께 데려오시기 위해 불의한 자들을 위하여 죽으셨다는 이 사실은 천지간에 가장 위대한 진리라고 생각합니다. 바로 이것이 내 영혼의 음식입니다. 나는 매일 그리고 종일 그 음식물로 살아갈 수 있습니다. 나는 그 밖의 하나님 말씀의 진리들 가운데 너무 기름져서 소화할 수 없는 것들이 있을 때에도 "하나님이 세상을 이처럼 사랑하사 독생자를 주셨으니 이는 그를 믿는 자마다 멸망하지 않고 영생을 얻게 하려 하심이라"(요 3:16)는 이 진리는 언제나 즐거이 먹을 수 있습니다. 그렇습니다. 하나님은 이 진리를 우리에게 음식물로 주셨습니다.

그 다음에 "언약"이라는 말을 생각해 봅시다. 여기에는 하나님의 백성을 위한 놀라운 음식이 있습니다! 하나님은 우리와 만사에 구비하고 견고하게 하신(삼하 23:5) 언약을 맺으셨습니다. 그리스도 예수 안에서 하나님은 자기 백성들과 엄숙한 동맹과 맹약을 맺으셨습니다. 따라서 하나님의 백성들은 이제 하나님의 것이고 앞으로도 그럴 것입니다. 여러분을 위한 음식이 있습니다. 하나님 말씀의 모든 약속이 차례로 믿음을 위한 음식물이 됩니다. 선택의 교리가 얼마나 훌륭한 음식인지 모릅니다! 그것은 왕의 접시에 담긴 최상급 버터입니다! 하나님의 뜻의 불변함과 그로 말미암은 성도의 안전의 교리가 있고, 하나님의 백성들이 그리스도와 연합하고 그와 함께 온전케 되어 사랑하시는 아들 안에서 하나님께 받아들여짐의 교리가 있습니다. 세상이 알지 못하는 음식, 사람이 먹으면 그로 인해 영원히 살 음식이 여기 있습니다. 그렇습니다. 찬송 받으실 분이신 예수 그리스도, 바로 그분이 어떤 음식입니까? 그의 살과 피가 실로 음식이고 음료이지 않습니까?

본문에서 이 말씀이 의미하는 바는 무엇입니까? "내가 그들 앞에 먹을 것을 두었노라." 여러분은 하나님께서 우리에게 주신 음식물이 있다는 것을 압니다. 그런데 하나님은 그 음식물을 어떻게 우리에게 주십니까? 소에게 꼴을 주듯이 그 음식물을 너무 밑에 내려놓아 먹을 수 없게 하시지 않고, 너무 높이 두어 먹을 수 없게 하시지도 않으며, 너무 멀리 두어 보기만 하고 먹을 수 없게 하시지도 않았습니다. "내가 그들 앞에 먹을 것을 두었노라." 이렇게 하나님은 자기 백성들에게 귀한 진리를 가슴에 와 닿게 전달하는 방법이 있습니다. 하나님은 그 진리를 너무 낮게 두어서 하나님의 백성들이 "나는 이런 고난을 겪은 적이 없고 이렇게 깊은 영적 고뇌를 경험한 적도 없어. 그래서 나는 그 진리를 깨달을 수 없어"라고 말하게 하시지 않습니다. 그렇게 하시지 않습니다. 하나님은 그들이 먹을 수 있게 음식을 내놓으십니다. 그래서 그들이 매우 깊은 경험을 하지 않았을지라도 쉽게 음식을 먹을 수 있을 것입니다.

나는 설교를 들었을 때 저 설교자가 음식을 너무 높은 곳에 둔다는 생각이 드는 때가 있었습니다. 나는 그 진리를 정말로 알고 싶었지만 설교자의 경험은 내 경험보다 행복한 것이고, 하나님의 방식들에 대한 그의 지식은 내 지식보다 넓으며, 진리를 전달하는 그의 방식은 내 생각보다 고상하여서 그의 가르침을 따라갈 수 없었습니다. 그러나 여러분은 하나님께서 꼴을 너무 높은 데 두거나 너무 낮은 데 두시는 것을 보지 못하고, 먹을 것을 우리 앞에 두시는 것을 봅니다. 여러분은 그런 것을 한 번이라도 본 적이 없습니까? 여러분은 이런 말을 한 적이 있을 것입니다. "저 설교는 나를 두고 한 말씀이야. 본문 말씀은 마치 주님께서 내 문제가 일어난 후에 쓰신 것처럼 내 경우에 아주 딱 들어맞아."

형제 여러분, 설교자가 여러분에게 음식물을 주려고 하지만 실패할 수 있다는 것에 주의하십시오. 설교자가 여러분의 경험을 이해한다고 생각할지라도 그 경험을 건드리지 못할 수가 있기 때문입니다. 그러나 만사를 아시는 하나님께서 자기 백성들에게 골수가 가득한 기름진 것들로 잔치를 베풀어 주시고자 할 때, 어떻게 하면 그들이 받아먹을 수 있는 곳에 음식물을 내놓고, 음식물을 주는 바로 그 시간에 식욕을 느끼게 해서 그들의 영혼이 만족하고 그들의 입이 즐겁게 하나님을 찬송하게 만들 수 있는지를 아십니다. 그때 여러분은 여러분에게 베푸시는 하나님의 선하심을 보아야 합니다. 여러분은 속박에서 풀려났고, 멍에가 여러분의 목에서 치워졌으며 여러분은 천사의 음식을 먹고 하늘의 떡으로 만족합니다.

자, 그러면 이 모든 것에서 무엇이 나옵니까? 여러분은 내가 처음 시작할 때 말씀드렸던 점을 다시 언급하고 있다는 것을 아실 것입니다. 즉, 이 모든 것이 하나님께서 여러분으로 하여금 하나님을 섬기도록 인도하시는 방식이라는 것입니다. 하나님께서 여러분을 옛 멍에에서 풀어주셨는데, 이는 여러분이 쉬운 주님의 멍에와 가벼운 주님의 짐을 질 수 있도록 하시기 위함입니다. 하나님께서 여러분에게 먹을 것을 주셨습니다. 그래서 여러분이 그 음식의 힘으로 하나님의 계명의 길에서 달릴 수 있고, 마음을 다해 하나님을 섬길 수 있습니다. 형제 여러분, 여러분은 과거의 경험을 돌아보면 마음에 사랑이 불타오르는 것을 느끼지 않습니까? 그럴 것이라고 생각합니다. 그렇게 느낀다면 여러분은 하나님을 섬길 것입니다. 여러분이 하나님을 사랑한다면 머지않아 신속하게 그 사랑을 적극적인 봉사로 표현하고 싶은 마음을 갖지 않을 수 없기 때문입니다. 여러분이 하나님을 사랑한다면 오늘 오후에 주일학교에서 더 잘 가르치려고 할 것입니다. 마음속에서 하나님에 대한 애정 어린 생각, 하나님을 향한 뜨거운 생각이 끓어오르는 것을 느낀다면 오늘 하나님을 위해 더 많은 일을 행할 것입니다.

꼭 얘기하고 싶은 것이 세 가지가 있습니다. 하나님께서 그동안 우리를 다정하게 대하셨다면 우리를 진정으로 사랑하신다는 것이 분명합니다. 어머니가 왜 자녀를 사랑합니까? 거기에는 많은 이유가 있지만 한 가지는 이것입니다. 그것은 어머니가 자녀를 위해 많은 일을 하였기 때문입니다. 누군가 여러분에게 친절을 베풀지라도 여러분은 그를 잊어버리고 감사하지 않을 수 있다는 것이 인간 본성의 기이한 점입니다. 그러나 여러분이 어떤 사람에게 친절을 베푼다면 여러분은 그를 사랑하고 기억할 것입니다. 꼭 사랑을 주게 되어 있는 것은 일반적으로 받는 쪽이 아닙니다. 다른 사람을 마음에 두는 것은 바로 친절을 베푸는 쪽입니다. 어머니는 자녀를 위해 아주 많은 일을 하였기 때문에 자녀를 사랑하지 않을 수 없습니다. 어머니는 고생하였고 많이 염려하였기 때문에 자녀를 사랑하지 않을 수 없습니다. 여러분이 어떤 사람을 위해 일을 많이 하면 할수록 그만큼 더 그 사람을 사랑하게 됩니다.

예수님은 우리에게 어떤 선한 것이 있어서 우리를 사랑하시는 것이 아닙니다. 우리를 위해 참으로 많은 일을 행하셨기 때문에 오늘 우리를 사랑하시는 것입니다. 주님은 우리 목에서 멍에를 치우셨고 우리에게 먹을 것을 주셨으며 우리를 사랑의 줄로, 사람의 줄로 이끄셨습니다. 우리에게 그처럼 많은 사랑을 쏟으셨으므로 우리를 끔찍이 사랑하시는 것입니다. 우리를 위해 그처럼 많은 고생을 하신 예수님은 새로운 끈으로 우리에게 묶이시는 것입니다. 골고다는 주님의 사랑의 열매일 뿐만 아니라 또한 새로운 사랑의 뿌리이기도 합니다. 새로운 사랑의 물줄기가 십자가 밑에서 흘러나옵니다. 구속자께서는 이렇게 말씀하십니다. "나는 그들을 보면 내 신음과 고뇌가 떠오른다." 주님은 그동안 우리를 사랑하셨기 때문에 지금 사랑하시는 것입니다. 하나님께서 우리를 위해 너무나 많은 일을 하셨기 때문에 우리를 망하게 버려두실 수 없다는 이 사실에 위로를 받지 않을 수 없습니다.

"지금까지 주님의 이름을 신뢰하도록
나를 가르치고
인도하신 분이
나에게 창피를 주려고 그렇게 하셨겠습니까?"

하나님께서 세상이 있기 전부터 나를 사랑하셨고 자기 아들의 생명으로 구속하셨는데, 나를 버리실 수가 있겠습니까? 그럴 수는 없습니다. 지나간 때에 보이신 하나님의 사랑이 그 사랑이 영원히 지속될 것에 대한 보증이 됩니다.

두 번째 할 말은 이것입니다. 하나님께서 우리를 위해 이 모든 일을 행하셨다면, 우리가 앞으로 하나님을 위해 더 많은 일을 하려고 하지 않겠습니까? 형제 여러분, 여러분은 무엇을 생각합니까? 로마 가톨릭교도, 율법주의자, 두려움에서 하나님을 섬기는 자들이 우리보다 하나님을 위해 더 많은 일을 하겠습니까? 우리보다 그들이 하나님께 더 많은 것을 드리겠습니까? 우리보다 그들이 더 많이 하나님을 사랑하겠습니까? 우리보다 그들이 하나님께 더 많이 보답을 하겠습니까? 그럴 수는 없습니다. 하나님을 사랑하는 사람이 있다면, 우리가 그런 사람들 가운데 맨 앞줄에 있다고 주장합니다. 하나님을 위해 고난을 겪을 수 있고, 혹은 하나님을 위해 일할 수 있는 사람이 있다면 우리가 마땅히 그들 가운데 가장 앞자리에 있어야 한다고 생각합니다. 우리가 자제를 하고 의무감에 사로잡히지 않을지라도 예수께서 그처럼 큰 사랑으로 우리 영혼을 사랑하셨으므로, 다른 사람은 몰라도 우리는 주님께 모든 것을 드려야 마땅합니다. 형제 여러분, 우리는 앞으로 보일 열심과 헌신을 통해서 하나님께서 사용하시는 동기들이 비록 유순해 보이지만 강력하고, 다른 사람들에게는 약하게 보일지라도 우리에게는 전능한 힘을 가지고 있음을 입증해 보이도록 합시다.

마지막으로 드릴 말씀은 이것입니다. 즉, 하나님을 알지 못하는 사람들이 내가 오늘 아침 지금까지 말씀드린 이 모든 사실을 잘 들었으면, 틀림없이 하나님을 알고 싶은 마음이 생길 것입니다. 하나님께 대한 봉사를 노예근성에서 행하는 것이 아니라 자유의 정신에 따라 행한다면 여러분은 하나님의 멍에를 지지 않겠습니까? 하나님께서 입에서 재갈을 치우신다면, 자기 자녀들을 먹이고 그들에게 안식을 주신다면 여러분은 하나님께 마음이 끌리지 않겠습니까? 자, 이 세상 근심과 수고라는 무거운 짐마차에 매여 있는 여러분, 여러분은 이처럼 놀라운 안식을 구하지 않겠습니까? 일 잘하는 수소처럼 지금까지 세상의 수고라는 밭고랑에서 왔다갔다 쟁기질하며 안식을 찾았으나 전혀 얻지 못하였고, 소가 다른 사람들을 위하여 일하듯이 일하였지만 여러분 입에 들어갈 꼴 한 줌 얻지 못한 여러분, 예수님께 오십시오. 예수님께서 여러분에게 안식을 주실 것입니다. 그의 멍에를 메고 그에게 배우십시오. 그의 멍에는 쉽고 그의 짐은 가볍습니다. 여러분이 오늘 예수님을 찾기를 바랍니다! 그분을 찾으면 만날 수 있습니다. 여러분 자신을 보지 않고 그리스도에게로 향하는 믿음의 눈으로 찾으면 그분을 만날 수 있습니다. 말씀이신 그분을 믿으십시오. 그리스도는 여러분의 것입니다. 하나님께서 여러분 각 사람이 오늘 그 믿음을 발휘하게 해 주시기를 바랍니다. 그러면 여러분 앞에 기쁨과 평강의 광경, 곧 사람이 여러분에게 말해줄지라도 여러분이 가능하다고 생각하지 않을 그런 일이 펼쳐질 것입니다. 예수 그리스도를 믿는 사람은 영생이 있고, 그 안에서 이미 천국이 시작된 것입니다. 여러분이 이 시간에 영생을 얻기를 바랍니다. 아멘.

제
13
장

모든 사람에게 전하는 설교

"내가 이상을 많이 보였으며 선지자들을 통하여 비유를 베풀었노라." - 호 12:10

하나님은 자기 백성 이스라엘을 그들의 죄악에서 구원하실 때, 백방으로 손을 쓰시며 경계에 경계를 더하며 교훈에 교훈을 더하며 여기서도 조금, 저기서도 조금 하셨습니다(사 28:10). 하나님께서 때로 손에 매를 들고 가르치셨는데, 그때는 그들을 혹독한 기근과 역병과 적의 침공으로 때리셨습니다. 그런가 하면 넉넉하게 베풀어 그들을 구원하려고 하시는 때도 있었습니다. 그때는 하나님께서 그들에게 곡식과 포도주와 기름을 풍성하게 해 주셨고, 기근을 내리시지 않았습니다. 그러나 하나님의 섭리를 통한 가르침이 모두 소용이 없었습니다. 하나님께서 손을 뻗고 계시는 동안에도 그들은 여전히 계속해서 지존하신 하나님께 반역하였습니다. 하나님께서 그들에게 선지자를 보내셨습니다. 한 선지자를 보내고 이어서 또 다른 선지자를 보내셨습니다. 말 잘하는 이사야 뒤에는 애처롭게 호소하는 예레미야가 왔습니다. 그의 뒤를 이어 곧바로 멀리까지 바라보며 우레 같은 목소리로 말하는 선지자들이 많이 왔습니다. 그러나 선지자들이 연이어 계속해서 오고, 선지자들마다 지존하신 하나님의 타는 듯이 뜨거운 말씀을 전하였을지라도 그들은 하나님의 책망을 전혀 들으려고 하지 않았고 오히려 마음을 완악하게 하고 계속해서 악을 행하였습니다. 하나님께서 이스라엘의 주의를 끌고 그들의 양심을 일깨우기 위해 사용하신 방법들 가운데는 비유들이 있었습니다. 선지자들은 설교하는데 익숙하였을 뿐만 아니라 그 자신이 백성들에게 징조와 예표가 되었습니다. 예를 들면, 이사야는 자녀의 이름을 마헬살랄하스바스(사 8:3)라고 지었는데, 이는 하나님의 심판이 그들에게 속히 임하고 있음을 알게 하려는 것이었습니다. 그래서 이 아이를 징조로 삼도록 하였는데, "이는 이 아이가 내 아빠, 내 엄마라 부를 줄 알기 전에 다메섹의 재물과 사마리아의 노략물이 앗수르 왕 앞에 옮겨질 것임이었습니다"(8:4). 또 한번은 하나님께서 이사야에게 이같이 말씀하셨습니다. "갈지어다 네 허리에서 베를 끄르고 네 발에서 신을 벗을지니라." 이사야는 그대로 벗은 몸과 벗은 발로 다녔습니다. 그러자 여호와께서 말씀하셨습니다. "나의 종 이사야가 삼 년 동안 벗은 몸과 벗은 발로 다니며 애굽과 구스에 대하여 징조와 예표가 되었느니라 이와 같이 애굽의 포로와 구스의 사로잡힌 자가 앗수르 왕에게 끌려갈 때에 젊은 자나 늙은 자가 다 벗은 몸과 벗은 발로 볼기까지 드러내어 애굽의 수치를 보이리라"(20:2-4).

선지자 호세아도 비유로 이 백성들을 가르쳐야 했습니다. 여러분은 첫 장에서 아주 비상한 비유를 볼 것입니다. 하나님께서 그에게 말씀하셨습니다. "너는 가서 음란한 여자를 맞이하여 음란한 자식들을 낳으라 이 나라가 여호와를 떠나 크게 음란함이니라"(호 1:2). 호세아가 그대로 하였습니다. 이 결혼으로 낳은 아이들이 백성들에게 징조와 예표가 되었습니다. 장자에 대해서는 "조금 후에 내가 이스르엘의 피를 예후의 집에 갚을 것이기"(1:4) 때문에 이스르엘이라고 부르도록 하였습니다. 그의 딸에 대해서는 "내가 다시는 이스라엘 족속을 긍휼히 여겨서 용서하지 않을 것이기" 때문에 이름은 로루하마라고 부르도록 하였습니다. 이렇게 하나님은 중요한 징조들을 다양하게 사용하여서 백성들이 생각하도록 만드셨습니다. 하나님께서 그의 선지자들로 이상한 일들을 행하도록 하셨는데, 이는 백성들이 선지자가 행한 일에 관해 이야기하고, 그렇게 해서 하나님께서 그들에게 가르치시려는 의미가 좀 더 강력하게 그들의 양심에 가 닿고 그래서 더 잘 기억할 수 있도록 하신 것입니다.

자, 나는 하나님께서 매일 비유들을 통해서 우리에게 설교하고 계신다는 생각이 듭니다. 그리스도께서 세상에 계실 때 비유로 가르치셨습니다. 비록 지금은 하늘에 계시지만 오늘도 비유로 가르치고 계십니다. 섭리는 하나님의 설교입니다. 우리가 주위에서 보는 것들은 하나님께서 우리에게 전하시는 생각과 말씀입니다. 우리가 지혜롭기만 하다면, 우리가 취하는 조처 가운데 중요한 교훈으로 가득하지 않은 것은 하나도 없습니다. 여러분, 하나님은 매일 그의 말씀으로 여러분에게 경고하십니다. 그의 종들, 곧 목사들을 통해서 여러분에게 말씀하시는 것입니다. 그러나 이 외에도 하나님은 매번 비유를 통해서 여러분에게 말씀을 전하십니다. 방황하는 자녀들을 자기에게로 모으시고, 이스라엘 집의 잃어버린 양들을 우리로 돌아오게 하기 위해 온갖 수단을 다 쓰십니다. 나는 오늘 아침 여러분에게 말씀을 전하면서 하나님이 어떻게 매일 그리고 철마다, 모든 곳에서, 모든 직업에서 비유를 통해 여러분에게 말씀하시는지를 설명하도록 힘쓸 것입니다.

1. 하나님은 매일 비유를 통해서 여러분에게 말씀하십니다.

하나님께서 매일 아침 그렇게 하신다는 점부터 생각해봅시다. 여러분은 오늘 아침에 잠이 깨어서 자신이 옷을 걸치지 않은 것을 알고 옷을 입기 시작하였습니다. 이때 여러분이 하나님의 음성을 들으려고만 했다면 하나님께서 여러분에게 비유로 말씀하시는 것을 들을 수 있었을 것입니다. 하나님께서 여러분에게 이렇게 말씀하신 것이나 같지 않습니까? "죄인이여, 너의 공허한 꿈이 끝이 나고 영원 속에서 깨어나 자신이 벌거벗은 줄 알게 될 때는 어떻게 하겠느냐? 이생에서 네가 혼인 예복, 곧 예수 그리스도의 흠 없는 의를 버린다면, 천사장의 나팔 소리를 듣고 무덤 속의 차가운 진흙 소파에서 깨어날 때 어떻게 하겠느냐? 하늘이 번갯불에 타오르고 땅의 견고한 기둥들이 하나님의 두려운 우렛소리에 흔들릴 때 어떻게 하겠느냐? 그때 네가 어떻게 옷을 입을 수 있겠느냐?" 여러분은 벌거벗은 몸을 가리지 않은 채 여러분의 창조주를 대면할 수 있겠습니까? 아담은 감히 그렇게 하지 못하였는데, 여러분은 그렇게 할 수 있겠습니까? 하나님께서 두려운 일들로 여러분을 떨게 하시지 않겠습니까? 여러분이 이 유예(猶豫)의 장소에 있는 동안에 자신의 영혼에 옷을 입히는 것을 잊어버렸기 때문에 하나님께서 꺼지지 않는 불로 여러분을 태우실 수 있다는 두려움에 빠트리시지 않겠습니까?

자, 이제 여러분이 옷을 입고 가족들에게 옵니다. 자녀들이 아침을 먹기 위해 식탁에 모입니다. 여러분이 지혜로웠다면 하나님께서 이때 비유로 여러분에게 설교하고 계시다는 것을 알았을 것입니다. 하나님은 여러분에게 이렇게 말씀하셨을 것입니다. "죄인이여, 자녀가 아버지한테 가지 않고 누구에게 가겠느냐? 아이가 배고플 때 아버지의 식탁 말고 어디로 가겠느냐?" 여러분이 자녀들에게 음식을 줄 때, 여러분에게 들을 귀가 있다면 하나님이 여러분에게 이렇게 말씀하시는 것을 들을 수 있었을 것입니다. "나는 참으로 네게 음식을 먹이고 싶다! 네게 하늘의 떡을 주고 천사의 음식을 먹이고 싶다! 그런데 너는 양식이 아닌 것을 구하는데 돈을 쓰고, 배부르게 하지 못하는 것을 위해 수고한다. 내 말을 잘 듣고, 좋은 것을 먹고 기름진 것으로 즐거워하도록 하라"(사 55:2). 하나님께서 아버지로 서 계시며 이같이 말씀하시지 않았습니까? "얘야, 오너라. 내 식탁으로 오너라. 내 아들의 귀한 피가 네 음료가 되도록 흘려졌고, 내 아들이 자기 몸을 네 떡으로 주었다. 어찌하여 네가 목마르고 굶주린 채로 방황하려고 하느냐? 아들아, 내 식탁으로 오너라. 나는 내 자녀들이 식탁에 앉아 내가 주는 자비들을 마음껏 즐기는 것이 기쁘다."

여러분이 집을 나와서 사업장에 갔습니다. 나는 여러분이 시간을 들여서 일하는 직업이 무엇인지 모릅니다. 직업에 대해서는 오늘 아침 여러분이 생활에서 만나는 비유들의 목적을 정리하기 전에 좀 더 이야기할 생각입니다. 어떻든 여러분은 일터에서 시간을 보냅니다. 여러분이 손을 움직여 일하는 시간 내내 여러분이 영혼의 귀가 닫혀 있지 않았다면 하나님께서는 여러분의 마음에 말씀하고 계셨던 것입니다. 그런데 여러분의 귀가 닫혀 있으며 몸이 나른하고 걸핏하면 졸기 때문에 하나님의 음성을 듣지 못하였던 것입니다. 시간이 해가 높은 하늘에서 빛을 비추는 정오에 이르렀을 때, 여러분이 눈을 들어 하늘을 보면서 하나님을 의지하였다면 여러분의 길이 돋는 햇살 같아서 크게 빛나 한낮의 광명에 이르렀을(잠 4:18) 것이라고 생각하지 않았겠습니까? 하나님께서 여러분에게 이렇게 말씀하시지 않았습니까? "내가 동편 어둠에서 해를 데려왔노라. 그를 인도하여 하늘의 미끄러운 계단을 오르도록 도왔도다. 이제 그는 마치 달리기를 하여 결승점에 도달한 거인처럼 하늘 꼭대기에 서 있다. 내가 너를 바로 그와 같이 대할 것이다. 네 길을 내게 맡기라. 네게 빛을 충만히 비추리니 네 길이 밝을 것이고 네 생명이 대낮과 같을 것이다. 낮에는 네 해가 지지 않을 것이고 네 슬픔의 날들이 끝날 것이다. 여호와 하나님께서 네 빛이 되고 네 구원이 되실 것이기 때문이다."

해가 저물기 시작하고, 저녁 그림자가 드리우기 시작할 때, 주님께서 여러분에게 죽음을 생각나게 하시지 않았습니까? 해에는 일몰이 있고 사람에게는 무덤이 있습니다. 저녁 그림자가 드리워지고 어둠이 몰려들기 시작했을 때, 하나님께서 여러분에게 이렇게 말씀하시지 않았습니까? "자, 네게 저녁이 온다는 사실에 주의해라. 햇빛이 영원히 지속되지 않느니라. 사람에게 일할 기회가 열두 시간이 있지만, 그 시간이 지나면 사람이 아주 서둘러 가고 있는 무덤의 어둠 속에서는 일도 계획도 없다. 네게 빛이 있는 동안에 일해라. 아무도 일할 수 없는 밤이 오고 있다. 그러니 네 손이 할 일을 찾는 대로 무엇이든지 힘을 다하여 하여라."

내가 지금 저물고 있는 해에 대해서 이야기하고 있는데, 해가 하늘에 찬란한 무지개 색깔을 그리면서 수평선에 가까이 갈 때 어떻게 점점 더 커져 보이는지 잘 보십시오. 여러분은 무릎을 꿇고 이렇게 기도하는 법을 배우십시오. "주여, 내 죽음이 일몰과 같게 하소서. 구름과 어둠이 나를 에워쌀지라도 내가 구름과 어둠을 찬란한 광채로 물들이도록 도우소서. 내 하나님이여, 죽을 때 내가 평생에 비추었던 것보다 더 찬란한 빛으로 나를 둘러주소서. 내 임종의 자리가 초라할지라도, 내가 오두막집에서 외로이 숨을 거둘지라도, 주님이여, 내 가난을 주께서 장차 내게 주실 빛으로 치장하여서 죽을 때 그리스도인의 죽음의 장엄함을 보일 수 있게 하여 주소서." 여러분, 하나님께서는 해가 떠서 질 때까지 비유로 여러분에게 말씀하십니다.

자, 이제 여러분은 초에 불을 붙이고 앉습니다. 자녀들이 여러분 주위에 모입니다. 이때 하나님께서는 여러분이 들으려고 한다면 여러분에게 말씀을 전할 작은 설교자를 보내십니다. 그 작은 설교자는 각다귀입니다. 각다귀는 촛불 주위를 날아답니다. 그리고 불 자체를 너무 좋아한 나머지 불에 현혹되고 취해서 날개를 그을리고 태우기 시작합니다. 여러분이 각다귀를 쫓아버리려고 하지만 각다귀는 돌진하여 불에 그슬리는 바람에 다시는 날 수 없을 정도가 됩니다. 그러나 힘을 다시 모으자마자 마치 실성한 것처럼 죽음과 파멸을 향하여 날아듭니다. 이때 하나님께서 여러분에게 이렇게 말씀하시지 않았습니까? "죄인이여, 네가 지금 바로 그와 같이 행하고 있다. 너는 죄의 빛을 좋아한다. 네가 지혜로워서 죄의 불을 보고 무서워 떨면 좋겠다. 불꽃을 좋아하는 자는 반드시 불에 타 죽고 말기 때문이다!"

각다귀를 쫓아버리려고 한 여러분의 손이 바로 전능자의 손과 같지 않았습니까? 전능하신 하나님께서는 여러분이 파멸에 이르지 않도록 쫓아내려고 하셨고, 섭리를 통해서 여러분을 책망하고 때리시며 마치 "어리석은 자여, 네 스스로 망하지 말라"고 말씀하시는 것 같지 않았습니까? 아마도 여러분은 이 어리석은 곤충을 불쌍한 듯이 보았을 것인데, 이 곤충이 여러분의 파멸을 미리 경고하는 것일 수 있지 않습니까? 여러분이 이 세상의 즐거움에 완전히 현혹되어서 한 시간의 즐거움 외에 아무것도 아닌 것에 그처럼 미쳐서 마침내 영원한 불구덩이에 들어가 영혼을 잃어버리고 마는 그 두려운 파멸을 미리 경고하는 것일 수 있지 않습니까? 하나님께서 여러분에게 그렇게 설교하시는 것이 아닙니까?

이제 여러분은 물러가 쉽니다. 문에 빗장을 단단히 걸어 잠급니다. 이 점을 생각할 때 이 말씀이 떠오르지 않았습니까? "집 주인이 일어나 문을 한번 닫은 후에 너희가 밖에 서서 문을 두드리며 주여 열어 주소서 하면 그가 대답하여 이르되 나는 너희가 어디에서 온 자인지 알지 못하노라 하리라"(눅 13:25). 그때, 곧 변치 않는 공의의 법정이 인류에게 자비의 문을 굳게 닫아버렸을 때는 여러분이 문을 두드려도 아무 소용이 없을 것입니다. 전능자의 손이 자기 자녀들을 낙원의 문 안으로 밀어 넣고, 도적과 강도는 차가운 바깥 어둠 속에 버려두어 그들이 거기에서 이를 갈며 슬피 울며 부르짖을 때는 아무 소용이 없을 것입니다. 하나님께서 이렇게 비유로 여러분에게 설교하시지 않았습니까? 여러분이 빗장을 걸었을 바로 그때 하나님께서도 여러분의 마음에 빗장을 걸으셨을 수 있지 않습니까?

여러분이 밤에 깜짝 놀라서 깨는 때가 있었습니다. 야경꾼이 거리를 지나가면서 밤 시각을 알리는 소리나 터벅터벅 하고 지나가는 발자국 소리에 깨었습니다. 여러분, 여러분이 들을 귀가 있다면 야경꾼이 성실하게 걸어 다니며 "보라 신랑이로다 맞으러 나오라"(마 25:6) 하고 외치는 소리를 들을 수 있었을 것입니다. 한밤중에 여러분을 깨우거나 깜짝 놀라 일어나게 만드는 모든 소리는 인자이신 주님께서 내가 전하는 복음대로 산 자와 죽은 자를 심판하실 그 날에 인자의 오심을 미리 알리는 천사장의 두려운 나팔 소리를 여러분에게 미리 경고하시는 것으로 생각할 수 있습니다. 여러분이 지혜로워서 이 말을 알아들으면 좋겠습니다. 이슬이 내리는 아침부터 어스름한 저녁까지, 그리고 아주 깜깜한 한밤중에 이르기까지 하루 종일 하나님은 사람에게 끊임없이 설교하십니다. 비유를 통해 설교하십니다.

2. 이제는 생각을 바꾸어, 하나님께서 사람에게 일 년 내내 비유를 통해 설교하신다는 점을 살펴봅시다.

바로 얼마 전에 나는 마당에 씨를 뿌리고 넓은 밭고랑에 곡식을 심었습니다. 하나님께서 파종기를 주셨다는 점에서 우리도 땅과 같아 하나님이 날마다 우리 마음에 씨를 뿌리고 계신다는 사실을 생각하게 됩니다. 그때 하나님께서 우리에게 이렇게 말씀하신다는 생각이 들지 않았습니까? "네가 길가와 같은 땅이 되지 않도록 조심하라. 네게 뿌려진 씨를 공중의 새들이 와서 먹어버릴 수가 있다. 네가 밑에 단단한 바위가 있는 땅과 같이 되지 않도록 조심하라. 네게 뿌려진 씨가 싹이 트지만 머지않아 해가 뜨면 흙이 깊지 않기 때문에 시들어버릴 수가 있다. 씨가 자라지만 가시떨기가 자라서 기운을 막아버린 땅과 같이 되지 않도록 조심하라. 그보다는 씨가 떨어져서 열매를 맺되 이십 배, 오십 배, 백 배의 결실을 맺는 좋은 땅과 같이 되도록 하라."

우리가 씨를 뿌리고 있을 때는 어느 날 그 씨가 자라는 것을 볼 것이라고 생각하였습니다. 거기에 우리를 위한 교훈이 있지 않았습니까? 우리의 행동들이 모두 씨와 같지 않습니까? 우리의 사소한 말들이 작은 겨자 씨 낟알들 같지 않습니까? 일상의 대화는 우리가 땅에 뿌리는 한 줌의 곡식 같지 않습니까? 그렇다면 우리의 말이 다시 살 것이고, 우리의 행동들은 우리처럼 죽지 않고 성숙되기 위해 잠시 먼지 속에 누워 있다가 틀림없이 다시 일어난다는 것을 기억해야 하지 않겠습니까? 죄의 검은 행위들은 정죄라는 우울한 수확물을 거둘 것입니다. 하나님의 은혜로 우리가 행한 의로운 행위들은 우리 자신의 공로가 아니라 하나님의 자비로 말미암아 눈물로 씨를 뿌린 자들이 기쁨으로 거둘 때 풍성한 수확물을 내놓을 것입니다. 여러분, 파종기가 여러분에게 이렇게 말하며 설교하지 않습니까? "밭에 좋은 씨를 뿌리도록 조심하라."

씨가 자라고 계절이 바뀌면 하나님께서 더 이상 설교하시지 않았습니까? 아, 그렇지 않습니다. 처음에는 잎사귀가 나오고, 그 다음에는 이삭이 자라며, 그 다음에는 이삭에 가득한 곡식이 나오는데, 이것들 각각이 우리에게 설교하는 바가 있습니다. 마침내 추수기가 이르렀을 때, 이 시기가 우리에게 전하는 설교는 얼마나 우렁찼습니까! 추수기는 우리에게 이같이 말했습니다. "이스라엘이여, 내가 네게 추수할 일을 정하였느니라(호 6:11). 사람이 무엇으로 심든지 그대로 거두리라(갈 6:7). 자기의 육체를 위하여 심는 자는 육체로부터 썩어질 것을 거두고 성령을 위하여 심는 자는 성령으로부터 영생을 거두리라"(6:8).

여러분이 다음 세 주 동안 시골로 여행을 할 기회가 있고, 여러분의 마음이 바르게 조율되어 있다면 밀밭에 놀랄 정도로 많은 지혜가 펼쳐져 있는 것을 발견할 것입니다. 지금은 시간이 없어서 거기에 감추어 있는 거대한 금 광산을 파헤쳐 볼 수 없겠습니다. 아무튼 사랑하는 여러분, 수확의 기쁨을 생각해 보십시오. 이 사실이 구속받은 자들의 기쁨에 대해 이야기해 주는 바가 아주 큽니다. 우리는 구원을 받았으므로 마침내 잘 익은 곡식들처럼 곡물 창고에 옮겨질 것입니다. 밀 이삭이 완전히 익었을 때 어떻게 머리를 땅으로 숙이고 있는지 보십시오! 밀 이삭이 전에는 머리를 똑바로 세웠지만 익어가면서 아주 겸손해집니다! 하나님께서는 죄인에게 말씀하실 때, 그가 추수하기에 적합한 상태에 있다면 반드시 고개를 숙이고 "하나님이여 불쌍히 여기소서 나는 죄인이로소이다"(눅 18:13) 하고 소리치지 않을 수 없다고 말씀하십니다.

우리가 밀 가운데 잡초가 자라는 것을 볼 때 알곡 가운데 자라는 가라지에 대한 주님의 비유가 생각나지 않습니까? 또 주님께서 추수꾼에게 "가라지는 먼저 거두어 불사르게 단으로 묶고 곡식은 모아 내 곳간에 넣으라"(마 13:30)고 말씀하실 분리의 큰 날이 생각나지 않습니까? 아, 노랗게 익은 밀밭이여, 그대는 내게 좋은 설교를 해주는구나. 목사인 내게 "보라, 밭이 벌써 추수할 때가 되었다. 열심히 일하며 추수하는 주인에게 청하여 추수할 일꾼들을 보내 주소서 하라(마 9:38)"고 말하는구나. 잘 익은 밀밭은 여러분, 곧 나이 든 여러분에게도 설교를 합니다. 죽음의 낫이 날카롭게 벼려 있고 여러분이 반드시 곧 쓰러질 것이라고 말합니다. 그러나 또한 밀밭은 여러분을 격려하고 위로합니다. 여러분에게 밀이 안전하게 집에 들여질 것이라고 하며, 여러분이 주님의 곡물 창고에 옮겨져 하나님의 기쁨과 즐거움이 될 것이라는 소망을 가지라고 말합니다. 그러니 노랗게 익은 수확물이 바스락거리며 힘 있게 전하는 설교를 잘 듣도록 하십시오.

사랑하는 여러분, 조금 있으면 여러분은 새들이 무수하게 떼를 이루어 지붕 꼭대기에 모여드는 것을 볼 것입니다. 이 새 떼들은 마치 잉글랜드를 마지막으로 보는 것처럼 혹은 떠나기 전에 기도를 연습하는 것처럼 시끄럽게 떠들어 대며 빙글빙글 맴돈 후에, 겨울의 찬 손이 그들이 태어난 숲을 헐벗게 하는 동안에 좀 더 따뜻한 곳에서 살기 위해 그들의 우두머리가 앞장서서 자줏빛 바다를 가로질러 빠르게 날아가는 모습을 볼 것입니다. 죄인들이여, 여러분은 이 새들이 날아갈 때 하나님께서 여러분에게 설교하시는 것 같다는 생각이 들지 않습니까? 하나님께서 친히 이렇게 말씀하시는 것이라는 생각이 들지 않습니까? "공중의 학은 그 정한 시기를 알고 산비둘기와 제비와 두루미는 그들이 올 때를 지키거늘 내 백성은 여호와의 규례를 알지 못하도다"(렘 8:7). 하나님께서 어두운 겨울의 때가 세상에 오고 있다고 말씀하시지 않습니까? 전에도 없었고 앞으로 없을 환난의 때, 죄의 모든 즐거움들이 꺾이고 사라질 때, 인생의 전성기가 변하여 실망의 암울한 겨울이 되는 때가 올 것이라고 말씀하시지 않습니까? 하나님께서 여러분에게 이같이 말씀하시지 않습니까? "죄인이여! 날아가라. 예수께서 거하시는 아름다운 땅으로 날아가라! 자아와 죄에서 떠나라! 파멸의 도성에서 떠나라! 쾌락의 소용돌이에서 떠나고, 근심으로 요동하는 데서 떠나라! 새처럼 서둘러 안식처로 날아가라! 날아서 회개와 믿음의 바다를 건너가 자비의 땅에 보금자리를 세워라. 그러면 보복의 큰 날이 이 세상에 임할 때 네가 바위틈에서 안전히 거할 수 있을 것이다."

나는 이전에 하나님께서 한 겨울에 비유를 통해서 설교하신 것이 생생하게 기억납니다. 땅은 거무스름하였고, 푸르른 것이나 꽃은 거의 볼 수 없었습니다. 들판을 보아도 검은색밖에 없었습니다. 어디를 보든지 간에 휑뎅그렁한 울타리, 잎이 없는 나무들, 검은 땅밖에 없었습니다. 그때 갑자기 하나님이 말씀하시며 눈의 창고를 여셨습니다. 흰 눈송이들이 내려 검은 색은 하나도 보이지 않고 온 세상이 눈부신 흰 천을 덮은 것처럼 되었습니다. 바로 이때 나는 주님을 찾고 있었습니다. 그리고 그때 주님을 만났습니다. 내 앞에 보여주신 설교를 뚜렷하게 기억합니다. "오라 우리가 서로 변론하자 너희의 죄가 주홍 같을지라도 눈과 같이 희어질 것이요 진홍 같이 붉을지라도 양털 같이 희게 되리라"(사 1:18). 죄인이여, 여러분의 마음은 검은 땅과 같습니다. 여러분의 영혼은 잎이나 꽃 하나 없는 검은 나무와 울타리 같습니다. 하나님의 은혜는 하얀 눈과 같습니다. 이 눈이 여러분에게 내리면 의심하는 여러분의 마음이 사죄의 흰빛으로 빛날 것이고, 여러분의 보잘것없는 검은 영혼은 하나님의 아들의 흠 없는 정결함으로 덮일 것입니다. 이때 하나님이 여러분에게 이렇게 말씀하시는 것처럼 보입니다. "죄인이여, 네가 검지만 나는 너를 용서할 준비가 되어 있다. 네 마음을 내 아들의 의의 옷으로 감쌀 것이다. 내 아들의 옷을 입으면 너는 거룩하신 자처럼 거룩해질 것이다."

오늘 바람이 나무들 사이로 윙윙거리며 불고 있습니다. 이미 많은 나무들을 쓰러트리며 지나갔는데, 이 바람은 원하는 때, "원하는 곳으로 부는"(요 3:8, "임의로 부는") 성령님을 생각나게 합니다. 그리고 이 사실은 우리에게 신비한 하나님의 영향력을 간절히 구하라고 말합니다. 이 영향력만이 우리로 하여금 천국으로 가는 여행을 추진할 수 있게 만들고, 교만이라는 나무를 쓰러트리며 자기 과신이라는 아름다운 백향목들을 뿌리째 뽑아버릴 것입니다. 주변에서 일어나는 거짓된 피난처들을 버리고 폭풍을 피할 수 있는 유일한 은신처, 곧 "포학자의 기세가 성벽을 치는 폭풍과 같을"(사 25:4) 때 유일한 피난처이신 주님만을 바라보게 만들 것입니다.

열기가 내려오고 있어서 우리가 나무 그늘 아래 몸을 피할 때, 천사가 거기 서서 이렇게 속삭이는 것입니다. "죄인이여, 네가 뜨거운 햇빛을 피하여 나무 아래로 숨을 때 위를 보라. 숲의 나무들 가운데 사과나무와 같은 분이 있다. 그분이 네게 와서 그의 가지 그늘 아래 피하라고 말씀하신다. 그분이 하나님의 영원한 복수로부터 너를 감싸주실 것이고, 하나님의 진노의 맹렬한 열기가 악인들의 머리에 쏟아질 때 너를 보호해 주실 것이기 때문이다."

3. 그 다음에는, 여러분이 여행 가는 곳마다, 보는 동물마다, 방문하는 장소마다 여러분에게 전하는 설교가 있습니다.

외양간에 가보십시오. 그러면 여러분이 기르는 소와 나귀가 여러분에게 이렇게 설교할 것입니다. "소는 그 임자를 알고 나귀는 그 주인의 구유를 알건마는 이스라엘은 알지 못하고 나의 백성은 깨닫지 못하는도다"(사 1:3). 여러분의 뒤를 따라다니는 개조차도 여러분을 책망할 수 있습니다. 개는 낯선 사람을 따르지 않을 것입니다. 그의 음성을 모르기 때문입니다. 그런데 여러분은 하나님을 떠나 그릇된 길로 들어갑니다. 여러분이 저기 연못가에 있는 병아리를 보고 그 병아리가 여러분의 배은망덕을 책망하는 소리를 듣기 바랍니다. 병아리가 물을 마시는데, 한 모금 마실 때마다 머리를 하늘로 쳐들고, 자기가 한 모금 마실 수 있도록 비를 내려주신 분께 감사를 드립니다. 반면에 여러분은 먹고 마시면서도 먹는 음식에 대해 감사하지 않고, 넉넉히 베풀어 주신 것에 대해 하나님 아버지께 찬송을 드리지도 않습니다. 말은 굴레로 어거하고, 나귀는 채찍으로 부립니다. 그러나 하나님은 여러분을 그의 계명들로 제어하시고, 섭리를 통해 징계하셨습니다. 하지만 여러분은 나귀나 노새보다도 완고합니다. 여전히 하나님의 계명을 따라 행하려 하지 않고, 의도적으로 악하게 곁길로 벗어나서 여러분 마음의 고집을 따라 행하려고 합니다. 그렇지 않습니까? 이런 사실들이 여러분에게 그대로 해당되지 않습니까? 여러분이 아직도 하나님 밖에 있고, 그리스도 밖에 있다면 이 사실들이 양심을 일깨우지 않습니까? 이 사실들 가운데 어느 하나라도 양심을 일깨우면 여러분이 지존하신 하나님 앞에 두려워 떨며 하나님께 새로운 마음과 정직한 영을 주시기를 간구하고, 여러분이 더 이상 들짐승처럼 행하지 않고 하나님의 영에 충만하여 창조주 하나님께 순종하며 사는 사람이 되게 해 주시기를 구하게 될 것입니다.

그리고 여행할 때, 여러분은 길이 돌들로 울퉁불퉁하면 그것 때문에 불평한 적이 아주 많았을 것입니다. 그렇지만 그런 돌들 때문에 길이 더 좋아지고, 아주 험한 길이 단단한 돌로 보수를 해서 때가 되면 평탄하게 되어 걷기에 적합해질 것이라고 생각해 본 적은 없습니까? 하나님께서 여러분을 얼마나 자주 고치셨는지 생각해 보았습니까? 얼마나 많은 고난의 돌들을 여러분의 길에 깔아놓으셨는지 생각해 보았습니까? 하나님께서 마차 몇 대 분의 경고를 여러분 앞에 깔아놓으셨는데 여러분은 조금도 나아지지 않고 악화되기만 했다는 것을 생각해 보았습니까? 하나님께서 오셔서 여러분의 생활이 순탄해졌는지, 여러분의 도덕적 행위의 길이 좀 더 의의 대로다워졌는지 보고서, 이렇게 말씀하실 수도 있습니다. "아, 내가 이 길을 고쳤지만 하나도 나아진 것이 없다. 이 길이 아주 늪지와 진구렁이 될 때까지, 길을 이렇게 형편없이 간수하는 사람은 스스로 거기에서 망할 때까지 내버려두겠다."

여러분이 바닷가에 갔을 때 바다가 여러분에게 말한 적이 없습니까? 바다가 변화가 많긴 하지만 여러분은 그 절반만큼도 고분고분하지 않습니다. 하나님께서는 산더미 같은 파도가 이는 바다를 모래 띠로 제어하십니다. 하나님께서 바닷가를 따라 모래를 뿌려놓으시고, 바다도 그 경계표를 지킵니다. "여호와의 말씀이니라 너희가 나를 두려워하지 아니하느냐 내 앞에서 떨지 아니하겠느냐 내가 모래를 두어 바다의 한계를 삼되 그것으로 영원한 한계를 삼고 지나치지 못하게 하였으므로 파도가 거세게 이나 그것을 이기지 못하며 뛰노나 그것을 넘지 못하느니라"(렘 5:22). 바로 그렇습니다. 양심의 가책을 받도록 하십시오. 바다는 이쪽 끝에서 저쪽 끝까지 하나님께 순종합니다. 그런데 여러분은 하나님을 여러분의 하나님으로 모시지 않고 이렇게 말할 생각입니까? "여호와가 누구이기에 내가 그를 두려워해야 하겠는가? 여호와가 누구이기에 내가 그의 통치를 받아야 하겠는가?"

큰 산과 작은 산들이 말하는 것을 들어보십시오. 저들이 전하는 교훈이 있습니다. 하나님은 산들과 같으신 분입니다. 하나님은 영원히 거하시므로, 변하실 것으로 생각하지 말라는 것입니다.

죄인이여, 나는 여러분에게 오늘 집으로 돌아갈 때 눈을 크게 뜨고 가라고 말씀드립니다. 내가 지금까지 말한 어떤 것에도 마음이 움직이지 않았다면 어쩌면 하나님께서 여러분에게 생각할 주제를 길에 두실 것입니다. 그러면 여러분은 그 주제를 보고서 스스로에게 결코 잊지 못할 설교를 할 수가 있습니다. 내게 시간이 있고, 전할 생각과 말이 있다면 나는 위로 하늘에 있는 것들과 아래로 땅에 있는 것들, 땅 아래 물속에 있는 것들을 가져와 모두 여러분 앞에 펼쳐놓을 것입니다. 그러면 그런 것들 하나하나가 여러분이 훑어보고 지나가기 전에 경고의 소리를 발할 것입니다. 그것들이 이렇게 말하리라는 것을 압니다. "여호와 너의 창조주를 생각하고 두려워하며 섬기라. 네가 스스로를 만들지 않았고 그가 너를 만드셨기 때문이다. 우리는 하나님의 말씀에 순종한다. 순종하는 것이 우리의 아름다움이라는 것을 안다. 우리의 영광은 항상 하나님의 뜻에 따라 움직이는 것이다. 너도 그렇다는 것을 알게 될 것이다."

여러분이 할 수 있는 동안에 하나님께 순종하십시오. 그래서 이생이 끝날 때 이 모든 것들이 일어나 여러분을 비난하고, 길거리의 돌이 여러분을 정죄하라고 소리치며, 벽에서는 들보가 튀어나와 여러분에게 불리한 증언을 하고, 들의 짐승들이 여러분을 고소하며 골짜기와 언덕들이 여러분을 저주하기 시작하지 않도록 하십시오. 여러분, 하나님께서 땅을 만드신 것은 여러분을 경고하시기 위함입니다. 하나님은 여러분이 구원받기를 바라십니다. 하나님께서는 자연과 섭리에서 도처에 길 안내 표지판을 세워서 여러분에게 하늘의 도피성으로 가는 길을 가리키셨습니다. 그러므로 여러분이 지혜롭기만 하다면 그 길을 놓칠 수 없습니다. 여러분이 그릇된 길에서 달려가는 것은 순전히 여러분의 의도적인 무지와 부주의 때문입니다. 하나님께서는 도피성으로 가는 길을 여러분 앞에 똑바로 내셨고, 그 길로 가도록 온갖 수단을 동원하여 여러분에게 그리로 가도록 권하셨기 때문입니다.

4. 이제 여러분이 지치지 않도록, 모든 사람이 자기 직업에서 듣는 설교가 있다는 점만 언급하고 마치겠습니다.

농부는 들을 수 있는 설교가 수없이 많습니다. 농부에 대해서는 이미 말한 바 있습니다. 농부는 눈을 크게 떠야 합니다. 그러면 그는 더 많이 볼 것입니다. 그는 한 발자국만 옮겨도 천사의 노랫소리를 듣지 않을 수 없고, 그에게 의를 행하라고 권유하는 영들의 목소리를 듣지 않을 수 없습니다. 이는 사람이 들을 귀가 있다면 그를 에워싼 모든 자연이 말을 하기 때문입니다.

그런가 하면 자연을 바라볼 기회가 거의 없는 일에 종사하는 사람들이 있습니다. 그럴지라도 거기에서도 하나님은 사람들에게 배울 수 있는 교훈을 제공하셨습니다. 우리에게 빵을 제공하는 빵 굽는 사람이 있습니다. 그는 화덕에 장작을 넣고 장작이 타면서 열을 내게 하고 거기에 빵을 집어넣습니다. 그가 불신자라면 화덕 입구에 설 때 떠는 것은 당연한 일입니다. 그 자리에 설 때 그가 당연히 깨닫게 되는 설교의 주제가 있기 때문입니다. "용광로 불 같은 날이 이르리니 교만한 자와 악을 행하는 자는 다 지푸라기 같을 것이라 그 이르는 날에 그들을 살라 그 뿌리와 가지를 남기지 아니할 것이라"(말 4:1). 사람들이 뿌리와 가지를 모아 묶어서 불속에 던져 넣으면 다 타버립니다. 화덕 입구에서 불타는 뜨거운 경고가 나옵니다. 그래서 사람이 그 경고를 생각만 해도 마음이 밀랍처럼 녹는 것은 당연한 일입니다.

그 다음에 고깃간 주인을 봅시다. 짐승이 그에게 어떤 식으로 말을 합니까? 그는 양이 자기를 잡을 칼을 핥는 것을 보고, 수소가 아무 생각 없이 죽으러 가는 것을 봅니다. 그는 매번 자신이 죽을 것을 전혀 알지 못하는 짐승을 잡는다는 생각을 하지 않을 수 없을 것입니다. 그리스도 밖에 있는 사람은 모두가 도살되기 위해 살이 찌고 있는 것이 아닙니까? 그들이 수소보다 어리석지 않습니까? 악인은 자신의 사형집행인을 좇고 자신을 죽일 자의 뒤를 따라 지옥에 들어가기 때문입니다. 술꾼이 계속해서 술에 취하려 하거나 부정한 사람이 계속해서 방탕한 생활을 하는 것을 볼 때, 그들이 마치 소가 죽으러 도살장에 들어가 간이 창에 관통되는 것과 같지 않습니까? 하나님께서 칼을 날카롭게 갈고 도끼를 준비하신 것은 이 땅의 살찌운 가축들을 잡기 위해서가 아닙니까? 이때 하나님께서 공중의 새들과 들판의 짐승들에게 말씀하실 것입니다. "보라, 내가 너희를 위하여 보복의 잔치를 벌였다. 너희는 잡아 죽인 것들의 피를 맛보고 그 피에 취하도록 하라." 그렇습니다. 고깃간 주인이여, 그대는 그대의 장사에서 들어야 할 훈계가 있습니다. 그대의 직업이 그대를 책망할 수가 있습니다.

하루 종일 가만히 앉아 사람들을 위해 신발을 만드는 여러분, 여러분이 무릎에 얹고 가죽을 두드리는 무릎 돌이 여러분을 책망할 수 있습니다. 어쩌면 여러분의 마음이 그 돌처럼 단단할지 모르기 때문입니다. 지금까지 여러분은 무릎 돌처럼 자주 두들겨 맞았지만 마음이 깨지지 않고 녹지도 않지 않았습니까? 그러면 하나님께서 마지막에 여러분의 마음이 여전히 돌 같을 때 뭐라고 말씀하시겠습니까? 하나님은 여러분이 그의 책망을 전혀 듣지 않고 그의 훈계의 목소리를 듣고 돌이키려 하지 않기 때문에 여러분을 정죄하고 버리시지 않겠습니까?

술 만드는 사람은 술을 만들 때 자기가 그 술을 틀림없이 마시게 된다는 것을 기억하십시오. 그릇 만드는 사람은 자신이 물레 위에서 망가진 그릇처럼 되지 않도록 조심하십시오. 인쇄업자는 자신의 생애가 죄의 검은 글자로 찍히지 않고 천상의 활자로 조판되도록 조심하십시오. 화가여, 조심하십시오! 색 칠하는 것으로는 충분하지 않습니다. 우리는 있는 그대로의 진실을 쥐고 있어야 합니다.

그런가 하면 여러분 가운데는 계속해서 저울과 자를 사용하고 있는 사람들도 있습니다. 여러분은 종종 자신을 저울에 달아볼 수 있지 않습니까? 여러분은 재판장이 서서 한 쪽 저울에는 복음을 놓고 다른 쪽 저울에는 여러분을 놓고서 엄숙한 눈으로 바라보다가 "메네 메네 데겔, 곧 너를 저울에 달아 보니 부족함이 보였다"(단 5:27)고 말씀하시는 것 같은 생각이 들지 않습니까? 여러분 가운데 자를 사용하는 분들이 있습니다. 여러분은 치수를 재고서 손님이 원하는 만큼 잘라냅니다. 여러분의 인생에 대해서도 생각해 보십시오. 여러분의 인생도 어느 만큼의 길이가 있을 것입니다. 해마다 자가 조금씩 길이를 재다가, 마침내 가위가 와서 여러분의 인생을 자릅니다. 그러면 인생이 끝납니다. 여러분은 언제 자신의 치수가 마지막으로 재어질 것을 압니까? 요즘 여러분이 병에 걸린 것이 가위가 처음으로 한번 여러분의 인생을 싹둑 하고 자르는 것이 아니고 무엇이겠습니까? 뼈가 떨리고 시력이 약해지며 기억이 사라지고 젊음의 활력이 없어지는 것이 첫 번째 내는 집세가 아니고 무엇이겠습니까? 아주 빠르게 여러분은 두 토막으로 나뉘고, 여러분의 남은 날들은 사라질 것입니다. 여러분의 날수는 모두

다 헤아려지고, 영원히 잘못 쓰이고 낭비된 채 사라질 것입니다!

그런데 자신은 하인으로 여러 가지 일을 하고 있다고 말하는 사람들이 있습니다. 그렇다면 하나님께서 여러분에게 설교하시는 훈계는 다양합니다. "종은 저녁 그늘을 몹시 바라고 품꾼은 그의 삯을 기다리느니라"(욥 7:2). 여러분이 땅에서 날을 다 끝내고 마침내 삯을 받을 때 그대에게 해당되는 비유가 있습니다. 그때 여러분의 주인은 누구입니까? 여러분은 지금 사탄과 육신의 정욕을 섬기고 있고, 그래서 마지막에 파멸을 삯으로 받을 것입니까? 그렇지 않으면 지금 여러분이 의로운 왕이신 임마누엘을 섬기고 있으므로 천국의 금 면류관을 삯으로 받을 것입니까? 여러분이 선한 주인을 섬기고 있다면 복된 일입니다. 주인에 따라 여러분의 상급이 달라질 것이기 때문입니다.

혹은 여러분이 펜을 움직이며 매 시간 지루하게 글을 쓰는 사람일 수가 있습니다. 자, 여러분의 인생이 글쓰기라는 것을 알기 바랍니다. 여러분은 펜을 쥐고 있지 않는 때에도 여전히 글을 쓰고 있는 것입니다. 영원의 페이지에 언제나 글을 쓰고 있습니다. 여러분은 자기 죄를 쓰고 있든지 아니면 여러분을 사랑한 분에 대한 거룩한 믿음을 쓰고 있습니다. 작가여, 그대의 이름이 어린 양의 생명책에 기록되어 있다면, 기쁜 일입니다. 여러분이 이 땅의 순례 여행의 과정에서 쓴 검은 기록을 그리스도의 붉은 피로 지워버리고 여러분 위에 영원히 똑똑히 볼 수 있도록 여호와의 아름다운 이름을 썼다면, 기쁜 일입니다.

혹은 여러분이 의사이거나 약사일 수 있습니다. 여러분은 사람의 몸을 위해 약을 처방하거나 조제합니다. 하나님은 약을 빻는 막자와 막자사발 곁에 계시고 처방전을 쓰는 책상 곁에 계시면서 여러분에게 말씀하십니다. "이봐, 너는 병들었다. 나는 너를 위해 처방을 내릴 수 있다. 그리스도의 피와 의를 믿음으로 붙잡고 성령께서 적용하여 주시면 네 영혼을 치료할 수 있다. 나는 네 병을 없애고 그 거민들이 더 이상 '아프다'는 말을 하지 않을 곳으로 너를 데려갈 약을 조제할 수 있다. 내 약을 받겠느냐 아니면 거절하겠느냐? 자, 얘야, 내 약을 마셔라. 네 생명이 여기 있으니 마셔라. 이 약이 쓰다고 외면하겠느냐? 네가 그처럼 큰 구원을 등한히 여기면 어찌 그 보응을 피하겠느냐?"(히 2:3).

여러분이 철을 주조하거나 납을 녹이며 광산의 단단한 금속들을 녹여 합금을 만드는 일을 합니까? 그렇다면 하나님께서 여러분의 마음을 녹여 주시고 복음의 모양을 따라 여러분을 주조해 주시기를 기도하십시오. 사람들에게 옷을 지어

주는 일을 합니까? 영원히 여러분에게 맞는 옷을 찾도록 주의하십시오.

여러분이 하루 종일 돌을 쌓고 틈새에 모르타르를 바르며 집을 세우는 일로 분주합니까? 그렇다면 여러분이 지금 영원을 위해 집을 세우고 있다는 점을 기억하시기 바랍니다. 여러분이 좋은 기초 위에 자신을 세울 수 있기를 바랍니다! 나무나 건초 혹은 그루터기 위에 세우지 않고 금과 은과 보석, 불에 견디는 것들 위에 세우기를 바랍니다! 여러분이 하나님께서 공사장에 쓰시는 비계가 되지 않도록 조심하십시오. 땅에서 하나님의 교회를 세우는 일에 비계로 사용되고, 하나님의 교회가 세워지고 나면 치워져 꺼지지 않는 불에 태워지지 않도록 조심하십시오. 여러분을 모래 위에 세우지 않고 반석 위에 세우도록 조심하십시오. 구주님의 보혈이라는 주홍색 시멘트로 여러분을 건물의 기초에 접합시키고 또 건물의 모든 돌과도 접합시키도록 주의하십시오.

여러분이 날마다 보석을 깎고 다이아몬드를 연마하는 보석세공인입니까? 여러분이 세공 기술을 발휘하여 빛나게 되는 보석과 대비되는 현저한 차이에서 교훈을 얻기 바랍니다. 여러분이 보석을 깎습니다. 깎으면 깎을수록 보석은 더욱 빛납니다. 그러나 여러분이 깎이고 연마되었을지라도, 즉 여러분이 콜레라와 열병에 걸려 많은 날 동안 죽음의 문턱에 있었을지라도 여러분은 더 빛나는 것이 아니라 더 흐릿해집니다. 그렇다면 슬프게도 여러분은 다이아몬드가 아닌 것입니다. 여러분은 시냇가의 조약돌에 불과한 것입니다. 하나님께서 보석들을 모으는 날에 여러분을 자신의 보석 상자에 넣지 않으실 것입니다. 이는 여러분이 순금에 필적하는 시온의 귀한 자녀들 가운데 한 사람이 아니기 때문입니다. 여러분의 상황이 어떻든지, 여러분의 직업이 무엇이든지 간에 계속해서 여러분의 양심에 호소하는 설교가 있습니다. 나는 여러분이 이제 이 시간 이후로 눈과 귀를 모두 열고 하나님께서 여러분에게 가르치시려고 하는 것들을 보고 듣기를 바랍니다.

아직 시간이 몇 분 남아있으니, 이제는 비유 이야기하는 것을 그치고 문제를 이렇게 생각해 봅시다. 죄인이여, 여러분은 아직까지 하나님 밖에 있고, 그리스도 밖에 있습니다. 여러분은 매 시간 자칫하면 죽을 수 있습니다. 여러분이 오늘 시계가 한 시를 알리기 전에 지옥의 불길에 들어가는 일은 있을 수 없다고 말할 수 없습니다. 여러분은 하나님의 아들을 믿지 않기 때문에 오늘 "벌써 정죄를 받은"(요 3:18) 것입니다. 예수 그리스도께서 오늘 여러분에게 "네가 너의 죽음을 생각하면 좋겠다!"고 말씀하십니다. 오늘 아침 여러분에게 이렇게 외치십니다. "암탉이 그 새끼를 날개 아래에 모음 같이 내가 네 자녀를 모으려 한 일이 몇 번이더냐 그러나 너희가 원하지 아니하였도다"(마 23:37).

제발, 여러분의 길을 생각하십시오. 지옥에 잠자리를 펴는 것을 가치 있는 일로 여긴다면, 그렇게 하십시오. 이 세상의 쾌락이 그것을 누린 대가로 영원히 저주받을 만한 가치가 있는 것이라면, 천국이 사기이고 지옥이 망상이라면, 계속해서 죄를 짓도록 하십시오. 그러나 죄인들에게는 지옥이 있고 회개한 자들에게는 천국이 있다면, 여러분이 이곳이나 아니면 저곳에서 영원히 거해야 한다면, 여러분에게 단도직입적으로 묻겠습니다. 여러분이 지금처럼 생각 없이, 즉 신앙이 없이 태평하게 사는 것이 지혜로운 일입니까? 지금 여러분이 구원의 길을 물어보겠습니까? 구원의 길은 이같이 단순합니다. "주 예수 그리스도를 믿으라 그리하면 네가 구원을 받으리라"(행 16:31).

예수께서 죽으셨고 다시 살아나셨습니다. 여러분은 예수님을 여러분의 구주님으로 믿어야 합니다. 그리스도께서 자기를 의지하여 하나님께 오는 자들을 온전히 구원하실 수 있다는 것을 믿어야 합니다. 그러나 그뿐 아니라 그것이 사실이라고 믿고, 흥하든 망하든 그 사실에 여러분의 영혼을 맡기고 그리스도를 신뢰해야 합니다. 성령이시여, 우리 각 사람이 그렇게 하도록 도와주소서. 비유를 통해서나 섭리에 의해서 혹은 선지자들을 통해서 우리 각 사람을 주님께로 불러 모으시고, 우리를 영원히 구원하시며, 주님께 영광을 돌리게 하소서.

제
14
장

부활의 위로

“내가 그들을 스올의 권세에서 속량하며 사망에서 구속하리니 사망아 네 재앙이 어디 있느냐 스올아 네 멸망이 어디 있느냐 뉘우침이 내 눈 앞에서 숨으리라.” - 호 13:14

이 구절은 길게 이어지는 위협의 말씀들 가운데서 나옵니다. 진노의 바다 한가운데서 자비의 바위로 불쑥 솟아오릅니다. 그래서 많은 비평가들이 이 구절을 위협의 말씀이 계속되는 것으로 볼 수밖에 없다고 생각했습니다. 나는 흠정역 성경(The Authorized)과 개역 성경들(The Revised Versions)의 일치된 권위를 아주 기꺼이 받아들이고, 성령님의 뜻이 우리 선조들의 옛 성경에 잘 표현되어 있다고 믿습니다. 나는 본문의 말씀을 기쁨이 넘치는 약속으로 봅니다.

이 구절이 바위처럼 외따로 떨어져 있지만 이 은혜로운 말씀이 호세아서에서 여기서만 한 번 나오는 것이 아닙니다. 선지자의 비난이 맹렬하게 쏟아지는 급류의 바닥에 약속의 금가루가 뿌려져 있는 것을 봅니다. 호세아는 말투가 느닷없고 무뚝뚝합니다. 그는 여러분이 전혀 생각하지 못하는 것을 말합니다. 성령께서는 그를 통해 말씀하실 때, 한창 위협의 말을 하다가 불쑥 약속을 말씀하시고, 진노를 보이는 가운데서 자비를 기억하십니다. 이 구절이 예외적인 것이라고 생각하는 분들이 있다면, 호세아서의 다른 부분을 읽어보시기 바랍니다. 그분들은 11장 8절의 말씀을 잠시 생각해 보시기 바랍니다. “에브라임이여 내가 어찌 너를 놓겠느냐 이스라엘이여 내가 어찌 너를 버리겠느냐 내가 어찌 너를 아드마 같이 놓겠느냐 어찌 너를 스보임 같이 두겠느냐 내 마음이 내 속에서 돌이키어 나의 긍휼이 온전히 불붙듯 하도다 내가 나의 맹렬한 진노를 나타내지 아니하며 내가 다시는 에브라임을 멸하지 아니하리니 이는 내가 하나님이요 사람이 아님이라." 이보다 다정한 말씀이 어디 있었습니까? 12장 9절을 보면, 우레 같은 호통 소리 중에서 이같이 세미한 음성이 들립니다. "네가 애굽 땅에 있을 때부터 나는 네 하나님 여호와니라 내가 너로 다시 장막에 거주하게 하기를 명절날에 하던 것 같게 하리라." 14장은 온통 사랑과 자비의 말씀으로 가득합니다. "이스라엘아 네 하나님 여호와께로 돌아오라 네가 불의함으로 말미암아 엎드러졌느니라 너는 말씀을 가지고 여호와께로 돌아와서 아뢰기를 모든 불의를 제거하시고 선한 바를 받으소서 우리가 수송아지를 대신하여 입술의 열매를 주께 드리리이다"(1-2절). 4절의 은혜로운 말씀을 들어보십시오. "내가 그들의 반역을 고치고 기쁘게 그들을 사랑하리니 나의 진노가 그에게서 떠났음이니라." 이와 같이 기독론적으로 해석할 때 본문은 이 예언의 일반적인 방식과 어긋나지 않습니다. 여기서 이 본문을 만난다는 것은 아주 놀라운 일입니다. 하지만 이것은 호세아 선지자를 통해서 말씀하실 때 성령께서 취하시는 방식을 따르는 것입니다.

이스라엘은 이때 최악의 상태에 이르고 있었습니다. 백성들이 바벨론으로 끌려가고 거기서부터 세상 끝으로 흩어지게 되어 있었습니다. 그렇지만 하나님은 큰 사랑으로 이스라엘 백성들에게 이것이 최종적인 완전한 파멸이 되지 않을 것임을 알려주십니다. 하나님께서는 미리 아신 이 백성을 완전히 버리거나 죽음이 영원히 그들을 속박하게 두려고 하시지 않았습니다. 무덤을 열어 그들을 데리고 나와 여호와를 알게 하려고 하셨습니다. 그러므로 하나님은 전혀 기대할 수 없는 때 이 약속의 말씀을 불쑥 집어넣으십니다.

1. 나는 오늘 아침 먼저 여러분에게 여기서 비유로 사용되는 사실을 생각해 보라고 말씀드립니다.

죽은 자들의 부활이 여기서 하나님이 자기 백성을 위해 하려고 하시는 일에 대한 비유로 사용됩니다. 일찍이 죄로부터 구원하시는 것을 두고 창조라고 불렀습니다. 창조는 하나의 사실입니다. 여기서는 죽은 자들의 부활이 사실입니다. 이것도 때가 되면 반드시 이루어질 것입니다. 우리는 이미 부활의 첫 열매를 받았습니다.

형제 여러분, 그리스도 예수 안에 있는 자들에게는 특별한 부활이 있을 것입니다. "의인과 악인의 부활이 있을" 것입니다(행 24:15). 그러나 그리스도의 몸의 지체들에게는 죽은 자들 가운데서 일어나는 부활이 있습니다. 이들은 땅의 티끌 가운데서 자다가 깨어나 영생을 받을 많은 사람들입니다(단 12:2). 그들은 그리스도의 부활로 말미암아 그리스도와 연합된 사람들이기 때문에 일어나는 것입니다. 그리스도의 부활은 그들도 그의 오시는 날에 부활할 것을 보여주는 증거이자 보증입니다. "그리스도께서 너희 안에 계시면 몸은 죄로 말미암아 죽은 것이나 영은 의로 말미암아 살아 있는 것이니라"(롬 8:10). 영혼만큼이나 진정으로 구속받은 그들의 몸이 비록 이생에서는 본성에 저당잡혀 있어서 고통과 약함을 겪고 마지막에는 죽고 썩음을 당하지만, 그리스도의 보혈로 값 주고 사신 것의 일부이므로 죽은 자들 가운데서 다시 일어날 것입니다. 약한 것으로 심은 것이 강한 것으로 다시 살아날 것입니다(고전 15:43). 죽음과 부패로 인해 치욕으로 뒤덮인 것이 찬란한 모습으로 일어나 그리스도의 영광스러운 몸에 합당하게 될 것입니다. 이것은 꾸며낸 이야기가 아니고 주 예수님의 부활이 그랬듯이 사실입니다. 우리는 구주님께서 이렇게 말씀하시는 것을 듣습니다. "네 오라비가 다시 살아나리라"(요 11:23). 우리는 이 말씀을 문자 그대로 받아들입니다. 우리가 무덤에 뉘였던 사랑하는 사람들이 원수의 땅에서 다시 올 것입니다. 우리 자신에 관해서도 방금 노래했던 그대로 믿습니다.

"내게 달콤한 진리가 있으니
내가 일어나
이 두 눈으로
내 구주를 볼 것이네."

우리는 죽은 자의 부활의 교리를 기독교 신앙의 계시로 받아들입니다. 영혼이 불멸한다는 사실이 우리 주님께서 오시기 전에는 아주 흐릿하게 보였습니다. 죽은 자의 부활은 본성의 빛에 의해 발견할 수 있는 것이 아니었습니다. 이 교리가 처음 전파되었을 때 사람들은 그 교리를 전하는 사람을 "말쟁이"(행 17:18)라고 불렀습니다. 그런 일이 있을 수 있다는 것을 알지 못하였습니다. 인간 본성의 철학은 부활의 교리를 거절하였고, 지금도 거절합니다. 그리스도의 계시에 의해서만 우리는 죽은 자가 다시 일어나리라는 것을 압니다.

이 부활은 구속과 관계가 있습니다. "내가 그들을 스올의 권세에서 속량하리라"(호 13:14). 속량은 어떤 것에 대해 값을 치르는 일입니다. 우리를 위해 치러진 값이 있었습니다. 죄에 대한 응분의 벌인 죽음으로부터 우리를 구원하기 위하여서 치러진 것이었습니다. 여러분은 누가 그 값을 치렀고, 또 어떻게 치렀는지 압니다. 주님께서 어떻게 손을 활짝 펴고 금보다 나은 것을 쏟으셨는지 생각해 보십시오. 어떻게 주님께서 평생토록 쌓은 깊은 부의 보고를 우리를 위해 비우기 위해 옆구리를 창에 찔렸는지 생각해 보십시오. 우리 주 예수께서는 속전을 치르셨습니다. 이제 우리는 "양자 될 것 곧 우리 몸의 속량을 기다리고"(롬 8:23) 있습니다. 본문의 병행 문장에서는 다른 단어가 사용됩니다. "내가 그들을 사망에서 구속하리라." 이 단어는 제일 가까운 친척이 대신 돈을 치르고 기업을 되찾는 것을 가리킵니다. "내가 알기에는 나의 대속자가 살아 계시니라"(욥 19:25)는 것이 욥이 자신의 부활과 칭의에 대해 확신하는 근거입니다. 나의 고엘(goel), 곧 법적으로 속량의 권리를 가지고 있는 가장 가까운 나의 친족이 개입하여 내 몸과 영혼을 모두 온전히 구속하셨습니다. 몸의 속전이 치러져서 이 썩을 것이 썩지 아니함을 입고 이 죽을 것이 죽지 아니함을 입을 것이라는 이것은 얼마나 복된 진리입니까! 몸이 잠시 동안 허무한데 굴복하지만 속전이 미리 치러졌으므로 이 복종의 기간이 곧 만료될 것입니다. 중생이 영혼을 해방시켰으니, 오래지 않아 부활이 몸을 해방시킬 것입니다. "내가 그들을 무덤의 손에서(개역개정은 "스올의 권세에서") 속량하며 사망에서 구속하리라."

사랑하는 여러분, 우리는 말하자면 무덤의 손아귀에 들어갔고, 무덤의 악력은 견고합니다. 그러나 우리 하나님께서는 "내가 그들을 무덤의 손에서 속량하리라"고 말씀하십니다. 무덤이 성도들의 뼈를 마치 철손으로 붙잡는 것처럼 단단히 그러쥡니다. 그러나 우리 주 예수님의 구속이 그 거대한 손을 펴게 해서 죄수들을 풀어주실 것입니다. 부활의 확실한 소망을 인해서 하나님께 영광을 돌립시다! 우리 구주님의 천사들이 "금 나팔을 불" 때는 돌무더기도 진흙더미도 우리 몸을 누르고 있지 못할 것입니다. 사랑하는 여러분, 우리 주 예수께서 오셔서 우리 몸을 오랜 잠에서 깨우실 때는 몸을 계속해서 티끌 속에 붙들어 둘 수 있는 부채가 우리 몸에 하나도 남아 있지 않습니다. 그때는 몸이 자유롭게 일어나 육체가 없지만 행복한 영들과 다시 결합할 것입니다. 우리는 죽은 자들 가운데서 일어나는 부활을 기대합니다. "그 나머지 죽은 자들은 그 천 년이 차기까지 살지 못하더라. 이는 첫째 부활이라 이 첫째 부활에 참여하는 자들은 복이 있고 거룩하도다 둘째 사망이 그들을 다스리는 권세가 없도다"(계 20:5,6).

본문의 말씀에 따를 때, 이것은 전적으로 하나님의 능력으로 이루어지는 일입니다. 그럴 수밖에 없습니다. 죽은 자들이 자신을 살리는데 무슨 기여를 할 수 있겠습니까? 무덤 속에서 이미 분해되어버린 몸이 어떻게 스스로를 재건할 수 있겠습니까? 여러분은 본문에서 하나님이 네 번에 걸쳐 자신의 주장을 내세우는 것을 봅니다. "내가 그들을 속량하리라"(I will redeem them). "내가 그들을 구속하리라"(I will ransom them). "사망아 내가 네 재앙이 되리라"(O death I will be thy plagues, 개역개정은 "사망아 네 재앙이 어디 있느냐"). "무덤아 내가 네 멸망이 되리라"(O grave I will be thy destruction, 개역개정은 "스올아 네 멸망이 어디 있느냐"). 여기서 우리는 네 번에 걸쳐 "내가 하리라"는 말씀을 봅니다. 지으신 분 말고 누가 개조하는 일을 할 수 있습니까? 창조주 하나님께는 모든 일이 가능합니다. 우리는 이 부활의 교리에 대해 제기되는 많은 반론들을 들었습니다. 반론을 제기하는 사람들이 하고 싶은 대로 하도록 내버려두십시오. 다만 우리는 하나님을 인정하도록 합시다. 그러면 어떤 것도 불가능한 일이 없고 심지어 어려운 일도 없습니다. 기적을 행할 수 있는 하나님이 계시면 불가능한 일은 없어집니다. 영원하신 하나님께서 택하신 자의 부활에 관하여 정하는 것은 무엇이든지 즉시 이루실 것입니다. 하나님은 그 일을 하실 능력이 충분하기 때문입니다. 부활이 여호와 하나님께는 참으로 큰 위업이 될 것입니다! 하나님은 그 위업의 특별한 명예를 사랑하는 아들에게 주기를 기뻐하셨습니다. 부활하신 그리스도로 말미암아 우리도 죽은 자들 가운데서 다시 일어날 것입니다. 죽임당한 우리들이 주님께 할렐루야 하고 찬송을 드릴 것입니다. 그리스도께서 죽음으로써 죽음을 멸하셨고, 부활로써 음부의 문을 깨트리셨습니다. 이것이 우리 주님의 하신 일들이고, 그 때문에 우리가 주님을 경배합니다.

그 다음에, 부활로 말미암아 죽음 자체가 바뀌고 완전히 극복되었다는 점을 살펴봅시다. 하나님께서는 마치 죽음이 의인화되고 괴롭힘을 받을 수 있는 것처럼, 즉 역병의 화살에 맞을 수 있는 것처럼 "사망아 내가 네 재앙이 되리라"(개역개정은 "사망아 네 재앙이 어디 있느냐")고 말씀하십니다. 사랑하는 여러분, 죽음은 더 이상 죽이는 일을 하지 못하고 오히려 더 큰 생명으로 나가는 문이 됩니다.

죽음은 더 이상 멸망시키는 일을 하지 못하고 오히려 온전케 하는 일을 합니다. 내 말뜻은 죽음 자체가 그렇게 한다는 것이 아니라 우리 주 예수 그리스도를 통해서 그렇게 한다는 말입니다. 죽음은 신자에게 더 이상 형벌이 아니고 오히려 유형 생활을 끝내게 하는 것입니다. 여러분이 죄 가운데 있으면 죄 가운데서 죽을 것입니다. 여러분에게는 죽음이 정말로 죽음입니다. 그러나 하나님의 자녀에게는 죽음이 완전히 바뀌기 때문에 죽음의 권세를 지닌 자, 곧 마귀는 죽음으로 인해 몹시 짜증을 냅니다. 신자가 기쁘게 죽는 모습을 보는 것이 괴롭습니다. 사람이 죽으면서도 활기찬 모습을 보이는 것은 대단한 일입니다. 죽을 수밖에 없는 사람의 생명의 강은 끝이 나더라도 더 넓어져서 하늘에 있는 영광스러운 생명의 바다로 흘러들어가는 것일 뿐입니다. 사탄은 그동안 자신이 죽음으로써 일으킨 해악을 보고 흡족해하였습니다.

그러나 자, 예수께서는 바로 그 죽음을 통해서 사탄을 멸하셨고, 자기 백성을 구원하셨습니다. 하나님께서는 죽어가는 자기 백성을 저물 때 가장 커지는 해와 같게 만드십니다. 한낮의 모든 영광도 일몰의 장관에 다 가려집니다. 서쪽을 보십시오! 어떻게 구름이 금빛 산을 이루고 이내 하늘이 불바다가 되는지 보십시오. 쉬기 위해 서쪽 바다를 건너 돌아오는 낮의 영웅을 환영하기 위해 하늘의 환영 걸개들이 모두 내걸립니다. 그래서 죽어가는 성도는 또 다른 세상에서 빛나기 위해 이 세상에서 질 때 임종하는 방을 하늘의 광채로 밝힙니다. 이와 같이 하나님은 죽음을 괴롭히시고, 이 괴물을 아주 무력하게 만들어 신자를 해치지 못하게 하고 두렵게 하지도 못하게 만드십니다.

무덤은 멸망하고 맙니다. "무덤아 내가 네 멸망이 되리라"(개역개정은 "스올아 네 멸망이 어디 있느냐"). 무덤은 구속 받은 자들을 단 한 명도 붙들어 두지 못할 것입니다. 무덤은

"더 이상 죽은 자들의 유해를
가두고 있는 납골당이 아니며
파멸과 부패의 장소가 아니네.
가로막고 있는 돌이 굴려져 치워졌으니."

무덤은 우리 주님께서 그 속에 수의를 두고 오심으로써 우리를 위해 친히

마련하신 침실입니다. 무덤은 그 냄새가 너무 향기로워 반할 만큼 좋은 휴게실입니다.

> "거기에 예수님의 사랑스러운 육신이 누워 있었고
> 신성한 향기를 남기셨네."

죽음이여, 너는 죽음이 아니다! 무덤이여, 너는 무덤이 아니다! 이름은 그대로이지만 그 성격이 완전히 변화되었기 때문입니다.

이제 첫 번째 주제를 끝내도록 하겠습니다. 이 부활이 장차 죽음과 죽음의 모든 가능성을 없애버릴 것입니다. 나는 영원한 형벌을 피하기 위해 어떻게 해서든지 "영원"이라는 단어에서 의미를 없애버리려고 한 사람들이 하늘의 영원한 성격에 이의를 제기하였다는 것을 압니다. 그들은 신자가 천국에 도달할지라도 언제까지나 거기에 있을지 확실히 알 수 없다는 말까지 넌지시 하였습니다. 그렇습니다. 이들에게는 안전한 것이 아무것도 없습니다. 그들은 어떻게 해서든지 죄의 형벌을 하찮은 일로 만들기 위해 하나님의 자녀들에게서 모든 언약의 복을 치워버리려고 하였습니다. 자신들이 똑똑하다는 것을 자랑하기 위해 피로 씻음 받은 사람들의 영원한 복을 희생시키려고 하였습니다. 그러나 그렇게 되지 않습니다. 예수께서 이같이 말씀하셨기 때문입니다. "이는 내가 살아 있고 너희도 살아 있겠음이라"(요 14:19). 그리스도께서 살아계시는 한, 우리도 반드시 살 것입니다. 그리스도께서 천국에 계시는 한, 우리도 반드시 그가 계시는 곳에 함께 있으며 그의 영광을 볼 것입니다. 하나님이 하나님이신 한, 하나님의 성품에 참예한 그의 자녀들은 반드시 영원히 살며 영원히 복을 받을 것입니다. 죽은 자들 가운데서 일어나 그리스도의 우편으로 올려졌기 때문에 이후로 우리는 둘째 사망을 두려워하지 않을 것입니다. 해와 달이 나이를 먹음에 따라 희미해지고 땅의 푸른 하늘이 해어진 의복처럼 말려질 때 우리는 하나님 우편의 연수(年數)와 같은 나이, 하나님의 영원과 같은 나이를 누릴 것입니다. 위대하신 이 하나님이 그리스도께서 무덤으로부터 구속하신 모든 영혼에 지극한 복이 될 것이고, 이 복은 끝이 없을 것입니다.

하나님께서 친히 이 사실을 보증하십니다. 여러분은 여기에 빨간 밀랍과 하나님의 도장이 찍힌 것을 보기 원하십니까? 본문의 마지막 부분을 보십시오. "뉘우침이 내 눈 앞에서 숨으리라." 여기서 여호와는 자신의 변경할 수 없는 뜻을 선언하십니다. 그 뜻은 반드시, 그대로 이루어질 것입니다. 하나님의 성도들을 죽은 자들 가운데서 일으키시겠다는 것은 하나님의 변치 않는 뜻입니다. 우리는 이 모든 사실을 기뻐합시다. 우리의 미래는 영광으로 찬란합니다. 이런 일들은 믿음으로 볼 수 있도록 계시되었습니다. 이것은 눈으로 볼 수 없고 마음으로 생각할 수 없으며 상상으로 그릴 수 없는 일들입니다.

"나는 알 수 없네. 알 수 없네. 어떤 기쁨이 우리 앞에 있는지!
참으로 찬란한 영광이여! 비할 데 없는 지극한 복이여!"

그러나 우리 주님께서 일어나셨듯이 우리에게 부활이 있을 것이고, 우리가 깰 때에 주님의 형상으로 만족할 것이라는, 이 사실만큼은 알고 있습니다. 성경에서는 이 부활이 하나님께서 자기 백성을 구원하고 복 주시는 일을 가리키는 비유로 끊임없이 사용됩니다. 특별히 중생을 표시하거나 아니면 본래 허물과 죄로 죽은 자들에게 새로운 영적 생명을 주시는 일을 나타내는 비유로 사용됩니다. 나는 본문의 사상의 맥락에서 부활을 그런 비유로 사용하려고 합니다.

2. 둘째로, 본문 말씀에는 큰 환난에서 구원해 주실 것을 기대하게 만드는 격려가 있습니다.

하나님의 격려는 이런 식으로 옵니다. 자기 백성을 능력으로 죽은 자들 가운데서 확실히 일으키실 하나님께서 온갖 환난과 파멸에서도 틀림없이 구원하실 수 있고 또 구원하시려고 한다는 것입니다. 하나님의 전능하심에서 어떤 것이 더 쉬운 일인지 비교할 수가 있다면, 욥을 무덤에서 일으키는 것보다 그를 거름더미에서 일으키는 것이 더 쉬운 일임에 틀림없습니다. 그러므로 하나님께서 우리를 무덤에서 되살리실 수 있다면 틀림없이 질병과 가난, 비방, 의기소침, 절망에서도 회복시키실 수 있습니다. 누가 그 점을 의심할 수 있겠습니까?

하나님은 우리를 구원하는 일을 기뻐하실 것입니다. 하나님께서 죽은 몸을 일으키길 기뻐하신다면 자기가 기뻐하는 자들을 곤경에서 일으키는 일도 틀림없이 기뻐하실 것입니다. 하나님은 우리가 기뻐하는 것을 좋아하십니다. 하나님은 우리를 일부러 괴롭히시지 않고, 우리에게 복 주시기를 즐거워합니다. 그러므로 우리는 하나님께서 다시 돌이켜 긍휼을 보이며 우리를 파멸에서 일으키실 것이라고 확신할 수 있습니다.

하나님께서 그의 백성들을 괴롭게 하시는 목적과 계획은 매우 은혜롭습니다. 우리는 그 계획들이 이루어지면 하나님께서 고통을 끝내실 것이라고 기대할 수 있습니다. 하나님께서 우리를 용광로에 넣으실 때는 우리를 제련하시기 위함입니다. 그리고 찌꺼기가 태워지자마자 곧바로 순금을 꺼내십니다. 하나님은 우리의 유익을 위하여 우리를 징계하십니다. 그리고 우리가 유익을 얻는 것을 보시면 곧바로 매를 꺾으실 것입니다. 고난이 그의 백성들에게 영구한 이익을 일으켰을 때는, 무덤에서 죽은 몸을 꺼내시는 분께서 고난 받는 그의 백성들을 고난에서 틀림없이 끌어내실 것이라고 믿을 수 있습니다.

이제 본문으로 가서 동일한 근거, 즉 이 구원이 구속을 통해서 온다는 사실을 다시 철저히 조사해 봅시다. 사랑하는 여러분, 모든 죄악에서 이스라엘을 구속하신 하나님은 또한 모든 환난에서도 그들을 구원하실 것입니다. 하나님의 속전은 자기 백성의 모든 필요를 넉넉히 채우고, 이 세상과 천국 사이에서 자기 백성에게 필요한 모든 자비를 넉넉히 제공합니다. 그러므로 여러분이 고난으로 죽을 것 같은 생각이 든다고 해서 의심하거나 낙망하지 마십시오. 여러분의 몸을 죽음에서 구속하실 분께서 여러분을 모든 악에서 구원하실 것이기 때문입니다. 여러분의 몸을 무덤에서 불러내실 분이 여러분이 곧 죽게 생겼을 때라도 고난의 구덩이에서 여러분을 기쁘게 들어 올리실 것입니다. 구속은 모든 것에 효력을 미치고 모든 위험에서 안전하게 지켜줍니다. 여러분을 위해 죽으신 분께서 여러분을 위해 살고 여러분을 돌보시는 것입니다. 여러분에게 은혜와 영광을 공급하실 뿐만 아니라 음식과 의복도 주실 것입니다. "그의 양식은 공급되고 그의 물은 끊어지지 아니하리라"(사 33:16). 주님을 믿으십시오. 특별히 예수님의 구속을 신뢰하십시오. 그리스도의 보혈을 믿고 평안을 얻으십시오. 그리스도께서 여러분의 영혼을 값을 치르고 사셨다면 영혼과 함께 가는 모든 것을 사셨고, 이생뿐 아니라 다음 세상에 필요한 것도 모두 사신 것이기 때문입니다. 우리의 영원한 일들뿐 아니라 이 세상일들도 그 피의 보호를 받는 것입니다. 뿌려진 그 피로 이스라엘 백성이 거하는 집을 보호하신 유월절 양께서 또한 이스라엘 백성에게 여행하는데 필요한 음식이 되셨습니다. 천국을 제공하시는 분께서 천국에 가는 길에 필요한 것도 모두 공급하실 것입니다.

이 구원도 하나님의 일이 될 것입니다. 지금까지 나는 이 구원이 부활에서 하나님의 일이었다는 점을 설명하였습니다. 부활에 있어서 "내가 하리라"는 위대한 말씀이 본문에서 그처럼 두드러지게 나타났습니다. 여러분이 큰 곤경에 처해 있다면 친구나 아는 사람들에게 달려가지 말고 자신의 힘을 의지하지도 말며 죽은 자들을 일으키신 하나님께 곧바로 가십시오. 죽은 자들 가운데 우리 주 예수님을 일으키신 하나님은 여러분을 구원하실 수 있고 또 구원하려고 하시는 분이십니다. 하나님은 사람의 도움이나 천사의 도움 없이 여러분의 죽을 몸을 일으키실 것입니다. 하나님은 피조물의 힘이 전혀 없이도 여러분을 현재의 고통에서 끌어내실 수 있습니다. 하나님은 구원의 하나님이십니다. 죽음에서 구원받는 것은 하나님께 속한 일입니다. 하나님의 이름은 샤다이, 곧 전능하신 하나님이십니다. 하나님을 온전히 신뢰하십시오. 하나님께서 하늘을 지으셨을 때 누가 옆에서 하나님을 도운 사람이 있었습니까? 하나님께서 자기 종들을 구원하실 때 누구의 도움을 필요로 하십니까? 곁에서 하나님을 모시는 것을 배우기만 하십시오! 내가 지금 그냥 말만 하고 있다고 생각하지 마십시오. 그렇지 않습니다. 하나님을 믿는 것은 진짜이고 실제적인 것이 되어야 합니다. 단순하고 순수한 것이 되어야 합니다. "나의 영혼아 잠잠히 하나님만 바라라 무릇 나의 소망이 그로부터 나오는도다"(시 62:5). 하나님의 맨 팔에 기댄다는 것은 참으로 즐거운 일입니다! 나는 오랫동안 하나님을 의지하면서 동시에 많은 친구들의 도움을 의지하여 살았습니다. 그러나 이제는 많은 사람들에게 버림을 받을지라도 흔들림 없이 하나님을 의지한다는 것이 무엇인지 압니다. 나는 하나님의 팔을 굳게 붙들고, 바로 그것이 내게 필요한 도움의 전부라는 것을 압니다. 이제부터는 그 팔만을 믿을 것입니다. 도망간 자들이 모두 돌아오고 수많은 친구들이 내 곁에 모일지라도 나는 조금도 그들을 의지하지 않고 이렇게 외칠 것입니다. "나의 영혼아 잠잠히 하나님만 바라라"(시 62:5). 어둠의 권세들과 싸우시는 저 위대한 영웅께서 홀로 포도주 틀을 밟는 것을 보십시오. 사람들 가운데 그와 함께하는 자가 하나도 없습니다. 우리는 주님과 더불어 또 다른 이를 믿는 일을 하지 맙시다. 여러분이 구원의 반석으로 하나님만을 의지한다면 두려워할 필요가 없습니다. 하나님께서는 이 목적을 위해 우리를 괴롭히시는 일이 종종 있습니다. 그것은 바울 사도가 말하는 바와 같은 것입니다. "우리는 우리 자신이 사형 선고를 받은 줄 알았으니 이는 우리로 자기를 의지하지 말고 오직 죽은 자를 다시 살리시는 하나님만 의지하게 하심이라"(고후 1:9).

하나님께서 자기 백성을 구원하실 때, 하나님의 일은 흠잡을 데 없이 완벽합니다. 하나님께서는 당당하게 악을 선으로 바꾸시기 때문입니다. 현재 우리를 낙망하게 만드는 일이 후에는 우리를 아주 크게 기쁘게 하도록 만드실 것입니다. 우리를 죽이려고 위협한 것이 후에는 우리의 생명을 증진시키는 일이 될 것입니다. 우리 주님께서 그 일에 대해 이같이 말씀하시는 것을 들을 것입니다. "사망아 내가 네 재앙이 되리라. 무덤아 내가 네 멸망이 되리라." 하나님께서 애통을 춤으로, 손실을 이익으로, 슬픔을 기쁨으로 바꾸실 것입니다. 여러분의 곤궁으로 인해 여러분을 부요하게 하실 것입니다. 약한 데서 강하게 만드시고, 병을 통해서 건강을 주실 것이며, 비움으로써 충만하게 채우실 것입니다. 원수가 여러분을 죽이려고 위협합니까? 여러분이 그를 넉넉히 이기게 하실 것입니다. 여러분이 손을 묶인 채 끌려갑니까? 여러분을 사로잡은 자를 사로잡게 될 것입니다. 여러분을 망하게 하려는 사람들은 자기도 모르게 여러분에게 가장 유익한 일을 행하게 될 것입니다. 그들의 악의는 여러분의 방향 주머니를 터트려 향기가 흘러나오게 만들 것입니다. 수치스러운 죽음으로 말미암아 더 큰 영광을 얻으시는 분께서 여러분을 고난을 통해서 더 위대해지게 만들고 도처에서 위로를 얻게 하실 것입니다. 하나님께서는 악의 세력이 여러분을 해치지 못하도록 막으실 뿐만 아니라 또한 여러분이 인내를 통해 악의 제국에 손해를 입히게 하실 것입니다. 여러분을 사탄에게 재앙이 되게 하시고, 그의 요새를 파괴하는 자가 되게 하실 것입니다. 여러분의 희망을 꺾고 땅에 묻어버리는 것처럼 보였던 것이 여러분에게서 두려움을 쫓아낼 것입니다.

하나님께서 이 일을 어찌나 완벽하게 하시는지 여러분이 그 일에 관해 노래하게 만드실 것입니다. 호세아서에서 하나님은 한 가지 사실을 분명하게 밝히셨습니다. 그리고 그 일이 이루어졌을 때 하나님은 널리 알려진 고린도전서에서 자기 종 바울을 통해 말씀하신 그 사실을 택하신 백성들을 위한 노래로 만드셨습니다. "사망아 너의 승리가 어디 있느냐 사망아 네가 쏘는 것이 어디 있느냐"(고전 15:55). 이 시의 정신을 파악하여서 이렇게 바꾸어 봅시다. "가난이여, 네 빈궁함이 어디 있느냐? 병이여, 네 비참함이 어디 있느냐? 약함이여, 너의 실패가 어디 있느냐? 비방이여, 너의 쏘는 것이 어디 있느냐?" 오래지 않아 우리는 지나간 모든 고통들을 돌아보고 기뻐하며, 그 고통들이 우리에게 지극히 큰 복이 된 것을 인하여 하나님께 감사할 것입니다. 병상에서 회복하고 나서 "나를 다시 병상에 뉘여 주옵소서. 내가 병상에서 그리스도와 전에 경험하지 못한 놀라운 교제를 누렸나이다" 하고 외친 저 위대한 성도가 느끼는 것처럼 느낄 수 있습니다. 우리는 스코틀랜드 교회의 어떤 성도들처럼 다음과 같이 말할 수 있습니다. "우리가 다시 한번 황무지와 산들에서 모이면 좋겠습니다. 그리스도의 신부가 은밀한 장소에서 그리스도를 만날 때만큼 신랑과 즐거운 교제를 누린 적이 없었기 때문입니다." 하나님은 우리를 낮은 데로 내던진 것을 사용해서 높이 들어 올리시고, 우리의 음악을 흠뻑 적신 애가에서 현악기를 위한 찬송가를 만들어내는 방법을 아십니다. 부활의 하나님께서는 자기 백성을 구원하셨고, 지금도 구원하시며 앞으로도 구원하실 것입니다.

시간이 부족해서 서둘러야 하겠습니다. 그렇지 않으면 여기서 오래 머물며 좀 더 충분히 설명하였을 것입니다.

3. 여기서 하나님이 자기의 택하신 자들을 죄 가운데 죽는 데서 구원하겠다고 선언하시는 것을 봅시다.

우리 몸을 무덤에서 일으키실 분이 그의 영원한 약속에 따라 자기의 택하신 자들을 죄 가운데 죽는 데서 일으키실 것입니다. 이 일은 틀림없이 이루어질 것입니다. 하나님께서 자기 백성들의 영혼을 죄 가운데 죽는 데서 일으키시지 않는다면 몸의 부활은 복이 아니라 오히려 저주가 될 것입니다. 부활이 중생하지 않은 사람들에게는 결코 은혜가 되지 않을 것입니다. 여러분, 여러분은 모두 무덤에서 일어날 것입니다. 그런데 나는 여러분 가운데 일어나서 영원한 수치와 모욕에 처해지는 사람들이 있을까 두렵습니다. 그것은 내가 조금 전에 다니엘서에서 인용한 두려운 구절이 말하는 바입니다. 그러므로 하나님은 자기 백성이 일어나 영원한 수치와 모욕에 처해지도록 하시지 않을 것이므로 그들이 먼저 일어나 새롭게 거룩한 생활을 하게 만드실 것입니다. 여러분이 이후에 그리스도의 영광에 참예할 자가 된다면 중생하는 일이 반드시 여러분에게 일어날 것입니다. 비록 여러분이 허물과 죄로 죽었을지라도 반드시 살아날 것입니다. 이 사실을 생각할 때 각 사람에게 이 질문을 던지게 됩니다. 여러분은 이 하나님의 생명을 받았습니까?

여러분이 정말로 하나님을 위하여 살아나게 되었다면 이 부활이 순전히 구속으로 말미암아 우리에게 일어난다는 내 말에 동의할 것입니다. 여기서 말하는 과정을 거치지 않고서는 죽은 영혼이 살아나는 일은 없습니다. "내가 그들을 스올의 권세에서 속량하며 사망에서 구속하리라." 여러분이 하나님의 법을 들었을 때, 그 법이 여러분을 살렸습니까? 아니요, 오히려 여러분을 죽였습니다. "계명이 이르매 죄는 살아나고 나는 죽었도다"(롬 7:9). 하나님의 법이 여러분에게 생명은 전혀 주지 않고 죽음만 더 확실하게 만들었습니다. 사람들의 웅변이나 설득이 여러분을 영적 죽음에서 일으킨 적이 있습니까? 여러분이 사람들의 말에 귀를 기울이고 듣고, 또 들었지만 아무 소용이 없었습니다. 사람들의 애정에 감동받았지만, 그 애정은 아침 안개처럼 사라졌습니다. 사랑하는 여러분, 여러분이 구속자이신 그리스도 예수를 영접하였을 때는 오직 생명만 여러분에게 왔습니다. 내가 처음으로 그리스도를 바라보고 살아났던 때가 생생하게 떠오릅니다! 그리스도를 보는 것과 생명이 함께 왔습니다. 생명이신 분을 믿는 것을 떠나서 영생을 얻는 길은 없습니다. 예수님을 바라보지 않고서는 생명을 얻을 수 없습니다. 여러분은 눈을 들어 자기 백성을 구속하기 위해 십자가에 달린, 높이 들린 구주님을 바라보아야 합니다. 생명은 그리스도의 구속의 죽음을 통해서만 우리에게 옵니다. 그리스도는 생명이십니다. 여러분이 스스로 생명을 만들어낼 수 없습니다. 주님의 귀한 상처로 다시 오지 않고서는 생명을 새롭게 할 수도 없습니다. 우리가 골고다에서 항상 살 수 있으면 좋겠습니다! 우리가 다시는 십자가에서 눈을 돌리지 않았으면 좋겠습니다! 그리스도와 영원히 연합되었다는 것을 결코 잊지 않도록 나를 그리스도와 함께 십자가에 못 박아 주십시오. 그리스도 안에서 우리는 죄에 대하여 죽었고, 죽음과 저주로부터 구속받았으며, 영원히 삽니다. 우리가 영적인 죽음으로부터 부활한 것은 일찍이 죄 사함을 위하여 많은 사람에게 뿌려진 그리스도의 보혈과 언제나 관계가 있습니다.

여러분은 이 점에서도 내 말에 동의할 것입니다. 즉, 살리는 것은 언제나 하나님의 일이라는 것입니다. 하나님은 본문에서 네 번에 걸쳐 말씀하신 "내가 하리라"는 말을 여기에서도 반복하실 수 있습니다. 우리가 부활을 전적으로 하나님의 일이라고 말하였는데, 그와 같이 영적 생명을 심는 일도 오직 성령님만이 하실 수 있는 일임에 틀림없습니다. 우리가 스스로 하나님께 대하여 살게 할 수 있거나 회심하지 않은 친구들을 살릴 수 있다는 생각은 꿈에도 하지 맙시다. 여러분이 지극히 단순한 곤충도 만들 수 없는데, 어떻게 새로운 마음과 정직한 영을 만들 수 있겠습니까? 이것은 하나님의 권능에 속한 일입니다. 아니, "여호와의 팔이 누구에게 나타났느냐?"(사 53:1)고 기록된 대로 하나님의 전능하심이 필요한 일입니다. 사람의 영혼 속에 믿음의 생명을 낳는 것은 하나님의 충만한 능력이 필요한 일입니다.

그 다음에, 본문에서 보는 대로 중생과 부활을 나란히 놓고서, 하나님이 자신의 사랑하는 자들을 죽은 자들 가운데서 일으켜 살게 하실 때마다 그것은 죽음에게 큰 재앙이 된다는 사실을 눈여겨봅시다. 죽음의 권세를 지닌 자는 죽은 죄인이 하나님을 위하여 살기 시작하는 것을 볼 때마다 틀림없이 몹시 괴로워할 것입니다. 그는 이렇게 말할 것입니다. "나는 그가 살아날 것이라고 생각하지 않았어. 그를 술취함의 수의(壽衣)로 돌돌 말았고, 무지라는 어두운 무덤 속에 집어넣었는데, 그가 살아났어!" 또 이렇게 말할 것입니다. "나는 저 방탕한 친구가 살아날 것이라고 생각하지 않았어. 그가 방탕한 생활로 망가지는 것을 보았어. 그는 너무 정욕에 사로잡혀 있어서 친구들에게 버림을 받았어. 그런데 나의 큰 원수인 예수 그리스도가 여기 와서 저 타락한 자마저도 살려냈어!" 이 원수는 거듭거듭 그리스도께서 자기의 재앙이 되고, 자신의 파멸이 되리라는 것을 느끼지 않을 수 없습니다. 예수께서 사람들을 죽은 가운데서 일으키실 때, 누가 주(主)이신지 보여주며 그 원수에게 그의 통치가 곧 무너지리라는 것을 알게 하십니다. 주님께서 땅에 계실 때 공생애 내내 말씀으로 마귀와 죽음을 이기셨듯이 지금도 그러하시며, 그로 인해 주님의 이름이 크게 영광을 받습니다.

살아난 자들이 그리스도의 값없는 은혜와 간절한 사랑에 대해 큰 소리로 이야기하기 시작하면, 그것이 사람들의 원수에게 얼마나 큰 괴로움을 끼치는 일이 되겠습니까? 시커먼 죄인들이 어린 양의 피로 씻음 받았음을 보여줄 때, 한때 욕을 퍼붓던 입이 할렐루야를 부르기 시작하고, 불신앙을 얘기하던 입이 참된 믿음의 증언을 선포하기 시작할 때, 어 어둠의 임금이 얼마나 괴로워하겠습니까! 죄의 무덤이 무섭게 파괴된 것입니다! 저 시인이 이렇게 노래하는 것은 아주 옳은 말입니다.

"사탄이 자신의 손실을 보고 격노하며
십자가의 교리를 미워하는구나."

일찍이 한번 이루어진 이 일은 영원히 지속되는 일입니다. 나는 지금 본문의 끝에 있는 보증을 다시 언급하는 것입니다. "뉘우침이 내 눈 앞에서 숨으리라." 하나님은 그의 백성들을 살게 하겠다고 결심하십니다. 하나님께서 그들을 구속하셨고, 그의 속전은 너무도 귀해서 그냥 낭비되도록 할 수 없기 때문입니다. 하나님은 그들을 몸값을 치르고 무덤에서 되찾아 오셨습니다. 그래서 그들은 이전에 갇혀 지내던 그 무서운 감옥으로 다시 돌아가지 않을 것입니다. 그들은 살아서 사탄을 괴롭게 하고, 살다가 그에게 먹히는 일은 없을 것입니다. 주께서 행하신 일을 사탄이 죄와 죽음과 지옥으로써 망쳐버리지 못할 것입니다. 하나님께서 자신의 계획을 후회하거나 마음의 뜻을 돌이키시게 만들 것은 아무것도 없습니다. 예수께서는 손을 들고 이렇게 말씀하십니다. "내가 그들에게 영생을 주노니 영원히 멸망하지 아니할 것이요 또 그들을 내 손에서 빼앗을 자가 없느니라"(요 10:28). 사람의 일은 피상적인 것이어서 이내 사라집니다. 자연이 잣는 모든 것을 또한 자연이 풀어버립니다. 인간의 열띤 감정으로 짜인 모든 것은 시간과 시련이라는 손에 의해 갈기갈기 찢길 것입니다. 그러나 내가 확실히 아는 것은 하나님께서 계획하신 일을 영원히 행하시고, 그 일은 변함없이 굳게 선다는 것입니다. 하나님께서 오늘 아침 오셔서 죽은 영혼들을 살리시기를 바랍니다! 여러분, 그 일이 일어나도록 기도하십시오! 하나님은 원하시는 대로 행하실 것입니다. 하나님께서 "내가 불쌍히 여길 자를 불쌍히 여기리라"(롬 9:15)고 말씀하시지 않습니까? 하나님께서 이 시간 이 많은 회중을 불쌍히 여기시고 이들에게 생명을 주시기 바랍니다! 조금 전에 우리 가운데 한 자매가 경련을 일으켰을 때, 우리는 인간의 약함에서 나오는 외침을 들었습니다. 우리 주님께서도 그 소리를 들으시고 몸의 약함을 불쌍히 여기셨으리라고 믿어 의심치 않습니다. 하물며 하나님께서 우리의 영적 필요에서 나오는 외침을 듣고 죄로 죽은 우리를 얼마나 더 불쌍히 여기시겠습니까!

이제 시간이 얼마 남지 않았는데, 다음의 점을 말씀드리는데 그 시간을 사용하겠습니다.

4. 여기서 우리는 하나님이 이 밖의 어떤 형태의 죽음에서도 구원하실 수 있다는 확신을 봅니다.

나는 이제 여러분에게 두어 가지 문제를 아주 간단히 생각해 보라고 말씀드립니다. 유대인들, 조직된 민족으로서 그들은 죽었습니다. 그들은 온 하늘 아래 뿔뿔이 흩어졌습니다. 에스겔서에 나오는 대로 정말로 그들은 "우리의 뼈들이 말랐고 우리의 소망이 없어졌으니 우리는 다 멸절되었나이다"(겔 37:11)고 말할 만하였습니다. 우리는 민족의 역사에서 어떤 민족이 멸절되었다가 다시 살아난 예를 보지 못합니다. 아시리아, 바벨론, 이 민족들은 전성기를 누렸다가 쇠퇴하여 사라졌습니다. 그들이 지금 어디에 있습니까? 이 제국들이 다시 살아날 수 있습니까? 페르시아, 그리스, 로마, 이 광대한 제국들이 도덕적으로 죽었고, 그러자 더 이상 살아있는 권세로 지속하지 못하였습니다. 이 제국들이 다시 살아날 수 있습니까? 불가능한 일입니다. 그러나 이스라엘의 하나님이 살아계시기 때문에 이스라엘은 결코 죽을 수 없습니다. 이스라엘은 머지않아 민족으로, 영광스러운 민족으로 일어날 것입니다. 자기 땅으로 돌아가서 "주의 백성 이스라엘의 영광"이신(눅 2:32) 메시야를 기뻐할 것입니다. 주께서 자기 백성을 버리시지 않았음이 드러날 것입니다. 그것은 불가능한 일처럼 보입니다. 우리의 임무들은 대부분 실패입니다. 너무도 보잘것없는 성공을 거두기 때문에 그 일들이 불신자들에게 비웃음을 당합니다. 그런데 이스라엘이 모두 구원을 받을 것입니다. 그들이 회복되는 것이 죽은 자들 가운데서 살아나는 것과 같지 않겠습니까? 그럴 것입니다. 죽은 자들 가운데서 살아나는 것과 같을 것이기 때문에 죽은 몸을 일으키실 분이 머지않아 불쌍한 이스라엘을 일으키실 것입니다. 하나님께서 이삭을 죽은 데서 일으키실 수 있다고 믿은 신실한 아브라함의 후손들이 그들의 낮은 상태에서 일으킴을 받을 것입니다. 그들은 옛적에 그들을 하나님의 계시를 맡은 자로 삼으신 분께 제사장 나라가 될 것입니다. 아브라함의 후손을 사랑하는 이들이여, 그들에 관하여 위로를 받기 바랍니다.

그 다음에 교회 전체가 쇠퇴하여 영적 죽음에 이를 것이라고 생각해 봅시다. 나는 지금 교회가 바로 그런 상태에 있다고 믿습니다. 그때에는 어떻게 됩니까? 지금 아주 분명하게 보이는 잘못들은 더 큰 악의 시작에 불과할 수 있습니다. 어떤 형제들은 예수회 수사들이 우리를 망하게 할 것이라고 예언하고 있고, 그런가 하면 합리주의가 교회의 심장을 먹어치울 것이라고 예언하는 사람들이 있습니다. 나는 이 두 예언자 집단이 오히려 자신들에 대해서 해야 할 말이 많다고 생각합니다. 시대의 징조가 그들에게서 많이 보입니다. 우리의 모든 교회들에 잘못된 생각이 만연하게 된다고 생각해 보십시오. 복음을 증거하는 사람들의 수가 점점 더 줄어들고 그들의 목소리가 갈수록 더 존중을 받지 못한다고 생각해 보십시오. 마침내 그리스도의 참된 교회는 거의 찾아볼 수 없게 되고, 사람들이 그리스도의 교회를 땅에 묻고 무덤 위에서 춤을 추며 이렇게 말한다고 생각해 보십시오. "우리가 구속을 믿는 이 신자들을 처치했다. 골치 아픈 복음 교리들을 처치했다." 그러면 어떻게 됩니까? 진리가 다시 일어날 것입니다. 영원한 복음이 무덤을 깨트리고 나올 것입니다. "파수꾼도, 돌도, 봉인도 헛됩니다." 죽은 자들을 일으키실 하나님께서 매장당한 진리를 일으키시고, 세상이 교리와 교회가 모두 죽었다고 크게 기뻐할지라도 살아 있는 교회에 진리를 다시 일으키실 것이라는 사실에서 우리는 위로를 얻읍시다.

어쩌면 지방에서 올라온 분들 가운데는 죽음의 문에 가까이 간 교회들에 우연히 가입한 분들이 있을 수 있습니다. 교회 전체에 해당되는 사실이 어떤 개교회에도 해당이 됩니다. 하나님을 믿으십시오. 하나님은 꺼져가는 등불을 손질하여 살리실 수 있습니다. 주님은 입에서 토해낸 라오디게아 교회에도 오셔서 문을 두드리십니다. 사람들은 예배당 문을 닫는 것에 관해 이야기합니다. 예배당 문을 닫게 되었습니까? 기도회를 그만 둡니까? 여러분은 복음을 전하는 그 즐거운 소리를 거의 잊어버렸습니까? 주일학교는 시시한 것이 되어버렸습니까? 모든 것이 죽은 것처럼 보입니까? 살아계신 하나님께 부르짖으십시오. 속으로 "이 뼈들이 능히 살 수 있겠는가?"(겔 37:3) 하고 말하지 마십시오. 살아계신 하나님이 개입하시면 이 뼈들이 살아날 수 있습니다. 에스겔에게 마른 뼈들이 일어나 큰 군대를 이루는 것을 보게 하신 하나님께서 머지않아 여러분에게도 그 광경을 보게 하실 수 있습니다. 확신을 가지십시오. 시온에 대해 소망을 품으십시오. 하나님께서 여러분의 부르짖음에 응답하여 시온을 회복하실 것입니다. 시온의 돌들을 즐거워하고 시온의 티끌을 소중히 여기십시오. 시온에 은혜를 베풀 때가, 곧 정한 때가 이르렀기 때문입니다. "여호와께서 시온을 건설하시고 그의 영광 중에 나타나셨음이라"(시 102:16).

지금 이 설교를 듣고 있는 사람들 가운데 "나는 이 모든 것을 믿을 수 있어. 하지만 슬프게도 내 자신은 죽은 것 같아"라고 말하는 하나님의 자녀들이 있다고 생각해 봅시다. 우리는 때로 용기를 잃고 두려움에 가득 차서 부르짖습니다. "주께서 영원히 버리실까? 다시는 은혜를 베풀지 아니하실까?"(77:7). 우리는 자신이 정말로 하나님을 사랑한다고 믿습니다. 하지만 때로는 마음이 매우 침울해져서 이렇게 소리치기도 합니다.

"사랑하는 주님, 우리가 언제까지나 이렇게
곧 죽을 것처럼 형편없이 살아야 하겠습니까?
주님은 우리에게 그처럼 크신 분인데
주님께 대한 우리의 사랑은 그처럼 약하고 차가워야 하겠습니까?"

우리는 도무지 기도할 수 없을 것처럼 느끼고, 속에서 아무 찬송도 나오지 않는 때가 있습니다. 때로 자신이 너무 멍청하고 어리석어서 과연 주님께 빛을 받은 사람인가 의심하지 않을 수 없습니다. 때로 자신을 생각하면 "나는 다른 사람에게 비하면 짐승이라"(잠 30:2)고 말하지 않을 수 없습니다. 우리의 형편이 그렇다고 할지라도 감정이 변한다고 해서 믿음이 흔들리지 않도록 합시다. 마음이 우울할 때는 주님께서 장차 여러분의 죽은 몸을 일으키듯이 기운을 잃은 여러분의 마음도 틀림없이 소생시키실 것이라는 점을 기억하시기 바랍니다. 주님께서 여러분의 영혼을 회복시키실 것을 믿으십시오.

나는 바로 오늘 아침이 여러분에게 부활의 아침이 되도록 정해졌기를 바랍니다. 여러분이 이 기도의 집을 떠나기 전에 복음의 나팔 소리가 여러분에게 부활의 나팔 소리처럼 들리고, 그래서 속으로 '내가 하나님께 대하여 살았으니 이제 무덤을 떠나겠다'고 말하게 되기를 바랍니다. 하나님의 은혜로 말미암아 지하 납골당을 떠나 신뢰와 감사의 하늘로 올라오십시오. 어떤 사람이 깨어보니 자신이 눈 속에 파묻혀 있는데 발이 얼어서 움직일 수가 없고 손도 추위로 뻣뻣해져서 움직일 수가 없는 것을 알고 공포에 사로잡혔습니다. 그것이 끝이었다면, 그는 틀림없이 죽을 것으로 알고 포기해버렸을 것입니다. 그런데 자신이 말을 할 수 있다는 것을 알았습니다. 여기에 희망이 있었습니다. 그의 혀가 얼지 않았고, 그래서 큰 소리로 외치기 시작했습니다. 그가 외친 지 얼마 되지 않아 구조자들이 와서 그를 눈구덩이에서 파내고 몸을 녹여 다시 살려냈습니다. 친구 여러분, 여러분이 달리 아무것도 할 수 없다면 큰 소리로 외치십시오. "하나님이여, 도와주소서! 주여, 나를 살려주소서!" 하고 부르짖으십시오.

여러분 가운데 이렇게 말할 분이 있습니까? "글쎄, 나는 한 번도 그렇게 불쌍한 처지에 떨어진 적은 없어. 나는 항상 팔팔해." 그것이 사실이라면, 그런 말을 듣게 되어 매우 기쁩니다. 하지만 나는 성 바울 성당에 있는 조각상들은 류머티즘으로 고생하지 않는다는 말을 들었는데, 그것들은 생명이 없기 때문이라는 말을 들었습니다. 그와 같이 여러분이 아무 변화도 없고 두려움도 없는 것은 여러분에게 영적 생명이 없기 때문일 수도 있다는 두려움이 있습니다. 그것이 그런지 아닌지는 하나님이 아십니다. 그렇게 되지 않도록 조심하십시오. 나는 고통이 없이 조각상이 되느니 차라리 류머티즘을 앓더라도 살아있고 싶습니다. 아무리 고통스러운 삶이라도 아무 움직임이 없는 죽음보다 낫습니다. 곧 죽어가는 하나님의 성도들이여, 기운을 잃고 죽어가는 불쌍한 신자들이여, 오늘 아침 소망을 가지십시오. 예수께서 "나를 믿는 자는 죽어도 살리라"(요 11:25)고 말씀하시듯이 성령께서 여러분을 살리실 것이기 때문입니다.

끝으로, 회심하지 않은 친구들에 대해서도 같은 소망을 가집시다. 우리는 그들이 특별 집회를 갖는 이 주간 동안에 거듭나는 것을 보고 싶습니다. 우리는 그들이 어떤 사람들인지, 그들의 상태가 어떤 것인지부터 알도록 합시다. "나는 우리 애가 그리 악하지 않기 때문에 구원받을 거야"라고 말하지 마십시오. 여러분의 아이는 다른 집의 아이처럼 본래 영적으로 죽어 있습니다. "육으로 난 것은 육이요"(3:6). 여러분의 육신은 아무리 좋게 보여도 육신일 뿐이고, 육신에서는 육신만 나왔을 뿐입니다. 나는 여러분에게 죄 가운데 죽어 있으므로 하나님께로 나지 않은 모든 사람을 주목해서 보라고 부탁합니다. 그렇게 하지 않으면 여러분은 일의 진상을 보지 못하고 바른 길로 가서 일하지도 못할 것입니다.

그 다음에, 생명을 주시는 하나님께 가서 말씀드리십시오. "주여, 나는 이 아이를 살릴 수 없습니다. 믿지 않는 남편을 주님께 데려올 수 없습니다. 가르치는 일이든지 설득하는 일이든지 모범을 보이는 일이든지, 할 수 있는 일은 다 하겠습니다. 하지만, 주여, 주께서 하나님의 생명의 불꽃을 주시기를 바랍니다." 죽은 영혼들을 위하여 간절한 마음으로 하나님께 가서 "주여, 저들을 살려주소서!" 하고 외치십시오. 하나님의 생명을 전달하는 수단인 복음을 성령님을 의지하여 전하십시오. 그러면 죽은 영혼들이 살아나는 것을 볼 것입니다. 여러분이 마음에 품고 있는 사람들에 대하여 믿음을 가지십시오. 하나님께서 여러분의 믿음에 신속하고 충만하게 보답하여 주시기를 바랍니다! 아멘.

제
15
장

고아의 아버지

"이는 고아가 주로 말미암아 긍휼을 얻음이니이다." - 호 14:3

이스라엘의 하나님 여호와, 곧 홀로 살아계시고 참되신 하나님은 이 점을 성품의 특징으로 지니십니다. 즉, 고아가 하나님에게서 긍휼을 얻는다는 것입니다. "그의 거룩한 처소에 계신 하나님은 고아의 아버지시며 과부의 재판장이시라"(시 68:5). 이교도들의 거짓 신들은 보통 그들이 지녔다고 하는 어떤 능력이나 교활함으로 유명하고, 심지어는 악함이나 거짓말, 음탕함, 잔인함으로 유명합니다. 그러나 하늘을 지으신 우리 하나님은 지극히 거룩하신 분입니다. 그는 거룩한 하나님이고, 또한 사랑이 충만한 분이십니다. 실로 사랑은 하나님의 이름이고 성품일 뿐만 아니라 하나님의 본성이기도 합니다. 이는 "하나님은 사랑이시기"(요일 4:8) 때문입니다. 하나님의 사랑을 나타내는 행동들 가운데는 이것이 있습니다. 즉, 하나님은 공의로운 일을 행하시고 억압당하는 모든 자를 위하여 심판을 행하시며(시 103:6), 특별히 고아와 과부처럼 무방비 상태에 있는 자들을 날개 아래 보호하신다는 것입니다.

여러분이 이 주제를 성경에서 찾아보면 매우 두드러지게 나타난다는 것을 알 수 있습니다. 우리는 이 점을 율법을 주신 직후에 봅니다. 출애굽기 20장에 율법이 나옵니다. 그리고 22장에 율법에 바로 뒤이어서 고아에 관한 하나님의 말씀이 나옵니다. 여호와의 말씀을 들어보십시오. 그 말씀은 매우 강력합니다. 그 말씀에는 우레 같은 소리가 들립니다. "너는 과부나 고아를 해롭게 하지 말라 네가 만일 그들을 해롭게 하므로 그들이 내게 부르짖으면 내가 반드시 그 부르짖음을 들으리라 나의 노가 맹렬하므로 내가 칼로 너희를 죽이리니 너희의 아내는 과부가 되고 너희 자녀는 고아가 되리라"(22:22-24). 이것이 시내산에서 십계명을 말씀하신 여호와의 말씀입니다. 고아와 과부의 복지를 우리 하나님이 얼마나 깊이 생각하시는지 보십시오.

하나님은 신명기에서 두 번째로 율법을 주셨습니다. 신명기 10장 17절을 보면, 이와 같은 법규가 나옵니다. "너희의 하나님 여호와는 신 가운데 신이시며 주 가운데 주시요 크고 능하시며 두려우신 하나님이시라 사람을 외모로 보지 아니하시며 뇌물을 받지 아니하시고 고아와 과부를 위하여 정의를 행하시며 나그네를 사랑하여 그에게 떡과 옷을 주시느니라." 이상의 말씀들이 고아의 복지가 하나님의 마음에 아주 가까이 있는 문제라는 사실을 보여주는 강력하고 인상적인 두 가지 증거입니다.

고아들을 위한 율법이 만들어졌고, 다른 법들 가운데는 십일조의 법령이 있었습니다. 나는 십일조에 대한 신성한 권리를 주장하는 놀라운 진술들을 본 적이 있습니다. 어떤 사람들의 마음속에는 하나님께서 십일조를 레위인에게 주셨다면 틀림없이 감독제 교회의 목사들에게 주셨을 것이라는 생각이 확고히 자리잡고 있는 것 같습니다. 나로서 이것은 성경에서 찾아볼 수 없는 추론입니다. 사람들이 그렇게 생각한다면, 나도 그 사람들 못지않게 하나님께서 십일조를 침례교회 목사들에게 주셨다는 추론을 얼마든지 이끌어낼 수 있을 것입니다. 물론 이것이 저들의 생각만큼이나 불합리한 추론인 것은 틀림없는 사실입니다. 강제로 십일조를 받기 위해 자신을 제사장이나 레위인으로 주장하는 이 생각은 너무도 혐오스러워서 잠시도 마음에 품을 수 없습니다.

나는 그동안 십일조에 대한 신성한 권리를 주장하는 말을 종종 들었지만, 정작 하나님께서 율법 시대에 십일조를 주도록 정하신 사람들에게 제공해야 한다고 주장하는 소리는 들어본 적이 없습니다. 여러분이 가서 성경을 보면, 그 땅의 모든 소산의 십일조를 레위인과 나그네와 고아와 과부에게 주도록 되어 있었다는 사실을 발견할 것입니다. 십일조에 대한 신성한 권리가 있다고 한다면, 십일조가 거두어져서 적당히 분배해야 할 때마다, 그것은 반드시 고아와 과부에게 주어야 할 것입니다. 우리가 십일조의 일부를 레위인에게 주어야 한다는 것에 동의할지라도, 현재는 레위인이 누구인지 모르기 때문에 레위인이 나타날 때까지 그의 몫을 소유자 미정으로 남겨둘 수 있습니다. 그러나 고아와 과부는 지금도 우리 가운데 있고, 가난한 사람들은 이 땅에서 사라지지 않을 것입니다. 그리고 십일조의 법규는 레위 지파에게 해당되는 것만큼 이들에게도 해당되므로 그들에게 그들 몫의 십일조를 주어야 합니다. 레위 지파는 어떤 권리들이 있었습니다. 다른 지파들은 각각 기업이 있었지만 레위 지파는 기업이 없었고, 그래서 십일조의 일부와 거할 성읍들을 몫으로 받았습니다. 신명기 14장 29절을 읽어보십시오. "너희 중에 분깃이나 기업이 없는 레위인과 네 성중에 거류하는 객과 및 고아와 과부들이 와서 먹고 배부르게 하라 그리하면 네 하나님 여호와께서 네 손으로 하는 범사에 네게 복을 주시리라."

나는 감독과 교회의 성직자들이 비국교도 목사들보다 세상에서 받을 자기의 유산들을 조금이라도 더 포기했다고 생각하지 않습니다. 그래서 그들이 레위인의 주장을 할 수 있다고 보지 않습니다. 하지만 고아와 과부들의 권리는 분명히 있다고 봅니다. 그래서 나는 십일조가 정말로 누군가의 것이라고 한다면 그들이 분명한 그들의 몫을 받을 수 있는 날이 오기를 기도합니다.

고아와 과부를 위해 제정된 또 다른 법령이 있었습니다. 즉, 사람들이 수확물을 거둘 때, 곡식 단을 빠트린 것이 있을지라도 다시 가서 가져오지 말고 고아와 과부를 위해 버려두도록 했던 것입니다. "네가 밭에서 곡식을 벨 때에 그 한 뭇을 밭에 잊어버렸거든 다시 가서 가져오지 말고 나그네와 고아와 과부를 위하여 남겨두라 그리하면 네 하나님 여호와께서 네 손으로 하는 모든 일에 복을 내리시리라"(신 24:19). 곡식을 거둘 때 밭을 갈퀴로 긁어모으지 않고 떨어진 것은 모두 고아와 과부들을 위해 버려두어야 했습니다. 포도를 딸 때는 한 번 거두고 나서 다시 포도송이를 따지 말고 고아와 과부들이 먹게 내버려두라고 특별히 명령하셨습니다. "네가 네 감람나무를 떤 후에 그 가지를 다시 살피지 말고 그 남은 것은 객과 고아와 과부를 위하여 남겨두라"(신 24:20).

여호와께서 이스라엘의 왕이셨을 때는 하나님의 통치에서 아무도 무시되지 않았습니다. 고아와 과부 그리고 어쩌다 이스라엘 경내에 들어오게 된 불쌍한 나그네, 이 두 계층은 계속해서 특별히 언급되었습니다. "너희는 이방 나그네에게 친절히 대하라. 너희도 애굽 땅에서 나그네였고 그래서 나그네의 심정을 알기 때문이다."

나는 여러분에게 이 점에 특별히 유의하고, 성경을 보고서 하나님께서 얼마나 거듭거듭 자기 백성들에게 고아와 과부를 돌보라고 명령하시는지 주의하라고 말씀드립니다. 욥, 곧 하나님께서 인정하신 그 의인은 자신이 고아와 과부를 잊어버렸다는 고발에 대해 자기는 그 점에서 잘못이 없다고 주장하였습니다. 신약에서는 그 점이 어떻게 기록되었는지 여러분은 압니다. "하나님 아버지 앞에서 정결하고 더러움이 없는 경건은 곧 고아와 과부를 그 환난 중에 돌보고 또 자기를 지켜 세속에 물들지 아니하는 그것이니라"(약 1:27).

그렇다면 하나님, 곧 이스라엘의 하나님은 고아들에게 자비를 베푸시는 분이라는 사실이 확실합니다. 그러니 우리도 고아들을 돌봅시다. "사랑을 받는 자녀 같이 여러분은 하나님을 본받는 자가 되고"(엡 5:1), 하나님께서 특별히 돌보시는 자들을 자비의 대상으로 삼으십시오.

그러나 이것이 이 시간 내가 다룰 주제는 아닙니다. 나는 여러분이 고아처럼 하나님께 와서 하나님의 보호를 받음으로써 여러분 자신이 하나님의 자비의 대상이 되고, 그래서 고아와 같은 여러분이 하나님의 손에서 자비를 얻을 수 있기를 바랍니다. 우리가 슬프고 괴로우며 몹시 궁핍하고 온갖 시련을 겪고 있다면 용기를 내어 하나님께 갑시다. 고아들이 하나님에게서 자비를 얻기 때문입니다.

첫째로, 여기에는 격려의 말씀이 있습니다. 둘째는 할 일에 대한 격려가 있으며, 셋째는 기대할 것에 대한 격려가 있습니다.

1. 첫째로, 여기에 격려의 말씀이 있습니다.

궁핍한 사람들이 아니면 찾아낼 수 없겠지만, 여기에 격려의 말씀이 있습니다. 여기서 "고아가 하나님에게서 긍휼을 얻음이니이다"라고 말한 사람들이 바로 불의 때문에 엎드러진 자들이고, 여호와께로 돌아오라고 명령을 받고서 "모든 불의를 제거하시고 선한 바를 받으소서"(호 14:2)라고 말한 자들입니다. 그들은 자기 과신을 모두 버리고 "우리가 앗수르의 구원을 의지하지 아니하며 말을 타지 아니하며 다시는 우리의 손으로 만든 것을 향하여 너희는 우리의 신이라 하지 아니하리라"고 외친 백성이었습니다. 그들은 성령께서 역사하셔서 교만을 벗겨내고 죄를 깨닫게 하신 사람들이었습니다. 그렇다면 그들은 고아들이 하나님에게서 자비를 얻는다는 이 귀한 사실을 발견한 것입니다. 눈물은 눈을 깨끗하게 하는 좋은 것입니다. 자기 죄를 보지 못하는 사람은 하나님의 자비를 보지 못하였습니다. 다윗이 시편 51편에서 자신의 큰 죄를 슬퍼하였던 때만큼 하나님의 인자와 자비를 잘 노래한 적은 없습니다. 상심한 죄인은 하나님의 성품에서 자애로운 면들을 찾아내는 본능 같은 것이 있습니다. 자기만족에 빠져 있고 자기 상태의 진실을 모르는 불신자는 종종 하나님을 엄한 사람으로, 곧 심지 않은 데서 거두고 뿌리지 않은 데서 모으는 사람으로 비유합니다. 그러나 일단 그런 사람이 자신의 죄를 알고 슬퍼하도록 해 보십시오. 그러면 그는 하나님에게서 자비를 찾으려고 눈을 부릅뜨고 하나님을 볼 것입니다. 그리고 하나님께서 고아들에게 자비하신 분이라는 사실을 알고 기뻐할 것입니다. 이 사실이 그에게 희망의 원천이 됩니다.

이 자리에 죄 때문에 시달리는 죄인이 있습니까? 여러분은 지금 낙담하며 절망하고 있습니까? 여기에 여러분을 위한 자비는 있을 수 없다고 느꼈습니까? 이 말씀을 붙잡으십시오. "고아가 하나님에게서 자비를 얻음이니이다." 하나님은 자비하신 하나님이십니다. 하나님은 자애롭고 친절하며 인정이 많으십니다. 하나님은 무력하고 가망 없는 자들을 돌보십니다. 하나님은 버림받은 자들의 보호자이십니다. 친구가 없는 과부, 보호자가 없는 고아, 이들이 하나님의 관심 대상입니다. 여러분은 하나님께서 여러분을 돌보실 것이라는 희망을 가질 수 없습니까? 깊은 죄의식과 상심한 마음으로 하나님께 와서 이렇게 말할 수 없습니까? "하나님이여, 하나님은 고아의 친구시라는 말을 들었습니다. 저의 친구가 되어 주십시오." 이 사실은 여러분을 어둠 속에서 집으로 인도하기 위해 아버지 집의 창문에 켜놓은 촛불과 같습니다. 하나님께서 여러분이 그 촛불을 볼 수 있도록 도와주시기 바랍니다. 그러나 여러분이 눈에 눈물이 고이지 않는다면 그 촛불을 보려고 하지 않으리라는 것을 나는 압니다. 궁핍한 자가 아니면 아무도 이 은혜로운 진리를 깨닫지 못하기 때문입니다.

그 다음에 이 격려의 말씀은 이 외의 다른 것에 대한 신뢰를 모두 버리라고 강력히 설득하는 말씀입니다. 하나님께서 고아들의 친구이시라면 내게도 친구가 되실 수 있습니다. 이제 내가 하나님을 신뢰하고, 그동안 의지하였던 것들을 신뢰하기를 그치는 것이 옳지 않겠습니까? 여러분은 본문 말씀이 어떻게 이어지는지 압니다. "우리가 앗수르의 구원을 의지하지 아니하며 말을 타지 아니하리라." 앗수르와 말은 이스라엘 백성이 크게 신뢰하고 의지하는 것들이었습니다. 그 다음에 이어서 그들은 거짓 신들을 예배하지 않겠다고 말합니다. 왜냐하면 참된 하나님은 자비하시되, 고아들에게 자비하시다는 것을 알 수 있고, 그러므로 와서 하나님을 신뢰할 수 있기 때문입니다. 사람이 약간이라도 희망이 생기면 '내가 감히 눈을 들어 하나님을 바라보겠어' 하고 속으로 말합니다. 방탕한 아들이 먼 나라에서 재산을 다 허비하였을 때, 그를 돌아오게 만든 것은 무엇이었습니까? 그것은 이 생각이었습니다. '내 아버지에게는 양식이 풍족한 품꾼이 얼마나 많은가!' 이 생각이 떠오르자 그는 집으로 갈 결심을 하게 되었습니다.

나는 마귀가 무슨 일을 하려고 하는지 압니다. 마귀는 여러분에게 여러분을 위한 자비는 없다고 말할 것입니다. 그는 원래부터 거짓말쟁이입니다. 지극히 큰 죄인을 위한 넘치는 자비가 있습니다. 마귀가 그 자비에 대해서 무엇을 압니까? 마귀는 자비를 구한 적이 없고, 자비를 조금이라도 받은 적이 없으며 얻지도 못할 것입니다. 자비를 구하려 하지 않기 때문입니다.

그러나 불쌍한 여러분, 여러분의 아버지 집에 양식이 풍족한데, 굶어 죽으려고 합니까? 왜 일어나서 아버지에게로 가지 않습니까? 하나님께서 고아들의 아버지이시라면, 이 사실을 생각할 때 우리는 서둘러 하나님께 가서 하나님을 믿어야 합니다. 어떤 사람은 "내가 예수 그리스도를 믿어도 됩니까?" 하고 말합니다. "내가요?" 물론, 여러분은 믿어도 됩니다. 여러분이 믿지 않는다면 그것이 죄입니다. 실로 여러분을 완전히 망하게 하는 가장 큰 죄입니다. 여러분 가운데 성례를 믿고 사제들을 믿으며 혹은 자신의 선한 행실과 기도 혹은 느낌을 믿는 분들이 많습니다. 자신이 그리스도를 믿을 수 없다고 생각하기 때문입니다. 그러나 여러분은 그리스도를 믿을 수 있습니다! 고아들을 복된 날개 아래 모으시는 분께서 여러분에게도 오라고 초청하시기 때문입니다. "수고하고 무거운 짐 진 자들아 다 내게로 오라 내가 너희를 쉬게 하리라"(마 11:28). 하나님께서 누군가를 거절하신 적이 있다면 여러분도 거절하실지 모릅니다. 그러나 고아들이 하나님에게서 자비를 얻고, 하나님께 가는 자는 모두 그에게서 자비를 얻으므로 여러분도 지금 즉시 와서 자비하신 하나님을 의지하십시오.

이뿐 아니라 본문에는 격려하는 바가 많이 있습니다. 이는 본문이 우리에게 하나님의 심정을 분명히 보여주기 때문입니다. 나는 사람이 자녀들을 대하는 방식을 보는 것이 언제나 좋습니다. 여러분이 그것을 보면 사람에 대해서 배우는 바가 아주 많습니다. 그런데 아이들을 몹시 싫어해서 거의 아이들이 완전히 없어지면 좋겠다고 생각하는 사람들도 있습니다. 고아들에 대해서 그들은 이렇게 말합니다. “그 애들은 구빈원에 가라고 해요. 그런 애들 때문에 골치 썩이고 싶지 않아요.” 마음이 너그러운 사람은 가난한 어린 아이를 보면 깊은 동정심을 느끼지 않을 수 없습니다. 나는 어른이 고통 받는 것보다 아이가 고통 받는 것을 보면 더 안쓰럽습니다. 어른들은 스스로 필요한 일을 할 수 있는 능력이 어느 정도 있습니다. 집이 가난해지면 어린 아이는 수척해지지만 스스로 그 상황에서 벗어날 수 없습니다. 이 큰 도시에서 부모의 가정이 종종 술과 그 밖의 죄 때문에 생긴 가난으로 망가졌을 때 어린 아이들이 많은 고통을 겪었습니다. 아버지가 죽을 때 어린 아이들이 겪는 고통을 누가 압니까? 솔직히 말씀드리자면, 나는 아이들이 그렇게 고통을 받는 것을 보면 마음이 아픕니다. 어른들이 악할 때는, 그들을 매질을 하여 죄를 버리게 하기 위해 죄로 인해 가난이 따르게 하는 것에 대해 감사할 수가 있을 것입니다. 그렇지만 이 어린 양들, 이 아이들은 무슨 짓을 했습니까? 인정이 있는 사람이라면 누구나 이런 생각을 할 것입니다. “고아가 하나님에게서 자비를 얻음이니이다”는 놀라운 본문의 말씀을 읽을 때, 여기서 우리가 하나님의 심정을 보지 않습니까? 크신 하나님이시여, 스랍들이 하나님을 경배합니다. 천사들이 밤낮으로 빽빽이 늘어서서 하나님의 명령을 행하기를 기다리고 있습니다. 주님의 목소리는 우렛소리와 같고 주님의 눈길은 번개와 같습니다. 주님의 명령에 왕들이 죽고, 왕조가 무너지며, 제국들이 사라집니다.

그러나 주님은 어린 아이들과 과부들을 돌보십니다. 이것이 내게는 지극히 아름다운 사실입니다. 나는 그 사실을 인하여 한결 더 주님을 신뢰할 수 있고, 매일의 짐과 염려를 가져오고, 죄를 가져올지라도 주님이 나를 거절하시지 않으리라고 확신할 수 있습니다. 바로 이분이 예수 그리스도의 아버지이십니다. 하나님의 아들이신 그리스도께서는 아버지이신 하나님을 참으로 닮으셨습니다. 아버지 하나님께서 이렇게 아이들의 보호자이시라면, 그리스도께서 이렇게 말씀하신 것을 볼 때 여러분이 하나님의 아들에 대해서, 또 그가 아버지를 닮으신 것에 대해서 어떻게 생각해야 하겠습니까? “어린 아이들을 용납하고 내게 오는 것을 금하지 말라 천국이 이런 사람의 것이니라”(마 19:14). 여러분은 하나님의 심정이 “고아가 하나님에게서 자비를 구함이니이다”라는 본문의 이 복된 말씀 가운데 그대로 드러나는 것을 볼 때 하나님께 가야겠다는 마음이 생기지 않습니까?

우리의 형편이 고아와 과부와 같다는 이 사실도 우리에게 격려가 됩니다. 고아는 아버지가 없고 돕는 사람이 없으며 생계 수단도 없습니다. 여러분, 하나님이 없는 여러분이 바로 그런 상태에 있습니다. 여러분이 의지할 하나님이 없다면 보호자가 없는 것이고, 망한 것입니다. 하나님이 여러분의 빛이 아니라면 여러분은 빛이 없는 것이고, 그리스도께서 여러분의 소망이 아니시라면 여러분은 소망이 없는 것입니다. 여러분은 그런 것을 느끼십니까? 그렇게 느낀다면 여러분은 고아인 것입니다. 여러분은 아버지가 없는 사람입니다. 오십시오. 예수께서 이같이 말씀하셨습니다. "내가 너희를 고아와 같이 버려두지 아니하고 너희에게로 오리라"(요 14:18). 예수께 와서 고아의 아버지의 얼굴을 보고 말하십시오. 내가 "고아가 하나님에게서 긍휼을 얻는다"는 주님의 말씀을 들어 호소합니다라고 말하십시오. 주여, 내가 자비를 얻도록 해 주십시오. 내 처지가 고아의 처지와 같습니다 하고 말하십시오.

이 자리에 격려가 필요한 사람이 있다면 그는 내 말의 의미를 명확하게 이해할 것입니다. 여러분이 격려를 필요로 하지 않는다면, 자기 의로 충만한 훌륭한 사람이어서 격려가 필요 없다면, 나는 여러분에게 이 말밖에 해줄 것이 없습니다. "건강한 자에게는 의사가 쓸 데 없고 병든 자에게라야 쓸 데 있느니라 그리스도는 의인을 부르러 온 것이 아니요 죄인을 부르러 왔노라"(막 2:17).

2. 둘째로, 이 자리에 있는 가난하고 궁핍한 모든 사람에게 할 일을 알려주는 격려의 말씀이 있습니다.

첫째로, 여러분이 오늘 밤 구원을 얻고 싶다면 본문을 영적 안내서로 삼고 여러분의 곤경을 들어 호소하십시오. 자신의 공로에 관해서는 일절 말하지 마십시오. 자신의 공로에 관해서는 이야기하지 않으면 않을수록 그만큼 더 좋습니다. 여러분의 입장은 다음과 같이 말했다고 하는 아일랜드 하인의 입장과 같습니다. 그 하인은 전 주인의 추천장을 보여 달라는 말을 들었을 때, 전 주인이 자기에게 추천장을 가지고 가기보다는 추천장 없이 가서 일하는 게 낫다고 말했다는 것입니다. 여러분이 꼭 그와 같은 처지입니다. 여러분이 추천장을 요구받을 때 할 수 있는 일은 "내 추천장은 형편 없습니다"라고 말하고, 자비를 베풀어 주시기를 구하는 것만이 최선입니다. 본문은 이렇게 말합니다. "주여, 고아가 하나님에게서 자비(긍휼)를 얻음이니이다." 본문은 고아들이 착하고 거룩하다고 말하지 않고 그냥 그들은 아버지가 없다고 말할 뿐입니다. 그들이 보상을 받는다고 하지 않고 자비를 얻는다고 말합니다. 주여, 내가 주님께 말씀드릴 것은 이것뿐입니다. 나는 곤궁합니다. 심히 곤궁합니다. 내가 큰 죄인이기 때문에 내 곤궁함이 한결 더 심각합니다. 내가 큰 죄인이라는 그 사실에 나의 곤궁함이 있습니다. 나는 의가 필요합니다. 새로운 마음이 필요하고 정직한 영이 필요합니다. 전반적인 변화가 필요합니다. 내게는 죄와 비참함밖에 없으므로 모든 것이 필요합니다. 하나님이여, 하나님께서 고아들을 도우시는 것은 순전히 그들이 궁핍하기 때문이듯이, 내가 하나님께 내 성품과 상관없이 나를 구원해 주시라고 기도하는 것은 내 궁핍이 크기 때문이라고 주장하는 것뿐입니다.

여러분에게 다음으로 이야기할 교훈은 이것입니다. 즉, 어떻게 해서든지 이 본문의 손잡이를 단단히 잡고서 자비를 구하라는 것입니다. "고아가 하나님에게서 자비를 얻음이니이다." 어떻게 하라고요? 자비를 구하라는 것입니다. 자비가 본문의 손잡이입니다. 여러분이 하나님께 갈 때 공의를 구하지 말고 자비를 구하십시오. 옛날에 한 어머니가 나폴레옹 황제에게 가서 자기 아들에게 자비를 베풀어주기를 구하였습니다. 그의 아들이 프랑스 법을 어겼던 것입니다. 황제가 말했습니다. "부인, 이번이 청년이 두 번째로 법을 위반한 것이오. 정의에 따라 그는 반드시 죽어야 합니다." 그 어머니가 대답하였습니다. "폐하, 저는 공의를 시행해 주시라고 부탁드리러 온 것이 아닙니다. 자비를 베풀어 주시기를 청하는 것입니다." 황제가 말했습니다. "저 아이는 자비를 받을 자격이 없소." 그 어머니가 말했습니다. "폐하, 저 애가 자비를 받을 자격이 있다면 그것은 자비가 아닐 것입니다. 자비를 베풀어 주십시오." 어머니가 그렇게 자비를 베풀어 주기를 청하자 황제가 대답하였습니다. "그렇다면 자비를 베풀겠소."

아직까지 구원받지 못한 여러분, 여러분은 오늘 밤 지옥에 가기에 마땅한 사람들입니다. 여러분을 불로 태워버리시지 않는 것은 하나님의 자비 때문인 것입니다. 하나님께 공의를 구할 생각은 꿈에도 하지 마십시오. 공의를 구하면 여러분은 망할 것이기 때문입니다. 다만 여러분은 "주여, 내가 자비를 구하나이다"라는 이 말을 붙드십시오. 누군가가 "자, 당신은 지금까지 완고한 죄인으로 지냈어"라고 속삭인다면 이렇게 말하십시오. "주님, 그것은 사실입니다. 하지만 제가 자비를 구합니다." 또 누군가가 "하지만 당신은 배교한 사람이야"라고 말한다면 이렇게 대꾸하십시오. "주여, 그렇습니다. 하지만 그렇기 때문에 제가 자비를 구합니다." 또 누군가가 말합니다. "하지만 당신은 하나님의 은혜를 거절하고 무시했어." 그러면 이렇게 대답하십시오. "주님, 그것이 사실입니다. 하지만 그렇기 때문에 더욱 자비가 필요할 것입니다." "하지만 당신에게는 죄 사함을 주장할 만한 것이 하나도 없어." 여기에 대해서는 이렇게 말하십시오. "주님, 저도 그것을 압니다. 그러나 바로 그것 때문에 제가 자비를 구합니다. 순전히 그 이유 때문에 자비를 구하는 것입니다. 제발 제게 자비를 베풀어 주십시오." 바로 이것이 바르게 호소하는 방식입니다. 이 방식을 굳게 지키려고 힘쓰십시오. 그것이 곧바른 길입니다. 그렇게 하면 여러분이 천국을 얻을 것입니다. 그리스도의 자비가 영원하므로 여러분이 그와 같이 하면 그리스도를 얻을 것입니다. "고아가 하나님에게서 자비를 얻음이니이다."

당장 하나님과 화목하기를 바라는 여러분, 또 한 가지의 교훈을 배우시기 바랍니다. 여러분 가운데 이 교훈을 배우는 분들이 있기를 바랍니다. 여러분의 죄와 시련과 슬픔을 하나님께 맡기십시오. 본문은 "고아가 하나님에게서 자비를 얻음이니이다"라고 말합니다. 이와 같이 고아인 사람들이 할 일은 하나님께 와서 그저 하나님을 바라보며 자비를 베풀어주시기를 구하는 것밖에 없습니다. 바로 이것이 여러분의 할 일입니다. 여러분에게 확실히 말씀드리는데, 여러분을 도울 분으로 살아계신 하나님 외에 아무도 바라보지 마십시오. 사람들이 사제를 의지하는 것은 올무입니다. 그것도 무서운 올무입니다. 그뿐 아니라 목사를 의지하는 것도, 아무튼 사람을 의지하는 것은 올무가 된다고 말씀드리겠습니다.

나는 사람들이 설교를 듣고 깊은 인상을 받고서 "상담실에서 그리스도를 찾겠습니다!" 하고 말하는 사람들이 있다는 것을 들었습니다. 여러분이 그렇게 말한다면 상담실이 여러분에게 올무가 될 수 있습니다. 여러분은 설교한 사람에게 말하고 싶은 생각이 듭니까? 설교자에게 말하지 말고, 직접 그리스도께 가십시오. "하지만 나는 일전에 내게 복음을 전해준 그 훌륭한 분을 만나고 싶습니다." 좋습니다. 머지않아 그분을 만날 수 있을 것입니다. 그러나 그 훌륭한 사람을 그리스도의 자리에 놓지 않도록 조심하십시오. 본문은 "고아가 하나님에게서 자비를 얻는다"고 말합니다. 그리스도에게서, 오직 그리스도에게서만 자비를 얻을 수 있습니다. 확실하게 직접 그리스도께 가십시오. 성령의 도우심을 받으면 여러분이 회중석에서 그렇게 할 수 있습니다. 하나님은 어디에나 계십니다. 하나님이 이 자리에 계시다는 것을 알고, 지금 마음으로 하나님께 말씀드리도록 하십시오. 하나님께 여러분의 죄를 털어놓으십시오. 그 쓰레기 같은 얘기를 죽을 인생의 귀에 대고 말하지 마십시오. 하나님께, 오직 하나님께만 여러분의 마음을 털어놓으십시오. 여러분의 마음은 사람이 보기에 적합하지 않습니다. 주 예수님께 여러분의 모든 필요와 고통을 말씀드리십시오. 주 예수께서 여러분을 도와주실 것입니다. 하나님의 아들 안에 사람들을 위한 도움이 있습니다. 내가 이런 사실들을 제대로 말할 줄 알면 좋겠습니다. 그러면 이 사실들이 영적으로 궁핍한 처지에 있는 사람들 마음에 확실하게 이해될 것입니다! 궁핍한 처지에 있지 않는 여러분, 선한 여러분, 스스로 의롭다고 여기는 여러분, 여러분은 본문에서 여러분을 위한 것을 아무것도 보지 못할 것입니다. 그렇습니다. 본문에는 여러분 같은 사람들을 위해서 기록된 것이 없습니다. 주님께서 자기 가까이 불러 모으실 사람들이 있는데, 그들은 자신에 대해서 진저리치는 이들입니다.

하나님의 택하신 백성들은 약한 사람들의 본능적인 기술, 곧 매달리는 기술을 발휘합니다. 그들은 자신의 가난과 궁핍을 느끼게 됩니다. 그리고 그때 그리스도의 충족하심에 대해서 듣고 서둘러 가서 그리스도를 붙잡습니다. 여러분은 하나님께서 약하게 만드신 식물들이 모두 어떻게 매달리는 자연적인 기능을 부여받았는지 본 적이 없습니까? 포도나무가 하는 첫 번째 일들 가운데 한 가지는 덩굴손을 뻗어 어떤 것에 매달리는 것입니다. 홉(hop, 뽕나무 과의 여러해살이 덩굴 풀)이나 인동덩굴, 스위트피(sweet pea, 콩과의 원예 식물) 등은 모두 지탱해 주는 것에 매달리는 작은 갈고리 모양의 돌기가 있습니다. 자, 하나님께서 이 시간 여러분에게 복을 주시려고 한다면, 여러분은 덩굴손을 뻗어 하나님께 매달릴 수 있습니다. 원예가가 스위트피를 위해 조심스럽게 막대기를 세워주듯이, 혹은 농부가 홉을 위해 기둥을 세워주듯이 지금까지 나는 여러분의 길에 본문을 놓아두려고 애썼습니다. 나는 여러분 앞에 찬송 받으실 주님을 모셔두고, 고아가 주님에게서 자비를 얻으니, 여러분에게 주님께 매달리라, 주님께 매달리라고 말하고 싶습니다. 주님께 매달리는 것이 여러분의 생명입니다. 단단히 매달리십시오! 바닷가에서 사는 꽃양산 조개가 할 수 있는 일이란 거의 없습니다. 하지만 들러붙는 일은 할 수 있고, 실제로 그렇게 들러붙는데, 아주 단단히 들러붙습니다.

불쌍한 죄인이여, 그것이 여러분이 할 수 있는 유일한 일입니다. 성령께서 여러분을 당장에 그렇게 하도록 인도해 주시기를 바랍니다. 이 시간 하나님께서 여러분이 그리스도께 매달리게 도와주시기 바랍니다. 그리스도께 매달린다면 구원을 받습니다. 그렇습니다. 당장에 구원을 받습니다. 고아가 하나님에게서 자비를 얻습니다. 하나님께 매달리십시오. 그러면 여러분도 자비를 얻을 것입니다.

3. 마지막으로, 여기에는 하나님께 기대할 것에 대한 격려의 말씀이 있습니다.

"고아가 하나님에게서 긍휼을 얻음이니이다." 우리가 고아들에게 하나님처럼 서서 그들을 우리의 고아원에 데려오고, 그들에게 아버지 노릇을 하려고 할 때 그들이 우리에게서 무엇을 기대할 수 있습니까? 그들이 우리에게서 기대하는 것이 무엇입니까? 나는 어린 아이들이 자기가 기대하는 것을 다 알 만한 지성이 있는지 모르겠습니다. 아이들은 모든 것을 기대합니다. 그들은 자기에게 없는 것들을 다 바라고, 비록 자기들에게 없는 것이 무엇인지 잘 모르지만, 자기에게 없는 것을 우리가 줄 것으로 기대합니다. 아이들은 자기들에게 필요한 것은 모두 구하여 받을 것이라고 믿습니다.

나는 자기에게 필요한 것을 다 알지 못하지만 자기 하나님께서 필요한 모든 것을 공급하시리라는 것을 아는 가난한 그리스도인을 좋아합니다. 그는 예수께서 모든 것을 채워주실 것이라고 기대합니다. 어린 아이처럼 하늘 아버지를 신뢰합니다. 그는 오늘 자기에게 무엇이 필요하고 장래에는 무엇이 필요할지 모릅니다. 그러나 하늘 아버지께서 아시므로 그는 그 모든 것을 아버지 하나님께 맡깁니다. 그러나 고아들이 나이가 듦에 따라 자신에게 필요한 것을 인식하기 시작하고, 친아버지가 있었더라면 넉넉히 제공해주었겠듯이 그 모든 것을 제공받기를 바랍니다. 우리가 크신 아버지 하나님께 갈 때 그와 같이 기대할 수 있습니다. 나는 종종 이렇게 말합니다.

내게 모든 것이 있고 또 지혜로운 판단 하에 자녀들에게 모든 것을 제공할 수 있다면 내가 자녀들에게 주려고 할 모든 것을 하나님께서 내게 주실 것입니다. 하나님은 내게 아버지이시기 때문입니다. 여러분이 악할지라도 자식에게 좋은 것을 줄 줄 안다면, 하물며 한때 고아였던 여러분을 자기 가족으로 불러들이신 하나님께서 여러분에게 좋은 모든 것을 얼마든지 주시지 않겠습니까! 여러분에게 음식과 의복을 주시고 이생을 살아가는데 필요한 것을 충분히 주실 것입니다. 여러분에게 보호와 인도, 교훈, 애정 어린 관심을 보여주실 것입니다. 때로 여러분에게 한두 번 매를 드실 것인데, 그것이 여러분이 감사하게 받을 중요한 자비들 가운데 하나입니다. 그러나 하나님의 달콤한 사랑도 받을 것입니다. 그리고 머지않아 적당한 때가 되면 하나님께서 여러분을 학교에서 집으로 불러들이실 것이고, 그러면 여러분이 하나님의 얼굴을 뵐 것입니다. 그리고 거할 곳이 많은 하늘의 집에서 영원히 살 것입니다. 여러분이 단순한 믿음으로 와서 하나님의 복된 보호와 관리를 받는다면 하나님께서 여러분을 그의 구원 고아원(His Salvation Orphanage)에 받아들이고 돌보실 것입니다.

하나님께서, 여러분이 여러분의 자녀에게 좋은 아버지인 것보다, 더 좋은 아버지이시라는 것을 발견할 것입니다. 최고의 아버지가 지극히 사랑하는 아들에게 더할 수 없이 좋은 아버지인 것보다 비교할 수 없이 더 좋은 아버지이시라는 것을 발견할 것입니다. "내가 너희에게 아버지가 되고 너희는 내게 자녀가 되리라 전능하신 주의 말씀이니라"(고후 6:17,18). 나는 더 이상 이야기하지 않고, 요한 사도의 탁월한 말씀을 대신 읽겠습니다. "보라 아버지께서 어떠한 사랑을 우리에게 베푸사 하나님의 자녀라 일컬음을 받게 하셨는가!"(요일 3:1). 주님, 우리도 성령의 인도하심을 받아 고아가 하나님에게서 자비를 얻는다고 증거하게 하신 것을 인하여 하나님의 이름을 찬송합니다!

제16장
반역을 고치심

"내가 그들의 반역을 고치리라." - 호 14:4

"그들의 반역"이라는 조종(弔鐘) 소리와 "내가 고치리라"는 결혼식 종소리 가운데 어느 것이 더 낭랑한 소리를 냅니까? 성경의 전체를 통해서 사람의 죄와 하나님의 은혜 사이에서 벌어지는 맹렬한 전투가 드러납니다. 그 둘은 각각 다른 것보다 더 풍성해지려고 애를 씁니다. 죄는 용처럼 입에서 큰물을 토해내고, 끝없는 대양과 같은 하나님의 자비는 더 큰 위엄으로 죄의 물결 위에 굽이칩니다. 죄가 얼마나 큰지, 아무도 그 가증함과 세력을 측량할 수 없습니다. 그러나 죄가 많은 곳에 은혜는 훨씬 더 넘칩니다. 본문을 보면, 죄가 큽니다. "그들의 반역", 이 단어에는 포괄성이 들어 있습니다. 즉, 죄악의 무시무시한 심연이 들어 있습니다. 그러나 은혜는 그보다 훨씬 더 큽니다. "내가 그들의 반역을 고치리라." 이 말씀에서 은혜를 베푸시는 하나님만큼 무한한 은혜의 높이와 깊이가 나타납니다.

나는 오늘 아침 우리가 성령님이 가르치실 때 본문이 우리에게 줄 수 있는 유익을 온전히 받을 수 있도록 여러분에게 다음 몇 가지 점에 유의하라고 말씀드리겠습니다. 첫째로, 본문의 단어들을 하나씩 주의해서 보고, 둘째는, 본문의 복을 고려하며, 셋째로 성령께서 우리를 인도하시면 예배당을 떠나기 전에 본문의 복이 이루어지는 것을 볼 수 있도록 하자는 것입니다.

1. 그러면 첫째로, 본문의 단어들을 살펴봅시다.

"내가 그들의 반역을 고치리라." 먼저 여러분에게 부끄럽게 만드는 단어인 "반역"이라는 말에 주의하라고 말씀드리겠습니다. 이 말소리를 듣자마자 우리는 정신을 차리고, 우리가 반역에 떨어졌다는 사실을 생각하고서 입을 땅에 묻고 자신이 부정한 자라고 고백하는 것이 마땅합니다. 반역하는 일은 하나님의 백성들 가운데서 아주 흔히 벌어지는 일입니다. 하나님께서 금하시는 반역의 가장 악질적인 형태가 아주 흔한 것은 아닐 것입니다. 그러나 반역의 초기 형태는 매우 흔합니다. 생각과 마음에서 반역이 시작되는 것부터 시작하여 행동으로 반역이 이루어지는 것까지를 둘러볼 때, 나는 이 병이 하나님의 백성들 가운데 아주 만연해서 우리 중에 언제 한번 이 병에 걸리지 않은 사람이 거의 하나도 없지 않을까 하는 생각이 듭니다. 우리가 자신의 마음을 정당하게 판단한다면 우리들 대부분이 바로 이 순간에도 어느 정도 반역을 하고 있다고 털어놓지 않을 수 없을 것입니다.

하나님의 자녀의 정당한 상태는 그리스도께서 빛 가운데 계시므로 빛 가운데서 행하며 예수님과 교제를 갖는 것입니다. 우리의 올바른 상태이자 유일하게 안전한 위치는 그리스도 안에 거하는 것이며, 그리스도와 그의 말씀이 우리 안에 거하도록 하는 것입니다. 그러나 우리가 그리스도에게서 멀리 떨어져 있고 우리의 구속자와 멀리서 아주 제한된 교제밖에 누리지 못하며 사는 경우가 너무도 많습니다. 그렇게 해서는 안 됩니다. 그렇게 해야 할 필요가 전혀 없습니다. 그러나 슬프게도 교회 전체를 둘러보면 많은 회중 가운데 여기저기에 흰머리들이 보이는데, 그분들은 그렇지 않다는 것을 알 것입니다. 그렇지만 여러분이 어떤 사람들에게서는 살아계신 하나님을 떠나는 불신앙의 악한 마음으로 인한 타락의 지극히 슬픈 표시들을 볼 것입니다.

사랑하는 여러분, 그리스도의 것인 여러분이 최근에 얼마나 많은 반역을 하였는지 생각해 보십시오. 기도에 게을러진 적이 없습니까? 여러분은 기도의 습관을 유지하고 있고, 그 습관을 버릴 수 없을 것입니다. 하지만 한때 지녔던 기도의 능력이 지금은 없을 수 있습니다. 여전히 하나님의 말씀을 읽지만, 성경이 이전처럼 그렇게 달콤하게 느껴지지 않습니다. 여러분은 아름다운 왕의 얼굴을 전처럼 보고 있습니까? 어쩌면 여러분이 지금도 왕의 대의를 위해서 작은 일을 하고 있을지 모릅니다. 하지만 전에 하였던 일을 지금도 하고 있거나 할 수 있는 일을 다하고 있습니까? 계속해서 온전히 자라기보다는 성장이 멈추지 않았습니까? 여러분이 천국을 향해 달려가는 사람이라기보다는 천국으로 가는 길에서 어슬렁거리는 사람이라고 고백해야 하지 않습니까? 이런 비난을 들어도 회개의 말이 전혀 나오지 않습니까? 조사해 보면, 나는 우리들 대부분이 이렇게 말하지 않을 수 없을까봐 두렵습니다. "내가 그리스도와의 결혼으로 인한 사랑을 느끼고 그리스도에 대한 사랑으로 마음이 따뜻했던 기억이 생생한데, 슬프게도 지금은 주님을 향해 움직이는 내 열정이 너무도 굼뜨구나! 내가 첫사랑의 행복감을 다시 한번 느낄 수 있고, 그래서 회심하였던 날처럼 주님을 마음으로 기뻐할 수 있으면 좋겠다."

형제 여러분, 여러분이 그런 점들을 인정하지 않을 수 없다면 나는 여러분에게 처음으로 그리스도께 왔을 때 자신이 그렇게 될 것이라고 생각했을지 묻겠습니다. 어떤 선지자가 내게 내 영혼을 사랑하시는 구주님께 전혀 감사할 줄 모르는 사람이 될 것이라고 말한다면, 나는 "당신의 개 같은 종이 무엇이기에 이런 일을 행하오리이까?"(왕하 8:13)라고 말했을 것입니다. 그리스도의 보혈로 사신 바 되었고, 젊은 날에 옛 사람의 열정에 사로잡혀 지옥으로 내려가는데서 구원을 받은 우리는 언제나 구원자이신 그리스도께 더 가까이 가야 한다고 생각했습니다. 그리스도를 위한 것이라면 어떤 희생도 크게 보이지 않았고, 예수께서 명령하시기만 하면 어떤 의무도 지루하게 생각되지 않았습니다. 그렇습니다. 우리는 많은 면에서 불행하게도 실패하였고, 그래서 깊은 슬픔을 느끼며 하나님 앞에 우리의 반역을 고백하고 슬퍼할 필요가 있습니다.

나는 이 단어에 대해 더 오래 생각하지 않겠습니다. 마음이 부드러워질 때 그런 한탄이 끝날 수 있을 것입니다. 우리가 죄에 대해서 몹시 슬퍼할 만큼 죄를 충분히 안다면 그때는 죄에서 눈을 돌릴 수 있습니다. 우리가 생각해 볼 다음 단어가 위로의 말인 "고친다"는 단어이기 때문입니다. "내가 그들의 반역을 고치리라." 하나님이 여기서 반역이라는 중대한 죄를 질병의 상(像)으로 보신다는 바로 그 사실에 위로가 있습니다. 하나님은 "내가 그들의 반역을 용서하리라"고 말씀하시지 않습니다. 그 뜻이 그 말에 포함되어 있긴 합니다. 그러나 "내가 반역을 고치리라"고 하시는데, 마치 이렇게 말씀하신 것과 같습니다. "불쌍한 내 백성들, 나는 그들이 티끌에 지나지 않는다는 것을 잘 안다. 그들이 타락으로 말미암아 온갖 시험에 빠지기 쉽고, 아주 금방 길을 잃는다는 것을 안다. 하지만 나는 그들을 반역자로 대하지 않고 그들을 환자로 보겠고, 그들은 나를 의사로 보게 하겠다." 하나님께서 예수님을 인하여 이렇게 자신을 낮추어 역겹고 혐오스러우며 해를 받고 지옥 형벌을 받아 마땅한 우리의 죄를 보시되 정죄하는 죄악으로 보시기보다는 질병으로 보시며, 그 병의 영향을 받고 있는 우리를 동정하신다는 사실 자체에 위로가 있습니다.

그 다음에, 반역을 질병으로 보셨지만 하나님은 "내가 이 질병을 제거하겠다"고 말씀하시지 않습니다. 율법 시대에 나병에 걸린 사람이나 전염병에 걸린 사람은 진 밖에 있어야 했습니다. 그러나 여기서 하나님은 "내가 그들을 반역을 인해 내쫓겠다"고 말씀하시지 않습니다. 친구 여러분, 우리는 하나님의 교회에서 내쫓길지라도, 다시는 성찬상에 나가지 못하게 될지라도, 자신이 그렇게 되는 것이 아주 마땅한 일이라고 고백하지 않을 수 없습니다. 그러나 여기서 말씀이 그렇게 기록되어 있지 않습니다. "내가 그들을 격리해 두겠다. 그들을 이 아름다운 땅에서 쫓아내고 내 백성들 가운데서 쫓아내겠다"고 하지 않습니다. 하나님은 그렇게 말씀하시지 않고 "내가 그들의 반역을 고치리라"고 말씀하십니다. 하물며 "내가 반역을 인하여 그들을 멸하리라"는 말씀은 더더욱 하시지 않습니다. 어떤 사람들은, 하나님의 백성이 다시는 하나님의 사랑을 받을 수 없게 결정적인 죄를 지을 수 있다고, 하나님의 언약을 떠나는 죄를 지을 수 있다고 주장할 것입니다. 그러나 우리는 그리스도를 그렇게 배우지 않았고, 우리 하나님의 아버지 되심을 그렇게 알지 않았습니다.

"하나님은 한번 사랑하신 자들을 떠나지 않으시고
끝까지 사랑하십니다."

하나님 편에서 자기 백성에게 베푸시는 "하나님의 은사와 부르심에는 후회하심이 없느니라"(롬 11:29). "이스라엘의 하나님 여호와가 이르노니 나는 이혼하는 것을 미워하노라"(말 2:16). 그렇습니다. 하나님은 "내가 그들의 이름을 생명책에서 지워버리겠다"고 말씀하시지 않습니다. "그들이 내게 불성실하였으니 그들의 상속권을 박탈하겠다"고 하시지 않고 "내가 그들의 반역을 고치리라"고 하십니다. 즉, "그들의 죄가 어떤 것이든 내가 그 죄를 이기고, 쫓아내며, 그들을 처음의 건강한 상태로 회복시키겠다. 그뿐 아니라 그들을 완전히 고쳐서 어느 날 그들이 점이나 주름 잡힌 것이나 그런 것이 없이 아버지 하나님의 얼굴을 보게 할 것이라"고 말씀하시는 것입니다. 그렇다면 이것은 위로의 말씀입니다.

그 다음에는, 위엄의 말씀이 있습니다. 그것은 본문에서 제일 처음에 나오는 단어입니다. "내가 그들의 반역을 고치리라." "내가"라는 단어입니다. 여기서 말씀하시는 분은 바로 여호와이십니다. 행하기 힘든 것이 아무것도 없는 전능하신 분이며, 모르는 것이 하나도 없는 지극히 지혜로우신 분이십니다. 하나님은 그들의 반역을 알 수 없는 수단을 사용해서 고치겠다고 하시지 않고, 자신이 친히 고치겠다고 약속하셨습니다. 하나님께서 이렇게 말씀하셨다고 한번 생각해 보십시오. "내가 그들을 그냥 내버려두고 그들의 반역이 어떻게 변하는지 보게 하겠다. 아마도 어느 기간이 지나고 나면 상처가 독을 뿜어내고 자연히 치료가 될 것이다." 형제 여러분, 하나님은 그렇게 말씀하시지 않았습니다. 만일 우리 스스로 상처를 처리하도록 두셨다면 상처는 썩고 우리 영혼은 완전히 망했을 것입니다. 우리는 길 잃은 양처럼 길을 벗어났습니다. 길 잃은 양들이 길을 벗어나는 방식들 가운데 한 가지는 이것입니다. 양들은 돌아올 생각을 결코 하지 않는다는 것입니다. 그래서 목자가 길 잃은 양들을 찾아야만 합니다. 그렇지 않으면 양들은 집에서 더욱더 멀리 떠나 방황할 것입니다.

하나님이 본문에서 "내 말이 그들의 반역을 고치리라"거나 "내가 내 종을 보내어 그들의 반역을 고치리라"고 말씀하시지 않는다는 점에 유의하시기 바랍니다. 하나님은 그의 말씀을 은혜롭게 사용하십니다. 하나님의 말씀은 자기 백성에게 복을 베푸시는 하나님의 정하신 수단입니다. 하나님은 자기 종들이 비록 일을 시키기에 부족하지만 황송하게도 자기 자녀들을 돕는 일에 그들을 사용하십니다. 그러나 무엇인가 할 수 있는 것은 결국 하나님의 말씀도 그의 종도 아닙니다. 하나님께서 친히 손을 대어 일을 하실 때에만 그것이 효과적으로 작동합니다. "내가 그들의 반역을 고치리라." 예수께서 여기저기에 흩어져 있는 병자들 가운데 가서 치료하시되, 저기 다리를 저는 사람을 사슴같이 뛰게 하고, 저기 말 못하는 농아를 노래하게 만드시며, 맹인의 눈을 뜨게 해주시며, 열병을 몰아내고 귀신들을 쫓아내셨듯이, 우리를 모든 죄에서 치료하시는 것은 바로 임마누엘이신 주님의 손길이고, 죄인들의 구주이신 주님의 임재입니다. 주님께서 친히 우리의 질병을 짊어지셨으므로, 우리를 병에서 구원하시는 법을 아십니다. 그의 이름이 여호와 라파, 곧 치료하시는 하나님이시지 않습니까? 하나님께서 이렇게 말씀하시지 않았습니까? "그 거주민은 내가 병들었노라 하지 아니할 것이라 거기에 사는 백성이 사죄함을 받으리라"(사 33:24). 그렇게 말씀하시는 분이 여호와이시므로, 그 일이 이루질 것이라고 확실히 믿어야 합니다. 하나님께서 그렇게 말씀하셨으니, 그 일을 행하시지 않겠습니까? 그렇게 말씀하시는 분이 여호와이시니, 우리 영혼의 병이 아무리 절망적일지라도 우리가 회복될 것입니다. 하나님께는 너무 까다로워서 고치지 못할 것이 없기 때문입니다. "내가 그들의 반역을 고치리라."

여러분과 내가 자신이 타락했다는 것을 느낄 때, 그 타락을 일반적인 수단으로 치료해야 한다면 우리는 틀림없이 이렇게 말했을 것입니다. "내 경우는 그렇게 할 수 없습니다. 주님, 안 됩니다. 내 경우는 다른 모든 경우와 달리 어떻게 할 수 없는 절망적인 병이고, 치료할 수 없는 병입니다." 그러나 하나님께서 "내가 고치리라"고 말씀하실 때, 믿지 못하게 만드는 것이 일절 사라지지 않습니까? 하나님께서 하실 수 없는 일은 아무것도 없기 때문입니다. 하나님께서 좇아버리시지 못할 질병이 있습니까? 하나님은 죽은 자들도 명하여 살리실 수 있습니다. 그러므로 우리는 하나님을 신뢰합시다. 우리가 아무리 멀리 길을 벗어날 수 있고, 또 그 때문에 아무리 마음이 상할지라도 하나님은 우리의 상처를 모두 싸매실 수 있고, 부러진 뼈마다 노래하게 하실 수 있기 때문입니다. 우리는 이 노래를 부를 것입니다. "주와 같은 신이 어디 있으리이까 주께서는 주의 백성의 죄악과 허물을 간과하시며(미 7:18) 그들의 반역을 기억하지 아니하시나이다."

이렇게 해서 우리는 본문의 다섯 단어 가운데 세 단어를 살펴보았습니다. 첫 번째 단어는 우리를 겸손하게 만들고, 두 번째 단어는 우리에게 위로를 주고, 세 번째 단어는 하나님의 위엄을 나타내므로 우리로 경배하게 만듭니다.

본문에 또 한 가지, 네 번째 단어가 나오는데, 나는 보통 이 단어가 들어 있는 배경, 곧 "내가 그들의 반역을 고치리라"는 말씀에서 이 단어를 따로 떼어 생각해 볼 것입니다. 확실한 말씀이 여기 있습니다. "내가 고치리라"(I will). "내가 그들의 반역을 고치리라"(I will heal their backsliding). 그런데 하나님은 왜 고치려고 하십니까? 왜 하나님은 그처럼 적극적으로 "고치겠다"고 말씀하십니까? 여기에는 의심하는 마음이 전혀 없는 것 같습니다. 니느웨 사람들은 "누가 알겠느냐?"(욘 3:9)는 희미한 기대 외에 그들을 격려하는 것이 아무것도 없이 하나님께 갔습니다. 그러나 하나님의 자녀들은 "하리라"고 말씀하신 하나님의 약속들을 가지고 하나님께 갑니다.

반역한 죄인이여, 여러분이 오늘 아침 하나님께로 돌아가고 싶다면 본문의 확실한 말씀을 보고 그 말씀을 들어 하나님께 호소하십시오. "내가 고치리라"고 말씀하시는 하나님은 사람이 아니시므로 거짓말하시지 않고, 사람의 아들이 아니시므로 후회하는 일이 없으십니다. 하나님께서 "내가 고치리라"고 말씀하신다면 여러분은 이렇게 말씀하십시오. "주여, 주께서 내게 희망을 갖도록 만드신 이 말씀을 주의 종에게 이루어주소서."

그런데 하나님은 왜 자기 백성을 고치시려고 합니까? 하나님은 의사의 직무를 맡으셨기 때문에 고치시려고 합니다. 환자를 고치지 못하는 것은 의사에게 불명예가 되기 때문입니다. 의사가 환자를 고치지 못할 때마다 그것은 그의 의술에 대한 명성에 큰 해를 끼칩니다. 하나님은 "내가 그들의 반역을 고치리라"고 말씀하십니다. 이것은 사실 이렇게 말씀하시는 것입니다. "내가 구원하는 일을 맡았으니, 그 일을 해낼 것이다. 내가 그리스도 안에서 만사에 구비하고 견고하게 한(삼하 23:5) 언약을 그들과 맺었으니, 이 소자들 가운데 하나라도 망하게 두지 않고, 그들의 반역을 고치겠다." 이 소자들은 하나님의 자녀이지 않습니까? 의사가 모르는 사람에게는 의술을 제대로 발휘하지 못할지라도 자기 자녀에게는 그런 일이 없을 것입니다. 약국에서 필요하다면 자기 자녀에게 사용하지 못할 약은 없고, 의사가 필요하다면 사랑하는 자기 자녀에게 시술하지 못할 수술은 없습니다. 하나님 아버지께서 자기의 모든 자녀들에게 "내가 그들의 반역을 고치리라"고 말씀하십니다.

사랑하는 여러분, 우리는 하나님께 지극히 소중한 존재이므로 하나님께서 우리를 멸망하도록 두시지 않습니다. 고치지 않으면 우리는 반드시 망하므로, 하나님께서 우리를 고치실 것입니다. 아버지 하나님은 그의 모든 자녀에게서 구속주의 피가 뿌려진 표시를 보십니다. 하늘의 상속자마다 아버지의 마음을 움직이는 표시들을 지니고 다닙니다. 왜냐하면 하나님은 그의 사랑하시는 자가 겟세마네 동산에서 흘리신 피 같은 땀방울과 그의 신음소리와 부르짖음을 생생하게 기억하시기 때문입니다. 예수님을 믿는 여러분은 지극히 값진 존재이므로 하나님은 여러분을 죽게 버려두실 수 없습니다. 여러분을 아주 오랫동안 사랑하신 하나님께서는 여러분을 멸망하게 버려두실 수 없습니다. 하나님의 마음은 창세 전부터 그의 택하신 자들에게로 향하였기 때문입니다. 옛적부터 하나님은 사람의 아들들을 기뻐하셨습니다. 여러분은 땅의 깊은 곳에서 기이하게 지음을 받기 전에(시 139:15) 하나님의 마음속에 살아 있었고, 그때도 여러분을 은혜 언약 안에 있는 자로 여기신 구속자의 품에 누워 있었습니다.

"내가 그들의 반역을 고치리라"(I *will* heal their backsliding). 어떤 질병도 그들을 죽이지 못할 것이고, 어떤 죄도 그들을 곪게 하여 죽이지 못할 것입니다. "그들을 택하고 구속하며 은혜로 부른 나 여호와, 내가 그들을 고치리라." 천지는 없어질지라도 이 말씀은 없어지지 않을 것입니다. 하나님 말씀의 확실함은 참으로 복됩니다!

본문에서 살펴볼 다섯 번째 단어가 아직 남아 있습니다. 그것은 사람을 나타내는 단어입니다. "내가 그들의 반역을 고치리라." 즉, 그 반역은 첫째로 하나님의 모든 이스라엘의 반역입니다. 하나님은 지금 이스라엘에 대해 "내가 그들의 반역을 고치리라"고 말씀하고 계십니다. 하나님의 고유한 백성들, 하나님의 택하신 자들을 하나님께서 친히 고치시리라는 것입니다. 하나님께서는 그들 가운데 한 사람이라도 죄라는 병이 치명적이 될 만큼 죄로 깊이 병들게 하시지 않을 것입니다. 우리도 이 약속을 함께 받았는지 아는 것은 본문 앞에 나오는 말들을 가지고 판단할 수 있을 것입니다. 본문에서 하나님이 말씀하신 사람들은 기꺼이 하나님께 와서 이같이 말하였습니다. "모든 불의를 제거하시고 우리를 은혜롭게 받으시고 아낌없이 사랑하여주소서"(호 14:2. 개역개정은 "모든 불의를 제거하시고 선한 바를 받으소서").

이 자리에 하나님의 넘치는 은혜 때문에 그리스도로 말미암아 사죄받기를 원하는 사람이 있다면, 자신의 죄악을 슬퍼하고 하나님께 돌아가기를 바라는 사람이 있다면, 하나님의 구원의 길을 꼭 붙드는 사람이 있다면, 그런 사람은 자신이 하나님께서 "내가 그들의 반역을 고치리라"고 말씀하신 사람들 가운데 들어 있다고 확신할 수 있습니다. 여러분은 자신의 반역이 싫습니까? 다윗처럼 여러분도 이렇게 부르짖습니까? "내가 주께만 범죄하여 주의 목전에 악을 행하였사오니 주께서 말씀하실 때에 의로우시다 하고 주께서 심판하실 때에 순전하시다 하리이다"(시 51:4). 죄가 여러분에게 고통을 주고, 여러분의 마음에 재앙과 같은 것이 되었습니까? 그렇다면 하나님께서 여러분의 반역을 고치실 것입니다.

여러분은 간절히 기도합니까? 하나님께 여러분을 불쌍히 여겨주시라고 외칩니까? 회개의 눈물을 흘립니까? 주께서 베드로를 보셨던 것처럼 여러분을 보셨을 때 여러분은 나가서, 겉으로는 눈물이 떨어지지 않을지라도 마음속으로 눈물을 흘리며 심하게 통곡할 수 있습니까? 그렇다면, 마음을 상하게 하시는 분께서 언제나 마음을 고치기 위해 그렇게 하시는 것입니다. 하나님께서 상하고 통회하는 심령을 주실 때는 반드시 오래지 않아 길르앗 향유보다 더 나은 향유를 가져다주시고, 예수의 피가 아벨의 피보다 더 나은 것, 곧 그 상한 심령 속에 영원히 평안을 말씀하셨습니다. "그들의 반역"이라는 이 단어를 가져다가 단수 일인칭으로 바꾸어서 말해 보십시오.

"주여, 나의 반역을 고쳐 주소서! 내가 알지 못하는 것들을 고쳐주소서. '나를 숨은 허물에서 벗어나게 하소서'(시 19:12). 내가 알지 못하는 숨은 허물들이 있고, 그 허물들을 슬퍼하나이다. 사냥꾼의 올무에서 벗어난 새 같이 주의 종을 구원하시고(124:7), 내 혀가 주의 의를 높이 노래하리이다"(51:14). 여러분이 보시는 대로, 이와 같이 본문은 나오는 단어마다 모두 의미가 있습니다. 지금까지 나는 본문에 들어 있는 다섯 단어로부터 다섯 가지 교훈을 살펴보았습니다.

2. 이어서 우리는 본문의 복을 좀 더 명확하게 설명하도록 하겠습니다.

"내가 그들의 반역을 고치리라." 이 복은 먼저 그 복으로 인해 구원받았던 악, 곧 "반역"을 보고서 판단해야 합니다. 하나님은 반역을 질병으로 다루십니다. 반역에 관해서 이야기해 봅시다. 반역은 하나님의 자녀가 빠질 수 있는 지극히 위험한 일들 가운데 한 가지입니다. 반역은 현재의 모든 즐거움을 위태롭게 만듭니다. 유용함을 크게 해치고, 미래를 위험하게 만듭니다. 스스로 그리스도인이라고 하는 사람이 갑자기 대놓고 큰 죄를 범하게 되지는 않습니다. 그 전에 반역하는 일을 많이 하는 것입니다. 나무가 강한 바람에 쓰러지는 것을 보십시오. 그 나무를 주의 깊게 살펴보면, 십중팔구 여러분은 곤충들이 수년 전부터 나무에 들끓어 나무를 망쳐놓았다는 것을 알 것입니다. 그러므로 마침내 시련이 왔을 때, 오랫동안 진행되어 왔던 것이 정점에 도달하였던 것뿐입니다. 몇 년 전에, 아주 큰 회사들이 갑작스럽게 많이 무너지고 도산하는 일이 아주 비일비재하게 발생하였을 때, 여러분은 그 회사들이 하루아침에 돈을 몽땅 잃어버린 것이라고 생각하지 않습니다! 그 이유를 조사해 보면, 많은 경우에 10년 전이나 심지어 20년 전에 그 회사들이 세상에서 한창 때를 지나가기 시작했다는 것을 알 수 있습니다.

일반적으로 반역은 조금씩조금씩 진행하여 마침내 공공연한 배교와 죄에 이릅니다. 그렇습니다. 유다와 같이 마귀의 충실한 종은 단번에 생겨나는 것이 아닙니다. 사람이 남을 멸시하도록 만드는 데는 시간이 걸립니다. 그러므로 반역을 조심하십시오. 반역이 사람을 무서운 자리에 이르게 하기 때문입니다. 여러분이 얼음으로 덮인 산비탈에서 미끄러지기 시작할 때, 만일 여러분이 멈추고 더 이상 미끄러지지 않을 수 있다면 처음 한번 미끄러지는 것으로 다치지 않을 수 있습니다. 그러나 슬프게도 여러분이 죄는 그렇게 통제할 수가 없습니다. 발이 미끄러지기 시작하면 미끄러지는 일이 점점 더 빈번해지고, 그럴수록 미끄러지지 않게 몸의 균형을 잡는 일이 더욱더 어려워집니다. 조금이라도 반역하는 것은 위험한 일입니다. 그것이 우리를 어디로 인도할지 알 수 없기 때문입니다.

반역은 사람을 더럽히는 일입니다. 사람이 그리스도에 대한 뜨거운 사랑과 거룩함을 잃으면 반드시 그로 말미암아 마음이 세속적이 되고 불결해질 수밖에 없기 때문입니다. 여러분이 기도를 덜하면 하나님을 닮는 것도 덜할 수밖에 없습니다. 죄는 반드시 사람의 마음속에 자신의 거처를 확보하기 때문에 사실상 그 마음에 성령께서 계실 수 없습니다.

하나님께서 신자에게서 분명한 교제를 거두시면 죄가 반드시 그 빈 공간을 채우기 위해 들어옵니다. 반역은 성도들의 순결한 의를 훼손하고 그들의 아름다움을 얼룩지게 합니다. 반역은 사람을 더럽게 하듯이 또한 전염성이 있습니다. 한 신자가 거의 은혜를 누리지 못하고 굶주린 생활을 하면 반드시 그와 접촉하는 다른 신자들도 약하게 만듭니다. 나는 대화하는 사람들마다 모두 복을 끼치는 거룩한 분들을 알고 있습니다(내가 그런 분들을 더욱 닮을 수 있으면 좋겠습니다). 그 사람들은 어디에 있든지 간에 동양의 향유처럼 사방에 향기를 퍼트립니다. 그들의 삶은 사람들을 그리스도께로 인도한 동방의 별과 같습니다. 그들의 은혜로운 모습을 보면 우리는 아셀의 복이 생각납니다. 그가 받은 약속은 그의 발이 기름에 잠기는 것인데(신 33:24), 그렇게 되면 그가 어디로 가든지 성령의 기름 부으심의 표시를 뒤에 남깁니다.

이 그림의 어두운 면은 이 사실입니다. 즉, 우리가 은혜에서 쇠퇴하면 우리의 반역이 다른 사람들을 끌어내리는 경향이 있다는 것입니다. 한 연대가 뒤처지면 온 군대가 행군에 방해를 받는 것입니다. 옛날의 박물학자들은 빨판상어라고 부르는 피조물에 대해서 이야기하곤 했는데, 빨판상어는 배를 빨판으로 단단히 붙들어서 항해하는 것을 방해할 수 있다고 했습니다. 반역하는 그리스도인들은 교회라는 훌륭한 배에 빨판상어와 같은 존재입니다. 그들은 교회를 붙잡고 늘어지며 교회의 진행을 방해합니다.

"병든 양은 양 무리에게 병을 옮겨
다른 모든 양을 약하게 만듭니다."

앞에서 천천히 가는 기차가 있으면 특급 열차 우편이 방해를 받습니다. 신자 한 사람이 세상적이고 경솔하며 냉담하거나 탐욕스러운 마음으로 행동하면 다른 사람들도 그렇게 행동하도록 부추기고, 그 본보기가 금방 퍼집니다.

나는 여러분에게 반역하는 사람이 어떤 사람인지 보여주고 싶습니다. 제대로 보여줄 수 있을지 모르겠지만, 다음의 간단한 예가 여러분의 이해를 도와줄 수 있을 것입니다. 여러분은 수년 동안 우리 가운데서 지냈고, 그의 튼튼한 건강과 남다른 활력으로 부러움을 사기까지 한, 운동 잘하는 그 멋진 젊은이를 기억합니까? 힘든 운동이 그에게는 즐거움이었습니다. 그는 튼튼한 사람이기 때문에 달리기를 좋아하였습니다. 떡갈나무처럼 튼튼하고 종려나무처럼 꼿꼿하며 백향목처럼 잘 생겨서, 여러분은 그를 볼 때마다 감탄하지 않을 수 없었습니다. 그런데 슬프게도, 우리는 그가 매일 앉던 좌석에서 그를 보지 못합니다. 그가 매일 예배드리던 자리에서 더 이상 보이지 않습니다. 그는 우리 집회에 나올 수 없고 다시는 나오지 못할 것입니다. 그는 아침에 아주 느지막하게 일어나고, 조금 움직이는 것도 그에게는 노동입니다. 그는 아주 끔찍한 고질적인 천식을 앓고 있습니다. 이제는 해골처럼 바싹 말랐습니다. 볼은 움푹 꺼졌습니다. 눈에는 특이한 광채가 있습니다. 그 점을 제외하고는, 여러분에게 예전의 그의 모습을 생각나게 할 만한 것이 하나도 남지 않았습니다. 여러분이 모르는 사람을 데려가 그를 보여준다면, "이 젊은이가 예전에 어땠는지 상상할 수 없을 거에요" 하고 말할 것입니다. 그의 어머니는 한때 남성적인 힘의 전형이었던 자기 아들이 이렇게 된 것을 생각하고 웁니다. 이 사람이 틀림없이 자기 아이라는 것, 한때 튼튼하고 건강한 아이라는 것을 생각하면 마음 깊이 고통을 느낍니다. 그렇지만 그는 아직 죽지 않았습니다. 예, 죽지 않았습니다. 하지만 그가 얼마나 죽음 가까이 갔는지, 얼마나 힘들게 숨을 쉬고, 그의 팔다리가 얼마나 약한지, 그의 맥박이 얼마나 힘없이 뛰는지, 식욕이 얼마나 없는지를 보는 것은 고통스러운 일입니다! 그 튼튼하던 사람이 이제는 어린애보다도 약합니다. 사실 그는 성인이지만, 그의 아버지가 그를 안고서 계단을 오르내려야 합니다. 그렇게 하지 않으면 그가 방에서 나올 수 없기 때문입니다.

그리스도인이 심령으로 어떻게 될 수 있는지를 보여주는 아주 생생한 사실적인 그림이 여기 있습니다. 그리스도인은 영적 폐병에 걸려 점점 더 약해져서 마침내는 생명이 거의 붙어 있지 않는 것처럼 될 수가 있습니다. 그는 죽지 않을 것입니다. 그의 생명이 그리스도와 함께 하나님 안에 감춰어 있기 때문입니다. 그러나 그는 서서히 타락하여 마침내 물처럼 약해지고 마음속에 온갖 의심과 두려움과 악이 들끓는 자리에 이르게 될 수 있습니다. 반역한 사람은 봉사할 힘이 없고 교회에 아무것도 내놓지 못합니다. 오히려 다른 그리스도인들이 그에게 마음을 쓰고 그를 돕고 돌보아야 할 필요가 있습니다. 그는 마음을 편하게 하고 즐겁게 해주는 것들이 필요하지만, 정작 그런 것들에서 거의 혹은 전혀 즐거움을 느끼지 못합니다. 그런데 감사하게도 그는 살아 있습니다. 살아 있습니다. 하지만 그것은 발버둥치는 불행하고 무미건조한 삶입니다. 신앙이 그에게 별 기쁨을 주지 못하고 오히려 많은 근심을 불러일으킵니다. 그가 의지하여 힘을 얻을 수 있는 약속들은 거의 없고, 그를 따라다니며 괴롭히는 경고의 말씀들은 많습니다. 그는 구원을 받을 것이지만 마치 불 가운데서 구원받는 것과 같을 것입니다.

여러분이나 나는, 이렇게 예수 그리스도에게서 멀리 있고 영적 건강이 유지되는 지역에서 멀리 떨어져 지내는 반역자들처럼 그 두려운 위험을 무릅쓰지 않아야 합니다. 우리 영혼이 잘 자라고 건강하며, 우리가 주님을 온전히 따르고 항상 주님 안에 거하기를 바랍니다. 반역이 결국 어디에 이르는지를 그처럼 무섭게 묘사하지 않을 수 없지만, 우리가 본문으로 돌아가서 "내가 그들의 반역을 고치리라"는 말씀이 기록된 것을 볼 수 있다는 것이 얼마나 큰 자비인지 모릅니다! 정말로 폐병은 일단 걸리면, 일반적인 약으로는 전혀 치료할 수 없는 것이 분명합니다. 많은 약들이 환자를 돕고 생명을 연장시킬 수는 있지만, 일반적으로 폐병은 죽음의 선구자입니다. 그와 같이 반역은 인간의 수단으로는 전혀 고칠 수 없고, 하나님의 은혜가 없다면 완전한 배교에 이르게 하는 선구자가 될 것입니다. 사람의 마음이 탑에서 떨어지는 돌처럼 하나님에게서 떨어지기 시작하면, 그 마음은 점점 더 빨리 떨어지고, 아무도 그 마음을 본래 있던 곳으로 되돌리거나 공중에서 멈추게 할 수 없습니다. 중력의 법칙을 중지시킬 수 있고, 죄의 진로를 막고, 떨어지고 있는 자를 본래의 자리로 회복시킬 수 있는 하나님의 손이 개입되지 않는 한 그렇게 됩니다.

"내가 그들의 반역을 고치리라." 나는 이 복의 영광이 다음의 이 점에 있다는 것을 압니다. 즉, 비록 반역이 무엇보다 위험하고 사람을 더럽히며 해롭고 그 자체로 치명적인 것이지만, 우리가 반역하는 일에 빠졌을지라도 절망할 필요가 없고 오히려 "배역한 자식들아 돌아오라"(렘 3:14)고 말씀하시며 "내가 그들의 반역을 고치리라"는 약속을 주시는 그 목소리를 소망을 품고 들을 수 있다는 것입니다.

이 복을 훨씬 더 분명하게 알 수 있도록 치료에 대해서 살펴봅시다. 반역을 고치는 것이 무엇입니까? 그것은 두 가지 사실, 즉 죄의 용서와 죄의 세력으로부터의 해방에 있다고 말할 수 있습니다. 호세아서의 마지막 두 장에 대해서 글을 쓴, 저 유명한 하나님의 사람, 레이놀즈 감독(Bishop Reynolds)은 반역을 치료하는 길이 네 가지가 있다고 말하는데, 옳은 말이라고 생각합니다. 첫째로, 이미 말했듯이 반역의 모든 죄를 용서받을 때 반역이 치료됩니다. 그 점을 잠시 생각해 봅시다. 여러분은 한때 반역을 하였고, 어쩌면 지금도 반역하고 있는지 모릅니다. 그러나 하나님, 곧 우리 주 예수 그리스도의 하나님은 우슬초로 여러분을 정결케 하실 수 있고, 그러면 여러분이 깨끗해질 것입니다. 여러분의 나병이 사라지고, 여러분의 살이 어린 아이의 살처럼 개끗하게 될 것입니다. "여호와께서 말씀하시되 오라 우리가 서로 변론하자 너희의 죄가 주홍 같을지라도 눈과 같이 희어질 것이요 진홍 같이 붉을지라도 양털 같이 희게 되리라"(사 1:18). "내가 그들의 불의를 긍휼히 여기고 그들의 죄를 다시 기억하지 아니하리라"(히 8:12). "만일 누가 죄를 범하여도 아버지 앞에서 우리에게 대언자가 있으니 곧 의로우신 예수 그리스도시라 그는 우리 죄를 위한 화목제물이니라"(요일 2:1,2). 참으로 복된 말씀입니다! 하나님의 자녀가 다시 죄를 범할지라도 일찍이 그를 씻었던, 피로 가득한 그 샘물은 그 효력을 잃지 않았습니다. 반역한 자여, 그대는 다시 씻을 수 있습니다. 시은좌가 치워지지 않았고, 시은좌에 가까이 갈 수 있게 하는 허가가 취소되지 않았습니다. 내가 성도로서 갈 수 없을지라도 죄인으로서 예수께 갈 수 있다는 사실을 생각할 때 마음이 기쁩니다. 나는 전과 마찬가지로 지금도 구주님이 필요하고, 새로운 죄에 대해 새로운 용서가 필요합니다. 나는 주님께서 우리에게 날마다 "우리가 우리에게 빚진 자를 탕감하여 준 것 같이 우리의 빚도 탕감하여 주시옵소서"(마 6:12 난외주) 하고 말하도록 가르쳐 주신 것에 감사합니다. 은혜의 영으로 말미암아 속에 충만한 확신을 가지고 "하늘에 계신 우리 아버지여"라고 말할 수 있는 사람들도 여전히 죄를 사해주시기를 구할 필요가 있습니다. 우리는 매일 사죄가 필요하고, 매일 사죄를 받아야 합니다. "만일 우리가 우리 죄를 자백하면 그는 미쁘시고 의로우사 우리 죄를 사하시며 우리를 모든 불의에서 깨끗하게 하실 것이요"(요일 1:9).

셋째로, "내가 그들의 반역을 고치리라"는 말씀은 "내가 그들에게 반역의 결과로 보냈던 심판을 거두리라"는 뜻입니다. 에브라임 사람들은 하나님을 버렸기 때문에 무자비한 폭군들의 침략을 받았습니다. 그러나 그들이 회개하자마자 하나님께서는 압제자들을 치워버리고 그들의 상처를 치료하셨습니다. 사랑하는 형제 여러분, 아마도 여러분은 오랫동안 매를 맞고서 이렇게 말했을 것입니다. "언제나 나를 안위하실까?"(시 119:82). 아마 하나님은 이렇게 답변하실 것입니다. "네가 너의 탈선을 온전히 고백하고 네 우상들을 버리고 나면 너를 위로할 것이다." 여러분은 그 매에 순종하고, 매를 보내신 하나님의 목소리를 들으십시오. 많은 하나님의 자녀가 오랫동안 연이어서 손실과 불행을 겪는데, 그 원인은 그가 자기를 치는 손에 온전히 복종하지 않았다는 사실에서 찾을 수 있을 것입니다. 하나님은 자기 백성을 되돌리려고 하십니다. 한번 쳐서 그들이 돌아서지 않는다면 또 한 대 맞을 것입니다. 그것도 충분하지 않다면, 그들은 채찍을 많이 맞고 마침내 울고 슬퍼하면서 자기 하나님 여호와께 돌아올 것입니다. 여러분의 마음이 지존하신 하나님 앞에 겸손하기만 하다면 참으로 많은 세상의 불행들이 바람 앞의 연기처럼 사라질 것입니다. "내가 그들의 반역을 고치리라." 즉, "내가 그들에게 보낸 세상적인 징계를 거두리라"는 말씀입니다.

그 다음에, 치료의 네 번째 방식은 잃어버린 위로를 회복하는 것입니다. 신자가 밤낮으로 하나님의 손이 자기를 누르고 계실 때 낙담하지 않고 오히려 하나님을 기뻐해야 합니다. 하나님의 자녀들은 죄에 대해서는 언제나 고통을 느껴야 합니다. 불신자들이라면, 죄를 지으면서도 훔친 물이 달다고 할 수 있습니다. 그러나 진정으로 하나님의 백성들이라면 죄를 지을 때는 반드시 고통을 느낍니다. "내가 땅의 모든 족속 가운데 너희만을 알았나니 그러므로 내가 너희 모든 죄악을 너희에게 보응하리라"(암 3:2). 다윗이 어떻게 큰 소리로 부르짖는지, 그가 시편 51편에서 어떻게 목이 쉬도록 외치는지 들어보고, 어떻게 참회의 시에서 한 절 한 절을 모두 회개의 눈물에 적시는지 보십시오! 그는 부정한 일을 저지르는 것이 유익하거나 해롭지 않은 일이라고 생각하지 않았습니다. 형제 여러분, 그와 같이 여러분과 내가 하나님의 자녀라면, 반역이 독초와 쑥의 뿌리(신 29:18)라는 것을 확실히 압시다. 그렇지만 죄에 대한 슬픈 고백과 영혼의 깊은 고통 후에는 다윗이 하나님의 위로를 받고 하나님의 의를 큰 소리로 노래하였습니다. 그는 "주의 구원의 즐거움을 내게 회복시켜 주소서"(시 51:12) 하고 말했습니다. 하나님께서 그에게 구원의 즐거움을 회복시켜 주셨고, 주께서 꺾으신 뼈들을 기뻐하게 해주셨습니다. 이것이 반역의 결정적인 치료입니다. 이때 우리는 재 대신에 화관(花冠)을 받고 슬픔 대신에 기쁨의 기름을 받습니다(사 61:3). 회개하는 죄인이여, 하나님의 자비가 영원히 사라져버렸다고 생각하지 마십시오. 하나님은 자신의 언약을 항상 잊지 않으십니다. 그러므로 여러분의 영혼을 회복시키시고 여러분을 자기의 이름을 위하여 의의 길로 인도하실 것입니다.

형제 여러분, 죄를 일단 익사시키면 슬픔이 누그러질 것입니다. 원인을 제거하면 결과가 뒤따를 것입니다. 여러분이 일찍이 다윗처럼 언약궤 앞에서 뛰거나 미리암처럼 승리의 날에 소고에 맞춰 춤을 추었는데, 이제는 죄 때문에 무릎이 뻣뻣해지고 손은 축 늘어졌습니까? 하나님께서 여러분이 의로 죄를 꺾도록 도와주시기 바랍니다. 그러면 약한 손이 힘 있게 되고 연약한 무릎이 견고해질 것입니다. 그때는 어린 양이 사슴처럼 뛰고 벙어리가 노래할 수 있을 것입니다. 이는 여호와께서 여러분에게 다시 "나는 네 구원이라"(시 35:3)고 말씀하실 것이기 때문입니다. 여러분의 해가 진 것처럼 보일 수 있지만, 하나님을 경외하는 여러분에게는 하나님이 치료하는 날개로 떠오르실 것입니다(말 4:2). 하나님께 돌아오기만 하십시오. 그러면 하나님께서 "메뚜기가 먹은 햇수대로"(욜 2:25) 여러분에게 갚아주실 것입니다. 이는 하나님께서 "내가 그들의 반역을 고치리라"고 말씀하셨고, 그 말씀을 온전히 이루실 것이기 때문입니다.

형제 여러분, 이 반역을 치료하는 방식을 숙고하시기 바랍니다. 그것이 자비의 일부이기 때문입니다. 반역의 치료가 하나님의 은혜로 하나님의 섭리 가운데서 혹독한 고통을 통해 일어나는 경우가 아주 흔합니다. 이에 대해서 이 앞의 장(章)들을 보면, 하나님의 백성들이 옆길로 빗나가 죄를 지을 때 어떻게 하나님께서 그들에게 사자나 표범, 새끼를 빼앗긴 곰처럼 행동하실 수 있는지가 나옵니다. 하지만 나는 그 점을 깊이 생각할 뜻은 없습니다. 다만 여러분에게 닥치는 혹독하기 이를 데 없는 시련이 여러분을 하나님께로 데려간다면 큰 복이라는 점만을 말씀드리겠습니다. 나는 하나님께 장차 고난과 고통을 당하지 않도록 지켜 주시라고 기도하고 싶지 않고, 기도하지도 않습니다. "고난 당한 것이 내게 유익이라"(시 119:71). "고난 당하기 전에는 내가 그릇 행하였더니 이제는 주의 말씀을 지키나이다"(119:67). 이것은 모든 신자에게 해당되는 말씀입니다. 십자가는 우리가 세상에서 받는 최고의 유산입니다. 우리가 영광을 얻었다고 생각할 때마다 그것이 이 자리에 어울리지 않는 자비라는 것을 기억해야 합니다. 여기는 궁전이 아니라 전쟁터이기 때문입니다. 우리가 고통을 느낄 때 그것은 십자가에 못 박히신 분을 따르는 자들에게 어울리는 적절한 복입니다. "너희가 환난을 당할 것이라"(요 16:33).

본문의 전후 관계를 볼 때, 나는 우리의 하늘 아버지께서 그리스도 예수 안에서 일반적으로 우리에게 하나님의 큰 사랑을 새롭게 인식하게 하심으로써 우리의 반역을 고치신다고 말씀드릴 수 있습니다. 다음 문장은 "내가 그들을 아낌없이 사랑하리라"고 말하는 것으로 보입니다. 나는 하나님께서 나를 넉넉하게 대하셨다고 느낄 때만큼 내 마음이 깊은 감동을 받고 다시 평안을 얻은 적이 없습니다. 내가 여전히 하나님의 자녀라는 것을 기억할 때 내 영혼이 "내 아버지의 사랑을 다시 구하겠다"고 소리칩니다. 내가 성도들의 궁극적인 실패의 교리를 믿는다면 주님께로 돌아가도록 나를 강권할 아무런 동기를 느끼지 못하고, 마음을 완고하게 하는 노예적인 두려움의 효과를 느끼며 하갈처럼 광야로 도망가고 싶은 마음이 들 것이라고 생각합니다. 방탕한 아들이 한때 자신이 아들임을 의심하고 더 이상 자녀가 아니라고 생각하였다면 돌아갈 생각을 모두 포기했을 것입니다. 그는 자신이 아들이라고 일컬음을 받기에 합당치 않다고 고백하였지만 그럼에도 불구하고 자신이 아들인 것을 알았고 그래서 돌아갔으며 아버지의 영접을 받은 것입니다.

우리는 스스로를 생각할 때 자신을 포기하는 것이 옳다고 기꺼이 고백합니다. 그러나 하나님께서 미리 아신 자기 백성을 버리지 않으셨다는 사실이 우리를 결코 끊을 수 없는 보이지 않는 끈으로 묶어 다시 주님께로 이끕니다. 그렇습니다. 종종 하나님의 자녀는 마음이 냉랭해질 때 다음과 같은 생각으로 기운을 얻고 마음이 유쾌해졌습니다. "비록 나는 하나님께 신실하지 못할지라도 하나님은 내게 여전히 신실하시다. 예수께서 나를 그의 피로 값 주고 사셨으니, 나를 잃지 않으실 것이다. 나의 무가치한 모든 점에도 불구하고 나는 그의 천국에 거할 것이다. 내 마음이여, 주님께서 너의 헤아릴 수 없이 많은 잘못에도 불구하고 너를 사랑하셨는데 어찌 네가 주님께 빙산처럼 차가울 수 있느냐? 어떻게 네가 너의 영원한 은인에게 그처럼 천한 보답을 드릴 수 있느냐!" 그리스도의 사랑이라는 이 큰 용광로가 우리 마음에 불꽃을 떨어트립니다. 그러면 그 불꽃이 우리 마음속에서 타오르기 시작합니다.

"깊은 자비여, 나를 위해
마련된 자비가 있을 수 있는가?
하나님께서 진노를 참으실 수 있는가?
죄인 가운데 괴수인 나를 살려두실 수 있는가?"

하나님께서 내게 하나님께 돌아가라고 명령하시고, 또 이렇게 말씀하시지 않습니까? "나는 너희 남편임이라"(렘 3:14). "에브라임이여 내가 어찌 너를 놓겠느냐 이스라엘이여 내가 어찌 너를 버리겠느냐 내가 어찌 너를 아드마 같이 놓겠느냐 어찌 너를 스보임 같이 두겠느냐?"(호 11:8) 하나님의 동정심이 움직일 때 우리 속에서 회개하는 마음이 불일 듯 일어나고, 우리의 사랑하시는 분께서 말씀하실 때 우리 마음이 녹습니다. 돌 같은 우리 마음이 반석에서 뿜어진 물처럼 흘러내리고, 산들이 불에 타 녹은 것처럼 하나님 앞에서 흘러내리며, 불이 물을 끓이듯이 우리 마음이 끓습니다. 우리는 죄에 대해 보복하고 싶은 마음을 느끼고, 신성한 질투심이 일어납니다. 그때 우리는 우리의 첫 남편에게로, 우리의 첫 사랑에게로 돌아갑니다. 울며 애원하며 돌아오고, 밤에는 하나님을 간절히 사모합니다.

"사랑이여, 우리 영혼을 정복하는 강력한 사랑이여,
우리가 구주님의 품에 뛰어드네.
우리 마음이 구주님의 이전 약속을 되찾네.
잃었던 약속을 자비의 힘으로 다시 찾네.

사랑은 우리를 본향으로 이끄는 끈이네.
우리 영혼을 단단히 묶는 끈,
우리를 다시는 방황하지 않게 하고
끝까지 사로잡아 이끄는 끈이네."

우리의 반역을 치료하는 일이 은혜로운 만큼 또한 갑작스럽게 일어나는 때가 있습니다. 우리는 오늘 아침 깨었을 때 아주 갑작스럽게 땅이 눈으로 덮인 것을 보고 깜짝 놀랐습니다. 나는 우리가 이 예배당을 떠날 때 따뜻한 날씨에 눈이 아주 빨리 사라져버린 것을 발견하고 아침에 깨었을 때처럼 놀라게 될지라도 이상하게 생각하지 않을 것입니다. 얼음을 조각처럼 뿌리시는 하나님께서는 바람을 불어 물이 흐르게 하실 수 있습니다. 여러분은 속에 있는 그 작은 세계에서 이 점을 발견한 적이 없습니까? 여러분의 마음이 둔감하고 죽어 있었는데, 예수께서 말씀으로 여러분을 살리셨습니다! "부지중에 네 마음이 너를 네 귀한 백성의 수레 가운데에 이르게 하였구나"(아 6:12 참조). 하나님을 찬송합시다. 하나님의 치료는 순식간에 이루어질 수 있습니다. 하나님은 자기 자녀들을 반역의 무덤에서 일으키고 죽음에서 구속하실 수 있습니다. 형제자매 여러분, 그처럼 영광스러운 일이 여러분 속에서 일어날 수 있게 기도하십시오. 잠시 시간을 드릴 테니 이 기도를 드리도록 하십시오.

"주여, 불타는 사랑의 날개를 타고 오시어
내 마음을 들어 올리소서.
하늘로부터 번개처럼 날아와
내 영혼을 찬양으로 채우소서."

형제 여러분, 반역에서 회복되는 것이, 때로 그렇듯이, 서서히 진행되고 또 많은 슬픔과 고통이 따를지라도, 그 복은 지극히 뛰어난 것이어서 내 몇 마디 말로 그 가치를 다 표현할 수 없습니다. 내 입술로 할 수 없는 일을 여러분이 마음으로 넉넉히 짐작하시기 바랍니다.

3. 세 번째 요점은 본문의 복이 이루어지는 것에 대한 말씀입니다.

그러나 시간이 다 지나갔습니다. 그러므로 나는 여러분이 이미 그 요점을 깨달았을 것으로 믿겠습니다. 그렇지 않다면 안심하지 못할 것입니다. 여러분이 반역한 데서 철저히 회복되고 싶다면, 그렇게 되기를 간절히 소망하십시오. "이스라엘아 네 하나님 여호와께로 돌아오라"(호 14:1). 하나님을 바라보십시오. 하나님의 은혜로 새롭게 하심을 받겠다고 결심하십시오. 그 다음에는 여러분의 잘못을 고백하십시오. "네가 불의함으로 말미암아 엎드러졌느니라." 자신의 중대한 잘못을 인정하고, 그 점을 인하여 마음을 겸손히 하십시오. 마음이 회개하는 심정으로 매우 겸손해진다면, 하나님께서 마음을 회복시키고 계시다는 표시입니다. 나는 우리 교회에서 제명당한 사람들이 교적을 회복하였을 때마다 그들이 겸손하게 행하고, 통회하며 자신을 낮추는 모습을 보임으로써 우리 모두의 마음을 얻는 것을 보았습니다. 그런가 하면 중대한 죄를 범한 사람들이 징계를 풀어주기를 요청하면서 동시에 교회의 징계에 불평하고 다른 교인들의 행위에 대해서 불평하는 것을 볼 때마다 나는 형제들에게 그들의 징계를 풀어주라고 권하고 싶지 않다는 생각이 듭니다. 만일 그들이 정말로 회개한다면 다른 사람들의 흠을 잡으려고 하지 않고, 다만 눈물을 많이 흘리면서 자신의 부족을 슬퍼할 것이기 때문입니다. 반역자들이 형제들의 허물에 대해 일절 입을 다물고서 '누구를 비난하는 말을 하는 것은 내 할 일이 아니다. 내 자신이 큰 허물이 있는 사람이므로 뻔뻔스럽게 돌을 던질 수 없다' 생각할 때, 그것이 은혜를 받았음을 보여주는 한 가지 표시입니다.

여러분이 반역을 고치고자 한다면 많이 기도하십시오. "너는 말씀을 가지고 여호와께로 돌아오라." 반역은 기도하는 습관을 버리는데서 시작됩니다. 그리고 회복은 다시 기도하기 시작할 때 시작될 것입니다. 여러분이 회복되고 싶다면 거짓된 확신을 버리십시오. "우리가 앗수르의 구원을 의지하지 아니하며 말을 타지 아니하리이다." 육적 안일 씨(Mr. Carnal Security)를 문에서 쫓아내십시오. 그는 여러분의 원수이고 하나님의 원수이니, 그를 피하십시오. 여러분은 우상들을 버리십시오. "다시는 우리의 손으로 만든 것을 향하여 너희는 우리의 신이라 하지 아니하리이다." 여러분이 자식이나 친구를 과도하게 사랑하거나 여러분 마음에 다른 무엇이 그리스도 앞에 있는 동안은 반역에서 회복될 수 없습니다. 돈이 과도하게 여러분의 마음을 사로잡고 있거나 사회적인 위치가 그리스도보다 귀중하게 생각되는 동안은 여러분이 올바른 위치에 있을 수 없을 것입니다. 우상을 버리십시오. 그렇지 않으면 우상들이 "그리스도를 버리라"고 소리칠 것입니다. 우상을 버리든지, 그렇지 않으면 소망을 버리십시오.

끝으로, 하나님에게서 고아가 자비를 얻는다는 사실을 기억하고 그리스도 안에 나타나신 하나님께 대한 단순한 믿음으로 다시 돌아오십시오. 여러분을 돕거나 부양할 사람이 하나도 없는 고아와 같이 느끼고 영적 궁핍을 느낀다면, 하나님의 넘치는 은혜를 신뢰하고 하나님께로 돌아와 사십시오.

형제 여러분, 우리 모두 그리스도께 더 가까이 가도록 노력합시다. 우리 모두 독수리의 모토인 "더 높이"를 우리의 좌우명으로 삼읍시다. 더 높이, 더 높이, 더 높이, 그 이상으로 높이 납시다. 우리가 아직까지 알지 못한 곳에 도달하도록 노력합시다. 우리 앞에 남아 있는 것들을 굳게 붙잡아 아무도 우리의 면류관을 빼앗아가지 못하게 합시다. "오직 우리가 어디까지 이르렀든지 그대로 행할 것이라"(빌 3:16). 첫 사랑을 버리지 맙시다. "우리가 이미 얻은 것도 아니요 온전히 이룬 것도 아니니"(3:12), 뒤에 있는 것은 잊어버리고 앞에 있는 것을 잡으려고 믿음의 주요 또 온전하게 하시는 이인 예수님을 바라보고 달려갑시다(3:13; 히 12:2).

우리가 그리스도의 이름으로 구하고 기대하오니, 하나님이여, 주의 교회에 풍성한 복을 베푸시고, 이스라엘에게 이슬을 내려주시어 우리 모두가 은혜와 우리 주 예수 그리스도를 아는 지식에서 자라게 하여 주시옵소서. 아멘.

제
17
장

넘치는 은혜

"내가 기쁘게 그들을 사랑하리라." - 호 14:4

한 마디로 말하면, 이 문장은 신학의 축소판입니다. 이 문장의 의미를 이해하는 사람은 신학자이고, 그 충만한 의미를 알 수 있는 사람은 진정으로 신학의 대가입니다. "내가 값없이 그들을 사랑하리라"(개역개정은 "내가 기쁘게 그들을 사랑하리라")는 말씀은 우리의 구속자 그리스도 예수 안에서 우리에게 전달된 영광스러운 구원의 메시지의 요약입니다. 그 의미는 "값없이"라는 단어에 달려 있습니다. "내가 값없이 그들을 사랑하리라." 사랑이 하늘에서 땅으로 내리는 영광스러운 길, 적합한 길, 신성한 길이 여기에 있습니다. 그것은 실로 하나님께서 우리와 같은 자를 사랑하실 수 있는 유일한 길입니다. 하나님은 천사들을 그들의 선량함 때문에 사랑하실 수 있습니다. 그러나 그 이유로 우리를 사랑하실 수는 없었습니다. 사랑이 하나님에게서 나와 타락한 피조물들에게 이를 수 있는 방법은 "값없이"라는 단어에서밖에 찾을 수 없습니다. 여기서 우리는 받을 자격이 없고, 구입하지 않았으며 찾지도 않은 사람들에게 흘러가는 자발적인 사랑을 봅니다.

"값없이"라는 단어가 본문의 요지이기 때문에, 우리는 그 단어가 보통 사람들 사이에서 통용되는 의미를 살펴보아야 합니다. 우리는 돈 없이, 값을 치르지 않고 받는 것에 대해서 "값없이"라는 단어를 사용합니다. 이 단어는 거래를 하는 것, 곧 등가물(等價物)이나 등가물로 여길 수 있는 것을 받아들인다는 개념과 반대가 됩니다. 사람이 순전히 어떤 사람들이 궁핍한 것을 보고서 어떤 대가를 전혀 바라지 않고 자선을 베풀 때 값없이 준다고 말합니다. 사람이 전혀 보상을 요구하지 않고, 받는 것보다 주는 것이 복되다는 것을 알 때 값없이 나누어줍니다. 자, 하나님의 사랑은 완전히 무료로, 값없이 사람들에게 옵니다. 우리에게 그것을 받을 만한 공로나 그것을 구입할 돈이 없는데, 우리에게 옵니다. 나는 "와서 포도주와 젖을 사라"는 말씀이 기록되어 있는 것을 압니다. 그러나 거기에 "돈 없이, 값 없이"(사 55:1)라는 말이 덧붙여져 있지 않습니까? "내가 그들을 값없이 사랑하리라." 다시 말하자면, 이런 말씀입니다. "나는 그들의 행실을 조건으로 내 사랑을 주지 않겠다. 그들의 사랑을 내 사랑에 대한 보답으로 받지 않겠다. 그들이 아무 가치가 없는 죄인이지만 그들을 사랑하겠다."

사람들은 아무 권유가 없을 때 "값없이" 줍니다. 최근에 왕세자비가 엄청난 선물들을 받았습니다. 그것은 좋은 일입니다. 그러나 왕세자비라는 위치는 아주 대단하여서 우리는 그녀에게 다이아몬드 목걸이를 기부하겠다는 약속을 큰 선물로 보지 않습니다. 선물을 주는 사람들은 왕세자비가 받아들인다는 사실만으로 명예를 얻기 때문입니다. 하나님의 사랑이 값없다는 점은 이 사실에서 나타납니다. 즉, 하나님의 사랑을 받는 대상들은 지극히 하잘것없는 존재들이어서 하나님께 아무런 명예를 드리지 못하고, 그들에게 복을 베풀고 싶은 마음을 조금이라도 일으키게 할 수 있는 위치에 있지도 않다는 것입니다. 하나님은 그들을 값없이 사랑하십니다. 어떤 사람들은 자기 친척들에게 매우 후합니다. 그러나 다시 말하지만 그것을 두고 그들에 대해서 값없이 준다고 말할 수 없을 것입니다. 혈연적 유대가 그들을 강제하기 때문입니다. 사람들이 자기 자녀와 형제들에 대해서 후하지 않다면 그들은 아주 인색한 사람들임에 틀림없습니다. 하나님께서 원수들을 사랑하셨고, 우리가 아직 죄인이었을 때, 때가 되어 그리스도께서 우리를 위하여 죽으셨다는 이 사실에서 하나님의 후하심을 알 수 있습니다. "값없이"라는 말은, 사람들에 대한 하나님의 사랑과 관련해서 사용될 때 "아주 광대하다"는 뜻입니다. 하나님은 하나님에 대해 눈곱만큼도 어떤 주장을 할 수 없는 사람들을 택하여 하나님의 자녀들로 삼으십니다.

우리는 구하지 않았는데도 호의를 베풀 때 "값없이"라는 말을 사용합니다. 옛날 역사에서 우리의 왕 에드워드 3세가 칼레의 시민들을 용서한 일을 두고, 값없이 용서하였다고 말할 수 없을 것입니다. 그것은 우리의 왕비가 먼저 왕 앞에 엎드려 눈물을 많이 흘리면서 그들에게 자비를 베풀기를 권하였기 때문입니다. 왕이 호의를 베풀었지만 값없이 호의를 베푼 것은 아니었습니다. 어떤 사람이 거리에서 한 거지가 오랫동안 귀찮게 따라다니자 돌아서서 넉넉히 돈을 주어 시끄럽게 구걸하는 거지를 떼어버릴 수 있지만, 그것은 "값없이" 주는 것이 아닙니다. 하나님에 관해서 생각할 때, 사람에게 베푸시는 하나님의 은혜는 사람이 전혀 구하지 않은 것이라는 사실을 기억해야 합니다. 하나님께서 구하는 자들에게 은혜를 베푸십니다. 그러나 구하지 않은 은혜를 먼저 받지 않고서는 아무도 은혜를 구하지 않을 것입니다. 주권적인 은혜는 사람을 기다리지 않고, 사람 때문에 지체하지도 않습니다. 하나님의 사랑은 사람들이 하나님을 찾을 생각을 전혀 하지 않을 때, 온갖 죄와 방탕함을 추구하고 있을 때 사람들에게 나갑니다. 하나님은 사람들을 값없이 사랑하십니다. 그리고 그 사랑의 결과로 사람들이 하나님의 얼굴을 구하기 시작합니다. 그러나 하나님께서 우리를 사랑하시게 만드는 것은 우리의 구함도, 우리의 기도도, 우리의 눈물도 아닙니다. 하나님께서는 처음에 아주 값없이, 즉 아무런 부탁이나 간구가 없는데 우리를 사랑하십니다. 그 다음에 우리가 하나님의 은혜를 원하기도 하고 간구하게도 됩니다.

우리 쪽에서 아무런 노력이 없이 오는 것이 "값없이" 오는 것입니다. 옛날에 통치자들이 우물을 팠습니다. 그들은 우물을 파면서 "우물이여, 솟아나라!" 하고 노래를 불렀습니다. 아주 힘써서 우물을 파야 하는 그런 경우에, 물이 값없이 솟아난다고 말할 수 없을 것입니다. 그러나 저기 골짜기에서 샘이 언덕 중턱에서 힘차게 흘러나오면서 조약돌 위로 수정같이 맑은 물을 아낌없이 흘려보냅니다. 사람이 그 샘을 파지 않았고 도관(導管)을 설치하지도 않았습니다. 사람이 태어나기 오래 전에, 지친 나그네가 흐르는 시원한 물에 목을 축이기 위해 엎드리기 전에 이 샘이 분출하여 값없이 물줄기를 내었던 것입니다. 이 샘은 시간이 지속되는 한, 값없이, 값없이, 값없이 물을 흘려보낼 것입니다. 하나님의 은혜가 그런 것입니다. 사람의 노동이 하나님의 은혜를 산출하지 못합니다. 하나님의 은혜에 사람의 노력을 보탤 수 없습니다. 하나님은 순전히 그 본성의 필요로 인해 선하십니다. 하나님이 사랑이신 것은, 순전히 그의 본질이 그러하시기 때문입니다. 하나님은 받을 가치가 전혀 없고, 오히려 해를 받고 지옥을 받아야 마땅한 대상들에게 사랑을 풍성히 쏟으십니다. 그것은 순전히 하나님께서 "긍휼히 여길 자를 긍휼히 여기고 불쌍히 여길 자를 불쌍히 여기시기"(롬 9:15) 때문입니다. 그것은 "원하는 자로 말미암음도 아니요 달음박질하는 자로 말미암음도 아니요 오직 긍휼히 여기시는 하나님으로 말미암는"(9:16) 것입니다.

여러분이 "값없이"라는 단어의 예를 들어줄 것을 원한다면 나는 저기 해를 가리키겠습니다. 해는 생명을 주는 광선을 참으로 값없이 뿌려줍니다. 그 광선이 금처럼 귀하지만 해는 광선을 티끌처럼 뿌려줍니다. 해는 땅에 동양의 진주를 뿌리고, 땅을 에메랄드, 루비, 사파이어 같은 보석으로 장식하되, 모두 값없이 장식합니다. 여러분과 나는 햇빛을 위하여 기도하지 않고 지냅니다. 그러나 햇빛은 정한 때가 되면 옵니다. 그렇습니다. 하나님을 욕하는 불경한 자에게도 해가 떠오르고, 햇빛은 하늘 아버지의 순종 잘하는 아이만큼 그도 따뜻하게 해줍니다. 그 햇빛은 수전노의 농장도 비추고, 구두쇠의 밭도 비추며 악인들의 곡식이 쾌적한 온기 속에서 영글게 하며 수확물을 내게 해줍니다. 해는 간음한 사람의 집에도 빛을 비추고, 살인자의 얼굴에도 비추며, 도둑의 감방에도 비춥니다. 사람이 아무리 악한 죄인일지라도, 낮의 빛은 구하지 않고 찾지 않았음에도 그에게 내리쬡니다. 하나님의 은혜가 그런 것입니다. 하나님의 은혜가 오는 것은, 사람이 은혜를 찾았거나 받을 만한 자격이 있어서가 아닙니다. 그것은 순전히 해처럼 원하는 자에게 복을 베푸시는 하나님의 마음의 선하심에서 오는 것입니다. 여러분은 하늘의 부드러운 바람, 곧 점점 쇠약해 가는 사람들을 살리는 하나님의 바람, 그 부드러운 바람에 주의하십시오. 병자가 바닷가에서 소금 바다의 부드러운 바람에서 건강을 들이마시는 모습을 보십시오. 그 사람의 폐는 외설적인 노래를 뱉어내는데 사용될 수가 있습니다. 그러나 이 치료하는 바람은 삼가지 않습니다. 그것이 성인의 폐이든 죄인의 폐이든, 바람은 아무에게나 그치지 않고 붑니다. 이렇게 자비를 베푸시는 일에 있어서 하나님은 치료하는 효력을 지닌 하늘의 바람을 보내시기 전에 사람이 선하게 될 때까지 기다리시지 않습니다. 바로 그와 같이 하나님께서 바람이 불게 하시고, 그래서 전혀 받을 자격이 없는 자에게 바람이 오는 것입니다.

하늘에서 떨어지는 비를 생각해 봅시다. 비는 비옥한 땅뿐 아니라 사막에도 내립니다. 입을 크게 벌리고 감사하는 마음으로 마시는 땅뿐 아니라 비옥하게 하는 습기를 거부하는 바위에도 떨어집니다. 자, 비는 인구가 조밀한 도시의 단단히 다져진 거리에도 떨어집니다. 이곳에서는 사람들이 비를 필요로 하지 않고, 심지어 비가 오면 욕까지 합니다. 향기로운 꽃들이 비를 갈망하고, 시든 잎들이 바스락거리며 기도를 드려온 곳에서만 비가 값없이 내리는 것은 아닙니다. 하나님의 은혜가 그렇습니다. 하나님의 은혜가 우리를 찾아오는 것은 우리가 구하기 때문이 아닙니다. 우리가 그 은혜를 받을 자격이 있기 때문은 더더욱 아닙니다. 다만 하나님께서 원하시므로 하늘의 병의 마개가 열리고, 하나님께서 원하시므로 은혜가 내려옵니다. 사람이 아무리 악하고 비열하며 더럽고 믿음이 없을지라도 하나님은 긍휼히 여길 자를 긍휼히 여기실 것입니다. 하나님의 지극히 풍성한 값없는 선하심 때문에 지극히 악하고 도무지 받을 자격이 없는 자들이 하나님의 최고의 사랑을 받는 대상이 될 수 있는 것입니다.

내 말을 잘 이해하시기 바랍니다. 여러분이 이 점의 의미를 잘 이해할 때까지 설명하도록 하겠습니다. 친구 여러분, 내 말의 뜻은 이것입니다. 하나님께서 "내가 값없이 그들을 사랑하리라"고 말씀하실 때, 그것은 기도나 눈물, 선한 행실, 자선을 보고서 사람들을 사랑하시는 것이 아니라는 말입니다. 그것이 아닙니다. 사람들 안에 있는 어떤 것도 하나님께서 사람들을 사랑하시는 원인이 되지 않을 뿐만 아니라 그 밖의 어디에도 그 원인이 있지 않다는 것입니다. 심지어 그리스도의 피에 있지 않고, 하나님의 사랑하시는 아들의 신음과 눈물에도 있지 않습니다. 이런 것들은 다 하나님의 사랑의 결과이지 원인이 아닙니다. 하나님께서 사람을 사랑하시는 것은 그리스도께서 죽으셨기 때문이 아니라 아버지 하나님께서 사랑하시기 때문에 죽으신 것입니다. 이 사랑의 원천은 샘 자체에 있지, 여러분에게 있지 않고 내게도 있지 않습니다. 다만 하나님 자신의 은혜롭고 무한히 선하신 마음에 있을 뿐입니다. "내가 값없이 그들을 사랑하리라." 즉, 순전히 내가 그렇게 하기로 결정하는 것 외에 외부로부터 오는 어떤 동기도 없이 자발적으로 사랑하겠다는 말씀입니다.

본문에서 우리는 중요한 두 가지 교리를 봅니다. 나는 첫 번째 교리를 설명하며 입증하고 나서, 적용해 보도록 하겠습니다.

1. 첫 번째 중요한 교리는 사람에게는 하나님의 사랑을 이끌어낼 만한 것이 아무것도 없다는 것입니다.

우리는 이 교리를 입증해야 합니다. 우리의 첫 번째 논거는 그 사랑의 기원에서 찾을 수 있습니다. 사람에 대한 하나님의 사랑은 사람이 존재하기 전부터 있었습니다. 하나님께서는 자기의 택하신 사람들이 한 사람도 지어지기 전에 그들을 사랑하셨습니다. 아니, 사람이 거하는 세상이 지어지기 전에 하나님은 자기의 사랑하는 자들을 생각하셨고 그들을 영생에 이르도록 정하셨습니다. 그러므로 하나님의 사랑은 사람에게 어떤 선한 것이 있기도 전에 벌써 있었습니다. 만일 여러분이 하나님께서 사람들 속에 어떤 선한 것을 미리 보셨기 때문에 사람들을 사랑하셨다고 말한다면, 나는 거기에 대해서 다시 한번 그것이 하나님의 사랑의 인과관계가 될 수 없다고 말씀드립니다. 사람에게 있을 수 있는 미덕은 하나님의 은혜의 결과라는 것은 아주 확실합니다. 그것이 은혜의 결과가 될 수는 있어도 원인은 될 수 없습니다. 결과가 원인보다 먼저 존재하는 것은 도무지 있을 수 없는 일입니다. 그런데 하나님의 사랑은 사람의 선함보다 먼저 존재하였습니다. 그러므로 사람의 선함이 원인이 될 수 없습니다. 형제 여러분, 이처럼 하나님의 사랑이 오래되었다는 교리는 다이아몬드 바늘 끝으로 새기듯이 계시의 맨 앞에 새겨져 있습니다. 아이들이 태어나기 전에, 선이나 악을 행하기도 전에 선택의 뜻이 서 있었던 것입니다. 우리가 아직 진흙 덩어리와 같고, 하나님께서는 진흙 한 덩이로 하나는 귀히 쓸 그릇을, 하나는 천히 쓸 그릇을 만들 권한이 있으셨을(롬 9:21) 때, 자기 백성들을 귀히 쓸 그릇으로 만들기로 정하신 것입니다. 이것은 그의 백성들에게 있는 어떤 선한 것 때문에 될 수 있는 일이 아니었습니다. 그때는 백성들 자체가 없었는데, 하물며 어떻게 그들의 선함을 보고서 정할 수가 있겠습니까? "옳소이다 이렇게 된 것이 아버지의 뜻이니이다"(마 11:26)라는 우리 구주님의 말씀은 하나님의 사랑의 주권뿐만 아니라 값없음도 계시해 줍니다.

둘째로, 친구 여러분, 여러분은 하나님의 선하심에서 나온 이 전체 계획이 옛적의 행위 언약과 정반대가 된다는 것을 압니다. 바울은 이 점을 아주 강력하게 주장합니다. 만일 그것이 은혜로 된 것이면 행위에 속한 것일 수 없고, 그것이 행위로 된 것이면 은혜에 속한 것일 수 없다고, 이 두 가지가 뒤섞일 수 있는 가능성은 전혀 없다고 분명하게 말합니다. 하나님은 예레미야 선지자를 통해 이렇게 말씀하십니다. "이 언약은 내가 그들의 조상들의 손을 잡고 애굽 땅에서 인도하여 내던 날에 맺은 것과 같지 아니할 것은 내가 그들의 남편이 되었어도 그들이 내 언약을 깨뜨렸음이라." 은혜 언약은 행위 언약과 정반대입니다. 행위 언약의 취지는 이것입니다. 즉, "이를 행하라 그러면 살리라"(눅 10:28)는 것입니다. 그렇다면, 우리가 행위 언약이 요구하는 바를 행하여 산다면, 자신의 행위의 결과로 사는 것입니다. 그러나 은혜 언약은 그와 정반대의 경우임에 틀림없습니다. 우리가 그 언약 아래에서 구원을 받는 것이 우리가 행하는 어떤 것의 결과가 될 수 없습니다. 그렇지 않다면 그 두 언약은 같거나 아니면 적어도 비슷한 것이 됩니다. 그러나 성경 전체를 통해서 보면 두 언약은 반대되는 원칙에서 마련되었고, 또 다른 원천으로부터 작용하는 것으로 서로 대비가 됩니다. 하나님께서 여러분 속에 있는 어떤 것을 보고 사랑하실 수 있다고 생각하는 여러분, 시내산 밑에 서서 하나님께서 율법에 기초하여 사람을 받아들이시도록 만들 수 있는 것은 율법에 대한 완전한 순종뿐이라는 것을 배우시기 바랍니다. 십계명을 다 읽어보고, 여러분이 그 가운데 하나라도 전심으로 지킬 수 있는지 생각해 보십시오. 여러분은 분명히 이렇게 소리치지 않을 수 없을 것입니다. "하나님의 계명은 너무도 광대하구나. 크신 하나님, 제가 죄를 지었습니다." 여러분이 자신을 발판으로 서려고 한다면, 여러분은 반드시 10계명을 다 지켜야 하고, 평생 동안 지키되 조금이라도 부족하게 지켜서는 안 됩니다. 그렇지 않으면 여러분은 반드시 하나님의 미움을 받고 맙니다. 은혜 언약은 결코 그런 식으로 말하지 않습니다. 은혜 언약은 사람을 죄인이며, 공덕을 얻을 만한 것이 전혀 없다고 봅니다. 그래서 "내가 하리라, 내가 하리라, 내가 하리라"고 말씀합니다. "그들이 한다면"이라고 말하지 않고, "내가 하고, 저희가 하게 하리라. 맑은 물을 저희에게 뿌려서 저희로 정결하게 하되 곧 저희의 모든 더러운 것에서 저희를 정결하게 할 것이라"(겔 36:25)고 말씀하십니다. 은혜 언약은 사람을 결백하다고 보지 않고 죄 있다고 봅니다. "내가 저희 곁으로 지나갈 때에 저희가 피투성이가 되어 발짓하는 것을 보고 저희에게 이르기를 너는 피투성이라도 살아 있으라 다시 이르기를 너는 피투성이라도 살아 있으라 하였느니라"(16:6). 첫 번째 언약은 계약이었습니다. 즉, "이것을 행하라. 그러면 내가 저것을 행하리라"는 것이었습니다. 그러나 두 번째 언약은 거래의 조건이 전혀 없습니다. 즉, "내가 네게 복을 베풀겠다. 계속해서 네게 복을 베풀겠다. 비록 네가 허물이 많을지라도 계속해서 네게 복을 베풀어 마침내 네가 온전해져서 내 영광에 이르도록 하겠다." 그렇다면 사람에게 하나님께서 사람을 사랑하시게 만들 만한 것이 있을 수 없습니다. 이 언약의 전(全) 계획이 행위 언약과 반대되기 때문입니다.

셋째로, 하나님의 사랑의 본질, 곧 하나님의 사랑에서 나오는 그 언약의 본질을 생각할 때, 하나님께서 사람을 사랑하게 만드시는 것이 사람의 선함일 수 없다는 것이 분명히 입증됩니다. 만일 여러분이 사람에게 매우 선한 것이 있어서 하나님이 그에게 먹을 떡과 입을 옷을 주셨다고 말한다면 나는 여러분의 말이 옳다고 믿을지 모르겠습니다. 사람의 우수함 때문에 하나님이 사람의 코에 생기를 주고 이 세상의 위안거리들을 주시지 않을 수 없었다고 말한다면 여러분의 말에 수긍할지 모르겠습니다. 그러나 나는 저기에서 하나님께서 친히 사람이 되신 것을 봅니다. 사람이신 그 하나님께서 마침내 나무에 달리신 것을 봅니다. 그 분이 나무에 달려서 우리가 알 수 없는 고통 가운데 죽으시는 것을 봅니다. 그가 이렇게 두려운 비명을 지르시는 것을 듣습니다. "나의 하나님, 나의 하나님, 어찌하여 나를 버리셨나이까?" 나는 우리 모든 사람을 위하여 값없이 내어주시는 것이 아니면 목숨을 잃을 수 없었던 하나님의 독생자의 그 두려운 희생을 봅니다. 그래서 만일 내가 사람이 그리스도의 죽음과 같이 놀라운 선물을 받을 만한 자격이 조금이라도 있을 수 있다고 인정한다면, 그것은 바로 신성모독이 될 것이라고 확신합니다. 영원히 순종하는 하늘의 천사들조차도 육신을 입고 자기들을 위하여 죽으시는 그리스도와 같은 큰 선물을 받을 자격이 있을 수 없습니다. 아, 온통 더럽기 짝이 없는 우리가 그 소중한 십자가를 보고 "나는 저 구주님을 받을 자격이 있다"고 말할 수 있겠습니까? 형제 여러분, 이것이 악마 같은 교만의 절정이라면 우리는 절대로 이 교만에 떨어지지 맙시다. 그보다 우리는 이와 같이 놀라운 사랑을 받을 자격이 있을 수 없고, 그것은 틀림없이 하나님이 뜻하신 숨은 동기에서 나왔을 것이며, 우리 안에 있는 어떤 선한 것 때문일 수가 없다고 생각합시다.

그 다음에, 여러분이 하나님의 사랑의 본질뿐 아니라 하나님의 사랑의 대상들을 기억한다면 하나님으로 사람들을 사랑하시지 않을 수 없게 만드는 것이 사람에게 있는 어떤 것일 수 없다는 것을 금방 알게 될 것입니다. 하나님이 사랑하시는 대상들은 누구입니까? 바리새인들, 곧 일주일에 두 번 금식하고 모든 소유의 십일조를 내는 사람들입니까? 아닙니다. 그렇지 않습니다. 그들이 아닙니다. 율법에 저촉되는 것이 없고, 종교적인 예식들을 하나도 빠짐없이 행하는 도덕주의자들입니까? 아닙니다. 세리와 창기들이 그들보다 먼저 하나님 나라에 들어갑니다. 누가 하나님의 택하신 자들입니까? 하늘에 있는 모든 족속에게 말해보라고 하십시오. 그러면 이렇게 말할 것입니다. "우리가 옷을 빨았느니라. (이들은 그렇게 할 필요가 있었습니다. 옷이 검었기 때문입니다). 어린 양의 피에 옷을 씻어 희게 하였느니라"(계 7:14). 땅에 있는 성도들 가운데 아무에게나 물어보십시오. 그러면 그들은 자기 안에서 선한 것을 조금도 찾을 수 없었다고 말할 것입니다. 나는 어느 정도 희망을 갖고서 내 마음을 살펴보았으나 하나님께서 나를 사랑하시지 않을 수 없는 이유를 내게서 조금이라도 찾기는커녕, 오히려 하나님이 나를 멸하시고 그의 앞에서 영원히 쫓아내시지 않을 수 없는 이유를 수만 가지나 볼 수 있었습니다. 우리가 품고 있는 생각 가운데 아무리 좋은 것이라도 죄로 더러워져 있습니다. 우리의 믿음조차도 불신앙과 뒤섞여 있습니다. 우리가 하나님께 드린 아무리 귀한 헌신도 하나님이 마땅히 받으셔야 할 것에 비하면 너무도 열등하고, 결점과 흠으로 훼손되어 있습니다. 하나님의 충실한 종들 가운데 한때는 사탄의 극악한 종들이었던 사람들이 많다는 것을 기억하시기 바랍니다. 한때 창기의 친구들이었던 사람들이 지금은 지존하신 하나님의 성도들이라는 사실이 놀랍습니까? 술고래, 하나님의 이름으로 욕하는 사람들, 하나님의 법뿐 아니라 사람의 법도 어기는 사람들, 우리가 그런 사람들이었습니다. 그러나 우리가 씻음을 받았습니다. 정결케 되었고, 거룩하게 되었습니다. 나는 자신에게 하나님의 인정을 받을 만한 선함이 있다는 생각을 잠시라도 용인하는 사람을 한 명도 만나지 못했고, 앞으로도 만나지 못할 것입니다. 그렇습니다. 내가 악하고 죄많은 자이오니, 하나님이여, 주께서 저를 긍휼히 여기신다면 그것은 순전히 주께서 저를 긍휼히 여기시고자 하기 때문입니다. 내게는 아무 공로가 없기 때문입니다.

그 다음에, 우리는 성경에서 하나님의 사랑과 그 사랑의 열매가 선물이라는 사실을 끊임없이 봅니다. "죄의 삯은 사망이요 하나님의 은사는 영생이니라"(롬 6:23). 자, 만일 하나님께서 여러분과 나와 계약을 하고 "네가 이렇게 저렇게 하면 이것을 주겠다"고 말씀하신다면, 나를 값없이 사랑하시는 것이 아닙니다. 그러나 선물이 후에 받을 어떤 보답에 대한 것이 아니라 순전히 그냥 주어지는 것이라면, 그것은 정말로 순수하게 선물입니다. 그와 같이 본문이 "내가 값없이 그들을 사랑하리라"고 말하는 것은 옳은 것입니다. 자, 하나님의 선물은 영생입니다. 사랑하는 여러분, 여러분과 내가 과연 영생을 얻는다면, 하나님의 값없는 선물로 얻는 것이지, 우리가 벌어들인 삯으로 받는 것이 아닙니다. 우리의 형편없는 삯은 우리에게 죽음만 가져다줄 뿐이기 때문입니다. 오직 하나님의 선물만이 우리에게 생명을 줄 수 있습니다.

하나님의 말씀 도처에서 하나님의 사랑이 아주 크게 칭송을 받습니다. 우리는 하늘이 땅보다 높음 같이 하나님의 길이 우리의 길보다 높다(사 55:9)는 말을 듣습니다. 자, 만일 하나님께서 사람들을 그들의 사랑스러운 어떤 점 때문에 사랑하신다면, 그 사랑에 놀라운 점이 아무것도 없을 것입니다. 여러분과 나도 그런 일은 할 수 있습니다. 나는 도덕적으로 뛰어난 사람을 사랑할 수 있을 것입니다. 여러분에 대한 어떤 사람의 행동이 고맙고 선한 것이라면 그를 사랑하지 않을 수 없을 것이고, 여러분이 그런 사람을 사랑하지 않는다면 여러분에게 잘못이 있다고 생각할 것입니다. 말씀드리기 황송하지만, 만일 사람에게 선한 것이 있다면 하나님께서 사람을 사랑하시는 것은 전혀 놀라운 일이 아닙니다. 하나님께서 사랑하시지 않는다면 부당한 일일 것입니다. 본래 사람에게 어떤 미덕이 있다면, 칭찬할 만한 것이 있다면, 기특하게 여길 만한 회개가 있거나 받아들일 만한 믿음이 있다면, 사람은 사랑받아야 마땅합니다. 이것은 시대를 놀라게 할 만한 일이 아니고, 천사들이 칭송할 일도 아니며, 작은 산과 큰 산들이 놀라서 움직일 만한 일도 아닙니다. 그러나 하나님께서 온통 악하기 짝이 없는 사람을 사랑하신다는 것, 사람을 미워할 이유밖에 없고, 사람에게 선이라곤 눈곱만큼도 없는데 사람을 사랑하신다는 것, 이것은 바위들로 침묵을 깨트리게 하고 산들로 소리 높여 노래할 만하게 만드는 일입니다.

이것이 첫 번째 교리입니다. 나는 오늘 아침 이 교리에 대해 말하고 싶은 대로 말할 수가 없습니다. 목소리에 힘이 너무 없고, 말하는 것이 힘들어서 마음을 집중할 수가 없습니다. 하지만 내가 이 교리에 대해 어떻게 말하느냐 하는 것은 중요하지 않습니다. 이 주제 자체가 진정으로 깨어 있는 사람에게는 위로를 줄 수 있는 것이 충만하여서 내 미사여구가 필요 없기 때문입니다. 최고의 진미는 나이프와 포크를 잘 사용하는 기술이 필요 없습니다. 뛰어난 맛 때문에 음식을 얼마든지 잘 먹을 수 있을 것입니다.

그러면 이 교리가 어떻게 실제로 사용됩니까? 자기 의를 굳게 세우려고 하는 여러분에게 여러분의 행실과 육체적 신뢰에 대한 치명타가 여기 있습니다. 하나님은 공로를 보고서 여러분을 사랑하시지 않고, 값없이 사랑하실 것입니다. 그렇다면 무엇 때문에 여러분이 양식이 아닌 것을 위하여 은을 달아 주며 배부르게 하지 못할 것을 위하여 수고합니까(55:2)? 여러분이 하고 싶으면 자랑할 수 있지만, 악한 자들 가운데 가장 악한 자와 다름없는 사람으로 하나님께 와야 할 것입니다. 여러분이 하나님께 올 때, 여러분이 사람들 가운데서 가장 훌륭한 사람일지라도 마치 더할 수 없이 천한 사람을 받아들이는 것처럼 받아들여지지 않을 수 없을 것입니다. 그러므로 이렇게 근거 없는 의를 믿고 바쁘게 돌아다니지 말고, 자신의 어떤 행실도 내세우지 않고 여러분의 현재 모습 그대로 예수님께 오십시오. 그렇게 오든가 그렇지 않으면 예수님께 오지 말아야 합니다. 하나님께서 "내가 값없이 그들을 사랑하리라"고 말씀하셨으니, 그 외의 다른 어떤 방식으로는 여러분을 사랑하시지 않을 것이 분명합니다. 여러분이 지금 천국에 가려고 애를 쓰고 있다고 생각하지만, 사실은 고작 자기 의라는 산을 통과하여 지옥의 심연으로 내려가는 길을 뚫고 있을 수가 있습니다.

이 교리는 자신이 그리스도께 가기에 적합하지 못하다고 생각하는 사람들에게 위로를 줍니다. 여러분은 본문의 말씀이 그리스도께 가기에 스스로 적합하다고 여기는 모든 생각에 치명타가 된다고 보지 않습니까? "내가 값없이 그들을 사랑하리라." 하나님께서 여러분을 사랑하시기 전에 여러분에게 필요한 어떤 적합성이 있다면 하나님은 여러분을 값없이 사랑하시는 것이 아닙니다. 적어도 그 점은 하나님의 사랑의 값없음을 약화시키고 약점으로 작용할 수 있을 것입니다. 그러나 하나님은 "내가 값없이 너를 사랑하리라"고 말씀하십니다. 여러분은 말합니다. "주여, 하지만 제 마음이 너무 완고합니다." "내가 값없이 너를 사랑하리라." "하지만 저는 그리스도를 아주 절실히 필요로 하지 않습니다." 주님은 말씀하십니다. "내가 너를 사랑하는 것은 네가 나를 필요하다고 느끼기 때문이 아니다. 내가 너를 값없이 사랑하리라." "하지만 저는 원하는 만큼 마음이 부드러워진 것 같지 않습니다." 마음이 부드러워지는 것이 하나님의 사랑을 받는 조건이 아니라는 점을 기억하시기 바랍니다. 아무 조건이 없습니다. 은혜 언약은 아무 조건이 없습니다. 이런 것이 다윗이 조건 없이 받은 확실한 자비들입니다. 그래서 주께서 "그를 믿는 자는 정죄를 받지 아니하는 것이요"(요 3:18)라고 말씀하셨을 때, 적합한 조건이 전혀 없는 여러분이 와서 그리스도 예수 안에서 여러분에게 주신 약속을 붙잡을 수 있는 것입니다. 어떤 적합한 조건도 필요 없습니다. "내가 값없이 그들을 사랑하리라." 길에서 잡동사니와 쓰레기를 모두 치워버리십시오! 여러분이 하나님의 은혜는 값이 없다는 것을, 준비 없이, 적합한 조건 없이, 돈 없이, 값없이 여러분에게 거저 주어진다는 것을 알면 좋겠습니다!

이 중요한 교리를 실제로 사용하는 것은 이것이 끝이 아닙니다. 여러분 가운데 이렇게 말하는 사람들이 있습니다. "오늘 아침 내 자신이 너무 무가치한 것 같아. 나는 하나님께서 우리 어머니에게 복을 주시고, 그리스도께서 내 누이를 불쌍히 여기시리라는 것은 충분히 믿을 수 있어. 저기 있는 사람이 구원받을 수 있다는 것은 이해가 돼. 하지만 내가 어떻게 구원받을 수 있을지 모르겠어. 나는 너무도 하잘것없는 존재야." "내가 값없이 그들을 사랑하리라." 이 말씀이 여러분의 경우에 해당되지 않습니까? 여러분이 모든 피조물 가운데 가장 보잘것없는 존재라고 할지라도, 여러분이 죄를 더욱더 지어 모든 죄인들 가운데 가장 추하고 악한 죄인이 되었다고 할지라도, "내가 값없이 그들을 사랑하리라"는 말씀으로 인해 가장 악한 자나 가장 훌륭한 자나 다 같이 동등한 입장이 되고, 마귀에게조차 버림받은 여러분이라도 가장 희망적인 사람과 동등하게 됩니다. 사람은 어느 누구도 하나님의 사랑을 받을 만한 이유가 없습니다. 여러분이 하나님의 사랑을 받을 만한 것이 전혀 없을지라도 사람들 가운데 가장 훌륭한 사람보다 더 나쁘지 않습니다. 그 사람에게도 그런 것이 전혀 없기 때문입니다. 하나님의 은혜와 사랑이 오랫동안 그것을 구한 사람들에게 오는 것만큼 값없이 여러분에게도 올 수 있습니다. 하나님께서 "나는 나를 찾지 아니하던 자에게 찾아냄이 되었노라"(사 65:1)고 말씀하셨기 때문입니다.

여기서 한 가지 더 살펴볼 점이 있습니다. 나는 이 주제가 반역자들에게 돌아오라고 권유한다고 생각합니다. 사실, 본문의 말씀은 특별히 그런 자들을 위해 기록되었습니다. "내가 그들의 반역을 고치고 값없이 그들을 사랑하리라." 집에서 멀리 도망간 아들이 여기 있습니다. 그는 군대에 들어갔습니다. 그런데 부대에서 아주 나쁘게 행동하여 군대에서 쫓겨날 수밖에 없게 되었습니다. 그는 외국에서 아주 타락한 생활을 하였기에 병으로 몸이 쇠약해졌습니다. 등에는 누더기를 걸쳤습니다. 그는 부랑자와 악한으로 소문이 났습니다. 그가 집을 떠날 때는 아버지 마음을 괴롭게 할 목적으로 그렇게 했습니다. 그래서 그의 어머니는 백발로 슬피 울며 세상을 떠났습니다. 어느 날 이 젊은이가 사랑이 가득 담긴 편지를 받았습니다. 아버지는 편지에서 이렇게 씁니다. "아들아, 돌아오너라. 네 모든 행동을 용서하마. 값없이 너를 사랑하겠다." 그러나 만일 아버지가 이렇게 썼다고 생각해 보십시오. "네가 돌아와서 내게 이런저런 약속을 한다면 너를 사랑하마!" 혹은 "네가 미래를 생각해서 점잖게 행동하면 너를 사랑하마." 그러면 그 젊은이의 교만한 성격이 다시 살아나리라고 충분히 생각할 수 있습니다. 그러나 아버지가 그렇게 무조건적인 친절을 보이면 틀림없이 그의 마음이 녹을 것입니다. 아버지의 너그러운 권유에 마음이 즉시 무너져서, 그는 "내가 더 이상 아버지의 뜻을 거스르지 않고 당장에 돌아가겠다"고 말할 것입니다. 반역자여! 아무 조건 없이 돌아오라고 그대를 초대합니다. 하나님은 "나는 너희 남편임이라"(렘 3:14)고 말씀하십니다. 예수께서 진정으로 여러분을 사랑하셨다면 지금까지 여러분을 사랑하기를 그치신 적이 없는 것입니다. 여러분은 은혜의 수단들을 사용하기를 그쳤을지 모릅니다. 기도에 게을렀을 수도 있습니다. 그러나 여러분이 과연 하나님의 자녀라면 지금도 하나님의 자녀인 것입니다. 하나님께서는 이렇게 소리치십니다. "내가 어찌 너를 버리겠느냐? 내가 어찌 너를 아드마 같이 놓겠느냐? 어찌 너를 스보임 같이 두겠느냐? 나의 긍휼이 온전히 불붙듯 하도다 내가 하나님이요 사람이 아님이라(호 11:8,9). 내가 자비로 그에게 돌아가리라. 반역하는 자여, 돌아와서 상한 네 아버지의 얼굴을 구하라." 나는 어디에선가 이렇게 중얼거리는 소리가 들리는 것 같습니다. "이것은 정말로, 정말로, 정말로 도덕률폐기론자의 교리다." 예, 항의하는 자여, 이것은 그대가 어느 날 꼭 필요로 할 교리입니다. 이것만이 정말로 정신을 차린 죄인들의 경우를 해결할 수 있는 교리입니다. "우리가 아직 죄인 되었을 때에 기약대로 그리스도께서 경건하지 않은 자를 위하여 죽으심으로 우리에 대한 자기의 사랑을 확증하셨느니라"(롬 5:6,8).

"내가 값없이 그들을 사랑하리라"고 기록되어 있으므로, 우리는 이 사실을 믿습니다.

2. 사람에게 있는 어떤 것도 하나님의 사랑을 실제로 가로막는 장애물이 될 수 없다는 것입니다.

이 교리는 또 다른 형태로 표현할 수 있습니다. 사람에게 있는 어떤 것도 하나님의 사랑을 일으키는 원인이 될 수 없듯이, 사람에게 있는 어떤 것도 하나님의 사랑을 가로막는 장애물이 될 수 없습니다. 실제로 하나님께서 사람을 사랑하지 못하도록 막는 장애물이 될 수 없다는 것입니다. 내가 그 점을 어떻게 입증할까요? 만일 사람에게 하나님의 은혜를 가로막을 수 있는 것이 있다면 그것이 인류 가운데 어느 누구에게나 하나님의 은혜가 오는 것을 실제로 막는 장애물이 되었을 것입니다. 모든 사람이 아담의 허리에 있었습니다. 여러분에게 하나님의 사랑이 오는 것을 막는 장애물이 있었다면 그 장애물이 아담에게도 있었을 것입니다. 그러면 결과적으로 그것이 하나님의 사랑이 인류에게 미치는 것을 막는 장애물이 되었을 것입니다. 하나님께서 여러분에게 실제로 은혜를 베푸시지 못하게 막을 수 있는 어떤 죄가 여러분에게 있다면, 여러분이 아담의 허리에 있었으므로 그 죄가 아담에게도 있었고, 그러므로 하나님의 은혜가 인류 가운데 어느 누구에게도 미치지 못하도록 차단하는 장애물이 되었을 것입니다. 하나님의 은혜가 뛰어넘을 수 없는 장벽이 없고, 터트려 무너트릴 수 없는 수문이 없으며 그 꼭대기를 덮을 수 없는 산이 없으므로, 여러분에게 하나님께서 은혜를 베풀 수 없게 막을 것은 아무것도 없다고 확신합니다.

그뿐 아니라, 만일 사람에게 어떤 장애물이 있다면, 그 장애물이 틀림없이 구원받은 사람들의 구원도 방해하였을 것이라고 사람들은 생각할 것입니다. 여러분이 얘기하고 싶은 죄를 아무것이라도 말해 보십시오. 나는 사람들이 그런 죄들을 범했음에도 불구하고 구원을 받았다는 점을 여러분에게 확실히 말씀드릴 것입니다. 추잡한 간음이든지 살인이든지 간에 사람의 평판을 영원히 먹칠할 행위를 예로 들어보십시오. 그런 죄도 하나님의 사랑이 다윗에게 흘러가는 것을 막지 못했습니다. 설사 여러분이 그 정도까지 죄를 범했다고 할지라도, 내 생각에 이 자리에 그 이상으로 죄를 범한 사람은 없다고 생각하는데, 그런 죄조차도 하나님의 사랑이 여러분에게 빛을 비추는 것을 막을 수 없습니다. 므낫세의 경우를 들어보겠습니다. 그는 무죄한 사람들의 피를 많이 흘렸습니다. 또 우상들 앞에 절하였습니다. 더욱이 악한 것은 자기 자녀들을 힌놈에게 바치기 위해 불 가운데로 지나가게 하였고, 거짓 신에게 제물로 바치기 위해 자기 자녀를 죽였습니다. 그 모든 일에도 불구하고 하나님의 사랑이 그를 붙들었고, 그래서 므낫세가 한때는 지옥에서 망한 자처럼 악했지만 하늘의 빛난 별이 되었습니다. 여러분에게 하나님께서 여러분을 사랑하실 수 없을 것이라고 생각하게 만드는 것이 있을지라도, 하나님의 사랑을 막는 일은 불가능하다고 말씀드립니다. 여러분의 죄가 죄인 가운데 괴수인 사람의 죄보다 크지 않은 것이 확실하기 때문입니다. 바울이 자신을 죄인 가운데 괴수라고 말했는데, 진심으로 그렇게 생각했습니다. 그는 성령의 감동을 받아 말했기 때문에, 그의 말이 사실인 것이 분명합니다. 죄인들 가운데 가장 큰 죄인이 그 좁은 문을 통과하였다면 그 다음으로 큰 죄인도 통과할 수 있는 것입니다. 세상에서 가장 큰 죄인이 구원을 받았다면 여러분과

나도 구원받을 수 있는 가능성이 있는 것입니다. 우리가 죄인 가운데 괴수만큼 큰 죄인이 될 수는 없기 때문입니다. 그러나 설사 우리가 죄인 가운데 괴수일지라도, 설사 우리가 바울보다 더 큰 죄인이 될 수 있을지라도 그것이 하나님의 사랑을 막는 장벽이 될 수 없습니다. 사람의 죄에 대해서 말하자면, 그것은 유한한 피조물의 행위에 지나지 않습니다. 그러나 하나님의 은혜는 무한히 선하신 분의 행위입니다. 나는 여러분의 죄를 결코 낮게 볼 생각이 없습니다. 그 죄들은 역겹고, 그 자체로 흉악한 것입니다. 그럼에도 불구하고 그 죄들은 여전히 한낮 피조물의 행위, 곧 오늘 있다가 내일 짓밟혀 죽고 마는 벌레의 행위에 지나지 않습니다. 그러나 하나님의 은혜, 하나님의 사랑, 하나님의 긍휼하심, 아, 이런 것은 무한하고, 변치 않으며, 영원하고, 끝이 없고, 비할 데 없으며, 끌 수 없고, 정복할 수 없는 것입니다. 그러므로 하나님의 은혜는 여러분의 죄와 죄책을 이길 수 있고, 그것들보다 더 강하다는 것을 입증할 수 있습니다. 그렇다면 하나님의 은혜를 막는 장애물은 없는 것입니다. 그렇지 않다면 다른 사람들의 경우에 하나님의 은혜를 막는 장애물이 있었을 것입니다.

하나님의 사랑이 자기에게로 흘러오는 것을 실제로 막는 어떤 것이 있는 사람이 있다면, 그 사실은 하나님의 주권을 손상시키지 않겠습니까? 그렇다면 하나님께서 "내가 긍휼히 여길 자를 긍휼히 여기리라"(롬 9:15)고 말씀하실 수 없을 것입니다. 그보다는 이렇게 말씀하시게 될 것입니다. "내가 긍휼히 여길 수 있는 자를 긍휼히 여기리라. 하지만 이런저런 사람이 있는데, 그런 사람에게는 긍휼을 베풀 수 없다. 그는 너무 지나쳤기 때문이다." 그러나 하나님은 그렇게 말씀하시지 않았습니다. 다음과 같이 말씀하신 것을 인하여 하나님께 영광을 돌립시다. "내가 긍휼히 여길 자를 긍휼히 여기리라." 마귀는 이렇게 말할지 모릅니다. "뭐라고요, 그 사람을, 그 사람을 긍휼히 여긴다고요! 그는 너무 심했어요." 그러나 하나님은 말씀하십니다. "아, 내가 긍휼히 여기려고 한다면, 그는 너무 지나친 것이 아니다. 내가 그를 긍휼히 여길 것이다." 나는 본문이 "내가 기꺼이 받으려고 하는 자에게 긍휼을 베풀 것이라"고 하지 않고 "내가 회개하는 자에게 긍휼을 베풀 것이라"고도 하지 않으며, "내가 긍휼히 여길 자를 긍휼히 여기리라"고 말씀하는 것을 똑똑히 보았을 때만큼 하나님의 은혜의 무한한 주권을 생생하게 느낀 적이 없습니다. 그래서 하나님이 여러분을 구원하시고자 하면 그것을 막는 장애물이 있을 수 없습니다. 막는 것이 있다면, 하나님의 주권을 훼손하고 제한

하는 것이 될 것입니다.

그런 것이 있다면, 그것이 하나님의 은혜를 깎아내리는 큰 비방이 되지 않겠습니까? 내가 예수 그리스도께서 용서하실 수 없을 만큼 악한 죄인을 찾아낼 수 있다고 생각해 봅시다. 그렇다면 지옥의 마귀들이 그를 전리품으로 데리고 거리를 지나갈 것입니다. 마귀들은 말할 것입니다. "이 사람은 하나님을 이긴 자다. 그의 죄는 너무 커서 하나님의 은혜가 덮을 수 없었다." 바울 사도는 뭐라고 말합니까? "죄가 더한 곳에." 불쌍한 죄인이여, 저것이 여러분의 경우입니다. "죄가 더한 곳에." 여러분이 지난 밤과 그 밖의 마음이 악했던 때에 범했던 죄들이 저기에 있습니다. 그래서 어떻게 되었습니까? 정죄를 받았습니까? 어찌할 도리가 없는 절망에 떨어졌습니까? 아닙니다. "죄가 더한 곳에 은혜가 더욱 넘쳤느니라"(롬 5:20). 나는 우주의 거대한 투기장에서 벌어지는 싸움을 보고 있는 것 같습니다. 사람이 죄를 산더미처럼 쌓아올립니다. 하나님께서 거기에 맞서 그보다 더 높이 은혜를 쌓아올리십니다. 사람이 여전히 죄 위에 죄를 산처럼 쌓아올립니다. 그러나 하나님은 그보다 열 배나 많은 은혜로 죄의 꼭대기를 덮어버리십니다. 이 싸움이 계속되다가 마침내 전능하신 하나님께서 마치 파리를 알프스 산 아래 묻어버리듯이 산들을 뿌리까지 뽑아 인간의 죄를 그 밑에 묻어버리십니다. 많은 죄가 차고 넘치는 하나님의 은혜를 막는 장벽이 결코 되지 못합니다.

그렇다면, 사랑하는 여러분, 복음이 그 마음에 뚫고 들어갈 수 없는 사람이 있다는 것이 입증될 수 있다면 그 사실이 복음의 영광을 손상시키지 않겠습니까? "모든 사람이 받을 만한"(딤전 1:15) 복음이 해결할 수 없는 경우들이 있다고 생각해 보십시오. 내가 너무 중한 병에 걸려서 복음이라는 치료약으로도 고칠 수 없는 사람들을 열두 명 찾아냈다고 생각해 보십시오. 아, 그렇다면 나는 입을 다물고 그리스도의 십자가를 일절 자랑하지 못할 것입니다. 나는 더 이상 사도처럼 "내게는 우리 주 예수 그리스도의 십자가 외에 결코 자랑할 것이 없도다"(갈 6:14)라고 말할 수 없을 것입니다. 그런 사람들이 있다면, 복음이 믿는 모든 자에게 구원을 주시는 하나님의 능력이 되지 못할 것이기 때문입니다. 그러나 나는 이 강단에 설 때마다 모든 경우에 적합한 복음을 전할 수 있다는 것이 기쁨이 됩니다. 언젠가 한 친구가 내게 때로 아주 평판이 나쁜 사람들이 많이 슬그머니 이 자리에 들어온다고 말하였습니다. 그 점에 대해 하나님께 감사드립니다. 어떤 사람들은 말했습니다. "아, 그 사람들은 그저 웃자고 온 것일 뿐입니다." 신경 쓸 것 없습니다. 그들이 온다면 감사할 일입니다. "아, 하지만 그 사람들은 복음을 조롱할 것입니다" 하고 말하는 사람들이 있습니다. 괜찮습니다. 하나님께서는 조롱하는 자들을 울게 만드시는 법을 알고 계십니다. 우리는 지극히 악한 자들에 대해 희망을 갖고, 지극히 절망적인 자들을 위해 애씁시다.

하나님의 사랑은 아무리 극단적인 경우라도 해결하는 수단을 제공하였습니다. 그 수단은 두 가지입니다. 하나는 그리스도의 능력이고, 또 하나는 성령님의 능력입니다. 여러분은 죄가 장벽이라고 말합니까? 나는 이렇게 말하겠습니다. "사람에 대한 모든 죄와 모독은 사하심을 얻으리라"(마 12:31). "그 아들 예수의 피가 우리를 모든 죄에서 깨끗하게 하실 것이요"(요일 1:7). 그리스도의 속죄가 사람들에게서 온갖 종류와 크기와 색깔의 죄악을 제거할 수 있습니다. "너희의 죄가 주홍 같을지라도 눈과 같이 희어질 것이요 진홍 같이 붉을지라도 양털 같이 희게 되리라"(사 1:18). 어떤 사람은 이렇게 외칩니다. "아, 사람의 완고한 마음이 하나님의 사랑을 방해하는구나." 사랑하는 여러분, 성령님께서는 언제든지 완고한 마음을 다루실 수 있습니다. "이스라엘의 거룩하신 이를 제한하지 마십시오." 너무 딱딱해서 하나님께서 처리하실 수 없는 것이 있습니까? 여러분은 불신앙이 장애물이라고 말합니다. 내 대답은 "아니요"입니다. 성령께서는 믿지 않는 자를 믿게 만드실 수 있습니다. 그렇습니다. 성령께서 일단 오셔서 믿지 않는 아주 완고한 마음과 실제로 접촉하시면, 그 마음은 즉시 믿을 수밖에 없게 됩니다. 여러분이 아시는 저 간수를 보십시오. 그는 불과 몇 분 전에 바울을 차꼬에 채웠습니다. 이런 그가 어떻게 되었습니까? "내가 어떻게 하여야 구원을 받으리이까?"(행 16:30). 사도가 "믿으라"고 말하자 그는 정말로 믿고, 어린아이처럼 고분고분해집니다. 사람이 하나님을 이긴다고 생각하는 사람들을 데려와 보십시오! 하나님께서 이 시간에 잔인하기 짝이 없는 박해자, 지극히 추악하고 방탕한 자를 제지하기로 마음먹으셨다면, 하나님이 음흉하기 짝이 없는 무신론자를 성도들 가운데 지극히 빛나는 사람으로 변화시키기로 마음먹으셨다면, 그 길에 하나님을 막을 수 있는 것은 아무것도 없습니다. 전능한 사랑이 순식간에 그 일을 할 수 있습니다. 그리스도의 피로 깨끗하게 하고, 성령의 능력으로 속사람을 새롭게 하는 수단이 제공됩니다. 그러므로 나는 사람에게 하나님의 사랑을 막을 수 있는 것은 아무것도 없다는 것이 의심할 수 없는 확고한 사실이라고 말씀드립니다.

사람들은 "이 복음이 어떻게 실제로 사용되느냐"고 말합니다. 이 복음은 자비의 문을 활짝 여는데 실제로 사용됩니다. 나는 언제나 죄인들 가운데 괴수와 같은 사람들에게 자비의 문을 조금 열어두는 설교를 하기 좋아합니다. 수년 동안 이런 생각을 해왔던 사람이 우연히 여기에 들렀습니다. "나는 젊은 날에 죄에 깊이 빠졌어. 그 이후로 내내 타락한 생활을 하였지. 내게는 아무 소망이 없어." 여러분이 지금까지 행한 모든 것이 여러분에 대한 하나님의 사랑을 막는 장애물이 되지 않는다는 것을 말씀드립니다. 이는 하나님께서 여러분 안에 있는 어떤 선한 것 때문에 여러분을 사랑하시는 것이 아니기 때문입니다. 그래서 하나님이 여러분을 사랑하시려고 한다면 여러분에게 있는 악한 것이 하나님이 여러분을 사랑하시는 것을 막을 수 없습니다. 나는 여러분이 이렇게 하였으면 좋겠습니다. 여러분과 같은 사람들이 십자가 밑에 와서 이렇게 말하는 것을 보았습니다.

"내 영혼에서 검은 점을 지우기를 기다리지 않고
내 모습 그대로
그 피로 모든 얼룩을 씻을 수 있는 하나님의 어린 양,
주께로 내가 갑니다."

여러분이 지금 마음으로 그리스도 안에 있는 하나님의 사랑을 믿을 수 있다면 여러분은 구원받았습니다. 여러분이 어떤 사람이든지 상관없이 오늘 아침 구원받았습니다. 그러니 이 예배당을 나갈 때는 중생한 사람이 되어 있을 것입니다. 여러분이 예수님을 믿었기 때문입니다. 그러므로 하나님의 사랑이 여러분에게 이른 것입니다. 하나님께서 여러분의 모든 과거 생활을 잊으셨고 용서하셨습니다. 과거의 모든 배은망덕과 불경한 언행, 죄를 바다 깊은 곳에 던져버리셨습니다. 동이 서에서 먼 것 같이 하나님께서 여러분의 죄를 여러분에게서 멀리 옮기셨습니다. 나는 오늘 아침의 설교를 들었다면 기뻐서 춤을 추었을 때가 있었습니다. 나는 오늘 아침 설교하면서 깊은 만족감과 기쁨을 느낍니다. 이 설교가 묶여 있는 사람들에게 감옥을 열어주는 것이라고 믿기 때문입니다. 그리스도는 의인을 위하여 죽지 않고 죄인들을 위하여 죽으셨습니다. 우리의 죄를 위하여 자신을 주셨지, 우리의 의를 위해 주신 것이 아닙니다. 이 오래된 루터교회의 교리, 곧 오래된 천주교회를 그 기초까지 흔들어 놓은 이 중대한 교리는 틀림없이 불쌍한 죄인들에게 위로와 평안을 줍니다. 나는 많은 사람들이 이 교리에서

아무것도 보지 못하리라는 것을 압니다. 당연히 병자가 아니면 아무도 치료하는 약을 가치 있게 보지 않습니다. 나는 이 자리에 이 설교가 자기에게 해당되지 않는다고 생각하는 사람들이 있다는 것을 압니다. 성령께서 그 사람들이 이 위로를 받아들이게 해 주시기를 바랍니다. 성령께서 그들을 움직이시지 않는 한, 그들은 받아들이려고 하지 않을 것입니다. 우리 가운데는 어리석은 환자와 같은 사람들이 너무 많습니다. 그들은 의사의 약을 먹으려고 하지 않습니다. 그래서 의사는 우리가 약을 먹기 전에 우리를 붙잡고 약을 강제로 입에 넣을 필요가 있습니다. 사람들의 뜻을 거스르지 않고 대하는 이것이 하나님께서 많은 사람들을 대하시는 방식입니다. 그러나 때로 그랬듯이 하나님은 그들의 뜻을 거슬러 은혜의 약을 주어 그들을 온전하게 하십니다.

이 모든 것을 한 마디로 요약하자면, 내 말의 의미는 이것입니다. 오늘 아침 가난한 노동자, 힘들게 일하는 기계공, 맵시를 부린 유쾌한 젊은이, 방탕한 생활을 하는 사람, 거친 생활을 하는 불쌍한 사람, 심하게 타락한 여성 등이 여기저기 흩어져 앉아 있습니다. 나는 지금 그런 분들에게 말하는 것입니다. 여러분은 길을 잃었습니다. 그러나 하나님의 아들이 여러분을 찾고 구원하기 위해 오셨습니다. 나는 도덕적인 부모의 자녀들에게 이야기합니다. 그들은 회심하지 않았지만 아마도 자신이 비도덕적인 사람들보다 훨씬 더 악하다고 느낄 것입니다. 나는 그런 여러분에게 희망이 아직 끝나지 않았다고 말씀드립니다. 하나님이 여러분을 값없이 사랑하실 것입니다. 여러분에게 하나님의 사랑을 전하는 방식은 이것입니다. 즉, “누구든지 주 예수 그리스도를 믿는 사람은 구원을 받으리라”는 것입니다. 여러분의 있는 모습 그대로 오십시오. 하나님께서 여러분을 있는 모습 그대로 받아들이실 것입니다. 어떤 준비나 적합한 조건 없이 현재의 모습 그대로 오십시오. 여러분 그대로 오십시오. 피 흘리시는 하나님의 아들이 십자가에 달려 높이 들릴 때, 그 앞에 엎드려 거기에 나타난 하나님의 사랑을 받아들이고, 오늘 하나님께서 기꺼이 값없이 주시는 은혜를 받으십시오.

여러분이 아무 자격이 없는 죄인이지만, 아무 가치가 없는 죄인이지만, 주님께서 여러분을 은혜로 받고 값없이 사랑하실 것입니다.

제 18 장

우상들을 버림

"에브라임의 말이 내가 다시 우상과 무슨 상관이 있으리요 할 지라." – 호 14:8

우상 숭배는 에브라임으로 대표되는 열 지파가 범한 큰 죄였습니다. 실로 그것은 온 인류의 죄입니다. 우상 숭배를 말할 때 우리는 나무 조각이나 돌조각을 생각하거나 흑인들이 그 앞에 절하는 모습을 생각할 필요가 없습니다. 우리나라도 우상 숭배자들이 가득하기 때문입니다. 여러분은 우상 숭배자들을 찾으러 거리로 나갈 필요가 없습니다. 지금 여러분이 있는 곳에서 자신의 마음을 들여다보십시오. 그러면 거기에서 우상들을 볼 수 있을 것입니다. 살아계신 하나님을 떠나 자기를 위하여 이런저런 형태의 우상을 만드는 것은 우리 본성이 빠지기 쉬운 죄입니다. 우상 숭배의 본질은 이것입니다. 즉, 어떤 것을 하나님보다 더 사랑하는 것이며, 어떤 것을 하나님보다 더 신뢰하고, 하나님 외에 다른 것을 하나님으로 모시려는 것이며, 보이지 아니하는 하나님을 의지하고 눈으로 보지 못하고 귀로 듣지 못한 하나님의 신실한 약속을 믿기보다는 하나님을 볼 수 있는 어떤 표적과 기사들, 즉 눈으로 보거나 귀로 들을 수 있는 외적인 어떤 상징이나 표시들을 세우려고 하는 것입니다. 어떤 형태이든지 간에 이 죄는 인간의 마음속에서 일어나는 큰 해악입니다. 구원받은 사람들에게서도 이것은 남아 있는 타락에서 발전할 수 있는 죄들 가운데 하나입니다. 우리는 무엇이든지 여러 가지 방식으로 우상을 만들기가 아주 쉽습니다. 확실히 자녀를 우상으로 삼는 부모가 많고 서로를 우상으로 둔 남편과 아내가 많습니다. 그리고 옛적에 우상 목자들(idol shepherds, 슥 11:17, 개역개정은 "못된 목자")이 있었듯이 우리는 목사를 우상으로 삼을 수도 있습니다. 마찬가지로 생각이 깊은 사람들은 자신의 지력을 우상으로 삼고, 또 다른 많은 사람들은 자신의 금이나 큰 만족을 누리는 작은 가정을 우상으로 삼습니다. 무지한 천주교인들은 십자가에 못 박힌 예수 상을 세워놓고 거기에 절하는데, 그들에게는 그것이 우상입니다. 그러나 더 나은 것을 배운 사람들이 성경을 읽으면서 그 문자 속에 담긴 뜻을 깨닫지 못하는 경우가 종종 있습니다. 그들은 그저 성경을 읽는 행위를 신뢰하고, 그냥 신조나 성경 읽기를 의지하며 그것을 넘어서서 마음으로 하나님을 예배하는데 이르지 못함으로써 말씀 자체가 그들에게 우상이 되게 합니다. 하나님이 그리스도 예수 안에서 계시될 때 우리가 직접 하나님을 믿음과 사랑과 소망으로 대하지 못하고, 그 사이에 다른 어떤 것이 온다면, 그것이 아무리 거룩한 것일지라도 우리에게 우상이 됩니다.

온갖 종류의 우상들이 있는데, 이것들은 본래 다소간 가치가 있는 것들입니다. 물질적인 면에서 어떤 우상은 나무로 만들어졌고, 다른 우상은 돌로, 또 다른 우상은 은으로, 또 어떤 우상은 금으로 만들어졌듯이, 이 우상들은 가치가 각각 다릅니다. 그렇지만 그것들은 다 우상입니다. 그와 같이 사람들이 각각 자기 마음의 판단에 따라 이것이나 저것 혹은 다른 것으로 우상을 만들지만, 모든 사람이 각기 자기 생각을 따라 우상을 만드는 것입니다. 이 우상들 가운데 많은 것이 그 자체로는 좋은 것으로 간주될 수도 있습니다. 그러나 그런 것들을 우상으로 만들면 그로 인해 더 좋아지는 것이 아닙니다. 금으로 만든 우상은 나무 우상과 똑같이 하나님께서 미워하십니다. 그와 같이 세상에서 아무리 소중하고 좋은 것이라도 우리와 하나님 사이에 우상으로 들어오게 두면, 그것이 지존하신 하나님의 보시기에 가증한 것이 됩니다.

형제 여러분, 여러분이 하나님의 섭리를 믿지 못하고, 의지할 수 있는 보이는 어떤 것이 있어야 한다고 생각한다면 저축한 돈을 우상으로 삼거나 돈을 탐하게 됩니다. 여러분이 분명한 약속을 붙잡고 모든 것을 하나님께 맡기지 못하고 하나님 말씀 외에 의지할 어떤 것을 원할 때 자신의 이기심을 우상화하게 됩니다. 하나님께서 분명하게 선언한 일들에 대한 표시와 증거들이 있어야 한다고 생각하고 그것을 뒷받침하는 증거가 없으면 하나님의 말씀을 믿으려고 하지 않을 때, 여러분은 우상 숭배자의 행동을 하고 있는 것입니다. 그런데도 인간 본성은 끊임없이 전능하신 하나님 외에 다른 것을 갈망합니다. 이는 인간 본성이 너무도 육신적이어서 보이지 아니하시는 분을 믿으려 하지 않기 때문입니다. 그러므로 하나님께서 사람으로 하여금 "내가 다시 우상과 무슨 상관이 있으리요?"라고 말하게 하시는 것은 굉장한 은혜의 역사입니다.

여러분에게 다음의 네 가지 점에 유의하라고 말씀드립니다. 첫째는 이것입니다.

1. 이 예언의 말씀에서 나타나는 주권적인 성격에 유의하시기 바랍니다.

"에브라임의 말이 내가 다시 우상과 무슨 상관이 있으리요 할지라." 하나님은 에브라임에 대해서 말씀하시기를, 마치 에브라임이 하나님께서 그가 하리라고 선언하신 바를 할 것이고 또 해야 하는 것처럼 말씀하십니다. 그러나 이 에브라임이 누구였습니까? 우리가 그를 한 개인으로 본다면, 그는 이스라엘 열 지파가 이방 신들과 결합되었던 때 그 열 지파를 대표합니다. 에브라임은 사람입니다. 그러므로 자신의 의지가 있습니다. 그는 타락한 사람입니다. 그러므로 완고한 의지를 갖고 있습니다. 그런데도 하나님께서는 에브라임에 관하여 마치 그가 아무 의지가 없는 사람인 것처럼 단호하게 말씀하시고, 그가 "내가 다시 우상과 무슨 상관이 있으리요?" 하고 말할 것이라고 이야기하십니다. 바람이 어떻게 움직일지, 파도가 어떻게 움직일지 말하기는 매우 어려운 일일 것입니다. 그런데 사람의 뜻은 바람과 파도보다도 더 변덕스러워서 제어할 수 없습니다. 그런데도 하나님은 마치 에브라임이 완전히 자기 수중에 있는 것처럼 말씀하시고, 에브라임이 무슨 말을 할지, 그리고 사실 에브라임이 어떤 생각을 할지를 말씀하십니다. 인간의 변덕과 고집을 아시는 하나님께서 이렇게 인간의 마음에 대하여 말씀하시고 그가 무슨 말을 하고 어떤 생각을 할지를 분명하게 이야기하신다는 것이 놀랍지 않습니까?

자, 이 모든 사실에서 인간의 의지를 침해하는 것이 전혀 없다는 점을 유의해야 합니다. 사람은 나뭇조각이 아닙니다. 의식 없는 진흙 덩어리가 아닙니다. 하나님은 사람을 뜻을 가지고 결정하며 스스로 판단하는 피조물로 만드셨습니다. 하나님은 사람을 그런 존재로 대하십니다. 우리가 하나님을 마음의 영역에서 전능하게 활동하시는 분으로 말하고, 하나님께서 사람들이 무엇을 행하고 생각할지를 분명히 밝히신다는 점을 이야기할 때마다 우리가 그러므로 인간의 자유로운 행위를 부인하는 것처럼 생각하는 사람들이 있습니다. 우리는 이 진리를 위해서 다른 진리를 부인할 생각이 추호도 없습니다. 예정론을 믿는 것만큼 인간의 자유 의지도 진심으로 믿습니다. 우리는 그동안 이 진리를 주장하기 위해 다른 진리를 죽이는 일을 해오지 않았습니다. 기꺼이 어린 아이와 같이 되려는 사람의 마음에는 이 두 진리를 받아들일 공간이 충분합니다. 그렇습니다. 잘 배우는 사람의 마음에는 오십 가지의 진리가 아무 충돌 없이 지낼 수 있습니다.

하나님은 사람을 사람으로, 지적인 피조물로 대하십니다. 하나님은 사람들에게 판단력과 의지를 주셨기 때문에 그들을 그런 존재로 대하십니다. 그래서 하나님은 금속 조각에 구멍을 뚫거나 그것을 녹여야 할 경우에 사용하기에 적합한 힘을 영혼에 사용하시지 않고, "재갈과 굴레로 단속하지 아니하면 여러분에게 가까이 오지 아니하는 무지한 말이나 노새"(시 32:9)에게나 쓸 힘을 사용하시지도 않습니다. 예, 그렇게 하시지 않습니다. 하늘 아래에서 어떤 사람의 의지도 하나님은 침해하시지 않았습니다. 하나님은 구원받은 사람의 의지를 한결 더 자유롭게 만드셨습니다. 하나님의 은혜는 그의 의지를 속박하지 않고 자유롭게 해 줍니다. 어떤 사람이 진심으로 "내가 다시 우상과 무슨 상관이 있으리요?" 하고 말할 때, 비록 그 말이 그의 이전 생활의 의도와 정반대가 될 수 있지만 그럼에도 그는 자신의 말에 마음으로 전적으로 동의하면서 그 말을 한 것입니다. 그렇습니다. 그는 하나님께서 거룩한 능력으로 말미암아 "주의 권능의 날에 즐거이 헌신하게"(시 110:3) 되었을 때 이 말을 하는 것만큼 어떤 것을 자발적으로 이야기한 적이 없습니다.

사랑하는 형제 여러분, 나는 여러분이 이 중요한 두 진리를 파악하고 붙들 수 있는지 궁금합니다. 그 두 진리 가운데 첫 번째는, 사람은 자신의 모든 행위에 대해 책임을 지는 피조물로 창조되었고, 또 하나님조차도 그 자유로운 행위를 침해하려고 하시지 않을 정도로 자유로운 행위자로 창조되었다는 것입니다. 그렇지만 우리가 아주 담대하게 주장하려고 하는 또 다른 진리는 이것입니다. 즉, 하나님은 단순한 물질의 영역에서와 같이 마음과 자유로운 행위의 영역에서도 전능하신 분이라는 것입니다. 하나님께서 산들을 보시면 산들이 불이 붙어 연기가 납니다. 땅에 손을 대시면 땅이 떨고, 바다가 하나님께 복종하고 하나님께서 멈추라고 명령하시는 곳에서 멈춥니다. 그렇습니다. 지진과 폭풍우가 완전히 하나님의 통제를 받습니다. 전능하신 하나님을 믿지 않는 사람들은 이런 사실들을 의심합니다. 그러나 하나님께서 깜깜한 지성을 성령의 섬광으로 밝히시고 철 힘줄 같은 완고한 고집을 꺾으신다는 것도 마찬가지로 사실입니다. 감정에 대해서 이야기하자면, 마음이 돌처럼 차갑고 죽어 있으며 무겁고 움직이지 않는 때에도 하나님은 돌을 부드러운 살로 만드실 수 있습니다. 하나님은 사람에 대해 자기가 원하시는 대로 하실 수 있습니다. 성령께서 온 능력을 발휘하시면 사람들이 저항할 수 있을지라도 그 저항이 완전히 그치는 시점이 있고, 그러면 그 영혼이 복되신 성령의 정복하시는 힘에 즐거이 복종하게 됩니다.

자, 어떤 사람은 또 이렇게 말할 것입니다. "하지만 당신은 이것을 어떻게 일치시킵니까? 당신은 지금 앞에서 한 진술과 반대되는 말을 하고 있어요." 아, 사랑하는 형제여, 그렇지 않습니다. 나는 일치시키는 일을 하지 않습니다. 두 진리는 다 같이 사실입니다. 사람은 자유롭습니다. 그럼에도 불구하고 하나님은 자유로운 마음의 세계에서 자기 뜻대로 일하시고, 만약에 혹은 제외하고는 이라는 조건을 달지 않고 단호하게 말씀하시는 주권자이십니다. 여러분은 하나님께서 홀로 한 분 하나님이시기 때문에 자신의 뜻을 행하시고, 사람은 즐거이 그 뜻에 복종하리라는 것을 알지 않습니까? 여러분에게 하나님의 뜻, 곧 이 장에 나오는 하나님의 놀라운 뜻을 읽어드리겠습니다. "내가 그들의 반역을 고치리라. 내가 값없이 그들을 사랑하리라. 이는 나의 진노가 그에게서 떠났음이니라. 내가 이스라엘에게 이슬과 같으리라. 내가 그를 백합화 같이 피어나게 하겠고, 레바논 백향목 같이 뿌리가 박힐 것이라. 그의 가지를 퍼지게 하겠으며 그의 아름다움은 감람나무와 같게 하겠고 그의 향기는 레바논 백향목 같게 하리라. 에브라임이 내가 다시 우상과 무슨 상관이 있으리요 하고 말하게 하리라."

하나님은 사람들에 관해 마치 그들이 완전히 그의 수중에 들어 있는 꼭두각시인 것처럼 말씀하십니다. 그러면서도 다른 곳에서는 사람들에게 직접적인 책임을 물으십니다. 그런데 이 두 교리가 모두 진리입니다. 여러분이나 나나 이 두 진리가 어떻게 조화를 이루는지는 묻지 않도록 합시다. 더더군다나 이 두 진리 가운데 어느 하나를 버리는 일은 결코 하지 맙시다. 그보다는 이 두 진리를 모두 굳게 붙잡읍시다. 이 두 진리가 복잡한 많은 교리의 신비를 푸는 실마리가 되고, 모호한 많은 말씀을 이해할 수 있도록 하나님의 빛을 얻게 할 것입니다. 나는 전능하신 하나님께서 사람으로 하게 할 일을 이렇게 단호하게 말씀하시는 것을 들을 때 기쁘고, 자유로운 행위자들을 지배하실 수 있는 놀라운 지혜와 능력에 감탄을 금치 못합니다.

2. 그러나 둘째로, 본문에서 우리는 놀라운 변화를 봅니다.

"에브라임의 말이 내가 다시 우상과 무슨 상관이 있으리요 할지라." 이 에브라임은 누구입니까? 여러분이 호세아서 전체를 읽어보면 그가 끊임없이 나오는 것을 알 것입니다. 에브라임, 그는 어떤 사람이었습니까? "내가 다시 우상과 무슨 상관이 있으리요?" 하고 말하는 이 사람은 누구입니까? 말씀드리겠습니다. 그는 여호와께서 "에브라임이 우상과 연합하였으니 버려두라"(4:17)고 말씀하신 바로 그 에브라임입니다.

이것이 어려운 이야기이지 않습니까? 한때는 에브라임이 우상들에 "들러붙어" 있었습니다. 이렇게 표현하는 것은 그것이 원문에서 사용된 단어이기 때문입니다. 에브라임은 마치 그가 우상들을 붙들고 늘어져서 전혀 떼어낼 수 없는 것처럼 들러붙어 있었습니다. 그러던 에브라임이 여기서 "내가 다시 우상과 무슨 상관이 있으리요?" 하고 말하고 있습니다. 이것은 참으로 놀라운 변화입니다! 이것이 같은 사람입니까? 그렇습니다. 같은 사람입니다. 하나님의 은혜가 그에게 어떤 일을 하였는지 유의해 보십시오. 또한 그가 얼마나 굳게 결심하는지 보십시오. 그는 분명하고 단호하게 "내가 다시 우상과 무슨 상관이 있으리요?" 하고 말합니다. 이 사람이 우리가 앞 장에서 "에브라임은 어리석은 비둘기 같이 지혜가 없도다"(7:11)라는 기록을 읽게 되는 그 사람입니까? 그렇습니다. 그는 "어리석은 비둘기 같이 지혜가 없었습니다." 그런데 이제는 그 에브라임이 "내가 다시 우상과 무슨 상관이 있으리요?" 하고 말하는데, 마치 그가 사리를 분별할 줄 아는, 담대하고 과단성 있는 새 마음을 받은 것처럼 말합니다.

이것이 큰 변화가 아닙니까? 우상들에 들러붙어 있었고 더 나은 것이 나타날 때마다 마음이 몹시 동요하던 사람이 이제는 전에 의지하던 것들에서 깨끗이 손을 떼고 그것들을 미워하며, 더 이상 동요하거나 주저하지 않고 자리를 잡고서 당당한 태도로 "내가 다시 우상과 무슨 상관이 있으리요?" 하고 묻습니다. 이것은 대단한 변화입니다. 우리 가운데 많은 사람이 아직까지 경험하지 못한 큰 변화이고, 이 자리에 있는 모든 사람이 경험해야 하는 큰 변화입니다. 그렇지 않으면 사람들이 기쁜 마음으로 하나님의 얼굴을 보지 못할 것입니다. 중생의 첫 열매인 회심은 사람에게 큰 차이를 만들어내는데, 마치 그가 죽어서 매장되었다가 이제 죽은 자들 가운데서 새로 살아나는 것과 같은 큰 차이를 만들어냅니다. 그것은 사람이 죽었다가 그리스도 예수 안에서 다시 새로운 피조물로 창조되는 것만큼이나 큰 변화인 것입니다.

나는 여러분이 모두 이런 변화를 겪었는지 궁금합니다. 나는 때때로 그리스도인이고 신자라고 하지만 어릴 적부터 지금까지 어떤 변화도 겪어보지 못한 사람들을 만납니다. 친구 여러분, 여러분이 그리스도인이라면 틀림없이 그와 같은 변화를 경험했을 것입니다. 여러분이 그 날과 그 시간을 알아야 한다고 말하지 않겠습니다. 여러분이 태어났을 때의 그 사람으로 여전히 있다면 여러분은 지금 악독이 가득하며 불의에 매인 바 되어 있는 것입니다(행 8:23). 그동안 여러분에게 방향을 바꾸는 일이 없었다면 여러분은 지금 그릇된 길을 가고 있는 것입니다. 사람은 모두 조상 아담이 걷기 시작한 길에서 돌이켜야 합니다. 우리는 지금 죄와 파멸을 향해서 가고 있기 때문입니다. 우리가 거룩함과 영생을 바라보기 위해서는 바른 데로 방향을 바꾸어야 합니다. 그런 전환점이 없는 곳에서는 마음을 살피고 부끄러워하며 구원을 찾아야 할 필요가 아주 절실합니다.

여러분은 큰 변화를 경험하였습니까? 그런 변화의 필요성은 내가 지어낸 이야기가 아니라는 점을 기억하시기 바랍니다. 그것은 신약 성경이 지극히 엄숙하게 말하는 바입니다. "네가 거듭나야 하겠다"(요 3:7). 여러분에게 전체적인 완전한 변화가 있어야 합니다. 그래서 여러분이 한때 사랑했던 일들을 미워하게 되고 한때 미워했던 일들을 사랑하게 되어야 합니다. 그것은 전에는 우상에 들러붙어 있었다가 이제는 우상을 미워하게 된 에브라임에게 일어난 것과 같은 큰 변화입니다. 나는 여러분 모두에게 그런 변화가 성령님으로 말미암아 자신에게 일어났는지 살펴보라고 말씀드립니다. 이 점에서 잘못 생각하면 치명적인 결과에 이를 것이기 때문입니다.

여러분이 아직까지 그렇게 새롭게 되는 변화를 경험하지 못하였다면 이제라도 성령께서 여러분의 마음을 새롭게 해 주시라고 기도하십시오. 여러분이 그런 변화가 자신에게 일어났다고 믿는다면, 하나님께서 그것이 실제적이고 지속적인 변화가 되어 여러분이 여전히 은혜 가운데 거하며 더욱더 힘을 얻어 마침내 우상들을 완전히 버리고 여러분의 전(全) 본성이 살아계신 하나님의 전이 될 수 있게 해 주시기를 바랍니다.

이렇게 해서 두 가지 사실, 즉, 주권적인 예언과 놀라운 결과에 대해서 이야기했습니다.

3. 셋째로, 본문에는 고백이 함축되어 있습니다.

"에브라임의 말이 내가 다시 우상과 무슨 상관이 있으리요 할지라." "우상과 무슨 상관이 있으리요!" 그렇다면 에브라임이여, 그대는 지금까지 우상을 많이 상대해왔다는 것인가? 그는 눈물을 흘리면서 "예, 그랬습니다" 하고 말합니다. 위선자들은 겉으로 하는 말과 속마음이 다릅니다. 그러나 진정으로 회개한 사람들은 아주 진심을 담아서 말합니다. 본문의 고백은 의도하지 않게 넌지시 비쳐진 것이기 때문에 한결 더 진심 어리게 보입니다.

여러분, 잘 들으시기 바랍니다. 여러분 가운데 지금 우상을 예배하고 있을 수 있는 분들이 있기 때문입니다. 나는 여러분의 마음의 전에 들어가서 거기에 거짓 신들이 있는지 볼 것입니다. 어떤 사람의 마음에 들어갑니다. 가서 보니, 거대한 우상이 보입니다. 그 우상은 온통 금빛으로 칠해졌고, 빛나는 옷이 입혀져 있습니다. 그 눈은 보석인 것 같고, 이마는 "아로새긴 상아에 청옥을 입힌 듯"(아 5:14) 합니다. 매우 아름다워 보이는 우상입니다. 여러분은 우상에 너무 가까이 가지 말고 너무 철저하게 조사하지 말며, 허울뿐인 그 가짜의 내부를 들여다볼 생각도 하지 마십시오. 그 속을 보면, 온갖 더럽고 부패한 것들이 있을 것입니다. 그러나 우상의 겉은 지극히 위대한 예술과 솜씨로 장식되어 있어서 우상을 응시하다 보면 우상에 반하게 될 수도 있습니다. 이 우상의 이름은 무엇입니까? 그 이름은 자기 의(義)입니다.

나는 내 손으로 만든 이 우상을 예배하던 때가 생생하게 기억납니다. 그렇게 예배하며 지내던 중 어느 날 아침에 보니 내 신이 머리가 부서졌고, 얼마 있지 않아 손이 사라졌으며 이내 벌레가 내 신을 먹어버리는 것이었습니다. 내가 예배하고 의지하였던 신이 찌꺼기와 똥 더미로 변했습니다. 그런데 나는 그전까지만 해도 그것을 눈에 다이아몬드를 박은 견고한 금덩이로 생각했었습니다. 슬프게도 그런 계시를 아직까지 받지 못한 분들이 많습니다. 그들에게는 그 우상이 여전히 아주 멋지게 보입니다. 사실, 어쩌면 크리스마스 철에는 이 우상에게 약간의 문제가 생길 수 있습니다. 거리낌 없이 술을 마시고 나서 이들은 자신들이 적절치 못하게 행동했다고 느낄지 모릅니다. 그러나 이들은 금 세공인에게 가서 그 우상에게 금을 새로 입히고 칠이 벗겨진 곳들은 금박을 새로 입혔습니다. 그들이 그렇게 술을 진창 마시고 나서 교회에 계속 다니지 않았습니까? 크리스마스 아침에 예배당에 가서 모든 것을 바로잡지 않았습니까? 그들이 기도를 더 많이 드리고, 구제 헌금도 더 많이 내지 않았습니까? 이렇게 그들은 자기 우상을 다시 닦아 빛나게 하였고, 그러자 우상이 아주 훌륭해 보입니다.

형제 여러분, 하나님의 언약궤가 들어오기 전까지는 우상을 서투르게 수선하는 것이 쉬운 일입니다. 그러나 하나님의 언약궤가 들어오면 세상의 금 세공인들이 이 우상을 똑바로 세울 수 없습니다. 예수 그리스도의 복음이 일단 영혼 속에 들어오면 훌륭해 보이는 신이 바로 엎어지기 시작합니다. 하나님의 언약궤 앞에서 부서진 다곤처럼 자기 의라는 이 우상은 박살이 납니다. 그런데 이 세상에는 이 신을 예배하는 사람들이 수없이 많습니다. 그들이 이 신에게 어떻게 비는지 말씀드리겠습니다. 그들은 "하나님이여 나는 다른 사람들과 같지 아니함을 감사하나이다"(눅 18:11) 하고 말합니다. 바리새인이 말하는 그대로 하지는 않지만, 그런 식으로 말합니다. "주님, 내가 유치장에 있는 사람들마다 20실링씩 벌금을 갚아주고, 내 자녀들은 훌륭하게 기른 것을 감사합니다. 하나님, 내가 평생토록 예배당에 빠짐없이 다닌 것을 감사합니다. 하나님, 내가 하나님의 이름을 들어 욕하는 사람이 아니고, 술고래도 아니며, 그런 부류가 아닌 것을 감사합니다. 나는 대부분의 사람들보다 훨씬 훌륭합니다. 만약 내가 천국에 가지 못한다면, 그것이 내 이웃들에게는 아주 나쁜 일이 될 것입니다. 그들은 나의 반만큼도 선하지 않기 때문입니다." 그들은 이런 식으로 이 괴물 같은 신을 경배합니다. 나는 지금 인도의 야만인들 사이에서 벌어지는 일에 대해 이야기하고 있는 것이 아니라 영국에서 아주 유행하고 있는 우상 숭배에 대해 이야기하고 있는 것입니다. 자기 의라는 이 신은 수많은 사람들의 마음을 지배하고 있는 최고의 주(主)입니다. 그 신을 예배하는 사람마다 이렇게 말하게 될 수 있으면 좋겠습니다. "내가 다시 우상과 무슨 상관이 있으리요?"

내가 인간의 마음에서 본 또 다른 종류의 신은 마음으로 아끼는 죄라는 우상입니다. 그리 오래지 않은 때에 한 사람이 이렇게 말했습니다. "글쎄, 종교에는 많은 것이 있다고 생각해요. 하지만 당신도 알다시피, 나는 경마를 생업으로 살아가고 있어요. 그러니 이 일을 그만둘 수 없어요. 어떻게 그만둘 수 있겠어요? 물론 내가 그리스도인이 되어서는 경마하며 살 수 없겠지요." 그렇습니다. 경마장이 그의 신이었습니다. 달리는 말이 그에게는 벧엘의 송아지만큼이나 애지중지하는 신입니다.

또 다른 사람은 말합니다. "예, 예. 그리스도인이 되면 좋겠습니다. 그렇지만 당신도 알다시피 나는 술을 좋아합니다. 가끔 술을 아주 많이 마시지 않을 수 없습니다. 자주 그렇게 마시지 않는다는 것은 당신도 압니다. 그러나 이따금 잔치 때나 휴일에 그리고 밤에 모닥불을 피웠을 때는 많이 마시게 됩니다. 사람이 때로는 취할 수밖에 없지 않습니까? 그렇다고 해서 해가 되는 것이 있습니까? 나는 술 마시는 것을 끊을 수가 없습니다." 그들이 실제로 그렇게 말하지는 않습니다. 그러나 그들 가운데 아주 많은 사람들이 그렇게 생각합니다. 그들은 여전히 주신(酒神)인 바커스를 자기 신으로 섬기고 그에게 자신의 희생 제물을 바치지 않으면 안 됩니다. 아, 그들이 얼마나 큰 희생을 바치는지 모릅니다! 그들은 건강을 상하고 인생을 망치며 자녀들을 거지로 만들고 아내를 비참하게 만듭니다. 술이라는 이 누추한 신을 예배하기 위해 모든 것을 희생합니다.

그런가 하면 다른 사람들에게는 달리 아끼는 죄가 있습니다. 그 모든 것을 다 언급할 필요는 없을 것입니다. 사실 언급할 수도 없을 것입니다. 사람들이 손을 뗄 수 없다고 느끼는 악들을 말한다면 얼굴이 화끈거릴 것입니다. 그들은 자기가 좋아하는 죄 안에서 구원받고 싶어 하지, 그 죄로부터 구원받고 싶어 하지 않습니다. 그들은 어느 정도 하나님을 예배하려고 합니다. 그러나 첫 번째 자리는 자기들이 끔찍이 아끼는 정욕에 내주어야 합니다. 여러분, 나는 그것이 어떤 우상인지에 대해서는 관심이 없습니다. 그러나 이 세상에서 여러분이 그리스도보다 더 사랑하는 것이 있다면, 여러분은 하나님의 얼굴을 기쁘게 볼 수 없습니다. 여러분이 계속해서 고집스럽게 지으려고 하는 죄가 있다면 제발 그 죄에 대한 마음을 바꾸고, 그것이 오른팔일지라도 잘라버리고, 오른눈이라 할지라도 뽑아버리도록 하십시오. 여러분이 두 손과 두 눈을 가지고 지옥 불에 던져지는 것보다는 눈 하나밖에 없이 불구의 몸으로 영생에 들어가는 것이 더 낫습니다. 그리스도를 누리려면 아끼는 죄를 버려야 합니다.

우상 숭배자들이 어떻게 서로 일치하지 않는지 보십시오. 어떤 사람은 의로운 자기를 예배하고, 어떤 사람은 죄 많은 자기를 예배합니다. 그러나 두 우상 모두 완전히 버려야 할 것들입니다.

어떤 사람들의 마음에는 쾌락을 사랑함이 있습니다. 이 신은 많은 사람들의 마음에서 왕좌를 차지하고 있습니다. 그들은 추잡한 죄를 좋아한다기보다는 천성적인 경박함과 시시한 농담을 좋아합니다. 그들은 생각할 줄 모르고, 생각하고 싶어 하지 않습니다. 그들은 잠시라도 조용히 있어야 한다면, "재미없다"고 말합니다. 그들은 언제나 재미있고 즐거우며 신나게 지내는 것을 좋아합니다. 사실, 몸과 마음에 잘 듣는 약만큼이나 좋은 오락이 있고, 즐기기에 적합한 오락이 있습니다. 하나님은 해롭지 않은 쾌락들을 주셨습니다. 우리는 그런 쾌락들은 하늘 아버지께로부터 오는 것으로 알고 감사한 마음으로 받아들여야 할 것입니다. 그러나 하나님을 사랑하는 것보다 더 쾌락을 사랑한다면 여러분은 살았다고 하나 실상은 죽은 것입니다. 여러분이 배를 신으로 삼는 것, 먹고 마시기 위해 사는 것, 그저 즐기기 위해 이 땅에 사는 것, 이것은 나비가 이 꽃 저 꽃으로 날아다니기만 하고 꿀을 모으지 않는 것과 같은 것입니다. 이렇게 쾌락만을 추구하는 것은 악입니다. 여러분, 하나님의 사랑을 아는 사람은 이런 신을 예배하지 않습니다. 그는 구주님께 더욱 명예와 영광을 돌려드리기 위해서 자신이 즐길 수도 있는 일들을 버리는 경우가 많습니다.

많은 사람들이 금송아지를 예배합니다. 그들은 금을 탐하는 이 한 가지 악과 쾌락을 제외하고는 어떤 악도 탐하지 않고 어떤 쾌락도 추구하지 않습니다. 그들이 온 힘을 쏟게 만들고 싶으면, 그들 가까이에서 금화를 짤랑짤랑 하고 흔들어 보십시오. 이 소리를 들으면 그들은 사냥개가 여우를 쫓듯이 쉬지 않고 허겁지겁 달려갑니다. 그들은 나이 들어서 가난해지는 것이 두려워 젊을 때 가난하게 지냅니다. 그들은 마지막에 굶어죽을까 두려워 마지막까지 주리며 삽니다. 이익을 얻을 수만 있다면 명예, 사랑, 정직, 성실, 신앙을 아무것도 아닌 것으로 생각하는 사람들을 나는 보았습니다. 마치 크리슈나 신상(神像)을 실은 차가 그 앞에 있는 모든 것을 깔아뭉개며 가듯이 그들의 부(富)라는 거대한 구조물이 앞에 있는 모든 것을 짓밟으며 굴러갔습니다. 그들 때문에 과부가 울고 고아가 슬퍼할 수 있습니다. 그들이 학대한 이들의 신음소리가 하늘에 상달될 수 있고, 그들이 범한 죄악들이 그들보다 먼저 가서 그들을 고소할 수가 있습니다. 그러나 이들은 그것을 아무렇지도 않게 생각하였습니다. 그들은 가옥에 가옥을 이으며 전토에 전토를 더하여서(사 5:8) 점점 더 부자가 되고 있었습니다. 그들은 부를 위해서 살았고, 부를 위해서 죽어도 좋다고 생각하는 것 같았습니다. 하나님이여, 금을 예배하는 이 사람의 마음을 돌이켜 주소서! 여러분도 알다시피 밀턴은 탐욕이라는 귀신을 다음과 같이 묘사합니다.

> "맘몬, 하늘에서 떨어진 가장 저속한 영,
> 하늘에서도 그의 시선과 생각은
> 항상 아래로 향하여, 하나님 뵙고서
> 즐기는 거룩하고 성스러운 것보다는
> 황금을 밟는 천국의 포장도로의 부를
> 더욱 찬탄했었다."

이 악은 사람을 아주 타락시키는 악입니다. 그래서 밀턴이 맘몬을 지옥에 두고 이렇게 말하는 것은 잘하는 일입니다.

> "지옥에서 부가 나온다고
> 이상히 여기지 마라. 지옥 땅은
> 이 값진 해악을 받기에 가장 적합한 땅이리라."

하나님께서 사람을 마귀의 이 권세에서 구원하시면 그는 이렇게 소리칩니다. "내가 다시 내 우상과 무슨 상관이 있어서 부를 쌓으리요?" 그는 자신의 형편에 만족하고 하나님의 청지기가 되어 예수님을 섬기는 일에 재산을 사용합니다.

우리는 할 수 있는 대로 빨리 이 전(殿)들을 돌아보고, 어느 한 군데 오래 머물러 있어서는 안 됩니다. 이 전들은 향기롭지 않기 때문입니다. 어떤 사람들은 마음의 전에 불법적인 애정을 모셔놓았습니다. 그들은 하나님의 말씀이 금하는 관계들을 형성합니다. 예를 들면, 스스로 그리스도인이라고 하는 사람들이 있는 것을 알고 있는데, 그들이 과연 그리스도인인지 아닌지는 하나님께서 아실 것입니다. 아무튼 그들은 스스로 신자라고 하면서 믿지 않는 자와 멍에를 같이하지 말라는 하나님의 명령을 아주 하찮게 여기고 육신의 명령을 좇아 믿지 않는 자와 결혼하였습니다. 여러분이 곧 영원히 헤어질 수밖에 없다는 것을 아는 사람, 하나님을 사랑하지 않으므로 천국에서 여러분의 친구가 될 수 없는 사람과 결혼한다는 것은 두려운 일입니다. 만일 여러분이 이미 그런 처지에 있다면, 여러분의 배우자가 그리스도께 올 수 있도록 배우자를 위하여 밤낮으로 하나님께 기도

드려야 합니다. 젊은 사람이 의도적으로 그런 관계를 맺으려고 하는 것은 하나님의 자리에 우상을 세우는 것입니다. 머지않아 그로 인해 슬피 울게 될 것입니다.

어떤 형태의 사랑이든, 마음을 예수님에게서 떠나게 만드는 사랑은 우상 숭배입니다. 슬프게도, 이 우상이 우리들 가운데 들판의 나무들만큼이나 많지 않나 하는 생각이 듭니다. 주님, 이 우상들을 우리에게서 멀리 제거해 주십시오.

사람들의 칭찬이라는 우상을 예배하는 사람들이 아주 많습니다. 그들은 이런 식으로 말합니다. "아, 예. 당신의 말은 아주 옳습니다. 하지만 사실 나는 그렇게 할 수 없을 것입니다." 왜 할 수 없습니까? "글쎄요, 큰아버지께서 그것에 대해 뭐라고 말씀하실지 모르겠어요. 아내가 그것을 좋아할지 모르겠어요. 그렇게 하면 할아버지께서 나에게 잘했다고 하실 것 같지 않아요." 친척에 대한 두려움과 여론에 대한 두려움이 많은 사람을 정신적이고 도덕적인 속박에 묶이게 합니다. 사람에 대한 두려움은 많은 사람들을 사로잡습니다. 나는 자기가 옳다고 믿는 바를 그대로 행할 용기가 없는 사람들이 불쌍합니다. 그리스도께서 우리를 자유롭게 하려고 주시는 자유, 곧 우리 양심이 그리스도의 이름으로 명하는 것을 감연히 행하는 자유는 모든 자유들 가운데 가장 위대한 것이라고 생각합니다. 그런데 아주 많은 사람들이 다른 사람들에게 자기들이 숨을 쉬어도 되는지, 자기들이 생각해도 되는지, 무엇인가를 믿어도 되는지 물어보아야만 됩니다. 그들이 살고 있는 작은 세계가 그들에게 전부입니다. 아무개가 그것에 대해서 어떻게 생각하는가 하는 것이 중요한 문제입니다.

가게의 직공은 가게의 목수가 예배당에 가는 것을 싫어할 것이기 때문에 예배당에 갈 생각을 하지 않습니다. 함께 일하는 사람들이 그에게 이렇게 말할 것입니다. "야! 너도 저 감리교 친구들 가운데 한 사람이냐?" 키가 180센티미터가 넘는 많은 사람들이 자기 키의 절반 밖에 안 되는 어린 아이를 무서워합니다. 그들은 하찮은 사람들이 자기를 두고 농담을 할까봐 두려워합니다. 조롱 받는 일을 무서운 일로 생각합니다. 아, 불쌍한 사람들입니다! 불쌍한 사람들입니다! 그들이 들을 수 있는 모든 조롱은, 우리 가운데 어떤 이들이 수년 동안 말 한 마디 할 때마다 오해를 받고 매도를 당하면서 겪은 뜨거운 가마솥 같은 시련에 비하면 미지근한 물에 지나지 않을 것입니다. 그런데도 그들은 작은 박해를 받으면 큰 시련이라도 되는 양 뒤로 물러났습니다. 우리는 우리에게 닥친 그 모든 공격에도 불구하고 살아 있습니다.

사랑하는 여러분, 여러분이 주 예수 그리스도를 위하여 싸울 마음과 용기가 있다면 여러분도 그와 같이 될 것입니다. 사람에 대한 두려움이라는 이 우상이 많은 사람을 집어삼킵니다. 이 우상은 인도의 어떤 우상들만큼이나 잔인합니다. "사람을 두려워하면 올무에 걸리게 되느니라"(잠 29:25). 여러분 가운데 어떤 분들은 자신이 아주 심약하다는 것을 알고 그래서 마땅히 해야 할 일을 감히 할 생각을 갖지 못합니다. 누군가가 여러분을 보고 참으로 이상한 사람이라는 말을 할까봐 두렵기 때문입니다. 하나님께서 여러분이 그 우상을 버리도록 도와주시기를 바랍니다.

이렇게 해서 우리는 자신이 우상들과의 악한 관계를 끝내버렸다는 뜻이 함축된 고백을 살펴보았습니다.

4. 끝으로 살펴볼 점은 결의에 찬 질문에 대한 것입니다.

"내가 다시 우상과 무슨 상관이 있으리요?" 이 물음을 이렇게 표현해 봅시다. "내가 더 이상 우상들을 상대해야 할 이유가 있는가? 나는 그동안 충분히 우상들을 대했다. 그동안 내 죄가 내게 무슨 짓을 하였는가?" 형제자매 여러분, 죄가 우리와 모든 인류에게 무슨 일을 저질렀는지 보십시오. 죄는 기쁨의 동산이었던 아름다운 에덴을 황폐하게 하였고 우리로 수고와 슬픔을 겪게 만들었습니다. 죄가 우리에게 무슨 일을 하였습니까? 죄는 우리에게서 아름다움을 앗아갔고, 우리를 하나님에게서 떼어놓았으며, 우리가 죄 가운데 사는 한, 그 길에 칼을 뽑아든 불타는 그룹들을 세워 하나님께 다시 돌아가지 못하도록 막았습니다. 죄는 우리에게 상처를 입히고 우리를 결딴내며 죽이고 부패하게 하였습니다. 죄로 말미암아 세상에 질병이 들어오고 죽음이 왔으며 구더기가 생겨났습니다. 죄여, 그대는 이 세상에서 이제까지 사람들에게 임한 모든 슬픔과 고통과 한숨과 눈물의 어머니로다. 비참한 죄여, 우리가 다시 너와 무슨 상관이 있는가? 우리는 이미 너를 충분히 맛보았다.

개인적으로 여러분과 나는 이미 우상들을 충분히 섬기지 않았습니까? 솔직하게 말하자면, 나는 자기 의라는 우상을 충분히 섬겼습니다. 내가 내 안에 선한 것이 있다고 생각할 만큼, 다시 말해 내 자신의 의를 가지고 하나님 앞에 나올 수 있다고 생각할 만큼 어리석기 짝이 없는 존재였다는 생각을 하면 얼마나 싫은지 모릅니다. 그 생각을 하면 정말로 끔찍이 싫습니다! 내가 조금이라도 할 수 있는 어떤 것에 대해서 혹은 생각하는 어떤 것에 대해서, 혹은 내가 어떤 사람이라는 것에 대해서 자랑한 것을 생각하면 한순간이라도 부끄러워하지 않을 수가 없습니다. 여러분은 그런 교만과 뻔뻔스러움을 생각하면 부끄러워지지 않습니까? 여러분은 의로운 자아라는 우상을 더 이상 상대하지 않습니까? 그렇습니다. 우리는 더 이상 그 앞에 엎드릴 수 없습니다.

여러분은 다른 우상들에 관해서도 충분히 따끔한 맛을 보지 않았습니까? 한때 술고래였다가 회심한 이렇게 말할 것입니다. "나는 중독의 잔을 충분히 맛보았습니다. 고통을 겪는 사람이 누구입니까? 눈이 충혈된 사람이 누구입니까? 포도주 곁에 오래 머물러 있는 사람들입니다. 힘이 있다고 독주를 섞어 마시는 사람들입니다." 술고래는 이미 그 우상을 충분히 상대했습니다. 술에 대한 대가를 톡톡히 치렀습니다. 술 마시고 떠들고 무절제하게 행동하는 일을 이제는 영원히 끝내버렸습니다. 악에 깊이 빠진 사람은 흔히 이렇게 말하지 않을 수 없을 것입니다. "이 악 때문에 나는 몸과 마음과 재산에 큰 손해를 입었다. 그러니 내가 이 악을 더 상대할 수 있겠는가?"

일전에 한 사람이 내게 이런 말을 하였습니다. "내가 죄 가운데 살았을 때, 그 값을 톡톡히 치렀습니다. 그래서 마귀와 내 자신에게 허비한 것을 회복하려면 수년이 걸릴 것입니다. 그런 일이 없었다면 내가 하나님을 섬길 수 있었을 텐데, 지금은 하나님을 섬길 수 있는 사람이 못 됩니다." 우리는 죄를 충분히 맛보았습니다. 아니, 충분하다 못해 넘치게 맛보았습니다. 회심하기 전에는 죄의 잔이 아무리 달콤했을지라도, 이제는 더 이상 마시고 싶지 않다는 생각이 들 뿐입니다. 넘치도록 거품이 이는 먹음직한 죄의 잔일지라도 말입니다. 우리는 죄에 넌더리가 났습니다. 죽을 만큼 넌더리가 났습니다. 죄라는 이름만 들어도 욕지기가 일어납니다. 우상들이 내게 끼친 일을 생각할 때 더 이상 우상들과 무슨 관계를 맺겠습니까?

죄에 대한 또 다른 견해가 있습니다. "내가 다시 우상과 무슨 상관이 있으리요?" 여러분은 저쪽에서 기이한 광경이 보입니까? 그 광경을 차마 볼 수 있습니까? 언덕에 교수대 세 개가 서 있고, 가운데는 십자가에 못 박혀서 두려운 고통을 겪고 있는 불가사의한 사람이 있습니다. 여러분이 그 사람을 본다면, 비참한 모습 가운데 위엄이 서려 있어서 여러분은 즉시 그가 여러분의 구주님이신 것을 발견할 것입니다. 자, 여러분 영혼의 신랑이십니다. 여러분이 마음으로 가장 사랑하는 이이십니다. 그분이 교수형에 처해진 악한처럼 십자가에 못 박히셨습니다. 누가 그를 십자가에 못 박았습니까? 누가 그를 거기에 못 박았는지 말할까요? 망치가 어디에 있습니까? 그 못은 어디에서 왔습니까? 누가 그를 십자가에 못 박았습니까? 그 답은 이것입니다. 우리의 우상들이 그분을 십자가에 못 박았습니다. 우리의 죄가 그분의 심장을 꿰뚫었습니다! 아, 그러니 우리가 더 이상 죄를 상대해야 하겠습니까? 내가 좋아하는 칼이 있는데, 살인자가 그 칼로 내 아내를 죽였다면 여러분은 내가 식탁에서 그 칼을 사용하거나 그 칼을 가지고 다닐 것이라고 생각할 수 있습니까? 그 저주스러운 물건은 멀리 치워버리십시오! 그 물건을 보기만 해도 몹시 진저리를 칠 것입니다. 죄가 그리스도를 죽였습니다! 우리의 우상들이 주님을 죽였습니다! 십자가 밑에 서서, 다섯 군데 큰 상처에서 피를 흘리며 난도질당하여 죽으신 그의 몸을 보십시오. 그러면 여러분은 이렇게 말할 것입니다. "내가 더 이상 우상을 상대할 일이 무엇이 있겠는가? 쓸개 탄 포도주, 피 같은 땀방울, 죽음의 고통을 보고서 내 마음이 오래전부터 사랑해왔던 모든 것을 버리고 떠나와 우리의 사랑하는 이, 곧 만왕의 왕과 영원히 연합하였다. 내가 더 이상 우상을 상대할 일이 무엇이 있겠는가?" 예수님의 사랑과 고통을 느끼는 것만큼 사람을 죄에서 확실히 떼어놓는 것은 없습니다. 구속의 은혜와 죽기까지 사랑하신 그 사랑, 이것이 우리의 정욕과 우상들에게 조종(弔鐘)을 알립니다.

"나를 위해 십자가에서 피 흘리시는
주님을 믿음으로 보자
내 모든 우상이 속히 떠나고
예수께서 내 마음을 차지하고 채우시네."

자, 여러분은 우리가 더 이상 우상들을 상대해서는 안 된다는 점을 여기서 다시 생각할 수 있습니다. 우리 주님을 죽음에 처하게 한 바로 그 죄가 할 수만 있으면 우리를 죽이려고 할 것이기 때문입니다. 하나님의 자녀인 여러분, 여러분이 죄를 지으면 반드시 여러분 자신을 다치게 합니다. 여러분 마음속에 가만히 기어들어오는 아무리 작은 죄라도 모두 여러분을 죽이고 멸망시키려고 하는 강도입니다. 여러분은 죄로 이익을 얻은 적이 없고 또 얻을 수도 없습니다. 그렇습니다. 죄는 독입니다. 여러분의 영혼에 치명적인 독입니다. 그러므로 한순간도 죄를 묵인하지 마십시오. 여러분이 죄를 상대할 일이 무엇입니까? 여러분은 죄가 악하다는 것을, 악하기만 하고, 그것도 계속해서 악하기만 하다는 것을 압니다. 여러분은 죄가 여러분의 믿음을 해치고, 여러분의 즐거움을 망치며, 여러분의 평안을 시들게 하고 기도를 약하게 하며 여러분의 모범이 다른 사람들에게 유익이 되지 못하게 한다는 것을 압니다. 이런 모든 일을 생각할 때, 우리가 무엇 때문에 더 이상 우상들을 상대해야 하겠습니까?

더욱이, 여러분이 하나님의 자녀이니, 즉 여러분이 하늘의 상속자이니 더 이상 우상들을 상대해야 할 이유가 있겠습니까? 불쌍한 남자 아이가 거리에 앉아서 접시들을 가지고 놀며 어린 친구들과 함께 진흙으로 파이를 만듭니다. 어느 날 이 아이가 왕궁에서 잃어버린 아이임을 발견한 왕의 사자가 옵니다. 그는 아이를 왕궁으로 데려가 씻기고 왕가의 옷을 입히며, 아이에게 그가 왕자이고, 나라의 상속자라고 이야기해줍니다. 그런데 그 아이가 다시 거리로 돌아가 지저분한 아이들과 함께 놀며 집 없는 부랑아가 되려고 하겠습니까? 아니요, 그렇지 않을 것입니다! 아이는 좀 더 고귀한 인물이 되고 자기 신분에 적합한 사람이 되도록 훈련을 받을 것입니다. 우리가 한때 다른 사람들이 사랑하는 죄를 사랑하였고, 다른 사람들이 재미를 느끼는 곳에서 즐거움을 찾았을지라도, 이제는 믿음으로 하나님의 자녀가 되는 권세를 받았습니다. 그래서 우리는 하나님의 상속자요, 그리스도 예수와 함께 하는 상속자입니다. 우리가 무엇 때문에 다시 우상들을 대해야 하겠습니까? 주님께서 하늘의 왕가에 입양해 주신 우리는 마땅히 어떤 사람들이 되어야 하겠습니까?

우리 가운데는 한두 달 안에, 어쩌면 한두 주일 안에 천국에 갈 분들이 있습니다. 그런 분들이 우상을 상대할 일이 무엇이 있겠습니까? 우리가 이 땅에 있는 동안에도 하나님은 우리를 그리스도 안에서 함께 일으켜 함께 하늘에 앉게 하셨습니다. 그러니 우리가 더 이상 우상들을 상대할 이유가 무엇이 있습니까? 오늘 우리는 사랑하시는 자 안에서 믿음으로 말미암아 의롭다 함을 얻은 하나님의 택하신 자로 받아들여졌고, 우리의 이름은 예수님의 손바닥에 기록되었습니다. 그러니 우리가 더 이상 우상들을 상대할 일이 무엇이 있겠습니까? 진실로 그것은 자명한 일입니다. 우리는 우상들을 대할 때마다 진저리를 치지 않을 수 없고, 이 우상들이 한순간이라도 우리 마음속에 세워지기만 하면 영원하신 성령의 능력으로 우상을 부숴버리지 않을 수 없습니다.

사랑하는 여러분, 만일 하나님께서 여러분 속에서 큰 일을 행하시고 여러분의 마음을 완전히 변화시키셔서 여러분이 한때 예배하였던 우상들을 이제는 몹시 싫어하게 되었다면, 여러분에게 할 수 있는 대로 모든 우상들을 멀리하라고 말씀드리겠습니다. 여러분이 우상들을 상관할 일이 아무것도 없다면, 이 우상들이 대접을 받고 있는 곳에 가지 마십시오. "내가 다시 우상과 무슨 상관이 있으리요?" 거리에 천연두가 퍼졌다는 것을 안다면, 나는 일부러 말을 타고서 천연두를 쫓아가지 않을 것입니다. 오히려 그 역병을 피하기 위해 길을 돌아갈 것입니다. 한때 여러분이 애지중지했던 죄에 대해서 그렇게 하시기 바랍니다. 여러분이 나병환자를 피하려고 하듯이, 할 수 있는 대로 죄를 멀리 하도록 하십시오. 여러분은 더 이상 우상을 상대할 일이 없습니다. 그러므로 우상의 전에 들어가지 말고, 우상을 예배하는 자들과 동맹을 맺지도 마십시오. 나실인들은 포도주를 먹어서는 안 되듯이 포도를 먹어서도 안 되고 포도밭을 지나가서도 안 되는 것이 나실인에 관한 오래된 랍비들의 전통입니다. 그래서 이런 옛날 속담이 있었습니다. "나실인이여, 돌아다녀라, 자유롭게 돌아다녀라. 그러나 포도를 먹고 싶고, 먹은 후에는 포도즙을 마시고 싶은 마음이 생기지 않도록 포도밭을 지나가지 마라."

여기에 우리를 위한 영적이고 도덕적인 중요한 교훈이 있습니다. 할 수 있는 대로 죄에서 멀리 떨어지도록 하십시오. 여러분이 "내가 다시 우상과 무슨 상관이 있으리요?" 하고 말할 줄 알게 되었다면, 악의 모양이라도 피하고 선한 행실을 더럽히는 모든 말을 버리십시오. 맥줏집, 무도장, 극장은 여러분에게 적합한 곳이 아닙니다. 나는 그리스도인들이 "어리석은 이 오락, 저 오락에 대해서 어떻게 생각합니까?" 하고 말하는 것을 듣는 것이 아주 싫습니다. 친구 여러분, 만일 여러분이 부도덕한 것이 들어 있는 어떤 것을 재미로 즐긴다면, 나는 여러분이 과연 하나님의 사랑에 대해 조금이라도 알고 있는지 의문을 갖지 않을 수 없습니다.

여러분은 로울랜드 힐(Rowland Hill) 목사가 연극 보러 가는 것을 좋아한다고 말한 사람에게 이야기한 내용을 알 것입니다. 그 사람이 힐 목사에게 말했습니다. "목사님, 목사님도 알다시피 저는 교인입니다. 하지만 자주 가는 것은 아니지만 일 년에 한두 차례, 손님을 대접하기 위해 연극을 보러 갑니다." 힐 목사가 말했습니다. "아, 형제는 내가 생각했던 것보다 상태가 훨씬 더 안 좋군요. 많은 사람들이 로울랜드 목사는 썩은 고기를 먹고 살며, 썩은 고기 먹는 것을 아주 좋아한다는 말을 한다고 생각해 보십시오. 그러면 내가 이렇게 말합니다. '아, 그렇지 않습니다. 전혀 그렇지 않아요. 나는 늘상 썩은 고기를 먹지 않아요. 다만 일 년에 한두 번 손님 접대를 위해서 먹을 뿐이에요.' 그러면 사람마다 이렇게 말할 것입니다. '당신은 우리가 생각했던 것보다 더 썩은 고기를 좋아하는군요. 불쌍한 피조물들은 달리 더 좋은 것을 얻을 수 없기 때문에 매일 썩은 고기를 먹어야 하지만, 그 피조물들의 취향은 건강에 좋은 음식은 외면하고 썩은 것을 맛있는 음식으로 찾는 당신의 취향만큼 그렇게 추한 것이 아닙니다.'"

여러분이 기쁨과 즐거움을 찾되 끔찍한 죄악이 언제나 아주 가까이 있는 곳에서, 신앙이 제자리를 얻지 못할 곳에서, 여러분의 주님이신 그리스도께서 오실 것으로 기대할 수 없는 곳에서 찾는다면, 여러분은 에브라임처럼 말하는 법을 배우지 못한 것입니다. "내가 다시 우상과 무슨 상관이 있으리요?" 죄의 얼룩이 조금이라도 묻어 있는 것은 무엇이든지 버리십시오. 하나님께서 여러분이 끝까지 그렇게 하도록 도와주시기 바랍니다. 여러분이 구원받기 위해서 이렇게 해야 합니까? 아니요, 전혀 그렇지 않습니다! 나는 지금 이미 구원받은 사람들에게 이야기하고 있는 것입니다. 여러분이 구원받지 않았다면 첫 번째로 할 일은 예수 그리스도를 믿는 믿음으로 말미암아 새로운 마음을 갖는 것입니다. 그 후에 우리는 여러분에게 어떤 속박도 지우지 않고, 여러분에게 어떤 짐도 의무로 요구하지 않습니다. 다만 여러분이 주님께 가까이 있으면서 "내가 다시 우상과 무슨 상관이 있으리요?" 하고 말하는 것이 여러분의 기쁨과 즐거움과 특권이 될 것입니다. 하나님께서 여러분에게 복 주시기를 바랍니다.

요엘

제
1
장

질서는 천국의 첫 번째 법칙

"피차에 부딪치지 아니하고 각기 자기의 길로 나아가며." – 욜 2:8

메뚜기 떼가 대열을 지어 가는 것을 본 사람들은 메뚜기들이 놀라울 정도로 질서 있게 가는 것에 아주 크게 놀랐습니다. 틀림없이 메뚜기 떼를 보았을 아굴은 이렇게 말합니다. 메뚜기는 "임금이 없으되 다 떼를 지어 나아가는도다"(잠 30:27). 놀라운 점은 크기가 상대적으로 아주 작고 지능도 아주 낮은 이 피조물이 장거리를 비행하는 일에서나 게걸스럽게 먹어 치우며 나아가는 일에서 군대보다도 질서를 잘 유지한다는 것입니다. 아무리 유능한 지휘관도 이 파괴적인 약탈자들의 무수한 떼의 천분의 일 혹은 백만 분의 일밖에 안 되는 무리를 정렬시키도록 명령을 받으면 어찌해야 할지 몰라 난감해 할 것입니다. 그런데도 본능적으로 이 메뚜기 군대는 아주 노련한 부대보다 더 질서를 잘 유지할 수 있고, 실제로 유지합니다. 나는 이탈리아의 어느 골짜기에서 수 킬로미터나 이어진 메뚜기 떼를 직접 보았기 때문에, 그것이 사실이라고 증언할 수 있습니다. 요엘 선지자는 이렇게 말합니다. "그들이 각기 자기의 길로 나아가되 그 줄을 이탈하지 아니하며 피차에 부딪치지 아니하고 각기 자기의 길로 나아가는도다."

곤충의 생활에서 이 놀라운 사실을 보면서 나는 다음과 같은 점을 생각하게 되었습니다.

1. 단지 메뚜기들 사이에서만 아니라 하나님의 세계 전체를 지배하는 질서가 있다는 것입니다.

그 다음에 나는 속으로 그리스도의 교회에도 이와 같은 질서가 있어야 한다고 생각했습니다. 하나님께서 이 거대한 곤충의 떼를 훈련하셨기 때문에 그들 안에 질서가 지배합니다. 이 점에는 대체로 예외가 없습니다. 하나님께서는 이 군대들이 모두 오(伍)와 열(列)을 맞춰 질서정연하게 움직이므로 무질서한 오합지졸이 되지 않도록 하시기 때문입니다. 지극히 미세한 것부터 지극히 장대한 것에 이르기까지 모든 피조물들이 질서의 힘을 느끼고, 자기들의 창조주께서 부과하신 법칙들을 잘 지킵니다.

하늘을 올려다보고, 거기에서 이루 셀 수 없이 무수하게 빛나는 별들을 보십시오. 망원경을 통해서 보면, 별들이 너무 많아서 하늘이 금 먼지로 덮여 있는 것 같습니다. 그럼에도 불구하고 우리는 이 천체들 가운데 하나가 다른 천체와 충돌했다는 기록을 보지 못합니다. 혹은 만일 그런 대 재해가 허용이 되었다고 할지라도, 그것은 우주 전체에 대한 포괄적인 계획에 속한 일이었습니다. 장엄한 천체들이 움직이는데, 각각 제 궤도를 따라 움직이며 모든 것이 완벽하게 조화를 이룹니다. 소위 말하는 광행차(aberration, 光行差: 지구의 공전 운동 때문에 발생하는 것으로 천체를 관측할 때에 관측자가 보는 천체의 위치가 실제 위치와 차이가 생기는 현상)라는 것도 규칙적인 법칙의 결과에 지나지 않습니다. 그래서 천문학자는 광행차를 아주 정확하게 계산할 수 있다는 것을 압니다. 성운(星雲)들 사이에는 불규칙이나 불일치 혹은 실패가 없습니다. 만약에 천체를 공부하는 학생에게 그런 문제가 실제로 있는 것처럼 보인다면, 그는 우주의 법칙에 능통하기 위해서는 좀 더 충분히 배울 필요가 있습니다. 모든 이심율(eccentricity, 離心率: 어떤 천체가 다른 천체 주위를 공전할 때, 그 궤도가 얼마나 타원형을 이루고 있는지를 나타내는 척도)이 자기가 생각한 것보다 광대한 우주에서는 반드시 필요한 요소라는 것을 발견하고 깜짝 놀랍니다. 천문학의 초보자들은 불규칙성에 대해서 이야기하였지만 뉴턴과 케플러는 모든 것에서 수확적인 정확성이 나타나는 것을 발견하였습니다. 우리는 우주가 원활치 못하게 돌아갈 것을 두려워할 필요가 전혀 없습니다. 사람이 기계에 바퀴를 무수하게 설치해 놓았다면, 때가 되면 어딘가에서 고장이 생길 것입니다. 여기에서는 기름이 부족하고, 저기에서는 톱니바퀴의 이가 부러지며, 이곳에서는 벨트가 딱 하고 끊어지거나 저기에서는 피스톤이 움직이지 않을 것입니다. 우주라는 하나님의 거대한 기계, 곧 그 바퀴들이 어찌나 큰 지 에스겔이 보았을 때 바퀴들이 무섭다고 느낄 만큼 큰 그 거대한 기계는 수천 년 동안 어쩌면 수백만 년 동안 계속 돌면서도 청소나 수리를 위해 멈춘 적이 없습니다. 이것은 하나님께서 기계의 모든 원자에 지극히 유순한 순종의 영을 심어놓으셨기 때문이고, 하나님의 능력 있는 손이 매 순간 기계 가운데서 활동하며 하나님의 법칙을 실행하기 때문입니다.

이 점이 단지 물질이라는 무생물들에게만 적용되는 것이 아닙니다. 이 법칙은 모든 동물계에도 효력이 있습니다. 단지 메뚜기들만이 아니라 바다의 물고기, 공중의 새들, 모두가 창조주의 명령을 지키고 규칙과 질서에 따라 살기도 하고 움직이기도 합니다. 이 모든 것이 하나님의 컴퍼스로 그린 완벽한 원의 부분을 이룹니다. 어떤 철이 되면 거대한 물고기 떼가 북쪽으로부터 와서 우리 바닷가 아주 가까이 떼 지어 이동하므로 시민들에게 매일의 식탁을 아주 풍성하게 만들어주는 것은 아주 놀라운 일입니다! 거리에서 굶주려 하소연하는 사람들이 있다면, 그럴 필요가 없습니다. 어부들이 힘을 다하여 일하면 영국의 모든 거민들이 지금보다 백 배나 늘어날지라도 그들에게 먹을 양식을 공급할 수 있을 것입니다. 이는 하나님께서 그처럼 수많은 물고기들의 대부분을 먹을 수 있도록 정하셨기 때문입니다. 그래도 모든 바다의 떼 지어 다니는 물고기들의 수는 별로 줄어들지 않을 것입니다. 그런데 정한 때가 되면 누구의 안내 없이도 물고기가 이동하여 수많은 여울목으로 모이고, 또 때가 되면 북극해의 파도 가운데 있는 이전 서식지로 돌아간다는 것은 놀랍기 짝이 없는 일입니다!

동물의 모든 종족이 다른 모든 존재에게 어떻게 필요한지도 주의하여 보십시오. 자연의 질서는 참으로 아름답습니다. 그래서 우리가 작은 새의 한 종(種)이라도 제멋대로 없애버리면 그 새의 종이 없어짐으로 인해 반드시 고통을 받게 됩니다. 프랑스에서 농부들이 어떤 작은 새들이 곡식을 먹는다고 생각하여 죽였을 때, 풀쐐기들이 나와서 곡식을 먹어치워 버렸습니다. 내버려두었으면 완전할 전체의 체계에 사람이 흠집을 낸 것입니다. 하나님께서 지으신 바퀴들 가운데 하나를 빼버렸고, 그래서 기계가 완전하게 작동하지 못하였습니다. 자연을 내버려두면 충돌이나 삐걱거림이 발생하지 않을 것입니다. 모든 동물은 자기의 때와 장소를 알고 자신의 목적을 이루기 때문입니다. 여러분이 참새의 짹짹거리는 소리만 들리지 않게 할지라도 자연의 연주의 화음을 망치는 것입니다. 황새와 두루미가 하나님의 명령을 듣고 날고, 제비들은 자기 갈 길을 압니다. 먹이를 찾아 헤매는 짐승들, 가축뿐 아니라 육식하는 새들도 모두 자연의 섭리 안에서 자기 임무를 다합니다. 대제사장의 보석이 박힌 흉패처럼 자연은 보석으로 가득 차 있고 각각이 제자리에 세팅되어 있습니다. 그래서 어느 하나라도 부족하면 그 영광이 훼손됩니다. 당나귀와 토끼, 리워야단(사 27:1; 욥 41:1, leviathan: 악어와 같은 거대한 해수[海獸])과 베헤못(욥 40:15, behemoth, 베헤못: 하마와 같은 거수[巨獸]), 독수리와 비둘기, 각다귀와 도마뱀 등, 이 모든 것이 다 최고의 선을 이루도록 배정되었고, 모두 제철을 만나면 아름답게 빛납니다. "피차에 부딪치지 아니하고 각기 자기의 길로 나아가는도다."

조금 더 높은 데로 올라가 보면, 하나님의 섭리에도 질서가 있습니다. 여러분이 인간 역사라는 거대한 세계를 보면 그것은 마치 실이 많이 꼬이고 엉켜 있는 실타래처럼 보입니다. 인간 역사를 보면, 거품 이는 바다의 거친 파도처럼 민족들이 일어서고 망합니다. 터무니없이 시작되고 악의적으로 계속되는 끔찍한 전쟁들을 봅니다. 인류가 자기 종족을 아무런 동기 없이 죽인 것으로 보입니다. 사람들이 마귀처럼 격분하여 서로에게 달려들고, 이리처럼 서로를 찢지만 그래도 자기들이 죽인 것을 먹지는 않습니다. 인류의 역사는 언뜻 보아서는 하나님이 없다고 주장하는 것처럼 보입니다. 그래서 우리는 이렇게 말합니다. "어떻게 이런 일이 일어날 수 있지? 하나님이 섭리하신다면, 우리가 이 땅에서 보는 것보다 더 질서정연한 어떤 것이 있을 것으로 기대했어. 문학의 대가가 쓴 위대한 책을 보기를 바랐는데, 분명한 연관성이 없이 아무렇게나 내갈긴 말들밖에 없어. 천사들조차도 애송할 수 있는 빼어난 시를 볼 것으로 생각했어. 그런데 이 모든 것이 아무런 의미 없이 휘갈겨 쓴 시처럼 뒤죽박죽이고 공허하며 모호해." 예, 형제 여러분, 그렇게 보입니다. 하지만 우리는 어린 아이들이어서 상형문자로 작성된 하나님의 문서를 이해하지 못합니다. 우리는 큰 본문 안에서 글을 쓰지만 하늘의 속기의 사본이 없습니다. 우리는 제한된 시력 때문에 큰 집의 벽돌 한두 장밖에 보지 못하면서 무한하신 건축가와 그의 작품을 기회만 있으면 비판하기 시작합니다. 어쨌든 이 세계가 6천 년 동안 존재해 왔다면, 그것이 무엇입니까? 하나님이 보시기에 그 시간은 하루에 불과하거나 지나가버린 어제와 같을 뿐입니다. 우리는 역사의 실타래 가운데 겨우 실 오라기 하나, 풀려나온 인생의 실 하나 보고서, 하나님께서 기이하게 짜신 태피스트리를 공정하게 판단할 수 있다는 헛된 생각을 합니다.

이 거대한 사실들을 떠나 우리 자신에게로 눈을 돌려보면, 우리의 보잘것없는 인생들에서 일어나는 모든 사건들은 은혜로운 완성을 향하여 곧장 나아가고 있음이 틀림없습니다. 하나님의 자녀 여러분, 여러분은 때로 이렇게 말합니다. "도대체 이 시련의 목적이 무엇인가? 대체 왜 내게 이런 사별을 겪게 하시는가? 내가 무엇 때문에 이 궁지에 빠져 허우적거려야 하는가? 왜 길을 가로막는 바리케이드처럼 이 곤란이 닥친 것인가?" 글쎄요, 여러분이 그 이유를 지금은 알지 못하지만 후에는 알게 될 것입니다. 그동안에는, "하나님을 사랑하는 자 곧 그의 뜻대로 부르심을 입은 자들에게는 모든 것이 합력하여 선을 이루느니라"(롬 8:28)는 말씀을 믿음으로 굳게 붙잡으십시오. 고난이 여러분의 번영을 막는 것이 아니라 오히려 증진시킵니다. 손실이 여러분에게 손해를 끼치는 것이 아니라 여러분의 진정한 부를 늘립니다. 사건 하나하나가 헤아릴 수 없이 많은 복을 싣고서 의로운 자들과 마음이 겸손한 자들을 위하여 계속해서 앞으로 나아가고 있습니다. 여호와의 길은 회오리바람에 있고 구름은 그의 발의 티끌입니다(나 1:3). 오직 어린 아이 같은 순전한 믿음으로 잠잠히 참고 하나님을 기다리십시오. 그러면 온통 뒤죽박죽이라고 생각했던 여러분의 인생에 그처럼 놀라운 질서가 있었고, 하나님의 처사를 매정하게만 생각했는데 거기에 그처럼 놀라운 사랑이 있었으며, 하나님의 행하심을 혹독하게 생각했던 때 거기에 그처럼 놀라운 온유하심이 있었고, 여러분이 아주 악한 심정이 들어 하나님의 의로우심을 공격하였을 때 거기에 놀라운 지혜가 있었다는 것을 알고 깜짝 놀라며 기이하게 여길 날이 올 것입니다. 형제 여러분, 우리 역사의 사건들은 승리를 거둔 군대가 유능한 지휘관 밑에서 행군하듯이 똑바로 나아갑니다. 우리에게 닥치는 사건의 지혜를 의심하거나 자신이라면 일을 더 낫게 처리할 수 있을 것이라고 생각하지 맙시다. 우리의 행복과 불행, 기쁨과 슬픔, 모두 제 임무가 있습니다. "피차에 부딪치지 아니하고 각기 자기의 길로 나아가는도다."

우리는 그동안 물질의 세계에서 살아 있는 피조물의 세계로 왔고, 그 다음에는 지적인 존재들의 세계로 올라왔습니다. 하지만 여기서 좀 더 높은 세계로 올라가 봅시다.

2. 이제 바로 하나님에 대해서 생각해 봅시다.

우리는 하나님의 모든 속성들에 대해서 이같이 말할 수 있습니다. "피차에 부딪치지 아니하고 각기 자기의 길로 나아가는도다." 언제든지 우리는 하나님을 생각할 때 한 가지 속성에만 정신이 팔려 나머지 속성들을 잊어버리지 않도록 합시다. 많은 그리스도인들이 주권의 측면에서만 하나님을 생각함으로 성격이 꽤 까다로워집니다. 자, 하나님께서 주권자이시라는 것은 깊고 신비하면서도 중요한, 그러나 매우 복된 진리입니다. 그래서 우리는 교회에 오는 사람들 모두에게 힘을 다해 하나님의 주권을 변호하곤 하였습니다. 그러나 절대적인 주권이 하나님의 유일한 속성은 아닙니다. 이 속성만을 바라보고 다른 모든 속성과 대권들을 배척하는 사람들은 하나님에 대해 편중된 생각을 갖고, 따라서 교리의 오류에 떨어지기가 쉬우며, 다른 사람들에 대해 몰인정하게 되고 하나님께서 죄인들의 죽음을 기뻐하시지 않으며 오히려 그들이 하나님께로 돌이켜 살기를 바라신다는 것을 잊기가 쉽습니다.

다른 한편으로는 많은 사람들이 하나님에 대해서 그는 선하시다는 점만을 생각함으로 하나님에 대한 이해에 큰 결함이 생깁니다. 하나님께서 선하고 자비로우시며 긍휼이 풍성하시다는 것은 복된 진리입니다. "여호와께서는 모든 것을 선대하시며 그 지으신 모든 것에 긍휼을 베푸시는도다"(시 145:9). 우리는 하나님의 친절하심을 줄이거나 가볍게 생각해서는 안 됩니다. "그 인자하심이 영원하기"(시 135편) 때문입니다. 그런데 어떤 사람들은 그 에메랄드 광선 하나를 마치 하나님의 속성의 전부인 양 생각합니다. 그들은 별 하나를 보면서 그것을 플레이아데스 성단이자 오리온 자리이며 또한 대각성(大角星)(Arcturus: 목자자리에서 가장 큰 별)이라고 생각합니다. 하나가 모든 것을 겸한다고 보는 것입니다. 그리고 슬프게도 그로 인해 나쁜 결과들이 발생합니다. 그들이 죄를 그저 하찮은 일로 생각하게 될 수 있습니다. 이것은 그들이 하나님의 공의와 주권을 무시하기 때문입니다. 그들은 하나님의 의와 보복을 마음에서 깨끗이 몰아냅니다. 그래서 지옥에 대해서 그리고 회개하지 않는 자들에게 임할 진노에 대해서 들으면 믿음 없는 마음으로 진저리를 치며 그것을 의심하려고 합니다. 그리고 어쩌면 지존하신 하나님에 대한 자신들의 왜곡되고 치우친 견해에 도움이 되었던 것처럼 보이는 성경 본문들을 어떻게 해서든지 찾으려고 합니다. 그들은 자신이 하나님께 영광을 돌리고 있다고 생각하지만 사실은 하나님의 이름을 더럽히고 있는 것입니다. 하나님은 지극히 주권적이신 것만큼 자비로우시며, 또 지극히 자비로우신 것만큼 지극히 주권적이시기 때문입니다. 사실 모든 영광이 하나님 안에서 만납니다. 선하고 뛰어나며 위대한 모든 것이 하나님 안에 지극히 완전한 형태로 있습니다. 하나님은 여러분이 하나님을 그렇게 생각하기를 바라십니다. 하나님 자신에 대한 가장 위대한 계시인 속죄에서 하나님은 여러분에게 다음의 사실을 보여주시기를 기뻐하셨습니다.

"은혜와 공의가 참으로 기이하게 하나가 되어
하나님의 아들을 지극히 예리한 고통으로 찔렀으니
이는 그대에게 최상의 복들을 주기 위함이라."

나는 여기에서 한 걸음 더 나아가, 우리가 이 질서를 하나님 말씀의 교리들에서 볼 수 있다고 생각합니다. 교리들이 마치 서로 모순되는 것처럼 보이지만, 사실은 서로 충분히 일치가 됩니다. 각각의 진리들이 서로의 궤도에서 충돌하는 것처럼 보이는 것은 바로 우리의 지적 시력의 결함 때문입니다. 성경의 진리들은 피차에 부딪치지 아니하고 각기 자기의 길로 나아가는 것이 확실합니다. 아마도 지금까지 가장 치열한 싸움은 구원은 은혜로 말미암는 것이라는 중대한 사실과, 사람은 복음 아래서 하나님께 책임을 져야 한다는 사실, 그래서 사람이 멸망하면 그 책임은 사람에게 있지 결코 하나님께 책임을 돌릴 수 없다는 마찬가지로 확실한 사실을 두고 벌어졌을 것입니다. 이 세상은 지적 검투사들이 대를 이어 서로 싸워온 경기장이었습니다. 그들이 나란히 서서 공동의 적과 싸웠다면 큰 공헌을 하였을 것입니다. 내가 생각할 때, 그들 모두 어떤 진리를 주장하는데, 어느 쪽이든 상대에게 어떤 것을 양보하려고 하지 않는 한, 둘 다 오류를 주장하게 될 것이라고 봅니다. 성경을 읽고서 철저히 논리적인 신조에 따라 성경을 체계화하려는 사람들이 있습니다. 하지만 나는 그들의 방식을 따를 마음이 없고, 사람들이 "저 사람은 스스로 전혀 앞뒤가 맞지 않는 말을 해!"라는 말을 하도록 내버려둘 셈입니다. 내 마음을 아프게 하는 것은 하나님의 말씀에 불일치하는 것뿐입니다. 성경을 알고 있는 한, 나는 목회를 하면서 여러분에게 진리의 한 부분이 아니라 하나님의 모든 말씀을 전하려고 노력하였습니다. 하지만 나는 하나님의 모든 말씀을 일치시킬 수 없고, 일치시키려고 애쓰지도 않습니다. 나는 모든 진리가 서로 조화를 이룬다고 확실히 믿습니다. 내 귀에는 화음이 아주 분명하게 들립니다. 하지만 나는 그 음악의 완전한 악보를 여러분에게 제공하거나 전(全) 음역에 대한 화성을 말해줄 수 없습니다. 그 일은 대 음악가이신 하나님께 맡길 수밖에 없습니다.

여러분은 미네르바 조상(彫像)을 마주 본 두 여행자에 대한 이야기를 들었을 것입니다. 한 여행자가 말했습니다. "미네르바는 정말 화려한 금 방패를 가졌군!" 그러자 다른 여행자가 말했습니다. "아니, 저건 청동이에요." 그들은 서로 말다툼을 하였고 칼을 빼어 서로를 찔렀습니다. 두 사람은 쓰러져 죽으면서 각각 위를 올려다보았습니다. 방패가 청동으로 만들어졌다고 말한 사람은 그 방패에 금으로 된 면이 있다는 것을 발견하였고, 방패가 금이라고 주장하였던 사람은 그 방패에 청동으로 만든 면도 있다는 것을 발견하였습니다. 그 방패는 두 금속으로 만들어진 것이었습니다. 다른 쪽을 보지 못한 두 사람은 그때서야 방패의 두 면을 보았습니다. 하나님의 진리도 꼭 그와 같습니다. 하나님의 진리는 여러 면이 있고 매우 다양합니다. 하나님의 진리에는 거대한 세 가닥 줄이 통과합니다. 그것은 마치 하나님처럼 하나이지만 셋입니다. 어쩌면 여러분과 나는 그 줄 가운데 두 가닥만 보았을지 모릅니다. 많은 사람들은 그 줄을 하나 이상 보려고 하지 않습니다. 우리가 아직 보지 못한 세 번째 줄이 있을 수 있습니다. 우리가 그 마지막 강에서 세례를 받고 눈이 깨끗해지고 하나님의 산에 올라가 하늘 도성의 빛으로 하나님의 진리를 읽을 때, 이 세 번째 줄이 모순되어 보이는 두 줄을 일치하도록 만들어 줄 것입니다.

구원이 전적으로 은혜에 속하는 일이라는 것은 분명한 사실입니다. 그리고 만일 사람이 망한다면 그것이 하나님 편에서의 초대, 곧 그리스도께 오라는 정직한 초대가 부족하기 때문이 아니라는 것도 마찬가지로 분명한 사실입니다. 우리는 주님께서 이렇게 말씀하시는 것을 듣습니다. "수고하고 무거운 짐 진 자들아 다 내게로 오라 내가 너희를 쉬게 하리라"(마 11:28). 어떤 사람들은 본문의 말씀을 그대로 받기 싫어해서 이 구절을 "지치고 무거운 짐 진 자"라는 말로 인용하는데, 그것은 성경을 바르게 읽는 것이 아닙니다. 여기서는 수고하는 자들을 그리스도께 초대하는 것입니다. 그리스도께서 이와 같은 초대의 말씀을 많이 하셨지만, 또한 이런 말씀도 하시지 않았습니까? "나를 보내신 아버지께서 이끌지 아니하시면 아무도 내게 올 수 없느니라"(요 6:44). "그런즉 하나님께서 하고자 하시는 자를 긍휼히 여기시고 하고자 하시는 자를 완악하게 하시느니라"(롬

9:18). 우레 같은 이 말씀을 들을 때 우리는 하나님의 주권에 굴복하게 됩니다. 그러나 잠시 후에 주님께서 이렇게 말씀하시는 것을 듣습니다. "원하는 자는 값없이 생명수를 받으라"(계 22:17). 또 이렇게 말씀하시는 음성을 듣습니다. "길과 산울타리 가로 나가서 사람을 강권하여 데려다가 내 집을 채우라"(눅 14:23). 우리는 이 두 진리를 모두 믿고, 두 진리 가운데 어느 한쪽만 믿는 친구들과 싸우지 말고 그들도 두 진리를 다 믿게 되도록 노력합시다. 이는 성경이 진리이므로 두 진리가 살아계신 하나님에 대하여 모두 진실을 말하기 때문입니다. 그동안 지켜본 바에 의하면, 계시된 진리 전체를 기꺼이 받아들이려고 하는 사람들은, 마음이 좁아져서 중요한 신학적 교의 한두 개만을 쥐고 있는 사람들보다 대체로 더욱 적극적이고 사람들의 회심을 더욱 간절히 바란다는 생각이 듭니다. 우리가 꽉 끼는 작은 신발을 치워버리고 발이 자랄 수 있는 대로 자라도록 내버려둔다면 천국에 이르는 길을 걷기가 훨씬 더 편하다는 것을 발견할 것이고, 주님께서 우리에게 하라고 시키시는 일은 무엇이든지 더욱 기꺼이 하게 될 것입니다.

3. 이제 그리스도인의 생활에 대해서 살펴봅시다.

친구 여러분, 은혜의 나라에 들어왔고 세상 사람들은 알지 못하는(육신의 마음은 영적 생명에 대해서 아무것도 모르기 때문에) 생명을 받은 여러분과 나는 이 점을 반드시 기억해야 합니다. 즉, 우리의 생각과 미덕과 행동들이 모두 제 위치를 잘 지키므로 그것들에 대해서 "피차에 부딪치지 아니하고 각기 자기의 길로 나아간다"고 말할 수 있게 되어야 한다는 것입니다.

우리의 생각에 대해서 말하자면, 우리는 하나님께서 그의 성령으로 우리를 가르치실 때 하나님의 말씀에 대해서 정당하고 균형 있게 생각해야 합니다. 예를 들면, 어떤 형제들은 그 성향이 매우 교리적입니다. 교리를 공부하는 것은 칭찬할 만한 일입니다. 하나님께서 우리가 교리에 대해서 많이 알게 하여 주시기를 바랍니다! 그렇지만 교리가 성경에서 배우는 전부는 아닙니다. 하나님의 말씀에는 의무들도 있고 약속들도 있습니다. 이런 것들을 왜 무시합니까? 그 다음에, 또 어떤 신자들은 실천적인 성향이 매우 강합니다. 그래서 그들은 야고보서는 귀중하게 여기면서 바울 서신은 경시합니다. 그들은 강해 설교를 좋아하지 않고, 듣기 힘들어 합니다. 하지만 교훈 설교를 하면 아주 기뻐합니다. 그들이 교훈 설교를 좋아하는 것이 잘못이 아닙니다. 하나님께서 우리에게 훨씬 더 실천적인 기독교 신앙을 주시기 바랍니다! 그러나 이것이 전부가 아닙니다. 그런가 하면 경험을 매우 중시하는 사람들이 있습니다. 이들 가운데 어떤 사람들은 설교가 인간 마음의 타락이나 하나님 자녀의 약한 면을 다루지 않으면 아예 설교를 들으려고 하지 않는 사람들이 있습니다. 그런가 하면 밝은 면에 대한 설교만 들으려고 하는 사람들이 있습니다. 그런 사람들에게는 언제나 배우자에 대한 그리스도의 달콤한 사랑을 문학적으로 표현한 아가서의 구절들을 가지고 설교해야 합니다. 자, 지금까지 언급한 설교의 형태들은 각각 제때에 맞게 전하면 다 유익한 것입니다. 그러나 하나님 말씀에 가까이 붙어 있으려고 하고 생각을 온전하게 하려고 하는 사람은 교리들을 잘 평가하고 동시에 은혜 언약과 구원의 경륜을 분명하게 이해하려고 노력해야 합니다. 그는 교훈들을 연구해야 하고 성령님께 부드러운 마음 주시기를 구하며, 이 교훈들을 살아 있는 판에 쓰듯이 마음에 쓸 수 있도록 해야 합니다. 그 다음에 자신의 타고난 죄에 대해 슬퍼하지만 그의 피로 말미암아 승리하게 하시는 주 예수 그리스도와의 교제를 기뻐하면서 자신의 경험을 지켜보아야 합니다.

우리는 하나님께서 그의 말씀에서 우리에게 생각해 보도록 주시고, 또 성령의 활동으로 말미암아 우리 마음에 적용하신 주제들을 다 생각해 보도록 해야 합니다. 이렇게 할 때, 우리는 이 생각과 저 생각이 부딪치지 않고 각기 자기의 길로 나아가도록 생각하게 될 것입니다. 나는 "의무"라는 소리만 들어도 몸서리치는 교리적인 설교자들이 있다는 것을 압니다. 그런가 하면 실제적인 생각을 하는 형제가 자기는 "선택"이라는 단어를 몹시 싫어한다고 딱 잘라 말하는 것을 듣기도 하였습니다. 그런가 하면 경험을 앞세우는 한 형제는 교리적인 설교자는 그저 "죽은 문자를 전하는 사람"이라고 단정지어 말하였습니다. 이것은 하나님의 자녀들이 서로에 대해서 말하기에는 아주 도리에 어긋난 표현들입니다! 이것은 그들이 그만큼 잘 모르기 때문에 쓰는 것이라고밖에 생각할 수 없는 신랄한 말들입니다! 우리는 "나는 바울에게, 나는 아볼로에게, 나는 게바에게 속한 자"(고전 1:12)라고 말하는 것을 부끄럽게 생각해야 합니다. 왜냐하면 우리가 그리스도의 것이라면 이들 모두는 우리의 것이고, 우리는 그들로 말미암아 유익을 얻기 때문입니다. 교리적인 설교자에게서 배우고, 실천적인 설교자에게서 배우며, 경험을 중시하는 설교자에게서도 배우십시오. 이 전체를 조화 있게 잘 섞고 피차에 부딪치지 아니하고 각기 자기의 길로 나아가게 하십시오.

이 점은 우리가 기르는 덕들에 적용되어야 합니다. 주 예수 그리스도께서는 구원하신 사람들의 마음에 훌륭하고 귀한 것들을 성령으로 말미암아 넣어주시기를 기뻐하지만, 이것들을 제대로 조화롭게 간직한다는 것이 언제나 쉬운 일은 아닙니다. 예를 들면, 매우 신실한 형제를 한 사람 알고 있습니다. 그는 거침없이 여러분의 잘못을 지적합니다. 그는 다정한 사람이 아닙니다. 그래서 그가 여러분에게 약점을 알려줘도 그로 인해 여러분이 유익을 얻지 못합니다. 자, 그런데 만일 그 형제가 신실함과 애정을 균형 있게 유지할 수 있다면, 정말로 훌륭한 사람이 될 것입니다! 그런가 하면 그저 인정이 많기만 한 또 다른 형제가 생각납니다. 그는 너무 인정이 많아서 유약하기 이를 데 없었습니다. 그를 보면 언제나 꿀단지가 생각났습니다. 그의 임무는 만나는 사람마다 꿀을 부어주는 일인 것 같았습니다. 만약 그가 그토록 인정 많은 태도에 신실함을 조금만 섞을 수 있었다면 훨씬 더 훌륭하고 튼튼한 사람이 되었을 것입니다. 윌리엄 세커(William Secker. 17세기, 잉글랜드 목사이자 신앙 저술가)는 기독교 신앙은 첫째로 "사람을 더욱 사람답게 만들고, 그 다음에는 사람 이상으로 만들게 되어 있다"고 말합니다. 우리가 성령의 능력으로 모든 미덕을 기르기를 애쓴다면 그와 같이 될 것입니다.

빛나는 눈만 있으면 사람의 얼굴이 아름다운 모습을 갖추는 것이 아닙니다. 그렇지 않습니다. 빛나는 눈이 아름다운 얼굴을 갖추는데 도움이 되지만, 얼굴의 다른 모든 요소들이 눈과 균형을 이루어야 합니다. 어떤 사람이 이마가 기막히게 잘 생길 수 있습니다. 그렇지만 얼굴의 다른 부위들이 균형이 잡히지 않으면 아주 못생겨 보일 수가 있습니다. 사람의 성품도 그와 같습니다. 사람의 성품은 모든 미덕을 갖추어야 하고, 모든 미덕이 조화를 이루어야 합니다. 예를 들면, 온순함이라는 미덕을 생각해 봅시다. 유순하고 조용한 심령을 지닌다는 것은 훌륭한 일입니다. 그러나 형제 여러분, 너무 유순하기만 해서 잘못에 반대하는 말을 할 수 없다면 어떻게 개혁을 이룰 수 있겠습니까? 그런 사람들뿐이라면 여러분이 어디에서 이 시대의 루터와 칼빈을 찾을 수 있겠습니까? 유순함은 그 약점을 상쇄할 만한 미덕, 곧 용기가 더해져서 균형을 이루어야 합니다. 다정함에는 신실함이 보강되어야 합니다. 사람이 시련을 잘 참아야 하지만, 게으르다고 할 만큼 너무 수동적이 되어서는 안 됩니다. 그는 실천적인 신앙을 나타내기 위해서 인내심에 활력을 보태야 합니다. 이런 특징들이 각각 있을 때 우리는 바울과 야고보가 "온전하다"고 말하는 사람이 될 것입니다. 그때에야 비로소 우리가 "구비하여 조금도 부족함이 없고"(약 1:4) "그리스도의 장성한 분량이 충만한 데까지 이르게"(엡 4:13) 될 것입니다. 그리스도의 사람들(Christian men)은 사람 그리스도(men-Christians)가 되어야 합니다. 여러분의 자녀가 팔은 아주 쑥쑥 자라는데 다리가 자라지 않거나 다리는 길어지는데 팔이 자라지 않는다면 아이의 모습이 얼마나 이상하겠습니까! 아주 보기 흉한 기형아가 될 것입니다! 사람을 온전한 모습으로 만드는 것은 사지가 균형 있게 자라는 것입니다. 형제 여러분, 머리가 심장보다 빨리 자란다면 그것은 병이 있다는 표시입니다. 그런데 아는 것과 느끼는 것이 균형을 이루지 못하고, 비판하는 것과 믿는 것이 균형을 이루지 못하는 사람들이 얼마나 많은지 모릅니다! 사람의 혀가 머리보다 크게 자라는 것은 흉한 일이고, 사람이 아는 것이나 행하는 것보다 말을 많이 하는 것도 나쁜 일이며, 수다쟁이 씨(Mr. Talkative)처럼 천국에 이르는 길에 대해서는 떠벌리기는 많이 하면서 정작 그 길에서 조금도 나아가지 못하는 것은 나쁜 일입니다.

우리는 그리스도인의 의무에서도 바로 이 조화와 균형을 볼 수 있어야 합니다. 이것은 아주 크고 어려운 주제여서 이 시간에 충분히 다룰 수 없지만, 거기에 대해서 한두 마디만 하려고 합니다. 사람이 한 가지 의무에 충실하다고 해서 그 외적인 행동 하나로 온전한 그리스도인이 되는 것이 아닙니다. 하나님은 자기 백성들이 모든 의무에 충실하기를 바라시기 때문입니다. 개인 기도에 시간을 얼마큼 들여야 하는지, 가정 예배에, 그리고 교회의 예배에 시간을 얼마큼 들여야 하는지가 때로 여러분에게 문제가 될 것입니다. 여러분은 이 문제들에서 쉽게 큰 실수들을 할 수가 있습니다. 매우 훌륭한 한 형제가 생각납니다. 그 형제는 기도회와 공 예배에 언제나 참석하였습니다. 그러나 불행하게도 언제나 집 밖에 있었기 때문에 가족을 아주 소홀히 하게 되었고, 그래서 아들들이 자라면서 일찍부터 교구에서 더할 수 없는 망나니들이 되었습니다. 나는 그 형제에게 생각한 바를 넌지시 알려주었습니다. 아이들의 아버지뿐 아니라 그 어머니도 아이들에게 무관심하였고, 그래서 그 해악이 배로 커졌는데, 아무튼 그가 때로 집에서 자녀들을 가르칠 수 있다면, 예배에 참석하느라 가정의 경건을 소홀히 하게 되지 않고 의무를 훨씬 더 잘 이행하게 될 것이라고 알려주었습니다. 나는 그 형제가 이 조언이 타당하다는 것을 알아들을 수 있기만을 바랄 뿐이었습니다. 그는 자신의 어리석음에 대해 아픔을 느끼지 못하고 있었기 때문이었습니다. 사람의 개인 신앙이 이 길에서 장애가 되는 경우는 많지 않습니다. 그런데 한 사람을 알고 있는데, 그는 이전에 개인 기도에 시간을 아주 많이 쓰는 바람에 사업을 소홀히 하게 되었고 하나님 백성들과 함께 모이는 일도 소홀히 하게 되었습니다. 그것은 실로 기이한 악습이었고 그의 경우에는 큰 죄가 되었습니다. 이 마지막의 경우는 정말로 별스러운 잘못입니다. 그것이 너무 특이해서 거기에 대해 변명을 할 수도 있을 것 같습니다. 그러나 그보다는 골방에서 하나님께 얼마만큼의 시간을 드려야 마땅한지, 그리고 가정 예배에, 기도회에, 주말 밤 집회에는 얼마큼의 시간을 드려야 마땅한지에 대해 신중히 생각해 볼 것을 강력히 권합니다. 우리는 이 활동들 각각에 정당한 몫의 시간을 쏟아야 하기 때문입니다.

그 다음에, 형제 여러분, 여러분은 사업에 얼마만큼 노력을 기울여야 하고 얼마나 열성을 보여야 하는지에 대해서 생각할 때 종종 어려움을 겪을 것입니다. 다른 사람이 대신해서 그 한계를 지을 수 없습니다. 각 사람은 스스로 판단해야 합니다. 그리고 이 말씀이 그 법이 되어야 합니다. "피차에 부딪치지 아니하고 각기 자기의 길로 나아가는도다." 여러분이 사업에 온 종일 시간을 들이는 것이 정당한 때가 있을 수 있습니다. 사업의 형편상 그렇게 할 필요가 있을 수 있습니다. 사업하는 사람들에게는 주말 집회에 나가는 것이 거의 정신 나간 일처럼 보일 위기들이 있습니다. 이때는 그들이 회사를 지켜야 합니다. 그렇지 않으면 부도가 날 것입니다. 그렇게 되면 그리스도의 이름이 욕먹을 것입니다. 노동자들에게도 만일 월요 저녁 기도회나 목요 밤 세미나에 참석해야 한다고 주장하면 그들이 의무의 길에서 아주 벗어나게 될 때가 있을 것입니다. 어떤 특정한 때에 와서 일 해달라는 요청이 있으면, 그는 그 요청에 응해야 하고, 그렇게 하는 것이 의무를 이행하는 일입니다. 나는 그 길에서 실패하는 사람들은 많지 않고, 오히려 그 반대 방향에서 잘못하는 사람들이 아주 많지 않나 하는 생각이 듭니다. 어떤 사람들은 가게 문을 아주 늦은 시간까지 열어두기 때문에 가정 예배를 드릴 시간이 없습니다. 그런가 하면 어떤 사람들은 하인들을 아주 꼼짝못하게 붙들어 두므로 그들이 평일 밤 집회에 설교를 들으러 갈 수가 없습니다. 고용주가 젊은 사람들 가운데는 어쩌면 월요 밤 기도회에 참석하고 싶어 하는 사람들이 있을 것이라는 생각을 전혀 하지 못합니다. 그리고 아마 고용주 자신도 그 자리에 참석하지 않을 것입니다. 나는 여러분에게 여러분이 지금 하나님께 너무 많은 시간을 드린다거나 사업에 너무 많은 시간을 쏟는다고 말할 수 없습니다.

여러분이 직접 성령 하나님께 그 점에 대해서 지도하여 주시기를 구하십시오. 그렇지만 여러분이 신앙생활과 사업이 피차에 부딪치지 않도록 해야 한다는 점을 기억하시기 바랍니다. 나이 든 한 목사가 "하나님께 한 가지 의무를 이행하느라 다른 의무를 희생하지 않도록 하라"고 말하였는데, 맞는 이야기입니다. 여러분은 각각의 분명한 의무에 정당한 몫의 시간을 할애하도록 하십시오.

의무들이 서로 부딪히는 것 같을 때, 의무들을 조정하는 일에 아주 큰 어려움이 따릅니다. 여기에 하인이 한 사람 있습니다. 주인이 그와 계약을 한 후에, 그에게 안식일에 이런저런 불필요한 일을 해주기를 바랐습니다. 젊은 그 하인이 대답합니다. "안 됩니다. 저는 그렇게 할 수 없습니다. 그것은 명백히 비성경적인 일입니다. 나는 사람보다 하나님께 복종해야 합니다." 그런데 꼭 필요한 일이라고 하기 어렵고 불필요한 일이라고도 하기 어려운 일들이 있습니다. 그때는 하인이 "무엇이 내 의무인가?" 하고 묻는 것이 정당할 것입니다. 여러분은 그 문제를 마음속으로 신중하게 결정해야 합니다. 여러분이 어떤 특정한 방향으로 결정하는데 비열하거나 이기적인 어떤 동기가 작용하였습니까? 그렇다면 아주 조심해서 결정하십시오. 하나님의 영광, 오직 하나님의 영광만을 구하며 이렇게 말하십시오. "내가 하인으로서 사람을 섬겨야 하지만, 그럼에도 불구하고 나는 하나님의 자유인이다. 따라서 나는 하인이자 하나님의 자유인으로서 행해야 하고, 어느 쪽의 위치도 잊어서는 안 된다."

부모에 대한 자녀들의 행동 문제가 때로 내 주의를 끌었습니다. 한 엄한 부모는 이렇게 말했습니다. "우리는 내 아이들에게 종교적 신념을 갖지 못하게 할 것입니다." 그런 경우에 이따금 나는 아이에게 좀 더 나이가 들 때까지 기다리도록 권하였습니다. 또 어떤 때는, 부모가 자녀에게 하나님을 불순종하게 만들 수 있는 권한이 있다고 주장할 수 없기 때문에 자녀에게 부모의 악한 명령을 듣지 않도록 권하였습니다. 자녀의 신앙 문제에서, 자녀가 스스로 판단할 수 있을 때는 부모만큼 자유롭게 스스로 선택할 수 있는 권리가 있는 것입니다. 부모는 자녀를 지혜롭게 지도하도록 노력하면서도 강압적으로 대해서는 안 됩니다. 부모가 신앙인이 아니라면, 자녀는 부모의 악한 명령에 순종해야 할 의무가 없고, 더 높으신 부모님께 더 큰 법, 즉 하나님의 말씀에 따라 순종해야 합니다. 이와 비슷한 일이 때로 남편과 아내의 관계에서도 발생합니다. 물론, 좋은 아내는 남편을 기쁘게 할 일을 행하기를 언제나 바라고, 할 수 있는 대로 남편에게 복종하기를 즐거워합니다. 그러나 양심의 문제에서 두 관계, 곧 하늘의 신랑과 세상의 남편이라는 두 관계가 충돌할 때, 적절한 행동 방침을 결정하기가 언제나 쉬운 것은 아닙니다. 하지만 우리가 적어도 이기심에서 혹은 박해를 피하고 싶은 마음에서 혹은 사람을 기쁘게 하려는 생각으로 행동해서는 안 된다는 것은 확실히 알 수 있습니다. 우리는 하나님께 정직하고, 만왕의 왕께 충성하며, 예수 안에 있는 진리를 공경하는 편에 서야 합니다. 할 수 있으면 그렇게 하십시오. 나는 모든 경우에 여러분이 모든 관계들을 조화롭게 유지하여서 피차에 부딪치지 아니하고 각기 자기의 길로 나아가게 할 수 있다고 믿습니다.

형제 여러분, 이 사실이 마음과 가정이라는 작은 사회에 이렇게 적용되는 것을 보았는데, 끝으로 살펴볼 점은 이것입니다.

4. 이 사실이 대체로 하나님의 교회에도 적용된다는 것입니다.

교인들이 피차에 부딪치지 아니하고 각기 자기의 길로 나아가면, 그것은 큰 복입니다. 각기 다른 일꾼들이 있고, 일꾼들은 협력해야 합니다. 슬프게도 주일학교 일꾼들이 언제나 서로 의견이 일치하는 것은 아닙니다. 그 다음에, 주일학교 일꾼들이 빈민 학교 일꾼들을 언제나 좋아하는 것은 아닙니다. 그리고 어쩌면 빈민 학교 일꾼들은 전도지 나누어 주는 사람들을 차가운 눈길로 낮추어 볼 수도 있습니다. 그래서는 안 됩니다. 우리는 몸의 다른 지체들과 같습니다. 그래서 눈은 발에게 "내가 너를 쓸 데가 없다"고 하거나 손이 귀에게 "내가 너를 쓸 데가 없다"(고전 12:22) 하고 말해서는 안 되는 것입니다. 각 사람이 성령의 은사를 따라 일해야 합니다. 사람이 자기 고유의 직무를 떠나서 다른 직무를 떠맡을 때, 그는 자신에게나 교회에 대체로 큰 잘못을 범하는 것입니다. 한 형제가 다른 형제를 시기하여 그의 흠을 들춰내고 그의 봉사에 트집을 잡을 때, 그는 성경의 이 질문을 들을 필요가 있습니다. "남의 하인을 비판하는 너는 누구냐 그가 서 있는 것이나 넘어지는 것이 자기 주인에게 있느니라"(롬 14:4). 나는 모든 일꾼들이 거룩한 합의를 유지하여 뜻을 합하고 같은 마음을 품으며 서로에게 오직 사랑과 선한 행실을 부추기며 함께 주 예수님의 영광만을 증진시키도록 힘쓰기를 바랍니다.

이 사실이 어떤 교회에서든지 그 일꾼들에 관해 적용되듯이 또한 각기 다른 신분과 부류의 그리스도인들에게도 적용될 것입니다. 부자 그리스도인들은 "교회에 가난한 사람들이 저렇게 많은 것이 싫다"라고 말해서는 안 됩니다. 또 가난한 그리스도인들도 "우리 목사님은 부자들을 좋아하셔. 가난한 사람들보다는 부자를 더 많이 생각하셔"라고 말해서도 안 됩니다. 이런 일들에서는 이쪽만큼 다른 쪽에도 잘못이 있습니다. 종종 돈을 자랑하는 사람이 가난한 사람들을 멸시하는 것을 보지만, 가난한 사람들이 그럴 필요가 없는데 화를 내고, 부자의 재산 자랑보다 가난한 사람의 시샘이 훨씬 더 악한 경우도 그에 못지않게 자주 발생합니다. 그리스도인들은 그렇게 하지 맙시다. 지위가 높은 형제는 자기의 낮아짐을 자랑하고 가난한 형제는 자기의 높음을 자랑하도록(약 1:9,10) 합시다. 우리는 서로가 필요하고, 다른 한 쪽이 없이는 유익을 얻을 수 없습니다. 교회 안에는 이 두 계층이 있으니 피차에 부딪치지 아니하고 각기 자기의 길로 나아가야 합니다.

이 점은 교육을 받은 사람들과 교육을 받지 못한 사람들에게도 적용됩니다. 종종 나는 누군가 문법에 맞게 말할 줄 모르는 형제를 비웃었다는 말을 들을 때마다 마음이 슬펐습니다. 문법에 맞게 말을 할 줄 아는 그 형제는 어쩌면 말을 전혀 하지 않으려고 할지 모르겠습니다. 그런데도 그는 다른 형제를 비웃으며 말합니다. "정말이지 저런 사람들이 설교한다는 게 놀라워. 저런 사람들이 대체 무슨 소용이 있지?" 자, 그렇게 말하는 여러분은 그 형제보다 더 낫게 행하기 전에는 그의 흠을 잡으려고 하지 마십시오. 하나님께서 그를 사용하시니, 여러분이 그 형제를 멸시해서는 절대 안 됩니다! 형제 여러분, 교육을 받은 학식 있는 목사가 필요한 것이 사실입니다. 우리는 대학 교육을 받고 높은 학위를 받은 목사를 비웃을 권리가 없습니다. 그들이 유용한 사역자들이기 때문입니다. 그러나 반면에 우리 가운데 누가 리처드 위버(Richard Weaver)와 카터 씨(Mr. Carter) 같은 사람들, 그리고 가난한 사람들 가운데서 수고하고 있는 다른 사람들에 대한 이야기를 듣고 감히 그들을 멸시할 수 있습니까? 내게 선택권이 주어진다면, 나는 지나치게 면밀한 이론을 주장하는 사람들보다는 그런 사람들과 일하기를 택하겠습니다. 그러나 사람마다 자기 형편이 있고, 각 사람이 자기 방식을 따라서 일합니다. 그러니 이 사람도 자기 위치에 서고 저 사람도 자기 위치에 서며, 서로에 대해서 시샘하는 말이나 성내는 말을 하지 말고, 피차에 부딪치지 아니하고 각기 자기의 길로 나아가도록 합시다.

이 점은 우리의 모든 교회들에도 적용되어야 합니다. 런던이라는 이 대도시에서는 다양한 그리스도의 교회들이 시샘 같은 것을 부릴 만한 핑곗거리가 전혀 없습니다. 만일 우리가 여기서 런던 브리지까지 그 먼 거리를 양쪽 도롯가에 집이 나 가게 하나 없이 나란히 예배당을 빽빽이 짓게 될지라도, 그 모든 교회에 복음 설교자들을 보내게 될지라도, 나는 어느 한 교회라도 다른 교회에 지장을 주는 일이 없이 그 모든 교회가 사람들로 채워질 것이라고 믿습니다. 이 도시에 있는 인구가 수백 만에 이를 만큼 아주 거대해서 교회들이 서로 부딪치며 싸워야 할 일이 전혀 없기 때문입니다. 우리는 깊은 바다에 있는 어부들과 같습니다. 바다에 배가 수백 척이 있다고 해서 어부들이 그 배들 가운데 어느 하나가 고기잡이에 실패하기를 바랄 필요가 없습니다. 배가 오만 척이 있다고 하더라도 물고기가 워낙 많은 곳에서는 배들이 모두 만선을 이룰 수 있습니다. 혹시 여러분이 이렇게 말할지 모릅니다. "아무개 씨에 대해서 듣는데, 참 귀한 사람이군요!" 그 사람이 틀림없이 그럴 것입니다. 그렇지만 다른 누군가도 그렇게 아주 귀한 사람입니다. 모든 사람이 오직 한 사람의 설교만을 들을 수 있다면, 매우 애석한 일일 것입니다. 사람마다 모두 이 태버너클 예배당에 오려고 한다면, 그것은 아주 슬픈 일일 것입니다. 우리는 예배당을 이보다 더 크게 지을 수 없기 때문입니다. 사람마다 모두 다른 어떤 교회로 가려고 한다면 그것은 아주 비참한 일이 될 것입니다. 우리 교회는 텅 비게 될 것이기 때문입니다. 그러나 지금 각 사람이 자신의 영적 취향이 이끄는 대로 혹은 자신의 영적 욕구가 시키는 대로 따르기 때문에 우리가 각기 다른 공동체를 형성하게 됩니다. 이 공동체들이 개별적으로 번창하고 있지만 서로 간에 쌓인 모든 불화를 치워버린다면, 우리가 서로의 선과 유익과 덕을 추구한다면 하나님을 훨씬 더 영화롭게 할 것입니다.

그래서 결론으로 말하면, 이 점은 각기 다른 교단들에도 적용되어야 합니다. 때로 나는 이 교단들이 언제까지나 지속될 것이라고 생각합니다. 교단들은 하나님의 교회에 해가 되는 것이 아니라 큰 복입니다. 왜냐하면 이 교단들은 사람들이 소홀히 여기는 진리의 이런 점을 쥐고 있고, 그런가 하면 저 교단들은 진리의 저런 점을 쥐고 있고, 그래서 그 모든 교단들을 통해서 진리 전체가 나타나기 때문입니다. 내가 생각할 때, 그리스도의 교회는 다양한 모든 교파들이 합쳐져서 거대한 하나의 교단을 이룬다고 할지라도, 그것으로 다 나타낼 수 없을 만큼 큽니다. 하나의 거대한 교단을 이루는 것은 아마도 야심 있는 어떤 사람의 허영을 만족시키고, 옛날의 바벨론이나 로마처럼 사제 조직이라는 또 다른 왕조를 일으킬 것입니다. 아마도 틀림없이 지금과 같이 될 것입니다. 그보다는 각 교단은 계속해서 자기 일을 하고, 다른 교단의 일을 비웃지 않도록 합시다. 우리 모두 이렇게 생각합시다. "우리가 할 일은 이것이니, 하나님의 이름으로 이 일을 합시다." 각 교단은 이웃 교단의 오류와 잘못을 바로잡기 위해 노력해야 하지만, 공동의 전투와 공동의 봉사를 추구하는 가운데 협력하고 발을 맞추어 일하도록 합시다. 형제 여러분, 어린애 같은 속 좁은 우리의 질투심들이 해가 떠오르면 녹는 서리처럼 깨끗이 녹아 없어질 때가 올 것입니다! 그리스도께서 영광 가운데 오실 때 혹은 우리가 죽음의 강 저편으로 옮겨져서 우리와 보이지 않는 세계를 가로막고 있는 휘장 너머를 볼 때, 지금 그처럼 중요하게 보이는 사실들을 매우 다른 눈으로 보게 될 것입니다. 그때 우리는 하나님께서 우리에게 그리스도의 십자가 외에 무엇이든지 자랑하는 것을 금하셨다는 것과, 결국 지키기 위해 싸워야 할 필요가 있는 한 가지는 "너희는 그 은혜에 의하여 믿음으로 말미암아 구원을 받았으니 이것은 너희에게서 난 것이 아니요 하나님의 선물이라"(엡 2:8)는 사실이었다는 것을 알게 될 것입니다.

주님께서 우리가 다른 사람을 밀치지 않고 각자의 길로 똑바로 가면서 함께 하나님을 위하여 일하도록 도와 주시기를 바랍니다. 이 자리에 회심하지 않은 분들이 있다면, 그분들에게 자신이 지금 고장 난 상태에 있다는 것을 알려드리고, 그로 인해 벌어지는 일을 말씀드리겠습니다. 사람이 하나님의 법칙에 대항하면 법칙이 그 사람이 존재한다는 사실이 확실한 것만큼이나 확실히 그를 밟아 뭉갤 것입니다. 런던 대화재 기념탑에서 뛰어내려 보십시오. 여러분을 구원하기 위해 중력의 법칙이 중지되지 않을 것입니다. 설사 중력의 법칙이 중지될지라도, 여러분이 하나님과의 관계에서 어긋나 있다면, 그 문제를 해결하는 데는 아무 도움이 되지 못할 것입니다. 여러분이 여전히 하나님께 대항하고 있다면, 반드시 망하게 될 것입니다.

여러분이 하나님의 은혜로 말미암아 하나님과 조화를 이룰 수 있게 되기를 바랍니다. 하나님의 아들의 죽으심으로 말미암아 하나님과 화목하기를 바랍니다! 하나님께서 여러분에게 정상으로 회복되는 길을 알려주십니다. 그것은 이것입니다. 즉, 단순한 마음으로 예수님을 믿는 것입니다. 이것이 모든 오류를 고치는 길입니다. 주 예수 그리스도를 믿는 자는 구원을 받을 것입니다. 하나님께서 우리 모두에게 그 구원의 복을 주시기를 바랍니다! 아멘.

제
2
장

소설보다 더 기묘한 진리

"내가 전에 너희에게 보낸 큰 군대 곧 메뚜기가 먹은 햇수대로 너희에게 갚아 주리라." - 욜 2:25

지나간 세월을 그대로 되돌릴 수 없습니다. 일단 지나간 시간은 영원히 사라집니다. 아무도 이 점에 대해서 잘못 생각하거나 날아간 시간이 다시 돌아올 것이라는 생각으로 현재의 순간을 헛되이 보내지 않도록 합시다. 일단 지나간 세월을 우리에게 되돌릴 수 있다고 생각하는 것은 북풍을 되부르거나 비를 쏟은 구름을 다시 채우거나 혹은 낮에 쏜 화살을 전통에 다시 담을 수 있다고 생각하는 것과 같습니다. 서둘러 바다로 가버린 강물의 굽이치는 물결을 되돌릴 수 있을 것으로 생각하는 것과 같습니다. 여러분은 메뚜기 떼가 세월을 먹어버린 것이 아니고, 수년 동안 수고한 열매들, 곧 들판의 수확물을 먹어버린 것이라는 생각이 즉시 떠오를 것입니다. 그래서 여기서 햇수대로 갚아주신다는 의미는 메뚜기 떼가 먹어버린 열매와 수확물을 배상해 주시겠다는 것이 분명하다고 생각할 것입니다. 여러분은 시간을 되돌릴 수 없습니다. 그러나 하나님은 헛되이 사라진 복들, 곧 수년 동안 익지 않고 떨어진 열매들을 여러분에게 되돌릴 수 있는 기이하고 놀라운 방법이 있습니다. 수년 동안 버려진 이 열매들이 여전히 여러분의 것이 될 수 있습니다. 그 열매들이 여러분의 어리석음과 나태함 때문에 메뚜기 떼에게 먹혀버린 것은 애석한 일입니다. 그러나 비록 그렇게 되었다고 할지라도 절망하지 마십시오. "믿는 자에게는 능히 하지 못할 일이 없느니라"(막

9:23). 모든 것을 뛰어넘어 기이한 일들을 행할 수 있는 능력이 있습니다. 모든 것을 삼켜버리는 메뚜기가 먹은 것을 도로 내놓을 수 있게 할 수 있는 사람이 누구입니까? 완전히 파괴된 것을 지혜나 능력으로 되돌릴 수 있는 사람은 아무도 없습니다. 오직 하나님만이 불가능한 일을 여러분을 위하여 행하실 수 있습니다. 하나님의 은혜의 약속이 여기 있습니다. "내가 메뚜기가 먹은 햇수대로 너희에게 갚아 주리라."

하나님께서는 회개하는 자기 백성들에게 그 땅이 본래 내놓을 수 있는 것보다 많은 수확물을 주실 수 있습니다. 말하자면 메뚜기 떼가 오지 않았더라면 그들이 얻었을 것을 전부 그의 백성들에게 주실 수 있습니다. 하나님께서는 여러분에게 현재와 장래에 더 큰 은혜를 주심으로써 지금까지 황폐해지고, 죄와 자아와 사탄이라는 메뚜기와 황충과 팥중이에게 먹혀버린 생명을 온전하고 거룩하며 유용한 생명으로 변화시켜 하나님께 찬양과 영광을 돌릴 수 있게 하십니다. 이것은 참으로 놀라운 일입니다. 그러나 여호와는 기사(奇事)를 행하시는 하나님이시고, 은혜의 나라에서는 기적이 흔한 일입니다.

우리는 이 주제를 자세히 살펴볼 것입니다. 나는 틀림없이 이 주제가 이 자리에 계신 분들 가운데 지금까지 하나님을 위해 아무것도 한 일이 없고 심지어 자신을 위해서도 한 일이 없기 때문에 낭비해버린 세월에 대해 슬퍼하는 분들에게 매우 흥미로울 것이라고 생각합니다. 메뚜기가 모든 것을 먹어버렸습니다. 그런데 결딴난 인생을 회복할 수 있다는 전망은 틀림없이 그들에게 깊은 관심을 불러일으킬 것입니다.

1. 첫째로, 나는 메뚜기가 먹은 햇수에 대해서 이야기하겠습니다.

이 햇수는 어떤 세월입니까? 첫째로 그리고 무엇보다 어두운 사실은, 죄 가운데 지낸 두려운 세월이 있다는 것입니다. 즉, 거듭나지 못한 채 회개치 않으며 불신앙으로 지낸 세월이 있는 것입니다. 하나님이 없고 그리스도도 없으며 영적인 일들에 대해 죽은 자로 산 세월이 있습니다! 그것은 참으로 두려운 상태입니다! 이 두려운 상태에서 참으로 오랜 세월을 보낸 사람들이 있습니다! 우리 모두, 곧 우리 가운데서 하나님께 큰 은혜를 받고 산 사람들은 언제나 자신이 아주 어린 시절을 죄 가운데서 보낸 것에 대해 안타깝게 생각합니다. 나는 열다섯 살 때 주님을 알게 되었는데, 그보다 십오 년 전에 주님을 알았더라면 좋았겠다는 말을 종종 하였습니다. 사람이 생의 눈을 뜨자마자 그 영원한 빛을 볼 수 있었다면 좋았겠습니다! 피가 흐르기 시작하자마자 그 생명이 하나님께 바쳐졌더라면 좋았겠습니다! 그런데 나는 어린 시절이나 젊을 때 회심하는 것은 너무 일러서 그 진실성을 믿기가 어렵다고 생각하는 사람들이 너무 많은 것이 아닌가 하고 염려가 됩니다. 그 사람들은 이제 삼십, 사십, 오십의 나이에 이르렀는데도 여전히 하나님과 화목하지 않았고, 새롭게 되지 않았습니다. 여러분의 처지가 참으로 딱합니다! 나는 훨씬 더 나이 든 분들, 즉 오랜 세월을 타락한 생활로 몽땅 메뚜기에게 먹혀 버린 사람들을 종종 만납니다. 사람이 나이가 들어 쇠약하면서도 구원받지 못한 채 지내고, 하나님께로 갈 힘도 없다는 것이 얼마나 슬픈 일인지 모릅니다!

자, 메뚜기가 먹어버린 것, 다시 말해 황충이 모든 것을 삼켜버린 것은 힘들게 일한 시간을 먹어버렸다는 의미인 것을 기억하시기 바랍니다. 한 해 동안 사람들이 쟁기질하고 씨 뿌리고 작물을 돌보았는데, 그 모든 수고가 허사가 되었기 때문입니다. 이와 같이 하나님을 위해 아무것도 하지 않고 따라서 영적인 복을 받지 못하는 사람은 그럼에도 불구하고 일하고 수고하지 않으면 안 됩니다. 정욕과 쾌락과 자아와 사탄의 노예가 된 사람들만큼 힘들게 일하는 사람은 없습니다. 흔히 이 사람들은 마치 불 속에서 일하는 것처럼 힘들게 수고합니다. 죄의 길은 고달픕니다. 그들은 수고하며 노예처럼 고되게 일하고 분투노력하지 않으면 안 됩니다. 이 세상의 멍에는 쉽지 않고 그 짐은 가볍지 않기 때문입니다. 그런데 그 수고로부터 아무것도 나오지 않습니다. 이것이 고통스러운 점입니다. 사람이 정당한 보상을 받는다면 일하는 것을 싫어하지 않습니다. 그러나 쟁기질하고 씨를 뿌리지만 메뚜기가 먹어버리기 때문에 아무것도 거두지 못한다고 생각해 보십시오! 이것은 비참한 일입니다. 정당한 보상이 있으면 힘들게 일하는 것도 즐겁습니다. 그러나 보상으로 사망을 받게 된다면, 그 수고는 끔찍한 것입니다. 그런데 이것이 거듭나지 않은 사람들의 길입니다. 그들은 힘써서 반역하는 일에 세월을 보내는데, 자기들이 원하는 수확물을 거두지 못합니다. 강한 욕구의 충동에 따라 애써서 일하지만 그들의 바라는 것이 썩어 없어집니다. 그들은 일하되, 노예처럼 고되게 일하지만 거기에서 아무것도 나오지 않습니다. 수고의 한 해를 살지만 그 수고가 헛됩니다.

메뚜기들이 날아온 때는 특별히 큰 실망의 한 해였습니다. 사람들은 추수를 기대하였습니다. 사실, 그들은 수확물이 나올 것으로 생각하였는데 보는 앞에서 수확물이 메뚜기 떼에게 먹히고 말았습니다. 그럴지라도 불경건한 자, 곧 그리스도를 믿지 않는 사람은 자기가 도달하지 못하는 행복에 대한 전망으로 마음이 황홀해지는 경우가 종종 있습니다. 조금만 더 있으면 그는 만족할 것입니다. 그래서 조금 더 얻습니다. 그런데 이렇게 되면 그는 금잔으로부터 또 한 모금 마시고 싶은 갈망이 더 커집니다. 마음이 거대한 화살로 활을 쏠 때, 우리가 달려갈 수 있는 데까지 달려가지만 화살은 여전히 우리를 지나갑니다. 학생은 조금 더 알아야 합니다. 야심이 있는 사람은 명예의 사다리에서 조금 더 높이 올라가야 하고, 그때서야 마음을 놓을 것입니다. 그는 배우고 명예를 얻습니다. 그러나 편안함은 언제나 그렇듯이 여전히 멀리 있습니다. 어쩌면 훨씬 더 멀리 있는지 모릅니다. 세상의 잔은 지극히 달콤한 것처럼 보일 때에도 사실은 갈증만 더 심해지는 소금물이 들어있을 뿐입니다. 우리는 이 세상의 잔치에서 잔을 마실 때 말거머리를 삼키므로, 만족을 모르는 갈망이 따릅니다. 메뚜기가 먹어버린 죄의 햇수는 수고의 세월이고, 지독한 실망의 세월입니다.

그리고 슬프게도, 그 햇수는 실패의 세월들입니다. 여러분, 여러분은 지금까지 이 세상에서 무슨 일을 하였습니까? 나는 상당한 돈을 번 사람에 대한 이야기를 들었습니다. 그가 죽자 한 그리스도인이 말했습니다. "나는 그 사람의 인생을 완전한 실패라고 생각합니다. 그가 지금까지 한 일이 무엇입니까? 그 사람은 자기가 누리지 못할 것을 쌓았습니다. 애써서 돈을 긁어모았지만 하나도 쓰지 못하였습니다." 그런 사람들을 보면 나는 온갖 보물과 쓰레기를 저장하는 갈까마귀가 생각납니다. 그런데 그런 사람들이 하는 일이 그런 것들을 고작 문 뒤 구멍에 숨기는 것밖에 무엇이 있습니까? 그들은 쌓은 것을 가지고 아무것도 할 줄 모릅니다. 그런 것을 사용할 분별력이 없습니다. 대수도원장의 반지를 훔치든지 아니면 작은 철사 조각을 훔치든지 간에 갈까마귀에게는 모든 것이 똑같습니다. 천 파운드가 있든지 핀이 천 개 있든지 간에 전혀 사용하지 않기 때문에 수전노들에게는 아무 차이가 있을 수 없습니다. 슬프게도 버는 능력은 있는데 번 것을 사용할 능력이 없는 사람들이 많습니다. 그들의 세월은 메뚜기에게 먹혔습니다.

그런가 하면, 그저 살면서 빵과 고기와 술을 허비하기만 한다고밖에 말할 수 없는 사람들이 많지 않습니까? 그들이 세상에서 왔다 갔다 하지만, 그들의 목과 발을 묶어서 대서양에 던져 넣는다면, 그들과 함께 있는 것보다 없이 지내는 것이 더 편안할 불쌍한 그의 아내와 자녀들 외에는 그들이 없는 것을 아무도 알지 못할 것입니다. 내가 너무 심하게 말하는 것이 아닙니다. 자연의 오점이자 피조계의 구멍과 같은 그런 사람들을 많이 보기 때문입니다. 이들은 비 없는 구름이고 물 없는 샘입니다. 이들은 마땅히 유용하게 사용했어야 할 인생을 포장으로 싸서 묶어놓기만 한 것입니다. 도대체 이들은 이 땅에 짐만 잔뜩 지운 것입니다.

그런가 하면 예의바르고 훌륭하며 조용한 사람들이 있습니다. 그런데 이들의 전체 삶은 결국 어떻게 됩니까? 그것은 마치 스펀지 식물과 같이 손바닥에 놓으면 아주 커 보이지만 손으로 눌러 압착해 보면 거의 없는 것이나 다름없게 됩니다. 그저 겉으로 커 보이기만 하는 사람들이 많지 않습니까? 그 사람 자신이 말하는 것을 들어보면, 굉장히 위대한 생애인 것처럼 보입니다. 그러나 실제로 들춰보면, 그 사람이 행했다고 하는 선이라는 것이 아무것도 아닙니다. 하나님을 영화롭게 하지 않았고, 상한 마음을 치료하지도 않았으며, 거룩함을 나타내지도 않았습니다. 그가 일생 동안 한 일이라곤 마땅히 했어야 하는 일과 정반대 되는 것밖에 한 것이 아무것도 없습니다. 그의 인생은 세상에 선한 것을 보태기보다는 오히려 철회하는 일을 한 것입니다. 사람이 45년을 살면서 아무것도 한 것이 없다면, 얼마나 두려운 일입니까! 과수원에서 해마다 아무것도 내놓지 않는, 열매 맺지 못하는 나무를 아끼지 않으려고 한다면, "찍어버리라 어찌 땅만 버리게 하겠느냐"(눅 13:7)는 평결이 정당하다는 것을 충분히 이해한다면, 곧이어서 신속한 도끼질이 따라올 그처럼 예리한 선고가 이 자리에 계시는 많은 분들에게 내려질 수도 있을 것입니다. 왜냐하면 그분들은 지금까지 가치 있는 일은 하나도 하지 않고 땅만 허비해 온 사람들이었기 때문입니다. 메뚜기가 해마다 그들이 쟁기질하고 씨를 뿌린 것을 먹어버렸습니다. 그들의 인생 전체를 통해서 아무것도 나오지 않았습니다. 하지만 내 말을 잘 들으시기 바랍니다. 여러분이 하나님의 은혜로 죄를 고백하고 하나님께로 돌이키며 "옷을 찢지 말고 마음을 찢는다면"(욜 2:13) 하나님은 메뚜기가 먹어버린 세월을 바로 여러분에게 되돌려 주실 수 있습니다. 제발 이 놀라운 약속을 잘 듣고 생각하며, 노력이 부족해서 이 약속을 놓치는 일이 없도록 하십시오.

이제는 본문이 또 다른 의미로 사용될 수 있다는 점을 아주 간단히 말씀드리겠습니다. 큰 상심과 의기소침, 낙망으로 인해 메뚜기에게 세월을 먹혀버린 사람들이 있습니다. 이들은 하나님을 크게 기뻐하였던 봄날의 행복한 때가 있었던 사람들입니다. 그런가 하면 어떤 사람들에게는 이 시기가 확신을 잃고 희망도 잃어버려서 하늘이 어두워졌고, 절망의 겨울바람이 주위에서 윙윙거리며 불던 때를 의미합니다. 나는 오랫동안 의기소침의 냉기를 아주 뼛속 깊이 맛본 친구들을 생각하면 마음이 아픕니다. 종종 이렇게 우울한 사람들을 만나는데, 슬픈 일은 내가 그 사람들을 지혜롭게 잘 대할 수 없을 때가 많다는 것입니다. 많은 경우에 내가 사람들에게 위로를 전달할 수 있었던 것은 특별한 은혜였습니다. 그러나 바로 그렇게 위로를 하는 가운데 내 마음이 무거운 짐을 지게 된 경우가 아주 많았습니다. 하나님의 귀한 자녀들이 의심의 수렁에 빠질 수가 있습니다. 다이아몬드가 어두운 광산에 숨겨져 있을 수가 있습니다. 하나님의 지극히 귀한 진주들 가운데 어떤 것들은 어두운 물 속 깊은데 놓여 있습니다. 여러분 가운데 이렇게 해마다 세월을 낭비하며 이같이 탄식하는 사람들이 있을 수 있습니다.

"처음 주님을 보았을 때
누렸던 그 행복이 지금은 어디 갔나?
예수님을 보고, 그의 말씀을 보고
영혼이 새롭게 되었던 그 눈길은 어디 갔나?"

여러분은 그 일로 낙담하지 마십시오. 거의 눈꺼풀에 이끼가 자랄 것처럼 보일 때까지 갇혀 있던 죄수들이 해방되었습니다. 이 은혜로운 약속이 있으니, 결코 절망하지 마십시오. "내가 메뚜기가 먹은 햇수대로 너희에게 갚아 주리라." 하나님은 여러분이 슬픔으로 지낸 모든 세월을 되갚아 주실 수 있습니다. 그러면 머지않아 여러분은 그 세월로 인해 더 낫게 될 것입니다. 마음으로 겪었던 그 모든 슬픔에 대해 하나님께 감사하지 않을 수 없을 것입니다. 내가 여러분에게 말씀드리는 것은 생소한 이야기입니다. 아마도 여러분은 오늘 밤 내 이야기를 믿지 못할 것입니다. 그러나 살면서 내 이야기가 맞는다는 것을 알게 될 것입니다. 하나님은 칠흑같이 어두운 밤들을 갈아서 여러분을 위해 햇빛을 만드실 것입니다. 즉, 저기 고통의 가마에서 은혜가 기쁨의 빵을 만들 것입니다. 나는 그동안 종종 대화를 나누었던 친구에게 이것을 말했습니다. 그 친구는 착실한 그리스도인 여성이었는데, 3년 동안 그녀를 위로하려고 하는 모든 사람의 말을 듣지 않았습니다. 나는 그녀와 함께 기도하였습니다. 그리스도의 사역자인 그녀의 경건하고 친절한 남편은 마음을 써서 그녀를 위로하려고 하였지만, 그녀는 위로받기를 거절하였습니다. 그런데 아주 기쁘게도 어느 날 나는 다음과 같이 쓴 편지를 받았습니다. “주님께서 내 지하 감옥의 문을 열어주셨습니다. 사로잡혀 있던 생활이 끝났습니다. 비록 내가 몸은 병들었지만, 그것은 문제가 되지 않습니다. 심령이 회복되었기 때문입니다.” 그렇습니다. 주님은 포로들을 풀어주실 수 있고, 또 풀어주십니다. 10년이나 20년 동안 절망에 사로잡혀 지냈지만, 그럼에도 불구하고 때가 차자 “내가 메뚜기가 먹은 햇수대로 너희에게 갚아 주리라”는 이 약속이 기쁘게 성취된 하나님의 귀한 자녀들이 있습니다.

자, 지금까지 여러분에게 본문의 두 가지 번역문을 제시하였는데, 이제 또 다른 번역문을 제시하겠습니다. 나는 낮은 미덕의 상태로 세월을 낭비한 사람들에 대하여 말씀드립니다. 우리는 형제들을 판단할 수 없습니다. 그러나 스스로 신자라고 하는 어떤 사람들이 그리스도인이라고 한다면, 그것은 별로 떳떳치 못하게 하는 말입니다. 이 사람들을 보면 나는 한 미국 남자 아이가 주일학교에 갔을 때 선생님의 질문을 받고서 한 대답이 생각납니다. 선생님이 그 아이에게 물었습니다. “어머니가 그리스도인이시니?” 아이가 대답하였습니다. “예, 선생님, 어머니는 그리스도인이십니다.” “아버지는 그리스도인이시니?” 아이가 대답하였습니다. “글쎄요, 선생님. 아버지가 그리스도인일지 모르겠지만 최근에는 그 점에 별로 신경을 쓰시지 않았습니다.” 우리는 그런 부류의 사람들을 잘 압니다. 아마도 그들은 하나님을 두려워할 것입니다. 하지만 그 점에 별로 신경 쓰지 않으면서 살아왔습니다. 신앙이 그들에게 실제적인 영향을 끼치지 못합니다. 구원은 행위로 말미암지 않습니다. 그러나 사람이 구원받으면 그는 곧바로 예수님을 위해 일하기 시작합니다. 그러므로 예수님을 위하여 행한 일이 아무것도 없을 때, 예수께서 그를 위해 행하신 것이 아무것도 없지 않나 하고 염려하지 않을 수 없습니다.

우리 주위에 말은 잘하지만, 게으름이라는 메뚜기와 세속적 태도라는 느치, 하찮은 오락이라는 팥중이에게 세월이 먹혀버린 사람들이 있습니다. 그들은 호세아 선지자의 말대로 지혜 없는 “어리석은 비둘기” 같습니다. 나는 그 사람들을 판단하는 것이 아닙니다. 동정하는 심정으로 그들을 보며 이상하게 여기는 것입니다. 어떻게 그들이 그처럼 무익한 일들에 만족할 수 있습니까? 주변에서 온통 심각한 전투가 벌어지고 있는 때에 어떻게 그들이 그처럼 두 마음을 품고 애매한 태도를 취할 수 있습니까? 나는 그들이 우리 편인지 적의 편인지 판단할 수 있게 좀 더 분명한 증거를 보여주면 좋겠습니다. 그들은 비가 오지 않는 날에는 예배당에 출석합니다. 친구가 집에 들러서 가자고 권하면 일 년에 한 번 정도 기도회에 참석합니다. 그들은 교회에 주일학교가 있는 것을 좋아합니다. 주일학교에서 무슨 일을 하고 있는지 알고 싶어 합니다. 그렇지만 주일학교에는 한 번도 들어가지 않았습니다. 그들은 담임 목사를 사랑하지만 목사의 사례금을 위해서는 한 푼도 내지 않습니다. 은혜의 교리들에 감탄하지만 그 교리들을 퍼트리는 일은 하려고 하지 않습니다. 사실, 그들은 부지런히 아무것도 하지 않는데 시간을 보내고, 빈 껍데기뿐인 신앙 고백의 외투를 말없이 걸치고만 있을 뿐입니다.

자, 사랑하는 여러분, 이것은 비참한 일입니다. 여러분이 그리스도인이라면, 그리스도인답게 사십시오. 거룩한 일들에 대해 뜨거운 마음을 품으십시오. 그렇지 않으면 그 일들을 내버려두십시오. 찬 고기는 충분히 먹을 만합니다. 그러나 냉랭한 신앙은 사람이 도무지 먹고 살 수 없는 역겨운 음식입니다. 뜨겁게 신앙생활을 하든지 아니면 아예 신앙생활을 하지 마십시오! 신앙이 미적지근하면 하나님도 사람도 그 신앙을 받지 않을 것입니다. 하나님이시자 사람이신 예수께서 "내 입에서 너를 토하여 버리리라"(계 3:16)고 말씀하셨기 때문입니다. 모든 사람을 아주 잘 참으시는 주님께서 미적지근한 신앙은 견디지 못하십니다. 어떤 신자들의 경우에는 메뚜기가 그들의 세월을 먹어버린 기간이 너무도 깁니다. 나는 이 자리에 메뚜기에게 오랜 세월을 먹혀버린 형제가 있다면 그에게 간곡히 타이르며, 그가 하나님의 약속을 이용하려는 뜻이 있다면 "내가 메뚜기가 먹은 햇수대로 너희에게 갚아 주리라"는 약속은 여전히 유효하다는 점을 알려주고 싶습니다. 그는 마침 알맞은 때에 그 약속을 본 것입니다. 그의 처지가 안 좋기 때문입니다. 시간처럼 귀한 상품을 허비하고 있으면서 그렇게 형편없이 장사하는 것은 잘못된 일입니다.

그동안 아주 다양한 예들을 들었는데, 여러분이 지치지 않도록 한 가지 예만 더 말씀드리겠습니다. 그저 게으르기 때문이 아니라 그보다 악한 방식으로, 즉 공공연한 타락이라는 죄로 말미암아 메뚜기에게 세월을 먹혀버린 사람들이 있습니다. 이것은 하나님의 교회에 닥친 재앙들 가운데 하나입니다. 슬프게도, 잘 달리다가 갑자기 멈추고서 더 이상 하나님의 길에서 행하지 않는 사람들이 많습니다! 비통하게도 이것은 우리가 흔히 겪는 슬픔입니다. 우리는 성도의 궁극적 견인을 믿습니다. 그런데 성도가 아니므로 끝까지 견디지 못하는 사람들이 많습니다. 이름뿐인 성도들은 최종적인 인내를 보이지 못합니다. 성도라는 이름만 지니고 있는 사람들은 잠시 동안만 지탱하고, 그 다음에는 잠잠해집니다. 하나님의 생명이 자라기보다는 오히려 멈추고 꾸물거리는 경우가 너무도 많습니다. 그들의 신앙은 지극히 약해서 건강한 표시를 보이기보다는 병든 표시들을 보이기가 쉽습니다. 그들은 주님의 마음을 끄는 힘을 충분히 느끼지 못하기 때문에 주님을 떠나 방황합니다. 주님께서 자비를 베푸셔서 그처럼 방황하는 자들을 돌아오게 하여 주시기를 바랍니다!

이 설교를 듣는 분들 가운데 은혜의 수단들을 사용하기를 거의 포기해 버린 분이 있습니까? 여러분이 그렇게 한다면 아무 위로를 얻을 수 없을 것입니다. 나는 여러분이 하나님의 자녀라면 이 세상에서는 행복할 수 없고, 그리스도를 떠나서는 만족을 얻을 수 없으며 비참한 길에 있는 것뿐이라고 확신합니다. 은혜는 여러분을 이 세상에 대하여 십자가에 못 박았기 때문에 여러분이 세상에서 위로를 얻으려고 하는 것은 소용없는 일입니다. 여러분이 행복을 얻을 수 있는 유일한 희망은 하나님께로 향하는데 있습니다. 여러분은 돌이켜야 합니다. 오래된 선한 그 길로 돌아와야 합니다. 꾸물거리지 말고 당장 돌아오십시오.

여러분이 꾸물거리는 때마다 메뚜기들이 여러분 심령 속에 있는 열매를 맺을 푸른 잎사귀를 먹어버리고 있는 것입니다. 왜 그 파괴자에게 그처럼 많은 시간을 주는 것입니까? 여러분은 지금 해를 끼치고 있는 것이며, 성령님을 슬프시게 하고 있는 것입니다. 지극히 통탄스러운 상태에서 깨어나십시오. 여러분은 영혼들을 구원하고 있는 것이 아니라 모순된 행실로 영혼들을 망치고 있는 것입니다. 하나님께서 여러분을 긍휼히 여기시기 바랍니다! 와서 하나님의 돌이키시는 자비를 받으십시오. 하나님은 여러분을 버리시지 않을 것입니다. 그러나 하나님은 내게 이렇게 말하라고 시키십니다. 즉, 만일 여러분이 이 장(章)의 가르침대로 하나님께로 돌이키면 하나님께서 메뚜기가 먹어버린 그 세월을 여러분에게 돌려주시리라고 하십니다. 그것은 아주 놀라운 일입니다. 그러나 여러분이 다시 주님을 찾는다면 놀라운 일을 보게 될 것입니다.

이보다 즐거운 주제를 다룰 필요가 있기 때문에, 메뚜기가 먹어버린 세월에 대해서는 이만큼 이야기하도록 하겠습니다.

2. 우리의 두 번째 주제는, 하나님께서 메뚜기가 먹어버린 햇수대로 갚아주신다는 것입니다.

하나님께서는 "내가 메뚜기가 먹은 햇수대로 너희에게 갚아 주리라"고 말씀하십니다. "내가 메뚜기가 먹은 햇수대로 너희에게 갚아 주리라"는 이것이 하나님의 일이라는 점에 유의하시기 바랍니다. 여러분이 그 세월을 되돌릴 수는 없습니다. 아무도 그 세월을 여러분에게 갚아줄 수 없습니다. 하지만 전능하신 여호와께서는 "내가 너희에게 갚아 주리라"고 말씀하십니다. 여러분은 이 말씀을 믿을 수 있습니까? 하나님께는 능치 못한 일이 없습니다. 사라져버린 그 세월, 우울한 그 세월, 낙담한 그 세월, 무익한 그 세월, 타락한 그 세월, 하나님은 이 세월의 모든 수확물을 여러분에게 돌려주실 수 있습니다. 여러분이 "내가 메뚜기가 먹은 햇수대로 너희에게 갚아 주리라"는 약속의 말씀을 들을 때, 자신에게서 눈을 돌리고 기적을 행하시는 하나님을 믿으십시오.

그러나 이 회복이 참되고 진실한 회개에 뒤따라 나온다는 점에 유의하시기 바랍니다. 하나님께서 여러분에게 하신 말씀을 읽겠으니, 여러분이 잘 듣고 그대로 순종하시기 바랍니다. "여호와의 말씀에 너희는 이제라도 금식하고 울며 애통하고 마음을 다하여 내게로 돌아오라 하셨나니 너희는 옷을 찢지 말고 마음을 찢고 너희 하나님 여호와께로 돌아올지어다 그는 은혜로우시며 자비로우시며 노하기를 더디하시며 인애가 크시사 뜻을 돌이켜 재앙을 내리지 아니하시느니라 여호와를 섬기는 제사장들은 낭실과 제단 사이에서 울며 이르기를 여호와여 주의 백성을 불쌍히 여기소서 주의 기업을 욕되게 하여 나라들로 그들을 관할하지 못하게 하옵소서 어찌하여 이방인으로 그들의 하나님이 어디 있느냐 말하게 하겠나이까 할지어다 그 때에 여호와께서 자기의 땅을 극진히 사랑하시어 그의 백성을 불쌍히 여기실 것이라"(욜 2:12-13, 17-18).

그렇다면, 회개하십시오. 이것은 중요한 교훈이고, 복음이 마음에 처음으로 작용하기 시작하는 것입니다. 복음이 광야에서 외친 첫 번째 외침은 이것입니다. "너희가 회개하여 각각 예수 그리스도의 이름으로 세례를 받으라"(행 2:38). "너희는 각자의 악한 길과 악행을 버리고 돌아오라"(렘 25:5). "이스라엘 족속아 돌이키고 돌이키라 어찌 죽고자 하느냐"(겔 33:11). 계속해서 회개하지 않는 것은 본문의 복을 놓치는 것입니다. 계속해서 영적으로 죽은 상태에서 지내면, 즉 계속해서 타락한 상태로 지내면 잃어버린 세월을 결코 회복하지 못할 것입니다.

그러나 정직하게 자기의 죄를 고백하고 진심으로 그 죄를 미워하며 그리스도의 구속의 보혈을 믿고서 예수 그리스도를 의지하여 하나님께로 돌이키는 사람은 회복자이신 주님의 말할 수 없이 귀한 복을 받을 것입니다. 그런 사람은 이 약속을 들어 하나님께 호소하여 그 약속이 자기에게 은혜로 이루어지게 할 것입니다. "내가 메뚜기가 먹은 햇수대로 너희에게 갚아 주리라." 이것은 아주 놀라운 약속입니다. 이 약속을 누구에게 주셨는지 보시기 바랍니다.

이 사랑의 신비에 대해 잠시 더 생각해 보겠습니다. 인생의 밭들에서 해마다 그 모든 수확물을 가져가버리는 악한 영들을 생각해 보십시오. 악한 영들이 이 귀한 소산물들을 어디로 가져가버렸습니까? 숲을 휩쓸고 지나간 불이 숲을 어디로 가져갔는지 혹은 땅을 쓸어버린 홍수가 그 산물들을 어디로 가져가버렸는지 물어보십시오. 쓸려 가버린 이 수확물을 회수하려고 하는 것은 미친 사람이나 할 일일 것입니다. 빨리 나는 천사들이여, 날아라! 그러나 너희들은 이 약탈자들을 따라잡지 못하고, 불꽃 같은 너희 눈도 이 약탈자들이 재물을 쌓아놓은 동굴을 찾아내지 못한다. 낭비한 세월의 열매들은 사라졌고, 희망도 사라졌습니다. 그렇지만 보십시오. 어둠에서 빛을 불러내셨고 무덤에서 생명을 불러내실 주님께서 오랫동안 잃어버린 이 탈취물들을 되찾겠다고 밝히십니다! 일이 다 틀려져버리지 않을까요? 주님께 너무 어려운 일이 있습니까? 일이 아주 어렵기 때문에, 일이 불가능하기 때문에 그만큼 더 전능자께서 하실 만한 가치가 있는 것이 아니겠습니까? 여기에 기이한 사실이 있습니다. 큰 기사를 행하시는 분이 할 만한 일이 여기에 있습니다. 믿는 자에게는 모든 일이 가능하고, 이 일도 그 모든 일 가운데 들어갑니다. 동화도 이보다 기이하지 않았고 아라비아 밤의 꿈도 이보다 비현실적이지 않았습니다. 그럼에도 불구하고 이 약속이 여기서 진지한 말로 진술되고, 많은 경우에 이 말이 확실한 사실들로 이루어졌습니다. 하나님께서 일하시는 영역에 들어서면 우리는 즉시 기적을 만나고 놀라운 일들을 경험하게 됩니다. 그때 우리는 은혜 위에 은혜를 보고서 이렇게 외치지 않을 수 없습니다. "놀라운 세계여! 그렇게 말하지 않을 수 없도다."

이 약속은 하나님의 놀라운 은혜에 의해서만 이루어집니다. 여러분에게 어떻게 하나님의 은혜가 그 약속을 이루는지 설명하는 것이 잠시 동안 나의 할 일일 것입니다. 예를 들어, 오랫동안 알려진 죄를 행하며 산 사람이 있다고 생각해 봅시다. 그는 그 세월을 모두 허비하였습니다. 하나님께서 허비한 그 세월의 결과를 어떻게 그에게 되돌리실 수 있습니까? 하나님은 하실 수 있습니다. 하나님은 하실 수 있습니다. 여러분은 저 여인이 보입니까? 저 여인은 죄인입니다. 동네에서 흔히 볼 수 있는 죄인입니다. 그녀는 밤낮으로 부정한 생활을 하였습니다. 그녀가 구주님께서 저녁 식사 자리에서 비스듬하게 누워계시는 방으로 들어옵니다. 귀하디귀한 향유 옥합을 가지고 옵니다. 그뿐 아니라 그녀는 눈에 온통 눈물을 머금고 예수님 뒤에서 웁니다. 눈물로 예수님을 발을 닦습니다. 그녀는 많은 사람을 말려들게 한 올가미였던 풍성한 머리다발을 풀고, 엎드려서 예수님의 발에 눈물을 쏟습니다. 발에 입을 맞추고 머리털로 발을 닦습니다. 자, 저 여인은 그 날에 하나님의 은혜로 말미암아 메뚜기에게 먹혀버린 세월을 되찾았습니다. 그녀가 주님을 섬기는 일에 다른 사람만 못하다고 감히 누가 말하겠습니까? 그녀는 죄 사함을 받은 것이 많기 때문에 많이 사랑하는 것입니다. 그녀의 죄가 큰 것이 이점이 될 수 있다고 말하지는 못하지만, 주님께 많이 사함을 받은 데서 나오는 큰 사랑 때문에 그녀가 주님을 사랑하고 섬기는 사람들의 맨 앞에 서게 되었다고 충분히 말할 수 있습니다. 그녀는 나중 된 자였지만, 큰 은혜로 말미암아 먼저 된 자가 되었고, 그 위치를 결코 잃지 않았습니다.

여러분, 비록 여러분이 아주 오랫동안 죄인으로 살았을지라도 철저히 변화되어서 성도들을 따라잡을 수 있습니다. 하나님께서 여러분에게 참으로 진실한 회개와 불타는 사랑, 열성적인 헌신을 주실 수 있고, 그러면 남은 날 동안에 여러분이 과거에 허비한 모든 세월을 보충할 수 있을 것입니다. 그 약탈품을 강한 자에게서 빼앗을 수 있을 것입니다. 악에게 사로잡힌 세월들을 마귀의 소굴에서 끌고 나올 수 있을 것입니다. 은혜와 감사의 행위로 변화된 그 세월의 모든 기억과 결과를 구주님의 발 앞에 보물로 내놓을 수 있을 것입니다. 하나님은 여러분의 죄가 크기 때문에 여러분에게 더 깊은 사랑과 더 뜨거운 열정, 더 충분한 헌신을 주심으로써 메뚜기가 먹어버린 세월을 여러분에게 돌려주실 수 있습니다. 바울이 박해자가 되어 하나님의 교회에 해를 끼쳤던 세월을 영영 잃어버렸습니까? 그의 빨라진 걸음과 더 깊은 자기 인식으로 인해 그 후로 살면서 선을 행하는 능력이 열 배나 더 충만해지지 않았습니까?

나는 여러분이 큰 슬픔 가운데 있음으로 해서 메뚜기에게 많은 세월을 먹혀버렸다고 가정해 보겠습니다. 그럴지라도 주님께서는 그 중대한 손실에 대해 여러분에게 쉽게 보상해 주실 수 있습니다. 사람을 지치게 하고 괴롭게 하는 슬픔의 힘은 아주 큽니다. 그러나 치료약이 있습니다. 오랫동안 깊은 영적 고통을 경험하였지만 그로 인해 일생 동안 훨씬 더 나은 삶을 산 사람들을 내가 보지 않았습니까? 그들은 시련을 겪는 불쌍한 형제들을 더 잘 동정할 줄 알았습니다. 더 진실하고, 더 깊고, 더 풍부한 경험을 하였기에, 대체로 그들은 그리스도의 복음을 더 잘 알았고, 자기들을 무서운 수렁에서 건져주신 주님께 더욱 다정한 사랑을 지녔습니다. 개인적으로 나는 슬픈 시간들로 인해, 그리고 병들어 지낸 날들로 인해 훨씬 더 많은 유익을 얻었습니다. 나는 봉사할 수 없었던 시간을 잃어버린 것으로 생각하였습니다. 그러나 이제는 내가 잘못 생각하였다는 것을 압니다. 묵혀 두었던 밭이 수확기가 돌아오면 소출을 내지 않았던 기간에 대해 일곱 배로 갚아준다는 것을 알기 때문입니다.

사랑하는 하나님의 자녀 여러분, 만일 여러분이 오랫동안 낙담하여 지냈다고 할지라도 그 기간이 여러분에게 철저한 손해로 판명날 것이라고 생각하지 마십시오. 그것이 큰 악이고 손해인 것은 틀림없습니다. 그러나 하나님은 메뚜기가 먹어버린 그 세월을 여러분에게 되돌려주실 수 있습니다. 여러분의 고난이 다른 사람들에게 위로의 원천이 될 수 있습니다. 하나님은 그만큼 악에서 선을, 어둠에서 빛을, 슬픔에서 기쁨을 이끌어 내실 수 있습니다. 그래서 여러분이 어느 날 이렇게 말하게 만드실 수 있습니다. "나는 의심의 성에 갇혔던 것에 대해 하나님께 감사합니다. 또 도무지 서 있을 수 없는 깊은 수렁에 빠진 것에 대해서도 감사드립니다. 하나님께서 메뚜기가 먹어버린 그 세월을 내게 돌려주셨기 때문입니다."

그 다음에, 여러분이 냉담하고 무관심하며 게으르게 지냄으로써 메뚜기가 여러분의 세월을 먹어버렸을지라도 하나님은 이 슬픈 해악에서 여러분을 회복시키실 수 있습니다. 하나님은 여러분이 이 큰 죄에 대해 뼈아프게 회개하도록 만드실 것입니다. 예수님을 위하여 사용해야 할 시간을 낭비하는 것은 큰 죄이기 때문입니다. 그럴지라도 주님께서 여러분에게 그런 게으름을 아주 미워하는 마음을 주시고 여러분을 부추겨 행동하게 하시며 동시에 사랑의 끈으로 여러분을 끌어당겨 완전히 헌신하게 만드신다면, 아마도 여러분은 배나 뜨거워진 열심으로 잃어버린 시간을 되찾을 수 있을 것입니다. 하나님께서 슬프게도 지금까지 이 경주에서 늑장을 부린 사람들도 그와 같이 만들어 주시면 좋겠습니다! 연기가 피어오르는 우리의 통나무들이 불타오르는 횃불들이 되면 좋겠습니다! 게으름 피우는 사람들이 일어나 열성주의자들이 되면 좋겠습니다!

나는 오랫동안 단정하고 규칙적인 생활을 하였지만 주님을 위해서는 아무것도 하지 않은 사람들을 압니다. 그처럼 착실한 사람들은 계속해서 움직이고 움직이지만 조금밖에 앞으로 나가지 못합니다. 아주 착실하고 착실하게 느릿느릿 규칙적으로 갑니다. 인생이 그들에게는 아무런 열정을 주지 못합니다. 열정을 보여야 할 아무런 이유가 없습니다. 그들은 열심 때문에 숨이 차서 헐떡이는 법이 없습니다. 흥분해서 녹초가 되는 법이 없습니다. 열정이 없기 때문에 이루는 것이 별로 없습니다. 내가 아는 그리스도인들 가운데는 너무 열심을 내다가 지쳐 버리지 않을까 하는 염려를 일으켜 본 적이 없는 사람들이 아주 많습니다. 그들은 너무도 예의바른 사람들이어서 주님께서 직접 오실지라도 거리에서 "호산나!" 하고 외치지 않을 것입니다. 그들은 마음이 뜨거워져 열정 같은 것에 이르는 법이 없습니다. 차라리 대리석 조상(彫像)을 따뜻하게 데우기를 바라는 것이 낫습니다. 그러나 이들은 잠시 후에 규칙적으로 보낸 세월과 착실함으로 얻은 모든 이익을 메뚜기들에게 먹혀버리는 사람들입니다.

나는 누군가 평판이 망가졌다거나 신앙 고백이 공공연히 망신을 당했다는 소리를 들으면 정말로 안쓰럽기 짝이 없습니다. 그러나 이렇게 끔찍한 일에 의해서라도 무감각한 신자들이 굳게 결심하고 하나님께로 돌이키게 될 때, 그것은 참으로 감사한 일입니다! 영적 죽음이라는 냉랭하기 짝이 없는 교양 속에 잠들어 있는 이 사람들이 깨어나 회개하는 심정으로 주님을 찾을 때, 우리는 더 이상 그들에게서 느릿느릿 규칙적으로 걷는 모습이나 둔하고 진부한 태도를 보지 못합니다. 그들이 공공연히 죄를 짓는 타락한 상태에 빠지기 전에 영적인 힘으로 새롭게 함을 받는다면, 그 변화도 마찬가지로 분명하게 나타납니다. 비록 그들이 전에는 달팽이처럼 느릿느릿 기었지만 이제는 바람처럼 날아다닐 것입니다. 틀림없이 무엇이든지 뜨거운 열심으로 마음과 뜻과 힘을 다하여 행할 것입니다. 수년 동안 느리고 힘없이 형식적으로 한 일상적인 일보다 불과 몇 달 안 되지만 아주 활기 있고 열심으로 일한 것이 더 많은 결과를 내는 경우가 흔합니다. 우리가 사는 동안은 그렇게 살면 좋겠습니다!

일단 하나님의 능력으로 완전히 충전되면 우리는 전에 일 년 동안 했던 것을 하루 만에 성취할 수가 있습니다. 설교자로서 여러분이 하나님께로 돌아와서 성령의 기름 부음을 받는다면, 성령의 능력으로 한 번 한 설교가 성령의 능력 없이 행한 만 편의 설교보다 가치가 있을 것입니다. 일꾼으로서 여러분이 하나님의 기름 부으심을 받고서 주일학교 반에 간다면, 짧은 기간이지만 살아 있고 애정 어린 가르침으로써 그리스도께로 인도할 아이들이 지금까지 그 모든 세월 동안 세상적인 대화로써 인도하였을 아이들보다 더 많을 것입니다. 이렇게 주님은 우리에게 더 큰 능력을 주시고 우리에게 더 충만한 열심을 불붙이심으로써 메뚜기가 먹어버린 세월을 우리에게 회복시켜 주실 수 있습니다. 수영을 잘하는 사람은 잠시 물에 떠내려 왔을지라도 금방 원래 자리로 헤엄쳐 갈 수 있을 것입니다. 손발을 한 번 놀릴 때마다 전능한 힘이 뒷받침된다면 그 사람은 금방 본래 자리로 돌아가고, 오래지 않아 전에 있었을 자리보다 더 앞서 갈 것입니다.

제발 여러분은 메뚜기가 먹어버리는 것을 되찾을 수 있을 것이라고 생각하고 메뚜기를 불러들이는 일은 하지 마십시오. 안 됩니다. 그래서는 안 됩니다. 천만 번 말해도, 안 됩니다. 우리는 메뚜기가 전혀 필요 없습니다. 우리는 죄를 허용할 수 없고, 의심도, 시시한 농담도 허용할 수 없습니다. 우리는 해마다 열매를 맺어야 합니다. 백 배나 더 결실을 해야 합니다. 그러나 재해가 닥쳤다면 믿음을 가지고 회개하며 하나님께로 돌아갑시다. 그러면 하나님께서 그 재해로 일어난 손실에 대해서 우리에게 보상해 주실 수 있습니다.

내가 메뚜기가 타락으로 말미암아 인생의 열매를 많이 먹어버리는 경우들이 있다고 앞에서 말한 것으로 기억합니다. 많은 사람들이 이 경우에 속합니다. 그러나 그들이 타락한 생활을 버리고 돌아온다면 주님은 그들에게 잃어버린 것을 돌려주실 수 있습니다. 나는 아주 심하게 타락하여 교회에 큰 슬픔을 준 사람들을 알고 있습니다. 그러나 하나님께서 그들에게 자비를 베풀어 주셔서 그들을 다시 데려오셨고, 그래서 후에 그들은 더 나은 사람들이 되었습니다. 그렇습니다. 감히 말하자면, 그들은 사실 죄를 범하기 전보다 훨씬 더 나은 사람들이 되었습니다. 나는 그동안 그들이 공공연히 죄를 지은 것에 대해서는 감사하지 않았습니다. 그러나 그들의 고통스러운 경험의 결과로 나타난 회복과 겸손, 그리고 그 밖의 미덕들을 인하여서 매우 감사하였습니다. 그들은 한때 매우 거만하였지만 이제는 전혀 자기를 과시하지 않습니다. 그들은 아주 대단한 사람들이었습니다! 그런데 오랜 방황을 끝내고 돌아왔을 때, 기꺼이 뒷자리에 서고 평범한 일을 하려고 하였습니다. 그들은 한때 매우 내성적이어서 여러분이 가까이 갈 수 없었습니다. 그러나 이제 그들은 말을 친절하게 할 줄 알고, 애정 어린 인사를 매우 감사하는 마음으로 받습니다. 이제는 좀 더 다른 형제들과 비슷해졌고, 좀 더 기꺼이 다른 형제들과 같은 수준에 있으려고 합니다. 그렇지만 그들의 신앙은 훨씬 더 깊고 진지합니다. 그들은 돛을 그렇게 많이 달고 다니지 않지만, 짐은 더 많이 싣습니다.

처음 회심할 때는 복음을 아주 분명하게 깨닫지 못했지만 자신이 자비가 필요하다는 것을 알고서 복음적인 신앙을 갖게 된 사람들을 나는 알고 있습니다. 그들은 "은혜"(grace)라는 글자를 쓸 수 없었습니다. 처음에 시작할 때는 "G"로 시작하였지만, 곧바로 이어서 "F"를 써서, 결국에는 "자유의지"(freewill)와 같은 글자를 쓰고 말았습니다. 그러나 그들이 자신의 약함을 깨달은 후에, 심각한 과실을 범하고 나서 하나님께서 그들을 회복시키신 후에, 혹은 그들이 마음에 깊은 우울을 겪은 후에는 새 노래를 불렀습니다. 그들은 회개의 학교에서 철자 쓰는 법을 배웠습니다. "값없는"(free)이라는 단어를 쓰기 시작하였고, 전과는 다르게 이어서 "은혜"라는 글자를 썼습니다. 그래서 크게 "값없는 은혜"(FREE GRACE)라는 글자를 완성하였습니다. 그들은 자신을 알게 됨으로써 은혜가 의미하는 바가 무엇인지도 알게 되었습니다. 그들은 자기 안에서 권리 증서를 찾기보다는 그리스도의 피로 쓴 권리 증서를 읽기 시작하였습니다. 자기들의 신학을 분명하게 이해하였고, 이전보다 자신의 믿음에 더 충실하였습니다.

나는 여러분이 타락이라는 메뚜기들을 알기 원치 않습니다. 그러나 그 메뚜기들이 왔고 여러분이 메뚜기들에게 먹혀버렸다면 하나님께서 여러분에게 메뚜기들에게 먹혀버린 세월을 돌려주시기를 기도합니다. 나는 여러분이 이 약속을 붙잡고 집에 가서 하나님께 그 약속을 여러분에게 이루어 주시기를 간구하기 바랍니다. 그래서 여러분의 남은 인생이 성령의 빛을 받아 아주 빛나고 청명할 수 있기를 바라며, 할 수 있는 대로 여러분이 잃어버린 시간을 벌충할 수 있기를 바랍니다. 하나님께서 여러분의 소원을 들어주시기를 바랍니다!

이제 세 번째 요점에 대해서 한두 마디만 하고 설교를 끝내겠습니다. 지금까지 메뚜기가 먹어버린 세월에 대해서, 그리고 먹혀버린 그 세월이 하나님으로 말미암아 회복되는 것에 대해 말씀드렸습니다.

3. 그러면 이제 그로부터 나오는 것에 대해서 말씀드리겠습니다.

하나님께서 메뚜기에게 먹혀버린 세월을 우리에게 돌려주신다면, 우리를 위해 참으로 많은 일을 행하신 것입니다. 그렇지만 하나님은 더 많은 일을 하실 수 있고 또 하려고 하십니다. 하나님께서 뭐라고 말씀하십니까? 26절에서 이렇게 말씀하십니다. "너희는 먹되 풍족히 먹고 너희에게 놀라운 일을 행하신 너희 하나님 여호와의 이름을 찬송할 것이라 내 백성이 영원히 수치를 당하지 아니하리로다." 참으로 놀라운 약속입니다! 반쯤 굶어죽게 생긴 신자 여러분, 세상의 식탁에서 만족하지 못하여 일어서고, 지독한 굶주림에 사로잡혀 우울해하고 슬퍼하는 여러분, 여러분이 마음을 다해 하나님께로 돌이키면 하나님께서 여러분을 하늘의 떡으로 배부르게 하시고 그의 백성들 가운데 최고의 사람들에게 주셨던 것과 같은 즐거움을 여러분에게 주실 것입니다. 여러분도 좋은 것들로 만족을 얻고 여러분의 청춘이 독수리 같이 새롭게 될 것입니다. 하나님은 무슨 일이든지 절반만 하시는 법이 없습니다. 하나님께서 돌아온 탕자를 받으신다면, 그를 부엌으로 내려가서 남은 음식 쪼가리를 먹게 하시지 않습니다. 그를 거실로 맞아들이고 그에게 가장 좋은 옷을 입히며 그를 위하여 살진 송아지를 잡습니다.

풀이 죽은 채 근심하고 있는 여러분, 여러분은 자신이 기뻐할 수 있는 위치에 얼마나 가까이 있는지 모릅니다. 마음이 슬픈 여러분, 여러분을 위하여 동쪽에서 아침이 동트고 있습니다! 여러분은 오늘 밤 마음이 무겁습니다. 그러는 것이 당연할 수 있습니다! 여러분이 자신의 죄를 알고, 그 때문에 슬퍼하는 것은 당연합니다. 그러나 하늘의 종소리들이 울리고, 죄인이 회개하고 있습니다. 만일 그가 회개하며 하나님께로 돌이킨다면, 하나님의 택하신 가족에게만 주어지는 지극히 풍성한 기쁨과 더할 수 없이 귀한 언약의 복들을 즉시 받을 것입니다. 이렇게 기록되었기 때문입니다. "너희는 먹되 풍족히 먹고 너희 하나님 여호와의 이름을 찬송할 것이라."

여러분이 하나님께로 돌이킨다면 어떻게 될 것입니까? 지극히 슬퍼하던 여러분이 가장 큰 목소리로 찬송하게 될 것입니다. 여러분을 기이하게 대하신 여호와 하나님의 이름을 찬송할 것입니다. 여러분은 뺨에 눈물을 흘리면서 큰 소리로 말할 것입니다. "주와 같은 신이 어디 있으리이까 주께서는 죄악과 허물을 사유하시나이다"(미 7:18). 나는 더러움이 목까지 차 오른 죄인이었습니다. 아주 짙은 어둠 속에 갇혀서 절망하는 영혼이었습니다. 그런데 하나님께서 내 더러움을 씻어주셨고 나를 빛으로 데려오셨으며 내 입에 새 노래를 넣어주셨습니다. 그는 영광스러우신 하나님이십니다. 곧, 우리 구주 예수 그리스도의 아버지 하나님이십니다. 나는 여러분이 하나님의 기이한 은혜를 충분히 즐기고 온 마음을 쏟아 하나님을 찬송하기를 바랍니다.

그 다음에, 여러분은 하나님과 지극히 분명하고 즐거운 교제를 누리게 될 것입니다. 이 선지자가 이어서 하는 말을 들어보십시오. "그런즉 내가 이스라엘 가운데에 있어 너희 하나님 여호와가 되고 다른 이가 없는 줄을 너희가 알 것이라 내 백성이 영원히 수치를 당하지 아니하리로다." 멀리 내쫓겼던 죄인이 언약의 하나님을 알고 "그는 내 하나님이시라"고 말하며 하나님과 교제를 나누며 하나님의 친구로서 모든 특전을 누린다는 것입니다. 놀라운 일입니다! 놀라운 일입니다! 그에게서 모든 두려움이 사라지고 대신에 그가 거룩한 확신에 차서 당당하게 머리를 똑바로 들고 결코 부끄러움을 당하지 않게 된다니, 놀라운 일입니다! 사랑하는 여러분, 그런 일이 일어날 것입니다. 참된 회개가 여러분에게 안식을 가져다줄 것입니다. 오직 주 예수 그리스도를 신뢰하기만 하십시오. 그러면 여러분이 이제부터 영원히 아버지 하나님과 그 아들 예수 그리스도와 사귐을 가질 것입니다.

그 다음에, 무엇보다 좋은 것은 여러분에게 기름 부음이 있으리라는 것입니다. 여러분은 이 장(章)이 이어서 다음과 같이 말하는 것을 압니다. 즉, 하나님께서 모든 육체에 영을 부어주시고, 그래서 하나님 백성들 가운데 가장 작은 자인 남종과 여종까지도 하나님의 영에 감동을 받아 하나님의 이름을 말하고, 전에는 이상과 꿈으로만 보았던 것들을 깨달을 수 있게 하신다는 것입니다. 나는 이 자리에 여기 올 때는 하나님을 알지 못하였지만 이 시간에 하나님의 은혜로 부름을 받고 오래지 않아 다른 사람들에게 하나님께서 자기를 위해 하신 일을 말하기 시작할 사람들이 있다고 믿습니다. 하나님이여, 이 비참한 죄인들 가운데서 목사들을 찾으시옵소서! 이 무심한 청년들 가운데서 주의 증인들을 일으켜 주옵소서! 나는 바로 지금 천사가 보이는 것 같고, 보좌로부터 이렇게 외치는 음성이 들리는 것 같습니다. "내가 누구를 보내며 누가 우리를 위하여 갈꼬?"(사 6:8). 스랍들 가운데 하나가 제단에서 핀 숯을 가져다가 부정한 입술에 대서 차가운 마음에 불이 붙어 정결하게 된 그 사람이 "내가 여기 있나이다 나를 보내소서" 하고 대답할 수 있게 하여 주시기를 바랍니다.

그러면 여러분이 보냄을 받아 이미 맛본 은혜의 풍성함을, 여러분에게 분명히 나타난 사랑의 값없음을 두루 전파하게 될 것입니다. 하나님께서 그렇게 해 주시기를 바랍니다! 강한 북풍으로 메뚜기 떼를 깨끗이 날려버려, 다시는 하늘이 어둡지 않게 하여 주시기를 바랍니다! 허비해버린 이 세월을 모두 여러분에게 돌려주셔서 여러분이 이 시간부터 하나님의 사랑하는 활기찬 종들이 될 수 있게 하여 주시기를 바랍니다. 우리가 지극히 고귀한 영적 생활을 할 수 있으면 좋겠습니다! 지극히 유용한 생활을 할 수 있으면 좋겠습니다! 하나님의 거룩한 숨이 우리 능력의 돛을 잔뜩 부풀게 해 주시면 좋겠습니다! 주님, 돛이 펄럭거리는데, 배가 거의 움직이지 않습니다. 우리가 게으름 가운데 잠잠히 누워 있습니다! 제발, 바람을 보내어 주소서. 우리에게 성령의 바람을 보내어 모든 돛이 부풀어 오르게 하여 우리가 파도 위를 나는 듯이 달려가게 하여 주소서. 아멘.

제 3 장

큰 그물을 한 번 더 던짐

"누구든지 여호와의 이름을 부르는 자는 구원을 얻으리니 이는 나 여호와의 말대로 시온 산과 예루살렘에서 피할 자가 있을 것임이요 남은 자 중에 나 여호와의 부름을 받을 자가 있을 것임이니라." – 욜 2:32

나는 '조용한 요양처로 떠나기 전에 마지막으로 전할 설교의 주제를 무엇으로 할까?' 하고 속으로 생각했습니다. 오랜 기간 일한 마지막 날을 위한 설교가 어쩌면 정말로 나의 마지막 설교가 될 수도 있을 것입니다. 사람의 생명이란 참으로 덧없기 때문입니다. 아주 건강하던 사람이 갑자기 세상에서 데려감을 당하고 그 다음에 또 한 사람이 그렇게 데려감을 당했다는 소식을 들을 때, 내 자신의 생명도 불확실하다는 생각을 하게 됩니다. 사람의 생명보다 거미집을 신뢰하는 것이 더 지혜로운 일일 것입니다. 형제 여러분, 우리는 조금 있으면 영원에 들어갈 위치에서 살고 있습니다. 그러므로 곧 영원의 현실들을 마주할 사람답게 행동할 필요가 있습니다. 우리는 생각보다 훨씬 더 빠르게 그렇게 해야 할지도 모릅니다. 그래서 나는 속으로 생각했습니다. '값진 약속이 풍성한 풀밭에서 하나님의 양 무리를 먹일까?' 정말로 지금까지 내가 그렇게 해왔다면 잘한 일이었을 것입니다. 그러나 나는 길 잃은 양이 생각났습니다. 그 양들을 따라가야 하는가? 아흔아홉 마리 양은 광야에 있지 않습니다. 그러므로 그 양들을 위험한 상황에 빠지지 않을 것입니다. 그 양들은 양 우리에 잘 들어가 있고, 목자장께서 그들을 잊지 않으실 것입니다. 하나님께서 그들에게 생명을 주셨고, 그들에게는 무성하고 푸른 풀밭이 있습니다. 이 양들은 내버려두어도 잘 지낼 수 있습니다. 그러나 길 잃은 양들을 들짐승과 이리들 가운데 내버려둘 수 있습니까? 나는 이 양들을 영혼의 감독과 목자 되신 분에게 데려오려고 노력하였습니다. 그러나 그 양들이 아직 돌아오지 않았습니다. 내가 어떻게 그들을 잊을 수 있습니까? 그들이 영원히 망하는 것을 어떻게 그냥 받아들일 수 있습니까?

그래서 주께서 내가 이제도 길 잃은 양들을 찾아 주님께 데리고 오는 것을 도와주실 것이라고 믿으면서 다시 한번 길 잃은 양들을 찾으러 나서야겠다고 생각했습니다! 매우 단순한 복음 전파가, 우리 가운데 오랫동안 망설였고 오늘까지도 주저하고 있는 사람들을 하나님의 은혜로 즉각 회심시킬 수 있게 해 주시라고 기도해 주시기를 여러분에게 간절히 부탁드립니다. 나는 본문만큼 그런 목적에 잘 맞는 구절을 달리 찾을 수 없었습니다. 본문은 성경에서 복음 교리를 가장 분명하게 선언하는 구절들 가운데 하나입니다.

나는 본문 말씀을 아주 분명하게 다루겠습니다. 실제적인 수술 지침에 관한 책에서는 비유적인 표현이 나오지 않습니다. 모든 것이 지극히 분명합니다. 내 설교가 그와 같을 것입니다. 나는 하늘의 떡을 나누어줍니다. 여러분은 떡집에서 시를 기대하지 않습니다.

베드로 사도가 복음 시대의 시작을 알리는 것이라고 말할 수 있는 설교를 전할 때, 본문 말씀을 요엘서에서 찾은 것은 아주 잘한 일입니다. 사도행전 2장을 보십시오. 사도는 이 예언서의 구절을 들어서 오순절의 기사들을 설명하였습니다. 바울 사도가 그의 유명한 로마서에서 복음을 아주 분명하게 설명하려고 할 때, 10장 13절에서 바로 이 본문 말씀을 인용한 것은 더할 수 없이 잘한 일입니다. "누구든지 주의 이름을 부르는 자는 구원을 받으리라." 사도들이 자신의 복음 메시지를 설명하고 확증하는데 이 구절이 가장 적합하다고 보았다면 나도 그들의 지혜로운 모범을 따라야 하지 않겠습니까? 내가 성경의 귀한 이 부분에 대해서 설교하는 동안 이 자리에 계신 모든 분들에게 복이 임하기를 간절히 바랍니다. 베드로가 예루살렘에 모인 잡다한 군중에게 복음을 전할 때 그들에게 복이 임하였듯이 말입니다! 바로 그 성령께서 지금 우리와 함께 계시고, 성령님의 거룩한 능력은 조금도 줄지 않았습니다. 성령님께서 그때 하셨듯이 지금도 삼천 명을 회심시키시지 못할 이유가 있습니까? 그런 일이 일어나지 않는다면 그것은 성령님 때문이 아니라 우리 때문일 것입니다.

요엘서에서 본문의 전후 관계를 보면, 본문 앞에 두려운 경고의 말씀이 나오는 것을 발견할 것입니다. "내가 이적을 하늘과 땅에 베풀리니 곧 피와 불과 연기 기둥이라 여호와의 크고 두려운 날이 이르기 전에 해가 어두워지고 달이 핏빛 같이 변하리라." 이것이 전부가 아닙니다. 이 분명한 복음의 선언 뒤에 마찬가지로 두려운 말씀이 따라옵니다. "민족들은 일어나서 여호사밧 골짜기로 올라올지어다 내가 거기에 앉아서 사면의 민족들을 다 심판하리로다 너희는 낫을 쓰라 곡식이 익었도다 와서 밟을지어다 포도주 틀이 가득히 차고 포도주 독이 넘치니 그들의 악이 큼이로다 해와 달이 캄캄하며 별들이 그 빛을 거두도다"(3:12-13,15). 사도들이 여호와의 두려움을 알았기 때문에 사람들을 설득하였다는 사실이 선지자들에게도 그대로 해당되었습니다. 그들은 두려움을 사람을 설득하는 강력한 동기로 사용하기를 부끄러워하지 않았습니다. 요엘 선지자는 다이아몬드와 같은 본문 말씀을 검은 바탕을 배경으로 세팅함으로써 그 광택이 더욱 돋보이게 합니다. 밤이 어두워지면 등불이 그만큼 더 소중해지듯이 사람들이 복음 밖에서 자신들의 비참함을 볼 때 복음이 그만큼 더 귀하게 여겨집니다. 사람들의 마음에서 죄의 형벌에 대한 이로운 두려움을 제거하는 것은 죄악의 수문을 열어놓는 일입니다. 그렇게 하는 사람은 사회의 반역자입니다. 사람들이 죄에 쏟으시는 하나님의 진노에 대해 경고를 받지 않는다면 그들은 마음껏 악을 행하는 자유를 얻게 될 것입니다.

요즘 어떤 설교자들이 자기들은 아주 예민해서 만일 영원한 형벌에 대한 성경의 교리를 믿는다면 다시는 웃음을 지을 수 없을 것처럼 말합니다. 불쌍한 사람들입니다! 그래서 어떤 사람들은 그들을 보고 사람들의 영혼에 대한 깊은 사랑이 있어서 그들을 위해 밤낮으로 슬퍼하며 어떻게 해서든지 회개시키려고 애쓰는 매우 경건한 사람들이라고 생각하게 됩니다. 우리는 그들이 다른 사람들을 동정하는 마음으로 가르칠 자격이 충분한 체하기 때문에 그들에게서 다른 사람들의 선을 위해 끊임없이 고뇌하는 모습을 볼 것이라고 기대할 것입니다. 그러나 형제 여러분, 우리는 이 예민한 사람들에게서 믿지 않는 자들에 대한 매우 신성한 동정심을 찾아볼 수 없었습니다. 아니, 우리는 그들이 죄에 대해서 슬퍼하는 일보다는 오히려 스포츠에서 세상 사람들과 교제를 나눈다는 얘기를 들었습니다. 나는 하나님께 대한 두려움을 사용하기를 결단코 반대하는 이 사람들에게서 사람들을 사랑으로 예수님께로 이끄는 특별한 능력을 보지 못했습니다. 애정 어린 주장이든지 그 밖의 어떤 방법을 써서 사람들을 회심시키려는 특별한 열심이 이들에게는 없었습니다. 나는 그들이 도대체 회심이라는 것을 믿는지 궁금합니다. 반면에, 온 땅을 두루 다니며 복음을 전하고 기진맥진해질 때까지 복음 전파에 열심을 보인 거룩한 복음 전도자들은 어쨌든 장차 임할 진노의 압박을 느끼는 사람들입니다. 이 사람들이 신경이 몹시 예민한 이 사람들에게는 비웃음을 받지만 그들을 비웃는 사람들이 알지 못하는 깊은 애정을 보였습니다.

장차 임할 심판에 대해 정직하게 말하는 사람은 아주 깊은 애정이 있는 사람입니다. 눈물을 흘리면서까지 죄인들에게 호소하는 사람은 대개 죄인들이 회개하지 않으면 영원히 망할 것이라고 믿기 때문에 그렇게 하는 것입니다. 나는 하나님의 공의를 숨기려 하고 죄에 대한 형벌을 감추려고 하는 이 현대 설교자들의 열심에 영혼들에 대한 넘치는 동정심이 있다고 믿지 않습니다. 오히려 반대로 그것이 하나님 말씀의 모든 교리들을 케케묵은 개념들로 여기고 진보적인 견해를 지닌 사람들에게 조롱을 당할 만한 것으로 생각하는 경박한 불신앙의 또 다른 형태가 아닌가 하는 염려가 듭니다.

형제 여러분, 예수님께서 사랑이 있다고 해서 사람들에게 장래의 화를 경고하는 일을 삼가지 않으셨습니다. 주님은 눈물을 쏟으면서 이렇게 외치셨습니다. "예루살렘아 예루살렘아 내가 네 자녀를 모으려 한 일이 몇 번이더냐!"(마 23:37). 그러고 나서 "너희 집이 황폐하여 버려진 바 되리라"는 이 두려운 사실을 말씀하기를 주저하지 않으셨습니다. 장차 이 성읍에 임할 파멸을 알 때 예수님께 동정심이 일어났던 것입니다. 주님은 두려운 미래를 숨김으로써가 아니라 그에 대해 사람들에게 경고하심으로써 동정을 보이셨습니다.

지금까지 본 바에 의하면, 사람이 죄가 장차 지극히 공의롭고 두려운 방식으로 처벌될 것이라는 깊고 엄숙한 확신이 들지 않는 한 복음을 전할 사람은 아무도 없다고 감히 말씀드립니다. 설교자들은 어쨌든 죄가 작은 문제이고 죄에 대한 형벌은 가혹한 일이라고 잘못 생각하는 것만큼 복음에서 그리고 복음의 속죄 교리에서 점점 더 멀어지게 됩니다. 회개하지 않는 사람들을 위해 장차 기회가 있다고 생각하는 사람들도 사람이 지금 예수님을 믿는지 혹은 불신앙의 상태 가운데 있는지 하는 것을 작은 일로 여기는 것은 당연한 일입니다. 나는 영원한 형벌을 믿기 때문에 일을 그렇게 쉽게 생각할 수 없습니다. 여러분, 만일 여러분이 예수님께로 달려가지 않는다면, 여러분은 영원히 망할 것입니다. 이 생각 때문에 내가 여러분에게 구원받으라고 간절히 권하는 것입니다! 요엘이 피와 불, 해가 어두워지고 달이 핏빛 같이 변하는 것에 대해서 이야기하는 것을 듣기 때문에 여러분에게 살 길을 찾으라고 권하는 것입니다. 크고 흰 보좌와 그 위에 앉으실 분의 두려운 선고, 그때 그분이 "저주를 받은 자들아 나를 떠나 마귀와 그 사자들을 위하여 예비된 영원한 불에 들어가라"(마 25:41)고 말씀하실 것을 아는 나로서는 여러분에게 예수님께로 피하라고 설득하지 않을 수 없습니다. 그러므로 여러분 가운데 지금 위험에 처해 있는 사람들이 즉시 살기 위해 피하고, 장차 올 진노를 피하기를 간절히 바라면서 여러분에게 값없고 복된 복음의 약속을 분명하게 전하는 것이 나의 기쁨입니다.

이렇게 서언을 말씀드렸으니, 이제 하나님께서 복을 베풀어 주시기를 간절히 바라는 마음으로 본문에 대해 말씀을 드릴 차례가 되었습니다. 첫째로, 본문에 "누구든지 여호와의 이름을 부르는 자는 구원을 얻으리라"는 영광스러운 선언이 들어 있다는 점을 살펴보겠습니다. 그리고 이 선언에는 "나 여호와의 말대로 시온 산과 예루살렘에서 피할 자가 있을 것임이요 남은 자 중에 나 여호와의 부름을 받을 자가 있을 것임이니라"는 교훈적인 선언이 따릅니다. 이 말씀은 나중에 시간이 허락하는 대로 조금 살펴볼 것입니다.

1. 첫째로, 그 영광스러운 선언에 대해서 생각해 봅시다.

시간이 넉넉하지 않으므로 바로 이 주제를 다루겠습니다. 본문에 선포된 복은 귀합니다. "누구든지 여호와의 이름을 부르는 자는 구원을 얻으리라." 구원은 매우 포괄적인 복입니다. 사실 구원은 은총들이 한 자리에 가득 모여 있는 성운(星雲)입니다. 즉, 한 단어 안에 응축되어 있는 자비들 덩어리입니다. 구원은 지옥의 입구부터 천국의 문까지 광범위하게 효력을 미치는 은혜입니다. 이 시간 내가 여러분에게 전해야 하는 구원은 모든 의미의 죄로부터 구원하는 것입니다. 그것은 많은 면을 지닌 다이아몬드입니다. 죄의 영원한 결과를 두려워하는 여러분은 죄의 형벌로부터의 구원, 곧 영원하고 완전한 구원이 있다는 것을 알고 기뻐할 것입니다. 죄의식에 눌려 있고 죄의 필연적인 결과들은 두렵기 짝이 없다는 확신으로 고통을 받는 사람에게 구원은 작은 문제가 아닙니다. 죄의 결과들을 생각하면 두려워 떨지 않을 수 없습니다. 장차 올 심판을 생각하면 아무리 완고한 마음이라도 당황하게 되는 것이 당연한 일입니다. 우리는 죄의 뒤를 바짝 따르는 말로 다할 수 없이 큰 고통으로부터 구원받는 것을 전합니다. 그 무시무시한 날, 곧 다른 모든 날이 그 날을 위해서 존재하는 그 두려운 날의 공포가 무엇이든지 간에, 우리는 하나님의 이름으로 그 모든 것으로부터 구원받음을 선포합니다. 죄인들이 영원히 들어가게 될 바닥을 알 수 없는 그 심연의 어둠이 어떠하든지 간에, 우리는 그 끝없는 낙하로부터 완전한 구원, 곧 주 예수 그리스도를 믿는 모든 자에게 주시는 구원을 선포할 수 있습니다. 신자에게는 어떤 고발도 이루어지지 않을 것입니다. 신자에게는 결코 정죄함이 없을 것입니다. 구원은 죄수를 빚을 완전히 청산해서 법정 밖으로 내보냅니다. 하나님의 은혜로 하나님의 이름을 부르게 된 자들에게는 죄에 대한 모든 형벌이 다 벗겨갈 것입니다.

구원은 또한 죄책으로부터 이끌어냅니다. 하나님은 불경건한 자를 의롭다고 하여 그가 의인들 가운데 들어가게 하실 수 있습니다. 하나님은 예수의 피로 말미암아 더러운 자를 눈보다 희게 하십니다.

주님은 단지 죄 자체를 없애버리시기만 하는 것이 아니라 죄로 인해 여러분의 도덕적 성품에 물든 모든 더러움도 제거하실 것입니다. 청중 여러분, 여러분이 죄로 인해 이미 스스로에게 끼친 모든 상해를 주님은 고치실 수 있습니다! 죄는 비록 아무런 형벌을 받게 되지 않는다고 할지라도 여러분 인격의 아름다움을 해치고, 우리를 하나님 보시기에 역겹게 만드는 병입니다. 그렇습니다. 성령의 빛을 받아 하나님 말씀의 거울에 자신을 비추어 볼 때 죄는 우리 양심에 너무 충격적이어서 눈뜨고 제대로 볼 수 없는 병입니다. 이마에 나병이 하얗게 퍼져 있는 여러분, 우리는 여러분에게 완전한 치료를 전합니다. 여러분의 본성을 새롭게 하고, 나아만이 선지자의 명령에 순종하여 강물에 몸을 씻고 나왔을 때처럼 여러분의 살이 마치 어린 아이의 살처럼 부드럽게 만드는 구원을 전합니다. 형제 여러분, 하나님의 구원은 마음과 지성에 끼친 모든 해로운 결과를 제거합니다. 이 구원이 기쁜 것이 아닙니까?

우리는 또한 죄의 세력으로부터 벗어나는 구원도 전합니다. 죄는 육신의 본성에 둥지를 틀고, 거기에 도둑처럼 숨어 있습니다. 여러분은 율법 아래 있지 않고 은혜 아래 있기 때문에 죄가 여러분을 지배하지 못할 것입니다. 귀에 차꼬의 철거덕거리는 소리가 들리는 죄의 종들이여, 이 시간 여러분이 해방될 수 있습니다! 그것이 술 취함의 차꼬이든지 방탕함 혹은 세속적인 마음의 차꼬이든지 혹은 절망의 차꼬이든지 간에 주님은 그 죄수들을 풀어주십니다. 예수님은 여러분의 손목에서 수갑을 풀고 발에서 차꼬를 풀어주기 위해 오셨습니다. 하나님의 아들이 여러분을 자유롭게 하시면 여러분은 실로 자유롭게 될 것입니다. 예수님은 여러분을 거룩함과 정결함과 평안과 사랑을 위하여 살도록 자유롭게 하기 위하여 오셨습니다. 예수님은 여러분에게 새 생명의 복을 주실 것입니다. 은혜가 여러분 안에서 영생에 이르도록 왕 노릇을 할 것입니다. 악의 권세로부터 구원받는 것은 하나님께서 주실 만한 선물입니다. 바로 이것이 우리가 전하는 구원입니다. 우리는 죄의 저주로부터 즉각적인 구원을 전하고, 죄의 권세로부터 현재의 구원을 전하며, 죄로부터의 궁극적인 자유를 전합니다. 사람들이 그리스도를 보고 살라고 하는 복음의 명령에 순종하려고 한다면, 여자에게서 난 모든 자에게 이 구원이 선포됩니다. "누구든지 여호와의 이름을 부르는 자는 구원을 얻으리라." 그러한 복음을 선포하는 사람은 복됩니다! 그 은혜는 말할 수 없이 귀합니다.

그 다음에, 이 선언의 때가 현재라는 점에 유의할 필요가 있습니다. 베드로가 요엘 선지자가 말하는 그 때가 오순절에 시작되었다고 말하기 때문입니다. 급하고 강한 바람 같은 소리가 들리고 불의 혀처럼 갈라지는 것들이 제자들의 머리 위에 임하였을 때 복음 시대가 활짝 열렸습니다. 이때 세상에 내려온 성령께서는 돌아가시지 않았습니다. 성령님은 지금도 교회 가운데 계시며 물리적 기사들을 행하시는 것이 아니라 오늘날까지 우리 가운데서 도덕적이고 영적인 기적들을 행하고 계십니다. 오늘 완전한 사죄가 회개하는 모든 죄인에게 성령의 능력으로 전파됩니다. 오늘 완전한 구원이 예수님을 믿는 모든 사람에게 약속됩니다. "누구든지 여호와의 이름을 부르는 자는 구원을 얻으리라"는 이 약속이 오늘 사실로 이루어집니다.

나는 주의 이름을 부르는 어떤 사람들에게 은혜의 날이 지나갔다고 하는 생각은 완전히 비성경적인 것이므로 치워버립니다. 그 날이 언제이든지 간에 여러분이 주의 이름을 부르면 들으심을 얻을 것입니다. 그렇습니다. 시간이 열한 시 가까이 되었을지라도 들으심을 얻을 것입니다. 기꺼이 예수님을 믿으려고 하는 한, 은혜의 날은 살아 있는 어떤 영혼에게도 지나가지 않았습니다. 나는 가서 어떤 시점까지는 사람들을 위한 은혜가 있지만 그 시점을 지나가면 은혜가 없다고 전하라는 말을 듣지 못했습니다. 그렇지 않습니다. 그리스도께서 자기 이름을 부르는 자들을 구원하시려는 뜻이나 능력에는 아무 제한이 없습니다. 은혜를 베푸시는 일들에서 누가 감히 이스라엘의 거룩하신 자를 제한하려고 합니까? 믿음이 있는 한, 구원은 있습니다. 나는 모든 족속에게 복음을 전하라는 주님의 명령을 받았습니다. 주님은 자기 종들에게 "사람을 만나는 대로 혼인 잔치에 청하여 오라"(마 22:9)고 말씀하셨습니다. 우리는 모든 사람에게 "믿고 세례를 받는 사람은 구원을 얻을 것이요 믿지 않는 사람은 정죄를 받으리라"(막 16:16)고 말해야 합니다. 나는 여러분이 열 살 먹은 어린 아이이든지 오십 먹은 장년이든지 간에 여러분에게 똑같은 메시지를 전합니다. 여러분이 백 살이 먹도록 살았다고 할지라도, 이 복음의 약속은 오랜 세월이 지나갔음에도 여전히 효력이 있습니다. 여러분이 알지 못하고 지나간 때를 하나님께서 묵인하셨습니다. 그러나 하나님께서 이제는 모든 사람들에게 회개하라고 명령하십니다. 하나님은 자기를 찾는 모든 이들에게 은혜롭게 이같이 말씀하십니다. "내게 오는 자는 내가 결코 내쫓지 아니하리라"(요 6:37). 은혜의 날은 정말로 지나갔다! 그것은 사탄의 속삭임입니다. 그 거짓말에 전혀 신경을 쓰지 마십시오. 아직도 구주님께서는 여러분에게 자기에게 와서 살라고 명하시기 때문입니다. 생명이 점점 쇠약해지고 있는 사람에게도 하나님은 "오라 우리가 서로 변론하자"(사 1:18) 하고 말씀하십니다.

"인생은 하나님의 얼굴을 구하는 시간
인생 내내 하나님이 값없이 은혜를 베푸시니
생명의 등불이 아직 타고 있는 동안
아무리 악한 죄인이라도 돌아올 수 있네."

아버지의 집으로 돌아오는 자는 누구든지 기쁜 영접을 받을 것입니다. 바로 오늘, 11월 14일에 여러분이 하나님의 이름을 부르면, 구원을 받을 것입니다. 하나님께서 이 시간에 내 입을 통해 여러분에게 말씀하시고, 오늘 여러분이 하나님의 음성을 들으면 여러분의 영혼이 살 것이라고 선언하십니다. "바로 지금이 가장 좋은 때이다"라는 속담이 있는데, 일리 있는 말입니다. 지금 이 순간이 여러분이 이용할 수 있는 최상의 시간입니다. 현재의 순간 외에 여러분이 사용할 수 있는 시간이 있습니까? 이 지나가는 시간에 여호와의 이름을 부르는 사람은 누구든지 구원을 받을 것입니다. 바로 이것이 전할 만한 가치가 있는 복음입니다. 우리가 이 즐거운 소리를 듣는다면, 우리의 귀가 복을 받은 것입니다.

그 다음에, 이 은혜가 귀하고, 그 때는 현재인 만큼, 또한 이 선언이 미치는 범위는 유망합니다. 이 선언은 오늘 내 설교를 듣는 모든 사람에게 용기를 내라고 부추기는 격려가 가득합니다. "누구든지 여호와의 이름을 부르는 자는 구원을 얻으리라." 누구든지! 나는 이 약속의 폭을 설명하기 위해 무슨 말을 할지라도 오히려 그것이 그 폭을 좁히지나 않을까 염려가 됩니다. 이것은 영원을 설명하려고 애쓰는 사람이 언제나 생각하는 것보다 훨씬 더 영원을 짧게 이야기하는 바람에 본래의 목적을 이루지 못하는 것과 같습니다. "누구든지." 이 말씀에는 울타리가 없고 주위를 둘러친 도랑이 없으며 경계선도 없습니다. 여러분은 아무나 올라갈 수 있는 은혜의 산들 앞에 서 있는 것입니다. 여러분이 말을 타고 스위스를 지나가 보면, 길을 따라서 여기저기에 입구들이 설치되어 있는 것을 볼 것입니다. 그것은 순전히 여행자들에게 세금을 징수하고 여행자들을 성가시게 만들려는 목적 외에는 아무 이유가 없는 것 같았습니다. 이같이 복음 선포에 가해지는 제한들 가운데 많은 것은 복음 선포를 막는 것 외에 아무 목적을 이루지 못합니다. 이것은 천국으로 가는 길에 통행세 징수를 위해 설치한 차단봉을 내리는 것입니다! 우리는 누구든지 하나님의 이름을 부르려고 하는 것을 막을 수 없고, 감히 막을 생각도 하지 못합니다. 그 약속은 여러분과 여러분의 자손에게 주신 것입니다. 그러나 그 약속은 또한 "모든 먼 데 사람 곧 주 우리 하나님이 얼마든지 부르시는 자들"(행 2:39)에게도 주신 것입니다. 이 문제에서 유대인과 이방인 사이에 아무 차별이 없습니다. "누구든지"라는 말에는 빈민가의 사람들, 곧 지극히 가난한 사람들이 포함되지만, 부유한 사람들도 배제되지 않으며, 심지어 말할 수 없이 큰 부자도 포함됩니다. "누구든지"라는 말은 교육 받은 사람들에게 손짓하여 부르고, 교양 있고 세련된 사람들에게 호의적인 눈길을 보냅니다. 그러나 그와 마찬가지로 배움이 없는 사람들, 곧 배움과는 아주 거리가 먼 사람들에게도 손짓하여 부릅니다. "누구든지"라는 말은 어린 아기들을 가리키고 또한 노인들도 가리킵니다. 머리가 잘 돌아가는 사람들도 바라보지만 둔한 사람들에게도 미소를 보냅니다.

젊은 남녀 여러분, 누구든지라는 말은 여러분도 거기에 포함시킵니다. 좋은 사람이든 나쁜 사람이든, 훌륭한 사람이든 평판이 나쁜 사람이든, 이 "누구든지"

라는 말은 그 모든 사람에게 똑같이 진리를 말합니다! 왕과 왕비들이 이 말에서 자신들을 위한 방을 찾을 수 있습니다. 도둑과 거지들도 그렇게 할 수 있습니다. 이 말에서는 귀족들과 빈민들이 한 자리에 앉습니다. 여러분, "누구든지"라는 말은 특별히 여러분을 부릅니다! "하지만 나는 별난 사람이라"고 여러분은 말합니까? "누구든지"는 모든 별난 사람들을 다 품습니다. 나는 기이하고 별나고 이상한 사람들에 대해 언제나 동정하는 마음이 있습니다. 내 자신이 그런 사람이기 때문입니다. 적어도 내가 그런 사람이라는 말을 종종 듣기 때문입니다. 나는 이 복된 본문의 말씀에 깊이 감사하는 심정이 있습니다. 비록 내가 다른 목록에서는 별로 언급되지 않을지라도 이 말만은 나를 포함시킨다는 것을 알기 때문입니다. 내가 "누구든지"라는 이 말의 그늘 아래 있다는 것은 아주 분명합니다. 온갖 이상한 사람들이 많이 이 태버너클 예배당에 오거나 내 설교를 듣지만, 그들 모두 "누구든지"라는 이 말의 범위 안에 들어갑니다.

또 어떤 사람은 말합니다. "하지만 나는 지독하게 낙담해 있고, 너무도 우울해서 이 은혜의 약속에 포함되지 않을 겁니다." 여러분이요? 그렇지 않습니다. "누구든지"라는 말은 지독한 절망에까지 가 닿고, 지극히 높은 영광에까지 이릅니다. 또 어떤 사람은 이렇게 중얼거립니다. "나는 죄를 그렇게 슬퍼하지 않아. 나는 천성이 너무 경박해!" 그럴 수 있습니다. 하지만 "누구든지"라는 말은 여러분을 포함합니다. 여러분이 하나님을 부르면, 구원받을 것입니다. 여러분이 오늘 아침 이 태버너클 예배당을 한 바퀴 돌 수 있는데, "누구든지"라는 말이 이 예배당 안에 있는 수천 명의 사람들을 다 포함할 것입니다. 그 후에 여러분이 서둘러 거리로 내려가서 이 넓은 런던의 이쪽 끝에서 저쪽 끝까지 걸어갈 수 있습니다. 그 모든 지역 안에 있는 사람들 가운데 단 한 사람도 "누구든지"라는 이 말에서 제외되지 않습니다. 그 다음에 여러분이 여행자 승차권을 가지고 유럽, 아프리카, 아시아를 여행할 수 있고, 중국과 일본까지도 가 볼 수 있습니다. 여러분이 남태평양을 지나고 호주를 거치고 샌프란시스코를 지나서 집으로 돌아올 수 있습니다. 세계를 한 바퀴 도는 이 여행에서 여러분은 백인, 흑인, 황인 등, 모든 인종의 구분 없이 남녀노소를 막론하고 "누구든지"라는 이 말의 범위 안에 들어가지 못하는 사람은 한 사람도 만나지 못했을 것입니다. "누구든지 여호와의 이름을 부르는 자는 구원을 얻으리라." 내가 본문 말씀의 범위를 줄이지 않았기를 바랍니다. 적어도 내가 그 범위를 줄이려는 의도가 없었다는 것은 확실합니다. 여러분 가운데 아무도 이 문을 스스로 닫지 않도록 조심하십시오. 나는 모든 사람이 문 안으로 들어와서 즉시 구원을 얻기 바랍니다. 당분간 여러분은 흑인, 북아메리카 원주민, 중국인 등을 잊어버려도 좋지만, 제발 여러분이 직접 예수께 오는 것은 잊지 않기를 바랍니다. 오십시오. 여러분은 올 수 있고, 올 것이고 또 와야 합니다.

"누구든지 여호와의 이름을 부르는 자는 구원을 얻으리라"는 말씀이 있습니다. 여러분은 그 말을 믿고 그 말씀에 복종하십시오. 이것은 은혜로운 선물이니, 이 선물을 받고 영원히 부자가 되십시오.

게다가 그 요구사항은 아주 평범합니다. "누구든지 여호와의 이름을 부르는 자는 구원을 얻으리라." 여러분이 구원받을 수 있는 방법을 설명하기 위해 도서관에 갈 필요가 없습니다. 그 방법은 이것입니다. "여호와의 이름을 부르라"는 것입니다. 바로 이것이 "평범한 자가 하늘에 이르는 좁은 길"(The Plain Man's Pathway to heaven: 영국 엘리자베스 여왕 시대에 청교도였던 아더 덴트가 저술한 책의 제목)입니다. 여러분은 구원을 얻는 기술을 배우기 위해 파리의 소르본 대학에 가거나 옥스퍼드 대학에 갈 필요가 없을 것입니다. 믿고 사십시오. 이것은 너무도 평범하지 않습니까? "누구든지 여호와의 이름을 부르는 자는 구원을 얻으리라."

여호와의 이름을 부른다는 것이 무슨 의미입니까? 여호와의 이름을 부른다는 것은 첫째로 하나님을 하나님께서 자신을 성경에서 계시하시는 대로 믿는다는 의미입니다. 하나님께서 자신에 대해 계시하신 것이 하나님의 "이름"입니다. 여러분이 스스로의 생각으로 하나님을 만들어 낸다면, 그 하나님이 여러분을 구원할 것이라는 아무런 보증이 없습니다. 애석한 일은 오늘날 대부분의 사람들이 스스로 고안해낸 신을 예배한다는 것입니다. 사람들이 진흙이나 금으로 신상을 만들지 않지만 자신의 생각을 따라 마음속에 신을 고안해냅니다. 그들은 오만하게 하나님은 어떠해야 한다고 스스로 판단합니다. 그래서 하나님을 실제 그대로 받아들이려고 하지 않습니다. 이것이 이교도들이 하는 것처럼 아주 천하게 신을 만들어 내는 것이 아니고 무엇이겠습니까? 살아계시고 참되신 한 분 하나님보다 더 나은 신을 생각해내려고 하는 이것만큼 악한 일이 있을 수 있겠습니까? 여러분이 생각해낸 신은 전혀 존재하지 않기 때문에 여러분에게 그 신을 의지하지 말라고 말씀드리고 싶습니다. 살아계시고 참되신 한 분 하나님이 계십니다. 그 사시는 하나님께서 자신을 신구약 두 권의 책에서 계시하셨습니다. 이 책들에서 하나님을 그의 창조의 일이나 섭리의 일에서보다 분명하게 볼 수 있습니다. 바로 이 하나님을 여러분은 믿어야 합니다. 여러분이 이 하나님을 믿으면, 하나님께서 여러분을 속이시지 않을 것입니다. "여호와께 피하는 모든 사람은 다 복이 있도다"(시 2:12). 여러분이 "사상"이나 "진보" 혹은 여러분 스스로 만들어낸 그 밖의 어떤 신을 믿으면, 망할 것입니다. 그러나 여러분이 살아계신 하나님을 의지하면 하나님은 여러분을 버리시지 않을 것이고, 버리실 수 없습니다. 아버지와 아들과 성령을 믿으십시오. 그러면 여러분이 구원받을 것입니다. "그를 믿는 자는 부끄러움을 당하지 아니하리라"(벧전 2:6). 하나님을 하나님께서 그의 말씀에서 자신을 계시하시는 대로, 특별히 주 예수 그리스도시라는 거룩한 분을 통해 자신을 계시하시는 대로 어린아이처럼 단순하게 하나님을 믿는 믿음이 여러분을 구원할 것입니다. 주 예수님 안에 신성의 모든 충만이 육체로 거하십니다. 그러니 그분을 믿으십시오. 그러면 여러분이 구원을 받습니다.

여호와의 이름을 부른다는 것은 또한 기도한다는 의미입니다. 그것은 이 말씀을 처음 들은 마음에 자연스럽게 일어나는 생각입니다. 여러분이 숲에서 길을 잃었습니다. 어떻게 하겠습니까? 여러분은 도와달라고 사람을 부를 것입니다. "하나님이여, 내 부르짖음을 들으소서! 나를 구원해 주소서, 내가 주를 신뢰하나이다!" 여러분을 길 잃은 양이라고 한다면, 여러분이 무슨 일을 할 수 있습니까? 여러분은 우리로 돌아가는 길을 찾을 수 없습니다. 가시나무들이 여러분을 꽉 붙들고 여러분의 살을 찢습니다. 하지만 여러분은 메에 하고 울 수 있고, 그렇게 해서 목자 되신 주님을 부를 수 있습니다. 믿음으로 드리는 진실하고 참된 기도는 결코 헛되지 않을 것입니다. 주님께서 이렇게 말씀하셨습니다. "환난 날에 나를 부르라 내가 너를 건지리라"(시 50:15).

내가 괴로움 가운데 지내던 때에 몇 달 동안 이 말씀을 의지해서 살았던 것이 생각납니다. 이 말씀은 그저 알약 하나에 지나지 않는 것처럼 보입니다. 그러나 그것은 아주 좋은 고기로 만든 것이고, 그래서 오랫동안 생명을 유지시켜 줄 것입니다. 그 효능을 시험해 보십시오. "누구든지 여호와의 이름을 부르는 자는 구원을 얻으리라." 나는 전에 속으로 이렇게 말했습니다. "하나님의 이름을 부르겠어. 계속해서 하나님의 이름을 부르겠어. 그래, 내가 죽을지라도 기도하다가 죽겠어!" 기도 가운데 하나님의 이름을 부른 것이 헛되지 않았습니다. 하나님은 내 소리를 듣고 나를 구원하셨습니다. 하나님의 거룩한 이름을 찬송합시다. 기도하고 믿고 의지하면 아무도 구원을 잃지 않습니다. 그 요구 사항은 매우 간단합니다. "믿고 기도하라."

여러분이 이렇게 했다면, 그 다음에는 하나님의 이름을 부른다는 것은 또한 그 이름을 고백한다는 의미라는 것을 기억하시기 바랍니다. 우리는 구약에서 "그 때에 사람들이 비로소 여호와의 이름을 불렀더라"(창 4:26)는 기록을 읽습니다. 이것은 그들이 처음으로 기도하였다는 것이 아니라 그들이 함께 모여 공공연하게 여호와를 예배하기 시작하였다는 뜻입니다. 그들이 사람들 가운데서 나와 그 신성한 이름을 자기들의 주요 하나님의 이름으로 부른 것입니다. 다른 사람들이 어떻게 하든 자기들은 그 하나님을 섬기겠다고 선언하는 것입니다. 하나님은 구원받은 모든 사람에게 그렇게 하라고 요구하십니다. 여러분은 여호와가 여러분의 하나님이시고, 예수께서 여러분의 구주님이시라고 고백해야 합니다. 여러분은 "이 하나님은 영원히 우리 하나님이시니라"(시 48:14)고 말해야 합니다. 우리 주님께서는 이같이 말씀하십니다. "믿고 세례를 받는 사람은 구원을 얻을 것이요"(막 16:16). 바울은 "사람이 마음으로 믿어 의에 이르고 입으로 시인하여 구원에 이르느니라"(롬 10:10)고 말합니다. 여러분은 어떤 방식으로든 여러분의 믿음을 고백해야 합니다. 주님께서 친히 "우리가 이와 같이 하여 모든 의를 이루는 것이 합당하니라"(마 3:15)고 말씀하시며 정하신 것이 최상의 길입니다. 더 이상 하나님 없이 살기를 바라지 않고, 더 이상 여러분이 보고 듣고 행할 수 있는 것을 의지하지 않으며, 이제부터는 오직 하나님만을 전적으로 의지하고 여호와를 여러분의 하나님이요 아버지로 인정하십시오. 이렇게 하는 사람은 아무도 멸망당하게 버려지지 않을 것입니다. 이 세상의 환난과 영원한 환난으로부터 여러분이 구원받을 것입니다. 여러분이 하나님을 신뢰한다면 하나님께서 일생 동안 여러분을 도우실 것입니다. "그가 너를 그의 깃으로 덮으시리니 네가 그의 날개 아래에 피하리로다 그의 진실함은 방패와 손 방패가 되시느니라"(시 91:4). 믿고 기도하고, 자신이 하나님의 편에 있다고 공언하는 사람은 누구든지 구원받을 것입니다.

이 요구 사항은 참으로 간단합니다. 사람에게 이보다 더 간단한 것을 요구할 수 있을지 모르겠습니다. 여러분은 하나님을 믿으려 하지 않는 사람을 구원하겠습니까? 하나님께 순종하려고 하지 않는 사람을 용서하겠습니까? 그리스도께서 이 세상에 오신 것이 우리의 죄를 방조하고 우리가 계속해서 반역하고 있는데도 우리를 구원하시기 위한 것입니까? 절대로 그렇지 않습니다! 하나님의 은혜가 나타난 것은 우리가 모든 일에 하나님을 인정하고 산 자의 땅에서 하나님 앞에서 행하도록 하려는 것입니다. 이것은 또한 성령께서 우리 안에서 행하려 하시는 일이고 또 행하시는 일입니다.

나는 잠깐 시간을 내어 여러분에게, 그 요구 사항이 평범하지만 확실히 복을 받도록 보장한다는 점을 말씀드리겠습니다. "누구든지 여호와의 이름을 부르는 자는 구원을 얻으리라." 이 말씀에는 단서 조항도 의심도 전혀 없습니다. 이 말씀은 한낱 희망이 아니라 엄숙한 단언입니다. 불쌍한 여러분, 여러분이 믿는다면, 비록 여러분이 정말로 죄 덩어리와 같은 자일지라도 구원을 받을 것입니다! 여러분은 이것이 참으로 확실하다는 것을 보지 못합니까? 거짓말하실 수 없는 하나님께서 여러분에게 약속을 맹세하십니다. 그러니 목숨을 걸고 그 약속을 믿으십시오. 그런데 사실은 여기에 아무 위험이 없습니다. 오늘 나의 유일한 희망은 신실하신 하나님께서 자기의 이름을 부르는 자들에게 말씀하시는 이 약속에 있습니다. 나는 다른 어디에서도 쉬지 못하고, 오직 하나님의 말씀에만 나의 영원한 모든 것을 기쁘게 맡깁니다. 하나님께서 자신의 약속을 진심으로 신뢰하는 사람을 거절하는 일이 대체 있을 수 있습니까? 지금 내가 예수님을 믿고 있듯이 예수님을 믿다가 죽어가는 사람 곁에 앉아서 나는 속으로 말했습니다. '오직 예수님만을 신뢰하는 우리가 망한다면, 어떻게 되겠는가? 그것은 우리가 신뢰한 하나님께 영원한 불명예가 될 것이다.' 우리 가운데 한 사람이 지옥에서 이런 말을 할 수 있다고 생각해 보십시오. "내가 허풍 떠는 구주님의 도움을 믿고 하나님을 의뢰하다가 망하고 말았다." 여러분, 만약 그런 일이 단 한 번이라도 일어날 수 있다면, 하늘이 어두워질 것이고 하나님의 면류관에 박힌 보석들이 광채를 잃을 것입니다! 하지만 그런 일은 있을 수 없습니다. 여러분이 전능하신 하나님을 믿는다면 하나님께서 하나님이신 것이 확실한 만큼 여러분을 확실히 구원하실 것입니다. 사람이 아무리 하나님을 좋게 생각할지라도 하나님은 그보다 훨씬 더 나으신 분입니다. 여러분의 입을 벌릴 수 있는 대로 크게 벌리십시오. 하나님께서 그 입을 채우실 것입니다.

이제 이 선언에 대해 결론을 짓도록 하겠습니다. 이 선언이 믿는 모든 신자를 포함할 만큼 매우 광범위한 것이긴 하지만, 그래도 이것이 이 시간 여러분 개인에게 전하는 메시지라는 점을 기억하시기 바랍니다. "누구든지"라는 말에 바로 여러분이 포함됩니다. 여러분이 이 선언을 바른 각도에서 본다면, 이 선언은 특별히 여러분을 향하여 말하고 있는 것입니다. 여러분이 하나님의 이름을 부르면 구원을 받을 것입니다. 여러분, 바로 여러분이 구원을 받습니다! 친구 여러분, 나는 여러분의 이름을 알지 못하고 알 필요도 없습니다. 그러나 나는 이 약속이 여러분을 위한 것이라는 사실을 말씀드립니다. 여러분이 여호와의 이름을 부른다면, 여러분이 구원받을 것입니다. 여러분은 이렇게 말합니다. "아, 내 이름이 성경책에 기록되어 있으면 좋겠다." 그 사실이 대체 여러분에게 위로가 되겠습니까? 성경에 "찰스 하돈 스펄전이 구원 받을 것이라"는 말이 기록되어 있다고 할지라도 나는 그 사실에 별로 위로를 받지 못할 것이라고 생각합니다. 왜냐하면 나는 집에 가서 런던 전화번호부를 가지고 와서 거기에 동명이인이 있는지 알아볼 것이기 때문입니다. 그런데 그 이름이 스미스나 브라운처럼 아주 흔한 이름일 경우에는 일이 얼마나 더 어려워지겠습니까! 형제 여러분, 그렇게 해서는 안 됩니다. 여러분의 이름을 이 영감된 책에서 볼 수 있게 해달라고 구하지 마십시오. 성경이 "누구든지"라고 말하면, 여러분은 그 말에서 여러분을 제외시킬 수 없습니다. "누구든지 여호와의 이름을 부르는 자는 구원을 얻으리라"고 기록되어 있으므로, 여호와의 이름을 부르고 그 복을 붙잡으십시오. 절망도 이 복된 말씀의 위로를 비켜갈 수 없습니다. 보혜사이신 성령이시여, 이 말씀을 각 사람의 마음에 인쳐 주십시오!

그런데 어쩌면 여러분은 지금까지 여호와의 이름을 부르지 않았을 것입니다. 그렇다면 지금 당장 부르십시오. "여호와여, 내게 자비를 베푸소서" 하고 외치십시오. 즉시 그렇게 부르짖으십시오. 여러분이 지금까지 한 번도 기도하지 않았다면, 지금 기도하십시오. 성령 하나님께서 여러분이 집에 가기를 기다리거나 다른 방으로 가기를 기다리지 않고 지금 이 시간에 하나님의 이름을 부르도록 인도하여 주시기를 바랍니다! 이전에는 주 예수님을 믿지 않았을지라도 이제는 믿으십시오. 여러분이 오늘 처음으로 믿음의 숨을 내쉬었다고 할지라도, 이 약속은 우리 가운데 이제까지 40년 동안 주님을 안 사람들에게 확실히 이루어지듯이 여러분에게도 확실히 이루어집니다. "누구든지 여호와의 이름을 부르는 자는 구원을 얻으리라"는 말씀은 지금까지 살면서 한 번도 기도해 보지 않은 무관심한 사람에게도 하시는 약속입니다.

여러분, 본문 말씀은 바로 여러분에 대한 이야기입니다. 내가 여러분에게 가서 손을 잡고 여러분이 생각할 때까지 여러분을 붙들어 둘 수 있으면 좋겠습니다! 리처드 위버(Richard Weaver) 목사님이 젊은 날에 파크 스트리트 예배당(Park Street Chapel)에서 설교할 때, 강단에서 내려와 회중석으로 달려가서 사람들 개개인을 가리키며 "당신" "당신" "당신" 하고 말씀하시던 것이 생각납니다. 나는 발이 빠르지 않아 그렇게 할 수가 없습니다. 내가 지금보다 젊었더라도 그렇게 해야 하겠다고는 생각하지 않습니다. 하지만 나는 어떤 방식으로든지 여러분 각 사람에게 가서 이 큰 기쁨의 좋은 소식을 가슴에 와 닿도록 말할 수 있으면 좋겠습니다. 나이를 먹은 친구, 이 약속은 그대에게 하는 것입니다! 저기 오른쪽에 있는 젊은 부인, 이 약속은 그대에게 하는 것입니다! 할머니와 함께 앉아 있는 어린이, 이 약속은 어린이에게 하는 것입니다. "누구든지 여호와의 이름을 부르는 자는 구원을 얻으리라." 주님, 회심하지 않은 상태에서 이 약속의 말씀을 듣는 모든 사람에게 이 말씀이 복이 되게 하여 주십시오.

나는 이 부드러운 음악으로 끝을 맺고 싶은 마음이 있지만, 본문의 말씀을 불구로 만들 수는 없습니다. 본문 말씀의 두 번째 부분을 아주 간단히 다룰지언정, 그 말씀에 대해 아주 침묵할 수는 없습니다.

2. 본문의 두 번째 부분에는 교훈적인 선언이 들어 있습니다.

"누구든지 주의 이름을 부르는 자는 구원을 받으리라 하였느니라"(행 2:21). 이 약속이 오순절 날에 풍부하게 성취되었습니다. 그 날에 허다한 무리가 믿고 세례를 받고 구원을 받았기 때문입니다. 이렇게 주님의 이름을 부르는 사람들이 구원을 받았습니다. 그러나 "시온 산과 예루살렘에서 구원이 있을 것임이요"(개역개정은 "시온 산과 예루살렘에서 피할 자가 있을 것임이요")라는 말씀에 주의하십시오. 이 말씀도 그대로 이루어졌습니다. 복음에 대한 첫 설교는 예루살렘에 있던 유대인들에게 행해졌습니다. 구원이 시온산에, 큰 왕의 도성에 이르렀습니다. 죄와 부정함을 씻는 샘이 예루살렘에서 시작되었습니다.

이 사실에는 오늘 아침 나를 매우 심각하게 만드는 점이 있습니다. 이와 같이 구원이 어떤 사람들에게 이르긴 했지만, 그 성은 완전히 파괴되었기 때문입니다. 천국이 그들 가까이 이르렀지만 그들은 천국을 치워버렸고, 두려운 멸망을 당하였습니다. 유대인들은 겉으로 볼 때 오랫동안 하나님의 택하신 백성으로 지냈습니다. 그러나 하나님께서는 그들의 얼마를 버리셨습니다. 로마인들이 그 땅을 지배하였고, 그들은 맹목적으로 자기들의 왕을 십자가에 못 박았습니다. 하나님의 은총을 받은 민족이 메시야를 나무에 못 박은 것입니다. 그럼에도 불구하고 예루살렘의 죄인들에게 제일 먼저 구원이 전해졌습니다. 구원은 유대인의 것이었고, 구원이 유대인들로 말미암아 이방인인 우리에게 왔습니다. 그들이 우리에게는 생명을 가져다주고, 민족으로서 그들 자신은 영적인 죽음에 이른다는 것은 참으로 불행한 일입니다!

요엘 선지자가 "나 여호와의 말대로 시온 산과 예루살렘에서 피할 자가 있을 것임니라"고 말하는 점에 유의하시기 바랍니다. 하나님께서 구원을 약속하셨고, 그 약속에 따라 구원을 보내셨습니다. 그들이 하나님의 구원을 받으려고 하지 않을지라도 하나님은 말씀하신 대로 구원을 보내셨습니다. 따라서 그들이 그 구원을 거절하였으므로 그들의 피가 그들 자신에게로 돌아갔습니다. 하나님은 악한 손으로 자기들의 메시야를 십자가에 못 박은 이 큰 죄인들에게 구원을 보내시는 큰 자비를 베푸셨습니다.

하나님의 선하심의 결과로 남은 자가 구원을 받았습니다. "남은 자 중에 나 여호와의 부름을 받을 자가 있을 것임이니라"는 말씀을 살펴봅시다. 오순절에 일어서서 부활을 증언한 열한 사람은 모두 유대인들이었습니다. 성령이 임하실 때 다락방에 모였던 사람들은 유대인들이었습니다. 이들이 남은 자였습니다. 그러나 구원을 받은 것은 하나님의 은총을 받은 자들 가운데 남은 자들뿐이었다는 것을 생각하면 마음이 숙연해집니다. 수 세기 동안 하나님의 방문을 받았고, 선지자들이 있었으며 기적들이 있었음에도 불구하고, 오직 남은 자만 구원을 받았습니다! 하나님의 쉐키나의 영광이 사람들 가운데서 빛났음에도 불구하고, 오직 남은 자만 순종하였습니다! 바로 하나님의 그리스도가 그들의 민족에게서 나셨습니다. 그럼에도 남은 자만 구원을 얻었습니다! 다음과 같이 노래할 때 우리는 오늘까지 그 진리를 전하는 것입니다.

> "이스라엘 민족 가운데 택하신 후손은
> 약하고 소수인 남은 자로다."

유대인 교회는 유대 백성들 가운데 매우 하찮은 부분에 지나지 않습니다.

바울 사도는 "이와 같이 지금도 은혜로 택하심을 따라 남은 자가 있느니라"(롬 11:5)고 말합니다. 또 이사야 선지자는 이렇게 말합니다. "만군의 여호와께서 우리를 위하여 생존자를 조금 남겨 두지 아니하셨더면 우리가 소돔 같고 고모라 같았으리로다"(1:9). 불쌍한 이스라엘이여! 불쌍한 이스라엘이여! 오랜 세월 동안 많은 은총을 받았음에도, 오직 남은 자만이 구원하시는 주님의 이름을 불렀도다! 많은 사람들이 먼 나라들에서 와서 아브라함과 이삭과 야곱과 함께 천국에 앉습니다. 그러나 그 나라의 자녀들, 곧 남은 자 외에 모든 자들은 바깥 어두운 데로 쫓겨납니다.

"남은 자 중에 나 여호와의 부름을 받을 자가 있을 것임이니라"고 말씀하신 것을 볼 때, 그 남은 자들조차도 하나님께서 먼저 그들을 부르시기 전에는 하나님의 이름을 부르지 않았다는 점을 아는 것이 매우 유익할 것입니다. 우리 모두는 하나님의 이름을 부르는 이 단순한 행동을 하게 만드는 은혜의 기적이 필요합니다. 이 사실이 이스라엘의 경우에 분명하게 나타났습니다. 민족으로서 이스라엘은 나사렛 예수를 거절하였고, 오직 소수만이 성령의 능력으로 회심하였을 뿐입니다. 그러나 유대인이든지 헬라인이든지, 우리는 다 마찬가지로 타락하였습니다. 효력 있는 부르심이 우리를 본성의 상태에서 불러내지 않는 한, 우리가 예수님께 가서 그를 믿는 일은 결코 일어나지 않을 것입니다. 최고의 선을 거절하는 것은 불행한 일입니다!

믿는 유대인들이 오늘날까지 남은 자들이고, 오직 은혜로 부름을 받은 자들만이 여기저기에 있을 뿐입니다. 여러분은 "우리가 그 점과 무슨 상관이 있는가?" 하고 말합니다. 우리는 그 점과 깊은 관계가 있습니다. 우리는 주님의 동족을 위해 기도합시다. 그들을 위해 수고합시다. 또한 그들의 넘어짐에서 교훈을 배웁시다. 경건한 부모님을 둔 자녀 여러분, 습관적으로 예배당에 나오는 여러분, 해마다 이 기도의 집에 앉아 있는 여러분, 여러분은 옛적의 이스라엘과 같은 위치에 있습니다! 여러분이 받은 것은 외적인 특권들입니다. 그런데 여러분은 이 특권들이 여러분 앞에 제시하는 소망을 물리쳐버리겠습니까? 나는 여러분이 복음을 듣는 일에 너무 익숙해져서 그저 듣는 것만으로 충분하다고 생각하지나 않을까 걱정입니다. 여러분이 점점 더 종교의 외적인 것들에 익숙해지고 종교의 내적인 부분들에는 완전히 무감각해져서 여러분 가운데 남은 자들만 구원을 받을까봐 두렵습니다.

여러분은 영국에서 복음을 듣는 많은 사람들 가운데서 은혜로 부르심을 받고 와서 예수 그리스도를 믿는 사람은 상대적으로 매우 적다는 사실을 생각하십시오. 복음의 은혜가 넓은데 이 은혜를 받아들이는 사람들이 적은 것을 생각하면, 슬픈 일입니다. 잔치는 크게 준비하였는데 손님이 거의 없습니다. 나는 끝없이 펼쳐진 자비의 바다가 보입니다. 그 바다에 아주 소수의 구원받은 사람만 타고 있는 방주가 떠다닙니다. 이것이 언제까지 이렇게 될 것입니까? 자, 와서 값없는 은혜의 선물을 받으십시오! 슬프게도 사람들이 불신앙의 어둠 가운데 빠지고 남은 자만이 믿음의 등대로 올라오는 것이 보입니다! 4,5백 만의 인구가 밀집해 있는 이 런던에서 언제든지 예배에 참석하는 사람은 50만 명도 안 됩니다! 여러분은 이 오십 만 명의 사람들 가운데 진정한 그리스도인들은 얼마나 될 것이라고 생각합니까? 진실로 그들이 남은 자입니다. 여러분과 내가 그 남은 자 가운데 속해 있기를 바랍니다.

그 다음에 우리는 하나님께 많은 무리를 모아주시고 하나님의 택하신 자들의 수를 신속히 채워주시기를 기도합시다. 하나님께서 하나님의 은혜의 주권을 부각시키실 뿐만 아니라 그 은혜의 광대함도 나타내시면 좋겠습니다! 하나님께서 사랑하시는 예수님이 자기 영혼의 수고한 결과를 보고 만족케 하시면 좋겠습니다! 주님, 소와 살진 짐승을 잡고 모든 것이 준비되었나이다. 초대받은 자들이 잔치에 합당치 않은 자들이라는 보고가 다시는 들리지 않게 하여 주옵소서! 만일 그런 일이 벌어진다면 우리가 길과 산울타리로 가서 부랑자들을 강권하여 데려와 혼인식에 손님이 가득 찰 수 있게 하여 주옵소서!

여러분, 그리스도의 사신들이여, 세상 만방으로 가십시오! 형제자매 여러분, 여러분 한 사람 한 사람이 이 예배를 끝내고 나가서 만나는 사람마다 잔치에 참여하도록 부르십시오. 그렇습니다. 그들을 강권하여 혼인식에 참석하도록 하십시오! 주님께서 이 런던에서, 이 대영제국에서 구원이 일어나게 하여 주시기를 바랍니다. 그렇습니다. 하나님의 구원이 세상 끝까지 알려지게 해 주시기를 바랍니다! 아멘.

제
4
장

완전히 정결하게 함

"내가 정결하게 하지 않았던 그들의 피를 정결하게 하리라." - 욜 3:21(KJV)

어떤 사람들은 본문이 박해받고 순교한 이스라엘의 피를 가리킨다고 생각합니다. 그동안 하나님께서는 자기 백성을 포로로 사로잡아간 민족들에 대해 무서운 심판으로 복수하셨는데, 이 구절에서 하나님이 그 복수를 마무리하겠다고 으르시는 것이라고 어떤 주석가들은 말합니다. 아직도 땅에서 부르짖는 피가 있다면, 즉 순교자들 가운데 그들을 죽인 박해자들에 대한 처벌이 이루어지지 않은 사람들이 있다면, 하나님께서 아직까지 정결하게 함을 받지 못한 그들의 피를 정결하게 할 것이라고 공언하시는 것이라고 말합니다.

그러나 나는 오늘 아침 이 본문을 좀 더 단순하게 이해하고 좀 더 영적인 방식을 따라 생각해 볼 것입니다. 하나님의 사랑하시는 아들 예수 그리스도의 피가 우리를 모든 죄에서 정결케 한다는 것은 복음 신앙의 기초에 놓여 있는 위대한 진리입니다. 사람이 속죄의 피가 가득 담긴 신성한 대양에서 씻음을 받을 때, 부분적으로만 정결하게 되는 것이 아니라 모든 점에서 깨끗하게 됩니다. 그 피로 씻음을 받은 사람은 얼룩이 한 점도 남지 않습니다. "그러므로 이제 그리스도 예수 안에 있는 자에게는 결코 정죄함이 없느니라"(롬 8:1). 정결하게 하는 일이 부분적으로만 이루어진다면, 그것은 무익합니다. 하나님 보시기에 우리에게 죄가 하나라도 남아있으면, 그 일은 우리를 구원할 능력을 잃고 말 것입니다. 그 일이 괴로워하는 죄인의 두려워 떠는 양심에 조금이라도 쓸모가 있는 것은, 일단 성령께서 정결하게 하는 일을 죄인에게 적용하시고 죄인이 믿음으로 받아들일 때는 그것이 지나간 모든 죄책으로부터 죄인을 철저하고 완전하게 정결하게 하기 때문입니다. 우리는 자신의 어떤 경험도, 다양한 이교도들의 어떤 교훈도 우리를 해방시키지 못하지만 믿음으로 그리스도를 붙잡는 사람은 그리스도의 피로 씻음을 받고 그의 모든 죄악이 깨끗이 사라진다는 것을 변치 않는 사실로 마음에 새기도록 합시다.

그렇다면 본문이 "내가 정결하게 하지 않았던 그들의 피를 정결하게 하리라"고 말하는데, 이 말씀은 어떤 관점에서 이해해야 하겠습니까? 어쩌면 이 말씀은 하나님의 택하신 백성들 가운데 아직 부르심을 받지 못한 사람들을 가리킬 수 있습니다. 그들은 아직까지 정결함을 받지 못하였습니다. 그들의 믿음이 아직까지 거룩한 피 웅덩이에 내려가지 않은 것입니다. 그들은 여전히 악과 허물 가운데 있으면서도 자신의 망한 상태를 알지 못합니다. 이제 하나님은 하나님의 택하신 백성들 가운데 남은 자들에게 때가 되면 그들을 데려오겠다는 절대적인 약속을 제공하십니다. 그들을 회개하도록 만드실 것입니다. "새 영을 너희 속에 두고 정직한 영을 너희에게 주리라. 맑은 물을 너희에게 뿌려서 너희로 정결하게 하되 곧 너희 모든 더러운 것에서와 모든 허물에서 너희를 정결하게 할 것이라"(겔 36:26,25 참조).

아직 부르심을 받지 못한 자들은 구원받지 못할 것이라고 생각해서는 안 됩니다. 하나님께서 그들을 택하셨다면, 언젠가 그들을 부르실 것입니다. 이는 하나님께서 미리 정하신 그들을 또한 부르시고 부르신 그들을 또한 의롭다고 하시기(롬 8:30) 때문입니다. 이것은 하나님의 정하신 뜻이고, 하나님께서 주권적으로 말씀하신 절대적인 약속입니다. 하나님의 택하심을 받았지만 아직 씻음을 받지 못한 남은 자들, 아직 모든 죄악에서 구원받지 못한 남은 자들에 대해서 하나님이 "내가 정결하게 하지 않았던 그들의 피를 정결하게 하리라"고 말씀하십니다. 이것이 본문의 첫 번째 의미라고 말하지 못한다 하더라도 성령의 뜻이라고 말할 수는 있을 것입니다. 나는 오늘 아침 본문을 보면 자연스럽게 떠오르는 두 가지 생각에 대해서만 살펴볼 것입니다. 그리스도를 믿는 신자들에게는 아직 씻음을 받지 못한 피가 있다는 점을 두 가지 의미에서 생각해 볼 수 있는데, 본문은 특별히 이 두 가지 의미에 대해서 말합니다.

첫째로, 중생한 사람들의 마음에는 여전히 어떤 죄의식이 남아 있습니다. 이는 그들의 양심이 죽은 행실들로부터 완전히 깨끗하게 되지는 않았기 때문입니다. 둘째로, 중생한 사람의 본성에도 깨끗이 씻어낼 필요가 있는, 이 약속에 따라 머지않아 제거될, 타락한 오래된 검은 핏방울이 아직 남아 있다는 것입니다.

1. 먼저 본문의 첫 번째 의미, 곧 양심에 발생한 죄책감부터 살펴보겠습니다.

이 약속은 양심에 여전히 어떤 죄책감이 남아 있어 괴로워하는 죄인들에게 주시는 것입니다. "내가 정결하게 하지 않았던 그들의 피를 정결하게 하리라"(개역개정은 "내가 전에는 그들의 피 흘림 당한 것을 갚아 주지 아니하였거니와 이제는 갚아 주리라"). 우리가 마땅히 지녀야 하는 정당한 믿음을 갖고 있다면, 그리스도를 믿는 사람에게는 정죄함이 없다는 것을 알 것입니다. 우리의 믿음이 언제나 단순하고, 구주님만을 분명하게 보고 있다면 우리는 언제나 자신을 그리스도 안에서 하나님께서 보시기에 받으실 만한 존재로 볼 것입니다. 그러나 우리의 믿음은 본성의 약함을 지니지 않을 수 없습니다. 그래서 두려워 떨 때가 종종 있고, 그런가 하면 약속을 믿지 못하고 비틀거릴 때가 있습니다. 그런 상태와 그런 시간이 이르면, 양심에 다소간에 죄의식이 생기게 됩니다. 영혼이 의롭다 함을 받았지만, 때로 그것을 의심합니다. 영혼을 하나님께서 받아들이셨으므로, 받아들인 그 사실을 분명하게 보고 기뻐해야 하는데 그렇게 하지 못합니다. 형제 여러분, 나는 우리 가운데 아주 많은 사람들이 여전히 양심에 다소간 죄의식을 갖고 있다는 점을 쉽게 입증할 수 있을 것이라고 생각합니다.

첫째로, 여러분에게 이렇게 묻겠습니다. 우리가 항상 자신의 영원한 구원을 의심하게 되는 것은 무엇 때문입니까? 우리는 그리스도를 믿었습니다.

> "우리는 오직 예수님의 피와 의에만
> 소망을 둡니다."

그럼에도 불구하고 우리는 의심합니다. 우리는 십자가로 왔습니다. 십자가가 우리의 모든 구원과 소망이 되는 줄로 알고 십자가를 바라봅니다. 그런데도 마음이 괴롭습니다. 어두운 의심이 마음을 훑고 지나갑니다. 그래서 스스로에게 묻습니다. "대체 내가 왜 이러는 것이지?" 이것은 우리 양심에 여전히 죄책감이 남아 있기 때문이라고밖에 말할 수 없습니다. 우리가 죄가 없고 순전하며 모든 면에서 깨끗한 신자라고 한다면, 자신의 구원에 대해 조금이라도 의심할 수 있다고 여러분은 생각하십니까? 우리가 그리스도 안에서 자신을 티나 주름 잡힌 것이나 이런 것들이 없는 존재로 볼 수 있다면, 바로 그것이 우리의 현재 모습인데, 우리가 그리스도를 믿는다면, 자신의 영원한 구원에 대해 조금이라도 의심의 어두운 그림자가 있을 수 있다고 생각하십니까? 그렇지 않습니다. 결국 죄에는 형벌이 따르고 그 형벌로 우리가 지옥에 떨어지지 않을까 두려워하는 것은 양심이 어떤 은밀한 얼룩을 알고 있기 때문이고, 죄의 검은 자국들이 완전히 씻겨지지 않았기 때문입니다. 양심에 묻은 이 피가 깨끗이 씻기어서 우리가 다시는 의심하지 않으면 좋겠습니다.

그 다음에 여러분에게 하나님을 아주 가혹한 분으로 생각하는 때가 이따금 있지 않느냐고 묻겠습니다. 어쩌면 여러분은 하나님께서 여러분을 혹독하게 대하신다고, 큰물이 여러분을 덮칠 때 마침내 물에 빠져 죽게 내버려두실 것이라고 생각할지 모릅니다. 여러분은 하나님을 자애로운 아버지가 아니라 엄한 공사 감독쯤으로 생각합니다. 이 어두운 날에는 하나님께서 사랑의 눈을 감고 능력의 손을 거두시며 동정하는 마음을 그치실 것이라고 생각합니다. 여러분이 죄로부터 완전히 정결하게 되었다는 것을 안다면 하나님에 대해서 이렇게 엄한 생각을 할 수 있겠습니까? 그렇지 않습니다. 여러분은 이렇게 말할 것입니다. "그가 나를 죽이실지라도 나는 그를 의뢰하리라 주신 이도 여호와시요 거두신 이도 여호와시오니 여호와의 이름이 찬송을 받으실지니이다"(욥 13:15 난외주; 1:21).

여러분은 기꺼이 모든 것을 하나님의 손에 맡길 것입니다. 그러나 여러분이 자기 속에 죄가 있다든지, 하나님께서 지금 죄 때문에 자신을 형벌하고 계시다든지, 징계에 형벌의 성격이 있다든지, 하나님 아버지께서 매를 때리시는데 재판장의 손처럼 혹독하다든지 하는 어두운 생각을 한다면, 그것은 여러분의 양심이 죄로부터 완전히 정결하게 되지 못하였다는 사실을 드러내는 것입니다. 그러나 양심이 죄에서 완전히 정결하게 되었다면 여러분은 자신이 겪는 모든 고통은 사랑에서 나오는 것일 뿐이고, 모든 타격은 애무의 또 다른 형태일 뿐이며, 여러분의 고난은 형벌이 아니라 징계라는 것을, 즉 형벌로 당하는 고통이 아니라 여러분을 자신처럼 온전하게 하기를 간절히 바라시는 자애로운 아버지의 애정 어린 행위임을 알 것입니다.

그 다음에, 우리 가운데 하나님께 가까이 가려고 하지 않는 사람들이 그처럼 많은 것은 무엇 때문입니까? 그들은 기도하지만 마치 자기들이 도달할 수 없는 산꼭대기에 서 있는 사람에게 하듯이, 멀리 계시는 하나님께 기도하는 경우가 많습니다! 우리 가운데 어린아이가 아버지에게 가듯이 하나님께 가되, 하나님을 자기와 가까운 분으로 알고 신성한 친화력에 끌려가서 하나님을 붙잡는 사람이 참으로 적습니다. 나는 그리스도인들 가운데 대부분이 바깥뜰에서 하나님을 예배하지 않나 하는 생각이 듭니다. 그들은 제사장의 자리에 서 있지만, 휘장 안 대제사장이 서는 곳에는 결코 가지 않습니다. 루터는 하나님과 친밀하게 지내는 사람이었습니다. 우리 중에 루터가 기도하는 소리를 듣는다면 틀림없이 충격 받을 사람들이 있을 것입니다. 우리도 그의 기도를 들었다면, "아니, 그는 어떻게 감히 하나님께 이렇게 말할 생각을 하지?" 하고 말했을 것입니다. 그러나 루터는 자신이 완전히 의롭다 함을 받았고, 자기에게는 죄가 없다는 것을 알았습니다. 그래서 그는 거룩하시고 완전하시며 의로우신 분 앞에 섰을 때 두려워 떨지 않았습니다. 만일 내게 죄가 남아 있지 않고, 모든 죄가 깨끗이 씻기었다는 것을 안다면 내가 두려워할 이유가 있겠습니까?

나는 하나님의 보좌 앞에 나아가 이렇게 말씀드릴 수 있습니다. "누가 능히 하나님께서 택하신 자들을 고발하리요? 하나님은 고발하시지 않습니다. 하나님이 그들을 의롭다 하셨기 때문입니다. 그리스도께서도 하지 않으십니다. 그리스도께서 그들을 위해 죽으셨기 때문입니다"(롬 8:33, 34 참조). 일단 그리스도 안에서 완전히 정결하게 됨을 믿음으로 마음에 온전한 평화를 얻도록 하십시오. 그러면 우리가 아주 놀라울 정도로 하나님께 가까이 가게 될 것입니다. 우리가 그처럼 담대하게 하나님과 교제를 나누면, 놀라운 일을 보게 될 것입니다. 그리스도인들조차도 우리가 그처럼 하나님을 친밀하게 대하고 우리의 아버지이시자 친구이신 하나님과 그처럼 허물없이 말하는 것을 보고 깜짝 놀랄 것입니다. 많은 신자들이 아직도 양심에 죄책감을 지니고 삽니다. 이것은 그들이 하나님께 가까이 가는 것을 두려워한다는 사실에서 입증됩니다.

이 숨어 있는 악이 또 다른 형태로 무심코 모습을 드러낼 때가 참으로 많습니다! 여러분 앞에 약속이 있습니다. 참으로 크고 귀한 약속이 있습니다. 그런데 여러분은 왜 그 약속을 붙들지 않습니까? 왜 그 약속을 온전히 받아들여 자신의 것이라고 말하지 않습니까? 여러분은 이렇게 말합니다. "아, 하지만 나는 너무 쓸모

없는 인간이에요. 그런 내가 어떻게 그런 약속을 붙잡겠어요. 너무 의심이 많고 감사할 줄 모르며 너무 세상적인 내가 어떻게 그런 약속이 나를 위한 것이라고 생각할 수 있겠습니까?" 여러분이 자신을 "쓸모없다"고 말할 때 사실은 자신이 은혜 언약 아래 있는 것이 아니라 행위 언약 아래 있는 것으로 생각하는 것처럼 행동하고 있다는 것을 모르십니까? 여러분이 쓸모 있다 한들 그것이 은혜 언약과 무슨 상관이 있고, 또 쓸모없다 한들 그것이 무슨 상관이 있습니까? 하나님께서 여러분을 택하신 것은 여러분이 쓸모 있어서가 아닙니다. 그리스도께서 여러분을 값 주고 사신 것은 여러분이 선해서가 아닙니다. 성령께서 여러분을 부르신 것은 여러분이 우수해서가 아닙니다. 그리고 여러분이 구원받는 것은 여러분에게 본래부터 있는 어떤 미덕 때문이 아닙니다. 여러분은 당장이라도 자신에게 여전히 악한 생각이 남아 있다는 슬픈 사실을 무심코 드러내지 않을 수 없을 것입니다. 자신이 죽은 행실로부터 완전히 깨끗하게 함을 받고 죄로부터 자유롭게 되었음을 안다면, 여러분은 자유롭게 행할 수 있을 것입니다. 여러분이 더 이상 죄인이 아니라 사죄 받고 용서 받았으며 석방된 사람이라면, 아버지 하나님의 궁전의 모든 방을 자유롭게 돌아다니고 하나님의 상속자로서, 곧 그리스도와 함께 한 상속자로서 아버지 하나님의 모든 부를 취할 수 있습니다. 여러분은 약속이 크다고 해서 약속을 선뜻 붙잡지 못할 것이 아닙니다. 오히려 약속이 크다는 것은 그것이 지극히 신실하시고 약속을 성취할 큰 능력이 있으신 크신 하나님에게서 나왔음을 입증하기 때문에 한결 더 그 약속을 진실하다고 생각할 것입니다. "내가 정결하게 하지 않았던 그들의 피를 정결하게 하리라." 귀하고 귀한 약속입니다. 양심이 죄에서 완전히 정결하게 되면, 여러분은 이 약속을 붙잡고 자신에 대한 약속으로 믿을 수 있을 것입니다.

그 다음에 또 한 가지 더 있습니다. 신자들 가운데 어떤 사람들은 양심이 죄에서 완전히 정결하게 되지 않았음을 보여주는 또 다른 사실이 있습니다. 저기 있는 자매님은 왜 죽는 것을 두려워합니까? 저기 있는 형제님은 어느 날 갑작스럽게 자신을 영원으로 보낼 수 있는 병이 자기에게 있는 것을 알고서 두려워 떠는데, 왜 그렇습니까? 여러분이 자신의 두려움을 밑바닥까지 조사해 본다면 죄라는 오래된 독이 여전히 양심에 붙어 있는 것을 발견할 것입니다. 나는 이렇게 한번 생각해 보겠습니다. 즉, 본문의 약속이 여러분에게 성취되어서, 여러분이 오늘 하나님의 책에 여러분을 고소할 죄가 없다는 것을 알며, 오늘 그리스도의 대속으로 말미암아 죄의 책임과 결과로부터 완전히 자유롭게 되었음을 느낀다고 생각해 봅시다. 나는 여러분에게 그런데도 죽는 것을 두려워하겠느냐고 묻겠습니다. 이 두 가지는 양립할 수 없을 것입니다. 죄는 사망의 쏘는 것이요 죄의 권능은 율법입니다(고전 15:56). 그러나 죄가 제거되면 죄는 엄니가 빠진 뱀, 곧 어린 아이가 가지고 놀 수 있는 것에 지나지 않고, 사람이 무서워 떨 일이 전혀 없는 것입니다. 용의 이가 부러졌고, 우리가 그 사실을 알고 있을 때는 두려워할 것이 무엇이 있습니까? 사망이 더 이상 암흑의 문이 아니고 천국의 입구이며, 우리가 그 사실을 알 때 두려워 떨겠습니까? 나는 결코 그럴 수 없습니다. 그렇습니다. 완전히 사죄를 받았고, 완전한 사죄를 양심이 깨닫고 기뻐한다면, 죽음에 대한 두려움은 일절 있을 수 없을 것입니다. 우리가 벌거벗을 것이 아니라 덧입을 것이며, 사망이 생명에게 삼킨 바 될 것이기 때문에 오히려 죽음을 간절히 바랄 것입니다. 우리는 이 몸을 떠나서 그리스도와 함께 있기를 바랄 것입니다. 그것이 훨씬 더 좋기 때문입니다.

형제 여러분, 나는 앞에서 언급한 다섯 가지 이유를 듣고서 여러분 가운데 "나는 죄가 없다"고 말할 사람이 있을 것이라고 생각하지 않습니다. 우리가 때로 자신의 구원에 대해서 의심하는 것을 보면 우리 가운데 많은 사람이 아직도 양심에 죄책감이 있는 것이 사실입니다. 종종 우리는 하나님을 엄하게 생각합니다. 시은좌 앞으로 가까이 가기를 소홀히 하는 때가 있습니다. 두려워서 하나님의 약속을 온전히 붙잡지 못할 때가 종종 있습니다. 우리는 죽는 것을 두려워합니다. 이 모든 점들이 피가 우리 양심에서 온전히 정결하게 되지 못하였음을 입증합니다.

지금까지 약속의 필요성을 설명하였으니, 이제는 잠시 가만히 앉아서 묵상을 하며 그 약속을 입에 넣고 그 귀함을 맛보도록 합시다. 크신 하나님! 하나님은 아직도 은혜로 내 양심과 하나님의 모든 백성들의 양심에서 죄의 얼룩을 제거하실 것입니다. 사랑하는 여러분, 그러면 어떻게 됩니까? 그러면 어떻게 됩니까? 이 생각들이 여러분의 마음을 사로잡기를 바랍니다. 죄의 마지막 얼룩이 제거되면 여러분에게 한 점 의심도 남지 않을 것입니다. 여러분은 충만한 확신 가운데 승리의 개가를 부를 것입니다. 죄가 깨끗이 사라졌는데 의심할 사람이 누가 있습니까? 이 약속이 성취되면 더 이상 여러분에게 절반은 낮이고 절반은 밤이 되는 일이 없을 것입니다. 여러분에게 밤은 낮으로 변할 것이고, 낮의 빛은 일곱 배나 밝아질 것입니다. 여러분은 토플래디(Toplady)처럼 이렇게 노래할 것입니다.

"주님의 손바닥에 쓰인 내 이름은
영원히 지워지지 않고
주님의 마음에 지울 수 없는
은혜의 표시로 남아 있네."

여러분의 영혼이 위태롭게 되기보다는 차라리 천지가 없어지는 것이 더 쉬우리라는 것을 여러분은 알 것입니다. 우리에게는 하나님의 보좌가 바로 생명의 보증입니다. 하나님이 사시기 때문에 여러분도 반드시 살고, 하나님께서 통치하시기 때문에 여러분도 반드시 하나님과 함께 다스릴 것입니다. 내가 이 약속을 확실히 쥐게 될 때까지 이 약속이 내게 이루어지기를 바랍니다. 이 약속이 내게 이루어지면 내 모든 의심이 처형되어 하만의 교수대에 달려서 더 이상 나를 괴롭히지 못하리라는 것을 알기 때문입니다. 사랑하는 형제 여러분, 이 약속이 성취된다면 그 다음에는 어떻게 됩니까? 그렇다면 우리는 기쁘게 주님을 찬송할 것입니다. 더 이상 하나님을 엄한 분으로 생각하지 않을 것입니다! 우리의 인생이 한 편의 시가 될 것입니다. 죄를 용서받으면 우리는 마음으로 노래하고 입술로 노래하며 하루하루가 음악이 될 것입니다.

"그 노래가 얼마나 아름다운지 아무도 말할 수 없네,
죄를 깨끗이 씻음 받고
또 그것을 아는 사람들 외에는."

천사들의 환호성도 구속받은 자들의 노랫소리만큼 영광스럽지 않을 것입니다. 그 노래는 피로 씻음을 받은 사람들의 입에서 흘러나오는 것이기 때문입니다. 여러분과 나는 원하는 대로 다 찬송을 부를 수 없습니다. 죄가 모두 깨끗이 사라져서 "크신 하나님, 저는 깨끗합니다. 예수님의 피로 말미암아 저는 깨끗합니다"라고 말할 수 있다는 것을 우리가 추호도 망설임이나 의심 없이 알게 된다면, 그 사실은 너무 커서 제대로 표현할 수가 없습니다. 이뿐 아니라, 죄가 아직도 여러분의 양심에 남아 있음을 보여주는 악한 일들을 내세우며 이에 반대한다면, 그 죄를 제거해 보십시오. 그러면 여러분이 하나님과 얼마나 가까워지겠습니까? 거룩한 영들은 반드시 함께 만나게 되어 있습니다. 거룩한 하나님과 거룩한 성도 사이에는 서로 끄는 힘이 있습니다. 완전한 존재가 완전함 자체이신 하나님에게서 멀리 떨어져 있다는 것은 있을 수 없는 일입니다. 일단 여러분과 내가 그리스도 안에서 얻는 완전한 칭의를 알게 된다면 우리는 결코 하나님에게서 멀리 떨어져 살 수 없습니다. 나침반의 바늘이 극을 찾듯이 우리 하나님을 찾을 수밖에 없습니다. 비둘기가 자기 집으로 날아가듯이 우리의 완전한 영혼은 완전하신 하나님의 품으로 달려갑니다. 우리가 정결함을 받고 예수님의 의를 분명하게 보게 되면, 하나님에게서 멀리 있기란 불가능한 일입니다.

형제 여러분, 우리가 이렇게 하나님께 가까이 가는 것을 즐기게 된다면 그 약속을 붙잡기를 두려워하지 않을 것입니다. 나는 아담이 석류를 따거나 포도를 밟는 일을 결코 두려워하지 않았을 것이라고 생각합니다. 아담은 완전한 사람이었습니다. 그는 하나님께서 에덴 동산에서 베푸시는 섭리의 하사품들이 자신의 것임을 알았습니다. 여러분과 내가 완전히 의롭다 함을 받았고 그 사실을 우리 양심이 알 때, 우리는 감사한 마음으로 하나님의 자비를 받고, 하나님의 약속을 굳게 붙잡을 것입니다. 우리로 하여금 두려워서 붙잡지 못하게 만든 죄가 모두 제거되면, 우리는 약속을 붙잡되, 죽음과 지옥도 붙잡은 손을 풀 수 없을 만큼 단단히 붙잡고서 "내가 그리스도 안에서 씻음을 받았으니, 이 약속은 내 것이다" 하고 말할 것입니다. 그때는 우리가 죽음에 대한 두려움으로 불안해하는 일이 결코 없을 것입니다.

정결하게 된 우리 영혼은 요단강을 두려워하지 않고 오히려 그 강을 건너기를 바랄 것입니다. 죄의 차꼬가 부서졌으므로 우리는 자유를 잃을까봐 두려워하지 않을 것입니다. 큰 원수인 죄가 정복되었다면, 우리가 작은 원수인 죽음을 두려워하지 않을 것입니다. 우리 속에 있는 지옥이 사라졌다면, 밖에 우리가 들어가야 할 지옥이 있을 수 없음을 알 것입니다. 우리는 하나님과 함께 쉬기 위해 옷을 벗을 저녁을 기다릴 것이며, 또 결혼식 예복을 입었으므로 우리는 언제든지 감사하는 마음을 가득 품고서 기쁨의 환호성을 지르며 결혼식 만찬 자리에 들어갈 수 있을 것입니다. 주님, 주께서 우리로 소망하게 하신 주님의 이 약속을 우리에게 이루어 주옵소서. 우리 양심에서 아직 씻기지 않은 피 흘린 죄를 씻어

주옵소서. 그래서 우리가 영원히 주님을 높이고 찬송할 수 있게 하여 주옵소서.

또한, 내가 생각할 때 본문 말씀은 어쩌면 우리의 칭의보다 성화와 더 관계가 깊다고 봅니다. 사람이 죄의 책임으로부터 완전한 구원을 주는 은혜 언약 아래에서 매일 산다는 것은 지극히 복된 일입니다. 그러나 이 사실을 알면, 죄의 권세로부터 구원하시는 일에서 하나님의 섭리를 알고 싶은 마음이 또한 생기지 않을 수 없습니다. 만일 누구든지 죄에 대한 형벌로부터 구원받기를 바라면서도 죄를 친구로 두고 있으려고 한다면, 그 사람의 바람은 망상입니다. 주 예수께서 세상에 오신 것은 자기 백성을 그들의 죄로부터 구원하시기 위함이지, 그들을 죄 안에 있게 하시기 위함이 아닙니다. 쇠사슬을 끊는 사람은 폭군을 죽입니다. 여러분과 내가 공사 감독의 채찍질에서 구원을 받을 때는 반드시 공사 감독이 시키는 노동으로부터도 구원받습니다. 그러나 하나님의 백성들이 완전히 의롭다 함을 받고 모든 면에서 정결하게 될 수는 있지만, 사실 그들 가운데 아무도 이 땅에서 완전히 거룩하지는 않습니다. 이 땅에서 완전한 성화를 꿈꾸는 것은 정말로 꿈에 불과합니다. 사실 나는 완전함을 믿는 사람들과 이야기를 나누어 본 결과, 그들이 생각하는 바가 단지 이것임을 알았습니다. 즉, 사람들이 놀라운 은혜의 상태에 들어갈 수 있고, 그러면 성령께서 사람들을 큰 죄에서 지키심으로 그들이 끝까지 견디게 되리라는 것입니다.

나는 웨슬리주의자들이 주장하는 그리스도인의 완전이 칼빈주의자의 칭의와 다름없다고 생각합니다. 웨슬리주의자는 용어를 잘못 사용하는 것입니다. 그 사람이 학교에 가서 훌륭한 신학자에게 배운다면 자기의 의미하는 바를 좀 더 분명하게 이야기할 것이고, 그러면 우리가 서로 다르지 않다는 것을 알게 될 것입니다. 많은 웨슬리주의자들이 "완전"이라는 용어를 그런 의미로 사용한다면, 나는 완전한 사람들을 수없이 보았다고 주저 없이 말하겠습니다. 그들은 완전히 의롭다 함을 받은 사람들로, 외견상 세상이 찾아낼 수 있는 죄로부터 자유롭게 된 사람들이고, 개인적인 대화가 아주 훌륭해서 아무나 그 대화를 살펴볼지라도 세상 사람들이 큰 소리로 비난할 수 있는 흠을 하나도 찾을 수 없는 그런 사람들입니다.

그러나 형제 여러분, 여러분과 나는 자신에 대해 조금 알고 있는 사람으로서 우리 안에 아직 씻기지 않은 피의 얼룩이 많다는 것을 언제든지 솔직하게 털어놓지 않을 수 없습니다. 육신의 부패는 중생한 사람에게도 여전히 남아 있습니다. 우리 안에 여전히 죄가 있음을 보여주는 표시들 가운데 몇 가지를 슬픈 마음으로 말씀드리겠습니다. 때로 우리의 옛 본성은 우리를 속여서 돌연 큰 죄를 짓게 만듭니다. 여러분이 성격이 급한 사람입니까? 여러분은 그동안 아침에 일어나서 급한 성격을 가라앉혀 주시기를 기도하지 않고 지냈지만, 모든 일이 순조롭게 진행되었습니다. 그런데 갑작스럽게 돌풍이 불어 닥쳤습니다. 여러분은 미처 알기도 전에 균형 감각을 잃고 바람에 불려가 버렸습니다. 나는 다른 사람으로부터 상처를 받았을 때 느낀 슬픔은 내가 다른 사람의 마음을 상하게 했을 때 느꼈던 슬픔에 비하면 백만 분의 일도 되지 않는다고 생각합니다. 다른 사람이 자기 하고 싶은 대로 내 마음을 상하게 할 수 있을 것입니다. 나는 그 사람에게 지금 내 마음을 상하게 하는 말을 해보라고 이야기합니다. 그런데 내가 그 말을 듣고 무심코 성급한 말을 내뱉었을 때는 종종 말로 다할 수 없는 슬픔을 느꼈습니다. 그런데도 우리 각 사람이 지극히 좋은 의도를 가지고서 자신의 악한 본성에 맞서기로 결심하였지만, 악한 본성이 갑작스럽게 우리를 덮쳐서 폭풍처럼 몰아가는 때가 있습니다.

하지만 여러분의 시험은 또 다른 종류일 수 있습니다. 급한 성격이 아니라 마음의 다른 어떤 약점이 문제가 될 수 있습니다. 여러분은 눈물이 마구 쏟아져 눈을 감을 수 없기 때문에 잠 못 이루고 침대에서 뒤척이던 때가 있지 않았습니까? 마음으로 몹시 싫어하는 일을 저지르고 만 것입니다. 그래서 이렇게 말했습니다. "내가 차라리 오른팔을 잃을지언정 그런 말을 안 했더라면, 혹은 그런 행동을 안 했더라면 좋았을 텐데. 오호라 나는 곤고한 사람이로다 이 사망의 몸에서 누가 나를 건져내랴?"(롬 7:24). 여러분 가운데 죄를 범하지 않고 살 수 있는 사람이 있다면 나는 그에게 비결을 듣고 싶습니다. 만일 여러분이 항상 깨끗한 마음과 사랑스런 성격, 자애로운 마음, 거룩한 태도를 유지할 수 있다면, 여러분이 앉아서 배운 곳에 나도 앉아서 여러분이 그처럼 잘 배운 교훈을 배우고 싶습니다. 하지만 그렇게 말한다면 나는 여러분이 자신을 마땅히 보아야 하는 대로 보지 못한 것이 아닌가 하고 의심합니다. 그렇지 않다면 여러분이 복음의 학교에서 자신이 그렇게 유능하다고 감히 자랑하지 못할 것입니다.

형제 여러분, 악한 옛 본성이 우리를 도랑에 내팽개치고 머리부터 발끝까지 진흙투성이로 만들지 않을 때라도 어떻게 매일 우리에게 더러운 얼룩을 묻히는지 모릅니다! 우리가 매일같이 범하는 죄가 있습니다. 죄는 기도하는 골방에 들어오고, 우리의 잠자리에도 슬그머니 들어옵니다. 악은 식사 때마다 나타나고, 우리와 함께 시장에도 가고 거리에서 우리를 따라다니며 집에도 따라 들어와 난롯가에 앉거나 우리와 함께 군중들 속으로 들어갑니다. 악은 하나님의 집에 침투하고 교회의 모임에도 들어오며 기도와 찬송 중에도 우리를 따라오며 우리가 행하는 모든 것을 망치려고 합니다. 여러분이 눈을 반만큼이라도 뜨고 자신을 지켜보았다면, 믿음 없는 사람들이 "하찮은 것"이라고 부르지만 여러분은 심각한 일로 알고 있는 이 매일의 행동들에서 여러분에게 아직 깨끗이 지워지지 않은 피가 있다는 표시들을 틀림없이 볼 것이라고 생각합니다. 우리에게 영적인 힘이 가장 절실할 때, 자신에게 악이 있는 것을 보고서 완전히 무능해지고 마는 때가 얼마나 많은지 모릅니다! 천사가 나타납니다. 나는 그와 씨름하려고 했지만 죄가 내 힘줄을 쳤기 때문에 원하는 대로 씨름을 할 수가 없습니다. 주님의 보좌가 보입니다. 나는 노래를 부르려고 하였지만 죄가 목소리를 쉬게 만들고 마음을 둔하게 만들었습니다. 하프의 줄들이 풀어져서 내가 원하는 대로 음악을 연주할 수가 없습니다.

구원해야 할 죄인들이 있습니다. 그런데도 내 마음에 동정심이 일어나지 않고 눈에서 눈물이 흐르지 않습니다. 복음을 들어야 할 사람들이 많습니다. 그런데 죄가 힘을 앗아 가버려서 내가 원하는 대로 하나님께 간구할 수가 없습니다. 우리는 백스터처럼 힘 있게 설교하지 못하고, 전에 느끼던 것처럼 죄인들의 구속을 바라는 깊은 동정심을 느끼지 못합니다. 여러분은 다른 어떤 것 때문에는 죄를 미워하지 않을지라도 죄가 여러분이 원하는 만큼 하나님과 하나님의 교회를 섬기게 하지 못하기 때문에 죄를 미워할 수밖에 없다고 느낀 적이 없습니까? 여러분이 다윗과 같은 사람이 되고 싶을 때 사탄이 와서 여러분의 물매와 돌을 훔쳐갑니다. 야엘과 같이 되고 싶을 때 죄가 망치를 치워버리고 못을 숨겨버립니다. 여러분이 삼갈의 소 모는 막대기로 블레셋 사람들을 치고 싶은 때, 소 모는 막대기는 있는데 여러분에게 그것을 들 힘이 없거나 휘두를 용기가 없을 수 있습니다. 문제는 죄입니다! 죄입니다! 그 저주스러운 것, 죄가 하나님의 집을 더럽혔고, 거룩한 시온산에 올라갔습니다. 죄가 다윗의 번제물에 독을 내뱉었습니다. 그렇습니다. 이 죄는 다볼산 꼭대기까지 올라갔고, 우리가 변화되어 지극한 기쁨 가운데 있을 때, 그때조차도 우리는 죄가 날갯짓 하는 소리를 들었고, 죄의 악한 영향력이라는 어두운 그림자가 우리 영혼에 스며들었습니다. 아, 우리는 최악의 상태에 있을 때뿐 아니라 가장 기분이 좋을 때에도 우리 속에 아직 정결하게 되지 않은 피가 있다고 털어놓을 수밖에 없는 이유들이 얼마든지 있습니다.

여러분은 더 이상 설명이 필요 없을 것입니다. 그러나 여러분이 한 가지만 더 듣기를 원한다면 이 점을 말씀드리겠습니다. 대체 왜 우리는 하나님을 의심합니까? 어떤 사람들은 의심을 하찮은 죄인 것처럼 가볍게 여깁니다. 하나님을 의심하는 것은 악 중에 지극히 가증한 악입니다. 죄악 중에서 하나님의 선하심과 신실하심을 믿지 않는 생각만큼 하나님께 지극히 악한 반역을 품는 죄는 없습니다. 불신앙은 하나님의 모든 속성에 도전하는 죄입니다. 교만은 하나님의 왕권에 도전하는 것뿐입니다. 정욕은 하나님의 정결한 옷을 짓밟는 것뿐입니다. 그러나 불신앙은 하나님의 손에서 규를 빼앗고 하나님의 머리에서 왕관을 치워버리는 것입니다. 아니, 그것은 바로 하나님의 보좌의 기초를 흔드는 것입니다. 우리는 대체 왜 하나님을 의심하는 것입니까? 하나님을 의심할 아무 이유가 없습니다. 하나님께서 우리를 인색하게 대하시거나 몰인정하게 대하신 적이 없습니다. 여기에 대해 내놓을 수 있는 답변이란 우리가 여전히 불신앙의 악한 마음을 갖고서 살아계신 하나님을 떠나 있기 때문이라는 것밖에 없습니다. 우리의 마음속에는 아직도 사울의 집이 있습니다. 우리 속에는 여전히 옛 아담이 있습니다. 즉, 뿌리와 가지를 잘라버리고 완전히 뿌리 뽑아야 할 필요가 있는 치명적인 원리가 아직도 우리 속에 있습니다. 그래서 하나님은 우리 속에서 아직 정결하게 하지 않은 피를 깨끗이 씻으실 수 있습니다.

지금까지 성화의 문제에서 우리 속에 아직 씻기지 않은 피가 있다는 점을 입증하려고 애써왔습니다.

2. 이제는 하나님의 약속을 있는 그대로 전체를 다시 한번 읽어보겠습니다.

"내가 정결하게 하지 않았던 그들의 피를 정결하게 하리라." 이렇게 된다면, 얼마 있지 않아 하나님의 백성들 가운데 아무에게도 죄를 지으려는 성향이 남아 있지 않을 것입니다. 그때는 결국 신자의 완전이 가능한 일이고, 도달할 수 있다는 것이 사실입니다. 이는 그 점이 이 구절에서 우리에게 보장되었기 때문이고, 하나님께서 옛적에 약속하신 것을 이미 주셨듯이 이제도 약속하는 것을 확실히 주실 것이기 때문입니다. 그리스도를 믿는 신자는 누구든지 자기 본성에 거하는 죄로부터 완전히 해방될 것이라는 약속을 믿음으로 받는다는 이 사실은 언제나 명심해야 할 기독교의 중요한 교리입니다. 그런데 이 일이 어떻게 이루어집니까? 점진적인 성화에 관해서는 논란이 분분합니다. 어떤 사람은 이 견해를 주장하고 또 어떤 사람들은 저 견해를 주장합니다. 나는 다만 내 생각을 말씀드리도록 하겠습니다.

첫째로, 우리의 본성을 정결하게 하는 일은 반(反) 율법주의적인 방식으로, 곧 선한 것을 악하다고 하고 악한 것을 선하다고 함으로써 이루어지지 않을 것입니다. 어떤 사람이 반 율법주의적인 방식으로 우리 본성을 정결하게 할 수 있다는 이론을 설명하는 것을 들었는데, 이런 식입니다. 하나님의 자녀는 자기가 하고 싶은 대로 해도 된다는 것입니다. 다른 사람에게는 죄였던 것이 하나님의 자녀에게는 죄가 아니라는 것입니다. 다른 말로 하자면, 하나님의 자녀 안에서는 어둠이 빛이고, 쓰디쓴 것이 달콤한 것이라는 말입니다. 불의, 곧 다른 사람 안에서는 불의가 될 것이 하나님의 자녀 안에서는 정의가 된다는 것입니다. 다른 사람을 불량하게 만들 것이 하나님의 자녀에게는 아무 해를 끼치지 못하고 여전히 정직한 사람으로 지내게 만든다는 것입니다. 여러분 가운데 누구든지 이처럼 악하기 짝이 없는 불경한 주장을 믿는다면, 믿기가 무섭게 여러분의 마음에서 더 나은 것들을 즉시로 몰아내게 될 것입니다. 이웃의 경계표를 치우는 사람에게는 무서운 재앙이 따릅니다. 하물며 복음을 전하는 체하면서 죽을 운명과 영원을 가르는 담을 허물어트리는 사람에게는 얼마나 무서운 재앙이 따르겠습니까! 죄가 지극히 불경하고 악한 사람들에게 가증한 것이듯이 하나님의 자녀에게도 가증한 것입니다. 그런데 죄가 하나님의 자녀인 여러분을 망하게 하지 못하는 것은 죄가 더 이상 여러분에게 치명적인 독이 되지 않기 때문이 아니고, 그리스도를 우리 죄를 위한 화목제물로 주어 지극히 신성한 해독제가 되게 하신 하나님의 은혜 때문입니다.

어떤 사람들이 말하듯이 신자의 옛 본성을 바꿈으로써 신자의 피를 정결하게 할 수 있는 방법은 없습니다. 사람의 옛 본성은 변하지 않았고, 앞으로도 변하지 않을 것입니다. 아담은 타락한 이래로 세상적이고 육욕적이며 마귀적이었습니다. 사람은 살아 있는 한 언제나 그와 같을 것입니다. 형제 여러분, 그리스도인의 본성이 조금이라도 더 나아지지 않았다는 것이 그리스도인들의 공통된 경험입니다. 여러분은 교회의 나이 든 교우들이 기도회 시간에 어떻게 기도하는지 압니다. 일반적으로 그들은 젊은이들을 젊은 시절의 미끄러운 길에서 보호해 주시기를 구합니다. 나는 젊은이들의 길이 미끄럽긴 하지만 나이 든 사람들의 길도 그에 못지않게 미끄럽다고 주저하지 않고 말씀드립니다. 성경의 역사를 보십시오! 그리스도의 교회에서 언급된 큰 죄인들이 어떤 사람들이었습니까? 젊은 사람만 믿음을 배반한 것이 아닙니다. 다윗을 보십시오. 그가 젊었을 때는 굳게 섰습니다. 밧세바와 큰 죄를 범한 것은 나이가 들어서였습니다. 나는 노아가 젊었을 때 술에 취했다는 기록을 보지 못합니다. 그가 그런 죄에 떨어진 것은 나이가 들어서였고, 그의 자녀들이 다 큰 다음이었습니다. 베드로가 젊은이였습니까? 유다가 어린아이였습니까? 아닙니다. 성경의 역사는 이 점을 보여줍니다. 즉, 인생에서 어떤 기간이 다른 때보다 더 위험한 시기가 있다고 한다면, 그것은 바로 사람들이 위험에서 벗어났다고 생각하며 스스로를 믿을 때입니다. 자기 본성이 더 나아졌다고 생각할 때입니다. 덕망 있는 사람들에게 자신에 대해서 말해보라고 해 보십시오. 젊은이가 나이 든 사람을 비난하는 것은 합당하지 않은 일입니다. 그보다는 나이 든 사람들이 스스로 증언하도록 내버려두십시오. 그들은 자기 속에서 곧 꺼질 것처럼 보였던 불이 젊은 시절에 처음 타올랐을 때와 같이 여전히 사람을 집어삼킬 만한 힘이 충분하다고 말해줄 것입니다. 여러분에게 확실히 말해줄 수 있을 것입니다. 그들이 칠십의 나이에도 열일곱 살 때처럼 하나님의 은혜의 도움을 받아야 할 필요가 있음을 증언하는 이야기를 나는 종종 들었고, 이것은 내 자신도 알고 있는 바입니다. 나이가 팔십이 되어서도 하나님의 은혜가 그들을 보호하지 않으면 스물여덟 살에 그랬던 것처럼 그 불길에 타버리고 말 것입니다. 그렇습니다. 형제 여러분, 교회에 물어보십시오. 그러면 사람들이 여러분에게 사람의 옛 본성이 더 나아진다는 말은 근거가 없는 꾸민 이야기라고 말해줄 것입니다. 옛 아담은 언제나 그리스도의 십자가의 원수이고 죄의 친구이며, 선한 모든 것을 미워하는 자이며, 앞으로도 그럴 것입니다.

한 가지 더 생각해 봅시다. 하나님께서 우리의 피를 정결하게 하시는 방식은 새로운 본성을 좀 더 낫게 만들어서 하시는 것이 아닙니다. 신자는 신의 성품을 나누어 받는 자들입니다. 하나님의 성품처럼 거룩한 이 성품은 개선될 수 있는 것이 아닙니다. 하나님께서 중생 때 심으시는 이 새로운 원리는 더할 수 없이 선한 것입니다. 이것은 우리가 흔히 듣는 대로 씨입니다. 하나님에게서 났기 때문에 죄를 지을 수 없는 씨입니다. 옛 본성은 좋은 것일 수 없습니다. 그리고 새 본성은 나쁜 것일 수 없습니다. 새로운 본성은 결코 죄를 지을 수 없습니다. 새 본성은 거룩한 정결함이 들어 있는 불꽃과 같기 때문입니다. 새로운 본성은 타락할 수 없습니다. 거기에는 불멸과 완전한 생명이 들어 있기 때문입니다. 하지만 여러분은 이렇게 말합니다. "그렇다면 어떻게 우리의 피를 정결하게 합니까?" 여러분은 새로운 본성을 받았기 때문에 매일 이 두 원리가 충돌합니다. 옛 아담은 자기 생각한 대로 하고 싶어 하고, 새 아담은 자기 하고 싶은 대로 하려고 합니다. 그래서 이 둘이 싸우고, 서로 대적합니다. 우리는 괴로워하고 슬퍼하며 말합니다. "선을 행하기 원하는 나에게 악이 함께 있도다"(롬 7:21). 우리가 원하지 않는 악은 행하고 원하는 선은 행하지 못하는 경우가 많습니다. 그래서 우리는 지체 속에 있는 한 법이 지체 속의 다른 법과 싸우는 것을 발견합니다. 이 일은 끝까지 지속될 것이고, 여러분의 임종 자리에까지 계속될 것입니다. 여러분은 건강할 때 겪었던 것과 같은 혹독한 싸움을 언제나 겪을 것입니다.

존 녹스가 자신은 가장 혹독한 영적인 투쟁을 마지막 때 겪었다고 말했습니다. 옛 본성이 그에게 말했습니다. "존 녹스, 너는 지금까지 사람의 얼굴을 두려워한 적이 없었다. 스코틀랜드에서 위대한 일들을 행하였다. 너는 자랑할 만한 공로가 있다." 새 본성이 말했습니다. "아니, 존 녹스, 너는 죄인으로서 오직 그리스도의 공로를 의지함으로써만 구원 받을 수 있어."

옛 아담이 내세우는 자기 의의 마지막 불을 이렇게 밟아 끌 수 있는 것은 새 본성이었습니다. 감사하게도, 우리 각 사람이 죄를 버리고 떠나는 마지막 순간에 우리 속에서 이 일이 일루어질 것입니다. 우리가 이 죽을 몸을 벗을 때, 옷 속에 있는 이 먼지도 떨어버릴 것입니다. 우리가 몸을 떠날 때 이 사망의 몸에서 죄도 떨어버릴 것입니다. 천국에 설 때, 우리는 하늘에 속한 자의 형상을 취하고, 더 이상 땅에 속한 자의 형상을 지니지 않을 것입니다. 우리는 변화될 것이며, 살리는 영처럼 되고, 더 이상 산 영(living soul)으로 지내지 않을 것입니다. 우리는 두 번째 본성을 충만히 받을 것입니다. 그때는 타락한 첫 번째 본성은 태워버릴 쓰레기 더미에나 적합한 더러운 누더기처럼 벗어 던져버리게 될 것입니다. 그래서 우리가 정결하게 될 것입니다. "내가 정결하게 하지 않았던 그들의 피를 정결하게 하리라."

형제 여러분, 이제 우리의 피가 정결하게 될 수 있다면 그 결과가 어떻게 될 것인가를 생각해 보겠습니다. 우리는 이곳에 많은 회중으로 모여 있습니다. 아,

목사의 피가 완전히 정결하게 된다면, 어떻게 되겠습니까! 완전한 목사가 나올 것입니다! 완전한 강단이 설 것입니다! 놀라운 능력이 나타날 것입니다! 그리스도의 사랑이 놀랍게 나타날 것입니다! 그때는 불화에 대한 두려움이 일절 없을 것입니다. 완전한 목사가 양 무리 가운데 있음으로 인해 모든 분열이 확실히 차단될 것입니다. 그의 입에서는 엄한 말이 한 마디도 나오지 않을 것입니다. 말 한 마디 한 마디가 모두 친절하고 동정적이며 그리스도의 애정이 담겨 있을 것입니다. 또 얼마나 놀라운 설교를 하는지 모릅니다! 그리스도인들에게 참으로 훌륭한 권고를 할 것입니다! 죄인들에게 참으로 엄숙하고 진지하며 간절한 권고를 할 것입니다! 눈물을 가득 머금고서, 애끓는 마음으로 전할 것입니다! 참으로 감동적인 문장이 동원될 것입니다! 정신을 번쩍 나게 하는 우레 같은 목소리로 말할 것입니다! 한 마디 한 마디가 기운을 북돋우는 위로를 전할 것입니다! 하나님, 주의 약속을 내게 이루어주십시오! "내가 정결하게 하지 않았던 그들의 피를 정결하게 하리라."

집사님과 장로님들의 피가 정결하게 된다면 어떤 결과가 일어나겠습니까! 그때는 아무도 잘못 생각하지 않습니다. 우리는 지금 죄인들이기 때문에 틀리기 쉽습니다. 양 무리를 섬기는 훌륭한 봉사자들이 나옵니다! 하나님의 집의 뛰어난 감독자들이 일어납니다! 여러분 모두에게 더할 수 없이 훌륭한 모범들이 생겨날 것입니다! 참으로 놀라운 빛의 기둥들이 일어설 것입니다! 뜨겁게 타오르는 신앙의 횃불들이 나타날 것입니다! 그들은 애굽 바로의 전차의 말과 같이 튼튼한 만큼 멋지고, 순결한 만큼 강건할 것입니다. "내가 정결하게 하지 않았던 그들의 피를 정결하게 하리라"는 이 기도가 그들에게 이루어지면 좋겠습니다. 그러면 우리는 아주 놀라운 교회가 될 것입니다! 죄에서 자유롭게 된 온전한 교인들이 될 것입니다! 어떤 교단도 작은 분파들로 갈리는 일이 없을 것입니다. 아니, 교단들이 없을 것입니다. 그리스도께서 한 분 머리가 되실 것이므로, 당파들이 없을 것입니다. 온전한 신자가 나올 것입니다! 그는 이 거대한 도시의 어둠과 죄악에 맞서 무서운 능력을 발휘할 것입니다. 완전한 기쁨, 완전한 평화가 임할 것입니다! 때로 우리는 이렇게만 되면 천년왕국이 이루어질 수 있을 것이라고 생각합니다. 그러나 사실 이것은 천년왕국을 이루는 것이 아니라 오히려 아겔다마(행 1:19, 피밭, 유다가 목매어 죽은 곳)를 만들 것입니다. 천년왕국을 이룰 수 있는 것은 오직 그리스도의 오심뿐입니다. 그리스도께서 정결함뿐 아니라 능력을 가지고 오시고, 간절히 권하는 사랑뿐 아니라 통치하는 주권을 가지고 오실 때, 하나님의 교회가 안식을 누릴 것이고, 교회에 대해 이같이 말하게 될 것입니다. "할렐루야, 세상 나라가 우리 주와 그의 그리스도의 나라가 되리라!"(계 11:15).

나는 이런 일을 상상해 보면서, 우리의 피가 완전히 정결하게 된다면 모든 것이 참으로 달라질 것이라고 생각합니다. 우리 식탁에 오른 빵이 참으로 달콤해질 것입니다! 빵이 모자라고 거의 없다시피 합니까? 그럼에도 불구하고 얼마 있지 않은 빵에 만나와 같은 맛을 내줄 복된 만족을 누리게 될 것입니다! 우리 집이 가구가 없고 협소하며 시설이 별로 좋지 않습니까? 우리 마음속에 은혜가 온전하게 있다면 오두막집이 궁궐이 되고, 토굴 감옥이 낙원의 보석들로 반짝이지 않겠습니까? 우리의 시련이 참으로 달라질 것입니다! 그 시련들이 참으로 가벼울 것입니다! 아주 쉽게 견딜 수 있을 것입니다! 우리의 기쁨이 아주 달라질 것입니다! 우리의 기쁨은 냄비에서 증발하는 수증기나 잠시 있다가 사라지는 유성과 같은 것이 아니라 밤낮으로 빛을 비추는 해와 같이 될 것입니다! 아, 만일 우리가 완전하다면 이 세상이 참으로 다르게 보일 것입니다. 우리는 형제들에게 뽐내지 않을 것이고, 우리가 충분히 존경을 받지 못한다고 해서 슬퍼하지 않을 것입니다. 대접을 받지 못한다고 해서 괴로워하거나 안달복달하지 않을 것입니다. 완전한 사람들은 그런 일을 미워할 것이며, 성도들을 지극히 큰 자로 만들기 위해 기꺼이 성도들 가운데 지극히 작은 자가 될 것입니다.

우리가 완전하다면, 참으로 놀라운 인내심을 지닐 것입니다! 불완전한 사람들에 대해 놀라운 인내심을 보입니다. 험한 말을 듣고서도 웃음을 지어 보일 수 있을 것입니다. 음험한 말들, 우리는 이런 말들에 대해 무관심할 것이고, 아주 신랄하기 짝이 없는 비꼬는 말도 우리의 갑주에 닿기만 하면 무디어질 것입니다. 완전한 사람들에게는 이 세상이 정말로 새로운 세상이 될 것입니다. 우리가 완전하다면, 하늘이 참으로 새롭게 보일 것입니다. 하늘이 갈라지고, 그 틈으로 하나님의 영광을 볼 것입니다. 창문에서 천사들의 모습이나 만왕의 왕을 보지 못하게 만드는 커튼이나 가림막이 사라질 것입니다. 완전한 눈은 구름과 안개를 지나 하나님을 보고, 또 하늘 궁정의 모든 아름다움을 볼 것입니다. 지옥조차도 완전한 사람에게는 전혀 다르게 보일 것입니다. 지옥이 참으로 두렵고 끔찍하게 보일 것입니다! 그는 지옥의 구덩이를 판 죄에 대해서, 땔감을 쌓아올린 죄악에 대해서, 그 땔감에 불을 붙인 공의에 대해서 참으로 두렵게 생각할 것입니다. 우리는 온전함에 이르기만 합시다. 그러면 지적인 면에서나 영적인 면에서 최고의 성취를 이룰 것입니다. 우리는 지금처럼 눈멀고 귀먹고 말 못하며, 망설이고 약하며, 죽은 듯이 지내지 않을 것입니다. 모든 것에서 생명의 충만한 능력이 나타날 것입니다. 민첩해진 눈, 정결하게 된 맥박은 틀림없이 다른 모든 기능들도 완전하게 만들 것입니다.

"행복한 시간이여, 복된 거처여!
내가 가까이 가서 내 하나님을 닮을 것이니
죽음도 지옥도 더 이상
내 견고한 기쁨을 해치지 못할 것이네."

하나님이여, 이 일을 속히 이루어주소서. 주님의 정하신 때에 속히 이루어주소서.

자, 여러분 가운데 이렇게 말하는 사람이 있습니다. "글쎄, 나는 거기에 이르지 못할 겁니다. 완전은 내가 도달하기에는 너무 높은 곳입니다. 안 됩니다, 목사님. 나는 죄로부터 완전히 자유로워질 것이라고 생각할 수 없습니다." 그럼에도 불구하고 여러분은 죄로부터 완전히 자유로워질 것입니다. 그것은 이런 이유들 때문입니다. 첫째로, 그리스도께서 그렇게 하시려고 합니다. 그리스도께서는 자신의 교회를 사랑하시고 교회를 위하여 자신을 주셨는데, 이는 자신의 교회를 티나 주름 잡힌 것이나 그런 것이 없는 완전한 교회로 세우시기 위해서입니다. 그것이 그리스도의 뜻이므로, 그렇게 하실 것입니다. 그 다음에, 둘째로, 성령께서 그 일을 하기 위해 오셨습니다. 성령께서는 정결하게 하는 비처럼 이 세상에 오셨습니다. 다듬어지지 않는 돌 같은 마음을 제거하고 여러분 속에 새롭고 거룩한 마음을 집어넣어 주기 위해 오셨습니다. 이제 예수께서 뜻하시고 성령께서 행하시는 일이 확실히 이루어질 것입니다. 이 외에도 천국이 그 일을 필요로 합니다. "무엇이든지 속된 것은 결코 그리로 들어가지 못하리라"(계 21:27). 천국에 들어가려면 여러분은 반드시 완전해야 합니다. 이뿐 아니라 하나님의 명예가 그 일을 요구합니다. 하나님께서 마귀의 일을 완전히 멸하시지 않는 한, 하나님의 명예는 완전하지 못합니다. 하나님께서 여러분을 온갖 죄로부터 완전히 자유롭게 하시지 않는다면, 그리스도께서는 자기의 일을 마무리하시지 못한 것입니다.

"다 이루었다!"는 말은 헛된 자랑에 불과한 것입니다. 하나님의 명예가 그 일을 필요로 합니다. 여러분은 그 약속을 붙잡고 "하나님의 약속이 그 일을 보증한다"고 말하십시오. 나는 그 일이 어떻게 이루어지는지 알지 못합니다. 왜 그렇게 하시는지 이유를 다 설명할 수 없습니다. 그것은 불가능해 보입니다. 나는 이런 생각을 거의 할 수 없습니다. 그러나 크신 하나님! 나는 오늘 이 약속을 붙잡으며, 주께서 아직 정결하게 하지 않은 피를 정결하게 하실 것이고, 그러면 결국은 내가 티나 주름 잡힌 것이나 그런 것이 없이 되어 그리스도 안에서 하나님께 받아들여질 것이라고 믿습니다.

형제 여러분, 이제 설교를 끝내기 전에 실제적인 교훈을 말씀드려야 하겠습니다. 그러면 어떻게 해야 합니까? 이렇게 옛 본성을 제거하고 우리를 정결하게 하실 것이라는 약속이 우리에게 있다면, 어떻게 해야 됩니까? 그렇다면 우리는 승리를 얻을 것이기 때문에 우리의 타락에 맞서 싸워야 합니다. 승리를 얻을 수 있다는 희망만큼 사람을 힘 있게 싸우게 만드는 것은 없습니다. 불쌍한 병사들이 싸워봐야 아무 소용이 없다고 느낄 때는 퇴각 나팔 소리를 듣는 것만큼 기쁜 일이 없습니다. 그러나 승리를 확신할 때는, 힘차게 칼을 뽑고, 싸우러 달려 나가며 지칠 줄 모르고 싸웁니다. 오늘 바로 이 시간, 나는 마음으로 칼을 집어 듭니다. 죄와 사망과 지옥에게 덤빌 테면 덤벼봐라 하고 말합니다. 내가 칼을 단단히 쥐는 것만큼 확실하게 승리를 얻을 것이기 때문입니다. 나는 죽기까지 애쓰는 만큼 확실히 면류관을 쓸 것입니다. 여러분은 자신과 싸우고, 매일 자신의 열정을 힘써 다스리십시오. 승리는 확실히 우리의 것입니다. 낙심으로 마음이 약해지는 일이 없게 하십시오. "주 안에서와 그 힘의 능력으로 강건하여지십시오"(엡 6:10). 하나님께서 여러분에게 주 예수 그리스도로 말미암아 승리를 주실 수 있기 때문입니다.

그 다음에는 어떻게 합니까? 오늘 여러분은 지금까지 해왔던 것보다 더 열심히 자신의 타락과 싸우기 위해 기도하시기 바랍니다. 여러분에게는 이미 하나님께 호소할 약속이 있습니다. 그 약속을 쥐고, 눈물로 그 약속에 간(소금)을 맞추십시오. 제단 위에 약속을 올려놓고, 제단 뿔을 잡고서 이렇게 말하십시오. "크신 하나님, 저는 일어나지 않겠습니다. 이 약속이 내게 이루어질 것이라는 하나님의 보증을 받기 전에는 주님을 가시게 하지 않겠습니다." 이렇게 하면 여러분은 나가서 매일 시험과 씨름하면서도 이마에 주름을 펴고 얼굴에 미소를 지을 것입니다. 그처럼 풍성한 약속이 있는 사람에게 슬픔은 어울리지 않습니다. 기뻐하십시오. 여호와로 인하여 기뻐하는 것이 여러분의 힘이 될 것입니다(느 8:10). 여러분은 마침내 승리를 얻을 것입니다.

죄인이여, 그리스도를 믿는 사람은 이 본문 말씀을 자신을 위한 것이라고 주장할 수 있습니다. 여러분은 믿으십시오. 이 본문의 말씀은 내 것일 뿐 아니라 또한 여러분의 것이며, 오늘 우리 모든 사람에게 이루어질 약속입니다. 그리고 마지막 날에, 영원히 영광 가운데 이루어질 약속입니다.

제
5
장

값없는 은혜의 약속

"누구든지 여호와의 이름을 부르는 자는 구원을 얻으리라." - 욜 2:32

복수가 거침없이 진행되었습니다. 하나님의 공의의 군대들이 전쟁을 위해 소집되었습니다. "그들이 용사 같이 달리며 무사 같이 성을 기어 오르는도다"(욜 2:7). 그들이 이 땅을 침공하여 유린하였고, 에덴 동산과 같은 땅을 황폐한 들처럼 만들었습니다. 얼굴들이 모두 흙빛이 되었습니다. 즉, 백성들이 "질렸습니다"(2:6). 해가 흐려지고 달이 어두워졌으며 별들이 사라졌습니다. 땅이 진동하고 하늘이 떨었습니다. 그처럼 두려운 때, 곧 우리가 전혀 예상하지 못하던 때, 번개가 번쩍이고 나서 우르르 하는 천둥소리가 나기 전에 부드러운 이 말씀이 들렸습니다. "누구든지 여호와의 이름을 부르는 자는 구원을 얻으리라." 이 단락을 주의 깊게 읽어봅시다. "내가 이적을 하늘과 땅에 베풀리니 곧 피와 불과 연기 기둥이라 여호와의 크고 두려운 날이 이르기 전에 해가 어두워지고 달이 핏빛 같이 변하려니와 누구든지 여호와의 이름을 부르는 자는 구원을 얻으리라."

더 이상 나빠질 수 없는 최악의 시간에도 여전히 사람들을 위한 구원이 있다는 말씀입니다. 낮이 변하여 밤이 되고 생명이 변하여 죽음이 되며, 생명의 지팡이가 부러지고 사람의 희망이 달아났을 때, 그때에도 여전히 하나님 안에, 곧 그의 사랑하시는 아들 안에 여호와의 이름을 부를 모든 사람들에게 베푸시는 구원이 있다는 것입니다. 우리는 앞으로 어떤 일이 벌어질지 모릅니다. 미래의 두루마리를 읽으면 어두운 일들이 예고되는 것을 봅니다. 그럼에도 불구하고 이 빛이 구름의 갈라진 틈 사이로 언제나 빛을 비출 것입니다. "누구든지 여호와의 이름을 부르는 자는 구원을 얻으리라."

이 단락은 오순절에 베드로 사도에 의해 인용되었는데, 복음 시대의 샛별과 같은 위치를 차지하게 되었습니다. 성령이 남종과 여종들에게 부어지고, 자녀들이 장래 일을 말하기 시작하였을 때, 그처럼 오래전에 예언되었던 놀라운 시대가 임한 것이 분명하였습니다. 그때 베드로가 유명한 설교를 전한 후에 사람들에게 말했습니다. "누구든지 주의 이름을 부르는 자는 구원을 받으리라"(행 2:21). 베드로는 "구원을 받는다"는 말을 단지 "건짐을 받는다"는 의미로 사용하지 않고, 거기에 좀 더 충분하고 복음적인 의미를 붙여서 말했습니다. "누구든지 주의 이름을 부르는 자는" 죄와 죽음과 지옥으로부터 "구원을 받으리라"고 말합니다. 사실, 얼마나 철저한 건짐을 받는지, 신학적인 용어를 써서 "구원받는다고" 말할 만큼, 죄책과 형벌과 죄의 세력으로부터 구원을 받으며, 장차 올 진노로부터 구원을 받을 것이라고 말합니다.

이 복음 시대는 여전히 "누구든지 주의 이름을 부르는 자는 구원을 받을" 복된 시대입니다. 이 은혜의 해에 우리가 "누구든지 주의 이름을 부르는 자는 구원을 받을" 날과 시간을 맞이하였습니다. 바로 이 시간에 여러분에게 이 구원이 보내어진 것입니다. 오순절에 선포된, 즉각적인 수용의 시대가 아직 끝나지 않았습니다. 그 시대의 충만한 복은 줄어든 것이 아니라 오히려 더 늘어났습니다. 이 신성한 약속은 여전히 아주 확실하게, 충만히 그리고 거리낌 없이 그대로 서 있습니다. 그 넓이와 길이가 조금도 줄어들지 않았습니다. "누구든지 주의 이름을 부르는 자는 구원을 받으리라."

오늘 밤 나는 무한한 자비가 무한한 죄에 대처하기 위해 임했다는 이야기, 곧 값없는 은혜가 자유의지를 더 나은 일을 하도록 인도하기 위해 왔다는 이야기, 하나님께서 사람이 초래한 파멸을 원상태로 돌리고 큰 구원으로 사람을 들어올리기 위해 친히 오셨다는 오래되고 오래된 이야기를 여러분에게 거듭 말하는 것에만 관심이 있습니다. 내가 여러분에게 다음과 같이 아주 알기 쉽게 이야기하는 동안 성령께서 은혜로 나를 도와주시기를 바랍니다.

1. 첫째로, 우리에게 언제나 필요한 것이 있습니다.

그것은 건짐, 즉 "구원"입니다. 구원은 언제나 우리에게 필요한 것입니다. 구원은 사람이 어디에 있든지 간에 사람에게 반드시 필요한 것입니다. 지면에 사람들이 있는 한, 구원은 언제나 필요할 것입니다. 여러분 가운데 어떤 분들은 내가 지난 주 목요일에 신앙을 찾는 사람들을 면담할 때 받았던 유익한 수업을 받을 수 있으면 좋겠습니다. 나는 즐거이 그리스도를 신뢰하는 사람들이 아주 많은 것을 보고 기뻤습니다. 그러나 그들 가운데는 가엾게도 죄의식 때문에 그리스도를 신뢰하지 못하는 사람들이 있었습니다. 이들은 손발이 묶인 채로 절망의 감옥에 갇혀서 침울하게 지내는 것처럼 보였습니다. 솔직히 말씀드리자면, 나는 그들에 대한 내 수고가 허사라는 것을 알았을 때 낙심이 되었습니다. 그들이 위로 받기를 거절할 때 바보가 된 느낌이었습니다. 그들에게 무엇을 주장하거나 설득하는 일에서 그들을 위해 할 수 있는 일이 아무것도 없었습니다. 나는 그들과 함께 기도하고, 또 그들이 기도하도록 만들었으며, 실제로 그들은 기도하였습니다. 하지만 나로서는 하나님의 능력이 나타나지 않는 한, 마치 사람이 죽은 아내의 시신을 보고 울며 자기 목숨을 바쳐서라도 아내를 되살리고 싶어 하지만 아내에게 자기 말을 듣게도, 움직이게도 하지 못하는 것처럼 그들에 대해서 완전히 무능력하였습니다.

사랑하는 여러분, 우리가 구원받은 사람들하고만 섞여 지내는 동안은 여전히 하나님의 구원이 절실히 필요하다는 사실을 잊어버립니다. 우리가 런던 시내를 돌아다니며 초라한 집들과 빈민굴에 들어가 볼 수 있다면, 그저 평온한 집에서 나와 회중석에 앉아 설교를 들을 때 생각하는 것과 전혀 다르게 인간의 필요를 생각할 것입니다. 세상은 지금도 병들어 있고 죽어가고 있습니다. 세상은 여전히 타락하고 썩어 가고 있습니다. 세상은 빠르게 솟아오르고 있는 파도 속에 갇힌 배와 같습니다. 이 배는 지금 파멸의 깊은 곳으로 내려가고 있는 중입니다. 하나님의 구원은 성령께서 노아 시대에 옥에 갇힌 영들에게 구원을 전하셨을 때만큼 지금도 절실히 필요합니다. 하나님께서 개입하셔서 구원을 베푸셔야 합니다. 그렇지 않으면 아무 소망이 없습니다.

현재의 고난에서 구원받기를 바라는 사람들이 있습니다. 오늘 밤 여러분이 아주 혹독한 고난 때문에 구원의 필요를 느낀다면 여러분에게 본문 말씀을 지침으로 붙잡고 "누구든지 여호와의 이름을 부르는 자는 구원을 얻으리라"는 약속을 믿으시라고 말씀드립니다. 신체적인 것이든 정신적인 것이든, 어떤 형태의 고난 가운데 있든지 간에 기도는 언제든지 사용할 수 있는 놀라운 은혜의 수단입니다. 하나님께서는 이렇게 말씀하십니다. "환난 날에 나를 부르라 내가 너를 건지리니 네가 나를 영화롭게 하리로다"(시 50:15). 여러분이 완전히 닳아서 맨발이 땅에 닿을 만큼 헌 신을 신고 있다면, 병든 몸으로 이곳에 와서 앉은 자리에서 그냥 죽을 것 같다고 느낀다면, 여러분을 도울 의사가 없고 여러분에게 넉넉한 손을 뻗어줄 친구가 없다면, 제발 하나님을 부르십시오. 여러분이 사람으로서는 막다른 궁지에 이르렀습니다. 이제부터는 하나님이 시작하실 때가 된 것입니다. 여러분의 창조주께서 여러분을 잊어버리시는지 보십시오. 하나님의 크고 너그러운 마음이 슬퍼하는 자들과 고통당하는 자들에 대해 여전히 애정을 쏟지 않으시는지 보십시오. 만일 여러분이 전쟁터에서 부상당한 채로 누워서 피 흘리며 죽어가고 있는 것을 본다면, 나는 여러분에게 말하겠습니다. "하나님을 부르십시오." 여러분이 돌아갈 집이 없어서 밤새도록 이 거리를 걸어 다녀야 한다면, 나는 여러분에게 말하겠습니다. "누구든지 여호와의 이름을 부르는 자는 구원을 얻으리라." 나는 본문의 말씀을 아주 넓은 의미로 이해해서 여러분에게 말씀드리겠습니다. 아니, 명령하겠습니다. 불행한 날에 선하고 은혜로우신 여러분의 하나님을 시험해 보라고 말입니다.

이것은 여러분이 개인적으로 고난을 겪는 자리에 이르렀을 때는 언제든지, 비록 그 고난이 신체적인 경우가 아니라 할지라도 언제든지 적용됩니다. 여러분이 어떻게 행동해야 할지 모르고 당황하며 어찌할 줄 몰라 난처할 때, 고난의 파도가 끊임없이 덮쳐서 마침내 폭풍 속에 있는 선원처럼 이리저리 휘청이며 술 취한 사람처럼 비틀거릴 때, 여러분이 낙심이 되고 용기를 잃어 스스로 어떻게 할 수 없다면, 하나님을 부르십시오! 하나님을 부르십시오! 하나님을 부르십시오! 숲에서 길을 잃은 아이가 밤이 되자 안개가 빽빽이 몰려와서 곧 쓰러져 죽을 것 같은 경우에 처해 있다면, 아버지 하나님을 부르십시오! 마음이 미칠 것 같은 여러분, 하나님을 부르십시오. "누구든지 여호와의 이름을 부르는 자는 구원을 얻을 것이기" 때문입니다. 모든 비밀이 밝혀질 마지막 큰 날에는 사람들이 탁자에 앉아서 꾸며낸 이야기를 쓴 것이 참으로 어리석게 보일 것입니다. 하나님께서 자기를 부르는 자들을 위하여 행하신 일에 대한 실제 이야기들이 말할 수 없이 더 놀랍기 때문입니다. 사람들이 하나님께서 절박한 곤경 속에서 어떻게 자기를 구원하셨는지를 있는 그대로 단순하게 말할 수만 있다면, 그들은 하나님께서 사람들에게 베푸신 놀라운 자비를 인하여 천상의 하프를 새로운 선율로 연주하고, 땅에 있는 성도들의 마음을 하나님께 대한 새로운 사랑으로 불타오르게 만들 것입니다. 사람들이 하나님을 그의 선하심을 인하여 찬송하면 좋겠습니다! 우리가 눈물로 지새던 밤에 하나님께서 우리에게 베푸신 지극히 선하신 일들을 넉넉히 말할 수 있으면 좋겠습니다!

본문 말씀은 장래의 고난으로부터 건지시는 구원에도 적용됩니다. 장래에 어떤 일이 일어날지 우리는 모릅니다. 곧 일어날 일에 대한 예언으로 여러분을 놀라게 하고 불안하게 하려고 하는 사람들이 있습니다. 이들의 예언에 대해서는 여러분에게 주의하라고 말씀드립니다. 그들이 하는 말에 별로 신경 쓰지 마십시오. 하나님의 말씀에 따라 무슨 일이 일어나든지, 곧 해가 어두워지고 달이 핏빛 같이 변한다면, 즉 하나님께서 하늘에서 큰 기사를 보이시고, 땅에 피와 불과 연기 기둥을 보이신다면, 여러분에게 구원이 절실히 필요한 그때 구원이 여전히 여러분 가까이 있으리라는 것을 기억하시기 바랍니다. 지극히 두렵고 끔찍한 자연계의 격동이 일어날 때 우리에게 "누구든지 여호와의 이름을 부르는 자는 구원을 얻으리라"는 것을 알려주기 위해 본문 말씀이 놀랄 만한 문맥 속에서 제시되는 것 같습니다. 쓴 쑥이라 불리는 별(계 8:11)이 떨어질 수도 있습니다. 그러나 우리가 여호와의 이름을 부르면 구원을 받을 것입니다. 전염병이 쏟아질 수 있고, 나팔 소리가 울리며 애굽의 재앙처럼 심판이 연이어서 속히 임할 수 있습니다. 그러나 "누구든지 여호와의 이름을 부르는 자는 구원을 얻을 것입니다." 구원의 필요가 점점 더 커질 때, 그와 함께 구원의 풍성함도 점점 더 커질 것입니다. 아무리 무서운 전쟁이 일어날지라도, 아무리 혹독한 기근이 올지라도, 아무리 치명적인 전염병이 발생할지라도 두려워하지 마십시오. 그럴지라도 하나님은 우리가 하나님을 부르면 구원하겠다고 맹세하십니다. 아무리 두렵고 끔찍한 일이 벌어질지라도 이 약속의 말씀이 거기에서 우리를 확실히 구원할 것을 약속합니다.

그렇습니다. 여러분이 죽게 되었을 때, 곧 해가 어두워지고 달이 핏빛 같이 변하였을 때에도 본문 말씀은 절체절명의 마지막 순간에 구원할 것을 보장합니다. 여호와의 이름을 부르십시오. 그러면 여러분이 구원받을 것입니다. 죽음의 고통 가운데서, 사망의 어둠 가운데서도 여러분은 어둠을 빛으로, 슬픔을 기쁨으로 바꿀 하나님의 영광스러운 구원을 누릴 것입니다. 여러분이 영원한 미래의 현실들 가운데서 깨어날 때, 여러분이 부활이나 심판, 입을 크게 벌린 지옥을 두려워할 이유가 전혀 없을 것입니다. 여러분이 여호와의 이름을 불렀다면, 거기에서도 구원을 받을 것입니다. 사죄받지 못한 자들이 깊은 고통에 떨어지고 의로운 자들이 거의 구원을 받지 못할지라도, 여호와의 이름을 부른 여러분은 반드시 구원을 받습니다. 장래 일이 기록된 이 큰 두루마리에 어떤 일이 숨겨 있을지라도 이 약속은 굳게 섭니다. 하나님은 자기를 부인하실 수 없으므로 자기를 부르는 자들을 구원하실 것입니다.

이때 필요한 것은 구원입니다. 사랑하는 형제 여러분, 하나님의 말씀을 전하고 영혼들이 구원받기를 간절히 바라는 여러분과 나는 죄인들에게 구원에 관한 이 중대한 진리, 곧 여호와의 이름을 부르는 자는 누구든지 구원을 얻을 것이라는 이 중대한 진리를 자주 거듭거듭 전해야 합니다. 때로 우리는 교우들에게 더욱 고귀한 생활에 관해서, 더욱 거룩한 생활에 도달하는 것에 관해서 말합니다. 이 모든 것이 매우 타당하고 좋습니다. 그러나 그럼에도 불구하고 근본적인 중요한 진리는 "누구든지 여호와의 이름을 부르는 자는 구원을 얻으리라"는 것입니다. 우리는 교우들에게 교리에 확고히 서고, 우리가 알고 있는 것을 제대로 알며 하나님의 계시된 뜻을 이해하라고 권합니다. 이런 일도 매우 타당합니다. 그러나 무엇보다 가장 중요하고 기초적인 진리는 이것입니다. "누구든지 여호와의 이름을 부르는 자는 구원을 얻으리라."

우리는 위로를 얻기 위해 다시금 이 오래된 근본 진리를 붙잡습니다. 나는 때로 하나님을 기뻐하고 구원의 하나님을 즐거워하며 날개를 펴고 올라가 천상의 존재들과 교제를 나눕니다. 그러나 어둠 속에 머리를 숨길 때도 있습니다. 그런 때는 "누구든지 여호와의 이름을 부르는 자는 구원을 얻으리라"는 광대하고 은혜로운 이 약속이 매우 반갑습니다. 내게 가장 달콤하고 행복하며 안전한 상태란 내가 "누구든지 여호와의 이름을 부르는 자는 구원을 얻으리라"는 이 확실한 약속을 온 마음으로 의지하는 한, 하나님의 진노밖에 받을 것이 없는 자이며 스스로 어떻게 할 수 없는 불쌍한 죄인이지만 하나님의 이름을 부르면 그의 손에서 자비를 얻는 것임을 발견합니다. 여러분이 지극히 고귀한 경험을 얻을 수 있다면, 그런 자리에 이르십시오. 여러분의 유용함이 지극히 크다면, 그런 유용함을 발휘할 수 있도록 하십시오. 그러나 그런 여러분이라도, 지극히 보잘것없고 약한 사람이 서서 전능하신 하나님의 은혜로 말미암아 여호와의 이름을 부르기만 하면 구원받을 수 있다고 주장하는 바로 그 기초로 언제나 돌아가야 할 필요가 있을 것입니다.

이렇게 해서 나는 언제나 필요한 것, 곧 이 구원에 대해 충분히 말씀드렸다고 생각합니다.

2. 이제 둘째로, 이 구원을 얻을 수 있는 방법에 유의해 보겠습니다.

찬송받으실 성령이시여, 이 사실을 묵상하는 일에 우리를 도우소서. 본문에 따르면 이 구원은 여호와의 이름을 부름으로써 얻게 되어 있습니다.

하나님의 이름을 부른다는 이 말의 가장 명백한 의미는 기도가 아닙니까? 우리는 하나님을 신뢰하는 기도, 곧 하나님께 필요한 구원을 주시라고 구하는 기도로써 하나님께 가까이 가고, 하나님으로부터 구원을 은혜의 선물로 받기를 기대하지 않습니까? 이 점은 "믿고 살라"는 말씀과 같은 사실에 이릅니다. 사람들이 자기가 듣지 못한 이를 부를 수 없기 때문입니다. 그리고 사람들이 들었다고 할지라도 들은 대로 믿지 않았다면 그들의 부름은 헛된 것입니다. 그러나 "여호와의 이름을 부른다"는 것은 간단히 말해서 믿는 기도를 드리는 것입니다. 도움을 달라고 하나님께 부르짖고 자신을 하나님의 손에 맡기는 것입니다. 아주 간단한 일이지 않습니까? 여기에는 귀찮은 것이 없고 복잡하고 신비한 것이 전혀 없습니다. 휘장 안에서 우리를 위해 중보 기도를 드리시는 우리의 크신 대제사장의 도움 외에는 사제의 도움이 전혀 필요 없습니다. 마음이 상한 불쌍한 영혼이 하나님의 귀에 자신의 고통을 아뢰고, 곤경의 때에 도와주시겠다는 약속을 지켜 주시기를 하나님께 구하는 것입니다. 그것뿐입니다. 감사하게도 본문에서 언급하는 것은 이것뿐입니다. 약속은 "누구든지 여호와의 이름을 부르는 자는 구원을 얻으리라"는 것입니다.

자신이 아무것도 할 수 없다고 느끼는 사람들에게 이것은 참으로 적합한 구원의 방법입니다! 사랑하는 여러분, 우리가 이들에게 매우 난해하고 정교한 구원을 전해야 한다면, 이 사람들은 죽고 말 것입니다. 구원의 방법을 알려주는 우리의 지시가 매우 복잡하다면 그들 가운데는 우리의 지시를 따를 수 있는 머리가 없는 사람들도 있습니다. 그들은 조금이라도 어려워 보이는 것을 과감하게 해 보려는 마음이 없습니다. 그러나 "누구든지 여호와의 이름을 부르는 자는 구원을 얻으리라"는 약속이 사실이라면, 이 방법은 간단하고 쓸모 있으므로, 이것을 재빨리 붙듭니다. 다른 아무것도 할 수 없는 사람이라도 하나님께 기도하는 일은 할 수 있습니다. 감사하게도, 그가 다른 어떤 것을 하려고 할 필요가 없습니다. 그가 도움을 청하기 위해 부르짖을 수 있다면, 구원을 얻고, 그 구원에서 이 세상과 천국 사이에서 필요한 모든 것을 얻기 때문입니다. 그가 여호와의 이름을 불렀다면, 부족한 모든 것들이 이 세상에서 그리고 영원히 그에게 공급될 것입니다. 그는 지금뿐만 아니라 그의 생의 모든 장래에서 구원을 받아 마침내 영광 중에 영원히 하나님의 얼굴을 보는데 이를 것입니다.

그런데 본문에는 어느 정도 구체적인 지시가 들어 있습니다. 즉, 그것은 기도를 참되신 하나님께 드려야 한다는 것입니다. "누구든지 여호와의 이름을 부르는 자는 구원을 얻으리라." 여기에 독특한 점이 있습니다. 어떤 사람은 바알을 부르고, 또 어떤 사람은 아스다롯을 부르며, 또 어떤 사람은 몰록을 부를 것입니다. 그러나 이들은 구원을 받지 못합니다. 이 약속은 특별합니다. "누구든지 여호와의 이름을 부르는 자는 구원을 얻으리라." 여러분은 "성부, 성자, 성령" 삼위일체의 이름을 압니다. 이 이름을 부르십시오. 여러분은 어떻게 여호와의 이름이 주 예수님이라는 분에게서 분명히 나타나는지 압니다. 이 예수님을 부르십시오. 이 참되신 하나님을 부르십시오. 아무 우상도 부르지 말고, 동정녀 마리아도 부르지 말며, 죽은 자이든지 산 자이든지 아무 성인의 이름도 부르지 마십시오. 아무 형상도 부르지 마십시오. 여러분의 마음에 떠오르는 어떤 인상도 부르지 마십시오. 살아계신 하나님을 부르십시오. 곧 성경에서 자신을 계시하시는 분을 부르십시오. 자기의 사랑하는 아들 안에서 자기를 나타내시는 하나님을 부르십시오. 이 하나님을 부르는 자는 누구든지 구원을 얻을 것입니다. 여러분이 우상의 이름을 부를 수 있지만 우상들은 여러분의 소리를 듣지 못합니다. "그들은 눈이 있어도 보지 못하며 귀가 있어도 듣지 못하느니라"(시 115:5,6). 여러분은 사람들을 불러서는 안 됩니다. 그들도 모두 여러분과 같은 죄인이기 때문입니다. 사제들은 자기의 열렬한 숭배자들을 도울 수 없습니다. 다만 "누구든지 여호와의 이름을 부르는 자는 구원을 얻을 것입니다." 그러나 이것이 그저 기도를 마치 일종의 주문이나 종교적 주술처럼 되풀이하는 것이 아니라는 점에 유의하시기 바랍니다. 그보다 여러분이 하나님께 직접 말씀드려야 합니다. 즉, 지존하신 하나님께 곤경의 때에 여러분을 도와주시기를 호소해야 합니다. 이렇게 참되신 하나님께 참된 기도를 드릴 때 여러분이 구원을 받을 것입니다.

그 다음에, 기도는 이해력을 갖고서 드려야 합니다. 우리는 "누구든지 여호와의 이름을 부르는 자는 구원을 얻으리라"는 말씀을 읽습니다. 자, 우리는 "이름"이라는 말이 그분, 곧 여호와를 가리킨다는 것을 압니다. 그렇다면 여러분이 여호와에 관하여 알면 알수록 그만큼 더 여호와의 이름을 아는 것이고, 그만큼 더 깊은 이해를 가지고 그 이름을 부를 것입니다. 여러분이 하나님의 능력을 안다면 여러분을 도울 그 능력을 구할 것입니다. 하나님의 자비를 안다면 하나님께 여러분을 구원할 그의 은혜를 구할 것입니다. 하나님의 지혜를 안다면 하나님께서 여러분의 곤경을 알고 여러분을 도와 그 곤경을 헤치고 나갈 수 있게 하시리라고 생각합니다. 하나님의 변치 않으심을 안다면 하나님을 다른 죄인들을 구원하신 분으로 알고 하나님께 와서 여러분도 구원하여 주시기를 구할 것입니다. 그러므로 여러분이 성경을 많이 연구하고, 하나님을 알 수 있도록 여러분에게 자신을 나타내 주시기를 하나님께 기도하는 것은 잘하는 일입니다. 여러분은 하나님을 친숙히 아는 만큼 좀 더 확신을 가지고 하나님의 이름을 부를 수 있을 것입니다. 그러나 하나님을 아는 것이 빈약하면, 아는 만큼밖에 하나님을 부르지 못할 것입니다. 오늘 밤 여러분의 근심거리가 외적인 것이든 내적인 것이든, 하나님을 의지하십시오. 그런데 특별히 근심거리가 내적인 것이라면, 그것이 죄의 문제라면, 그것이 죄로 인한 무거운 짐이라면, 장차 임할 진노 때문에 느끼는 공포와 두려움의 짐이라면, 여호와의 이름을 부르십시오. 그러면 구원을 얻을 것입니다. 여기에 하나님의 약속이 서 있습니다. 이 하나님의 약속은 "그가 구원받을 수도 있다"는 것이 아니라 그가 "구원을 얻게 하리라"고 말합니다. 하나님께서 영원히 "하리라"고 말씀하신다는 점에 유의하시기 바랍니다. 그것은 취소할 수 없고 변경할 수 없으며 저항할 수 없는 확고한 말씀입니다. 하나님께서 그렇게 말씀하셨으니, 그렇게 하시지 않겠습니까? "누구든지 여호와의 이름을 부르는 자는 구원을 얻으리라."

여호와의 이름을 부름으로써 구원 얻는 이 방법은 하나님을 영화롭게 합니다. 하나님은 여러분에게 모든 것을 자기에게 구하라는 것 외에 아무것도 요구하시지 않습니다. 여러분은 구걸하는 사람이고 하나님은 은혜를 베푸시는 분이십니다. 여러분은 곤경에 처해 있고, 하나님은 곤경에서 건지시는 분이십니다. 여러분이 할 일은 하나님을 신뢰하고 그에게 구하는 것뿐입니다. 이것은 정말로 쉬운 일입니다. 이것은 문제를 여러분의 손에서 가져다가 하나님의 손에 맡기는 것입니다. 여러분은 이 방법이 좋지 않습니까? 이 방법을 즉시 실행해 보십시오! 이것이 지극히 효과적인 방법임을 알게 될 것입니다.

친구 여러분, 나는 지금 이 자리에 계시는 분들 가운데 혹독한 시련을 겪고 있는 분들에게 말씀드립니다. 여러분은 감히 얼굴을 들고 쳐다볼 생각을 하지 못합니다. 스스로 포기해 버린 것처럼 보입니다. 결국은 스스로 포기해 버렸는지 모릅니다. 그렇지만 나는 여러분이 여호와의 이름을 부르기를 바랍니다. 여러분이 기도하고서 망하는 일이란 있을 수 없습니다. 기도했는데 망한 사람은 없었습니다. 여러분이 기도했는데 망할 수 있다면, 이 우주에서 처음으로 생긴 기이한 일일 것입니다. 기도하는 사람이 지옥에 들어간다는 것은 절대로 있을 수 없는 일입니다. 하나님을 부른 사람이 하나님께 퇴짜를 맞는다는 것은 있을 수 없는 가정입니다. "누구든지 여호와의 이름을 부르는 자는 구원을 얻으리라." 만일 하나님께서 자기 이름을 부르는 불쌍한 죄인을 내버려두고 그의 기도를 듣지 않으신다면, 하나님은 거짓말하시는 분이고, 자신의 본성을 포기하며, 자비를 베푸신다고 주장할 수 있는 권리를 잃고 사랑의 성품을 스스로 말살하는 분이심에 틀림없습니다. 장차 한 날이 이를 것이나 지금은 아닙니다. 즉, 다음 상태에서 하나님께서 "내가 너희를 불러도 대답하지 아니하였느니라"(렘 7:13)고 말씀하실 날이 올 것입니다. 그러나 지금은 그 날이 아닙니다. 지금은 생명이 있는 한, 소망이 있습니다. "오늘 여러분은 하나님의 음성을 듣거든 마음을 완고하게 하지 말고"(히 3:15) 즉시 하나님을 부르십시오. "누구든지 여호와의 이름을 부르는 자는 구원을 얻으리라"는 이 은혜의 보증이 죽을 인생의 모든 영역에 통하기 때문입니다.

내가 이 주제에 관하여 이처럼 쉽게 전하는 설교를 들었다면 즉시 위로와 빛을 얻었을 것이라고 생각되던 때가 있었습니다. 여러분에게도 그런 때가 있지 않았습니까? 그때는 내가 무엇인가를 해야 한다고 생각했고, 대단한 사람이 되어야 한다고 생각했습니다. 어떻게 해서든지 하나님의 자비를 받을 수 있도록 자신을 준비해야 한다고 생각했습니다. 나는 하나님의 이름을 부르는 것, 곧 하나님의 손에 내 자신을 맡기는 것, 하나님의 거룩한 이름을 부르는 것이 나를 구주이신 그리스도께 인도한다는 것을 알지 못하였습니다. 그러나 그것이 사실이고, 그 사실을 알았을 때, 나는 행복하였습니다. 천국을 얻었습니다. 구하면 구원을 얻을 수 있습니다. 나는 이 자리에 계시는 분들 가운데 죄에 사로잡혀 있는 많은 분들이 즉시 사슬에서 벗어나 이렇게 외치기를 바랍니다. "정말 그렇다. 하나님께서 그렇게 말씀하셨다면, 그것은 틀림없는 사실이다. 하나님의 말씀에 그렇게 기록되어 있다. 내가 하나님의 이름을 불렀으니, 나는 틀림없이 구원받는다."

3. 세 번째로, 이 약속과 이 구원을 받을 사람들에 대해서 살펴보겠습니다.

"누구든지 여호와의 이름을 부르는 자는 구원을 얻으리라." 전후문맥을 보면, 이 백성들은 큰 괴로움을 겪었습니다. 전에 한 번도 겪어보지 못한 괴로움을 겪고, 완전히 절망에 떨어질 만큼 괴로움을 겪었습니다. 그러나 여호와께서 말씀하셨습니다. "누구든지 여호와의 이름을 부르는 자는 구원을 얻으리라." 병원에 가보십시오. 다양한 죄악의 결과들을 다루는 병원들 가운데 여러분이 원하는 병원을 찾아서 갈 수도 있습니다. 여러분은 그 비참의 집에서 환자 곁에 서서 "누구든지 여호와의 이름을 부르는 자는 구원을 얻으리라"고 말할 수 있습니다. 그 다음에는 교도소로 달려가 볼 수 있습니다. 여러분은 감방마다 가서, 심지어 사형수의 감방에도 가서, 거기에 죽게 되어 있는 사람들이 있다면, 각 사람에게 확신을 가지고 "누구든지 여호와의 이름을 부르는 자는 구원을 얻으리라"고 말할 수 있습니다.

나는 바리새인들이 어떻게 말할지 압니다. "당신이 이런 설교를 한다면 사람들이 계속해서 죄를 지을 것입니다." 그런 일은 언제나 있어 왔습니다. 즉, 하나님의 큰 자비를 계속해서 죄를 지을 구실로 삼는 사람들이 있었다는 것입니다. 그러나 하나님께서는 그런 점 때문에 자비를 제한하시지 않으셨습니다. 이것은 참으로 기이한 사실입니다. 사람들이 하나님의 자비를 곡해하여 죄 짓는 구실로 삼았을 때 그것이 전능한 은혜를 끔찍하게 악용하는 것이었음에 틀림없습니다. 그러나 하나님께서는 사람들이 그의 은혜를 악용한다는 이유 때문에 그의 자비를 결코 제한하시지 않으셨습니다. 하나님께서는 여전히 이 사실을 분명하고 뚜렷하게 밝히셨습니다. "누구든지 여호와의 이름을 부르는 자는 구원을 얻으리라." 지금도 하나님은 외치십니다. "너희는 스스로 돌이키고 살지니라"(겔 18:32). "악인은 그의 길을, 불의한 자는 그의 생각을 버리고 여호와께로 돌아오라 그리하면 그가 긍휼히 여기시리라 우리 하나님께로 돌아오라 그가 너그럽게 용서하시리라"(사 55:7). 더럽기 짝이 없는 악의 쓰레기 더미에 빛을 비추는 이 멋진 해는 흐려지지 않았습니다. 그리스도를 믿고 사십시오. 여호와의 이름을 부르십시오. 그러면 여러분이 죄 사함을 받을 것입니다. 그렇습니다. 여러분은 죄의 속박에서 구원받을 것입니다. 그리고 새로운 피조물, 곧 하나님의 자녀이자 하나님의 은혜의 가족의 일원이 될 것입니다. 지극히 큰 괴로움을 겪는 사람들과 죄로 고통당하는 사람들은 "누구든지 여호와의 이름을 부르는 자는 구원을 얻으리라"는 이 은혜로운 약속을 만나면, 문제를 해결할 수 있습니다.

그렇습니다. 그런데 선지자 요엘의 말에 따르면 하나님의 영이 부어지는 사람들이 있었습니다. 그들은 어떻게 되었습니까? 그들이 그로 말미암아 구원을 받았습니까? 그렇지 않습니다! 하나님의 영을 받은 사람들이 꿈을 꾸고 이상을 보았지만, 그럴지라도 그들도 똑같이 이 믿음의 기도 곧 "누구든지 여호와의 이름을 부르는 자는 구원을 얻으리라"는 이 기도의 문을 통해서 자비의 궁정에 와야 했습니다. 가엾은 여러분, 여러분은 속으로 이렇게 말합니다. '내가 교회의 집사니까, 내가 목사니까 나는 틀림없이 구원받을 거야!' 그렇게 말한다면 여러분은 구원에 관해 아무것도 모르는 것입니다. 사람들이 직분이 없다고 해서 구원받지 못하는 것이 아니듯이 교회의 직분자들이 직분이 있다고 해서 구원받는 것도 아닙니다. 구원의 문제에서는 교회의 직분이 아무 상관이 없습니다. 사실 우리가 자신의 행실에 주의하지 않는 한, 교회의 직분이 오히려 큰 장애가 될 수가 있습니다. 이 문제에서는 여러분 직분자들보다 오히려 평신도들이 더 유리할지 모릅니다. 아주 확실하게 말씀드리지만, 나는 여러분이 누구이든지 간에 같은 근거에 서서 여러분의 손을 잡고 그리스도께 가는 것이 지극히 기쁩니다.

"빈손 들고 앞에 가
십자가를 붙드네."

나는 불쌍한 죄인을 격려하며 그에게 그리스도를 믿으라고 격려하면서 종종 이런 생각을 하였습니다. "글쎄, 이 사람이 이 위로의 잔을 마시려고 하지 않으면 내가 마셔야 하겠다." 분명히 말씀드리지만, 내가 이 잔을 가져가 마시게 하려는 사람들만큼 나도 이 위로의 잔이 필요합니다. 나도 여러분과 마찬가지로 큰 죄인입니다. 그래서 내 자신이 이 약속을 붙잡습니다. 그래서 이 신성한 감로주를 버리지 않고 내가 마실 것입니다. 나는 지치고 초췌하며 약하고 병들었을 때 예수님께 왔습니다. 자발적으로 예수님을 믿었고 평안을 얻었습니다. 본문의 말씀이 지금 여러분 모두에게 제시하는 바로 그 근거에 의지하여 평안을 얻었습니다. 내가 이 위로의 잔을 마신다면 여러분도 마실 수 있습니다. 이 잔의 기적은 오십 명이 마셔도 여전히 전과 똑같이 가득 차 있다는 것입니다. "누구든지"라는 말에는 아무 제한이 없습니다. 하나님의 영을 받는 여종들과 꿈을 꾸는 노인 여러분, 여러분을 구원할 것은 하나님의 영 자체가 아니고 여러분이 꾸는 꿈도 아닙니다. 다만 하나님의 이름을 부르는 것이 여러분을 구원할 것입니다. 그렇습니다. "누구든지 여호와의 이름을 부르는 자는 구원을 얻으리라."

그런가 하면 하나님의 영을 받지 않은 사람들도 있습니다. 그들은 방언을 말하지 못하고 앞날을 예언하지 못하며 기사를 행하지 못하였습니다. 그러나 그들이 이런 기사들을 전혀 행하지 못하였다고 할지라도 "누구든지 여호와의 이름을 부르는 자는 구원을 얻으리라"는 약속은 그들에게 그대로 이루어졌습니다. 초자연적인 은사를 받지 않았을지라도, 이상을 보지 못하고 방언을 말하지 못하였을지라도, 그들은 여호와의 이름을 불렀고 구원을 받았습니다. 큰 자들뿐 아니라 작은 자들에게도, 믿음이 굳세어 하나님의 군대를 이끌고 전쟁에 나가는 자들뿐 아니라 지극히 보잘것없는 무명의 사람들에게도 동일하게 적용되는 구원의 방법이 있습니다.

그런가 하면 몹시 두려워하는 사람들이 있었습니다. 나는 아주 많은 사람들이 땅에서 피와 불과 연기 기둥이 일어나고 해가 변하여 어두워지고 달이 핏빛처럼 변했을 때 틀림없이 몹시 놀랐을 것이라고 생각합니다. 그러나 비록 그들이 두려워하였을지라도 여호와의 이름을 불렀다면 구원을 얻었습니다. 자, 겁 많음 여사(Mrs. Much-afraid), 당신은 이에 대해 어떻게 생각합니까? 망설임 씨(Mr. Ready-to-halt), 내가 바로 지금 회중석에서 당신이 무엇 때문인지는 몰라도 우물쭈물하는 모습을 보았는데, 그것이 무엇이든지 신경 쓰지 마십시오. 여러분이 여호와의 이름을 부르면 구원을 얻을 것입니다. 마음이 약한 여러분, 마음이 몹시 약하고 상처를 받아서 믿을 생각을 거의 하지 못하는 여러분, 그럴지라도 바로 여러분 같은 사람을 위해서도 "누구든지 여호와의 이름을 부르는 자는 구원을 얻으리라"는 말씀이 기록되어 있는 것입니다.

또 어떤 사람은 말합니다. "아, 나는 그보다 더 심각합니다. 내게는 선한 감정이 하나도 없습니다. 상한 심정을 가질 수만 있다면 모든 것을 내놓고 싶습니다.

차라리 절망을 느낄 수 있으면 좋겠습니다. 하지만 나는 돌처럼 완고합니다." 그동안 나는 이런 슬픈 이야기를 많이 들었습니다. 그런데 거의 모든 경우에 이처럼 자기에게 아무 감정이 없는 것을 두고 몹시 슬퍼하는 사람들은 고통을 아주 심하게 느끼는 사람들입니다. 그들은 자기 마음이 지옥처럼 완고한 쇠와 같다고 말합니다. 그러나 그것은 사실이 아닙니다. 그러나 설사 그것이 사실이라고 할지라도 "누구든지 여호와의 이름을 부르는 자는 구원을 얻을 것입니다." 여러분은 하나님께서 여러분에게 먼저 새 마음을 내놓으라고 하시고, 그러면 하나님이 여러분을 구원하실 것이라고 생각합니까? 여러분, 여러분에게 새 마음이 있다면 여러분은 구원받은 사람입니다. 여러분은 이미 구원을 받았기 때문에 하나님께 구원해 주시라고 말씀드릴 필요가 없습니다. "아, 하지만 나는 선한 감정이 있어야 해!" 그래야 한다고요? 여러분은 그런 감정을 얻기 위해 어디로 갈 것입니까? 여러분은 선한 감정을 찾기 위해 여러분의 타락한 본성의 쓰레기 더미를 샅샅이 뒤지겠습니까? 선한 감정이 전혀 없더라도 오십시오. 현재 여러분의 모습 그대로 오십시오. 여러분이 꽁꽁 언 빙산과 같아서 차갑고 불쾌한 것밖에 없다고 할지라도, 오십시오. 와서 여호와의 이름을 부르십시오. 구원을 받을 것입니다. "기이한 은혜의 일들은 하나님께 속해 있습니다." 하나님께서 우리를 보내어 하찮은 죄인들에게 전하게 하신 것은 작은 복음이 아닙니다. 우리가 전하는 복음은 큰 죄인들을 위한 큰 복음입니다. "누구든지 여호와의 이름을 부르는 자는 구원을 얻으리라."

사람들은 말합니다. "아, 글쎄, 이 복음이 나를 위한 것이라고 생각할 수 없어. 나는 아무것도 아닌 사람이야." 여러분이 아주 하찮은 사람입니까? 나는 아무것도 아닌 사람들에 대해 큰 사랑이 있습니다. 나는 오히려 대단한 사람들 때문에 고민이 많습니다. 우리 교회에서 대단한 사람은 세상에서 최악이라고 할 수 있는 대단한 사람인 것 같습니다. 나는 언제나 대단한 사람을 내보내고 아무것도 아닌 사람들과 지낼 수 있으면 좋겠습니다! 그렇게 되면 나는 모든 사람을 예수님처럼 만들 수 있을 것입니다. 여러분이 아무것도 아닌 사람입니까? 하나님께서 나를 보내어 돌보도록 하신 사람이 바로 여러분 같은 분들입니다. 여러분에게 아무것도 없다면, 그만큼 더 여러분은 그리스도의 것이 될 것입니다. 여러분이 비어 있을 뿐만 아니라 또한 깨어지고 상했다면, 여러분이 파괴되고 못쓰게 되었으며 완전히 부서지고 깨어져 결딴났다면, 바로 이 구원의 말씀이 여러분에게 보내어진 것입니다. "누구든지 여호와의 이름을 부르는 자는 구원을 얻으리라."

나는 문을 활짝 열었습니다. 잘못된 길이 있다면 양들마다 그리로 갈 것입니다. 그런데 이것이 옳은 길이므로 나는 원하는 한 이 문을 열어둘 수 있습니다. 하지만 목자장이신 주님께서 오늘 밤 들판을 돌아다니며 양들을 인도하여 들이시지 않는 한 양들은 그 길을 피할 것입니다. 주께서 양을 품에 안아 주십시오. 주께서 오래전에 귀한 심장의 피로 값을 주고 사신 양을 품에 안아 주십시오. 그 양을 은혜로운 주의 어깨에 즐거이 메고 가서 좋은 목초가 자라는 우리 안에 놓아 주십시오.

4. 이 약속의 복 자체를 잠시 살펴보겠습니다.

"누구든지 여호와의 이름을 부르는 자는 구원을 얻으리라." 이미 앞에서 설명했기 때문에 이 점에 대해 많이 이야기할 필요는 없습니다. 어떤 사람이 여러분에게 약속을 할 때, 그 약속을 매우 한정된 의미로 이해하는 것은 아주 좋은 원칙입니다. 우리가 그렇게 하는 것이 그 사람에게 온당한 일입니다. 그 사람이 원한다면 자기의 약속을 자유롭게 해석하도록 두십시오. 하지만 그는 약속의 말이 실제로 의미하는 것을 여러분에게 줄 수밖에 없습니다. 자, 하나님의 약속을 최대한 넓은 의미로 이해하는 것이 하나님의 모든 백성이 당연히 실행해야 할 원칙입니다. 이 말씀이 처음에 언뜻 보았을 때 여러분에게 자연스럽게 떠오르는 것보다 더 큰 의미를 지닌다면 여러분은 그 말씀에 대해 더 큰 의미를 부여할 수 있습니다. "그는 우리가 구하거나 생각하는 모든 것에 더 넘치도록 능히 하실 것입니다." 하나님은 자신의 약속에 한계선을 긋지 않습니다. 이 점은 크신 하나님에게 해당되듯이 그의 사랑하시는 아들에게도 해당되었습니다. 하나님의 아들 우리 주 예수께서는 이스라엘 집의 잃어버린 양에게로 보냄을 받으셨지만 "이방의 갈릴리"(마 4:15)라고 불리던 갈릴리에서 생의 대부분을 보내셨고, 가나안 여인에게 복을 주시기 위해 그녀를 찾아 가나안 경계까지 가셨습니다. 따라서 여러분은 이 본문에 대해 할 수 있는 대로 크고 넓은 의미를 부여할 수 있습니다. 베드로가 그같이 하였기 때문입니다. 신약은 흔히 구약의 말씀에 좀 더 넓은 의미를 부여합니다. 또 그렇게 하는 것이 아주 당연한 일입니다. 하나님은 우리가 그의 말씀을 믿음으로 그렇게 넓게 해석하는 것을 기뻐하십니다.

자, 여러분이 하나님의 심판을 받을 사람이라면, 오십시오. 하나님의 손이 여러분을 죄 때문에 치셨다고 믿는다면 하나님을 부르십시오. 그러면 하나님께서 여러분을 심판에서 그리고 심판을 초래한 죄에서 구원하실 것입니다. 곧 죄와 죄에 따르는 심판에서 구원하실 것입니다. 여러분이 죄와 심판을 피하도록 도우실 것입니다. 과연 하나님께서 그렇게 하시나 하시지 않나 지금 시험해 보십시오.

여러분의 경우는 이와 다를 수 있을 것입니다. 즉, 여러분이 하나님의 자녀인데 곤경에 처해 있고, 그로 인한 근심 때문에 낙망하고 매일같이 마음이 지치고 찢어진다면, 하나님의 이름을 부르십시오. 하나님께서 여러분에게서 초조함과 근심을 치워버리실 수 있습니다. "누구든지 여호와의 이름을 부르는 자는 구원을 얻으리라." 여러분이 근심거리를 겪어야 할 수밖에 없을 수 있지만, 그 근심거리가 여러분에게 악이 아니라 오히려 복이 될 것입니다. 그래서 여러분은 그 십자가의 성격이 변화되었기 때문에 여러분의 십자가를 즐거이 지게 될 것입니다.

죄가 여러분이 현재 겪는 고난의 큰 원인이고, 그 죄 때문에 악한 습관들에 매이게 되었다면, 여러분이 술고래가 되었고 맨 정신으로 지내는 법을 알지 못한다면, 여러분이 행실이 부정해서 악한 관계들에 얽히게 되었다면, 하나님을 부르십시오. 그러면 하나님께서 여러분을 죄에서 끊어내고, 얽어매고 있는 모든 줄에서 풀어주실 수 있습니다. 하나님께서 오늘 밤 여러분을 은혜의 큰 칼로 여러분을 사슬에서 끊어 자유인이 되게 하실 수 있습니다. 분명히 말씀드리지만, 비록 여러분이 사자의 입에 물려 곧 그 괴물에게 삼켜질 불쌍한 어린 양과 같을지라도, 하나님은 오셔서 사자의 입에서 여러분을 끌어내실 수 있습니다. 약탈물을 강한 자에게서 빼앗아 오고, 사로잡힌 자를 인도하여 오실 것입니다. 다만 여호와의 이름을 부르기만 하십시오! 여호와의 이름을 부르십시오. 그러면 구원을 받을 것입니다.

그렇습니다. 나는 방금 한 이야기를 다시 말씀드립니다. 여러분이 병에 걸렸을지라도, 여러분이 곧 죽게 생겼을지라도, 죽음이 이미 여러분의 몸에 자기 이름을 분명하게 써 놓아서 여러분이 죽음과 지옥을 두려워할지라도, 하나님의 이름을 부르십시오. 그러면 이 마지막 순간에도 구원을 받을 것입니다. 바로 지금, 곧 지옥이 여러분을 향하여 입을 크게 벌리고, 고라와 다단과 아비람처럼 여러분이 곧 산 채로 지옥에 떨어지게 되어 있는 이때에, 여호와의 이름을 부르십시오. 그러면 구원을 얻을 것입니다.

만일 지금 내가 스스로 고안해낸 것을 말씀드리고 있다면 여러분이 내 말을 믿을 것이라고 기대할 수 없습니다. 그러나 이 성경은 영감된 책이고, 요엘이 하나님의 이름으로 말하며 사도들이 여호와의 이름으로 말하였기 때문에 이것은 천지를 지으신 하나님의 진리입니다. "누구든지 여호와의 이름을 부르는 자는 구원을 얻으리라."

끝으로, 나는 여러분에게 한 가지 슬픈 사실을 말씀드리지 않을 수 없습니다.

5. 나는 여러분에게 슬프게도 많은 사람들이 이 복을 소홀히 한다는 점을 말씀드립니다.

여러분은 사람마다 여호와의 이름을 부를 것이라고 생각할 것입니다. 그러나 본문을 읽어 보십시오. "여호와의 말대로 시온 산과 예루살렘에서 피할 자가 있을 것임이요." 여호와께서 말씀하신 대로 구원이 이루어질 것입니다. 그때 사람들마다 구원을 얻지 않겠습니까? 주의하여 보십시오! "남은 자 중에 나 여호와의 부름을 받을 자가 있을 것임이니라." 뭐라고요? 사람들이 다 오지 않습니까? 아니, 그들이 미친 사람들입니까? 그들이 오지 않습니까? 아니요, 남은 자만 옵니다. 그 남은 자라도 하나님께서 먼저 그의 은혜로 그들을 부르시지 않는 한, 하나님의 이름을 부르지 않을 것입니다. 이 사실은 그들을 은혜로 부르는 사랑만큼이나 아주 기이한 일입니다. 마귀들도 이들보다 악하게 행동하지 않을 것입니다. 그들이 하나님을 부르고 구원받으라고 초대를 받는데도 거절하려고 합니까?

불행한 일입니다! 그 길은 쉽습니다. 그런데도 "찾는 자가 적습니다"(마 7:14). 결국 그 모든 복음 전도와 그 모든 초대와 지극히 광대한 약속에도 불구하고, 구원받는 사람들은 모두 "남은 자 중에 나 여호와의 부름을 받을 자들"뿐입니다. 본문 말씀이 너그러운 초대가 아닙니까? 그렇습니다. 닫히지 않도록 문을 아주 활짝 여는 것이 아닙니까? 그런데도 "멸망으로 인도하는 문은 크고 그 길이 넓어 그리로 들어가는 자가 많습니다"(7:13). 저기 그들이 갑니다. 그들이 물결을 지어서 성급하게 죽음과 지옥을 향하여 달려가고 있습니다. 그렇습니다. 그렇습니다. 아주 헐떡이며 다시는 돌아올 수 없는 두려운 깊은 구덩이로 서로 부딪치며 서둘러 내려가고 있습니다! 사람들에게 지옥으로 가라고 권하는 선교사가 필요 없고, 그런 목사도 필요 없습니다. 사람들에게 영원한 파멸을 향하여 달려가라고 설득하는 책도 필요 없습니다. 사람들이 스스로 망하려고 서둘러 달려갑니다. 망하지 못해 안달입니다. 대초원의 들소들이 미쳐서 달려가다가 마침내 소용돌이에 이르러서 앞뒤를 가리지 않고 폭포로 뛰어들어 죽고 마는 것처럼 사람들의 형편이 그러합니다! 사람들은 스스로 잘못된 생각을 붙들고 스스로 망하기를 간절히 바라는데, 끝없이 그렇게 합니다.

그래서 주권적인 자비가 결국 구원하는 것은 이들뿐입니다. 즉, 남은 자들뿐입니다. 그리고 그 남은 자도 순전히 하나님께서 팔을 뻗으시고, 남은 자들의 의지에 기적적인 능력이 작용했기 때문에 구원받는 것입니다. 죄인들이 자기 죄를 버리려고 하지 않는다는 이것이 비참한 사실입니다. 사람들은 자기에게 유일하게 생명과 기쁨과 구원이 되는 것을 구하려고 하지 않습니다. 그들은 천국보다 지옥을, 거룩함보다 죄를 더 좋아합니다. 주님께서 "너희가 영생을 얻기 위하여 내게 오기를 원하지 아니하는도다"(요 5:40) 하고 말씀하셨을 때만큼 관찰을 통해서 분명히 드러난 사실을 말씀하신 적은 없습니다. 여러분은 예배당에 오려고 하지 않고 하나님의 이름을 부르려고 하지 않습니다. 예수께서는 말씀하십니다. "너희가 성경에서 영생을 얻는 줄 생각하고 성경을 연구하거니와 이 성경이 곧 내게 대하여 증언하는 것이니라 그러나 너희가 영생을 얻기 위하여 내게 오기를 원하지 아니하는도다"(5:39,40). 여러분이 다른 것은 무엇이든지 하면서도 예수님께 오려고는 하지 않습니다. 주님을 부르는 데까지는 나아가지 않으려고 합니다.

청중 여러분, 그렇게 하지 마십시오! 여러분 가운데 많은 분들이 구원을 받았습니다. 부탁하건대, 구원받은 분들은 아직 구원받지 못한 분들을 위해 기도하십시오. 여러분 가운데 아직 회심하지 못한 분들이 마음이 움직여 기도할 수 있게 되기를 바랍니다. 여러분이 이 예배당을 떠나기 전에 이렇게 말하면서 하나님께 간절히 기도드리기 바랍니다. "하나님, 죄인인 저를 불쌍히 여겨 주소서. 주여, 저는 구원받고 싶습니다. 저를 구원하여 주소서. 내가 주님의 이름을 부릅니다." 부탁하건대, 이 시간 나와 함께 기도하시기 바랍니다. 나와 함께 기도하면서, 여러분이 할 말을 알려줄 테니 여러분이 그대로 따라 해보십시오.

"주님, 저는 죄인입니다. 저는 주님의 진노를 받아 마땅한 자입니다. 주님,

저는 스스로를 구원할 수 없습니다. 주님, 저는 새 마음을 갖고 싶고 정직한 영을 갖고 싶으나 제가 무엇을 할 수 있습니까? 주님, 저는 아무것도 할 수 없으니, 오셔서 제 안에 주의 선하시고 기뻐하시는 뜻을 행할 마음을 일으켜 주시고, 행할 수 있게 하여 주소서.

나같이 불쌍한 사람을 구원할
능력이 주님께만 있음을 압니다.
그러니 내가 주님에게서 돌이킨다면
누구에게로 가고 어디로 갈 수 있겠나이까?

하오니 제가 이제 온 마음으로 주님의 이름을 부릅니다. 주여, 제가 떨리지만 믿는 마음으로 전적으로 주님을 의지합니다. 하나님의 사랑하시는 아들의 피와 의를 믿습니다. 주님에게서 나타난 주의 자비와 사랑과 능력을 믿습니다. 제가, 누구든지 여호와의 이름을 부르는 자는 구원을 얻으리라는 주님의 말씀을 감히 붙듭니다. 주여, 오늘 밤 부디 저를 구원하여 주소서. 아멘."

아모스

제
1
장
—

네 하나님 만나기를 준비하라

—

"이스라엘아 네 하나님 만나기를 준비하라." – 암 4:12

하나님께서는 아모스 시대에 그의 백성 이스라엘의 죄를 여러 가지 방식으로 꾸짖으셨습니다. 하나님은 그들을 기근과 칼로 황폐하게 하셨습니다. 그들에게 비를 허락하시지 않았습니다. 애굽에게 하셨듯이 그들에게 전염병을 보내셨습니다. 그들의 논과 밭에 돌풍과 흰가루병을 보내셨고, 소돔과 고모라에게 하셨듯이 그들의 논밭을 뒤집어 엎으셨습니다. 그럴지라도 그들은 여전히 고집스럽게 하나님께 반항하였습니다. 그래서 하나님은 그들에게 더 이상 사자를 보내지 않고 더 이상 멀리까지 날아가는 화살을 쏘지 않으며, 친히 오셔서 그들을 다루겠다고 선언하십니다.

반역하는 인류를 대하시는 하나님의 방식은 처음에는 부드럽고 온유하며 애정 어린 말로 책망하고 설득하는 것입니다. 하나님은 애정과 은혜의 표시들을 보이면서 이런 말씀을 여러 차례 반복하십니다. 그러고 나서 후에는 애정 어린 말 대신에 으르는 위협의 말씀을 하십니다. 그들을 타이르시기 시작합니다. 왜 그들은 하나님을 이렇게 하시도록 만듭니까? 왜 그들은 죽으려 하고, 스스로 파멸을 초래하려고 합니까? 그 다음에, 그들에게 말이 효과가 없으면, 하나님은 때리시기 시작합니다. 처음에는 살짝 때리십니다. 그러나 이렇게 치는 것이 효과가 없으면, 치시는 손에 힘이 실리고 마침내 하나님은 무자비한 사람처럼 때려서 그들에게 심한 상처를 내십니다. 이렇게 해도 죄인들이 여전히 완고하면, 하나님의 인내가 분노로 바뀌고 하나님은 이렇게 말씀하십니다. "너희가 어찌하여 매를 더 맞으려고 패역을 거듭하느냐 온 머리는 병들었고 온 마음은 피곤하였으니 내가 네게 어떻게 하랴 내가 네게 어떻게 하랴?"(사 1:5; 호 6:4).

사태가 두려운 상태에 이르렀을 때, 마침내 하나님은 매를 치우고, 징계로 보내시는 고난을 그치시고 이 싸움을 끝내기 위해 친히 오셔서 이렇게 외치십니다. "내가 장차 내 대적에게 보응하여 내 마음을 편하게 하겠고 내 원수에게 보복하리라"(사 1:24). 본문에서 이스라엘의 처지가 그런 것이었습니다. 이스라엘 백성은 하나님의 온건한 처사를 비웃었습니다. 그래서 이제 하나님께서 그들에게 이렇게 말씀하십니다. "공의에 대한 두려움 가운데서 나, 곧 하나님을 만날 준비를 하라."

아모스서는 선지자가 교만한 반역자들에게 그들이 멸시하는 하나님께 무장하고 대항해 보라고 역설적으로 도전하는 말씀으로 이해할 수 있을 것입니다. 그들에게 원수처럼 대한 하나님과 싸우고 그처럼 끊임없이 거역한 하나님의 법과 싸울 준비를 하라는 말씀으로 볼 수 있을 것입니다. 이사야 선지자는 이렇게 말합니다. "질그릇 조각 같은 자여, 네가 너를 지으신 이와 다툴 준비를 하라. 벌레 같은 자여, 전능하신 이와 싸울 준비를 하라"(사 45:9 참조). 우리가 보는 바와 같이, 본문은 마침내 인내가 그 보좌를 떠나고 공의가 양날 가진 검을 뽑을 때, 전능자의 진노에 찬 두려운 요구를 진술하는 말씀입니다. 그 크고 두려운 날에 교만하게 비웃던 자들에게는 두렵고, 두려운 화가 있습니다.

그러나 나는 본문의 독특한 위치에 대해서 오래 생각하지 않을 것이고, 또 본문 말씀의 의미를 이 선지자가 의도했던 그 의미에만 국한하지 않을 것입니다. 그보다는 이처럼 진지하고 엄숙한 말씀이 어떤 사람들의 마음에 하나님께 대한 애정과 하나님을 만날 준비를 하려는 마음을 일깨우기를 바라면서 본문의 자연스러운 의미를 할 수 있는 대로 충분하게 설명하도록 하겠습니다. "네 하나님 만나기를 준비하라."

지금 우리 앞에 지극히 엄숙한 요구가 있습니다. 우리는 먼저 이 요구를 말할 때 거기에서 풍길 수 있는 다양한 어조를 생각해 보겠습니다. 둘째로, 이 말씀이 불경건한 자들에게 전하는 무거운 소식을 살펴보고, 셋째로, 거기에 담겨 있는 무거운 경고를 살펴보겠습니다.

1. 첫째로, 그렇다면 다양한 어조로 전해지는 이 말씀을 생각해 봅시다.

이 어조는 침통한 것에서부터 명랑한 것까지, 두려움에서 기쁨까지 다양합니다. "네 하나님 만나기를 준비하라." 내 생각에는, 어떤 면에서 이 말씀만큼 기쁜 말씀이 하늘 아래 달리 없습니다. 또 어떤 면에서는 지옥에서 나오는 어떤 말도 이보다 엄숙하지 못할 것입니다. "네 하나님 만나기를 준비하라." 이 말씀이 낙원의 푸른 길들에 울려 퍼졌을 수 있고, 거기에서 아무런 잡음도 일으키지 않았을 수 있습니다. 이 선율은 새롭게 창조된 새들의 아름다운 노랫 소리와 어울리면서 화음을 더욱 아름답게만 만들었을 것입니다. 사람들의 위대한 조상 아담은 죄가 없는 지극히 복된 생활을 하는 가운데 이끼 덮인 소파에 누워 있다가 종종 이 거룩한 호출을 듣고 일어날 것입니다. 해가 처음으로 어둠의 그늘을 퍼트리며 눈 덮인 산꼭대기를 금빛으로 물들이기 시작했을 때, 아담은 에덴 동산의 숲 속에서 새 소리를 듣고 깨어났습니다. 아담은 이 최초의 새 소리를 듣고 마음으로 그 의미를 이렇게 해석하였을 것입니다. "놀라운 사람이여, 일어나 네 하나님 만나기를 준비하라." 그러면 아담은 온통 하나님의 영광으로 빛나는 전경이 내려다보이는 신록이 푸릇푸릇한 언덕에 올라가서 거룩한 희열 가운데 하나님을 만나고, 사람이 친구와 말하듯이 공손하고 겸손한 태도로 하나님과 이야기하곤 하였을 것입니다.

그 다음에, 저녁 무렵에는 떨어지는 이슬방울마다 이 복된 사람에게 "네 하나님 만나기를 준비하라"고 말하곤 하였을 것입니다. 길게 드리워진 그림자는 말없이 동일한 메시지를 전하고, 백합이 흐드러지게 핀 잔디밭에 내려와서 아담이 지나치게 무성해진 포도나무 가지를 잘라준 곳에 멈추고서 예의바른 태도로 아담에게 해가 서쪽 바다로 지고 있으니 하루의 일이 끝났으며, 이제는 은총 받은 피조물이 자기 하나님을 배알할 시간임을 알려주곤 한 것이 단지 상상만은 아닐 것입니다.

우리의 첫 조상들에게는 아주 어렴풋한 암시만으로도 충분했을 것입니다. 낙원에서 그가 받은 영광은 여호와 하나님께서 함께 하심이었습니다. 에덴 동산의 강들이 비록 금모래 위로 흐르긴 했지만 아담의 영이 지존하신 하나님과 교제할 때 느꼈던 기쁨의 강에 필적할 수 없었습니다. 하나님과 교제할 때 아담은 크신 하나님의 보좌 밑에서 흐르는 생명수의 강으로부터 마셨습니다. 타락하지 않은 이 사람에게 하나님과 동행하는 것만큼 큰 기쁨은 없었습니다. 땅에서 영들의 아버지이신 하나님을 만나 장엄하고 애정 어린 대화를 나누는 것이 천국이었습니다. 우리의 첫 조상들이 죄 없이 지내던 전성기 때에 에덴 동산의 도금양과 종려나무 숲에서 "네 하나님 만나기를 준비하라"는 이 말씀을 들었을 때만큼 어떤 결혼식 종소리도 이보다 달콤하고 즐거운 소리를 내지 못했습니다.

그 다음에 여호와께서 날이 서늘할 무렵 동산을 거니실 때 큰 소리로 "아담아, 어디 있느냐?" 하고 소리치실 필요가 없었습니다. 왜냐하면 하나님께서 그 손으로 지으신 모든 것을 다스리도록 만드신 그의 복된 피조물은 아이가 하루의 일이 끝났을 때 아버지의 발소리를 듣고 아버지의 얼굴을 보기를 고대하며 아버지를 기다리듯이 하나님을 기다리고 있었기 때문입니다. 그렇습니다! "네 하나님 만나기를 준비하라"는 이 말씀은 에덴 동산의 기쁨과 완전히 조화를 이루는 호출이었습니다.

그러나 형제 여러분, 소망이 없는 사람들처럼 시들어버린 그 영광을 슬퍼하지 마십시오. 왜냐하면 이 말씀은 죽은 자들 가운데서 일어나신 예수 그리스도의 부활로 말미암아 산 소망을 갖게 된 거듭난 사람들에게는 아직도 천국의 소리를 다소간에 지니고 있기 때문입니다. 우리가 비록 타락하여 죄를 범하여 본성적으로 하나님을 싫어하지만, 우리 가운데 많은 사람들이 심령이 새롭게 되었습니다. 그래서 우리는 이제 어떤 의미에서 지극히 즐겁고 매혹적인, "네 하나님 만나기를 준비하라"는 반가운 메시지를 종종 듣습니다. 그것은 우리가 흔히 듣는 기도하라는 권유입니다.

아침이 되었습니다. 생활의 전선에 나가기 전에 옷을 입을 때, 하나님의 천사가 우리에게 "네 하나님 만나기를 준비하라"고 속삭입니다. 우리는 무릎을 꿇고 아버지 하나님의 얼굴을 구하고, 하루 종일 우리를 보호하고 인도하여 주시기를 기도합니다. 거룩한 목소리가 해질녘까지는 들리지 않을 것이라고 생각하지 마십시오. 그렇지 않습니다! 일을 하다가 잠시 짬이 날 때, 여가를 얻을 수 있을 때, 우리는 내적 생명의 소리, 즉 우리 속에 내주하시며 "네 하나님 만나기를 준비하라"고 부드럽게 속삭이시는 성령님의 소리를 듣습니다. 이때 우리는 마음으로 발에서 신을 벗고 우리가 서 있는 곳이 거룩한 땅인 것을 느낍니다!

우리는 볼품없는 일터에서 지낼 수 있지만, 우리의 영이 지존하신 하나님과 교제를 나눌 때는 그 일터가 대성당으로 바뀝니다. 우리의 서재가 책과 서류와 편지들로 너저분할 수 있습니다. 그러나 하나님의 이 목소리를 듣고 거기에 순종하면 서재가 갑자기 작은 예배당으로 변하고 모든 것이 질서정연해집니다. 어쩌면 우리가 옥수수 밭이나 보리 낟가리에 있을 수 있습니다. 그러나 하나님께서 "네 하나님 만나기를 준비하라"고 말씀하신다면, 진실한 마음은 제단 앞에 선 제사장처럼 서서 영과 진리로 하나님을 예배합니다. 마음이 예배에 엄숙하게 몰두할 때는 분주한 런던의 거리들이 조용한 성전이 될 수 있습니다. 하나님을 만날 준비를 한다는 것은 옷을 갈아입어야 한다는 것을 의미하지 않고 손을 씻어야 한다는 의미도 아닙니다. 마음을 씻고 흰 세마포를 입어야 하는데, 이 일은 성도들의 의로 순식간에 이루어지고, 그 가운데서 영혼이 자기 하나님 앞에 서서 복된 교제를 누립니다.

그 다음에, 형제 여러분, 예를 들어 주일 전날에 하듯이 우리가 하나님을 만날 준비를 해야 하는 정해진 시간이 있습니다. 가정 예배 때 다가오는 안식일을 말하고, 주님께 우리가 모든 근심을 내려놓고 세상의 방해물들에서 벗어나 안식의 날에 우리 아버지 하나님과 함께 천상의 곳에 앉을 수 있게 해달라고 구하는 것이 내게는 언제나 지극히 즐거운 일입니다. 나는 여러분 가운데 토요일 밤에 아주 늦게까지 가게 문을 열지 않으면 안 되고, 거의 안식일이 다 되어서야 일을 마칠 수 있는 분들이 있다는 것을 압니다. 그럴지라도 나는 여러분이 이곳에 오기 전에 집에서 먼저 하나님을 만남으로써 반드시 이 예배처소에 올 준비를 하시기 바랍니다. 나는 여러분이 마치 그저 집회에 오기만 하면 충분한 것처럼 준비 없이 예배당에 오시지 않기를 바랍니다.

정말이지 나는 여러분이 간절한 바람과 거룩한 열망을 가지고 준비된 마음으로 오는 것을 보고 싶습니다. 여러분은 이미 조율을 다 마친 하프를 가지고 오십시오. 거룩한 집회에 참석할 준비를 하십시오. 예물을 준비하고, 찬송 드릴 준비를 하며 마음을 준비하십시오. 그렇습니다. 안식일 외에도 우리가 특별히 하나님을 만날 준비를 해야 하는 때가 있습니다. 우리는 달력에 정해진 종교상 축일들을 지키지 않고, 섭리에 의해, 그리고 성령께서 우리에게 정해주신 축일을 지킵니다. 내 말뜻은 거룩한 과거의 역사에 의해서 신성하게 여겨지는 절기가 있고, 슬픔과 기쁨, 땅과 하늘, 안팎에 있는 모든 것이 우리에게 크고 달콤한 목소리로 "네 하나님 만나기를 준비하라"고 외치는 것처럼 보이는 현재의 상황들에 의해 신성하게 여겨지는 시간이 있다는 것입니다.

그러면 우리는 특정한 시간을 따로 떼어, 그 시간을 거룩한 교제를 위한 시간으로 바칩니다. 하나님께서는 하루 중 당신의 몫으로 정해진 시간이 있다고 주장하셨습니다. 그래서 우리는 골방에 들어가 문을 닫음으로써 그 시간을 신성하게 지킵니다. 성령님의 내적 활동은 종종 우리를 한적한 곳으로 불러냅니다. 이때 우리는 이 복된 명령에 즉각 순종하도록 합시다. 사랑하시는 주님은 우리를 주님의 포도주 잔치에 초대하시고, 하나님의 사랑이 계시되는 은밀한 방으로 오라고 우리를 부르십니다. 우리에게 하나님의 영광이 지나가는 동안 바위틈에 서 있으라고 명령하십니다. 그처럼 행복한 때에, 나는 이런 때가 우리에게 드물지 않다고 생각하는데, 그런 때에 희년의 나팔이 우리 영혼에 "네 하나님 만나기를 준비하라"는 소리를 울려냅니다. 그때 우리의 표어는 이것입니다. "일어나 향기로운 꽃밭으로 가자, 석류 동산으로 가자. 그곳에서 사랑하시는 하나님께서 자신을 우리에게 나타내고 왕을 뵙게 하실 것이다."

그 다음에, 우리는 이 말에 신자가 몸이 없는 상태에서 하나님을 만난다는 의미를 붙일 수 있을 것입니다. 그렇게 할지라도 이 자리에 있는 사랑하는 형제자매들 중 어떤 분들에게는 "네 하나님 만나기를 준비하라"는 이 말씀이 전혀 어두운 의미를 지니지 않습니다. 그리스도인들은 특별히 나이가 들면 "네 하나님 만나기를 준비하라"는 천사의 속삭임을 자주 듣지 않을 수 없습니다. 몸에 일어나는 불가피한 쇠퇴의 과정에서, 시력이 약해지고 사지가 비틀거리며 머리가 희어지는 과정에서 한결같이 "네 하나님 만나기를 준비하라"는 낮지만 애정 어린 목소리를 들을 수밖에 없습니다. 장막이 거두어지고, 끈이 풀리며, 장막 말뚝이 뽑힙니다. 곧 장막 덮개가 말려서 치워질 것입니다. 그러나 여러분에게는 손으로 짓지 아니한 영원한 집이 하늘에 있습니다. 그러니 하늘을 쳐다보며 그곳에 거할 준비를 하시기 바랍니다. 여러분의 영이 벌거벗지 않고, 하늘로부터 오는 집으로 옷 입기를 준비하십시오.

나이 든 형제 여러분, 나는 그 일이 여러분에게 어떻게 이루어질지 상상이 갑니다. 어렸을 때부터 성인이 될 때까지 친구로 지냈던 사랑하는 사람들이 여러분보다 먼저 떠납니다. 그들이 산 자의 땅으로 기쁘게 날아가면서 돌아보며 말합니다. "우리를 따라올 준비를 하라." 여러분은 그런 초대를 들을 때 조금도 슬퍼하지 않고, 오히려 때때로 영원한 창문에 모여드는 비둘기 떼에 참여하고, 사랑받는 사람들과 함께 거하는 안식처를 만날 수 있는 그 즐거운 시간에 빨리 이르고 싶어 합니다. 하늘 성소에 모여 있는 친구들이 70년을 산 여러분에게 오라고 손짓합니다. 여러분은 그들의 복된 사회에 가고 싶은 마음이 생깁니다. 영혼의 공기가 맑고, 의의 해가 힘 있게 비추는 복된 안식일에 여러분은 뿔라의 땅에 거하며, 새 예루살렘과 주님을 생생하게 보며 마치 천사가 말하는 것처럼 "네 하나님 만나기를 준비하라"는 소리를 듣습니다. 종종 찬송이 하늘로 올라갈 때, 여러분은 마치 찬송을 타고서 진주 문을 지나가는 것처럼 느낍니다. 거룩한 성찬상에서 우리는 더 높이 올라와 지극한 영광 가운데 들어오라는 소리가 크게 울려 퍼지는 것을 듣습니다! 비록 내가 젊고 땅에 매여 있지만, 그런 나에게도 이 성찬상은 나로 하여금 줄을 풀고 돛을 펴며 이 세상을 떠나 우리 영혼의 항구인 저 영광의 땅으로 들어갈 그 마지막 여행을 간절히 바라게 만들었습니다.

나이 많은 형제 여러분, 이 점이 여러분에게는 훨씬 더 해당될 것입니다. 많은 친구들을 강 건너편으로 보냈고, 지극히 사랑하는 사람들을 이미 많이 요단강 건너편으로 보낸 여러분은 틀림없이 그동안의 오랜 경험과 약해진 몸을 통해서 "네 하나님 만나기를 준비하라"는 메시지를 자주 듣게 될 것입니다. 그런 여러분에게 이 소식은 즐거운 것입니다. 여러분은 타향살이를 하는 사람들입니다. 그래서 집으로 돌아가기를 간절히 바랍니다. 여러분은 학교에서 공부하는 어린 아이들입니다. 그래서 아버지의 집에 가기를 갈망합니다.

그런데 나는 그 점에 이어서 이 말씀이 사람들에게 언제나 달콤한 은종(silver bell) 소리만을 내는 것이 아니라는 점을 언급하지 않을 수 없습니다. 이 말씀이 아주 허다히 많은 사람들에게는 **경고의 말씀**입니다. "네 하나님 만나기를 준비하라." 그런데 슬프게도, 지금 이 설교를 듣고 있는 여러분 가운데 하나님을 만날 준비가 되어 있지 않은 사람이 얼마나 많은지 모릅니다! 나는 그 점을 생각하면 마음이 아픕니다. 어젯밤 8시에 앉아서 마음속으로 이 설교의 주제를 생각하고 있을 때, 누군가 문을 두드렸습니다. 한 아버지가 사랑하는 딸의 임종의 자리에 속히 함께 가주기를 간절히 청하였습니다. 나는 설교를 준비하려면 많은 시간이 필요했지만, 사랑하는 교우가 위급한 처지에 있었고, 그 교우는 이 태버너클 예배당에서 오랫동안 항상 하나님의 말씀을 잘 들어온 사람이었습니다. 나는 설교를 준비할 수 있든지 없든지 간에 마땅히 가야 한다고 느꼈습니다. 기쁘게도 나는 그 환자의 증언을 들을 수 있었습니다. 그 교우의 딸은 마지막 숨을 내쉬면서 내가 두려워하는 사실을 말하였습니다. 자신이 그리스도와 관계가 있는 사람인지 충분한 확신이 없다는 것이었습니다. 그러나 그녀가 몇 번 경련을 일으키는 가운데서 "내가 정말로 예수님을 사랑한다는 것은 알아요. 내가 아는 것은 그것뿐이에요"라고 말했을 때 내게서 모든 의심이 사라졌습니다. 그렇습니다. 내가 알고 싶은 것은 그것뿐이라고 생각했습니다. 우리 가운데 누구든지 언제나 자기가 구주님을 사랑한다는 것을 안다면, 자신의 상태에 대해서 더 이상 어떤 증거가 필요하겠습니까?

그러나 나는 그때 여러분 가운데 아주 많은 분들이 전혀 죽을 준비가 되어있지 않는 것을 생각하고서 마음이 몹시 무거웠습니다. 나는 종종 병실에서 설교를 하는데, 그럴 때면 많은 사람들에게 하는 것과는 다른 관점에서 설교를 하게 된다는 생각이 듭니다. 나는 여러분의 지극히 엄숙한 시간과 지극히 중대한 상황에 맞는 설교를 전하려고 애씁니다. 어떻게 해서든지 여러분의 병상을 따라다니며, 여러분이 설교의 설득에 굴복하여 예수님을 믿지 않는 한, 계속해서 여러분을 고소할 설교를 전하고 싶습니다. 여러분이 머지않아 영의 세계로 들어가게 될 때, 무익한 종교적인 행위는 모두 비참한 헛수고가 될 것입니다. 그래서 나는 애정을 가지고 그러나 아주 진지하게 여러분에게 말할 것입니다. "네 하나님 만나기를 준비하라." 여러분 가운데 많은 분들이 전혀 준비가 되어있지 않다고 보기 때문입니다.

여러분은 그동안 다른 사람들이 죽는 것을 보았습니다. 죽은 사람들은 무덤에서 여러분에게 설교하며 이렇게 말합니다. "친구여, 이렇게 그대도 반드시 흙으로 돌아갈 것이네. 그대가 생각지 못한 시간에 인자가 그대를 부르실 것이니 준비하고 있게." 여러분은 몸에 병이 있습니다. 이제는 이전처럼 튼튼하지 않습니다. 지금까지 이미 많은 고비를 넘겼습니다. 이 모든 것이 자비의 하나님께서 여러분에게 "너희는 너희의 행위를 살필지니라"(학 1:5)고 말씀하시는 목소리가 아니고 무엇이겠습니까? 여러분은 자신이 결코 죽지 않을 것이라고 생각할 만큼 바보가 아닙니다. 언젠가 죽는다는 것을 압니다. 여러분은 죽을 때 자신의 죽음이 말이나 개의 죽음과 같을 것이라고 생각할 만큼 정신이 나가지도 않았습니다. 여러분은 사후가 있다는 것을 압니다. 사람들이 자신이 몸으로 행한 행위에 따라 선악 간에 심판을 받을 상태가 있다는 것을 압니다. 그러므로 나는 여러분이 과거를 진지하게 더듬어 보고 "네 하나님 만나기를 준비하라"는 본문의 권고를 깊이 생각해 보기를 바랍니다.

나는 그 속에 아름다운 선율이 거의 들어 있지 않은 "네 하나님 만나기를 준비하라"는 이 소리가 머지않아 불경건한 자들의 귀에 최종 소환의 음성으로 들리게 될 것인데, 그때는 거기에 음악은 전혀 없고 모든 희망을 날려버릴 무서운 소리밖에 없을 것이라고 말씀드립니다. 이 소환이 회심하지 않은 여러분 각 사람에게 임할 것이고, 이 소환의 명령이 올 때는 더 이상 연기(延期)가 허용되지 않을 것입니다. 지극히 지혜로운 외과 의사를 부르든가 아주 유능한 내과 의사를 불러들이십시오. 그럴지라도 그들이 하나님의 사형집행 영장의 시행을 한 시간도 미루지 못합니다. "네 하나님 만나기를 준비하라"는 말씀은 이 소환 명령이 들리는 그런 때에, 그런 시간에, 그런 순간에 영은 자기를 지으신 하나님께로 반드시 돌아간다는 사실을 의미할 것입니다. 그 소환을 피할 수 있는 길은 없습니다. 그때는 여러분을 대신해서 죽을 대리인을 찾을 수 없을 것입니다.

청중 여러분, "네 하나님 만나기를 준비하라"는 소환 명령은 틀림없이 여러분에게 올 것입니다. 여러분이 그 소환 명령을 받을 수 있도록 준비가 되면 참으로 좋겠습니다! 지난 모든 세월 동안 잊고 살았던 여러분의 하나님, 그 권리를 무시하였던 여러분의 창조주, 그 모든 은택에 한 번도 보답을 하지 않은 여러분의 보존자, 그 이름을 모독하였던 왕이신 여러분의 하나님을 반드시 만날 것입니다. 여러분이 그동안 그의 존재를 부인해왔지만 하나님을 반드시 만날 것입니다. 하나님의 의로운 법에 공공연히 반대하며 살았는데, 반드시 하나님을 만날 것입니다. 어떤 예외도 없을 것입니다. 하나님의 심판대 앞에 여러분이 반드시 설 것입니다. 여러분이 준비되어 있든지 않든지 간에 부활의 나팔 소리가 나면 여러분은 반드시 하나님의 심판대 앞으로 나와야 합니다. 내 말이 아무리 무섭게 들릴지라도 장차 올 심판과 쏟아질 진노가 거듭나지 않은 사람의 마음에 일으킬 공포에는 도무지 미치지 못할 것입니다.

형제 여러분, 때로 나는 장차 올 세상에 관하여 너무 가혹하고 너무 무서우며 너무 놀라게 하는 말을 사용한다는 비난을 받습니다. 그러나 나는 그런 어조를 바꿀 생각이 없습니다. 왜냐하면 내가 벼락 같은 소리로 말하고 표정은 번개가 치는 것처럼 무서울지라도, 눈에서는 눈물이 아니라 피가 떨어지는 것 같을지라도, 아무리 두려운 어조와 말과 몸짓 혹은 비유를 사용할지라도, 그것이 복음을 거절하였기에 공의의 심판을 받을 영혼의 두려운 상태를 충분히 나타내는 데에는 턱없이 부족하다고 굳게 믿기 때문입니다. "모세의 법을 폐한 자도 두세 증인으로 말미암아 불쌍히 여김을 받지 못하고 죽었거든 하물며 하나님의 아들을 짓밟고 자기를 거룩하게 한 언약의 피를 부정한 것으로 여기고 은혜의 성령을 욕되게 하는 자가 당연히 받을 형벌은 얼마나 더 무겁겠느냐 너희는 생각하라 원수 갚는 것이 내게 있으니 내가 갚으리라 하시고 또 다시 주께서 그의 백성을 심판하리라 말씀하신 것을 우리가 아노니 살아 계신 하나님의 손에 빠져 들어가는 것이 무서울진저"(히 10:28-31). "하나님을 잊어버린 너희여 이제 이를 생각하라 그렇지 아니하면 내가 너희를 찢으리니 건질 자 없으리라"(시 50:22).

부드러운 것을 말하는 선지자들이 우리 가운데서 일어나 장차 올 심판은 무섭지 않고 영원한 잠으로 끝날 것이라는 생각으로 사람들을 속입니다. 나는 그들의 비밀을 지지하지 않습니다. 나는 주님의 진리와 주님의 말씀을 전하지 않을 수 없습니다. 믿음이 없는 여러분, 여러분의 형벌은 끝나지 않을 것입니다. 주님께서 "그들은 영벌(永罰)에 들어가리라"(마 25:46)고 말씀하셨기 때문입니다. 여러분의 비참함은 끝이 없을 것입니다. 이는 거짓말하실 수 없는 분께서 "그 고난의 연기가 세세토록 올라가리로다"(계 14:11)라고 밝히시기 때문입니다. 여러분은 심판 날에 예수님으로부터 영원히 복 받는 판결을 받든지 아니면 영원한 형벌의 선고밖에 들을 수 없을 것입니다. 하나님께서 여러분이 죄가 하찮은 것에 지나지 않다는 생각으로 죄를 짓지 않게 해 주시기를 바랍니다. 여러분도 얼마 있지 않으면 이 세상에 없을 것이고, 그 생각도 더 이상 하지 못할 것입니다. 자연조차도 여러분의 영혼이 영원히 존재할 것을 가르칩니다. 여러분의 영혼이 영원히 망하지 않도록 하고, 주의 얼굴과 그의 힘의 영광을 떠나(살후 1:9) 스스로 영원히 멸망하지 않도록 하시기 바랍니다!

이와 같이 이 말씀의 어조를 다르게 생각해 보았습니다.

2. 둘째로, 이 말씀에 믿지 않는 자들에 대한 무거운 소식이 있다는 점을 간단히 살펴보겠습니다.

이 말씀은 다음과 같이 말합니다. "네 하나님 만나기를 준비하라." 나는 이 자리에 있는 불신자 한 사람 한 사람을 붙잡고, 마음이 하나님과 바른 관계에 있지 않는 한 사람 한 사람을 붙잡고, 옛적에 선지자가 여로보암의 아내에게 말하였듯이 개별적으로 이렇게 말할 수 있으면 좋겠습니다. "내가 명령을 받아 흉한 일을 네게 전하리라"(왕상 14:6). 그와 같이 나는 불신자 한 사람 한 사람에게 "회심하지 않은 친구여, 내가 명령을 받아 흉한 일을 네게 전하리라"고 말하고 싶습니다. 그 소식은 이것입니다. "여러분이 오래지 않아 여러분의 하나님을 만나야 한다"는 것입니다. "여러분의 하나님을 만난다"는 말에 귀를 기울이시기 바랍니다. 여러분은 아직까지 하나님을 만나지 못한 채 이 세상을 지나왔습니다. 하나님은 도처에 계십니다. 그러나 여러분은 어떻게 해서든지 하나님을 보지 않으려고 하였습니다. 하나님은 여러분을 먹여 살리셨고, 하나님 안에서 여러분이 살고 움직이며 존재하였습니다. 그러나 여러분은 아주 용케도 지금까지 하나님을 전혀 인지하지 못할 만큼 어리석게 굴었습니다. 여러분은 이제 곧 하나님을 알게 될 것입니다. 몸이 여러분의 영에서 떨어져나갈 때, 몸이 없는 여러분의 영혼은 눈이 없이도 지금보다도 훨씬 더 분명하게 볼 것입니다. 여러분은 지금 여러분에게 숨겨 있는 영적 세계를 보기 시작할 것이고, 맨 먼저 여러분의 하나님을 만날 것입니다.

지금 여러분은 하나님에 대한 생각이 싫기 때문에 속으로 '하나님은 없다'고 말합니다. 모든 것을 보는 눈이 여러분의 방에 있다는 것을, 아니 여러분 마음속에 있다는 것을 기억한다면 여러분은 지금처럼 죄를 지을 수 없을 것입니다. 여러분이 하나님에 대한 생각을 이내 떨쳐 버릴 수 없으리라는 것을 기억하시기 바랍니다. 하나님을 대면하여 만날 것이기 때문입니다. 단지 하나님에 대한 생각을 떨쳐 버리지 못하기만 하는 것이 아니라 여러분은 죽는 순간에 하나님의 실질적인 존재를 맞닥뜨릴 것입니다. 하나님을 만나지 않을 수 없을 것입니다. 그것은 마치 하나님께서 여러분을 멀리서 보거나 여러분이 하나님을 멀리서 바라보는 것처럼 하는 것이 아니라 가까이에서 만날 것입니다. 우리 하나님은 소멸하는 불이시기 때문에, 하나님의 위엄의 모든 영광이 여러분에게 마치 그루터기를 삼키는 불처럼 작용할 정도로 가까이서 하나님을 만날 것입니다. 하나님의 거룩함은 여러분의 죄에 대하여 타오르는 진노가 될 것입니다. 멀리서 쌓였다가 치워지는 진노가 아니라 여러분에게 아주 가까이 와서 여러분을 태워 버릴 진노가 될 것입니다. 이것은 여러분이 피할 수 없는 필연적인 만남이 될 것입니다.

여러분은 보고 싶지 않은 사람이 있으면 쉽게 그를 피할 수 있습니다. 그러나 하나님은 피할 수 없습니다. 아침 해의 광선이 여러분을 빠르게 다른 곳으로 옮길지라도 하나님의 오른손이 더 빠르게 여러분을 붙잡을 것입니다. 바다 끝이 여러분을 숨길 수 없고, 밤도 여러분 주위를 어둡게 만들 수 없을 것입니다. 하늘의 높은 곳도 지옥의 깊은 곳도 여러분을 하나님에게서 숨길 수 없습니다. 여러분은 반드시 여러분의 하나님을 얼굴과 얼굴을 대하여 만날 것입니다. 그것은 반드시 개인적인 만남이 될 것입니다. 하나님과 여러분만 있는 것처럼 만날 것입니다. 오직 하나님과 여러분만 만날 것입니다. 그 자리에 천사들이 있다 한들 어떻습니까? 그 자리에 여러분과 같은 죄인들이 이루 헤아릴 수 없이 많이 있다 한들 어떻습니까? 그럴지라도 여러분에게는 사실상 그것이 홀로 하나님을 만나는 일이 될 것입니다. "여러분은 반드시 여러분의 하나님을 만납니다. 여러분, 여러분은 반드시 만납니다."

사랑하는 청중 여러분, 하나님을 만난다는 이것이 여러분에게 무거운 소식이 된다는 것은 슬픈 일입니다. 여러분이 지금 하나님 앞에서 마땅히 되어야 하는 그런 사람이라면, 하나님께 가까이 가고 하나님의 품에 거하리라는 생각이 여러분에게 기쁨이 될 것입니다. 그러나 여러분이 회심하지 않았기 때문에, 비록 여러분이 할 수 있는 대로 마음을 강철같이 단단하게 할지라도 머지않아 하나님을 만나야 한다는 이것만큼 여러분에게 두려운 소식은 없을 것입니다.

여러분이 만나야 하는 분이 누구인지 잠시 생각해 봅시다! 여러분은 여러분의 하나님을 만나야 합니다. 여러분의 하나님을 만나야 합니다! 지금까지 여러분이 그 법을 어겼고 그 형벌을 비웃었는데, 그렇게 위반한 공의를 만나야 합니다. 정당하게 분노하며 칼을 뽑아든 공의를 만나야 하는 것입니다. 여러분은 여러분의 하나님을 만나야 합니다. 즉, 눈을 부릅뜬 전지하신 하나님께 조사를 받아야 합니다. 여러분의 마음을 보고 여러분의 생각을 읽으며 여러분의 감정을 적어두시고 여러분의 무익한 말들을 기억하고 계신 분, 그분을 만나야 하는 것입니다. 무한한 통찰력을 가지고 계신 분을 만나야 합니다. 이제까지 한 번도 속지 않은 눈을 가지고 계신 분, 위선의 모든 장막과 모든 형식의 은폐를 꿰뚫어 보실 하나님을 만나야 합니다. 여러분이 하나님 앞에서는 도무지 자신의 실제 모습보다 더 나은 체할 수 없을 것입니다. 여러분이 눈앞에 펼쳐진 책을 읽듯이 여러분의 모든 것을 읽으실 분을 만나야 합니다. 여러분은 한 점 오점이 없는 거룩함을 만나야 합니다. 여러분이 세상에서 거룩한 사람들과 함께 있을 때 언제나 즐겁지만은 않았습니다. 그 사람들 앞에서는 본능적인 충동대로 행동할 수 없었습니다. 그들이 여러분에게는 행동을 저지하는 존재들이었습니다. 그런데 무한히 거룩하신 하나님, 여러분이 그분을 만나는 일은 어떻겠습니까? 죄인이 거룩하신 삼위일체 하나님을 만나는 것은 금속 찌끼가 제련하는 사람을 만나거나 그루터기가 타오르는 불길을 만나는 것과 같습니다.

그 다음에, 여러분은 여러분이 모욕한 자비를 만나야 할 것입니다. 여러분이 회개하라고 권유를 받았고 그리스도를 붙잡으라고 권고를 받았으며 구원받으라고 솔직하게 초대를 받았음에도 불구하고 목을 곧게 세우고 들으려 하지 않았다는 것이 생각날 때, 이것만큼 두려운 만남은 없을 것입니다. 죄인이여, 하나님께서 지금 여러분에 대해서 참으시는 그만큼 그때는 여러분에 대해서 맹렬한 분노를 발하실 것입니다. 하나님께서 은혜로 경고하시는 말씀을 무시하는 자들은 하나님의 진노를 두려워하게 될 것입니다. 은혜로 오시는 하나님을 만나려고 하지 않은 사람들만큼 공의로 오시는 하나님, 곧 무시당한 자비에 대해 보복하시는 하나님을 만나기를 두려워할 사람은 없을 것입니다. 여러분이 모욕받은 사랑, 거절받은 자비, 진노로 변한 인자를 만나는 것이 무엇인지 모르게 해 주시기를 바랍니다!

죄인이여, 여러분이 지금 모습 그대로 여러분의 하나님을 만나야 한다면, 하나님께서 그의 율법과 복음에서 말씀하신 모든 경고의 말을 성취하시는 영원한 진리이심을 발견하게 될 것입니다. 이 성경책에 있는 불길한 모든 말이 여러분에게 이루어지고, 이 책에 나오는 두려운 말 한 마디 한 마디가 모두 여러분의 몸과 마음에서 사실로 입증될 것입니다. 또 여러분이 전능한 능력을 지니신 분과 만나야 한다는 것을 기억하시기 바랍니다. 연기가 바람과 싸울 수 없듯이, 연료가 용광로와 싸울 수 없듯이 여러분이 이런 분과는 맞서 싸울 수 없습니다. 그때 여러분은 하나님께서 어떻게 여러분을 처벌하실 수 있는지 알 것이고, 하나님이 두려워 떠는 약하신 분이 아니라 감히 그의 위엄을 공격하려고 한 원수들을 멸하는 능력을 발휘하실 수 있는 분임을 알게 될 것입니다.

이렇게 몇 가지 생각을 아주 미약하기 짝이 없는 말로 설명하였는데, 말이 비록 단순할지라도 여러분은 그것을 무겁게 받아들여야 합니다. 여러분, 성령께서 여러분에게 하나님을 만날 준비를 할 수 있게 해 주시기를 바랍니다. 여러분은 자신이 만나야 할 분이 누구인지 알고, 그분을 만나는 것이 어떤 일이 될지 압니다. 하나님께서 여러분에게 반드시 일어날 일을 맞이할 수 있도록 준비해 주시기를 바랍니다.

3. 마지막 요점은, 이 말씀에 하나님을 만날 준비를 하라는 중대한 교훈이 있다는 것입니다.

사람이 어떻게 해야 하나님을 만날 준비를 할 수 있습니까? 본문에는 싸울 준비를 하라는 암시가 들어 있습니다. 여러분 가운데 장차 하나님과 싸우기를 바랄 사람은 아무도 없을 것입니다. 천 명을 이끌고서 만 명의 만 배가 되는 무수한 군대를 거느리고 오는 분을 대적할 수 있다고 생각하는 그는 어떤 사람입니까? 반역자여, 그 싸움은 가망이 없다. 감히 하나님과 싸우려고 생각하는 것은 미친 것이다 못해 악한 일이다. 저항은 쓸데없는 일이니, 굴복하라. 죄인으로서 하나님을 만날 준비를 하는 것이 훨씬 더 나은 일이다.

오늘날 우리는 재판을 기다리고 있는 죄수들과 같습니다. 재판이 준비되었다는 소식이 왔으니, 우리는 죄수로서 하나님을 만날 준비를 해야 합니다. 이 재판장 앞에 서야 하는 것이 조만간에 반드시 우리 모두에게 닥칠 운명입니다. 자, 형제 여러분, 재판장을 만날 준비를 하는 바른 길은 무엇입니까? 여러분 가운데 자신은 "무죄"라고 주장할 수 있는 사람이 있다면, 그는 재판장을 만날 준비가 된 것입니다. 그러나 우리 가운데 그렇게 말할 수 있다고 생각할 사람은 한 명도 없습니다. 우리는 크신 하나님께 죄를 범하였고, 그 죄를 솔직히 털어놓지 않을 수 없습니다. 그렇다면 우리가 무슨 준비를 할 수 있습니까? 우리가 앉아서 자신의 경우를 조사한다고 생각해 봅시다. 정상참작을 요청할 만한 무슨 구실을 내놓을 수 있습니까? 우리가 무슨 구실이나 형벌 경감의 사유를 제시할 수 있거나 혹은 앞으로 행실을 고치겠다는 약속으로 형벌을 면할 것이라는 소망을 가질 수 있습니까?

형제 여러분, 그렇게 할 생각을 버립시다. 우리는 그동안 의도적으로 악의를 가지고 잘못을 범하였고, 앞으로도 그렇게 할 것입니다. 그러므로 우리 자신에 근거를 둔 어떤 방어물을 세우려고 하는 것은 소용이 없는 일입니다. 그렇다면 어떻게 해야 우리가 하나님을 만날 준비를 할 수 있습니까? 잘 들으십시오. 우리를 위한 대변자가 계십니다. "만일 누가 죄를 범하여도 아버지 앞에서 우리에게 대언자가 있으니 곧 의로우신 예수 그리스도시라"(요일 2:1)는 말씀이 성경에 기록되어 있습니다. 예수님을 부르러 사람을 보냅시다. 감방에 누워서 기다리는 불쌍한 죄수인 우리는 하나님의 아들 예수께 와서 우리의 중보자와 대변자가 되어 주시라고 사람을 보냅시다. 예수께서 우리의 소송을 맡아주실까요? 예수께서 우리의 처지를 변호하시고 우리를 위하여 하나님께 말씀드리는 우리의 중재인이 되어 주시면 좋겠습니다. 그렇습니다. 예수님은 그 직무를 수용하고 우리의 대변자가 되실 것입니다. 주께서 이같이 말씀하셨기 때문입니다. "내게 오는 자는 내가 결코 내쫓지 아니하리라"(요 6:37). 그러니 우리는 예수님께 가서 이렇게 말합시다. "예수님, 우리의 소송을 맡아주옵소서."

여러분은 이렇게 할 생각이 없습니까? 제발 그렇게 하시기 바랍니다! 여러분은 이 회중석에 앉아서 이 위대한 변호사의 봉사를 받을 수 있습니다. 마음으로 이렇게 외치십시오. "주 다윗의 자손이시여, 나를 위해 증인이 되어 주시고 내 소송을 맡아 주소서." 우리가 이 모든 일을 주님의 손에 맡기고, 기묘자(사 9:6)라 불리시는 분을 우리를 위해 변호하는 모사로 받아들였다고 생각해 봅시다. 그 다음에 해야 할 일은 무엇입니까? 첫째로, 주님은 우리에게 즉시 죄인이라는 자신의 참된 처지를 인정함으로써 하나님을 만날 준비를 하라고 명령하십니다. 우리는 자신이 죄인인 것을 인정합시다. 우리는 그리스도께서 우리에게 명하시는 대로 행하지 않는 한, 그리스도로 말미암아 구원받을 수 없습니다. 믿음은 순종할 때에만 실질적인 힘을 발휘합니다. 예수께서 우리에게 말씀하시는 첫 번째 복음의 권고들 가운데 한 가지는 우리가 자신의 죄를 고백해야 한다는 이것입니다. 우리가 죄가 있다는 것을 정직하게 인정하면 좋겠습니다. 우리의 죄악이 우리의 얼굴을 빤히 쳐다보기 때문입니다. 우리는 진심으로 죄를 인정해야 합니다. 죄는 악이고 괴로운 것이며 그동안 우리에게 지독한 손해를 끼쳤기 때문입니다.

큰 보혜사이시여, 주께서 우리에게 죄를 인정하라고 명하신다면 우리는 상한 심령으로 많은 눈물을 흘리면서 인정합니다. 우리에게 아무 공로가 없기 때문에 우리의 소망은 오직 하나님의 자비에만 있다고 고백합니다. 완전히 망한 우리는 "비참한 죄인인 우리를 불쌍히 여기소서" 하고 외칩니다. 그 다음에는 어떻게 합니까? 그러면 우리의 크신 보혜사께서 우리를 위해 변호하실 것이고, 이것이 우리에 대한 소송이 더 이상 진행되지 않도록 막아줄 것입니다. 우리가 자신이 죄인이라는 것을 고백하였다면, 주께서는 법정에서 우리를 위해 모든 형벌의 면제를 법적으로 주장하는 법을 알고 계십니다. 그러면 주님께서는 무엇을 들어 변호하십니까? 주님의 주장은 이것입니다. 주께서 말씀하십니다. "내 아버지여, 옛적부터 나는 아버지의 심판대 앞에서 자신의 죄를 인정하고 내 손에 소송을 맡긴 이 사람들을 대신하여 이 방에 섰습니다. 나는 그들의 죄에 대해서 고난을 받았습니다. 그들이 아버지의 의로운 분노를 당하지 않도록 제가 그 노를 당하였습니다. 그들을 대신하여 아버지의 법을 만족시켰습니다. 그러니 아버지여, 그들을 자유롭게 가게 해주셔야 한다고 주장합니다."

지극히 엄위로우신 하나님께서는 그 변호를 받아들이십니다. 형제자매 여러분, 여러분이 자신의 사정을 그리스도의 손에 맡기고 자신의 죄를 고백한다면, 하나님께서 어떻게 여러분을 아주 자유롭게 하여 하나님을 만날 준비를 할 수 있게 하시는지를 알게 될 것입니다. 이는 여러분이 예수님의 피, 곧 죄인들을 위한 속죄제물의 죗값을 들어 호소할 수 있고, 그리스도의 그 대속으로 가리어짐으로 인해 여러분이 그 사랑하시는 아들 안에서 하나님께 용납될 수 있기 때문입니다. "누가 능히 하나님께서 택하신 자들을 고발하리요 의롭다 하신 이는 하나님이시니 누가 정죄하리요 죽으실 뿐 아니라 다시 살아나신 이는 그리스도 예수시니 그는 하나님 우편에 계신 자요 우리를 위하여 간구하시는 자시니라"(롬 8:33,34).

여러분은 우리의 대변자이신 이 보혜사의 말을 아직 다 듣지 못했습니다. 보혜사는 무한히 엄위로우신 하나님 앞에서 계속해서 이렇게 변호하십니다. "아버지여, 내가 그들을 위하여 율법을 지켰습니다. 율법을 지극히 세세한 부분까지 정확히 다 지켰습니다. 나는 율법을 명예롭게 하였습니다. 이제 내가 이룬 이 의를 그들에게 넘겨주었습니다. 이는 나의 모든 것이 그들의 것이기 때문입니다. 내 의가 곧 그들의 의입니다. 그러므로 그들을 아버지의 사랑하는 아들 안에서 용납하시는 자로 세워주옵소서." 만민의 재판장께서는 그 사실을 인정하십니다. 그리고 범죄하였고 자신의 죄를 인정하였으나 이제는 예수 그리스도의 의를 전가받았으며 그리스도 안에 있는 믿음으로 말미암아 의롭다 함을 받고 모든 죄악이 깨끗이 제거된 불쌍한 영혼들을 자기 품에 받아들이시고 하나님의 영광으로 영접하십니다.

여러분, 하나님을 만날 준비를 하였다는 것이 무엇인지 보십시오. 이제 우리에게는 정당한 논거가 있습니다. 그래서 마지막 심판을 두려워하지 않습니다. 변론에서 반드시 이기는 복되신 보혜사께서 우리의 소송을 맡으셨기 때문입니다. 이제 여러분과 내가 해야 할 일은 우리가 정말로 그리스도를 믿었음을 행동을 통해서 입증하는 것뿐입니다. 정말로 우리가 믿음으로 말미암아 의롭다 함을 받았다면 우리의 믿음이 옳다는 것을 계속해서 증명하도록 합시다. 거룩한 생활로써, 곧 그리스도의 명예와 영광을 위하는 일에 우리의 삶을 바침으로써 그리스도에 대한 우리의 믿음이 진실함을 입증하도록 합시다. 우리는 모든 능력과 열정을 일깨워서 인간의 에너지를 최고도로 발휘하여 그리스도를 위하여 살고 수고하며 애쓰는 그리스도의 종들이 되도록 합시다. 이는 그리스도께서 우리의 소송을 맡으셨고, 마침내 우리를 구원하실 것이기 때문입니다.

이렇게 해서 나는 지금까지 이 자리에 계시는 많은 분들이 하나님을 만날 준비를 하게 되기를 바라면서 하나님을 만날 준비를 하는 것이 무엇인지를 설명하였습니다. 이제 나는 오늘 아침 지금까지 설명한 이 주제가 여러분이 생각하는 것보다 훨씬 더 여러분에게 가까이 있는 문제라는 것을 말씀드리겠습니다. 이것은 우리 모든 사람에게 아주 가까이 있는 문제입니다. 그것은 시간문제일 뿐입니다. 우리 모두는 반드시 하나님의 재판정에 나가야 합니다. 이 문제가 특별히 더 가까이 다가왔을 수 있는 분들이 있습니다. 앞에서 말씀드렸듯이 내가 이 주제를 택하지 않았습니다. 나는 이 주제를 가지고 설교할 생각이 전혀 없었습니다. 이 주제가 나를 택한 것입니다. 나는 상황에 이끌려서 지금의 이 생각을 하게 된 것입니다. 나는 이 일에 부담을 안고 있습니다.

저기 병든 젊은 자매의 절박한 상황을 보고서 이 주제를 다루지 않을 수 없었던 것입니다. 왜 하나님께서 특별히 일이 이렇게 되도록 섭리하신 것입니까? 나는 그것이 오늘 아침 이 자리에 앞으로 하나님으로부터 들을 수 있는 마지막 경고를 받고 있는 사람들이 있기 때문이라고 믿습니다. 이 설교를 듣고 읽는 사람들 가운데 미미한 나의 이 말이 전능하신 하나님의 활로부터 쏘아진 화살과 같이 작용할 사람들이 있다고 굳게 믿습니다. 또 어떤 분들에게는 나의 이 설교가 마지막 자비의 메시지가 될 것입니다. 그래서 이 메시지가 그들을 맞추고 상처를 내어 그리스도께로 몰아가지 않는다면 이후로 어떤 것도 그런 일을 하지 못할 것입니다. 이후로 그들은 더 이상 양심의 동요나 성령의 씨름을 느끼지 못할 것입니다. 어쩌면 다음 안식일의 종소리가 울리기 전에 지금 내 목소리를 듣고 계시는 사람들 가운데 어떤 분들은 영들의 땅에 이르러서 그 무서운 시험을 치르고, 무게를 재었더니 부족한 것이 드러나게 될 수 있습니다. 일이 그렇다면, 그리고 이 자리에 수천 명이 모이기 때문에 여기 있는 누구도 그렇게 되지 않을 것이라고 말하기 어렵다면, 자신이 죽을 수도 있다는 바로 그 사실을 인하여 두려워합시다. 이 주제를 다루지 않을 수 없었다는 그 사실을 인해서 나는 마치 거기에 예언자적인 충동이 있는 것처럼 느끼게 됩니다. 그렇다면, 여러분이 누구이든지 간에 이번 주 안에 죽을 수도 있으므로 여러분과 나는 서로에 대해 특별한 관계에 있는 것입니다.

내가 지금 똑바로 바라보고 있는 사람들 가운데는 장차 하나님의 재판정에서 만나기 전까지는 다시 나를 보지 못할 사람들이 있을 수 있습니다. 그래서 내가 여러분의 영혼에 성실하게 복음을 전하지 않는다면 여러분이 장차 수많은 무리 가운데서 일어나 이렇게 말할지 모릅니다. "내가 길을 잘못 들어 태버너클 예배당에 들어가서 당신의 말을 들었다. 그런데 당신은 설교 주제를 가지고 장난치듯이 말하고 진지하지 못하였다. 그래서 나는 망하고 말았다." 그러므로 나는 진심으로 말하겠습니다.

살아계신 하나님을 의지하여 제발 권하노니, 장차 올 진노를 피하십시오! 하나님께서 살아계시므로, 여러분과 죽음 사이에는 한 걸음밖에 남아 있지 않습니다! 살기 위하여 도망하십시오! 뒤를 돌아보지 마십시오! 온 힘을 다하여 예수께로 돌이키십시오! 십자가에 못 박히신 구주께서 망한 죄인을 기다리십니다. 그를 받아들이시되, 바로 지금 받아들이려고 기다리십니다!

이제 여러분은 다음 세상에서 나를 보고 내가 여러분에게 진지하게 말하지 않았다는 말을 할 수 없을 것입니다. 우리가 이 순간 나누는 눈빛이 그 두려운 날에 서로를 알아보고 보내는 감사와 사랑이 담긴 눈빛으로 이어질 수 있기를 바랍니다. 그때는 여러분과 내가 서로에 대해서 이렇게 말하게 될 것입니다. "우리를 그 안식일에 만나게 해 주신 것에 감사드립니다. 이제 우리가 살아계신 분, 곧 전에 죽었다가 이제 세세토록 살아계시며 사망과 음부의 열쇠를 가지신 분의 보좌 앞에서 영원히 살(계 1:18 참조) 것이기 때문입니다."

하나님께서 여러분 모두에게 풍성한 복을 내려주시기를 바랍니다. 아멘.

제
2
장

잠자는 자들에 대한 징계

"화 있을진저 시온에서 교만한 자여." – 암 6:1

"화 있을진저 시온에서 마음 편히 지내는 자여"(개역개정은 "화 있을진저 시온에서 교만한 자여"). 마음 편히 지내는 것은 그 자체를 생각할 때 전혀 나쁜 일이 아닙니다. 아니, 건전한 의미로 그 말을 쓸 때 시온에서 마음 편히 지내는 것은 큰 복입니다. 그것은 그리스도의 초대의 말씀 중 한 가지가 아닙니까? "수고하고 무거운 짐 진 자들아 다 내게로 오라 내가 너희를 쉬게 하리라"(마 11:28). "그의 영혼은 평안히 살고 그의 자손은 땅을 상속하리로다"(시 25:13)라는 것이 신자에게 주신 약속들 가운데 하나가 아닙니까? 이것은 이사야의 말에서 하나님의 교회에 주시는 특권이 아닙니까? "네 눈이 안정된 처소인 예루살렘을 보리라"(33:20). 뿐만 아니라 예레미야의 예언에는 이 약속이 나옵니다. "야곱이 돌아와서 평안하며 걱정 없이 살게 될 것이라 그를 두렵게 할 자 없으리라"(46:27). 그리스도 안에서 온전한 평안을 얻는 것은 실로 휘장 안에 있는 곳에 들어간 사람들만이 누리는 특전입니다! 우리가 이 안식에 들어갈 수 있으면 좋겠습니다. "믿은 사람들은 안식에 들어가고 하나님이 자기의 일을 쉬심과 같이 그도 자기의 일을 쉬기"(히 4:10 참조) 때문입니다. 신자들은 그리스도의 완성하신 사역에서 영혼의 안식을 충분히 얻었습니다. 그들은 장차 어떤 고난이 올지라도 하나님의 신실하심과 능력에서 장래에 대한 충분한 지지를 발견합니다. 과거의 죄가 어떤 것이었든지 간에 그리스도의 보혈에서 과거의 죄에 대한 충분한 속죄를 발견합니다. 현재의 시련과 곤란과 궁핍과 두려움이 어떤 것이든지 간에 하나님 아버지와 그 아들 예수 그리스도와 함께 하는 교제와 사귐에서 풍성한 기쁨을 발견합니다.

그렇다면, "마음 편하다"는 단어를 좋은 의미로 이해할 때 시온에서 마음 편히 지낸다는 것은 복된 일입니다. 그것은 악인들에게는 거절되는 좋은 것입니다. "악인은 평온함을 얻지 못하고 그 물이 진흙과 더러운 것을 늘 솟구쳐 내는 요동하는 바다와 같고"(사 57:20), 악인들에 대해서는 이같이 말할 수 있기 때문입니다. "그 여러 민족 중에서 네가 평안함을 얻지 못하며 네 발바닥이 쉴 곳도 얻지 못하고 여호와께서 거기에서 네 마음을 떨게 하고 눈을 쇠하게 하고 정신을 산란하게 하시리라"(신 28:65). 사랑하는 형제자매 여러분, 우리의 영이 완전한 안식을 얻는 것은 기도할 만한 일이고 힘써서 구할 만한 일입니다. 하나님의 나라는 성령 안에 있는 평안과 기쁨이기(롬 14:17) 때문입니다. 예수께서는 살렘 왕이요 평강의 왕이십니다. 그리고 "공의의 열매는 화평이요 공의의 결과는 영원한 평안과 안전입니다"(사 32:17). 고난당하는 여러분에게 평안이 있기를 바랍니다. 세상에서 여러분이 고난을 당하나 그리스도 안에서 평안을 얻을 것입니다.

그러나 "마음 편히 지낸다"는 이 단어가 나쁜 의미로도 쓰일 수 있는 것 같습니다. 본문에서 "화 있을진저 시온에서 마음 편히 지내는 자여" 하고 말하는 것을 보면 그렇습니다. 이것은 세상적인 평안, 육신적인 안전입니다. 그것은 사죄받은 사람의 확신이 아닙니다. 교수대를 멸시하는, 마음이 완고한 불쌍한 사람의 평안입니다. 그것은 바위 위에 서 있는 사람의 확신이 아닙니다. 집이 모래 위에 서 있는 까닭에 비틀거리고 있는데도 그 속에서 있는 마음껏 술 마시고 법석을 떠는 분별없는 술고래의 평안입니다. 그것은 하나님과 화목한 영혼의 평온함이 아닙니다. 자기 죄를 안 보이게 숨겼기 때문에 하나님 앞에서도 숨겼다고 생각하는 정신 나간 사람의 평안입니다. 그것은 감각이 없고 완고하며 무자비하고 음울하며 경솔한 사람, 곧 잠을 자지만 금방 깨어나거나 아니면 지옥에서 잠자리를 펴는 데까지 이를 잠을 자기 시작한 사람의 안심과 평안입니다.

나는 이 회중 가운데 시온에서 마음 편히 지내는 사람이 많다는 것을 압니다. 그래서 아무렇게나 추측하여 말하지 않고 그 마음을 똑바로 겨냥하여 하나님의 이름으로 말할 것입니다. 무엇보다 하나님의 종으로서 아침 내내 시온에서 마음 편히 지내는 자들을 깨우려고 할 것입니다. 그들의 이름을 큰 소리로 불러서 깨우려고 노력할 것입니다. 그것이 잠자는 사람을 깨우는 훌륭한 방법이라고 사람들이 말하기 때문입니다. 둘째로는, 그들의 눈에 빛을 비춤으로써 깨우려고 할 것입니다. 사람들이 밤에는 잠을 잘 자지만 낮에는 편하게 자지 못하기 때문입니다. 그 다음에 세 번째로는, 그들의 귀에 나팔을 불어서 깨우려고 할 것입니다. 그렇습니다. 아주 큰 나팔 소리를 낼 것입니다. 그래서 이 자리에 성령께서 계신다면 그 소리가 천사장의 나팔처럼 큰 소리를 내서, 비록 그들이 그 소리를 듣고 하나님께로 돌이키지는 않는다 할지라도 두려워 떨게 만들 것입니다. 그러나 이 모든 일은 허물과 죄로 죽은 자들을 살리시는 성령께서 이 자리에 오셔서 잠자는 자들을 깨우고 구원하시지 않는 한, 소용이 없을 것입니다.

1. 첫째로, 나는 시온에서 마음 편히 지내는 많은 사람들을 깨우기 위해 그들의 이름을 큰 소리로 부를 것입니다.

(1) 시온에서 첫 번째로 잠자는 자의 이름은 교만입니다. 그의 성격이 1절에 묘사됩니다. "사마리아 산에서 마음이 든든한 자 곧 백성들의 머리인 지도자들이여 이스라엘 집이 그들을 따르는도다." 아, 마음이 교만한 이여, 그대는 이 집에 왔다가 속으로 '나는 부자라 부요하여 부족한 것이 없다'(계 3:17)고 말하면서 아주 만족하고 안심하며 이 집을 떠납니다. 그대는 또 이렇게 말합니다. "술고래는 두려워 떨지만 나는 언제나 도덕적으로 생활했다. 부정직한 자들은 머리를 숙이지만 나는 언제나 사람들 앞에서 성실하게 행했다." 이렇게 그대는 자신을 선한 행실로 포장하고 그래서 하나님 앞에 완전한 자로 설 수 있을 것으로 믿습니다. 그래서 그대는 사마리아 산을 의지하고 이렇게 말합니다. "내 산이 굳게 섰으니 영원히 흔들리지 아니하리라"(시 30:6). 나는 그대가 이 집에 자주 출석하면서도 그렇게 자기 의를 의지하여 마음 편히 지낸다는 것을 이해할 수가 없습니다. 우리가 이처럼 행위 장사꾼, 곧 자신이 의롭다고 자랑하여 스스로 속고 남도 속이는 공로 신뢰자들에 대해서 만큼 아주 호통을 치며 비난하는 사람들이 없기 때문입니다. 우리가 힘써 자신의 의를 세우려고 그리스도의 의에 복종하지 않는 사람에 대해서 만큼 엄하게 저주의 말을 퍼붓는 사람이 없기 때문입니다.

여러분, 아무리 정결한 여러분의 행위도 하나님의 보시기에는 찌끼와 똥에 지나지 않습니다. 아무리 훌륭한 여러분의 성과도 더러운 손의 얼룩이 묻어 있습니다. 그런 것들은 깨어난 양심의 희미한 빛조차도 견디지 못합니다. 그런데 하나님께서 모든 것을 하나님 앞에 가져오므로 벌거벗은 듯이 드러나는 하나님의 큰 심판 날의 일곱 배나 강한 빛을 어떻게 견디겠습니까. 자기 행위를 의지하는 자는 부러진 갈대를 의지하는 것입니다. 그것은 어린아이의 종이배를 타고 폭풍이 치는 바다를 건너려는 것과 같고, 철학자의 풍선을 타고 하나님의 천국에 올라가려는 것과 같은 것입니다. 불이 붙은 대초원의 불길을 길가의 시냇물에서 손으로 퍼 올린 적은 물로 끄려고 하는 것과 같으며, 여러분의 죄악을 더 낫게 행동하여 제거하거나 장래의 거룩한 생활로 과거의 죄를 없앨 수 있다고 생각하는 것과 같습니다.

여러분, 분명히 말씀드리지만 여러분의 기도, 구제, 금식, 회개, 교회 출석, 그 모든 것이 완전한 순종을 요구하시고, 사람에게서 나오는 것으로서 완전한 의에 미치지 못하는 것은 전혀 받지 않으실 하나님의 눈에는 아무것도 없는 것이나 같습니다. 버리십시오, 버리십시오, 겉만 번지르르한 이 누더기 옷들을 버리십시오! 이런 옷들은 오래지 않아 다 풀어질 것입니다. 여러분이 베틀에 앉아 밤낮으로 수고할지 모르지만 여러분의 행실은 갈기갈기 찢어져 한 조각도 남지 않을 것입니다. 이는 여러분이 지금 거미집에 불과한 것을 잣고 있기 때문입니다. 하나님의 공의가 그것을 갈기갈기 찢을 것이고, 그래서 여러분은 무화과 잎으로 자신을 가릴 수 없었던 아담처럼 하나님 앞에서 "내가 벗었으므로 숨었나이다" 하고 외칠 것입니다. 시온에서 마음 편히 지내는 자, 곧 그 이름이 교만인 자에게 화가 있을 것입니다.

내가 이렇게 말하는 동안 여러분 가운데 도망가는 사람들이 아주 많습니다. 여러분은 말합니다. "아니요, 우리는 그런 부류에 속하지 않아요. 그들보다 복음을 더 잘 압니다. 우리는 정통 개신교인이고, 마르틴 루터 선생을 굳게 붙잡고 있고, 사람이 율법의 행위가 아니라 믿음으로 의롭다 함을 받는다고 믿고 있어요." 그러나 기억하십시오. 여러분이 그 사실을 믿을지라도 여러분 자신은 의롭게 되지 않을 수가 있습니다. 여러분이 그 교리를 아주 분명하게 이해할 수 있습니다. 그러나 불경건한 자의 칭의를 믿는 것과 불경건한 자가 의롭게 되는 것은 별개의 일입니다.

(2) 두 번째 이름이 두루마리에 기록되어 우리 앞에 놓여 있습니다. 그것은 지금은 아니다, 즉 지연(遲延)입니다. 여러분 가운데 자신의 별명을 알 사람들이

틀림없이 많을 것입니다. 여러분이 3절에서 어떻게 묘사되는지 보십시오. "너희는 흉한 날이 멀다 하는도다." 그렇습니다. 여러분은 지금 어린 도제로 이 자리에 참석하고 있는 것뿐입니다. 그래서 이 수습 기간이 끝나면, 영혼에 관련된 문제들에 신경을 쓸 시간이 충분할 것이라고 생각합니다. 혹은 이제 막 도제 기간을 마친 장인으로 참석하고 있을 뿐입니다. 그래서 개업을 할 만큼 충분히 돈을 벌고 나면 그때 하나님에 대해 생각할 시간이 있을 것이라고 생각합니다. 아니면 여러분은 젊은 장인으로 이제 막 일을 시작하였습니다. 여러분에게 자라나는 가족이 있어 열심히 일을 해야 합니다. 이것이 지연에 대한 여러분의 핑계입니다. 여러분은 상당한 재산을 모으고 은퇴하여 시골에 있는 아늑하고 조용한 주택에 살 수 있게 되고, 자녀들이 다 큰 다음에 과거를 회개하고 장래를 위하여 하나님의 은혜를 구하겠다고 속으로 다짐합니다. 이 모든 것이 어리석기 짝이 없는 자기기만입니다. 여러분은 결코 그렇게 하지 못할 것이기 때문입니다.

오늘 여러분의 모습이 아마도 내일 여러분의 모습이 될 것이고, 내일 여러분의 모습이 아마도 다음 날 여러분의 모습이 될 것입니다. 기적이 일어나지 않는 한, 말하자면 하나님의 초자연적인 은혜가 여러분을 새 사람으로 만들지 않는 한, 여러분의 마지막 날에도 여러분은 지금의 모습과 똑같을 것입니다. 즉, 하나님이 없고, 소망도 없으며, 이스라엘 나라의 복에 대해 외인으로 있을 것입니다. 지연이야말로 사탄이 쳐 놓은 그물 가운데 가장 훌륭한 것입니다. 사탄은 다른 어떤 것으로보다 이 그물로 조심하지 않는 영혼들을 많이 사로잡습니다. 사탄은 말합니다. "지금은 아니야. 지금은 아니야. 지금은 아니야. 시간은 충분해. 시간은 충분해. 시간은 충분해." "먼저 세상의 쾌락을 맛봐. 자, 너 하고 싶은 대로 자유롭게 해. 갈 데까지 가보고, 그 다음에 갑자기 멈추고서 회개해." 사탄은 그때가 되면 또 그들에게 자신이 똑같은 소리를 하리라는 것을 잘 압니다. "지금은 아니야. 지금은 아니야." 그러다가 마침내 그들이 죽음의 아가리에 들어가게 되면 돌아서서 그들의 귀에 대고 무시무시한 말을 속삭입니다. "너무 늦었어! 너무 늦었어! 너무 늦었어!" 하지만 사탄은 지금과 마찬가지로 그때도 거짓말을 하는 것입니다. 하나님께서 팔을 뻗으시기만 한다면 너무 늦은 때란 없기 때문입니다.

자, 이층 좌석을 보고 아래층 회중석을 둘러볼 때 여러분 가운데 근래 7, 8년 동안 내게 복음을 들어온 분들이 많은 것을 알 수 있습니다. 그동안 여러분이 두려워 떨고 놀랐던 때가 많았습니다. 여러분은 벨릭스처럼 느끼고 소리쳤습니다. "지금은 가라 내가 좀 더 편한 때 너를 부르리라"(행 24:25, 개역개정은 "지금은 가라 내가 틈이 있으면 너를 부르리라"). 아, 그런데 좀 더 편한 때가 오직 않았습니다. 나는 그때가 영영 오지 않을까 걱정입니다. 여러분 가운데 스스로 정한 때에 오지 않은 분들이 많았습니다. 하나님은 여러분이 편하게 생각한 때가 아니라 하나님의 편한 때에 여러분을 오게 만드셨습니다. 다른 사람들도 그와 같이 되기를 바랍니다! 그런데 참으로 슬프게도, 이 기도의 집에 오는 사람들 가운데 아주 많은 수가 여전히 "지금은 아니야, 지금은 아니야" 하고 말하며, 그 날을 연기하면서 오려고 하지 않습니다. 그들은 자기들이 영원히 살 것으로 생각하고, 심판 날이 가까이 오지 않고, 자기들이 하나님 앞에 보고서를 제출할 필요가 없을 것으로 생각하고서 계속해서 죄를 짓다가 마침내 인생의 시기가 끝이 나고 그 마지막이 불행해질 것입니다. "저주를 받은 자들아 나를 떠나라"(마 25:41)는 말씀이 그들에 대한 판결이 될 것입니다.

(3) 세 번째 이름은 행악자 혹은 죄를 사랑하는 자입니다. "포악한 자리로 가까워지게 하고." 이 하나님의 집에 들어온 사람들 가운데 여전히 죄를 버리지 않는 사람들이 많습니다. 물론 그들이 은혜의 수단들을 완전히 무시하며 지낼 때만큼 편하게 죄를 범하지는 않을 것입니다. 나는 이 집에 온 많은 사람들이 결국에는 이렇게 말했다는 것을 압니다. "글쎄, 이렇게 하는 것이 도움이 되지 않겠지. 복음을 들으면서 주일에 가게 문을 열 수는 없어. 사업장에서 하는 대로 하면서 이 자리에 계속 앉아 있을 수는 없어. 둘 중의 하나를 포기해야 해." 하나님께서는 그들에게 여호와를 섬기고 바알을 버리는 은혜를 주셨습니다. 그러나 아직 마음을 결정하지 않은 사람들이 많습니다. 여러분은 어젯밤에 어디에 있었습니까? 이 자리에 여러분이 앉아 있으니, 사람들은 여러분이 천국에서 나온 지극히 훌륭한 성도들이라는 것밖에 무엇을 알겠습니까? 그런데 어쩌면 여러분은 지난 주 언젠가 사람들이 여러분을 지옥에서 온 지극히 천한 죄인이라고 밖에 생각할 수 없는 곳에 있었을지 모릅니다. 많은 사람들이 하나님의 회뿐 아니라 사탄의 회에도 참석합니다. 왼손으로 죄악을 꼭 쥐고 있으면서 오른손으로는 종교를 붙잡고 있는 사람들이 있습니다. 사람들은 이런 달콤한 죄들, 아끼는 죄들을 꼭 끌어안고 있습니다. 물론 이렇게 하는 것보다 차라리 사람들이 독사를 가슴에 끌어안고, 그 품에서 독사가 그들의 정맥에 독을 주입하는 것이 더 나을 것

입니다. 얼마나 많은 사람들이 자기 죄에 탐닉하고 있는지 모릅니다! 그들은 그리스도를 모시려고 하지만 술잔도 반드시 가져가야 합니다. 그들은 구주님을 따르려고 하지만 방탕과 방종도 그대로 가져가야 합니다. 그들은 그리스도인이 되려고 하지만 그것은 좁고 힘든 길입니다. 달콤한 정욕을 포기할 수 없습니다.

여러분, 내가 지금 여러분의 이름을 부르고 있다고 생각하지 않습니까? 바로 여러분 생활의 성격을 그대로 설명하고 있지 않습니까? 죄를 사랑하는 자여, 여러분이 죄가 여러분에게 가져올 형벌 때문에 죄를 미워할 날이 올 것입니다. 죄를 추구하는 자는 형벌을 구하는 자입니다. 죄악을 사랑하는 자는 잔의 가장자리는 달콤하지만 다 쏟아버려야 하는 찌끼일 뿐인 잔을 마시는 것입니다. 목구멍을 태울 듯이 뜨거운 그 한 모금이 참으로 무시무시할 것입니다. 아, 그 찌끼를 쏟아내는 일을 영원히, 지옥에서 영원히 계속할 것입니다.

(4) 다음 이름은 자아 사랑입니다. "상아 상에 누우며 침상에서 기지개 켜며 양 떼에서 어린 양과 우리에서 송아지를 잡아서 먹고." 이것이 잘못된 일은 아니었습니다. 그들에게 상아 침대가 있었다면 그들이 일반 침대에 눕는 것과 마찬가지로 상아 침대에 눕는 것을 반대할 이유가 없었습니다. 살면서 복을 받아 이런 것들을 사용할 수 있는 지위에 이른 사람들이 이런 것을 사용해서는 안 될 이유가 없습니다. 이는 하나님께서 지으신 모든 것이 선하므로 멸시할 것이 하나도 없고 모두 감사함으로 받아야 하기 때문입니다. 그들의 잘못은 이것이었습니다. 즉, 그들이 오직 자기만족을 위해서 살았다는 것입니다. 그들은 바울 사도가 "그들의 신은 배요"(빌 3:19)라고 묘사한 부류에 드는 사람들입니다. 그들은 오직 먹고 마시며, 즐거워하고 친구들과 흥겹게 놀기 위해서 살았습니다. 여러분은 내가 금욕주의자가 아니라는 것을 압니다. 내 유머는 너무 따뜻하고 온정적이어서 내가 메뚜기와 석청을 음식으로 삼았던 세례자 요한과 친구라는 주장을 할 수 없을 정도입니다. 나는 "인자는 와서 먹고 마신다"(마 11:19)는 말을 들으신 주님의 태도에 오히려 더 공감하는 편입니다. 그럴지라도 나는 바로 주님께서 그렇게 하셨듯이 오직 육신을 위해서 사는 사람들, 그저 먹고 마시는 데만 신경을 쓰는 사람들, 음식과 의복을 마련하는 데만 일생을 바치는 사람들, 최고의 진미와 최고급 포도주만 있으면 만족해하는 사람들, 심지어 하나님의 집에 오는 것도 그저 귀를 달콤한 소리로 즐겁게 하는 것을 좋아하기 때문인 사람들, 하나님의 선지자도 그들에게 즐거운 악기로 기분 좋은 음악을 연주해 주는 사람으로

밖에 여기지 않는 사람들에 대해 통렬히 비난하지 않을 수 없습니다. 자기만족! 아, 이것이 많은 사람들의 신입니다! 그들은 그리스도를 위해 살지 않습니다. 그들이 그리스도를 위해 무슨 일을 합니까? 그들은 그리스도의 교회를 위해 살지 않습니다. 그들이 그리스도의 교회에 대해 무슨 관심을 갖습니까? 그들은 자기를 위해서 삽니다. 오직 자기만을 위해서 삽니다. 부자들 사이에서뿐 아니라 가난한 사람들 가운데도 이런 사람들이 있다는 것에 유의하시기 바랍니다. 이 악한 누룩은 모든 계층의 사람들에게 있기 때문입니다. 자기 명예, 자기 본위, 이런 것이 그들의 신입니다. 많은 무리가 자기가 좋아하는 신들에게 경의를 표하여 춤추고 노래합니다. 사람들은 배가 부르면 종종 마음이 허망하여집니다. 그래서 광야의 이스라엘 백성들처럼 고기가 아직 그 입에 있는 동안에 하나님의 진노를 당하는 사람들이 많습니다. 그들이 하나님의 진노를 당한 것은 그들의 입속에 들어 있는 고기가 자기들의 신전에 바친 고기였기 때문입니다. 그리고 그들의 신은 바로 그들의 배입니다.

오늘 아침 내 말을 듣고 있는 분들 가운데 바로 그런 분들이 있지 않습니까? 이 말이 딱 그대로 해당되는 사람들은 어쩌면 이렇게 말할지 모릅니다. "글쎄, 그 말은 내게 해당되지 않는 것 같아." 그렇다면 이것은 바로 여러분에게 해당되는 말일 것입니다. 누구든지 이런 고발을 당하면 아무도 자기가 그런 죄가 있다고 인정하고 싶어 하지 않기 때문입니다. 사람들이 모든 죄를 고백하면서도 탐욕을 부렸다고 고백하는 사람은 아무도 없었습니다. 아니, 사람은 자신을 보살피는 일에 적절한 분별력을 발휘하는 것뿐이라고 말합니다. 자기는 세상의 우수한 것들을 공급받아야 한다고 생각합니다. 그래서 그는 스스로 그것들 가운데로 내려가고, 떡과 물을 얻을 뿐만 아니라 또한 그밖에 자기가 원하는 것은 무엇이든지 가지려고 애씁니다. 자기를 사랑하는 자여, 지옥에는 실컷 먹을 수 있는 식탁도, 최고급 과자도 없다는 것을 기억하기 바랍니다. 그러니 헛된 망상에서 깨어나기 바랍니다!

(5) 시온에서 마음 편히 지내는 자들 가운데는 경솔함이라고 불리는 자들이 있었던 것 같습니다. 우리는 그에게 들뜬, 즉 마음 편함이라는 이름을 붙일 수 있습니다. 그는 5절에서 이렇게 묘사됩니다. "비파 소리에 맞추어 노래를 지절거리며 다윗처럼 자기를 위하여 악기를 제조하며 대접으로 포도주를 마시며 귀한 기름을 몸에 바르는도다." 여러분은 이 예배당에 자주 출석하는 사람들 가운데도

"재미없는 것은 꺼져라" 하고 말하는 사람들이 많다는 것을 압니다. 그들은 30분 동안 앉아 있으면서 이런 것들이 그러한가 보기 위해 하나님의 말씀을 뒤적이는 일을 하지 못합니다. 그들은 "아니, 괜히 긁어 부스럼 만들지 말자" 하고 말합니다. 그들은 즐겁습니다. 현재가 편안합니다. 나비들처럼 날씨가 쾌청한 여름 날 동안에는 겨울이 아주 멀리 있다고 생각합니다. 그들은 일생을 경솔하게 행동하며 보냅니다. 우리는 그들을 사회의 하찮은 존재들이라고 부를지 모릅니다. 그들에게는 견고한 것이 없습니다. 그들은 아주 악하다고 할 정도로 견고하지 못합니다. 그들의 신앙조차도 경솔합니다. 그들은 찬송을 마치 일반 노래처럼 부릅니다. 그들이 때로 기도회에 참석하기도 하는데, 누군가 기도할 때 크신 하나님 앞에서 사용하는 용어들에 대해 속으로 이러쿵저러쿵 비난합니다. 때로는 그들이 과감히 신앙을 고백하기도 합니다. 그러나 그들의 신앙에서 진실함을 찾기를 기대하기보다는 차라리 연기 기둥으로 궁전을 짓거나 이슬방울로 여왕의 이마를 장식할 수 있을 것으로 기대하는 것이 나을 것입니다. 그들의 신앙은 언제나 피상적입니다. 낡은 쟁기로 흙 거죽만 훑고 지나가는 것과 같습니다. 밑 흙을 갈아 젖히는 일이 없습니다. 흙덩어리를 뒤집고 부서트리는 일이 없습니다. 양심의 급소를 갈기갈기 찢는 일이 없습니다. 그들은 돌밭처럼 기쁨으로 말씀을 받으나 흙이 깊지 않으므로 잠시 후에 해가 떠오르면 시들어 죽습니다. 우리가 여기저기에서 그런 사람을 발견하는 것은 아니지만, 그처럼 건전한 사고를 하지 못하는 경솔한 사람들이 많습니다. 여러분이 이렇게 시온에서 마음 편히 지내는 자들이라면, 여러분에게 화가 있을 것입니다. 여러분에게 화가 있을 것입니다!

(6) 이제 이 목록에서 마지막 이름을 말하자면, 고난이 없는 자라고 불리는 사람이 있습니다. 그는 6절에서 이같이 묘사됩니다. "요셉의 환난에 대하여는 근심하지 아니하는 자로다." 이 세상에서 고난이 없이 산다는 것은 두려운 일입니다! 나는 어떤 사람이 한 번도 고난을 겪은 적이 없는 사람에 대한 이야기를 듣고서 자기는 그 사람에게 틀림없이 무서운 일이 일어날 것이라고 생각하기 때문에 그와 같은 동네에 살고 싶지 않다고 했다는 말을 들었습니다. 나는 일전에 한 시골 마을에서 설교를 했습니다. 그곳에는 매우 조용하지만 번창하는 작은 교회를 섬기는 훌륭한 목사가 있었습니다. 내가 그 목사에게 말했습니다. "목사님이야말로 내가 바라는 생활을 하고 있습니다. 너무 많은 일을 할 필요가 없이 조용하고 한적하게 지내니 말입니다. 목사님은 아무 시련이 없는 것처럼 보입니다."

아, 그런데 그 후에 얼마 되지 않아 그는 일생일대의 무지막지한 시련을 겪고서 휘청거렸습니다. 그와 같이 하나님의 자녀가 잠시라도 고난이 없이 지나간다면, 그것은 순전히 또 다른 시련이 오고 있기 때문이고, 그에게 떨어질 타격이 너무 크기 때문에 잠시 휴식을 취하고 있는 것뿐임이 분명합니다. 그것은 존 번연이 다음과 같이 노래하는 것과 같습니다.

"그리스도인은 좀처럼 오래 쉬지 못하네.
고난이 지나가면 또 다른 고난이 그를 덮치니."

불경건한 자들에 대해서는 이같이 기록되었습니다. "모압은 젊은 시절부터 평안하고 이 그릇에서 저 그릇으로 옮기지 않았도다"(렘 48:11). 우리 회중 가운데 그런 사람들이 있습니다. 그런 여러분은 살면서 큰 고난을 겪지 않았습니다. 여러분이 감상주의에 젖어 시련이라고 부르는 작은 일들이 여러분에게 임하기는 했습니다. 그러나 여러분은 마음을 찢는 심한 괴로움이나 큰 시험 혹은 시련, 손실이나 고난 같은 것을 전혀 겪지 않았습니다. 그래서 여러분은 편안한 마음으로 이렇게 말합니다. "나는 이런 일들을 일절 겪지 않았으니 은혜를 받은 사람이다." 그렇게 말한다면 하나님께서는 여러분을 몹시 싫어하시는 것이라고 말할 수 있을 것 같습니다. 왜냐하면 하나님께서는 자기와 관계가 없다고 말씀하시는 사람들에게만 매를 때리시지 않기 때문입니다. 이것은 사람이 다른 사람의 자녀를 징계하지 않고, 자기 자식을 사랑하면 반드시 그를 징계하는 것과 같습니다. 여러분이 지금까지 고난 없이 지내왔다면, 조심하십시오. 여러분이 이런 이유 때문에 시온에서 마음 편히 지낸다면, 그것은 매우 위험한 일입니다. 내가 이렇게 여러분의 처지를 설명하고 여러분의 이름을 부를 때 하나님께서 여러분을 정신 차리게 해 주시기를 바랍니다.

2. 이렇게 해서 그 이름들을 다 언급했으니, 이제는 잠자는 이 사람들의 눈에 빛을 비추어 봅시다.

형제 여러분, 이 시간 우리는 절망적인 일을 하나 해야 합니다. 이 사람들의 눈에 빛을 비추는 것은 아무 소용없는 일입니다. 그렇게 해도 그들은 깨어나지 않을 것입니다. 사실을 말하자면, 그들은 그들의 눈꺼풀에 하늘의 해가 빛을 비추고 있는데도 잠을 자고 있는 것입니다. 그들이 "시온에서 마음 편히 지낸다"고 말하고 있는 것을 보면, 그것을 알 수 있습니다. 그들이 복음을 전혀 듣지 못한 에티오피아에서 마음 편히 지내는 것이 아니었습니다. 경고하는 선지자가 하나도 보냄을 받지 않은 시바(sheba)나 땅 끝에서 마음 편히 지내는 것이 아니었습니다. 그들은 시온에서, 다시 말해 지혜가 거리에서 큰 소리로 외치고, 지혜의 계시가 집집마다 있고, 지혜의 종복들이 문마다 서 있는 곳에서 마음 편히 지낸 것입니다. 그러니 이런 사람들에게 빛을 비추는 것이 무슨 소용이 있겠습니까? 우리는 그렇게 해서는 그들을 깨우지 못할 것입니다. 어쩌면 그들에게 이 빛을 상기시킴으로써 깨울 수 있을지 모르겠습니다. 여러분, 내가 그렇게 하는 동안 여러분 영혼에 가치 있는 것이 있다면, 그것이 구원할 만한 가치가 있는 것이라면 제발 여러분 자신을 위해서 내 말에 주의하시기 바랍니다. 내가 잠들어 있는 여러분을 흔들어 깨우려고 하는 이 슬픈 일을 하나님의 이름으로 행하는 동안에 "귀 있는 사람은 듣도록 하십시오"(마 11:15).

첫째로, 여러분은 자고 있지만, 자신의 위험을 압니다. 여러분 가운데는 자신의 영혼을 망하게 하리라는 것을 알면서도 죄를 품고 있는 사람들이 참으로 많습니다. 여러분은 불이 데게 하리라는 것을 알면서도 불에 손을 집어 넣습니다. 여러분에게는 전에 불에 덴 자리에 곪은 물집이 아직도 있습니다. 그런데도 이미 그 뜨거운 열기를 맛본 친구들의 외치는 소리를 들으면서도 여러분을 반드시 태워버릴 용광로에 뛰어듭니다. 여러분은 빛 가운데 죄를 짓는 것은 극단적으로 죄를 짓는 것이며, 알면서 죄를 짓는 것은 일곱 배나 죄를 짓는 것임을 제발 기억하시기 바랍니다. 시돈이나 두로에서 죄를 짓는 사람은 고라신이나 벳새다의 죄인들에 비할 때 하찮은 범죄자에 불과합니다. 죄의 정도는 특권의 정도에 비례합니다. 산울타리와 장벽과 말뚝을 뛰어넘어 자살하는 사람은 정말로 자멸하는 자입니다. 손에 빵을 쥐고도 굶어죽는 사람은 굶어죽어 마땅한 사람입니다. 병들어 있으면서 이웃집에 의사가 있는데도 그를 불러들이지 않고 죽는 사람은 죽어 마땅한 사람입니다. 그리스도의 십자가가 높이 들렸고, 놋 뱀이 볼 수 있도록 세워졌으며 그것을 보라는 명령을 받고도 죽는 사람은 불 뱀이 그를 물어 독이 그의 정맥 속에 퍼져도 할 말이 없는 사람입니다. 제발 죄를 짓지 마십시오. 여러분이 죄를 지으면 그 죄가 다른 사람들의 죄처럼 가볍지 않기 때문입니다. 참으로 역설적인 것은, 빛 가운데서 죽는 것은 지극히 빽빽한 어둠 가운데서 죽는 것입니다.

그 다음에, 여러분은 자주 깹니다. 나는 자기 회중으로 계속해서 편안하게 죄를 짓게 만드는 잠자는 설교자들의 명단 가운데 내 이름이 발견되지 않기를 간절히 바랍니다. 여러분에게 묻겠습니다. 내가 지금까지 사람의 환심을 사려고 애썼습니까? 아니면 여러분 가운데서 찌푸린 얼굴을 볼까 두려워하였습니까? 내가 언제까지나 달콤한 교리를 되풀이하면서 평강이 없는데도 "평강하다 평강하다"(렘 6:14) 하고 말하였습니까? 죄가 여러분에게 어떤 일을 초래할지 내가 말하지 않았습니까? 내가 "아, 여러분이 여러분의 결국을 알면 좋을 텐데, 이 모든 일을 생각하면 좋을 텐데" 하고 소리칠 때 여러분을 위하여 눈물을 흘리지 않았습니까? 여러분이 타락하는 길을 따라 내려갈 때 내가 목이 쉬도록 하나님의 이름으로 여러분을 애타게 부르지 않았습니까?

나는 신앙적인 생활을 위해 목회를 포기했다는 어떤 설교자에 대한 이야기를 들었습니다. 그 이유로 하나님 말씀에 "얼굴에 땀을 흘려야 먹을 것을 먹으리라"(창 3:19)고 기록되었다고 하였다는 것입니다. 그는 목회자의 자격이 거의 없는 사람이었습니다. 얼마 있지 않아서 목회야말로 가장 고된 일이라는 것을 알게 되었을 것입니다. 이 두 가지 일을 결합시키는 것, 곧 목회하면서도 얼굴에 땀을 흘려 먹을 것을 먹는 법을 모르는 사람은 하나님의 종이 아닙니다. 내가 지금까지 목회가 가벼운 짐이라는 생각이 들게 설교해 왔다면, 설교 한 번 하는 것이 내게는 그냥 노는 듯이 할 수 있는 하찮은 일이었다면, 이 큰 악을 인해서 하나님께서 내게 자비를 베풀어 주시기 바랍니다! 그렇지 않다는 것을 확실히 말씀드립니다.

나는 주일 아침마다 마음에 주님의 짐을 지고 이 자리에 나왔습니다. 올 때마다 심한 중압감에 시달렸습니다. 주일 밤마다 그리고 많은 날 동안, 이 강단에 설 때마다 이렇게 큰 무리에게 설교해야 한다는 무시무시한 책임감과 두려움에 시달려 몸과 마음이 어찌나 무겁던지 내가 겪는 짐을 져야 하는 개가 있다면 참으로 가엽게 여길 정도였습니다. 여러분이 망한다면, 여러분 가운데 누구라도 망한다면, 그것은 내가 여러분에게 경고하지 않았기 때문이 아닙니다. 내가 알아듣기 쉬운 평이한 말을 사용하지 않았거나 여러분이 내 설교를 감동적으로 생각하도록 일부러 우아한 표현들을 택했기 때문이 아닙니다. 나는 대형 쇠망치로 치듯이 여러분의 양심을 호되게 꾸짖었습니다. 여러분이 내 주 하나님께로 돌이키도록 여러분의 마음을 치려고 애썼습니다. 성실하게 힘들여 진지하게 전하는 말씀을 듣고도 마음 편히 지내는 사람들에게 화가 있을 것입니다! 하나님께서 그런 이들에게 긍휼을 베풀어 주시기 바랍니다! 그들은 하나님의 자비가 필요한 사람들입니다. 주여, 이 잘못을 저들의 책임으로 돌리지 마시옵소서!

그 다음에 또 한 가지가 있습니다. 이 회중 가운데 아직 구원받지 못한 여러분, 그러면서도 계속해서 이 자리에 참석하는 여러분, 여러분은 이곳의 모든 것이 여러분에게 소리치고 있다는 것을 생각해 본 적이 없습니까? 종종 강단 아래쪽에 침례당이 열리고 침례 의식이 집행될 때, 침례를 받으러 물로 내려가는 사람마다 여러분을 고발하는 증언을 하는 것입니다. 이는 침례 받는 사람들이 "나는 주님의 편에 섰습니다"라고 말할 때 여러분을 뒤에 남겨두고 떠나는 것이며, 여러분은 그 일이 여러분에게도 일어나면 좋겠다고 생각은 하면서도 그리스도를 고백하려고 하지 않기 때문입니다. 그리고 오늘 밤에 주님의 몸과 피를 상징하는 거룩한 것들로 주의 만찬이 차려질 것인데, 그 거룩한 상징들이 여러분을 큰 소리로 비난할 것입니다. 빵이 여러분에게 말할 것입니다. "너는 그리스도의 몸을 한 번도 먹지 않았다." 피가 소리칠 것입니다. "너는 지금까지 그리스도의 피를 마실 자격을 얻지 못했다." 주의 죽으심을 전하는 이 성찬이 여러분에게 말할 것입니다. "너는 골고다와 아무 관계가 없다. 너는 이 일에 아무 분깃도 몫도 없다. 너는 여전히 악독이 가득하며 불의에 매인 바(행 8:23) 되었도다." 그리고 사람들이 그 의식에 참여할 때 여러분은 머리가 흰 사람이 성찬을 받는 것을 볼 것입니다. 그가 똑같이 머리가 흰 죄인들인 여러분에게 소리칠 것입니다. 죄에는 나이를 먹었지만 은혜에는 아직 어린 아이이고 점점 더 말라서 불에나 던지기에 딱 알맞은 여러분을 비난할 것입니다. 그리고 젊은이들이 나와서 침례를 받을 때, 여러분에게 이렇게 말할 것입니다. "저는 젊지만 구주님을 압니다. 그런데 여러분은 내 나이의 두 배가 되는데 아직도 구주님을 모르십니다."

여러분은 서둘러 앞으로 달려가기만 하고, 가던 걸음을 멈추고 사람들을 위하여 피 흘리신 분에 대해 생각하려고 하지 않습니다. 그런데 어쩌면 여러분은 그들 가운데 위선자들이 있다고 말할지 모릅니다. 그렇다면 바로 그 위선자들이 여러분에게 경고하고, 말없이 증언하는 것입니다. 여러분이 위선자가 되지 않도록 조심하십시오. 이 아침 예배를 보십시오. 여러분이 아직도 시온에서 마음 편히 지내고 있다면 예배의 모든 부분이 지금까지 여러분을 고소해오고 있는 것입니다. 오늘 아침 우리는 "즐거운 안식의 날을 환영하자"는 찬송을 불렀습니다. 그 날이 여러분에게 안식의 날입니까? 바꿔 말하면, 영적인 의미에서 여러분은 그리스도 안에서 안식할 수 있습니까? 여러분은 주님께서 무덤에서 부활하셨다는 사실에서 위로를 얻습니까? 여러분이 찬송가의 이 마지막 가사를 따라 부를 수 있습니까?

> "앉아서 저 영원한 복을 생각하고
> 즐거이 노래하세."

여러분이 그리스도를 믿는 신자가 아니므로 이 노래를 부르지 못하지 않았습니까? 그 다음에 하나님의 말씀을 읽는 순서가 있었습니다. 성경 한 구절 한 구절마다 시온에서 마음 편히 지내는 사람들에게 천둥 같은 소리를 발하지 않았습니까? 그 다음에 기도를 하였습니다. 우리가 하나님의 백성들과 방황하는 여러분의 마음을 위해 기도하는 동안, 그 기도가 전능하신 하나님 앞에서 여러분에 대한 고발로 들리지 않았습니까? 그리고 이제 설교를 합니다. 그런데 이것도 무시하고 하찮게 생각한다면, 여러분은 하나님께서 그 일을 무시하고 하찮게 보실 것으로 생각합니까? 그렇지 않습니다. 진실로 "우리는 구원 받는 자들에게나 망하는 자들에게나 하나님 앞에서 그리스도의 향기니 이 사람에게는 사망으로부터 사망에 이르는 냄새요 저 사람에게는 생명으로부터 생명에 이르는 냄새입니다"(고후 2:15,16).

사랑하는 여러분, 여러분이 시온에서 마음 편히 지낸다면, 바로 이 기도의 집이 여러분을 고소하는 것이 보이지 않습니까? 지난 안식일 밤에 밖에 많은 사람들, 아마 수백 명은 되었을 것인데, 그토록 많은 사람들이 서 있는 것을 보았습니다. 그 사람들은 밖에 서서 들어오지 못하고 기다리고 있었는데, 들어와서 하나님의 말씀을 들을 수만 있다면 들어오려고 밀고 당기다가 옷이 찢어져도 좋다고 생각했을 것입니다. 그런데 여러분 가운데 어떤 사람들은 편안하게 들어와 자리에 앉아 있으면서도 그로 인해 조금도 나아지지 않은 것으로 보입니다. 그런데 여러분이 이렇게 앉아서 하나님의 말씀을 듣고 그 말씀이 여러분 영혼 속에 울리는 데도 그 말씀을 무시한 채 가 버린다면, 여러분은 차라리 태어나지 않은 것이 나을 수 있습니다. 밖에 있던 많은 사람들이 심판 때 일어나서 여러분을 고발할 것입니다. 그들은 말할 것입니다. "저 사람이 내가 앉을 수도 있는 자리를 차지하는 바람에 들어가지 못했어요. 내가 그 자리에 앉았더라면 하나님의 말씀을 듣고서 받아들였을지 누가 알겠어요? 그런데 나는 들을 수 없었고, 저 사람은 하나님의 말씀을 듣고도 멸시했습니다."

자녀의 떡을 가지고서 발로 밟는 자는 굶어죽어 마땅한 사람입니다. 생명수 강가에 있으면서 그 물을 마시지 않고 발로 흙탕물을 일으키는 사람은 목말라 죽어도 할 말이 없는 사람입니다. 그러면 이 자리에 있는 많은 사람들에 대해 우리는 어떻게 말하겠습니까? 그분들이 자신의 특전을 멸시합니까? 여러분이 앉아 있는 자리를 보십시오. 그 자리가 여러분에게 소리칩니다. 여러분이 얼마나 많이 그 자리에 앉았고, 또 얼마나 많이 아무런 복을 받지 못한 채 그 자리를 떠났습니까! 여러분이 그 자리에 없었던 평일 밤에 한 죄인이 거기 앉았고 구원을 받았습니다. 여러분은 그동안 그 자리를 차지하고 앉았지만, 사실 그렇게 많은 시간을 앉아 있었던 것은 아닙니다. 이 하나님의 집에 오래 있지 않았습니다. 여러분이 파크 스트리트(Park Street)나 서리 음악당(The Surrey Music Hall) 혹은 엑서터 홀(Exeter Hall)에 앉아 있던 시간을 합해 보면, 그 시간이 훨씬 더 많다는 것을 알 것입니다. 어떻든 여러분이 듣고 그냥 흘려버린 설교가 얼마나 많았습니까! 죽은 귀에 전하는 초대, 돌 같은 마음에 대한 경고, 들으려고 하지 않는 귀에다 외치신 하나님의 음성, 부싯돌처럼 단단한 영혼에 전한 간절한 설교, 철석같이 단단해서 느낄 줄 모르는 마음에 대한 애정 어린 진지한 권고와 훈계가 얼마나 소용없이 끝나버리고 말았습니까! 아, 시온에서 마음 편히 지내는 것은 지옥에 떨어질 정도로 너무 편하게 지내는 것입니다. 충실한 설교를 듣고서도 마음 편히 지낸다는 것은 지옥의 아가리에서 편히 지내는 것입니다. 이 집과 복음과 안식일이 모두 자기에게 소리 높여 고발하는데도 마음 편히 지내는 것은 하나님께서 자기를 치려고 칼을 뽑아들고 계시는데도 편히 지내는 것입니다.

나는 더 오래 머물며 이 점을 설명할 수 없고 그렇게 하고 싶은 생각도 없습니다! 내 마음에 할 말이 있는데, 입이 없이도 말을 할 수 있으면 좋겠습니다! 내가 여러분 발 앞에 엎드려 이렇게 말할 수 있으면 좋겠습니다. "너희가 어찌하여 죽고자 하느냐 이스라엘 족속아 너희가 어찌하여 죽고자 하느냐?"(겔 18:31). 이 하나님의 일들에 전혀 신경을 쓰지 않는 것이 의도적으로 아주 악한 죄를 짓는 것임을 여러분도 알 것입니다. 여러분이 그동안 경고를 받았는데 한두 번 받은 것이 아니고 스무 번 받은 것도 아니고 한 해의 안식일의 수만큼이나 많은 경고를 받았습니다. 그러나 내가 그저 여러분의 피에 대해 깨끗하다고 말할 수 있는 것으로 충분하지 않습니다. 여러분 자신이 그 피에 대해 깨끗해질 수 있기를 바랍니다! 주권적인 은혜를 베푸시고, 새로운 마음을 주시기를 바랍니다! 정복자 예수시여, 저들을 주의 사랑의 전차 바퀴에 포로로 매어 이끄시고, 저들로 주께 절하게 하여 주소서! 인간의 능력으로는 그렇게 할 수 없으나 주님은 하실 수 있습니다. 주여, 그렇게 하여 주소서. 주의 영광을 위하여 그렇게 하여 주소서!

이제 마지막 요점을 다루게 되었습니다. 하나님께서 이 점을 전할 힘을 주시기 바라고, 성령께서 그 점을 사람들의 가슴에 깊이 새겨주시기 바랍니다.

3. 마지막 요점은, 잠자는 이 사람들의 귀에 나팔 소리를 울리는 이것입니다.

내 나팔은 소리를 아주 다양하게 내지 못합니다. 선율을 하나밖에 내지 못합니다. 내가 나팔로 낼 수 있는 선율이 하나뿐인 것은 아니지만 본문에서 하나님께서 정하신 선율은 하나입니다. 그것은 "화 있을진저! 화 있을진저! 화 있을진저!" 하고 소리를 울려내는 것입니다. 우리 산 사람 가운데 "화 있다"는 이 말의 의미를 충분히 아는 사람은 없습니다. 지옥에 떨어진 저주 받은 영혼 가운데 이 단어의 의미를 철저히 맛본 영혼들은 없습니다. 그들이 맛보는 이 화(禍)는 비참함이 무한한 할 뿐 아니라 기간이 또한 영원하기 때문입니다. "화 있을진저 시온에서 마음 편히 지내는 자여." 나는 이 선율의 좀 더 부드러운 부분을 제외하고 말씀드리겠습니다.

첫째로, 여러분에게 화가 있다고 말씀드립니다. 도대체 여러분이 어떻게 구원받을 수 있겠습니까? 이 하나님의 집에 출석하지 않은 사람이 어느 날 갑자기 이 예배당에 들어오는 것을 보면, 나는 말합니다. "저 사람이 오는 것을 보니 기쁘네. 내 설교가 저 사람에게 복이 될지 누가 알겠는가?" 나는 이곳에서 일어난 이루 헤아릴 수 없이 많은 회심의 경우에 그 대부분이 하나님의 말씀을 오래 들어온 사람들이 아니었습니다. 5,6년 혹은 10년 동안 꾸준히 참석한 사람들도 있었는데, 이들은 많은 수가 아니었습니다. 대부분의 경우가 거리와 세상에 있다가 온 사람들, 곧 오랫동안 하나님의 말씀을 무시하며 살아온 사람들입니다. 그들이 이곳에 들어왔고, 하나님의 말씀이 그들의 영혼에 능력 있게 작용하였습니다. 나는 그 사실을 설명하려는 것이 아닙니다. 그 사실을 목격한 것뿐이고, 그것이 아주 오랫동안 관찰해 온 결과라고 말씀드리는 것입니다. 여러분이 어떻게 해야 복을 받을 수 있을 것이라고 생각합니까? 나는 하나님께서 모든 일을 하실 수 있다는 것을 압니다. 우리는 이스라엘의 거룩한 자를 제한해서는 안 됩니다. 그러면 여러분에게 사용될 수단들은 무엇입니까? 여러분은 말합니다. "어쩌면 내가 병으로 인해 복을 받을지 모릅니다." 그런데 여러분은 병을 앓았습니다. 열병에 걸렸고, 어쩌면 콜레라에 걸렸을 수도 있습니다. 그래서 여러분은 자신이 회개하였다고 생각하지만 사실은 회개하지 않았습니다. 어째서 여러분은 더 맞으려고 합니까? 여러분은 더욱더 하나님께 반항하려고 합니다. 어쩌면 여러분은 이렇게 말할지 모릅니다. "한번 더 설교를 듣는다면 그 설교에서 내가 복을 받을 수 있을 것입니다." 나는 제발 여러분이 가서 또 한번 설교를 듣기 바랍니다. 여러분이 그렇게 생각한다면, 여러분을 위해서 또 한번 설교를 들으시기 바랍니다. 그러나 여러분이 이미 충실하고 진지한 설교를 들었다면, 하나님의 중요한 수단, 하나님의 지극히 중요한 수단, 곧 하나님 말씀의 설교가 이미 사용되었다는 점을 기억하시기 바랍니다. 그랬는데도 여러분이 회개하지 않았다면 어떻게 구원받기를 바랄 수 있겠습니까?

그 다음에 여기서 또 다른 생각이 있습니다. 여러분은 자신이 20년 동안 하나님의 말씀을 들었는데 아직 구원을 받지 못했다고 말합니다. 자, 그런데 여러분이 앞으로 언제까지나 살 수 있을 것이라고 생각합니까? 하나님은 주권자이십니다. 그래서 하나님은 여러분을 구원하실 수 있습니다. 나는 지금 개연성에 대해서 이야기하고 있는 것뿐입니다. 여러분이 복음을 처음 듣고서 거기에 깊은 관심을 가졌지만 그럼에도 그 복음이 여러분에게 복이 되지 못했다면, 여러분이 이제는 들으면서 잠을 잘 수 있을 정도까지 복음에 익숙해 있다면, 앞으로도 이 복음에서 전혀 복을 얻지 못하게 될 수 있지 않겠습니까? 여러분이 앞으로 20년을 더 산다고 할지라도 그 기간이 지나간 20년과 마찬가지로 아무 쓸모가 없고, 그래서 여러분이 무덤에 갈 때까지 구원을 받지 못하지 않겠습니까? 크리스마스 에반스(Christmas Evans, 1766-1838, 19세기 초의 웨일스의 침례교 설교가) 목사가 대장장이 개의 비유를 이야기한 것으로 알고 있습니다. 주인이 처음에 이 개를 팔려고 대장간에 묶어 놓았을 때 개는 모루에서 튀는 불꽃을 보고 매우 겁을 먹었는데, 나중에는 불꽃에 완전히 익숙해져서 모루 밑에서 잠을 잘 정도가 되었다는 것입니다. 그 훌륭한 설교자가 말했습니다. "그와 같이 복음을 들으면서 지옥의 불꽃이 얼굴 근처로 날아가는데도 편안히 자는 사람들이 많습니다." 그런 사람들이 있는 것이 분명합니다.

나는 사람들이 뱅크사이드(Bankside: 템스 강 남쪽의 옛 극장 지구)에서 대형 보일러를 만들 때 처음으로 망치를 들고 안에 들어가 작업을 하면, 그 소리가 얼마나 크던지 머리가 아프고 일을 끝낸 한참 뒤에도 아무 소리도 들을 수 없는 것처럼 느낀다는 말을 들었습니다. 그러나 한두 주일만 지나면 일꾼들이 밖에서 보일러에 열심히 망치질을 해대는데도 사람들이 보일러들 사이에 가서 잠을 자는데, 그 큰 소리에도 불구하고 깊이 잠들곤 한다는 말도 들었습니다. 그와 같이 나는 아주 우렛소리같이 울리는 설교를 들으면서도 잠을 자는 그런 일이 있다는 것을 압니다. 사람들이 이런 일에 익숙해졌다는 것을 압니다. 초대받는 것에 익숙해졌고, 경고 받는 것에 익숙해졌으며, 호통 치는 소리를 듣는 것에 익숙해졌습니다. 그들은 지금까지 계속 간청하는 말을 듣다가 이제는 그 말을 들으면서 잠자는 데까지 이른 것입니다. 그렇습니다. 나는 그 사람들이 세상이 불타오를지라도, 해가 변하여 어두워지고 달이 변하여 피가 될지라도(행 2:20) 잠을 자리라는 것을 의심하지 않습니다. 그들이 천사장의 나팔 소리를 오랫동안 들어서 거기에 익숙해진다면 그 소리도 그들을 잠에서 깨우지 못할 것이라고 봅니다. 그렇다면 우리는 여러분을 가망 없는 경우로 알고 포기해야 하겠습니까? 거의 포기할 생각까지 할 수 있다고 봅니다. 여러분이 그토록 오랫동안 설교를 듣고서도 그로 인해 복을 받지 못했다면, 앞으로 여러분이 설교에서 복을 받을 가능성은 별로 없습니다. 여러분은 지금까지 해온 대로 계속 복음을 들으면서 잠을 잘 것이고 그러다가 마침내 망하고 말 것입니다.

그러나 내가 이 나팔 소리를 한동안 길게 불어야 한다는 점을 기억하시기 바랍니다. 즉, 여러분이 시온에서 마음 편히 지내고 있다면 하나님께서 먼저 오실 곳에서 편히 지낸다는 것입니다. 심판이 하나님의 집에서부터 시작될 것이 틀림없습니다. 하나님의 손에 키가 들려 있고, 하나님께서 자기의 타작마당을 철저하게 청소하실 것입니다. 하나님은 자기의 타작마당부터 치우기 시작하십니다. 레위 자손들을 정결케 하실 것입니다. 하나님의 집에 있는 자들부터 시작하실 것이므로, 심판이 여러분에게서부터 시작될 것입니다. 그런데 대체 이런 곳에서 잠을 잘 수 있습니까! 그것은 통지가 충분히 이루어진 후에야 침공이 이루어질 수 있는 이 나라의 아주 먼 끝에서도 잠을 잘 수 없는데, 공의가 배를 타고 이제 곧 해안에 상륙하려고 하는 때 해안가에서 잠을 자는 것과 같습니다. 그것은 정말로 잠을 자는 것입니다. 성경 말씀에 따를 때, 여러분이 하나님께서 지극히 엄하게 심판하시는 곳에서 잠을 자는 것임을 또한 기억하시기 바랍니다. 즉, 심판 날에 소돔과 고모라가 그리스도가 전파된 가버나움보다 심판을 견디기가 더 쉬울 것이라는 말입니다. 여러분은 공의가 가장 맹렬한 타격을 날릴 곳에서 잠을 자고 있는 것입니다. 공의의 칼이 가장 예리한 곳에서, 공의의 전투가 가장 치열한 곳에서, 공의의 파멸이 가장 두려운 곳에서 잠을 자고 있는 것입니다. 여러분이 이곳에서 잠을 잔다면 어디에서든지 잠을 잘 것입니다. 하나님의 큰 화를 천둥 같은 소리로 전하는데도 여러분을 깨우지 못한다면 무엇으로 여러분을 깨울 수 있겠습니까? 전능하신 하나님이여, 무엇으로 깨울 수 있겠습니까? 이런 자들이라도 주께서 친히 나서면 깨우실 수 있습니다. 주께서 이들을 깨워 주시옵소서! 이렇게 잠자는 자들이 깨어난다면 그것은 실로 기적이고, 놀라운 은혜입니다.

자, 내가 "화 있다"고 말하는데 여러분의 귀에만 아무 느낌이 없이 들립니다. 여러분은 내가 지금까지 말한 것의 취지가 이해됩니까? 여러분, 그토록 오랫동안 마음 편히 지내온 것이 심각한 일이라는 것을 느낍니까? 여러분은 두려워서 떱니까? "아, 구원받을 수 있다면! 하나님께서 나를 불쌍히 여겨주시면 좋겠는데!"라고 말하십니까? 하나님은 여러분을 불쌍히 여기실 것입니다. 그렇게 하실 것입니다. 복음은 언제나 그래왔듯이 지금도 여러분에게 값없이 주어집니다. 내가 이 복음을 여러분에게 전파합니다. 하나님께서 여러분에게 요구하시는 것은 주 예수 그리스도를 믿으라는 것밖에 없습니다. 그러면 여러분이 구원받을 것입니다. 하나님께서는 여러분에게 불가능한 일, 어려운 일, 즉 하는데 몇 주일씩 걸리는 일을 요구하시지 않았습니다. 믿는 일은 순식간에 할 수 있습니다. 성령께서 계시면, 그것은 순식간에 완전하게 할 수 있는 일입니다. 여러분은 말합니다. "그런데 예수님을 믿는다는 것이 무엇입니까?" 그것은 예수님을 의지하는 것입니다. 마음으로 의지하는 것입니다. 있는 자리에서 마음으로 예수님을 의지하는 것입니다. 지금 마음으로 예수님을 의지하십시오. 나는 여러분에게 "집에 가서 기도하십시오"라고 말하지 않습니다. 여러분이 집에 가서 기도하기를 바라지만, 그것이 내 용건은 아닙니다. 내가 할 말은 "주 예수 그리스도를 믿으라"는 것입니다. 그것이 구원의 길입니다. 여러분이 그리스도를 믿기 위해서 집에 갈 필요는 없습니다. 성령께서 여러분에게 그리스도가 필요하다는 것을 가르쳐 주셨다면, 그리스도를 믿는 것은 여러분이 있는 자리에서, 곧 회중석에서도 할 수 있는 일입니다. 성령께서 여러분에게 속으로 하나님께 이같이 외치게 만드실 수 있습니다.

"저는 지금까지 들은 모든 일에 죄가 있습니다. 저는 죄인입니다. 그 사실을 인정하고 슬퍼합니다. 저는 스스로를 구원할 수 없다는 것을 알고, 은혜의 수단들이 저를 구원할 수 없다는 것도 압니다. 은혜의 수단들을 시험해 보았지만 실패하였기 때문입니다. 주님, 저는 아주 단단한 돌 같은 마음이 있어서 주님 외에는 아무것도 이 마음을 깨트릴 수 없습니다. 저는 참으로 부주의하고 쓸모없는 죄인이어서 아주 진실된 설교도 내게 소용이 없습니다. 저는 오랫동안 권유를 받았지만 돌이키지 않았습니다. 솔직히 말씀드리자면 이 모든 것이 저의 죄를 더욱 악화시켰습니다. 그 점을 인정합니다. 이제 주께서 저를 멸하실지라도, 주님, 주님은 의로우실 것입니다. 하오나, 저를 구원하여 주소서! 저를 구원하여 주소서! 내가 행한 어떤 선한 일을 인해서가 아닙니다. '지극히 부정하고 더러운 저는 죄밖에 없는 자이기 때문입니다.' 그러나 아버지여, 예수님께서 죽으셨습니다. 저는 예수님께서 자기로 말미암아 하나님께 오는 자들을 온전히 구원하실 수 있고 또 하실 뜻이 있음을 믿습니다. 지금 이 모습 그대로 제 사정을 주님의 손에 맡깁니다. 저는 죄인입니다. 주님, 주님, 제가 그것을 압니다. 그 점을 더 느낄 수 있기 바랍니다. 그러나 주님, 제가 주님을 믿습니다."

여러분은 지금 예수님의 옷 가를 만지며 예수님께서 하신 일을 신뢰하고 또 예수님 자신을 의지하고 있습니까? 그렇다면 여러분의 많은 죄가 사해졌으니, 평안히 가시기 바랍니다. "그러므로 이제 그리스도 예수 안에 있는 자에게는 결코 정죄함이 없느니라"(롬 8:1). 여러분은 그리스도를 믿는 순간 구원을 받습니다. 여러분은 구원을 받았습니다. 그리스도의 완성하신 사역이 여러분의 것입니다. 거기에 조금도 무엇을 보탤 필요가 없습니다. 그리스도의 완전한 구속이 여러분의 것입니다. 그 구속을 완성하기 위해 수소의 피가 필요 없고 사람의 눈물도 필요 없습니다. 구속이 다 이루어졌습니다. 여러분은 구원을 받은 것입니다. 박수를 치며 평안히 돌아가십시오.

제 3 장

마음이 완고한 자들에 대한 질문

"말들이 어찌 바위 위에서 달리겠으며 소가 어찌 거기서 밭 갈겠느냐?" – 암 6:12

이 표현은 잠언으로, 아마도 이스라엘 사람들이 익숙하게 아는 속담에서 가져왔을 것인데, 잠언으로 사용하기에 적합한 것입니다. 사람들이 지혜로워지면 지혜로워질수록 그들의 하는 말은 그만큼 더 교훈적이 됩니다. 그만큼 더 간결하면서도 충만한 의미를 지닙니다. 그러므로 지혜자의 지혜는 압축되어 잠언이 되고, 선지자들의 언어에는 확실히 잠언이 많이 나옵니다. 그러나 잠언은 일반적으로 양날 가진 검입니다. 혹은 이런 은유가 용납될 수 있다면, 잠언은 날이 많거나 사방에 날이 선 검이라고 말할 수 있을 것입니다. 그러므로 이 검은 이렇게도 사용할 수 있고 저렇게도 사용할 수가 있으며, 칼 등으로 쳐도 직접 날로 베는 것처럼 날카로울 수가 있습니다. 이 검은 모든 부분이 힘이 있고 날카롭습니다. 잠언은 종종 많은 의미를 지니고 있어서 그 전후 관계로 파악하지 않으면 잠언을 말하는 사람의 의미를 언제나 정확히 파악할 수 있는 것이 아닙니다. 나는 전후 관계를 보면 여기에서 두 가지 의미를 충분히 짐작해 볼 수 있을 것이라고 생각합니다.

고대의 한 주석가는 이 잠언에 일곱 가지 의미가 있고, 그 일곱 가지 하나하나가 모두 문맥과 일치할 것이라고 주장합니다. 나는 그 주장을 부인할 수 없습니다. 그 주장이 옳다면, 그것은 하나님 말씀의 다양한 지혜를 보여주는 많은 예들 가운데 하나에 지나지 않습니다. 깎아 만든 공 속에 또 다른 공이 들어 있는, 진기한 중국 공처럼 거룩한 본문들을 보면 의미 속에 또 다른 의미가 들어 있고, 교훈 속에 또 다른 교훈이 들어 있는데, 이들 각각이 모두 성령의 감동을 받은 것입니다.

본문의 첫 번째 의미를 한두 마디로 표현하자면 이것입니다. 즉, 선지자가 불경건한 자들에게 그들이 행복을 찾을 수 없는 곳에서 행복을 추구하고 있다고 훈계하는 것입니다. 그들은 학대를 통해서 부자가 되고 위대해지며 강해지려고 애쓰고 있었습니다. 선지자는 이렇게 말합니다. "너희는 정의를 쓸개로 바꾸며 공의의 열매를 쓴 쑥으로 바꾸었도다." 그들은 법정을 정의를 사고파는 자리로 바꾸어버렸습니다. 율법서는 속임수와 고압적인 사기의 수단이 되고 말았습니다. 선지자는 말합니다. "이렇게 해서는 아무 이익을 얻지 못한다. 실질적인 이익도, 진정한 행복도 얻지 못한다. 말들이 바위 위에서 달리고 소가 바싹 마른 모래밭에서 쟁기질하는 것과 마찬가지로 그것은 어리석은 시도이다. 헛수고이다."

사랑하는 여러분, 정말로 여러분 가운데 이 세상으로 만족하려고 하고, 위를 올려다보지 않고 사업에서 그리고 가정에서 천국을 찾을 수 있을 것으로 생각하는 사람이 있다면 헛수고를 할 것입니다. 이런 사람들이 이 자리에 필시 있을 것입니다. 여러분 가운데서 죄에서 쾌락을 얻으려 하고, 하나님의 법을 무시하고 몸에 관한 자연의 법칙을 어기며 쾌락을 추구하면서도 괜찮을 것으로 생각하는 사람들이 있다면 자신이 크게 잘못되었음을 알게 될 것입니다. 여러분은 차라리 바다 동굴 속에서 장미를 찾거나 도시의 포장도로에서 진주를 찾는 것이 그보다 나을 수 있습니다. 여러분의 영혼에 필요한 것은 하나님 외에 어디에서도 찾을 수 없습니다. 악한 행위 가운데서 행복을 찾으려고 하는 것은 화강암 바위에서 쟁기질을 하려는 것입니다. 부정직한 수단으로 참된 번영을 추구하는 것은 모래 바닷가를 경작하려는 것과 같이 소용없는 일입니다. "너희가 어찌하여 양식이 아닌 것을 위하여 은을 달아 주며 배부르게 하지 못할 것을 위하여 수고하느냐?"(사 55:2).

젊은이여, 여러분은 헛된 야망으로 스스로 멸망하고 있는 것입니다. 여러분의 목표가 추구할 만한 가치가 있다면 나는 그렇게 슬프지 않을 것입니다. 그러나 여러분의 야망은 이기적인 것입니다. 여러분은 순전히 자신의 명예와 이득만을 추구하는데, 이것은 불멸의 영혼이 추구하기에는 너무도 형편없는 목표입니다. 또한 여러분은 지금 근심으로 인생을 낭비하고 있습니다. 여러분이 마치 사람의 생명이 그 소유의 넉넉함에 있는 것처럼 부를 쌓으려고 애쓰지만, 몸과 마음이 여러분을 실망시킵니다. 여러분은 지금 바위 위에서 쟁기질하고 있는 것입니다. 탐욕은 여러분에게 마음의 기쁨도 영혼의 만족도 주지 못하고, 결국 실패로 끝날 것입니다.

그리스도를 떠나서 행위로 의를 이루려고 애쓰며, 외적인 의식들을 부지런히 지키면 성령의 일을 행할 수 있을 것으로 생각하는 여러분, 여러분도 아무 열매를 내놓지 못하는 모래에 쟁기질을 하고 있는 것입니다. 여러분이 손수 행한 그 수고가 아무 수확물을 내놓지 못할 것입니다. 쇠막대기에서 열매가 나올 수 없듯이 사람의 손에서 취할 만한 것이 나오지 않을 것입니다. 타락한 본성의 힘을 아무리 힘껏 발휘할지라도 죄인을 기다리는 진노의 폭풍에서 영혼을 구원할 수 없습니다. 여러분이 배를 해안으로 가져가기 위해 힘들게 노를 저을 수 있지만, 배는 사나운 폭풍을 만나 깨어질 것입니다. 그렇다면 믿음이 순식간에 바다를 잔잔케 하고 배를 해안가로 이끌어 갔을 때와 같이 불가능한 일을 시도해 보십시오. 불을 피우고 불꽃 가운데 들어가서 자신을 태우는 불길을 보고 즐거워하는 사람들에게 화가 있을 것입니다. 그들은 장차 슬픔 가운데 누워 있게 될 것입니다.

지금까지 나는 본문을 잘못 해석하지 않았고, 문맥 속에서 가장 가능성 있는 본문의 의미를 언급했다고 생각합니다. 그러나 내게 또 한 가지 의미가 떠오르는데, 이것도 마찬가지로 적합한 의미라고 생각합니다. 이 의미에 대해 하나님의 도움을 의지하여 생각해볼 것입니다.

그 의미는 바로 이것입니다. 하나님께서 언제나 자기 선지자들을 보내어 백성들을 경고하거나 목사들을 불러 그들에게 회개하라고 촉구하는 것은 아닙니다. 사람들의 마음이 여전히 완고하고 그들이 회개하지 않고, 할 생각도 없다는 것이 드러나면, 하나님께서 언제까지나 자기 백성들을 자비로 대하시는 않을 것입니다. "나의 영이 영원히 사람과 함께 하지 아니하리라"(창 6:3). 쟁기질하는 때가 있습니다. 그러나 사람의 마음이 고집스럽게 완고하다는 것이 충분히 밝혀지면, 지혜가 자비에게 이제 사람들을 돌이키게 하려는 노력을 끝내는 것이 좋겠다고 이야기합니다. "말들이 어찌 바위 위에서 달리겠으며 소가 어찌 거기서 밭 갈겠느냐?" 그렇습니다. 친절한 노력에도 한계가 있고 때가 차면 수고하는 일이 그칩니다. 그러면 그 바위는 열매를 맺지 못하는 바위로 남아서 이후로 영원히 경작되지 않습니다.

나는 이 의미를 가지고 본문에 대해 이야기하려고 합니다.

1. 첫째로, 목사는 사람들의 마음을 깨트리려고 노력한다는 점에 유의하시기 바랍니다.

이것이 지혜로운 설교자가 첫 번째로 노력하는 점입니다. 복음을 가르치는 그리스도의 종은, 어떤 사람이 부름을 받든지 간에, 씨를 뿌리는 자입니다. 바위에 씨를 뿌리는 것이 소용없는 일처럼 보일지라도 우리는 복음전도자로 활동하는 동안은 사방에 씨를 뿌려야 합니다. 씨를 널리 뿌리라는 것이 우리 주님의 원칙입니다. "너희는 온 천하에 다니며 만민에게 복음을 전파하라"(막 16:15). 그러므로 우리 주님의 비유에서 씨 한 움큼이 길가에 뿌려졌는데 새들이 씨를 먹어버렸습니다. 또 한 움큼은 돌밭에 뿌려졌는데, 싹이 텄으나 흙이 깊지 않아서 다음 날 씨가 죽어버렸습니다. 땅을 선택하는 것은 씨 뿌리는 사람이 관여할 일이 아닙니다. 그는 길을 가면서 씨를 뿌려야 했습니다. 주님께서 그렇게 명하셨기 때문입니다. 그가 땅이 비옥하고 잘 준비된 것처럼 보이는 곳에 씨를 두 움큼 뿌렸다면, 책망 받지 않고 오히려 칭찬 받을 것입니다. 씨 뿌리는 자로서 그는 씨를 널리 뿌리고, 그를 보내어 씨를 뿌리게 하신 분의 보호를 받을 곳에 씨를 떨어트려야 했습니다. 그러나 그가 농부가 되었을 때는 해야 할 일들이 더 생길 것인데, 그 가운데는 더 이상 가시떨기 가운데 씨를 뿌리지 않도록 묵은 땅을 파 일구는 일이 있었습니다. 우리는 그동안 바위에 씨를 뿌린 적이 아주 많았고 거듭나지 않은 마음의 완고함 때문에 그만큼 많이 실망하였습니다. 사람들의 영혼을 사랑하는 목사는 성령의 능력을 힘입어 딱딱한 흙덩이 같은 마음을 깨트려서 씨를 잘 받아들이고, 씨가 거기에 떨어진 후에는 거기에서 자라는 곡식에 자양분을 잘 줄 수 있도록 하기 위해서 많은 시간을 들여야 합니다.

이 쟁기질에 사용되는 것으로서, 날카로운 보습처럼 파고들어 마음을 부서트리는 진리들이 많이 있습니다. 사람들은 자신이 범죄하였다는 것을 느껴야 하고, 그래서 죄를 회개하는데 이르러야 합니다. 그리스도를 받아들이되 머리로뿐만 아니라 마음으로도 받아들여야 합니다. 사람이 마음으로 믿어 의에 이르기(롬 10:10) 때문입니다. 여기에는 감정이 따를 수밖에 없습니다. 우리는 율법이라는 보습으로 마음을 파고들어야 합니다. 마음이 너무 여려서 차마 땅을 갈고 써레질하지 못하는 농부는 수확물을 거두지 못할 것입니다. 이 점에서 실패하는 목사들이 있습니다. 그들은 사람의 마음을 상하게 하기를 두려워합니다. 그래서 두려움이나 고통을 일으킬 수 있는 진리는 일절 피합니다. 그들의 물품 목록에는 날카로운 보습이 없기 때문에 마당에 볏가리를 쌓아올릴 일이 없을 것입니다. 그들은 물고기에게 상처를 줄까봐 두려워서 낚싯바늘이 없이 낚시질을 하고, 새들의 느낌을 존중하여서 탄환이 없이 총을 쏩니다. 이런 사랑이 사실은 사람들의 영혼에 잔인한 일인 것입니다. 이것은 외과의사가 환자에게 수술용 칼로 고통을 주고 싶지 않거나 불가피하게 사지를 절단해야 하는 일로 고통을 주고 싶지 않아서 환자가 그냥 죽도록 내버려두는 것이나 같은 일입니다. 사람들의 마음에 고통을 주기보다는 차라리 지옥에 들어가도록 내버려두는 애정이란 끔찍한 것입니다.

확실히 존재하는 영원한 위험을 부인하고, 사람에게 공포를 일으키는 것은 안 좋은 일로 여기고 부드러운 것을 예언하는 것을 훨씬 더 즐거운 일로 생각해서 사람들이 그냥 안심하고 지내도록 설교하는 것은 사랑이 아니라 악마적인 사랑입니다. 이런 것이 그리스도의 정신입니까? 그리스도께서 죄인의 위험을 숨기셨습니까? 꺼지지 않는 불과 죽지 않는 구더기의 존재를 의심하셨습니까? 사람들을 듣기 좋은 아첨의 말로 얼러 잠들게 하셨습니까? 그렇지 않습니다. 그리스도께서는 정직한 사랑과 깊은 관심을 가지고 사람들에게 장차 올 진노에 대해 경고하셨고, 사람들에게 회개하라고, 그렇지 않으면 망한다고 말씀하셨습니다. 주 예수님의 종은 이 일에서 주님의 본을 따라, 아무리 단단한 흙덩어리도 부서트리는 날카로운 보습으로 깊이 쟁기질합시다.

우리는 이렇게 하는 법을 배워야 합니다. 이렇게 하는 것이 우리 본성에는 어긋나고 힘들 것입니다. 그러나 안일함을 사랑하는 마음이나 청중을 기쁘게 하려는 욕구를 만족시키려고 이 일을 하지 않은 채 내버려두어서는 안 됩니다. 우리가 사람들의 영혼을 진정으로 사랑한다면, 고통스럽겠지만 정직하게 말하고, 듣는 사람들보다 말하는 우리가 괴롭겠지만 진지하게 경고함으로써 그 사랑을 증명하도록 합시다. 이렇게 해야 하는 것은 우리 일 가운데서 이것이 사람의 복지를 위하여 반드시 필요하고, 결코 생략할 수 없는 일이기 때문입니다. 완고한 마음을 깨트려야 합니다. 그렇지 않으면 상한 마음을 싸매시기 위해 보내심을 받은 구주님을 거절할 것입니다. 사람들에게 있든지 없든지 간에 사람이 구원을 받는데 아무 영향을 끼치지 않는 것들이 있습니다. 그러나 마음을 쟁기질하는 일은 절대로 필요한 것입니다. 그러므로 사람에게는 마음을 쟁기질하는 일이 반드시 있어야 합니다. 그렇지 않으면 소망 없이 죽고 맙니다. 마음을 깨트려야 합니다. 하나님 앞에서 거룩한 두려움이 있어야 하고 겸손히 떠는 일이 있어야 합니다. 죄를 범했음을 인정해야 하고, 회개하며 자비를 베풀어 주시기를 구해야 합니다. 씨가 열매를 맺기를 기대할 수 있으려면, 한 마디로 먼저 영혼에 철저히 쟁기질하는 일이 있어야 합니다.

2. 그러나 본문을 보면 목사들이 헛수고 하는 때가 있음을 알 수 있습니다.

"말들이 어찌 바위 위에서 달리겠으며 소가 어찌 거기서 밭 갈겠느냐?" 오늘 밤 이 집에는 언제나 이 자리에 있지만 마음이 아주 단단한 흙 같은 사람들이 있습니다. 농부가 쟁기질을 해보면 금방 그 땅이 어떤 땅인지 알게 됩니다. 나는 흙과 농부 사이에 상호 작용이 있는 것처럼 복음 설교자와 친숙한 그의 청중 사이에 교감되는 바가 있다고 하는 말뜻을 경험 많은 목회자라면 누구나 알 것이라고 생각합니다. 청중은 말없이 앉아 있을지라도 설교자에게 실제로 말하는 것보다 더 많은 말을 할 것입니다. 농부는 쟁기가 순조롭게 나갈 것인지 아닌지를 금방 알아차립니다. 목사도 그와 같습니다. 목사는 다른 곳에서 한 말을 똑같이 이곳에서 말할 수 있습니다. 말을 똑같이 사용할 수 있지만, 한 곳에서는 설교하면서 큰 기쁨과 희망을 느끼는 반면에 다른 청중에게서는 설교하는 것이 힘들고 별 희망을 느끼지 못하는 일이 있습니다.

지난번에는 쟁기가 밭고랑에서 튀어 오르고, 보습의 날이 때때로 상하기도 했습니다. 그래서 농부는 속으로 말합니다. '왜 이러는지 모르겠네. 여기서는 쟁기질을 잘 하기가 어렵겠네.' 그래서 그는 주님께서 자기를 특별히 단단한 땅에 가서 일하라고 보내신 것 같다는 생각을 하게 됩니다. 그런가 하면 이 사람들은 아주 경청을 하며 들어서 아무도 조는 사람이 없었습니다. 한 마디 한 마디를 빼놓지 않고 빨아들이듯이 다 들었습니다. 그런데도 석상(石像)처럼 꼼짝을 하지 않았습니다. 그들은 느끼지 못했고, 도대체 무엇을 느낄 수 있는 것처럼 보이지 않았습니다. 이 설교자는 청중이 전혀 느끼지 못하는 것을 보면 설교를 멈추고 눈물을 흘리곤 하였습니다. 설교자의 그런 모습을 보고도 청중들은 바뀌지 않았습니다. 이 설교자가 마음을 쓰는 것은 유능한 설교자라는 헛된 평판이 아니었습니다. 그보다는 청중들의 유익을 바라고 진리의 명예를 높이려는 간절한 바람 때문에 설교자의 마음에 거룩한 질투심이 일어났습니다. 그렇지만 자신이 도무지 앞으로 나아갈 수 없는 것 때문에 마음이 상하였습니다. 그는 최선을 다해 설교하고 있었습니다. 다른 곳에서 많은 성공을 거두며 즐겁고 편안하게 하던 그 일을 지금은 무거운 마음으로 하고 있고, 자신이 헛수고 하고 있으며 자신의 호소가 사람들에게 전혀 먹히지 않고 있다는 것을 느낍니다.

그리스도의 일꾼들은 이것이 때때로 일어나는 일임을 압니다. 여러분은 주일학교 반에서 그 점을 틀림없이 발견하였을 것입니다. 여러분은 다락방 모임에서나 예수님을 전파하고 가르치려고 하는 어떤 모임에서든지 그 점을 틀림없이 경험하였을 것입니다. 여러분은 때때로 속으로 이렇게 말했을 것입니다. '나는 지금 바위에 쟁기질을 하고 있는 거야. 전에 내가 비옥한 땅을 갈 때는 소가 멍에를 메고 쉽게 쟁기질을 할 수 있었고, 말도 달리다시피 하며 쟁기질을 하였는데, 이제는 말이나 소가 어깨 가죽이 벗겨질 때까지 힘껏 끌고 지치도록 일하는데도 고랑이 파지지 않는구나. 이 바위는 너무도 단단하구나.'

어느 회중에나 그런 사람들이 있습니다. 이들은 쇠처럼 단단합니다. 그런데 좋은 땅과 함께 나란히 있습니다. 그들의 자매와 형제, 아들과 딸들, 이들은 모두 언제든지 복음의 능력을 느꼈습니다. 그러나 이들은 도무지 느끼지 못합니다. 그들은 복음을 듣습니다. 공손한 태도로 듣습니다. 그리고 지금까지도 복음을 한쪽 귀로 듣고 한쪽 귀로 흘려보내며 더 이상 복음에 신경을 쓰려고 하지 않습니다. 그들은 안식일을 어기고 예배에 빠지려고 하지 않았습니다. 그러므로 그들은 복음이 전파되는 곳에 와서는 복음을 들으려고 하지 않는 고약한 일을 하는 것입니다. 그들은 단단하기 이를 데 없는 바위 같아서, 쟁기가 도무지 그들을 파일구지 못합니다.

그런가 하면 그와 마찬가지로 완고한 사람들이 많은데, 이들은 다른 방식으로 완고합니다. 복음이 전파되는 것을 들을 때 쟁기가 그들을 건드리는 것 같습니다. 그러나 겉보기에만 그럴 뿐입니다. 그들에게 인상이 깊이 새겨지지도, 영구히 가지도 않습니다. 그들은 복음을 기쁘게 받지만 간직하지 못합니다. 아주 귀를 기울이며 듣는 것처럼 보입니다. 그들은 생각날 때마다 예배당에 갈 마음은 있지만, 꾸준히 예배에 참석하는 데까지는 이르지 않습니다. 회개에 관해서 듣지만 결코 회개하지 않습니다. 믿음에 대해서 듣지만 결코 믿지 않습니다. 내가 진리 아닌 다른 어떤 것을 설교한다면 그들은 화를 낼 것입니다. 복음이 무엇인지는 아주 잘 알기 때문입니다. 그러면서도 복음을 받아들이지는 않았습니다. 그들은 먹을 생각은 없으면서 식탁에 좋은 빵을 놓아야 한다고 주장합니다. 씻을 생각은 없으면서, 자기들 앞에 언제나 목욕물이 준비되어 있기를 바랍니다. 정작 자신은 받아들이지 않는 일들에 대해서 잔소리가 보통 심한 것이 아닙니다. 그들이 감동을 받아 느끼고 때로는 눈물을 흘리기도 합니다. 감상적인 이야기를 들으면 그들은 금방 울고, 때로는 설교자의 말에 공감하는 심정이 그들 속에도 얼마 동안 일어나기도 합니다.

그럴지라도 그들의 마음이 하나님의 말씀에 의해 실제로 깨트려지지는 않습니다. 그들은 예배당을 떠나면 자신이 어떤 사람인지를 잊어버립니다. 그들의 일시적인 감정은 진실된 감정을 보여준 것이라기보다는 그들의 완고함을 보여주는 예일 뿐입니다. 그들은 마음이 바위처럼 단단하기 이를 데 없는 사람들입니다. 마음이 돌 같이 단단해서 일시적인 감정이 들지라도 말씀을 무시합니다. 그런데 그것은 감정이 아니고, 영적인 감동에는 결코 이르지 못하는 어떤 느낌에 지나지 않는 것입니다. 우리 회중 가운데 그런 사람들이 있습니다. 주께서 그런 사람들을 불쌍히 여겨주시기 바랍니다. 내가 말하고 있는 동안, 이 설명이 그들의 마음에 가 닿아서 그들 각각이 주의하여 듣고, 보습이 그들의 단단한 마음을 찢고 거칠지만 유익한 고랑을 낼 수 있기 바랍니다.

그런데 이 사람들, 곧 마음이 바위 같은 사람들에게 수년 동안 쟁기질을 하였지만 그들이 부드러워지기보다는 더 단단해졌기 때문에 문제는 더 심각합니다. 그들이 마침내 굴복한다면, 쟁기질을 한두 번 하고, 보습의 날이 한두 번 망가지며, 농부가 한두 번 실망하게 된 것에 대해 개의치 않을 것입니다. 그러나 이 사람들은 어린 시절부터 복음을 들어왔지만 복음의 능력 앞에 굴복하지 않았습니다. 그들 가운데 어떤 사람들이 어린 시절부터 지금까지 이 자리에 있다는 것은 좋은 일입니다. 그들은 머리가 희끗희끗해지고 있고, 나이를 먹어서 몸이 쇠약해지고 있습니다. 지금 이 설교를 듣는 분들 가운데는 하나님의 말씀이 성실하고 진지하게 전해지는 것을 수백 번도 더 들은 사람들이 있습니다. 여러분은 마차 한 대 분량만큼의 설교를 들었습니다. 간청하고 설득하는 설교를 이루 헤아릴 수 없이 들었습니다. 주님께로 초대하고 간곡히 타이르는 말이 수도 없이 반복되는 것을 들었습니다. 그렇습니다. 나는 여러분을 위해 기도하고 울었지만, 여러분의 마음은 여전히 바위 같습니다. 그동안 애쓴 것이 여러분에게 아무 소용이 없었습니다.

사실, 여러분이 아주 오래전에는 하나님의 말씀을 느끼곤 하였습니다. 밀랍을 녹이는 해가 찰흙은 단단하게 만듭니다. 그와 같이 어떤 사람들을 부드러운 마음과 회개에 이르게 한 바로 그 복음이 여러분에게는 반대의 효과를 내었고, 여러분을 젊은 시절보다 더 분별없고 완고하며 세상적이 되게 하였고 하나님의 일들을 더 멸시하게 만들었습니다. 나는 그렇게 될 것을 알았고, 아주 오래전에 여러분에게 그 점을 말씀드렸습니다. 우리가 하나님께 대해서는 언제나 향기로운 냄새일지라도, 사람들 가운데서는 생명에서 생명에 이르게 할 뿐 아니라 사망에서 사망에 이르게도 하는 냄새입니다. 나는 이 슬픈 결과가 여러분의 경우에 실제로 나타나고 있는 것이 아닌가 걱정이 됩니다.

왜 사람들이 마음이 그렇게 바위처럼 단단해지는 것입니까? 천성적으로 아주 둔감한 사람들이 있습니다. 세상에는 여러분이 좀처럼 그 마음을 움직일 수 없는 사람들이 많습니다. 그들을 깜짝 놀라게 만들려면 그들 밑에 다이너마이트를 한 개쯤 넣어두어야 할 것입니다. 그들은 무슨 일에 대해서든지 조용하고 냉정합니다. 사업에서도 마찬가지입니다. 그들에게는 낙천적인 면이 전혀 없고 흥분하는 일도 감격하거나 감동하는 일도 없습니다. 그들은 체질적으로 마음이 아주 완고해서, 온순 씨(Mr. Pliable)보다는 고집쟁이 씨(Mr. Obstinate)에 더 가까운 사람입니다. 그런데 나는 이런 사람들을 아주 나쁘게 생각하지는 않습니다. 쉽게 흥분하는 사람들에게 설교하면, 그들이 몹시 감동을 하지만 마지막에는 조금도 더 나아지지 못하고 다시 게으른 상태로 돌아가는 것을 알기 때문입니다. 반면에 아주 둔감하고 좀처럼 마음이 움직이지 않는 사람들 가운데서도 한번 마음이 움직이고 무엇인가를 느끼게 되면 아주 깊이 느끼고 그렇게 해서 생긴 인상을 그대로 간직하는 사람들이 있습니다. 비록 여러 번 아주 세게 쳐야 하지만 화강암을 치면 거기에 돌조각들이 생기는데, 물은 채찍질하기는 아주 쉽지만 거기에는 흔적이 잠시도 남지 않습니다. 바위의 연한 부분을 붙잡고 거기에 믿음을 발휘하는 것이 중요합니다. 하나님의 손에 들린 망치는 깨트리는 강력한 힘이 있고, 그렇게 깨트리는 과정을 통해서 지존하신 하나님께 영광이 돌아갑니다.

더 나쁜 사실은 어떤 사람들은 불신앙 때문에 마음이 완고하다는 것입니다.

이것은 단지 마음에 믿음이 없는 것이 아니라 믿지 않으려는 마음에서 생겨나는 불신앙이고, 스스로 의심을 키우고 성경의 난제들을 발견하는 데서 더욱 굳어진 불신앙입니다. 난제들은 있고, 본래부터 난제들은 있게 되어 있었습니다. 왜냐하면 모든 것이 명명백백하게 분명하다면 믿음을 발휘할 여지가 없기 때문입니다. 이 사람들은 점차 의심하게 되었거나 중요한 진리들이 의심스럽다는 생각을 하게 되었습니다. 이렇게 되면 그리스도의 복음에 무감각하게 됩니다. 그리고 이것이 마음을 철석같이 완고하게 만드는 또 한 가지 슬픈 수단이 됩니다.

정통 신앙을 가진 사람들이 아주 많은데, 정통 신앙에도 불구하고 그들의 마음이 매우 완고합니다. 세상적인 생각이 그런 사람을 아주 완고하게 만듭니다. 이런 생각이 있으면 많은 경우에 가난한 사람들에게 구제하려는 마음이 그에게서 싹 사라집니다. 자기는 돈을 벌어야 하고, 구빈세(救貧稅)를 내고 있으니 가난한 사람들을 구제하는 일을 소홀히 해도 괜찮다고 생각하기 때문입니다. 구제하는 직원들이 찾아다니기 때문에 가난한 사람들은 참으로 편하다고 생각합니다! 그는 우리 구빈원을 대궐같이 호화로운 시설이라고 생각하고, 그래서 자기가 푼돈이라도 주면 그것이 사기꾼을 돕고 사람들의 게으름을 부추기기 때문에 악한 일이라고 생각합니다. 어쨌든 그가 그런 마음을 접고 1페니라도 내는 것이 잘하는 일입니다! 세상적인 마음은 그를 그런 식으로 완고하게 만들고, 다른 일들에 대해서도 그와 같이 만듭니다.

그는 다음 세상에 대해서 생각할 여유가 없습니다. 온통 현 세상에 대해서만 생각해야 합니다. 돈 사정이 좋지 않으므로 돈을 꼭 쥐고 있어야 합니다. 돈이 많이 벌리지 않으면, 그럴수록 그만큼 더 인색하게 굴어야 할 이유를 발견합니다. 그는 기도할 여유가 없습니다. 회계 사무소에 가 보아야 하기 때문입니다. 성경을 읽을 시간이 없습니다. 장부를 정리해야 하기 때문입니다. 그에게 영원한 것에 대해 말하는 것은 아무 소용이 없는 일입니다. 이 세상일에 완전히 마음이 빼앗겨 있기 때문입니다. 여러분이 그의 문을 두드릴 수 있지만 그의 마음이 집에 없습니다. 그의 마음은 집에 없습니다. 언제나 회계 사무소에 가 있습니다. 거기에서 살고 움직이며 존재합니다. 그의 신은 돈이고, 그의 복은 사업이며, 그에게 소중한 것은 그 자신입니다. 이런 그에게 설교하는 것이 무슨 소용이 있습니까? 차라리 말들이 바위 위에서 쟁기질하거나 소가 1마일 두께로 철판을 깐 밭에서 쟁기를 끄는 것이 나을 것입니다.

그런가 하면 철저히 세상적인 태도에 거의 반대되는 것이라고 부를 수 있는 것, 즉 전반적인 경박함으로 인해 생기는 완고함이 있습니다. 천성적으로 나비와 같은 사람들이 있습니다. 그들은 도무지 생각하지 않고, 생각할 마음도 없습니다. 그들은 조금만 생각해도 지치고 맙니다. 그래서 생각을 다른 데로 돌려야 합니다. 그렇지 않으면 나약한 그들의 지성이 완전히 지치고 맙니다. 그들은 계속해서 즐겁고 흥겹게 놀며 생활합니다. 이들이 제일 좋아하는 것은 킥킥대는 것입니다. 완전히 웃는 것을 좋아하지 않습니다. 드러내놓고 웃는 사람들은 아주 진지한 사람들입니다. 이들은 무슨 일에 대해서든지 분별이 없고 경솔해서 그저 어린아이들처럼 킥킥대며 웃습니다. 그들은 마치 세상이 무대이고 모든 사람이 연기자에 불과한 것처럼 세상을 살아갑니다. 이들에게 설교하는 것은 거의 아무런 유익이 없습니다. 그들의 피상적인 성품은 흙이 깊지 않습니다. 흩뿌려진 쓸모없는 모래 밑에 철저한 어리석음과 분별없음이라는 뚫을 수 없는 바위가 놓여 있습니다. 어떤 사람들이 다른 사람들보다 마음이 더 완고한 이유들을 이 외에도 더 많이 언급할 수 있지만, 그것이 그렇다는 것은 분명한 사실이므로 거기에 대한 설명은 이것으로 그치고 세 번째 요점을 살펴보도록 하겠습니다.

이제 나는 모든 사람에게 이렇게 말이 바위 위에서 달리거나 소가 밭에서 쟁기질하는 일이 언제까지 계속될 것으로 생각하는지 물어보겠습니다.

3. 하나님의 종들이 언제까지나 헛수고를 계속해야 할 것으로 기대하는 것은 참으로 이치에 맞지 않는 일입니다.

지금까지 이 사람들에게 설교하면서 가르치고 교육하며 훈계하고 타이르며 충고하였습니다. 아무 보상이 없는 이 일을 언제까지나 계속해야 하겠습니까? 지금까지 이 사람들을 충분히 시험해 보았습니다. 이성과 신중한 판단에 비추어 볼 때 이들에 대해 어떻게 이야기해야 하겠습니까? 아무 결과를 얻지 못해 완전히 지칠 때까지 계속해서 이 일을 해야 하겠습니까? 사업하는 사람들에게 묻겠습니다. 자기 논에 쟁기질하는 사람들에게 묻겠습니다. 그들에게 실패가 확실한데 계속해서 일하라고 권할 수 있겠습니까? 말들이 바위 위에서 달리겠습니까? 사람이 바위 위에서 소를 끌며 쟁기질을 하겠습니까? 결코 하지 않을 것입니다.

무엇보다 농부를 생각한다면, 그런 헛수고를 언제까지나 계속할 수 없다는 것에 우리 모두 동의하리라고 생각합니다. 그는 대단치 않은 사람입니다. 사람들이 자기를 대단하게 생각해 주기를 바라지도 않습니다. 그렇지만 주님께서는 그를 많이 생각하십니다. 일이 잘 진척되지 않아 낙망이 될 때 그가 어떻게 지치는지 봅시다. 그는 주님께 가서 이렇게 말합니다. "우리가 전한 것을 누가 믿었습니까? 여호와의 팔이 누구에게 나타났습니까(사 53:1)? 왜 주께서는 귀가 있으나 듣지 않는 백성에게 나를 보내셨습니까? 그들은 주의 백성이 앉는 것처럼 앉고 주의 백성이 듣는 것처럼 듣고, 그 다음에는 자기 길을 가면서 들은 말을 다 잊어버립니다. 자기 종을 통해서 말씀하시는 하나님의 목소리에 순종하지 않습니다." 설교자가 얼마나 낙담하는지 보십시오. 여러분이 온 힘을 다 기울이는데도 조금도 앞으로 나아가지 않는 것처럼 보일 때 그것은 언제나 견디기 힘든 일입니다. 아무 보답이 없고 아무 결과가 나오지 않는 일을 하기 좋아하는 사람은 없습니다.

일전에 군대 교도소를 한번 본 적이 있습니다. 수감된 병사들이 포탄을 마당 이쪽 끝에서 다른 쪽 끝으로 옮기는 것을 보았습니다. 교도관이 내게 알려주기를, 얼마 전에는 사람들이 병사들에게 포탄을 피라미드처럼 쌓아올리게 했다가 다시 그 포탄을 마당 다른 쪽 끝에 쌓아올리게 했다는 것입니다. 그 일이 병사들에게 일종의 즐거움을 주자 그 일을 전혀 지루하게 생각하지 않았다는 것입니다. 그래서 그 다음에는 병사들에게 포탄을 마당 이쪽 끝으로 옮겼다가 다시 본래 자리로 가져가게 했고, 그렇게 하자 어느 쪽에도 포탄이 쌓이지 않게 되었습니다. 비록 다시 옮겨야 한다는 것을 알고 있을지라도 포탄이 피라미드처럼 작게 쌓아올려지는 것이 죄수들에게 어느 정도 흥미를 주었습니다. 그런데 그 일은 형벌의 일이므로 재미가 있어서는 안 되었기 때문에, 그렇게 하지 못하도록 한 것입니다. 우리가 교도소에 수감된 이 병사들처럼 느낀 때가 얼마나 많았습니까? 복음을 가지고 갔다가 우리 노력에 대해 아무런 결과도 보지 못하고 다시 가지고 온 적이 많았습니다. 그런데도 하나님께서 자기 종들에게 그런 일을 계속 시키시겠습니까? 그들이 군 교도소에 수감된 하나님의 죄수들이라면 하나님께서 그런 일을 시키시는 것은 당연한 일일 것입니다. 그러나 그들은 죄수가 아닙니다. 하나님의 자녀들입니다. 하나님은 그들을 사랑하십니다. 그런데 하나님께서 그들에게 이처럼 지치는 일을 계속 시키시겠습니까? 그들이 이처럼 실망스럽고 낙담케 하는 일을 언제까지나 해야 합니까? 어떤 사람이든지 간에 완전혀 시간 낭비이고 정력 낭비인 것처럼 보이는 일을 좋아할 사람은 아무도 없습니다. 그렇게 해보려고 하는 사람조차도 스스로 생각해도 그것이 어리석은 일이라고 여길 것입니다. 사람들에게 불가능한 일을 시도하려고 한다고 무시당할지 모른다고 생각할 것입니다.

그렇다면 우리가 마음이 완고한 사람들을 대하는 일을 언제까지나 계속해야 하겠습니까? 위대한 농부께서 자기 종들에게 아무 쓸모도 없는 일을 위해 인생을 낭비하라고 명령하시겠습니까? 하나님의 설교자들이 계속 돼지 앞에 진주를 던져야 하겠습니까? 귀를 기울이지 않는 사람들에게 계속해서 말을 해야 하겠습니까? 언제까지나 돌들을 타이르고 들의 짐승들보다도 분별력이 없는 사람들에게 예언을 해야 하겠습니까? 하나님께 헌신한 일꾼들이 주님으로부터 그런 명령을 받았다면, 고통스러운 그 직무를 계속 수행해야 할 것입니다. 그러나 주님께서는 그들을 깊이 생각하십니다. 나도 여러분에게 사람이 열성적인 마음을 가졌다고 해서 자신의 근심에 도무지 반응하지 않는 사람들의 구원에 대해 언제까지나 마음을 써야 한다고 생각하는 것이 이치에 맞는 일인지 물어봅니다. 말이 언제까지나 바위 위에서 쟁기질을 해야 하겠습니까? 소가 언제까지나 바위 위에서 애써야 하겠습니까?

그 다음에는, 주님을 생각해야 합니다. 주님께서 언제까지나 거절당하고 모욕당하면서도 계속해서 인내하셔야 하겠습니까? 여러분 가운데 많은 분들이 그저 예수 그리스도를 믿기만 하면 받을 수 있는 영생을 제시받았습니다. 그런데 여러분은 믿지 않았습니다. 사실 하나님은 내게 이렇게 말씀하실 수도 있었습니다. "집으로 가라. 너는 그들에게 할 일을 다 했다. 다시는 그들에게 그리스도를 제시하지 마라. 더 이상 내 아들이 모욕을 받지 않게 하겠다." 여러분이 길에서 거지에게 1실링을 주는데 거지가 항의하며 그 돈을 받지 않으려고 한다면, 여러분은 주저하지 않고 그 돈을 다시 주머니에 넣고 길을 갈 것입니다. 여러분은 그 자리에 서서 어떻게 해서든지 자신이 그에게 궁핍함을 덜어주게 해달라고 간청하지 않을 것입니다. 그런데 자비로우신 우리 하나님께서는 죄인들에게 자기에게 오라고 부탁하고 자기 아들을 영접하라고 간청하십니다. 하나님은 자기를 낮추시고 심지어 이렇게까지 말씀하십니다. 시장의 장사꾼처럼 외치십니다. "오호라 너희 모든 목마른 자들아 물로 나아오라 돈 없는 자도 오라 너희는 와서 사 먹되 돈 없이, 값없이 와서 포도주와 젖을 사라"(사 55:1). 또 다른 곳에서는 자신에 대하여 이렇게 말씀하십니다. "순종하지 아니하고 거슬러 말하는 백성에게 내가 종일 내 손을 벌렸노라"(롬 10:21). 하나님을 공경하는 여러분이 판단할 때도 자비의 하나님께서 그토록 오랫동안 거절당하고 사랑의 주님께서 그토록 오랫동안 멸시당하셨다면 여러분이 죄인들을 동정하는 가운데서도 분노가 치밀고, 죄인들을 사랑하고 그들이 구원받기를 바라지만 그처럼 모욕적인 행위와 무한한 인내를 이제는 끝내야 하겠다는 생각이 들지 않겠습니까? 여러분이 도무지 들으려고 하지 않는 사람들에게 언제까지나 간청할 수는 없습니다. 여러분을 거절하는 자는 여러분을 보내신 하나님을 거절하는 것이기 때문입니다. 나는 마음이 완고한 사람들에게 이 문제를 이렇게 생각해 보라고 권합니다. 그들이 이 농부는 존중하지 않을지라도 그를 보내신 하나님은 공경하도록 하라고 말입니다.

그 다음에, 복음을 필요로 하고 복음을 듣는다면 받아들일 사람들이 많이 있습니다. 그런 사람들을 보면, 복음을 받지 않으려고 하는 이 사람들에 대해 지치도록 복음 전하는 일을 그만두는 것이 현명해 보이기도 합니다. 우리 주님께서 뭐라고 말씀하셨습니까? 벳새다와 고라신에서 행한 기사를 두로와 시돈에서 행하였다면 그들이 회개하였을 것이라고 말씀하셨습니다. 더 놀라운 점은 이것입니다. 만일 주께서 가버나움에서 행한 기사들을 소돔과 고모라에서 행하였다면 그들이 베옷을 입고 재 가운데서 회개하였으리라는 것입니다. 자, 그렇다면 우리는 하나님의 말씀을 받으려고 하는 사람들에게 말씀을 전하고, 멸시하는 자들은 자기 고집 가운데 망하도록 두어야 하지 않겠습니까? 이성적으로 생각할 때 이렇게 말하게 되지 않습니까? "이 약을 병자들에게 보내되 약을 소중히 여길 환자들이 있는 곳으로 보내자. 이 사람들은 이 약을 거절하지 않는가?" 복음을 기꺼이 들으려고 하는 사람들은 아주 많습니다. 설교자가 가는 곳마다 그들이 얼마나 많이 몰려드는지 보십시오. 어떻게 해서든지 설교자의 말을 들으려고 몰려들어 서로를 밟을 지경에까지 이릅니다. 매일 설교자의 복음을 듣는 이 사람들이 하나님의 메시지를 받으려고 하지 않는다면 그 설교자는 이렇게 말합니다. "이제는 쟁기질할 수 있는 영혼을 찾을 수 있는 다른 곳으로 가겠어." "말들이 어찌 바위 위에서 달리겠으며 소가 어찌 거기서 밭 갈겠느냐?" 내가 아무것도 나오지 않는 곳에서 언제까지나 일해야 하겠습니까? 이성적으로 생각할 때, 하나님의 말씀을 받을 중국으로, 인도로, 땅 끝으로 말씀을 보내자고 말하지 않겠습니까? 하나님의 말씀이 거리 모퉁이에서 전파되는 것을 듣는 사람들이 그 말씀을 멸시하고, 아주 귀찮은 것으로 생각하지는 않는다고 할지라도 예삿일로 여기니 말입니다.

나는 이 점을 길게 설명하지 않고 그 질문을 다시 한번 묻도록 하겠습니다. 여러분 가운데 전혀 가망이 없는 목표라는 것이 분명한 때에도 계속해서 그 목표를 추구할 사람이 있겠습니까? 여러분은 부루퉁하고 떼를 쓰는 아이를 달래며 기분 좋게 하려고 해 본 적이 있습니까? 여러분은 다정하고 부드럽게 많은 말을 하고 날카로운 말도 하였습니다. 그러나 이 어린 상전이 태도를 바꾸려고 하지 않을 때면 속으로 이렇게 말하였습니다. '그렇다면 스스로 풀릴 때까지 골을 내도록 내버려두자.' 주님께서 자기 종들을 보내어 은혜롭고 애정 어린 사실들을 친절하게 전하게 하셨는데도 사람들이 들으려고 하지 않는다면 하나님께서 이렇게 말씀하신다고 해서 이상하게 여기겠습니까? "그들을 내버려두라. 그들이 우상과 연합하였으니, 내버려 두라"(호 4:17 참조). 사람들에게 인내의 한계가 있는데, 우리는 금방 그 한계에 이릅니다. 우리는 오래전에 인내의 한계를 넘어버리긴 하지만, 하나님의 인내에도 한계가 있는 것이 분명합니다. 그때가 되면 하나님께서 이렇게 말씀하십니다. "이제 족하다. 나의 영이 영원히 사람과 함께 하지 아니하리라(창 6:3). 이후로는 그들을 내버려두겠다." 주님께서 이렇게 말씀하신다고 해도 우리 가운데 누가 하나님을 비난할 수 있겠습니까? 이것이 지혜로운 방법이 아닙니까? 사려 깊게 생각한다면, 그렇게 말해야 하지 않습니까? 내가 이 자리에 있는 사려 깊은 사람에게 말한다면, 누구든지 말할 것입니다. "그렇습니다. 정말이지, 소가 언제까지나 바위에 쟁기질하게 할 수는 없습니다."

4. 넷째로, 그렇다면 변화가 있되, 빠른 시간 안에 있어야 합니다.

이것이 바뀔 수가 있습니까? 소를 바위에서 쟁기질하는 데서 끌어낼 수 있습니까? 그렇습니다. 그 일은 쉽게 할 수 있습니다. 지금 내 앞에 있는 완고한 사람들에게 머지않아 그 일이 일어날 것입니다. 그 일은 세 가지 방식으로 이루어질 수 있습니다.

첫째로, 사람을 데려감으로 무익한 청중이 가장 잘 검증된 목사의 입에서 더 이상 복음을 들을 수 없게 하실 수가 있습니다. 조금이라도 사람의 마음을 움직이고 영향력을 발휘하는 설교자가 있습니다. 그러나 복음을 듣는 사람이 그의 증언을 듣지 않고 회개하지 않으면 다른 동네로 옮겨서 그곳에서 그의 양심을 건드리지도 그의 잠자는 상태를 흔들어 깨우지도 못하는 지루한 설교를 듣게 하실 것입니다. 그가 외딴 마을이나 외국으로 가게 되어 더 이상 설득하고 간청하는 설교를 들을 수 없게 하실 것입니다. 그러면 거기서 잠을 자다가 지옥에 떨어질 것입니다. 그 일은 아주 쉽게 일어날 수 있습니다. 어쩌면 여러분 가운데 어떤 분들에게는 바로 지금 이 소망의 집에서 다른 데로 옮겨지는 일이 준비되고 있는지도 모릅니다.

농부를 데려가는 또 다른 방식이 있습니다. 그가 지금까지 최선을 다해 일을 했으니, 이제는 가망 없는 일에서 손을 떼게 하는 것입니다. 그를 집으로 보내는 것입니다. 그가 지쳤으니, 집으로 보내야 합니다. 흙이 부서지려고 하지 않았습니다. 그가 어떻게 할 수가 없었습니다. 그에게 삯을 주어 보내야 합니다. 그는 일하다가 쟁기의 날을 부러트렸습니다. 그를 집으로 보내야 합니다. 그는 주님께 "잘 하였도다"라는 말씀을 들을 것입니다. 주께서 명령하시는 동안 그는 낙담시키는 일을 계속해서 기꺼이 하려고 하였습니다. 그러나 그 일이 아무 쓸모없는 것이 분명하므로 그를 집으로 보내야 합니다. 그는 할 일을 다 했습니다. 그가 심한 병이 들었으니, 죽어서 안식에 들어가도록 해야 합니다. 이것이 결코 있을 법하지 않은 일이 아닙니다.

그밖에 다른 일이 일어날 수도 있습니다. 주께서 이렇게 말씀하실 수 있습니다. "그 바위 덩어리가 더 이상 농부를 괴롭히지 못하게 하겠다. 내가 그 바위 덩어리를 치워버릴 것이다." 하나님은 바위를 이런 식으로 치우실 수 있습니다. 지금까지 복음을 들으면서도 거절하였던 그 사람이 죽는 것입니다. 나는 제발 주님께서 이 일이 여러분 가운데 누구에게든 일어나지 않게 하여 주시기를 바랍니다. 여러분이 죄 가운데서, 곧 회개하지 않고 죽는 일이 벌어지지 않기를 바랍니다. 그렇게 되면 나는 여러분에게 더 이상 복음을 전할 수 없고 여러분에 대해 아무리 희미한 소망도 가질 수 없기 때문입니다. 우리가 여러분을 따라 영원까지 가서 여러분을 위해 기도할 수는 없습니다. 여러분의 영혼에 대해 아무리 뜨거운 사랑을 지녔더라도, 사후에 여러분이 형벌을 면할 길이 있을 것이라고 기대할 수 없습니다. 여러분이 의지하여 구원받을 수 있는 이름이 하나 있습니다. 그 이름, 곧 예수라는 이름을 여러분의 귀에 알려드립니다. 그러나 여러분이 예수님을 거절한다면, 그 이름도 여러분을 구원하지 못할 것입니다. 예수님께서 여러분에게 두려움이 되실 것입니다. 여러분이 그 얼굴을 피하여 도망하며, 큰 소리로 외칠 것입니다. "바위야, 나를 가리라! 산들아 내 위에 무너지라. 보좌에 앉으신 이의 얼굴에서와 그 어린 양의 진노에서 나를 가리라"(계 6:16). 이 시간은 주님께서 여러분에게 은혜를 베풀려고 기다리시지만, 그때는 여러분이 주님을 두려워할 것입니다. 주님을 두려워하는 것이 당연합니다. 제발 부탁하건대, 계속해서 완고한 마음으로 전능하신 사랑을 거절함으로써 자기 영혼을 망하게 하지 마십시오. 우리가 할 수 없는 일을 주께서 여러분을 위하여 행하여 주시기를 바랍니다. 주님께서 그의 권능의 날에 여러분이 자원하여 나오게 하여 주시기를 바랍니다. 그렇지 않으면 여러분이 살아 있는 것이 확실하고 하나님께서 살아계시는 것이 확실하듯이, 여러분이 노여우시게 한 하나님을 가까이 만날 때 그 사이에 중보자 그리스도께서 계시지 않는다면, 그 일이 여러분에게 참으로 큰 고통이 될 것이 확실합니다. 하나님께서는 이렇게 말씀하십니다. "하나님을 잊어버린 너희여 이제 이를 생각하라 그렇지 아니하면 내가 너희를 찢으리니 건질 자 없으리라"(시 50:22). 내가 한 말은 잊어도 됩니다. 그러나 여러분을 위하여서 하나님의 말씀에 주의하십시오. 그러면 이 영감된 성경에 회개하지 않는 죄인들을 으르는 두려운 말씀이 있다는 것을 발견할 것입니다. 아무리 두려운 비유적 표현도 구주님을 거절함으로써 자살을 감행하고 "그리스도께서 나를 구원하시게 하느니 차라리 망하고 말겠다"고 말함으로써 그리스도의 얼굴에 침을 뱉는 모든 사람에게 실제로 반드시 임할 공포를 충분히 나타내지 못합니다.

하나님께서 좀 더 나은 일이 일어날 수 있게 해 주시기를 바랍니다. 이제 끝으로 이 질문을 하고서 마치겠습니다. 이 모든 일에 어떤 대안이 있습니까? 이 밖의 어떤 일을 할 수 없습니까? 이 흙은 바위처럼 단단합니다. 이 흙을 부서트리지 않고는 거기에 씨를 뿌릴 수 없습니까? 예, 없습니다. 흙을 반드시 부서트려야 합니다. "여러분은 거듭나야 합니다." "하나님의 나라를 어린 아이와 같이 받아들이지 않는 자는 결단코 거기 들어가지 못할 것입니다"(눅 18:17). 반드시 회개가 있어야 합니다. 회개 없이는 죄사함이 없기 때문입니다. 어쨌든 복음 없이, 하나님의 은혜 없이 사람들을 구원할 길은 없지 않습니까? 주 예수께서 그런 길이 있다고 말씀하시지 않았습니다. 주님은 우리에게 다음과 같이 설교하라고 말씀하셨습니다. "믿고 세례를 받는 사람은 구원을 얻을 것이요 믿지 않는 사람은 정죄를 받으리라"(막 16:16). 주님은 중용의 길을 암시하시지 않고 "더 큰 소망"을 제시하시지도 않습니다. 그보다는 "믿지 않는 사람은 정죄를 받을 것이라"고 말씀하시므로, 그는 반드시 정죄를 받을 것입니다.

이 자리에 계신 어떤 분도 어쩌면 천국에 들어가는 뒷문이 있을지 모른다고 꿈에도 생각하지 않기 바랍니다. 하나님은 뒷문 같은 것을 전혀 만드시지 않았습니다. 그렇다면 어떻게 해야 합니까? 설교자에게 아무 열매가 없는 쟁기질을 계속해서 수고롭게 하도록 하시겠습니까? 그렇습니다. 하나님은 그렇게 하시려고 합니다. 희망이 조금이라도 남아 있으면 하나님은 기꺼이 계속해서 이렇게 말씀하실 것입니다. "너희 못 듣는 자들아 들으라 너희 맹인들아 밝히 보라 너희 죽은 자들아 보라"(사 42:18 참조). 오늘도 바로 그와 같이 말씀하실 것입니다. 주님께서는 설교자에게 만민에게 복음을 전파하라고 명령하셨기 때문입니다. 하지만 들으려고 하지 않는 사람들에게 수년 동안 권고의 말을 계속 반복하는 것은 매우 힘든 일일 것입니다.

다행히 상황을 바꿀 수 있는 한 가지 길이 있습니다. 하늘에 하나님이 계십니다. 하나님께 능력을 나타내 주시기를 기도합시다. 예수께서 하나님 우편에 계시니, 예수님께서 개입하여 주시기를 구합시다. 성령님은 전능한 하나님이시니, 성령님의 도움을 구합시다. 쟁기질을 하는 형제 여러분, 그리고 우리가 쟁기질할 때 우리를 돕고 우리의 성공을 간절히 바라는 형제자매 여러분, 주님께 도와주시기를 기도하십시오. 말과 소는 분명히 실패하지만, 말과 소를 지으시고 큰 기사를 행하실 수 있는 분이 여전히 계십니다. 일찍이 하나님께서 바위에 말씀하셨더니, 단단한 반석이 시냇물로 변하지 않았습니까? 하나님께 지금도 그 일을 행하여 주시라고 기도합시다.

자신의 마음이 바윗덩어리 같다고 느끼고 슬퍼하는 사람이 있다면, 나는 그가 그렇게 느낄 만큼 되었다는 것이 참으로 기쁩니다. 그렇게 느끼는 사람은 그 단단한 반석이 변화되기 시작하고 있다는 증거를 보여주는 것이기 때문입니다. 마음이 바위 같은 이여, 모세가 광야에서 반석을 치는 잘못을 범하였는데, 나는 그대를 치기보다는 그대에게 말을 하겠습니다. 마음이 바위 같은 이여, 그대는 밀랍처럼 부드러워질 생각이 있습니까? 마음이 바위 같은 이여, 그대는 마음이 녹아서 회개의 강물처럼 되고 싶습니까? 마음이 바위 같은 이여, 그 소원을 가지고 엎드리며, 권고의 목소리에 순종하기 바랍니다! 마음이 바위 같은 이여, 그 선한 소원으로 마음이 깨어지기 바랍니다. 그 갈망으로 마음이 녹기 바랍니다. 그러면 하나님이 시작하십니다. 하나님께서 지금 여러분에게 일하기 시작하실 것입니다. 바로 이 순간 여러분의 마음이 부서지기 시작할지 누가 알겠습니까? 여러분이 하나님 말씀의 능력을 느끼십니까? 날카로운 보습이 바로 지금 여러분을 스치고 지나갔고, 그래서 여러분이 부서지기 시작했습니까? 부서지고 또 부서져서, 여러분이 통회로 말미암아 산산이 부서지기 바랍니다. 그러면 복음의 좋은 씨가 여러분에게 떨어지고, 여러분이 그 씨를 가슴에 받을 것이고, 거기에서 열매가 맺는 것을 볼 것입니다.

나는 좋은 알곡을 한 줌 더 뿌리려고 하고, 또 뿌렸습니다. 여러분이 영생을 얻기 원하면 예수 그리스도를 믿으십시오. 그러면 즉시 구원을 받습니다. 그리스도께서는 이렇게 말씀하십니다. "땅의 모든 끝이여 내게로 돌이켜 구원을 받으라 나는 하나님이라 다른 이가 없느니라"(사 45:22). 그리스도를 믿는 자에게는 영생이 있습니다. "모세가 광야에서 뱀을 든 것 같이 인자도 들려야 하리니 이는 그를 믿는 자마다 영생을 얻게 하려 하심이니라"(요 3:14).

주님이여, 이 바위를 깨트려 주시고, 씨가 깨어진 조각들 사이에 떨어지게 하소서. 그래서 이 시간에 깨어진 이 바위로부터 추수를 거두시기를 바랍니다. 아멘

제
4
장

다림줄

> "또 내게 보이신 것이 이러하니라 다림줄을 가지고 쌓은 담 곁에 주께서 손에 다림줄을 잡고 서셨더니 여호와께서 내게 이르시되 아모스야 네가 무엇을 보느냐 내가 대답하되 다림줄이니이다 주께서 이르시되 내가 다림줄을 내 백성 이스라엘 가운데 두고 다시는 용서하지 아니하리라." – 암 7:7,8

하나님은 보통 사람들에게 말씀하실 때 그들의 타고난 역량에 맞춰 말씀하십니다. 아모스는 목자였습니다. 그는 에스겔처럼 제사장 계층의 귀족이 아니었고, 이사야처럼 대단한 지적 능력과 능변을 갖춘 사람도 아니었습니다. 그는 평민 출신의 목자였습니다. 그래서 하나님은 그에게 이사야의 이상을 보여주거나 에스겔에게 주셨던 놀라운 계시로 그의 마음을 어지럽게 하시지 않았습니다. 하나님의 원칙은 "각 사람을 자기에 맞게"(고전 15:23, 개역개정은 "각각 자기 차례대로")라는 것입니다. 우리가 이 원칙을 떠난다면 스스로 자기 자리를 벗어나는 것입니다. 그리고 다른 사람들에게 맞지 않는 일을 시켜놓고서 실패하면 그들을 비난하기가 쉬운데, 그 일은 그들에게 시키지 말았어야 할 일입니다. 하나님은 언제나 자기 종들을 가장 좋은 방식으로 활용하십니다. 그래서 목자인 아모스가 이상을 받았을 때, 그는 단순하게 맨 밑에 납추가 달린 줄을 한 가닥을 보았습니다. 다림줄은 그가 쉽게 이해할 수 있는 것이었습니다. 그 이상에는 신비한 점이 있었으나 이상 자체는 불가사의한 것이 아니었습니다. 그것은 아모스의 지성에 딱 맞는 정말로 단순한 상징이었습니다. 그것은 에스겔과 이사야가 받은 이상들이 좀 더 시적인 지성을 갖춘 다른 계층의 사람들에게 더 적합하였던 것과 같은 이치였습니다. 형제 여러분, 하나님께서 아모스를 사용하셨듯이 우리를 사용하신다면, 여러분과 나는 매우 감사할 수 있습니다. 하나님께서 그렇게 하신다면 우리는 이사야와 에스겔 같은 사람들을 흉내 내려고 해서는 안 될 것입니다. 우리가 다림줄을 본다면, 다림줄에 관해 설교합시다. 하나님께서 우리에게 스가랴나 에스겔의 이상들을 이해할 수 있게 하신다면 그 이상들에 관해 설교합시다. 각 설교자나 교사는 하나님께서 자기에게 주신 빛과 은혜에 맞게 증거하는 일을 합시다. 그러면 일을 잘하게 될 것입니다. 아모스는 다림줄을 볼 수 있고, 또 잘 압니다. 그래서 다림줄을 보았을 때 그는 자기가 본 것을 자세히 이야기하고, 하나님께 자신의 증언을 확증해 주시기를 바랍니다.

이 경우에 우리 앞에는 다림줄밖에 없지만 거기에서 배울 것이 아주 많습니다. 첫 번째로 배울 것은 다림줄이 건축에 사용된다는 것입니다. 둘째는, 다림줄이 쌓은 것을 재는데 사용된다는 것입니다. 셋째는, 본문에서 다림줄이 파괴하는 일에 사용된다는 것을 알 수 있습니다. 다림줄로 재었더니 똑바르지 않은 것이 드러났기 때문입니다.

1. 첫째로, 다림줄은 건축에 사용됩니다.

우리는 본문에서 "쌓은 담 곁에 주께서 손에 다림줄을 잡고 서셨더니"라는 글을 읽는데, 말하자면 그 담은 다림줄의 도움을 받아 쌓은 것입니다. 그러므로 주님께서는 건축에 사용되었을 것으로 보이는 다림줄을 가지고 담을 재신 것입니다. 그것은 타당하고 합당한 일이었습니다. 담을 다림줄 없이 서둘러 쌓았다고 한다면 다림줄로 담을 재는 것이 어려울 수가 있습니다. 그러나 그 담이 건축 기술자의 자를 따라 건축되었다고 하였으므로, 담을 다림줄로 재는 것은 타당하고 합당한 일이었습니다.

첫째로, 친구 여러분, 다림줄은 건축하는데 사용됩니다. 나는 여러분이 하나님께서 세우는 일을 할 때는 언제나 다림줄을 사용하신다는 점을 기억하시기 바랍니다. 여러분은 이 원칙이 자연에서도 작용한다는 것을 압니다. 자연에는 균형이 잡히지 않은 것은 하나도 없습니다. 이 일들을 이해하고 깊이 조사하는 사람들은 지구의 형태와 크기 자체가 꽃이 피는 것이나 풀잎에 이슬방울이 맺혀 있는 것과 관계가 있다고 말할 것입니다. 해가 지금보다 더 크거나 더 작다면, 혹은 지구를 이루고 있는 물질이 지금보다 밀도가 더 높거나 지금과 조금이라도 다르다면, 모든 것이, 즉 지극히 장대한 것과 지극히 작은 것들이 뒤틀려질 것이라고 말할 것입니다. 옛날에 어떤 사람이 하나님은 위대한 산술가, 기하학의 대가이시라고 말하곤 하였는데, 실제로 그러하십니다. 하나님은 계산에서 실수하시는 법이 없습니다. 세상에 하나님께서 허투루 만드신 것은 하나도 없습니다. 우리가 호흡하는 공기를 만들기 위해 그 구성 요소들을 혼합하는 데는 최고의 기술이 동원됩니다. 우리가 물방울을 분해하여 그 원소들로 환원해 볼 수 있다면, 하나님께서 우리가 마실 수 있는 액체가 되도록 각 분자의 비율을 정하신 그 지혜에 깜짝 놀랄 것입니다. 다양한 계절의 변화와 천체의 움직임, 하나님의 섭리의 배치에서 볼 수 있듯이 모든 일이 질서와 규칙에 따라 이루어집니다. 하나님은 언제나 손에 다림줄을 쥐고 계십니다. 하나님은 서투른 기술자가 하듯이 나중에 가서야 잘한 것으로 나타나든지 잘못한 것으로 나타나는 식으로 일을 시작하시지 않습니다. 하나님은 행하시는 모든 일을 확실하게 행하십니다.

하나님이 영적인 문제에서 사람들을 대하실 때는 언제든지 다림줄을 사용하신다는 것이 아주 분명합니다. 우리에 대해 일을 시작하실 때 하나님은 우리 본성의 기초가 기울어져 있어서 그 위에 무엇을 쌓으려고 하시지 않습니다. 그보다는 그 기초를 파내는 일부터 시작하십니다. 사람의 영혼에서 시행되는 하나님의 은혜의 첫 번째 작업은 본성이 쌓은 것을 무너뜨리는 일입니다. 하나님은 이렇게 말씀하십니다. "이 돌들을 내 건축에 사용할 수 없다. 이 사람이 어떤 면들에서는 아주 훌륭하게 행동하였다. 그래서 그가 자신의 본성적인 덕과 선한 행실과 그와 같은 것들로써 내 명예와 영광을 나타내는 성전을 세우고 있다고 생각한다. 그러나 이 모든 것은 파내야 하는 것들이다." 이 사람이 기초를 만드는 데 많은 수고를 들였지만 그것은 완전히 파내야 하고, 그러면 거기에 큰 구멍이 생길 것입니다. 그래서 자신이 하나님 보시기에 텅 비어 있고 창피스럽고 부끄러운 존재임을 느껴야 합니다. 하나님께서 사람에게 모든 것이 되려면, 사람 자신은 아무것도 아닌 것을 느껴야 합니다. 그리스도께서 사람의 구주가 되시려면 그리스도께서 처음부터 끝까지 완전한 구주가 되셔야 합니다. 그래서 인간의 공로라는 기초는 깨끗이 제거해서 던져버려야 합니다. 하나님께서 그 기초 위에서는 건물을 똑바로 세우실 수 없기 때문입니다. 그처럼 기초가 기울어져 있으면 다림줄로 재었을 때 벽이 수직으로 표시되지 않을 것입니다.

인간의 공로를 모두 던져버린 후에 하나님께서 은혜로운 일을 시작하실 때 예수 그리스도를 믿는 단순한 믿음이라는 기초석을 놓는 일부터 시작하십니다. 그 믿음이 단순할지라도 정말로 제대로 된 기초석인 것입니다. 어떤 사람이 자기가 다른 사람을 회심시킨다고 말한다면, 그는 그 사람에게 아무 쓸모없는 가짜 믿음을 주는 것일 뿐입니다. 그러나 하나님께서 죄인을 구원하실 때는 그에게 참된 믿음을 주십니다. 진리를 아는 지식이 적을 수 있지만, 적을지라도 그 지식은 진리입니다. 믿음이 겨자씨 한 알밖에 안 되는 적은 것일지라도 그것이 바른 믿음이라면 산만큼 클지라도 시련의 때에 견디지 못할 완전히 잘못된 믿음보다 낫습니다. 그러나 성령께서 주시는 믿음은 하나님의 택하신 자들의 믿음이고, 하나님께서 허락하시는 시련까지도 견디는 참된 믿음입니다.

하나님은 참된 믿음과 더불어 참된 회개를 주십니다. 사람이 다른 사람을 회심시키려고 하면 그에게 거짓된 회개를 주거나 아니면 그에게 회개가 전혀 필요 없다고 말할지 모릅니다. 요즘 어떤 설교자들이 구원 얻는 것은 매우 쉬운 일이라고 하며, 회개가 전혀 필요 없거나 필요하다고 할지라도 그것은 단지 마음을 바꾸는 것에 지나지 않는 일이라고 하였습니다. 그것은 우리 선조들이 전하던 교리가 아니고, 우리가 지금까지 믿은 교리도 아닙니다. 회개가 따르지 않는 믿음에 대해서는 나중에 반드시 후회하게 될 것입니다. 그래서 하나님께서 건축하실 때는 언제든지 반드시 믿음에 꼭 맞게 회개를 쌓으십니다. 믿음과 회개, 이 두 가지는 함께 갑니다. 사람은 자신의 과거가 예수의 보혈로 깨끗해지는 것을 보는 만큼 과거에 대해 후회하고 슬퍼합니다. 자신의 죄가 모두 제거되었다고 믿는 만큼 자신의 모든 죄를 미워합니다.

하나님은 어떤 사람에게도 거짓으로 무엇을 쌓거나 참되지 않은 것을 참된 것으로 생각하라고 가르치시는 법이 없습니다. 하나님은 사람 영혼 속에서 사실들, 곧 참된 진리들을 가지고 쌓되, 참된 은혜를 베풀어 지속적이고 실질적으로 일하여 쌓으십니다. 하나님께서 사람 속에서 건축하실 때, 언제나 거룩함에 이르도록 쌓는다는 의미에서 다림줄을 가지고 건축하십니다. 여러분 가운데 죄에 빠진 사람이 있습니까? 하나님은 여러분을 그런 식으로 세우시지 않았다는 점을 확실히 알기 바랍니다. 여러분이 그동안 어떤 교리를 듣고서 악한 정욕과 악을 행하고자 하는 강한 욕구가 여러분 속에서 요동한 적이 있습니까? 그렇다면 그것이 하나님에게서 나온 것이 아님을 확실히 알 것입니다. "그들의 열매로 그들을 알지니라"(마 7:16)는 말씀은 그가 그리스도의 제자인지 시험할 뿐 아니라 그것이 하나님에게서 나온 교리인지도 확인하는 틀림없는 시금석입니다. 여러분 가운데 누구든지 여러분이 어떻게 해서든지 죄를 피하려 조심하고 기도하며 주의하고 염려하는 것을 방해하는 어떤 교리를 마음에 품고 있다면, 진리가 아니라 잘못된 생각을 품고 있는 것입니다. 하나님께서 세우시는 일은 모두가 거룩함을 증진시키고 조심하는 태도를 지향하며, 친절하게 행하여 하나님께 찬양과 영광을 돌리도록 하는 경향이 있기 때문입니다. 하나님께서 사람을 세우실 때는 그를 양심적으로 만들고 스스로에 대해 방심하지 않게 하시며, 그가 죄의 그림자라도 찾아내어 죄가 가까이 오기 전에 모든 것을 막는 믿음의 방패를 들어 죄의 치명적인 공격으로부터 자신을 보호할 수 있도록 하십니다. 하나님께서 세우시는 일은 순결하고 깨끗하기 때문에, 여러분은 하나님의 세우시는 일을 언제든지 알 수 있습니다. 만일 누구든지 죄를 하찮은 것으로 말하고, 죄를 지어도 어느 정도 처벌 받지 않고 지나갈 수 있는 것처럼 생각하도록 여러분을 세운다면, 그것은 분명코 하나님께서 세우시는 일이 아닙니다.

그런데 감사하게도, 우리 영혼을 정말로 하나님의 손에 맡기면 하나님께서 우리 안에서 계속 세우는 일을 하여 마침내 우리를 완전함에 이르기까지 세우실 것입니다. 지금 우리의 이 죽을 몸에 둥지를 틀고 있는 죄가 이 몸이 분해되고 부스러져 몸의 재료인 흙으로 돌아가는 것을 볼 날이 올 것입니다. 그때 우리의 해방된 영혼, 곧 죄의 마지막 오점과 흔적으로부터 벗어나고 악으로 향하는 경향으로부터도 자유롭게 된 우리 영혼은 하늘로 올라가 그리스도와 함께 있으면서 부활의 나팔 소리를 기다릴 것입니다. 이때는 우리의 몸도 썩어짐의 종노릇하는 데서 해방될 것입니다. 그리스도께서 오실 때는 우리의 몸은 신랑을 맞이하기 위해 단장한 신부의 옷처럼 깨끗하고 순결하게 될 것이고, 몸과 다시 결합한 영혼은 모든 죄를 이긴 승리를 노래할 것입니다. 이것이 하나님께서 세우시는 방식입니다. 하나님은 우리 속에서 죄가 여전히 활동하는 채로 천국에 가도록 우리를 세우시지 않습니다. 우리를 성전으로 세우시되, 하나님께서 그 안에 거하시고 마귀도 그 속에 거하는 성전으로 세우시지 않습니다. 도덕률폐기론자가 되도록 세우는 것은 하나님께서 세우시는 방식이 아닙니다. 하나님은 우리를 천국에 들어가기에 합당한 완전한 상태에 이르기까지 확실하고 견고하게, 정직하고 진실하게 세우십니다.

자, 사랑하는 여러분, 하나님께서 건축하는 일에 이렇게 다림줄을 사용하시므로 우리도 건축하는 일에 다림줄을 사용해야 한다고 생각합니다. 첫째로, 우리 영혼을 세우는 일과 관련해서 나는 첫째로 내 자신에게, 그 다음에는 여러분에게 이 다림줄을 끊임없이 사용해야 한다고 권하겠습니다. 할 수 있는 대로 빠르게 세우려고 하면서 확실하게 세우는 일을 소홀히 하기가 매우 쉽습니다. 너무 성급하게 서두르는 바람에 차라리 하지 않는 것이 낫거나 전혀 다르게 행하는 것이 나을 일이 있습니다. 나는 약 2분 만에 그리스도인이 되는 사람들을 봅니다. 그 사람이 정말로 그리스도인이 되었다면 진심으로 감사하게 생각할 일입니다. 그런가 하면 어떤 사람들은 이틀 만에 성숙한 그리스도인이 되고, 어떤 사람들은 일주일 만에 교사가 됩니다. 그들은 너무도 빨리 그런 수준에 이르기 때문에 보통 교회는 그런 사람들을 다 수용할 수 있을 만큼 크지 못합니다. 그것은 매우 재빠른 활동입니다. 그것은 버섯이 자라는 방식이지 떡갈나무가 자라는 방식이 아닙니다. 나는 여러분 모두에게 "급할수록 돌아가라"는 속담이 세상적인 일에서 뿐 아니라 영적인 일에서도 종종 맞는 말이라는 점을 기억하라고 당부하고 싶습니다. 사랑하는 형제 여러분, 여러분이 10년 동안 힘들게 일하는 과정에서 1인치밖에 자라지 못할지라도, 그것이 제대로 성장한 것이라면, 한 시간 만에 2미터 가까이 자라는 것보다 낫습니다. 한 시간에 2미터 가까이 자라게 되면, 그것은 여러분을 부풀게 하다가 터져버리게 만드는 병에 지나지 않을 것입니다. 그렇게 빨리 자라는 영혼은 그처럼 빠르게 쌓고 있는 것이 정말로 똑바로 세워지고 있는지 혹은 그것이 이쪽이나 저쪽으로 기울지 않는지 알아보기 위해 거듭거듭 다림줄을 사용할 필요가 있습니다. 일이 계속 진행될 때 우리는 자주 멈추어서 스스로에게 물어야 합니다. "자, 이것이 옳은가? 이것이 제대로 된 것인가? 이것이 진짜인가?" 그렇게 한다면 많은 경우에 우리는 무릎을 꿇고 이렇게 외치지 않을 수 없을 것입니다. "주여, 제 스스로를 과도하게 높이는 데서 구원하여 주시고, 곤고하고 가련하며 가난하고 눈멀고 벌거벗은 상태에 있으면서도 스스로 부자라 부요하여 부족한 것이 없다고(계 3:17) 생각하는 데서 저를 구원하여 주소서."

나는 이 자리에 참석한 젊은이들 여러분이 영적으로 인생을 건설하는 생활을 시작할 때 이 다림줄을 사용하기를 바랍니다. 내 말 뜻은 이것입니다. 여러분의 아버지 어머니가 어떤 교회의 교인이라고 해서, 그 교회의 기초를 이루고 있는 원칙들을 철저히 조사하는 일이 없이 그 교회에 가입하는 일을 하지 마십시오. 다림줄을 사용하여서 그 교회가 네모반듯하고 똑바로 서 있는지 알아보시기 바랍니다. 그 교회에서 가르치는 교리들을 모두 조사해 보고, 대중적인 교리는 받아들이지 말고 성경적인 교리를 받아들이도록 하십시오. 그 다음에 이 다림줄을 사용하여 그 교회의 의식(儀式)들을 조사해보십시오. 순전히 다른 사람들이 그렇게 한다는 이유로 그 의식들을 지키지 말고, 성경이라는 다림줄을 사용하여 그 모든 의식들을 조사해 보시기 바랍니다. 한 몸으로서 우리는 여러분이 성경을 너무 많이 읽을까봐 걱정하지 않는다는 것을 여러분은 압니다. 우리 침례교인들은 여러분이 여기에서 가르치는 모든 것을 가져가 성경을 가지고 조사하는 것을 결코 반대하지 않습니다. 여러분이 그렇게 하려고 한다면 우리에게 이익이 되리라는 것을 알기 때문입니다. 많은 사람들이 성경이라는 다림줄을 사용하기보다는 성공회기도서(The Book of Common Prayer)나 그와 마찬가지로 하찮은 다른 것을 사용합니다. 나는 이런 책들을 존중한다고 할지라도 교황의 모든 교서들과 소집된 공의회의 법령집보다 성경을 더 무한히 높게 평가합니다. 나는 지금까지 세우고 또 세우며 계속해서 세우는 일을 해왔는데, 그럼에도 불구하고 잘못된 생각을 가지고 시작하였고 사도들의 지극히 거룩한 믿음으로 자신을 세워온 것이 아니라 내 자신의 지극히 해로운 생각을 가지고 세워왔기 때문에 전체 구조물에 근본적인 하자가 있다고 생각하게 되기를 바라지 않습니다. 그러니 여러분은 자신의 모든 신념, 견해, 습관을 끊임없이 성경이라는 다림줄로 조사해 보시기 바랍니다.

그러나 여러분이 그렇게 하기 전에도 복음의 다림줄을 사용하여 자신이 정말로 거듭났는지 알아보기 바랍니다. 이는 우리 주 예수께서 니고데모에게 "사람이 거듭나지 아니하면 하나님의 나라를 볼 수 없느니라"(요 3:3)고 말씀하셨기 때문입니다. 여러분이 정말로 예수 그리스도를 믿는지 자신을 조사해 보시기 바랍니다. 이는 "믿음이 없이는 하나님을 기쁘시게 하지 못하기"(히 11:6) 때문입니다. 만일 여러분이 예수님을 믿었다면, 자신에게 믿음과 사랑과 인내와 모든 은혜가 더 많아지고 있다고 생각하는 동안에 그 다림줄을 계속 사용하도록 주의하시기 바랍니다. 그렇지 않으면 여러분이 다시 빼내지 않으면 안 될 만큼 건물에 너무 많은 것을 집어넣어서 건물이 기울어지게 되고 결국에는 건물 전체가 요란한 소리와 함께 무너지게 될 수가 있습니다.

그리고 이 다림줄은 다른 사람들을 위하여 행하는 모든 일에도 사용되어야 합니다. 순수한 동기로 전하는 것이었음에도 불구하고 이 시험을 견디지 못하는 가르침이 많습니다. 그 창시자들이 많은 노력을 기울여 세운 작은 종파들이 지금도 세상에 존재합니다. 그러나 그 종파들은 금이나 은이나 귀한 보석이 아닌 것이 분명합니다. 왜냐하면 시간이 지나면서 사라지고 있기 때문입니다. 나는 복음의 사역자로서 심판 날의 그 두려운 시험을 견딜 일을 하고 싶습니다. 지금 있다가 내가 죽고 나면 사라질 큰 교회를 세우고 싶은 생각이 없습니다. 그런 교회는 사방으로 흩어져 버리게 되어, 나중에 천국에 가면 내가 결국 자신밖에 구원하지 못하였고, 그래서 결과적으로 좋은 일을 한 점도 있지만 또한 해악을 끼친 점도 있다는 것을 알게 될 것이기 때문입니다. 그렇게 해서는 안 됩니다. 우리는 이 다림줄을 항상 사용하여서 우리가 세우는 것이 똑바로 설 수 있도록 해야 하고, 세월의 시험과 하나님의 심판대의 시험을 견딜 수 있도록 해야 합니다. 여러분, 부지런한 여러분은 오류가 아니라 진리를 전파하는 일에 부지런하도록 조심하십시오. 많은 회심자 수를 자랑하는 여러분, 여러분은 그 회심자들이 순전히 흥분한 감정의 산물이 아니라 진정한 회심자들이 되도록 조심하십시오. 영혼들을 구원하기 위해 날마다 부지런히 걷는 여러분, 그 영혼들이 진정으로 구원받고 진심으로 그리스도께 오도록 주의하십시오. 그렇지 않다면 여러분의 수고가 헛될 것이기 때문입니다. 급히 짓는 교회들은 속히 무너질 것입니다. 건물을 짓는데 아무 문제가 없어 보이는 나무, 건초, 그루터기가 불로 시험하는 날이 오면 불에 속수무책으로 타버리고 말 것입니다.

건물을 세우는 일에 다림줄을 사용해야 한다는 첫 번째 요점에 대한 설명 이만큼 하기로 하겠습니다.

2. 둘째로, 다림줄은 건물을 세우고 난 다음에 건물을 조사하는데 사용되어야 합니다.

우리는 그저 눈으로 대충 자신이나 서로를 판단하지 않도록 합시다. 나는 건물이 똑바로 서 있는데 기울었다고 생각한 적이 많았고, 또 사실은 건물이 비스듬히 기울었는데도 똑바로 서 있다고 생각한 때도 있었습니다. 인간의 눈은 속기 쉽지만 다림줄은 그렇지 않습니다. 다림줄이 똑바로 아래로 떨어지면 건물이 수직인지 아닌지를 즉시 보여줍니다. 우리는 항상 자신에 대해 하나님 말씀이라는 다림줄을 사용해야 합니다. 다림줄로 조사해야 할 담이 있는데, 그것은 자기 의(義)라는 담입니다. 이 사람은 자신을 아주 의롭다고 생각합니다. 그는 아주 그릇된 일은 전혀 하지 않았습니다. 게다가 그의 생활은 종교적입니다. 자신은 어려서부터 율법을 지켰다고 말합니다. 이것은 멋진 담이 아닙니까? 아름다운 색깔을 입힌 멋진 돌로 쌓은 담입니다. 친구 여러분, 여러분은 이 담을 아주 자랑스럽게 생각합니다. 하지만 내가 여러분의 생활에 성경의 다림줄을 가져다 대면, 그 담이 너무도 많이 기운 것을 보고 깜짝 놀랄 것입니다. 다림줄은 이 표준을 따라 잽니다. "누구든지 자기 행위로 구원을 얻으려고 한다면 그는 율법을 완전히 지켜야 한다. 하나님의 계명의 하나라도 깨트리는 자는 율법 전체를 어긴 것이 되기 때문이다. '그러므로 율법의 행위로 그의 앞에 의롭다 하심을 얻을 육체가 없느니라'"(롬 3:20). 이 말씀이 여러분의 담이 불량품이라고 선고하지 않습니까? 여러분이 온 율법을 그리스도께서 말씀하신 그 충분한 의미대로 항상 지키지 않았기 때문입니다. 여러분이 행위로 구원을 받으려면 여러분의 인생이라는 담 전체에 흠집이 단 하나라도 있어서는 안 됩니다. 흠집이 단 하나라도 있다면, 그 담은 똑바로 선 것이 아닙니다.

그런가 하면 자신은 최선을 다하고 있고 부족한 점은 그리스도께서 메꾸어 주실 것으로 기대하고 있다고 말하는 사람이 세우는 담이 있습니다. 친애하는 여러분, 여러분의 담은 몹시 기울어져 있습니다. 성경은 "그리스도는 모든 것이다"(골 3:11, 개역개정은 "그리스도는 만유시오")라고 말하기 때문입니다. 나는 주 예수 그리스도께서 여러분처럼 보잘것없는 피조물과 나란히 서서 여러분과 연합하여 여러분의 구원을 이루려고 하는 일을 결코 하시지 않을 것을 압니다. 복음의 계획에는 그리스도와 협력하는 일이란 없다는 것을 기억하시기 바랍니다. 복음의 계획에서는 모든 것이 그리스도이어야만 하고, 그렇지 않으면 그리스도가 전혀 없는 것입니다. 그래서 여러분이 얼마간은 자신을 의지하고 또 얼마간은 그리스도를 의지한다면 다림줄은 여러분의 담이 기울어 있고, 그래서 무너지고 말 것임을 보여줍니다.

또 어떤 사람은 전례(典禮)와 의식(儀式)들을 의지합니다. 이 문제에 관해서는 성경에서 아주 분명하게 말씀하는 구절들이 있습니다. 여기에 그 말씀이 있습니다. "순종이 제사보다 낫고 듣는 것이 숫양의 기름보다 나으니라"(삼상

15:22). 여러분은 하나님 앞에 짐승의 피나 값비싼 예물을 가지고 오려고 합니까? 하나님께서는 여러분에게 상하고 통회하는 마음을 가지고 하나님 앞에 오되, 특별히 하나님의 아들이 드리신 한 큰 제사의 공로를 의지하여 하나님께 나오는 것이야말로 하나님께 가까이 갈 수 있는 유일한 길이라고 말씀하시지 않았습니까? 세상의 아무리 화려한 의식도 영혼을 단 한 사람도 구원할 수 없습니다. 이 사람의 담은 기울어져 있고, 그래서 반드시 무너질 것입니다.

"나는 할 수 있는 대로 자주 하나님의 말씀을 듣는다"고 말하는 사람이 있습니다. 여러분이 그런 사람이라니, 기쁩니다. 그러나 여러분이 하나님의 말씀을 듣기만 하고 행하지 않는다면 여러분의 담은 기울어져 있습니다. 옳은 말을 듣는 것이 잘하는 일이라면, 그 말을 행하는 것은 훨씬 더 나은 일입니다. 여러분이 마땅히 행해야 하는 것을 알면서도 그것을 행치 않았다면 여러분의 정죄는 훨씬 더 무거워질 것입니다. 여기에 오는 여러분 가운데는 오랫동안 왔고 그래서 그저 와서 듣기만 하지 말고 그 이상의 일을 해야 할 것으로 보이는 사람들이 많습니다. 나는 여러분이 성령님을 의지하여 영생을 붙잡아야 할 것이라고 믿기 때문입니다. 그렇게 하지 않는다면, 여러분의 담은 완전히 기울어져 있음을 분명하게 보여주는 성경이라는 다림줄의 조사를 견디지 못할 것입니다.

내가 지금까지 언급한 것들 외에도 기울어져 있는 담들이 많습니다. 하지만 여기서 멈추고서 그 담들을 이야기할 시간은 없습니다. 다만 여러분 모두에게 이 점을 기억하라고 꼭 당부하고 싶습니다. 즉, 여러분이 하나님 말씀의 다림줄로 자신을 조사하지 않는다면, 여러분이 하나님의 종이라면 하나님께서 여러분을 시험하고 조사하시리라는 것입니다. 여러분은 병상에 누워 지내므로 주변의 모든 일이 여러분에게 시험이 되는 것을 경험해 보지 않았습니까? 극심한 고통을 겪을 때 나는 금과 은이라고 생각했던 것을 주님께서 친히 조각조각 잘라서 모두 불 속에 던져버리시는 것을 보았습니다. 감사하게도 그 가운데 어떤 것은 금이라는 것이 입증되었고, 시련으로 인해 그만큼 더 밝은 빛으로 나왔습니다. 하지만 그 가운데 얼마나 많은 것이 합금이거나 아무 가치가 없는 금속 찌끼라는 것이 드러났는지 모릅니다! 여러분이 아무 고통이 없을 때는 많이 인내할 수 있고, 세상적인 성공으로 기쁨을 누릴 때는 주님을 많이 즐거워할 수 있습니다. 여러분이 그 진실성을 시험하는 고난을 겪지 않을 때는 믿음을 어느 정도 가질 수 있습니다. 그러나 참된 믿음은 불로써 연단하는 시험을 견디는 믿음입니다. 참된 인내는 아무 불평 없이 심한 고뇌를 견디는 인내입니다. 형제 여러분, 여러분이 하나님의 자녀라면 주님께서 조만간에 여러분을 시험하고 조사하실 것입니다. 하나님께서 반드시 다림줄로 여러분을 조사하실 것입니다. 그러니 여러분이 스스로에게 다림줄을 사용하는 것이 낫습니다. 여러분이 지금 멈추고서 자신에게 질문을 던지고 이런 일들이 정말로 여러분에게 있는지 조사한다면 장차 많은 근심에서 구원받을 수 있을 것입니다.

또 한 가지 기억할 것이 있는데, 하나님께서 마지막 큰 날에 모든 것을 조사하기 위해 이 다림줄을 사용하시리라는 것입니다. 우리 가운데서 하나님이 우리를 하나님의 법정 앞에 서라고 소환하셨다는 통지를 듣고도 떨지 않을 수 있는 사람이 얼마나 되겠습니까? 형제자매 여러분, 하나님의 공의의 큰 저울이 지금 이 천장에 달려 있고 만민의 재판장께서 여러분에게 "저울에 올라서라. 네 무게를 보아야 하겠다"고 말씀하신다면, 우리 가운데서 진지한 태도로 일어나서 진심으로 "주여, 저는 언제든지 무게를 잴 준비가 되었습니다"라고 말할 수 있는 사람이 있습니까? 그렇습니다. 나는 많은 사람들이 자신에 대해서 이렇게 말할 수 있을 것이라고 믿습니다. "제 속에 선한 것은 아무것도 없습니다. 내 소망은 오직 그리스도께만 있습니다. 저는 마땅히 되어야 할 사람이 된 것도 아니고 혹은 되고 싶은 사람이 된 것도 아니며 장차 그렇게 될 사람도 아닙니다. 다만 '내가 나 된 것은 하나님의 은혜로 된 것입니다'(고전 15:10). 내가 그리스도인이라고 고백하는 것은 거짓말이 아니고 허식이 아니며 종교적인 가면이 아닙니다. 그것은 사실입니다. 크신 하나님, 그것은 참말입니다."

형제자매 여러분, 여러분이 그렇게 말할 수 있다면, 두려움 없이 저울에 올라설 수 있을 것입니다. 통회하며 믿는 마음은 무게를 재는 일을 감당할 수 있기 때문입니다. 하지만 여러분이 준비가 되어 있든지 없든지 간에 저울에 올라가는 일은 반드시 해야 합니다. 여러분이 세운 모든 것이 반드시 다 조사를 받고 시험을 받을 것입니다. 여러분 가운데는 큰 저택과 망대와 궁궐을 지은 분들이 있습니다. 그러나 다림줄이 그 모든 것을 잴 것이고, 모든 경우에 이 다림줄을 사용하실 분은 바로 하나님이십니다. 가짜는 진주 문에 들어가도록 허락받지 못할 것이고, 무엇이든지 속된 것이나 가증한 일 또는 거짓말하는 자는 결코 그리로 들어가지 못할(계 21:27) 것입니다. 그 마지막 큰 날에, 아무도 마땅한 조사를 받지 않은 채 만민의 재판장 앞을 지나가지 못할 것입니다. 이 재판장께서는 죄 있는 자는 한 사람도 도망하도록 두시지 않을 것이고, 그리스도로 말미암아 사죄 받은 사람들은 한 사람도 정죄받도록 두시지 않을 것입니다. 그 날에 의롭고 정당한 심판이 있을 것입니다. 반드시 심판이 있을 것입니다.

3. 마지막 요점은 이 다림줄이 파멸의 일에도 사용된다는 것입니다.

성벽을 때려 부수어야 할 경우에, 그 장군은 때로 "이 성벽을 여기까지 허물어야 한다"고 말하곤 하였습니다. 그리고 성벽을 허물고 나면 다림줄을 늘어뜨려 사람들이 얼마만큼 허무는 작업을 했는지 확인하였습니다. 사람들은 이렇게 해서 남겨 놓을 부분과 허물어야 하는 부분을 표시하였습니다.

자, 파괴하는 일에서 하나님은 언제나 다림줄을 사용하십니다. 그러나 하나님은 이 일을 더디게 시작하십니다. 그래서 파괴하는 일을 기뻐하시지 않는다는 것을 보여주십니다. 하나님께서 죄인을 구원하려고 하실 때는 발에 날개를 달고 신속히 날아가십니다. 그러나 죄인을 멸하려고 하실 때는 무거운 발걸음으로 천천히 가시며 기다리며 여러 차례 경고하십니다. 그리고 기다리며 경고하시는 동안에 한숨을 지으며 "내가 어찌 너를 놓겠느냐?"(호 11:8) 하고 소리치십니다. 하나님은 심지어 맹세까지 하시며 이렇게 말씀하십니다. "주 여호와의 말씀이니라 나의 삶을 두고 맹세하노니 나는 악인이 죽는 것을 기뻐하지 아니하고 악인이 그의 길에서 돌이켜 떠나 사는 것을 기뻐하노라"(겔 33:11). 하나님은 악명 높은 재판장 제프리(Jeffrey) 같은 사람들처럼 사람들을 심판하는 일을 속히 서두르시지 않습니다. 사람들을 아주 서둘러 교수대로 데려가려고 하시지 않습니다. 그러나 마지막 큰 날에는 두려운 재판 절차가 엄숙하고 장중하게 진행될 것입니다. 나팔소리가 나고 무덤이 열리며 희고 큰 보좌가 설치되고, 책들이 펼쳐지며 그 앞에서 하늘과 땅도 도망하려고 하는 분이 위엄 있게 나타나실 것입니다. 재판이 시작될 때 정당한 절차 없이 진행되지 않을 것이고, 모든 차이점을 무시한 채 진행되지 않을 것입니다. 절대로 확실한 다림줄이 내려질 것입니다. 수직으로 똑바로 선 것에 대해서는 똑바로 섰다고 선언될 것이고 기울어져 있는 것은 흔들거리다가 무너지고 말 것입니다. 이는 재판장이신 하나님 앞과 소집된 우주 앞에서 "더러운 자는 그대로 더럽고 거룩한 자는 그대로 거룩하게 하라"(계 22:11)는 말씀이 쓰인 다림줄이 내려질 것이기 때문입니다.

모든 재판이 이 다림줄에 따라 이루어질 것입니다. 이 큰 날에 지옥에 갈 만한 일이 없는 영혼은 단 영혼도 지옥으로 보내지지 않을 것입니다. 자기가 정죄받는 것이 부당하다고 항변할 수 있는 사람이 있다면, 다시 말해 지금까지 자기 능력만큼 순종해 왔다는 것을 정직하게 입증할 수 있다면, 공의가 자기편이라는 것을 입증할 수 있다면, 하나님께서는 그에게나 그와 같은 어떤 사람에게도 부당한 보복을 하시지 않을 것입니다. 철 돌쩌귀를 따라 삐걱거리며 돌아가는 그 두려운 문이 부당하게 정죄받은 영혼을 받아들이기 위해 열린 적이 한번도 없습니다. 일의 성격상 그런 일이 일어날 수는 없을 것입니다. 누구든지 "이것은 부당합니다" 하고 진심으로 말할 수 있는 사람이 있다면 그는 이미 지옥의 쏘는 것이 사라진 상태에 있을 것입니다. 이것이 지옥의 본질이고 핵심이기 때문입니다. "나는 그릇되어서 올바르게 될 수가 없어. 나는 그릇되었을 뿐 아니라 올바르게 되고 싶지 않아. 나는 얼마나 그릇되었는지 악을 사랑하고, 악을 선으로, 선을 악으로 삼을 정도야. 나는 하나님을 미워해. 내가 이런 상태에 있는 동안은 불행해질 수밖에 없어. 하나님을 사랑하지 않고 올바른 것을 사랑하지 않는 것, 이것이야말로 사람에게 일어날 수 있는 가장 큰 지옥이야." 하나님과 원활하지 못한 관계에 있는 것, 지존하신 하나님과 영원히 조화를 이루지 못하는 것, 이것이야말로 지옥의 불길이고 영원히 살아서 물어뜯는 구더기입니다. 이 이상의 가혹한 지옥은 필요 없을 것이라고 생각합니다. 이렇게 최후의 심판은 이 다림줄에 따라 이루어질 것입니다. 그래서 한 사람도 부당하게 정죄받는 일이 없을 것입니다. 한번도 복음을 듣지 못한 이교도들의 운명에 관해 묻는 사람들이 있습니다. 거기에 대해서 답변하겠습니다. "나는 그들에 대해 아는 것이 거의 없습니다. 그러나 하나님께서 공명정대하시다는 것은 압니다. 그래서 온 땅의 재판장께서 올바르게 행하실 것을 알고서 그들을 하나님의 손에 맡깁니다."

지옥에 떨어진 영혼이 마땅히 받지 않아도 되는 고통을 당하는 일은 단 한 차례도 없고, 하나님께서 정당한 근거 없이 그를 마구 절망과 낙담에 떨어트리는 일은 단 한 차례도 없을 것입니다. 그들이 불타오르는 곡식다발을 거둘 때 그것은 끔찍한 수확이 될 것입니다. 그러나 그들은 자기들이 뿌린 것을 거두는 것일 뿐입니다. 마땅히 멸망받을 진노의 그릇에 하나님의 보복이 무섭게 쏟아질 것입니다. 그러나 아무도 그 심판이 부당하다고 말하지 못할 것입니다. 멸망하는 자들은 자기들이 구운 것을 먹지 않을 수 없고 자기들이 만든 것을 마실 수밖에 없다고 생각할 것입니다. 이것이 그들에게는 지극히 정당한 일일 것입니다.

이것은 지극히 정당한 일이다, 다시 말해 내가 재판장이라도 자신에게 마땅히 당해야 하는 일을 선고하지 않을 수 없다고 느끼는 이것이 지옥의 쏘는 것이 되고 지옥의 불길이 될 것입니다. 그 사실을 생각하고 장차 올 진노를 피하십시오.

셈해야 하는 그 큰 날에 이 다림줄이 내려져 있으므로, 망하게 된 자들 사이에서도 차이가 있을 것입니다. 지옥이라고 해서 다 같은 지옥이 아니고, 육신이라고 해서 다 같은 육신이 아닙니다. 주님의 뜻을 알고서도 행치 않은 사람이 있습니다. 그에게는 율법이 허용하는 최대한도까지 채찍질이 가해집니다. 그러나 주님의 뜻을 알지 못한 사람은 매를 그만큼 많이 맞지 않을 것입니다. 사람이 감당해야 하는 것보다 너무 많은 매를 맞을 일은 없을 것입니다. 매를 많이 맞는 것은 어떤 일이 되겠습니까? 멸망하는 자들 가운데는 소돔과 고모라에서 죽는 사람들이 있습니다. 그들은 그 죄를 떠올리고 싶지도 않은 더러운 자들이었습니다. 그런 자들이 있고, 그들이 겪는 지옥이 있습니다. 다림줄이 내려집니다. 하나님은 절대 확실한 공의에 의해 그들의 운명에 정당한 보상을 수여하십니다. 그러면 여러분에게는, 복음이 단순하고 분명하게 전파되는 것을 듣고도 그리스도를 거절한 여러분에게는 어떤 보상을 지불하시겠습니까? 여러분은 소돔과 고모라의 주민들보다 지옥에서 더 밑으로 내려가야 할 것입니다. 이는 빛을 받고도 지은 죄가 최악의 죄이고, 사랑하시는 구주님의 상처에서 흐르는 구속의 피를 고집스럽게 거절하는 것이 모든 죄악의 절정이라고 하나님의 다림줄이 말하기 때문입니다. 이것이 장차 다림줄이 작동할 방식입니다. 죄악을 행하는데 돈을 쓴 부자 여러분, 여러분이 출두하고, 열심히 일하는 가난한 여러분, 여러분이 출두할 때, 여러분 두 사람 사이에 차별이 있을 것입니다. 세상에서 순진한 사람을 유혹하는 자와 그가 타락시킨 가엾은 처녀 사이에 차별이 있을 것입니다. 둘 다 죄인일지라도 하나님께서는 차별을 두실 것인데, 사람들이 세상에서 하는 것과 다른 방식으로 차별을 두실 것입니다. 재능이 있고 높은 지위와 신분에 있으면서 나비처럼 인생을 가볍게 허비해버린 사람에 대한 판결과, 지위가 낮고 교육을 받지 못한 사람, 곧 죄를 지었지만 더 큰 재능을 지닌 사람처럼 죄를 짓지는 않은 개인에 대한 판결 사이에는 차이가 있을 것입니다. 한 달란트를 수건에 싸 두는 사람은 그에 마땅한 형벌을 받습니다. 그러나 열 달란트를 땅에 묻거나 잘못 사용하는 사람은 열 배에 해당되는 파멸을 받을 것입니다. 다림줄이 내려질 것이고 무한한 공의의 척도에 의해 모든 일이 결정될 것입니다.

여러분 가운데 "이것은 무서운 얘기다"라고 말할 분이 있을지 모르겠습니다. 그렇습니다. 이것은 무서운 얘기입니다. 여러분이 죽을 때 하나님 앞에서 쫓겨나고 하나님께서 "저주를 받은 자들아 나를 떠나 마귀와 그 사자들을 위하여 예비된 영원한 불에 들어가라"(마 25:41)고 말씀하시는 것을 듣는 것이 멸망하는 자들에게는 참으로 두려운 일입니다. 여러분은 이런 얘기를 듣고 싶어 하지 않습니다. 나도 이런 점을 설교하고 싶지 않습니다. 그러나 내가 여러분에게 경고하는 일을 게을리 해서 여러분이 이 고통의 장소에 들어가게 되지 않도록 하기 위해서는 이 점을 설교하지 않으면 안 됩니다. 이 고통의 장소에 떨어지게 되면 여러분은 절망 가운데서 이렇게 부르짖을 것입니다. "저주 받은 설교자여! 신실치 못한 목사여! 당신은 기분 좋은 얘기로 우리 귀를 즐겁게 하고 장차 올 진노에 대해서는 한 마디 암시조차 하지 않았다. 당신은 진리의 어조를 누그러뜨리고 부드럽게 말하였다. 이제 우리는 우리의 어리석은 귀를 즐겁게 하려는 당신의 악한 마음으로 인해 영원히 망했다." 여러분, 여러분은 진심으로 그런 말을 하지는 못할 것입니다. 나는 제발 여러분이 그 두려운 미래를 피하기를 바랍니다. 결코 그런 위험을 무릅쓰려고 하지 마십시오. 나는 여러분 모두가 자기 집이 화재로부터 보호를 받고, 여러분에게 있는 것이 무엇이든지 그 부동산 권리증서가 정당한 한, 그 권리를 확실히 보유하기 바랄 것이라고 생각합니다. 그렇다면 나는 여러분에게 예수 그리스도를 굳게 붙잡음으로써 영원을 확실히 확보하라고 권합니다. 하나님께 항복하십시오. 그러면 하나님께서 여러분이 그릇되었을 때 여러분을 올바르게 하시고, 하나님과 원활한 관계에 들어가며 지존하신 하나님의 뜻을 따라 행하게 하실 수 있습니다. 하나님께서는 여러분을 믿음으로 얻는 하나님의 영원한 공로라는 견고한 기초 위에 항상 찬송받으실 성령님의 능력으로 말미암아 똑바로 세우실 수 있습니다. 즉, 하나님께서 친히 다림줄을 쥐고서 똑바로 내려뜨려 보고서 "아주 잘 되었다"고 말씀하실 수 있게 될 것입니다. 여러분이 하나님께 이런 평결을 듣는다면 복될 것입니다. "잘하였도다 착하고 충성된 종아 네가 적은 일에 충성하였으매 내가 많은 것을 네게 맡기리니 네 주인의 즐거움에 참여할지어다"(25:23).

하나님께서 예수 그리스도를 인하여 여러분 모두에게 이 자비를 베풀어 주시기를 바랍니다! 아멘.

제
5
장

여름 과일 한 광주리

"여호와께서 내게 이와 같이 보이셨느니라 보라 여름 과일 한 광주리이니라 그가 말씀하시되 아모스야 네가 무엇을 보느냐 내가 이르되 여름 과일 한 광주리니이다 하매 여호와께서 내게 이르시되 내 백성 이스라엘의 끝이 이르렀은즉 내가 다시는 그를 용서하지 아니하리라." – 암 8:1,2

여러분이 예언서들을 죽 읽어보았다면 틀림없이 대단한 그 다양성에 놀랐을 것입니다. 좀 더 면밀하게 살펴보았다면, 선지자마다 독특한 특징과 문체를 지니고 있음을 금방 알아차렸을 것입니다. 하나님께서 선지자들 모두를 통해서 말씀하시지만, 선지자들이 자신의 개성이나 독특한 성품을 잃지 않습니다. 음악을 만들어내는 호흡은 같지만, 두 악기가 똑같은 소리를 내지 않습니다. 선지자들이 모두 하나님의 말씀을 전하는 것은 사실입니다. 그러나 목소리마다 독특한 색깔이 있습니다. 그래서 비록 하나님께서 가장 두드러지게 나타나지만 말하는 사람이 사라지는 것은 아닙니다. 여러분이 예언서들을 훑어보면 예레미야가 이사야의 언어를 그대로 모방하는 것을 보지 못합니다. 목자인 아모스는 지혜로운 고문인 다니엘처럼 글을 쓰지 않고, 요나는 말라기의 어조를 빌려 쓰지 않습니다. 모든 사람이 자기 방식을 따라 이야기합니다. 하나님께서 어떤 사람을 선지자로 부르셨든지 간에 그 사람은 그대로 남아 있습니다. 하나님은 이미 있는 사람을 거룩하게 하시지, 그 사람을 새로운 틀에 부어 새롭게 주조하시지 않습니다. 나는 이 사실이 오늘날 그리스도의 모든 사역자들에게 주시는 탁월한 교훈이라고 생각합니다. 많은 사람들이 자신의 성품대로, 자신의 방식을 따라 말을 한다면 참으로 많은 유익을 끼칠 수 있을 것입니다. 그런데 젊은 목사는 그렇게 하기보다는 본보기가 되는 유명한 사람을 따르려고 하고, 그의 표현뿐만 아니라 어조와 행동까지 그대로 흉내 내려고 합니다. 심지어 자기가 존경하는 사람의 일시적인 생각과 어리석은 언행까지도 따라하려고 합니다. 그러나 각 사람이 다른 사람이 되려고 하기보다는 그 자신답게 행동한다면, 사람이 자신의 능력과 재능을 있는 그대로 하나님께 드리고, 그것이 세련되었든지 거칠든지 간에 타고난 그대로 단순하게 사용한다면, 단순히 다른 사람을 흉내 내고 연기하는 사람이 아니라 진실한 사람이 서게 될 것입니다.

나는 하나님께서 거룩한 영향력이 자기를 통해서 자연스럽게 흘러나가게 하지 못하고 인위적으로 다른 사람의 웅변을 본뜨려고 하는 사람을 통해서보다는 마음에 할 말이 가득 차서 말하는 사람을 통해 더욱 분명하게 말씀하실 것이라고 믿습니다. 내가 이 사실들을 언급하는 이 점이 특별히 아모스에게 해당되기 때문입니다. 아모스는 가축을 지키는 목자였습니다. 그의 책 전체를 읽어보면, 여러분은 그가 끊임없이 자신의 시골 생활에 대해 언급하는 것을 발견합니다. 그는 정직하고 수수한 시골 사람이었던 것으로 보입니다. 그는 사자에게 갈기갈기 찢긴 양에 대해서, 바산의 암소에 대해서, 곡식 단을 가득 실은 마차에 대해서, 키질한 알곡에 대해서, 농부와 포도원 일꾼에 대해서 이야기합니다. 그는 선지자들 가운데서 이사야의 숭고한 경지에 이르지 못하고, 크리스소톰 같은 달변을 지니지도 않았습니다. 다니엘의 높은 경지에 오르지 못하고, 에스겔이 가진 독수리 날개나 예레미야의 우는 눈을 갖지 않았습니다.

그러나 그는 첫 장에서 길들이지 않아 억제할 수 없는 짐승처럼 여러분 앞에서 튀어나가 이렇게 말하기 시작합니다. “여호와께서 시온에서부터 부르짖으시며 예루살렘에서부터 소리를 내시리니 목자의 초장이 마르고 갈멜 산 꼭대기가 마르리로다.” 그 다음에 처음 두 장을 통해서 그는 양손으로 자기 주위에 횃불을 던집니다. 그는 시리아에 불을 던지고 가사에도 불을 던집니다. 한두 문장으로 두로에 대해 번개를 번쩍이며, 에돔에 대해서는 복수를 선언합니다. 그가 암몬에 대해서는 거룩한 분노를 퍼붓고, 모압의 궁궐을 불로 사릅니다. 그는 짧고 무뚝뚝한 문장으로 적을 찌르는데, 웅변적으로 말하려고 하지 않고 언제나 목자답게 이야기합니다. 삼갈이 골리앗의 칼이 아니라 자신의 소 모는 막대기로 블레셋 사람들을 죽였듯이 아모스는 귀족들의 전통에서 꺼낸 잘 연마된 화살을 사용하는 것이 아니라 자신의 소 모는 막대기로 아주 멋지게 그 시대의 죄들을 쳐서 자기 발 앞에 눕힙니다.

이제 앞에서 말한 것에 비추어 본문을 봅시다. 아모스는 유능한 사람으로 다른 유용한 일들도 할 수 있었던 것으로 보입니다. 손이 섬세하고 기술이 있는 사람이 보통 갖는 직업이 있었는데, 그것은 뽕나무를 경작하는 일이었습니다. 여러분은 아모스가 그의 책에서 "아시아산 무화과나무를 재배하는 자"(7:14, 개역개정은 "뽕나무를 재배하는 자")로 불리는 것을 볼 것입니다. 좀 더 정확하게 번역하자면, 아시아산 무화과나무를 치는 사람, 혹은 그 나무의 열매를 준비하는 사람이라고 말할 수 있을 것입니다. 아시아산 무화과나무 열매는 맛이 그만큼 뛰어나지는 않지만 무화과와 비슷합니다. 동양에서는 사람들이 아시아산 무화과나무 열매는 쳐서 멍들게 하지 않으면 익지 않는다고 믿었습니다. 그래서 쇠빗을 가지고 열매 껍질을 할퀴어서 상처를 내는 일을 하는 사람이 고용되었습니다. 이렇게 열매에 상처를 내지 않으면 열매가 익어도 너무 써서 먹지 못하였습니다. 그러나 열매에 상처를 내고 나면 열매가 빨리 익고 달게 되어서 먹을 수 있는 음식물이 되었습니다. 자, 이 선한 사람은 일년 중 어떤 시기에 열매가 익도록 아시아산 무화과나무 열매에 상처를 내는 일을 하도록 이웃 사람들에게 고용되곤 하였습니다. 하나님께서 아모스에게 주시는 이상 중 하나에서 그는 이사야가 본 스랍들을 보지 못하고 에스겔의 그룹들도 보지 못하고, 여름 과일 한 광주리를 보는데, 이는 그의 능력에 맞고 그의 직업과도 어울리는 이상이었습니다.

목자에게는 고심하는 연구가 필요 없고, 목자의 언어에는 까다로운 말이 전혀 없습니다. 목자의 이상에는 커다란 신비가 없습니다. 완전히 익어서 거두어들인 과일이 한 광주리 있습니다. 그것은 간직하거나 겨울까지 저장해 두지 않고 당장에 먹어야 하는 여름 과일입니다. 아모스는 하나님의 뜻이 이제 자기 백성 이스라엘에 대하여 무르익었고, 이 민족 자체가 죄에 너무 깊이 곪아서 망하지 않을 수 없다는 것을 즉각 알아봅니다. 이 이상은 오늘날 우리에게 다음과 같은 점을 가르쳐 줍니다. 즉, 여름 과일만 익는 것이 아니라 사람도 익는 일이 있는데, 예수께서 천국에 저장하기 위해 우리를 거두실 때까지 거룩함에 익어 가는 일이 있고, 또 우리를 사망의 거친 손으로 쓸어서 던져 썩도록 만들기까지 죄에 익어가는 일도 있습니다.

1. 본문을 세 가지 방식으로 사용할 것인데, 첫 번째 표시는 하나님의 뜻이 무르익었다는 것입니다.

하나님은 언제나 때를 맞추어 자기 뜻을 시행하십니다. 하나님은 자기 시간에 앞서는 법이 없고 단 한 시간도 뒤처지시는 법이 없습니다. 많은 사람들이 너무 늦게 지혜가 생깁니다. 하나님은 언제나 지혜로우신데, 단지 행하는 일에 의해서만이 아니라 그 일을 행하시는 때에서도 지혜로움을 입증하십니다. 하나님의 가장 위대한 두 행위를 보고, 그 행위들의 무르익음을 살펴봅시다.

주 예수 그리스도의 초림(初臨)이 있었습니다. 하나님께서 에덴 동산에 우리 조상 아담에게 여인의 신비로운 후손이 태어나서 뱀의 머리를 상하게 할 것이라고 약속하셨습니다. 하나님께서는 신비한 표시들을 통해서 자기 백성들에게 메시야가 올 것을 보여주셨습니다. 많은 선지자들에게 임마누엘, 곧 하나님이 우리와 함께 하심에 대해서 말씀하셨습니다. 그러나 수천 년 동안 주께서 오시지 않았습니다. 죄가 만연하고 어둠이 짙어졌지만 어떤 것도 주님으로 하여금 지혜롭지 못하게 서두르시게 할 수 없었습니다. 다른 한편으로 하나님은 적당한 시간을 넘어 지체하시지도 않았습니다. 때가 차자, 하나님께서 자기 아들을 보내어 율법 아래서 여자에게 나게 하셨습니다. 아마도 천국에 가면 우리는 이런 점들을 발견할 것입니다. 즉, 그리스도께서 정확히 유일하게 적합한 시간에 우리 죄를 위해서 죽기 위해 오셨다는 것, 사실 구속의 사역이 에덴 동산의 입구에서 이루어졌다고 할지라도 골고다에서만큼 지혜롭게 이루어질 수 없었으리라는 것, 헤롯과 로마의 카이사르의 권세가 십자가의 희생을 위한 가장 적합한 시기를 제공했다는 사실을 발견할 것입니다.

우리의 찬송 받으실 주님의 재림에 대해서도 그와 같이 말할 수 있을 것입니다. 그런데 우리는 이렇게 말하는 경향이 있습니다. "왜 주님의 전차가 이리도 더디 오는가? 신랑이 지체하기 때문에 처녀들이 잠을 자고, 어리석은 자들뿐 아니라 지혜로운 자들도 모두 졸며 자지 않았는가?" 많은 종들이 속으로 "주인이 더디 오리라"고 말하며 걸핏하면 다른 종들을 때리며 먹고 마시고 취하는데, 그들은 그렇게 하도록 내버려두십시오. 그러나 주의 오심을 기다리는 여러분, 기운을 내십시오. 주님은 너무 성급히 오시지 않을 것입니다. 아직 어둠의 시간인데 어찌 해가 뜨겠습니까? 또한 주님은 적당한 시간을 넘겨서 주의 오심을 한 순간도 지체하시지 않을 것입니다. 주님께서 두 번째 땅에 서실 때는, 초림(初臨) 시에 때가 차서 오셨듯이 두 번째도 때가 찼을 때 오실 것입니다. 주님이 골고다에 서셨을 때 적당한 시간에 서셨는데, 감람산에 서서 여호사밧 골짜기에서 만국을 심판하실 때도 적당한 때와 시간에 오실 것입니다. 그러니 사랑하는 여러분, 주의하십시오. 주의하며 간절히 기다리고 낙심하지 마십시오. "주께는 하루가 천 년 같고 천 년이 하루 같느니라"(벧후 3:8). 주께서 오실 것입니다. 여러분은 영광 중에 계신 주님을 보고 그의 찬란한 통치에 참여할 것입니다.

나는 하나님의 뜻을 시행할 때가 무르익는다는 이 위대한 진리를 여러분 개인 생활에 잠시 적용해보려고 합니다. 여러분은 그리스도의 강림이 때를 맞춰 이루어진다고 믿습니다. 사랑하는 여러분, 과연 하나님의 모든 행사가 그렇습니다. 여러분이 은혜로 부름을 받은 때는 여러분이 회심하기에 적당한 시간이었습니다. 예수께서 사랑의 눈으로 여러분을 바라보신 그 시간, 곧 여러분이 죄 가운데 죽어 있을 때가 사랑으로 정하신 시간이었고, 또한 지혜로 정하신 시간이었습니다. 하나님은 구원하는 일을 너무 지체하시지 않았습니다. 그렇지 않았다면 여러분은 낙망하거나 죄 가운데서 절망에 빠지고 말았을 것입니다. 너무 빨리 오시지도 않았습니다. 여러분은 주님께서 좀 더 일찍 오시기를 바랐을지 모릅니다. 그러나 주님은 이루려는 어떤 목적이 있었던 것이 분명합니다. 즉, 여러분으로 하여금 자신의 죄 많음을 좀 더 충분히 배우도록 하심으로써 여러분을 불 가운데서 타다 남은 나무토막 건지듯이 건진, 무한하고 비할 데 없는 주권적인 은혜를 찬송할 수 있도록 더욱 잘 준비시키려고 하신 것입니다.

분명히 말씀드리지만, 여러분의 부르심은 때를 맞춰 이루어진 일이었습니다. 그 일은 설익은 열매가 나무에서 흔들려 떨어지거나 우박에 맞아 떨어지듯이 여러분에게 일어난 것이 아니고, 익은 열매를 제때에 거두듯이 임한 것입니다. 살면서 여러분에게 일어날 모든 일이 그와 같으리라는 점에 유의하시기 바랍니다. 시련은 언제나 적당한 때에 여러분에게 임합니다. 여러분은 그 점이 의심스럽습니까? 언제나 고난은 꼬리를 물고 잇따라 임한다고 생각합니까? 즉, 고난이 적당히 간격을 두고 오는 것이 아니라 일반적으로 여러분이 한 가지 고난을 견디느라 힘과 인내가 다 소진되었을 바로 그때 또 다른 심각한 타격을 받는다고 생각합니까? 그것은 여러분이 이성을 따라 하는 말입니다. 그러나 믿음을 따라 말할 때는 이렇게 이야기해야 옳습니다. "크신 하나님, 제게 맞는 시간과 때를 주님의 손에 맡깁니다. 주님께서 나를 치고 또 치고 또 치신다면 그것은 주께서 내게 복을 배나 더 주시기 위함이고 내게 주시는 많은 시련은 내 속에 많은 복을 일으키시기 위함이라는 것을 잘 알기 때문입니다." 그러므로 여러분, 기운을 내십시오. 여러분이 지난날을 돌아보면 고난들이 적당한 때 여러분에게 임했다는 것을 알 것입니다. 언제나 여러분이 견딜 힘이 있을 바로 그때 고난들이 임하지 않았습니까? 혹은 여러분을 이 세상에서 떼어내려 하고 여러분이 거의 빠질 뻔한 세상의 안전장치에서 구원하기 위해 혹은 여러분을 멸망시킬 수도 있을 무관심이라는 치명적인 잠에서 깨우기 위해 필요한 고난이 오지 않았습니까? 여러분의 시련이 때에 맞춰 왔듯이 여러분의 구원도 때에 맞춰 온다는 점에 유의하시기 바랍니다. 여러분은 지금 구원을 필요로 합니다. 하나님은 여러분의 때에 구원을 보내시지 않고 하나님의 때에 보내실 것입니다. 하나님께서는 정한 때가 되기 전에 하나님의 자비를 여러분에게 보내시지 않을 것입니다. 여러분은 고난이 제 일을 완벽히 수행할 때까지 참음으로 기다려야 할 것입니다. 그리고 여러분이 곤경에 처한 시간이 하나님께서 개입하실 기회의 시간이 될 것입니다. 하나님은 여러분이 힘을 다 소진하고 곧 죽게 생긴 때가 언제인지 아십니다. 그 때 공의로운 해가 떠올라서 치료하는 광선을 비출(말 4:2) 것입니다. 고난으로부터 구원하는 일은 언제나 때가 충분히 찼을 때 여러분에게 이를 것입니다. 여러분의 마음이 교만해지지 않도록 구원이 너무 빨리 임하지 않을 것입니다.

신자 여러분, 하나님의 뜻에 따르는 법을 배우십시오. 모든 일을 하나님의 손에 맡기는 법을 배우십시오. 섭리의 흐름을 따라 떠내려가는 것은 즐거운 일입니다. 언약을 지키시는 하나님을 믿고 사는 것만큼 복된 생활은 없습니다. 믿음으로 사는 것은 하나님께서 우리를 돌보시기 때문에 우리가 걱정할 필요가 없고, 하나님을 두려워하는 것 외에는 두려워 할 일이 없으며, 우리의 짐을 주님께 맡기고 주께서 우리를 부양하실 것을 알기 때문에 근심할 필요가 없음을 알고 사는 것입니다. 우리가 이런 식으로 죽는 날을 내다보는 것은 참으로 즐거운 일입니다. "역병과 죽음이 사방에서 난무할지라도 하나님께서 허락하시지 않는 한 내가 죽을 수 없다"고 생각하는 것은 참으로 기분 좋은 일입니다. 우리가 수많은 무덤 사이를 다닐지라도 무덤이 입을 열어 우리를 삼키지 않을 것이고, 불이 그

루터기를 사르듯이 역병이 불을 뿜으며 민족들을 삼키고 있는 곳에서 우리가 설지라도 반드시 보호를 받는다는 것을 아는 것은 즐거운 일입니다. 우리는 자신의 일을 마칠 때까지 죽지 않습니다. 우리의 죽음에 대한 하나님의 뜻은 그 뜻을 시행할 시기가 무르익기 전에는 시행되지 않을 것입니다. 하나님께서 자신의 정하신 때보다 더 지체하시는 법은 결코 없을 것입니다.

나는 내 자신과 여러분의 마음에 기운을 북돋우기 위해 이 첫 번째 요점을 말씀드립니다. 이는 예정의 교리, 곧 복된 섭리의 교리가 그리스도인이 머리를 뉘일 수 있는 가장 부드러운 베개 가운데 하나이고, 순례 여행에서 이 거친 길을 따라갈 때 의지할 수 있는 가장 튼튼한 지팡이 가운데 하나라고 확신하기 때문입니다. 그리스도인이여, 기운을 내십시오! 사물이 우연에 맡겨져 있는 것이 아닙니다. 맹목적인 운명이 세상을 지배하는 것이 아닙니다. 하나님은 여러 가지 뜻이 있고, 그 뜻을 성취하십니다. 하나님은 계획들이 있고, 그 계획들은 지혜롭게 세운 것이므로 뒤죽박죽 시행될 수 없습니다. 하나님을 신뢰하십시오. 그러면 여러분이 제때에 열매를 얻고, 제 시간에 자비를 받으며 제 시기에 시련을 당하고 필요한 때에 구원을 얻을 것입니다.

2. 이제 민족들의 때가 무르익는 시기가 있고, 때가 무르익으면 민족들이 반드시 망한다는 두 번째 요점을 살펴봅시다.

우리는 이 여름 과일 한 광주리에서 민족들에 대한 그림을 볼 수 있습니다. 이 여름 과일의 경우에 그 과일들은 당장에 먹어야 할 필요가 있었습니다. 어떤 민족이 죄로 곪게 되면 파멸에 처해져야 할 필요가 있습니다. 민족의 죄와 같은 것들이 있고, 결과적으로 그에 따른 민족의 형벌과 같은 것들이 있습니다. 세계 역사를 돌아보면 회의론자들이 비록 개인의 죄와 그에 대한 개인적인 형벌에 대해서는 의심을 품을지라도 하나님께서 어떤 민족에 대해 친히 내리시는 형벌 같은 것들이 있었음을 인정하지 않을 수 없습니다. 내가 오늘 여러분을 바벨론의 황량한 광야로 데려갈 수 있다면 여러분에게 올빼미의 울음소리를 듣고 그 외로운 폐허 가운데서 오싹하는 추위를 느껴보라고 말씀드리고 싶습니다. 여러분에게 여기가 가장 위대한 군주 가운데 한 사람의 왕좌가 있던 자리였음을 말씀드리고 싶습니다. 여러분은 묻습니다. "그런데 왜 이 백성들이 지면에서 깨끗이 사라졌는가? 왜 왕궁이 불에 소실되었고, 아름다운 도시가 황폐해졌는가?" 나는 여러분에게 이 한 가지 대답밖에 줄 수 없습니다. 즉, 이 백성의 죄가 마침내 용납할 수 없을 만큼 극심해져서 그 자체의 부패로 말미암아 썩어 붕괴하게 되었다는 것입니다.

그 다음에 또 나는 여러분을 그리스로 데려가서 영광스러웠던 신전들의 무너진 기둥들 사이에 서보라고 말씀드립니다. 나는 여러분에게 그리스의 고대 우상 숭배의 파괴된 기념물들을 보여줍니다. 마케도니아의 알렉산더가 누렸던 모든 영화들이 그 이후로 오랫동안 빛을 잃었다는 사실을 이야기합니다. 그리고 여러분이 바벨론에 대해서 물었던 것과 같이 "누가 이 사람들을 모두 죽이고 그들의 도시들을 약탈했는가?" 하고 물을 때, 여러분에게 시간이 이 궁궐들을 삼켰다고 하거나 세월이 흐르면서 문명의 중심이 자연스럽게 이동하므로 이런 것들이 흔들거리다가 무너지고 말았다고 한다면 충분한 답변이 되지 못할 것입니다. 그리스에 몰락을 가져온 것은 바로 그리스의 죄였습니다. 그리스가 과도한 사치에 빠지지 않았다면, 그리스의 용감한 병사들이 타락하여 강도로 변하지 않았다면, 그리스의 정치가들이 초기의 강직함을 잃지 않았다면, 이 민족이 과거처럼 남자답고 고통을 견디며 올곧았다면, 그리스는 계속해서 존속하였을 것입니다. 로마의 철이 고린도의 청동을 이길 수 없었었을 것입니다. 전투는 오래 지속되고, 스파르타의 용맹이 로마 군대를 몰아냈을 것입니다. 그들이 마음이 자유로웠다면 철 멍에로부터도 자유로웠을 것입니다. 그들은 로마 제국이 그들을 정복하기 오래 전에 이미 스스로 노예가 되어 있었습니다.

이 점은 옛날 로마에 대해서도 마찬가지였습니다. 하나님께서는 로마를 오랫동안 참으셨습니다. 황제가 잇따라 일어났습니다. 아니, 말을 정정해야 하겠습니다. 그보다는 마귀가 잇따라 일어났다고 해야 맞겠습니다. 그것은 마치 지옥이 지난번보다 더 무서운 괴물을 보냄으로써 스스로를 이기려고 애쓰는 것처럼 보였습니다. 황제들은 모두 잔인하였고, 예외적인 경우는 한둘에 불과하였습니다. 그들은 대부분이 무자비하였고, 하나같이 변덕스러웠습니다. 하나님은 로마의 오래된 궁궐들의 죄를 오래 참으셨습니다. 로마의 천한 우상 숭배와 성도들의 피로 가득 찬 로마의 잔을 오래 참으셨습니다. 그러나 마침내 하나님께서 말씀하시자 로마가 망했습니다. 북방의 무리가 스스로 좀이 먹어 부패한 제국의 취약한 잔여 세력을 순식간에 쓸어버렸습니다.

나는 이 사실이 지금의 로마, 곧 로마 교황에도 그대로 해당된다고 믿습니다. 죄악에 죄악을 쌓았는데, 그것은 심지어 이교 로마가 지은 죄보다 더 악한 죄악이었습니다. 이교 로마가 하나님의 성도들에게 가한 박해보다 로마 교황이 더 심한 박해를 가했습니다. 전에는 로마에 악귀들이 있었다면, 지난날 하나님의 성도들을 박해했으면서도 자신을 하나님의 대리자라고 주장하는 이 사람들을 어떻게 설명해야 할지 모르겠습니다. 학대에 학대가 더하여졌고, 피에 피가 이어 흘려졌으며, 죄악이 죄악을 소리쳐 불렀습니다. 자, 하나님의 칼이 로마의 문 앞에 놓여 있습니다. 바로 지금 번개 구름이 바티칸 궁전 위에 떠 있습니다. 잠시 동안 심판이 보류된다면, 그것은 죄악이 아직 다 차지 않았기 때문입니다. 페루자(Perugia: 이탈리아의 도시, 이곳에서 교황에 반대하던 사람들이 살해당하였음)에서와 같이 또 한 번 무고한 사람들에 대한 학살이 일어나고, 또 한 번 복음을 공격하며 또 한 번 성경을 불태우려고 하면, 로마는 자신의 죄를 완전히 다 채우게 될 것입니다. 그러면 세상의 열방이 로마의 살을 먹고 불로 태우듯이 멸망시킬 것입니다. 그리고 땅에서부터 큰 부르짖음이 올라갈 것입니다. "무너졌도다 무너졌도다 큰 성 바벨론이여!"(계 18:2). 그리고 하늘에서는 이 노랫소리가 들릴 것입니다. "할렐루야, 할렐루야, 연기가 세세토록 올라가며 주 우리 하나님 곧 전능하신 이가 통치하시도다"(14:11; 19:6).

그러나 우리는 자기 의를 믿고서 이 사실이 우리와는 전혀 상관이 없다고 생각하지 말기 바랍니다. 한 민족으로서 우리는 실로 많은 죄를 지었습니다. 나는 우리에 대해서 죄악이 다 찼다고 말할 수 없을 것이라고 믿습니다. 그러나 그동안 많은 죄가, 아주 많은 죄가 우리에게서 저질러졌습니다. 술취함이 우리 거리를 쓸고 가지 않았습니까? 불신앙이 모든 마을에서 사람들의 사랑을 받으며 둥지를 틀지 않았습니까? 안식일을 어기는 것이 계속되는 큰 죄가 아니었습니까? 영국이 사람들이 원하지도 않은 유해한 약들을 다른 나라에 밀어 넣음으로써 하나님께 통탄스러운 죄를 범하지 않았습니까? 우리가 그동안 종종 다른 나라들을 침략하였고, 동양에 제국을 확장시키려는 야욕 때문에 영국 사람이라도 부끄러워할 행동들을 많이 저지르지 않았습니까? 이 민족을 위하여 중보 기도를 드리면서 우리 민족의 죄에 대해 하나님 앞에서 회개할 필요가 있습니다. 우리는 교만한 민족입니다. 지상의 어떤 민족도 자랑하는 일에 우리의 적수가 될 수 없습니다. 우리는 다른 어떤 민족들보다도 자신의 위엄에 대해 큰 소리로 떠들어댑니다. 나는 우리가 옛적의 이스라엘보다도 더 고귀한 은총을 받았다고 믿습니다. 하나님은 다른 나라들에 대해서보다 대영제국을 위해 많은 일을 행하셨거나 혹은 아브라함의 후손을 위해서 하신 것만큼이나 많은 일을 우리를 위해 행하신 것이 확실합니다. 우리가 이스라엘이 종종 광야에서 했던 것처럼 반역하고 반항하지는 않았을지라도, 우리의 반역이 비록 작은 것이라 할지라도 그 반역은 하나님께서 우리에게 베푸신 선함이 크기 때문에 큰 반역이 될 것입니다. 그리스도인들이여, 이 땅이 은혜로 충만하기를 간절히 구하십시오. 위대한 역사가의 그 추측이 마침내 사실이 되지 않도록, 저 뉴질랜드 사람이 여전히 런던 브리지의 부서진 아치에 앉아서 이처럼 큰 도시가 어떻게 사라져버릴 수 있었는지 기이하게 여기는 일이 일어나지 않도록 우리 죄악의 급류가 다 말라버리게 해 주시기를 간절히 기도하십시오. 나는 니느웨와 바벨론이 이 수도만큼 컸었는지 확실히 알지 못합니다. 그러나 이 도시에 필적할 만큼 컸으리라는 것은 확실합니다. 그럼에도 그 도시들은 아무것도 남지 않았습니다. 상업과 문명의 중심지였던 곳에 지금은 도마뱀과 올빼미만 삽니다. 우리는 그렇게 되지 않기를 바랍니다. 앵글로 색슨족이라는 이름이 없어지지 않기를 바랍니다. 그러나 우리가 회개하지 않는 한, 하나님을 구하며 이 민족이 하나님과 언약의 관계에 있으면서 주 예수 그리스도께서 오셔서 바다에서부터 바다까지와 강에서부터 땅 끝까지(시 72:8) 미칠 주님의 대제국에 모든 나라들을 흡수시키실 때까지 하나님께 충성을 바칠 수 있도록 기도하지 않으면 그렇게 되고 말 것입니다.

나는 이제부터 오늘 아침 설교의 주요 요점을 다룰 것입니다. 하나님께서 이 일에 나를 도우시고 신체적인 면에서나 영적인 면에서 모두 힘을 주시기를 바랍니다. 나는 이제 내 앞에 있는 여러분을 한 사람씩 각각 대하겠습니다. 아모스가 보았던 여름 과일 한 광주리를 이제 여러분이 보는 앞으로 가져오겠습니다. 여러분은 과일들, 곧 아주 잘 익어서 바로 먹을 필요가 있는 과일들이 가득 든 광주리를 봅니다.

3. 이 그림은 우리 가운데 어떤 사람들의 현재 모습과 우리 모두가 반드시 이르게 되는 모습을 보여줍니다.

첫째로, 의로운 사람에게는 무르익는 때가 있습니다. 어떤 의미에서 사람은 회심하는 순간 천국에 들어가기에 적합한 상태가 된 것입니다. 그러나 또 다른 의미에서는 아직 적합하게 되지 않은 것입니다. 그렇지 않다면 하나님께서 회심하는 순간 바로 그를 자기에게로 데려가실 것입니다. 그리스도인은 처음 회심할 때 나무에 핀 싹에 불과합니다. 발육 초기에 지나지 않는 것입니다. 그는 온전하기까지 자랄 필요가 있고, 열매는 완전히 익을 필요가 있습니다. 그리스도인들은 온전케 하는 에너지에 의해 날마다 익고 있는 것입니다. 성령님이 없으면 거룩한 생활에서 조금도 앞으로 나아갈 수 없습니다. 그러나 성령님은 수단을 사용하십니다. 이 수단들에 대해 좀 더 설명 드리겠습니다. 신자들은 하나님의 돌보심에 의해 날마다 익어갑니다. 하나님은 사람들에게서 열매를 기대하시는 위대한 농부로서 매일 나무들 사이를 다니며 나무들에게 사랑의 햇빛과 친절의 이슬을 내리게 하여 나무들이 많은 열매를 맺을 수 있도록 하십니다. 열매들은 매일 그 위로 지나가는 섭리에 의해 익습니다. 찬바람이 열매를 익게 합니다. 심지어 우리의 열매를 망칠 수도 있는 겨울의 서리마저도 하나님의 동산에서 자라는 열매를 익게 합니다. 언제나 신자를 훈련하는 혹독하기 이를 데 없는 시련은 열매를 익게 하는 섭리이며, 신자로 하여금 하나님의 은혜로 온전히 자라서 하나님 아버지의 영광의 보좌 앞에 설 수 있도록 준비시키는 일을 합니다.

사실, 고난이 없으면 어떤 그리스도인도 익을 수 없습니다. 그리스도인은 아모스의 아시아산 무화과나무와 같습니다. 열매 껍질을 할퀴어야 하고, 쇠 빗으로 상처를 내야 합니다. 그렇게 하지 않으면 그리스도인은 익지 못할 것입니다. 우리는 성공을 통해 어떤 일들에서 성장할 수 있습니다. 그러나 참으로 은혜 안에서 성숙하는 일은 역경을 통해서만 얻을 수 있습니다. 우리의 걱정거리, 손실, 고난, 낙심, 안팎으로부터 오는 시험, 이것들은 모두 우리를 익게 하는 섭리입니다. 이런 것들은 우리의 사랑하는 주님께서 오셔서 은 광주리에 금 사과를 모으듯 우리를 광주리에 모으실 때를 대비할 수 있도록 지금 준비시키고 있는 것입니다. 우리는 지금 설교를 통해서 듣고 하나님의 말씀에서 읽는 것을 통해 매일 익어가고 있습니다. 은혜의 수단들이 섭리 가운데서 사람들에 대한 하나님의 행사와 협력합니다. 우리의 기도가 우리를 익게 합니다. 우리 주님의 복된 만찬이 우리를 익도록 돕습니다. 예수님과의 교제의 시간들, 매일의 일들을 통해서 필요한 것임을 알 수 있는 도움들, 이 모든 것들이 합력하여 하나님을 사랑하는 자들에게 선을 이룹니다. 이런 것들이 우리를 매일 땅으로부터 분리시키고 있고, 땅에 꽉 박힌 뿌리를 헐거워지게 하고 있으며, 우리를 이 세상에 묶고 있는 끈들을 끊고 있습니다. 또 우리를 묶고 있는 모든 끈들을 버리고 하나님의 백성들에게 남아 있는 지극히 복된 현실 가운데 들어갈 그 마지막 위대한 비상을 위해 우리 날개의 깃털을 다듬고 있는 것입니다.

그러면 여러분은 그리스도인이 어떤 면에서 익어가고 있는 것인지 물을 것입니다. 그리스도인은 지식에서 익어가고 있다고 말씀드리겠습니다. 그리스도인은 전에 몰랐던 것을 매일 배우고 있습니다. 그는 이제 하늘의 알파벳을 해석하기 시작합니다. 그래서 천상의 언어로 쓰인 단어들 가운데 그가 아주 분명하게 말할 수 있는 것들이 있습니다. 그는 지식에 넘치는 그리스도의 사랑을 알고 그 사랑의 너비와 길이와 높이와 깊이가 어떠함을 모든 성도들과 함께 이해하기 시작합니다. 전에는 그에게 불가사의하게 보였던 것들이 이제는 아주 분명하게 이해되고, 수수께끼 같던 사실들이 아주 평이한 것임을 알게 됩니다. 그는 더 이상 지식에서 어린아이가 아니라 총명에서 어른이 됩니다. 자신이 하나님께 알려진 바된 것을 알기까지 지식에서 자랄 것입니다. 그와 같이 그는 경험에서 매일 발전합니다. 전에는 설익은 작은 열매에 지나지 않았던 그의 경험이 이제는 한껏 자라서 아주 크고 동그랗게 익어가는 석류같이 되었습니다. 그는 선한 하나님의 말씀을 느끼고 맛보았고 다루어 보았습니다. 신앙이 이제 그에게는 이론이 아닙니다. 사실의 문제입니다. 그는 자기가 믿은 바 하나님을 알고, 자기가 하나님께 의탁한 것을 하나님이 지키실 수 있다는 것을 확실히 압니다.

이렇게 지식과 경험에서 자랄 뿐 아니라 그리스도인은 영성에서도 익어갑니다. 그는 점점 덜 세속적이 됩니다. 한때 그를 사슬처럼 속박했던 걱정거리들을 점점 더 떨쳐버립니다. 시련을 전보다 더 쉽게 견딥니다. 전에 같았으면 그를 익사시켰을 큰 파도가 이제는 거품 이는 물결로 그의 허리를 씻고 지나갈 뿐입니다. 그는 악한 소식을 두려워하지 않습니다. 그의 마음은 주님을 의지하고 확고합니다. 그는 이제 이 세상의 부를 잡으려고 애쓰지 않습니다. 그는 좀이 들어갈 수 없고 도둑이 뚫고 들어가 훔칠 수 없는 보고에 부를 쌓으려고 합니다.

그가 이렇게 영성에서 자람에 따라 향기에서 원숙하게 됩니다. 그래서 그의 대화가 좀 더 골수로 가득하게 됩니다. 그는 이제 바로의 깡마른 암소나 동풍에 말라 못쓰게 된 곡식 이삭 같지 않습니다. 그는 무식한 자의 교사가 되고 어린아이의 선생이 됩니다. 여러분은 그의 말에 귀를 기울이고, 그의 매일의 행실과 대화를 지켜봅니다. 그는 여러분이 많이 배울 수 있는 사람이고, 본받아야 할 사람이 됩니다. 그의 모든 말과 행실에서 그리스도와의 교제의 향기로운 냄새가 나기 때문입니다. 그는 천국에 들어갈 수 있도록 익는 원숙한 그리스도인입니다. 여기에 그가 이제는 전보다 심령이 더욱 친절하다는 점을 덧붙일 수 있을 것입니다. 노년에는 젊은 시절의 신랄함이 사라지고 마음에서 우러나오는 친절함이 나타납니다. 그가 젊었을 때는 짜증을 부렸을 잘못들을 이제는 너그럽게 보아주는 법을 배웁니다. 젊은이들과 어리석은 자들을 참는 법을 배웁니다. 자신도 한때 젊고 어리석었다는 것을 알기 때문입니다. 그는 길을 잘못 든 사람들을 동정하고, 괴로워하는 사람들에게는 위로하는 친절한 말을 건넵니다. 그는 환히 빛나는 얼굴로 돌아다니기 때문에 과분(果粉)이 잔뜩 묻은 잘 익은 열매처럼 보입니다. 이것은 위대한 농부이신 하나님을 기쁘시게 하는 모습입니다.

형제자매 여러분, 나이가 들면서 이런 모습을 갖추게 된다면, 아주 원숙한 그리스도인을 보는 것은 참으로 아름다운 광경일 것입니다. 볼 때마다 언제나 아주 잘 익은 열매처럼 보였고, 그의 품위 있는 죽음을 보면서 내 믿음이 옳았다는 것을 알게 된 사람의 예를 말해야 할 필요가 있다면, 나는 하나님의 존경스럽고 훌륭한 종인 플레처 목사님(Dr. Fletcher)을 언급할 수 있을 것이라고 생각합니다. 그는 젊었을 때 아주 혹심한 시련과 고난들을 겪었지만, 그 시련과 고난들이 그가 원숙하게 되는데 도움이 되었습니다. 그는 끊임없이 아주 고된 노동을 견뎌야 했지만, 언제나 기대 이상의 성공으로 위안을 받았습니다. 내가 그를 알게 된 것은 겨우 그의 말년에 이르러서였습니다. 내가 그를 알았을 때 그는 언제나 원숙한 그리스도인의 본보기였습니다. 그는 입만 열면 언제나 친절한 말을 하였고, 마음에는 언제나 너그러운 생각이 흘러넘쳤습니다. 적이 여러분을 비난하는 말을 하면, 그는 이렇게 말할 것입니다. "그 사람들에 대해서 신경 쓰지 마세요. 그 사람들이 펜촉이 닳아질 때까지 비난하는 말을 쓰게 내버려두고, 그들에게 답변하지 마세요." 다른 사람들이 여러분에 대해서 엄하게 생각한다는 의심이 들면, 그는 언제나 젊은 초신자를 위해 변명해 주려고 할 것입니다. 혹은 그가 여러분을 위해 변명의 말을 하지 않을지라도 여러분에게 격려하는 말을 해 줄 것입니다. 여러분 가운데 많은 분들이 지난 한두 해 동안 그를 보았을 것이라고 믿습니다. 그 고상한 용모, 자애로운 표정, 넘치는 사랑, 이 모든 표시들을 볼 때 우리는 찬송 받으실 주님께서 그를 곧 데려가실 만큼 그가 준비되었다는 것을 알 수 있었습니다. 그분이 이 땅에 더 있기를 바라서는 안 될 일입니다! 그분은 다 익지 않았습니까? 그분을 하나님께서 본향으로 데려가시도록 두어야 합니다. 그가 좀 더 일찍 가기를 바라서도 안 되었습니다. 그때는 그가 다 익지 않았을 것이고, 완전히 익었을 때 주님께서 데려가셨습니다.

사랑하는 여러분, 여러분을 둘러보니, 여러분 가운데는 머리가 벗겨진 분들이 있고, 흰 머리털로 짠 영광의 면류관을 쓰신 분들도 있습니다. 나는 매일의 시간이 여러분을 하나님 앞에 서기에 더욱더 적합하게 만들 것이라고 굳게 믿습니다. 이렇게 은줄이 풀리고 금 그릇이 깨지고 항아리가 샘 곁에서 깨지고 바퀴가 우물 위에서 깨질 때(전 12:6,7), 여러분이 영원히 하나님을 즐거워하도록 여러분의 영은 그것을 주신 하나님께로 기쁘게 돌아갈 수 있습니다. 그리스도인이 놀이에 싫증이 나서 놀이를 그만두는 남자 아이처럼 죽는 것은 보기 좋지 않습니다. 놀이를 그만두도록 매를 맞으면서도 못내 아쉬워 놀이를 그만두지 못하는 남자 아이처럼 죽는 것도 보기 좋지 않습니다. 나는 그리스도인이 화물을 가득 싣고 갑판에 승객들을 모두 태우고 떠나는 멋진 배처럼 죽는 모습이 보기 좋습니다. 큰 깃발이 펄럭이고 작은 깃발이 바람에 나부끼며, 모든 돛이 활짝 펴진 채로 배가 만조 때를 기다리는 모습이 보기 좋습니다. 조수가 밀려오기 시작하면 배가 바람에 돛들이 불룩해질 때 밀려오는 조수를 타고 항해를 합니다. 이렇게 되면 영혼이 주님의 기쁨에 넉넉히 들어가게 됩니다. 우리가 앞으로 살아갈 많은 날 동안에 우리 각 사람이 "하나님의 백성에게 남아 있는 안식"(히 4:9)에 들어갈 수 있도록 익기를 바랍니다.

끝으로, 불경건한 죄인들, 곧 여러분 가운데 회심하지 않은 모든 분들을 익어가게 하는 것에 관해 이야기하려고 하는데, 성령께서 복을 베풀어 주시기를 바랍니다. 여러분은 속으로 익어가고 있습니다. 여러분 마음의 타락이 매 시간 더 진전되고 있고, 마음은 더 악해질 수 없을지라도 외적인 생활은 속에서 익어가는 일이 진행됨에 따라 더욱더 악해질 수가 있습니다. 여러분 속에서 타락이 발효하여 여러분을 파멸하도록 준비시킬 것입니다. 사탄도 여러분을 더욱더 악해지도록 만들기 위해 매일 부지런히 여러분에게 일합니다. 사탄은 유능한 선생입니다. 사탄은 그런 일에 아주 능숙하기 때문입니다. 그는 죄에 있어서 어린 초보자를 벨리알의 의자에 앉게 하고 지옥의 박사로 만들기 위해서 돌 하나도 허투루 놓지 않으려고 합니다. 그렇습니다. 섭리의 들판에 심겨진 피조물인 여러분은 날마다 죄에서 익어가고 있습니다. 여러분이 지금 성공하고 있기 때문에 마음이 교만해지지 않습니까? 일이 잘 되어가고 있지 않아서 하나님께 불평하지 않습니까? 여러분의 교만과 불평이 하나님의 진노의 큰 날을 당하도록 여러분을 익히고 있는 종자가 아닙니까? 오늘 이 설교를 듣는 분들 가운데 전에 알지 못했던 악을 새로 배우고 익힘으로써 죄에서 익어가고 있는 사람들이 있습니까? 젊은이 여러분, 여러분은 최근에 어떤 회사에 들어가 거기서 다른 젊은이들, 곧 여러분보다 더 진보한 젊은이들에게 어리석은 일, 곧 여러분이 시골 고향에서 알지 못했던 죄악을 새롭게 배운 적이 있습니까? 그렇다면 여러분은 지금 지옥에 들어가기에 알맞게 익고 있는 것입니다. 나이 든 여러분, 여러분이 이제 인생 가운데서 다른 사람들에게 죄악을 가르치고 사람들을 죄 짓도록 인도할 수 있는 나이에 이르렀습니까? 그렇다면 여러분은 하나님을 위하여 열매를 익게 하려고 한 아모스 같은 사람이 아니라 사탄을 위하여 아시아산 무화과나무 열매에 상처를 내고, 사탄을 도와서 그의 지옥 같은 동산에서 열매가 익도록 만드는 사람인 것입니다. 오늘 아침 이 자리에는 길에서 어슬렁거리다가 호기심에 이곳에 들어온 사람들, 곧 죄 가운데 한창 익어가고 있던 사람들이 있을 것입니다. 여러분은 이 시점에서 자신의 소년 시절을 돌아보며 스스로 놀랍니다. 자신이 그때 어떻게 "그렇게 익지 않고 퍼럴" 수 있었는지, 즉 어떻게 그렇게 어리석을 수 있었는지 놀랍다고 말할 정도입니다. 아, 그러면 지금 여러분의 지혜는 무엇입니까? 여러분의 지혜는 죄를 짓는데 발전한 것이 아닙니까? 여러분이 너무 오랫동안 죄를 바라보아서 사탄의 활동으로 말미암아 변화되듯이 죄의 형상으로 변화되어 죄악에서 죄악에 이르고 있는 것이 아닙니까? 여러분 가운데는 자신이 몇 년 전에는 모르던 것들을 이제는 알고, 전에는 여러분을 깜짝 놀라게 했을 죄들을 이제는 태연히 저지를 수 있는 사람들이 있지 않습니까? 나는 제발 여러분이 비교적 순수했던 시간을 돌아보고, 자신이 매일 더욱더 익어가고 있으며 여러분에게 일어나는 모든 것이 서로 협력하여 여러분을 썩어가도록 하고 있다는 사실을 생각하고 슬퍼하기 바랍니다. 오래지 않아 여러분은 가지가 무성한 인생의 나무에서 떨어져 완전히 망할 것입니다.

여러분은 죄인이 어떤 식으로 익느냐고 묻습니까? 나는 여러분에게 이런 경우에는 어떻다고 구체적으로 말할 수 없습니다. 그러나 대부분의 죄인들이 죄의 지식에서 익는 것은 확실합니다. 죄인들은 죄를 사랑하는 일에 익고, 태연히 죄를 지을 수 있게 만드는 마음의 완고함에서도 익어갑니다. 어떤 사람들의 경우는 죄가 완전히 익어버린 상태까지 이르러서 그들은 감히 하나님께 불경한 언사를 씁니다. 그들은 완전히 썩기까지 익어버려서 감히 하나님이 없다고까지 말하거나, 혹은 하나님은 눈이 멀고 무지하여서 죄인의 죄를 보지 못하고 처벌하지 못할 것이라고까지 생각합니다. 사람이 하나님의 존재를 의심할 수 있다고 생각하기 시작하면, 그것은 지옥에 가까이 있다는 두려운 표시입니다. 이 점에 관해 사람들과 논쟁하는 것은 시간 낭비라고 생각합니다. 우리는 논쟁할 것이 아니라 고발할 수밖에 없을 것입니다. 나는 뱀에게 음악 소리를 들으며 내는 쉿소리를 바꾸도록 가르칠 수 있다고 생각하지 않으며, 사람들이 거듭나지 않은 상태에 있을 때 그들에게 형식적으로라도 그들의 불신앙을 바꾸도록 가르치는 것이 별로 쓸모 있다고 생각하지도 않습니다. 하나님께서 불신앙에 빠진 자들을 자신의 말씀으로 친히 거듭나게 하셔야 합니다. 우리의 이론이 쓸모가 없기 때문입니다. 우리는 믿음 없는 사람들을 위해 기도해야 합니다. 그럴지라도 우리는 그 사람들을 하나님의 손에 맡겨야 합니다. 하나님의 손은 깊은 수렁이고, 하나님께서 미워하시는 자들은 거기에 떨어집니다.

이 설교를 듣는 분들 가운데는 썩을 정도로 완전히 익어버려서 하나님에 대해 욕설을 퍼붓고 종교를 멸시하며 종교의 모든 교훈을 어길 뿐만 아니라 자기 가까이에 종교가 있는 것조차 견디지 못하는 사람들이 있을 수 있습니다. 그들은 신앙적인 행위만 보면 비방합니다. 여러분, 여러분이 어떤 마음을 가지고 있는지 한번 보십시오. 여러분의 행동은 마음의 천함과 타락을 보여줄 뿐입니다. 여러분, 조심하십시오. 자신에 대해 조심하십시오. 나무에 익은 열매가 달려 있는 것을 보면 여러분은 그 열매가 곧 거두어질 것이라고 생각합니다. 따라서 여러분의 악한 행실들에 대해서 들을 때 내가 여러분의 망할 날이 오래 지체되지 않고 죽음의 고통이 곧 여러분을 사로잡을 것이라고 내다보는 것은 당연한 일입니다. 죄인들이여, 여러분은 지금 익고 있습니다. 무르익고 있습니다. 하나님께서 여러분의 마음을 변화시키지 않는 한, 여러분을 거두어들일 때가 곧 닥칠 것입니다. 여러분은 무엇을 위하여 익고 있습니까? 여러분은 죽음을 위해 익고 있습니다. 영원한 심판을 위해 익고 있고, 하나님의 진노를 위해 익고 있습니다. 여러분은 이 사실을 명심하겠습니까? 오늘 아침 내가 원하는 대로 다 여러분에게 말씀을 전할 수 없을지라도 아무튼 할 수 있는 만큼은 전할 것입니다.

회심하지 않은 남녀 여러분, 여러분은 이 사실을 받아들이십시오. 여러분은 지금 지옥에 떨어지기 위해 익고 있습니다. 아주 빨리 익은 열매들이 있고, 확실히 천천히 익은 열매들이 있습니다. 그러나 어떻든 열매를 거두는 때가 올 것입니다. 의인들은 거두어져서 은 광주리에 금 사과처럼 담길 것입니다. 여러분도 거두어질 것인데, 고모라의 포도처럼 하나님의 진노의 포도주 틀에 던져져서 하나님의 진노 가운데 짓밟힐 것입니다. 여러분은 이런 전망을 들을 때 기쁩니까? 여러분은 지옥에 자리를 펴고 영원한 불 속에 누워 지낼 준비가 되어 있습니까? 만일 여러분이 그 길을 택한다면 반드시 그 길의 목적지에 도달한다는 것을 기억하십시오. 만일 여러분이 죄로 익는 때를 지낼 것이라면, 익어 썩으면 반드시 지옥에 떨어질 것입니다. "스스로 속이지 말라 하나님은 업신여김을 받지 아니하시느니라"(갈 6:7). 하나님은 여러분을 위해 자신의 통치 방식을 바꾸시지 않을 것입니다. "계속 죄악을 행하면서도 목이 곧은 사람은 갑자기 패망을 당하고 피하지 못할" 것입니다(잠 29:1). 여러분, 나는 이 자리에서 여러분 가운데 있는 어떤 분들을 보면 울 것 같습니다. 이 자리에 앉아 있다가 떠나면서 지금까지 들은 하나님의 말씀을 멸시하고, 그들을 죄악에서 돌이키게 하려고 들인 그 노력만큼 죄악에서 더 무르익는 많은 사람들을 생각하면 속으로 울지 않을 수 없습니다. 여러분이 이와 같이 될 것입니까? 안식일이 거듭될수록 여러분은 불 가운데 던져지도록 무르익는 것일 뿐입니까? 여러분, 간절한 경고의 말씀들이 여러분에게는 불길을 더하는 나뭇단에 지나지 않을 뿐입니까? 여러분을 구원하기 위해 죽기라도 하려는 사람의 애정 어린 마음이 여러분에게는 그 간절함을 멸시함으로써 죄를 더 쌓는 계기가 될 뿐입니까? 이곳에서 참으로 많은 사람들이 변화를 받고 새롭게 되며 회심을 하였습니다. 그런데 그 가운데 얼마는 익어서 썩어버린 사람들이었습니다.

나는 우리 교회에 가입한 사람들을 기록하면서 그들의 회심의 역사도 기록하는 교적부를 살펴볼 때, 종종 기뻐서 손뼉을 치게 됩니다. 그것은 지금 교회에 있는 사람들 가운데는 그냥 술고래에 하나님의 이름으로 욕하는 사람들이 아니라 이루 말할 수 없이 고약한 술고래에 불경한 언사를 서슴지 않는 악하기 짝이 없었던 사람들이 있기 때문입니다. 그런가 하면 자신만 지옥에 떨어지는 것으로 만족하는 것이 아니라 어떻게 해서든 아내와 자녀들을 진리의 길에서 돌이키게 하려 하고, 선한 것을 미워하고 조롱한 사람들도 있습니다. 많은 사람이 교회에 가입할 무렵에 내게 왔는데, 그들이 하는 첫 마디는 이것이었습니다. "목사님, 저를 용서해 주시겠습니까?" 내가 말했습니다. "용서해달라니요, 무엇을 말입니까?" 그 사람이 말했습니다. "제가 목사님에 대해 더 이상 나쁜 말을 찾을 수 없을 정도로 악한 말을 했습니다. 그런데 살면서 목사님 같은 분을 본 적이 없습니다. 사실 내가 목사님에 대해 그렇게 악한 말을 할 이유가 전혀 없었습니다. 내가 하나님의 백성들을 저주하고, 그들에 대해 아주 악하게 말했는데도, 저를 용서해주시겠습니까?" 나는 이렇게 대답하였습니다. "나는 용서할 것이 아무것도 없습니다. 형제가 내게 욕을 했을 것이라고 생각합니다. 그런데 형제가 하나님께 죄를 고백할 준비가 되어 있는 것을 보니 정말로 기쁩니다. 그러나 나로서는 그런 일로 상처를 받거나 성낼 일이 전혀 없었습니다." 그 사람이 와서 자신의 마음이 아프고 자신의 죄를 모두 회개한다고 하며, 그리스도께서 자신의 모든 죄악을 제거하셨고, 그래서 주님을 따르며 믿음을 고백하고 싶다는 말을 하였을 때 나는 참으로 기뻤습니다. 오늘 아침도 이 행복을 맛볼 수 있기를 바랍니다. 그렇게 되지 않고 내가 이 회중의 목사로서 여러분 가운데서 어떤 사람들이 파멸에 떨어지는 것을 보아야 하겠습니까? 청중 여러분, 내 자신은 구원받으면서도 여러분이 영원하신 하나님에 의해 파멸에 던져지는 것을 보아야 하겠습니까? 나는 그 생각을 도무지 견딜 수 없습니다. 여러분은 그 생각을 기쁘게 여기는지 모르겠습니다. 기쁘게 여길 리가 없을 것이 확실합니다. 여러분은 하나님으로부터 영원히 버림받기를 원하십니까? 영원히, 영원히, 영원히 버림받기를 바라십니까? 여러분은 여호와의 창끝으로 달려들 만큼 미쳤습니까? 말해보십시오! 하나님의 방패 한가운데로 돌진하는 것에 무슨 기쁨이 있습니까? 왜 여러분은 여러분을 집어삼킬 맹렬한 진노의 가마솥에 뛰어들려고 합니까? 죄인이여, 여러분이 스스로 갈기갈기 찢고, 스스로를 괴롭게 해야 할 필요가 있습니까? 모든 죄에는 여러분의 영혼을 파멸시키는 독이 섞여 있습니다. 정욕에서 나오는 모든 행동은 여러분을 태워버릴 불입니다. 제발, 돌이키십시오!

하나님이여, 주께서 이 죄인을 돌이키게 하여 주소서. 성령님이시여, 오셔서 지극히 완고하고 고집 센 자들에게 일하시옵소서. 파멸을 당하도록 익은 죄인들의 마음을 이제 새롭게 하여, 그들이 은혜의 열매들이 되고 마침내 영원한 영광에 이르도록 익게 하여 주소서.

제
6
장

고운 체

"보라 내가 명령하여 이스라엘 족속을 만국 중에서 체질하기를 체로 체질함 같이 하려니와 그 한 알갱이도 땅에 떨어지지 아니하리라." – 암 9:9

"내가 명령하고 체질하겠다." 하나님의 뜻이 얼마나 쉽게 사실이 되는지 모릅니다! 하나님께서 명령하시기만 하면, 하나님의 뜻이 이루어집니다. 전능하신 하나님은 그의 뜻을 수행하는 종들을 도처에 두고 계십니다. 여호와를 즐거이 섬기는 자들이 하나님의 뜻을 실행하는데 충분하지 않을지라도, 귀신들과 반역하는 영들이 하나님의 명령이라는 전차에 묶여서 하나님의 계획을 이루게 될 것입니다.

"하나님이 명령하시면 누가 감히 반대하며
하나님께 왜 그러시느냐, 무엇을 행하시느냐고 물을 수 있겠는가?"

하나님을 거역하는 자들이 완고하고 뻔뻔스럽게 반대할지라도, 그들의 반대는 방해하려고 마음먹은 바로 그 하나님의 뜻을 이루는데 기여합니다. 이들의 헛소리와 격노, 반역과 투쟁들이 모두 합력하여서 영원한 계획을 이루는데 놀랍게 기여합니다. 그리고 이를 통해서 하나님의 지혜와 은혜가 드러날 것입니다. 본문의 말씀이 "내가 명령하고 체질하리라"는 말로 시작되는 것을 볼 때 이같이 말하게 됩니다. 본문을 보면 마치 명령하기만 하면 체질이 이루어지는 것 같기 때문입니다. 하나님께서 말씀하기만 하면 그대로 이루어집니다. 하나님의 자녀들은 하나님의 뜻에 따라 헤아릴 수 없이 많은 시련으로 징계를 받거나 풍성한 자비로 구원받을 것입니다. 위로의 실개천과 재난의 시내가 모두 하나님의 명령에 따라 흐르기도 하고 하나님의 말씀에 따라 마르기도 합니다.

이 예언은 오랫동안 고난을 겪어온 이스라엘 자손에게 적용될 수 있는 것이 분명합니다. 이 예언이 얼마나 무섭게 성취되었습니까! 야곱의 아들들이 모든 열방 가운데서 체질을 당하지 않았습니까? 그들은 목자의 장막처럼 이리저리로 옮겨졌습니다. 그들에게는 영구한 거처가 없었습니다. 그 날, 곧 "그 피를 우리와 우리 자손에게 돌릴지어다"(마 27:25)라는 그들의 외침에 응하여 로마 병사의 횃불이 성전을 불사르고, 정복자의 쟁기가 피로 얼룩진 그 성의 기초들을 뒤엎고 지나간 이후로, 그 날 이래로 그들은 벌거벗은 채 뿔뿔이 흩어진 민족이었고, 피곤하게 걷는 자녀들이며, 나라 없는 민족이요, 언어가 없는 백성이었습니다. 유대인들이 겪은 고난은 거의 비교할 대상이 없을 정도로 극심하였습니다. 저 유명한 예루살렘 함락의 때로부터 사람들이 기억할 수 있는 날에 이르기까지 그들은 인권을 박탈당하고 박해를 받은 민족이었고, 그들의 이름은 조롱거리였으며 그들은 웃음거리와 속담거리가 된 인종이었습니다. 거의 모든 나라에서 그들은 산의 자고새처럼 사냥을 당했습니다. 그들을 죽이는 자는 자신이 하나님께 봉사한다고 생각했습니다.

유대인들 가운데 가장 큰 이, 곧 온유하고 겸손하신 예수님을 따르는 자들은 육신을 따라 예수님의 형제된 자들을 박해하여 죽임으로써 자신의 기독교 신앙을 나타낸다고 생각했습니다. 아마 인간 역사에서 스페인의 유대인 역사만큼 사람이 마귀에 그처럼 가까울 수 있음을 보여주는 장(章)은 없을 것입니다. 그러나 어찌 한 민족만이 그 예가 될 수 있겠습니까? 모든 민족이 야만적이고 비인간적이었습니다. 잉글랜드도 유대인들을 죽이는데 참여하였습니다. 검약하고 부지런한 민족인 유대인들은 장사할 수 있도록 허락받는 곳에서는 어디서든지 성공하였습니다. 그러나 그들의 부는 탐욕스러운 군주들에게 강탈당하거나 무법한 폭도들에게 파괴되었습니다. 그들에게는 늑대와 여우를 잡기 위해서 만든 법 밖에 없었습니다. 그들은 생명을 부지할 수 있을지, 사지를 보존할 수 있을지 알 수 없었습니다. 그들을 조롱하는 것이 아이들의 놀이였고, 그들을 고문하는 것이 왕과 제후들의 오락이었습니다. 불쌍한 이스라엘이여! 그대가 겪지 않은 일이 무엇인가! 지금까지 그대에게 어떤 재난들이 큰 물결처럼 덮쳤는가! 그럴지라도 다시 기쁨을 얻을 하나님의 택하신 민족, 앞날에 영광스러운 미래가 정해져 있는 것이 확실한 그대여, 어찌 그대가 거리의 진창처럼 그렇게 짓밟혔는가! 정금에 비교할 수 있는 하나님의 귀한 아들들이여, 어찌 그대들이 토기장이의 토기 주전자처럼 취급당하였는가! 이스라엘은 자기 하나님을 잊었고, 다윗의 후손인 자기들의 왕, 곧 십자가에 못 박힌 예수님을 거절하였습니다. 그러므로 오랜 동안의 괴로움과 슬픔이 이스라엘에게 정해졌던 것입니다. 하나님이여, 언제까지입니까? 어느 때 주님께서 돌아오셔서 유다의 사자 깃발이 다시 한번 승리로 펄럭이게 하시겠습니까? 어느 때 그 보좌가 다시 예루살렘에 세워지고, 그 나라가 유다에게로 돌아가겠습니까? 어느 때 오래 기다려온 메시야께서 영원히 존속할 나라를 세우시겠습니까?

나는 오늘 아침 그 문제들을 논의할 생각이 없고, 본문을 영적 이스라엘에 적용되는 것으로 생각하고 살펴보겠습니다. 이 모든 예언들은 이중적인 교훈이 있는 것이 분명합니다. 그런데 예언들의 문자적인 의미를 간과하고, 문자적인 구절들을 순전히 영적이고 비유적인 것으로만 읽는 것은 그릇된 일입니다. 그럴지라도 일단 문자적인 의미를 살펴본 후에는, 이어서 교훈으로서 영적인 의미를 살펴볼 수 있을 것입니다. 모든 은혜의 성령께서 우리를 도우시면 그렇게 할 수 있을 것입니다. 본문에는 하나님의 백성이 기억해야 할 사실이 두 가지 있습니다. 그 두 가지는 **체질하는 일**과 **구원하는 일**입니다. 하나님의 백성들 모두가 다 체질을 당할 것이지만, 그들 가운데 아무리 작은 알곡도 땅에 떨어지지 않을 것입니다. 많은 시련을 받을 것이나 버림을 당하지 않고, 거의 죽음 가까이에 이르지만 결코 망하지 않을 것입니다.

1. 우선 체질하는 일부터 살펴봅시다.

하나님께서 요단 이편에서는 하나님의 백성들이 외적인 환경에서 안식을 누리지 못하게 정하셨습니다. 은혜 언약에는 이 조항이 들어 있습니다. "세상에서는 너희가 환난을 당하리라"(요 16:33). 알곡이 타작마당에 있는 한, 계속 도리깨질하는 일이 있을 것입니다. 교회의 곡식 더미에 겨와 알곡이 많이 섞여 있는 한, 체질하는 체를 치워서는 안 됩니다. 하나님의 교회는 그것이 세워진 이래로 완전히 순결한 적이 한 번도 없었습니다. 하나님의 교회를 순결하게 보존하는 것이 하나님의 파수꾼으로서 모든 사역자들의 목표였습니다. 그리고 가라지를 알곡들 사이에서 뿌리 뽑는 것은 모든 시대에 하나님의 종들이 간절히 바라던 바였지만, 그 일이 이루어진 적은 없습니다. 하나님의 교회에는 인간적이고 불완전한 모든 것이 섞여 있었습니다. 그래서 하나님의 타작마당에 완전히 체질을 하여 순수하게 알곡만 모아놓은 곡식더미가 있은 적이 없고, 언제나 이런저런 수단에 의해 겨가 알곡들 사이에 들어왔습니다. 여러분의 법규가 아무리 엄중하고, 여러분의 규정이 아무리 영적이며, 여러분의 직원들이 아무리 현명하고 여러분의 조사가 아무리 정확하다고 할지라도, 그 모든 일에도 불구하고 유다가 열두 사도들 사이에 끼어들었듯이, 불경건한 자들, 곧 옛적부터 멸망하기로 정해졌고 알곡 가운데 가라지와 같을 자들이 알지 못하는 사이에 우리 가운데 슬그머니 들어올 것이 확실합니다. 이 점 때문에 우리는 하나님께서 그의 교회를 세우실 때는 언제든지 그리고 세우시는 곳은 어디서든지 교회가 체질을 당할 것이라고 알아야 합니다. 농부는 곡식에 겨가 섞여 있는 한 계속해서 곡식을 체질할 것입니다. 그와 같이 하나님의 교회가 순결하지 않는 한, 하나님은 계속해서 교회를 정화시키실 것입니다. 사실 하나님께서는 본문의 말씀을 시행하실 것입니다. "이스라엘 족속을 만국 중에서 체질하기를 체로 체질함 같이 하리라."

교회 전체와 관련해서 이 중요한 사실을 생각해 봅시다. 여러분은 이 사실이 교회의 역사에서 이루어졌음을 알 것입니다. 주님께서 승천하신 후에 교회를 세우시고 주님의 교회가 오순절의 축복으로 수가 늘기 시작하자마자 헤롯이 일어났고, 강압적인 이 폭군은 체를 들고 아주 혹독하게 교회를 체질하여 하나님의 성도들이 뿔뿔이 흩어졌고 그 가운데 많은 수는 죽기까지 하였습니다. 하나님의 교회가 나타나자마자 박해가 일어났습니다. 사람 아기이신 주께서 세상에 태어나기가 무섭게 옛 뱀이 입에서 큰물을 쏟아내기 시작하였습니다. 뱀은 어쩌면 이 여인의 후손을 그 물로 완전히 쓸어버릴 수 있다고 생각했을지 모릅니다. 그 첫날부터 지금까지 역사의 페이지는 신자들의 피로 붉게 얼룩져 있습니다. 이교 황제의 박해들을 생각해 봅시다. 하나님의 교회가 그 잔혹한 시절에 얼마나 끔찍한 피의 바다를 헤엄쳐 건넜는지 모릅니다! 로마 교황의 시대로 돌아가 보면 육신이 얼마나 두려운 공포를 견뎌야 하는지 모릅니다! 예수님을 증언하기 위해 흘린 성도들의 피는 지중해 바다라도 가득 채웠을 것이 확실합니다. 모든 순교자들의 따뜻한 피가 대서양의 무한히 깊은 심연들에 부어졌다고 해도 대서양의 모든 바닷물이 붉게 물들여지지 않았을지 모르겠습니다. 제물로 바쳐진 하나님의 성도들은 너무도 많아서 그 수를 다 헤아릴 수 없고, 그들이 당한 고문과 승리를 이야기하기에는 시간이 부족할 것입니다. 교회는 이런 박해들로 체질을 당하였습니다. 허울뿐인 가벼운 자들, 형식적인 자들, 불성실한 자들은 교회를 떠나고 비겁한 배교로써 불명예스러운 안전을 얻는 것을 기뻐하였습니다. 그들은 진리를 위해 목숨을 바칠 수 없었습니다. 십자가가 너무 무거워서 그들의 어깨는 살 같이 벗겨졌습니다. 그래서 그들은 옆으로 빗나갔습니다. 그렇지만 참된 알곡은 아무리 적은 것이라도 땅에 떨어지지 않았습니다. 교회는 아무리 모진 박해를 받을지라도 이 땅에서 사라지지 않았습니다. 사실, 교회는 피의 세례를 받음으로써 새로운 활력을 얻는 것 같았습니다. 교회가 고문대와 화형주 위에 올려졌을 때만큼 목소리를 강렬하고 힘 있게 낸 때가 없었습니다. 교회의 용사들이 순교자의 진홍빛 면류관이 눈앞에 매달려 있을 때만큼 잘 싸운 적이 없습니다. 교회는 체질을 당하였지만 상처를 입지 않았습니다. 교회는 모든 시련과 고난을 거치면서 하나님의 은혜로 위대한 승리자가 되었습니다.

우리는 하나님의 택하신 신성한 군대에 대해 박해가 끝났다고 생각할 필요가 없습니다. 이 나라에서 박해가 끝났을 수 있지만 확실히 끝났다고 말할 수는 없습니다. 로마 가톨릭 교회가 권력을 쥐자마자 바로 나와 다른 신자들을 화형시킬 것이라고 생각하지만, 나는 로마 가톨릭 교회에게 그들의 고유한 권리들을 부정할 생각이 없습니다. 나는 그들이 나에게 해를 끼치지 못하게 막는다는 구실 아래 그들에게 해를 끼칠 생각이 없습니다. 우리는 선을 얻기 위해 악을 행해서는 안 됩니다. 진정한 개신교 교회는 정치적 편애나 민족적 우월감에 의존하여 살지 않습니다. 진리는 정의가 시행되게 할 수 있습니다. 진리는 정의가 자신을 해칠 수 없다는 것을 알기 때문입니다. 심령으로 예수님을 예배하는 우리는 옳은 일을 행하고 그 결과를 그대로 받아들일 수 있습니다. 형제 여러분, 최악의 상황이 오면 오라고 하고, 폭력이 우리를 공격하면 하도록 내버려둡시다. 우리가 지난날에 이겨냈으니, 이제 또 이겨낼 수 있습니다. 우리가 오늘 연약하고 힘이 없지만 성령의 충만함을 받으면 강해질 수 있고, 하나님의 신실하심을 증거하는 새로운 순교자의 무리가 될 수 있을 것입니다. 그러나 자신의 양심을 어기고 다른 사람들의 권리를 해치는 것이 우리의 목숨을 구하고 자유를 보전하는 것이 될지라도 우리는 그렇게 할 수 없습니다.

그동안 박해 외에도 다른 체들이 사용되었습니다. 사도들의 시대가 지난 지 오래되지 않아서, 아니 바로 사도들의 시대에서조차도 하나님은 이단이라는 체로 자기 교회를 체질하셨습니다. 진리를 예수께서 가르치신 것과 반대로 가르친 사람들이 일어났습니다. 즉, 말의 속임수와 능란한 언변으로 많은 사람들을 비꾸러지게 하고 적지 않은 사람의 신앙을 곡해한 언변이 뛰어난 교활한 사람들이 일어났습니다. 그 시대 이후로 언제나 유명한 이단들이 여러 시기에 양들 사이에 퍼진 전염병처럼, 곧 치명적이고 치료하기 어려운 전염병처럼 교회를 괴롭혔습니다. 신자라고 하는 많은 사람들이 가을에 떨어지는 잎처럼 거짓 교리의 태풍 앞에서 넘어졌습니다. 새로운 견해, 교묘한 이론, 치명적인 오류의 변덕스러운 바람이 불 때마다 성급히 이리저리 몰려가며, 자기를 사신 주님을 부인하고 신앙의 중요한 교리들을 부인하며 그래서 죄악 가운데 멸망하는 변절자들이 발롬브로사(Vallombrosa)의 나뭇잎들처럼 빽빽하게 일어났습니다. 거짓 교리가 일어나는 것은 하나님께서 신앙고백을 하는 교회를 시험하기 위해 일으키신 것이 분명합니다. 사람들이 진리밖에 듣지 못하고 진리를 인정하는 것이 유행인 동안에는, 진리를 인정하는 체하는 사람과 진정으로 인정하는 사람을 누가 구분할 수 있겠습니까? 강력한 패거리가 잘못된 생각을 지지하여 일어났을 때, 레위의 어떤 아들이 분리의 깃발을 높이 들고 이렇게 외칩니다. "누구든지 여호와의 편에 있는 자는 내게로 나아오라!"(출 32:26). 그 다음에 곧바로 진영에 분리가 일어나고, 누가 마음에 진리가 새겨져 있고 그저 입에만 진리를 담고 있는지가 드러납니다. 아주 큰 해를 끼칠 것처럼 보이는 거짓 교훈이 한바탕 사납게 불어닥침으로써 오직 습관의 힘 때문에 나무에 붙어 있는 썩은 가지와, 줄기로부터 생명의 수액을 빨아들이고 있기 때문에 나무에 굳게 붙어 있는 살아있는 가지가 구별이 됩니다. 이 시대에 과거보다 훨씬 더 악한 이단이 일어날지라도 우리는 두려워할 필요가 없습니다. 하나님께서 그 이단들을 물리치실 것이기 때문입니다. 내가 생각할 때, 적그리스도는 앞으로 사람들을 훨씬 더 현혹시키는 허구들을 일으킬 것이라고 봅니다. 우리는 사탄의 깊은 것들을 아직 다 보지 못했습니다. 퓨지주의(Puseyism: 옥스퍼드의 퓨지 교수[1800-82]가 제창한 종교 운동)는 매력적인 점들이 많지만 더할 수 없이 교활한 속임수입니다. 퓨지주의가 어떤 면에서는 로마 가톨릭교회보다 나은 점이 있었습니다. 그러나 그보다 악한 것이 거기에서 나올 수가 있습니다. 만일 그렇다고 하더라도 그대로 내버려두십시오. 하나님께서 퓨지주의가 선을 이루도록 다스리실 것입니다. 이 같은 사람들의 고안물과 마귀의 교리들은 많은 체들에 불과합니다. 하나님은 이 체들을 사용하여 알곡과 겨를 분리하고, 누가 하나님의 택하신 자이고 누가 아닌지 드러내실 것입니다.

이와 같이 새로운 불신앙이 일어나는 것도 교회를 시험하기 위해서입니다. 여러 시기에 대중의 마음은 불신앙을 더 지지하는 경향을 보입니다. 한번은 파도가 미신의 검은 물결로 굽이쳐 오면, 그 다음에는 불신앙이 창백한 물결로 굽이쳐 옵니다. 사람의 마음은 거짓을 믿는 것과 아무것도 믿지 않는 것 사이를 시계추처럼 왔다 갔다 합니다. 교회가 교묘한 철학의 공격을 받고 나서는 이내 짐승 같은 무지의 공격을 받는 일이 종종 있습니다. 교회가 선언하는 모든 진리는 아주 맹렬하고 심지어 잔인하기까지 한 공격들을 받습니다. 지금까지 교회는 사방으로부터 철저히 공격을 받아왔습니다. 현대에 와서는 교회가 특별히 하나님의 계시된 뜻으로 여기는 성경에 대한 비판으로 공격을 받았습니다. 하나님 말씀의 진실성을 공격함으로써 복음의 기초를 허물려고 한 사람들이 감독과 장로로 불렸습니다. 이것이 이상한 일이 아닙니다. 옛날부터 있어온 간계에 불과합니다. 교회 역사를 그 시초부터 읽은 사람들은 어떻게 교회가 아주 초기부터 무신론과 이신론(理神論, Deism)과 아리우스주의와 온갖 형태의 의심과 회의론과 싸우지 않으면 안 되었는지를 기억할 것입니다. 십자가의 군사들이여, 이것이 새로운 싸움이 아닙니다. 듣고 조금이라도 놀랄 만한 일이 아닙니다. 우리는 과거에 무신론을 이겼습니다. 따라서 장래에도 무신론을 이길 것입니다. 교회가 회의론자의 공격으로부터 얻는 유익이 있을 것이고, 교회에 어떤 손해도 일어나지 않을 것이 확실합니다. 시련이 아무리 불같이 뜨거울지라도 일곱 번 단련한 금처럼 그 시련을 이기고 나올 것입니다. 교회는 당당하게 이겨낸 그 혹독한 시련 때문에 더욱 투명한 광채로 빛날 것입니다.

교회 전체를 시험한 체를 한 가지 더 언급하겠습니다. 그것은 섭리 가운데 여론과 정의감을 통해 이루어지는 시험이라는 체입니다. 여러분은 하나님의 교회라면 어떤 교회든지 아주 똑같은 상태로 머물러 있으면서 오랜 시간 번성할 것이라고 기대해서는 안 됩니다. 우리 교회들이 수년 동안 똑같은 상태에 있을 때는 언제든지 선한 것이 별로 이루어지지 않았습니다. 오래된 기존의 침례교회들 가운데 많은 교회들에게는 이런 일이 일어나는 것이 크나큰 복이 될 것입니다. 즉, 예배당이 불에 타거나 무법한 어떤 열광주의자가 교회의 모든 부를 산산이 부순다면, 다시 말해 교회들을 시들게 하는 치명적인 침체를 깨트리는 일이 일어난다면, 그것이 교회에 복이 될 것이라는 말입니다. 변화와 소동이 필요하다는 이 점이 작은 교회들에 적용되듯이 교회 전체에도 적용됩니다. 우리는 그리스도의 교회라는 배가 폭풍우를 만났다는 말을 들을 것이라고 생각해야 합니다. 교회라는 배를 위해서는 항해가 순조롭기만 해서는 안 됩니다. 이 배는 폭풍을 만나 요동하고 이리저리로 밀려가야 합니다. 이 중요한 때에 기존의 모든 교회들이 체질을 당하고 있습니다. 나는 기성 교회에 겨가 적지 않게 섞여 있지만 좋은 곡식이 많이 있다고 생각합니다. 지금 하나님의 교회 전체가 체질을 당하고 있고, 앞으로 더욱더 체질을 당할 것입니다. 나는 이 체를 잡고 있는 사람이 누구인지, 그가 정치가이든지 혹은 교회이든지 신경 쓰지 않습니다. 하나님의 은혜로 이 모든 투쟁과 논쟁과 동요로부터 선한 것이 나올 것이라고 확신합니다. 대중의 마음은 종교 문제로 소동할 때는 기이하게도 옳은 방향으로 나아가는 경우가 종종 있습니다. 비록 대중이 어떤 때는 잘못된 것을 택할지라도 결국 그것이 잘못된 것임이 드러나고 나면 머지않아 옳은 것이 전면에 나타나 승리를 거둡니다. 하나님은 자신의 교회가 국가와 제휴를 맺게 하려고 하시지 않습니다. 그러므로 교회들이 찌꺼기를 밑에 가라앉히고 권력자들과 간음의 관계를 맺고서 조용히 지낼지라도 반드시 시련의 때가 오고 체가 사용될 것입니다.

하나님의 교회의 친구들은 체질이 없기를 바랄 필요가 없습니다. 귀한 진리는 알갱이 하나도 땅에 떨어지지 않을 것이기 때문입니다. 땅에 떨어지는 것은 모두 겨들뿐일 것입니다. 겨는 땅에 떨어져 사라지는 것이 교회에 큰 복입니다. 소동의 결과로 교회의 정화가 이루어질 것입니다. 영국 성공회가 체질을 겪고 나면 다른 교회들도 같은 일을 당할 것입니다. 모든 교회가 반드시 차례가 되면 체질을 당할 것입니다. 전통이나 사람의 교훈이 조금이라도 섞여 있는 교회들, 곧 무엇이든지 이 성경책의 가르침에서 떠나 있는 교회들은 지금 자기들이 귀한 것으로 쥐고 있는 많은 것을 시련을 통해 잃을 것인데, 그것이 그들에게는 복된 손실이 될 것입니다. 교단으로서 우리도 체질을 당할 것인데, 그 체질을 겪고서 우리는 어떤 모습으로 나올 것입니까? 그 시련이 조만간 우리에게 오지 않을 수 있지만, 혹독한 시련이 정해져 있는 것은 틀림없습니다. 어쩌면 우리는 어떤 선입견을 가지고서 시련을 끔찍이 싫어할지 모릅니다. 그러나 우리의 반항은 아무 소용이 없을 것입니다. 하나님의 뜻에서 나오는 한, 그 시련이 어떤 것이든 하나님께서 정하신 것을 기꺼이 따르도록 합시다.

"종파도 이름도 당파도 무너질 것이지만
예수 그리스도는 모든 것의 모든 것이 되실 것입니다."

대성당의 첨탑들이 아무리 사람들에게 떠받듦을 받을지라도 주님께 속하지 않았다면 모두 내던지도록 합시다. 우아한 건물이 세월의 이끼에 덮여 신성하게 보일지라도 그것이 주님께서 세우신 것이 아니라면 모두 내던지고 돌 하나도 돌 위에 남기지 않도록 합시다. 주님, 양날 가진 예리한 검을 진중(陣中)에 보내어 도처에서 일어나는 오류를 멸하여 주옵소서. 등불로 우리를 조사하시고 정련하는 자가 금을 정련하듯이 시험하시되, 우리에게서 거짓된 것을 모두 태워버리고 주의 백성들로 성경적인 교회, 곧 순결한 교회 "아침 빛 같이 뚜렷하고 달 같이 아름답고 해 같이 맑고 깃발을 세운 군대 같이 당당한"(아 6:10) 살아 있는 온전한 교회가 되게 하시기까지 시험하여 주소서. 지금까지 나는 하나님의 교회 전체에 대해서 이야기하였으니, 이제는 다른 문제들을 생각해봅시다.

하나님의 진리는 큰 덩어리로 있든지 아니면 작은 조각들로 깨어져 있든지 간에 동일한 모양을 지닌 수정(水晶)과 같습니다. 교회 전체를 까부르게 될 중요한 진리를 가지고 생각해 봅시다. 여러분이 그 진리를 치게 되면 각 교회와 각 그리스도인도 반드시 체질을 당하는 것을 볼 것입니다. 주님께서 자기의 모든 백성을 체질하시되, 모든 면에서 아주 철저하게 하실 것입니다.

여러분과 나를 시험할 체들에 대해서 생각해 봅시다. 그 체들 가운데 하나는 하나님 말씀의 설교입니다. 예수 그리스도의 복음을 신실하게 설교하는 곳에서는 어디든지 그 설교는 영들을 분별하는 일을 합니다. 하나님의 말씀을 가르칠 때 거기에는 조사하고 시험하는 진리들이 있습니다. 이 진리들을 알기 쉽고 분명하게 가르치면, 그 진리들이 신자인 체하는 사람들로 하여금 화를 내며 스스로 물러가게 만듭니다. 무가치한 것과 귀한 것들을 갈라내도록 하는 이것이 그 진리들이 의도하는 바입니다. 여러분은 우리 주님께서 어떤 교훈을 말씀하시자 사람들 가운데 얼마가 더 이상 주님과 함께 다니지 않았다고 하는 기사를 알 것입니다. 주님께서 무슨 악한 일을 행하셨거나 그들에게 조금이라도 어려운 의무를 부과하셨던 것이 아닙니다. 그저 깊은 진리를 말씀하셨던 것뿐입니다. 주님께서 평상시의 가르침보다 조금 더 깊은 얘기를 하셨는데, 이 깊은 진리에 사람들이 화를 내며 더 이상 주님과 함께 다니지 않았습니다. 복음을 설교하는 일에서 그와 같은 일이 벌어집니다. 목사가 진리 전체를 선언하면 어떤 사람들은 "나는 그 진리를 받아들일 수 없어요"라고 말할 것입니다. 그것은 그 진리가 성경적이지 않아서가 아니라 그 진리가 자신들의 편견과 일치하지 않거나 자신들의 세속적인 취향과 맞지 않기 때문입니다. 자, 그런 사람들이 교회를 떠나가면 우리는 그들이 그처럼 어리석은 행동을 하는 것에 대해서 슬퍼하는 것 외에는 달리 슬퍼할 이유가 없습니다. 오히려 우리는 하나님께서 그의 말씀이 언제나 목적하던 바, 곧 귀한 것과 무가치한 것을 갈라놓는 그 일을 이루게 하신 것을 기뻐해야 합니다. 복음은 양날 가진 검과 같아서 혼과 영을 찔러 쪼개고, 또 관절과 골수를 찔러서 사람의 숨은 마음을 드러내게 되어 있습니다(히 4:12).

나는 이 강단에 올라와서 쓸데없이 기분 나쁘게 하는 인신공격하는 일을 싫어합니다. 그보다는 하나님의 말씀이 여러분을 찾아내고 여러분으로 하여금 내가 지금 여러분에 대해 이야기하고 있다고 느끼도록 복음을 전하는 것을 좋아합니다. 진실하게 복음을 전하는 설교자는 누구나 영적인 탐정이 될 것입니다. 그는 자기 청중들에 대해 아무것도 모를 수 있지만, 설교하는 과정에서는 마치 사람들의 마음의 방에 들어가서 그들 영혼의 비밀을 읽은 것처럼 말할 것입니다. 그런데 그렇게 면밀하게 조사하는 것을 좋아하지 않는 사람들이 있습니다. 그러나 내가 생각할 때, 그것은 마음을 조사하는 일로서 그리스도인이라면 누구나 좋아해야 하는 사역입니다. 많은 사람들은 분명한 설교를 아주 싫어합니다. 그들은 설교자가 등을 두드려 주며 칭찬해주기를 바라고, 인간 본성을 추어주는 것을 좋아하며 자기들에게 듣기 좋은 말을 해 주기를 바랍니다. 그들은 옛적에 선지자들에게 "우리에게 부드러운 말을 하라"(사 30:10)고 이야기한 사람들과 같습니다. 이 점에서 참된 복음은 능력 있게 전파되는 곳에서는 어디든지 체와 같은 역할을 합니다. 우쭐대는 어리석은 사람들은 자기들을 살피고 조사하는 것을 만나면 발끈합니다. 그래서 그들은 겨와 함께 땅에 떨어집니다. 반면에 귀한 알곡은 그런 설교를 듣고도 남아서 하나님께 영광을 돌립니다. 나는 어떤 젊은 설교자들이 은혜의 교리를 전하였을 때 청중들 가운데 몇 사람이 화를 내며 자리를 떠날 기세를 보이자 몹시 놀랐다는 얘기를 들었습니다. 이것은 신실한 설교에 따르는 자연스러운 결과입니다. 왜 놀랍니까? 놀라서는 안 됩니다. 겨는 불어서 날려 보내야 합니다. 하나님의 복음이 어떤 사람을 화나게 만든다면, 그 사람이 화내게 내버려두십시오. 그렇지 않으면 하나님의 은혜가 와서 그의 마음을 변화시켜 그가 하나님의 복음에 굴복하도록 해야 합니다. 하나님의 말씀이 그에게 굴복할 수 없기 때문입니다.

형제 여러분, 우리는 이보다 더 엄격한 시험을 만날 것입니다. 하나님의 자녀라고 하는 모든 사람이 시험을 통해서 조사받을 것입니다. 젊은 제자 여러분, 여러분은 자신이 넘어지지 않을 것이라고 생각합니다. 여러분은 앞길에 어떤 올가미가 있는지, 어떤 덫이나 함정, 어떤 미끄러운 곳이 있는지 모릅니다! 여러분은 참으로 순식간에 그런 올가미에 걸릴 수가 있습니다! 여러분의 품에 누워 있는 여자가 여러분을 죄로 이끌 수 있습니다. 여러분을 젊었을 때부터 가르쳐 온 사람이 여러분에게 아히도벨이 되어 교묘한 꾀로 여러분을 올가미에 걸리게 할 수 있습니다. 여러분은 어디에서 적을 만날지 알 수 없지만 모든 덤불 속에는 적이 있고 모든 풀숲에는 독사가 있다고 결론내릴 수 있습니다. 우리가 처음 회심하였을 때는 죄들을 극복하였다고 생각하고, 죄들이 죽어 장사되었다고 생각하기가 아주 쉽습니다. 그러나 아주 금방 우리는 죄들이 여전히 살아서 골칫거리와 재앙이 되고 영혼 속에서 끊임없이 싸움을 일으킨다는 것을 발견합니다. 형제자매 여러분, 수만 척의 멋진 배들이 선착장을 떠나서 깃발을 펄럭이고 사람들에게 환송을 받으며 희망을 싣고서 굳은 결의와 함께 강을 따라 떠내려갔습니다. 그럼에도 불구하고 그 배들이 아주 절망적으로 난파되었습니다. 움직이는 유사(流砂)나 숨은 암초에 걸려 배들이 파선하였습니다. 그들에 대한 소식이 선한 자들의 지역에서 더 이상 들리지 않았습니다. 초신자 여러분, 여러분이 그와 같이 될 수 있습니다. 여러분이 방심한 곳에서 시험에 들면, 여러분이 파수꾼을 세워두지 않은 샛길에서 적이 여러분을 공격할 수 있고 적의 수중에 떨어질 수 있습니다. 그처럼 자신만만하게 생각한 여러분이라도 그렇게 넘어질 수가 있습니다. 가게, 가정, 들판, 거리, 심지어 하나님의 교회에서도 만나는 일상의 시험들이 무엇이 진실한 것이고 무엇이 속이는 것인지, 무엇이 위선이고 무엇이 지혜인지 드러냅니다.

그 다음에는 생활의 시련들이 있습니다. 생활의 시련은 우리 모두에게 견디기 어려운 것입니다. 어떤 사람들에게는 생활의 시련이 도무지 견딜 수 없을 만큼 압도적이지만, 모든 사람에게 한 날의 괴로움은 그 날로 족합니다. 성공에 따르는 시험들이 있습니다. 이 체를 통과할 수 있는 사람은 거의 없습니다. 도가니로 은을, 풀무로 금을 단련하듯이 칭찬으로 사람을 단련합니다(잠 27:21). 많은 경우에 칭찬받는 시험을 견디지 못하는 사람들은 비난받는 일도 견디지 못합니다. 한 사람이 역경으로 망했다면 만 명은 성공 때문에 망했습니다. 우리가 그 점을 알지 않습니까? 사람들이 그 시험에 빠져 부자가 되면, 전에 출석했던 기도회 모임에 참석하지 않습니다. 그들은 너무 큰 사람이 되어서 전에 교제하던 시시한 형제들과 어울릴 수 없습니다. 그들은 좀 더 유행에 맞는 다른 종교를 찾아 떠나고, 자기 선조들의 단순한 신앙과 하나님의 진리를 버립니다. 그래서 번영의 때에 하나님 교회의 기둥이 되어야 마땅한 사람들이 교회의 가장 사나운 적이 됩니다. 누가 진리에 가장 맹렬하게 반대합니까? 한때 진리를 붙들었지만 부자가 되고 나서 선조의 믿음과 선조의 하나님을 멸시하고 적의 진영으로 넘어가버린 사람들이 아닙니까! 성공하고서도 오랫동안 흔들림 없이 시험을 견딜 수 있는 사람은 거의 없습니다. 카푸아의 축제가 한니발의 군대를 망쳐놓았습니다. 골짜기의 호사스런 안일 가운데서 사람들은 타락하고, 산지에서는 용감하고 강건한 인종이 나타납니다. 산지에서는 울퉁불퉁한 바위의 위험과 겨울의 추위가 신경과 근육을 긴장시켜 사람마다 강건하게 만들어서 사람들이 용맹한 행동과 영웅적인 행위를 하기에 적합하게 되기 때문입니다. 노련한 병사들이 길러지는 것은 전투와 군 생활을 통해서입니다. 그 다음에 성공에 따라오는 체가 있습니다. 역경이 똑같이 체의 역할을 하기도 합니다. 나는 우리 교회에서 역경이 그와 같이 작용한 경우를 알고 있습니다. 우리 가운데 열심이었던 사람들이 우리를 떠나갔습니다. 그들은 자신이 바라는 대로 세상에서 성공하지 못하였고, 가난의 압박을 견디지 못하였습니다. 그래서 잘못된 길과 의심스런 거래에 빠져들었고 그러자 하나님 백성들 가운데 얼굴을 드러내기가 부끄러웠던 것입니다. 주님, 우리를 부로 만족하는 데서 건져주시고 가난 때문에 인색해지는 데서 건져 주옵소서. 우리를 양 극단에서 구원해 주소서! 아굴의 기도는 참으로 지혜롭습니다. "나를 가난하게도 마옵시고 부하게도 마옵소서"(잠 30:8). 부하든지 가난하든지 간에 우리는 자신의 상태를 하나님께서 우리와 우리 교회를 알아보려고 허락하시는 하나의 시험으로 보아야 합니다. 즉, 우리가 성령의 활동으로 말미암아 그리스도 안에서 견고한지 아니면 순전히 피상적인 신자인지, 즉 살았다 하는 이름은 가졌으나 실상은 죽은 자인지 알아보기 위해 허락하시는 시험으로 보아야 합니다.

형제 여러분, 그 다음에 하나님께서 사용하시는 또 다른 시험은 내적인 투쟁들입니다. 나는 여러분 가운데 많은 분들이 이 투쟁을 잘 알고 있으리라 믿어 의심치 않습니다. 아, 우리에게는 우리 안의 모든 것이 불로써 소금 치듯 함을 받고(막 9:49) 저울에 달리는 때가 있습니다. 우리가 매우 용감하게 말할 때가 있지만, 마음이 몹시 떨려서 도무지 말할 수 없는 때도 있습니다. 하나님의 무한한 자비가 없다면 우리는 모든 것을 포기하고 우리의 운명을 절망이라는 검은 우표로 봉인할 것입니다. 주님은 그리스도인 안에 있는 모든 것에 시험의 때를 부과하십니다. 그리스도인의 어떤 부분도 시험을 피하도록 내버려두시지 않습니다. 그의 믿음을 시험하십니다. 그는 자신이 하나님을 믿는다고 생각하였습니다. 그러나 파도가 잇따라 그를 덮치는데, 하나님이 보내시는 큰 물결이 모두 그를 덮치고 지나가면 자기가 믿음이 무엇인지 거의 몰랐던 것이 아닌가 하고 의심하게 됩니다. 그런 때 그에게 살아있는 참된 믿음이 없다면 그는 밀랍이 불에 녹듯이 완전히 망하고 말 것입니다. 우리의 경험이 얼마나 약합니까! 내가 지금까지 하나님의 사랑과 신실하심을 맛보았던 모든 경험이 구름에 싸여 가리어지면, 나의 경험이 모두 미망이 아니었나 하고 두려워하는 일이 종종 발생합니다. 그 모든 경험을 돌아보면서 내가 지금까지 스스로 속은 것이 아닌가 하고 두려워 떱니다. 그처럼 큰 은혜가 이처럼 큰 죄인에게 나타날 수 있었는지 묻습니다. 대부분의 사람들이 겪는 경험은, 그것을 체로 거르면 처음에 경험할 때보다 훨씬 더 볼품없게 보이기 마련입니다. 우리는 자신이 성령의 깊은 사실들을 경험했다고 생각했습니다. 그렇게 생각했습니다. 그러나 그런 것들을 조사해 보면, 빌려온 경험들, 훔친 깃털들, 다른 사람들의 날개에서 뽑은 깃털들을 많이 쌓아둔 것에 지나지 않는 것을 발견하게 됩니다. 우리의 선한 결심들, 그 결심들을 체로 걸러보면 얼마나 줄어드는지 모릅니다! 베드로는 "주여, 내가 주를 부인하지 않겠나이다"(마 26:35) 하고 말했습니다. 그러나 수탉이 울었을 때 베드로의 확고부동함은 어디에 갔습니까? 영혼이 과거의 죄의식으로 깨지고 상처를 입었을 때, 우리 영혼이 현재 불신앙으로 하나님에게서 떠나 있다는 의식 때문에 혹은 개인 기도를 게을리하고 있다거나 아니면 다른 영적인 해악들에 대한 의식 때문에 완전히 짓눌려 있을 때, 사탄이 들어와서 이렇게 말할 것입니다. 하나님이 우리를 버리셨고 더 이상 은혜를 베풀지 않으실 것이라고 말입니다. 사탄은 아주 끈질기게 그리고 솜씨 좋게 불화살을 쏘고, 불 같은 암시들로 영적인 우리 속사람의 모든 면을 찌를 것입니다. 그러면 여러분 속에 있는 은혜가 진짜인지, 아니면 여러분의 사랑과 믿음이 거짓이고 가장된 것인지를 알게 될 것입니다. 그런 때 마음에서 번쩍번쩍하는 많은 금속 조각과 금박이 찌부러트려지게 되고, 우리의 영적 아름다움이 많은 경우에 피상적인 것에 지나지 않는다는 것을 알게 됩니다. 사랑하는 여러분, 우리에게 있어서 가장 진실된 것은 자신이 죄인이라는 의식입니다. 나는 또 우리가 예수님을 어린아이처럼 단순하게 의지한다고 믿습니다.

"나는 죄인 가운데 괴수이오나
예수께서 나를 위해 죽으셨네."

나는 진심으로 이 노래를 부르겠습니다. 이 노래에는 가짜가 없습니다. 여러분은 자기 의를 완전히 버리고, 처음에 그랬듯이 헛되고 악한 모습 그대로 예수께 와서 피 흘리는 그의 사랑스러운 발 앞에 엎드리며 주님의 충만하심과 여러분의 비어 있음이 이 온 세상에서 가장 진실한 두 가지 사실임을 알아야 할 것입니다.

"나는 가련한 죄인일 뿐이나
예수 그리스도는 내게 모든 것의 모든 것이 되십니다."

이것은 뿌리이고, 오래 지탱하는 것입니다. 이것을 넘어서는 모든 경험은 은혜의 꽃에 지나지 않고, 시들 수가 있습니다. 이 외의 모든 것은 철이 되면 아름답고 파릇파릇하게 자라나지만 여름 가뭄을 만나면 햇빛에 말라 죽는 풀과 같은 것에 불과합니다. "그리스도 예수께서 죄인을 구원하시려고 세상에 임하셨다"(딤전 1:15)는 것과, "그를 믿는 자마다 영생을 얻게 하려 하심이니라"(요 3:15)는 이것이야말로 움직일 수 없고 흔들 수 없는 영원한 기초이고, 무궁한 세계입니다. 체질을 당할 때 아주 많은 경우에 우리는 궁극적으로 의지하는 수단으로 이 사실을 붙듭니다. 정말로 우리가 이 자리에 와서 여기에 남아 있으며, 예수 그리스도께서 죄인들을 구원하기 위해 오셨고, 나는 죄인들 가운데 괴수라는 이 귀한 진리를 넘어가지 않고 항상 그 진리 안에 머무는 것은 복된 일입니다. 그때 우리는 하나님의 체질에 감사할 수 있고, 체질을 정하신 하나님의 사랑을 칭송할 수 있습니다.

이밖에도 다른 체질들이 일어날 것입니다. 종종 죽음의 시간이 신앙이 형식적이었음을 드러내는 시금석 노릇을 하였습니다. 사람들은 죽음의 문 앞에 누워 있을 때 갑자기 가면이 벗겨지는 것을 느꼈습니다. 사람들은 그때 자기 이마에 핀 나병을 보지 않을 수 없었습니다. 그들이 전에는 이 나병에 대해서 생각하기를 두려워했습니다. 죽을 때가 돼서야 악취가 나는 더러운 오염 물질이 자기 마음속에 숨어 있는 것을 발견하였습니다. 전에는 이 오염 물질을 종교적 의무와 미덕과 신앙고백으로 얇게 덮어씌웠습니다. 무덤의 등불은 우리가 생각하는 것보다 밝습니다. 임종의 침상은 숨은 비밀들을 완전히 들추어내는 자리입니다.

심판 날은 참으로 두려운 시험이 될 것입니다! 숨을 죽이고서 절망적인 심정으로 이것을 말하지 않을 수 없습니다. 우리 모두가 반드시 올라가야 하는 저울이 있습니다! 저울에 달렸을 때, "메네 메네 데겔", 즉 "너를 저울에 달아 보니 부족함이 보였다"(단 5:25,27)는 말을 들을 것입니까? 아니면 하나님께서 우리를 그의 사랑하시는 자 안에서 받아들이실 것입니까? 마지막의 그 두려운 심판을 피할 길은 없을 것이고, 결코 틀림이 없는 재판장을 속일 수 있는 사람은 아무도 없을 것입니다. 신자 여러분, 여러분은 어떻게 될 것 같습니까? 높이 날아오른 신자 여러분, 날개가 여러분의 것이 아니라면 태양에 밀랍이 녹아 여러분은 떨어져 죽고 말 것입니다. 재능이 있는 신자 여러분, 재능이 여러분에게 쓸모가 있을 것으로 생각하지 마십시오. 재능이 아니라 오직 은혜만이 그 마지막 체질에서, 곧 예수께서 의인과 악인을 구분하실 때 여러분으로 하여금 그 체질을 견디게 할 수 있습니다. 우리는 지금까지 강단에서 설교를 하거나 주일학교에서 가르쳐 왔을 수 있습니다. 그동안 집사나 장로로 봉사해 왔을 수 있고 주님의 식탁에 앉아 주님의 백성들과 함께 먹고 마셨을 수 있습니다. 우리는 세례를 받고 교회에 가입하였을 수도 있습니다. 하나님의 궁정에서 누구보다도 큰 소리로 열심히 얘기했을 수 있습니다. 그렇지만 우리에게 새 마음과 정직한 영이 없는 한, 성령의 효과적인 사역이 우리 안에서 일어나 우리를 자신과 그 밖에 의지하는 모든 것으로부터 끌어내어 창세 전부터 죽임을 당하신 어린 양께로 인도하지 않는 한, 우리는 영원히 버림을 받을 것입니다. 하나님께서 여러분과 내가 마지막 날에 이 시험을 견딜 수 있게 해 주시기 바랍니다. 그러나 그렇게 되려면 우리는 지금 당하는 이 시험들을 견뎌야 하고 흔들림 없이 확고하게 서야 합니다. 이 모든 것을 다한 후에도 여전히 우리는 그리스도의 진리 안에서 굳게 서 있어야 합니다. 이렇게 해서 아주 미약하나마 하나님께서 체질하신다는 사실을 여러분에게 설명드렸습니다.

2. 이제는 구원하는 일을 살펴보고, 위로의 말씀을 한두 마디 드리겠습니다.

체질하는 것이 알곡에게는 전혀 즐거운 경험이 아닙니다. 체를 들여다보십시오. 잠시 동안 알곡은 그대로 가만히 있다가 겨와 그리고 주변의 다른 알곡과 친해지기 시작합니다. 아, 그러나 알곡이 높이 던져지고 그동안 맺어왔던 관계들이 다 깨어집니다. 알곡은 잠시 올라갔다가 다시 밑바닥으로 떨어지고, 도무지 쉬지 못하고 끊임없이 까불려집니다. 체 안에 있을 때 곡식은 평안이 없습니다. 그래서 아주 많은 신자들이 이렇게 노래합니다.

> "여기에는 우리에게 영구한 도성이 없도다."

이 세상은 여러분의 안식처가 아닙니다. 여러분은 이 회전하는 천체 위에서 언제까지나 있을 것으로 기대해서는 안 됩니다. 한때는 여러분에게 즐거운 가족들이 있었습니다. 그런데 이제 그 가족이 붕괴됩니다. 남편이 떠나고 친구들이 떠나며 오랜 동료들이 떠납니다. 주변에 일가친척들이 있는 여러분, 여러분은 그들을 그저 잠시 빌린 사람들일 뿐이라고 생각해야 합니다. 여러분은 지금 체 안에 있고, 영구한 것은 아무것도 없다는 점을 기억하십시오. "나를 산 같이 굳게 세우셨으니 내가 영원히 흔들리지 아니하리라"(시 30:7,6) 하고 속으로 말하지 마십시오. 잘못 생각하는 사람이 아니고서는 아무도 그렇게 말하지 않을 것입니다. 여러분은 곧 흔들릴 것입니다. 여러분이 지금 체 안에 있기 때문입니다. 그렇습니다. 여러분은 지금까지 많은 시련과 변화를 겪었고 미국에서 호주로, 호주에서 영국으로 던져졌다가 다시 유럽 대륙으로 던져졌을 수 있습니다. 이집 저집으로 옮겨 다니고, 부자가 되었다가 가난해지고, 보통 말하듯이 "여기저기 정처 없이" 돌아다녔을 수 있습니다. 그러나 아직 체질이 끝나지 않았고 앞으로 또 체질을 겪을 것입니다. 불행은 일생 동안 아주 길게 계속되므로 우리가 무덤에 들어가기 전까지는 이 체질이 끝나지 않는다는 문제가 있습니다. 우리는 여전히 위아래로 들까불려지고 여전히 이 세상 환경에서 끊임없이 괴롭힘을 겪고 방해를 받습니다. 그러나 여기에서 우리에게 위로가 되는 사실이 있습니다. 나는 하나님께서 화를 내시기 때문에 우리가 이 체질을 당하는 것이 아니라고 확신합니다. 농부는 알곡을 싫어해서 체질을 하는 것이 아닙니다. 오히려 정반대입니다. 알곡이 귀하기 때문에 체질을 하는 것입니다.

하나님의 자녀 여러분, 여러분이 겪는 시련과 변화, 큰 실패와 고통들이 지존하신 하나님 편에서 여러분에 대한 애정이 부족하다는 증거가 아닙니다. 오히려 그 반대입니다. "무릇 내가 사랑하는 자를 책망하여 징계하노라"(계 3:19). 여러분이 도가니 속에 들어가는 것은 여러분이 금이기 때문입니다. 여러분이 알곡이기 때문에 체에 들어가는 것입니다. 다른 사람이 외적인 환경에서 여러분보다 훨씬 더 행복하고 평안하게 지냈을 수 있습니다. 물론 여기서 나는 그 사람이 여러분이 마음속으로 지닌 여러분의 평안과 같은 참된 평안을 누렸을 것이라고 말하는 것이 아닙니다. 그것은 다른 문제입니다. 어떻든 다른 사람은 살찜으로 눈이 솟아나며 그들의 소득은 마음의 소원보다 많으며(시 73:7) 그 본래의 땅에 서 있는 나뭇잎이 무성함과 같고(37:35) 살아서는 형통하고 죽을 때에도 고통이 없었을(73:4) 수 있습니다. 반면에 하나님의 백성 중 하나인 여러분은 자주 징계를 받고 고통을 당하며 시련과 고난을 당합니다. 틀림없이 그럴 것입니다. 그러나 여러분은 하나님께서 악인들에게 베푸시는 것처럼 보이는 자비 속에 큰 진노가 있음을 기억해야 합니다. 하나님께서는 지금 도축하기 위한 수소처럼 그들을 살찌우고 계시는 것뿐입니다. 그러나 여러분에 대해서 말하자면, 여러분이 당하는 시련 속에는 하나님의 진노가 들어 있지 않습니다. 그 모든 시련은 하나님이 사랑으로 보내시는 것입니다. 모든 손실과 사별과 육체적인 고통에 사랑이 들어 있습니다. 사랑, 사랑, 하나님의 사랑이 들어 있습니다. 그 잔이 더할 수 없이 지독하게 쓴 때에도 거기에는 하나님의 사랑이 들어 있습니다.

여러분의 기운을 북돋울 수 있는 또 한 가지 생각이 있습니다. 농부가 알곡을 체에 집어 넣을 때 알곡을 부숴버리려는 것이 농부의 목적일 리가 없습니다. 도대체 어떤 농부가 그렇게 했다는 말을 들은 적이 없습니다. 만약 농부가 알곡을 불로 태우거나 썩게 하려고 마음먹는다면 굳이 알곡을 체질하는 수고를 할 필요가 없을 것입니다. 그러니 소심하고 불쌍한 신자 여러분, 주님께서는 이런 시련들을 주어서 여러분을 죽이시려는 뜻이 없습니다. 주님은 "나는 상한 갈대를 꺾지 아니하리라"(마 12:20)고 말씀하셨습니다. 주님께서 갈대에 멍이 들게 하실 수는 있으나 꺾지는 않으십니다. "나는 꺼져가는 심지를 끄지 아니하리라." 주님은 징계는 하여도 죽이려 하시지 않습니다. 여러분을 낮추실지라도 여러분을 구원하기 위해 오셔서 높이실 것입니다. 만일 주님께서 여러분을 멸하기로 마음먹으셨다면 여러분을 계속해서 번영하도록 두어서 더 깊은 죄에 빠지게 하셨을 것입니다. 여러분을 교만으로 부패하거나 천한 정욕으로 타락하여서 망하도록 내버려두셨을 것입니다. 그러나 그렇게 하시지 않았습니다. 하나님께서 나무의 가지를 치시는 것은 그렇게 하실 필요가 있기 때문입니다. 하나님은 나무를 지극히 사랑하셔서 나무가 열매를 더 많이 맺고, 그럼으로 나무로 인하여 영광을 얻기 위해 나무를 깨끗하게 하시는 것입니다. 가련한 신자 여러분, 나는 여러분이 알곡처럼 체 안에서 또 공중에서 위아래로, 좌우로 까불리며 조금도 쉬지 못하는 것을 보는 것 같습니다. 그 일을 당하면 아마도 여러분에게 이런 생각이 들지 모릅니다. "하나님께서 나에게 몹시 화를 내고 계셔." 그렇지 않습니다. 농부가 알곡을 체에 던져 위아래로 까부르는 것은 알곡에게 화가 나서가 아닙니다. 그렇듯이 하나님도 여러분에게 화를 내시는 것이 아닙니다. 어느 날 여러분의 모든 슬픔 뒤에는 하나님의 사랑이 있었다는 것을 빛이 드러낼 때 이 사실을 알게 될 것입니다.

그 다음에는 이 약속이 옵니다. "그 한 알갱이도 땅에 떨어지지 아니하리라." 왜 그렇습니까? 체질이 그렇게 많이 이루어지는데도 알곡이 단 하나도 떨어지지 않는다는 것은 참으로 놀라운 일입니다. 보통 이따금 체를 사용하는 사람은 곡식을 조금 땅에 떨어트리기 마련이라고 생각합니다. 그러나 하나님께서는 저기 다 말라버린 작은 곡식 하나도 망하게 하지 않을 것이라고 말씀하십니다. 반쯤밖에 자라지 않은 곡식도 땅에 떨어트리시지 않을 것입니다. 아무리 작은 곡식도 보존하셔서 겨와 함께 떨어지지 않게 하실 것입니다. 왜 그렇습니까? 하나님의 백성들은 그 본래의 무게로 인해 어느 정도 보존된다고 말할 수 있을 것입니다. 그것은 성령께서 하나님의 백성들에게 내용물과 단단함을 주시기 때문입니다. 성령께서는 모든 신자에게 죽을 수 없는 생명을 주셨고, 신자를 항상 살아있고 썩지 않는 씨로 만들어 겨와 같은 사람들을 쓸어버리는 바람이 신자는 단단한 알곡이기 때문에 날려버리지 못하는 것입니다. 하나님께서 친히 거하시는 곳에는 시험을 이길 힘이 있습니다. 그 힘을 떠나서 우리가 그런 시험을 당하면 망하고 말 것입니다.

그러나 하나님 백성을 위한 큰 방어물은 여기에 있습니다. 즉, 체를 들고 계시는 분께서 예리한 눈으로 지켜보고 무한한 능력으로 일하신다는 것입니다. 하나님은 그처럼 작은 알갱이가 체 안에서 위아래로 움직이는 것을 보십니다. 아무리 작은 알곡도 하나님의 눈을 벗어나지 못합니다. 하나님은 주무시지 않고 잠시도 잊지 않으십니다. 알곡이 곧 떨어질 것처럼 보일 때 하나님은 떨어지는 바로 그 순간 알곡을 붙잡아 보존하는 법을 아십니다. "그는 더욱 은혜를 주시느니라." "의인은 고난이 많으나 여호와께서 그의 모든 고난에서 건지시는도다 그의 모든 뼈를 보호하심이여 그 중에서 하나도 꺾이지 아니하도다"(시 34:19,20). "이 작은 자 중의 하나라도 잃는 것은 하늘에 계신 너희 아버지의 뜻이 아니니라"(마 18:14). "나를 보내신 이의 뜻은 내게 주신 자 중에 내가 하나도 잃어버리지 아니하고 마지막 날에 다시 살리는 이것이니라"(요 6:39). "내가 그들에게 영생을 주노니 영원히 멸망하지 아니할 것이요 또 그들을 내 손에서 빼앗을 자가 없느니라"(10:28). 하나님의 백성은 체질을 많이 당하나 망하지 않을 것입니다. 사나운 폭풍에 많이 시달릴 것이나 결코 파선하지 않을 것입니다. 불속에 많이 던져질 것이나 결코 타 없어지지 않을 것입니다. 이 모든 일을 인하여 하나님께 감사합시다.

하나님의 백성 가운데 아무리 작은 자도 안전하다는 점에 유의하시기 바랍니다. 그리스도의 사랑이 지극히 큰 자에게만큼 지극히 작은 자에게도 부어지기 때문입니다. 예수께서 지극히 큰 자에게 하듯이 지극히 작은 자도 피로 값 주고 사셨기 때문입니다. 그리스도께서 강한 성도들에게 보증이듯이 작은 성도들에게도 보증이 되시기 때문입니다. 가족 가운데 가장 어린 자도 하늘 아버지께는 나이 든 아들들만큼이나 소중하기 때문입니다. 지극히 연약한 성도를 잃는 것이 지극히 큰 자들을 잃는 것만큼이나 하늘에 큰 틈을 낼 것이기 때문입니다. 지극히 훌륭한 사람들이 넘어지는 것만큼이나 지극히 천한 자들이 넘어지는 것이 그리스도께 불명예가 될 것이기 때문입니다. 그렇게 되면 사탄이 "하나님이 강한 자들은 지켰으나 약한 자들은 지킬 수 없구나" 하고 말할 것입니다. 그리스도의 사랑은 다 자란 양들만큼 어린 양들도 에워싸고, 영원한 은혜가 사도와 순교자들의 구원만큼이나 그들의 구원도 보장하기 때문입니다. 아무도 하나님을 방해하지 못할 것이고 그리스도의 것을 빼앗지 못하며 성령님을 물리치지 못할 것입니다. 하나님의 언약을 깨트리지 못하고 하나님의 맹세가 땅에 떨어지게 못하며 그리스도의 피가 헛되이 뿌려지거나 이 작은 자들 가운데 하나를 위한 중보기도가 하늘에 올라가 응답받지 못하는 일이 없을 것입니다. 이들은 반드시 보호받고 보호받을 것입니다. 땅의 오랜 기둥들이 구부러질지라도 이들 가운데 한 사람도 버림을 받지 않을 것입니다. 천지는 사라질지라도 그리스도의 말씀은 결코 사라지지 않을 것입니다. 주님의 말씀은 "믿고 세례를 받는 사람은 구원을 얻을 것이요"(막 16:16)라는 것입니다. 그러므로 믿는 자는 큰 자든지 작은 자든지 모두 틀림없이 지금 구원받고, 앞으로도 구원받을 것입니다. 하나님께서 오늘 참석한 이 회중에게 복을 주셔서 우리 모두가 예수님을 믿게 하여 주시고 우리에게 이 복된 구원을 주시기 바랍니다. 아멘. 아멘.

제
7
장

부흥운동 설교

"여호와의 말씀이니라 보라 날이 이를지라 그 때에 파종하는 자가 곡식 추수하는 자의 뒤를 이으며 포도를 밟는 자가 씨 뿌리는 자의 뒤를 이으며 산들은 단 포도주를 흘리며 작은 산들은 녹으리라." – 암 9:13

하나님의 약속들은 그것이 성취되면 효력이 사라지는 것이 아닙니다. 하나님의 약속들은 일단 성취되고 나서도 전처럼 여전히 유효하고, 그래서 그것이 두 번째로 성취되기를 기다릴 수 있습니다. 사람의 약속들은 아무리 잘 보아주어도 잠시 동안만 물을 공급해 주는 저수조에 지나지 않습니다. 그러나 하나님의 약속들은 결코 마르지 않고 항상 넘쳐흐르는 샘과 같습니다. 그래서 여러분이 그 약속들에 담겨 있는 것을 모두 마실 수 있고, 그럴지라도 그 약속들은 항상 차고 넘칠 것입니다. 그러므로 여러분은 하나님의 약속이 문자적인 의미와 영적인 의미를 모두 담고 있음을 종종 발견할 것입니다. 문자적인 의미에서 하나님의 약속은 이미 문자 그대로 성취되었습니다. 그리고 영적인 의미에서도 성취될 것인데, 하나도 남김없이 다 이루어질 것입니다. 이 사실이 특별히 우리 앞에 있는 약속에 적용됩니다. 여러분이 알고 있듯이 본래 가나안 땅은 매우 비옥하였습니다. 젖과 꿀이 흐르는 땅이었습니다. 전혀 경작이 이루어지지 않은 곳에서도 땅이 매우 비옥하였고, 야생화로부터 꿀을 섭취한 벌들이 꿀을 너무 많이 생산하는 바람에 때로 나무에 꿀이 흘러넘치기까지 하였습니다. 가나안 땅은

"밀과 보리의 소산지요 포도와 무화과와 석류와 감람나무와 꿀의 소산지"였습니다(신 8:8). 그러나 이스라엘 자손이 보습을 들여오고 다양한 농업 기술을 사용하기 시작하자 땅이 말할 수 없이 더 비옥해져서 많은 곡식을 생산하게 되었습니다. 그래서 그들은 페니키아 사람들을 통해서 곡식과 포도주를 지브롤터 해협까지 수출할 수 있었고, 그로 인해 팔레스타인이 이집트처럼 열방의 곡물 창고가 되었습니다.

그런데 지금은 그 땅이 불모지이고, 골짜기들은 바싹 말라 있으며 불쌍한 거주민들이 마른 땅에서 형편없는 수확물을 거두는 것을 볼 때 다소 놀라지 않을 수 없습니다. 그럴지라도 그 약속은 여전히 진실하여서, 어느 날 문자 그대로 팔레스타인이 전처럼 아주 비옥해질 것입니다. 이 문제를 알고서 이렇게 주장하는 사람들이 있습니다. 즉, 일단 터키의 가혹한 지배가 종식될 수 있다면, 사람들이 강도들로부터 안전하다면, 씨를 뿌린 사람이 거둘 수 있고, 부지런히 심은 곡식을 지키고 거둘 수 있다면, 그 땅이 다시 열방들 가운데서 웃을 수 있고 자녀들의 즐거운 어미가 될 수 있다고 하는 것입니다. 그 땅이 열매를 맺지 못할 이유가 전혀 없습니다. 어떤 사람이 부지런히 일해서 모아놓은 것을 약탈당하고, 힘들게 기른 수확물을 종종 다른 사람이 거두어가 버리며 오히려 그 땅에 자신의 피를 흘렸기 때문에 땅이 방치되어왔습니다.

사랑하는 여러분, 이 약속이 틀림없이 성취되고 이 약속의 한 마디 한 마디가 사실이라는 것이 입증되어 이 땅의 산꼭대기들이 다시 포도를 맺고 이 땅이 포도주로 넘치게 될지라도, 나는 이것이 세상적인 약속이라기보다는 훨씬 더 영적인 약속이라고 생각합니다. 나는 이제 이 약속이 성취되기 시작했음을 알 수 있다고 생각합니다. 우리는 하나님의 선하신 손이 우리 위에 있어서 농부가 추수하는 사람을 따라잡고, 산들이 달콤한 포도주를 흘리고 모든 작은 산들이 녹는 것을 볼 것입니다.

첫째로, 나는 오늘 아침 본문을 부흥에 대한 약속으로 보고 설명할 것입니다. 둘째로, 본문을 교리에 대한 교훈으로 볼 것입니다. 그리고 끝으로, 마음을 그리스도께 드리지 않은 사람들에게 한두 마디 경고의 말을 할 것입니다.

1. 첫째로, 나는 본문을 영적 부흥에 대한 큰 약속으로 봅니다.

여기서 본문을 주의 깊게 살펴보면, 여러 가지 즐거운 사실들을 관찰하게 될 것입니다.

(1) 첫째로, 우리는 여기서 놀랄 만한 수확에 대한 약속을 봅니다. 여기에서 사용된 은유에 따르면, 수확물이 너무도 많아서 추수꾼들이 수확물을 완전히 다 거두어들이기도 전에 농부가 다음 작물을 심기 위해 쟁기질을 시작할 것입니다. 열매가 아주 엄청나게 많아서 포도를 밟는 자들이 포도에서 즙을 다 짜내기도 전에 씨를 뿌릴 때가 올 것입니다. 땅이 워낙 비옥해서 추수 때가 끝나기도 전에 파종기가 올 것입니다. 사랑하는 여러분, 여러분은 이 말씀이 교회에서 의미하는 바가 무엇인지 알 것입니다. 이 말씀은 우리가 그리스도의 교회에서 영혼들을 아주 풍성하게 거두게 되리라는 예언입니다. 바로의 꿈이 이 마지막 세기에 다시 한번 이루어졌습니다. 백 년 전쯤으로 돌아가서 꿈속에서 돌아볼 수 있다면, 나는 한 줄기에서 무성하고 튼튼하게 나온 일곱 이삭을 보고, 이내 풍년의 때가 지나자 동풍에 마른, 가는 일곱 이삭을 보았을지 모릅니다. 여러분은 일생 동안 그 이삭을 보았을지 모릅니다. 시든 일곱 이삭이 살진 일곱 이삭을 먹어치웠고, 그 땅에 혹독한 기근이 왔습니다. 자, 나는 휫필드 시대에 살지고 잘생긴 일곱 수소가 강에서 올라오는 것을 봅니다. 그리고 그 이후로 우리는 살면서 똑같은 강에서 야윈 일곱 마리 소가 올라오는 것을 보았습니다. 자, 야윈 그 일곱 암소가 살진 일곱 소들을 먹어버렸지만, 그럼에도 불구하고 그 소들은 조금도 나아지지 않았습니다.

우리는 백 년 전쯤에 일어난 놀라운 부흥운동에 대해서 읽었고, 그 아름다운 소식은 지금까지도 우리 귀에 쟁쟁하게 울립니다. 그러나 슬프게도 우리는 성도들 가운데서 혼수상태, 곧 영혼이 결핍된 시기를 보았고, 하나님의 사역자들 가운데서 나태의 시기가 있었던 것을 압니다. 칠 년 간의 소산물을 완전히 다 썼는데도 교회는 조금도 나아지지 않았습니다. 그러나 이제 우리가 비옥한 칠 년을 곧 다시 보게 될 것이라고 생각합니다. 하나님께서 놀랄 만한 생산의 때를 그의 교회에 보내려고 하십니다.

오늘날에 와서는 설교를 전했을 때 죄인 한 사람이 회심하면 우리는 반신반의하면서 기뻐하였습니다. 그것을 놀라운 일로 생각하였기 때문입니다. 형제 여러분, 우리가 한 사람이 회심하는 것을 본 곳에서 머지않아 수백 명이 회심하는 것을 볼 수 있습니다. 하나님의 말씀이 수십 명에게 강력하게 전파된 곳에서는 수천 명에게 전파될 것입니다. 과거 수 년 동안에 수백 명이 회심한 곳에서 이제는 열방이 회심하고 그리스도께로 돌아올 것입니다. 하나님께서 우리에게 주셨던 선한 모든 것이 백 배로 늘어나는 것을 보지 못할 이유가 없습니다. 주님의 씨앗은 우리가 지금까지 거두어들인 것보다 훨씬 더 많은 곡물을 생산할 생명력이 충분히 있기 때문입니다. 성령 하나님은 그 능력에서 제한을 받지 않으십니다. 씨를 뿌리는 자가 나가서 씨를 뿌릴 때, 그 가운데 더러는 좋은 땅에 떨어져서 열매를 맺는데, 어떤 것은 이십 배를 맺고 또 어떤 것은 삼십 배를 맺지만 "어떤 것은 백 배"(마 13:23)의 결실을 맺었다고 기록되었습니다.

자, 나는 지금까지 이 씨를 뿌렸습니다. 감사하게도 그 씨가 이십 배, 삼십 배의 결실을 맺는 것을 보았습니다. 그러나 나는 그 씨가 백 배의 결실을 맺는 것을 보리라고 생각합니다. 수확물이 너무 많아서 우리가 수확물을 거두어들이고 있는 동안에 다시 씨를 뿌릴 때가 올 것이라고 굳게 믿습니다. 기도회가 끝나면 구도자들이 어떻게 해야 구원을 얻는지 묻는 일이 있을 것이고, 구도자들에 대한 상담이 끝나기도 전에 다시 설교하고 기도해야 하는 때가 올 것입니다. 그 다음에 설교하고 기도하는 일이 끝나기도 전에 다시 영혼들이 교회에 들어오고, 세례당의 물이 다시 한번 출렁이고, 수백 명의 사람들이 회심하고 떼를 지어 그리스도께로 올 것입니다.

아, 우리는 교회들이 지난 20년 동안 지내왔던 대로 계속 가는 것에 만족할 수 없습니다. 나는 사람들을 비판하고 싶지 않습니다. 그러나 속으로 진지하게 생각할 때, 우리 교회의 목사들이 그동안 사람들의 피에 대하여 깨끗하였다고 생각하지 않습니다. 나는 이 말을 할 수밖에 없다고 생각하지 않는다면 굳이 곤란한 이 말을 하고 싶지 않습니다. 그러나 나는 우리 형제들에게 하나님께서 우리에게 어떤 부흥을 보내실 수 있는지 알려주지 않을 수 없고, 그렇게 되면 그들이 지난 20년 동안 나태하고 꾸물거렸던 것에 대해 무서운 책임을 지지 않을 수 없을 것입니다. 지금 살아 있는 사람은 모두 구원을 받도록 노력합시다. 우리가 잠자고 있는 동안에 지옥에 떨어진 사람들은 어떻게 할 것입니까? 하나님께서 죄인들을 무수히 거두어들이시도록 합시다.

그러나 우리가 교회법에 따라 행하고 예의 바르게 행동하는 것으로 만족하며 따분한 일상적인 길을 따라가면서 죄인들을 위해 울지도 않고 영혼들을 위해 괴로워하지도 않고 지내는 동안에 영원한 멸망으로 쓸려가 버린 사람들의 피에 대해서는 누가 책임질 것입니까? 그리스도의 사역자들이 모두 깨어난 것은 아닙니다. 그러나 대부분은 깨어났습니다. 일어날 기쁜 시간이 왔습니다. 나팔 소리가 사람들의 귀에 울렸습니다. 사람들도 그 소리를 들었고, 마음을 상쾌하게 하는 때가 주 우리 하나님으로부터 옵니다. 그러나 그 시기는 필요한 때 비로소 온 것입니다. 우리에게 그 시기가 몹시 필요했던 것입니다. 그렇지 않았다면 틀림없이 그리스도의 교회는 형식만 남은 죽은 교회가 되어버렸을 것입니다. 교회의 이름이 기억되었다고 하더라도 그것은 세상에서 부끄러운 이름, 경멸스러운 이름이 되었을 것입니다.

(2) 그 다음에, 이 약속은 놀랄 만한 수확의 개념을 전달하는 것으로 보입니다. 또 여기에는 놀랄 정도로 신속하다는 개념도 들어 있습니다. 농작물들이 얼마나 빨리 이어서 자라는지 보십시오. 우리나라에도 추수기와 밭갈이 하는 사이에 쉬는 한 철이 있습니다. 동양에서는 그 시기가 우리보다 깁니다. 그런데 여기서 여러분은 추수하는 사람이 일을 마치기가 무섭게 혹은 거의 마치기도 전에 바로 농부가 그 뒤를 따라 쟁기질을 합니다. 이것은 자연의 과정에 어긋나는 신속함입니다. 그렇지만 이것은 은혜의 과정에 아주 일치합니다. 이 나라의 오래된 침례교회들은 갓 회심한 사람들에게 여름 나기와 겨울 나기라는 기간을 거치도록 합니다. 초신자 중에 여름에 교회에 가입하려는 사람이 있으면 그는 겨울까지 기다려야 합니다. 때로는 그를 오래 기다리게 해서, 교회에 가입하기까지 5,6년이 걸리기도 합니다. 교회들이 이 사람을 시험하여 그가 자기들처럼 경건한 사람과 연합하기에 적합한지 보고자 하는 것입니다. 정말로 우리 모든 사람들에게는 회심은 천천히 이루어져야 하는 일이라고, 달팽이가 천천히 길을 가듯이 은혜도 사람의 마음속에서 느긋하게 움직여야 한다고 생각하는 경향이 있습니다. 그래서 우리는 번쩍이는 번개의 섬광보다는 괴어 있는 물웅덩이에 더 진실된 신앙이 있다고 믿게 되었습니다.

우리는 빠르게 천국에 이르는 방법이 있다는 것을 잠시도 믿지 못합니다. 천국으로 가는 사람은 모두가 가는 길 내내 목발을 짚고 절뚝거리며 가야 한다고 생각합니다. 빠른 짐승에 대해서, 빠른 속도 때문에 차축이 뜨거워지는 전차에 대해서 우리는 별로 알지 못하고 이해하지 못합니다. 여기에 신앙의 부흥에 대한 약속이 있다는 점에 유의하시기 바랍니다. 신앙의 부흥이 성취될 때는 그 표시들 가운데 하나는 이것일 것입니다. 회심하는 사람들의 수가 은혜로 놀랍게 불어난다는 것입니다. 갓 회심한 사람이 바로 그 날에 앞으로 나와서 신앙을 고백합니다. 아마도 한 주일이 지나가기 전에 여러분은 그 사람이 공공연히 그리스도의 대의를 변호한다는 말을 들을 것입니다. 그리고 여러 달이 지나가기 전에 그가 서서 다른 사람들에게 하나님께서 자기 영혼을 위하여 행하신 일을 말하는 것을 볼 것입니다. 교회의 맥박이 언제까지나 그처럼 느리게 뛰어야 할 필요가 없습니다. 주님은 교회의 심장을 빨리 뛰게 하실 수 있고, 그러면 교회의 심장이 시간의 맥박처럼 빨리 뛸 것입니다. 기손 강에서 바락의 군대가 맹렬히 시스라의 군대를 덮칠 때의 기세처럼 교회의 큰물이 쓸고 갈 것입니다. 불이 하늘에서 내려오듯이 성령께서 하늘로부터 급하게 내려오실 것이며, 제물에 즉시 불이 붙어 불길이 하늘에 닿듯이 교회가 거룩하고 영광스러운 열정으로 불타오를 것입니다. 교회는 바퀴들이 벗겨진 채로 무겁게 나아가지 않을 것입니다. 님시의 아들 예후의 전차처럼 교회는 먼 거리를 급하게 달려갈 것입니다. 내가 볼 때 바로 이것이 본문이 제시하는 약속들 가운데 하나입니다. 즉, 은혜의 사역이 신속히 이루어져서 쟁기질하는 사람이 추수하는 사람을 따라잡으리라는 것입니다.

(3) 세 번째 복은 여기서 아주 분명하게 나타나는데, 사실은 이미 우리에게 주신 것입니다. 본문에서 언급하는 수고의 활동을 눈여겨봅시다. 하나님은 수고하는 일이 없이 작물을 풍성하게 수확할 것이라고 약속하시지 않습니다. 여기서 우리는 파종하는 자, 추수하는 자, 포도를 밟는 자, 씨 뿌리는 자가 언급되는 것을 봅니다. 이들은 모두 비상한 노력을 기울이는 사람들입니다. 파종하는 자는 아직 쟁기질할 때가 오지 않았다고 하며 기다리지 않습니다. 그는 하나님께서 땅에 복을 베푸시는 것을 보고서 쟁기를 준비하며, 한번 수확한 것을 두고 집에서 환호성을 지르기가 무섭게 다시 쟁기질할 준비를 합니다. 씨 뿌리는 자도 그와 같습니다. 그는 바구니를 준비하고 씨를 모을 필요가 없습니다. 포도 수확에 대한 환호성을 들으면서 나가서 일할 준비를 합니다.

형제 여러분, 진정한 신앙 부흥의 한 가지 표시이자 필수적인 부분은 하나님의 일꾼들의 활동이 증가한다는 것입니다. 우리 목사들이 주일에 두 번 설교하는 것이 사람으로서는 더 이상 감당할 수 없을 만큼 고되기 짝이 없는 일이라고 생각한 때가 있었습니다. 가엾은 목사들이 주중에 설교하는 것은 생각할 수 없었습니다. 주중에 강의가 한번 있으면 차라리 기관지염에 걸리고 말며, 주중에 강단에 올라가야 한다면 그냥 안 하고 말 것입니다. 그들이 그처럼 힘들게 일하면 곧 죽을 것 같기 때문입니다. 나는 아직까지 설교가 고된 일이라고 생각해 본 적이 없습니다. 나는 일주일에 설교를 열 번 혹은 열두 번이라도 할 수 있습니다. 나는 설교하기에 좀 더 튼튼한 사람인 것 같습니다. 사실 설교는 세상에서 가장 건강하고 복된 운동이라고 생각합니다. 그러나 한때는 우리 목사들이 별로 대접을 받지 못한다는 소리가 있었습니다. 즉, 목사들을 실컷 먹이고 우단을 입힌 채 가만히 두었다가 기껏해야 이따금 조금 일을 하도록 하고 그 다음에 그 일이 끝나면 동정이나 받는다는 것이었습니다. 오늘날은 그런 얘기를 전혀 듣지 못합니다. 나는 동료 목사들 가운데서 매일매일 설교하고도 전과 다름없이 거의 피곤을 느끼지 않는 형제들을 봅니다.

내가 이번 주에 한 동료 목사를 만났는데, 그는 우리 교회에서 매일 집회를 인도하였습니다. 사람들이 어찌나 열심이 많던지 종종 그를 저녁 6시부터 새벽 2시까지 붙들어 두려고 하였습니다. 그래서 교인 가운데 한 사람은 "아, 우리 목사님, 저러다가 죽으시겠구나" 하고 말했습니다. 그래서 내가 말했습니다. "아니요, 목사님은 죽지 않습니다. 저런 설교는 사람을 죽이는 일이 아닙니다. 좋은 목사를 죽이는 것은 졸고 있는 회중에게 설교하는 것이지, 열심 있는 사람들에게 설교하는 것이 아닙니다." 그때 그 목사님의 눈을 보니 눈이 반짝이고 있었습니다. 그래서 목사님에게 말했습니다. "목사님, 곧 죽을 사람으로 보이지 않는데요." 그러자 그가 말했습니다. "목사님, 죽다니요. 나는 지금 그동안 살던 것의 두 배로 쌩쌩하게 살고 있습니다. 이렇게 행복하고, 이렇게 기운차고, 이렇게 건강한 적이 없었습니다." 그러면서 또 말하였습니다. "때때로 사람들이 나를 아주 늦게까지 붙잡아둘 때는 휴식이 부족하고 잠이 부족해요. 하지만 그것 때문에 몸이 상하지는 않을 겁니다. 정말로요. 그것이 병이 된다면, 나는 그 병으로 죽고 싶습니다. 그것은 가장 복된 병일 것입니다."

그때 나는 추수꾼을 따라잡은 파종하는 사람의 표본을 보았습니다. 그는 포도 수확물을 거두고 있는 사람들의 바로 뒤를 따라가며 씨를 뿌리는 사람이었습니다. 나는 지금까지 살면서 그리스도의 교회에서 그와 같은 활동을 보아왔습니다. 여러분은 기독교 세계에서 과거에 이처럼 많은 일이 행해지는 것을 본 적이 있습니까? 내 주변에는 그리스도의 교회를 60년 동안 알아온 노인들이 있습니다. 나는 그분들이 오늘날 보는 것과 같은 그런 생생한 삶과 활력과 활동을 본 적이 없다는 내 말에 증인이 되어 줄 수 있을 것이라고 생각합니다. 사람마다 사명이 있고, 그 사명을 수행하고 있는 것처럼 보입니다. 게으름쟁이들이 아주 많을 수 있습니다. 그러나 지금은 그런 게으름쟁이들이 목회자의 길에서 보이지 않습니다. 나는 한때 그런 사람들을 언제나 비난하였고, 그렇게 한다고 내 자신이 비난을 받았습니다. 그러나 이제는 비난할 일이 없습니다. 모든 사람이 일하고 있습니다. 잉글랜드 성공회, 독립교회파 사람들, 감리교회들, 침례교회들, 이들 가운데 뒤처지는 교회는 한 군데도 없습니다. 이 교회들은 모두 총을 들고서 어깨를 나란히 하고 서 있으며 공동의 적을 향하여 엄청난 공격을 감행할 준비를 하고 있습니다. 이것을 볼 때, 나는 하나님의 농부와 포도원 일꾼들의 활동을 보고서 크나큰 신앙의 부흥이 일어날 것이라고, 즉 하나님께서 우리를 복 주시되, 그것도 빨리 복 주실 것이라고 기대하게 됩니다.

(4) 나는 아직 본문의 의미를 다 말씀드리지 않았습니다. 본문의 후반부는 "산들은 단 포도주를 흘리리라"고 말합니다. 산이 포도주가 흘러내리기에 적합한 장소는 아닙니다. 산비탈에는 큰물이 흘러내리거나 폭포가 떨어질 수는 있습니다. 그런데 붉은 포도주가 바위로부터 흘러나오거나 작은 산에서 뿜어져 나오는 것을 본 사람이 있습니까? 하지만 우리는 여기서 "산들은 단 포도주를 흘리리라"는 말을 듣습니다. 이 말씀을 읽을 때 우리는 회심이 생소한 지역들에서 일어나리라는 말이라고 이해할 수 있습니다.

형제 여러분, 오늘날 이 약속이 우리에게 문자적으로 성취되었습니다. 나는 이번 주에 전에 보지 못한 일을 보았습니다. 지난 6년 동안 꽉 찬 회중에게 설교하고, 많은 사람들이 그리스도께로 오는 것을 보는 것이 내게는 일상적인 일이었습니다. 이 땅의 아주 지체 높고 문벌이 좋은 사람들이 하나님의 말씀을 듣는 것을 보는 것이 전혀 기이한 일이 아니었습니다. 그런데 다시 한번 말씀드리지만, 지난 주에 그동안 한번도 보지 못한 일, 참으로 의외의 일을 보았습니다. 더블린의 사람들이 신분이 아주 높은 사람들로부터 아주 낮은 사람들에 이르기까지 예외 없이 몰려와서 복음을 듣는 것을 보았습니다. 그동안 나는 이 회중들 가운데 상당수가 로마 가톨릭 교인이라는 것을 알았고, 그분들이 마치 개신교인인 것처럼 아주 주의를 기울여 하나님의 말씀을 듣는 것을 보았습니다. 나는 전에 복음을 들어보지 못한 사람들, 즉 그 취향과 습관이, 청교도 목사와 다른 군인들이 이 자리에 앉아 복음에 귀를 기울이는 것을 보았습니다. 아니, 그들은 다시 왔습니다. 그리고 어떻게 해서든지 하나님의 말씀을 가장 잘 들을 수 있는 곳을 잡으려고 하였고, 들어가서 하나님 말씀을 듣기 위해서는 사람들에게 떠밀리는 것을 개의치 않았습니다. 어떻게 해서든지 복음을 들으려는 사람들의 이런 뜨거운 열심을 전에는 보지 못했습니다. 나는 또 전혀 기대할 수 없는 지역에서 일어나고 있는 일에 대한 소식도 들었습니다. 대화할 때 걸핏하면 큰 소리로 욕을 내뱉던 사람들이 와서 하나님의 말씀을 듣는다는 것입니다. 그들이 와서 들었고, 하나님의 말씀에 설득이 되었습니다. 그 인상이 마음에서 사라지지 않는다면, 그들에게 영원히 잊지 못할 어떤 일이 일어난 것입니다.

그러나 내가 본 것 가운데 무엇보다 기쁜 일은 이것입니다. 그 점을 말씀드리지 않을 수 없습니다. 일찍이 허비(Hervey)는 이렇게 말했습니다. "배를 타고 떠돌아다니는 사람은 지옥을 떠돌아다니는 것이다." 온갖 부류의 사람들 가운데서 선원만큼 복음을 듣고서 마음이 움직이지 않을 사람은 없다고 사람들은 생각하였습니다. 홀리헤드(Holyhead)에서 더블린으로 건너갔다가 돌아오려면 두 번을 힘들게 왔다 갔다 해야 하지만, 나는 그 시간이 어느 때보다 즐거웠습니다. 처음으로 탄 배에서 나는 선원들이 아주 진심 어린 태도로 나에게 악수하는 것을 보았습니다. 나는 '이 선원들이 어떻게 나를 알 수 있지?' 하고 생각했습니다. 그 선원들은 나를 "형제"라고 불렀습니다. 물론 나는 내가 그들의 형제라고 생각했습니다. 하지만 어떻게 그 사람들이 나에게 그런 식으로 말하게 되었는지 몰랐습니다. 선원들이 목사를 형제라고 부르는 것은 흔히 있는 일이 아니었습니다.

거기에서 친절하기 이를 데 없는 대접을 받아서 내가 물었습니다. "무엇 때문에 이렇게 친절하게 대해줍니까?" 한 사람이 말했습니다. "내가 형제의 주님, 주 예수님을 사랑하기 때문입니다." 그렇게 말하는 연유를 물었을 때, 나는 모든 선원들 가운데 아직 회심하지 않은 사람은 세 명밖에 없다는 것을 알았습니다. 선원들 대부분이 전에는 하나님 없이, 그리스도 없이 지냈는데, 갑작스럽게 성령님이 임하셔서 그들이 모두 회심하게 되었다는 것입니다. 나는 이들 가운데 여러 사람과 얘기를 해 보았고, 이들만큼 영적이고 경건한 사람들을 아직까지 본 적이 없습니다. 그들은 매일 아침 배가 출항하기 전에 기도회를 갖고, 배가 항구로 들어 온 후에 또 한번 기도회를 갖습니다. 그들이 킹스타운(Kingstown)이나 홀리헤드에 배를 정박시키는 주일에는 목사가 배에 올라가서 복음을 전합니다. 객실에 사람들이 빽빽이 모입니다. 할 수 있을 때는 갑판에서 예배를 드립니다. 그 광경을 목격한 사람이 내게 말했습니다. "목사님은 설교를 아주 열심히 하십니다. 하지만 나는 목사님이 이 사람들이 기도하는 소리를 들어보시면 좋겠습니다. 그렇게 기도하는 모습을 본 적이 없습니다. 그들은 마치 선원 한 사람만 기도할 수 있는 것처럼 그렇게 힘 있게 기도합니다." 그 말을 듣고서 내 마음은 뛸 듯이 기뻤고, 그 배가 떠다니는 교회, 곧 하나님을 위한 벧엘이 되었다고 생각했습니다.

다른 배를 타고 돌아올 때 나는 그와 같은 일을 보리라고 생각하지 않았습니다. 그런데 똑같은 일이 벌어졌습니다. 같은 일이 일어나고 있었습니다. 나는 사람들 가운데로 걸어가 그들에게 말을 하였습니다. 그들 모두 나를 알았습니다. 한 사람이 주머니에서 웨일스어로 쓰인 낡은 가죽 커버 책을 꺼냈습니다. 그 사람이 물었습니다. "목사님은 책 앞에 있는 이 사람의 사진을 아세요?" "예, 알 것 같군요. 아니, 이 설교들을 읽고 있군요!" 하고 말했습니다. 그가 대답했습니다. "예, 목사님, 우리는 그동안 배에서 목사님의 설교를 들었습니다. 나는 할 수 있는 대로 자주 이 설교들을 큰 소리로 읽었습니다. 항해를 순조롭게 마치면 주위에 두어 사람을 불러놓고 설교 하나를 읽어줍니다." 또 한 선원은 자기들이 찬송을 부르고 있을 때 웃고 서 있던 한 신사에 대한 이야기를 해주었습니다. 선원들 가운데 한 사람이 그 신사를 위해 기도하자고 제안하였습니다. 그래서 그들이 기도하였는데, 그 사람이 갑자기 쓰러지더니 부두에서 하나님께 자비를 구하고 용서를 빌기 시작했다는 것입니다. 선원들이 말하였습니다. "목사님, 나는 하나님께서 여기 계시다는 것을 보여주는 더할 수 없이 훌륭한 증거가 있습니다. 나는 이 선원들이 기이하게 진리를 알게 되는 것을 보았습니다. 하나님을 섬기는 즐겁고 행복한 우리가 그 증거입니다."

우리가 이런 일을 두고서 산들이 단 포도주를 흘린다고 하는 것 외에 무슨 말을 하겠습니까? 하나님의 이름을 들어 고래고래 욕을 하였는데 이제는 아주 큰 소리로 찬송을 부르는 사람들, 사탄이 끔찍이 아끼는 자녀들이었는데 이제는 진리의 열렬한 옹호자가 된 사람들이 여기 있습니다. 그런데 일단 선원들이 회심을 하면, 그들이 행할 수 있는 선에는 끝이 없습니다. 설교를 잘 할 수 있는 사람들 가운데서 선원들이 단연 최고의 설교자입니다. 선원은 바다에서 하나님의 기사들을 보아온 사람입니다. 튼튼한 영국 선원의 마음은 많은 육지 사람들처럼 차갑지 않았습니다. 그래서 일단 마음이 감동을 받으면 아주 크게 감격하고, 온 몸을 통해서 큰 에너지를 발산합니다. 그래서 큰 열심과 에너지가 있기 때문에 하나님께서 그를 돕고 그에게 복을 주시면 그가 할 수 없는 일이 무엇이 있겠습니까?

(5) 본문에는 이 점이 들어 있는 것 같습니다. 즉, 매우 특이한 회심이 일어난 뒤에 부흥의 시기가 따라오리라는 것입니다. 부흥의 때에는 의외의 지역들에서 은혜를 받고 특이한 사람들이 회심을 하지만, 이들이 결코 일반 회심자들에게 뒤처지지 않습니다. 이는 본문이 그냥 "산들이 포도주를 흘리리라"고 말하지 않고 "단 포도주를 흘리리라"고 말하기 때문입니다. 본문은 작은 산들이 작은 개울을 흘려보내리라고 하지 않고 모든 작은 산들이 녹으리라고 말합니다. 방탕하고 타락한 사람들이 하나님께로 돌아오면, 사람들은 "놀라운 일이야. 하지만 나는 그들이 일등급 신자가 될 것이라고 생각하지 않아"라고 말합니다. 그런데 무엇보다 놀라운 것은 이 사람들이 가장 훌륭한 그리스도인으로 살아간다는 것입니다. 하나님께서 작은 산들로부터 가져오는 포도주가 단 포도주이고, 작은 산들이 녹을 때 모두 녹는다는 것입니다.

어느 시대든지 가장 비범한 사역자들이 회심 전에는 더할 수 없이 악한 죄인들이었습니다. 엘스토우 그린(Elstow Green)에서 보낸 불경한 생활이 없었다면 오늘날 존 번연은 없었을 것입니다. 악한 뱃사람의 생활이 없었다면 우리는 존 뉴턴을 알지 못했을 것입니다. 내 말뜻은 그가 심하게 빗나간 생활을 하다가 놀랍게 돌아오는 일을 겪지 않았다면 사탄의 깊은 것과 혹독한 경험, 하나님 은혜의 능력을 알지 못했으리라는 것입니다. 이 큰 죄인들은, 경건한 영향을 받고 자라다가 교회에 들어온 사람들에게 결코 뒤처지지 않습니다. 신앙의 부흥이 일어나면 언제나 이런 일이 벌어지는 것을 볼 것입니다. 즉, 부흥의 시기에 회심한 사람들이 보통 때의 훌륭한 회심자들보다 못하지 않다는 것입니다. 복음을 한 번도 듣지 못했다가 회심하는 사람들이 지금까지 그리스도께 온 사람들 가운데 가장 훌륭한 사람들 못지않게 믿음이 진실하고 사랑이 따뜻하며 지식이 정확하고 열성적으로 노력한다는 것입니다. "산들은 단 포도주를 흘리며 작은 산들은 녹으리라."

이제 다른 점은 아주 간단하게 살피지 않으면 안 되겠습니다.

2. 본문에서 가르치는 교리적인 교훈은 무엇입니까? 또 신앙의 부흥이 가르

치는 바는 무엇입니까?

그것은 바로 이것이라고 생각합니다. 즉, 하나님은 사람들 마음의 절대적인 군주이시라는 것입니다. 하나님은 여기서 사람들이 마음으로 원하면이라고 말씀하시지 않습니다. 그보다는 복에 대해 확실한 약속의 말씀을 하십니다. 그것은 마치 이렇게 말씀하시는 것이나 같습니다. "나는 사람들의 마음을 여는 열쇠가 있다. 나는 파종하는 사람이 추수하는 사람을 따라잡게 만들 수 있다. 나는 땅의 주인이다. 땅이 아무리 단단하고 바위 같을지라도 나는 땅을 부서트릴 수 있고, 그 땅으로 열매를 맺게 할 수 있다." 하나님께서 그의 교회에 복을 베풀고 죄인들을 구원하겠다고 약속하시면서 "죄인들이 구원받을 마음이 있다면"이라는 말을 덧붙이시지 않습니다. 크신 하나님은 그렇게 하시지 않습니다! 하나님은 자유의지를 달콤하게 사로잡아 이끄십니다. 그래서 하나님의 값없는 은혜가 항상 이깁니다. 사람에게는 자유의지가 있고, 하나님은 자유의지를 해치지 않으십니다. 그러나 자유의지는 하나님의 사랑의 차꼬에 즐거이 묶이고, 그러면 이전보다 더 자유롭게 됩니다. 하나님은 죄인들을 구원하려고 하실 때 멈추고서 죄인들에게 구원받을 뜻이 있는지 묻지 않으십니다. 그보다는 몰아치는 강한 바람처럼 하나님의 영향력이 모든 장애물을 쓸어버리십니다. 반항하는 마음이 강력한 은혜의 돌풍 앞에서 고개를 숙이고, 굴복하려고 하지 않는 죄인들이 하나님으로 말미암아 굴복하게 됩니다.

내가 알고 있는 사실은 이것입니다. 하나님께서 뜻하시면, 오늘 아침 이 자리에 있는 사람 가운데 아무리 악한 사람이라도 하나님께 자비를 구하게 되리라는 것입니다. 그 사람이 아무리 믿음이 없는 사람이라도, 아무리 복음과 반대되는 편견에 깊이 사로잡혀 있을지라도 여호와께서 하고자 하시기만 하면 그 일은 이루어집니다. 지금까지 빛을 보지 못한 여러분, 여러분의 어두운 마음속으로 빛이 흘러들어갈 것입니다. 하나님께서 "빛이 있으라" 하고 말씀하기만 하면, 빛이 있을 것입니다. 여러분이 주먹을 쳐들고 여호와께 반항하는 말을 할 수 있습니다. 그러나 하나님은 여러분의 주인이십니다. 여러분이 계속해서 악을 행하면 여러분을 멸할 수 있는 주(主)이십니다. 그러나 주님은 이제 여러분을 구원하고 여러분의 마음을 변화시키며 강물의 방향을 바꾸듯이 여러분의 의지를 바꾸시는 주이십니다.

만약 이 교리가 없다면 나는 어디 가서 설교해야 할지 모르겠습니다. 옛 아담은 너무도 강해서 젊은 멜란히톤(젊은 천재 신학자)이 감당할 수 없습니다. 우리 설교의 능력은 아무것도 아닙니다. 그 자체로는 사람들을 회심시키는 일에 아무것도 할 수 없습니다. 사람들은 마음이 단단하고 고집이 세며 냉담합니다. 그러나 은혜의 능력은 웅변의 능력보다 크고 열심의 힘보다 큽니다. 그래서 일단 이 은혜의 능력이 발휘되면 누가 거기에 맞설 수 있겠습니까? 하나님의 전능하심이 부흥의 교리입니다. 우리가 보통 때에는 마음이 냉랭하기 때문에 하나님의 전능하심을 보지 못할 수가 있습니다. 그러나 이처럼 비상한 은혜의 일들이 일어날 때는 보지 않을 수 없습니다.

여러분은 젊은 왕자에게 하나님의 존재의 사실을 가르치고 싶어 했다는 회교 금욕파의 수도사에 대한 동양의 우화를 들어보지 못했습니까? 그 우화에 따르면 이렇습니다. 젊은 왕자는 제일 원인인 하나님의 존재를 보여주는 증거를 전혀 볼 수 없었습니다. 그래서 회교 금욕파의 수도사가 작은 식물을 가져와 왕자 앞에 두었습니다. 그러자 왕자가 보는 앞에서 그 식물이 한 시간 만에 자라서 꽃이 피고 열매를 맺으며 큰 나무로 자랐습니다. 젊은 왕자가 놀라서 손을 들며 말했습니다. "이것은 하나님이 한 일이 틀림없습니다." 그러자 선생이 말했습니다. "아, 그런데 왕자님은 이 일이 한 시간 만에 이루어졌기 때문에 하나님이 이 일을 했다고 말씀하시는데, 이 일이 20년 만에 이루어졌을 때는 하나님이 하신 것이 아닙니까?" 두 경우 모두 하나님이 하신 일이었습니다. 그 선생의 학생을 놀라게 만든 것은 빠른 속도였을 뿐입니다.

형제 여러분, 이와 같이 우리가 하나님의 교회가 서서히 세워지고 변화하는 것을 볼 때는 함께 하시는 하나님을 의식하지 못할 것입니다. 그러나 하나님께서 나무를 묘목으로부터 숲속의 제왕과 같은 강하고 큰 나무로 갑작스럽게 자라게 하시면, 우리는 "이는 하나님이다"라고 말하게 됩니다. 우리는 모두 어느 정도 눈이 멀어 있고 어리석습니다. 그래서 우리는 때때로 하나님의 능력을 충분히 알고 싶어서 이와 같은 신속한 변화들, 곧 하나님의 능력이 비상하게 발휘되는 것을 보기 원합니다.

그렇다면 오늘날 하나님의 교회여, 사람은 아무것도 아니고 하나님께서 영원히 모든 것이 되신다는 이 중요한 교훈을 배우십시오. 예수의 제자여, 예수님을 의지하는 법을 배우십시오. 여러분이 성공하려면 하나님의 능력을 구하십시오. 여러분은 노력하면서도 자신의 노력을 의지하지 말고 주 여호와를 의지하십시오. 여러분이 서서히 전진하였다면, 그만큼 전진한 것에 대해 하나님께 감사하십시오. 그러나 하나님께서 여러분에게 놀라운 증가를 기쁘게 허락하신다면, 더욱 감사의 찬송을 부르고 그 지혜로운 뜻을 따라 모든 일을 행하시는 하나님께 찬송을 드리십시오.

3. 성령의 도우심을 바라며, 본문의 말씀이 더욱 분발하게 하는 자극제가 되도록 설명하겠습니다.

교회가 성공을 거두고 있을 때 의무를 이행해야 한다고 생각해서는 안 됩니다. 순탄할 때 복음을 전하는 것만큼 역경에서 복음을 전하는 것도 목사의 의무입니다. 우리는 하나님께서 이슬 내리기를 보류하신다고 해서 쟁기질을 보류할 생각을 해서는 안 됩니다. 열매가 잘 맺지 않는 철이 온다고 해서 씨 뿌리는 일을 그쳐야 한다고 생각해서는 안 됩니다. 우리가 관심을 가져야 하는 것은 일하는 것에 있지 결과에 있지 않습니다. 교회는 비록 의무를 행한다고 해서 당장에 아무런 보상이 오지 않을지라도 자기의 의무를 행해야 합니다. "인자야, 그들이 듣지 않는다면, 그들이 망한다면, 내가 그들을 망하게 할 것이다. 그러나 그들의 피를 네 손에서 찾지 않을 것이다."

우리가 씨를 뿌리는데 공중의 새들이 와서 먹어버릴지라도, 우리는 하라고 명령받은 일을 한 것입니다. 새들이 씨를 먹어버릴지라도 그 의무는 이행되었습니다. 우리가 복된 결과를 바랄 수 있지만, 설사 복된 결과가 오지 않을지라도 의무 이행하기를 그쳐서는 안 됩니다. 지금까지 말한 것이 다 옳은 말이지만, 그럼에도 불구하고 하나님께서 복음의 일꾼으로 좋은 결과를 얻도록 하시는 것이 그에게 신성하고 거룩한 자극제가 되는 것은 틀림없는 사실입니다. 그리고 오늘날 우리는 그 어느 때보다 성공에 대한 전망이 밝습니다. 따라서 우리는 그만큼 더 열심히 일해야 합니다. 장사꾼이 길 모퉁이에 있는 작은 가게에서 일을 시작하면, 손님들이 오기까지는 시간이 조금 걸립니다. 얼마 있지 않아 그의 작은 가게에 손님이 붐빕니다. 그는 명성을 얻고, 돈이 벌립니다. 그러면 그가 어떻게 합니까? 집과 땅을 넓힙니다. 뒤뜰을 사들이고, 사람들을 더 고용합니다. 여전히 사업은 번창합니다. 그러나 그는 자본을 있는 대로 사업에 몽땅 투자하지 않습니다. 사업은 계속해서 번창합니다. 그래서 옆집을 사들이고, 또 그 옆집을 사들일 것입니다. 그는 말합니다. "이것은 수지맞는 일이야. 그러니 계속해서 집을 늘려야겠어."

친구 여러분, 나는 지금 사업상의 격언을 말하고 있는 것인데, 이런 격언들은 상식적인 원칙들입니다. 그렇게 얘기하고 싶습니다. 오늘날에는 좋은 기회들이 있습니다. 그리스도를 위해 일할 고상한 사업이 있습니다. 여러분이 한때 적은 자본, 적은 노력, 적은 기부금을 냈지만, 이제는 더 많이 투자하십시오. 지금만큼 많은 이익을 거둘 수 있는 때는 없었습니다. 돈을 투자하면 백 퍼센트 보상을 받을 것입니다. 아니, 여러분의 모든 기대치를 뛰어넘어 하나님의 사업이 번창하는 것을 볼 것입니다. 농부가 흉년이 온다는 것을 안다면 아마도 씨를 조금밖에 뿌리지 않을 것입니다. 그러나 어떤 예언자가 와서 그에게 "농부여, 내년에는 이제까지 없었던 수확물을 거둘 것이다" 하고 말한다면 그는 "목초지를 파 일구고 울타리를 헐며, 땅이 손바닥만큼만 있어도 거기에 씨를 뿌려야겠다"고 말할 것입니다. 여러분도 그와 같이 하십시오. 놀라운 추수 때가 올 것입니다. 밭구석의 갈지 않은 곳을 파 일구십시오. 울타리의 말뚝을 뽑아버리고, 묵히고 있는 땅을 개간하십시오. 심지어 가시떨기에도 씨를 뿌리십시오. 여러분은 어느 것이 잘 될지, 이것이 잘 될지 혹은 저것이 잘 될지 모릅니다. 그러나 뿌린 씨들이 다 잘 될 것이라고 기대할 수 있습니다. 노력을 더욱 기울이면 기울이는 만큼 언제나 성공에 대한 기대도 더 커질 것입니다.

여러분에게 또 한 가지 격려의 사실을 말씀드리겠습니다. 이런 놀라운 부흥의 시기가 오는 때에도 그 일을 돕는 수단은 여전히 필요하다는 점을 기억하시기 바랍니다. 추수가 끝난 뒤에도 농부가 여전히 필요합니다. 포도 수확량이 아무리 많을지라도 포도 밟는 사람은 여전히 필요합니다. 성공이 크면 클수록 그만큼 도구의 필요성도 커집니다. 북 아일랜드에서 사람들이 처음에는 자기들이 목사 없이도 지낼 수 있다고 생각했습니다. 그러나 복음이 전파되는 지금, 이때만큼 복음 설교자가 절실히 필요한 적은 없었습니다. 사람들은 속으로 교만하게 말했습니다. "하나님께서 사람의 개입 없이 이 일을 행하셨다." 나는 사람들이 교만하게 말했다고 하였습니다. 교만한 겸손과 같은 것이 있기 때문입니다. 그러나 하나님은 사람들이 몸을 굽히게 만드셨습니다. 결국 하나님은 자기 종들을 통해서 말씀에 복을 주시려고 한다는 것을, 다시 말해 하나님의 사역자들로 하여금 "견고한 진도 무너뜨리는 하나님의 능력"(고후 10:4)이 되게 하려고 하신다는 것을 알게 하셨습니다.

형제자매 여러분, 여러분은 더 나은 때가 오면 세상이 여러분 없이도 돌아갈 것이라고 생각해서는 안 됩니다. 여전히 여러분이 필요할 것입니다. "인생을 오빌의 금보다 희귀하게 하리로다"(사 13:12). 사람들이 여러분의 옷자락을 붙잡고 "우리가 어찌해야 구원을 받는지 얘기해 주시오" 하고 말할 것입니다. 사람들이 여러분의 집에 와서 기도해 주기를 구할 것입니다. 여러분에게 지도해 주기를 요청할 것입니다. 무리 가운데 가장 비천한 자도 금 조각만큼이나 귀해지는 것을 볼 것입니다. 파종하는 사람이 추수하는 자의 뒤를 따를 때 귀한 대접을 받고, 씨 뿌리는 자는 포도 밟는 자의 뒤를 바싹 따를 때 제일 대접을 잘 받을 것입니다. 이렇게 하나님께서 수단에게 주시는 영광을 보고서 여러분은 수단을 사용할 마음을 먹는 것이 옳습니다.

사랑하는 형제자매 여러분, 런던이라는 이 대도시에 거주하는 여러분, 제발 부탁하건대 이 상서로운 바람이 지나가기까지 아무런 노력도 기울이지 않는 채 손 놓고 있지 마십시오. 나는 때로 우리가 바람이 불어오는데 돛을 접는 바람에 성능 좋은 배가 속력을 내지 못하는 것이 아닌가 하는 생각이 듭니다. 이제는 범포를 올리십시오! 범포를 활짝 펴십시오. 하나님께서 우리를 도우시는 동안 모든 노력을 기울이십시오. 주님과 함께 열심히 일하는 협력자가 됩시다. 구름이 이쪽으로 흘러오는 것 같이 보입니다. 저 구름은 멀리 서쪽으로부터, 즉 미국 바닷가로부터 왔습니다. 저 구름은 바다를 건너왔습니다. 바람이 구름을 실어 와서 이 푸른 섬 북쪽 끝에 소나기를 내렸습니다. 자, 구름은 이제 막 웨일스 지방을 넘어가면서 웨일스에 접해 있는 지역들을 상쾌하게 만들고 있습니다. 지금 옥스퍼드 주(州)와 글로스터 주(州)에 비가 내리고 있습니다. 하나님의 은혜가 서서히 나타나고 있습니다. 그 구름이 점점 더 우리에게 가까이 오고 있습니다. 형제 여러분, 그 구름이 사람들을 기다리지 않고 사람들을 위해 머무르지도 않는다는 점에 유의하시기 바랍니다. 그 구름이 오늘 우리 머리 위에 떠 있습니다. 이 구름을 그냥 흘려보내고 우리는 언제나 그렇듯이 말라 있을 것입니까? 구름을 보내시는 것은 하나님이시지만 오늘 비가 내리게 하는 것은 여러분입니다. 하나님은 오늘 이 큰 도시에 은혜의 신성한 구름을 보내주셨습니다.

자, 엘리야와 같은 여러분, 비가 내리도록 기도하십시오! 신자 여러분, 무릎을 꿇으십시오. 무릎을 꿇고 기도하십시오. 여러분은 비를 내리게 할 수 있습니다. 여러분만이 할 수 있습니다. "이스라엘 족속이 이같이 자기들에게 이루어 주기를 내게 구하여야 할지라"(겔 36:37). "만군의 여호와가 이르노라 너희의 온전한 십일조를 창고에 들여 나의 집에 양식이 있게 하고 그것으로 나를 시험하여 내가 하늘 문을 열고 너희에게 복을 쌓을 곳이 없도록 붓지 아니하나 보라"(말 3:10). 그리스도인 여러분, 여러분은 왜 이 기회를 놓치려고 합니까? 여러분은 사람들이 노력을 하지 않아 손해를 보게 내버려 두려고 합니까? 여러분은 지극히 복된 이 시간이 전혀 활용되지 않은 채 지나가게 할 것입니까? 그렇게 한다면 교인이 일천 팔백 육십 명이나 되는 우리 교회는 겁쟁이 교회이고, 이런 시기에 어울리지 않는 교회입니다. 여러분 가운데 그리스도인이라고 하면서 오늘 그런 간절한 마음이 없는 사람이 있다면, 그는 자신의 기독교 신앙에 수치가 되는 사람입니다. 이런 시기가 왔을 때 만일 우리 각 사람이 쟁기를 잡지 않는다면 영혼을 한 사람도 거두지 못하는 최악의 흉작을 맞아도 마땅할 것입니다.

나는 교회가 종종 하나님께 괴롭힘을 당하였는데, 그것은 하나님께서 교회에 은혜를 주셨을 때 교회가 그 은혜를 정당하게 사용하지 않았기 때문이라고 믿습니다. 그럴 때 하나님은 이렇게 말씀하십니다. "그렇다면 내가 너를 길보아 산과 같게 만들 것이다. 네 산에 이슬이 내리지 않게 할 것이다. 구름에게 명하여 네게 더 이상 비를 내리지 않게 할 것이다. 그래서 다시 한번 '내가 위로부터 성령을 붓기' 전까지는 네가 메마르고 황폐할 것이다." 우리는 이번 주를 특별기도 주간으로 보냅시다. 할 수 있는 대로 자주 모여서 주님께 기도합시다. 여러분 각 사람은 개인적으로 하나님께 강력한 기도를 드리고, 공적으로는 친구들을 그리스도께로 인도하는 일에 부지런히 노력하도록 하십시오.

4. 끝으로, 여러분 가운데 그리스도를 모르는 분들에게 경고의 말씀을 드리고 설교를 마치겠습니다.

나는 이 자리에 계시는 분들 가운데 안식일 아침에 예배에 참석하지 않은 분들이 많은 것으로 알고 있습니다. 오늘 이 자리에는 사회에서 자신을 신자라고 고백하는 것을 부끄러워하는 신사가 많습니다. 어쩌면 그 사람은 복음이 전파되는 것을 오랫동안 듣지 못했을지 모릅니다. 그를 이 자리로 이끈 기이한 매력 같은 것이 있습니다. 처음에는 호기심에서 왔고, 어쩌면 목사를 놀려 먹을 생각으로 왔을지 모릅니다. 그런데 이 자리에 왔다가 마음을 뺏겨버린 것입니다. 어떻게 그렇게 되었는지 모르지만, 아무튼 그는 이번 주 내내 마음이 불편했고,

이 자리에 다시 오고 싶었습니다. 오늘 이 자리를 떠나면 다음 안식일이 기다려질 것입니다. 그가 아직 죄를 버리지 않았지만, 어찌된 일인지 죄 짓는 일이 전과 같이 즐겁지 않습니다. 전에처럼 하나님의 이름을 들어 욕을 할 수가 없습니다. 욕설이 입 끝에까지 나오기는 하지만 전처럼 입 밖으로 튀어나오지는 않습니다. 그는 더 나은 것을 압니다.

나는 지금 바로 그런 사람들에게 이야기합니다. 친구 여러분, 나는 여러분이 이 자리에 있다는 것이 진심으로 기쁩니다. 또 여러분이 이 자리에 있는 것은 아직 여러분이 알지 못하는 어떤 목적을 위해서라는 점도 말씀드립니다. 나는 하나님께서 여러분에게 특별한 은혜를 베푸셨다고 굳게 믿습니다. 그래서 여러분을 이 자리로 불러오신 것입니다. 신앙의 부흥이 있을 때마다 이 자리에 불려 들어오는 사람들은 많은 경우에 경건한 부모의 자녀들이 아니라 전에 그리스도에 대해서 아무것도 모르는 사람들이었다는 점을 종종 말씀드렸습니다. 보통 일반적인 수단들은 항상 예배당에 출석하는 사람들에게 복이 됩니다. 그러나 성령의 특별한 노력과 비상한 영향력은, 그리스도인들의 울타리 밖에 있고 한번도 신앙 고백을 해보지 않은 사람들에게 미칩니다. 이 일이 여러분에게 이루어질 수 있기를 바랍니다.

그러나 여러분이 지금까지 들은 하나님의 말씀을 멸시한다면, 여러분이 어떤 인상을 받고서도 그 인상이 사라지게 내버려둔다면, 가장 두려운 후회를 하게 될 것입니다. 여러분이 또 다른 세상에서 올바른 정신과 의식이 들면 여러분이 기회를 얻었지만 그 기회를 소홀히 하였다는 것을 알게 될 것입니다. 나는 마지막에 지옥에서 이렇게 부르짖는 사람의 소리만큼 슬픈 것은 없을 것이라고 생각합니다. "추수가 끝났어. 추수 때가 있었는데. 여름이 끝났어. 여름이 있었는데. 나는 구원받지 못했어." 그냥 일반적으로 살다가 멸망에 떨어지는 것이 지옥입니다. 그러나 간절한 설교를 듣고서, 그리스도께 오라는 말을 듣고, 예수께 오라는 눈물 어린 권고를 듣고서, 다시 말해 그동안 내내 경고를 받고서 멸망에 떨어지는 것은 그냥 지옥에 가는 것이 아닙니다. 지옥 중의 지옥에 가는 것입니다. 가장 무서운 지옥은 진리를 듣고 느끼기도 하면서 거절하여 망하는 사람들을 위해 마련되어 있습니다.

사랑하는 여러분, 지금은 여러분에게 엄숙한 시간입니다. 성령 하나님께서 여러분에게 지금 이 시간을 붙잡지 않으면 다시는 여러분에게 오지 않을 수 있다는 것을 알게 하여 주시기 바랍니다. 여러분은 이후로 다시는 경고의 말을 듣지 못할 수가 있습니다. 혹은 후에 다시 들어도 여러분의 마음이 아주 더 완고해져서 경고의 말씀을 비웃고 멸시할 수가 있습니다. 형제 여러분, 제발 하나님으로 인해서, 그리스도 예수로 인해서, 여러분의 영원한 복지를 위해서, 잠시 멈추고 지금 여러분에게 제시되는 이 신성한 기회를 내팽개치는 것이 할 만한 일인가 생각해 보기 바랍니다. 여러분은 가서 설교를 들으면서 받은 인상을 춤을 추며 날려 버리든가 아니면 웃음거리로 치부하고 잊어버리겠습니까? 여러분, 여러분이 웃다가 지옥에 빠질 수 있지만, 지옥을 그냥 웃어넘길 수는 없을 것입니다.

각 사람의 인생에는 그 사람의 성격이 확정되는 전환점이 있습니다. 오늘이 그 전환점이 될 수 있습니다. 이 홀에 엄숙한 자리가 있을 수 있습니다. 사람이 자신의 운명을 안다면 결코 앉으려고 하지 않을 자리가 있을 수 있습니다. 그것은 사람이 앉아서 하나님의 말씀을 듣고서 "나는 복종하지 않겠어. 그 인상을 거부하겠어. 무시하겠어. 비록 내가 죄 때문에 망할지라도 내 죄를 끌어안겠어"라고 말할 자리입니다. 친구 여러분, 일어나 나가기 전에 여러분이 앉은 자리를 잘 봐 두십시오. 그 자리에 빨간 색 표시를 해두십시오. 다음에 우리가 이 자리에 오면 이렇게 말할지 모릅니다. "스스로 망한 사람이 있었던 자리입니다." 나는 그렇게 되기보다는 성령 하나님께서 여러분의 마음에 다정하게 속삭여 주시기를 바랍니다. "얘, 말을 들어라. 예수께서 오라고 너를 초대하시니." 주님께서 오늘 아침에 여러분의 얼굴을 보며 미소 지으며 이렇게 말씀하시기를 바랍니다. "네 영혼을 사랑한다. 진심으로 나를 믿어라. 죄를 버리고 내게로 돌아오라."

주 예수님, 그렇게 하여 주소서! 사람들이 주님을 거절하지 못하게 하여 주소서. 사람들에게 주님의 사랑을 보여주소서. 그러면 그들이 틀림없이 복종할 것입니다. 십자가에 못 박히신 주님, 주의 자비를 인하여 그렇게 하여 주소서! 지금 성령님을 보내시어 저 나그네들을 집으로 데려 오소서. 주님, 이 홀에 있는 많은 심령들이 주님의 사랑을, 주님의 은혜를 온전히 받아들이게 하여 주소서!

오바댜

제
1
장

자기 기업을 누림

"오직 시온 산에서 피할 자가 있으리니 그 산이 거룩할 것이요
야곱 족속은 자기 기업을 누릴 것이라." - 옵 1:17

이것은 주목할 만한 구절입니다. 이 구절의 어법은 특이합니다. 이 구절이 "그러나"(개역개정에는 "오직"으로 번역되었음)라는 말로 시작되는데, 이는 이 앞 구절들이 에돔에 대한 심판을 선언해 왔기 때문입니다. 하나님께서 그의 원수들을 처벌하기 위해 나타나실 때 그것은 또한 그의 친구들에게 복을 주시기 위한 것입니다. 바로를 홍해에서 엎어지게 하실 때, 그것은 이스라엘이 계속해서 가나안 땅으로 가도록 하기 위함입니다. 아말렉을 정복하실 때, 그것은 이스라엘이 평안을 누리도록 하기 위해서입니다. 은빛 비뿐 아니라 검은 구름도 있습니다. 하나님의 은혜의 해는 바로 우리 하나님의 보복의 날입니다. 이 두 조합은 끊임없이 나타나서 시인은 "내가 인자와 정의를 노래하겠나이다"(시 101:1)라고 하였습니다. 보복의 칼이 은혜의 규(圭)와 동시에 나타납니다.

마지막 그 큰 날에 하나님의 백성이 기뻐하고 고대하는 주의 오심이 그의 원수들에게는 당황스러운 일이 될 것입니다. 믿음이 없는 자들에게는 "여호와의 날은 빛 없는 어둠이 될" 것입니다(암 5:20). 하나님께서 오시면 오른편에 있는 자들에게 복이 되는 것만큼 왼편에 있는 자들에게는 재앙이 될 것이고, 이 재앙과 복은 영원히 지속될 것입니다. 하늘이 높은 만큼 지옥이 깊습니다. 자비를 기뻐하시는 하나님께서는 또한 죄악을 미워하시므로 땅의 악인들을 찌끼처럼 제

거하실 것입니다. 하나님께서 여러분과 내가 어느 편에 서 있는지 알도록 하시고, 그리스도 안에서 그의 의를 입고서 발견되며 하나님의 사랑하시는 자 안에서 용납될 수 있게 해 주시기를 바랍니다. 그래서 하나님께서 나타나 그의 원수들에게 재앙을 내리실 때는 언제든지 우리에게 은혜를 베푸시기 위함이라는 것을 알게 해 주시기 바랍니다. 16절의 말씀에서 하나님의 원수들이 "본래 없던 것같이 될" 때, 이 구절의 취지가 본문의 말씀에서 충분하게 드러날 것입니다. "오직 시온 산에서 피할 자가 있으리니 그 산이 거룩할 것이요 야곱 족속은 자기 기업을 누릴 것이라."

나는 이 약속이 이미 성취되었다고 확신합니다. 포로생활에서 풀려난 이스라엘 집이 시온으로 돌아왔고 에돔이 완전히 망한 때가 있었다고 믿습니다. "야곱 족속은 불이 될 것이며 요셉 족속은 불꽃이 될 것이요 에서 족속은 지푸라기가 될 것이라 그들이 그들 위에 붙어서 그들을 불사를 것인즉 에서 족속에 남은 자가 없으리니 여호와께서 말씀하셨음이라"(옵 1:18). 그러나 약속이 전에 한번 성취되었다고 해서 마치 대금이 지불된 수표처럼 쓸모없게 되는 것이 아닙니다. 하나님의 약속은 다시 제시될 수 있고, 그러면 다시 영예를 얻을 것입니다. 하나님의 행동 규칙은 변하지 않습니다. 그래서 하나님은 자기 백성들 가운데 한 무리에게 행하신 일을 다른 무리들에게도 행하실 것입니다. 하나님은 주권자이십니다.

그렇지만 변치 않는 속성을 따라 행하십니다. 그래서 하나님께서 이미 행하신 일들로부터 나머지 일을 추론할 수가 있습니다. 포로들을 잠시 예루살렘으로 돌려보내신 일은 그 약속을 아주 적은 규모로 성취한 것에 지나지 않습니다. 하나님의 이 약속은 그런 작은 사건으로는 다 나타낼 수 없는 큰 의미가 있습니다. 하나님은 자기를 신뢰하는 모든 자들을 위해 더 큰 규모로 같은 일을 행하실 준비가 되어 있으십니다. 본문에 일반적인 원칙이 들어 있으므로 나는 성령 하나님께서 본문을 참으로 유용하게 써 주시기를 기도하며 본문을 우리의 격려와 교훈을 위해 사용하겠습니다.

나는 첫째로, 본문에서 사람들이 바라는 특권을 봅니다. "야곱 족속은 자기 기업을 누릴 것이라." 둘째로는, 기억해야 할 은혜를 봅니다. "시온 산에서 피할 자가 있으리라." 셋째로는, 눈에 띄는 성품을 봅니다. "그 산이 거룩할 것이요."

1. 무엇보다 먼저 사람들이 바라는 특권을 생각해 봅시다.

가나안 땅은 만민의 주께서 이스라엘에게 주신 것입니다. 각 족속마다 기업이 있었는데, 이 기업은 소금 언약에 의해 주어진 것으로 영원히 그 족속에 속하였습니다. 이스라엘 지파들은 죄로 말미암아 포로로 잡혀 갔고, 그 땅을 정복자들에게 빼앗겼습니다. 그런데 선지자 오바댜가 이 약속을 그들에게 내놓습니다. "야곱 족속은 자기 기업을 누릴 것이라." 재산은 합법적인 내 소유물입니다. 그러나 여러 가지 이유로 내가 그것을 손에 넣지 못할 수 있습니다. 내 재산이 나를 속여서 빼앗는 사람의 손에 들어갈 수 있고 혹은 너무 멀리 있어서 손에 넣지 못할 수가 있습니다. 본문의 말씨는 특이하지만 그 의미는 분명합니다. "야곱 족속은 자기 기업을 누릴 것이라."

본문의 말씀을 신자들에게 약속된 것을 취하게 될 사람들에게 적용할 수 있는 것으로 생각해 봅시다. "야곱 족속은 자기 기업을 누릴 것이라." 나는 여러분 가운데 많은 사람들 앞에 안식일마다 영생, 사죄, 칭의, 신생, 성화, 그 밖의 언약의 모든 보화들이라는 큰 소유물을 내놓습니다. 그러나 그 소유물들을 여러분 앞에 놓고 또 여러분이 그것들을 갖기를 간절히 바람에도 불구하고 여러분 가운데 많은 사람들은 이것을 자신의 것으로 움켜쥘 수 없다고 생각합니다. 여러분은 이 소유물들을 보유할 수 있게 하는 권리가 믿음이라는 것을 압니다. 그런데 여러분은 믿음이 무엇인지 이해하지 못하고 또 어떤 이유에서인지 믿음을 발휘하지도 못합니다. 그래서 여러분은 복음이 여러분에게 값없이 주는 것을 자기 것으로 취하지 않습니다. 여러분은 무지로 인해 혼란스러워하거나 죄에 대한 두려움 때문에 얼떨떨하고 혹은 마귀의 시험 때문에 망설입니다. 나는 여러분이 은혜를 얻어 예수께서 값없이 주시는 것을 신속히 취하여 기업을 소유할 수 있게 되기를 바랍니다. 여러분이 믿음으로 주 예수 그리스도를 여러분의 것으로 취할 수 있는 권한을 받았다면, 지금 그리스도의 보혈을 신뢰한다면, 여러분에게 속하지 않은 것을 취하게 될 것이라고 두려워할 필요가 없습니다. 왜냐하면 믿는 사람은 누구나 자신이 믿음으로 취하는 것은 창세전부터 은혜 언약 안에서 자기에게 주어진 것임을 알 수 있기 때문입니다.

여러분이 그리스도를 믿는다면 여러분은 세상이 시작되기 전에 하나님께 택하심을 받은 것입니다. 우리 주님은 십자가 위에서 특별히 신자들을 위해 구속을 이루셨습니다. 신자들을 위해 언약의 유업을 사셨습니다. 그리고 그 유업을 신자들에게 넘겨주셨으므로 그 유업은 영원히 신자들의 것이 됩니다. 여러분이 믿기 전에는 이 사실을 알 수 없습니다. 그러나 믿음이 하나님의 택하심과 선물을 드러냅니다. 지금 믿는 여러분은 믿음으로 말미암아 오는 이와 같은 특별한 기쁨에 대해서 한때는 외인이었습니다. 값없는 은혜와 지극한 사랑이 여러분을 위해 무슨 일을 하였는지에 대해 아무것도 모른 채 죄 가운데서 방황하였습니다. 그러나 이제는 하나님께 왔고, 주님께서 복음에서 그처럼 값없이 제공하시는 것을 믿음으로 담대히 소유하였습니다. 자, 이런 것들이 영원 전부터 하나님의 뜻 안에서 여러분의 것이었다는 사실이 밝혀졌습니다. "야곱 족속은 자기 기업을 누릴 것이라."

하나님은 창세전부터 그리스도 안에서 여러분을 택하심에 따라 그리스도 예수 안에서 여러분에게 언약의 모든 복을 주셨습니다. 하나님은 그리스도 안에서 여러분을 그의 택하신 자, 그의 사랑하시는 자, 그의 구속하시는 자로 보셨습니다. 그러므로 하나님은 여러분이 그의 은혜로 물려받는 나라를 여러분을 위해 준비하셨습니다. 여러분이 지금 그리스도 예수를 믿고서 "내 사랑하는 자는 내게 속하였고 나는 그에게 속하였도다"(아 2:6)라고 말할 수 있는 믿음이 있다면, 이 은혜로운 복들을 받는 것이 사실은 본래 여러분의 것을 갖는 것일 뿐임을 알게 될 것입니다. 여러분은 자신의 소유물을 갖는 것입니다. 이 자리에 계신 분들 가운데 믿음으로 이미 안식에 들어간 사람은 모두 다른 사람들도 그 안식에 들어오도록, 그래서 하나님의 택하신 자들의 수가 채워지고, 언약의 모든 복들을 본래 받기로 되어 있는 사람들이 받을 수 있도록 합시다. 지금은 방탕한 아들로 먼 나라에서 굶주리고 있는 사람들이 자기 하나님께로 돌아오고 자기 소유물을 취하면 좋겠습니다!

여기서 한 걸음 더 나아갑시다. 사랑하는 친구 여러분, 많은 사람들이 믿음으로 언약의 소유물들을 쥐었습니다. 그러나 아직 그들은 그 소유물을 마음껏 취하지 않습니다. 본문을 보면 우리는 신자들이 믿음으로 붙잡은 것을 충분히 누릴 수 있도록 기도하게 됩니다. 그리스도는 나의 것입니다. 그러나 여러분, 우리 가운데 그리스도 안에서 무엇이 우리의 것이 되었는지 다 아는 사람이 있습니까? 그리스도는 보석상자이신데, 그 안에 든 보석이 다 우리의 것입니다. 그런데 우리는 보석상자의 뚜껑을 열고 그 안에 있는 보물을 다 가져오지 않습니다. 그리스도 안에 있는 우리의 기업은 참으로 넓습니다. 그러나 우리는 여호와 우리 하나님께서 우리에게 주신 아름다운 땅을 좀 더 분명하게 알기 위해 아브라함처럼 눈을 들어 동서남북을 바라보라는 말을 들을 필요가 있습니다. 우리는 언약의 복들을 봅니다. 그런데 우리는 할 수 있는 대로 그 복들을 먹고 살아갑니까? 그 복들을 깊이 들이마시고 우리 영혼이 골수와 기름진 것을 먹은 것처럼 그 복들로 만족합니까? 나는 우리가 우리의 기업을 즐거이 소유하지 못하는 것이 아닌가 걱정이 됩니다. 슬프게도 많은 신자들이 실제로 그 기업을 알고 누리는 일이 드뭅니다. 그들이 언약의 복에 대해서 말은 할 수 있지만 평소에 복 자체를 기뻐하지 못합니다. 그들은 말합니다. "그렇습니다. 어린 양의 피로 씻음을 받는다는 것은 정말로 기쁜 일입니다." 그러나 그렇게 씻음받는 데서 오는 평안을 누리지 못합니다. 그들이 "속죄를 받고서" 그와 함께 믿음으로 말미암는 칭의에 따르는 하나님과의 평안도 얻었습니까? 그들이 "모든 지각에 뛰어난 하나님의 평강"(빌 4:7)을 즐깁니까?

사랑하는 형제 여러분, 시은좌에 나아갈 수 있다는 것이 큰 특권이라는 것을 여러분은 압니다. 그러면 여러분은 그 권리를 자주 사용해서 은혜의 보좌 앞에 자주 담대히 나아갑니까? 여러분은 자신의 기회를 이용합니까? 기도를 최대한 활용합니까? 거룩한 문제들에서 정말로 하나님께서 여러분을 세우시고자 하는 곳에 섭니까? 여러분은 그리스도께서 여러분을 부하게 만드신 만큼 부요합니까? 사람이 큰 재산을 가지고 있지만 지출에 인색하기 때문에 사실은 가난할 수가 있습니다. 많은 하나님의 자녀가 그와 같지 않습니까? 모든 것이 우리의 것입니다. 그런데 우리는 마치 우리 것이 아무것도 없는 것처럼 삽니다. 목장에서 내쫓긴 말처럼 우리는 울타리 둘레의 풀을 조금씩 뜯어먹습니다. 우리 안에 들어가 푸른 풀밭에 눕는 양처럼 되는 것이 훨씬 더 나은 일입니다. 우리가 은혜로 말미암아 말할 수 없는 기쁨과 충만한 영광으로 마음을 기쁘게 하는 언약의 보화들을 자기 것으로 삼아 누릴 수 있으면 좋겠습니다! 나는 우리가 잔치를 베푸는 홀을 창문으로 들여다보지 말고 식탁에 앉아 자신의 소유물을 취할 수 있기를 바랍니다.

그리스도께서 그의 살을 우리의 음식으로 그의 피를 우리의 음료로 주셨는데, 우리가 굶주리고 목말라야 할 이유가 있습니까? 주님께서 우리를 사랑하시고 우리 안에 그의 기쁨을 주시어 우리의 기쁨이 충만하게 하려고 하시는데, 우리가 오늘 애기부들처럼 고개를 숙이고 있어야 할 이유가 있습니까? 여호와께서 우리의 힘이시오 우리의 노래이시며, 또한 우리의 구원이 되셨다는 것을 아는데, 자신의 약점들 때문에 그렇게 의기소침하게 있어야 할 이유가 있습니까?

형제 여러분, 그렇다면 분명히 말씀드리건대, 우리는 자신의 기업을 누리고 있지 않는 것입니다. 이렇게 말하는 이스라엘 사람과 같습니다. "그렇습니다. 땅의 대지들이 내 것이고, 포도원과 감람나무와 무화과, 석류가 내 것입니다. 밀과 보리가 자라는 밭도 내 것입니다. 그런데 나는 지금 굶어죽게 생겼습니다." 왜 당신은 포도즙을 마시지 않습니까? 그가 대답합니다. "그 이유를 잘 말할 수 있을지 모르겠지만, 어떻든 그 이유는 이렇습니다. 나는 포도원을 지나며 포도송이들을 보고 감탄을 금치 못합니다. 그러나 포도송이를 맛보지는 않습니다. 나는 수확물을 거두어서 헛간 바닥에 부리지만 그것을 갈아서 곡식으로 만들고 빵을 만들어 허기를 달래지는 않습니다." 참으로 불쌍하기 짝이 없는 일입니다! 이것은 너무 지나친 행동이 아닙니까? 하나님의 자녀들은 이런 미친 짓을 흉내 내려고 하지 않을 것이라고 믿습니다. 하나님께서 은혜로 우리에게 주신 모든 것을 최대한으로 활용하고 즐기며, 그래서 우리의 기업을 누릴 수 있게 해 주시기를 기도합시다.

여기서 한 걸음 더 나아가 봅시다. 우리는 자신이 누리는 것을 굳게 붙들 때 자신의 기업을 소유합니다. 너무나 많은 그리스도인들이 자신의 복을 힘없이 붙듭니다. 그들은 마땅히 즐겨야 하는 곳에서 기다리고, 마땅히 알아야 하는 곳에서는 생각합니다. 그들은 도무지 확신이 없습니다. 이렇게 해서 그들은 "자기 기업을 누리지" 못합니다. 그들은 영적인 일들을 즐기라는 말을 듣지만 그 일들을 편하게 생각하지 못합니다. 때로 그들은 뛸 듯이 기뻐합니다. 얼마 전에 그들 가운데 한 사람이 다음과 같이 찬송하는 소리를 들은 것 같습니다.

"자원하는 내 심령이 이렇게
큰 기쁨 가운데 머물며
앉아서 노래하며
영원한 복을 누리고 싶네."

그런데 이 노래를 부르던 형제는 너무도 빨리 그 산에서 내려오고 말았습니다. 이 노래를 부르던 자매는 금방 다볼 산을 떠나고 슬픔의 땅으로 갔습니다. 이렇게 쉽게 변하는 이유가 무엇입니까? 과일 하나가 익는 것을 볼 만큼 확신의 동산에서 충분히 오래 머물지 못하는 사람들이 있습니다. 그들은 자기 기업을 누리지 못합니다. 하나님의 은혜로 사람이 "내가 믿는 자를 내가 알고 또한 내가 의탁한 것을 그 날까지 그가 능히 지키실 줄을 확신함이라"(딤후 1:12)고 말할 수 있게 되면, 그것은 위대한 일입니다. 그러면 행복한 기분이 사라져도 믿음은 그대로 있습니다. 밤낮으로 우리 영혼은 오직 하나님만을 기다립니다. 우리의 소망이 하나님으로부터 오기 때문입니다. 여러분이 영원한 언약을 그처럼 굳게 쥐고 있으면, 지옥의 모든 마귀들이 여러분에게서 그 언약을 빼내려고 해도 여러분은 그들의 모든 노력을 허사로 돌려보내고, 그 언약은 여러분에게 굳건히 있습니다. 우리는 그리스도께서 우리의 것이고 우리가 그리스도의 것임을 압니다. 우리는 그리스도 안에서 쉬며, 그 안에서 영원한 구원으로 구원받습니다. 누가 예수 그리스도 우리 주 안에 있는 하나님의 사랑에서 우리를 끊을 수 있겠습니까? 우리가 확신이 있으면 정말로 우리의 기업을 누리는 것입니다. 우리의 기업에 대한 권리증서가 우리 앞에 있고, 우리는 믿음으로 그 기업을 볼 수 있습니다. 사람이 자기에게 속해 있지 않는 집에 살고 있다면 그는 그 집을 누리고 있다고 거의 말할 수 없을 것입니다. 그는 집에서 완전히 쫓겨나지 않는다고 할지라도 언제든지 불안한 마음으로 지낼 수 있습니다. 자기 소유권을 입증할 수 있는 사람이 나가라고 하면 그는 집에서 나가야 합니다. 사랑하는 여러분, 우리 하나님은 그리스도 예수 안에서 우리에게 그의 은혜의 복들에 대한 언약적 권리를 주셨습니다. 그러므로 우리는 쫓겨날 수 없습니다. 예수께서 죽으셨으므로 은혜뿐 아니라 공의도 우리 편입니다. 기업에 대한 우리의 보유권이 불확실한 것이 아닙니다. 주 예수님을 믿기 때문에 이렇게 노래할 수 있는 사람은 복됩니다.

> "이제 하늘에 있는 대저택에 대한
> 내 소유권을 분명히 볼 수 있으니
> 모든 두려움에 작별을 고하고
> 눈에서 눈물을 닦네."

이것이 우리 교회의 모든 교인들의 운명이 되기를 바라고, 도처에 있는 주님의 모든 종들의 운명이 되기를 바랍니다!

나는 아직 할 말을 다하지 못했습니다. 나는 이 말씀에 대해 또 다른 의미를 찾아보고, 이 말씀을 장차 일어날 일을 아는 사람들에게 적용해 보겠습니다. 형제 여러분, 우리에게는 아직 보지 못하였고, 아직 만질 수 없는 기업이 있습니다.

"내게는 아직 볼 수 없는
기쁨의 유업이 있네.
이 유업을 내 것으로 만들기 위해 피 흘린 손이
나를 위해 이 유업을 지키고 있네."

우리는 우리 주님께서 하늘로부터 두 번째 강림하실 것과 거기에 따라올 영광을 믿습니다. 죽은 자의 부활과 경건한 자들이 하늘에서 누릴 영원한 복을 믿습니다. 우리가 그리스도와 함께 영원히 거할 것을 믿습니다. 우리가 바로 지금 이 기업을 누릴 수 있습니까? 우리는 지금 죽은 자들 가운데서 부활할 수 없습니다. 아직 땅에 묻히지 않았기 때문입니다. 아직 황금 거리를 걸을 수 없습니다. 아직 진주 문을 통과하지 않았기 때문입니다. 그럼에도 불구하고 믿음으로 우리는 이런 일들이 아주 가까이 있으므로 지금도 이런 것들을 어느 정도 누릴 수 있으며 그래서 이미 자신의 기업을 누릴 수가 있습니다. "하나님이 우리를 또 함께 일으키사 그리스도 예수 안에서 함께 하늘에 앉히셨습니다"(엡 2:6). 우리가 실제로 하늘에 있지는 않지만 주님과 연합하여 사실상 하늘에 있는 것입니다. 우리는 세례 받을 때 그리스도와 함께 장사되었고 또 그리스도와 함께 부활하였습니다. 우리는 영적으로 죽은 가운데서 새 생명으로 살아났습니다. 우리는 모든 땅의 것들을 위로 올라가 하늘의 것들로 들어갔고, 거기에서 거합니다. 그렇습니다.

사랑하는 여러분, 믿음은 기이한 인식 능력입니다. 상상력이 이 면에서 많은 일을 할 수 있지만, 믿음은 그보다 훨씬 많은 일을 할 수 있습니다. 사람은 상상력을 이용해서 허구를 사실처럼 보이게 만들 수 있습니다. 믿음은 허구와는 아무 상관이 없습니다. 믿음은 미래에 대한 확실한 소망을 현재의 즐거움으로 만듭니다. 땅이 믿음으로 말미암아 하늘의 현관이 될 수 있습니다. 이 세상의 삶이 위에 있는 영광의 삶의 예행연습이 될 수 있습니다. 이 땅에서도 우리는 안식의 시간을 "땅에서 보내는 하늘의 날과 같이"(신 11:21, 개역개정은 "하늘이 땅을 덮는 날과 같으리라") 보냄으로써 우리의 기업을 누릴 수 있습니다. 우리는 성령님이 우리 안에 내주하시는 데서 유업에 대한 보증을 이미 받았고, 그리스도 안에서 그 유업을 이미 얻었습니다.

> "은혜를 받은 사람들은
> 영광이 아래에서 시작되고
> 천상의 열매들이 믿음과 소망으로 인해
> 이 땅에서 자라고 있음을 알았습니다."

이렇게 우리는 평안과 안식, 정결, 하늘의 승리를 점점 더 누리고, 이렇게 해서 우리의 기업을 누릴 수 있습니다.

이 의미와 그 밖의 또 한 가지 의미를 강조해서 말씀드리겠습니다. 우리는 사람들이 다른 사람들을 예수께로 인도하는 모습을 보기를 간절히 바랍니다. "야곱 족속은 자기 기업을 누릴 것이라"고 말할 때 나는 이 말씀이 이스라엘 원수들의 소유물을 얻으리라는 것을 의미할 수도 있다고 생각합니다. 왜냐하면 19,20절에서 이 말씀을 보기 때문입니다. "그들이 네겝과 에서의 산과 평지와 블레셋을 얻을 것이요 또 그들이 에브라임의 들과 사마리아의 들을 얻을 것이며 베냐민은 길르앗을 얻을 것이며 사로잡혔던 이스라엘의 많은 자손은 가나안 사람에게 속한 이 땅을 사르밧까지 얻을 것이며 예루살렘에서 사로잡혔던 자들 곧 스바랏에 있는 자들은 네겝의 성읍들을 얻을 것이니라." 성도들이 적들의 영토를 손에 넣는 것입니다. 적들의 영토는 그리스도 예수 안에서 성도들의 것입니다. 온 세계가 그리스도의 것이므로 우리는 그리스도의 이름으로 그리스도를 위해서 온 세상을 소유해야 합니다. 아직 우리는 모든 것이 그리스도께 복속되는 것을 보지 못합니다. 그러나 그리스도의 적이 그리스도의 성 안에 거합니다. 그리스도의 원수들이 런던이라는 도시를 얼마나 굳게 붙들고 있는지 모릅니다!

사랑하는 여러분, 나는 이 큰 도시를 함락시킴으로써 본문의 말씀이 우리에게 들어맞았다는 것이 나타날 수 있기를 간절히 바랍니다. "얻을 땅이 매우 많이 남아 있도다"(수 13:1). 우리는 그리스도의 이름으로 정복활동을 계속 밀어붙여야 합니다. 원수의 땅으로 쳐들어가 싸우고 예수님을 위하여 잇따라 성채를 공격해야 합니다. 이 땅은 그리스도께서 친히 세우시는 왕국의 한 부분입니다. 그러니 이 땅을 취합시다. 이 일을 할 것입니까? 반드시 해야 합니다! 우리는 수백만의 사람들이 그리스도의 발 앞에 엎드리기까지, 하나님의 은혜로 예수께서 이 땅의 동서남북을 소유하시기까지 만족해서는 안 됩니다. 나는 이 말씀이 우리에게 주신 약속이라고 생각합니다. "야곱 족속은 자기 기업을 누릴 것이라."

술취함이 여리고처럼 이스라엘의 나팔 소리 앞에서 무너져야 합니다. 죄와 음욕이 가나안 사람들의 철 병거처럼 우리의 거룩한 믿음 앞에서 산산이 부서져야 합니다. 불신앙과 미신이 야빈의 군대처럼 영원한 복음 앞에서 물러가야 합니다. 우리는 이 영원한 복음으로 정복해야 하고 또 정복할 것입니다. 아, 온 교회가 일어나서 우리의 왕이신 주님을 위해 일하면 좋겠습니다! 불굴의 믿음으로 올라가서 적의 문을 취하면 좋겠습니다! 이것이 하나님의 크신 계획들 가운데 하나입니다. 하나님께서 우리를 택하여 시온으로 데려오신 것은 우리 자신이 구원을 얻고, 그 다음에는 다른 사람들을 그 구원자에게로 인도하도록 하기 위함입니다. 21절에 이같이 기록되지 않았습니까? "구원 받은 자들이 시온 산에 올라와서 에서의 산을 심판하리니 나라가 여호와께 속하리라." 우리가 하나님께 택함을 받았다면 이 목적을 위해서 택함받은 것입니다. 즉, 우리가 세상에서 주님의 구속 받은 자들 가운데 남은 자를 모아들이고 지금 하나님께 반항하는 민족들을 우리 왕에게로 데려오도록 하기 위함입니다. 바로 이 시간 우리 가운데 많은 사람들이 금년이 우리에게 최고의 해가 되도록, 우리 교회가 과거 어느 때보다 많이 부흥하도록 밤낮으로 기도하고 있습니다. 나는 여러분 모두에게 이 지속적인 기도에 참여하여 이 태버너클 예배당에서 "야곱 족속은 자기 기업을 누릴 것이라"는 말씀이 우리 보는 앞에서 이루어질 수 있게 하자고 초청합니다.

이 설교의 주요 부분에 대해서는 이만큼 말하도록 하겠습니다. 이밖에 앞으로 다룰 사실이 두 가지 있습니다.

2. 그 가운데 첫 번째는 기억해야 할 은혜가 있다는 것입니다.

"시온 산에서 피할 자가 있으리라." 이 사실 때문에 우리가 자신의 기업을 누리는데 도움을 받습니다. 하나님께서 우리를 위해 무슨 일을 하셨는지 보십시오! 하나님께서 하실 수 없는 일이 무엇입니까? 너무 어려워서 하나님이 하실 수 없는 일이 있습니까? 여러분이 이 구절의 뜻을 알 수 있도록 이 구절의 의미를 설명하겠습니다.

우리는 구원을 받았습니다. 왜냐하면 "시온 산에서 피할 자가 있을"(Upon Mount Zion shall be deliverance) 것인데, 우리는 이 말씀대로 이미 피하였기 때문입니다. 우리는 그리스도 예수 안에서 구원을 받았습니다. 개역 성경(The Revised Version)은 이 구절을 이렇게 번역하고 있습니다. "시온 산에서 도망할 자들이 있을 것이라"(In mount Zion there shall be those that escape). 우리는 죄와 죽음과 지옥에서 도망하였습니다. 아주 훌륭한 소선지서 주석가들 중의 한 사람은 이 구절을 이렇게 해석합니다. "시온 산에 도망하여 남은 자들이 있을 것이라." 이 말은 작고 연약하지만 확실히 구원받은 사람들이 있을 것이라는 뜻인데, 우리가 그런 사람들입니다. 이 번역을 보면 다른 선지자의 말이 생각납니다. 그 선지자는 이렇게 말했습니다. "시온 산과 예루살렘에서 피할 자가 있을 것임이요 남은 자 중에 나 여호와의 부름을 받을 자가 있을 것임이니라"(욜 2:32). 하나님께 영광을 돌립시다! 우리가 구원을 받았습니다. 델리치(Delitzch)는 이 구절을 이렇게 해석합니다. "시온 산에 구원받은 자들이 있을 것이라." 그렇습니다. 우리가 구원을 받았습니다. 영적 죽음에서 구원을 받았고 형벌에서 구원받았으며, 죄로부터 구원받았고 우리 하나님께 영광이 되도록 구원받았습니다! 우리가 구원을 받았지만 시내산에서 받지 않았습니다. 거기에서는 율법이 무섭게 천둥을 칩니다. 우리는 시온산에서 구원받았습니다. 거기에는 아벨의 피보다 더 나은 것을 말하는 뿌린 피(히 12:24)가 있습니다. 이 같이 구원받았으니 우리는 올라가서 구원을 외치며 우리 구원자의 이름을 선포합시다. 여러분 포로들이여, 그의 음성을 듣고 여러분도 구원받도록 하십시오! 이제 우리가 주님 안에서 영원한 구원으로 구원받았으니 우리의 기업을 즐거이 누릴 수 있습니다.

우리는 매일 구원받습니다. 본문이 "시온 산에서 피할 자가 있으리라"고 말하기 때문입니다. 그곳에는 언제든지 구원이 있습니다. 우리는 이미 구원을 받았을 뿐만 아니라 모든 악으로부터 계속해서 구원을 받습니다. 곤경에 떨어질 때는 언제든지 우리는 예수께로 달려갑니다. 매 시간 시험을 받으면 매 시간 구원을 얻기 위해 예수님을 바라봅니다. 우리는 현재 구원을 받습니다. 구원을 어느 날 우리 안에서 이루어지고 끝이 난 문제로 생각해서는 안 됩니다. 회심은 성화의 시작이고, 성화는 일생 동안 구원을 이루는 일입니다. 우리가 영광에 들어가기까지는 언제나 날마다 은혜가 필요할 것입니다. 시온 산에, 그리스도 예수 안에, 하나님의 말씀 안에, 하나님의 교회에 결코 마르지 않는 구원의 샘이 있습니다. 그렇다면 우리는 바로 지금 그리고 언제까지나 이 구원의 샘을 마음껏 마십시다. 영구한 보화로 부자가 됩시다. 이 변치 않는 안전을 즐거워하고, 이 구원을 다른 사람들에게도 전하기를 힘씁시다.

우리는 수가 매우 적습니다. 앞에서 본문에 대한 어떤 주석가의 해석을 말씀드린 것을 기억하시기 바랍니다. "시온 산에 도망하여 남은 자들이 있을 것이라." 하나님의 택하신 사람들의 수가 마지막에 얼마가 될지에 대해서는 추측하지 않겠습니다. 이 문제를 아주 관대하게 볼지라도 현재 구원받은 사람들은 산꼭대기에 핀 한 줌의 곡식이나 포도 수확 후에 떨어진 열매들을 모아놓은 정도에 지나지 않습니다. 온 세상은 그 악한 자 안에 누워 있습니다. 그래서 그리스도 예수 안에 있는 자들은 소수의 남은 자들에 불과합니다. 그러나 "적은 무리여 무서워 말라 너희 아버지께서 그 나라를 너희에게 주시기를 기뻐하시느니라"(눅 12:32)는 원기를 돋우는 말씀은 여전히 그리스도의 교회에 적용될 수 있습니다. 우리가 오늘날 하나님의 교회를 이루는 교인들의 수를 할 수 있는 대로 가장 많게 잡고 얼마 되지 않는 그 빈약한 무리를 지구상의 주민 수에 비교할 때, 그것은 마치 양동이의 물 한 방울을 성전 놋대야의 물에 비교하는 것과 같습니다. 하지만 우리는 실망하지 맙시다. 하나님께서 우리를 구원하셨다면 비록 우리가 소수에 지나지 않을지라도 우리로 말미암아 그의 뜻을 이루실 것입니다. 하나님께서는 사람의 많은 수를 의지해서 구원하시지 않고 지극히 적은 수에 의지해서 구원하시지도 않습니다. 친히 자신의 오른손으로 승리를 거두십니다. 여러분은 비록 수가 지극히 적을지라도 능히 그 땅을 소유할 수 있습니다. 다만 성령께서 오순절 날에 열두 사도에게 임하였을 때 그들이 하였듯이 그와 같은 정신으로 나아가기만 하십시오. 그러면 비록 여러분이 적은 수일지라도 열방을 정복하여 그리스도께 바칠 수 있습니다.

우리는 은혜로 택함을 받았습니다. 시온에 피하여 남은 자들은 은혜로 택함을 받고 이 구원을 얻도록 정해진 사람들입니다. 여러분이 하나님께서 자신을 택하셨음을 믿는다면 아무것에도 굴하지 않을 것입니다. 다른 어떤 교리보다 선택의 교리를 굳게 쥘 때 마음에 더할 수 없이 큰 용기가 생깁니다. 사람이 하나님께서 자신에게 이 일 혹은 저 일을 하도록 정하셨다고 믿는다면 그는 아무도 꺾을 수 없는 굳은 결심으로 나아갑니다. 자신의 선택을 확신하는 사람은 마치 사격의 명수가 거대한 활로 쏜 철 화살처럼 모든 난관을 산산이 부수며 나아갑니다. 하나님께서 내게 맡기신 일을 이루는 것을 누가 막을 수 있겠습니까? 내게 대한 하나님의 뜻을 이루는데, 누가 나를 방해할 수 있겠습니까? 이 사실에 우리가 기업을 차지하기 위해 계속해서 나아가고 그리스도의 피로 값 주고 사신 것을 그리스도께 돌려드리는 일을 계속하게 만드는 강력한 동기가 있습니다. "남은 자가 기업을 얻었습니다." 승리는 결국 하나님께서 택하신 자들에게 돌아갑니다.

우리가 다른 사람들의 구원을 위해 세워졌다는 이 점에 주의하시기 바랍니다. 하나님께서 누군가에게 은혜를 베푸시는 목적은 단지 그 개인 한 사람에게 은혜 주시는 것만으로 끝나지 않습니다. 하나님께서 어떤 사람들의 무리를 영생에 이르도록 선택하실 때는 그들이 세상의 소금과 빛이 되도록 하시기 위함입니다. 여호와께서 이스라엘을 선택하신 것은 은총받은 이 민족이 하나님의 계시를 받고 장차 올 세대들을 위하여 그 계시를 보존하도록 하시기 위함입니다. 하나님께서 우리를 택하여 시온산에 데려오셨다면 그것은 구원을 얻은 우리가 나가서 세상 끝까지 그 구원의 소식을 전하도록 하시기 위함입니다. "율법이 시온에서부터 나올 것이요 여호와의 말씀이 예루살렘에서부터 나올 것임이니라"(사 2:3)고 기록되어 있지 않습니까? 형제 여러분, 우리는 들어가서 그 땅을 차지하고 사람들을 예수께로 인도해야 합니다. 이 일을 위하여 우리가 택함을 받았기 때문입니다. 하나님께서 여러분을 구원하셨습니까? 하나님께서 여러분을 타락한 인류 가운데서 이끌어내셨습니까? 특별한 은혜로 여러분을 택하셨습니까? 그렇다면 여러분은 여러분 자신의 것이 아니라 영원히 하나님의 것입니다. 그러므로 여러분은 자신을 위해서 살아서는 안 되고 하나님의 영광을 위하여, 다른 사람들에게 하나님의 구원을 알리기 위해 살아야 합니다. 그러므로 사랑하는 여러분, 기운을 차리고 용기를 내십시오. 이 고상한 사업과 고귀한 목적을 마음에 가득 품으십시오. 여러분 스스로에게 말씀하십시오. "야곱 족속은 자기 기업을 누릴 것이라"는 말씀이 이루어지도록 하겠다고 말입니다.

이제 마지막으로 설명할 요점이 아마도 가장 중요한 말씀일 것입니다.

3. 여러분은 세 번째 문제, 즉 눈에 띄는 성품에 주의를 기울이시기 바랍니다.

"시온 산에서 피할 자가 있으리니 거기에 거룩함이 있을 것이요"(개역개정은 "그 산이 거룩할 것이요"). 야곱 족속이 내가 지금까지 아주 길게 말한 기업을 누리는 것은 거룩함을 통해서입니다. 거룩함이 없다면 구원이 없을 것이고, 기업을 누리는 일도 없을 것입니다. 거룩함은 복의 황금 사슬에서 반드시 필요한 고리입니다. 거룩함이 없다면 우리는 주님을 보지 못할 것입니다.

이 말씀의 의미를 설명하기 위해 이 구절을 다음과 같이 번역할 수도 있다는 것을 말씀드립니다. "시온 산에서 피할 자가 있으리니 거기에 성소가 있을 것이라." 다시 말해 "거룩한 곳", 즉 하나님의 신성한 전이 있을 것입니다. 하나님의 백성은 하나님의 성전입니다. 하나님의 교회는 하나님의 특별한 거처임이 분명합니다. 그곳에서 하나님은 자기 궁정에서 왕으로 행하십니다. 하나님의 전은 무엇보다 첫째로 그리스도라는 분이고, 그 다음에 살아계신 하나님의 교회입니다. "이는 내가 영원히 쉴 곳이라 내가 여기 거주할 것은 이를 원하였음이로다"(시 132:14). 하나님의 교회가 정말로 하나님의 성전이 될 때, 교회가 얼마나 놀라운 존귀를 얻는지 모릅니다! 우리가 엄숙한 집회로 함께 모일 때, 특별히 성찬상에 둘러앉아 교회로서의 모습이 분명히 드러날 때, 엄숙한 두려움과 거룩한 떨림을 마음에 품어야 합니다. 왜냐하면 하나님께서 시내 산에 계셨듯이 혹은 더 낫게 말하자면 옛적에 장막의 지성소에 계셨듯이 지금 우리 가운데 계시기 때문입니다. 진실한 성도들은 살아있는 성전의 산 돌입니다. 황송하게도 여호와께서 이 성전에서 사람들에게 자신을 알리십니다. 이 사실을 깨닫지 못하는 한, 우리는 기업을 누리지 못할 것입니다. 여러분이 교회의 교인이 되는 것을 하찮게 여긴다면, 교회를 그저 종교적 목적을 위해 함께 모이는 사람들의 단체로만 생각한다면 여러분은 잘못 생각하고 있는 것입니다. 교회는 하나님의 성소, 곧 하나님께서 자신을 계시하시는 곳임이 틀림없습니다. 그렇지 않다면 교회를 구성하는 사람들이 하나님의 구원을 맛보지 못한 것이고, 따라서 자기 기업을 얻지도 못할 것입니다.

하나님의 백성을 거룩한 백성으로 만드는 중요한 것은 하나님께서 그들과 함께 계시다는 사실입니다. 하나님은 그의 거하시는 곳과 그곳으로 가까이 오는 사람들을 모두 거룩하게 만드십니다. 비록 덤불 가운데서 나타나실지라도 하나님께서 자신을 나타내시는 바로 그곳이 거룩한 땅입니다. 하나님은 모든 곳에 계십니다. 그러나 자기 교회 안에 계시듯이 모든 곳에 계시는 것이 아닙니다. 하나님은 자신의 택하신 백성들 가운데 특별히 은혜롭게 거하십니다. 바로 이 점이 그들을 "여호와께 성결"하게(슥 14:20) 만드는 사실입니다. 여러분은 야곱처럼 이렇게 외칠 수밖에 없었던 적이 있지 않았습니까? "두렵도다 이곳이여!"(창 28:17). 그것은 여러분이 "여호와께서 과연 여기 계시도다!"(28:16) 하고 외치지 않을 수 없었기 때문입니다. 성도들의 집회에서, 곧 여러분이 엄숙한 기도로 하나님께 가까이 나아가고 언약의 사자를 씨름하여 이겼을 때, 자신이 하나님의 것임을 느끼지 않았습니까? 우리가 하나님께 가까이 있을 때만큼 거룩한 때는 없습니다. 하나님의 임재가 그 임재 아래 있는 사람을 거룩하게 합니다. 사랑하는 여러분, 우리에게는 반드시 이 하나님의 임재가 있어야 합니다. 그렇지 않으면 우리는 민족들을 정복할 수 없습니다. 하나님이 우리와 함께 계시지 않다면, 왕에 대한 환호성 소리가 진중에 있지 않다면, 전투에서 결코 용감하게 싸우지 못할 것입니다. 교회는 가정에서부터 부흥할 필요가 있습니다. 우리는 사람들이 "신앙의 부흥을 일으키자"고 하는 말을 듣습니다. 그것은 참으로 쓸데없는 말입니다! 하나님의 교회가 영적으로 깨어나면 신앙의 부흥은 자연히 따라올 것입니다. 그 외의 다른 식으로는 신앙의 부흥이 있을 수 없습니다. 우리는 스스로 거룩하도록 조심합시다. 그러면 하나님께서 우리에게 성공을 가져다주실 것입니다.

그 다음에는 거룩한 가르침이 있어야 합니다. "거기에 거룩함이 있을 것이라." 우리에게서 나가는 모든 가르침은 인간의 지혜에서 나온 꿈이 아니라 하나님의 거룩한 진리여야 합니다. 한 사람도 회심하지 않는 설교가 있다면 보통 그것은 거룩한 설교가 아니라고 생각합니다. 가르침에 죄인들을 회심시킬 만한 것이 하나도 들어 있지 않다면 그 가르침이 죄인을 회심시키는데 사용되지 않는 것을 이상하게 여길 수 없습니다. 내가 구멍 난 그물을 가지고 고기잡이를 간다면 고기를 한 마리도 잡지 못하는 것이 이상한 일입니까? 하나님은 거룩하지 않은 설교로는 죄인들을 회심시키실 수 없을 것입니다. 그렇게 하는 것이 하나님께 영광이 되지 않을 것이기 때문입니다. 수단은 그것이 이루고자 하는 목적에 적합해야 합니다. 따라서 영혼을 구원하는 설교는 죄와 구원과 예수님의 피를 다루어야만 합니다. 우리가 이 목적에 맞지 않는 주제들을 무엇 때문에 다루어야 하겠습니까? 내가 이 자리에 서서 여러분에게 파업이나 지방자치 혹은 사회주의에 대해서 말한 다음에 하나님께 내 설교로 영혼들을 회심시켜 주시라고 기도한다면 그것은 하나님을 조롱하는 말이거나 그 이상의 악한 말이 되지 않겠습니까? 나는 그렇게 생각합니다. 시온이 정복하는 능력을 지니려면 거룩한 설교를 해야 합니다. 우리 설교에 아무리 부족한 점이 있다고 하더라도 사람들이 우리 설교에 대해 거기에 "거룩함이 있을 것이라" 그렇지 않으면 죽음이 있을 것이라고 말할 수 있어야 합니다. 설교자가 언제나 거룩할 수 있으면 좋겠습니다! 우리가 거룩한 하나님, 거룩한 교리, 거룩한 복음, 거룩한 생활을 설교하지 않는다면 우리는 바람을 심는 것입니다.

사랑하는 여러분, 우리는 거룩한 의식들을 지켜야 합니다. 우리는 결단코 세례와 주의 만찬을 가볍게 여겨서는 안 됩니다! 이 거룩한 의식들을 거부한 사람들이 있습니다. 그런데 그들이 그리스도께서 오실 날에 그 점에 대해 뭐라고 답변할 것입니까? 주 예수께서 이 의식들을 제정하셨다면 어떻게 감히 우리가 이 의식들을 제쳐놓겠습니까? 이것은 주제넘게 그리스도의 보좌에 올라가 주님을 입법자의 자리에서 밀어내고 스스로 법을 세우려고 하는 것임이 확실합니다. 그래서는 안 됩니다. 먼저는 거룩함이 있어야 하고, 그러면 우리가 기업을 누릴 것이고, 의식들이 유용한 교육의 수단들임을 발견할 것입니다.

간구에 거룩함이 있어야 합니다. 하나님의 은혜를 그토록 많이 받은 우리 교회가 모든 교인들이 일어나서 사람들의 영혼을 위해 간절히 기도드린다면 우리가 큰 일들을 보지 못하겠습니까? 모든 교인이 하나님께서 찾아와주시기를 간절히 기도드린다면, 교인 한 사람 한 사람이 하나님께서 능력을 보여주시기를 밤낮으로 간절히 기도하고, 이렇게 간구할 뿐 아니라 그 기도가 진실함을 보여준다면, 즉 그 자신의 개인적인 노력을 보인다면 우리에게 참으로 놀라운 날이 이를 것입니다! 구름 한 점 없는 맑은 날이 올 것입니다! 그런 날이 오지 않아야 할 이유가 없습니다. 나는 그 일이 곧 이루어지기를 기도합니다. 나의 이상이 사실이 되기를 바랍니다! 하나님께서 "거기에 거룩함이 있을 것이라"는 약속을 친히 이루어주시기를 바랍니다! 거룩함이 기도를 낳고, 기도가 능력을 가져오며, 그 능력이 하나님의 영광을 위해 힘 있게 일할 것입니다.

한 가지 더 말씀드리자면, 거룩한 생활이 있어야 한다는 것입니다. 우리가 기도회를 갖는데, 거기에 참석하는 많은 사람들이 가정에서 하나님을 섬기지 않는다면, 그 기도회가 무슨 소용이 있습니까? 또 설교가 있습니다. 그런데 설교자가 자신이 한 번도 경험하지 못하고 또 실천할 준비도 되어 있지 않는 것을 전한다면 그 설교가 무슨 소용이 있습니까? 주일학교에서 가르치는 일이 있습니다. 생활에 경건함이 없는 경솔한 사람들이 아이들을 가르친다면, 그 교육이 무슨 소용이 있습니까? 우리가 거룩함으로 옷 입지 않는 한, 하나님께서 우리에게 복을 주어 구원하려는 뜻을 이루시지 않을 것입니다. 시온의 제사장들이 여호와 앞에 받으실 만한 제사를 드리려면 거룩한 생활이라는 눈 같이 흰 옷을 입어야 합니다. 내가 무릎을 꿇고 눈물을 흘리며 간구할 수 있다면 이 자리에 계시는 형제자매 한 사람 한 사람에게 거룩하라고 간곡히 부탁하고 싶습니다. 하나님께서 어떻게 말씀하시는지 들어 보십시오. "내가 거룩하니 너희도 거룩할지어다"(벧전 1:16). "사랑을 받는 자녀 같이 너희는 하나님을 본받는 자가 되라"(엡 5:1). "주 예수 그리스도로 옷 입고 정욕을 위하여 육신의 일을 도모하지 말라"(롬 13:14). "너희는 그리스도의 복음에 합당하게 생활하라"(빌 1:27). 여러분이 하나님에 대해 거룩하게 생활하지 않는 한, 여러분의 기업을 기쁘게 누릴 수 없습니다. 마음을 다해 하나님께 순종하고 하나님 앞에서 거룩하게 생활하지 않는 한, 여러분은 충만한 확신을 가질 수 없고, 그리스도와의 친밀한 교제에 이를 수 없으며, 사람들에게 유익을 끼칠 수도 없습니다. 우리는 진심으로 이렇게 기도할 수 있습니다.

"우리에게 아직 한 가지 부족한 것이 있으니
거룩함을 더욱 주소서.
우리가 주님께
거룩함을 더욱 바라나이다."

이 바람이 이루어진다면 우리에게 모든 것이 잘될 것입니다.

권고의 말을 들으시기 바랍니다. 많은 사람들이 회심함으로 말미암아 우리 교회가 크게 부흥하기를 간절히 바라므로 우리는 이 점, 곧 우리가 거룩해야 한다는 이 점을 명심합시다. 우리가 거룩하지 않다면, 복을 받을 수 없을 것입니다. 거룩하지 않은 일꾼은 사실 진실하지 않습니다. 그는 허울뿐인 열심 혹은 거짓 열심을 가질 수 있습니다. 그러나 영혼에 대한 진심 어린 열정을 거룩하지 않은 사람들에게서는 볼 수 없습니다. 여러분이 철저하게 하나님께 헌신하고 성령님으로 말미암아 거룩해지지 않는 한, 진리를 듣는 사람들의 마음에 깊이 박히도록 만드는 확신을 가지고 말할 수 없습니다. 여러분이, 똑똑하기는 하지만 영성이 없고 세상적인 일을 잘 아는 배우에 불과한 설교자의 말을 들었을 때 그의 설교가 여러분에게 영향력이 없다는 것을 여러분 자신도 알지 않습니까? 여러분은 그가 말하는 것이 다 좋지만 따분하다고 느꼈습니다. 그는 명석하고 말을 잘하는 사람이었지만 여러분에게 감동을 주지는 못하였습니다. 몇 년 전에 조지 뮬러의 얘기를 들었을 때, 그가 하는 말에 웅변적인 것이 전혀 없지만 거기에는 진심이 담겨 있었고, 그의 말 한 마디 한 마디가 무게가 있었습니다. 그 거룩한 사람은 자기가 하는 말을 경험한 사람으로서 이야기하였습니다. 오랜 기간 하나님을 믿은 그의 생활이 그의 말 한 마디 한 마디를 사람들의 마음과 양심에 감동적이 되도록 만들었습니다. 성경공부반과 주일학교 교사 여러분, 거룩한 생활이 여러분의 반에서 여러분의 힘이 되어야 합니다. 그렇지 않으면 여러분의 말이 아이들에게 무익한 이야기가 될 것입니다!

사람들이 여러분의 생활이 거룩하지 않은 것을 본다면, 믿음 없는 자들이 여러분의 증거를 물리칠 것입니다. 또 그렇게 하는 것이 전혀 이상한 일이 아닐 것입니다. 그들은 여러분의 증거를 듣고 싶어 하지 않습니다. 여러분의 증거를 물리칠 구실을 찾을 것이고, 여러분의 거룩하지 않은 생활에서 그 구실을 기쁘게 찾을 것입니다. 사람들은 이렇게 말할 것입니다. "저 사람은 자기도 그 말을 믿지 않아. 그렇지 않다면 지금처럼 살지 않을 거야." 나는, 담임목사에게 지난 주의 설교를 기억하느냐는 질문을 받은 한 자매에 대한 이야기를 들었습니다. 그 자매는 "아니요, 다 잊어버렸어요" 하고 대답하였습니다. 그러자 목사가 "자매님은 지난 주 설교를 기억하고 있어야 합니다" 하고 말했습니다. 그러자 자매가 대답하였습니다. "아니요, 내가 지난 주 설교를 기억해야 한다고 생각지 않아요. 목사님도 기억하시지 못했잖아요. 목사님은 설교를 전부 원고를 보고서 읽었어요." 그 자매의 주장은 이것입니다. 목사가 자신의 설교를 보지 않고 전할 수 있을 만큼 기억하지 못한다면 어떻게 다른 사람들에게 자신의 설교를 기억하기를 바랄 수 있느냐는 것입니다. 배우는 사람이 가르치는 사람보다 뛰어날 수 있습니까? 형제 여러분, 여러분이 거룩하지 못하다면 능력의 지렛대를 잃게 됩니다.

그 다음에, 성도들은 거룩하지 않은 일꾼에게 복 주시기를 기도할 수 없습니다. 여러분이 부정한 방식으로 하나님을 위해 일한다면 혹은 하나님을 위해 바르게 일하지만 일반 생활에서는 앞뒤가 맞지 않게 행동한다면, 하나님의 백성들은 슬퍼하며 여러분을 위해 기도할 수 없음을 발견할 것입니다. 한 사람이 내게 자기 교회의 목사에 대해 이야기하면서 이런 말을 하였습니다. "스펄전 목사님은 복을 받는 것이 당연합니다. 하나님의 백성들이 목사님을 위해 기도하기를 좋아하니까요. 하지만 우리 목사님은 그렇지 못합니다. 그분은 훌륭한 설교자이지만 따스한 면이 전혀 없어서 주님의 백성들 가운데 아무도 목사님 가까이 가고 싶어 하지 않습니다." 이 점은 사람에게 큰 손실입니다. 배를 침몰시킬 구멍입니다. 성도들이 목회자를 위해서 기도할 수 없다면, 그 목회자에게서 무슨 선한 것이 나올 수 있겠습니까? 하나님의 백성들이 어떤 사람에게서 하나님께 대한 분명한 헌신을 보지 못하고, 심령과 생활의 거룩함을 보지 못하면, 그를 위해서 기도할 마음이 생길 수 없습니다.

끝으로, 거룩한 생활이 따르지 않는 설교는 하나님도 인정하시지 않을 것입니다. 하나님께서 어떻게 부정한 생활을 승인하실 수 있겠습니까? 형제 여러분, 우리가 다른 사람들이 그러듯이 주중에 세상에 들어가 내내 죄를 짓고 산다면 주일에 거룩한 옷을 입고 "나는 그리스도의 증인이라"고 말하는 것은 소용없는 일일 것입니다. 하나님께서 그런 행동에 대해 어떻게 생각하시겠습니까? 하나님께서 악한 사람들을 불러 그의 증인으로 삼으시겠습니까? 하나님은 위선을 미워하십니다. 그래서 거룩하지 않은 설교에는 "따르는 표적"(막 16:20)을 주시지 않을 것입니다. 형제 여러분, 우리는 사람들을 회심시키는 일에서 주께 명예를 얻기 바랍니다. 사울이 사무엘을 붙잡고 "백성들 앞에서 나를 높이소서!"(삼상 15:30) 하고 말하였는데, 우리는 사울처럼 되지 맙시다. 사람들이 구원받는 것을 보지 못한다면, 수사학과 웅변술이 가져다줄 수 있는 모든 명예가 우리에게 아무 소용이 없을 것입니다.

아직 예수님을 믿지 않고 있는 여러분, 나는 여러분이 그리스도인이 되기를 간절히 바랍니다! 그의 죽음이 여러분의 생명이 되고 그 자신이 여러분의 구원이 되시는 예수님을 여러분이 지금 즉시 믿게 되기를 바랍니다. 주 예수님을 보고 사십시오! 그리스도의 것인 여러분, 여러분이 본문의 주목할 만한 표현을 기억하고, "여러분의 기업을 누릴" 수 있기를 바랍니다. 아멘.

요나

제
1
장
—

도망자 요나와 안성맞춤인 배

—

"그러나 요나가 여호와의 얼굴을 피하려고 일어나 다시스로 도망하려 하여 욥바로 내려갔더니 마침 다시스로 가는 배를 만난지라 여호와의 얼굴을 피하여 그들과 함께 다시스로 가려고 뱃삯을 주고 배에 올랐더라." – 욘 1:3

슬픈 광경입니다! 자기 일을 버리고 도망하는 하나님의 종이 여기 있습니다. 나는 자기 위치를 벗어나 떠도는 별을 보는 것 같습니다. 요나가 하나님의 얼굴을 피하여 도망하였다는 글을 읽을 때 우리는 요나가 자신이 편재하시는 하나님 앞을 피하여 도망할 수 있을 것으로 생각하였다고 보지 않습니다. 그는 하나님 앞에서 하나님의 뜻을 따라 일하는 것을 피하고 싶었던 것입니다. 하나님의 심부름을 받아 선지자로서 하나님의 특별한 지시를 수행하기를 회피하고 싶었습니다. 만일 자기가 니느웨로 간다면 하나님께서 자기를 불러 심부름을 시키실지 모른다고 생각하였습니다. 이때 앗수르는 분명히 하나님과 그의 백성들과 어느 정도 관계가 있었습니다. 그런데 만일 그가 일단 다시스까지 멀리 떠날 수 있다면, 세상 밖으로 벗어날 것이고 그러면 여호와의 이름으로 말할 일이 더 이상 없을 것입니다. 다시스와 이스라엘 사이에는 아무 관계가 없고 따라서 더 이상 선지자의 일을 하지 않아도 될 것으로 생각하였던 것입니다. 혹은 설사 다시스에서 선지자의 일을 할지라도 그 소문이 멀리 예루살렘까지 미치지 않을 것이기 때문에 나쁜 평판을 얻지 않을 것입니다. 그가 자기를 부인해야 하는 고된 예언의 의무를 피하고 싶어 하지 않았을지라도, 적어도 니느웨라는 이교도들에게까지 가는 먼 여행, 자신에게 명예가 되지 않을 것으로 보이는 여행을 피하고 싶어 했을 것입니다.

그러면 요나는 왜 자기 일을 피하고 싶어 했습니까? 그것이 어떤 이유였든 간에, 틀림없이 좋지 못한 이유였을 것입니다. 하나님의 종이라면 어떤 이유에서든 하나님의 시키신 일을 그만둘 생각을 해서는 안 되기 때문입니다. 우리는 하나님의 뜻 행하기를 피할 생각을 해서는 안 됩니다. 자신의 의무가 무엇인지 알 때는 확고부동한 결심으로 그 의무를 철저히 이행하려고 해야 합니다. 우리는 자신의 자리를 떠날 생각을 해서는 안 됩니다. 심지어 천국에 가기 위해서라는 핑계로 떠나서도 안 됩니다. 어서 빨리 자리를 떠나기를 바라서는 안 됩니다. 고용주들은 항시 토요일 밤이 되기만을 고대하는 직원을 좋아하지 않습니다. 그런 사람은 화요일과 목요일, 금요일에 일에 몰두하도록 하십시오. 그러면 한 주가 금방 끝날 것입니다. 동료가 곁에서 서서 팔을 위로 뻗고 한숨을 쉬며 "이번 주는 너무 길다. 오늘이 토요일이면 좋겠네"라고 말하는 모습을 보기 좋아할 사람은 없습니다. 여러분은 하루 임금에 맞게 충실하게 하루 종일 일하며, 여러분의 눈치를 보며 일을 슬렁슬렁하려고 하지 않는 사람을 좋아합니다. 우리는 "비둘기처럼 날개가 있다면 좋겠다!" 하고 소리치지 않아야 합니다. 그런 직원들이 있다면 어떻게 처치해야 하겠습니까? 우리 가운데 어떤 사람들처럼 그렇게 걸음이 굼뜨고 무거운 사람들은 차라리 땅에 딱 붙어 지내는 것이 낫습니다. 사람이 하나님의 일을 피할 어떤 이유를 생각하든지 간에, 그 이유는 그가 목적하고 있는 일만큼이나 악한 것입니다. 하나님의 자녀들은 하늘 아버지의 일을 그만두고 떠날 권리가 없습니다. 따라서 그렇게 한다면 큰 위험을 무릅쓰게 되는 것입니다.

요나의 이유는 무엇이었습니까? 요나가 그것을 자기가 감당하기에는 너무 큰 일로 생각한 것입니까? 그가 아주 큰 일을 맡은 것은 사실입니다. "니느웨는 사흘 동안 걸을 만큼 큰 성읍이더라"(욘 3:3). 그런데 어떻게 한 사람이 그 도시 전체를 훈계하고 복음을 전할 수 있었겠습니까? 터무니없는 일이었습니다! 그가 적어도 동료 한 사람의 도움을 받았어야 하지 않습니까? 모세조차도 아론의 도움을 받았습니다. 그런데 왜 하나님께서는 선지자들 무리나 설교자 집단을 보내어 그 거대한 도시를 여러 구역으로 나누어 맡고 큰 회관에서 예배를 드리며 거리 모퉁이에서 혹은 집집마다 찾아다니며 복음을 전하게 하시지 않았습니까? 왜 한 사람이 수만 명을 상대해야 합니까? 어떻게 한 사람의 목소리가 떠들썩하기 이를 데 없는 도시의 소음 가운데서 사람들에게 들리겠습니까? 혼자뿐인 그에게 형세는 매우 불리하였습니다. 그것이 요나가 도망간 이유였습니까? 나는 그렇게 생각하지 않습니다. 그러나 많은 사람들에게는 그것이 도망가는 이유였습니다. 이 자리에 자기 일이 너무 벅차다고 느끼고, 그래서 일을 피하고 싶어 하는 하나님의 종이 있습니까? 형제 여러분, 여러분은 그 일을 감당하기에 적합하지 않습니다. 여러분 자신으로는 충분하지 않기 때문입니다. 나도 내 자신만으로는 내 소명을 감당할 수 없다는 것을 압니다. 그러니 우리는 도망해야 하겠습니까? 아닙니다. 그래서는 안 됩니다. 그것은 바른 생각이 아닙니다. 오히려 이것은 우리가 한결 더 열심히 우리 일에 몰두해야 하는 이유입니다. 단단한 물건은 그보다 더 단단한 물건으로 깎을 수 있습니다. 그와 같이 아주 어려운 일은 아주 확고한 결심으로 해낼 수가 있습니다. 그런데 맡은 일을 우리가 잘 해낼 수 없다면, 그 일이 우리 없이 어떻게 이루어지겠습니까? 우리가 열심을 내어도 부족하다면, 태만히 한다면 그 일이 어떻게 되겠습니까? 우리가 감당하기에 너무 힘든 일이 있다고 해서, 할 수 있는 일을 하지 않은 채 버려두어야 하겠습니까? 그럴 수 없습니다! 형제 여러분, 용기를 내십시오. 여러분은 자신이 약하다는 사실에서 일을 해야 할 강한 이유를 찾기 바랍니다. 바울 사도가 말한 대로 "내가 약한 그 때에 강하고"(고후 12:10) 하나님의 능력이 우리의 약함으로 말미암아 온전히 나타나기 때문입니다. 우리가 기도를 많이 하면 할수록 그만큼 능력도 많이 얻을 것입니다. 나는 감당할 수 없는 일을 하게 될까봐 두려워한 것이 요나가 자기 자리를 버리고 도망한 이유라고 생각하지 않습니다.

그러면 요나는 왜 하나님의 일을 피하고 싶어 하였습니까? 그가 니느웨 사람들을 싫어하였기 때문입니까? 그는 나이 든 엄격한 유대인이었습니다. 자기 민족을 사랑하였고, 그래서 이방인들이나 아브라함의 언약 밖에 있는 이교도들을 위하는 어떤 일이 이루어지는 것을 보고 싶어 하지 않았습니다. 그러므로 그는 니느웨로 가서 선교할 마음이 없었다고 여러분은 생각합니다. 이 자리에 계신 분들 가운데 자기가 어떤 민족을 좋아하지 않기 때문에 그들을 위한 봉사를 하러 가고 싶어 하지 않을 분이 있습니까? 여러분은 가고 싶지 않은 지역을 피하기 위해 다시스로 가겠습니까? 여러분은 가서 섬겨야 할 사람들이 여러분의 취향에 전혀 맞지 않는다고 해서, 다시 말해 그 사람들이 너무 무식하거나 너무 세련되어서 혹은 너무 촌스럽거나 너무 점잖다고 해서 의무 행하기를 포기하겠습니까? 사랑하는 형제 여러분, 그렇게 해서는 안 됩니다. 요나가 분명히 그랬을 것인데, 여러분은 찌무룩하고 언짢은 심정을 갖지 마십시오. 여러분이 보냄을 받아 섬겨야 하는 사람들이 다른 사람들보다 더 악한 사람들이라고 할지라도, 사도들이 "예루살렘에서 시작해야"(눅 24:47) 했듯이 여러분도 먼저 그들에게 가는 것을 소명으로 여기십시오. 여러분이 보냄을 받아 섬겨야 하는 사람들이 다른 사람들보다 더 큰 죄인이라고 한다면, 그만큼 더 그리스도가 필요한 사람들인 것입니다. 여러분이 그들에 대해 아주 나쁜 평판을 들었다면, 그들을 교화할 소명이 여러분에게 있는 것이 확실합니다. 그러나 나는 이것이 요나의 불성실한 행동을 일으킨 많은 이유들 가운데 하나로 생각해 볼 수는 있지만, 요나의 경우에 정확히 해당된다고 생각하지 않습니다.

혹시는 그것이 요나가 하나님께서 자비로우신 분이라는 것을 알았기 때문이 아니었습니까? 요나는 속으로 이렇게 말했습니다. "자, 내가 니느웨에 들어가서 '사십 일이 지나면 니느웨가 무너지리라'고 말했는데, 이 백성들이 회개하면 니느웨가 무너지지 않을 것이다. 그러면 사람들이 '저 요나 선지자가 곤란하게 되었네! 저 선지자는 늑대도 없는데 늑대야 하고 소리친 사람이야.' 그러면 평판을 잃고 말 거야." 지금 이 설교를 듣는 분들 가운데 평판을 잃을까봐 무서워하는 하나님의 종이 있습니까? 이것은 시험을 이길 이유가 되지 못합니다. 형제 여러분, 그것은 나를 괴롭히는 두려움이 아닙니다. 나는 여러 차례 평판을 잃었지만 평판을 회복하기 위해 애쓰지 않았습니다. 나는 더 이상 거대한 군중으로 인해 시달리지 않고 시골에서 이삼백 명의 교인들에게 설교하고 그들을 돌보며 마지막에 하나님께 그들 각 사람에 대해 책임 질 것이 없이 깨끗할 수 있다면 평판은 잃어도 좋다고 종종 생각했습니다. 그런데 나는 여기서 오천 명 이상의 사람들을 돌봐야 하는, 감당할 수 없는 일에 매여 있습니다. 그것은 절대로 혼자서 감당할 수 없는 일입니다! 어떻게 내가 여러분 모두의 영혼을 돌볼 수 있겠습니까? 효과적으로 돌볼 수 있는 적당한 크기의 교회를 목회한다면 내 양심은 편할 것입니다. 사람이 평판 때문에 내가 지금 차지하고 있는 이 자리를 맡는다면, 그것은 결코 탐낼 만한 복이 되지 않을 것입니다. 그런데 여러분이 많은 사람들로부터 평판을 잃을지라도 하지 않으면 안 되겠다고 느끼는 어떤 일을 그리스도를 위해 해야 한다면, 평판에 대해서는 전혀 신경 쓰지 마십시오. 여러분이 그 일을 한다면, 무엇보다 평판을 소중히 여겨야 하는 은밀한 곳에 이미 들어간 것입니다. 세상에서 최고의 평판은 하나님과 여러분 자신의 양심에 신실하다는 것입니다. 회심하지 않은 많은 사람들이나 세상적인 신자들의 인정을 얻는 일에 전혀 신경 쓰지 마십시오. 그런 사람들의 인정은 치명적인 유산이 될 수 있습니다. 많은 사람이 자기를 추앙하는 사람에게 스스로 생각하는 것보다 훨씬 더 매여서 지냅니다. 사람들의 인정을 좋아하는 것은 지하 감옥보다 더 큰 속박이 됩니다. 여러분이 하나님 앞에서 옳은 일을 행하였고 하나님의 심판대를 두려워하지 않는다면, 아무것도 무서워 말고 앞으로 나아가십시오. 내가 생각할 때, 요나는 평판에 별 관심이 없었습니다. 아마 거의 없었을 것입니다.

요나에게는 그보다 고상하고 더 나은 동기가 있었습니다. 그럴지라도 물론 그 동기는 나쁜 것이었습니다. 그 자체로는 아무리 진실하고 우수한 것일지라도 사람을 하나님의 뜻에 어긋나게 인도하는 것은 무엇이든지 나쁜 것입니다. 그 이유는 이것이었습니다. 요나는 하나님의 평판이 손상될 것이라고 생각하였습니다. 이는 만약 그가 니느웨에 가서 "사십 일이 지나면 니느웨가 무너지리라"고 선포하고, 그 말을 듣고 니느웨 백성들이 회개하고 그러면 여호와께서 그들로 살게 하실 것인데, 그 다음에 얼마 있지 않으면 그들이 이렇게 말할 것이기 때문이었습니다. "여호와가 누구냐? 그의 말은 진실하지 못하다. 그는 심판을 시행하지 않는다. 칼자루를 쥐었다가는 다시 칼집에 칼을 도로 꽂는다." 이렇게 하나님께서 자비를 베푸시면 진실함과 변치 않으심에 대한 명성을 잃을 것입니다. 그는 니느웨가 멸망하기를 바랐다기보다는 하나님의 이름에 가급적 불명예가 돌아가지 않기를 바랐습니다. 여러분은 치명적인 오류와 잔인한 박해에 대해서 하나님이 심판을 행하시면 좋겠다고 느낀 적이 없습니까? 여러분은 하나님의 오래 참으심에 대해 거의 질리게 느낀 적이 없습니까? 나는 로마에서 빌라도의 계단 밑에 서 있었습니다. 거기에서 뻔뻔스러운 사기 행각을 보았습니다! 그 계단이 우리 주님께서 빌라도의 관정에서 내려올 때 밟으셨던 계단이라고 말합니다. 대리석을 덮고 있는 나무판들에 구멍들이 나 있는데, 그 구멍을 들여다보면 우리 주님의 피 흘리신 어깨로부터 떨어진 핏자국이 보인다고 합니다. 나는 사람들이 무릎으로 그 계단을 올라가며, 사제들이 그것을 바라보고 있는 모습을 보면서 이 생각이 떠올랐습니다. 즉, 만약 만민의 재판장이신 주님께서 5분 동안만 내게 주님의 천둥번개를 빌려주신다면 이 모든 것을 깨끗하게 쓸어버리고 싶다는 것이었습니다. 내 마음에 요나의 심정이 일어났고, 내가 화를 내는 것은 당연한 일이라고 느꼈습니다. 그러나 선하신 주님은 내게 집행자의 권한을 주시지 않았습니다. 그리고 주께서 그렇게 하신 것을 나는 아주 기쁘게 생각합니다. 여러분은 요나처럼 하늘을 명하여 불을 내리게 하고 싶은, 만군의 여호와를 위한 열심이 일어나는 것을 느끼지 않았습니까? 여러분은 복음의 명예를 지키기 위해서는 보복을 실행하는 것이 필요하다고 느낄 때 주님이 화를 참으시는 것이 안타깝게 느껴진 적이 없습니까? 거의 이렇게 말할 뻔한 적이 있지 않습니까? "아, 주님께서 저렇게 끔찍한 죄악은 처벌하시면 좋겠다." 얼마 전, 우리의 이 거리들에서 더럽고 음탕한 이야기들이 자자하게 전해지고 있을 때, 여러분은 반드시 어떤 조처가 취해져야 할 것으로, 다시 말해 정욕의 소굴들을 깨끗이 쓸어버리고 불결하기 짝이 없는 마구간 같은 이곳을 깨끗이 씻기 위해서 혹독한 일이 시행되어야 할 것으로 느끼지 않았습니까? 그런데 하나님은 재앙이나 전쟁 혹은 기근 같은 것을 전혀 내리시지 않았습니다. 오래 참으시는 가운데 범죄자들을 못 본 체하고 지나가시며 그들이 계속해서 악을 행하도록 버려두셨습니다. 이 오랜 세월 동안 사람들이 회개할 수 있을지 몰라서 참고 참으셨듯이 말입니다. 이것이 의인들에게는 시험거리입니다.

나는 바로 그것이 요나의 마음속에 있었던 큰 두려움이었다고 생각합니다. 하나님께서 니느웨 성에 자비를 베푸셨을 때 요나가 말한 것을 보면 그렇습니다. "요나가 여호와께 기도하여 이르되 여호와여 내가 고국에 있을 때에 이러하겠다고 말씀하지 아니하였나이까 그러므로 내가 빨리 다시스로 도망하였사오니 주께서는 은혜로우시며 자비로우시며 노하기를 더디하시며 인애가 크시사 뜻을 돌이켜 재앙을 내리지 아니하시는 하나님이신 줄을 내가 알았음이니이다 여호와여 원하건대 이제 내 생명을 거두어 가소서 사는 것보다 죽는 것이 내게 나음이니이다 하니라"(욘 4:1-3). 요나가 이렇게 말하는 것은 니느웨 백성들이 목숨을 구했기 때문이 아니었습니다. 요나가 생각할 때 하나님이 경고를 이행하시지 않음으로써 명예를 잃었기 때문이었습니다.

지금까지 요나의 핑계들을 다루는데 너무 시간을 많이 썼습니다. 여러분이 마땅히 해야 할 일을 하지 않을 구실들이 생긴다면, 그 구실들을 마음에서 쫓아내고 다시는 생각하지 마십시오. 그 구실들을 깨끗이 잊어버리십시오! 깨끗이 마음에서 지워버리십시오! 여러분은 그 구실들을 다시 생각하거나 상대적인 그 가치를 떠올리는 수고조차 할 필요가 없습니다. 그런 구실들은 모두 해로운 것입니다. 여러분이 하나님의 종이라면 이의를 달지 말고 즉각 순종하십시오. 여러분이 하나님의 종이 아니라면 하나님께서 여러분을 하나님의 종이 되게 해 주시기를 바랍니다. 이는 여러분이 하나님의 종이 아니라면 하나님의 적이기 때문이고, 여러분이 예수 그리스도로 말미암아 하나님께로 돌이키고 그리스도의 손에서 자비를 구하지 않는다면 하나님의 손에 망하게 될 것이기 때문입니다.

이제 본문을 살펴보겠습니다. 요나는 다시스라는 외딴 곳으로 감으로써 선지자로서 자신의 사역을 버리고 도망하려고 하였습니다. 요나가 예루살렘에서 내려가 욥바 항구에 이르렀을 때 마침 그가 가려던 곳으로 떠나는 배를 발견하였습니다. 우리가 이 사건에서 성령님으로부터 실제적인 몇 가지 진리를 배울 수 있기를 바랍니다!

나는 여기서 네 가지를 설명할 생각입니다.

1. 첫째로, 우리는 일시적인 충동에 따라 그릇된 행동을 해서는 안 됩니다.

요나는 갑자기 니느웨로 가지 않고 다시스로 가야겠다는 충동적인 생각이 떠올랐습니다. 다시스라는 이름이 뇌리에 박힐 때까지 "다시스! 다시스!"라는 속삭임이 끊임없이 그의 귀에 울렸습니다. 그래서 그는 다시스로 가지 않을 수 없었습니다.

나는 흔히 이렇게 말하는 사람들을 만납니다. "나는 이렇게 저렇게 하지 않을 수 없다고 느꼈어요. 이렇게 저렇게 해야 할 것 같은 생각이 들었어요." 나는 이런 충동적인 생각들을 염려합니다. 매우 염려스럽게 생각합니다. 사람들이 자기 능력이 미치는 범위 안에서 옳은 일을 행할 수 있습니다. 그러나 순전히 충동적인 생각으로 하면 옳은 일도 망치게 될 것입니다. 행동 자체가 옳았다고 해서 하는 일이 망쳐지지 않는 것이 아닙니다. 사람들이 충동적인 생각에 사로잡혀 일할 때는 일을 아주 그르치는 경우가 많습니다. 이 자리에 계신 분들 가운데 그처럼 충동적으로 행동하는 경향이 있는 분에게는 경고의 말씀을 드릴 필요가 있는 것 같습니다. 우리는 충동적인 생각에 따라 움직여서는 안 됩니다. 우리의 생각은 거칠게 움직입니다. 여러분이 "갑자기 이렇게 저렇게 할 생각이 들었다"고 말합니까? 그것이 여러분이 그렇게 행동해야 할 충분한 이유라고 생각합니까?

그렇다면 여러분은 크게 잘못 생각하고 있는 것입니다. "그렇게 할 생각이 번쩍 하고 떠올랐어"라고 말합니까? 여러분은 이것을 인생의 원칙으로 삼아서는 안 됩니다. 이렇게 변덕스러운 생각을 따르는 것은 도깨비불을 좇는 것과 같습니다. 여러분은 충동적인 생각에 따라 그릇된 일을 행해서는 안 됩니다. 자, 요나의 경우에 충동적인 생각은 "다시스로 가라, 다시스로 가라" 하는 것이었습니다. 감히 말하건대, 그는 속으로 그렇게 하지 않을 수 없었다고 호소하였을 것입니다. "다시스로 가라, 다시스로 가라"는 소리가 그의 영혼을 계속해서 두드렸던 것입니다.

충동적인 생각이 매우 용감한 일을 행할 수가 있습니다. 다시스로 가는 것은 대담한 행동이었습니다. 유대인들은 항해하는 것을 좋아하지 않았습니다. 그들은 육지에 거하기를 좋아하는 민족이었습니다. 요나가 배를 타려고 합니까? 오늘날 우리는 배 타는 일을 아주 가볍게 생각합니다. 그러나 히브리인들은 바다에 가는 것을 아주 끔찍한 시련으로 생각하였습니다. 그런데 요나가 다시스로, 다시 말해 땅 끝으로 가려고 했습니다. 두로 사람들 외에 누가 그처럼 멀리까지 항해하려고 하겠습니까? 히브리인들은 다시스가 어떤 곳인지 몰랐습니다. 그런데도 요나는 용감하게 그리로 가려고 했습니다. 지금 이 태버너클 예배당에 있는 분들 가운데는 콩고로 가거나 북아프리카 혹은 중국으로 가야 할 사람들이 있습니다. 그런데 그분들은 용기가 부족해서 가지 않습니다. 그런데 여러분도 알다시피, 사람들이 잘못된 일을 하려고 할 때는 아주 용감해집니다. 그들은 어둠 속으로 껑충 뛰어듭니다. 그런가 하면 훨씬 더 안전한 길을 따라 옳은 일을 행하기를 두려워하는 사람들이 있습니다. 요나는 다시스로 가려고 합니다. 그는 바다를 두려워하지 않고 폭풍우나 어떤 것도 무서워하지 않습니다. 충동적인 생각 때문에 그가 용감하고 당당하게 처신하게 되었을지라도, 그 충동은 악한 것입니다. 요나로 하여금 하나님의 분명한 명령에 맞서게 만들었기 때문입니다.

충동적인 생각들이 매우 용감하게 자기를 극복하는 행위로 보일 수도 있습니다. 항해를 하고 자기 모국과 모국에 관련된 모든 것을 떠나는 것은 하기 싫은 일이었습니다. 그렇지만 이렇게 자기를 극복하는 시점에서는 잘못된 길을 가기가 쉽습니다. 사람이 자기를 극복하는 일을 행하는 가운데 우쭐해질 수가 있습니다. 마귀는 이것을 오만한 자기 의(義)를 감추는 빛나는 옷으로 쉽게 사용할 수가 있습니다. 사람들은 자신의 영혼을 교만으로 배불리기 위한 방편으로 금식을 할 수 있습니다.

요나가 이 문제에서 자유롭게 정할 권리가 있다고 주장했을 수도 있습니다. 확실히 그가 원한다면 다시스로 갈 수 있었습니다. 그런데 사실 그는 선지자였습니다. 그런 그가 원한다고 선지자의 일을 그만둘 수 있겠습니까? 하나님께서 사람들을 자기를 섬기도록 하기 위해 노예처럼 일만 하게 만드십니까? 물론 선지자도 여행을 가고 휴가를 즐길 수 있습니다! 그가 니느웨로 가는 것을 기뻐하지 않았다면 그가 니느웨로 가는 것이 옳은 일이었습니까? 여러분은 이 같은 주장을 들은 적이 없습니까? 나는 사람들이 신성한 의무에 대해서 이런 식으로 말하는 것을 들었습니다. 예를 들어, 신자의 세례에 대해서 생각해 봅시다. 그들은 세례가 성경적이라고 믿으면서도 이렇게 말합니다. "나는 꼭 세례를 받아야 한다고 느끼지 못했어요." 마치 그리스도의 모든 명령에 순종해야 할 필요가 없는 것처럼 말합니다! 나는 또 사람들이 이렇게 말하는 것을 들었습니다. "그것이 하나님의 말씀에 있는 것은 분명해. 하지만 그것이 그 말씀이 내 마음에 와 닿은 적은 없어." 이렇게 말하는 것이 얼마나 악한 일입니까! 내게 아들이 있어서 그에게 어떤 명령을 하였는데, 아이가 자기는 그 명령이 "마음에 와 닿는" 것을 느끼지 못했고 그래서 순종하지 않을 것이라고 말한다면, 나는 어떻게 해서든지 아주 빨리 내 명령이 아이의 마음에 박히도록 호된 조처를 취해야 하겠다고 생각할 것입니다. 그리스도인들이 이미 알고 있는 의무들을 우습게 여길 때는 하늘 아버지께서 그들의 등판을 때리기에 적합한 매를 속히 찾으실 것이라고 생각합니다. 나는 여러분이 부드러운 마음으로 하나님의 말씀에 주의를 기울이고 모든 일에서 그의 말씀에 순종하기를 바랍니다. 여러분에게 필요한 것이 하나님의 명령 말고 다른 무엇이 있습니까? 천사가 하늘로부터 보냄을 받아 여러분에게 순종하라고 명령할지라도, 그 명령이 지금 하나님의 말씀보다 여러분에게 더 구속력이 있지 않을 것입니다. 하나님께서 여러분에게 자유를 주셨는데, 그것은 죄 지을 자유가 아니라 순종할 자유입니다. 잘못을 행할 자유가 있다는 말을 하지 마십시오. 사람이 이렇게 말한다면, 두려운 일입니다. "하나님이 우리를 사랑하셔서 자유롭게 하나님을 섬기도록 하셨으니, 나는 하나님을 섬기지 않고 내 충동적인 욕구대로 행하겠다."

또한 요나는 이때 자신의 양심을 거스르고 내적 생명에 역행하고 있었습니다. 하나님의 종이므로 그는 명령받은 곳으로 가야 했습니다. 그런데 자신에게 생명의 필수적인 부분에 맞서 싸우고 있었습니다. 친구 여러분, 양심을 더럽히지 않도록 조심하십시오! 무엇을 하든지 양심을 함부로 다루지 마십시오. 여러분이 조금이라도 스스로에게 상처를 내려고 한다면 귀에나 코에 상처를 내어도 양심에는 상처를 내지 마십시오. 신체에 상처를 입으면 고통스럽고, 아름다운 용모가 손상될 수 있습니다. 그러나 양심이 상처를 입으면, 그것은 훨씬 더 심각한 문제입니다. 그 상처는 생명의 중심을 건드리기 때문입니다. 양심의 상처는 영혼을 영원히 손상시킬 수가 있습니다. 여러분은 모든 일에 양심에 귀를 기울이고, 헛된 생각을 따르지 마십시오. 충동적인 생각을 양심의 저울에 다십시오. 양심에 따라 생각할 때 충동적인 생각이 하나님의 뜻에 맞는 것으로 보증할 수 없는 것이라면, 그 생각을 버리십시오. 우리는 교묘하게 꾸며낸 거짓말뿐 아니라 헛된 충동적인 생각도 따라서는 안 됩니다. 하나님의 말씀이 모든 일에 우리를 인도하는 별이 되어야 합니다.

자신의 충동적인 생각에 대하여 이야기하는 사람들이 다른 사람들의 경우에 잘못이라고 말할 그런 일을 하려는 경우가 종종 있습니다. 그들은 이 사실을 생각하고서 자신이 위험한 일을 하려고 하고 있음을 알아야 합니다. 다른 누가 니느웨로 가라는 명령을 받고서 다시스로 도망가려고 했다면 요나는 그의 잘못을 보고 있는 힘을 다해 그를 책망했을 것입니다. 요나가 자신의 경우를 제대로 파악할 수 있으면 좋겠습니다. 마치 다윗이 가난한 사람의 암양 새끼를 빼앗은 부자를 판단하고 정죄하고 나서, 자기가 그동안 자신을 판단하고 정죄하였음을 깨달았던 것처럼 말입니다. 나는 여러분 가운데 어떤 분들을 자신의 경우를 판단하는 배심원으로 삼을 수 있으면 좋겠습니다. 그렇다면 여러분이 지금 허용하고 있는 바로 그 일들에 대해 맹렬한 말로 자신을 비난할 것이 확실합니다. 여러분은 어떤 사람이 잘못된 일을 하도록 부추기는 비천한 충동적 욕구가 있다고 해서 분명한 의의 길을 버리고 도망하는 부끄러움을 분명하게 볼 것입니다! 여러분은 지금 그것이 터무니없는 일이라는 것을 알 수 있습니다. 그런데도 여러분은 스스로 계속해서 그런 길을 가려고 합니까? 하나님께서 여러분에게 니느웨로 가라고 명령하시는데 다시스로 도망하려고 합니까? 자아가 여러분을 지배하게 둘 것입니까? 육신을 기쁘게 할 것입니까?

이 충동적인 욕구가 행동 규칙이 된다면 우리 가운데 아무도 그것을 정당한 구실로 인정하려고 하지 않을 것입니다. 누군가가 우리를 때려눕히고 싶은 충동이 있다면 우리는 그 충동이 타당하다고 생각하지 않을 것입니다. 만일 그 사람이 우리 물건을 억지로 빼앗으려는 충동이 있다면 우리는 그것이 경찰을 불러와야 할 충동이라고 생각할 것입니다. 만일 누군가 우리에게 해를 끼치려는 충동이 있다면 우리는 자신을 보호하기 위해 법에 호소할 것입니다. 마찬가지로 우리가 해서는 안 되는 일을 하고 싶어 하는 내적인 충동을 느낄지라도, 마음의 악한 충동이 있었다는 이유 때문에 법이 관대하게 적용될 것이라고 어리석고 악하게 생각하지 않도록 합시다. 나는 사람들이 하나님의 말씀, 곧 의의 법을 따르는 것이 아니라 자기 마음의 무익한 충동을 따르는 예들을 많이 보았기 때문에 본문을 이런 식으로 이해하고 말하는 것이 필요하다고 생각합니다. 이 사람들은 자기 마음의 무익한 충동에 부당한 권위를 부여하였습니다. 나는 기회만 있으면 이렇게 말합니다. "여러분의 악한 생각이 여러분 속에 얼마나 오래 머물겠습니까?"(렘 4:14). 그런데 사람들은 이런 생각들이 하나님에게서 오는 것이라고 거의 생각하는 것 같은데, 하나님은 악한 욕망과 생각을 지으시는 분이 아닙니다. 이런 생각들은 마귀에게서 오는 것일 가능성이 훨씬 많습니다. 그리고 무엇보다 어리석고 타락한 마음에서 나오는 것일 수 있습니다. 하나님께서 "니느웨로 가라"고 말씀하실 때 여러분에게 "다시스로 도망하라"고 말하는 것이 있다면 그 악한 충동에 귀를 닫고 하나님께서 명령하시는 대로 서둘러 행하십시오. 여러분이 마음의 꾀와 욕망을 따를 일이 무엇이 있습니까? 이런 충동들이 여러분에게 법이 되어야 합니까? 제발, 여러분은 쓸데없는 공상과 고집에 따라 변덕스럽게 행동하는 어리석은 사람들 가운데 있지 않기 바랍니다. 여러분은 "마땅히 율법과 증거의 말씀을 따를지니라"(사 8:20) 하고 외쳐야 합니다. 여러분은 마음의 움직임과 충동에 호소해서는 안 됩니다.

2. 두 번째 요점은, 우리가 그릇된 길이 쉬워 보인다고 해서 그 길을 택할 수 없다는 것입니다.

요나가 "다시스로 가겠다"고 말합니다. 욥바 항구로 내려가고, 거기에서 이제 곧 다시스로 가는 배를 만납니다. 종종 악한 뜻을 실행하기가 얼마나 쉬운지 모릅니다! 사랑하는 여러분, 나는 여러분이 그리스도인이든지 아니든지 간에, 인생에서 어떤 길이 매우 자연스럽고 쉬워 보인다고 해서 그것이 옳지 않은 길임에도 그 길을 따라갈 수 있다는 생각을 하지 않도록 조심하시기 바랍니다.

파멸의 길은 언제나 쉽다는 점을 기억하시기 바랍니다. “멸망으로 인도하는 문은 크고 그 길이 넓어 그리로 들어가는 자가 많음이라”(마 7:13). 지옥으로 가는 길은 내리막길입니다. 이 길은 여행하기가 쉽습니다. 여러분이 어떤 의심스러운 길을 가는 것이 쉽고 자연스럽고 거의 불가피한 것처럼 보인다고 해서, 그러니까 그 길을 따라가도 괜찮다고 생각하지 마십시오. 인생에서 어려움이 전혀 없어 보이는 길은 의심해 볼 만합니다. 옳은 일을 행하는 것은 결코 쉬운 일이 아니기 때문입니다. 어떤 행동 방침이 어려운 것이라면, 여러분은 그 방침이 어려운 만큼 더 옳은 것이라고 확신할 수 있습니다. “생명으로 인도하는 문은 좁고 길이 협착하여 찾는 자가 적기”(7:14) 때문입니다.

우리 육신의 본성이 현재 상태 그대로 있는 한, 그릇된 일을 행하는 것이 언제나 쉬울 것이라는 사실을 기억하시기 바랍니다. 언제나 사람은 하나님께 반역하는 수단을 어디에서든 찾아낼 수 있습니다. “개를 때릴 막대기는 언제든지 구할 수 있다”는 옛 속담이 있습니다. 내가 이 속담을 인용하는 것은 어떤 일들에서는 의지만 있으면 언제든지 길을 찾을 수 있다는 것을 보여주려는 것뿐입니다. 사람은 하나님을 거역하고 죄 짓는 길을 언제든지 찾을 수 있습니다. 나는 어렸을 때 친구들과 놀다가 갑자기 화가 치밀면 화나게 만든 사람에게 당장에 무엇인가를 집어던지곤 하던 친구가 생각납니다. 그때 내가 눈여겨 본 것은 그 친구가 항시 던질 무엇인가를 찾아냈다는 점입니다. 그를 교실이든 운동장이든 길거리든, 어디에 두어도 그는 틀림없이 돌이나 책 혹은 석판이나 손에 든 컵을 찾아서 집어던질 것입니다. 하나님과 싸우는 사람들이 그렇습니다. 그들은 불같이 거역하는 가운데 어디에서나 무기를 발견합니다. 악한 머리는 꾀를 내는데 민첩하고, 타락한 마음은 이해하는데 빠르며, 죄 범하는 손은 하나님께 불순종하는 계획을 시행하는데 능숙합니다. 사람이 죄를 짓고 싶어 할 때는 죄짓기는 언제나 쉽습니다. 그러므로 어떤 행동 방식이 실행하기 쉽다고 해서 정당한 근거가 되는 것은 아닙니다.

사탄도 사람들이 죄 짓게 만들려고 애씁니다. 그리고 그의 꾀는 대단합니다. 사탄이 요나를 다시스로 가도록 유혹하였을 때 이 악한 자는 욥바에 다시스로 항해하기 위해 순풍이 불기를 기다리는 배가 있는 것을 알았습니다. 그래서 그는 요나의 귀에 “다시스로 가라”고 속삭였습니다. 이는 자신이 이 비열한 암시를 이루도록 하는데 실패하지 않으리라는 것을 알았기 때문입니다. 우리를 시험하는 이자는 세상에서 어떤 일이 일어나고 있는지 아주 잘 압니다. 그러므로 그는 아주 기가 막히게 음모와 계획을 짜서 자신의 암시가 곧 일어날 일들에 도움을 받아 이루어지게 할 수 있습니다. 사탄은 전지(全知)하지 않습니다. 그러나 그의 정탐꾼 군대 때문에 언제나 충분한 정보를 제공받습니다. 그러므로 우리의 상황에 맞게 우리를 시험할 수 있습니다.

죄의 길이 쉬운 것은 당연한 일입니다. 악한 사람들이 여러분이 그 길로 가는 것을 도울 것이기 때문입니다. 무엇이든지 그릇된 것을 행하려고 하면 벨리알의 아들들이 기꺼이 도와주려고 할 것입니다. 이렇게 온 세상이 그 길로 끌어당기기 때문에 악한 꾀가 성공하는 것은 당연한 일입니다. 송아지를 세우기만 해 보십시오. 그러면 족속들이 "이스라엘아 이는 너희를 애굽 땅에서 인도하여 낸 너희 신이라"(출 32:8) 하고 외칠 것입니다. 죄는 금방 인기를 얻습니다. 사람들이 모두 자기들에게 즐거움을 주는 악한 길을 칭찬할 것입니다. 열망하는 군중이 내리막길을 따라 달려 내려가면서 여러분도 열광하게 만들고, 여러분은 노력할 필요도 없이 그들과 함께 파멸로 달려 갈 것입니다. 그러므로 일반적으로 길을 잘못 들기는 쉽습니다. 그것은 물살의 흐름을 따라 수영하는 것이고, 바람을 등지고 날아가는 것입니다.

그 다음에, 선한 일들은 언제나 행하기 어렵습니다. 하나님은 일부러 자기 백성들의 훈련을 위하여 선한 일들을 어렵게 만드십니다. 선한 일 때문에 어려움을 겪으면서도 끝까지 선한 일을 행할 수 있는 사람은 정말로 훌륭한 사람입니다. 뿐만 아니라, 하나님의 백성들이 큰 반대를 무릅쓰고 옳은 일을 행할 수 있고, 아주 위험한 상황에서 조금씩조금씩 천국으로 가는 길을 뚫고 갈 수 있다는 것은 성도들의 명예를 높이는 일입니다. 덕을 행하기가 아주 쉽다면, 그로써 무슨 명예를 얻을 수 있겠습니까? 영광과 영원에 이르기 위해서 우리는 오르막길을 가야 합니다.

제발 여러분은 악한 행동이 차선책이지만 불가피한 일이기 때문에 그렇게 할 수 있다는 망상에 빠지지 않기를 바랍니다. "가장 하기 쉬운 일을 하라"는 것이 원칙이 아닙니다. 그렇지 않으면 아무나 덕이 있는 사람이 될 것입니다. 여러분은 여러분에게 해를 끼친 사람들을 그렇게 하기 쉬웠다는 이유로 용서하여 주겠습니까? 누군가가 여러분의 집에서 도둑질을 하고 여러분에게서 장신구나 현찰을 빼앗아갈 수 있습니다. 그러나 여러분은 도둑이 그런 물건들을 아주 쉽게 취할 수 있었기 때문에 가져가는 것은 당연한 일이라는 핑계를 받아들이지 않습니다. 사람이 여러분의 평판을 없애기 위해서는 그저 입을 열기만 하면 됩니다. 비방하기 쉽다는 것이 비방해도 된다는 핑계가 됩니까? 사람이 수표에 여러분의 이름을 쓰고 그 수표로 돈을 받아냅니다. 그 사람이 이렇게 말한다면 그것이 정당한 변명이 됩니까? "나는 필적을 흉내 내는데 아주 재주가 좋습니다. 위조는 아주 간단하고 수지맞는 일입니다. 그러니 내가 그 일을 한다고 해서 비난할 수 없을 것입니다." 그렇지 않습니다. 여러분, 여러분은 그 도둑과 비방하는 사람, 위조범을 고소합니다. 여러분을 따라다니며 아주 쉽게 유혹하는 죄에 떨어진다면 여러분도 그와 같이 비난받을 것입니다. 나는 지금 편안히 살기 위해서 무슨 일이든 하려고 하며, 그러는 가운데 점차 지옥으로 미끄러져 내려가고 있는 사람의 양심을 찌르고 있는 것입니다. 그 길은 너무 평탄해서 사람들이 좋아하고 너무 쉬워서 게으른 자들이 좋아하는 길입니다. 나는 자신이 잘못된 일을 한 것은 자신의 경우에 그렇게 하는 것이 자연스러웠고 반면에 옳은 일을 하면 큰 시련을 겪어야 하기 때문이었다고 변명하는 사람들이 아주 많다는 것을 압니다. 여러분, 여러분이 확실히 죄의 잠에 빠질 치명적인 환경에서 빠져나오십시오. 여러분은 이 권고를 듣고서 피할 구실을 금방 만들어냅니다. 제발 그 부정한 일에서 손을 떼십시오. 어떤 희생을 치르더라도 선한 일을 따르십시오. 먼저 예수님을 믿기 시작하고, 그 다음에 거룩한 성품을 세우는 일을 하십시오. 성령께서 여러분 속에서 그 일을 행하시기를 바랍니다!

이제 여기서 한 걸음 더 나아갑시다.

3. 우리는 섭리에 따른 환경을 악을 행하는 구실로 호소할 수 없습니다.

본문의 경우만큼 섭리가 도와주는 것처럼 보이는 분명한 예를 달리 찾을 수 없을 것입니다. 요나는 다시스로 가고 싶어 합니다. 자신이 숨을 지역으로 그곳을 택했기 때문에 그는 지중해에 있는 욥바로 내려가지 않을 수 없습니다. 그가 부두로 가는데, 그리로 가자마자 바로 다시스로 가는 배를 만납니다! 이 경우는 섭리가 아닙니까? 그때는 배들이 다시스로 가는 경우가 흔하지 않았습니다. 우리는 그 배가 뱃삯을 내면 승객들을 태워줄 것이라는 것을 알면, 그것이 섭리라고 이야기하지 않습니까? 요나가 다시스로 가기 위해, 욥바로 내려가는 바로 그날, 출항 준비를 마친 배가 그가 가고 싶어 하는 그 먼 지역으로 출발하려고 합니다. 거기에서 분명한 섭리를 보지 못할 사람은 아무도 없을 것입니다. 이렇게 섭리에 의한 사건이 악한 행위를 위한 구실로 사용되는 경우가 종종 있습니다. 사람들은 말합니다. "달리 할 수가 없었어. 섭리가 그 길을 가리키는 것 같았어. 내가 그때 한 대로 하지 않았다면 나는 지금까지 계속 하나님 앞에서 도망치고 있었을 거야." 어떻게 해서든 죄의 책임을 하나님께 지우려고 하는 사람은 얼마나 야비한 존재인지 모릅니다! 여러분은 참으로 크게 잘못 생각하는 것입니다! 요나는 섭리의 도움을 받았다고 확신했지만, 이내 자신의 생각이 잘못되었음을 깨달았습니다. 두세 시간 후에 사람들이 배의 한쪽 구석에서 자고 있는 요나를 깨웠고 그가 무서운 폭풍우를 보았을 때, 요나는 은혜로운 섭리가 자신을 무서운 폭풍우 속으로 인도했다고 생각했습니까? 그는 금방 자신이 바다가 아닌 다른 곳에 있으면 좋겠다고 생각했습니다. 사람들이 그를 고기 떼에게 던지려고 했을 때 그는 더 이상 섭리에 대해 말하지 않았습니다. 자신의 어리석음을 너무도 분명히 알았기에 감히 하나님께 책임을 돌릴 수 없었습니다.

나는 어떤 사람이 장사에서 속임수를 쓰는 것을 보았습니다. 그는 자신이 환경상 어쩔 수 없이 그렇게 할 수밖에 없었다고 주장하려고 했습니다. "이런저런 사람이 때마침 가게에 들어와서 어떤 사실들을 말했고, 그 경우에 꼭 맞게 또 다른 사건이 일어나서 그 모든 것이 섭리에 따른 일처럼 보였습니다. 그것을 본 사람은 누구나 그렇게 생각했을 것입니다." 허튼 소리입니다. 어떤 것도 잘못된 일을 옳은 일로 만들 수 없습니다. 제발 여러분의 죄의 책임을 섭리에 지움으로써 하나님을 모독하는 일을 하지 마십시오. 이것은 뻔뻔스럽고 하나님을 모독하는 행위입니다. 여러분은 요나에게 일어났던 것만큼 현저하게 하나님의 섭리로 여겨지는 일을 보지 못할 것입니다. 그런데 요나는 그 모든 사실에도 불구하고 하나님을 거역하여 다시스로 가려고 하였습니다. 섭리적인 일이 있든 없든 간에, 하나님의 말씀이 우리의 지침이 되어야 하고, 불가피한 점이나 환경을 핑계로 그 지침을 떠나서는 안 됩니다.

여러분에게 하고 싶은 마음이 있으면 섭리를 만드는 것은 아주 쉬운 일입니다. 여러분이 저지르려고 하는 잘못에 대한 구실을 여러분에 대한 하나님의 처사에서 찾으려고 한다면, 교활한 마귀와 사람을 속이는 여러분의 마음이 금방 섭리에 대하여 한 가지 구실을 만들어 낼 것입니다.

악의로 어떤 사람에게 총을 쏜 사람이 섭리 때문에 그날 아침 총을 가지고 가게 되었다고 말할 수 있습니다. 빈집털이가 주인집에서 금은제 식기류를 훔치고 싶어 하는 친구를 우연히 만났습니다. 하찮은 좀도둑이 상점 주인의 문 가까이에 물건이 아무렇게나 놓여 있는 것을 보았습니다. 좀도둑이 원하던 바로 그것이 우연히도 눈앞에 나타났습니다. 나는 스스로 그리스도인이라고 생각하는 많은 사람들이 이런 악한 주장에 속을까봐 걱정입니다.

이런 식으로 추론하기로 했다면 역사상에 덕행으로 유명한 많은 사람들이 죄를 짓게 되었을 것입니다. 그 거룩한 세 아이들은 풀무불에 들어가는 일을 피했을 것이고, 다니엘은 사자 굴에 들어가지 않았을 것입니다. 이들이 소위 말하는 섭리를 보고서 행동을 결정했다면 말입니다. 이밖에 요셉과 같은 분명한 예들을 살펴보십시오. 요셉의 여주인이 요셉에게 매우 친절하였습니다. 요셉은 그 가정의 총무라는 멋진 자리에 있습니다. 그래서 그가 여주인의 요구를 거절하여 자리를 잃는 것은 어려운 일입니다. 섭리가 그를 그처럼 운 좋은 자리에 앉게 한 것이 아닙니까? 그런데 그런 자리를 내팽개쳐야 하겠습니까? 여주인이 그를 유혹할 때, 모든 것을 잃을 위험을 감행할 필요가 있겠습니까? 섭리가 그에게 여주인의 요구에 순순히 따르라고 암시하는 것이 분명하다고 생각해야 옳지 않겠습니까? 요셉은 그런 식으로 추론할 만큼 비열한 사람이 아니었습니다. 간음은 결코 용인할 수 없는 일이라는 것을 그는 압니다. 그래서 여주인이 유혹하는 자리에 그대로 있기보다는 여주인의 손에 옷을 버려둔 채로 여주인에게서 도망합니다.

다윗의 경우도 살펴봅시다. 다윗이 밤에 아비새와 함께 들판으로 나왔습니다. 사울 왕이 곤히 잠들어 누워 있습니다. 아비새가 다윗에게 말합니다. "하나님이 오늘 당신의 원수를 당신의 손에 넘기셨나이다 그러므로 청하오니 내가 창으로 그를 찔러서 단번에 땅에 꽂게 하소서 내가 그를 두 번 찌를 것이 없으리이다"(삼상 26:8). 그것이 놀라운 섭리가 아니었습니까! 잔인한 적이 완전히 다윗의 수중에 있었고, 사형집행자가 치명적인 일격으로 모든 투쟁을 끝내지 못해 안달하고 있었습니다! 이보다 분명하고 이보다 간단한 일이 또 있을 수 있겠습니까? 참으로 놀라운 섭리로밖에 보이지 않습니다! 그러나 다윗은 섭리에 대해 한 마디도 하지 않고 이렇게 대답합니다. "죽이지 말라 누구든지 손을 들어 여호와의 기름 부음 받은 자를 치면 죄가 없겠느냐?"(26:9). 다윗은 그 자리를 떠나며 사울 왕이 자고 있는 대로 내버려두었습니다. 그는 기회를 이용하려고 하지 않고 하나님의 법을 지키려고 하였습니다. 제발, 여러분도 그렇게 하십시오. 모든 것이 악행을 하도록 유도하는 것처럼 보이고 많은 환경이 합세해서 여러분을 그리로 가도록 부추기는 것처럼 보일지라도 그런 것들에 넘어가지 마십시오. 인생에서 여러분에게 지침이 되는 것은 소위 섭리라고 말하는 우연이 아니라 의심할 바 없는 하나님의 교훈입니다. 하나님께서 여러분에게 명령하시는 대로 행하되, 즉시 행하십시오. 하나님께서 경계선을 그어 놓은 곳 안에서 여러분이 하나님을 따르게 해 주시기를 바랍니다! 하나님께서 성령으로 말미암아 여러분을 영원의 길로 인도하여 주시기를 바랍니다. 순종의 길이 의와 평안의 길입니다.

소위 섭리라는 것이 범죄자들에게 종종 악행의 구실이 되었습니다. 감히 말씀드리건대, 많은 사람들이 하나님의 명령에 유의하기보다는 환경을 바라봄으로 인해 죄를 범하였습니다. 롯은 소돔에 가서 믿음이 없고 추잡한 가나안 사람들의 무리 가운데 거하였습니다. 롯이 전에는 아브라함과 함께 가나안 사람들과 분리된 생활을 하였습니다. 그런데 이제 도시에 거주하기 위해 장막 생활을 그만두고 더러운 환경 가운데 살게 된 것입니다. 왜 롯은 소돔으로 갔습니까? 롯이 보니, 소돔은 관개가 잘된 평원이었습니다. 그에게는 양 떼와 가축 떼가 있었는데, 자신이 소돔으로 갈 수 있고 삼촌 아브라함도 자신이 자유롭게 선택하도록 내버려두었다는 것이 자신을 그리로 인도하는 섭리처럼 보였습니다. 이 모든 환경을 볼 때 섭리가 그에게 "관개 시설이 잘 되어 있는 소돔의 평야로 가라"고 말하는 것처럼 보이지 않았겠습니까? 이보다 더 분명한 암시가 있을 수 있겠습니까?

나는 점점 부자가 됨에 따라 소위 사교계라는 곳에 들어가기를 바라는 그리스도인들이 일종의 섭리를 그런 식으로 생각하는 것을 보아왔습니다. 그들은 기회가 생기자마자 뛰어들어 나쁜 무리 가운데 떨어졌습니다. 그들은 톡톡히 보상을 해줄 것이라고 약속된 사업에 손을 댔습니다. 사실 그것은 나쁜 거래였습니다. 그 일을 행하는 사람에게 위험하고, 그 일에 완전히 빠진 사람에게는 파멸을 초래하는 거래였습니다. 하지만 그때는 그 사업이 보상을 톡톡히 해줄 것 같았습니다. 그것은 물이 잘 공급되는 소돔의 평야였습니다. 그들은 자신이 지혜롭게도 소돔의 평야를 버리지 않은 것을 기뻐했습니다. 그런가 하면 복음이 전혀 전해지지 않는 곳으로 가서 살려고 하는 사람들이 있습니다. 그들은 순전히 먹고 살기 위해 모든 친구를 떠나고, 성경공부반도, 남을 위해 유용하게 일할 수 있는 모든 기회도 떠납니다. 자신이 원하는 대로 한가하게 지낼 수 있는 곳을 섭리를 통해 발견했다고 생각한 것입니다. 사람들이 위험한 진로로 들어갈 때 이렇게 섭리에 대해서 말합니다. 충분히 믿을 만한 섭리가 그렇게 가리키지 않느냐는 것입니다. 슬프게도 롯이 그렇게 생각했습니다! 결국에 롯은 불타오르는 평지의 성읍들을 보면서 다시 한번 섭리에 대한 교훈을 숙고하게 되었습니다.

또 아론에 대해서 생각해 봅시다. 아론이 한번은 몹시 타락해서 자신의 죄의 책임을 섭리에 돌리려고 하였습니다. 아론이 금송아지 우상을 만들어 백성들로 예배하도록 만들었고, 동생 모세가 그 일로 심하게 책망하였을 때, 이렇게 말하였습니다. 즉, 백성들이 곧 돌로 자기를 치려고 하였는데, 백성들이 금을 가져왔기로 "내가 불에 던졌더니 이 송아지가 나왔나이다"(출 32:24)라고 한 것입니다. 금송아지 형상이 나온 것은 사실입니다. 그러나 그러기 전에 먼저 금을 틀에 붓고 주조하였기 때문에 나온 것입니다. 아론은 모세에게 특별한 섭리로 말미암아 금속 자체가 송아지 형태로 만들어졌다고 믿게 하고 싶었습니다. 터무니없는 거짓말입니다! 지존하신 하나님의 제사장이 이런 식으로 진리를 얼버무리고 넘어가다니, 슬픈 일입니다! 이렇게 자신에게 일어난 놀라운 이야기들을 하고, 어떻게 해서 자신이 악한 길에 들어서게 되었는지 말하는 사람들이 있습니다. 하나님의 섭리에 영원히 찬송을 돌립시다! 하나님을 예배하고 찬미합시다! 하나님은 선하시므로 선을 행하십니다! 오직 선만을 행하십니다! 하나님의 섭리는 언제나 거룩합니다. 그러므로 거룩한 하나님의 섭리에 대해 불경한 비난은 일절 하지 않도록 합시다! 우리는 기회를 틈타서 악을 행하는 일을 하지 맙시다. 감히 그렇게 한다고 할지라도 악에 대한 책임을 거룩한 삼위 하나님께 돌리지 않도록 합시다.

여러분은 다른 어떤 사람이 섭리를 핑계로 여러분에게 악을 행하는 것을 용서하겠습니까? 도둑이 여러분의 집에 뚫고 들어와서 여러분에게 여러분이 뒷문을 잠그지 않은 것이 혹은 너무 느슨하게 잠궈서 문을 쉽게 열 수 있었던 것이 섭리라고 말했다고 생각해보십시오. 그가 여러분이 서랍을 잠그지 않았거나 돈을 철금고에 넣어두지 않아서 큰 수고를 덜은 것이 섭리 덕분이라고 말했다고 생각해 보십시오. 여러분은 그런 섭리에 대해서 뭐라고 말하겠습니까? 어떤 사람이 사업에서 여러분을 속이고 그 일에 여러분을 끌어들입니다. 그리고서 여러분을 그 일에 끌어들인 것은 아주 현저한 섭리 때문이었다고 말합니다. 여러분은 그런 말을 인정합니까? 여러분은 한순간도 그 사람의 말에 귀를 기울이지 않을 것입니다. 그런데 여러분의 마음이 하나님을 여러분의 죄에 대한 공범자로 만들기 시작할 때 자신의 말에 귀를 기울이겠습니까? 아닙니다. 그래서는 안 됩니다. 하나님의 섭리뿐 아니라 마귀의 섭리도 있는 것입니다. 섭리를 잘못 해석하는 일이 있습니다. 아주 형편없이 곡해하는 일이 있습니다. 이로 인해 이스라엘의 거룩하신 이가 크게 모욕을 받고 노여워하십니다.

이렇게 해서 주의해야 할 세 가지 말씀을 간단하게 드렸는데, 네 번째도 그와 같습니다.

4. 우리는 행동 자체가 합법적이라고 해서 그릇된 일을 하는 것을 변명할 수 없습니다.

다른 사람의 경우에 옳은 일이 내게는 옳지 않을 수 있습니다. 다른 사람이 하면 범죄가 되지 않는 일이 하나님의 자녀에게는 큰 잘못이 될 수가 있습니다.

선원들이 다시스로 가는 것은 아주 정당한 일이었습니다. 나는 배 타고 다시스로 가는 것 자체가 잘못이었다고 말하지 않습니다. 배들이 바다를 떠돌아다니지 않는다면 무역이 끝이 날 것입니다. 그렇습니다. 친구 여러분, 여러분은 생각도 해서는 안 되는 과정을 어떤 사람들이 추구하는 것은 지극히 정당한 일이 될 수 있습니다. 두로의 선원들이 다시스로 가는 것은 그들의 사업이고 직업이며 의무였습니다. 그러나 그것이 이 선지자에게는 전혀 다른 일이었습니다. 그것이 요나의 사업이나 직업 혹은 의무는 아니었습니다. 요나가 왜 다시스로 가야 합니까? 의무를 행하기 위해 바다에 있는 것과 의무를 피하기 위해 바다로 가는 것 사이에는 큰 차이가 있습니다. 요나는 선원들이 하는 그대로 행동하였습니다. 내 말은 형식의 문제에서는 똑같았다는 것입니다. 그러나 선원들의 행동은 옳았고 요나의 행동은 잘못되었습니다. 선원들은 하나님의 일을 피하기 위해 배에 오르지 않았는데, 요나는 그렇게 하고 있었고, 바로 그 점이 모든 차이를 만들었습니다. 두 사람이 같은 일을 할 수 있습니다. 그러나 한 사람은 그렇게 해서 미점을 개선할 수 있고 다른 사람은 그렇게 함으로써 자신의 파멸을 더 쌓을 수가 있습니다. 결국 행동을 판단하는 기준이 되어야 하는 것은 동기입니다. 다른 사람들이 여러분이 하는 일을 하고도 비난받지 않을 수 있다는 것을 보고서 자신의 죄를 변호하지 않도록 조심하십시오.

요나가 원한다면 다시스로 가는 것을 허락받을 수도 있지 않았습니까? 그렇습니다. 어떤 환경 하에서는 다시스로 가는 것이 요나에게 옳은 일일 수 있었습니다.

선지자로서의 일이 끝났을 때, 그가 다시스로 가는 것은 건강에 좋은 일이 될 수 있었습니다. 그러나 하나님께서 그에게 "니느웨로 가라"고 말씀하실 때는 그렇게 해서는 안 됩니다. 행동 자체로는 무해할 수 있지만 하나님의 뜻에 어긋나는 일을 해서는 안 됩니다. 우리는 "나는 그렇게 할 권리가 있다"고 말할 수 없습니다. 우리는 하나님께서 명령하시는 것과 다르게 행할 권리가 없습니다. 우리는 악을 행할 권리가 없습니다. 하나님이 우리를 사랑하시면 할수록, 우리가 하나님의 자녀임을 확신하면 할수록, 그만큼 더 진리와 거룩함의 길을 철저히 따라야 합니다. 우리는 행위로 구원받지 않습니다. 그러나 우리는 이미 지금 구원받았기 때문에 모든 행실에서 자신의 귀한 피로 우리를 구원하신 분을 영화롭게 하기를 바랍니다. 여러분, 여러분이 정말로 하나님의 종이라면 순종이 자유이고, 거룩함이 자유임을 알 것입니다. 마음이 청결한 자에게는 죄가 속박이 될 것이고, 반면에 하나님의 명령을 행하는 것이 자유가 될 것입니다. 하나님의 은혜로 우리는 하나님의 뜻 행하기를 원합니다.

요나가 죄를 지으면서 아주 점잖게 행했다고 해서 그것이 요나의 죄에 대한 핑계가 되지 못하였습니다. 요나가 뱃삯을 지불한 것은 사실입니다. 그가 배를 타려고 했다면 그것은 옳은 일이었습니다. "다시스로 가는 배를 만난지라 뱃삯을 주고 배에 올랐더라." 그는 몰래 배에 올라서 밀항자처럼 돈을 내지 않고 배를 타려고 하지 않았습니다. 그러면 어떤 사람은 이렇게 말합니다. "그가 뱃삯을 치렀으니 배를 타고 갈 권리가 있었던 것이 아닙니까?" 그렇습니다. 그 배의 선장이 보는 한에는 그럴 권리가 있었습니다. 그러나 하나님 앞에서는 없었습니다. 뱃삯을 치른 후에 어떻게 그가 가기를 포기할 수 있겠습니까? 그러면 돈을 손해 볼 것이고, 그것은 어리석은 일일 것입니다. 그렇습니다. 잘못된 행동에 대해서 변명을 만들어내기는 아주 쉬운 일입니다. 그러나 그런 변명들은 전혀 조리에 닿지 않습니다. 불순종에 대한 변명들은 거짓의 방편일 뿐입니다. 여러분이 잘못된 일을 가장 옳은 방식으로 행한다고 할지라도, 그렇게 한다고 해서 잘못된 일이 옳은 일이 되지는 않습니다. 여러분이 하나님의 뜻에 반대로 행하면서 그것을 아주 점잖게 어쩌면 아주 경건한 방식으로 행할지라도, 그것은 죄된 행동이고, 그로 인해 여러분은 정죄를 받을 것입니다.

하나님의 종들 여러분, 여러분은 다른 어떤 사람들보다 높은 법의 지배를 받습니다. 그리스도의 보혈로 구속함을 받았고 하나님의 주권적인 은혜로 택하심을 입었으며 영원한 영광의 상속자가 되었으므로, 여러분은 성령으로 말미암아 "하나님을 두려워하는 가운데서 거룩함을 온전히 이루어야 하고"(고후 7:1) 하나님께서 여러분에게 명하시는 것은 무엇이든지 행하며 좌로나 우로나 치우치지 않도록 해야 합니다.

지금까지 나는 여러분에게 욥바에서 일어난 사건에서 우리가 배울 바가 있다는 점을 설명하였습니다. 요나가 악을 행하려고 했을 때 모든 것이 그에게 안성맞춤인 것처럼 보였을지라도 실상은 그때 심히 그릇된 일을 행하고 있었다는 사실을 볼 때, 이것이 정당한 교훈이라고 생각합니다. 이 교훈이 하나님의 은혜로 여러분 가운데 어떤 분들에게 유익이 되기를 바랍니다! 나는 이 설교가 어떤 분에게 효과를 발휘할지 모르지만, 이 설교를 전하지 않으면 안 되겠다는 마음이 들었습니다. 이 설교는 지금 듣고 있는 분들이나 후에 이 설교를 읽을 분들에게 경고가 되도록 준비한 것입니다. 어쩌면 그분들 가운데 일이십 명이 이 설교가 자기 처지에 들어맞는다고 느낄 수 있습니다. 이 말씀이 여러분의 양심에 와 닿는다면, 살아계신 하나님을 의지하여 여러분에게 권하건대, 제발 이 말씀에 귀를 닫지 마시기 바랍니다. 이 말씀으로 여러분의 마음을 철저히 살피십시오. 이 말씀으로 여러분의 마음을 갈아 젖힐 뿐만 아니라 또한 파헤쳐 부수고 교차로 갈아서 여러분의 마음에 충분한 영향을 발휘하도록 하십시오. 그 다음에 자신이 죄를 지었다는 것을 느끼고 쓸데없는 변명들을 다 버리며 여러분의 모습 그대로 예수께 오십시오. 예수께 와서 변명할 수 없는 여러분의 모든 죄에 대한 사죄를 얻도록 하십시오. 여러분이 변명의 무화과 잎을 꿰어 치마를 만드는 한, 진정한 가리개를 찾아 예수께 오지 않을 것입니다. 그러나 여러분이 어리석은 논증이라는 거미집을 버리고 나면, 성령께서 여러분을 주 예수 그리스도께로 인도하실 것입니다.

자, 여러분이 다시스로 가기를 원했는데, 마침 그리로 가는 배를 발견한다면 그것이 큰 섭리처럼 보이지만 그리로 가지는 못할 것입니다. 그러나 여러분이 예수께로 가기를 바란다면 언제든지 갈 수가 있습니다. 바로 지금 갈 수 있습니다. 회중석에 앉아 있는 채로, 예수께 갈 수 있습니다. 여러분이 다시스로 가려면 뱃삯을 지불해야 할 것입니다. 그러나 예수께 오는 데는 지불해야 할 삯이 전혀 없습니다. 예수께 오는 것은 언제나 환영받습니다. 그리스도의 구원은 값이 없습니다. 그 구원은 받으려고 하는 모든 사람에게 공짜로 주어집니다. 이 구원은 공로나 돈을 주고서는 결코 살 수 없습니다. 그러나 주권적인 은혜를 의지하여 값없이 얻을 수 있습니다. 저쪽에 앉아 있는 청년이 예수께로부터 도망하고, 소망과 천국으로부터 도망하고 싶은 충동을 느낀다는 것을 압니다. 주님께서 저 청년이 그 충동을 물리치도록 도와주시기를 바랍니다! 청년의 어머니가 청년에게 하나님의 집에 출석하라고 부탁하였습니다. 마음으로는 밖에 나가서 돌아다니고 싶습니다. 그 충동을 물리치고 복음에 귀를 기울이시기 바랍니다. 많은 사람이 다시스로 가서 망합니다. 저쪽에 있는 처녀에게 닥친 시험은 의의 길을 버리고 즐거움을 좇아 다시스로 가는 것임을 압니다. 여러분을 미혹시키려는 적의 속삭임을 일절 듣지 마십시오. 여러분이 그의 제안을 따르는 것이 참으로 쉬울 수 있을지라도, 심지어 우연한 환경이 여러분에게 순조로운 길을 열어주는 것처럼 보일지라도, 유혹하는 자의 음성을 듣지 마십시오. 하나님께서 말씀에서 여러분에게 금하시는 일을 섭리를 통해서 행하도록 초청하신다고 생각함으로 주 하나님의 이름을 더럽히지 않도록 하십시오.

내 말을 잘 듣고, 예수께 오십시오. 바로 지금 예수께 오십시오. 어쩌면 오늘 밤 저 청년이 예수님께 오지 않는다면 유혹을 받아 악의 소굴에 들어가고 치명적인 죄를 범하게 될 것입니다. 그리고 앞으로 오랫동안 바로 지금 그의 마음에 스며들고 있는 경건한 심정을 다시는 느끼지 못할 것입니다. 여러분이 사탄의 거짓말에 걸려들지 않도록 은혜의 권유를 가볍게 여기지 마십시오. 저 청년은 지금 강하게 유혹을 받습니다. "다시스로 가라"는 소리가 그의 귀에 끊임없이 들립니다. 시험받는 형제여, 제발 용기를 내어 이 귀신과 싸우십시오. 그의 유혹하는 소리에 귀를 기울이지 말고, 자비의 목소리를 무겁게 들으십시오. 성령 하나님께서 그렇게 해 주시기를 바랍니다. 예수께서 말씀하십니다. "수고하고 무거운 짐 진 자들아 다 내게로 오라 내가 너희를 쉬게 하리라 나는 마음이 온유하고 겸손하니 나의 멍에를 메고 내게 배우라 그리하면 너희 마음이 쉼을 얻으리라"(마 11:28,29).

다시스로 가려고 하지 말고 골고다로 가십시오. 여러분이 하나님의 얼굴을 피하여 도망하면 폭풍우가 여러분을 쫓을 것이고 성난 바다가 깊은 입을 벌려 여러분을 삼킬 것입니다. 거기에는 여러분을 바닷가로 데려다 줄 물고기도, 친절한 고래도 없고, 그래서 여러분이 영원히 망할 수가 있습니다. 하나님의 사람이여, 여러분의 일을 버리고 도망하지 마십시오. 죄인이여, 정욕으로 헛되고 무

의미한 쾌락을 좇지 마십시오! 하나님의 자녀여, 여러분이 마음으로 떠났던 하나님께로 돌아오고, 이제부터는 하나님의 은혜로 끝까지 부지런히 하나님을 섬기는 종이 되십시오. 평강과 소망으로부터 멀리 도망한 죄인이여, 오늘 밤 여러분에게 위험을 경고하는 목소리를 들으십시오. "내가 일어나 아버지께 가리라"(눅 15:18) 하고 소리치십시오. 하나님께서 여러분을 만나러 오실 것입니다. 하나님께서 여러분의 목을 끌어안을 것입니다. 여러분에게 입 맞추고 씻기고 여러분을 구원하실 것입니다. 그러면 여러분이 영원히 하나님을 찬송할 것입니다. 내 말을 듣고 본심을 속이고 변명하려던 마음을 버리는 사람들이 있다면, 그들이 내 말을 듣고 티나 주름 잡힌 것이나 이런 것들이 하나도 없을 정도로 그들을 깨끗이 씻으실 주 예수 앞에서 죄를 온전히 고백하게 된다면 정말로 기쁠 것입니다.

제
2
장

자는 자여 어찌함이냐

"그러나 요나는 배 밑층에 내려가서 누워 깊이 잠이 든지라 선장이 그에게 가서 이르되 자는 자여 어찌함이냐 일어나서 네 하나님께 구하라 혹시 하나님이 우리를 생각하사 망하지 아니하게 하시리라 하니라." - 욘 1:5,6

배에 타고 있는 모든 사람들 가운데 가장 깨어 있어야 할 사람은 요나였습니다. 그럼에도 불구하고 그는 잠이 들었을 뿐만 아니라 또한 깊이 잠들었습니다. 배의 삭구(索具)들이 삐걱거리는 소리, 파도가 부딪히는 소리, 목재들이 뒤틀리는 소리, 선원들의 고함소리도 그를 깨우지 못했습니다. 그는 잠에 단단히 붙들려 있었습니다. 여기서 우리는 요나의 깊은 잠이 죄의 결과라는 것을 보아야 합니다. 어떤 독약도 죄만큼 치명적인 잠을 불러일으킬 수 없습니다. 몸이 마취제의 영향을 받을 때만큼 깊은 잠에 빠지는 적이 없듯이 영혼도 죄로 인해 잠에 빠지는 때만큼 깊은 잠에 떨어지는 적이 없습니다. 사람이 깨어서 자신이 처한 불행과 위험을 알고, 죄에 대한 절망적인 형벌을 깨달을 수 있다면, 죄가 지금의 절반만큼도 치명적인 해를 끼치지 못했을 것입니다. 그러나 죄가 달콤한 잔을 입술에 닿게 하면, 그 잔은 눈을 멀게 하고 "감각을 둔하게 만들어" 사람으로 하여금 자신이 어떤 존재이고 어디에 있는지도 알지 못하게 만듭니다. 악이 영혼을 흔들어 잠재우는 요람은 죄만이 아닙니다. 세상도 사람들을 잠에 빠지게 합니다. 나는 요나가 다시스로 가느라 분주하게 일하는 선원들 가운데 있을 때만큼 어디에서 곤히 잠든 적이 있었는지 모르겠습니다. 우리가 하나님의 교회 가운데서 깨어 있는 것은 비교적 쉬운 일입니다. 하나님의 이름을 기뻐하는 사람들을 만날 때는 확고한 태도와 성실함을 유지하기가 쉽습니다. 그러나 세상은 마법이 걸린 땅입니다. 따라서 사람을 무감각하게 만드는 사업의 영향력, 곧 물건이 많이 늘어나고 집이 열방의 부로 가득 차는 것과 더불어 마음에 슬그머니 들어오는 최면의 영향력으로부터 살아남을 수 있는 그리스도인은 복됩니다. 세상이 세상일에 몰두하는 모든 사람에게 얼마나 푹신한 베개를 제공하는지 모릅니다! 올가미로 사로잡는 사람들에게 얼마나 편안한 잠자리를 펴주는지 모릅니다.

육신의 잠자는 효과에 대해서도 생각해 봅시다. 요나가 도망한 것은 수고를 아끼기 위해서였고, 개인적인 불명예를 피하기 위해서였습니다. 육신이여, 우리가 너에게 굴복하면, 너는 우리를 말할 수 없이 큰 어리석음에 빠지게 하고, 우리의 힘을 극도로 쇠약하게 하려고 하지 않는가? 쾌락과 안락을 목적으로 추구한다면, 그것들이 영혼의 활력을 완전히 소모시켜 버립니다. 몸을 만족시키면, 영혼은 땅바닥에 붙어 지냅니다. 우리가 육신을 만족시키면 영혼은 반드시 굶주리게 되어 있습니다. 정욕을 만족시키는 데 제물을 바친다면 틀림없이 하나님의 제단의 것을 훔쳐서 제사를 드리게 되어 있습니다. 몸이 죄로 쾌락을 누리면 영혼은 곧 비참하고 쇠약해지는 상태에 떨어질 것입니다.

또 본문에서 사탄의 꾀들 가운데 한 가지를 봅시다. 사탄은 하나님의 선지자를 얼러서 잠에 빠지게 하려고 합니다. 잠에 빠져서 짖지 못하는 개는 자신의 목적에 큰 해를 끼치지 못하리라는 것을 압니다. 언제나 사탄은 깨어 있는 파수꾼을 두려워합니다. 파수꾼이 깨어 있으면 불시에 성을 탈취할 수 없기 때문입니다. 그러나 하나님의 파수꾼을 잠들게 할 수 있다면, 그는 매우 만족해하고 그리스도인을 잠들게 하는 것은 그를 죽게 하는 것과 거의 같고, 이제 그가 곧 지옥에 떨어지는 것을 볼 것이라고 생각합니다. 그가 뻔뻔함의 요람에서 깊이 잠들어 흔들거리고 있는 모습을 보면 아주 기뻐합니다. 우리가 요나의 이런 상태에서 구원받기를 바랍니다. 우리도 요나처럼 죄의 유혹을 받고 육신의 방해를 받으며 세상에 둘러싸여 있으므로, 다른 사람들처럼 잠들어서 영적으로 쇠약해지지 않도록 때로 선장이 와서 우리를 흔들어 깨우거나 밧줄로 거칠게 칠 필요가 있습니다.

나는 오늘 아침 선장의 역할을 할 것입니다. 이 배의 선장으로서 나는 잠자는 성도들과 졸고 있는 죄인들에게 소리칠 것입니다. "자는 자여 어찌함이냐 일어나서 네 하나님께 구하라!"

1. 나는 먼저 잠자는 성도들, 곧 하나님의 진실한 종이지만 아직 자고 있는 요나와 같은 사람들에게 이야기하겠습니다.

잠의 끈을 모조리 끊어버리기 위해서 첫째로, 잠자는 성도들에게 배가 위험에 처해 있다는 것을 말씀드리겠습니다. 모든 사람들이 펌프에 매달려 물을 퍼내고 있을 때 요나가 잠자고 있는 것은 잘못된 일이었습니다. 다른 모든 사람은 배를 가볍게 하고, 할 수 있는 대로 무서운 폭풍우로부터 배를 건지기 위해 최선을 다하고 있을 때 요나가 잠자고 있다는 것은 부끄러운 일이었습니다. 너그러운 정신의 소유자들은 인간 생명이 위험에 처한 것을 보면 언제나 신속하고 성실한 조처를 취하였습니다. 삐걱거리는 배의 목재마다 한가하게 잠자고 있는 선지자를 책망할 것입니다.

우리 교회의 교인 여러분, 여러분은 사람들의 영혼이 위험에 처해 있을 때, 잠을 자고 있다면, 다시 말해 주님의 일에 꾸물거리고 있다면 부끄러운 일이라고 생각하지 않습니까? 사람들이 영혼의 파멸에 관해서 어떻게 그렇게 무관심할 수 있는지, 나로서는 놀라울 뿐입니다. 우리가 거리에서 "불이야! 불이야!" 하는 소리를 듣는다면, 어떤 불쌍한 사람이 산 채로 불에 탈까봐 마음이 몹시 떨립니다. 그런데 우리는 지옥에 대해서, 장차 임할 진노에 대해서 읽으면서도 좀처럼 마음이 동정적인 두려움과 떨림으로 뛰지 않습니다. 우리가 배를 타고 있는데, "사람이 배 밖으로 떨어졌다!"는 날카로운 외침을 듣는다면, 승객 가운데 그 소리를 듣고서 격자무늬 천으로 몸을 두르고 의자에 누워 다른 사람들이 애쓰는 것을 가만히 지켜볼 사람이 있겠습니까? 그런데 우리는 교회에서 수많은 죄인들이 멸망의 큰물에 빠져 소리치는 것을 들으면서 그리스도인이라고 하는 사람들이 그저 안전한 곳에 가만히 앉아서 다른 사람들이 수고하는 것을 조용히 바라보며 그들이 모두 성공하기를 바라지만 그 일을 돕기 위해 자신은 손가락 하나도 까닥이지 않는 것을 봅니다.

만일 우리가 내일 거리에서 무서운 외침, 곧 불났을 때 소리 지르는 것보다 더 끔찍한 외침, "빵 좀 주세요! 빵 좀 주세요! 빵 좀 주세요!"라는 외침을 듣고 굶주린 여인들이 죽어가는 자식을 들쳐 보이거나 배고픈 남자들이 구걸하는 음식을 주지 않는 사람들에게 욕설을 퍼붓는 모습을 본다면, 우리의 창고를 비워서라도 돕고 싶은 마음이 생기지 않겠습니까? 우리 가운데 몹시 굶주린 이 불쌍한 사람들이 굶주림의 고통을 해소하도록 자신의 물질을 내어주려고 하지 않을 사람이 있겠습니까?

그런데 지식이 없어 죽어가는 세상이 있습니다. 우리 문 앞에 하늘의 양식을 달라고 외치는 사람들이 있습니다. 그런데 탐욕을 위하여 물질을 모으고, 허영을 충족시키는데 시간을 쏟으며 자기실현을 위하여 재능을 바치며 세상이나 육신에만 온통 마음을 쏟는 사람들이 얼마나 많은지 모릅니다! 여러분이 일단 영혼이 지옥에 떨어지는 것을 눈으로 목격할 수 있으면 좋겠습니다. 그것은 참으로 비참한 광경이어서 여러분이 밤낮으로 일할지라도 타다 남은 나무동강을 불에서 끄집어내기에는 여러분의 인생이 너무 짧고 시간이 너무 부족할 것입니다.

우리가 물에 빠져 죽어가고 있는 사람을 본다면, 혹은 어떤 사람이 나이아가라 폭포의 급류에 쓸려가고 있는 것을 본다면, 어떤 사람이 거리에서 칼에 찔려 죽는 것을 본다면, 아마도 평생 그 장면을 잊지 못할 것입니다. 죽음의 소행이 아주 빨간 색으로 기억 속에 그려졌을 것입니다. 하나님께서 여러분에게 망한 영혼의 모습을 조금이라도 보여주시면 좋겠습니다! 망한 영혼이 휘장 뒤로 미지의 세계로 들어갈 때, 여러분이 영혼의 상태를 적나라하게 볼 수 있으면 좋겠습니다. 자신이 전능하신 하나님의 노여움을 당하게 되어 있는 것을 발견할 때 영혼이 처음으로 느낄 공포를 여러분이 볼 수 있다면 좋겠습니다. 하나님께서 "저주를 받은 자들아 나를 떠나라"(마 25:41) 하고 선언하실 때, 영혼의 이마에 두려운 지옥의 땀방울이 솟아나는 것을 여러분이 볼 수 있다면 좋겠습니다. 때로 지옥의 광경이 우리 눈앞에 나타나고, 저주받은 영혼의 한숨소리가 우리 귀에 들리면 좋겠습니다! 우리가 심판의 광경과 엄청난 무리, 불타오르는 하늘, 흔들리는 땅, 펼쳐진 책, 번갯불처럼 번쩍이는 눈을 보고, 우렛소리처럼 말하는 목소리를 들을 수 있으면 좋겠습니다! 허다한 무리가 바닥이 없는 무저갱으로 내려가는 모습을 볼 수 있으면 좋겠습니다. 그러면 우리가 어리석게도 오랫동안 잠을 자고 있던 사람처럼 깜짝 놀라며 깨어나 허리를 동이고, 사람들을 불타는 데서 끄집어내고 지옥으로 떨어지는 데서 구원하기 위해 두 손을 부지런히 사용할 것입니다.

사람들이 죽어가고 있습니다! 사람들이 멸망하고 있습니다! 지옥이 사람들로 채워지고 있습니다! 사탄이 의기양양해하고 있습니다! 불쌍한 영혼들이 고통 가운데 울부짖고 있습니다. 그런데 여러분은 잠을 잡니까? 나는 선장으로서 다시 한번 여러분을 흔들어 깨웁니다. 성령님께서 여러분을 소생시키고 일깨우시기를 바랍니다. 어쩌면 내가 여러분에게 간곡히 권하는 동안에 내 목소리를 통해서 그 일을 하실지 모릅니다. 많은 무리가 망하지 않도록 "자는 자여 어찌함이냐 일어나서 네 하나님께 구하라!"

두 번째로, 나는 여러분에게 우리가 살고 있는 이 평화로운 시대에 사람들이 우리의 기도를 간절히 바라고 있다는, 다시 말해 사람들이 구원받기를 갈망하고 있다는 점을 말씀드려서 여러분을 깨우고 싶습니다. 요나의 배에서는 모든 사람이 간구하였습니다. 사람마다 기도하고 있었습니다. 악한 자 안에 누워 있는 세상에 대해서는 이렇게 말할 수 없지만, 그럼에도 불구하고 대체로 많은 사람들이 이 생명의 말씀 듣기를 갈망하고 있다는 것은 사실입니다. 오늘날만큼 설교 듣기를 갈망하는 시대는 없었습니다. 나는 안식일마다 많은 사람들이 시간이 될 때까지 밖에 서서 기다렸다가 산의 급류처럼 밀려들어오며 서로의 발등을 밟으면서까지 말씀을 들으려고 하는 모습을 보면서 놀랍니다. 이런 모습이 사람으로 하여금 더욱 일하도록 부추기지 않습니까? 주일에 연극 무대를 가서 보십시오. 어떤 배우도 이만한 사람들을 끌어 모을 수 없을 것입니다! 어떻게 그 많은 사람들이 십자가의 이야기를 전하려고 하는 단순한 사람의 말에 귀를 기울이려고 떼를 지어 문에 몰려드는지 모릅니다!

나는 그동안 잉글랜드 전역에서 하나님 말씀에 대한 이러한 갈증을 보았습니다. 이번 주에 나는 인구가 적은 시골 마을에서 만 명이나 되는 사람들이 절벽에 모여서 설교자의 입에서 나오는 한 마디 한 마디를 놓치지 않고 듣고, 자비의 메시지에 전심으로 귀를 기울이는 것을 보았습니다. 이제 우리는 사람들을 분발시키기 위해 수단을 사용하는 일에 신경을 쓸 필요가 없습니다. 주변에 있는 모든 사람들이 하나님의 말씀 듣기를 원하기 때문입니다. 지금은 듣는 시대입니다. 지금은 사람들이 기꺼이 들으려고 하는 시대입니다. 이때는 하나님의 말씀을 충실하게 전하기만 하면 사람들이 아주 기쁘게 듣습니다. 나는 모든 지역이 그렇다고 말하는 것이 아닙니다. 그러나 런던에서는 확실히 그렇습니다. 은사가 별로 없는 사람이라도 혀에 불이 붙기만 하면 금방 청중을 휘어잡을 수 있을 것입니다. 런던에서 예배당이 비어 있는 곳이 있다면, 그것은 일반적으로 설교자의 잘못입니다. 회중석이 비어 있는 것은 십중팔구 설교자가 복음을 전하지 않기 때문이라는 것을 발견할 것입니다. 그가 복음을 전하기만 하면 금방 사람들이 떼를 지어 몰려와 그의 설교를 들을 것입니다.

이런 때에 우리가 잠을 자야 하겠습니까? 대체 이런 지금 우리가 한가하게 놀아야 하겠습니까? 그리스도의 사역자들이여, 우리가 노력을 덜해야 하겠습니까? 혹은 징조마다 우리에게 열심히 일하라고 부추기는데 불멸의 영혼들에 대해 무관심하고 냉담해야 하겠습니까? 동료 일꾼 여러분, 곧 집사님과 장로님들, 훌륭한 교역자 여러분, 여러분은 희망찬 오늘날, 밭이 기경되어 곡식을 낼 준비가 되어 있는 때에 뒤로 물러가고 씨 뿌리기를 그만두겠습니까? 교인 여러분, 공공연히 말할 수 있는 젊은이 여러분, 가정에서 그리스도에 대해 말할 수 있는 처녀 여러분, 여러분 가운데 누구라도 지금 무기력하게 졸고 있겠습니까? 지금은 우리가 급습으로 성을 빼앗을 수 있는 때입니다. 그런데 무장을 하고 활을 들고 있으면서도 곧 승리를 쟁취할 승리의 순간에 등을 돌린다면, 평생 자신의 악한 어리석음과 게으름을 뼈저리게 후회할 것입니다. 자는 자여, 그대는 어찌하여 지금 자려고 합니까? 일어나십시오. 지금은 복되고 상서로운 때입니다. "일어나서 네 하나님께 구하라."

여기서 세 번째로 생각할 점은, 요나가 그 배에서 효력 있는 기도를 드릴 수 있는 유일한 사람이었듯이 하나님의 자녀들은 멸망하는 세상에 대해 실제적인 영적 봉사를 할 수 있는 유일한 사람들이라는 것입니다. 선장과 선원들이 모두 여러 나라의 여러 신들에게 소리쳐 부르짖었습니다. 그러나 이 신들은 귀가 있으나 듣지 못하고 손이 있으나 돕지 못하였습니다. 요나만이 바다와 마른 땅을 지으신 여호와를 예배하는 사람이었습니다. 그러므로 그의 기도만이 배를 구원할 수 있었습니다. 자, 하나님 아래에서 세상의 구원은 하나님의 교회에 있습니다. 그리스도께서 속죄를 이루셨습니다. 영혼들을 거둬들이는 것은 교회가 할 일입니다. 그리스도께서는 피로써 값을 치르고 구속을 완성하셨습니다. 성령님을 의지하여 세상을 능력으로 구원하는 것은 교회가 할 일입니다. 그렇다면 하나님을 두려워하는 여러분이 "이것은 내게 해당되는 일이 아니야. 나는 형제를 지키는 자가 아니야"라고 말한다고 생각해 보십시오. 세상은 두려운 파멸을 향하여 내려갈 수밖에 없는데, 여러분이 기회를 낭비하고 귀한 시간을 버리고 있다고 생각해 보십시오. 이 세대는 우리의 설교를 통해서, 우리의 복음전도자들을 통해서, 우리의 주일학교를 통해서, 우리의 선교사들을 통해서, 우리의 설교와 가르침을 통해서 제공되는 구원을 힘을 다해 붙잡을 것입니다. 우리가 구원을 전하는 일을 하지 않는다면, 우리가 수고하기를 멈추고 있는 동안에도 세상은 망해가는 일을 멈추지 않을 것입니다. 사람들은 우리보다 훌륭한 또 다른 세대가 일어나 우리의 자리를 차지할 때까지 계속 살지 못할 것입니다. 그러면 이 세대는 믿음 없고 불성실하며 악하고 활동하지 않은 교회에 대해 저주를 퍼부으면서 파멸로 내려갈 수밖에 없을 것입니다. 우리도 그리스도를 진정으로 믿지 않은 사람들의 운명을 맞으러 내려가지 않을 수 없을 것입니다. 그렇지 않고 그리스도를 진정으로 믿었다면 사람들의 영혼을 사랑했을 것입니다. 이 세대에 복음을 전하는 수고를 하지 않는 사람들은 그리스도의 영이 없는 사람들입니다. 그렇지 않다면 그들이 간곡한 부탁과 성실한 노력으로 사람들을 그리스도의 십자가로 데려왔을 것입니다.

사랑하는 여러분, 교회 안에는 그 일에 질질 끌려가는 짐밖에 되지 않는 사람들이 있다는 것을 압니다. 교회는 어디에나 이런 사람들이 있습니다. 하지만 나는 엄숙히 여러분에게 말씀드립니다. 나는 한 몸인 교회에 말하지 않을 수 없습니다. 세상에서 사람들의 회심을 위하여 일할 곳은 오직 교회밖에 없다는 점을 다시 한번 교회인 여러분에게 말씀드립니다. 우리는 그리스도의 일을 단체들에게 맡길 생각을 해서는 안 됩니다. 단체들이 지금까지 번성하면서 사도적 정신을 잃음으로 말미암아 큰 결핍을 드러냈습니다. 이제는 각성하고 부흥한 교회가 자신의 본래 자리를 차지하고 자기 고유의 일을 해야 할 때입니다. 50여년 이상 선교 단체들이 세상을 개종시키려고 노력하였습니다. 많은 사람들이 구원을 받았고 그러므로 그 노력이 결코 무익하지 않았지만, 사도들의 성공에 비할 때, 선교 단체들은 비참한 실패를 하였습니다. 이 모든 기간 동안에 우리는 열 배의 돈을 쏟아 부었지만 초기 복음전도의 노력에 비해 십분의 일의 성공도 거두지 못하였습니다.

나는 깊이 생각할 때 주님께서 대부분의 우리 해외 선교단체들에게 함께 하시지 않는다고 믿습니다. 왜 그렇습니까? 하나님께서 선교 단체들에게 그 일을 하라고 맡기시지 않았기 때문입니다. 하나님은 선교 단체들에게 교회의 배우자가 되어 하나님께 아들들을 낳으라고 명하시지 않았습니다. 주님께서 그 영혼의 수고로 얻을 하나님의 후손, 곧 그의 씨는 반드시 주님의 사랑하시는 신부인 교회에서 나오게 되어 있습니다. 훌륭한 선교 단체들을 매우 귀하게 생각하지만, 그럼에도 나는 교회가 정식 선교 기관이고, 그 외의 모든 단체는 인간적인 것이며 오직 사람들에게서 권위를 얻은 단체에 지나지 않는다고 주저 없이 말할 수 있습니다. 그러므로 나는 이교도의 회심을 위해 세워진 선교 단체에 대해서는, 그것이 사람이 세운 단체이지 하나님의 기관이 아니라고 말씀드립니다. 하나님은 위원회를 통해서 일하지 않고 자신의 교회들을 통해서 일하려고 하십니다. 교회가 자기 고유의 일을 해야 합니다. 우리 모든 교회들이 이 사실을 철저히 깨닫고 모든 회중이 자기 사람들을 파송하고 그들을 위해 기도하고 후원하면, 우리가 이제까지 생각하지 못했던 큰일들을 보고 또 "세상 나라가 우리 주와 그의 그리스도의 나라가 되는"(계 11:15) 것을 볼 것입니다. 그 일이 교회에 달려 있습니다. 그리스도 안에서 잠자는 여러분, 어찌함입니까? 일어나서 여러분의 하나님께 구하십시오.

네 번째로, 여기서 나는 우리 교인들 가운데 지금까지 이 선한 사역에 관심이 없었을지 모르는 분들에게 특별히 말씀드립니다. 잠자는 여러분, 여러분도 이 배에 타고 있으며, 그 특권을 누리고 있으니 그 사역에서 여러분의 몫을 감당해야 한다는 점을 기억하시기 바랍니다. 로마군대의 장교인 레피두스(Lepidus)에 대한 이야기가 있습니다. 어느 날 모든 군사들이 훈련을 하고 있을 때, 그는 햇빛이 비치지 않는 곳에 누워서 영원히 나무 그늘 아래 누워 있는 것이 군인의 의무였으면 좋겠다고 말했습니다. 우리에게 이런 병사들이 있습니다. 이런 유의 사람들은 어느 시대나 살아 있습니다. 군대의 장교가 아무리 정확한 사람이라고 할지라도, 그늘에 누워 지내면서 일을 쉽게 하기 좋아하고 이것이 그리스도인 군사가 해야 할 일의 전부였으면 좋겠다고 생각하는 사람들이 우리의 작은 이 군대들에 들어오는 것은 어쩔 수 없는 일입니다. 여러분, 일어나십시오! 전투에서 승리하려면 그늘에 누워 있는 병사들이 싸워서는 안 됩니다. 그보다는 햇빛의 열기를 견디고 무거운 갑옷을 입고도 지치지 않으며 포위하고 있는 적들에 아랑곳하지 않고 하나님을 위하여, 진리를 위하여 두려움 없이 용감하게 싸우기 위해 달려 나가는 병사들이 나서야 합니다.

마케도니아의 마지막 왕인 필립에 대해 전해지는 오래된 이야기가 있습니다. 그의 왕국이 멸망하게 된 마지막의 불행한 전투에 앞서서 그가 무덤에 서서 병사들에게 열변을 토하였는데, 점쟁이들은 그가 무덤에 서서 말하였기 때문에 확실히 패배한다는 조짐으로 해석하였다고 합니다. 여러분의 목사인 나는 만일 죽은 교회 위에 서서 하나님의 말씀을 전하는 것이 나의 불행한 운명이라면 우리는 지극히 비참한 패배밖에 기대할 수 없을 것입니다. 그러나 하나님의 사역자를 살아있는 교회가 지지하고, 기도하는 애정 어린 교인들의 군대가 뒷받침해 보기만 하십시오. 그러면 누가 그의 말에 맞설 수 있겠습니까? 거기에는 오직 승리만 따를 것입니다.

그러나 우리에게 무관심하고 죽은 집사와 장로들이 있다면, 게으른 교인들이 있다면, 우리에게 불리한 징조가 있는 것이고, 전투의 결과는 틀림없이 끔찍한 재난이 될 것입니다. 교회에 회심하지 않은 한 사람이 있음으로 인해서 받는 해악은 우리가 생각하는 것보다 큽니다. 우리는 해부학자들로부터 몸에 죽어 있는 부분은 하나도 없다는 말을 듣습니다. 심지어 이와 뼈도 살아 있다고 합니다. 생명은 죽음과 제휴하는 것을 끔찍이 싫어합니다. 일단 죽은 물질이 몸속으로 들어오면, 본성의 모든 노력이 이질적인 신체가 발견된 한 지점에 모아져서 그 물질을 쫓아내려고 합니다. 궤양이나 고름이 나는 종기 혹은 그와 같은 것들은 많은 경우에 신체로부터 죽은 물질을 내쫓으려는 본성의 노력들에서 빚어지는 결과들일 뿐입니다. 자, 진정한 그리스도의 교회에는 죽은 것이 하나도 없습니다. 죽은 물질이 일단 교회에 들어오면 그 물질들이 그대로 조용히 있지 못할 것입니다. 교회가 온 신경 조직에서 그 물질을 인식하고 온 힘과 생명력을 발휘하여 살아있는 몸으로부터 이물질을 쫓아내려고 할 것입니다. 이 에너지를 다른 일들, 곧 영혼들을 예수님께로 인도하는 일을 위해 남겨놓을 수 있으면 좋겠습니다.

자, 이제 이 자리에 그리스도인인 양 하면서 하나님께 대하여 살아있지 않는 분들에게 말씀드립니다. 나는 그분들에게 신앙 고백을 철회하든지, 철회하지 않는다면 진심으로 신앙 고백을 한 사람답게 행동하라고 부탁드립니다. 여러분은 신앙 고백을 한 대로 살든지 아니면 신앙 고백을 철회하도록 하십시오. 하나님께 거짓말하지 마십시오. 거짓말하면 여러분이 그 지체로 속해 있는 교회를 해치게 됩니다. 여러분은 교회의 지체이기 때문에 마땅히 교회를 섬겨야 합니다. 내가 회사의 직원이라면 이익의 절반을 가져가면서 아무 일도 하지 않기를 기대할 수 없을 것입니다. 힘 드는 일을 조금도 거들지 않고서 이익을 나누려고 하는 것은 지극히 비열한 일입니다. 그런데 신자라고 하는 사람들 중에는 이런 비천한 행동을 하는 사람들이 있습니다. 욥의 시대에 그랬듯이 지금도 "소는 밭을 갈고 나귀는 그 곁에서 풀을 먹는"(욥 1:14) 일이 있습니다. 교회에는 나귀와 같은 사람들, 곧 먹기는 좋아하면서 일하기는 싫어하는 사람들이 더 많습니다. 그래서 나는 요나와 같은 사람들에게 말합니다. "일어나서 우리와 함께 기도하든지 아니면 배에서 나가십시오. 여러분이 나가지 않는다면 조만간에 여러분을 밖으로 내던지지 않을 수 없을 것입니다."

다섯 번째로, 여기서 이 점을 끝으로 말씀드리겠습니다. 즉, 요나와 같은 사람을 모두 깨우는 일이 우리 하나님의 명예와 크게 관련이 있다는 것입니다. 그 배에서 여호와를 예배하는 단 한 사람이 잠을 잔다면 어떻게 여호와를 영화롭게 할 수 있겠습니까? 그가 하나님께 부르짖지 않는다면 어떻게 선원들이 여호와께서 기도를 들으셨는지 혹은 듣지 않으셨는지를 알 수 있겠습니까? 그리스도의 명예, 곧 그리스도의 교훈의 명예, 그의 피의 명예, 그의 인격의 명예, 즉 우리가 거룩하게 여기는 모든 것의 위엄은, 사람들이 볼 때 교회의 태도에 달려 있습니다. 교회가 교만하고 세속적이며 게으르면 세상이 뭐라고 말하겠습니까? "그런게 너희 신앙이구나!" 하고 세상은 말합니다. 그러고 나서 "아하! 아하! 아하! 순전히 거짓 신앙이구나!" 하고 말합니다. 그러나 세상이 정말로 진실한 교회를 보면, 세상은 아주 화를 내며, 할 수 있는 대로 모든 잘못을 찾아냅니다. 그러나 자기가 미워하는 사람들을 마음속으로는 존경하고, 그리스도인들 모르게 "여기에는 능력이 있어"라고 말합니다. 그들은 하나님께서 이런 교회를 두르고 있는 힘을 미워하면서도 눈여겨보고 칭찬합니다.

기독교가 한때는 이교도들에게 경외와 존경의 대상이었습니다. 기독교의 순교자들이 눈물 한 방울 흘리지 않고 죽어가는 모습을 보았기 때문입니다. 그리스도인들이 가난한 가운데서도 불평 없이 만족하게 사는 것과, 기독교의 큰 인물들이 정욕이나 탐욕에 사로잡히지 않고 겸손하게 사는 모습을 보았기 때문입니다. 그들은 그리스도인 부인들의 순결함과 정숙함을 보았습니다. 그리스도인 감독들의 부지런하고 근면함을 보았습니다. 그들이 지상에 있는 그리스도의 아름다운 교회를 볼 때 마치 천사의 얼굴을 보는 것 같았습니다.

그런데 교회가 타락하였습니다. 국가와 손을 잡음으로써 간음을 행한 것입니다. 교회는 품위를 잃었고, 주님의 왕비로서 또 위로부터 오신 성령님으로 말미암아 소생된 영적인 몸으로서 고귀한 자리를 떠나 길을 잘못 들었습니다. 그때 세상은 어떻게 하였습니까? 교회를 조롱하고 비웃었습니다. 세상은 번쩍이는 금은으로 장식한 교회에 겉으로 경의를 표했지만, 속으로는 교회에 대하여 질색을 하고 멸시하였습니다. 사람들은 그리스도인들의 열심의 엄청난 힘을 더 이상 두려워할 필요가 없었습니다. 뛰어난 한 역사가는 순교자 시대의 신자들에 대해 이렇게 말합니다. 한번 들어보고, 사람들이 지금도 그러한 이유로 우리를 두려워하는지 생각해 보십시오. 그는 예수의 제자들에 관한 로마 이교도들의 공통적인 견해를 다음과 같이 기술합니다.

"예수의 제자들은 열렬한 전도자들이었다. 눈에 보이지 않는 동안에도 그들은 일하였다. 신자 한 사람 한 사람이 그 종파의 선교사였고, 대체로 그들은 자기들의 교리를 전파하며 그 교리를 지키기 위해서는 언제든지 기꺼이 목숨을 바치려고 하였다. 이 전염병은 전혀 생각지 못한 수많은 경로를 통해서 퍼져나갔다. 이렇게 전염병이 공기 중에 퍼졌고, 이 병은 어디든지 뚫고 들어갈 수 있는 것처럼 보였다. 여러분의 자녀를 돌보거나 식탁에서 여러분의 시중을 드는 온유하고 점잖은 노예가 그리스도인일 수 있다. 여러분의 총애하는 딸, 곧 매혹적이면서도 또한 낯설게 보이는 상냥함과 우아함으로 여러분의 사랑을 받아온 딸이 알고 보면 그리스도인이다. 원로원 의원인 저 근위대 대장이 그리스도인일 수 있다! 이런 상황에서 누가 혹은 무엇이 안전한가? 어떤 힘이 이런 적에 맞서서 로마의 법과 위엄, 가정생활의 평안을 지킬 수 있는가? 그 다음에 기독교는 흔히 사람들에게 그 존재로 인해 미움을 받는 것만큼 부재를 인해서도 미움을 받았다. 이 이상한 사람들은 대중적인 오락과 축제가 벌어지는 곳에서는 어디나 뚱하고 우울한 표정으로 그 자리에 참석하지 않았다. 경기, 연극, 검투사 시합, 혹은 군사적인 축제든 시민적인 축제든 온갖 축제를 그들은 마치 전염병을 피하듯이 피하였다. 그런 일이 벌어지는 장(場)들은 확실히 우상 숭배와 뒤죽박죽 섞여 있었고, 방탕과 죄에 깊이 젖어 있었다. 그래서 비록 그런 곳들이 로마의 신들의 존재와 명백한 재가에 의해 성화되긴 했을지라도 그리스도인들이 들어갈 만큼 선하지는 않았다."

형제 여러분, 나는 우리가 이런 식으로 욕을 먹을 수 있다면 참으로 행복하겠다는 생각이 듭니다. 우리가 그렇게 높은 위치까지 도달할 수는 없을지라도,

적어도 우리 옷은 얼룩이 없이 깨끗하게 보존합시다.

교우 여러분, 여러분은 이 교회를 악인들의 코에 고약한 냄새가 되도록 하겠습니까? 형제 여러분, 우리는 사람들 가운데 영향력이 있습니다. 사람들이 우리를 따라다니며 야유와 조롱을 퍼부었을 때 우리는 인내심 있게 참았고, 게으른 사람들을 혼수상태에서 깨어나게 할 수 있다면 온갖 비방을 기꺼이 감내하였습니다. 우리의 노력에 성공이 따르는 것을 보았습니다. 수 세기 동안 문이 닫혀 있던 곳들이 복음을 전할 수 있도록 열리는 것을 보았습니다. 극장이 안식일에 하나님을 위해 사용되는 것을 보았습니다. 그런데 지금, 지금 우리가 이 행로를 멈추어야 하겠습니까? 그럴 수 없습니다! 만약 그렇게 한다면 우리의 원수가 무엇이라고 말하겠습니까? 그들이 이렇게밖에 말하지 않겠습니까? "자, 하나님이 저들을 버렸다. 복음은 사람들을 일시적으로밖에 흥분시킬 수 없고, 진리는 그 영향력이 사라진다." 그렇게 하기보다는 진리의 영광을 위하여, 우리 주 예수 그리스도의 명예를 위하여 하나님과 하나님의 말씀을 굳게 붙잡읍시다.

스스로 만족하는 사람들은 이렇게 말할 것입니다. "우리는 오늘 아침 이런 설교를 듣고 싶지 않아요. 우리는 자고 있지 않아요. 우리 교회 교인들은 게으른 사람들이 아닙니다." 여러분, 나는 교회로서 우리가 잠에 빠져 있지 않다는 것을 기쁘게 인정합니다. 하지만 이 사실이 여러분 모두에게 해당된다고는 확신하지 못합니다. 어쨌든 깨어 있는 사람들은 유두고처럼 자기도 모르는 사이에 졸지 않도록 몸을 가볍게 쳐서 정신 차리게 할 필요가 있음을 알 것입니다. 그런데 여러분 가운데 잠자고 있는 분들이 있는 것은 확실합니다. 그래서 나는 주저 없이 그런 여러분을 잠자는 사람들로 대할 것입니다.

그러면 여러분은 내게 이렇게 말할 것입니다. "목사님, 우리는 지금 종교에 대해서 이야기합니다." 많은 사람들이 잠자면서 이야기합니다. 나는 어떤 사람이 잠꼬대로 훌륭한 설교를 했다는 말을 들었습니다. "하지만 우리는 늘 걸어 다니지 않습니까?" 그렇습니다. 하지만 나는 어렸을 때 잠이 든 채로 돌아다니곤 하였습니다. 그때 깨어 있었더라면 돌아다니지 않았을 곳을 용감하게 돌아다녔습니다. 나는 그런 일을 이상하게 여기지 않습니다. 그런데 이것이 여러분의 경우일 수가 있습니다. "알겠습니다. 하지만 우리는 신앙적인 영향력을 느끼지 않습니까? 설교를 듣고서 울지 않습니까?" 그렇습니다. 하지만 나는 사람들이 자면서 울기도 한다는 말을 들었습니다. 그런 일은 얼마든지 가능합니다. "하지만 우리는 복음을 들을 때 아주 기뻐하지 않습니까?" 그렇습니다. 그런데 자면서 웃는 사람들도 있을 것입니다. 존 번연이 자비심에 대해 이야기하는데, 자비심은 아름다운 꿈을 꾸면서 웃었습니다. 여러분의 꿈도 그처럼 즐거워서 여러분을 웃게 만들 수 있습니다.

어떤 사람은 말합니다. "아, 그런데 나는 우리가 깊이 잠들어 있다고 보지 않습니다. 우리는 신앙에 대해서 많이 생각하기 때문입니다." 그렇습니다. 사람들은 잠을 자면서 생각합니다. 사람들의 꿈이 연속적인 생각이 아니고 무엇이겠습니까? 그래서 여러분이 하나님에 대해, 옳은 일에 대해 이런저런 생각을 하지만, 어쨌든 깊이 잠들어 있을 수 있습니다.

"그렇다면 목사님은 사람이 정말로 깨어 있다는 것이 무슨 의미라고 생각하십니까?" 나는 그것이 두세 가지 사실을 의미한다고 봅니다. 첫째로, 깨어 있는 사람은 영적인 일들의 진실을 철저히 알고 있다고 생각합니다. 깨어 있는 사람이라고 말할 때, 영혼을 환상으로, 천국을 허구로, 지옥을 꾸민 이야기로 생각하지 않고 사람들 가운데 마치 이런 것들만이 실체이고 그 밖의 모든 것들은 그림자인 것처럼 행동하는 사람을 의미합니다. 나는 결심이 확고한 사람들을 보기 원합니다. 그리스도인이 날씨가 좋든지 흐리든지 간에 자기 하나님을 섬기기로 아주 굳게 결심하지 않는 한, 깨어 있는 것이 아니기 때문입니다. 젊은 그리스도인 여러분, 나는 여러분이 하나님의 일에 헌신하는 모습을 보고 싶습니다. 하밀카르(Hamilcar Barca, B.C. 270년 경－228, 고대 카르타고의 군인이자 정치가. 한니발의 아버지)가 두 자녀를 데리고 제단으로 가서 그들에게 살아 있는 한 로마와 싸우기를 그치지 않겠다고 신들의 이름으로 맹세를 시켰듯이, 나는 여러분에게 하나님의 서약이 있으니 여러분이 살아 있는 한 죄와 싸우고 영혼들을 구원하는 일을 그칠 수 없다고 느끼면 좋겠습니다.

그 다음에, 나는 여러분이 사람들을 그리스도께로 인도하려는 뜨거운 열심으로 마음이 움직이지 않는 한, 깨어 있다고 생각하지 않습니다. 수고를 하지만 자신의 노력에 성공이 따르는 것을 보지 못하는 사람이 하나님 앞에서 슬퍼하고 신음하며 한숨을 쉰다면, 깨어 있는 것일 수 있습니다. 그러나 게으른 설교자, 회심하는 사람이 없는 설교자, 가르치는 반에 그리스도께로 오는 아이가 없는 주일학교 교사, 자신의 수고에도 불구하고 한 사람도 그리스도께 오는 것을 보지 못하면서도 만족해하고 즐거워하는 사람, 그런 사람이 잠자는 사람입니다. 나는 우리가 계속해서 수가 늘어나면서도 이 예배당을 한 주일 내내 나가서 하나님과 사람들의 선을 위해 싸우기 위해 안식일에 자신의 칼을 날카롭게 하는 병기고로 만들기보다는, 잠자는 가운데 코고는 소리로 하나님을 찬양하는 거대한 기숙사로 만드느니 차라리 하나님께서 우리 교회에 큰 시련과 고난을 천둥처럼 내려주시기를 바랍니다. 예를 들면, 담임 목사를 데려가시거나 훌륭한 교인들을 불러가시는 일 혹은 군중들이 소동을 피우거나 언론에 비방하는 기사가 나는 일 같은 것이 일어나기를 바랍니다. 이 회중석의 의자가 침대가 되지 않기를 바랍니다. 게으름쟁이들이 기대는 소파가 되지 않기를 바랍니다. "자는 자여 어찌함이냐 일어나서 네 하나님께 구하라."

나는 잠을 자고 있으면서 내가 하는 말을 들으려고 하지 않는 사람들이 있다는 점을 지금까지 충분히 전했다고 생각합니다. 내 말뜻은 이 회중 가운데 눈을 감고 자고 있는 사람들이 있다는 것이 아닙니다. 그런데 그들이 마음으로 자고 있을지라도, 깨어 있는 사람들에게는 내 말이 유익을 끼칠 수 있을 것입니다. 하지만 깊이 잠든 사람들은 이렇게 말할 것입니다. "좀 더 자자, 손을 모으고 좀 더 누워 있자(잠 24:33). 우리는 구원받았으니, 계속 자자." 하나님께서 여러분에게 더 나은 마음을 내려주시고, 거룩한 감사와 사랑에 강권함을 받아 행하게 해주시기를 바랍니다.

2. 이제 잠자고 있는 죄인들에게 엄숙하고 진지하게 말씀드리겠습니다.

오늘 아침 태평한 사람들, 곧 죽기 직전에 있으면서도 편하게 지내는 사람들이 얼마나 많은지 모릅니다. 회심하지 않았으면서 무사태평한 사람들, 하나님의 진노를 받게 되어 있는데도 모든 것이 평안한 것처럼 두려움을 모르는 사람들, 곧 지옥에 떨어지게 되어 있는데도 결혼식 종소리처럼 즐거운 사람들, 이미 정죄를 받았는데도 잔칫집에서 술 마시고 떠드는 사람처럼 유쾌한 사람들이 얼마나 많은지 모릅니다.

나는 첫째로, 여러분이 잠을 자는 것이 깨어 있는 사람들에게는 도무지 이해할 수 없는 일이라는 것을 말씀드림으로써 여러분의 평온을 깨트리도록 하겠습니다. 자신의 상태가 위험하다고 느끼는 사람들은 여러분이 어떻게 그렇게 태평할 수 있는지 전혀 이해하지 못합니다. 우리도 한때는 여러분처럼 어리석었습니다. 처음에 우리가 사물을 제대로 인식하기 시작하였을 때, 우리가 그처럼 위험한 자리에서 그토록 태평할 수 있었다는 것이 정말로 기이하고 기이한 일이었습니다. 교수대에서 장난치는 사람이나 불이 타오르는 가운데서 웃는 사람 혹은 단두대에서 머리로 장난질치는 사람도 여러분만큼 기이한 모습이 아닐 것입니다.

여러분은 죄인입니다! 죄인입니다! 죄인은 하나님께서 끔찍이 싫어하시는 존재인데, 여러분은 죄인이라는 말을 듣고도 전혀 두려워할 줄 모릅니다. 여러분을 지으신 하나님께서 여러분을 싫어하십니다. 죄인은 하나님께서 반드시 치시는 자입니다. 하나님께서 여러분을 오래 참으시지만 곧 여러분을 반드시 치실 것입니다. 칼이 지금은 칼집에서 잠자고 있을 수 있지만, 반드시 뽑혀 나와서 여러분을 쳐 죽일 것입니다. 죄인이여! 여러분은 기적의 연속과 같은 인생을 사는 존재입니다. 왜냐하면 하나님의 오래 참으심이 막지 않는다면 하늘이 여러분 위에 덮칠 것이기 때문입니다. 하나님께서 잠잠히 있으라고 명령하시지 않는다면 들판의 돌들이 여러분을 치고, 들의 짐승들을 제지하시지 않는다면 짐승들이 함께 떼 지어 여러분을 공격하고 먹어치울 것이기 때문입니다. 여러분은 아무데도 친구가 없는 사람입니다. 여러분은 자연에 오점과 같은 존재입니다. 창조계의 수치입니다. 여러분은 여러분 자신에게도 혐오스러운 존재입니다. 여러분은 다른 사람들에게 병을 옮기는 사람입니다. 지극히 훌륭한 사람들에게는 괴로운 존재입니다. 심지어 나쁜 사람들에게조차 해로운 존재입니다. 여러분은 불에 태우기 위해 자라고 있는 잡초이고, 독기를 뿜는 더러운 물이고, 하나님의 세계에서 찾아내 죽여야 하는 괴물입니다. 죄인은 악한, 범인, 반역자의 이름을 한 몸에 지닌 사람입니다. 그런데 여러분은 그런 죄명을 받고서도 태평합니다!

여러분, 여러분은 자신이 죽을 인생이라는 사실을 다시 한번 생각하시기 바랍니다. 시간은 여러분의 생명을 파먹으며, 여러분을 데리고 서둘러 무덤으로 갑니다. 해는 여러분을 위해 가만히 서 있지 않고 날마다 자신의 영구한 진로를 서둘러 달리며 여러분을 무덤으로 데려갑니다. 저기 벽에 걸린 시계의 초침 소리는 다가오는 죽음의 발자국 소리처럼 들립니다. 창백한 말을 탄 자가 여러분을 쫓고 있으며, 그의 군마가 입에 거품을 물며 빨리 달립니다. 어쩌면 여러분은 내일을 보지 못할 수 있습니다. 1863년의 빛이 여러분의 눈에 비치지 않을 수 있습니다. 혹은 여러분이 당장 죽지 않는다고 해도, 아무리 긴 인생이라도 사실은 얼마나 짧습니까! 여러분이 죽는다는 사실은 얼마나 확실합니까! 여러분은 죽을 인생이면서도 잠을 자고 있습니다! 여러분이 주로 생활하던 방에서 창백하고 무기력한 모습으로 침대에 누워 있다고 생각해 보십시오. 여러분 주위에 커튼이 쳐질 것입니다. 사람마다 슬픔과 염려 가운데 소리를 죽일 것입니다. 울고 있는 친척들이 여러분의 이마가 죽음의 땀으로 끈적끈적해지는 것을 볼 것입니다. 생명이 곧 여러분에게서 사라질 것입니다. 숨을 무겁게 쉬고 맥박은 느릿느릿하게 뛰닙니다. 두려운 순간이 다가옵니다.

강한 여러분, 지금의 여러분보다 강한 자와 맞붙어 싸우는 것은 바로 여러분입니다. 죽음의 어둠 속에서 여러분의 눈이 흐려질 것이고, 마지막 죽음의 고통 가운데서 여러분의 사지가 움츠러들 것입니다. 여러분은 자신이 반드시 죽는다는 것을 알고, 여러분의 지체는 이미 사형선고를 받았다는 것을 느끼면서도, 여전히 잠을 잡니까? 아, 슬픕니다. 여러분의 무감각이 얼마나 무서운 것이었으면 죽음조차도 놀라게 할 수 없는 것입니까? 하지만 여러분, 여러분은 죽을 인생이라는 사실을 기억하십시오. 그런데도 여러분이 잠을 잔다는 사실이 그 점을 더욱더 통탄스럽게 만듭니다. 여러분이 죽을 때 아주 죽지 않을 것입니다. 여러분은 영원히, 영원히 다시 살 것입니다! 영원이여! 영원이여! 바닥도 없고 해안가도 없는 바다여! 여러분은 항구에 도착하지 못한 채 영원히 이 바다를 항해해야 합니다. 구원을 받지 못한다면, 영원히 폭풍이 불어 닥치는 불바다를 항해해야 할 것입니다. 영원히, 영원히, 여러분은 꼭대기가 없는 산을 오릅니다!

죄인이여, 여러분이 그 산비탈을 오르면 영원히 타오르는 분화구를 만날 것입니다. 여러분은 오르고 또 오르고 계속 올라가야 합니다. 산꼭대기가 없기 때문입니다. 영원히! 영원히! 영원히! 영원히! 올라가야 합니다. 죄인이여, 그런데도 여러분은 계속 잡니까? 여러분은 정말로 미친 것이 아닙니까? 영원의 경고를 무시하는 것은 도무지 손 쓸 수 없이 미쳐버린 것이고, 과도한 정신 이상입니다. 여러분, 여러분은 어차피 죽을 인생이지만, 살아 있는 동안에 잠들어 있으면 죽은 것이나 마찬가지이고 따라서 천국이 있을지라도, 천국을 잃어버린다는 사실을 기억하시기 바랍니다. 여러분에게는 천사의 하프도, 성도들의 노래도, 즐거운 선율도 들리지 않을 것입니다. 그리스도의 얼굴을 기쁨으로 보는 일도 없고, 항상 사랑하는 신랑 되시는 주님의 포옹도 받지 못할 것입니다. 여러분에게는 하나님의 얼굴의 찬란한 빛도, 말로 다할 수 없이 지극한 복도, 하나님 우편에 흐르는 복락의 강도 없을 것입니다. 이 말을 듣고도 여러분이 분발하지 않는다면, 나는 여러분이 천국을 잃는 것만큼 확실하게 지옥을 얻을 것이라고 다시 말씀드립니다.

여러분에게는 결코 꺼지지 않는 불길이 타오르고, 물 한 방울 축이지 못하는 갈증이 있을 것이며, 하나님의 진노와 불 같은 율법과 불타오르는 도벳이 있을 것입니다. 여러분은 하나님께 불경한 언사를 쓰는 마귀들과 절망하는 영들의 무리들 가운데 있을 것입니다. "구더기도 죽지 않고 불도 꺼지지 않는"(막 9:48) 곳에서 말로 다할 수 없는 고통이 여러분을 기다릴 것입니다. 여러분이 계속 잠을 잔다면, 여러분의 운명이 반드시 이렇게 되는데, "자는 자여 어찌함이냐?" 사람이 허물과 죄로 죽었다는 것을 모른다면, 깨어난 사람들에게는 이렇게 사람들이 잠을 자는 것이 도무지 이해할 수 없는 일일 것입니다. 내가 이렇게 두려운 주제들에 관해 설교하면서 심각해지지 않을 수 있다면 놀라운 일일 것입니다. 이것은 하찮은 일들이 아니고, 강연자가 한 시간 무익하게 떠들어 대거나 청중들이 호기심으로 들을 주제들이 아닙니다. 이런 문제들이 듣는 사람의 귀를 따끔거리게 만드는 것은 당연한 일입니다. 이런 문제들로 여러분이 하나님 앞에서 두려워 떨고, 통회하는 심정으로 하나님의 얼굴을 구하게 되면 좋겠습니다.

나는 이 문제를 좀 더 철저하게 다루고 싶습니다. 나는 경솔하고 분별없는 여러분이 그렇게 태평하게 지낼 수 있는 정당한 이유들을 제시할 수 없을 것이라고 확신합니다. 죄인이여, 무엇 때문에 잡니까? 어쩌면 여러분은 위험이 있다고 믿지 않는다고 말할지 모릅니다. 여러분에게 답하겠습니다. 사실 여러분은 위험이 있다는 사실을 굳게 믿고, 자신이 믿는다는 것을 압니다. 만약 여러분이 불신자인 체한다면 여러분을 설득하지 않겠습니다. 여러분 속에는 여러분으로 하여금 하나님이 계시다는 것과 하나님께서 반드시 죄를 형벌하신다는 것을 알게 만드는 것이 있습니다. 여러분은 내세에 대해 전혀 두려워하지 않는다고 큰소리칠 수 있습니다. 그러나 여러분이 홀로 있을 때나 병들었을 때 혹은 정신이 말짱할 때는 장차 올 심판을 생각하고 두려워 떱니다. 여러분은 그 사실을 압니다. 그러므로 나는 그 사실을 총검처럼 여러분 가슴에 박히게 말합니다. 내가 여러분의 양심만큼이나 쉽게 여러분의 마음을 손에 넣을 수 있으면 좋겠습니다. 여러분은 이 사실들이 허구가 아니고 거짓말도 아니라는 것을 압니다. 여러분이 솔직한 의심들이 생기면, 눈을 떠서 보고 상식을 동원해 보기만 하면 납득하게 될 것입니다. 다른 죄인들이 이 세상에서 영원으로 넘어가며 영원한 진노를 미리 맛볼 때 그들의 하는 말을 들어보기만 하십시오. 그러면 틀림없이 여러분은 믿지 않는 자들에게 허물과 죄를 형벌하시는 하나님이 계시다고 고백할 것입니다.

그런가 하면 여러분은 시간이 충분하므로 잠잘 수 있다고 말할지 모릅니다. 그러나 시간이 없습니다. 여러분, 남아도는 시간이 없습니다. 여러분이 열병에 걸린다면 나는 "치료받을 시간이 충분해"라고 말하지 않을 것입니다. 그보다는 "사람을 지치게 하는 이 열에서 벗어나야 하겠다"고 말할 것입니다. 만일 내가 지금 불타는 산의 끄트머리에 서 있고 내 앞으로 용암이 흘러올 것을 느낀다면 "아직은 시간이 충분해"라고 말하지 않을 것입니다. 그보다는 당장에 도망가려고 할 것입니다. 여러분은 지옥의 아가리 위에 판자 한 장을 대고 서 있는데, 그 판자는 썩었습니다. 여러분은 지금 밧줄 하나를 붙잡고 지옥의 아가리 위에 매달려 있는데, 그 줄이 곧 딱 하고 끊어질 것입니다. 지금! 바로 지금! 여러분은 위험 가운데 있습니다! 여러분은 오늘 아침 죽을 수도 있습니다. 지금까지 많은 사람들이 예배당에서 죽었습니다. 하나님께서 여러분을 구원하셔서 여러분에게 이 일이 일어나지 않기 바랍니다. 그러나 지금은 여러분이 위험에 처해 있는 때이고, 한가하게 지낼 시간이 없습니다.

여러분은 "우리에게는 아무 소망이 없기 때문에 자는 것이 당연하다"고 말합니까? 아닙니다! 죄인이여, 그렇지 않습니다. 감사하게도, 여러분은 그렇게 말할 수 없습니다! 내 설교를 듣는 여러분은 내가 한 번도 여러분에게 그렇게 가르친 적이 없다는 것을 압니다. 여러분 가운데 어느 누구에게도 여러분이 구원받을 수 없다고 말한 적이 없습니다. 나는 여러분에게 불가능한 복음을 전한 적이 없습니다. 나는 그리스도를 선포하는 가운데 사람에게 자비의 문을 닫지 않았습니다. 오히려 여러분에게 "예수는 자기를 힘입어 하나님께 나아가는 자들을 온전히 구원하실 수 있느니라"(히 7:24,25)고 말하지 않았습니까? 나는 그동안 여러분에게 문을 열고 들어오라고 간곡히 권했습니다. 아니, 여러분을 들어오도록 강권하여 하나님의 집을 채우려고 애썼습니다.

바로 지금 나는 다시 한번 같은 메시지를 전달합니다. "원하는 자는 값없이 생명수를 받으라"(계 22:17). 예수님을 믿으십시오. 예수님을 믿으십시오. 그러면 구원을 받을 것입니다. 여러분이 절망하는 것은 악한 일입니다. 그것은 하나님을 거짓말하는 자로 만들기 때문입니다. 여러분의 낙담은 죄입니다. 그것은 자신에게나 여러분에게 거짓말하실 수 없는 하나님의 진리를 의심하는 것이기 때문입니다. 죄인이여, 예수님을 믿으십시오. 그러면 여러분은 오늘 아침 구원을 받을 것입니다. 하나님께서 여러분이 오늘 그리스도 안에서 주신 하나님의 약속을 굳게 붙잡고 그의 보혈을 의지하도록 도와주시기 바랍니다. 그러면 하나님께서 여러분을 오늘과 영원히 구원하실 것입니다. 그런데 여러분은 무엇 때문에, 무엇 때문에 잡니까? 여러분이 정당한 이유를 댈 수 없다면, 적절한 이유를 말할 수 없다면, 자는 자여, 어찌함입니까? 일어나서 여러분의 하나님께 구하십시오.

여러분, 나는 여러분이 자는 것을 이해할 수가 없고 여러분도 거기에 대해 정당한 이유를 댈 수 없으므로 여러분에게 이 점을 깊이 생각해 보라고 엄숙하게 권하고 싶습니다. 즉, 여러분의 잠은 곧 멸망으로 끝나리라는 것입니다. 여러분 가운데는 내 설교가 그 마음에 결코 들어가지 못할 사람들이 있습니다. 내가 아무리 오래 살아도 여러분이 구원받는 것은 보지 못할 것입니다. 여러분 가운데는 내가 종종 울게 만들었지만 죄를 미워하게는 만들지 못한 사람들이 있습니다. 여러분 가운데 술 취하기 좋아하는 사람들이 있습니다. 그 사람들은 잠시 동안은 술을 멀리하지만 목사의 모든 간곡한 권유와 자신의 양심의 모든 호소에도 불구하고 개가 토한 것을 다시 먹듯이, 돼지가 몸을 씻은 후에 다시 진창에서 뒹굴 듯이 다시 술에 손을 댑니다.

여러분 가운데 내가 아직까지 완전히 절망하지 않은 분들이 있습니다. 그러나 그분들도 거의 그럴 지경에 이르렀다는 점을 엄숙하게 말씀드립니다. 여러분이 오늘 바로 이 시간에 여러분의 평화에 관한 일을 알면 좋겠습니다. 아, 생각하면 참으로 두렵습니다. 여러분 가운데 죽을 때까지 이 태버너클 예배당에 앉아 있다가 내 목소리가 영원히 귀에 울리는 가운데 지옥으로 갈 사람들이 있지 않을까 걱정하지 않을 수 없는 점을 생각할 때 참으로 두렵습니다. 내가 그동안 여러분을 위해 기도하였는데, 여러분은 구원받지 못했습니다. 여러분을 염두에 두고 설교하였지만 여러분은 움직이지 않았습니다. 여러분에게 대놓고 여러분의 죄악을 비난하는 설교를 하였고 여러분의 죄를 펼쳐보였지만 여러분은 회개하지 않았습니다. 주님의 피 흘리는 몸을 높이 들어 세웠지만 여러분은 주님을 사랑하라는 호소를 듣지 않았습니다. 여러분은 잠시 죄를 깨달았지만 양심의 목소리를 잠재웠습니다. 서약을 하고 나서 깨트렸습니다. 다시 옛날의 어리석음으로 돌아갔습니다. 그래서 한때 그랬듯이 이제 다시 분별이 없고 무감각하며 완고하고 죄로 죽어 있습니다. 나는 이 단단한 돌에 영원히 망치질하지 않을 것이며, 언제까지나 말들로 바위 위에서 달리게 하지 않겠으며 소가 언제까지나 거기서 밭 갈도록 하지 않을 것입니다(암 6:12). 장차 하나님께서 정의를 측량줄로 삼고 공의를 저울추로 삼으실 것인데(사 28:17), 그때 여러분은 어디에 있을 것입니까?

아, 만일 우리가 이 자리에 참석한 어떤 사람이 어느 날 지옥에 가 있을 것과, "그 사람이 영원히 고통 가운데 거하리라"는 것을 분명한 계시에 의해서 알 수 있다면, 우리가 그에 대해서 슬퍼해야 하지 않습니까? 나는 그런 사람들이 여기에 있을까 두렵습니다. 정말로 그런 사람들이 이 자리에 있을까봐 두렵습니다. 하나님께서 은혜로 이 두려움을 없애주시기를 바랍니다. 우리 각 사람은 "주여, 나는 아니지요?" "주여, 나는 아니지요?"(마 26:22) 하고 물읍시다.

죄인이여, 여러분은 계속해서 잠잘 것입니다. 이따가 집에 돌아가면 내가 지금까지 한 말을 모두 잊어버릴 것입니다. 그리고 오늘 밤 다시 오지만, 결과는 똑같을 것입니다. 문이 돌쩌귀를 따라 돌듯이, 여러분은 평생 아무런 변화 없이 들어왔다 나갔다 할 것입니다. 여러분, 여러분이 내 목소리에 귀를 기울이지만, 그것이 여러분에게는 듣기 좋은 노랫소리 외에 아무것도 아닐 것입니다. 여러분은 평생 주인의 피리 소리를 따르지 않는 귀머거리 독사처럼 지낼 것입니다. 때로 잠꼬대로 이렇게 불평할 것입니다. "저 목사는 너무 진지해서 이런 우울한 문제를 너무 시끄럽게 떠들어 대. 사람을 으르는 이런 곤란한 얘기들을 너무 길게 얘기하는 경향이 있어." 여러분은 더 깊은 잠에 빠져서 몇 년이고 계속해서 잘 것입니다.

여러분은 이런 전망을 어떻게 생각합니까? 잠깐만 기다리십시오. 이야기를 마치겠습니다. 어느 날 우리 가운데 "저 자리에 앉았던 아무개가 죽었대"라는 소문이 돌 것입니다. 그러면 우리는 엄숙하게 물을 것입니다. "그가 주 안에서 죽었습니까?" 그러면 이런 답변을 들을 것입니다. "아닌 것 같아요. 그는 회개하였다는 표시나 그리스도를 믿었다는 표시를 전혀 보이지 않았어요." 그러면 우리의 결론은 뻔합니다. 죄인이여, 이 한 가지를 부탁드리겠습니다. 여러분이 정죄를 받을지라도 내가 여러분의 피에 대해 깨끗하다고 말해 주십시오. 내게 이 한 가지 일만 해주십시오. 여러분이 망하게 될지라도 그 책임을 나의 불성실한 탓으로 돌리지 말아 주십시오. 이 자리에 참석한 분들 가운데 처음 온 분이나 정기적으로 참석하는 분으로서 스스로 멸망을 택할 사람들이 있다면 내가 여러분에게 돌이키라고 열렬히 외쳤다는 점을 고려해 주시기 바랍니다. 나는 지금 하나님 앞에서 여러분에게 돌이키라고 외칩니다.

원한다면 여러분은 지옥에 떨어지십시오. 그러나 그러기 전에 먼저 나는 여러분에게 정죄받는다는 것이 무슨 의미인지 설명하고, 구원의 길이 있다는 것을 말씀드립니다. 다시 이 두 손을 뻗어 여러분을 붙잡고 여러분에게 그리스도께 와서 살라고 간곡히 부탁드립니다. "자는 자여 어찌함이냐 일어나서 네 하나님께 구하라." 조금 있으면 때가 늦어서 여러분은 일어날 수 없을 것입니다. 누구든지 지금 당장 여러분에게 경고하지 않으면 늦을 것이고, 지금 당장 여러분을 위해 슬퍼하지 않으면 늦을 것이며, 지금 당장 여러분에게 간곡히 부탁하지 않으면 늦을 것입니다. 일단 철 대문이 닫히고 놋 빗장이 내려지면, 세상의 어떤 우정도 지옥의 맹렬한 분노도 그 빗장을 풀지 못할 것입니다. 영원히 절망에 떨어진 영혼 속에 닫힌 이 빗장들의 삐걱거리는 소리가 언제까지나 여러분의 귀에 들리며 여러분을 절망에 빠트릴 것입니다. 아직 희망이 있는 동안에 여러분을 위해 기도합니다. "깨어나십시오! 일어나십시오. 그렇지 않으면 영원히 망할 것입니다!"

끝으로, 나는 이 자리에 계신 분들 가운데 완전히 깨어나는 것이 무엇인지 아는 사람들에게 다른 사람들을 깨우는 일에 최선을 다하라고 부탁합니다. 우리는 고대 역사에서 시바리스 사람들(Sybarites: 남 이탈리아의 옛 도시 시바리스 사람으로 사치 · 방탕을 일삼는 무리를 가리킴)에 대해 읽습니다. 그들은 잠자는 것을 너무 좋아한 나머지 개들이 짖어 깨우지 않도록 개들을 죽였고, 수탉이 아침에 울어 깨우지 못하도록 한 사람들이었다고 합니다. 자기에게 경고하는 친구들과 신실한 충고자들을 멀리 쫓아내기를 바라는 죄인들이 있습니다. 친구들을 멸망에서 지키는 것이 힘들지라도 그 일을 위해 최선을 다하기 바랍니다. 우리는 사람들이 아편으로 죽을 것 같고 잠에 빠질 것 같을 때 의사가 서슴없이 몸을 바늘로 찌르거나 사람들이 소리 지르며 잠자고 싶어 해도 억지로 걷게 한다는 것을 압니다. 여러분도 그와 같이 해야 합니다. 여러분이 영혼을 구할 수만 있다면, 감정을 상하게 하거나 화나게 만드는 일에 너무 신경 쓰지 마십시오. 여러분이 친구들을 점잖게 대해서 그들의 영혼을 망하게 하기보다는 친구들에게 무례하게 대해서 평판을 잃더라도 그들을 구원하는 것이 낫습니다. 여러분은 아각처럼 "진실로 사망의 괴로움이 지났도다"(삼상 15:32)고 하며 부드러운 태도로 말하지 마십시오.

기회가 있을 때마다 죄를 책망하고 의를 높이 든 옛날 청교도처럼 때를 얻든지 못 얻든지 상관없이 절박하게 말하십시오. 여러분이 영혼을 구원하는 일에 너무 열심을 보일지라도, 주님도 구원받은 사람도 그 점을 인해서 여러분을 비난하지 않을 것입니다. 적어도 천국에서는 여러분이 영혼을 구원하는 일에 너무 활동적이고 너무 부지런하였다는 점이 결코 후회스럽지 않을 것입니다. 오늘 여러분에게 기회가 있을 수 있습니다. 그 기회를 사용한다면 하나님께서 그 일에 여러분에게 복을 베푸시지 않을지 누가 알겠습니까? 하나님께서 여러분에게 복을 주시든지 않든지 간에, 그 기회를 소홀히 한 책임을 지지 않도록 제발 그 기회를 사용하십시오. 여러분을 피로 값 주고 사신 주님을 의지하고 주님을 섬기기 위해 사십시오. 여러분을 거룩한 부르심으로 부르신 주님을 의지하여 영혼을 구원하는 일에 전념하십시오. 처음부터 여러분을 구원에 이르도록 선택하신 주님을 의지하여 하나님의 택하신 자로서 동정심을 품고서 사십시오.

여러분이 책임을 져야 하는 여러분의 생명을 인해서, 여러분에게 아주 가까이 있을 수 있는 여러분의 죽음을 인해서, 여러분이 그 얼굴 보기를 바라는 예수님을 인해서, 망한 영혼들이 떨어질 지옥을 인해서, 회개하는 자가 이를 여러분의 소망과 기쁨인 천국을 인해서, 도처에서 사람들에게 하나님의 말씀을 선포하십시오. 하늘이 그 소리를 메아리칠 때까지 이렇게 말하십시오. "믿고 세례를 받는 사람은 구원을 얻을 것이요"(막 1:16). "너는 네 떡을 물 위에 던져라"(전 11:1). 수고하고, 애쓰며, 찾고, 싸우며, 괴로워하십시오. 하나님께서 여러분에게 복을 주시기 바랍니다. 아멘.

제 3 장

헛수고

"그가 대답하되 나를 들어 바다에 던지라 그리하면 바다가 너희를 위하여 잔잔하리라 너희가 이 큰 폭풍을 만난 것이 나 때문인 줄을 내가 아노라 하니라 그러나 그 사람들이 힘써 노를 저어 배를 육지로 돌리고자 하다가 바다가 그들을 향하여 점점 더 흉용하므로 능히 못한지라." – 욘 1:12,13

이 선원들은 지극히 훌륭한 인간성을 보여주었습니다. 그들은 자기들의 목숨을 보전하기 위해서는 무죄한 사람을 배 밖으로 던져야 할 것 같았지만 그렇게 하려고 하지 않았습니다. 그래서 그들은 먼저 최선의 노력을 다하였습니다. 그 노력이 실패로 돌아갔을 때, 그들은 자기들의 사정을 하나님께 엄숙히 호소하면서 자기들에게 무죄한 피를 돌리지 말아 주시기를 구하였습니다. 사흘 굶어 도둑질 안 할 사람이 없기 때문에, 마지막 수단으로서 요나를 맹렬한 폭풍에 던졌지만, 그를 구원하려는 모든 노력을 들인 후에 그 조처가 취해졌습니다. 우리는 인간 생명을 매우 소중히 여겨야 합니다. 간접적으로라도 인간 생명을 말살하거나 해할 수 있는 일은 일절 하지 말아야 합니다. 우리가 사람의 생명을 잃지 않도록 마음을 많이 써야 한다면, 하물며 사람들의 영혼에 대해서는 얼마나 마음을 써야 하겠습니까! 사람들 가운데 가장 작은 자라도 우리의 본보기나 가르침으로 인해 그들의 영원한 이익이 위험에 빠지게 할 수 있는 일은 조금도 하지 않도록 얼마나 주의해야 하겠습니까! 하나님께서 할 수만 있다면 우리가 배를 육지에 댈 수 있도록, 주위에 있는 사람들을 아무도 망하게 하지 않도록 이 선원들처럼 열심히 노를 젓게 하여 주시기를 바랍니다. 나는 본문의 이 면에 대해서는 오래 생각하지 않을 것입니다. 우리 주님께서는 요나를 자신의 독특한 예표 가운데 하나로 꼽으셨습니다. "악하고 음란한 세대가 표적을 구하나 요나의 표적 밖에는 보여 줄 표적이 없느니라"(마 16:4) 하고 주께서 말씀하셨습니다. 그러므로 우리가 요나의 이야기의 상세한 내용들을 그리스도와 그의 복음에 대한 사람의 경험과 행동에 대한 영적인 예들로 해석할지라도, 잘못하는 것이 아니라고 믿습니다.

지금 우리 앞에는 대부분의 사람들이 하나님의 구제책을 찾기 전에 먼저 하는 일을 보여주는 그림이 있습니다. 여기서는 구제책이 배에 탄 모든 사람들이 자기들을 위해 한 사람을 희생시킴으로써 구원받는 것으로 아주 분명하게 그려집니다.

1. 첫 번째로, 죄인들은 양심의 가책으로 요동하는 바다에서 시달리게 되면 살아남기 위해 필사적으로 노력합니다.

이 선원들은 배를 육지에 대기 위해 열심히 노를 저었습니다. 히브리어 원어로 그들은 열심히 "팠습니다." 아주 힘들여서 노를 바다 깊이 집어넣었지만 별 효과가 없었습니다. 사나운 비바람이 바다를 몹시 들까불어서 선원들이 노를 제대로 저을 수 없었습니다. 필사적으로 노를 잡아당겼지만, 노를 아무리 깊이 집어넣어도 높이 솟은 파도 때문에 소용이 없었습니다. 그들은 배를 안전하게 항구로 끌고 가기 위해 모든 근육을 동원하여 맹렬하게 일하였습니다. 형제 여러분, 자기 죄를 깨달은 죄인들이 영원한 생명을 얻기 위해 분투노력하는 그 맹렬한 행동은 어떤 언어로도 충분히 다 표현할 수 없을 것입니다. 진실로 하나님의 나라가 원하는 자와 달음질하는 자의 수중에 달려 있다면 그들은 즉시 하나님의 나라를 소유할 것입니다. 그러나 그들은 불법적으로 노력하기 때문에 승리의 면류관을 보상으로 받지 못할 것입니다. 그들이 불을 붙이고 불꽃을 기뻐할 수 있지만 하나님은 이렇게 말씀하십니다. "너희가 내 손에서 얻을 것이 이것이라 너희가 고통이 있는 곳에 누우리라"(사 50:11).

사람들이 자기 구원을 이루기 위해 애쓰는 육신적인 활동들을 몇 가지 살펴봅시다. 가장 일반적인 활동은 도덕적인 개혁입니다. 우리는 술고래가 양심이 깨어났을 때 술을 완전히 끊는 것을 보았습니다. 그는 술을 절제하는 것을 넘어서서 절대 금주를 지지하였습니다. 거기서 더 나아가 그는 열심이 지나쳐서 자기처럼 오랫동안 금주를 하지 않는 사람만 보면 심한 말을 하는 경우도 종종 발생합니다. 저쪽에 앉아 있는 분은 불경스러운 말을 하기 좋아하였으나, 지금은 그의 입에서 악한 말은 한 마디도 나오지 않습니다. 그는 자신이 더 이상 하나님을 욕하지 않는 것에 만족합니다. 또 다른 사람은 장사를 부당하게 하거나 안식일을 소홀히 하는 습관이 있었습니다. 다행히도 그는 양심 때문에 악한 관계들을 끊고 예배당에 참석하게 되었습니다. 이것이 잘된 일이 아닙니까? 물론 잘된 일입니다. 그러나 그것으로 충분하지 않습니다. 사람들이 자신의 개혁을 참으로 멀리까지 밀고나가는 것을 보면, 놀랍습니다. 그러나 그런 도덕적 개혁으로 얻을 수 있는 평안은 정말이지 보잘것없습니다.

죄인이 도덕적 개혁으로 얻는 것이 무엇입니까? 그것은 검은 무어인이 몸을 씻은 후에도 여전히 검은 무어인으로 있는 것밖에 되지 않습니다. 나는 에티오피아인을 모든 수단을 동원해 깨끗이 씻기고 싶습니다. 그럴지라도 그는 비누와 질산칼륨으로 자신의 피부를 하얗게 씻을 수 있다고 생각하지 않을 것입니다. 내가 표범을 길들이고 우리에 넣을 수 있지만, 그렇게 한다고 해서 그의 반점이 사라지지는 않습니다. 도덕적 개혁들이 그 자체로 우수하지만 그것을 신뢰하면 위험한 것이 됩니다. 시체라도 깨끗이 씻도록 하십시오. 그러나 아주 정성껏 씻으면 시체가 다시 살아날 것이라는 생각은 아무도 하지 않도록 하십시오. "네가 거듭나야 하겠다"(요 3:7)는 말씀이 인간 노력으로 이루려는 모든 구원에 조종(弔鐘)을 울립니다. 개혁들이 중생한 터 위에서 이루어지지 않는 한, 그 개혁들은 기초가 없어서 결국에는 무너지는 근거 없는 것들입니다. 일시적인 희망을 주지만 슬프게도 곧 사라지고 마는, 믿지 못할 것들입니다. 여러분, 여러분이 계속해서 개선하고 개혁할 수 있지만, 현재와 미래의 모든 개선이 오래된 과거의 죄를 깨끗이 지울 수 없습니다. 여러분의 죄의 검은 목록들은 영원한 놋에 새겨져 있듯이 뚜렷이 보입니다. 이 우울한 기록은 언제까지나 그대로 있고, 여러분의 어떤 행위로도 바꿀 수 없습니다. 여러분의 눈물과 인생의 변화보다 강력한 어떤 것이 과거의 시간으로부터 여러분의 죄를 제거해야 합니다. 지금 여러분이 인간의 결심이라는 노를 가지고 열심히 저을 수 있지만, 그렇다고 해서 배를 육지로 끌고 가고 있다고 생각하지 않도록 조심하십시오.

그런가 하면 이런 도덕적 개혁에 종교의 외면에 대한 미신적인 관심을 더하는 사람들이 있습니다. 그들은 자기 종파의 관습을 따라서 지나치게 종교적이 됩니다. 그들은 예배당 문에 박힌 못 하나하나, 강대상을 만든 널판 하나하나를 숭배합니다. 그들에게는 예배당 복도를 만드는데 사용된 벽돌 하나도, 지붕의 기와조차도 신성하지 않은 것이 없습니다. 모든 예배 규정과 "아멘" 하는 소리, 모든 예복과 촛대가 그들에게는 신성한 세계입니다. 그들은 보통 안식일에 예배를 한 번 드리는 것으로 만족하지 못합니다. 그런데 다행히도 그들에게 교회 종소리가 매일 아침 울립니다. 그렇게 하는 것이 당연하다고 생각할 수 있습니다. 사람들은 하나님의 집에서 구원을 얻으려 밤낮으로 거기에 있어야 한다고 생각하기 때문입니다. 개신교 교회에서도 사람들이 수많은 의식(儀式)들과 미신적인 일들을 가지고 아주 열심히 노를 젓습니다. 그런데 로마 가톨릭 교회에 들어가 보면 이 헛수고가 절정에 이릅니다. 가난과 독신, 침묵, 절대 복종의 서약들로 힘써서 노를 젓고, 만일 그들이 예배하는 몰록이 만족하지 않는다면, 그 밖에도 자신을 괴롭히는 수많은 고문거리들로 그 신을 만족시켜야 합니다.

얼마 전에 나는 한 신사가 상당한 유산을 모두 포기하고 넓은 땅을 팔아 몽땅 수도사와 사제들의 돈궤에 쏟아 부었다는 말을 들었는데, 그는 이런 식으로 열심히 노를 저어 마침내 배를 육지에 닿게 하려고 하였던 것입니다. 힌두교 사람들은 우리가 하나님의 뜻을 위해 내놓는 것보다 엄청나게 많은 것을 자기 우상들에게 바친다고 합니다. 나는 그 말이 사실일 것이라고 생각합니다. 이때 그들은 배를 육지에 닿게 하려고 열심히 노를 젓고 있는 것입니다. 이들이 행하는 것은 모두 자기 자신들을 위한 것입니다. 자아가 세상에서는 언제나 강력한 힘을 발휘합니다. 사람들에게 자신의 행실과 금욕과 헌금으로 구원을 얻을 수 있다고 가르치기만 해 보십시오. 교회의 창고가 가득 차는 것을 보고, 사람들이 끊임없이 채찍으로 자기 어깨를 치는 것을 볼 것입니다. 하지만 그 땅에서 거룩함과 같은 것을 보기는 단념해야 할 것입니다. 미신은 열심히 노를 젓는 것입니다. 미신으로써는 배가 육지에 닿지 못합니다. 사람들은 계속해서 의식(儀式)을 고안해냅니다. 거기에는 이런저런 화려한 볼거리가 있고, 번지르르한 장신구가 있으며 화려한 행렬이 있습니다. 그러나 이 모든 것은 결국 외적인 전시로 끝나고, 거기로부터는 영혼을 복되게 하는 은밀한 결과는 전혀 나오지 않습니다. 사제들과 그들의 열성적인 지지자들이 계속해서 인간의 고안물을 영원히 쌓아올릴 수 있지만, 인간의 고안물들이 양심을 평안하게 하거나 근심하는 영혼에 안식을 주는 일에는 영원히 실패할 것입니다. 그런데 사람의 절박함은 미신이라는 껍질들 이상의 것을 갈망합니다.

여러분은 사람들 가운데서 이것이 또 다른 형태로 나타나는 것을 발견할 것입니다. 많은 사람들이 정통 교리에 대한 관념적인 신앙으로써 배를 육지에 닿게 하려고 열심히 노를 젓습니다. 이 미신은 다루기가 더 어렵고, 선한 행실을 믿는 태도만큼이나 매우 위험합니다. 그런데 우리 가운데는 자신들이 칼빈주의 신조를 철저히 고수할 수 있다면, 칼빈주의 신조에 능통하고 알미니우스주의와 싸워서 이기는 법을 안다면, 자신들이 건전한 칼빈주의자가 될 뿐만 아니라 그보다 조금 더 건전해서 극단적인 칼빈주의자가 되어야 속이 시원한 사람들이 있습니다. 이들은 이렇게 말할 것입니다. "나는 교리가 건전하지 않은 사람의 설교를 들을 수가 없습니다. 그 설교에 자유의지에 대한 생각이 조금이라도 들어 있으면 당장에 알아차릴 수 있습니다." 이것은 모두 좋습니다. 그러나 이렇게 자랑하는 사람이 마귀보다 별로 나을 게 없을 수 있습니다. 아니, 마귀보다 못할 수도 있습니다. 마귀는 믿고 떨지만, 이 사람들은 믿는다고 하지만, 자부심으로 마음이 너무 완고해져서 떠는 것을 생각조차 하지 않습니다. 건전한 교리를 믿고 무쇠 같은 신조를 고수한다는 생각을 버리는 것이 경건과 영생을 얻는데 반드시 필요합니다. 정통 교리를 믿는 죄인들은 지옥이 뜨겁다는 것을 발견하고, 예정에 대한 자신의 지식이 바싹 마른 혀에 시원한 물 한 방울 주지 못한다는 것을 알게 될 것입니다. 다른 사람들을 정죄하고 하나님의 성도들을 좌우로 편을 가르는 것은 결코 훌륭한 덕이 아니며, 이 복된 교리들을 마음으로는 소홀히 하면서 머리에만 간직하는 것은 결코 은혜로운 표지가 아닙니다. 여러분이 "머리카락 하나도 서쪽과 북서쪽으로 나눌" 수 있다고 할지라도, 그렇기 때문에 자신이 훌륭한 은사와 심오한 정통 신앙으로 인해 반드시 천국에 들어갈 수 있을 것으로 생각하지 마십시오. 아, 여러분이 이런 노들을 가지고 열심히 저을 수 있지만, 배를 육지에 닿게 하지는 못할 것입니다. 여러분은 주권적인 은혜로 성령님이 마음에 작용함으로 말미암아 구원받아야 합니다. 그렇지 않으면 전혀 구원받지 못할 것입니다. 우리의 구원이 행함으로 이루어지지 않듯이 신조들을 고수함으로써 이루어지지도 않습니다. 배가 항구에 닿으려면 이 이상의 것이 필요합니다.

어쩌면 이 회중 가운데는 다른 어떤 미묘한 방법들을 동원해서 그 일을 하려고 애쓰는 사람들이 있을지 모릅니다. 나는 많은 사람들이 자기가 끊임없이 기도한다는 점을 의지하는 것을 보았습니다. 가엾은 여러분, 여러분은 자신에게 무언가 필요하다는 것을 알지만 그것이 정확히 무엇이라고 말하지는 못합니다. 여러분은 구원이라는 주제가 설명되는 것을 수백 번도 더 들었습니다. 그런데 이제 위급한 상황에 처하면, 결국 여러분은 구원이 무엇인지 전혀 모릅니다. 나는 여러분이 기도하는 법을 배운 것을 감사하게 생각합니다. 여러분의 한숨과 부르짖음, 신음이 하나님 앞에 상달되니, 기쁘게 생각합니다. 그러나 여러분이 자신의 기도를 신뢰하고 의지하는 것이 슬픕니다. 여러분이 선한 행실로 구원받을 수 없는 것처럼 여러분의 기도로도 구원받지 못한다는 사실을 기억하기 바랍니다. 여러분의 무릎이, 하도 오랫동안 꿇고 있어서 낙타처럼 단단했다고 하는 야고보 사도의 무릎처럼 단단할지라도, 시편 기자처럼 "나의 목이 마르며 나의 눈이 쇠하였나이다"(시 69:3)라고 말할 수 있을지라도, 여러분이 이 모든 것에 마음을 기울이면서도 그리스도를 보지 않는다면, 이 모든 것이 여러분에게 아무 소용이 없을 것입니다. 나는 몇 달 동안 하나님께 부르짖었지만 "믿고 살라"는 영혼을 소생시키는 말씀을 분명하게 이해하지 못하였고, 기도함으로써 내가 자비를 얻을 수 있는 적합한 상태에 들어갈 수 있거나 아니면 하나님이 내게로 향하도록 움직이게 할 수 있다고 생각하였기 때문에 하늘이 내게 놋문처럼 닫혀서 아무 응답도 하지 않는다는 것이 무엇인지를 경험하였습니다. 그런데 하나님은 마음을 내게로 향할 필요가 전혀 없었습니다. 하나님의 마음은 창세전부터 사랑으로 가득하였습니다. 형제 여러분, 기도하십시오. 나는 여러분을 낙망시키려고 이 사실을 말하는 것이 아닙니다. 하지만 나는 여러분이 가만히 앉아 있거나 여러분의 기도를 의지하지 않기를 바랍니다. 여러분이 기도에서 한 걸음 더 앞으로 나아가지 못한다면, 천국에 이르지 못할 것입니다. 하나님께 부르짖는 것 이상의 일이 필요합니다. 여러분이 아무리 간절한 욕구를 품고 있을지라도 그 이상의 것이 필요합니다. 예수님을 믿는 믿음이 있어야 합니다. 그렇지 않으면 여러분이 기도로 힘써 노를 젓지만, 배를 결코 육지에 닿게 하지 못할 것입니다.

그 다음에, 스스로에게 일종의 정신적인 고문을 행함으로써 애쓰는 사람들이 있습니다. 나는 이 행위를 두고 정신적인 고문이라는 말 외에 달리 어떤 용어를 사용할 수 있을지 모르겠습니다. 많은 사람이 이런 식으로 말합니다. "내가 마땅히 느껴야 할 대로 느낄 수 있다면 좋겠는데. 아, 목사님, 내 마음은 맷돌 아래짝처럼 단단합니다. 그런데도 그것을 느끼지 못합니다. 내 마음이 단단하다는 것을 느끼면 좋겠습니다. 내가 회개할 수 있다면 눈이라도 내놓겠습니다. 내가 죄 때문에 울 수만 있다면 오른팔이라도 내놓겠습니다. 내가 구주님께 가기에 합당하다고 느낄 수만 있다면 거지가 되어도 좋고 지하 감옥에 누워서 몸이 썩어도 좋겠습니다. 그런데 슬프게도 나는 아무것도 느끼지 못합니다. 내가 구원을 받기에 부적합하다는 것을 느낄 수만 있다면, 내 자신이 구원받을 만한 아무 자격이 없다는 것을 알 수만 있다면, 소망이 있을 것입니다. 그러나 나는 무섭도록 단단한 강철처럼 되어서 어떤 공포도 어떤 자비도 나를 움직일 수가 없습니다. 아, 내가 회개할 수 있으면 좋겠습니다! 이 바위 같은 마음이 옛적에 모세가 광야에서 지팡이로 친 바위처럼 물을 낼 수 있으면 좋겠습니다! 아, 내가 마음을 녹여서 하나님과 예수님을 갈망하도록 만들 수 있으면 좋겠습니다! 아, 나는 내가 원하는 사람이 도무지 되지 않습니다!"

사랑하는 여러분, 여러분이 이런 식으로 아주 열심히 노를 젓는데, 이렇게 해서는 결코 육지에 도달하지 못할 것입니다. 이 모든 것 밑바닥에는 자기 의(義)가 있기 때문입니다. 여러분은 자신의 마음이 완고한 것을 해결하고 나서 예수께로 오기 원합니다. 이것은 사실 여러분이 스스로 구원하고 나서 마지막 마무리를 하기 위해 예수님께 오기 바라는 것이라고 말할 수 있습니다. 여러분은 은근히 자신의 선함에 애착을 갖고 있는 것입니다. 그렇지 않으면 여러분이 자신의 합당함을 확보하는데 그렇게 열을 올리지 않을 것입니다. 그렇지 않다면 여러분은 명령받은 대로 즉시 오직 예수님만을 의지할 것입니다. 여러분의 할 일은 자신을 상대하는 것이 아니라 예수님을 상대하는 것입니다. 여러분의 현재 모습 그대로 예수님께 가는 것입니다. 여러분의 마음이 아무리 단단할지라도, 여러분이 아무리 아무것도 느끼지 못할지라도, 여러분이 이 점을 마땅히 슬퍼해야 하긴 하지만, 이렇다고 해서 여러분이 자기로 말미암아 하나님께 오는 자들을 온전히 구원하실 수 있는 예수님을 믿는 일을 그만두어서는 안 됩니다. 분명히 말씀드리지만, 여러분이 자신의 마음을 올바른 상태로 만들려고 하고, 회개하려고 애쓰며, 겸손하려고 애쓰는 것이 다 헛수고입니다. 그것은 모두 행위를 의지하는 데로 가는 잘못된 길입니다. 여러분이 할 일은 그리스도께 가는 것입니다. 주님은 여러분의 마음을 부드럽게 하고 깨끗하게 하며 거룩하게 하실 수 있습니다. 그러나 여러분은 원하는 대로 애쓸지라도 이 일들 가운데 어느 하나도 할 수 없습니다. 여러분의 현재 모습 그대로 주 예수께 오십시오. 마음이 완고하고, 그 밖의 이런저런 핑곗거리가 있을지라도, 그 모습 그대로 예수께 오십시오. 요동하는 바다가 금방 조용해질 것입니다. 그러나 여러분이 자신의 노를 힘써 젓는 동안에는 바다는 계속하여 움직이고 더욱더 사나워질 뿐입니다.

이 육신의 에너지가 취하고 나타나는 모습은 다양합니다. 나는 그동안 이런 사람들을 많이 만났습니다. 그들은 언제나 자신의 구원에 대해 반대 이유를 내세우며 이야기하려고 합니다. 그들은 잠시 위로를 받고 나서는 말합니다. "예, 이것은 아주 달콤하군요. 하지만……." 그들은 한두 주 동안 지내면서 그 하지만이라는 반대 이유를 여러 가지로 세분화시킬 것입니다. 그들이 이 하지만이라는 이유를 제거하고 나면, 또 다른 곳으로부터 감사한 일이 그들에게 나타날 것입니다. 그들은 그 일에 대해 틀림없이 이렇게 말할 것입니다. "아, 그 일에 대해 하나님께 감사합니다. 하지만……." 그들은 언제나 하지만이라는 핑계를 대고 물러날 것입니다. 이런 큰 파도가 그들의 배의 옆구리를 치면, 그들은 노를 파도 깊숙이 집어넣으려고 애씁니다.

친구여, 구원받지 못한 죄인인 여러분, 여러분이 모든 반대 이유에 답변을 마칠 때까지 구원받지 못한다면, 사람의 구원에 대한 반대 이유는 수천 가지가 되기 때문에 여러분은 결코 구원받지 못할 것입니다. 그런데 이 무수한 반대 이유들을 단 한 가지 주장으로 무력화시킬 수 있는데, 그것은 바로 예수님의 피입니다. 만일 여러분이 마귀가 제안하는 믿지 못할 이유들에 답하기 위해 이리저리 돌아다닌다면, 온 세상을 다 돌아다니고 나서 결국은 절망 가운데 아무 효과 없이 일을 마칠 것입니다. 그러나 여러분이 예수님께 오려고 한다면, 예수님이 요나처럼 여러분을 위해서 배 밖으로 던져지는 것을 본다면, 예수님께서 여러분을 구원하기 위해 죽는 것을 보기만 한다면, 모든 지각에 뛰어난 평강이 그리스도 예수로 말미암아 여러분의 마음과 생각을 지킬 것입니다(빌 4:7).

이제 두 번째 요점을 살펴봅시다.

2. 이 선원들처럼 깨어난 죄인들의 육신적인 노력은 반드시 실패할 수밖에 없습니다.

본문은 이렇게 말합니다. "그 사람들이 힘써 노를 저어 배를 육지로 돌리고 자 하나 능히 못한지라." 모든 사람이 자비와 구원을 얻기 위해 힘써 노를 젓지만, 사람은 자신의 노력으로 자비와 구원을 얻지 못합니다.

그것은 무엇보다 죄인이 무엇이든 자기 힘으로 할 수 있는 것으로써 위로를 얻으려고 하는 것이 하나님의 법에 어긋나기 때문입니다. 하나님의 법은 이것입니다. "율법의 행위로 그의 앞에 의롭다 하심을 얻을 육체가 없느니라"(롬 3:20). 그렇다면 자연법칙처럼 아주 확고한 이 법칙은 우리가 행할 수 있는 어떤 일이나 갖출 수 있는 어떤 인격이나 느낄 수 있는 어떤 감정에 의해 기쁨과 평안을 얻을 수 있다는 모든 희망을 사라지게 만듭니다. 그렇다면 하나님의 법을 어긴다는 것은 참으로 미친 짓일 것입니다! 그처럼 잘못된 길로 가면, 성공은 절대로 불가능한 일입니다. 그러므로 이 설교를 듣고서 정신을 차린 사람이 그리스도의 사역을 떠나서 어디에서도 평안을 얻으려는 노력을 포기한다면, 그는 일을 잘하고 있는 것입니다. 어떤 사람이 자연법칙에 어긋나게 일을 한다면, 그는 그 일을 너무 열심히 하지 않도록 해야 합니다. 여러분은 그의 노력이 헛수고가 되리라는 것을 압니다. 여기 따뜻하게 덥혀야 할 화덕이 있습니다. 배고픈 사람들이 빵을 먹고 싶어 합니다. 그런데 저 사람들을 보십시오. 그들은 화덕을 덥히려고 있는 힘을 다해 눈(雪)을 가져다 화덕에 집어넣습니다. 그것을 보고 여러분이 말합니다. "아, 저 사람들을 낙담시키지 말아요. 저 사람들이 열심히 일하는데, 단념시키지 말아요! 사람들이 어떤 일을 하기로 굳게 결심한 것을 보고서 그들의 노력을 저지시키는 것은 유감스러운 일이에요!" 아, 이런 노력이 어리석은 것이 아니라면, 그것은 정말로 유감스러운 일입니다. 저 사람들이 눈을 가져와 화덕을 덥히려고 하는 것을 본다면 나는 그들이 할 수 있는 대로 열심히 일을 할지라도 아무 소용이 없으리라는 것을 압니다. 죄인들이 자신의 행위를 가져와서 영적인 위로를 얻으려고 한다면, 그들이 아무 득이 되지 않는 것을 위해 애쓴다는 것을 압니다. 그래서 나는 그들을 단념시키지 않으면 안 되고, 또 단념시키려고 할 것입니다.

몇 년 전에 어떤 사람들이 잉글랜드에서 석탄이 한번도 발견된 적이 없는 지역에서 탄광을 개발하려는 생각을 하였습니다. 설립취지서가 발행되었고, 이사들의 동의를 얻고, 주주들을 속였습니다. 노동자들이 갱도를 파기 시작하였습니다. 이제 노동자들이 세상 끝날까지 팔지라도 석탄을 발견하지 못할 것이 확실해졌습니다. 지질학자라면 누구나 그들에게 그렇게 말할 수 있었을 것입니다. 여러분과 내가 거기에 가서 노동자들이 갱도를 파는 것을 보고 비웃거나 아니면 그들에게 그것이 아무 소용없는 일이라고 말했다고 생각해 봅시다. 아마도 잘 아는 체하는 사람들은 이렇게 대꾸했을 것입니다. "여러분은 석탄 파는 일의 의욕을 꺾어서는 안 됩니다. 저렇게 열심히 일하는 사람들을 낙담시켜서는 안 됩니다." 그러면 나는 이렇게 말할 것입니다. "나는 석탄이 있을 곳에서 일하려는 의욕을 꺾을 생각이 없습니다. 그보다는 이 불쌍한 사람들이 석탄이 아닌 것을 위해 땀과 돈을 쏟고 있으니 그들에게 이 미친 짓을 그만두게 하려고 하고, 또 그렇게 하는 것이 그들에게 좋은 일을 하는 것이라고 생각합니다."

사람들이 자신의 노력으로 영생을 얻으려고 애쓸 때, 우리는 그들이 결코 영생을 얻지 못하리라는 것을 압니다. 그들이 정신을 차리고서 무슨 노력이라도 하게 되어 기쁩니다. 무엇이라도 하려고 애쓰는 것이 영적인 게으름보다 낫기 때문입니다. 그러나 우리는 그들이 노력할지라도 성공이 따를 수 없는 곳에서 애쓰는 것이 안타깝습니다. 율법의 행위로는 구원을 얻을 수 없습니다. 그런데 왜 율법의 행위를 하려고 애씁니까? 여러분이 자연법칙에 맞서 대항할지라도 자연법칙이 여러분을 위해 변하지 않을 것입니다. 여러분이 뒤집을 수 없는 하나님의 법에 어긋나게 일을 한다면, 그에 대한 벌로 철저한 실패를 맛볼 것입니다. 고대 사람들은, 사람들이 온통 구멍 난 양동이로 밑 빠진 독에 물을 채우는 것이 지옥의 고문 가운데 한 가지였다고 신화를 통해서 이야기하는데, 다나오스(Danaus: 그리스 신화에 나오는 아르고스의 왕)의 딸들이 그 고문을 형벌로 선고받았습니다. 스스로 의롭다고 여기는 사람이 하는 일을 보십시오. 그가 수고할 수 있고 애쓸 수 있습니다. 하지만 그는 물이 새는 양동이로 밑 빠진 독에 물을 채우고 있는 것입니다. 그가 열심히 일할 수 있지만, 그렇게 일하다가 쓰러져 죽을지라도 결코 성공할 수 없습니다. 사람이 그 사실을 알고, 주 예수님을 믿으면 좋겠습니다!

이 외에도, 사람은 자신의 노력으로 구원 얻는 일에 성공할 수 없습니다. 그는 자기가 하고 있는 일로 하나님께 모욕을 끼치고 있기 때문입니다. 그는 그리스도의 얼굴에 쓰레기를 던지고 있는 것이고, 성령님의 모든 증언을 부인하고 있는 것입니다. 여러분, 여러분이 스스로를 구원할 수 있다면, 왜 그리스도께서 여러분을 위해 죽으셔야 할 필요가 있었겠습니까? 여러분의 기도가 쓸모가 있을 수 있다면 왜 그리스도께서 피 같은 땀방울을 흘리셨겠습니까? 여러분의 금욕과 개혁에 어떤 가치가 있다면 생명과 영광의 왕께서 수치를 겪으며 부끄러운 죽음을 죽으셔야 할 무슨 필요가 있었습니까? 여러분이 육신적인 노력을 시도하는 것은 사실상 나는 구주가 필요 없다, 나는 스스로를 구원할 수 있다고 말하는 것입니다. 하나님께서 그리스도 안에서 이루신 큰 속죄를 조롱하는 것입니다. 여러분이 그 일을 그치지 않는 한, 이런 모욕은 여러분의 영혼을 망치고 말 것입니다. 제발, 그 일을 회개하기 바랍니다. 예수께서 완성하신 사역을 겸손히 받아들이십시오. 만일 나아만이 요단 강을 비웃고 아바나 강과 바르발 강으로 갔더라면, 거기에서 일곱 번뿐 아니라 일흔 번씩 일곱 번 몸을 물로 씻었을 수 있습니다. 그가 계속해서 열심히 물에 잠겼을 수 있지만, 틀림없이 죽는 날까지 나병 환자로 지냈을 것입니다. 여러분이 주님의 속죄를 비웃고, 믿고 살라는 하나님의 명령을 소홀히 한다면, 여러분이 무엇인가를 시도하고, 느끼고, 혹은 어떤 사람이 되거나 무슨 일을 행하려고 한다면, 이처럼 아바나 강과 바르발 강을 사용하는 것이고, 결국에는 멸망에 이르며 결코 구원에는 이르지 못할 것입니다. 제발, 여러분은 길르앗에서 향유를 구하거나 의사를 찾음으로써 하나님께 무례한 일을 하지 마십시오. 길르앗에는 전에도 향유가 없었고 지금도 없습니다. 거기에는 의사가 없습니다. 그렇지 않았다면 내 백성의 딸이 오래전에 거기에서 치료를 받았을 것이고, 사람들이 오래전에 거기에서 스스로를 구원하였을 것입니다. 여러분은 인간의 힘을 상징하는 길르앗보다 더 높은 곳을 바라보아야 합니다. 세상의 의사들보다 더 높은 곳을 보아야 합니다. 우리의 도움이 오는 산들, 곧 구주님의 사역과 공로라는 높은 산들을 바라보아야 합니다.

사람이 자신의 행위와 감정을 의지하여 위로를 얻을 수 없는 이유들은 이외에도 많이 있습니다. 내가 언급할 주요한 이유는 그것이 망하는 길이기 때문이라는 것입니다. 율법 아래 있는 사람은 저주 아래 있습니다. 내가 율법을 굳게 붙들고 있는 한, 내가 할 수 있는 것을 할지라도 율법 아래 있으므로 저주 아래에서 행하는 것입니다. 그리고 어떻게 저주의 길에서 영원한 복을 얻기를 기대할 수 있습니까? 저주의 길을 복된 길로 알고 택한다는 것이 얼마나 어리석은 일입니까. 그러나 이 모든 것을 가장 잘 알 수 있는 증거는 경험입니다. 성도에게 물어보든지 아니면 죄인에게 물어보십시오. 육신의 방법으로는 결코 평안을 얻지 못했음을 알게 될 것입니다. 그리스도인에게 물어보십시오. 그는 이렇게 말할 것입니다. “그러므로 우리가 믿음으로 의롭다 하심을 받았으니 우리 주 예수 그리스도로 말미암아 하나님과 화평을 누리자”(롬 5:1). 그는 믿음을 떠나 자신을 보는 순간 즉시 자신에게 어둠이 시작된다고 말할 것입니다. 자신이 항상 골고다의 큰 희생을 바라보지 않는 한, 온전한 빛과 참된 위로 가운데서 행하지 못한다고 말할 것입니다. 형제 여러분, 내가 나의 영원한 복지에 관해 둔감해지고 관심이 시들해질 때마다 그것은 언제나 내가 그리스도의 은혜보다 내 자신의 미덕을 더 생각하거나, 나를 위해 그리스도께서 완성하신 사역보다는 내 안에서 일하시는 성령의 활동을 더 생각하였기 때문이라는 것을 압니다. 그리스도를 전적으로 의지하지 않고서는 복된 삶을 얻을 수 없습니다. 구주님을 유일한 소망으로 의지하는 죄인은 복이 있습니다. 이것이 모든 성도들의 경험이라면, 살아있는 죄인들 가운데 아무도 여러분에게 자신의 행위로 양심을 잠잠하게 만들 수 있다고 말하지 않는다면, 어째서 여러분은 그런 일을 하려고 하는 것입니까? 믿음으로 말미암은 구원이 확실하다고 하늘이 증거합니다. 행위는 우리를 망하게 할 뿐이라고 지옥이 증거합니다. 이 이중의 증거를 듣고, 예수 그리스도라는 분을 의지하여 영생을 굳게 붙드십시오.

친구 여러분, 여러분이 정말로 구원 얻기를 바란다면, 여러분의 행위라는 이 보잘것없는 성취 주위를 맴돌지 마십시오! 그것은 모두 결국 비참과 실망과 절망으로 끝날 수밖에 없습니다. "그 사람들이 힘써 노를 저어 배를 육지로 돌리고자 하나 능히 못한지라." 주 예수님에게서 시작하고 주 예수님으로 끝나지 않는 인간의 활동은 모두가 반드시 실패하고 맙니다. 그동안 여러분의 모든 활동은 이 시간에 이르기까지 모두 실패하였고, 영구히 실패할 것입니다. 여러분의 행위를 버리십시오. 하나님께서 여러분이 하나님의 방법을 취하도록 도와주시기를 바랍니다. 그 방법만이 확실하고 효력이 있기 때문입니다.

이제 이 설교의 세 번째 요점을 아주 간단히 말씀드리겠습니다.

3. 그것은 사람이 자신의 노력을 의지하는 한, 계속해서 슬픔이 더욱더 커지리라는 것입니다.

사람이 그리스도를 믿기 전에 행하는 모든 것의 결과는 무엇입니까? 그것이 선이 될 수도 있지만, 많은 경우에 그 결과는 유해합니다. 그 행위에서 나오는 좋은 효과는 이것입니다. 즉, 사람이 스스로를 구원하려고 노력하면 할수록 그만큼 더 자신의 무력과 무능을 확실히 알게 된다는 것입니다. 나는 하나님께로 돌아가려고 해보기 전까지는, 원하면 언제든지 하나님께로 돌이킬 수 있을 것이라고 생각하였습니다. 회개하기 시작하기 전까지는 회개가 아주 쉬운 일로 생각했습니다. 내가 "주여, 나의 믿음 없는 것을 도와주소서!" 하고 신음하며 괴로워하지 않을 수 없을 때까지는, 그리스도를 믿는 것은 틀림없이 어린아이의 장난에 지나지 않을 것이라고 생각하였습니다. 우리가 율법을 지키려고 해보면, 무거운 짐에 눌려 신음하며 그것을 질 힘이 없다는 것을 비로소 알게 됩니다.

"내가 얼마나 오랫동안 율법 아래에서
속박과 고통 속에 지냈는가!
그 계명을 지키려고 노력하였으나
지키지 못하고 수고만 하였을 뿐이네."

아, 율법을 섬기는 것은 힘든 일입니다. 율법은 무자비하고 엄한 주인입니다. 언제나 채찍이 날아다니고, 육신은 언제나 피를 흘립니다. 율법을 섬기는 것은 힘든 고역입니다. 우리는 율법 아래서 지치고 쇠약해져서 쓰러지며, 율법을 질 수 없는 짐이라고 느낍니다. 요나가 율법의 예표로 선택된 것은 타당한 일입니다. 율법은 사람을 속박에 이르게 하기 때문입니다. 불타오르는 시내산이 율법의 대표자로 선택된 것은 타당한 일이었습니다. 모세조차도 그 산에 섰을 때 "내가 심히 두렵고 떨린다"(히 12:21)고 말하였기 때문입니다. 율법에 의한 희망을 모두 깨끗하게 버리는 것이 복음으로 그리스도와 연합할 수 있게 하는 복된 준비입니다. 선원들이 열심히 노를 저음으로써 폭풍우를 도무지 이길 수 없다는 것을 알게 된 것은 잘된 일이었습니다. 사람들이 노력을 기울여 봄으로써 자신의 약함을 분명하게 깨닫는 것은 무엇보다 좋은 일입니다.

때로는 또 다른 좋은 결과가 나오기도 할 것입니다. 율법을 지킴으로써 자신을 구원하려고 열정적으로 노력하는 사람은 전에 알지 못했던 율법의 영적 의미를 깨달을 것입니다. 그는 겉으로 보이는 죄들을 버렸는데, 자신이 공공연히 드러난 죄들을 다 버렸음에도 불구하고 그 죄들에 대한 생각이 마음에 들어오도록 허락한 것을 인해서 정죄받는다는 사실을 갑자기 깨닫고 깜짝 놀랍니다. 죄의 행동이 따르지 않을지라도 보는 것만으로도 간음이 될 수가 있습니다. 마음으로 갖고자 하는 생각을 품기만 해도 그것이 도둑질이 될 수 있다는 것을 기억합니다. 탐심은 다른 사람의 물건을 소유하려고 애쓰는 것일 뿐만 아니라 다른 사람이 그 물건을 누리는 것을 부러워하는 것에도 해당됩니다. 이제 그는 이런 식으로 율법을 지키는 일이 정말로 불가능하다는 것을 깨닫습니다. 자신의 열정을 통제하는 것보다 차라리 바람을 손으로 움켜쥐는 것이 쉽고, 자기 본성의 충동적인 성향을 억제하기보다는 숨을 불어 바다를 잔잔하게 만드는 일이 쉬울 것입니다. 형제 여러분, 우리가 하나님의 계명이 참으로 광대하다는 것을 아는 것은 좋은 일입니다. 이 율법이라는 큰 도끼가 날카로워서 나무를 뿌리째 찍어내고 우리가 자랑할 수 있는 푸른 것이 거기에 하나도 남아있지 못하게 한다는 것을 아는 것은 좋은 일입니다. 여기까지는 좋습니다. 육신의 노력이 하나님의 은혜로 쓰임을 받으면 우리가 하나님의 법의 장엄함과 위엄을 깨닫도록 도왔습니다.

하지만 나는 많은 경우에 이런 수고와 노력이 불신앙을 더욱 확고하게 만들기 때문에 매우 유해한 것이 되지 않을까 걱정입니다. 오랜 시간 불신앙의 상태에 있었던 사람을 위로하기보다 짧은 시간 어둠 속에 있었던 사람을 위로하기가 더 쉽습니다. 한 사람이 생각나는데, 그 자매는 지금 어둠 가운데 있다고 생각합니다. 내 기억이 맞는다면, 그 자매가 처음으로 이러한 의심과 두려움에 떨어진 것은 10년 전입니다. 나는 이런 상태가 그 자매에게 만성적이 되었기 때문에 그녀가 다시는 빛을 보지 못하게 될까봐 때로 걱정이 됩니다. 「천로역정」의 절망거인의 포로들은 한 명도 도망가지 못합니다. 이 거인의 마당에는 뼈들이 가득합니다. 이 뼈들은 자발적으로 포로가 되어서 위로를 받지 않으려 하고 눈을 감고 빛을 보려고 하지 않는 사람들의 유골들입니다. 죄인들 가운데는 절망하는 심정으로 자신에 대해 변명하고, 이런 의심과 두려움이 요나의 박 넝쿨처럼 자라게 두고 그것이 자라서 짙은 그림자를 드리우면 그 잎사귀 밑에 앉아서 형편없는 위로나 받으려고 하는 사람들이 있다고 생각합니다. "아무 소망이 없어. 그래서 나는 계속 죄 가운데서 지낼 거야. 나한테는 아무 희망이 없어. 아무리 악한 일이 일어난다고 해도, 내가 정죄받기 밖에 더하겠어. 나는 팔짱을 끼고 그냥 앉아 있겠어." 아, 이것은 지옥에 떨어질 시험입니다. 이것은 많은 사람들을 망하게 하는 시험이 확실합니다. 사탄의 덫입니다. 거기에 붙잡히지 않도록 조심하십시오. 이것은 마음의 감옥 속에 있는 마귀의 차꼬입니다. 이 차꼬에 채워져 있는 사람은 불쌍합니다. 여러분이 배를 육지에 대기 위해 열심히 노를 저음으로 하나님께서 정하신 은혜로운 계획에 맞서고 있다면, 불신앙의 악몽을 두려운 현실이 되게 하고 있는 것입니다. 이 치명적인 몽마(夢魔)가 여러분 마음속에서 더 무섭게 머물도록 만들고 있는 것입니다. 죄인이여, 하나님께서 여러분을 이렇게 행위를 파는 일에서, 곧 자기 집에서 만든 엉성한 것으로 자신을 구원하려는 이 끔찍한 시도에서 구원하여 주시기를 바랍니다. 우리가 여러분에게서 자기 의(義)를 목 베어 낼 수 있다면, 여러분에게 희망을 가질 수 있을 것입니다. 여러분이 스스로를 구원하려는 시도를 일절 포기하고 그 일을 그리스도의 손에 맡긴다면, 그 일이 이루어질 것입니다. 그러나 이렇게 의심하고 두려워하고 있다면 여러분은 지금 수렁에 더 깊이 빠지고 있는 것입니다. 죄인이 이렇게 자기 의로 천국에 가려고 애쓰고 있는 동안에 그의 진노의 날이 더 가까이 오고 있다는 이 한 가지 사실을 잊지 마시기 바랍니다. 그는 지금 죄에 죄를 더하고 있는 것입니다. 자신을 불태우기 위한 연료를 쌓고 있는 것이며, 자신이 반드시 빠지게 될 진노의 바다를 채우고 있는 것입니다. 뭐라고요! 내가 기도하고 괴로워하며 하나님께 부르짖고 있을 때, 내 행실을 고치고 최선을 다하려 하고 있을 때, 사실은 해를 끼치고 있는 것뿐이라고 말하는 것입니까? 바로 그렇습니다. 분명히 말씀드리지만, 이 일들이 그 자체로는 좋지만, 여러분이 이런 것들을 신뢰한다면 하나님의 큰 복음 앞에서 도망을 감으로 크신 구주님의 위엄에 무례를 범하는 것이고, 그렇게 해서 죄에 죄를 더하고 있는 것입니다. 여러분을 불태울 나뭇단들 가운데 여러분의 악한 행실들, 여러분의 반역적인 덕들, 하나님이 세우신 중보자의 공로와 피와 의에 맞서 여러분이 세운 교만하고 혐오스러운 여러분의 의만큼 여러분을 무섭게 불사르도록 바짝 마른 땔감은 없을 것입니다.

금은 아주 좋은 것입니다. 그러나 여러분이 금송아지 앞에 절한다면, 여러분이 그것을 예배하기 때문에 나는 금을 싫어할 것입니다. 여러분의 도덕은 아주 좋은 것입니다. 그러나 여러분이 그것을 신뢰한다면, 그것이 여러분을 멸망시키는 원인이 되기 때문에 나는 여러분의 도덕을 미워할 것입니다. 죄인이여, 제발 여러분이 자아의 평원에 머무르고 있는 한, 여러분의 생명이 단축되고 있다는 사실을 기억하시기 바랍니다. 더러운 누더기에 지나지 않는 여러분의 의가 여러분에게 소리치고 있는 동안에 시간은 쏜살같이 날아가고 여러분은 나뭇잎처럼 시듭니다. 여러분은 애를 쓰고 있지만 거두는 것이 없습니다. 그러나 더 큰 문제는 여러분이 더 나은 목적에 사용할 수도 있는 시간을 잃어버리고 있다는 것입니다. 여러분이 양식이 아닌 것을 위하여 돈을 쓰고 있는 동안에 살 양식이 하나도 없을 무서운 기근에 점점 더 가까이 가고 있는 것입니다. 여러분이 등불을 계속 켤 기름을 미련한 자에게서 구하려고 하는 동안에, 신랑이 올 것이고, 여러분이 "우리 등불이 꺼져가니 너희 기름을 좀 나눠 달라"(마 25:8)고 말하지 않을 수 없을 한밤중이 속히 올 것입니다. 그때는 기름을 구입할 시간이 없을 것입니다. 어둠이 이미 여러분에게 임하였고 그래서 문이 닫히고 신랑의 저녁 잔치가 그때에는 이미 시작되었을 것이기 때문입니다. 내게 여러분을 설득해서 여러분의 좋아 보이는 이런 길들, 곧 사람을 속이는 교만한 이 방식들을 더 이상 따르지 않게 할 수 있는 능력이 있으면 좋겠습니다. 여러분이 하나님의 구속의 계획을 받아들이고, 그 계획이 가져다주는 평안을 누리면 좋겠습니다!

이제 하나님의 계획을 설명하고 나면 다 끝이 날 것입니다.

4. 네 번째 요점은, 죄인들의 안전을 위한 길은 그들을 위한 다른 사람의 희생에서 찾을 수 있다는 것입니다.

여기 요나가 있습니다. 그가 죄 받을 짓을 했다는 사실은 잊어버립시다. 그는 그리스도를 나타내는 탁월한 예표가 됩니다. "나를 들어 바다에 던지라 그리하면 바다가 나로 인하여 잔잔하리라"(개역개정은 "너희를 위하여"). 대속물이 선원들을 구원합니다. 다시 말하지만, 대속물이 선원들을 구원하는 것입니다. 바로 이것이 복음 진리의 가장 중요한 요소입니다.

예수 그리스도는 자기 백성들에게 이렇게 말씀하십니다. "나는 바다에 던져지겠고, 깊은 데서 요나처럼 잠시 잠을 자다가 제삼일에 다시 일어난다. 내가 바다에 던져짐으로 인해 바다가 너희에게 잔잔해진다." 이 과정은 참으로 간단하였습니다. 요나 자신이 바라는 대로, 선원들이 요나를 들어서 배 밖으로 던지고, 깊은 바다가 그를 집어삼킵니다. 불쌍한 요나여, 그것은 참으로 두려운 떨어짐이고, 참으로 끔찍한 하강입니다! 그의 선지자 경력에 대한 두려운 종국입니다! 그는 밑으로 내려갑니다. 큰 파도 가운데 입을 벌리고 있는 거대한 주둥이가 보이지 않았습니까? 그가 끔찍한 괴물에게 삼켜지지 않았습니까! 가엾은 친구입니다! 우리는 그를 불쌍히 여기지 않으면 안 됩니다. 그런데 참으로 이상한 일입니다! 바람이 그쳤습니다. 바다가 죽은 듯이 잔잔해졌습니다! 파도가 조금 전까지만 해도 맹렬하게 싸우고 있었는데 지금은 가볍게 흔들리고 있는 것처럼 보입니다! 아니, 바다가 유리 같습니다. 우리는 더 이상 노를 저을 필요가 없습니다.

돛을 올리기만 하면 곧 배가 항구에 안전하게 도착할 것입니다. 한 가지 기이한 일은 이것입니다. 한 사람이 빠져 죽자 모든 사람이 안전하게 된 것입니다. 선원들이여, 요나의 하나님께 제사를 드립시다.

아, 이것은 기이하고 놀라운 일입니다! 예수께서 우리를 사나운 비바람에서 구원하기 위해 우리 인류의 배에 타신 것은 천사들이 노래하고, 구속받은 영들이 영원히 기이히 여길 일입니다. 이 배는 사방에서 하나님의 진노의 파도에 부딪혀 요동하였습니다. 해마다 철학자와 교사가 하나님과 화해하려고 애썼습니다. 희생물이 바쳐졌고, 피가 강물처럼 흘려졌습니다. 그러나 깊은 바다는 여전히 광포하게 요동하였습니다. 예수께서 오시자, 사람들이 그를 잡아 배 밖으로 던졌습니다. 사람들이 그를 성 밖으로 끌고 갔습니다. "없애 버리자. 이러한 자는 없애 버리자 살려 둘 자가 아니라"(행 22:22). 사람들은 오래전에 아무 위로를 받지 못하도록 그를 내던졌고, 이제는 사회에 발을 붙이지 못하도록 내던집니다. 그를 불쌍히 여기지 않고 아무 동정도 하지 않은 채 내던지고, 마침내 하나님께서 거기 계시며 사람들이 고통의 바다에 던지는 것을 도우시는 동안에 그를 던져 생명을 빼앗습니다. 예수께서 죽으시자 바다가 잔잔해집니다. 그 두려운 날에 땅에 임한 평안이 깊었습니다. 우리를 하나님께로 인도하기 위해 의로우신 자로서 불의한 자를 위해 고난받으신 이 인류의 대표를 바다에 던진 결과로 장차 임할 평안은 즐거운 평안입니다.

형제 여러분, 예수께서 우리를 위하여 하나님의 진노의 바다에 던져지셨다는 것을 알게 될 때 인간의 마음에 찾아오는 평안을 적절히 묘사할 수 있는 단어를 찾을 수 있으면 좋겠습니다. 양심이 더 이상 우리를 비난하지 않습니다. 공의가 이제는 죄인에게 불리한 판결을 내리기보다는 유리한 판결을 내립니다. 과거의 죄를 돌아볼 때 슬퍼하게 되는 것이 사실이지만, 이제는 장차 임할 형벌에 대한 두려움은 없습니다. 사람이 자기가 형벌받을 수 없다는 것을, 다시 말해 천지는 흔들릴 수 있을지라도 자기가 죄 때문에 형벌받는 일은 있을 수 없음을 아는 것은 복된 일입니다. 하나님이 불의하시다면, 내가 벌을 받을 수가 있습니다. 그러나 하나님이 공의로우시다면 나는 결코 벌을 받을 수 없습니다. 바로 이것이 구원받은 죄인의 상태입니다. 그리스도께서 자기 백성의 빚을 마지막 하나까지 철저히 갚고 하나님의 영수증을 받으셨습니다. 하나님께서 아주 불의하셔서 한 빚에 대해 두 번 갚기를 요구하시지 않는 한, 예수께서 위하여 죽은 사람이 지옥에 던져지는 일은 있을 수 없습니다. 자, 하나님은 공의로우신 분이라고 믿는 것이 우리 본성의 신념들 가운데 하나라고 생각합니다. 우리는 그렇다는 것을 느끼고, 그 점은 먼저 우리에게 두려움을 불러일으킵니다. 바로 이 첫 번째 원칙, 곧 하나님은 공의로우신 분이라는 이 신앙이 후에는 우리의 확신과 평안의 기둥이 된다는 것은 놀라운 일이 아닙니다! 하나님이 공의로우신 분이라면, 죄인으로서 내가 대속자 없이 홀로 있다면 반드시 형벌을 받을 것입니다. 그리스도께서 내 대신에, 그리고 나를 위해서 형벌받으셨습니다. 자, 하나님께서 공의로우신 분이라면 내가 죄인이지만 그리스도 안에 서 있으면 결코 형벌을 받을 수 없습니다. 그리스도께서 대속물로 죽으신 사람이 단 한 명이라도 율법의 채찍을 맞을 가능성이 조금이라도 있으려면 하나님께서 자신의 본성을 바꾸셔야 합니다.

솔직히 말씀드리지만, 나는 어떤 사람들이 전하는 속죄를 이해하지 못하겠습니다. 그들은 속죄하지 못하는 속죄, 구속하지 못하는 구속을 전합니다. 다시 말해 아담에게서 난 모든 사람들을 구속하려고 하지만 대부분의 사람들을 그냥 노예상태로 있게 만드는 구속을 전하고, 모든 인류의 죄를 완전히 속죄하려고 하지만 후에는 사람들을 정죄받게 만드는 속죄를 전하는데, 나는 그런 속죄와 구속을 도무지 이해할 수 없습니다. 하지만 대속의 교리는 확실히 압니다. 즉, 그리스도께서 신자를 대신하고, 신자의 형벌을 위한 대속물로 고난을 당하신 것, 그의 백성들이 죄의 결과로 마땅히 겪었어야 하는 모든 것에 대해 하나님의 진노에 상당한 것을 바치셨다는 것을 압니다. 그리스도께서 자기 대신에 고난을 받으셨다는 것을 알 때 신자가 영광스러운 승리의 기쁨으로 "누가 능히 하나님께서 택하신 자들을 고발하리요"(롬 8:33) 하고 소리칠 수 있다는 사실을 나는 아주 잘 알고 또한 기뻐합니다. 하나님은 신자를 고발하실 수 없습니다. 하나님께서 그를 의롭다고 하셨기 때문입니다. 그리스도께서도 고발하실 수 없습니다. 그리스도께서 그를 위해 죽으셨고 "죽으실 뿐 아니라 다시 살아나셨기"(8:34) 때문입니다. 나의 소망은 내가 죄인이 아니기 때문이라는 것에 있지 않습니다. 그보다는 내가 죄인이지만 나를 위해 그리스도께서 죽으셨기 때문이라는 사실에 있습니다. 내가 신뢰하는 바는 내가 거룩하다는 것이 아니라 내가 비록 부정하지만 그리스도께서 나를 위해 죽으셨다는 사실입니다. 나의 안식은 현재의 나의 모습이나 장래의 나의 모습이 아니고 내가 느끼는 것이나 아는 것에 있지 않습니다. 그보다는 그리스도께서 어떤 분이시고, 어떤 일을 행하셨으며 또 저기 영광의 보좌 앞에 서 계시면서 행하고 계시는 것에 있습니다.

사랑하는 여러분, 사람이 자신에게서 벗어나는 것은 복된 일입니다. 그런데 많은 신자들이 한 발은 자아에 걸치고 다른 한 발은 그리스도께 걸치고 있는 것처럼 보입니다. 그들은 마치 한 발은 바다에 두고 다른 한 발은 육지에 두고 있는 천사와 같습니다. 그런데 그들은 천사가 아닐 뿐만 아니라 발을 그런 식으로 둘 수도 없습니다. 사랑하는 여러분, 두 발을 반석 위에 두십시오. 온전히 그리스도 위에 서십시오. 알미니우스주의는 한 발은 그리스도께 두고 다른 한 발은 자아에 두고 있습니다. 알미니우스주의자는 "그리스도께서 나를 구원하셨다"고 말합니다. 한 발을 육지에 두고 있습니다. 그러나 그는 또 이렇게 말합니다. "나는 버티고 나가야 합니다. 끝까지 버티는 것은 나에게 달려 있습니다." 이렇게 한 발은 또 바다에 두고 있습니다. 만일 그가 조심하지 않으면 그 발은 바다에 빠지고 말 것입니다. 그러나 그리스도인이 "나는 구원받았습니다" 하고 말한다면 복된 일입니다. 여기에는 만일에 라는 것이 없고 그러나 라는 것도 없습니다. 내가 나의 구원을 완성하기 위해 할 일은 아무것도 없습니다. 나의 구원의 언약을 이루기 위해 해야 할 일은 일점일획도 남은 것이 없습니다. 효력 있는 은혜 언약의 계약서는 우리 구주님께서 친히 자신의 피를 듬뿍 묻힌 펜으로 완전하고 깨끗하게 작성하셨습니다. 이 계약서가 내게 모든 영적인 복들을 영원히 보장합니다. 건물이 다 지어졌습니다. 그래서 건축을 완성하기 위해 더 이상 들보나 벽돌이 필요 없고, 심지어 못이나 압정 하나도 더 필요 없습니다. 기초부터 꼭대기까지 이 건물은 전부 은혜로 이루어졌고 완전합니다. 나의 구원의 옷은 위로부터 전체가 완전히 다 짜였습니다. 그래서 이 옷을 완성하기 위해 조각 하나도 실 하나도 바늘 한 땀도 더 필요하지 않습니다. 구주님께서는 이 옷을 마지막으로 자신의 영광스러운 진홍색 피에 적셔서 자기 백성이 영원히 입을 화려한 왕복을 만드셨을 때 "다 이루었다"(요 19:30) 하고 말씀하셨습니다.

형제 여러분, 우리 구원의 벽에 끼워 넣어야 할 돌이 하나라도 있다면, 돌들이 견고하게 붙어 있도록 하기 위해 흙손 가득 채운 모르타르가 필요하다면, 이 건물은 전혀 완성되지 않은 것이고 결국에는 다 무너질 것입니다. 하지만 이 건물은 전체가 다 완성이 되었습니다. 기초부터 꼭대기까지 돌과 모르타르, 모든 것이 주권적인 은혜에 의해 완성되었습니다.

그러면 여러분과 내가 할 일이 무엇입니까? 예수께서 우리를 위해 배 밖으로 던져졌으니, 이제 우리는 완전한 평안 가운데 쉽시다. "모든 지각에 뛰어난 하나님의 평강"을 누립시다. 이 평강이 "그리스도 예수 안에서 여러분의 마음과 생각을 지킬"(빌 4:7) 것입니다. 이렇게 구원을 받았으니, 이제 가서 하나님을 위하여 일합시다. 생명을 얻기 위해서가 아니고 천국을 얻기 위해서가 아닙니다. 생명과 천국은 이미 우리의 것입니다. 하나님께 사랑을 받았으니 이제 온전한 마음으로 하나님을 사랑합시다. 예수님 안에서 안식을 얻게 된 사람은 이제 덕을 행할 수 있습니다. 조금이라도 자신의 구원을 위해서 무엇인가를 행하는 사람은 이기적인 동기에서 행하는 것이고, 모든 일을 자기를 위해서 행하고, 따라서 그에게는 덕이 없습니다. 그러나 구원을 받았고, 자기가 구원을 위해 할 일은 아무것도 없음을 아는 사람은 그저 구원을 받아들이고 그 안에 계속 거합니다. 그리고 모든 것이 완성되었고 자신을 위해 무엇인가를 할 필요가 없다는 것을 알기 때문에 모든 일을 하나님을 위해 행하고 마음과 생활이 거룩합니다. 이제 그는 토플래디처럼 이렇게 노래할 수 있습니다.

> "내 하나님께 사랑을 받았으니 이제는 내가
> 하나님께 대해 뜨거운 사랑으로 불타오르겠네.
> 시간이 시작되기 전에 하나님께 택하심을 받았으니
> 이제는 내가 하나님을 택하겠네."

우리는 이것이 미덕의 참된 근원임을 보여줍시다. 이 교리가 사람을 방탕하게 만든다고 하는 사람들에게 이 교리야말로 성령의 열매가 자랄 수 있는 가장 천상적인 토양이라는 것을 가르쳐 줍시다. 이 교리는 우리의 열매들을 익게 하는 온화한 햇빛과 같은 것입니다. 우리의 열매를 맺게 하는 천상의 소나기와 같은 것입니다. 죄인이여, 하나님께서 여러분이 내 구주님 안에서 쉬게 해 주시기를 바랍니다. 하나님께서 성도 여러분이 구주님을 위해서 살게 해 주시기를 바랍니다. 그러면 하나님께서 두 경우에서 모두 찬송을 받으실 것입니다. 아멘.

제
4
장

다시 바라보겠다는 요나의 결심

"내가 말하기를 내가 주의 목전에서 쫓겨났을지라도 다시 주의 성전을 바라보겠다 하였나이다." - 욘 2:4

사람은 참으로 복잡한 존재입니다! 사람을 완벽하게 설명할 수 있다고 생각하는 이들은 사람을 알지 못하는 것입니다. 사람은 수수께끼이고 모순덩어리입니다. 랄프 어스킨(Ralph Erskine)이 말하는 것과 같습니다.

"나는 내가 보기에도, 다른 사람들이 보기에도
알 수 없는 것들 투성이라네."

예를 들면, 우리는 다윗에게서 이런 고백을 듣습니다. "내가 이같이 우매 무지함으로 주 앞에 짐승이오나 내가 항상 주와 함께 하니 주께서 내 오른손을 붙드셨나이다"(시 73:22,23). 바울은 이렇게 말합니다. "오호라 나는 곤고한 사람이로다 이 사망의 몸에서 누가 나를 건져내랴 우리 주 예수 그리스도로 말미암아 하나님께 감사하리로다"(롬 7:24,25). 바울이 속사람으로는 성령님으로 말미암아 큰 힘을 얻지만 그 자신은 연약합니다. 본문에서 요나는 절망스러운 처지에 있는 것으로 보입니다. "내가 주의 목전에서 쫓겨났나이다." 그럴지라도 그에게는 희망이 있습니다. 이는 그가 "다시 주의 성전을 바라보겠다"고 결심하기 때문입니다. 모든 것이 망한 것처럼 보일지라도, 사람이 하나님을 바라볼 수 있는 한, 망한 것은 아무것도 없습니다. 요나는 하나님이 자기를 보실 수 없다고 생각합니다. 그런데도 자기는 하나님을 바라보겠다고 말합니다. 이것이 이상한 일이 아닙니까? 이것은 마치 이렇게 말하는 것과 같습니다. "나는 주의 목전에서 쫓겨났습니다. 그럴지라도 주님은 내가 바라보는 분이십니다."

"내가 주의 목전에서 쫓겨났다"는 이 말만큼 인간의 입에서 나올 수 있는 우울한 문장은 없다고 생각합니다. "내가 다시 주의 성전을 바라보겠다"는 이것만큼 사람이 마음으로 다짐할 수 있는 희망적인 결심은 없다고 봅니다. 고난을 겪지 않고 경험이 미숙한 형제 여러분, 여러분이 스스로를 이해할 수 없을 때 결코 당황하지 마십시오. 여러분 자신도 스스로를 이해할 수 없을 때는 오히려 그것을 여러분 속에 하나님의 생명이 있다는 증거들 가운데 하나라고 아십시오. 여러분은 어린 학생처럼 연필로 석판에 여러분의 모습을 그리고 "이것이 바로 나야" 하고 말할 수 있지만, 그 다음에 석판에서 그림을 지우고 나면 여러분의 모습을 잊어버릴 것입니다. 그러나 해와 달과 별들이 사라져도 남아 있을, 하나님의 생명이 깃들어 있는 불멸의 영혼은 그 모습을 그처럼 쉽게 그릴 수 없습니다. 여러분이 벌레와 동류이고 부패한 존재이지만, 그럼에도 불구하고 영원한 보좌에 앉아 계시는 분에게 가까이 있습니다. 참으로 기이한 점은 여러분이 죽음의 비참한 먹이이면서도 또한 그리스도 예수로 말미암은 하나님의 상속자라는 사실에 있습니다. 인간은 깊은 바다입니다. 나는 이 바다가 하나님의 깊이를 헤아릴 수 없는 심연과 같다고 생각하지 않습니다. 하지만 그 외에 이 인간의 바다를 뛰어넘을 수 있는 것이 있는지 모르겠습니다.

그 다음에 본문에서 우리는 하나님의 자녀에게는 어떤 상황에서든 여전히 믿음이 두드러지게 나타나는 것을 보게 됩니다. 요나는 "내가 주의 목전에서 쫓겨났다"고 말할 만큼 비참한 상태 가운데 있습니다. 그럼에도 불구하고 그는 "그럴지라도 다시 주의 성전을 바라보겠다"고 밝힙니다. 대서양의 거대한 파도가 믿음의 발과 가슴을 덮칠 뿐만 아니라 믿음의 머리 위로 높이 솟아오릅니다. 그 순간 믿음이 물속으로 가라앉는 것처럼 보입니다. 잠깐만 기다리십시오. 믿음이 파도 때문에 얼굴이 붉어지고 머리털이 물을 뚝뚝 흘리면서 고개를 쳐들고 소리칩니다. "그럴지라도 다시 주의 성전을 바라보겠나이다." 믿음의 표어를 말한다면, "정복될 수 없다"는 것입니다. 믿음은 언제나 흰 말을 타고 나가 이기고 또 이기려 합니다. 믿음은 전능하신 하나님의 자녀이므로 하나님의 전능함을 나누어 갖습니다. 믿음은 영원하신 하나님에게서 태어났으므로, 하나님의 불멸성을 소유합니다. 여러분이 믿음을 눌러 뭉개고 으스러트릴 수 있지만, 믿음은 모든 조각이 다 살아 있습니다. 여러분이 믿음을 불속에 던질 수 있지만, 불로 태워버릴 수 없고 불에 그슬린 냄새도 나게 할 수 없습니다. 믿음을 깊은 바다에 던질 수 있지만 믿음은 반드시 다시 올라오게 되어 있습니다. 믿음은 햇빛을 받아들이도록 만들어진 눈이 있습니다. 따라서 하나님이 태양인 한, 믿음의 눈은 하나님을 보고 기뻐할 것입니다. 우리가 믿음이 있다면, 우리 안에 세상을 이기고 사탄을 좌절시키며 죄를 정복하고 생명을 지배하며 죽음을 물리치는 것이 있는 것입니다. 믿는 자에게는 능치 못한 일이 없습니다. 믿음의 생활이 끊임없는 고난의 연속일지라도 믿음은 모든 곳에서 승리합니다. 감각은 토기장이의 그릇처럼 깨어지고, 이성은 거미집처럼 부서지기 쉽습니다. 그러나 믿음은 전능하신 능력으로 말미암아 언제까지나 지속하고 자라며 영향력을 행사합니다.

요나가 아주 비참한 처지에 있었지만 믿음이 그에게 크게 도움이 되었다는 사실이 이 자리에 계신 어떤 분들에게 위안이 될 수 있으니, 그 점을 살펴봅시다. 여러분이 지하 감옥에 갇힌 요셉의 이야기를 읽었지만, 그의 감옥 생활은 요나가 물고기 뱃속에 갇혀 있던 것에 비하면 아무것도 아니었습니다. 여러분은 욥이 아주 비참한 모습으로 쓰레기 더미 위에 앉아 있던 이야기를 읽은 적이 있을 것입니다. 그것은 비참한 곤경입니다. 그러나 우리가 현재의 비참함과 고통을 가지고 계산한다면, 요나 한 사람이 욥 몇 사람의 고통을 겪고 있는 것입니다. 요나는 기적이 아니었다면 그의 생명을 금방 끝냈을 고통을 겪은 것이 분명합니다. 요나를 집어 삼킨 것이 상어였든지 아니면 아주 큰 물고기였든지 간에, 어둡고 질식할 것 같은 감옥이 상어나 물고기의 뱃속보다는 나았을 것입니다. 여기서 기이한 점은 요나가 자신이 어디에 있는지를 알았고, 언제 그 괴물이 바다 밑바닥으로 내려갔고, 언제 해초들 사이를 지나갔으며, 언제 큰 산 가까이에 이르렀고, 언제 다시 이 괴물이 수면으로 올라왔는지를 알았다는 것입니다. 이 사실 때문에 그 기적이 그만큼 더 놀랍습니다. 사람들은 요나가 틀림없이 잠들어 있었거나 아니면 적어도 그처럼 기이한 은신처 속에 있을 때 어느 정도 의식이 없는 상태에 있었을 것이라고 생각하기 때문입니다. 그가 있었던 곳은 죽을 인생이 이전에도 이후에도 경험하지 못한 곳이었습니다.

자, 때로는 기이하다는 사실이 사람에게 고통을 주는 경우가 있습니다. 사람이 아무도 자기가 지금 겪고 있는 것과 같은 일을 겪은 적이 없다고 믿을 때, 자신의 처지가 거의 절망적이라고 결론내립니다. 고난받는 친구 여러분, 여러분은 자신의 처지가 절망적이라고 절대로 말할 수 없다는 것을 나는 확실히 압니다. 여러분이 겪는 모든 슬픔을 이미 겪은 친구들이 있기 때문입니다. 그러나 요나는 정말로 진심으로 이렇게 말할 수 있었습니다. 산 사람으로서 자기가 있었던 곳에 있었던 사람은 이전에 없었고 이후에도 없었다고 말입니다. 그가 겪은 시련은 그만이 겪은 독특한 것이었습니다. 아무도 그 일에 주제넘게 나서지 못하였습니다. 그의 고통을 겪은 사람은 그 이전에도 없었고 그 후에도 없었습니다. 삼일 밤낮을 물고기 뱃속에서 지낸 것은 그가 처음이자 마지막이었습니다. 그의 경우는 정말로 특이하였습니다. 그렇지만 이 일에 고마운 사실이 있습니다. 그에게 그의 처지에 걸맞은 믿음이 있었다는 것입니다. 여러분은 믿음을 내쫓을 수 없습니다. 믿음의 고향은 어디에나 있기 때문입니다.

여러분은 맨 섬(Man)의 화폐를 보면, 동전을 어느 쪽으로 돌려 보더라도 항상 서 있는 사람의 다리 세 개가 있습니다. 믿음이 그런 것입니다. 어디든지 여러분이 원하는 곳으로 믿음을 던져 보십시오. 믿음은 언제나 용케 일어섭니다. 믿음이 작은 어린 아이에게 있다면, 아이에게 그 나이를 뛰어넘는 지혜를 줍니다. 믿음이 노쇠한 사람에게 있다면 그를 약한 가운데서 강하게 만듭니다. 사람이 외롭게 지낼지라도 믿음이 있다면, 그 믿음이 그에게 복으로 최고의 친구를 줍니다. 적들 가운데 있을지라도 믿음이 있다면, 믿음이 사람에게 최고의 전우들을 불러다 줍니다. 믿음은 약한 가운데 있는 우리를 강하게 만들고, 가난한 가운데 있는 우리를 부요하게 만들며, 죽음 가운데 있는 우리를 살게 합니다. 하나님을 굳게 신뢰하십시오. 여러분은 일이 어떻게 될 것인지 물을 필요가 없습니다. 모든 것이 여러분에게 잘될 것입니다.

길이 꼬불꼬불하든지 아니면 똑바르든지, 산을 오르든지 아니면 골짜기로 내려가든지, 불속을 지나가든지 아니면 바다를 지나가든지 간에, 여러분이 믿는다면 여러분의 길은 왕의 대로입니다. 믿음이 실패하지 않는다면 아무것도 실패하지 않습니다. 믿음은 칼이 뚫을 수 없고 창도 뚫을 수 없으며 독화살도 뚫을 수 없는 갑옷으로 사람을 머리부터 발끝까지 무장시킵니다. 진실한 신자여, 여러분의 믿음이 마귀의 지극히 교묘한 모루 위에서 단련을 받는다면, 어떤 무기도 여러분을 이길 수 없습니다! 여러분은 믿는 분만큼이나 안전합니다. 이는 "그가 너를 그의 깃으로 덮으시리니 네가 그의 날개 아래에 피하리로다 그의 진실함은 방패와 손 방패가 되시기"(시 91:4) 때문입니다.

내가 이 시간에 곤경에 처해 있는 하나님의 자녀가 하나님을 굳게 신뢰하도록 도울 수 있다면 정말로 기쁠 것입니다. 항상 찬송받으실 성령께서 내가 그 목적을 이룰 수 있도록 도와주시기 바랍니다!

첫째로, "내가 주의 목전에서 쫓겨났다"는 감각의 판단을 주의하여 살펴봅시다. 둘째로, "그럴지라도 내가 다시 주의 성전을 바라보겠다"는 믿음의 결심을 살펴봅시다. 이 두 가지 점이 모두 한 사람에게서 동시에 발견되었다는 점을 기억하시기 바랍니다.

1. 첫째로, 감각의 판단을 살펴봅시다.

감각의 판단이 본문에서 먼저 나온다는 점에 주의하시기 바랍니다. 감각이 다급하게 "내가 주의 목전에서 쫓겨났다"고 판단합니다. 불신앙이 언제나 먼저 말한다는 것은 주목할 만한 사실입니다. 다윗이 "내가 놀라서 말했다"고 이야기할 때마다, 여러분은 그가 어리석었고 불성실하였던 무엇인가를 고백하는 것을 볼 것입니다. 불신앙은 기다릴 수 없습니다. 자기 얘기를 해야 합니다. 불신앙은 기회가 생기기가 무섭게 자신의 어리석은 생각을 몽땅 털어놓습니다. 여러분이 잠잠히 기다릴 수 있다면 하나님의 영광을 나타내는 말을 할 수 있을 것입니다. 그러나 여러분이 아주 성급해서 고난이 닥치기가 무섭게 말을 하지 않을 수 없다면, 거의 틀림없이 나중에 가서 반드시 철회하고 싶은 말을 하게 될 것입니다. 우리가 성급히 뱉은 말은 쓴 쑥에 담가졌다가 우리가 먹도록 다시 우리에게 돌아오는 경우가 종종 있습니다. 형제 여러분, 성급한 말은 잠시 참으십시오. 만일 여러분이 말하지 않을 수 없다면 하나님을 반대하는 말을 하지 말고 하나님을 위하는 말을 하십시오. 여러분 자신에게 말하지 말고 하나님께 말하십시오. 독백은 흔히 고통을 더 키웁니다. 마음은 영혼을 그을리는 열을 속에 일으키며 스스로 들끓고 뜨거워집니다. 사람이 속에서 끓는 열을 밖으로 빼낼 필요가 있을지라도, 그렇게 마음속을 끓이는 것은 도움이 되지 않습니다. 우리가 다윗처럼 "내가 영혼을 내 속에 쏟아 붓는다"(시 42:4, 개역개정은 "내 마음이 상하는도다")고 말하면, 성급한 말을 하게 됩니다. 그보다는 이렇게 말하는 것이 낫습니다. "백성들아 그의 앞에 마음을 토하라"(시 62:8). 살아계신 하나님 앞이라도, 그 앞에 마음을 토하는 것이 낫습니다.

형제 여러분, 여러분은 미친 사람처럼 보이지 않도록 자신에게 말하지 마십시오. 여러분이 그렇게 혼자서 중얼거리게 되면 몹시 짜증이 날 수 있습니다. 여러분이 성급한 말, 불신앙의 말을 할지라도, 속으로 그런 말을 하기보다는 하나님 앞에서 하는 것이 낫습니다. 하나님은 여러분이 속으로 말하든지 하나님 앞에 말하든지 간에 그 말을 다 들으실 것입니다. 그러나 비록 매우 성급하게 말하기는 하지만 여러분 속에 간교한 것이 없음을 아실 때는 지나치게 성급하게 말하는데 따르는 유치한 모든 잘못을 기꺼이 용서하시고 여러분이 고통을 견딜 수 있도록 도우실 것입니다. 침묵은 사람을 죽이므로, 말하십시오. 그러나 하나님께 말하십시오. 하나님은 긍휼이 풍성하시기 때문입니다. 그러나 본문의 교훈을 받아들이고, 육체의 본성은 말하는데 성급하고 따라서 반드시 실수하게 되어 있다는 점을 기억하고서, 불평하기를 더디 하십시오.

다음으로, 감각의 판단은 매우 정확한 것처럼 보였습니다. "내가 말하기를 내가 주의 목전에서 쫓겨났나이다." 말 그대로 그렇게 보이지 않았습니까? 요나가 하나님에게서 도망하려고 하였는데, 하나님께서 그를 쫓아가 폭풍우를 일으키고 그를 공격하기 위해 배를 거의 파선시키다시피 하셨습니다. 폭풍우의 결과로 그는 바다에 던져졌고, 바다에서 큰 물고기가 그를 삼키고 바다 밑으로 내려가 큰 물이 그를 둘러싸게 되었습니다. 모든 상황을 볼 때 자신이 버림을 받았다는 그의 의심이 옳게 여겨지지 않습니까? 다시 여호와의 말씀이 아밋대의 아들 요나에게 올 것이라고 기대할 수 있었습니까? 그가 다시 여호와의 전 뜰에서 거룩한 날을 지키는 즐거운 무리와 함께 서거나 여호와의 제단에 감사의 예물을 드릴 수 있을 것으로 기대할 수 있었습니까? 아닙니다. 느낌으로 판단해 본다면, 자신이 하나님 앞에서 쫓겨났다고 결론을 내릴 수밖에 없었습니다. 그에게는 겨우 목숨 하나 달랑 남은 것밖에 없었고, 그것도 사람이 생명을 유지할 수 있을 것으로 거의 생각할 수 없는 상태에 있었습니다. 그는 자신이 틀림없이 하나님의 목전에서 쫓겨났다고 볼 만한 이유가 충분하다고 생각하였습니다. 그러나 사실은 그렇지 않았습니다. 그러므로 나는 여러분 가운데 자신이 느끼는 것, 보는 것에 따라서 하나님을 판단하기 시작한 분들에게 여러분의 판단을 재검토하라고 권하고, 여러분에 대한 하나님의 처사에 대해 어떤 결론을 내리기를 매우 조심하라고 말씀드립니다. 여러분이 절망한다면, 고맙게도 여러분의 생각은 잘못된 것입니다. 여러분은 "내가 쫓겨났나이다" 하고 말하여 어리석음을 보이기보다는 하나님을 의지하여 믿음을 보이는 것이 훨씬 더 낫습니다.

이 감각의 판단이 옳게 보였기 때문에 요나는 틀림없이 그것이 그렇게 판단할 만한 상황이라고 생각했을 것입니다. 하나님께서 요나를 그의 죄대로 대하셨다면 그는 버림을 받았을 것입니다. 그는 서둘러 욥바로 갔고 다시스로 가는 배를 탔습니다. 그렇지 않았다면 하나님의 얼굴을 피하기 위해 다른 어디로든지 갔을 것입니다. 자, 그가 이렇게 하였으니 하나님의 목전에서 쫓겨나는 것보다 그에게 적합한 형벌이 무엇이었겠습니까? 요나가 욥바에 이르러 이렇게 묻지 않았겠습니까? "내가 주의 영을 떠나 어디로 가리이까?" 또 이렇게 말하지 않았겠습니까? "주의 앞에서 어디로 피하리이까?"(시 139:7). 이제, 그가 그에 대한 답변을 얻었습니다. 그는 깊은 물에 둘리는 데까지 내려갔습니다. 하나님을 어기고 제멋대로 한 행위에 대한 보답을 받았습니다. 자신이 행한 대로 되갚음을 받은 것입니다. 요나가 자신이 행한 대로 보응을 받았다는 것 외에 무엇을 느낄 수 있었겠습니까? 바다에서 죽었다면, 그는 하나님의 공의를 의심하지 않았을 것입니다. 그가 추방당한 사람으로 내쫓겼다면, 그것은 주님의 일을 거절한 도망자에게 돌아가는 정당한 보응이었습니다. 이 사실이 틀림없이 그를 배나 슬프게 만들었을 것입니다. 죄를 느끼는 양심만큼 사람을 우울하게 만드는 것은 없습니다. 부닥치는 파도마다 그의 귀에 대고 "너는 당해도 싸"라고 말하였을 때, 그는 정말로 곤란한 처지에 떨어진 것입니다.

요나가 처한 불행의 날카로운 한 가지 면은 그가 겪는 불행이 하나님의 손에서 왔다는 것이 아주 분명하게 보인다는 점이었습니다. 요나가 어떻게 모든 것이 하나님에게서 나오는 것으로 돌리는지 보십시오. "주께서 나를 깊음 속 바다 가운데에 던지셨으므로 큰물이 나를 둘렀고 주의 파도와 큰 물결이 다 내 위에 넘쳤나이다." 우리는 적에게서 받는 타격은 견딜 수 있습니다. 그러나 가장 친한 친구로부터 받는 고통은 견디기 힘듭니다. 여호와께서 친히 나서서 우리를 대적하시면 그 전쟁은 두려워 떨 만한 것입니다. 슬픔의 사자를 여호와께서 직접 보내시고 우리가 그 사실을 안다면, 육신적인 생각은 이제 모든 것이 끝났고, 그러므로 할 일은 가만히 앉아 죽는 것밖에 없다고 결론내릴 것입니다. 그러나 믿음은 그렇게 생각하지 않습니다. 요나의 생각은 육신과 감각의 판단을 따르는 것입니다.

"내가 주의 목전에서 쫓겨났다"는 이 감각의 판단이 요나에게는 매우 고통스러운 것이었음을 살펴봅시다. 여러분은 요나가 말하는 방식을 보고서 그것이 요나에게 무거운 짐이라는 것을 알 수 있습니다. 그러나 그것이 요나에게 무거운 짐이 된다는 것이 이상하게 보입니다. 마음이 잘못된 상태에 있을 때 여호와의 얼굴을 피하여 도망하려고 하였고, 그래서 일부러 바닷가로 갔고 거의 알려지지 않은 먼 나라로 가는 배를 만나자 기뻐하고 하나님에게서 도망하려고 삯을 치르고 배를 탄 사람이 여기 있습니다. 그런데 이제 그는 자신이 하나님에게서 멀리 떠났다고 생각하면서 두려워하고 당황하여 어찌할 줄 모릅니다. 우리는 하나님의 자녀가 최악의 상태에 있을지라도 이렇게 느끼는 것을 볼 때 그가 하나님의 자녀인 것을 압니다. 하나님의 백성 여러분, 때로 여러분은 모든 것을 살피는 눈으로부터 도망할 수 있기를 정말로 바랄 수 있습니다. 그러나 여러분이 하나님 앞에서 도망할 수 있을지라도, 그것이 여러분에게는 지옥이 될 것입니다. 여러분이 하나님의 자녀라면 하나님 앞에 머무를 수밖에 없습니다. 하나님 앞에 있는 것이 여러분의 생명입니다. 여러분은 그곳을 떠나 다른 어디에서도 행복할 수 없습니다.

구속받은, 중생한 사람이여, 일단 새롭게 된 영은 이전의 거지같이 누추한 환경에서는 결코 행복할 수 없습니다. 천상의 사랑이 깃든 신성한 환경을 떠나서는 그에게 안식이 없습니다. 장차 올 세상의 상속자여! 그대는 이 세상에 대해서는 흥미를 잃었습니다. 세상의 진미가 여러분의 입맛에 달콤했고 여러분의 영혼이 세상의 진미로 가득했던 때가 있었습니다. 그러나 그 날은 이제 끝났습니다. 여러분은 하늘의 양식을 먹든지 그렇지 않으면 굶어죽을 수밖에 없습니다. 여러분이 하나님 안에서 즐거워하지 않는다면 다른 어디에서도 행복할 수 없는 운명이 되었습니다. 그대에게는 다른 선택권이 남아 있지 않습니다. 이제 여러분의 본성은 아주 철저하게 영향을 받아서 나침반의 바늘이 극(極)을 가리킬 때를 제외하고는 쉬지 못하듯이 여러분의 마음도 예수 안에 있지 않고는 평안할 수 없습니다. 하나님의 얼굴빛이 여러분에게 빛이 됩니다. 그 얼굴빛을 떠나면 여러분은 어둠 가운데 다닐 수밖에 없습니다. 여러분의 음악은 반드시 예수님의 입에서 나오게 되어 있습니다. 그렇지 않고 다른 데서 나오는 것은 여러분에게 울부짖고 이를 가는 소리 외에 아무것도 아닙니다. 여러분의 천국은 하나님의 품에 있습니다. 다른 어디에도 여러분의 천국은 없습니다. 우리는 그와 다른 천국을 원하지도 않습니다.

만일 하나님께서 나를 버리실 수 있다면, 그것이 단테나 밀턴이 상상할 수 있는 것보다 더 끔찍한 지옥이 될 것이라고 나는 생각합니다. 하나님께서 나를 버리셨는데도, 내가 나의 거룩한 소명을 따라 계속해서 설교해야 한다면 어떻게 되겠습니까! 하나님 없이 설교한다는 것은 참으로 끔찍한 고통입니다! 참으로 무의미한 조롱에 불과합니다! 내가 여전히 형식적으로 기도하는 모습과 도덕적인 생활을 계속해야 한다면, 하나님 없이 행하는 그 모든 것이 얼마나 헛되고 또 헛됩니까! 형제 여러분, 자매 여러분, 하나님 없이 지낸다! 여러분은 이 생각을 견딜 수 있습니까? 하나님으로부터 끊어진다는 생각과 같은 놀랍고 무서운 공포로 묘사될 수 있는 것은 지옥의 고통이 아니고, 지옥의 불도, 죽지 않는 구더기도, 그 밖의 무엇도 아닙니다. 하나님의 목전에서 쫓겨나는 것은 그 자체가 실로 지옥이었습니다!

나는 요나가 마음이 평온한 상태에 있으면서 일을 진리의 빛에 비추어 생각할 수 있었다면, 자신이 하나님 앞에서 쫓겨난다는 생각만 해도 그처럼 불행하기 때문에 결국 자기가 하나님에게서 쫓겨나지 않는다고 기대할 수 있는 근거를 발견하였을 것이라고 생각합니다. 하나님께서 버리시면 그처럼 고통을 받는 영혼을 버리시겠습니까? 마음으로 하나님을 갈망한다면, 아무도 하나님에게서 완전히 쫓겨나는 일은 없습니다. 여러분이 하나님이 없이도 만족할 수 있다면, 여러분이야말로 망한 사람입니다. 그러나 여러분이 하나님에게서 끊어진다는 것을 생각만 해도 괴롭고 비참한 심정이 생긴다면, 여러분은 하나님의 것이고, 하나님은 여러분의 것입니다. 여러분과 하나님 사이에 영원한 분리는 결코 일어나지 않을 것입니다.

지금까지 나는 "내가 주의 목전에서 쫓겨났다"는 이 감각의 판단의 의미를 다소 설명하였습니다. 이제 나는 여러분이 그 판단이 옳지 않았다는 것에 주목하기 바랍니다. 슬퍼할 만한 이유가 있었습니다. 그러나 이렇게 절망적인 추론을 내려야 할 이유는 없었습니다. 그 판단을 지지할 만한 충분한 증거가 없었습니다. 요나는 "내가 주의 목전에서 쫓겨났다"고 말할 수 없는 일이 아주 많았습니다. 요나여, 그대는 바닷속에서 살아 있습니다! 깊은 바다 속에서 살아 있습니다! 물고기 뱃속에서 살아 있습니다! 그런데 그대는 자신이 하나님의 목전에서 쫓겨났다고 말합니다! 진실로 하나님께서 세상 어디든지 계신다면, 그 큰 물고기 뱃속에도 계셨습니다. 사람을 살아있는 납골당 속에서 살아있을 수 있게 만드는 것만큼 하나님의 능력과 신성을 확실하게 보여줄 수 있는 기적을 어디에서 볼 수 있겠습니까? 삼일 밤낮으로 계속해서 기적이 일어났던 것입니다. 기적이 일어나는 곳에 하나님께서 계신 것이 아주 분명합니다. 요나가 바다에, 땅의 깊은 곳에 물을 수 있었다면, 바다와 땅의 깊은 곳들이 그에게 여호와께서 멀리 계시지 않다고 말하였을 것입니다. 만일 그가 그 물고기에게 물을 수 있었다면, 물고기가 하나님께서 거기 계신다고 인정하였을 것입니다. 배를 타고 바다로 내려가는 사람들이 바다에서 하나님의 행사와 기사들을 본다면, 물고기 뱃속에서 바닷속으로 내려간 사람은 하나님의 행사와 기사들을 훨씬 더 많이 보았을 것입니다.

요나가 결코 들을 수 없었던 구절이 있습니다. 나는 여러분이 요나가 처했던 심정에 처하게 된다면, 즉시 여러분에게 그 구절을 말씀드리겠습니다. 여러분이 말 그대로 물고기 뱃속에 산 채로 갇히는 일이 있을 것이라고 생각하지 않습니다. 그보다는 요나 선지자가 처했듯이 영적으로 깊은 곳에 내려갈 수가 있습니다. 그러면 요나가 들을 수 없었던 구절은 무엇입니까? "내게 오는 자는 내가 결코 내쫓지 아니하리라"(요 6:37). 요나는 "내가 쫓겨났다"고 말했으나, 그것은 사실이 아니었습니다. 가엾은 요나! 선원들이 그를 내쫓았지만 하나님은 내쫓지 않으셨습니다. 그가 배에서 쫓겨났지만 하나님 앞에서는 아닙니다. 하나님은 옛적부터 신실하셨습니다. 자기 백성을 내쫓는 것은 하나님의 원칙이 아니었습니다. 그것은 예레미야가 이렇게 말하는 것과 같습니다. "이는 주께서 영원하도록 버리지 아니하실 것임이며 그가 비록 근심하게 하시나 그의 풍부한 인자하심에 따라 긍휼히 여기실 것임이라"(애 3:31,32). 내가 우리 주님께서 하신 말씀에서 직접 인용하는 구절에 주의하시기 바랍니다. "내게 오는 자는 내가 결코 내쫓지 아니하리라."

이 신성한 말씀을 의심하지 않기 바랍니다. 주님은 자기를 신뢰하는 사람을 단 한 명도 내쫓지 않으실 것입니다. 그래서 여러분이 이 선지자가 바다 한가운데 처했듯이 완전히 버려진 것처럼 보이는 상태에 있을지라도, 버림을 받은 것이 아니고 내쫓긴 것도 아니라고 확신할 수 있을 것입니다. 자신이 내쫓겼다고 말하는 사람은 어쩌면 사실이 아닌 것을 말하는 것일 수 있습니다. "내게 오는 자는 내가 결코 내쫓지 아니하리라"는 절대로 확실한 약속이 있기 때문입니다.

온 땅의 하나님께 거짓말하는 것은 우리가 할 일이 아닙니다. 하나님은 거짓을 말씀하시지 않습니다. 하나님의 입에서는 진리만 나옵니다. 설사 세상과 지옥의 모든 것이 여호와께서 자기를 믿는 백성들을 버리실 것이라고 맹세할지라도 우리가 할 일은 그 모든 말을 믿지 않는 것입니다. 이는 하나님께서 자기를 믿는 신자를 단 한 사람이라도 어떤 이유에서든 어떤 동기로든 쫓아내는 일은 있을 수 없기 때문입니다.

친구 여러분, 계속해서 내 말에 귀를 기울여 주시기를 바랍니다.

2. 남은 시간 동안 믿음의 결심에 대해 생각할 것인데, 하나님께서 여러분에게 유익이 되게 해 주시기 바랍니다.

성령님께서 요나처럼 우리 안에도 "보배로운 믿음"(벧후 1:1)을 일으켜 주시기를 바랍니다. 요나는 "예, 내가 쫓겨났을지라도 다시 주의 성전을 바라보겠다"고 말합니다.

요나는 마음이 최악의 상태에 있을 때에도 하나님의 사람이었습니다. 어느 때든지 영원한 생명이 그의 속에서 완전히 사라진 적은 없었습니다. 골이 나서 부루퉁해 있었을 때, 요나는 추한 성도였습니다! 교만하고 자의식이 강하며 제멋대로 굴고 까다로운 그는 사랑하기 힘든 사람이었습니다. 조개가 거친 껍질 속에 귀한 진주를 품고 있을 수 있듯이, 이 거친 선지자는 속에 믿음, 곧 뛰어나고 유력한 승리하는 믿음, 최고의 믿음이라는 지극히 귀한 보석을 지니고 있습니다.

이 믿음으로 인해 그는 기도합니다. 이 장(章)은 "요나가 물고기 뱃속에서 그의 하나님 여호와께 기도하여"라는 말로 시작합니다. 요나는 욥바로 내려갔을 때 기도하지 않았습니다. 자신의 일을 자기 손으로 처리하고 성급한 항해에 대해 하나님께 아무것도 여쭙지 않았습니다. 그런 상태에 있었으니, 그가 어떻게 기도할 수 있었겠습니까? 그는 다시스로 가는 뱃삯을 지불했습니다. 틀림없이 그는 그렇게 비용을 지출하는 일에 하나님께 복 주시기를 기도하지 않았을 것입니다. 배가 요동하기 시작하고 사나운 비바람이 칠 때, 그는 배 밑층으로 내려갔고, 기도하지 않았습니다. 기도하지 않고 잠을 잤습니다. 그의 양심은 무감각해졌고, 뜨거운 다리미에 덴 것처럼 마비되었습니다. 그에게 기도는 전혀 없었고, 마음은 무감각하고 무력하기만 하였습니다. 이제 요나는 물고기 뱃속으로 들어갑니다. 아주 좁고 밀폐된 곳, 곧 요나가 도대체 살 수 있다면 혼수상태에 있거나 기절한 상태에서 누워 있었을 것으로 생각되는 곳에 들어갑니다. 그런데 요나가 거기에서 기도하기 시작합니다. 여러분은 하나님의 자녀들이 절망할 것이라고 생각하는 곳에서 기도하는 것을 봅니다. 반면에 하나님의 자녀들이 많이 간구할 것으로 생각하는 곳에서는 기도하지 않는 것을 봅니다. 사람들은 말합니다. "아, 내가 자신에게 온전히 시간을 쓸 수 있고, 가족이나 사업에 아무 근심거리가 없다면 기도하는데 많은 시간을 쏟을 것인데!" 그럴 것 같습니까? 나는 여러분이 기도를 많이 드릴 것이라고 생각하지 않습니다. 기도할 시간이 거의 없는 사람들 가운데 가장 많이 기도하는 사람들이 있습니다. 기도할 수 있는 기회가 가장 많고 모든 것이 기도하기에 적합한 사람들이 기도에 가장 게으른 경우를 우리는 너무도 많이 봅니다.

요나의 기도실은 좁았습니다. 이 좁은 기도실이 그에게서 기도를 짜냈습니다. 그가 배 밑창에서는 기도하지 않았습니다. 그곳은 공간이 충분하고 여유가 있었습니다. 그런데 무릎을 꿇을 수 없고 자기 목소리를 들을 수도 없는 곳에서 기도하였습니다. 살아 있는 관 속에 누워서 기도를 시작하였습니다. 사람들은 지옥과 같은 물고기 뱃속을 천국의 문으로 만드는 것은 어려운 일이라고 생각할 것입니다. 그러나 요나는 그렇게 만들었습니다. 요나는 기도합니다. 살아 있는 믿음의 가장 확실한 증거 가운데 하나가 기도입니다. 여러분이 다른 아무것도 할 수 없을지라도 기도는 할 수 있습니다. 여러분이 하나님의 자녀라면, 사람이 숨을 쉬는 것처럼 혹은 아이가 우는 것처럼 확실히 여러분은 기도할 것입니다. 기도하지 않을 수 없습니다. 기도는 여러분에게 반드시 필요한 호흡이고, 여러분의 타고난 공기입니다. 여러분이 육지에 있든지 바다에 있든지, 기도는 여러분의 생명입니다. 여러분이 정말로 위로부터 태어났다면, 기도 없이 살 수 없습니다. 사랑하는 여러분, 그렇지 않습니까? 대답해 보십시오. 우리가 지녀야 하는 것은 기도서(書)가 아니라 기도하는 믿음입니다. 여러분은 그런 믿음이 있습니까?

그런데 나는 여러분이 요나의 믿음이 일반적으로 하나님께 드리는 기도의 형태로 나타나지 않았다는 점을 주목하기 바랍니다. 본문의 구절은 이렇게 되어 있습니다. "요나가 물고기 뱃속에서 그의 하나님 여호와께 기도하여." 여기에 풍부한 의미가 있습니다! 여러분이 방에 들어가서 모든 사람의 하나님께 기도한다면, 여러분은 김씨나 이씨나 박씨 등, 아무나 할 수 있는 일을 한 것입니다. 그러나 여러분이 골방에 들어가 하나님을 자기 하나님으로 알고 하나님께 부르짖는다면, 은혜의 상속자가 아니면 아무도 할 수 없는 일을 하는 것입니다. 우리가 이렇게 부르짖을 수 있으면 좋겠습니다. "내 아버지, 내 친구시여! 나의 언약의 하나님이시여, 내가 수년 동안 말씀드리고 그 많은 시간 동안 말씀하시는 것을 들어온 내 하나님이시여, 내가 사랑하고, 나를 사랑하시는 여호와 나의 하나님이시여," 이렇게 하나님을 자기 하나님으로 붙잡는 이것은, 바깥뜰에서 예배하는 사람은 전혀 알지 못하는 일입니다. 여러분 가운데 하나님을 얻은 사람이 있습니까? 그러면 여러분은 말합니다. "아, 나는 하나님이 있다는 것을 압니다." 그렇지요, 나도 은행이 있다는 것을 알지만, 그렇다고 내가 부자가 되는 것은 아닙니다. 여러분의 하나님이 내게 무슨 소용이 있습니까? 나는 "내 하나님"이라고 말하고 싶습니다. 그렇지 않으면, 나는 행복할 수가 없습니다. 하나님을 여러분의 하나님으로 모시십시오. 순전히 여러분의 하나님으로 모시십시오. 그러면 하나님께 가까이 가서 믿음의 기도를 드리게 될 것입니다. 그리고 이렇게 되면 여러분이 어떤 상태에 있든, 지존하신 하나님의 목전에서 쫓겨나지 않는다는 것을 확실히 알게 될 것입니다.

요나는 여러분에게 특별히 주목하라고 말씀드리고 싶은 점이 한 가지 있습니다. 즉, 요나가 믿음 때문에 기도를 하되 자기 하나님 여호와께 기도하였듯이, 믿음 때문에 성경을 아주 친숙하게 알게 되었다는 것입니다. 여러분은 말합니다. "뭐라고요! 당신은 어떻게 그 사실을 압니까?" 요나는 우리의 성경책에 비할 때 아주 작은 성경밖에 갖고 있지 않았습니다. 하지만 그는 그 성경의 많은 부분을 암기하고 있었습니다. 그가 시편을 사랑했던 것이 분명합니다. 그의 기도에 다윗의 표현이 가득한 것을 보면 알 수 있습니다. 요나의 기도를 살펴봅시다. 요나의 기도와 시작하는 말을 보면, 시편에서 인용한 글이 일곱 가지는 된다고 생각합니다. 이것은 요나 자신이 직접 드린 기도였고, 아무도 요나를 대신해서 기도를 편집하지 않았습니다. 이때 요나는 사람들이 왕래하는 곳에서 아주 멀리 떨어져 있었습니다. 그럼에도 불구하고 그는 이전에 읽었던 하나님의 말씀을 떠올렸고, 기억력의 도움을 받아 먼저 많은 시련을 받은 하나님의 종에게서 빌려온 것으로, 아주 적합하고 힘 있는 표현들을 쓸 수 있었습니다. 사람이 자신의 깊은 경험을 표현하려고 할 때 성경의 힘을 빌리지 않을 수 없습니다. 피상적인 일을 표현할 때는 인간의 저술이 충분하지만, 하나님의 모든 파도와 큰 물결이 덮쳤을 때 우리는 시편을 인용합니다. 우리 영혼이 속에서 약해질 때, 우리는 인간적인 노래를 불러 기운을 차리려고 해서는 안 됩니다. 진중하고 즐거운 영감된 노래를 불러야 합니다. 하나님의 참된 자녀가 곤경에 처해 있을 때, 성경이 그에게 참으로 소중한 책이 되는 것을 보면 놀랍습니다. 그렇습니다. 그때는 성경의 말씀이 그에게 참으로 소중하게 여겨집니다. 성경 말씀 하나하나가 소중하게 여겨집니다. "축자영감설"을 믿는 것에 대해 사람들이 조롱하는 말을 나는 전혀 개의치 않습니다. 성경의 글자들이 영감되지 않았다면 거기에 의미도 없는 것입니다. 글자를 떠나서는 의미가 있을 수 없기 때문입니다. 하나님의 단 한 마디 말씀에 소망을 걸고, 그 신뢰가 받아들여짐을 발견하는 것이 무엇인지 나는 압니다. 나는 성경 많은 곳에서 보는 우리 번역의 표현을 바꾸고 싶은 생각이 없습니다. 이것은 내가 번역의 표현에 매인다는 말이 아닙니다. 우리가 오류 없는 것으로 받아들이는 것은 하나님께서 본래 말씀하신 원문이기 때문입니다. 그럴지라도 정확하게 보이는 번역들이 있습니다. 주의 성령께서는 이 번역들을 하나님의 성도들에게 말할 수 없이 소중하게 만드셨습니다. 성경의 많은 본문의 말씀들과 관련이 있고, 또 그 말씀을 통하여 우리와 교제하시는 하나님과 관련이 있는 상황이 있습니다. 그런 경우에 우리는 영어 성경 본문을 힘을 다해 붙듭니다.

믿을 만한 성도들은 가장 성경적인 성도들이라는 것을 여러분도 알 것이라고 생각합니다. 여름철 날씨에 우리는 찬송을 즐기고, 겨울철 폭풍을 만나면 시편으로 달려갑니다. 이름뿐인 신자들은 디킨스(Dickens)나 조지 엘리엇(George Eliot)을 인용하지만 하나님의 고난 받는 성도들은 다윗이나 욥을 인용합니다. 이 시편들은 굉장합니다. 다윗은 우리 모두를 위해 산 것처럼 보입니다. 그는 한 사람이라기보다는 한 사람 안에 모든 사람이 들어 있는 것 같습니다. 그의 아주 폭넓은 경험 속에 여러분과 나의 경험도 들어 있습니다. 그래서 성령께서 다윗을 통하여 우리가 기도로 하나님 앞에 말씀드릴 수 있는 최고의 표현들을 우리에게 마련해 주셨습니다. 내게 성경을 사랑하는 믿음을 주소서. 믿음은 들음에서 나며 들음은 그리스도의 말씀으로 말미암습니다(롬 10:17). 하나님의 말씀에서 나온 참된 믿음은 언제나 하나님의 말씀을 사랑합니다. 참된 믿음은 하나님의 말씀을 먹고 그로 말미암아 자랍니다. 사람들이 성경을 비판하고, 이 말씀과 저 말씀의 신빙성을 의심하기 시작하면 그만큼 믿음의 영역을 떠납니다. 비판의 영역은 극지(極地)의 바다들처럼 차갑습니다. 믿음은 그보다 따뜻한 공기를 좋아합니다. 하나님의 택하신 자들의 믿음은 하나님을 굳게 붙들고, 하나님의 말씀을 공경합니다. 사람은 하나님의 입으로부터 나오는 모든 말씀으로 살 것입니다(마 4:4). 요나는 다른 사람들이라면 반드시 죽었을 곳에서 그런 양식을 먹고 살았습니다.

나는 본문 말씀을 면밀히 살펴보고 싶습니다. 우선 여러분에게 믿음은 "그럴지라도"라는 말을 가지고 하나님께 대담하게 나온다는 점에 유의하라고 말씀드립니다. 요나는 "그럴지라도 다시 주의 성전을 바라보겠다"고 말했습니다. 믿음은 최악의 상황에서도 하나님을 신뢰합니다. 여러분이 믿음을 막고, 믿음에 무거운 짐을 지우며, 믿음을 가두어 보십시오. 그럴지라도 믿음은 오직 하나님만 바라봅니다. 하나님이여, 나는 일찍이 소싯적에 하나님을 신뢰하였고, 내게 구주님이 필요한 것을 알았습니다. 나는 그때 와서 예수님을 보았고, 즉시 평안을 얻었습니다. 그러나 그때는 죄가 악한 것을 지금처럼 알지 못하였습니다. 그러면 어떻게 해야 합니까? 이렇게 죄가 악하다는 것을 새롭게 알게 되었을지라도, 나는 예수님을 바라볼 것입니다. 전에는 내 마음의 부패를 지금처럼 알지 못했습니다. 그렇지만 내 죄책을 이렇게 새롭게 알게 되었을지라도, 나는 처음처럼 예수님을 바라볼 것입니다. 전에는 죄에 대한 하나님의 크고 넘치는 진노를 지금처럼 알지 못했습니다. 그 사실을 좀 더 충분히 깨닫게 되었을지라도 나는 주님을 바라볼 것입니다. 그때는 인생의 짐을 지금처럼 알지 못했습니다. 그때는 내게 대한 사탄의 영향력을 지금처럼 알지 못했습니다. 그럴지라도 나는 다시 주의 성전을 볼 것입니다. 이런 모든 짐들과 장애물들이 새로 생겨났을지라도 나는 오래전에 했던 일을 오늘 다시 합니다. 주님, 나는 주님을 의지하고, 그리스도의 보혈로 말미암는 비할 데 없는 주님의 구원의 계획을 신뢰합니다. 비길 데 없는 주님의 구원의 계획이 일찍이 내 마음을 사로잡았고, 다시 한번 나를 사로잡습니다. 이것이 믿음의 인내이고 결심입니다. 믿음은 모든 장벽을 뛰어넘고, "그럴지라도"라는 말과 함께 모든 장애물을 뚫고 나갑니다. 무슨 일이든 오라. 이제까지 믿음은 그리스도를 바라보았고, 무슨 일이 일어나 다른 길을 보라고 할지라도 믿음은 이제도 그리스도를 바라보려고 합니다.

히브리어에 따르면 이 단어는 "그럴지라도"라고 번역하기보다는 "오직"이라고 번역해야 옳습니다. "오직 나는 다시 주의 성전을 바라보겠다." 믿음은 하나님만 바라봅니다. 친구를 바라보아 친구의 낯을 세워주려고 하지 않습니다. 우리가 처음 구원받았을 때, 그것은 오직 믿음으로 말미암은 것이었습니다. 그리고 지금도 그와 같은 방식으로 구원받는 것임에 틀림없습니다. 요나의 경우에 모든 버팀목들이 다 부러져 사라졌습니다. 그는 바다 밑바닥 고래 뱃속에서 바라볼 것이 아무것도 없었습니다. 그때 그 자리에서 하나님을 신뢰하였습니다. 그리고 그것이 전부였습니다. 그는 아주 분명하게 생각할 수 없었고, 사람들 앞에 고해할 수도 없었고, 무엇을 행할 수도, 어떤 사람이 될 수도 없었습니다. 너무도 좁은 곳에 갇혀 있어서 아무 행동도 할 수 없었기 때문입니다. 그러나 하나님의 성전을 다시 바라볼 수 있었고, 그가 한 것은 오직 이뿐이었습니다. 그는 눈으로 보는 것이 완전히 불가능해졌을 때 믿음으로 볼 수 있었습니다. 사방이 캄캄한 바다였을 때 어떻게 그는 성전이 있는 쪽을 바라보았다고 말할 수 있었습니까? 그의 바라봄은 내적이고 영적인 것이었습니다. 그는 기꺼이 그렇게 바라보았고, 오직 그렇게 바라보았습니다. 그의 상태는 바라보는 것이었습니다. 바라보는 것, 다만 바라볼 뿐이었습니다. 우리는 믿고, 믿으며, 다시 또 믿읍시다. 요나는 하나님께서 자기를 나타내신 곳을 다시 바라보았습니다. 우리는 신성의 모든 충만한 것이 육체로 거하시는 주 예수 그리스도라는 분을 바라봅니다. 요나는 희생 제사의 피가 뿌려진 속죄소를 바라보았습니다. 그곳에서 하나님은 늘 기도하는 죄인들을 용서하시고 그들에게 복을 베푸셨습니다. 우리도 예수님을 속죄 제물로 알고 바라봅니다. 신뢰의 근거로서 이렇게 바라보는 것에 우리는 아무것도 보탤 것이 없습니다. 예수님만이 우리의 소망이시므로, 우리는 예수님만을 볼 것입니다. 우리는 그리스도를 보는 것에 아무것도 보태지 않을 것입니다. 그리스도만이 우리의 기둥이고 우리의 위로이십니다. 부차적인 희망들을 분명히 볼지라도 오직 믿음으로 사는 것은 복된 일입니다. 시련의 때에는 혼합물이 도움이 되지 않을 것입니다. 그때는 사물을 바로보는 눈이 필요합니다. 아무리 적은 것이라도 여러분의 신뢰 속에 분열된 것이 있으면, 그것은 고통스럽고 위험한 것입니다. 여러분이 처음에 받았던 빛을 잃었다면 다시 바라보십시오. 즉시 하나님의 성전을 바라보십시오. 그러면 빛이 분명코 여러분에게 돌아올 것입니다.

여러분은 여기서 믿음이 처음 행위들을 따라서 하도록 몰리는 것을 보지 않습니까? "그럴지라도 내가 다시 바라보겠다." 여러분은 믿음이 바라보는 것 외에 다른 식으로도 묘사되는 것을 압니다. 믿음은 취하고, 붙잡고, 소유하며, 먹는 것으로 묘사됩니다. 그렇지만 믿음은 무엇보다 보는 것입니다. 그래서 여러분이 중대한 곤경에 처할 때마다 처음에 신뢰하던 것을 의지하고 끝까지 굳게 붙드는 것이 지혜로운 일일 것입니다. 여러분이 붙잡을 수 없을지라도, 바라보십시오. 믿음에는 여러 등급이 있습니다. 여러분이 높은 믿음에 이를 수 없을 때는 낮은 믿음을 굳게 붙잡는 것이 지혜로운 일일 것입니다. 여러분이 기억할 것은, 아무리 낮은 믿음도 우리를 구원할 것이고, 지극히 작은 믿음이라도 위안을 얻기에는 충분하지 못하다 할지라도 구원을 얻는 데는 효력이 있다는 것입니다. 보십시오! 예수님을 바라보십시오! "보는데 생명이 있느니라." 보는데 천국이 있습니다. "땅의 모든 끝이여 나를 보고 구원을 받으라"(사 45:22, 개역개정은 "땅의 모든 끝이여 내게로 돌이켜 구원을 받으라"). 보십시오! 여러분이 믿음으로 앞으로 나아갈 수 없을지라도, 가만히 서서 믿음으로 보십시오. 하나님의 영광을 선포할 수 없을지라도, 보십시오. 하나님께서 여러분을 위해 그동안 행하신 일을 말할 수 없을지라도, 하나님께서 여러분을 위해 앞으로 행하실 일을 믿음으로 계속해서 보십시오. 여러분이 처음에 했던 일을 하십시오. 여러분이 처음에 했던 일이 그저 십자가에 못 박히신 분을 바라보는 것이었으니, 이제 다시 그분을 바라보십시오.

이 자리에 계신 여러분에게 비록 여러분이 본문의 다른 모든 것은 잊을지라도 "다시 보라"는 이 두 마디 말씀만은 기억하라는 말씀을 드리고서 설교를 마치도록 하겠습니다. 여러분 가운데 지금 혹독한 곤경 가운데 처해 있는 분이 있다면, 나는 그분에게 "다시 보라"는 이 말씀만을 귀에 담아두고 집에 가시라고 말씀드리겠습니다. 여러분이 한때 보았지만 다시 어둠 가운데 빠졌다면, 다시 보십시오. 오늘 아침에 다시 보라고 말씀드리는 것입니다. 여러분이 나를 따라서 내가 처음에 그랬듯이 다시 한번 주 예수 그리스도를 보라고 말씀드리고 싶습니다. 기초를 철저히 조사하고 처음 시작했던 곳에서 다시 시작하는 것이 큰 유익이 되는 경우가 많습니다. 나는 33년 전에 혹은 그보다 더 전에 그리스도를 바라보았습니다. 여러분 가운데서도 그런 분들이 있을 것입니다. 그런데 마귀가 이렇게 말할 수 있습니다. "네 믿음은 공상이었어. 너의 회심은 잘못된 생각이었어." 사탄아, 그렇게 말할 테면 말하라. 우리는 너와 논쟁하지 않고, 이 순간부터 다시 시작할 것이다. 믿음은 우리를 구원하기 위해서 나이를 먹어야 할 필요가 없다는 것은 크게 감사할 일입니다. 이 시간에 태어난 믿음은 태어나자마자 영혼을 구원합니다. 형제 여러분, 여러분의 믿음은 믿은 지 5분도 지나지 않았습니까? 여러분은 이제 막 그리스도를 믿기 시작했습니까? 그렇다면 여러분의 믿음은 그리스도를 믿은 지 50년이 된 사람의 믿음만큼 아주 효력 있게 여러분을 구원하였습니다. 우리는 매일매일 새롭게 믿어야 합니다. 어제 믿은 것이 오늘 도움이 되지 못할 것입니다. 우리는 지금 십자가에 달리신 예수 그리스도를 바라보고, 마치 전에 그리스도를 믿지 않았던 것처럼 오늘 아침 그리스도를 믿읍시다. "내가 다시 주의 성전을 바라보겠다." 각 사람이 자기 영혼의 유일한 소망인 그 십자가를 다시 보는 것이 도움이 될 것입니다. 처음에 했던 대로 죄를 고백하고 자비를 받아들이며, 우리가 처음에 그랬듯이 다시 예수께로 가는 것만큼 영혼을 기쁘게 하는 것은 없습니다. 바로 이 시간에 그렇게 합시다.

일전에 어떤 사람이 자기는 더 이상 다음과 같은 노래를 부를 수 없다고 거만하게 말했습니다.

"나는 불쌍한 죄인일 뿐, 아무것도 아니네.
오직 예수 그리스도만 나의 모든 것이시네."

그 사람은 이런 마음 상태를 넘어가버렸습니다! 여기 거만을 떠는 대단한 친구가 있습니다! 그는 방금 똥 더미에서 일어서더니, 갑자기 멋진 신사 노릇을 합니다! 그가 다음과 같이 하는 것 외에는 그에게 아무것도 도움이 되지 않을 것입니다.

"정복하는 영웅이 오는 것을 보고
나팔을 불고 드럼을 치라."

아, 거만한 위선자여! 자기를 자랑하는 교만한 자여, 부끄러운 줄 아십시오! 그가 자신을 알기만 한다면 어느 때보다 자신이 아무것도 아님을 더 깊이 느끼고 고백할 것이며, 세리처럼 "하나님이여 불쌍히 여기소서 나는 죄인이로소이다"(눅 18:13) 하고 부르짖을 것입니다. 나는 하나님의 자녀가 거룩하게 되는 일에 성장함에 따라 겸손함이 더 깊어지고, 점점 더 온전해짐에 따라 자신에 대한 평가는 더 낮아진다고 믿습니다. 사람들이 어떤 지역에서는 그토록 칭찬을 받는 것처럼 보이는 자기를 과장하는 일을 버리면 좋겠습니다! 그동안 우리는 여러 번에 걸쳐서 어떤 신자들의 비천한 생활에 대해 슬퍼하였습니다. 그런가 하면 어떤 신자들의 교만한 생활도 그보다 조금도 낫지 못합니다. 그들의 생활은 교만하고 거짓되며 트집 잡기 좋아하고 실천적이지 않습니다. 자신이 완전하다고 자랑하는 사람들은 일단 정신을 차리고 살아 계신 하나님 앞에 서게 되면 슬퍼할 것이 많을 것입니다. 사람이 자기기만에 빠지지 않고서는 아무도 자신이 죄 없이 산다는 말을 하지 못할 것입니다. 나는 오랫동안 하나님과 동행하며 그의 얼굴빛을 보며 살았습니다. 그러나 오늘 하나님 앞에서 그 어느 때보다 낮은 자리를 취하지 않을 수 없다는 것이 내 경험입니다.

"나는 아무것도 자랑할 것이 없고
무익할 뿐이라고 고백하지 않을 수 없습니다."

형제 여러분, 여러분은 그렇게 하든지 않든지 간에 나는 다시 한번 십자가로 달려갑니다. 나는 다시 한번 만세반석에 숨습니다. 우리 가운데서 감히 이 하나님의 피난처에서 나오려고 할 사람이 있겠습니까? "우리 영혼을 사랑하시는 예수시여, 우리가 주의 품으로 달려갑니다." 우리 모두 이 노래를 마치 처음 부르는 것처럼 부릅시다.

"주께서 나를 위해 피 흘리셨고
주께로 오라고 명령하시니
아무 핑계 대지 않고 지금 이 모습 그대로
하나님의 어린 양이여, 내가 주께로 가나이다."

사랑하는 친구 여러분, 우리가 "산 돌이신"(벧전 2:4) 그리스도를 매일 일편단심으로 믿고, 또 계속 믿는 것이 하나님께 합당한 일입니다. 그리스도께 합당한 일입니다. 복음에 합당한 일입니다. 우리는 믿음으로 살아야 합니다. 여러분은 이렇게 믿음으로 살 수 있다는 것을 확실히 알 수 있습니다. 그리스도께서 언제나 죄인의 구주이시기 때문입니다. 여러분이 성도로서 그리스도께 올 수 없다면, 죄인으로서 그리스도께 오십시오. 여러분이 하나님의 종으로서 하나님 앞에 나올 수 없다는 것을 생각하고 마음이 아프다면, 그럴지라도 방탕한 아들로서 언제나 하나님께 돌아올 수 있다는 점을 기억하시기 바랍니다. 여러분이 우리의 양처럼 푸른 풀밭에서 먹을 수 없을지라도, 길 잃은 양을 찾으시는 하나님의 튼튼한 손에 복종하십시오. 여러분이 마땅히 와야 하는 모습대로 예수께 올 수 없을지라도, 지금 모습 그대로 오십시오. 여러분의 옷이 깨끗해야 하는데 그렇지 못할지라도, 그냥 와서 어린 양의 피로 여러분의 옷을 깨끗이 빨도록 하십시오.

우리는 매일 이 일을 좀 더 쉽게 하게 될 것입니다. 살면서 하나님의 신실하심을 확인하게 되면 우리 하나님을 믿는 것이 점점 쉬운 일이 될 것이기 때문입니다. 최악의 상황에 있을 때, 우리는 흔들리지 않는 믿음으로 믿고 나아갑시다. 그때야말로 우리가 믿음으로 하나님을 영화롭게 할 수 있는 때라는 것을 기억합시다. 여러분이 죄를 별로 느끼지 못할 때, 마음이 기쁘고 얼굴은 밝게 빛날 때 그리스도를 믿는 것은 주님을 조금만 신뢰하는 것에 지나지 않습니다. 그러나 여러분의 마음이 지옥처럼 검을 때, 여러분이 자신의 성품에서 선한 특성을 하나도 볼 수 없을 때, 자신의 전 생애를 돌아볼 때 잘못과 결함밖에 없을 때, 여러분의 모든 외적인 환경이 여러분에 대해 진노하시는 하나님에 대해 이야기하는 것 같고, 여러분의 내적인 모든 느낌이 여러분에게 하나님의 오른손으로부터 파멸이 임할 것을 경고할 때, 하나님께서 여러분을 깨끗이 씻으실 수 있다고 믿는 것, 바로 이것이 우리가 믿어야 할 것입니다. 주님은 여러분에게서 그런 믿음을 받으실 만한 분입니다.

여러분이 그저 작은 죄인에 지나지 않는다면, 그에 대한 보답으로 작은 구주, 작은 믿음을 받을 수 있습니다. 여러분에게 적은 두려움, 적은 짐, 적은 근심, 적은 필요밖에 없다면, 여러분은 주님을 크게 증명하거나 크게 신뢰할 수 없습니다. 그러나 여러분이 목까지 슬픔에 차 있다면, 요나가 그랬던 것처럼 슬픔에 빠져 죽게 생겼고 곧 절망에 이르게 생겼다면, 여러분에게 큰 하나님이 계시니 하나님을 크게 신뢰함으로써 하나님을 영화롭게 할 것입니다. 만일 여러분이 스스로 목숨을 끊거나 그 밖의 분별없는 악한 행위를 하고 싶은 마음이 생긴다면, 그런 일을 하지 말고 여러분의 하나님을 신뢰하십시오. 그러면 스랍과 그룹이 할 수 있는 것보다 더 크게 하나님을 영화롭게 할 수 있을 것입니다. 여러분이 하나님의 약속을 하나님의 말씀에서 읽은 대로 믿는 것은 큰 일입니다. 비록 여러분이 병들고 딱한 처지에 있을지라도, 곧 죽을 것 같을지라도, 하나님의 약속을 믿는 것, 이것이 하나님을 영화롭게 합니다.

형제 여러분, 나는 사는 동안 하나님의 약속을 믿을 것이고, 죽을지라도 믿을 것입니다. 그리고 부활할 때 하나님의 약속을 믿을 것입니다. 세상이 불타오르고 세상의 기둥들이 무너질지라도 우리는 하나님의 약속을 굳게 믿읍시다. 해가 변하여 어두워지고 달이 변하여 피가 될지라도(행 2:20) 믿읍시다. 세상의 모든 세력들이 싸우려고 모이며, 곡과 마곡이 함께 모여 싸우러 나설지라도 믿읍시다. 나팔소리가 심판을 알릴지라도, 크고 흰 보좌가 열린 하늘에 세워질지라도 우리는 믿읍시다! 우리가 무엇 때문에 의심해야 합니까? 약속과 맹세로 확증되고 예수의 피로 인쳐진 언약이 모든 신자를 하나님의 진리의 큰 방패 아래 모읍니다. 그 큰 방패 아래 있으면 무엇이 신자를 두렵게 할 수 있겠습니까? 여러분, 여러분은 그리스도를 믿습니까? 하나님을 믿습니까? 여러분이 이 질문에 그렇다고 대답할 수 있다면, 여러분은 구원받은 사람일 뿐만 아니라 또한 이미 하나님께 영광을 돌리고 있는 것입니다. 하나님께서 여러분이 그렇게 할 수 있게 해 주시기를 바랍니다. 아멘.

제
5
장

여호와의 구원

"구원은 여호와께 속하였나이다." – 욘 2:9

요나는 기이한 대학에서 이 훌륭한 신학의 명언을 배웠습니다. 그는 바다 밑 고래 뱃속에서 머리에 해초를 뒤집어쓰고서 땅이 빗장으로 자신을 영원히 가두었다고 생각할 때 이 명언을 배웠습니다. 하나님의 중요한 진리들 대부분은 고난을 통해서 배우지 않으면 안 됩니다. 이 진리들은 고난의 뜨거운 다리미로 지지듯이 우리에게 새겨지지 않으면 안 됩니다. 그렇지 않으면 우리는 이 진리들을 진심으로 받아들이지 않을 것입니다. 사람이 먼저 시련을 겪기 전에는 하나님 나라의 문제들을 판단하는데 유능해지지 못합니다. 우리가 고지에서는 결코 알 수 없고, 깊은 바다에서 배울 수 있는 것들이 많기 때문입니다. 하늘에 올라갔을지라도 알 수 없었을 많은 비밀들을 우리는 바다 동굴에서 발견합니다. 요나는 그 자신이 필요를 느낀 설교자로서 하나님 백성의 필요를 가장 잘 만족시켜 줄 것입니다. 위로가 필요함을 경험한 사람으로서 하나님의 이스라엘을 가장 잘 위로할 것입니다. 그는 자신이 구원의 필요를 느껴보았기 때문에 구원을 가장 잘 전할 것입니다. 요나는 큰 위험으로부터 구원받았을 때, 물고기가 하나님의 명령에 순종하여 바다 깊은 곳을 떠나 화물을 마른 땅에 내놓았을 때, 판단할 수 있는 힘이 생겼습니다. "구원은 여호와께 속하였나이다"라는 이 선언은 그가 고난을 경험한 데서 나온 결과입니다.

여기서 구원이라고 할 때 나는 단지 요나가 죽음으로부터 건짐을 받은 특정한 구원만을 의미하지 않습니다. 길 박사(Dr. Gill)의 견해에 따를 때, 원문에는 아주 특별한 어떤 것이 있습니다. 다시 말해 구원이라는 단어에는 그것이 일시적인 구원만을 가리킬 때 보통 갖는 것 이상의 의미가 있습니다. 그래서 우리는 이 단어가 여기서는 영원히 지속되는 영혼의 구원이라는 큰 활동을 가리키는 것으로 이해할 수 있습니다. "구원은 여호와께 속하였나이다"는 사실을 오늘 아침 최선을 다해 설명해보도록 하겠습니다. 첫째로, 이 교리를 설명하도록 하겠습니다. 둘째로, 어떻게 하나님께서 우리가 잘못 생각하지 않도록 보호하시고, 우리에게 울타리를 쳐서 복음을 믿을 수밖에 없도록 만드셨는가를 설명하도록 하겠습니다. 셋째로, 이 진리가 사람들에게 미치는 영향을 생각하고, 이 교리의 대응 진리를 설명하고서 설교를 마치도록 하겠습니다. 진리마다 대응하는 주장이 있듯이 이 교리도 그렇습니다.

1. 먼저, 구원은 여호와께 속하였다는 이 교리를 설명하도록 하겠습니다.

이 교리를 들을 때, 우리는 사람들을 타고난 죄와 멸망의 상태에서 구원하여 하나님의 나라로 옮기고 영원한 복의 상속자가 되게 하는 전체 활동이 하나님께, 오직 하나님께만 속해 있다고 이해해야 합니다. "구원은 여호와께 속하였나이다."

처음 시작할 때부터, 구원의 계획은 전적으로 하나님께 속하였습니다. 구원을 계획하는 일에 어떤 지식인도, 피조된 어떤 지적 존재도 하나님을 돕지 않았습니다. 하나님께서 구원의 길을 친히 실행하셨듯이 그 길도 친히 고안해내셨습니다. 구원의 계획은 천사들이 있기 전에 마련되었습니다. 샛별이 어둠 속에 빛을 비추기 전에, 곧 아직 에테르가 스랍의 날갯짓에 의해 파동을 일으키기 전에, 장엄한 침묵이 천사의 노랫소리에 의해 깨트려지기 전에 하나님께서 타락할 것을 미리 아신 사람을 구원할 길을 고안하셨습니다. 사실 우리는 이렇게 질문할 수도 있습니다. "하나님께서 누구와 상의하셨는가? 하나님께서 자비로운 성전이라는 이 위대한 건축물을 계획하셨을 때 누가 하나님을 지도하였는가? 하나님께서 구원의 샘물이 솟아날 사랑의 깊은 바다를 팔 때 누구에게 상담하셨는가? 누가 하나님을 도왔는가?" 아무도 없었습니다. 하나님께서 홀로 직접 그 일을 하셨습니다. 사실, 그때 천사들이 존재했을지라도 하나님을 도울 수 없었을 것입니다. 그것은 충분히 이렇게 생각해 볼 수 있기 때문입니다. 즉, 천사들의 비밀회의가 소집되고, 하나님께서 천사들에게 이 질문을 냈다고 생각해 봅시다. "사람이 반역할 것이다. 나는 그를 처벌하겠다고 선언한다. 강직하고 엄한 나의 공의는 나에게 그렇게 처벌할 것을 요구한다. 그러나 나는 자비를 베풀 뜻이 있다." 하나님께서 이 하늘의 강한 군대에게 이렇게 물었다고 생각해봅시다. "이런 일들이 어떻게 이루어질 수 있겠는가? 어떻게 공의의 요구를 시행하면서 자비가 이기도록 할 수 있는가?" 천사들은 지금까지 아무 말도 하지 못하고 앉아 있었을 것입니다. 천사들은 그 구원의 계획을 말할 수 없었을 것입니다. 의와 평강이 함께 만나고 공의와 자비가 서로 입 맞추게 하는 길을 고안해내는 것은 천사들의 지혜를 뛰어넘는 것이었습니다. 하나님께서 그 길을 계획하셨습니다. 하나님이 아니고는 아무도 그 길을 고안해낼 수 없었습니다. 그것은 너무도 찬란한 계획이어서 후에 그 계획을 시행하는 분의 마음속에서 나오지 않고는 아무도 고안해낼 수 없는 것이었습니다. "구원은" 창세전부터 "여호와께 속하였습니다."

구원이 계획의 단계에서 여호와께 속하였듯이 시행에서도 여호와께 속하였습니다. 아무도 구원을 제공하는 일을 돕지 않았습니다. 하나님께서 친히 그 모든 일을 행하셨습니다. 이 자비의 잔치를 한 분 주인이신 하나님께서 다 준비하셨습니다. 이 주인은 온 산의 생축들을 다 소유하고 계시는 분입니다. 이 왕의 잔치에 음식을 조금이라도 갖다 바친 사람은 아무도 없었습니다. 하나님께서 친히 모든 음식을 준비하셨습니다. 더러운 영혼들을 씻을 이 왕의 자비의 욕조는 예수의 정맥에 나온 피로 가득 찼습니다. 다른 어떤 존재가 거기에 피 한 방울 보태지 않았습니다. 예수께서 십자가 위에서 죽으셨습니다. 죄를 속하는 분으로 홀로 죽으셨습니다. 순교자들의 피가 그 피의 물줄기에 전혀 섞이지 않았습니다. 어떤 고귀한 고백자들과 고난의 영웅들의 피가 그 속죄의 강물에 한 방울도 섞이지 않았습니다. 이 속죄의 강물은 그리스도의 정맥에서 나온 피로 가득 찼고, 다른 어디에서 나온 피가 거기로 흘러들지 않았습니다. 하나님께서 그 모든 일을 행하셨습니다. 속죄는 예수께서 아무에게도 도움을 받지 않고 홀로 이루신 일입니다. 나는 저기 십자가에서 "홀로 포도즙 틀을 밟으신"(사 63:3) 분을 보고, 저기 동산에서 홀로 승리하신 분, 곧 단독으로 와서 싸우고 자기 손으로 구원을 가져오신, 전능한 능력이 있는 분을 봅니다. 그 준비에 있어서 "구원은 여호와께 속하였습니다." 여호와, 곧 성부, 성자, 성령께서 모든 것을 마련하셨습니다.

여기까지는 우리 모두의 의견이 일치합니다. 그러나 이제 여기서 의견이 조금 갈라지지 않을 수 없을 것입니다. 구원을 적용하는 일에 있어서 "구원은 여호와께 속하였습니다." 알미니우스주의자는 이렇게 말합니다. "아니요, 그렇지 않습니다. 하나님께서 사람을 위해 할 수 있는 모든 일을 하시는 한에서 구원은 여호와께 속하였습니다. 그러나 사람이 해야 하는 일이 있습니다. 만일 사람이 해야 할 일을 하지 않는다면 그는 반드시 망할 것입니다." 이것이 알미니우스주의자가 생각하는 구원의 방식입니다. 지난 주에 나는 바로 이 구원의 이론을 생각하였습니다.

그때 나는 캐리스브룩(Carisbrooke) 성의 창문 곁에 서 있었습니다. 그 창문은 우울하고 죄 많은 기억을 떠올리게 하는 찰스 왕이 도망하려고 하였던 곳입니다. 나는 안내서에서 다음과 같은 내용을 읽을 수 있었습니다. 그가 도망할 수 있도록 모든 것이 준비되었습니다. 그의 추종자들이 그가 신속히 그 땅을 빠져나갈 수 있도록 성벽 밑에 수단을 마련해 놓았습니다. 그를 다른 나라로 데려갈 수 있는 배를 준비시켜 두었습니다. 사실 그가 도망할 수 있도록 모든 것이 준비되었습니다. 그런데 여기에 중요한 한 가지 사실이 있었습니다. 왕의 친구들은 자기들이 할 수 있는 모든 일을 다 하였지만, 나머지 일은 왕이 해야 했습니다. 나머지 일을 행하는 것이 그 일을 성공시키는 관건이었습니다. 나머지 일이란 그가 창문으로 나오는 것이었습니다. 그가 창문으로 나오지 않고서는 아무리 해도 도망할 수 없었습니다. 그래서 왕이 창문으로 나오지 않는 한, 친구들이 그를 위해서 한 모든 일이 아무 소용이 없었습니다. 죄인도 그와 같습니다. 하나님께서 도망할 수 있는 모든 수단을 마련하셨고 죄인에게 지하 감옥에서 나오라는 요구밖에 하시지 않았을지라도 그가 스스로 나오지 않으면 영원히 그곳에 남아 있을 것입니다. 알미니우스주의자의 주장이 이런 것입니다.

그런데, 죄인은 본래 죄 가운데 죽어 있지 않습니까? 하나님께서 죄인에게 스스로 살아나라고 하고, 살아나면 그 후에 그를 위해 나머지 일을 행하려고 하신다면, 친구 여러분, 우리는 그동안 생각했던 것만큼 그렇게 하나님께 크게 감사하지 않을 것입니다. 왜냐하면 하나님께서 우리에게 그러한 일을 요구하시고 우리가 그 일을 행할 수 있다면, 우리가 하나님의 도움 없이도 나머지 일도 할 수 있을 것이기 때문입니다.

로마 가톨릭교도들은 성 드니(St. Dennis)에 관해 자신들이 지어낸 특별한 기적을 자랑하는데, 이 성인에 대해 근거 없는 전설을 이야기합니다. 즉, 그가 머리가 잘린 후에 자기 머리를 두 손으로 들고서 2천 마일이나 걸어갔다는 것입니다. 거기에 대해 어떤 현인이 이렇게 말했습니다. "2천 마일이나 갔다고 하는데, 그것은 아무것도 아니다. 그것은 어떤 어려움이든지 극복할 수 있는 길의 첫 걸음에 불과하다." 그와 같이 나는 그것을 받아들이면 나머지 모든 것은 쉽게 성취될 수 있다고 믿습니다. 하나님께서 죄 가운데 죽은 죄인에게 먼저 첫 걸음을 떼라고 요구하신다면, 율법 아래에서와 같이 복음 아래에서도 구원을 불가능하게 만드는 것을 요구하시는 것입니다. 이는 사람이 순종할 수 없을 뿐 아니라 믿을 수도 없고, 그리스도 없이는 천국에 갈 능력이 없는 것처럼 그리스도께 올 능력도 없기 때문입니다. 그 능력은 성령께서 그에게 주셔야만 합니다. 사람은 죄 가운데 죽어 있으므로 성령께서 그를 소생시키셔야 합니다. 그는 죄로 인해 손발이 묶여 있고 차꼬에 채워져 있습니다. 성령께서 그를 묶고 있는 끈을 끊으셔야 합니다. 그러면 그가 순식간에 자유를 얻을 것입니다. 하나님께서 오셔서 쇠 빗장을 부숴야 합니다. 그때에야 그가 창문으로부터 나올 수 있고, 확실히 도망할 수 있습니다. 그러나 그를 위해서 먼저 이 일을 해 주지 않는 한, 그는 율법 아래 있었다면 망했을 것처럼 확실히 복음 아래에서도 망할 것입니다.

만일 하나님께서 구원의 문제에서 무엇이든지 하나님이 친히 마련해 주시지 않은 것을 사람에게 요구하신다고 믿는다면, 나는 더 이상 설교하지 않을 것입니다. 그동안 나는 아주 망나니 같은 사람들, 그 생활이 너무도 악질적이어서 도덕적인 사람은 그런 사람에 대해서 이야기하고 싶어 하지도 않을 사람들을 얼마나 많이 보았는지 모릅니다. 그런데 내가 강단에 설 때, 이 사람들이 성령께서 그들에게 영향을 끼치기 전에 먼저 무엇인가를 해야 한다고 믿어야 하겠습니까? 그렇게 믿는다면, 나는 무기력한 마음으로 강단에 설 것이고, 그들에게 먼저 자기 역할을 하라고 권할 수 없다고 느낄 것입니다. 하지만 나는 성령 하나님께서 오늘 아침 이 사람들을 만나 주실 것이라는 강한 확신을 가지고 강단에 설 것입니다. 이들은 더할 수 없이 나쁜 사람들입니다. 하나님께서 그들의 마음에 새로운 생각을 넣어주시고, 그들에게 새로운 소원을 주시며, 새로운 의지를 주실 것입니다. 한때 그리스도를 미워했던 사람들이 그리스도를 사랑하고 싶어 하고, 한때 죄를 사랑했던 사람들이 하나님의 성령으로 말미암아 죄를 미워하게 될 것입니다. 내가 확신하는 바는 이것입니다. 즉, 그들이 육신으로 말미암아 연약하기 때문에 할 수 없는 일을, 하나님께서 그들의 마음에 성령을 보내어 그들을 위해서, 그들 안에서 행하게 하여 그들이 구원받게 하리라는 것입니다.

그러면 사람들이 가만히 앉아 팔짱을 끼게 될 것이라고 사람들이 말합니다. 여러분, 그렇지 않을 것입니다. 만약 사람들이 그렇게 한다면, 어쩔 수 없는 일입니다. 내가 전에 이 자리에서 종종 말했듯이, 내가 할 일은 진리가 이치에 맞는 것을 여러분에게 입증하거나, 또 진리를 그 결과를 보고서 변호하는 것이 아닙니다. 여기서 내가 하는 일은, 또 하려고 하는 일은 그 진리가 성경에 있기 때문에 그 진리를 그냥 주장하는 것뿐입니다. 그래서 만일 여러분이 그 진리를 싫어한다면 여러분은 나의 주님과 싸워야 합니다. 여러분이 그 진리가 이치에 맞지 않다고 생각한다면 성경과 싸워야 합니다. 성경을 변호하고 성경이 진리임을 증명하는 사람들이 있습니다. 그런 일은 그들이 나보다 더 잘할 수 있습니다. 내 일은 그저 진리를 선포하는 것입니다. 나는 메신저입니다. 그래서 나는 주님의 메시지를 전합니다. 여러분이 이 메시지를 싫어한다면, 나하고 싸우지 말고 성경과 싸우십시오. 성경이 나를 지지하는 한, 나는 여러분에게 나를 반대하는 무슨 일이든지 해보라고 말할 것입니다. "구원은 여호와께 속하였나이다." 거역하는 자를 자원하게 만들고, 불경건한 자를 경건하게 만들며 악한 반역자를 예수님의 발 앞에 데려오기 위해서는 하나님께서 이 구원을 적용시키셔야 합니다. 그렇지 않으면 구원이 결코 이루어질 수 없을 것입니다. 이 한 가지를 하지 않은 채 내버려둔다면, 여러분은 쇠사슬의 중요한 고리, 곧 완전한 전체를 이루는데 반드시 필요한 고리를 끊어버린 것입니다. 하나님께서 선한 일을 시작하신다는 사실을 치워보십시오. 하나님께서 나이 든 목사들이 선행 은혜라고 부르는 것을 우리에게 보내신다는 사실을 제거해 보십시오. 그러면 구원의 전체를 결딴내게 됩니다. 여러분은 아치의 이맛돌을 빼버린 것이고, 그러면 아치가 무너지고 맙니다. 남는 것이 아무것도 없습니다.

그 다음에 다시 우리는 의견이 조금 다를 것입니다. 사람의 마음속에 이 일이 지속되도록 하는 일에 있어서 "구원은 여호와께 속하였습니다." 사람이 하나님의 자녀가 될 때, 그는 영원히 가지고 다닐 수 있는 은혜 증서를 받는 것이 아닙니다. 그보다는 그 날에 필요한 은혜를 받는 것입니다. 그는 다음 날에 또 은혜를 받아야 하고, 그 다음 날도, 그 다음 날도, 날이 끝날 때까지 계속해서 은혜를 받아야 합니다. 그렇지 않으면 처음 시작한 일이 아무 소용이 없을 것입니다. 사람은 스스로를 영적으로 살리지 못하듯이 스스로 계속해서 영적으로 살아있게도 못합니다. 사람은 영적인 양식을 먹음으로써 영적인 힘을 유지할 수 있습니다. 사람은 하나님의 계명 안에서 행함으로 안식과 평안을 누릴 수 있습니다. 그렇지만 내적인 생명은 처음 태어나는 일이 성령님께 달려 있듯이 태어난 후에 그 생명이 존속하는 일도 성령님께 달려 있습니다. 내가 반드시 낙원의 황금 길을 밟고 진주 문을 손으로 붙잡게 되어 있을지라도, 천국에 들어갈 수 있게 하는 그 마지막 걸음을 밟는 은혜를 받지 않는 한 그 문을 결코 지나갈 수 없다고 믿습니다. 사람이 회심을 하였을지라도 성령께서 그 능력을 그에게 매일 끊임없이 지속적으로 주입해 주시지 않으면, 그 스스로에게는 아무 능력이 없습니다. 그런데 그리스도인들이 자력으로 살아갈 수 있는 것인 양 우쭐대는 경우가 종종 있습니다. 그들은 별로 은혜를 쥐고 있지 않으면서도 "내 산이 굳게 섰으니 내가 흔들리지 아니하리라"(시 30:6) 하고 말합니다. 아, 그런데 만나는 오래지 않아 악취가 나기 시작합니다. 만나는 오직 그 날 먹도록 내려주신 것인데, 우리는 만나를 다음 날까지 간직하였고, 그러므로 다음 날에는 그 만나가 우리에게 쓸모가 없습니다. 우리는 새로운 은혜를 받아야 합니다.

"우리가 그 교훈을 잘 배우도록
만나가 하루하루 내리면 좋겠습니다."

그래서 우리는 하루하루 은혜를 새롭게 구해야 합니다. 그리스도인들이 한 번에 한 달 치의 은혜를 받기 원하는 경우가 너무도 많습니다. 그리스도인들은 이렇게 말하는 경향이 있습니다. "아, 앞으로 걱정거리들이 많이 닥쳐 올 텐데, 내가 그 모든 일들을 어떻게 감당하지? 그 모든 고난을 감당할 수 있는 은혜를 충분히 받았으면 좋겠다!" 사랑하는 친구 여러분, 여러분은 고난들이 하나씩 올 때 그것을 충분히 감당할 은혜를 받을 것입니다. "네가 사는 날을 따라서 능력이 있으리로다"(신 33:25). 여러분이 힘을 한 번에 한 달 치를 받거나 한 주 치를 받지는 않을 것입니다. 여러분이 그 날의 양식을 받듯이 그 날의 힘을 받을 것입니다. "오늘 우리에게 일용할 양식을 주시옵소서"(마 6:11). 오늘 우리에게 하루의 은혜를 주시옵소서. 그런데 여러분은 왜 내일 일에 대해 걱정하려고 합니까? 보통 사람들은 "공연히 지레 걱정하지 말라"고 말합니다. 그것은 좋은 충고입니다. 그 충고대로 하십시오. 근심거리가 올 때 그것을 공격하여 쓰러트리고 굴복시키도록 하십시오. 여러분의 고통을 앞질러서 생각하지 마십시오. 사람들은 말합니다. "아, 하지만 내게는 근심거리들이 너무나 많습니다." 그러므로 여러분에게 쓸데없이 미리 앞날을 보지 말라고 말씀드리는 것입니다. "한 날의 괴로움은 그 날로 족하니라"(6:34). 페르시아로부터 자기 조국을 지키려고 했던 저 용감한 그리스인이 했던 것처럼 하십시오. 그는 페르시아 군과 싸우기 위해 평원으로 나가지 않고 테르모필레(Thermopylae)의 좁은 산길에 섰습니다. 무수한 적군들이 그에게 올 때 한 사람씩 오지 않을 수 없었고, 그는 적군들을 오는 족족 쳐서 쓰러트렸습니다. 그가 위험을 무릅쓰고 평원으로 나갔다면 순식간에 적에게 삼켜졌을 것이고, 한 줌밖에 안 되는 그의 군대는 이슬 한 방울처럼 바다에 녹아 없어졌을 것입니다. 오늘의 좁은 길목에 서서 근심거리들과 하나씩 싸우고, 내일이라는 평원으로 달려 나가지 마십시오. 내일의 평원에서는 여러분이 패하고 죽을 것입니다. 그 날의 괴로움이 충분하듯이 그 날의 은혜도 충분할 것입니다. "구원은 여호와께 속하였나이다."

끝으로, 이 점을 생각해 보겠습니다. 그것은 구원의 최종적인 완성이 여호와께 속하였다는 것입니다. 곧, 얼마 있지 않아 이 땅의 성도들이 빛 가운데 나타날 것입니다. 그들의 하얀 머리카락이 영원한 기쁨과 젊음으로 보답을 받을 것입니다. 눈물이 가득 고인 그들의 눈이 별처럼 빛날 것이고 다시는 슬픔으로 어두워지지 않을 것입니다. 지금 떨고 있는 그들의 마음은 기쁨이 넘치게 되고 하나님의 성전의 기둥들처럼 영원히 견고히 서고 흔들리지 않을 것입니다. 그들의 어리석은 일, 그들의 짐, 그들의 슬픔, 그들의 고통이 곧 끝이 날 것입니다. 죄가 죽임을 당하고, 부패가 사라질 것입니다. 완전한 순결과 순전한 평강이 넘치는 천국이 영원히 그들의 것이 될 것입니다. 그러나 그 일은 여전히 은혜로 말미암아 이루어집니다. 기초가 그랬듯이 건물의 최종적인 완성도 반드시 은혜로 이루어집니다. 처음에 땅에 놓였던 것이 은혜로 놓였듯이 천국에서 맨 마지막 돌도 은혜로 놓여야 합니다. 사람들이 더러운 생활에서 구속받은 것이 은혜로 말미암아 되었듯이 죽음과 무덤으로부터 구속받는 것도 은혜로 말미암아 이루어지게 되어 있습니다. 그들은 이렇게 노래하며 천국에 들어갈 것입니다.

"하나님의 구원은
오직 끝없는 은혜이네."

이 자리에 알미니우스주의자가 있을 수 있지만, 천국에는 알미니우스주의자가 없을 것입니다. 알미니우스주의자가 여기서는 "그것이 육정으로 났다"(요 1:13)고 말할 수 있을지 모르겠지만, 천국에서는 그렇게 생각하지 않을 것입니다. 여기서는 그들이 어떤 것들을 피조물에게서 나온 것으로 돌릴 수 있지만, 거기에서는 자신의 면류관을 구속자의 발 앞에 던지고 주께서 그 모든 일을 행하셨음을 인정할 것입니다. 여기서는 때로 자기에게서 무엇인가 조금 보고 자신의 힘을 다소 자랑할 수 있지만, 거기에서는 "우리에게 돌리지 마옵소서 우리에게 돌리지 마옵소서"(시 115:1)라는 노래를 부를 것인데, 이 땅에서 했던 것보다 더 진심으로 더 힘주어 노래할 것입니다. 은혜가 자기 일을 다 마쳤을 때, 천국에서 이 진리가 찬란한 금빛 글자로 새겨져 뚜렷이 나타날 것입니다. "구원은 여호와께 속하였나이다."

나는 지금까지 복음을 설명하려고 노력하였습니다.

2. 이제는 하나님께서 어떻게 이 교리로 우리 주위에 울타리를 쳤는지 설명하도록 하겠습니다.

어떤 경우들에는 구원이 타고난 성격의 결과라고 말한 사람들이 있습니다. 좋습니다, 여러분. 하나님께서는 여러분의 주장에 효과적으로 답변하셨습니다. 여러분이 어떤 사람들은 본래 종교적이고 착하게 행동하는 경향이 있기 때문에 구원을 받는다고 말합니다. 그런데 불행하게도 나는 지금까지 그런 사람을 한 명도 만나지 못했습니다. 하지만 그런 사람들이 있다고 잠시 생각해 보겠습니다. 하나님께서 여러분의 주장에 반박할 수 없게 답변하셨습니다. 이렇게 말하는 것이 이상하지만, 구원받은 사람들 가운데 아주 많은 수가 세상에서 전혀 구원받을 것 같지 않은 사람들이고, 반면에 멸망하는 사람들의 많은 수가 만일 타고난 성향이 구원과 조금이라도 관계가 있다면 천국에서 볼 수 있을 것이라고 기대할 만한 바로 그런 사람들이었다는 것입니다.

이 자리에는 젊었을 때 온갖 어리석은 일들을 행한 사람이 있습니다. 종종 그의 어머니가 그 때문에 울고, 아들의 방황 때문에 부르짖고 괴로워하였습니다. 그의 어머니는 어떤 속박과 굴레도 견디지 못하는 사나운 그의 성정에 대해서, 끊임없이 반항하고 맹렬히 화를 내는 그의 태도를 보고서 이렇게 말했습니다. "아들아, 아들아, 너는 커서 뭐가 되려고 그러니? 너는 틀림없이 법과 질서를 완전히 어기고 네 아버지 얼굴에 먹칠을 할 거다." 그 아들이 자랐습니다. 젊었을 때 그는 거칠고 제멋대로였습니다. 그런데 정말로 놀랍게도 갑자기 그가 새 사람이 되었습니다. 변해도, 완전히 변했습니다. 더 이상 예전의 그가 아니었습니다. 그의 변한 모습에 비하면 천사도 타락한 사람이나 같을 정도입니다. 그가 어머니의 발 앞에 앉아 어머니의 마음을 위로하였습니다. 사납고 망나니 같던 사람이 점잖고 온유하며 어린아이처럼 겸손하고 하나님의 계명에 순종하는 사람이 되었습니다. 여러분은 기적이라고 말합니다!

그런데 그런 사람이 또 있습니다. 그는 아름다운 청년이었습니다. 어린 나이에도 예수님에 대해 이야기하였습니다. 종종 어머니가 그를 무릎에 앉히고 천국에 관해 물으면 곧잘 답변을 하였습니다. 그는 어렸을 때 신동이었고, 경건에 특출난 아이였습니다. 그는 자라면서 설교를 들을 때마다 볼에 눈물을 흘렸습니다. 죽음에 대해서 들을 때마다 한숨을 쉬지 않을 수 없었습니다. 그런데 그가 지금은 어떤 사람입니까? 그는 방탕하고 무모한 망나니가 되었습니다. 온갖 악행과 정욕과 죄에 깊숙이 빠져서 도무지 어떻게 해볼 도리가 없을 만큼 타락하였습니다. 한때 안에 갇혀 있었던 그의 악한 심령이 이제 드러난 것뿐이었습니다. 그가 일찍이 어렸을 때는 여우를 상대했는데, 이제는 자기 속에 있는 사자를 데리고 노는 법을 배운 것입니다.

여러분은 그런 경우를 만나 본 적이 있는지 모르겠습니다. 그런데 그것은 아주 흔히 볼 수 있는 일입니다. 이 회중 가운데 파렴치하고 악한 어떤 친구는 마음이 상해서 울고 하나님께 자비를 베풀어 주시기를 구하며 자기의 악한 죄를 버렸는데, 반면에 그의 옆에 있는 아름다운 처녀는 같은 설교를 듣고 눈물이 났지만 닦아버리고, 전에 "세상에서 소망이 없고 하나님도 없던"(엡 2:12) 상태를 계속해서 그대로 유지하는 경우가 있을 수 있다는 것을 나는 압니다. 하나님께서 이렇게 세상의 천한 것들을 택하시고, 아주 막돼먹은 사람들 가운데서 자기 백성을 뽑으신 것은 구원이 타고난 성향에 따른 것이 아니고 "구원은 오직 여호와께만 속하였다"는 사실을 증명하시기 위함입니다.

회심하는 사람들이 목사의 말을 듣기 때문이라고 이야기하는 사람들이 있습니다. 아, 그것은 충분히 중요한 생각입니다. 그런데 바보가 아니라면 아무도 그런 생각을 품지 않을 것입니다. 얼마 전에 나는 자기가 사람을 회심시키는 능력이 아주 대단한 목사를 알고 있다고 장담하는 사람을 만났습니다. 그는 미국의 유명한 복음전도자에 대해 이야기하면서 말했습니다. "목사님, 그 사람은 아주 엄청난 회심의 능력이 있는데, 사람들 가운데서 회심의 능력을 가장 많이 지닌 사람입니다. 그리고 이웃 마을에 사는 아무개 씨가 그 다음으로 회심의 능력이 많다고 생각합니다."

그 당시에 사람을 회심시키는 이 능력이 나타나고 있었습니다. 두 번째의 사람의 회심의 능력으로 인해 불과 한두 달 만에 이백 명의 사람들이 회심하고 교회에 가입하였습니다. 그리고 얼마 후에 내가 그곳에 갔습니다. 잉글랜드 안에 있는 곳이었습니다. 나는 물었습니다. "당신은 어떻게 해서 회심자들을 얻습니까?" 그가 대답하였습니다. "글쎄요, 그 사람들에 관해서는 별로 할 이야기가 없습니다." "당신이 일 년 전에 교회에 받아들인 그 이백 명 가운데 지금도 굳게 서 있는 사람은 얼마나 됩니까?" 그 사람이 말했습니다. "글쎄요, 그런 사람이 별로 많지 않다고 생각합니다. 그 가운데 칠십 명은 이미 어두운 데로 나갔습니다." 그래서 내가 말했습니다. "그렇군요. 그랬을 것으로 생각합니다. 그것이 회심하게 하는 능력을 크게 경험한 것의 결국입니다."

내가 여러분 모두를 회심시킬 수 있을지라도, 다른 누군가가 여러분을 되돌릴 수 있습니다. 어떤 사람이 행하는 일을 다른 사람이 원상태로 되돌릴 수 있습니다. 영구한 것은 오직 하나님이 행하시는 것뿐입니다.

형제 여러분, 하나님께서는 회심이 사람에게 속하였다는 말을 결코 할 수 없게 하셨습니다. 보통 하나님께서는 조금도 쓸모가 없는 것처럼 보이는 사람들에게 복을 베푸시기 때문입니다. 나는 1년 전, 청중이 거의 없었을 때처럼 이곳에서 그토록 많은 회심자들이 나올 것으로 기대하지 않습니다. 왜 그렇게 생각하느냐고 물으십니까? 1년 전에 나는 모든 사람에게 욕을 먹었습니다. 내 이름을 들먹이는 것은 지금까지 살았던 어떤 사람보다 혐오스러운 광대의 이름을 언급하는 것이었습니다. 내 이름을 들먹이기만 해도 사람들이 욕설을 퍼부었습니다. 많은 사람들에게 내 이름은 거리의 축구공처럼 걷어차는 부끄러운 이름이었습니다. 그러나 그때 하나님은 내게 수백 명의 영혼들을 주시어 우리 교회에 들어오게 하셨습니다. 나는 일 년 만에 족히 천 명이나 되는 사람들이 회심하는 것을 보는 행복을 누렸습니다. 이제는 그렇게 많은 사람들이 회심할 것으로 기대하지 않습니다. 지금은 내 이름이 다소 존중을 받습니다. 이 땅의 큰 자들이 내 앞에 앉는 것을 부끄럽게 생각하지 않습니다. 그러나 나는 이제 세상이 나를 존중하므로 하나님께서 나를 버리시지 않을까 하는 두려움이 생깁니다. 나는 하나님께 버림을 받는 것보다는 차라리 세상에서 멸시받고 비방받는 것을 택하겠습니다. 여러분이 아주 많고 훌륭하다고 생각하는 이 회중을 나는 기꺼이 떠날 생각이 있습니다. 그런 손실을 통해서 더 큰 복을 얻을 수 있다면 말입니다. "하나님께서 세상의 천한 것들을 택하셨습니다"(고전 1:28). 그러므로 나는 좀 더 높이 평가를 받으면 받을수록 그만큼 더 내 위치는 열악해지고, 하나님께서 내게 복을 주시리라는 기대를 그만큼 덜 하게 된다고 생각합니다. 하나님께서 "이 보배를 질그릇에 두셨으니 이는 심히 큰 능력은 하나님께 있고 사람에게 있지 아니함을 알게 하려 함이라"(고후 4:7).

한 보잘것없는 목사가 설교하기 시작하였습니다. 온 세상이 그를 나쁘게 말하였습니다. 그러나 하나님께서 그에게 복을 베푸셨습니다. 얼마 있지 않아 사람들이 생각을 바꾸어 그를 좋아하였습니다. 그는 유명한 인물이 되었습니다. 그런데 놀랍게도 하나님이 그를 버리셨습니다! 종종 그런 일이 일어났습니다. 우리는 언제든지 인기가 있을 때는 "호산나" 하고 외치는 소리에 바로 뒤이어서 "그를 십자가에 못 박게 하소서 십자가에 못 박게 하소서"(눅 23:21) 하는 소리가 따라오고, 오늘 많은 군중이 모일지라도 그들을 신실하게 대하면 내일은 소수밖에 남지 않을 수 있다는 점을 기억해야 합니다. 사람들은 솔직하게 말하는 것을 좋아하지 않기 때문입니다. 우리는 멸시를 받고 무시당하며 비방받는 법을 배워야 합니다. 그러면 하나님으로 말미암아 유용해지는 법을 배울 것입니다. 종종 새로운 비방이 쏟아지면 나는 이마에 뜨거운 땀방울이 맺힌 채 무릎을 꿇었습니다. 그때는 고통으로 마음이 거의 찢어지다시피 하였습니다. 그리고 마침내 이 모든 것을 견디며 아무것도 염려하지 않는 법을 배웠습니다.

이제 나의 고통은 또 다른 면에서 옵니다. 그것은 정반대의 고통입니다. 나는 하나님께서 구원의 창시자이심을 입증하기 위해, 다시 말해 구원이 설교자에게 있지 않고 군중에게 있지도 않고, 내가 끌어 모을 수 있는 사람들의 주의력에도 있지 않고 하나님에게, 오직 하나님에게만 있음을 입증하기 위해 하나님께서 나를 버리시지 않을까 두려워합니다. 나는 진심으로 이렇게 말할 수 있다고 생각합니다. 내가 다시 거리의 진창처럼 되고, 다시 한번 바보 얼간이가 되며 술고래의 웃음거리가 되는 것을 택하고, 주님께 더 유용한 사람이 되고 주님의 뜻에 더 유용해질 수 있다면, 나는 이 모든 군중보다, 사람들의 그 모든 갈채보다 그 일을 택하겠습니다. 사랑하는 여러분, 나를 위해 기도해 주십시오. 하나님께 여전히 나를 영혼을 구원하는 수단으로 삼아주시라고 기도해 주십시오. 나는 하나님께서 이렇게 말씀하실까봐 두렵습니다. "세상이 저 사람이 구원의 일을 했다고 말하지 않도록 저 사람을 돕지 않겠다." 이는 "구원이 여호와께 속하였고" 세상 끝날까지 반드시 그래야 하기 때문입니다.

3. 이 교리가 사람들에게 끼치는 영향은 무엇이고, 또 어떠해야 합니까?

첫째로, 죄인들에게 이 교리는 그들의 교만을 부수는 커다란 공성(攻城) 망치입니다. 비유를 한 가지 말씀드리겠습니다. 타고난 죄의 상태에 있는 죄인을 보면 나는 거의 뚫을 수 없는 튼튼한 성으로 피하여 도망한 사람이 생각납니다. 그 성의 외곽에는 해자(垓字)가 있습니다. 두 번째 해자도 있습니다. 높은 성벽이 있습니다. 그 다음에 죄인이 물러나 틀어박힐 지하 감옥이 있습니다. 자, 죄인이 신뢰하는 성을 두르고 있는 첫 번째 해자는 그의 선한 행실입니다. 그는 말합니다. "아, 나는 내 이웃만큼 선합니다. 유치장을 찾아 갈 때마다 언제나 돈을 준비했다가 20실링을 내놓았습니다. 나는 죄인이 아닙니다. '나는 박하와 회향의 십일조를 드립니다.' 나는 정말로 훌륭한 신사입니다." 자, 하나님께서 그를 구원하기 위해 와서 그에 대해 일하실 때 하나님의 군대를 보내어 이 첫 번째 해자를 건너게 하십니다. 하나님의 군대가 이 첫 번째 해자를 건너고서 "구원은 여호와께 속하였나이다" 하고 외칩니다. 해자의 물을 깨끗이 말려버렸습니다. 구원이 여호와께 속하였다면, 선한 행실이 무슨 힘을 발휘할 수 있겠습니까?

하나님의 군대가 첫 번째 해자를 건너고 나면, 그에게 두 번째 해자, 곧 의식(儀式)들이 있습니다. 그는 말합니다. "나는 나의 선한 행실들을 의지하지 않겠습니다. 하지만 나는 세례를 받았어요. 견진성사를 받았습니다. 내가 성사를 받지 않습니까? 나는 성사를 신뢰합니다." "저 해자를 넘어라!" "저 해자를 넘어라!" 군인들이 다시 이 해자를 넘고 "구원은 여호와께 속하였나이다" 하고 외칩니다. 두 번째 해자의 물도 말려버렸습니다. 이렇게 해서 해자를 모두 해치웠습니다.

이제 하나님의 군대가 첫 번째 성벽에 이릅니다. 죄인이 성벽을 보며 말합니다. "나는 회개할 수 있어. 내가 원할 때는 언제든지 믿을 수 있어. 회개하고 믿어서 스스로를 구원하겠어." 하나님의 군사들, 곧 양심의 가책이라는 하나님의 큰 군대가 와서 이 성벽을 쳐서 무너트리며 소리칩니다. "구원은 여호와께 속하였나이다." 여러분은 믿음과 회개를 모두 하나님으로부터 받아야 합니다. 그렇지 않으면 여러분은 믿지 못하고 죄를 회개하지도 못할 것입니다. 이제 성이 함락되었습니다. 사람의 희망이 모두 끊어졌습니다. 그는 구원이 자기에게 있지 않다는 것을 느낍니다. 자아의 성이 무너졌습니다. "구원은 여호와께 속하였나이다"라고 쓴 큰 깃발이 성벽 위에서 나부낍니다. 그러면 전투가 끝난 것입니까? 아닙니다. 죄인은 성 한가운데 있는 지하 감옥으로 물러났습니다. 이제 그는 작전을 바꾸고, 이렇게 말합니다. "나는 자신을 구원할 수 없습니다. 그래서 나는 절망할 것입니다. 내게는 아무 구원이 없습니다."

이 두 번째 성은 첫 번째 성만큼이나 함락시키기가 어렵습니다. 이는 죄인이 앉아서 "나는 구원받을 수 없어요. 나는 틀림없이 망하고 말 것이에요"라고 말하기 때문입니다. 그러나 하나님은 군사들에게 "구원은 여호와께 속하였나이다" 하고 소리치면서 이 성도 함락시키라고 명령하십니다. 구원은 사람에게 속하지 않고 하나님께 속하였습니다. 여러분은 자신을 구원할 수 없을지라도 하나님은 "온전히 구원하실 수 있습니다"(히 7:25). 여러분도 알다시피, 이 칼은 두 가지 방식으로 자릅니다. 교만을 베어 넘어뜨리고, 또 절망이라는 해골도 쪼갭니다. 만일 사람이 스스로를 구원할 수 있다고 말한다면, 이 칼이 즉시 그의 교만을 반으로 나눕니다. 또 어떤 사람이 자기는 구원받을 수 없다고 말한다면, 이 칼이 그의 절망을 쳐서 땅에 쓰러트립니다. 이 칼은 "구원은 여호와께 속하였다"는 것을 알기에 그가 구원받을 수 있다고 확언합니다. 이것이 이 교리가 죄인에게 미치는 영향입니다. 이 교리가 여러분에게도 그 같은 영향을 미치기 바랍니다!

그러면 이 교리가 성도에게 어떤 영향을 미칩니까? 이것은 모든 신학의 요지입니다. 나는 여러분이 이 진리를 믿는다면 설사 이단적인 주장을 할지라도 개의치 않을 것입니다. 여러분이 "구원은 여호와께 속하였나이다"라는 이 문장을 정확하게 쓰는 법을 배웠다면 여러분의 신앙은 틀림없이 건전할 것입니다. 여러분이 마음속으로 그것을 사실로 느낀다면, 여러분은 교만하지 않을 것입니다. 교만할 수가 없습니다. 여러분은 모든 것을 하나님의 발 앞에 내려놓고, 하나님께서 여러분이 하도록 도와주신 것 외에는 아무것도 한 것이 없다고 고백할 것입니다. 그러므로 영광은 구원을 주신 분에게 돌려야 합니다. 여러분이 이 점을 믿는다면 의심 많은 사람이 되지 않을 것입니다. 여러분은 이렇게 말할 것입니다. "내 구원은 내 믿음에 달려 있지 않고 하나님께 달려 있다. 나의 안전은 내 자신에게 달려 있지 않고 나를 지키시는 하나님께 달려 있다. 내가 천국에 이르는 것은 내 손에 달려 있지 않고 하나님의 손에 달려 있다." 의심과 두려움이 난무할 때 여러분은 팔짱을 끼고서 위를 쳐다보며 이렇게 말할 것입니다.

"내 믿음의 눈이 침침한 지금
나는 살든지 죽든지 예수님을 신뢰합니다."

여러분이 늘 마음에 이 사실을 간직할 수 있다면 언제나 기뻐할 수 있습니다. 자신의 구원이 하나님께 속하였다는 것을 알고 느끼는 사람은 근심할 아무 이유가 없습니다. 지옥의 군대여, 오라! 무저갱의 귀신들이여, 오라!

"나를 도우신 하나님께서 내가 견디도록 하시고
또한 능히 이기도록 하십니다."

구원이 이 보잘것없는 팔에 달려 있지 않고 저기 전능하신 하나님의 팔에 달려 있습니다. 그렇지 않다면 나는 절망할 수밖에 없을 것입니다. 이 전능자의 팔은 하늘의 기둥들이 의지하는 팔입니다. "내가 누구를 두려워하리요 여호와는 내 생명의 능력이시니 내가 누구를 무서워하리요?"(시 27:1).

은혜로 말미암아 이 사실이 여러분에게 하나님을 위해 일하도록 용기를 북돋아 주면 좋겠습니다. 여러분이 이웃을 구원해야 한다면 가만히 앉아서 아무것도 할 수 없을 것입니다. 그러나 "구원은 여호와께 속하였으니" 가서 열심히 일하십시오. 가서 복음을 전하십시오. 어디든지 가서 복음을 이야기하십시오. 여러분의 가정에서 말하고, 길거리에서 말하며, 모든 땅 모든 민족에게 가서 말하십시오. 구원은 여러분에게 속하지 않고 "여호와께" 속하였기 때문입니다. 왜 우리 친구들이 아일랜드에 가서 복음을 전하려 하지 않는 것입니까? 아일랜드가 개신교 교회에게는 치욕거리입니다. 왜 친구들이 거기에 가서 복음을 전하지 않는 것입니까? 한두 해 전에 용감한 목사들이 많이 거기로 가서 복음을 전했습니다. 그들은 용감하게 옳은 일을 행하였습니다. 그들은 그곳에 갔다가 다시 돌아왔습니다. 그것이 천주교에 대한 그 영광스러운 원정의 총체적인 결과입니다. 그런데 그들이 왜 돌아왔습니까? 얌전한 그들이 돌에 맞았기 때문입니다! 그들은 복음이 돌을 한두 번 맞지 않고 전파될 것으로 생각하는 것이 아닙니까? 그들이 그대로 있었다면 죽임을 당했을 것입니다! 그랬다면 그들은 용감한 순교자들이 되었을 것입니다! 그러면 그들의 이름은 피로 물든 명부에 기록될 것입니다. 옛적에 순교자들이, 사도들이 자기들이 죽을 수도 있기 때문에 어떤 나라에 가기를 두려워했습니까? 그렇지 않았습니다. 그들은 죽을 준비가 되어 있었습니다. 아일랜드에서 목사가 여섯 명 죽임을 당했다면, 그것은 세상에서 미래의 자유를 위해 행해진 가장 훌륭한 일이 되었을 것입니다. 그 후에는 사람들이 감히 우리를 건드리지 않았을 것이기 때문입니다. 법의 강한 팔이 그들을 억눌렀을 것이고, 우리는 아일랜드의 어느 마을에든지 들어가서 평화롭게 지냈을 것입니다. 경찰대가 그런 파렴치한 살인을 즉각 중지시켰을 것입니다. 우리 군대에서 기꺼이 순교자가 되려고 하는 사람들이 나오기 전에는 그곳에서 어떤 큰 변화도 보지 못할 것입니다. 우리 가운데 몇 사람의 시신이 그곳을 메우기 전에는 그 깊은 도랑을 결코 건널 수 없을 것입니다. 그 도랑을 메운 뒤에야 거기에서 복음을 전하는 일이 쉬워질 것입니다. 우리 형제들이 다시 한번 거기에 가야 합니다. 우리 형제들은 두려움은 집에 접어 두고 용감한 마음과 담대한 심정으로 나갈 수 있습니다. 사람들이 비웃고 조롱하면 비웃고 조롱하도록 내버려두십시오.

조지 휫필드(Geroge Whitfield)는 케닝턴 커먼(Kennington Common)에서 설교하는데 사람들이 그에게 죽은 고양이와 썩은 계란을 던질 때 그는 이렇게 말했습니다. "이것은 감리교 신앙의 거름으로, 세상에서 감리교를 자라게 하는 가장 좋은 것일 뿐입니다. 여러분이 던지고 싶은 대로 계속 던지십시오." 돌 하나가 그의 이마를 맞췄을 때, 그는 피를 조금 흘림으로 인해 설교를 더 잘하는 것처럼 보였습니다. 이런 사람은 폭도에 감연히 맞설 수 있고, 그러면 폭도들은 그에게 감히 맞서지 못할 것입니다. "구원은 여호와께 속하였다"는 사실을 기억하고 그곳에 갑시다. 하나님의 말씀이 사람의 죄를 넉넉히 이기고 하나님께서 장차 온 땅의 주가 되시리라는 것을 믿고서 아무 때나 어디든지 가서 하나님의 말씀을 전합시다.

내 목소리가 다시 힘이 없어지고 생각도 약해집니다. 나는 오늘 아침 강단에 올라왔을 때 피곤하였는데, 지금 다시 피곤을 느낍니다. 기쁘고 즐거울 때는 내가 강단에서 영원히 설교할 수 있을 것처럼 느낍니다. 그런가 하면 설교를 끝내는 것이 좋겠다고 느끼는 때도 있습니다. 그렇지만 이런 본문에 대해서는 있는 힘을 다해 설교를 마무리할 수 있으면 좋겠습니다. 아, 사람들은 자신의 구원이 하나님께 속하였다는 이 사실을 알아야 합니다. 하나님의 이름을 들어 욕하는 분들이여, 여러분의 호흡을 쥐고 있는 분에게 욕하지 마십시오! 하나님을 멸시하는 분들이여, 여러분을 구원할 수도 있고 망하게 할 수도 있는 분을 무시하지 마십시오. 위선자들이여, 하나님을 속이려고 하지 마십시오. 하나님은 여러분의 구원을 쥐고 있고, 여러분의 구원이 자기에게서 나온 것인지 아닌지를 아주 잘 아십니다.

4. 끝으로, 이 교리에 대응하는 진리가 무엇인지 말씀드리고 설교를 끝내겠습니다.

구원은 하나님께 속하였습니다. 그렇다면 멸망은 사람에게 속해 있습니다. 여러분 가운데 영벌을 받은 사람이 있다면, 그는 책임을 돌릴 사람이 그 자신 외에 아무도 없을 것입니다. 여러분 가운데 망하는 사람이 있다면, 그는 책임을 하나님께 돌릴 수 없을 것입니다. 여러분이 망하고 버림을 받는다면 양심의 모든 비난과 고통을 여러분 자신이 감당해야 할 것입니다. 여러분은 지옥에서 영원히 거짓말을 하며, 속으로는 이렇게 생각할 것입니다. '내가 스스로를 망쳤어. 내가 내 영혼을 죽였어. 내가 스스로를 파괴하였어.' 여러분이 멸망을 받는다면 스스로 망한 것이지만, 구원을 받는다면, 오직 하나님으로 말미암아 받은 것입니다. "이스라엘 족속아 돌이키고 돌이키라"(겔 33:11). 나는 여러분에게 바로 이 말씀을 듣고서 잠시 멈추고 생각해 보라고 말씀드립니다.

여러분, 여러분, 이처럼 많은 대중에게 설교하는 것은 무시무시한 일입니다. 그렇지만 언젠가 주일에 강단에서 내려오는데, 밑에 있던 어떤 사람이 말한 잊지 못할 얘기에 나는 충격을 받았습니다. 그는 이렇게 말했습니다. "오늘 아침 심판 날에 핑계를 댈 수 없는 사람이 8천 명 있습니다." 언제나 상황이 이럴 수 있으니, 나는 어떻게 해서든 설교를 하고 싶습니다. 그런데 내가 설교를 할 수 없다면, 하나님께서 내게 자비를 베풀어 주시기를 바랍니다. 하지만 이제 기억하십시오! 여러분에게는 영혼이 있습니다. 그 영혼이 망하든지 아니면 구원받을 것입니다. 어떻게 될 것 같습니까? 하나님께서 여러분을 구원하시지 않는다면, 여러분의 영혼은 영원히 저주를 받을 것입니다. 그리스도께서 여러분에게 자비를 베푸시지 않는다면 여러분에게는 아무 소망이 없습니다.

이제 마음을 들어 하나님께 기도하십시오. 바로 이 시간이 여러분이 구원받는 시간이 되기를 바랍니다. 다음 핏방울이 정맥을 통과하기 전에 여러분이 평안을 얻기 바랍니다! 그 평안을 지금 당장 얻어야 한다는 것을 기억하십시오. 여러분이 지금 평안이 필요하다고 느낀다면 지금 평안을 얻어야 합니다. 어떻게 얻습니까? 그 평안을 구하기만 하면 됩니다. "구하라 그리하면 너희에게 주실 것이요 찾으라 그리하면 찾아낼 것이요"(마 7:7).

"그러나 여러분의 귀가
하나님의 은혜의 말씀을 듣지 않는다면
여러분의 마음이 저 믿음 없는 민족인
완고한 유대인처럼 딱딱해진다면

주님께서 앙갚음을 하시고
손을 들어 맹세하실 것입니다.
내가 약속한 안식을 멸시하는 너희는
거기에서 유업을 얻지 못할 것이라고."

여러분이 "놀라고 멸망하지"(행 13:41) 않도록 하나님을 멸시하지 않기 바랍니다! 지금 그리스도께로 달려가서 하나님의 사랑하시는 자 안에서 하나님의 용납하심을 받기 바랍니다. 이것이 여러분을 위해 마지막으로 드리는 최선의 기도입니다. 주께서 이 기도를 들어 주시기 바랍니다! 아멘.

제
6
장

누가 알겠느냐?

"하나님이 뜻을 돌이키시고 그 진노를 그치사 우리가 멸망하지 않게 하시리라 그렇지 않을 줄을 누가 알겠느냐 한지라."
– 욘 3:9

이것은 니느웨 사람들의 가련한 소망이었습니다. "하나님이 뜻을 돌이키시고 그 진노를 그치사 우리가 멸망하지 않게 하시리라 그렇지 않을 줄을 누가 알겠느냐?" 요나서는 자기 시대의 악함 때문에 절망하고 있는 사람들에게는 더할 수 없이 큰 위로를 줍니다. 니느웨는 그 능력에서뿐 아니라 악함에서도 큰 도시였습니다. 우리 가운데 믿음이 별로 없는 사람이 그 성을 둘러보고 "그 망대들을 세어 보라 그의 성벽을 자세히 보라"(시 48:12,13)는 명령을 받았다면, 우리가 그 성의 거리들을 돌아다니며 밝은 햇빛 아래서 그리고 달빛 아래에서 그들이 악에 탐닉하는 모습을 보라는 명령을 받았다면 우리는 틀림없이 이렇게 말했을 것입니다. "아, 슬프다! 이 성이 온통 우상 숭배에 빠졌고, 돌의 성벽만큼이나 엄청난 죄의 성벽으로 둘려 있다." 이 문제를 푸는 일이 우리에게 맡겨졌다고 생각해 봅시다. 어떻게 해야 이 성읍이 회개하도록 움직일 수 있을까? 어떻게 해야 가장 높은 자로부터 가장 낮은 자에 이르기까지 이 성의 모든 거민들이 악을 버리고 이스라엘의 하나님을 예배하게 만들까? 우리는 절망으로 무력해지기가 쉬웠을 것입니다. 그렇게 되지 않았다면, 앉아서 계획을 신중하게 검토하였을 것입니다. 우리는 니느웨를 여러 선교 구역으로 나누었을 것입니다. 유능한 목사들을 수천 명 요구하지는 않는다 할지라도 적어도 몇 백 명은 필요하다고 생각했을 것입니다. 그리고 즉시 비용을 생각하지 않을 수 없을 것입니다. 하나님의 말씀을 전할 수 있는 건물들을 무수히 세울 것을 틀림없이 고려했을 것입니다. 우리의 계획은 틀림없이 큰 부담이 될 것입니다. 우리가 제국에서 충분한 자원을 확보하지 않는 한, 이 일을 시작조차 할 수 없음을 깨닫게 될 것입니다.

그런데 여호와는 이 일에 관해 무엇이라고 말씀하셨습니까? 하나님은 이성의 판단을 치워버리고, 혈과 육이라면 자연스럽게 생각할 모든 계획과 설계를 다 치워버리고 한 사람을 일으켜 세우십니다. 하나님은 기이한 섭리를 통해서 그 사람을 하나님의 사명을 수행하기에 적합하게 만드십니다. 하나님은 그를 바다 깊은 데로 내려 보내십니다. 그곳에서 해초가 그를 감쌌습니다. 그러고 나서 그는 바다 깊은 데서 올라옵니다. 바다 깊은 데로 내려가는 이 두려운 일을 통해서 그의 영혼은 견고해졌고, 그는 용기 있는 믿음의 갑주를 완전히 갖추게 되었습니다. 물고기 뱃속에 들어갔다가 살아나온 사람이 바닷가에 있는 것을 보고 두려워 떨 필요가 있겠습니까?

요나는 니느웨 성으로 들어갑니다. 그의 뇌리에 스친 큰 심판에 대한 생각으로 눈을 거의 튀어나올 듯이 부릅뜨고 지극히 강경한 태도와 날카롭고 한결같은 목소리로 이렇게 외치기 시작합니다. “사십 일이 지나면 니느웨가 무너지리라!” 하나님, 이것입니까? 이것이 주님의 방법입니까? 이것이 하나님께서 그 큰 일을 성취하시는 방법입니까? 주님께서는 니느웨가 한 사람의 지시를 듣고 회개하게 만드시려는 것입니까? 바다에서 이제 막 나온 얼굴이 창백한 저 사람, 저 사람의 목소리로 이 큰 성읍을 놀라게 하려는 것입니까? 하나님이여, 주께서 불 병거를 타고 오셨다면, 주께서 우레 같은 소리로 말씀하셨다면, 지진으로 땅을 흔드셨다면, 니느웨가 느낄지 모르겠습니다. 그러나 이 한 사람이 그런 일을 하기에 충분치 않다는 것은 너무도 확실합니다. 그러나 하늘이 땅보다 높음 같이 하나님의 길은 우리 길보다 높으며 하나님의 생각은 우리 생각보다 높습니다(사 55:9). 하나님은 어찌나 능숙하신지 지극히 약한 도구로 지극히 큰 일을 행하실 수 있습니다.

이 사람이 여행을 시작합니다. 벌써부터 그 성의 거민들이 몰려들어 그의 말에 귀를 기울입니다. 그가 앞으로 나가자 군중들이 더 불어납니다. 그가 길모퉁이에 서면 그의 말을 듣기 위해 창문마다 다 열리고, 그가 걸어가면 거리에 사람들이 떼 지어 몰려듭니다. 그가 계속해서 그렇게 하자, 온 성이 그의 두려운 목소리를 듣고 떨기 시작했습니다. 이제는 왕이 직접 명하여 그를 자기 앞으로 불러들입니다. 두려움을 모르는 이 선지자는 하나님의 경고를 그대로 선포합니다. 그러고 나자 효과가 나타납니다. 온 니느웨 사람들이 베옷을 입습니다. 사람과 짐승이 함께 울부짖는 소리가 하나님께 상달됩니다. 여호와께서 영광을 얻으시고, 니느웨가 회개합니다. 아, 형제 여러분, 우리는 이 사실에서 희망을 가질 수 있는 풍성한 근거를 봅니다. 하나님께서 하실 수 없는 일이 무엇입니까? 하나님께서 우리를 기다리실 필요가 있다고 생각하지 마십시오. 하나님은 지극히 큰 일도 참으로 보잘것없는 도구를 써서 행하실 수 있습니다. 하나님께서 그렇게 마음먹으시면, 한 사람으로도 이 큰 도시를 충분히 소란하게 하실 수 있습니다. 하나님께서 그렇게 정하시면, 한 사람이 한 민족을 회심하게 하는 수단이 될 수 있습니다. 아니, 한 사람의 발걸음 소리에 대륙이 흔들릴 수가 있습니다. 너무 높아서 이 사람의 목소리가 도달할 수 없는 왕궁이 없고, 너무 깊어서 이 사람의 부르짖음을 들을 수 없는 악명 높은 소굴은 없습니다.

우리에게 필요한 것은 "하나님께서 그의 팔을 나타내시기"만 하면 되는 것입니다. 그러면 누가 그의 힘에 맞설 수 있습니까? 하나님께서 겨우 나귀 턱뼈를 쥐고 계시는 것일지라도 하나님의 팔은 삼손의 팔보다 강합니다. 그래서 하나님의 팔은 무더기같이 쌓으실 것이고, 뿐만 아니라 도시에 도시를, 대륙에 대륙을 이어서 점령하실 것입니다. 하나님은 보잘것없는 수단을 써서 천 명의 적군을 죽이시고 무수한 사람들을 정복하십니다. 하나님의 교회여, 두려워하지 마십시오. 하나님께서 옛날에 여러분에게 주신 사람들을 기억하십시오. 바울을 돌아보고, 아우구스티누스를 기억하십시오. 루터와 칼빈을 생각해 보십시오. 휫필드와 웨슬리에 대해서 이야기해 보십시오. 이들이 따로 떨어진 개인들에 불과하지만 하나님께서 이들을 통해 일하셨다는 점을 기억하시기 바랍니다. 이들에 대한 기억은 계속 흘러가고, 이 세상이 지속하는 동안 결코 사라지지 않을 것입니다.

이것을 서론으로 말씀드리고, 나는 이 이야기에서 다소 벗어나 죄 때문에 떨고 있으며 니느웨 사람들과 같은 처지에 있으면서 그들처럼 자비를 간절히 바라는 사람들을 염두에 두고 말하도록 하겠습니다.

나는 오늘 아침 세 가지 사실을 간단히 살펴볼 것입니다. 첫째로, 니느웨 사람들이 처한 비참한 곤경에 대해서, 둘째로, 그들이 희망을 품을 수 있는 빈약한 이유들에 대해서 살펴보겠습니다. 그 다음에 셋째로, 우리로 기도하지 않을 수 없게 만드는 강력한 이유들과 우리로 신뢰하게 만드는 즐거운 주장들을 살펴보겠습니다.

나는 니느웨 사람들이 이 자리에 참석한 많은 사람들을 대표한다고 생각합니다.

1. 첫째로, 니느웨 사람들이 처한 슬픈 처지에 대해서 생각해 보겠습니다.

니느웨 사람들은 노아 시대의 사람들 같았습니다. 그들은 시집가고 장가가며 결혼 생활에 푹 빠져 지냈습니다. 먹고 마시며 건설하고 심었습니다. 온 세상이 그들의 곡물 창고였고 땅의 나라들이 그들의 사냥터였습니다. 그들은 부하였고 어떤 민족보다 강하였습니다. 하나님께서 그들을 크게 번성케 해주셨기 때문입니다. 그들은 지면에서 가장 강대한 민족이 되었습니다. 아주 안전한 가운데서 지독한 큰 죄들을 지었습니다. 그들의 악은 아마도 소돔의 악에 못지않았을 것입니다. 그들의 악은 오늘날 동양의 도시들의 죄만큼 악하지는 않았을지라도 거의 입에 담을 수 없을 만큼 혐오스러운 것이었습니다. 그런데 어떻게 그들이 아주 안심하고 지내다가 깜짝 놀라고 자신들의 죄를 깨닫게 되었습니까? 기이한 한 사람의 설교를 듣고 그들이 자신의 화려함을 자랑하던 교만한 위치에서 슬픔의 나락으로 내려앉았습니다. 이제 그들의 자랑이 끊어졌고, 희희낙락하는 소리가 그쳤습니다. 그들이 울며 탄식하기 시작하였습니다. 그들이 처한 비참한 곤경은 무엇이었습니까? 그들의 곤경은 다음 세 가지 사실에 있었습니다.

그들은 이제 자신들의 죄가 큰 것을 발견하였습니다. 그 다음에 자신들에게 시간이 얼마 없는 것을 알았습니다. 그 다음에 자신들의 멸망이 두려운 것임을 알았습니다. 여러분이 자신이 그처럼 조심성 없는 죄인인 것을, 시온에서 잠자는 자임을, 하나님을 두려워하지 않고 악한 길에서 돌이키지도 않는 자임을 깨달으면 좋겠습니다.

나는 첫째로 여러분이 선지자와 같은 목소리를 듣고서 놀라 자신의 죄를 깨달으면 좋겠습니다. 여러분의 죄가 많고 아주 크기 때문입니다. 우리 각 사람은 자기 생활을 돌아봅시다. 이 자리에 있으면서 이 말을 듣고 얼굴을 붉히지 않아도 될 사람이 있습니까? 우리 가운데는 지금까지 도덕적으로 생활해 온 사람들이 있습니다. 우리는 젊은 날의 훈련과 은혜의 억제로 말미암아 다른 사람들처럼 부도덕한 행위들을 저지르지 않았습니다. 그런 우리도 입을 티끌에 묻히지 않을 수 없습니다. 마음을 살펴보면, 마음이 온갖 악과 혐오스러운 것들로 가득 찬, 불결한 새들의 둥지라는 것을 발견합니다. 지극히 악한 사람들이 악한 행동들을 보였듯이 우리는 마음으로 온갖 악을 행했습니다. 자신들이 지금까지 도덕적으로 생활했다고 호소할 수도 없는 사람들이 너무나 많습니다. 물론 자신들이 도덕적으로 생활했다는 것이 하나님께 대한 사랑의 부족을 변명하기에는 너무나 하찮은 핑계가 될 것입니다. 자, 여러분, 자신의 생활을 돌아보십시오. 우리 가운데서 하나님께 불평하는 죄를 짓지 않은 사람이 있습니까? 이웃을 제 몸처럼 사랑한 사람이 누가 있습니까? 까닭 없이 화를 낸 적이 없는 사람이 있습니까? 입으로 내뱉지는 않았다 할지라도 마음으로 하나님을 욕한 적이 없는 사람이 있습니까? 우리 가운데서 언제나 눈을 정욕으로부터, 마음을 탐심으로부터 철저하게 지킨 사람이 있습니까? 우리 모두가 범죄하지 않았습니까? 우리의 죄악이 지금 드러난다면, 각 사람의 이마에 그의 죄가 기록된다면, 여러분은 손으로 이마를 가려 다른 사람들이 자신의 죄악을 보지 못하도록 하지 않겠습니까? 자신의 인생을 자세히 들여다본다면 여러분 가운데 많은 사람들이 반드시 그렇게 할 것입니다. 제발 여러분은 기억의 페이지를 넘기며, 얼룩지고 철자가 잘못 쓰인 시커먼 페이지들을 다시 읽어 보시기 바랍니다. 이 설교자가 자기 회중에게 듣기 좋은 말을 할 줄 아는 사람이라고 생각하지 않기 바랍니다. 청중을 모두 선하고 훌륭한 사람으로 보는 것이 이 시대에 유행이 되었습니다. 하지만 이렇게 하는 것이 전능하신 하나님 앞에서 거짓말이고 기만이지 않겠습니까? 이 자리에 내가 언급할 수 없는 악들을 은밀히 즐기는 사람들이 있지 않습니까? 장사에서 다른 사람들이 하면 멸시할 일을 자기 친구들에게 행하는 사람이 있지 않습니까? 뭐라고요! 여러분 가운데 탐심이 있는 사람은 아무도 없습니까? 여러분 가운데 이웃을 기만하거나 속여서 빼앗는 사람이 없습니까? 여러분 가운데 장사에서 흔한 속임수와 술책을 쓰는 사람이 없습니까? 여러분 가운데 거짓말하는 사람, 속이는 사람, 비방하는 사람, 곧 이웃에 대하여 거짓 증거하는 사람이 하나도 없습니까? 이 자리에 흠 없는 회중이 있으니 내가 기뻐해야 합니까? 나는 그런 것이 사실이라고 생각하고 우쭐해할 수 없습니다. 그렇지 않습니다. 우리의 불의는 크고 우리의 죄는 끔찍합니다. 우리 모두가 언제든지, 각 사람이 스스로 자기 죄를 고백하면 좋겠습니다! 성령께서 우리 마음에 빛을 비추시고 우리 행실의 악함을 보여주신다면 자신이 실로 슬픈 처지에 있는 것을 깨닫고, 옛적에 니느웨 사람들이 그랬듯이 즉각 하나님 앞에 부르짖을 것입니다.

그러나 이뿐 아니라 니느웨 사람들은 그들의 날이 얼마 남지 않았다는 정보도 얻었습니다. "사십 일이 지나면 니느웨가 무너지리라." 기일이 아주 확고하게 결정되었습니다! 이 선지자는 "여섯 주가 채 지나가기 전에 너희가 반드시 죽고 비참하게 망할 것이라"고 말합니다. "사십 일이 지나면"이라고 하여 그 시간까지 언급되었습니다. 니느웨 사람들은 이 날들을 참으로 두려워하며 세고, 마치 그 날들이 죽음에 이르는 음산한 길에 세워진 검은 이정표인 것처럼 매일 해가 뜨고 지는 것을 지켜보았을 것입니다! 어떤 사람은 말합니다. "아, 하지만 목사님은 우리의 날이 사십 일밖에 남지 않았다고 말하지 않을 것입니다." 형제 여러분, 나는 선지자가 아닙니다. 나는 여러분의 날이 얼마나 남았는지 알 수 없습니다. 그러나 이 한 가지 사실은 말할 수 있습니다. 이 자리에 계신 분들 가운데 살 날이 사십 일이 안 되는 사람들이 있을 수 있다는 것입니다! 여러분 가운데는 집행 유예 기간이 니느웨 사람들만큼도 되지 않는 사람들이 있을 수 있습니다. 내가 지금 여러분을 그 큰 도성으로 데려갈 수 있다고 생각해 보십시오. 내가 여러분에게 니느웨의 육중한 성벽과 거대한 성채를 보여줄 수 있고, 요나처럼 내가 그 성벽과 성채를 가리키며 "사십 일이 지나면 이 성이 완전히 무너질 것이라"고 말할 수 있다고 생각해 보십시오. 그리고 내가 "사십 일이 지나면 여러분의 몸이 다시 흙으로 돌아갈 것이라"고 말한다고 생각해 보십시오. 이 두 예언 가운데 어느 것이 믿기가 더 힘들겠습니까? 어느 예언이 더 큰 믿음을 필요로 하겠습니까? 여러분이 죽으리라는 것과 성이 멸절당하리라는 것 가운데 어느 것이 더 쉬운 일이겠습니까?

사람이여, 그대는 살아 있는 먼지 덩어리에 지나지 않지 않습니까? 벌레 한 마리가 여러분을 죽일 수 있고, 모래 알갱이 하나도 여러분의 생명을 빼앗기에 충분할 수 있습니다. 생명의 끈은 약합니다. 그것에 비하면 거미집은 굵은 밧줄과 같습니다. 사람의 생명은 한낱 꿈에 불과합니다. 그래서 어린아이의 속삭임이 그 꿈을 깨울 수 있고, 그러면 우리는 다른 세상에서 깨어날 수 있습니다. "사십 일!"이라는 기간이 어쩌면 여러분의 죽음의 기한이 될 수 있는 시간에 비하면 길고 먼 시간입니다. 나는 그동안 이 자리에서 아주 오랫동안 설교를 해왔기 때문에 이곳을 떠나 모든 사람에게 정해진 곳으로 간 사람들을 많이 회고할 수 있습니다. 오늘 내가 여러분의 자리를 보고 이 예배당을 둘러볼 때 보고 싶은 얼굴들이 많습니다. 살아 있는 자들의 땅을 떠나서 다른 세상으로 간 사람들이 적지 않은 것을 기억합니다. 어떤 사람들은 참으로 갑작스럽게, 신속하게 떠나갔습니다! 나는 종종 그것을 보고 깜짝 놀랐습니다. 안식일에 이 자리에 있는 것을 보았는데, 화요일이나 목요일에 "목사님, 무슨 요일에 아무개 자매 장례식을 치를 수 있나요?"라는 질문을 받았습니다. "아무개 자매의 장례를 치른다고요?" "예, 목사님, 자매가 세상을 떠났습니다." 그래서 내가 말했습니다. "바로 얼마 전까지 우리 가운데서 살아서 다니던 자매가 죽다니, 정말 믿지 못하겠습니다!"

덧붙여 말씀드리자면, 사십 일은 하나님께서 여러분에게 주셨다고 생각해 볼 만한 기간에 비하면 긴 임차 기간입니다. 그러나 그 기간이 사십 년이라고 할지라도 그것은 참으로 짧은 시간입니다. 여러분이 지혜로운 눈으로 보기만 한다면, 우리의 한 해 한 해가 얼마나 빨리 지나가는지 알 것입니다. 여러분은 지금도 길을 가다가 마른 잎을 보면 놀라지 않습니까? 새롭게 돋아난 푸른 싹을 본지가 어제 같았는데 말입니다. 불과 한 달 전에 땅에서 밀이 자라기 시작하는 것을 처음 보았는데, 벌써 추수가 끝났고, 새들이 많이 사라졌으며 여름의 신록을 뒤이어 가을 색깔이 짙어지고 있습니다. 한 해가 한 달에 불과한 것 같고, 한 달은 한 날에 지나지 않는 것처럼 보입니다. 하루하루가 어찌나 빨리 지나가는지, 마치 우리 앞에 그림자처럼 훌쩍 지나갑니다. 여러분, 우리가 인생을 잴 수만 있다면 그것은 한 뼘에 불과하고 참으로 짧은 시간에 지나지 않습니다. 우리의 인생은 모두 하나님 앞에서 참으로 짧습니다. 시간이 얼마 남지 않았다는 것을 생각할 때 우리는 정신을 차리게 될 것입니다.

그 다음에 니느웨 사람들을 놀라게 만든 것은 심판의 무서운 성격이었다는 점을 말씀드립니다. 요나의 설교가 지닌 효과의 한 가지 면은 그의 예언의 모호함에서 그 원인을 찾을 수 있을 것입니다. 요나는 "사십 일이 지나면 니느웨가 무너지리라"고 말합니다. 니느웨가 누구에 의해서 무너질 것인지에 대해서는 말하지 않습니다. 그는 그 점을 밝히려고 하지 않습니다. 니느웨가 무너질 것이다. 그것이 전부입니다. 어떤 강대한 민족이 니느웨를 침공할 것인지, 아니면 지진이 순식간에 니느웨를 삼킬 것인지, 아니면 역병이나 전염병에 의해 온 성이 폐허가 될 것인지, 아니면 내전으로 인해 사람들이 멸절하게 될 것인지, 이야기하지 않습니다. 바로 예언의 그 모호함과 불분명함 때문에 예언의 공포가 증가합니다. 그것은 마치 사람들이 환한 대낮에는 유령들을 생각할 수 없고 언제나 어둡고 어스름한 시간이 되면 유령들을 생각하는 것과 같습니다. 요나가 전하는 메시지의 음울함 때문에 사람들이 떨었습니다. 하나님과 화해하지 못한 여러분, 신앙이 없고, 따라서 이 세상에서 소망도 없고 하나님도 없는 여러분, 여러분에게 임할 심판은 참으로 두렵습니다! 그것을 설명하는 일은 내가 할 일이 아닙니다. 성경은 내세에 대해 불분명한 언어로 이야기할 뿐입니다. 모호한 그 표현들이 무섭습니다. 예수께서는 "그 나라의 본 자손들은 바깥 어두운 데 쫓겨나 거기서 울며 이를 갈게 되리라"(마 8:12)고 말씀하십니다. 그리고 얼마 후에 "거기에서는 구더기도 죽지 않고 불도 꺼지지 않는"(막 9:48) 곳의 고통에 대해 말씀하십니다. 그 다음에 그 곳을 "무저갱"(계 9:2)으로, 또 "꺼지지 않는 불"(막 9:43)로 설명하십니다.

형제 여러분, 우리는 악인들에게 반드시 임할 하나님의 진노에 대해 아주 조금밖에 알지 못합니다. 그러나 그곳이 어찌나 두려운지 사람이 감히 들을 수 없을 정도라는 것을 이해할 만큼은 압니다. 지옥이 이 현세에서 우리에게 충분히 설명이 되었다면, 이생은 영원한 고통으로 들어가는 입구의 역할밖에 하지 못했을 것입니다. 만약 하나님께서 지옥을 묘사해 놓으셨다면 감히 그 묘사를 읽을 수 있는 사람이 있을지 모르겠습니다. 그 묘사를 읽는 소리만 들어도 우리의 두 귀는 아파서 얼얼하고 우리의 마음은 물처럼 녹을 것입니다. 죄인이여, 나는 오늘 여러분에게 이렇게 말하는 것으로 충분합니다. "회개치 않으면 여러분이 반드시 망하되, 끔찍하게 망할 것입니다." 하나님께서, 바로 하나님께서 직접 칼을 뽑아 여러분의 피에 칼을 담그실 것입니다. 하나님께서 우레와 같은 진노를 발하시고 번개와 같은 보복을 행하는 가운데서 여러분을 자기 앞에서 쫓아내실 것입니다. 하나님께서 전능하신 능력으로 여러분을 치고 벌하는데 온 힘을 쏟으실 것입니다. 여러분의 고통은 끝이 없고 그 연기가 끊임없이 떠오를 것입니다(사 34:10).

나는 오늘 하나님의 말씀을 믿지 않는 분들에게 말하는 것이 아닙니다. 오늘 아침 여러분에 대해서는 아무 말도 하지 않을 것입니다. 그보다는 성경의 계시를 믿는 여러분, 명목상 그리스도인이라고 말하는 여러분에게 말하는 것입니다. 여러분, 여러분이 이 책을 믿는다면, 그러면서도 회개하지 않는다면 여러분을 기다리고 있는 운명은 참으로 두렵습니다. 죽음이 여러분에게는 참으로 무서운 것이 되고, 마지막 두려운 심판의 날은 참으로 끔찍할 것입니다! 그리고 이 모든 것이 속히 올 것입니다. 하나님의 공의의 전차는 무서운 속도로 달리느라 바퀴의 축이 뜨겁습니다. 검은 사냥개들이 계속해서 달리느라 몸에 거품을 뒤집어쓰고 있습니다. 어쩌면 내가 여기 서서 듣는 사람의 마음을 뜨겁게 끓게 할 일들에 대해서 아주 냉담하게 말하고 있는 동안, 어쩌면 지금도 죽음이 여러분을 겨냥하고 있는지 모르며, 여러분이 그 희생자가 되어서 바울이 설교할 때 창문에 걸터앉아 졸고 있던 유두고처럼 이 설교가 끝날 때 떨어져 죽을 수도 있습니다. 하나님께서 그런 일이 일어나지 않게 해 주시기를 바랍니다. 우리 각 사람이 이스라엘의 하나님 앞에 떨고 엎드려야 할 이유는 충분히 있습니다. 지금까지 나는 첫 번째 요지에 대해서 말했습니다. 성령이시여, 이 말에 복을 주시옵소서!

그러나 이 니느웨 사람들은 용기를 내고 희망을 품었습니다. 그들은 이렇게 말했습니다. "우리가 금식을 선포하자. 사람이든지 짐승이든지 다 힘써 하나님께 부르짖을 것이라 하나님이 뜻을 돌이키시고 그 진노를 그치사 우리가 멸망하지 않게 하시리라 그렇지 않을 줄을 누가 알겠느냐."

2. 이제 두 번째 요점은, 니느웨 사람들이 희망을 품을 근거가 빈약하였다는 것입니다.

이제 내 말을 주의해서 들으시기 바랍니다. 나는 오늘 아침 여러분 모두가 그리스도의 긍휼로 말미암아 훨씬 더 나은 소망을 가지고 니느웨 사람들의 모범을 따를 수 있기를 바랍니다. 여러분은 요나의 메시지에 자비가 전혀 선포되지 않았다는 것을 눈치 챌 것입니다. 그것은 짧은 파멸의 선고였습니다. 그 선고는 성묘 교회(St. Sepulchre's Church)의 큰 종처럼 죄수의 처형 시간을 크게 울리고 있었습니다. 거기에 자비의 선율 같은 것은 전혀 없었습니다. 그것은 재판장의 나팔이었고, 희년의 나팔이 아니었습니다. 요나의 눈에는 자비의 빛이 전혀 보이지 않았고, 그의 마음에 동정심이 없었습니다. 그는 우렛소리처럼 외치는 사명을 띠고 보냄을 받았고, 그 일을 우렛소리처럼 큰 소리로 수행하였습니다. "사십 일이 지나면 니느웨가 무너지리라." 나는 니느웨 왕이 국무회의에 귀족들과 함께 앉아 있는 모습이 보이는 것 같습니다. 귀족들 가운데 한 사람이 이렇게 말합니다. "우리는 자비를 기대할 수 있는 희망이 거의 없습니다. 요나가 우리에게 자비를 전혀 언급하지 않았다는 것을 여러분도 아실 것입니다. 그는 참으로 무섭게 말했습니다. 그의 눈에는 눈물 한 방울 비치지 않았습니다. 나는 요나의 하나님이 아주 공의롭고 엄한 분이라고 확신합니다. 그는 결코 우리를 용서하지 않을 것입니다. 우리의 목숨을 끊을 것입니다." 그러나 그 고문에 대한 왕의 답변은 이것이었습니다. "누가 알겠는가? 그대는 그렇게 생각할 뿐이지 그렇다고 단정할 수는 없으니 우리는 희망을 가집시다. 누가 알겠는가?"

사랑하는 여러분, 지금 여러분에게 말하는 사람은 요나가 아닙니다. 오늘 내 말은 오히려 이사야의 언어에 가깝습니다. "여호와께서 말씀하시되 오라 우리가 서로 변론하자 너희의 죄가 주홍 같을지라도 눈과 같이 희어질 것이요 진홍 같이 붉을지라도 양털 같이 희게 되리라"(사 1:18). 여러분도 니느웨 왕처럼 "누가 알겠는가?" 하고 말할 수 있지 않습니까? 여러분은 집에 가서 방에 들어가 기도하지 않겠습니까? "누가 알겠는가?" 성경으로 가서 약속을 찾아보지 않겠습니까? "누가 알겠는가?" 십자가로 가서 주님의 흐르는 피를 의지하지 않겠습니까? "누가 알겠는가?" 그럼에도 불구하고 여러분이 용서받을 수 있고, 그럼에도 불구하고 하나님께 받아들여질 수 있으며, 그럼에도 불구하고 어느 날 하늘 보좌 앞에서 하나님을 찬송할 수 있습니다. 니느웨 사람들의 희망을 아주 크게 꺾을 수 있었던 또 한 가지는 이것이었습니다. 즉, 그들이 하나님의 무서운 행동들에 대해서 들은 두려운 전설을 제외하고는 하나님에 대해서 아무것도 몰랐다는 것입니다 왕의 고문들 가운데 학식이 깊은 한 사람이 이렇게 말했을지 모릅니다. "왕이시여, 만세수 하옵소서! 요나의 하나님은 두려운 하나님입니다. 왕께서도 그 하나님이 애굽에서 행한 일, 곧 그가 어떻게 옛적에 홍해에서 바로와 그의 병거들을 멸하였는지 듣지 않으셨습니까? 또 그가 산헤립에게 행한 일, 곧 그와 그의 군대를 멸절시킨 일을 듣지 않으셨습니까? 왕께서 우레와 같은 그의 능력과 그의 힘 있고 두려운 일들을 듣지 않으셨습니까? 틀림없이 요나의 하나님은 우리에게 자비를 베풀지 않을 것입니다." 그러나 왕은 "누가 알겠는가?" 하고 대답하였습니다.

여러분은 알지 못합니다. 그것은 추측일 뿐입니다. "누가 알겠는가?" 여러분, 우리는 지금 유리한 위치에 있습니다. 여러분은 하나님께 자비로우시다는 것을 알기 때문입니다. 그동안 나는 여러분에게 바로 하나님의 입을 통해, 즉 기록된 이 하나님의 말씀을 통해서 하나님은 자비를 기뻐하신다는 점을 수도 없이 확실히 말씀드렸습니다. 여러분은 그 사실에 대한 하나님의 약속이 있습니다.

아니, 그 사실에 대한 하나님의 맹세를 알고 있습니다. 여호와께서는 하늘로 손을 들어 자신을 두고 맹세하십니다. "주 여호와의 말씀이니라 죽을 자가 죽는 것도 내가 기뻐하지 아니하노니 너희는 내게로 돌이키고 살지니라"(겔 18:32). 그러니 죄인이여, 오라. "누가 알겠는가?" 하나님은 자비로우신 하나님이십니다. 옛적에 벤하닷이 한 대로 합시다. 그와 그의 군대가 패하였을 때, 그만 홀로 소수의 귀족들과 함께 남았습니다. 그때 그가 말했습니다. "우리가 들은즉 이스라엘 집의 왕들은 인자한 왕이라 하니 우리가 굵은 베로 허리를 동이고 이스라엘의 왕에게로 나아가자"(왕상 20:31). 여러분도 예수님께 대해 이렇게 하십시오. 여러분은 예수께서 자비와 긍휼이 풍성하시다는 것을 들었습니다. 지금 그에게 가십시오. 그의 피를 의지하십시오. "누가 알겠는가?" 오늘 여러분의 죄가 깨끗이 씻음을 받을 수도 있습니다. "누가 알겠는가?" 오늘 여러분이 그리스도의 피로 씻음을 받고 에덴 동산에 있던 아담처럼 깨끗해질 수 있습니다. "누가 알겠는가?" 하나님께서 "너는 내 것이고 나는 네 것이다" 하고 속삭이시는 한, 오늘 하나님께서 여러분의 마음을 기뻐 뛰게 하실 수 있습니다. "누가 알겠는가?" 물에 빠진 사람은 지푸라기라도 잡습니다. 그런데 이것은 지푸라기가 아닙니다. 이것은 견고한 바위입니다. 그러니 이것을 굳게 붙잡고 구원을 얻기 바랍니다. "누가 알겠는가?"

그 다음에, 니느웨 사람들은 여러분과 내게 있는 또 한 가지 격려가 되는 사실이 없었습니다. 그들은 십자가에 대해서 들은 적이 없습니다. 요나의 설교가 매우 강력했지만 거기에 그리스도는 없었습니다. 장차 올 메시야에 대한 말은 한 마디도 없었습니다. 뿌린 피에 대한 이야기가 없었고, 속죄제사에 대한 언급도 전혀 없었습니다. 그러므로 왕의 회의에 참석했던 사람들은 이렇게 말했을 수 있습니다. "확실히 우리는 손상된 하나님의 공의에 대해 어떤 배상이 치러졌다는 것을 들은 적이 없습니다. 그러니 어떻게 그 하나님이 믿지 않는 자들에 대해 공의로우면서 또한 그들을 의롭다고 할 수 있겠습니까?" 왕이 대답하였습니다. "아, 누가 알겠는가?" 그들은 "누가 알겠는가"라는 빈약한 근거에 의지해서 용감하게 나아가 자비를 구하며 부르짖었습니다. 그러나 아, 죄인 여러분은 오늘 이 답변을 듣습니다. "하나님이 자기 아들을 아끼지 아니하시고 우리 모든 사람을 위하여 내주셨느니라. 이는 그를 믿는 자마다 멸망하지 않고 영생을 얻게 하려 하심이라. 하나님이 세상을 이처럼 사랑하사 독생자를 주셨으니 이는 그를 믿는 자마다 멸망하지 않고 구원을 얻게 하려 하심이라. 이제 그리스도 예수 안에 있는 자에게는 결코 정죄함이 없느니라"(롬 8:32; 요 3:15,16; 롬 8:1). 죄인이여, 오십시오. 십자가로 오십시오. 하나님은 믿음 없는 자들에게 공의로 대하시면서도 또한 그들을 의롭다 하실 수 있기 때문입니다. 이 사실을 알면 여러분이 마땅히 "누가 알겠는가?" 하고 말해야 옳습니다. 하나님은 나를 깨끗이 씻으실 수 있고, 나를 받아들이실 수도 있습니다. 그러면 나는 하나님의 자녀들 가운데 누구보다도 큰 소리로 하나님을 찬송할 수도 있습니다.

"나는 죄인 가운데 괴수이나
예수께서 나를 위해 죽으셨습니다."

이제는 니느웨 왕이 정말로 품었던 희망이라고 생각하는 바를 말씀드리겠습니다. 나는 그동안 여러분에게 낙담이 되는 점들을 말씀드렸는데, 이제는 용기를 북돋우는 사실들을 이야기하겠습니다. 용기를 북돋우는 사실들이 빈약하긴 했지만 그래도 그 정도면 충분한 것으로 보였습니다. 어쩌면 니느웨 왕은 속으로 말했거나 아니면 자기 고문들에게 이렇게 털어놓았을 것입니다. "여러분, 여러분이 부인할 수 없는 한 가지가 있습니다. 우리가 최악의 상황에 이르렀는데, 만일 우리가 회개하고 자비를 구한다면, 적어도 자비를 구하는 그 부르짖음이 우리에게 불이익이 되지 않을 것입니다. 우리의 부르짖음이 응답되지 못할지라도 우리의 사정이 더 악화되지는 않을 것입니다."

때로 나는 두려워 떠는 죄인이 이 사실로부터 위로를 얻는 것을 보았습니다. 우리의 찬송 가사가 그 점을 충분히 보여줍니다.

"가도 멸망할 수밖에 없을지라도
나는 가기로 굳게 결심하네.
가지 않고 머물러 있으면
반드시 영원히 죽는다는 것을 알기에."

여러분이 그리스도를 찾지 않는다면, 죄를 회개하지 않는다면, 그리스도를 의지하지 않는다면 반드시 망할 것입니다. 그것은 확실한 사실입니다. 그런데 여러분이 가서 거절을 받는다고 하더라도 적어도 지금보다 상황이 더 나빠지지는 않습니다. 그러니 가 보십시오. 여러분의 형편이 훨씬 더 좋다는 것을 발견할 것입니다. 여러분은 거절당하지 않을 것이기 때문입니다. 사마리아 성문에 앉아 있던 세 나병환자의 경우를 생각해 보십시오. 그들은 먹을 양식이 없이 앉아 있었습니다. 마침내 굶주림의 고통이 심해졌습니다. 나병환자들 가운데 한 사람이 친구들에게 말했습니다. "우리가 아람 군대에게 가자 그들이 우리를 살려 두면 살 것이요 우리를 죽이면 죽을 것이라 그러나 우리가 여기에 머물러 있으면 반드시 죽을 것이라"(왕하 7:4,5). 이렇게 잃을 것이 하나도 없고, 가면 무엇인가 얻을 수도 있기 때문에 그들은 위험을 무릅쓰고 갔습니다. 죄인이여, 여호와 하나님께서 여러분에게 이만한 지혜를 가르쳐 주시면 좋겠습니다. 현재 여러분의 모습 그대로 하나님께 가서 말씀하십시오. "주여, 죽든지 살든지 나는 주님의 십자가를 나의 유일한 의지처로 붙듭니다. 주께서 나를 구원하시지 않을지라도, 내가 강물에 떠내려가 죽을지라도, 나는 구원의 반석에 매달려서 죽을 것입니다. 내게는 그밖에 달리 의지할 것도, 소망도 없기 때문입니다." 여러분이 이렇게 말할 수 있는 자리에 이르면 좋겠습니다. 그러면 여러분은 실망하지 않을 것입니다.

이밖에도 니느웨 왕은 이렇게 말했을지 모릅니다. "요나가 하나님께서 자비를 베푸실 것이라고 말하지 않은 것은 사실이다. 그렇지만 요나가 하나님께서 자비를 베푸시지 않겠다고 말하지는 않았다. 요나가 '사십 일이 지나면 니느웨가 무너지리라'고 말했지 '하나님께서 전혀 자비를 베푸시지 않을 것이라'고 말하지는 않았다." 그래서 왕은 "누가 알겠는가?" 하고 말하였습니다. 요나는 표정이 사나워 보이는 사람이 아니었습니까? 만일 호통칠 것들이 속에 쌓여 있었다면 그가 불같이 맹렬한 예언을 하면서 그런 것들을 쏟아내지 않았겠습니까? 왕이 말했습니다. "확실히 그렇다. 만일 요나가 거기에서 멈추고, 여호와께서 '내가 전혀 긍휼을 보이지 않을 것이라'고 말씀하셨다는 말을 덧붙이지 않았다면, 이것은 다행스런 표시이다. 누가 알겠는가? 요나가 그렇게 말하지 않았다면 누가 알겠는가?"

자, 죄인이여, 나는 여러분이 이 사실을 굳게 붙잡기 바랍니다. 그런데 여러분에게는 이보다 훨씬 더 강하고 견고한 것이 있습니다. 오늘날 여러분에게 선포되는 자비가 있기 때문입니다. 하나님께서는 아무도 멸망하기를 원치 않고 모든 사람이 회개에 이르기를 바라십니다. 이것은 하나님께서 친히 하신 말씀입니다. 하나님은 직접 여러분에게 오라고 초청하십니다. 하나님은 "원하는 자는 와서 값없이 생명수를 받으라"(계 22:17)고 말씀하십니다. 그리고 그에 대해 여러분에게 이 같은 약속의 말씀을 하십니다. "내게 오는 자는 내가 결코 내쫓지 아니하리라"(요 6:37). 죄를 깨달은 죄인에게 구원은 우리가 마시는 공기처럼 값이 없습니다. 오늘 여러분이 그리스도가 필요하다는 것을 안다면 그리스도를 붙잡으십시오. 그리스도는 여러분의 것입니다. 그리스도는 목마른 자들을 위해 개방된 샘입니다. 여러분에게 필요한 준비는 그저 타는 목마름을 느끼는 것뿐입니다. 그러면 와서 마시십시오. 아무도 여러분에게 안 된다고 말할 수 없습니다.

"황송하게도 구주님께서 죽으신
골고다 언덕으로부터
내 귀에 쏟아지는
지극히 황홀한 소리를 듣네.
사랑의 구속 사역이 다 이루어졌으니
어서 오라, 죄인이여, 오라!"

자, 여러분이 이렇게 초대받는다면, "누가 알겠는가?" 이렇게 초대받을지. 이렇게 초대받는다면 오십시오. 오십시오. 오도록 하십시오. "누가 알겠는가?"

그렇지만 나는 니느웨 왕이 품었을 가장 큰 확신은 다음의 추론으로부터 나왔을 것이라고 생각합니다. 왕은 이렇게 말했을 것입니다. "아, 만일 하나님이 우리에게 용서할 기회를 주지 않고 멸망시키기로 작정하셨다면 사십 일 전에 요나를 우리에게 보내시지 않았을 것이다. 하나님은 우리에게 전혀 시간을 주지 않았을 것이다. 우리에게 그저 재난과 기별을 보내되, 먼저 재난을 보내셨을 것이다. 하나님은 메시지를 단 한 마디도 전하지 않고 진노 가운데 이 성을 엎으셨을 것이다. 하나님께서 소돔 성에 대해 어떻게 하셨는가? 거기에 사자를 아무도 보내시지 않았다. 해가 뜨자 하나님의 무서운 오른손으로부터 불이 쏟아져 내렸다. 니느웨에는 그렇게 하시지 않았다. 니느웨는 경고를 받았다."

자, 죄인이여, 그대는 이 사실에서 유익을 얻기 바랍니다. 그대는 그동안 경고를 많이 받았습니다. 그대는 오늘도 경고를 받습니다. 아니, 단지 경고만 받는 것이 아니라 그리스도께 오라는 애정 어린 초대를 받습니다. 십자가로부터 생생한 목소리가 나옵니다. 뚝뚝 떨어지는 핏방울마다 "아멘" 하고 소리칩니다.

"오라, 죄인이여, 오라!"

자, 여호와께서 용서하실 뜻이 없다면 자기 종을 보내어 경고하고 초대하셨겠습니까? 하나님께 자비를 베푸실 뜻이 없었다면 하나님께서 이렇게 말씀하시지 않았겠습니까? "그들을 내버려두라. 그들이 우상과 연합하였으니, 멸망하게 내버려두라." 하나님께서 어떤 사람에게 신실한 목사를 보내실 때, 그것은 하나님께서 선한 의도를 가지고 그에게 예언하시는 것입니다. 여러분, 나는 여러분에게 달변으로 말하지 못합니다. 나는 휫필드처럼 열렬한 목소리로 여러분에게 말하지 못합니다. 그러나 이 점은 말할 수 있습니다. 하나님이 나의 증인이 되실 것입니다. 나는 지금까지 사람이 들으려고 하든지 않든지 간에 하나님의 모든 말씀을 선포하기를 피하지 않았습니다. 여러분이 망한다면, 그것은 내가 나를 보내신 하나님에게서 받은 것을 조금이라도 남겨두었기 때문이 아닙니다. 나는 그동안 모든 사람들의 피로부터 깨끗하기 위하여 신조와 신학의 속박을 끊고서 말씀을 전하였습니다. 나는 여러분에게 간절히 호소하고 장차 올 진노에서 피하라고 경고하는데 오래되고 편협한 신조가 방해된다고 느끼면 그 신조의 길을 그대로 가는 것을 만족해하지 않았습니다.

나는 이 문제에서 여러분의 영혼을 진심으로 대해야만 하고 대하려고 하기 때문에 여러 사람과의 우정을 위태롭게 하였고, 적지 않은 부끄러움을 자초하였습니다. 설교하는 것은 어린아이 장난이 아닙니다. 그 크고 두려운 마지막 날에 설교에 대해 변명하는 것이 결코 어린아이 장난처럼 가벼운 일이 아닐 것입니다. 여러분에게 경고합니다. 여러분에게 자비의 문이 닫히기 전에, 즉 생명이 끝나기 전에 하나님의 이름으로 여러분에게 간청합니다. 자, 여러분, 깊이 생각하십시오. 지금 성령께서 여러분이 무릎을 꿇고 기도하게 해 주시고, 여러분이 세상 죄를 지고 가는 하나님의 어린 양의 뿌린 피를 믿게 해 주시기를 바랍니다. 죄인이여, 기억하십시오! 여러분이 망한다면, 여러분 스스로 망하는 것입니다. 자, 하나님은 여러분이 죽는 것을 원치 않으십니다. 여러분에게 지금 오라고 명령하십니다. 아니, 사실 하나님은 여러분이 돌아오기를 기도하십니다. 하나님은 이렇게 말씀하십니다. "배역한 자식들아 돌아오라"(렘 3:22). "이스라엘아 내게로 돌아오라"(4:1). 또 이렇게 말씀하십니다. "오라 우리가 서로 변론하자 너희의 죄가 주홍 같을지라도 눈과 같이 희어질 것이요 진홍 같이 붉을지라도 양털 같이 희게 되리라"(사 1:18). 내가 여러분을 하나님께로 이끌 수 있으면 좋겠습니다! 내 입에, 여러분을 금 차꼬로 묶어 그리스도의 십자가로 데려갈 수 있는 쇠사슬이 있으면 좋겠습니다. 죄인이여, 오라! "누가 알겠는가?" 아니, 말을 바꾸겠습니다. "나는 알 수 있습니다." 여러분이 돌이킨다면 하나님께서도 여러분에게로 돌이키실 것입니다. 여러분, 하나님께로 오십시오. 하나님이 여러분을 받아들이실 것입니다. 하나님은 언제든지 사유하기를 좋아하시는 하나님이기 때문입니다. 자, 오늘 하나님은 여러분의 죄를 바다 깊은 데 던지고 다시는 기억하시지 않을 것이기 때문입니다.

3. 이제는 세 번째 요점, 즉 우리가 회개에서 니느웨 사람들을 본받아야 할 여러 가지 이유들을 생각해 보겠습니다.

사람이 살인죄로 처형당할 때 죄수를 사슬로 매달아서 사람들이 교수대를 지나갈 때마다 공의의 엄중함을 배울 수 있도록 하는 것이 과거 통치권의 오래되고 무서운 관행이었습니다. 그러나 나는 사람들이 그 시대의 야만적인 행위와 만행을 더 많이 배우지 않았을까 하는 생각이 듭니다. 나는 이 무서운 비유를 즐거움과 기쁨으로 빛나는 비유로 바꾸고 싶습니다. 하나님은 여러분이 하나님의 자비를 알 수 있도록 하기 위해 그에 대한 예들을 보존해 두기를 기뻐하셨습니다. 그래서 여러분이 그 예들을 볼 때마다 그런 사람이 구원을 받았다면 내가 못 받을 이유가 있는가 하고 말할 수 있게 하셨습니다. 내가 여러분에게 구약과 신약 성경을 보라고 말할 필요가 없을 것입니다. 여러분은 다윗에게 베풀어진 용서를 잘 알 것입니다! 하나님께서 죄인들 가운데 괴수인 므낫세에게 베푸신 자비를 결코 잊지 않았을 것입니다! 신약 성경에서 사죄 받은 죄인들에 대해서 말하자면, 십자가에 매달린 강도로부터 죄인들 가운데 괴수인 다소의 사울에 이르기까지 그들의 이름을 넌지시 비치기만 해도 충분할 것입니다. 자, 오늘 이곳에서 여러분 눈앞에 한때 여러분과 같았던 죄인들이었지만 자비를 얻고 이제는 용서를 받은 사람들이 있는 것을 보십시오. 이 예배당에 모인 수천 명의 사람들 가운데는 그저 쓸데없는 호기심에서 여기 들어온 사람들이 적지 않습니다(그 가운데 어떤 사람들은 일이 년 전에 여기 들어 왔다고 합니다). 여러분 가운데는 20년 동안 혹은 30년 동안 한번도 예배당에 들어와 본 적이 없는 분들도 있다고 말씀드릴 수 있을 것입니다. 그분들 가운데 어떤 사람들은 상습적인 술고래였고, 그들의 생활은 비참하기 이를 데 없었습니다. 그들 가운데는 자신의 몸과 영혼을 망칠 뿐만 아니라 다른 사람들을 죄짓게 만드는 일을 하는 창녀들도 있었습니다. 그들이 이곳에 슬그머니 들어왔습니다. 그저 이상한 얘기를 많이 하는 설교자의 말을 들으러 온 것이었습니다. 그들은 꼼짝도 하지 않고 들었습니다. 하나님께서 쏘신 화살이 그들의 심장에 박혔고, 그래서 그분들이 오늘 이 자리에 있습니다. 자랑이 아니라 분명히 말씀드리건대, 그분들은 나의 기쁨이고 즐거운 면류관입니다. 또한 우리 구주 예수 그리스도의 나타나실 날에 나의 기쁨이자 면류관이 될 것입니다.

그들과 같았지만 지금 자신의 죄를 회개하고 있는 여러분이 내가 말한 그들의 증언을 들을 수 있다면, 하나님의 자비를 의심하지 않을 것입니다. 만일 여러분이 그들 가운데 선원들, 곧 세상 모든 곳을 돌아다니면 죄를 지은 사람들, 땅에 닿기만 하면 간음과 악행을 저지른 사람들에 대해서 내가 간직해온 이야기를 들을 수 있다면, 그런가 하면 이 자리에 있는 어떤 분들이 육신으로 사는 날 동안 저질렀던 무서운 죄악들에 대해서 여러분에게 이야기할 수 있다면, 여러분은 "정말로 하나님은 사죄하시는 하나님이시라"고 말할 것이고, 여러분도 하나님께 오고 싶은 마음이 들 것이라고 생각합니다. 아, 이 자리에 그런 분이 있다면, 이 자리에 그런 분이 많다는 것을 나는 압니다. 만일 여러분이 오늘 이 홀에서 두려워 떠는 어떤 죄인 옆에 앉아 있다면, 그리고 그의 눈에서 눈물이 떨어지는 것을 본다면 그 사람에게 속히 "나도 스펄전 목사님이 말하는 사람들 가운데 하나입니다"라고 말해주십시오. 주님께서 여러분을 구원하셨습니다. 그러니 회개하는 사람의 손을 잡고 그에게 여러분이 갔던 곳에 가자고, 여러분이 자비를 구하여 얻은 곳에 가서 자비를 구하라고 말씀하십시오. 다시 한번 말씀드리지만, 오늘 이 자리에서 내 자신에 대해 말할 수 있다면, 여러분이 내가 회심 전에 어떤 사람이었는지 안다면, 여러분 가운데 아무도 자비를 얻지 못할까 절망할 필요가 없습니다. 하나님께 내 죄를 고백하려고 하나님께 갔을 때 나는 자신이 말할 수 없이 악하다고 느꼈습니다. 다른 사람들은 나를 칭찬하였을지 모르지만, 나는 자신에 대해 한 마디도 변명할 수가 없었습니다. 지옥에서 가장 뜨거운 불구덩이가 내가 영원히 처해야 할 운명이었다고 할지라도 그것이 내가 마땅히 받아야 할 벌보다 조금도 심한 것이 아니었습니다.

> "죄인들에게 말해 주십시오.
> 나는, 나는 지옥 출신이라고."

그런데도 그리스도 안에서 사죄를 받고 용납받았습니다. 그렇다면 누가 절망할 필요가 있겠습니까? 누가 알겠습니까? 죄인이여, 오십시오. 와서 마음속으로 이렇게 말하십시오. 가서 기도로 하나님께 부르짖고 "누가 알겠는가?"라고 말하며 믿음으로 그리스도를 붙잡으십시오. 과거에 하나님께 받은 이루 헤아릴 수 없이 많은 자비들을 생각할 때 우리는 "누가 알겠는가?" 하고 말하는 것이 옳습니다.

그 다음에, 지금 자신의 죄를 깨닫고 있는 여러분에게 구원에 대한 여러분의 유일한 소망은 하나님의 자비에 있다는 점을 다시 한번 기억하라고 말씀드립니다. 사람이 자신에게 딱 한 가지 소망밖에 남아 있지 않다고 느끼면, 그는 그 소망을 붙잡고 절대로 놓으려고 하지 않을 것입니다. 병든 어떤 사람이 병을 나으려고 온갖 의술을 다 써보았습니다. 재산의 거의 절반이나 치료하는데 사용하였고, 이제 마지막 단계에 왔습니다. 이 약이 효과가 없으면 그는 죽을 수밖에 없습니다. 그렇다면 여러분은 그 사람이 이 약을 아주 열심히 사용하고, 의사의 지시를 한 마디도 놓치지 않고 그대로 행할 것이라고 쉽게 생각할 수 있지 않습니까? 자, 죄인이여, 오늘 여러분에게는 그리스도께 가느냐 아니면 지옥에 가느냐 둘 중의 하나만 남았습니다. 그리스도께서 여러분을 구원하시지 않는다면 여러분은 망합니다. 십자가가 여러분의 구원 수단이 되지 않는다면, 틀림없이 지옥이 곧바로 여러분을 삼킬 것입니다. 그리스도가 아니면 아무것도 아닙니다. 아니, 그리스도가 아니면 파멸입니다! 그러니 그리스도를 붙잡으십시오. 단단히 붙잡으십시오. 그리스도는 여러분에게 마지막 남은 유일한 소망이십니다. 그리스도께 달려가십시오. 그리스도만이 여러분의 유일한 피난처이십니다. 여러분이 사나운 짐승에게 먹이로 쫓기고 있다면, 그리고 아주 넓은 평원에 나무 하나밖에 없고, 그 짐승을 피할 수 있는 희망이 나무로 기어 올라가는 것밖에 없다면, 그 사람이 얼마나 쏜살같이 그 나무로 달려가겠습니까? 여러분이 달려가는 것을 보고서 내가 여러분 앞으로 가서 "잠깐, 왜 그렇게 서둘러 달려갑니까?" 하고 묻습니다. 그러면 여러분은 무섭게 달려가면서 이렇게 외칩니다. "목사님, 이것이 내 유일한 기회입니다. 내 유일한 희망입니다. 내가 저 나무로 피하지 않는다면 나는 짐승에게 먹히고 갈기갈기 찢길 것입니다." 바로 이것이 오늘 여러분의 처지입니다. 으르렁거리는 지옥의 사자를 보십시오. 여러분의 피에 목말라하는 저 사자가 여러분을 쫓고 있습니다. 십자가로 가십시오. 십자가를 붙드십시오. 거기에 희망이 있습니다. 거기에 확실한 피난처가 있습니다. 십자가를 떠나면 여러분은 그냥 갈기갈기 찢어지기만 하는 것이 아닙니다. 영원히 멸망하는 것입니다.

여러분에게 용기를 북돋우기 위해 다른 한 가지를 말씀드리겠습니다. 이 점을 말씀드리고 나면 설교를 마치게 될 것입니다. 죄인이여, 여러분이 구원을 받는 것이 기쁜 일이지만, 또한 여러분을 구원하는 것이 하나님께는 영광스러운 일이라는 점을 기억하시기 바랍니다. 사람들은 비용이 많이 드는 일일지라도 그것이 자기에게 어떤 명예를 가져다준다면 그 일 행하기를 반대하지 않습니다. 수치와 조롱이 따르는 일은 굳이 하려고 하지 않을 것입니다. 그러나 명예가 따르는 일이라면 사람들은 기꺼이 그 일을 하려고 합니다. 자, 여러분, 하나님께서 여러분을 구원하신다면 그 일이 하나님께 명예가 될 것입니다. 하나님께서 그저 여러분의 죄를 깨끗이 지우시려고 하는 것이라면, 여러분이 하나님을 명예롭게 하지 않을 이유가 있습니까? 내가 하나님의 자비를 구하고 있었을 때, 만일 하나님께서 나를 구원하시고자 하기만 하신다면 내가 하나님을 위해서 못할 일은 아무것도 없다고 생각했습니다. 나는 하나님을 부인하기보다는 차라리 갈기갈기 찢기는 것이 낫다고 생각했습니다. 하나님께서 나를 구원하시기만 한다면 나는 일평생 하나님을 섬길 것이라고 생각했습니다. 때때로 여러분은 하나님께서 여러분을 구원하시기만 한다면 천국에 있는 누구보다도 큰 소리로 찬송할 것이라는 생각이 들지 않습니까? 여러분은 하나님을 사랑하지 않겠습니까? 하나님의 보좌 앞에 기어가 그 발 앞에 면류관을 던지며 이렇게 말하지 않겠습니까? "여호와여 영광을 우리에게 돌리지 마옵소서 우리에게 돌리지 마옵소서 주의 이름에만 영광을 돌리소서"(시 115:1). 하나님은 죄인들을 구원하기를 기뻐하십니다. 이렇게 하는 것이 하나님의 면류관에 보석을 박는 일이기 때문입니다. 하나님은 공의를 시행하시는 일에서 영광을 얻으십니다. 그러나 자비를 베푸시는 일에서만큼 영광을 많이 얻으시지는 않습니다. 하나님께서 죄인들을 구원하실 때는 비단 옷을 입고 머리에 금 면류관을 쓰고 나오십니다. 그러나 죄인들을 짓밟으실 때는 철 면류관을 쓰십니다. 심판은 하나님께 익숙하지 않은 일입니다. 하나님은 왼손으로 심판을 행하십니다. 그러나 오른손으로는 자비와 사랑의 일을 행하십니다. 그러므로 하나님은 의인들을 언제든지 용서하고 구원할 수 있도록 오른편에 두십니다. 자, 그러니 여러분, 그리스도께 오십시오. 여러분은 지금 하나님께서 주려고 하시지 않는 것을 구하거나 하나님의 명예를 깎아내릴 것을 구하는 것이 아닙니다. 여러분에게 유익이 될 뿐 아니라 하나님께도 영광이 되는 것을 구하고 있는 것입니다. 겸손한 영혼이여, 와서 그리스도께 부르짖으십시오. 주께서 여러분에게 자비를 베푸실 것입니다.

끝으로, 내가 염려하는 한 가지는 여러분 가운데 누구든지 오늘 아침 이 설교에서 조금이라도 어떤 인상을 받고서도 집에 가서는 잊어버리는 것입니다. 이제 여러분에게 한 가지 부탁드리겠습니다. 여러분이 오늘 하나님 말씀의 설교를 듣고 어떤 깊은 인상을 받은 것이 있다면, 할 수 있는 대로 혼자 집에 가십시오. 다른 사람들과 함께 가지 않을 수 없다면, 말을 하지 마십시오. 그리고 집에 가서 곧장 방에 들어가 무릎을 꿇고 자신의 죄를 고백하며 하나님께 그리스도의 보혈로 말미암아 자비를 베풀어 주시기를 구하십시오. "누가 알겠는가?" 바로 오늘 이 음악당에서 처음으로 기도하기를 배운 수백 명의 죄인들, 이곳에서 처음으로 자신의 행실을 생각하고 하나님께로 돌이키게 된 죄인들을 인해서 하늘에서 큰 잔치가 벌어질지 누가 알겠습니까? 내가 그 일이 사실이 되고, 그것을 바라는 여러분 모두 그렇게 되기를 기도하는 동안에 우리 친구들이 모두 그대로 있고 아무도 일어나지 않고, 다음과 같이 몇 마디 기도를 하고 났을 때 진심으로 "아멘" 하고 말하기를 바랍니다.

"주여, 오늘 아침 우리를 구원하여 주소서. 우리의 죄를 고백합니다. 겸손히 그리스도의 보혈을 의지하여 자비를 구합니다. 주님께서 우리를 모른다 하시지 말고 우리 모두가 마지막 날에 주의 오른편에 있게 하여 주시기를 기도합니다. 이 자리에 능력을 베풀어 주셔서 오늘 아침 많은 사람들이 구원받게 하여 주소서."

제
7
장

요나에 대한 실물 교육

"하나님 여호와께서 박넝쿨을 예비하사 요나를 가리게 하셨으니 이는 그의 머리를 위하여 그늘이 지게 하며 그의 괴로움을 면하게 하려 하심이었더라 요나가 박넝쿨로 말미암아 크게 기뻐하였더니 하나님이 벌레를 예비하사 이튿날 새벽에 그 박넝쿨을 갉아먹게 하시매 시드니라 해가 뜰 때에 하나님이 뜨거운 동풍을 예비하셨고 해는 요나의 머리에 쪼이매 요나가 혼미하여 스스로 죽기를 구하여 이르되 사는 것보다 죽는 것이 내게 나으니이다 하니라." - 욘 4:6-8

나는 본문에서 다음 세 문장을 특별히 강조하고 싶습니다. "하나님께서 박넝쿨을 예비하사." "하나님이 벌레를 예비하사." "하나님이 뜨거운 동풍을 예비하셨고."

요나의 인생은 하나님을 빼놓고는 기록될 수 없습니다. 이 선지자의 역사에서 하나님을 빼 보십시오. 그러면 기록할 역사가 하나도 없습니다. 이 사실은 우리 각 사람에 똑같이 적용됩니다. 아무리 비천한 사람이라도, 아무리 높은 사람이라도 하나님을 떠나서는 생명이 없고 생각도 없으며 활동도 없고 생의 이력도 없습니다. 하나님을 빼보십시오. 그러면 어떤 사람도 그 인생에서 쓸 이야기가 없습니다. 여러분이 쓸지라도 그 기록이 너무도 형편없어서 자신이 지푸라기 없이 벽돌을 만들려고 했고, 찰흙이 없이 토기그릇을 빚으려고 했다는 것을 분명히 알게 될 것입니다. 나는 사람의 인생에서 힘과 거룩함과 의를 얻는 큰 비결은 하나님을 인정하는데 있다고 믿습니다. 사람이 그의 눈에 하나님을 두려워하는 빛이 없을 때(시 36:1), 순식간에 아주 천박해지고 심지어 크게 방탕하게 되는 것이 이상한 일이 아닙니다. 하나님에 대한 생각이 마음을 지배하고 있으면, 그만큼 우리는 인생이 진실되고 살 만한 가치가 있는 것임을 발견할 수가 있습니다. 반면에 하나님을 잊고 지내면, 그만큼 우리는 어리석은 인생을 살 것입니다. 마음으로 "하나님이 없다" 하는 자는 어리석은 사람입니다. 마치 하나님이 없는 것처럼 살고 활동하는 사람은 어리석은 자입니다.

우리는 요나의 인생에서 끊임없이 하나님을 만납니다. 여호와께서 이 선지자에게 니느웨로 가라고 명령하셨습니다. 그러나 그는 니느웨로 가지 않고 다시스로 가는 배를 탔습니다. 그러고 나서 금방 우리는 다음의 기사를 읽습니다. "여호와께서 큰 바람을 바다 위에 내리시매 바다 가운데에 큰 폭풍이 일어나 배가 거의 깨지게 된지라"(욘 1:4). 하나님은 마치 자기를 피하여 도망하려는 자기 종을 쫓아다니며 천둥번개를 치듯이 바람을 세차게 일으키셨습니다. 그 폭풍우가 어찌나 무섭던지 뱃사람들은 요나를 배 밖으로 던지지 않을 수 없었습니다. 그 다음에 우리는 1장 17절에서 이 기사를 읽습니다. "여호와께서 이미 큰 물고기를 예비하사 요나를 삼키게 하셨으므로 요나가 밤낮 삼 일을 물고기 뱃속에 있으니라." 하나님은 먼저 폭풍우를 준비하셨고, 그 다음에는 이어서 물고기를 준비하셨습니다. 우리는 그 물고기가 어떤 것이었는지 알지 못합니다. 그 문제는 중요하지 않습니다. 그것은 하나님께서 의도적으로 준비하신 물고기였고, 그 물고기는 요나가 삼일 밤낮을 그 뱃속에서 지내다가 바닷속으로 들어갔을 때보다 나은 사람으로 안전하게 땅에 오르게 하는 일에 매우 쓸모가 있었습니다.

친구 여러분, 여러분은 하나님께서 여러분 인생에 폭풍우를 예비하셨다는 것을 깨달았을지 모릅니다. 여러분이 죄의 길로 달려가지 못하게 막은 폭풍우가 있었습니다. 여러분은 망하기로 작정하였고, "뱃삯을 주었습니다." 그런데 여러분의 배를 막고 배를 완전히 삼켜버릴 것 같은 어떤 큰 시련이 왔습니다. 그 시련이 닥친 후에 구원하는 자비가 왔습니다. 여러분은 바다로 던져졌음에도 불구하고 죽지 않고 구원을 받았습니다. 여러분을 멸망시킬 것으로 생각하였던 것이 사실은 여러분의 구원을 위한 것이었습니다. 하나님은 옛적부터 여러분을 구원할 수단을 마련하셨고, 여러분에게 놀라운 구원을 보내심으로 여러분은 요나처럼 "구원은 여호와께 속하였나이다" 하고 말하지 않을 수 없었습니다. 그 이후로 여러분이 기이한 많은 일들에서 하나님의 손을 보았다고 하더라도 이상한 일이 아닐 것입니다. 어쩌면 문자 그대로가 아니라 영적인 의미에서 요나가 겪었던 그 일을 경험하는 가운데서 하나님의 손을 많이 보았다고 할지라도 이상한 일이 아닙니다. 특별히 여러분이 요나가 받았던 것과 같은 심부름을 받고 언짢은 기분에 빠졌다면, 그와 똑같은 훈련과 징계를 받아야 했을지 모릅니다.

요나가 하나님의 사람이었다는 사실을 잊지 맙시다. 나는 종종 사람들이 그에게서 큰 잘못을 찾는 소리를 듣습니다. 그는 많은 비난을 받을 만한 사람입니다. 그는 전혀 친절한 사람이 아니었습니다. 그 모든 사실에도 불구하고 그는 하나님의 사람이었습니다. 바다 깊은데 빠졌을 때, 모든 희망이 끊긴 것처럼 보였을 때 그는 바로 하나님의 사람으로 기도하였고, 기도할 수 있었습니다. "내가 스올의 뱃속에서 부르짖었더니 주께서 내 음성을 들으셨나이다." 진실한 성도라면 요나가 처해 있었던 것과 같은 곳, 즉 물고기 뱃속이라는 산 무덤에 처하게 되면 당연히 부르짖습니다. 요나는 또한 믿음의 사람이었습니다. 그렇지 않았다면 기도하지 않았을 것입니다. 그는 여전히 자기 하나님을 믿었습니다. 그가 도망하려고 하였던 것은 불신앙으로 말미암은 실수의 결과라기보다는 오히려 믿음 때문에 저지른 실수의 결과였습니다. 그는 하나님의 명예에 관심이 아주 깊어서 하나님의 진실하심에 의문을 일으킬지 모르고 하나님을 변덕스러운 분으로 비치게 할 수도 있는 사역을 행하는 것이 견딜 수 없었습니다. 하나님에 대한 생각이 관련되어 있는 한에서, 그는 그 문제에 충실하였습니다. 그의 잘못은 주로 그의 마음을 사로잡고 있었던 하나님께 대한 온전하지 못한 생각에 있었습니다.

요나는 믿음의 사람이었고 기도의 사람이었습니다. 하나님은 니느웨 성을 전부 무너지게 하겠다는 말을 전하게 하심으로써 요나에게 큰 명예를 주셨습니다. 내가 생각할 때, 일찍이 요나만큼 큰 영예를 얻은 사람이 달리 있는지 모르겠습니다. 만일 여러분이나 내가 왕을 보좌에서 내려오게 하고 그에게 베옷을 입힐 수 있다면, 온 성, 곧 성의 모든 남녀노소가 내가 전한 설교의 결과로 자비를 구하여 부르짖게 할 수 있다면, 요나가 하나님을 위한 뜨거운 열심 때문에 어리석게 되었던 것처럼 우리는 교만에 취해서 크게 어리석게 되었을 수 있습니다. 하나님을 위하려는 요나의 열심은 하나님의 큰 사랑과 인자를 깨달음으로,

또 하나님의 성품의 은혜로운 속성들을 즐거워함으로 부드러워지고 상냥해지기보다는 아주 날카로워졌습니다. 요나는 악한 세대 가운데서 매우 엄한 태도를 취하였습니다. 그는 하나님의 철기병(鐵騎兵) 가운데 한 사람이었습니다. 맹렬히 싸우는 사람이었고, 칼을 사용하기를 주저하지 않았고, 하나님의 일을 마지못한 태도로 하려고 하지 않았습니다. 그는 자기가 맡은 일은 무엇이든지 철저히 하려고 하고, 마지막까지 마무리하기를 바라는 사람이었습니다. 우리에게는 오늘날 이런 사람들이 더 많이 필요합니다. 그는 용기가 부족하지 않았고 마음이 부족하였습니다. 그 점에서 나는 요나를 닮고 싶지 않습니다. 요나는 오늘날 아주 많은 사람들이 통탄스러울 정도로 약한 모습을 보이는 면에서 아주 강하였습니다. 오늘날 같으면 그가 지녔던 미덕이 매우 드물어서 아마도 훨씬 더 많이 비판과 비난을 받았을 것입니다. 그는 오늘날 대부분의 신자들이 실수하지 않는 면에서 잘못을 범했습니다. 그래서 바리새인들과 같은 사람들은 자기들이 범하지 않는 잘못을 범했다고 요나를 정죄하기 좋아할 것입니다. 그런데 그들이 그런 잘못을 범하지 않은 것은 그런 일을 저지를 만큼 용감하지도 않고 강하지도 않기 때문입니다.

본문을 보면, 하나님께서 그의 종 요나의 삶에서 매우 분명하게 나타나십니다. 나는 이 진리를 아주 충분히 설명하고 싶습니다. 그래서 우리도 살아가면서 하나님께서 요나에게 자신을 계시하셨던 것과 비슷한 시점들에서 하나님을 볼 수 있으면 좋겠습니다. 첫째로, 나는 하나님이 우리의 위안거리들 가운데 계시다는 점을 살펴보겠습니다. "하나님 여호와께서 박넝쿨을 예비하사." 둘째로, 하나님은 우리의 사별과 손실 가운데 계시다는 점을 살펴보겠습니다. "하나님이 벌레를 예비하사." 셋째로, 하나님은 우리의 극심한 시련들 가운데 계시다는 점을 살펴보겠습니다. "하나님이 뜨거운 동풍을 예비하셨고." 넷째로, 본문에 말로 표현되지는 않지만, 본문의 정신에 들어 있는 것으로 하나님께서 요나를 예비하셨다는 점을 살펴보겠습니다.

이 세 가지 것들, 곧 박넝쿨, 벌레, 뜨거운 동풍은 하나님이 준비하신 것으로, 요나를 하나님을 섬기는데 더 적합하고 더 낫게 만드는 수단들이었습니다. 요나는 박넝쿨을 보고서 배웠고, 벌레를 보고서 배웠으며, 뜨거운 동풍을 경험하고서 배웠습니다. 이런 것들은 요나의 어린애 같은 정신이 가서 교육을 받아야 할 일종의 유치원 같은 곳이었습니다. 그는 어린 아이가 실물 교육을 통해서,

볼 수 있는 것들을 통해서 배우듯이 배울 필요가 있었습니다. 그래서 요나가 다른 방식으로는 배우지 못할 것을 박넝쿨을 통해서, 벌레를 통해서, 뜨거운 동풍을 통해서 배우도록 하나님의 유치원에 들어간 것입니다.

1. 첫째로, 하나님께서 우리의 위안거리들 가운데 계시다는 점을 말씀드리겠습니다.

"하나님 여호와께서 박넝쿨을 예비하사." 아무리 사소한 것일지라도 우리가 누리는 좋은 것은 모두 하나님으로부터 옵니다.

> "우리의 위안거리들을 높이 드시는 이도
> 무덤 속에 가라앉히시는 이도 하나님이시네.
> 그는 주시기도 하고 주신 것을 거두어 가기도 하시니
> 그의 이름을 찬송하리로다!"

요나의 위안거리, 곧 하나님께서 예비하신 박넝쿨을 보시기 바랍니다. 요나가 별로 기분이 좋지 않을 때, 곧 하나님에 대해서 화가 나 있고 사람들에게 화가 나 있을 때 하나님께서 박넝쿨을 그에게 보내셨습니다. 요나는 마치 정말로 사람을 싫어하는 것처럼 모든 사람을 피해 성 밖에 자신을 위해 지은 오두막에 숨었습니다. 모든 사람에게 질리고 자기 자신도 넌더리가 나서 그는 이 작은 오두막으로 피하고, 불편한 곳에서 불만이 가득한 채 앉아 산 아래 있는 성의 운명을 지켜보고 있습니다. 그렇지만 하나님께서는 박넝쿨을 준비하여 "그의 머리를 위하여 그늘이 지게 하며 그의 괴로움을 면하게" 하여 그를 위로하셨습니다. 여러분도 알다시피 우리는 어떤 사람들에 대해 이렇게 말하기가 매우 쉽습니다. "아, 정말이지 저 사람들은 성질이 너무 까다로워. 저들은 아무것도 아닌 일에 짜증을 부리고, 걱정해야 할 아무 이유가 없는데 걱정해. 그런 사람들은 도무지 견디지 못하겠어." 여러분은 이렇게 말하지만, 하나님은 그런 식으로 행하시지 않습니다. 하나님은 그런 사람들을 불쌍히 여기시고, 여러분 가운데 많은 사람들이 그와 같은 시간을 보낼 때 오래 참으셨습니다. 나는 이 자리에 계신 분들 가운데 이 화난 선지자의 머리를 가려주기 위해 박넝쿨을 자라게 할 분이 있을지 모르겠습니다. 필시 우리는 위원회를 소집해서 불만을 품은 이 형제가 가서 오두막

에 살고 싶어 한다면 그렇게 성 밖에 나가서 살도록 하는 것이 좋을 것이라는데 의견을 같이 했을 것입니다. 그리고 그렇게 하는 것이 유익이 되어 그가 다른 사람들처럼 성으로 돌아와서 원만하게 살게 될 것이라고 생각했을 것입니다! 비록 그가 밤에는 추위를 느끼고 낮에는 더위를 느끼게 되었을지라도 그것은 순전히 자신이 선택한 일이었습니다. 만일 어떤 사람이 그런 식으로 거주하기를 선택한다면 우리가 간섭할 일이 아닙니다! 그것이 사람들이 말하는 방식이고, 여러분도 알다시피 사람들은 아주 똑똑합니다. 그러나 그것은 하나님께서 말씀하시는 방식이 아닙니다. 그리고 하나님은 그의 피조물들 가운데 어느 누구보다도 무한히 지혜로우십니다. 하나님의 지혜는 친절하고 애정이 깊지만 우리의 지혜는 때로 가혹해서 쓸 만하지 못합니다. 형제자매 여러분, 여러분은 자신이 받을 만한 자격이 없을 때 하나님께서 많은 위안거리들을 보내주셨다고 생각하지 않습니까? 받을 만한 자격이 없는 것이 아니라 오히려 매 맞을 일을 벌였고, 벌을 받아야 마땅하다고 생각한 때에 많은 위안거리들을 보내주시지 않았습니까? 그런 때에 하나님은 우리가 어리석게도 자초한 슬픔을 덜어주고, 자신의 선택에 따른 괴로운 상황을 버티게 만들어주는 위로들을 보내주셨습니다. 하나님께서는 마치 어머니가 아픈 자녀를 대하듯이 놀라울 정도로 우리를 친절하게 대하셨습니다. 형제자매 여러분, 여러분은 그 사실을 경험하지 못했습니까? 자, 여러분의 과거 생활을 돌아보고, 여러분이 받을 만한 가치가 전혀 없을 때 그 모든 위안거리들이 하나님으로부터 왔던 것을 생각해 보십시오. 그리고 그 모든 위로들을 인해서 하나님의 이름을 찬송하십시오.

그 다음에, 요나에게 임한 위로는 바로 그가 원하던 바였다는 점을 생각해 보겠습니다. 그것은 잎이 넓은 식물인 박넝쿨이었습니다. 필시 식물학자들이 사람의 손을 생각나게 한다고 해서 팔마 크리스티(Palma Christi)라고 부르는 피마자유 식물이었을 것입니다. 이 식물이 원산지 나라에서는 아주 빨리 자라서 열기를 피할 시원한 그늘을 금방 제공할 수 있었을 것입니다. 이 박넝쿨이 어떤 것이었든지 간에 하나님께서 이 식물을 준비하셨고, 이 식물은 해의 타는 듯한 열기로부터 요나를 보호해 주었습니다. 하나님께서는 우리가 절실히 필요로 하는 바로 그 위안거리를 우리에게 보내는 법을 아십니다. 남은 자녀가 하나밖에 없는 어머니들이 많습니다. 아이가 하나밖에 없지만 그 아이가 어머니에게는 말로 다할 수 없이 큰 위로였습니다! 나는 훌륭한 한 부인이 이렇게 말하는 것을 들었습니다. "사랑하는 내 딸은 내게 참으로 큰 기쁨이에요. 그 애는 나의 전부예요." 하나님은 그와는 다른 어떤 세상적인 위안거리를 보내셨고, 그것이 여러분에게는 말로 다할 수 없이 소중했을 수 있습니다. 그것은 여러분에게 고난의 뜨거운 열기로부터 보호해주는 차단막, 곧 "폭풍우 때의 피난처"였습니다. 여러분이 그처럼 귀중한 복을 받을 때마다 그 복을 인하여 하나님을 찬송하십시오. 그러나 박넝쿨이 여러분의 하나님이 되지 않게 하고, 박넝쿨을 인하여 여러분이 하나님께 나아가도록 하십시오. 우리의 위안거리들이 우상이 될 때, 우리에게 파멸을 가져옵니다. 우리가 받은 위안거리들을 인해서 하나님을 찬송하게 될 때, 그 위안거리들은 우리를 은혜 안에서 자라도록 돕는 하나님에게서 온 사자들이 됩니다.

다음으로, 하나님께서 이 위안거리를 적기에 요나에게 보내셨다는 점을 살펴봅시다. 요나가 꼭 필요로 할 때 그 위안거리가 왔습니다. 요나가 몹시 괴로워할 때, 밤에 박넝쿨이 자랐습니다. 하나님의 시간 엄수는 아주 유명합니다.

> "하나님은 자신이 정하신 시간에 앞서는 법이 없고
> 늦는 법도 없으십니다."

우리가 자비를 필요로 하는 바로 그때, 때가 아주 적기여서 자비가 그만큼 효과가 있을 때, 자비가 옵니다. 하나님의 자비가 늦게 왔더라도 너무 늦지는 않았을 것입니다. 그렇지 않았다면 그 자비가 그리 적절하지 못했고, 따라서 그리 즐겁지도 않았을 것입니다. 만사를 한 눈에 보시는 하나님처럼 적기를 알 수 있는 사람이 있겠습니까? 하나님은 주실 때와 거두어 가실 때를 아십니다. 모든 신자의 생활에는 일마다 적합한 때가 있습니다. 그러므로 우리는 이렇게 물을 필요가 없습니다. "왜 여기서는 흰 옷을 입고 저기서는 검은 옷을 입는가? 왜 이때는 햇빛이 비치고 저때는 사나운 바람이 으르렁거리는가? 왜 여기서는 결혼식을 올리고 저기서는 장례식을 치르는가? 왜 어떤 때는 하프를 연주하고 또 어떤 때는 우울한 저음나팔이 울리는가?" 하나님이 아십니다. 우리가 모든 것을 하나님의 손에 맡길 수 있을 때, 그것이 우리에게 큰 복이 됩니다. 박넝쿨이 밤에 자라면, 자라게 두십시오. 그 밤이 적합한 때일 것입니다. 박넝쿨이 아침에 죽으면, 죽게 두십시오. 그 아침이 적합한 때일 것입니다. 그 일이 하나님의 손 안에 있다면, 모든 것이 잘된 것입니다. 그러므로 받을 만한 가치가 없는 우리에게 위안거리들이 올 때, 우리가 꼭 필요로 하는 바로 그 형태로 올 때, 우리가 절실히 필요로 하는 시점에 올 때, 위안거리들 안에 하나님이 계심을 분명히 깨닫도록 합시다.

우리의 모든 위안거리들처럼 이 박넝쿨이 매우 친절한 의도에서 요나에게 보내졌습니다. 하나님은 박넝쿨이 자라서 "그의 머리를 위하여 그늘이 지게 하며 그의 괴로움을 면하게 하려고" 하셨습니다. 사람들은 박넝쿨이 요나와 같은 사람에게 괴로움을 면하게 해줄 것으로 생각하지 못하였을 것입니다. 여호와의 선지자가 박넝쿨과 같이 하찮은 것이 가져갈 수 있는 그런 괴로움을 느끼는 것은 나약한 일입니다. 그러나 하나님은 자기 종을 아셨습니다. 그래서 황송하게도 "그의 괴로움을 면하게 하려는" 동기를 갖고서 이 특이한 형태의 위로를 보내셨습니다. 요나는 이 구절을 쓸 때 틀림없이 속으로 웃음을 지으며 이렇게 생각했을 것입니다. "모든 시대에 걸쳐 사람들이 참으로 내가 어리석었다고 생각할 것이야!" 그럼에도 그는 멈추지 않고 그 사실을 정직하게 적었습니다. 종종 여러분과 내가 아주 하찮은 것에 위로를 받았고 그것 때문에 아주 감사하였지만, 후에 그 일을 돌아보면서 우리는 속으로 이렇게 생각했습니다. '참으로 그렇게 하찮은 것으로 위로를 받다니, 내가 참으로 보잘것없는 존재였어! 내가 처음에 그처럼 하찮은 문제로 괴로워하였고, 그 다음에는 마찬가지로 하찮은 것으로 위로를 받았으니, 얼마나 어리석은 일인가!' 여기서 우리는 하나님의 놀라운 친절, 곧 우리의 미세한 고통들을 보시고 어쨌든 그 고통들의 모양과 형태에 맞게 다루어 그 일들이 우리에게 일으킨 슬픔에서 우리를 구원하시는 데서 나타나는 하나님의 세밀한 친절을 봅시다.

그 다음에, 이 하나님의 계획은 완전히 성공하였던 것으로 보입니다. "요나가 박넝쿨로 말미암아 크게 기뻐하였기" 때문입니다. 종종 하나님은 우리를 매우 기쁘게 하는 감사의 일들을 우리에게 보내셨습니다. 그로 말미암아 우리는 무거운 슬픔의 압박에서 벗어났습니다. 그러나 우리에게도 종종 그런 일이 있었듯이 요나의 역사에는 슬픈 기록이 있습니다. 그것은 요나가 크게 기뻐하였지만 크게 감사하지는 않았던 것으로 보인다는 것입니다. 하나님의 자비에 기뻐하는 것과 그 자비로 인해 감사하는 것은 별개의 문제입니다. 때로 사람은 위안거리에 대해 기뻐하는데 모든 시간을 쏟게 되는데, 그렇게 되면 그것은 우상 숭배가 됩니다. 그보다는 그 위로를 인하여 하나님을 찬송하는데 시간을 쏟았어야 합니다. 그렇다면 그의 마음 상태가 바르다는 것을 보여주었을 것입니다. 나는 요나가 이 박넝쿨을 인해서 하나님께 감사하였다는 기록을 보지 못합니다. 그가 하나님께 감사하였다면 어쩌면 벌레가 박넝쿨을 갉아먹지 않았을지도 모릅니다. 우리의 위안거리들은 언제나 우리가 그것을 감사로 포장할 때 가장 안전합니다. 우리는 위로라는 나무에 감사라는 금박을 입힙시다. 그러면 우리의 위로가 보존될 것입니다. 평범한 위로도 감사라는 판으로 둘러씌우면 우리에게 은혜를 배로 전달하는 수단이 됩니다.

이것이 내가 전하려고 하는 첫 번째 요지입니다. 나는 하나님의 모든 자녀가 하나님으로부터 온 모든 위로를 한번 생각해 보기 바랍니다. 이 자리에 있는 남녀노소 모든 사람이 그렇게 해 보기를 바랍니다. 여러분의 위로가 시들어버린 박넝쿨처럼 보잘것없는 것일지라도 지금 여러분에게는 소중한 것입니다. 그러므로 하나님께서 자기 종 요나의 괴로움을 면해주기 위해 "박넝쿨을 예비하셨듯이" 그 위로가 하나님에게서 온 것으로 생각하시기 바랍니다. 지금까지 하나님은 이렇게 여러분의 위안거리들을 준비하셨고, 여러분의 성공을, 여러분의 아내를, 여러분의 자녀들을, 여러분의 친구들을 준비하셨습니다. 그러므로 감사함으로 하나님께 절하고, 영원히 자비로우신 하나님의 이름을 찬송하십시오.

이제는 두 번째 요점을 살펴볼 때가 되었습니다. 여기서 우리는 앞부분에서보다 훨씬 더 믿음을 필요로 합니다. 다음으로 선지자는 "하나님이 벌레를 예비하셨다"고 말합니다.

2. 이 사실에서 우리는 하나님께서 우리의 사별과 손실 가운데 계시다는 것을 배웁니다.

요나의 큰 위안거리가 아주 하찮은 것에 의해 망가졌습니다. 그것은 벌레 한 마리에 불과하였지만 박넝쿨을 망치기에 충분하였습니다. 우리의 세상적인 위안거리들은 얼마나 순식간에 사라져버릴 수 있는지 모릅니다! 시장에 작은 변동이 생기면 번창하던 상인이 파산하게 됩니다. 여러분의 아름다운 아이의 뺨에 작고 붉은 반점이 나타납니다. 그리고 한두 주 만에 아이를 폐병으로 잃게 됩니다. 아주 작고 하찮은 것이 여러분의 모든 위안거리들을 금방 망쳐버려서 요나를 기쁘게 하였던 박넝쿨의 시든 잎처럼 만들 수 있습니다.

이런 큰 파괴를 일으킨 것이 어쩌면 눈에 보이지 않는 것이었을 수도 있습니다. 필시 요나는 그 벌레를 보지 못하였을 것입니다. 하나님이 벌레를 예비하셨지만, 선지자는 그 벌레가 일으킨 파괴를 보기 전까지는 벌레를 발견하지 못하였습니다. 사랑하는 여러분, 눈에 보이지 않는 하찮은 것이 와서 현재 누리는 여러분의 모든 즐거움을 슬픔으로 변하게 할 수 있습니다.

그뿐 아니라, 그것은 매우 더러운 것이었습니다. 박넝쿨의 뿌리에 있는 벌레, 곧 구더기였습니다. 이 더러운 것으로 말미암아 박넝쿨이 시들고 죽었습니다. 때로 우리가 다른 누군가의 죄로 말미암아 기쁨을 망치게 되었을 때, 우리는 지독한 슬픔을 겪었습니다. 악의적인 험담의 해로운 속삭임, 즉 비방하는 악한 혀에서 떨어지는 더러운 방울이 가정의 복이 솟아나는 샘물에 독을 뿌렸습니다. 요나의 경우에 하나님은 벌레를 예비하셨습니다. 어떤 악한 일도 선하신 하나님의 탓으로 돌릴 수 없지만, 인간의 자유의지 뒤에는 하나님의 예정이라는 위대한 진리가 있습니다. 하나님의 예정은 악을 조금도 떠맡지 않으면서도 인간의 제멋대로 행하는 처사를 지배하여 하나님의 영광을 위하도록 만듭니다. 종종 사람들은 자신의 위안거리를 망칠 수 있는 벌레는 없다고 생각합니다. 그러나 하나님은 이 선지자의 경우에서처럼 벌레를 준비하실 수 있습니다. 하나님은 박넝쿨을 예비하신 것만큼 벌레도 예비하셨고, 슬퍼하는 자기 종에게 위안거리를 주신 것만큼 그 위안거리를 없애버리기도 하셨습니다.

하나님께서 예비하신 이 벌레는 자신의 일을 매우 신속하게 수행하였습니다. 박넝쿨이 밤 사이에 못쓰게 되어버렸습니다. 요나가 잠들었을 때는 박넝쿨이 그의 머리 위에 있어서 달의 밝은 빛으로부터 그를 가려주었습니다. 그러나 아침에 깨었을 때는 박넝쿨이 시들고 말라버려서 뜨거운 햇빛을 전혀 가려주지 못했습니다. 아, 하나님이 우리의 위안거리를 얼마나 순식간에 깨끗이 거두어 가버리실 수 있는지요? 내 마음은 결혼식보다 언제나 장례식을 생각하게 됩니다. 어쩔 수가 없습니다. 나는 즐거운 음악 소리를 듣지 못합니다. 그 소리는 참으로 빨리 사라질 것이고, 큰 심판 날의 나팔 소리가 모든 사람의 마음을 두려움에 질리게 할 것입니다. 여러분이 기쁠 때는 기쁘지 않은 자같이 하고, 슬플 때는 슬프지 않은 자같이 하는 것이 좋습니다. 이 세상의 헛됨과 덧없음을 생각하고서 마음을 잘 다스리십시오. 상황에 지배되지 말고 지배하십시오. 공포에 사로잡혀 상황에 굴복하지 말고 믿음으로 상황을 이기십시오.

그 다음에, 하나님께서 요나의 박넝쿨을 망치도록 벌레를 예비하셨을 때,

벌레가 한 일의 결과는 매우 통탄할 만한 것이었습니다. 그 결과로 이 불쌍한 사람은 매우 기뻐하던 것을 잃고 말았고, 그래서 기뻐하기 전과 마찬가지로 화를 내며 괴로워하였습니다. 여러분, 나는 여러분이 여기서 잠깐 멈추고 이 교훈을 배우기 바랍니다. 여러분에게 시련을 보내시는 분은 바로 하나님이십니다. 여러분이 아픈 것이나 그 밖의 여러분을 괴롭게 하는 것이 마귀로부터 왔다는 생각은 추호도 하지 마십시오. 마귀가 그 일에 관여할 수는 있습니다. 그러나 마귀는 언제나 하나님의 주권 아래 있습니다. 욥이 사탄에게 심한 괴로움을 받을 때, 이 대적(大賊)은 하나님께서 그에게 허락하시기 전에는 욥을 일절 건드릴 수 없었습니다. 하나님은 일어나는 모든 일 뒤에 항상 계십니다. 그러므로 제 2원인에게 불평하려고 하지 마십시오. 여러분이 막대기로 개를 때리면 개가 막대기를 문다는 것을 압니다. 그 개가 영리하다면 여러분을 물려고 할 것입니다. 여러분이 일어나는 모든 일에 대해서 불평한다면 사실상 하나님과 싸우는 것입니다. 하나님의 대리인과 싸우는 것은 소용없는 일입니다. 결국 여러분에게 고난을 보내시는 분은 하나님이시고 하나님은 "인생으로 고생하게 하시며 근심하게 하심이 본심이 아니시기"(애 3:33) 때문입니다. 나이 많은 엘리가 자기 가족에 대한 나쁜 소식을 들었을 때 말했던 것처럼 말하십시오. "이는 여호와이시니 선하신 대로 하실 것이니라"(삼상 3:18). 아론이 기쁘게 말할 수 없었을 때는 아무 말도 하지 않았던 것처럼 여러분도 그렇게 하십시오. "아론이 잠잠하니라"(레 10:3). 아무 말도 하지 않을 수 있다는 것이 때로는 큰 일입니다. 침묵이 하나님의 뜻에 완전히 복종하여 잠잠하는 것이라면, 침묵은 금입니다. 벌레를 예비하시는 분은 하나님이십니다. 그러므로 가엾은 벌레에게 화를 내지 말고, 박넝쿨이 사라지면 사라지게 내버려두십시오. 박넝쿨을 자라게 하신 분이 하나님이셨습니다. 그러므로 하나님은 자기가 원하는 때에 박넝쿨을 거두어가실 수 있는 완전한 권한이 있으셨습니다.

셋째로, "하나님이 뜨거운 동풍을 예비하셨습니다."

3. 이 사실은 우리의 혹독한 시련들 가운데 하나님이 계시다는 것을 가르쳐 줍니다.

요나는 맹렬한 바람을 피할 수 없었습니다. 박넝쿨이 시들어 버렸을 때는 더더군다나 피할 수 없었습니다. 바람이 동쪽에서 불어왔는데, 우리의 옛날 속담에 따르면 이 바람은 "사람에게도 짐승에게도 좋지 않습니다." 이 바람이 동쪽으로부터 아주 맹렬하게 불어왔고, 그늘을 만들어 주던 박넝쿨이 사라지자 뜨거운 햇빛이 그의 머리를 쬐었습니다. 그러자 요나는 어쩌면 조금 전까지만 해도 자신이 아주 강하다고 생각했을지 모르지만 이제 몹시 약해진 것처럼 보입니다.

친구 여러분, 이와 같이 하나님께서는 여러분에게 잇따라 고난을 보내실 수 있습니다. 박넝쿨이 사라졌습니다. 그런데 이제는 동풍이 불어옵니다. 고난은 좀처럼 혼자 오는 법이 없습니다. 보통 제비들처럼 떼를 지어 몰려옵니다. 한 가지 시련이 끝나기가 무섭게 바로 다음 시련이 오는 경우가 종종 있습니다. 그래서 여러분은 속으로 이렇게 말합니다. '이 시련도 감당하기 어려운데 어떻게 또 시련이 오는가?'

때로는 시련이 아주 맹렬한 기세로 오기도 합니다. 요나에게 그 다음에 닥친 시련은 "뜨거운 동풍"이었습니다. 그 바람은 문이 열린 가마로부터 태울 듯이 뜨거운 열기가 확 쏟아져 나오는 것 같았습니다. 그것은 지나가는 길에 있는 모든 것을 태워버리는 열풍(Sirocco: 아프리카에서 남유럽으로 몰아쳐 오는 바람) 같았습니다. 이 바람이 불쌍한 요나에게 아주 맹렬하게 불어 닥쳤습니다. 하나님의 지극히 사랑하는 종들에게는 언제든지 이처럼 맹렬하고 혹독한 시련이 닥칠 수 있습니다.

그 다음에, 시련은 우리가 안전하다고 생각할 때 올 수 있습니다. 요나가 성 밖으로 나갈 때 이렇게 말했을지 모릅니다. "자, 이제 사람들을 보지 않겠어. 더 이상 사람들을 상대하지 않겠어. 지금까지 사람들은 항상 나를 근심시키고 괴롭혔어. 이제 혼자 있을 거야. 내가 다른 사람을 즐겁게 할 수는 없으니, 혼자 저기 가서 앉아 기분 좋게 지내야겠다." 그런데 바로 그 자리로 고난이 왔습니다. 사실 요나는 "그 성읍 동쪽에" 초막을 지었습니다. 그 자리에서 그는 동쪽으로부터 불어오는 바람의 세력을 충분히 맛보았을 것입니다. 그 자리로 갔지만 그는 박넝쿨이 시드는 영역을 벗어나지 못했고, 뜨거운 동풍이 불어 닥치는 곳을 피하지 못했습니다. 친구 여러분, 여러분이 "괴로운 이 마지막 상황을 벗어나면 편안한 곳으로 갈 것이라고 생각했어" 하고 말은 했지만, 그렇게 되지 않았습니다. 그렇습니다. 분명히 말씀드리지만, 여러분이 그리스도인이라면, 편안한 곳에 들어갈 때는 이 세상을 완전히 떠날 때입니다. 그렇지 않고서는 다른 어디에서도 편안한 곳을 찾지 못할 것입니다. 여러분이 이 지구상 어디를 갈지라도, 바다가 때로 거칠게 파도를 치지 않는 섬은 없습니다. 아무리 고요한 공기라도 조만간에 동풍이 불어 닥쳐 고요함을 깨트릴 것입니다. 여러분이 원하면 초막에 가서 앉아 있을 수 있습니다. 그러나 그 초막에도 밤에 자랐다가 또 밤 사이에 시들어버린 박넝쿨처럼 위로가 오고 또 손실의 시련이 닥칠 것입니다.

그렇습니다. 지독한 시련들이 우리에게 올 것인데, 시련들 자체는 우리에게 아무 유익을 가져다주지 않을 수도 있습니다. 시련은 그 시련을 견디는 사람들을 거룩하게 만든다는 것이 사람들이 일반적으로 갖는 생각입니다. 그러나 시련들 자체가 사람을 거룩하게 만들지는 않습니다. 시련당하는 사람을 거룩하게 하는 것은 하나님께서 그 시련을 거룩하게 쓰실 때입니다. 시련 자체만으로는 오히려 사람들을 현재보다 더 나쁘게 만들 수가 있습니다. 예를 들면, 요나를 보십시오. 그가 아끼는 박넝쿨이 사라졌습니다. 뜨거운 햇빛이 그의 머리를 쪼이자 그가 혼미해집니다. 그는 하나님께 대해서 차라리 죽는 것이 낫겠다고 화를 내며 불평합니다. 요나가 그런 상태에 있는 동안에는 시련이 그에게 거룩하게 쓰이지 않은 것입니다. "그러나 후에"(히 12:11)라는 때가, 시련이 우리에게 유익을 주는 시간이 되는 경우가 종종 있습니다. "무릇 징계가 당시에는 즐거워 보이지 않고 슬퍼 보이나 후에 그로 말미암아 연단 받은 자들은 의와 평강의 열매를 맺느니라"(히 12:11). 여러분이 시련을 수없이 많이 겪을 수 있지만, 막대기의 가지마다 신성하게 쓰일 수 있게 해 주시고 뜨거운 동풍이나 태울 듯이 뜨거운 햇빛이 여러분에게 복이 되게 해 주시기를 하나님께 구하기 전에는 시련들이 여러분에게 조금도 유익이 될 수 없습니다.

이때는 이 시련이 요나의 어리석음을 드러내기만 한 것처럼 보입니다. 이 시련으로 요나가 아주 어리석게 기도하고 참으로 어리석은 말을 한 것으로 보였기 때문입니다. 요나에게 임한 시련은 바다를 요동시켜 그 안에 있는 진흙과 더러운 것을 솟구치게 하는 바람과 같았습니다. 이 뜨거운 동풍이 요나의 성품의 바닷가에 시커먼 해초들을 무더기로 밀어 올렸고, 그의 마음이라는 큰 바다를 요동시켜서 그렇지 않았다면 가만히 숨어 있었을 부패의 더러운 것들을 무더기로 끌어올렸습니다. 형제자매 여러분, 성령께서 우리에게 오셔서 능력을 발휘하시지 않으면, 우리는 시련을 통해서 거룩하게 자라지 못할 것입니다. 우리가 불바다 속에서 씻음을 받을지라도, 아무리 작은 죄라도 우리가 고통을 받는다고 해서 뽑히지 않을 것입니다. 아니, 지옥의 불길이라도 영혼을 정결하게 하지 못하고 죄 하나도 깨끗이 제거하지 못할 것입니다. 더러운 자는 불 속에서도 그대로 더러울 것입니다. 사람을 거룩하게 만드는 것이 기쁨 자체에 없듯이 고난 자체에도 없습니다. 사람을 거룩하게 만드는 것은 하나님의 일입니다. 오직 하나님의 일입니다. 하나님은 자신의 정하신 뜻을 성령으로 말미암아 이루시기 위해 우리의 기쁨도 쓰시고 슬픔도 쓰십니다. 바람을 보내시는 분은 하나님이십니다. 다시 한번 말씀드리지만, 나는 여러분이 잠시 멈추고 여러분에게 모든 고난을 보내시는 하나님 앞에 절하기 바랍니다. 하나님께서 여러분에게 행하시는 일을 인하여 하나님께 성내지 마십시오. 그 일로 여러분이 모든 것을 잃을지라도, 그 일로 말미암아 여러분이 과부가 되고 집을 잃을지라도, 그 일로 여러분이 헐벗고 심지어 죽게 될지라도 그 일이 옳은 것임에 틀림없다고 생각하십시오. 하나님은 여전히 하나님이십니다. 여러분의 고난이 심하면 심할수록 여러분이 하나님을 경배할 수 있는 가능성도 그만큼 커집니다. 이는 여러분이 가장 밑바닥에 처했을 때, 다시 말해 여러분이 극한 상황에서 오히려 노래를 부를 수 있고, 가장 깊은 곳에 처해 있을 때 가장 높이 하나님을 찬송할 수 있기 때문입니다. 그룹과 스랍들이 하늘 어전에서 하나님을 즐거워하고 찬송할 때 부르는 그들의 지극히 고상한 노래보다, 우리가 불같이 맹렬한 시련 가운데서 하나님을 찬송할 때 부르는 선율에 하나님께 대한 진실한 경배가 더 많이 담겨 있을 것입니다.

이제 끝으로, 본문에 말로 표현되지 않았지만 그 정신에 들어 있는 점을 살펴보겠습니다.

4. 그것은 이 모든 일에서 하나님이 자기 종을 예비하고 계셨다는 것입니다.

여러분은 하나님께서 이때 요나에게 눈과 경험을 통해서 가르치고 계셨다고 생각하지 않습니까? 하나님께서 요나에게 이 과정을 거치게 하시지 않았다면 자기 종을 그렇게 잘 설득하실 수 없었을 것입니다. 그래서 박넝쿨이 사라져야 하고 동풍이 와야 하며, 햇빛에 이 선지자가 혼미하게 되어야 합니다. 그리고 성질이 불 같은 요나가 때가 아닌데 죽어버린 보잘것없는 박넝쿨에 대해서 몹시 화를 내야 합니다. 그때 하나님께서 그에게 오셔서 말씀하십니다. "네가 박넝쿨 때문에 괴로워하느냐? 네가 박넝쿨을 불쌍히 여기는데, 내가 스스로 어떻게 할 수도 없는 어린아이들이 십이 만 명이 있고 죄가 없는 가축들도 많이 있는 이 큰 성읍을 불쌍히 여겨야 하지 않겠느냐? 네가 밤에 자랐다가 밤 사이에 말라버린 이 여린 식물을 아끼려고 했는데, 내가 이들을 아껴야 하지 않겠느냐?" 때로 하나님은 우리가 하나님을 더 잘 알도록 하시기 위해, 또 우리 자신을 더 잘 알도록 하시기 위해 우리에게 여느 때와 다른 경험을 겪게 하십니다. 성격이 강한 사람은 강한 취급을 받지 않을 수 없습니다. 다이아몬드가 다이아몬드를 깎습니다. 그렇게 해서 마침내 보석의 주인의 목적이 이루어질 수 있게 합니다.

그 다음에, 여러분, 여러분의 지독한 고난을 통해서 하나님은 여러분이 다른 사람들의 위로자가 되도록 준비하고 계십니다. 괴로워하고 근심하는 여러분, 하나님은 여러분이 앞으로 고통받는 사람들에게 바나바 같은 사람, 곧 위로자가 되도록 하시기 위해 여러분을 훈련하고 계시는 것입니다. 나는 이 자리에 계신 여러분 가운데 고통을 배로 견디지 않으면 안 되는 분들에게 이 말씀을 드리고 싶습니다. 즉, 하나님께서 지금 여러분을 배로 유용한 사람이 되도록 준비하고 계시는 것일 수 있고, 혹은 성령님께서 여러분에게 이 신비한 방법들을 써서 하나님의 마음을 좀 더 충분히 가르쳐 주시지 않으면 여러분에게서 결코 끄집어낼 수 없는 유별난 악을 지금 제거하고 계시는 것일 수 있다는 것입니다.

어쩌면 이 설교를 듣는 분들 가운데는 아직 하나님께로 회심하지 않은 분들이 있을 것입니다. 여러분은 아직 주 예수 그리스도를 믿지 않았고 여전히 고난의 바다에 있습니다. 여러분은 하나님께서 자신에게 몹시 화를 내셔서 자기를 죽이려 하신다고 생각합니다. 그것은 여러분이 하나님의 일들을 생각하기 시작한 이래로 여러분에게 근심밖에 생기지 않았기 때문입니다. 여러분은 사랑하는 친구를 잇따라 잃었고, 여러분 자신이 몹시 아팠습니다. 그리고 자주 마음이 우울해지고 슬퍼서 속으로 이렇게 말합니다. '아, 나는 죽게 되어 있어!' 나는 그렇게 생각하지 않습니다.

오히려 반대로 나는 여러분이 겪는 고난을 인해서 하나님께 감사드립니다. 하나님께서 요나에게 교훈을 가르쳐 주기 위해 그를 다루셨듯이 하나님은 지금 여러분을 자기에게로 이끌기 위해 다루고 계시는 것입니다. 요나가 하나님과 싸우기를 그친 것은 좋은 일이었습니다. 하나님과 싸워서는 아무 유익이 오지 않기 때문입니다. 여러분도 하나님과 싸우기를 그치는 것이 크게 복된 일일 것입니다! 제발, 하나님과 싸우는 것을 빨리 그치십시오. 어떻게 해야 여러분이 하나님과 화목할 수 있습니까? 오직 예수님의 죽음을 통해서만 할 수 있습니다. 하나님께서 자기 아들을 보내어 죄인들을 대신하여 죽게 하셨기 때문입니다. 예수 그리스도의 죽으심이 여러분이 하나님과 싸우는 것을 끝내게 만들 것입니다. 이 복된 구절을 기억하시기 바랍니다. "하나님이 세상을 이처럼 사랑하사 독생자를 주셨으니 이는 그를 믿는 자마다 멸망하지 않고 영생을 얻게 하려 하심이라." 그러니 하나님께로 돌이키십시오. 사랑의 하나님을 만나서 논쟁과 질문을 끝내도록 하십시오. 찬송받으실 성령께서 오셔서 여러분의 고난을 거룩하게 쓰시어 여러분을 하나님께로 인도하여 주시기를 바랍니다.

사랑하는 여러분, 하나님께서 여러분에게 복 주시기를 바랍니다! 아멘.